Guido Armellini Adriano Colombo
Luigi Bosi Matteo Marchesini

Con altri occhi

La letteratura e i testi

5 Il secondo Ottocento

PER IL COMPUTER E PER IL TABLET

L'eBook multimediale

1 REGÌSTRATI

Vai su **my.zanichelli.it** e regìstrati come studente

2 ATTIVA IL TUO LIBRO

Una volta entrato in **myZanichelli**, inserisci la **chiave di attivazione** che trovi sul bollino argentato in questa pagina

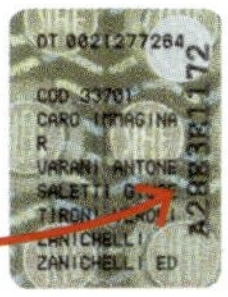

3 CLICCA SULLA COPERTINA

Puoi:

- **scaricare l'eBook offline** sul tuo computer o sul tuo tablet
- **sfogliare un'anteprima** dell'eBook online

ZANICHELLI

Realizzazione editoriale:
- Coordinamento editoriale: Marina Di Simone
- Realizzazione editoriale e contributo progettuale: Nuova Libra - Bologna
- Redazione: Marco Della Greca, Dario Scorza per Nuova Libra - Bologna
- Ricerca iconografica: Matteo Pasini per Nuova Libra - Bologna
- Progetto grafico e impaginazione: Ampa srl - Bologna
- Cartine: Bernardo Mannucci

Contributi:
- Contributo alle schede *Un oggetto racconta un'epoca*: Andrea Grillini
- Contributi alla stesura dei *Dialoghi con il testo*: Lorenzo Argentieri
- *Verso la prova INVALSI*: Roberta Benali e Lorenzo Argentieri
- CLIL Literary Comparisons: Richard Rice
- Contributo alla realizzazione del *Laboratorio di analisi* e scrittura delle sezioni "Le arti" e degli "Strumenti e materiali per la prova scritta": Patrizia Zani
- *Dialogo con l'epoca*: Valentina Olivato
- Indice dei nomi e delle opere: Paola Cossentino

Per le consulenze didattiche l'Editore ringrazia i professori: Roberta Benali, Daniela Bernardini, Marisa Bernardini, Simonetta Burnelli, Elisabetta Cecconi, Roberto Centi, Gianluca D'Acunti, Ruben Francischiello, Sergio Pasquarella.

Copertina:
- Progetto grafico: Falcinelli & Co., Roma
- Realizzazione: Roberto Marchetti e Francesca Ponti
- Immagine di copertina: Lino Levatico, **Ritratto di Giovanni Bordiga** (particolare), 1899. Venezia, Pinacoteca Querini-Stampalia. © akg-images/Cameraphoto

Prima edizione: marzo 2018

Ristampa:
5 4 3 2 2021 2022

Zanichelli garantisce che le risorse digitali di questo volume sotto il suo controllo saranno accessibili, a partire dall'acquisto dell'esemplare nuovo, per tutta la durata della normale utilizzazione didattica dell'opera. Passato questo periodo, alcune o tutte le risorse potrebbero non essere più accessibili o disponibili: per maggiori informazioni, leggi my.zanichelli.it/fuoricatalogo

File per sintesi vocale
L'editore mette a disposizione degli studenti non vedenti, ipovedenti, disabili motori o con disturbi specifici di apprendimento i file pdf in cui sono memorizzate le pagine di questo libro. Il formato del file permette l'ingrandimento dei caratteri del testo e la lettura mediante software screen reader. Le informazioni su come ottenere i file sono sul sito http://www.zanichelli.it/scuola/bisogni-educativi-speciali

Grazie a chi ci segnala gli errori
Segnalate gli errori e le proposte di correzione su **www.zanichelli.it/correzioni**.
Controlleremo e inseriremo le eventuali correzioni nelle ristampe del libro.
Nello stesso sito troverete anche l'errata corrige, con l'elenco degli errori e delle correzioni.

Zanichelli editore S.p.A. opera con sistema qualità
certificato CertiCarGraf n. 477
secondo la norma UNI EN ISO 9001:2015

Questo libro è stampato su carta che rispetta le foreste.
www.zanichelli.it/chi-siamo/sostenibilita

Stampa: La Fotocromo Emiliana
Via Sardegna 30, 40060 Osteria Grande (Bologna)
per conto di Zanichelli editore S.p.A.
Via Irnerio 34, 40126 Bologna

Realizzazione delle risorse digitali:
- Coordinamento redazionale: Gianluca Canè
- Realizzazione eBook: Jacopo Bassi
- Stesura esercizi interattivi ZTE: Nuova Libra - Bologna
- Speakeraggio brani audio: Marco Versari Produzioni audio-video
- Progettazione esecutiva e sviluppo software di Booktab: duDAT srl, Bologna

Per Biblioteca:
- Stesura delle risorse per le analisi visuali dei testi antologici: Lucia Gasperini, Enrico Galimberti
- Stesura delle risorse per i *Percorsi tematici*: Enrico Galimberti
- Editing e rilettura testi con inserimento in piattaforma, stesura risorse multimediali (mappe concettuali, carte d'autore, linee del tempo): Candida Messori

TESTI AUDIO
ANALISI

Secondo Ottocento

Un oggetto racconta un'epoca: la macchina fotografica

CONTESTO

1 I GENERI

IL PROFILO

1 I GENERI
I TESTI

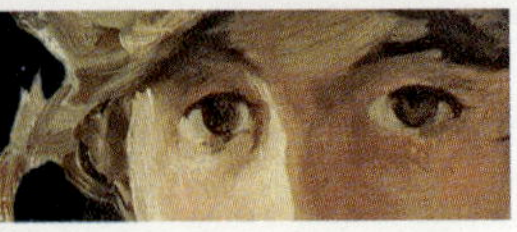

4 GIOVANNI PASCOLI

I TESTI

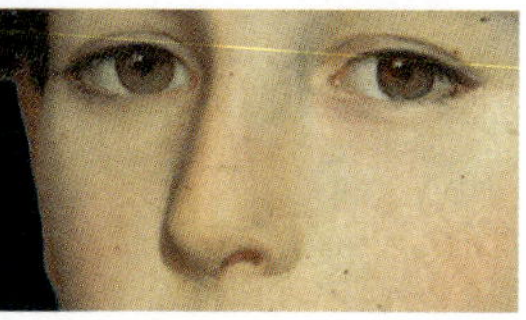

5 GABRIELE D'ANNUNZIO

IL PROFILO

5 GABRIELE D'ANNUNZIO

I TESTI

TESTI NELL'EBOOK

BIBLIOTECA

Biblioteca è un ambiente online che ospita risorse per lo studio e l'insegnamento della letteratura italiana, un laboratorio aperto in cui creare percorsi personali, attingendo anche da *Collezioni* o dal web.
La piattaforma contiene **1000 testi** tratti dalla BIZ (Biblioteca Italiana Zanichelli), **150 analisi visuali**, **10 percorsi tematici** e oltre **500 risorse** fra brani critici, linee del tempo, mappe delle opere, cartine.

Sfogliando la sezione **"Periodi e autori"** troverete **150 analisi visuali** di brani letterari, da Dante a Pasolini, da Petrarca a Montale. **Brani critici**, **cartine**, **linee del tempo**, **mappe delle opere principali** seguono ogni analisi e la inquadrano nel suo contesto storico e culturale.

Documenti letterari e artistici, fonti storiche e filosofiche, domande che guidano nella lettura e nell'interpretazione dei documenti, indicazioni utili allo svolgimento di un elaborato compongono i **dieci percorsi tematici** che arricchiscono l'offerta di *Biblioteca*. Questi percorsi affrontano, in un'ottica interdisciplinare, temi che attraversano la storia della letteratura: per esempio *La fortuna* da Dante a Guicciardini fino ad approdare alle riflessioni filosofiche di Hans Jonas.

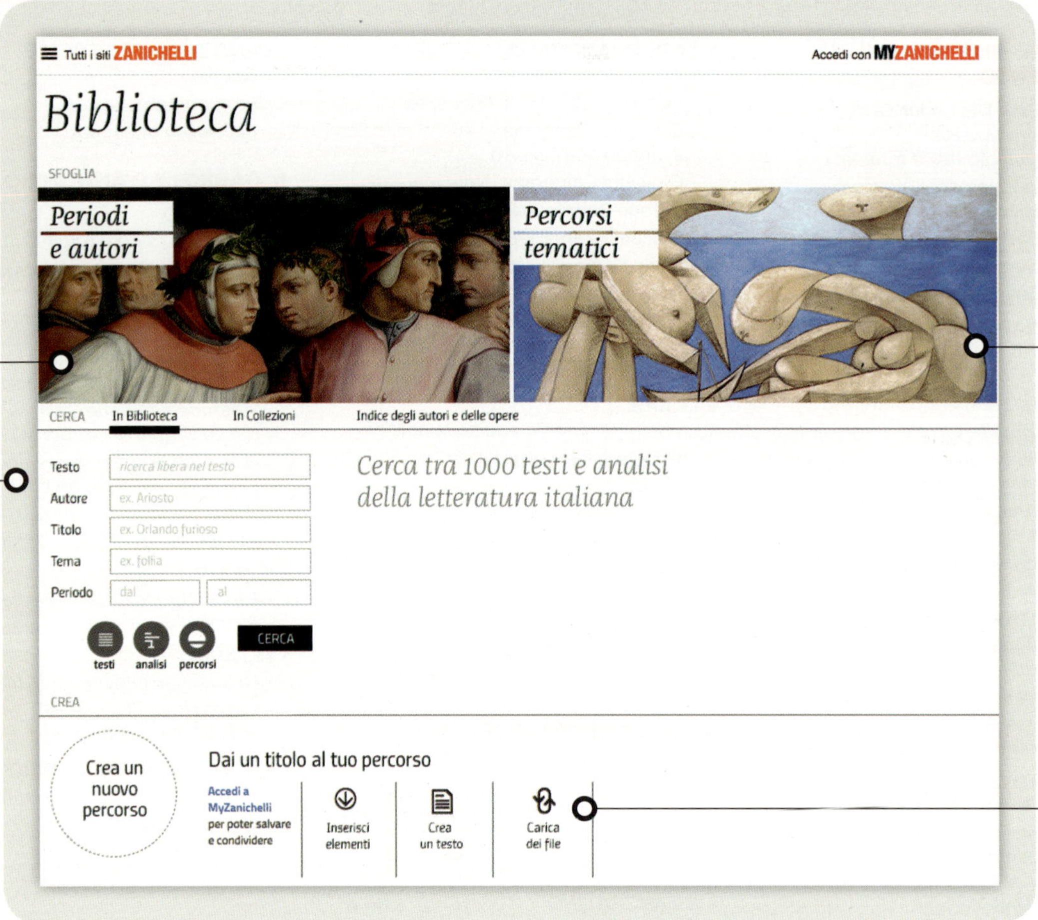

È possibile cercare i 1000 testi di *Biblioteca* e le analisi visuali **per autore o per titolo**, o anche riferendosi al **tema dominante del brano**, scrivendo per esempio "esilio" o "follia". Una particolare **ricerca** è quella **a tutto testo**, pensata per lavori più mirati e approfonditi su un autore o un modello stilistico.

Con questo pannello è possibile **creare percorsi personali**. Si può trascinare all'interno della nuova traccia qualsiasi elemento di *Biblioteca* o di *Collezioni*: analisi visuali, testi, linee del tempo. È possibile infine aggiungere al percorso pensieri e commenti, creando slide direttamente da qui.

I **percorsi** permettono di accostarsi ad alcuni **temi che hanno ispirato scrittori, poeti, artisti, filosofi, storici** di tutti i tempi e di tutti i luoghi (fortuna, limite, perdita dell'Io, viaggio, aldilà, natura, guerra, amore, follia, magico), guidando nella lettura e nell'interpretazione di alcune delle loro opere e offrendo **spunti e consigli utili** per svolgere un elaborato.

TESTI DELL'ANTOLOGIA PRESENTI NEI PERCORSI DI BIBLIOTECA

- **LA FOLLIA**
  T14 Iginio Ugo Tarchetti *Succube di Fosca*
- **LA PERDITA DELL'IO**
  T55 Edvard Munch *L'urlo*

Le **analisi visuali** (fornite di testi audio) guidano nello studio degli **aspetti formali e strutturali dei testi letterari** (struttura, stile, linguaggio, temi, confronto...), aiutando a coglierne le peculiarità e a comprendere le scelte degli autori, e nel contempo aprendo la strada all'interpretazione e al confronto con altri autori.

SECONDO OTTOCENTO

Un oggetto racconta un'epoca

La prima fotocamera per dagherrotipi realizzata da Alphonse Giroux su progetto di Louis Mandé Daguerre nel 1837. (Westlicht Photographica Auction)

L'oggetto che "racconta" l'epoca che stiamo per esplorare è la macchina fotografica. Nelle immagini vi presentiamo uno dei primissimi esemplari, del 1839, realizzato da Louis Mandé Daguerre, inventore del "dagherrotipo", l'antenato della fotografia, e una vera e propria macchina fotografica dell'ultimo decennio del secolo. Nel secondo Ottocento questa nuova tecnica di riproduzione della realtà, nata dai progressi nel campo dell'ottica e della meccanica, conquista rapidamente un ruolo da protagonista nella cultura e nella società. La possibilità inedita di fissare "oggettivamente" le immagini si sposa con la mentalità positivista, centrata sulla fiducia nel metodo scientifico, e invade ogni campo dell'esperienza e del sapere: dai documenti di identità alla manualistica tecnica, dalla ricerca sociale all'illustrazione pubblicitaria e turistica. Nasce così la figura professionale del fotografo, che viaggia al seguito delle spedizioni scientifiche e naturalistiche, offre materiale di prima mano per le inchieste giornalistiche, documenta e propaganda le spedizioni militari e i grandi eventi politici.

Inevitabilmente le immagini fotografiche entrano in concorrenza con la pittura, offrendo, specialmente nel campo del ritratto, immagini di minor costo e di indiscutibile fedeltà al vero. Alcuni pittori, come gli impressionisti, ne prendono spunto per sperimentare nuove soluzioni espressive, ispirate alle innovazioni figurative introdotte dal nuovo mezzo, o per imboccare strade inedite, libere da intenti mimetici e documentari. Altri non vedono di buon occhio questa intrusione e mettono in caricatura le ambizioni artistiche dei fotografi: è il caso di Honoré Daumier, che dedica una delle sue graffianti litografie, *Nadar mentre eleva la fotografia al livello dell'arte* (nella pagina accanto), al grande fotografo Nadar (1820-1910), autore di famosi ritratti e di una serie di "fotografie aeree" di Parigi, scattate a bordo di una mongolfiera. Il titolo gioca ironicamente sul doppio significato, letterale e figurato, del verbo "elevare".

Ma la combinazione fra tecnica fotografica e tecnica aerostatica inaugurata da Nadar rappresenta in modo esemplare la modernizzazione impetuosa che investe la cultura europea negli ultimi decenni del secolo XIX: lo testimonia l'impressionante fotografia aerea della torre Eiffel (nella pagina accanto) scattata nel 1909 da André Schelcher e Albert Omer-Décugis. La gigantesca torre metallica era stata costruita

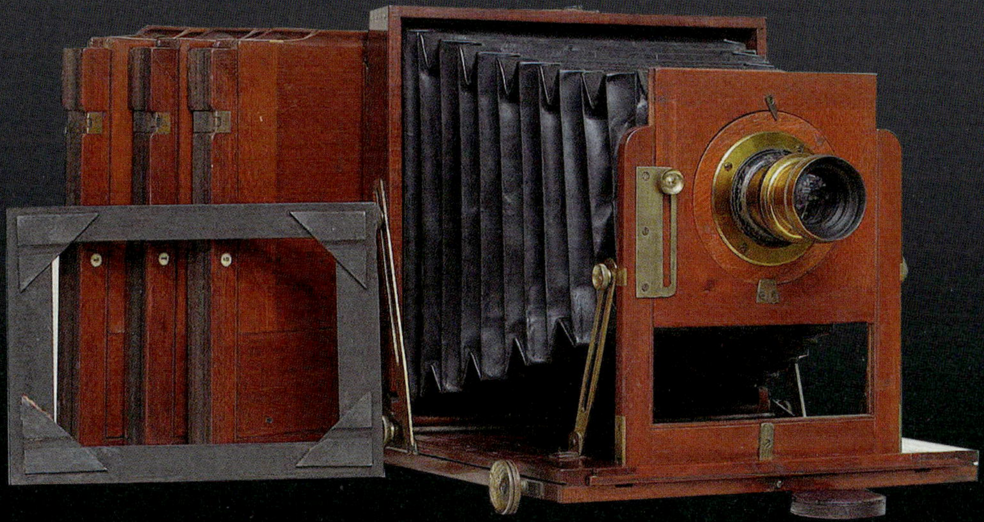

A sinistra La fotocamera a lastra asciutta realizzata da Richard Leach Maddox nel 1871. (Collezione privata)

Sotto a sinistra Honoré Daumier, *Nadar mentre eleva la fotografia al livello dell'arte*, 1862.
Sotto a destra André Schelcher e Albert Omer-Décugis, *La Tour Eiffel*, 1909.

in occasione dell'esposizione universale di Parigi del 1889 per simboleggiare l'ottimistica proiezione nel futuro di un mondo fiducioso nelle conquiste della scienza e della tecnica: vista dal cielo, in perpendicolare, sembrava aprire la strada a un modo nuovo di guardare il mondo e di concepire lo spazio.

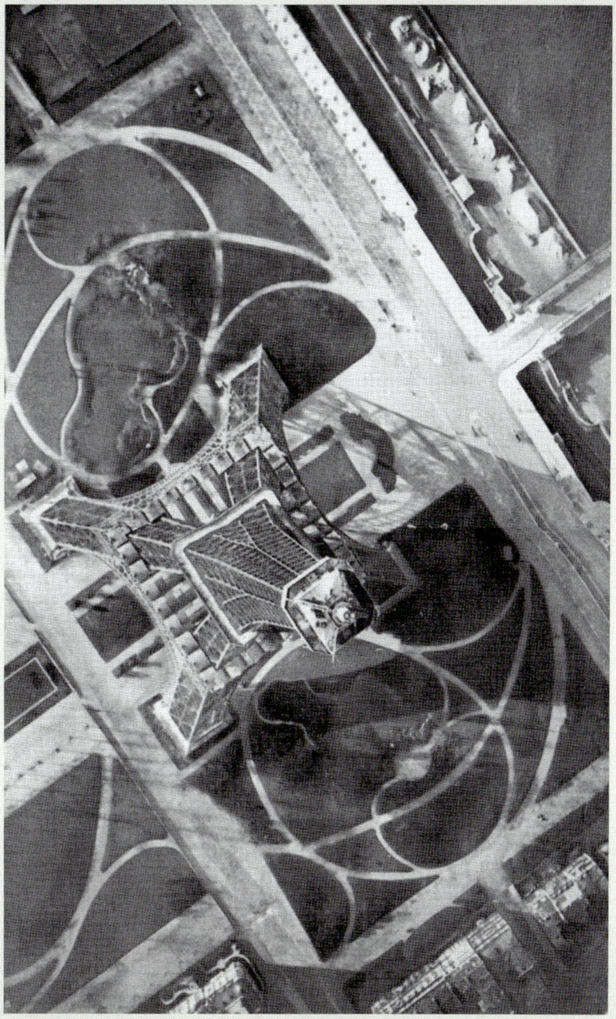

CONTESTO

Secondo Ottocento

Quadro storico

Nella storia italiana il periodo compreso tra l'unificazione nazionale (1861) e l'ingresso nella prima guerra mondiale (1915) costituisce un'epoca ben definita. In quest'unità ci arresteremo però alla fine dell'Ottocento dal momento che l'inizio del nuovo secolo fu caratterizzato da novità significative in campo letterario e artistico.

Tensioni politiche, progressi economici

Tra la guerra franco-prussiana (1870) e la prima guerra mondiale, l'Europa attraversò il più lungo periodo di pace e stabilità che avesse avuto fino ad allora. Le rivalità internazionali si trasferirono sul piano delle lotte per l'influenza nei Balcani e per la spartizione coloniale dell'Africa. Queste competizioni imperialistiche, accompagnate dal diffondersi di ideologie nazionaliste, portarono a un accumulo di tensioni e a una corsa agli armamenti che all'alba del Novecento facevano presagire imminente una nuova terribile conflagrazione europea.

È un periodo di grande sviluppo produttivo, favorito dalla pace, dallo sfruttamento dei popoli coloniali e dagli straordinari progressi tecnici e scientifici. La rivoluzione industriale si estende ai paesi che erano restati ai suoi margini, come la Germania e l'Italia; nascono giganteschi *trust* che si contendono i mercati e condizionano la politica dei governi. Cresce ovunque l'urbanesimo e si accelera la trasformazione dell'ambiente umano; gli uomini sono sempre più circondati da oggetti artificiali prodotti in serie e vivono in un territorio segnato dall'industria: basta pensare all'ingresso della ferrovia nel paesaggio.

EVENTI

1859 Seconda guerra di indipendenza italiana

1861 Proclamazione del Regno d'Italia

1870 Guerra franco-prussiana. L'esercito italiano entra a Roma

1871 Comune di Parigi. Proclamazione dell'Impero tedesco

1873-1896 Fase di crisi economica (Grande depressione)

1855 — 1860 — 1865 — 1870 — 1875

OPERE

1857 C. Baudelaire, *I fiori del male*
G. Flaubert, *Madame Bovary*

1865 L. Tolstoj, *Guerra e pace*

1866 F. Dostoevskij, *Delitto e castigo*

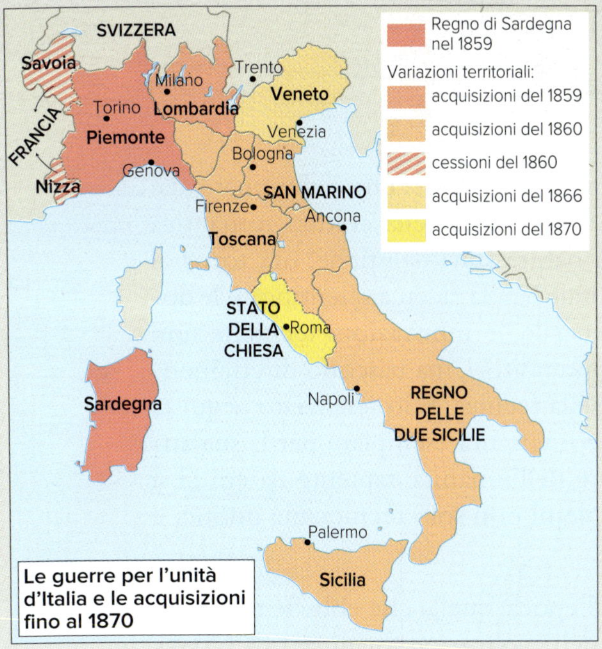

Le guerre per l'unità d'Italia e le acquisizioni fino al 1870

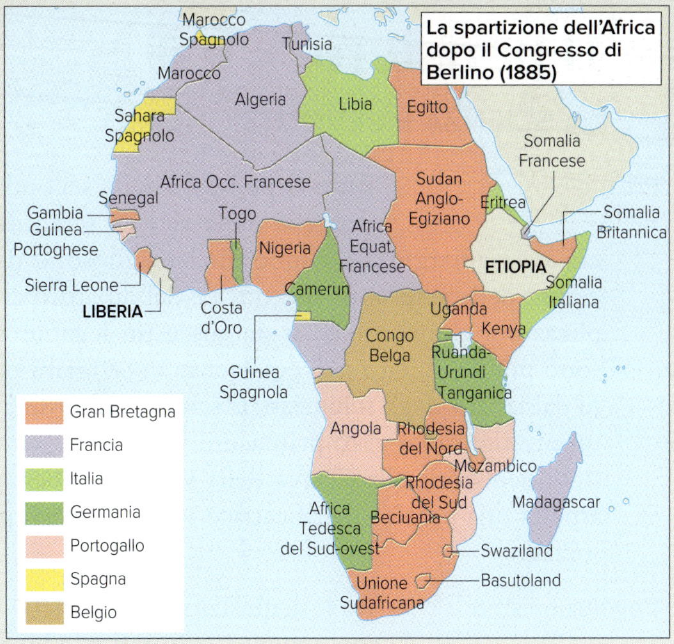

La spartizione dell'Africa dopo il Congresso di Berlino (1885)

La società di massa

È l'epoca del pieno trionfo della borghesia e del capitalismo, ma è anche l'epoca in cui il movimento operaio, nei maggiori paesi europei, si organizza in partiti socialisti e in sindacati con seguito di massa; questi cominciano a contare nella vita politica e ottengono i primi successi nel campo delle riforme sociali.

E mentre cresce il peso delle masse proletarie organizzate, aumenta anche la presenza della piccola borghesia impiegatizia, per l'estendersi degli apparati burocratici. Per la prima volta nella storia europea si può parlare di una società di massa, in cui l'influenza di strumenti di comunicazione come i giornali diventa decisiva. Nessun governo può ignorare un'opinione pubblica estesa a tutti gli strati sociali. Ne è sintomo l'episodio del telegramma di Ems (1870), con cui Bismarck creò ad arte un incidente diplomatico per sollevare in Francia e in Germania un'ondata di sentimenti nazionalistici che portasse alla guerra che lui voleva: non era mai accaduto che per far scoppiare una guerra si ritenesse necessario prima mobilitare e manipolare la pubblica opinione.

Sul piano della mentalità collettiva la pace, la prosperità, il progresso tecnico diffusero negli strati alti della società un certo superficiale ottimismo che ha fatto poi parlare di una *belle époque*. Contemporaneamente si moltiplicavano però i motivi di inquietudine: le crisi di mercato, le crisi diplomatiche e i timori di guerra, l'avanzata del movimento operaio suscitavano oscure ansie per il futuro. Questi stati d'animo opposti sono spesso compresenti nella società del tempo, anche se il secondo tende via via a prevalere, e possono aiutarci a capire molti aspetti della cultura e della letteratura.

Il pensiero

LA SCIENZA E L'EVOLUZIONISMO

Prestigio della scienza

Tutto il pensiero della seconda metà dell'Ottocento è dominato dai progressi della ricerca scientifica. La scienza nella cultura romantica era stata emarginata, o subordinata a filosofie della natura spiritualistiche; ora torna al centro della riflessione filosofica e del dibattito culturale. Tra la ricerca scientifica e le applicazioni tecnologiche si stabilisce un legame essenziale: le innovazioni tecniche non sono più il risultato dell'esperienza di artigiani o imprenditori, ma nascono direttamente dal lavoro degli scienziati; la scienza subordina a sé la tecnica. E lo scienziato acquista un prestigio mai visto prima, è il vero "eroe" dell'epoca, figura esemplare per la sua austera dedizione alla ricerca della verità e al benessere dell'umanità, sapiente da cui ci si aspetta una parola chiarificatrice sui più diversi problemi non solo tecnici, ma politici e sociali.

L'evoluzionismo

Tra le acquisizioni scientifiche dell'epoca, quella che ebbe le maggiori conseguenze culturali è la teoria dell'evoluzione formulata da CHARLES DARWIN (1809-1882) nel 1859 in *L'origine delle specie*. Ipotesi evoluzionistiche erano già state avanzate, ma Darwin ne forniva per la prima volta una spiegazione sistematica ▸D1 attraverso il concetto della selezione naturale che porta ad accumulare progressivamente nella discendenza di una specie quelle variazioni che si rivelano più utili per l'adattamento all'ambiente; e non si arrestava di fronte all'idea che l'uomo stesso sia un risultato dell'evoluzione, come affermò esplicitamente in *L'origine dell'uomo* (1871).

L'enorme impatto culturale del darwinismo, sulla speculazione filosofica come sul senso comune, si può paragonare solo a quello che aveva avuto il passaggio dalla concezione tolemaica del sistema solare a quella copernicana. Vediamone le principali implicazioni:

- a una visione della natura immutabile, creata da Dio quale la conosciamo, si sostituisce il concetto di una storicità della natura: se alla teoria dell'evoluzione biologica si assommano le teorie sull'origine del sistema solare e i progressi della geologia, si può vedere un unico processo evolutivo, che coinvolge l'Universo, la Terra, la vita e l'uomo stesso;
- viene affermata la piena naturalità dell'uomo, animale tra gli animali anche se più evoluto: idea che fu volgarizzata nell'affermazione banale e inesatta secondo cui "l'uomo deriva dalla scimmia";
- tutto questo portava a uno scontro con le concezioni religiose tradizionali: non solo perché contrastava col racconto biblico della creazione inteso alla lettera, ma perché dalla spiegazione della natura veniva eliminata ogni idea finalistica o provvidenziale. Il conflitto fra la scienza e la fede fu uno dei grandi temi del tardo Ottocento, e si manifestò sia in violente polemiche tra seguaci del darwinismo e apologeti della religione sia come una lacerazione della coscienza, per coloro che non si sentivano di ripudiare né l'una né l'altra verità.

Usi ideologici dell'evoluzionismo

Dal darwinismo si ricavarono anche conseguenze ideologiche più o meno legittime, al di là del suo contenuto propriamente scientifico. Da un lato l'idea dell'evoluzione fu trasferita sul piano sociale in una visione ottimistica del progresso della società: come le specie si sono evolute verso forme sempre più per-

Charles Darwin

L'EVOLUZIONE E LA LOTTA PER L'ESISTENZA

Riportiamo parte del capitolo finale di *Sull'origine delle specie per selezione naturale, ovvero la conservazione delle razze favorite nella lotta per l'esistenza* (1859).

Charles Darwin, *Sull'origine delle specie*, trad. dall'inglese di L. Fratini, Einaudi, Torino, 1959

È interessante contemplare una plaga[1] lussureggiante, rivestita da molte piante di molti tipi, con uccelli che cantano nei cespugli, con vari insetti che ronzano intorno, e con vermi che strisciano attraverso il terreno umido, e pensare che tutte queste forme così elaboratamente costruite, così differenti l'una dall'altra, e dipendenti l'una dall'altra in maniera così complessa, sono state prodotte da leggi che agiscono intorno a noi. Queste leggi, prese nel loro più ampio significato, sono la legge dell'accrescimento con riproduzione; l'eredità[2] che è quasi implicita nella riproduzione; la variabilità per l'azione diretta e indiretta delle condizioni di vita, e dell'uso e non uso[3]; il ritmo di accrescimento così alto da condurre a una lotta per l'esistenza, e conseguentemente alla selezione naturale, che comporta la divergenza dei caratteri[4] e l'estinzione delle forme meno migliorate. Così, dalla guerra della natura, dalla carestia e dalla morte, direttamente deriva il più elevato oggetto che si possa concepire, cioè la produzione degli animali superiori. Vi è qualcosa di grandioso in questa concezione della vita, con i suoi diversi poteri, originariamente impressi dal Creatore in poche forme, in una forma sola[5]; e nel fatto che mentre il nostro pianeta ha continuato a ruotare secondo l'immutabile legge della gravità, da un così semplice inizio innumerevoli forme, bellissime e meravigliose, si sono evolute e continuano ad evolversi.

Una caricatura di Darwin pubblicata sul periodico francese «La Petite Lune» nel 1871.

1. **plaga**: zona, regione.
2. **l'eredità**: la trasmissione ereditaria dei caratteri biologici.
3. **la variabilità... uso**: gli individui di una specie tendono sempre a modificare i caratteri della specie (*variabilità*) per l'influenza dell'ambiente (*condizioni di vita*) o perché i loro organi vengono modificati dall'*uso* che ne fanno.
4. **la divergenza dei caratteri**: la progressiva diversificazione delle caratteristiche biologiche, in relazione ai diversi ambienti.
5. **originariamente... sola**: se le specie nascono per differenziazione, all'origine ci dovettero essere pochissimi tipi di esseri viventi, o uno solo. Notate che Darwin non nega la creazione divina della vita, ma quella delle singole specie.

fette, così faranno le società umane; è questo lo sfondo di molte correnti riformiste o democratico-progressiste del tempo. Per un altro verso fu applicato alle società e alle nazioni il concetto di selezione naturale: secondo la teoria evoluzionista, in ogni generazione, di ogni specie sopravvivono gli individui che hanno i caratteri più adatti all'ambiente, in una sorta di lotta per la vita, e così questi caratteri si trasmettono alla generazione successiva; questo concetto fu usato per giustificare il diritto del più forte nei rapporti tra le classi o tra gli Stati: fu questo il cosiddetto "darwinismo sociale", sostegno di concezioni autoritarie, nazionaliste e imperialiste.

La scienza nella cultura comune

Se Darwin fu trascinato quasi suo malgrado al centro di controversie filosofiche, non furono pochi gli scienziati che vi si gettarono volontariamente. Erano medici e zoologi tedeschi i principali esponenti di una concezione che, fondandosi sulle leggi della conservazione della materia e dell'energia, affermava che l'unica realtà è costituita dalla materia e dalle sue incessanti trasformazioni; per loro il pensiero umano era un processo puramente fisiologico, una specie di secrezione del cervello. Era un'estensione indebita dell'autorità della scienza a conclusioni di tipo metafisico, che ha fatto parlare di "materialismo volgare"; ma ciò non toglie che queste idee ebbero larga circolazione.

Del resto la diffusione di idee scientifiche, o presunte tali, fra tutte le persone di qualche cultura anche umanistica, è caratteristica dell'epoca: si sono potute trovare in certe poesie di Pascoli tracce della lettura del francese Flammarion, autore di fortunate opere divulgative sulle origini dell'universo e sull'evoluzione delle specie.

IL POSITIVISMO

Comte e Spencer

Al modello della conoscenza scientifica si ispira la corrente filosofica del positivismo (il termine si riferisce alla supremazia dei dati di fatto "positivi" sulle speculazioni astratte). Già nella prima metà del secolo il francese Auguste Comte (1798-1857) aveva pubblicato un suo ponderoso *Corso di filosofia positiva*, che all'epoca non aveva scalfito l'egemonia delle correnti spiritualiste e idealiste. Ma dopo il 1860 il positivismo, intrecciato alle suggestioni dell'evoluzionismo darwiniano, acquista il predominio nelle università e nella cultura e trova la massima diffusione con l'opera dell'inglese Herbert Spencer (1820-1903).

Le idee-chiave

L'idea-chiave del positivismo è che l'unica vera conoscenza è quella ottenuta col metodo scientifico, basato sull'osservazione sperimentale dei fenomeni e sulla scoperta delle leggi che li mettono in relazione; è esclusa la speculazione metafisica sulle cause ultime della realtà e sulle sostanze (Dio, spirito, materia). Compito della filosofia è allora ordinare i risultati della ricerca scientifica, definire e classificare gli ambiti delle diverse scienze e trarne le conclusioni più generali.

▸D2

Nel pensiero di Spencer, queste conclusioni si riassumono nella legge dell'evoluzione, che consiste nel passaggio dall'indifferenziato al differenziato, dall'incoerente al coerente, in tutti gli ordini della realtà: i sistemi stellari si evolvono dall'ammasso indistinto delle nebulose, l'evoluzione biologica produce organismi sempre più complessi e differenziati, anche le società umane procedono verso una progressiva differenziazione delle classi e specializzazione delle attività. Questo inserimento della storia umana nel processo evolutivo della natura porta alla visione ottimistica di un progresso indefinito: «l'evoluzione può terminare, per l'uomo, solo con lo stabilirsi della più grande perfezione e della più completa felicità», scrive Spencer.

Herbert Spencer

LA LEGGE DELL'EVOLUZIONE

Primi princìpi (1862), l'opera più importante di Spencer, si divide in due parti. Nella prima, intitolata *L'inconoscibile*, l'autore riconosce nella realtà la presenza di un Assoluto inattingibile dalla scienza e ammette dunque la legittimità della religione. Nella seconda parte, intitolata *Il conoscibile*, da cui è tratto questo brano, assegna alla filosofia il compito di unificare i diversi campi della conoscenza scientifica.

Herbert Spencer, *Primi princìpi*, trad. dall'inglese di G. Salvadori, Bocca, Torino, 1905

L'avanzamento dal semplice al complesso, per via di successive modificazioni sopra modificazioni[1], si vede tanto nei più remoti cambiamenti dei Cieli a cui la ragione ci può ricondurre[2], quanto nei più remoti cambiamenti che noi possiamo induttivamente[3] stabilire; si vede nella evoluzione geologica e climatica della Terra; in quella di ogni organismo individuale che vive sulla superficie, e del complesso degli organismi[4]; si vede nella evoluzione dell'Umanità, considerata sia nell'uomo incivilito, sia nell'insieme delle razze[5]; si vede nella evoluzione della società rispetto alla sua organizzazione politica, religiosa, ed economica[6] del pari[7]; e si vede nella evoluzione di quegli innumerevoli prodotti concreti ed astratti dell'attività umana[8], che costituiscono l'ambiente della nostra vita di ogni giorno. Dal più remoto passato cui la Scienza può scandagliare, fino alle novità di jeri, un carattere essenziale della Evoluzione è stata la trasformazione dell'omogeneo nell'eterogeneo.

John McLure Hamilton, *Herbert Spencer*, XX secolo. (Londra, National Portrait Gallery)

1. **L'avanzamento... modificazioni**: l'evoluzione attraverso un accumulo progressivo di modifiche. L'idea è evidentemente attinta all'evoluzionismo darwiniano.
2. **nei più remoti... ricondurre**: secondo la cosmologia del tempo, l'universo (*Cieli*) in origine era composto da una massa nebulosa omogenea, che poi è venuta solidificandosi e differenziandosi in corpi stellari diversi.
3. **induttivamente**: partendo dai dati sperimentali e risalendo dai casi particolari a conclusioni generali.
4. **in quella... organismi**: durante lo sviluppo prenatale ogni organismo passa da uno stato in cui le sue parti sono poco distinte a uno in cui esse formano organi e tessuti diversi; anche il *complesso degli organismi* attraverso l'evoluzione è andato differenziandosi in specie sempre più diverse.
5. **considerata... razze**: per Spencer *l'uomo incivilito* ha un corpo e un sistema nervoso più complessi di quello non incivilito; l'*insieme delle razze* si è via via differenziato.
6. **nella evoluzione... economica**: nelle società primitive tutti gli individui svolgono le stesse funzioni, in quelle evolute essi hanno funzioni sempre più differenziate.
7. **del pari**: altrettanto.
8. **prodotti concreti ed astratti... umana**: gli oggetti materiali e quelli *astratti* (il linguaggio, le forme di pensiero) prodotti dall'uomo; anch'essi evolvendosi diventano gradualmente più differenziati e complessi.

Le scienze umane

Il positivismo poneva dunque l'esigenza di estendere il metodo scientifico dalla conoscenza della natura a quella dell'uomo e della società; in questo clima le scienze umane, come la psicologia, la sociologia, la linguistica, l'antropologia culturale, ebbero grande sviluppo e acquisirono una fisionomia distinta. L'egemonia positivista si estese anche agli ambiti tradizionalmente umanistici: basta pensare agli studi sull'origine del cristianesimo del francese ERNEST RENAN (1823-1892), che con la sua *Vita di Gesù* (1863) sollevò uno scandalo proponendo un'interpretazione puramente storica e umana di Cristo. In campo estetico e letterario ebbero grande influenza le idee dello storico francese HIPPOLYTE TAINE (1828-1893), che nella *Filosofia dell'arte* (1866) sostenne che i fatti artistici possono essere spiegati sulla base delle condizioni materiali in cui si producono, riassunte nella triade *race, milieu, moment*: "razza" (fattori fisici ed ereditari), "ambiente" (fattori climatici, geografici, sociali e culturali) e "momento" (circostanze storiche). In questo modo anche l'arte veniva ridotta a un fenomeno determinato da leggi causali: «Qui come dovunque si tratta soltanto di un problema di meccanica: l'effetto totale è una risultante interamente determinata dalla grandezza e dalla direzione delle forze che la producono» (vedi p. 588).

IL MATERIALISMO STORICO

Politica e pensiero

L'idea che i fatti spirituali come l'arte, le religioni, le ideologie abbiano un fondamento materiale veniva contemporaneamente sviluppata, in modo indipendente, dal fondatore del materialismo storico KARL MARX (1818-1883) e da FRIEDRICH ENGELS (1820-1895), suo collaboratore in molte opere. L'attività di Marx rientra fondamentalmente nella storia politica (*Manifesto del Partito comunista*, 1848) e in quella del pensiero economico-politico (*Il capitale*, il cui primo volume uscì nel 1867): al centro pone la prospettiva di una rivoluzione sociale. Isolarne un aspetto puramente filosofico è un po' fare violenza alla sua recisa affermazione secondo cui «i filosofi hanno soltanto variamente interpretato il mondo, ma quello che importa è modificarlo» (*Tesi su Feuerbach*); bisogna tuttavia almeno accennare a quelle idee che hanno più pesato nella storia della cultura.

La «sovrastruttura»

Il concetto-chiave del pensiero marxiano è che la base della società è la struttura economica: nella produzione dei beni gli uomini entrano tra loro in determinati rapporti, che sono i rapporti di classe, storicamente variabili a seconda dello sviluppo delle forze produttive. ▸D3 Su questa base si eleva la «sovrastruttura» costituita dalle forme politiche e da tutti i prodotti spirituali: «gli uomini che sviluppano la loro produzione e le loro relazioni materiali trasformano, insieme con questa loro realtà, anche il loro pensiero e i prodotti del loro pensiero».

Marxismo e letteratura

Anche se Marx ed Engels si occuparono solo occasionalmente di teoria estetica e letteraria, le loro idee avevano grosse implicazioni su questo terreno: se le opere artistiche e letterarie sono considerate parte della «sovrastruttura», devono essere interpretate da un punto di vista rigorosamente storico, sullo sfondo delle condizioni sociali di cui sono un riflesso. È possibile allora separare l'apprezzamento del valore artistico dal giudizio sulla situazione sociale di cui sono un'espressione? Il problema è imbarazzante, da un punto di vista marxista, se si considera che tanti capolavori sono sorti dalla cultura delle classi dominanti e conservatrici. E come si spiega che le grandi opere del passato continuino a esercitare il loro fascino anche quando sono superate le condizioni materiali da cui sono sorte?

Karl Marx

STRUTTURA E SOVRASTRUTTURA

Questo brano, in cui Marx espone in forma sintetica la concezione del materialismo storico, è tratto dalla *Prefazione* a *Per la critica dell'economia politica* (1859), un'opera che elabora una teoria scientifica dello sviluppo sociale basata sulla centralità dell'economia nei processi storici.

Karl Marx, *Per la critica dell'economia politica*, trad. dal tedesco di E. Cantimori Mezzomonti, Editori Riuniti, Roma, 1957

Nella produzione sociale della loro esistenza[1], gli uomini entrano in rapporti determinati, necessari, indipendenti dalla loro volontà, in rapporti di produzione[2] che corrispondono a un determinato grado di sviluppo delle loro forze produttive[3] materiali. L'insieme di questi rapporti di produzione costituisce la struttura economica della società, ossia la base reale sulla quale si eleva una sovrastruttura giuridica e politica[4] e alla quale corrispondono forme determinate della coscienza sociale. Il modo di produzione della vita materiale condiziona, in generale, il processo sociale, politico e spirituale della vita. Non è la coscienza degli uomini che determina il loro essere, ma è, al contrario, il loro essere sociale che determina la loro coscienza[5]. A un dato punto del loro sviluppo, le forze produttive materiali della società entrano in contraddizione con i rapporti di produzione esistenti, cioè con i rapporti di proprietà (che ne sono soltanto l'espressione giuridica) dentro i quali tali forze per l'innanzi s'erano mosse. Questi rapporti, da forme di sviluppo delle forze produttive, si convertono in loro catene[6]. E allora subentra un'epoca di rivoluzione sociale. Con il cambiamento della base economica si sconvolge più o meno rapidamente tutta la gigantesca sovrastruttura[7]. Quando si studiano simili sconvolgimenti, è indispensabile distinguere sempre fra lo sconvolgimento materiale delle condizioni economiche della produzione, che può essere constatato con la precisione delle scienze naturali, e le forme giuridiche, politiche, religiose, artistiche o filosofiche, ossia le forme ideologiche[8] che permettono agli uomini di concepire questo conflitto e di combatterlo.

1. **Nella produzione... esistenza**: nel lavoro che svolgono in cooperazione (*sociale*) per produrre i mezzi necessari alla loro esistenza materiale.
2. **rapporti di produzione**: i rapporti che si instaurano fra gli uomini nel corso della *produzione* economica; per esempio il rapporto fra lavoratore salariato e capitalista.
3. **forze produttive**: Marx indica con questo termine sia gli uomini che producono (contadini, salariati ecc.) sia il modo in cui producono (agricoltura, industria ecc.) sia i mezzi con cui producono (materie prime, strumenti, tecniche ecc.).
4. **L'insieme... politica**: la *base reale* di ogni società è costituita dall'insieme dei rapporti di produzione e delle forze produttive (*struttura*); il diritto, la politica, le idee (*forme determinate della coscienza sociale*) sono una *sovrastruttura* che sorge su questa *struttura economica*.
5. **Non è... coscienza**: non è quel che gli uomini pensano di sé (*coscienza*) a determinare quel che gli uomini sono, ma è la struttura di una società (*il loro essere sociale*) a determinare le idee dominanti (*la loro coscienza*).
6. **A un dato punto... catene**: a un certo punto lo *sviluppo* (il progresso tecnico, l'incremento quantitativo) delle *forze produttive* non è più compatibile con i *rapporti di proprietà*, manifestazione giuridica dei *rapporti di produzione*, al cui interno agivano. Per esempio, la produzione industriale è sorta nell'ambito di rapporti di produzione e di proprietà feudali, ma il suo sviluppo si è poi manifestato incompatibile con essi, diventati ostacoli (*catene*) per la crescita produttiva.
7. **Con il... sovrastruttura**: il sistema politico, giuridico e delle idee cambia *più o meno rapidamente* in conseguenza del mutamento della vecchia struttura economica.
8. **le forme ideologiche**: le idee giuridiche, politiche, religiose, artistiche e filosofiche sono *forme ideologiche*: esse cioè vengono presentate come valide in se stesse, ma in realtà sono modi di concepire e combattere il *conflitto* fra interessi economici diversi. Fu Marx a dare al termine "ideologia" questo senso peggiorativo di visione mistificante della realtà; oggi invece esso è usato anche per indicare, più in generale, qualsiasi sistema di credenze, idee, valori.

Queste questioni, nell'epoca di cui ci occupiamo, furono discusse nella cerchia degli intellettuali impegnati a fondare una cultura del movimento operaio, un po' ai margini della cultura ufficiale, dalla quale il marxismo fu più spesso condannato sommariamente che realmente capito e discusso. La loro importanza è però divenuta centrale nel dibattito culturale per buona parte del Novecento.

LA CRISI DELLA RAGIONE

I limiti della scienza

Diversi e opposti per molti aspetti, positivismo e marxismo hanno in comune la fiducia in una spiegazione razionale complessiva della realtà, ottenuta con un metodo scientifico. Ma l'epoca del positivismo è anche attraversata da dubbi e contrasti sui limiti della conoscenza scientifica. In una celebre conferenza del 1880, intitolata *I sette enigmi del mondo*, il fisiologo tedesco Emil Du Bois-Reymond enumera le questioni che la scienza non potrà mai risolvere, come l'essenza della materia, l'origine della vita, l'origine del pensiero: *Ignoramus et ignorabimus* ("ignoriamo e ignoreremo sempre") è il suo motto. E Spencer e altri positivisti ammettono che la scienza conosce solo fenomeni e connessioni di fenomeni, non risponde alle domande più radicali sull'essenza del mondo e sul destino dell'uomo: questi problemi sono lasciati all'ambito della religione, in un progetto di coesistenza pacifica tra scienza e fede.

La rivolta contro il positivismo

Più radicali le critiche provenienti da ambienti intellettuali estranei al positivismo: la scienza è accusata di essere bassamente materialista, insensibile alle esigenze più profonde dell'uomo come sentimenti, ideali, morale, fede. Su questa base c'è tutto un fiorire di ritorni alla religione o a filosofie idealiste, spiritualiste, mistiche: si proclama la superiorità dell'azione sul pensiero, dell'intuizione sull'analisi razionale, si denuncia il carattere inferiore, meramente utilitario, della conoscenza scientifica. Queste correnti acquistano forza lungo i decenni, fino a configurare alla fine del secolo una generale rivolta antipositivista.

Friedrich Nietzsche

Il pensatore che in questo ambito ha avuto l'influenza più estesa e duratura, il tedesco FRIEDRICH NIETZSCHE (1844-1900), non critica semplicemente il positivismo, prende piuttosto di petto l'intera tradizione del pensiero occidentale basata sull'idea di ragione. Nel suo primo libro, *La nascita della tragedia* (1872), pone alle origini della cultura greca un elemento «dionisiaco», l'abbandono alla forza naturale dell'istinto, che il successivo pensiero antico e cristiano ha soffocato sotto una crosta di intellettualismo, e che tocca allo spirito germanico far rinascere. Gli altri suoi libri sono per lo più raccolte di pensieri staccati, aforismi, spunti critici brillanti ma frammentari, a volte contraddittori; il più famoso, *Così parlò Zarathustra* (1884), condensa il suo messaggio in forma lirica e immaginosa, attribuendolo al mitico fondatore della religione persiana.

Edvard Munch, *Ritratto di Friedrich Nietzsche*, 1906. (Stoccolma, Thielska Galleriet)

Il superuomo

Nietzsche parte dall'affermazione della crisi definitiva di tutti i valori tradizionali, di tutte le fedi: «Dio è morto», proclama il suo Zarathustra. ▸D4 L'uomo moderno non vede più nulla al di sopra della propria naturalità e dell'«eterno ritorno» dei fenomeni naturali: la caduta dei punti di riferimento tradizionali crea una specie di deserto morale. Questa crisi non deve però essere vissuta come una perdita, ma come un'occasione di liberazione, di gioiosa espansione delle energie naturali dell'uomo, della sua «volontà di potenza»: sarà questo il compito del «superuomo», il nuovo tipo umano oscuramente annunciato da Zarathustra. È un compito riservato a

DOCUMENTO 4

Friedrich Nietzsche

«DIO È MORTO»

Così parlò Zarathustra è l'unico libro della maturità di Nietzsche concepito unitariamente, non come una raccolta di pensieri frammentari. Scritto in forma immaginosa e metaforica, narra il mito di un ritorno sulla terra dell'antico profeta persiano ad annunciare una nuova dottrina che, smascherando le falsità della cultura tradizionale, presenta in forma poetico-religiosa l'ideale di un'umanità totalmente rinnovata.

Friedrich Nietzsche, *Così parlò Zarathustra*, parte prima, trad. dal tedesco di M. Montinari, Adelphi, Milano, 1989

Giunto nella città vicina, sita presso le foreste, Zarathustra[1] vi trovò radunata sul mercato una gran massa di popolo: era stata promessa infatti l'esibizione di un funambolo[2]. E Zarathustra parlò così alla folla:

Io vi insegno il superuomo. L'uomo è qualcosa che deve essere superato[3]. Che avete fatto per superarlo?

Tutti gli esseri hanno creato qualcosa al di sopra di sé[4]: e voi volete essere il riflusso in questa grande marea e retrocedere alla bestia piuttosto che superare l'uomo?

[...]

Ecco, io vi insegno il superuomo!

Il superuomo è il senso della terra[5]. Dica la vostra volontà: *sia* il superuomo il senso della terra!

Vi scongiuro, fratelli, *rimanete fedeli alla terra* e non credete a quelli che vi parlano di sovraterrene speranze! Lo sappiano o no: costoro esercitano il veneficio[6]. Dispregiatori della vita essi sono, moribondi e avvelenati essi stessi, hanno stancato la terra: possano scomparire!

Un tempo il sacrilegio contro Dio era il massimo sacrilegio, ma Dio è morto[7], e così sono morti anche tutti questi sacrileghi[8]. Commettere il sacrilegio contro la terra, questa è oggi la cosa più orribile, e apprezzare le viscere dell'imperscrutabile più del senso della terra[9]!

1. **Zarathustra**: profeta iranico di incerta identità storica, vissuto tra il 1000 e il 600 a.C., fondatore di una religione (zoroastrismo o mazdeismo) tuttora presente in Iran. I greci lo conobbero come Zoroastro e videro in lui il simbolo di una mitica saggezza orientale; in questo senso viene ripreso da Nietzsche.
2. **funambolo**: acrobata capace di camminare su una corda tesa.
3. **L'uomo... deve essere superato**: bisogna superare i limiti che la tradizione e la civiltà hanno imposto alle potenzialità umane.
4. **Tutti... sé**: richiamo all'evoluzionismo darwiniano, secondo cui le specie più semplici e originarie, evolvendosi, hanno creato specie superiori.
5. **Il superuomo... terra**: il *superuomo* è colui che, accettando con coraggio la vita terrena come unica realtà, restituisce *senso* alla *terra*.
6. **esercitano il veneficio**: sono avvelenatori delle coscienze.
7. **Dio è morto**: gli ideali e i valori su cui si era formata la civiltà europea attraverso il cristianesimo si sono rivelati fondati sul nulla.
8. **sono morti... questi sacrileghi**: con la "morte di Dio" sono spariti anche tutti quei timori reverenziali che facevano giudicare come sacrileghi certi atteggiamenti.
9. **apprezzare... terra**: dare più valore al mistero dell'aldilà (*l'imperscrutabile*) che alla vita materiale (la *terra*).

pochi individui eletti che sappiano liberarsi dai vincoli della morale tradizionale: i valori cristiani di solidarietà e di amore del prossimo non sono altro che una «morale degli schiavi» inventata dagli uomini inferiori per proteggere la propria mediocrità.

Se l'idea del superuomo è delineata in modo profeticamente oscuro, è chiaro comunque il suo fondamento aristocratico, il diritto dei più forti ad asservire ai propri fini i più deboli: le caste inferiori, le razze inferiori. Solo così sono sorte le forme superiori di civiltà, afferma Nietzsche, a cui risale anche un argomento tipico del "darwinismo sociale": «La compassione intralcia la legge dello sviluppo che è la legge della *selezione*».

Un pensatore travisato

Il pensiero di Nietzsche si è rivelato fecondo come critica radicale e spregiudicata di tutti i valori tradizionali, e non può essere ridotto a idee di sopraffazione sociale; ma sta di fatto che sul finire dell'Ottocento furono queste le sue idee che ebbero la maggiore diffusione e servirono di base a tendenze di nazionalismo autoritario e aggressivo e addirittura di razzismo antisemita, al di là delle intenzioni dell'autore (che non era né nazionalista né antisemita).

L'ideologia dell'imperialismo

Lo scenario della fine del secolo può essere riassunto nello scontro fra due tendenze ideologiche. Una in declino, di carattere razionalista, umanitario e progressista, nata dall'incontro fra il positivismo e il socialismo riformista. L'altra, aggressivamente emergente, che si richiama a filosofie dell'azione, della vita, del superuomo, e afferma la supremazia della forza sul diritto e sulla solidarietà, la necessità e la bellezza della lotta e della guerra, la subordinazione dei bisogni sociali all'interesse nazionale, la necessità di un governo forte. Questa tendenza è l'ideologia dell'età degli imperialismi e accompagna l'Europa nel suo precipitare verso la tragedia delle due guerre mondiali.

La letteratura: produzione, circolazione, poetiche

L'INDUSTRIA EDITORIALE E IL PUBBLICO

Un pubblico di massa

La diffusione dell'istruzione e il miglioramento delle condizioni di vita fanno ancora aumentare il numero dei lettori nell'Europa del tardo Ottocento. Nei paesi più evoluti si forma per la prima volta un pubblico di massa, cioè un pubblico che comprende la maggioranza della popolazione, senza escludere gli strati popolari.

Nel far fronte a un mercato così allargato, l'industria editoriale si amplia e si consolida: alla vecchia impresa editoriale artigiana, legata alla stamperia o alla libreria, subentra la casa editrice con caratteri industriali, che spesso è presente insieme sul mercato del libro e della stampa periodica.

Letteratura e giornali

Aumenta il numero degli scrittori che vivono esclusivamente di questa attività. Quelli che hanno bisogno di un'altra professione la trovano per lo più nell'insegnamento superiore (in Italia Carducci, Pascoli, Giacomo Zanella) o nel giornalismo (in Italia diversi esponenti del movimento letterario della scapigliatura, D'Annunzio, Matilde Serao). Del resto l'attività letteraria e quella giornalistica coincidono quando gli scrittori pubblicano a puntate i loro romanzi su quotidiani e periodici, secondo un uso sorto in Francia intorno al 1830 e diffusosi in Italia dopo l'unità: è la cosiddetta narrativa d'appendice. L'espressione è diventata sinonimo di letteratura "bassa", destinata al consumo di un pubblico di facile contentatura; ma uscirono a puntate anche opere di alta qualità come il *Mastro-don Gesualdo* di Verga, il *Demetrio Pianelli* di Emilio De Marchi, il *Pinocchio* di Collodi.

La letteratura si specializza

Scrittori-professori o scrittori-giornalisti, i letterati vedono comunque ridursi l'ambito di loro competenza. Agli inizi dell'Ottocento la letteratura era ancora parte di un campo di attività ampio e poco differenziato, che poteva includere la politica attiva come la ricerca filosofica e scientifica: c'erano politici-scrittori come Massimo d'Azeglio (vedi Vol. 4, p. 143) e Francesco Domenico Guerrazzi, Goethe si dedicava a studi di scienza naturale, Manzoni a ricerche storiche. Nella seconda metà del secolo la filosofia e le scienze, incluse le scienze umane, sono ormai riservate agli specialisti, e anche la politica diventa un'attività professionale. Il letterato è sempre più soltanto un letterato, e se interviene su questioni sociali e politiche lo fa dall'esterno, da letterato: la letteratura diventa un settore separato della cultura.

Frattura nel gusto letterario

In questo contesto – pubblico di massa, industria editoriale, specializzazione della letteratura – si verifica un fatto nuovo di grande portata: la letteratura si scinde in una letteratura "alta", destinata a un pubblico di intenditori, e una letteratura "bassa", destinata al pubblico di massa. Nella prima metà del secolo le opere letterarie più significative potevano essere anche le più popolari: è il caso di autori come Dickens, Balzac, Manzoni; nelle appendici dei giornali un grande scrittore come Balzac poteva fare concorrenza a mestieranti come Dumas padre. Ora invece la letteratura di ambizioni elevate si allontana dal grande pubblico: gli scrittori colti scrivono sempre più per dei lettori letterati, capaci di apprezzare sottili ricerche stilistiche e di interessarsi alle disquisizioni teoriche e ai conflitti di tendenza. Il successo di pubblico comincia a essere guardato con sospetto, come segno di acquiescenza a un gusto volgare.

I LETTERATI E LA SOCIETÀ BORGHESE

Il disprezzo del borghese

Non è solo una questione di gusto letterario che allontana gli scrittori dal grande pubblico. La borghesia sempre più ricca, potente, numerosa, che dà il tono alla vita sociale, appare loro utilitaria e affarista, moralmente meschina, intellettualmente stupida. Compare in quest'epoca l'uso del termine "borghese" in senso spregiativo, da un punto di vista non tanto sociale quanto morale ed estetico. Joris-Karl Huysmans (p. 40) scrive in *A ritroso* (1884): «Il risultato della sua ascesa [del borghese] era stato la prostrazione di ogni intelligenza, la negazione di ogni onestà, la morte di ogni arte». Gustave Flaubert (p. 38) dedica gli ultimi anni della sua vita alla compilazione di un *Dizionario dei luoghi comuni*, raccolta delle insopportabili banalità della conversazione corrente.

PERCORSO
- L'intellettuale tra impegno, isolamento, emarginazione, p. 566

La "perdita d'aureola"

La questione del ruolo che possono avere i letterati in una società tanto degradata diventa drammatica. La figura del vate ispirato, che celebra i valori di una comunità e si erge a sua guida morale, può sopravvivere in Carducci, nel clima italiano un po' arretrato e provinciale, ma è un'eccezione senza riscontro nei paesi più evoluti. Lo stato d'animo più caratteristico è quello raffigurato da Charles Baudelaire nell'apologo del poeta che, traversando un *boulevard*, ha perduto la sua aureola caduta nel fango: l'aureola rappresenta una superiorità spirituale e una funzione educatrice che la società non riconosce più al poeta (p. 16). ▸D5

Gli scrittori reagiscono variamente a questa dissacrazione del loro ruolo: le alternative più tipiche si trovano nell'area dei naturalisti e in quella che possiamo qualificare in largo senso "decadente".

La risposta dei naturalisti

I romanzieri naturalisti francesi (p. 38) e i veristi italiani (p. 46) si concepiscono come "scienziati sociali", sull'esempio di Balzac: il loro compito è analizzare i problemi cruciali della società e proporli al pubblico attraverso la rappresentazione artistica. «Noi forniamo i documenti necessari perché si possa, conoscendoli, dominare il bene e il male», scrive Émile Zola, caposcuola del naturalismo. Zola è anche ottimista di fronte alla mercificazione della letteratura, che fa inorridire altri ambienti letterari. Il mercato di massa instaura la democrazia nelle lettere perché sottrae il successo al controllo di ristretti circoli aristocratici, lo scrittore si guadagna finalmente da vivere col suo lavoro e non è soggetto al mecenatismo dei potenti. Ma altri autori della stessa area si sentono più distaccati dal grande pubblico: «Il pubblico ama i romanzi falsi, questo romanzo è un romanzo vero», scrivono i fratelli Goncourt nella prefazione a *Germinie Lacerteux* (1866), scusandosi ironicamente di presentare una storia cruda e reale.

▸D6

DOCUMENTO 5

Charles Baudelaire

PERDITA D'AUREOLA

È un "poemetto in prosa" pubblicato nel 1869, nella raccolta *Lo Spleen di Parigi*, in cui Baudelaire rivela a un amico la perdita della propria "aureola poetica".

Charles Baudelaire, *Lo Spleen di Parigi*, in *Poesie e prose*, a cura di G. Raboni, trad. dal francese di R. Bacchelli, Mondadori, Milano, 1973

«Come, voi qui, mio caro? In un bordello voi, il bevitor di quintessenza[1], voi, il mangiator d'ambrosia[2]! Veramente c'è di che stupire».
«Mio caro, sapete quanto temo i cavalli e le carrozze. Poco fa nell'attraversare il Boulevard, in gran fretta, mentre saltellavo nel fango tra quel caos dove la morte giunge al galoppo da tutte le parti tutt'in una volta, la mia aureola è scivolata, a causa d'un brusco movimento, giù dal capo nel fango del macadam[3]. Non ebbi coraggio di raccattarla, e mi parve meno spiacevole perder le insegne, che non farmi romper l'ossa. E poi, ho pensato, non tutto il male vien per nuocere. Ora posso passeggiare in incognito, commetter bassezze, buttarmi alla crapula[4] come il semplice mortale. Eccomi qua, proprio simile a voi, come vedete! »
«Per lo meno dovreste mettere un avviso per chi trovi quest'aureola; farla richiedere dalla polizia urbana».
«No, in fede mia! Sto bene qui. Mi avete riconosciuto solo voi. D'altronde la dignità mi annoia, e inoltre penso con gioia che qualche poetastro la prenderà su e se ne incappellerà impudentemente. Fare la felicità del prossimo, che gioia! E specialmente d'un prossimo che mi farà ridere! Pensate a X... , o a Z... ! Eh? che bellezza!».

1. **quintessenza**: per gli alchimisti era la parte più pura delle cose, ottenuta dopo cinque distillazioni. Qui significa che il poeta è un degustatore di esperienze eccezionali, negate ai comuni mortali.
2. **ambrosia**: il nutrimento da cui, secondo la mitologia greca, gli dèi traevano la loro immortalità.
3. **macadam**: pavimentazione stradale costituita da pietrisco bagnato compresso da un rullo. Il nome deriva dal suo inventore, lo scozzese John Loudon McAdam (1756-1836).
4. **crapula**: gozzoviglia, orgia.

Émile Zola

LA LETTERATURA E IL DENARO

Il romanzo sperimentale (1880), di Émile Zola è una raccolta di scritti teorici a sostegno della narrativa naturalista. Il brano che riportiamo è tratto da uno studio sui rapporti tra il mercato editoriale e la letteratura, nel quale Zola evidenzia le nuove condizioni economiche degli scrittori contemporanei rispetto a quelle dei letterati del Seicento e del Settecento.

Émile Zola, *Il romanzo sperimentale*, trad. dal francese di I. Zaffagnini, Pratiche Editrice, Parma, 1992

Innanzitutto si diffonde l'istruzione, si creano migliaia di lettori. Il giornale penetra dovunque, anche nelle campagne si comperano libri. In mezzo secolo il libro, che era un oggetto di lusso, diventa un oggetto di consumo corrente. Un tempo costava carissimo; oggi le borse più modeste possono farsi una piccola biblioteca. Sono fatti di importanza decisiva: non appena il suo popolo sa leggere e può leggere a buon mercato, il commercio librario decuplica i suoi affari e lo scrittore trova ampiamente il modo di vivere della sua penna. Dunque, la protezione dei grandi non è più necessaria, il parassitismo scompare dal costume, un autore è un operaio come un altro, che si guadagna la vita con il suo lavoro. [...]

Il libro è divenuto insieme facile da collocare e con utili rigorosamente adeguati. È una puerilità lamentarsi del difficile accesso agli editori. [...] La maggior parte degli editori paga un diritto fisso per ogni copia stampata; se tale diritto è, ad esempio, di cinquanta centesimi, una edizione di mille copie frutterà all'autore cinquecento franchi; ed inoltre riceverà tante volte cinquecento franchi, quante edizioni stamperà l'editore. Si capisce che allora ogni recriminazione diventa impossibile; non si può sfuggire alle regole del gioco: l'autore guadagna più o meno a seconda del suo successo e l'editore stesso ha la garanzia di non versare allo scrittore che diritti proporzionali alle somme che incasserà. [...]

Così dunque il grande movimento sociale che è iniziato nel diciottesimo secolo ha avuto nel nostro il proprio esito letterario. Nuovi modi di vivere sono assicurati agli scrittori; e subito la gerarchia scompare, l'intelligenza diventa un titolo di nobiltà ed il lavoro acquista la sua dignità. Al tempo stesso, per logica conseguenza, vien meno l'influenza dei salotti e dell'Accademia[1], nelle lettere si ha l'avvento della democrazia: cioè le cricche[2] si perdono nel gran pubblico, l'opera nasce dalla gente e per la gente.

Gustave Caillebotte, *Ritratto del libraio E.J. Fontaine*, 1885. (Londra, National Gallery)

1. **dell'Accademia**: l'*Académie française*, venerabile istituzione che raccoglie i letterati più illustri. Qui è sinonimo di gruppo ristretto e autorevole, che condiziona la letteratura in senso tradizionalista.
2. **cricche**: piccoli gruppi di privilegiati che si aiutano tra loro: si riferisce ai *salotti* e all'*Accademia* citati prima.

Il poeta maledetto

Gli atteggiamenti di disprezzo per il pubblico sono più frequenti e tipici fra i "decadenti": nella poesia introduttiva ai *Fiori del male* (1857) Baudelaire apostrofa così il suo destinatario: «Tu ipocrita lettore!», e pochi anni dopo Emilio Praga (p. 58) gli fa eco: «O nemico lettor...». Stéphane Mallarmé (p. 54) pubblica nel 1887 le sue *Poesie complete* in soli quaranta esemplari, perché non si aspetta di essere capito da un numero maggiore di lettori. Il grande poeta è necessariamente un incompreso, un "maledetto", come Paul Verlaine (p. 54) definì se stesso, Rimbaud e Mallarmé in una raccolta di articoli del 1883.

Il protagonista dell'apologo baudelairiano dell'aureola racconta la sua disavventura in un bordello: il poeta, maledetto dalla società, reagisce accentuando provocatoriamente in sé i tratti dell'emarginato e del reietto, si proclama amico delle prostitute e dei vagabondi, si consuma nei vizi, vive da *bohémien* tra la strada, la bettola e l'ospedale; contemporaneamente coltiva in sé un "ideale" sublime quanto indefinito.

Decadenza

Una simile funzione provocatoria ha l'esibizione del tema della decadenza, che risale pure a un verso di Verlaine e ispirò la testata di una rivista letteraria parigina uscita dal 1886, «Le décadent». Parlare di decadenza significava contrapporre all'ottimismo progressista del positivismo l'idea di vivere un'epoca di declino, associata con compiacimento a idee di raffinatezza voluttuosa.

Il termine "decadentismo" è stato esteso da molti storici della letteratura a coprire un insieme di fenomeni letterari artistici e culturali della fine dell'Ottocento e del primo Novecento; a volte in senso negativo per indicare la mancanza di forza morale di quella cultura, a volte in un senso più neutro, così come si usa "romanticismo". Non c'è però accordo sull'uso di questa nozione che, così ampliata, finisce per avere contorni cronologici e concettuali incerti.

Estetismo

Preferire la decadenza al progresso implica il rifiuto dell'impegno morale e sociale in nome di una visione puramente estetica della vita. L'estetismo della fine del secolo non si limita al culto della bellezza artistica, che già era proprio dell'estetismo romantico, ma vuole che ogni scelta di vita sia improntata all'eleganza, alla raffinatezza, alla sensualità. Il principe degli eroi decadenti, il protagonista di *À rebours* ("A ritroso") di Joris-Karl Huysmans (p. 40), si chiude a vivere in un suo bizzarro castello stracarico di ornamenti, in una sorta di culto della sensazione. E il britannico Oscar Wilde (p. 40) nel periodo del suo maggiore successo realizza in sé il tipo del *dandy* che attira l'attenzione scandalizzata della buona società londinese con le sue stravaganze, mentre irride ai valori borghesi in nome di un aristocratico culto dell'eleganza e dell'artificio.

È Gabriele D'Annunzio a incarnare nel modo più compiuto questa tendenza, quando parla di fare della vita un'opera d'arte. In D'Annunzio l'estetismo si incontra con le suggestioni della dottrina nietzschiana del superuomo, compresi gli aspetti di sopraffazione sociale: «Il mondo è la rappresentazione della sensibilità e del pensiero di pochi uomini superiori, i quali lo hanno creato e quindi ampliato e ornato nel corso del tempo e andranno sempre più ampliandolo e ornandolo nel futuro [...] è un dono magnifico largito dai pochi ai molti, dai liberi agli schiavi: da coloro che pensano a coloro che debbono lavorare» (►D25, p. 499). Il disprezzo aristocratico per la massa non esclude, nel letterato *dandy* o superuomo, il desiderio di imporsi all'attenzione del pubblico soggiogandolo con l'esibizione della propria superiorità; per questa via l'esperienza dannunziana sfocerà nell'attivismo militare e politico.

LE POETICHE DELLA LIRICA

La poesia moderna

In Francia, a partire dall'opera di Charles Baudelaire, si compie una vera rivoluzione poetica, da cui nasce quella che chiamiamo la poesia moderna; fino alla metà del Novecento tutta la poesia europea e nordamericana ne sarà influenzata. Questa poesia è essenzialmente lirica: scompaiono i vasti poemi narrativi e filosofici ancora coltivati nell'età romantica, scompaiono gli intenti pedagogici, gli slanci oratori e sentimentali; la poesia da Baudelaire in poi vuole essere "pura", chiudere in un breve giro di versi un messaggio di bellezza valido in sé, staccato da qualsiasi intento pratico.

Parnassianesimo

Una componente di questo gusto fu teorizzata da un gruppo di poeti francesi che si presentò in tre raccolte di versi intitolate al Parnaso, il mitico colle delle Muse (*Le Parnasse contemporain*, 1866-1876). Il loro maestro, il poeta e romanziere Théophile Gautier (1811-1872), ancora in età romantica aveva lanciato lo *slogan* «L'arte per l'arte». I parnassiani miravano a una poesia di pure immagini di evidenza scultorea, priva di espressività sentimentale, anzi "impassibile"; il loro poeta ideale era un artefice squisito della parola, perfettamente padrone dei propri mezzi. Questo tema di un lavoro artistico consapevole, contrapposto all'idea romantica di ispirazione, è proprio anche dei maggiori simbolisti.

Simbolismo

Di simbolismo si cominciò a parlare in Francia intorno al 1880, includendovi Baudelaire come precursore e i tre maggiori poeti dell'epoca, Paul Verlaine, Arthur Rimbaud e Stéphane Mallarmé. Il termine designa oggi non solo una scuola, ma una tendenza diffusa, su scala europea, fra il tardo Ottocento e il primo Novecento.

I simbolisti operano un profondo rinnovamento del linguaggio poetico: con accostamenti inconsueti di parole e idee, con l'accumulo di metafore sorprendenti, con la sinestesia (intreccio di ordini diversi di sensazioni), la lingua della poesia volta le spalle alla comunicazione ordinaria, si fa allusiva; in Rimbaud e in Mallarmé giunge alla oscurità tipica della lirica moderna, cioè alla non parafrasabilità, alla mancanza di senso a prima vista. Se l'ideale neoclassico e parnassiano è la poesia come scultura o cesello, quello simbolista si ispira alla musica, che suggerisce emozioni senza dichiararle: «Musica innanzi tutto!» proclama Verlaine nella sua *Arte poetica*; i significati sono vaghi e sfumati, gli accordi sonori tra le parole evocano molto di più di quanto esse dicano esplicitamente.

Gustave Moreau, *Esiodo e la Musa*, 1891. (Parigi, Musée d'Orsay)

Il poeta veggente

Ciò che la poesia simbolista vuole evocare è una realtà "altra" che sta al di là dell'esperienza comune. Si tratta per Baudelaire delle misteriose «corrispondenze» che legano tra loro tutti gli esseri in un'armonia superiore, alla quale le immagini sensibili rinviano simbolicamente: «l'uomo passa attraverso foreste di simboli». Per Rimbaud, adolescente geniale e ribelle, il poeta deve farsi «veggente», attraverso un «lungo, immenso e ragionato sregolamento di tutti i sensi», per «giungere all'ignoto». Per Mallarmé, il più intellettuale e astratto, la realtà evocata dalla poesia è in bilico tra l'assoluto e il nulla, e la poesia finisce per non avere altro oggetto che se stessa.

▸D7

▸D8

Impressionismo, estetismo

La tensione verso un'oscura realtà superiore è propria solo dei momenti più impegnati dei simbolisti maggiori; ciò che si diffonde come gusto simbolista è soprattutto l'evocazione musicale, l'indefinito, il linguaggio raffinato e allusivo. A questo livello il simbolismo può incontrarsi con una tendenza che si può definire "impressionista", mutuando il termine dalla pittura contemporanea: la tendenza ad accostare sensazioni colte nella loro immediatezza, non ordinate in una prospettiva razionale, a immergersi nel flusso degli eventi per cogliere l'emozione irripetibile di un istante. L'esempio più chiaro è nella poesia di Pascoli, apparentemente così estraneo alla "modernità" del suo tempo.

DOCUMENTO 7

Arthur Rimbaud

«BISOGNA ESSERE VEGGENTE»

Questa lettera, scritta il 17 aprile 1871 all'amico Paul Demeny, è nota anche come "lettera del veggente". Con straordinaria lucidità il diciassettenne Rimbaud enuncia alcuni fondamenti della poetica simbolista, anticipando temi che investiranno le arti fino ai nostri giorni.

Arthur Rimbaud, *Lettera a Paul Demeny*, in *Opere*, a cura di D. Grange Fiori, trad. dal francese di D. Grange Fiori, Mondadori, Milano, 1975

Dico che bisogna essere *veggente*[1], farsi veggente.

Il Poeta si fa *veggente* mediante un lungo, immenso e ragionato *sregolarsi di tutti i sensi*. Tutte le forme d'amore, di sofferenza, di follia; cerca egli stesso, esaurisce in se stesso tutti i veleni, per conservarne soltanto le quintessenze[2]. Ineffabile tortura nella quale ha bisogno di tutta la fede, di tutta la forza sovrumana, nella quale diventa fra tutti il gran malato, il gran criminale, il gran maledetto, – e il sommo Sapiente! – Poiché giunge all'*ignoto*! Avendo coltivato la propria anima già ricca, più di ogni altro! Giunge all'ignoto, e anche se, sbigottito, finisse col perdere l'intelligenza[3] delle proprie visioni, le avrebbe viste! Crepi pure, in quel balzo tra le cose inaudite e ineffabili: altri lavoratori orribili[4] verranno: cominceranno dagli orizzonti sui quali l'altro è crollato!

Dunque il poeta è veramente rubatore di fuoco[5].

1. ***veggente***: l'espressione, usata solitamente in senso magico e religioso, significa che il poeta "vede" più e meglio dell'uomo comune, scoprendo dimensioni nascoste della realtà.
2. **le quintessenze**: l'essenza profonda, depurata da ogni mistura.
3. **l'intelligenza**: la comprensione.
4. **altri lavoratori orribili**: altri poeti, *orribili* per la terribilità e l'anormalità delle esperienze a cui si sottoporranno, *lavoratori* per il carattere metodico e ragionato dello *sregolarsi di tutti i sensi*.
5. **rubatore di fuoco**: allusione al mito di Prometeo, che rubò il fuoco agli dèi per donarlo agli uomini.

DOCUMENTO 8

Stéphane Mallarmé

«IL PARLARE NON HA RAPPORTO CON LA REALTÀ DELLE COSE»

Mallarmé sviluppò a suo modo la poetica baudelairiana delle *Corrispondenze* (▸T23), affermandosi come un caposcuola del movimento simbolista e un teorico della "poesia pura". Ne sono testimonianza questi frammenti tratti da riflessioni elaborate tra il 1886 e il 1896.

Stéphane Mallarmé, *Crisi del verso*, trad. dal francese di F. Piselli, in *Opere. Poemi in prosa e opera critica*, Lerici, Milano, 1963

Le lingue sono imperfette in questo, che sono molte, e manca la suprema[1]: pensare essendo scrivere senza accessori, né sussurro, ma tacita ancora l'immortale parola[2], la diversità degli idiomi sulla terra impedisce di proferire parole che altrimenti, si troverebbero ad essere, per un conio unico, materialmente la stessa verità[3]. [...]
Accanto ad *ombra*, opaco, *tenebre* incupisce poco; quale delusione davanti alla perversità che conferisce a *giorno* e a *notte*, contraddittoriamente, dei timbri oscuro qui, là chiaro[4]. Il desiderio di un termine di splendore brillante, o tale che si spenga, inverso; quanto ad alternative luminose semplici[5] – *Solamente*, sappiamolo *non esisterebbe il verso*: esso, filosoficamente, ci compensa del difetto delle lingue, complemento superiore[6]. [...]
Il parlare non ha rapporto con la realtà delle cose che commercialmente[7].
Un desiderio innegabile del mio tempo è separare, perché in vista di differenti attribuzioni, il doppio stato della parola, bruto o immediato qui, là essenziale[8].
Narrare, insegnare, lo stesso descrivere, e va bene, per quanto a ognuno basterebbe forse, a scambiare il pensiero umano, prendere o mettere nella mano altrui, in silenzio, una moneta[9]; l'impiego elementare del discorso è ministro dell'universale *reportage*[10] cui, la let-

1. **manca la suprema**: non ne esiste una perfetta, superiore a tutte le altre. Mallarmé usa volutamente un linguaggio prezioso, al limite della comprensibilità.
2. **pensare... parola**: poiché il pensiero è come una scrittura che non usa strumenti materiali (*accessori*) né si esprime attraverso il suono (*sussurro*), ma nel silenzio (*tacita*), e si può quindi considerare eterno, non condizionato dalla molteplicità delle lingue (*immortale*).
3. **la diversità... verità**: la varietà delle lingue parlate nel mondo impedisce che si possa usare in ogni luogo la stessa parola per designare lo stesso oggetto; in questo caso le parole potrebbero avere un'immediata corrispondenza con ciò che viene nominato, verrebbero a coincidere con esso.
4. **Accanto... chiaro**: la parola *tenebre* (*ténèbres* in francese), grazie alla vocale aperta "e", ha un suono più chiaro della parola *ombra* (*ombre* in francese), caratterizzata dal suono cupo della "o"; e così pure la parola *notte* (*nuit*), caratterizzata dal suono squillante della "i" accentata, rispetto a *giorno* (*jour*).
5. **Il desiderio... semplici**: per quanto riguarda la semplice opposizione tra il chiaro e lo scuro (*quanto ad alternative luminose semplici*), si sentirebbe l'esigenza (*desiderio*) di termini di suono chiaro (*di splendore brillante*) per designare cose luminose, e al contrario di suono scuro (*tale che si spenga, inverso*) per evocare l'oscurità. In questa parte del testo l'oscurità della prosa di Mallarmé è accentuata dall'ellitticità della sintassi.
6. ***Solamente*... superiore**: ma, se così fosse, non ci sarebbe bisogno della poesia (*il verso*), che, in linea di principio (*filosoficamente*), supplisce alla scarsa capacità evocativa delle lingue, come un complemento di livello più elevato (*complemento superiore*).
7. **Il parlare... commercialmente**: le parole del linguaggio comune hanno con le cose che designano un rapporto convenzionale e utilitario, simile al valore di scambio della moneta.
8. **in vista... essenziale**: in relazione a diverse finalità (*attribuzioni*) ci sono due modi di usare la parola (*stato*): quello *bruto o immediato* del linguaggio comune, e quello *essenziale* della poesia.
9. **Narrare... moneta**: si possono usare le parole per molti usi pratici (*narrare, insegnare, descrivere*), anche se, per questi fini, basterebbe scambiarsi semplicemente oggetti convenzionali come monete (vedi nota 7).
10. **ministro... *reportage***: strumento (*ministro*) della continua inchiesta giornalistica (*reportage*) a cui si riduce ogni forma di scrittura, tran-

teratura eccettuata, partecipa ogni genere di scritto contemporaneo. Tuttavia, a che pro la meraviglia di trasporre un fatto di natura nella sua quasi scomparsa vibratoria, secondo il giuoco della parola, se non perché ne emani, senza il fastidio d'un prossimo o concreto richiamo, la nozione pura[11]?
Io dico: un fiore! e, fuori dell'oblio ove la mia voce relega ogni contorno, in quanto qualcosa d'altro che i calici saputi, musicalmente si leva, idea autentica e soave, l'assente da ogni mazzo[12].
Al contrario d'una funzione di numerario[13] facile e rappresentativo, come lo tratta a priori la folla, il linguaggio, innanzi tutto, sogno e canto, ritrova presso il Poeta, per necessità costitutiva di un'arte consacrata alle finzioni, la sua virtualità[14].

ne quella artistica. Il *reportage* giornalistico è preso come esempio di un uso mediocre del linguaggio.
11. **a che pro... pura?**: qual è lo scopo dello stupito piacere (*meraviglia*) di evocare un oggetto naturale attraverso il suono effimero di una parola (*quasi scomparsa vibratoria*) se non quello di esprimerne l'essenza (*nozione pura*), libera dalle sensazioni e dalle caratteristiche accidentali (*senza il fastidio d'un prossimo o concreto richiamo*)?
12. **fuori... mazzo**: quando il poeta parla di un fiore, ne evoca attraverso i ritmi e i suoni della poesia (*musicalmente*) l'essenza autentica e profonda, che non è riducibile a nessun fiore concreto (*assente da ogni mazzo*), e si presenta al lettore come qualcosa di totalmente nuovo (*qualcosa d'altro che i calici saputi*), non condannato alla dimenticanza come le cose designate dalle parole del linguaggio comune (*fuori dall'oblio ove la mia voce relega ogni contorno*).
13. **funzione di numerario**: la funzione del denaro contante (vedi le note 7 e 9).
14. **il linguaggio... virtualità**: il linguaggio, usato convenzionalmente nella comunicazione quotidiana, realizza pienamente le sue potenzialità nascoste (*virtualità*) nella poesia, un'arte che non vuole riprodurre la realtà ma creare un mondo più perfetto di quello reale (*consacrata alle finzioni*).

Su un piano di gusto più superficiale, simbolismo e parnassianesimo possono sconfinare nell'estetismo decadente: una poesia fatta di immagini estenuate e voluttuose, in ambientazioni esotiche, stracarica di ornato, preziosa nel linguaggio, quale fu praticata in Italia da D'Annunzio.

LE POETICHE DELLA NARRATIVA

Romanzo puro

Come la lirica del secondo Ottocento tende alla poesia pura, si potrebbe dire che la narrativa tende al "romanzo puro". La narrazione diviene più compatta, articolata sul disegno preciso di una vicenda con un inizio e una fine; si eliminano le digressioni saggistiche e gli sfoghi soggettivi del narratore. In genere si scrivono romanzi più brevi: il romanzo-fiume che affastella eventi su eventi in modo un po' casuale, ancora praticato nell'epoca precedente da Scott, Dickens, Stendhal, Nievo, viene ora lasciato alla narrativa d'appendice.

Il racconto

Il campo in cui più si dispiega questo gusto per l'essenzialità narrativa è il racconto breve, che ha un grande sviluppo e si afferma come genere autonomo, grazie alla diffusione della stampa periodica. Ospitato su giornali e riviste, il racconto è sciolto dalla "cornice" tipica della novella medievale e rinascimentale e condensa in poche pagine una situazione o una vicenda come ritagliata dal flusso della vita, richiedendo il massimo di perizia tecnica allo scrittore.

CONTESTO

Il naturalismo: l'"impersonalità" dell'opera d'arte

Anche per la narrativa il centro dell'elaborazione letteraria è in Francia; il tema più dibattuto è la questione del naturalismo, seguita anche in Italia con viva attenzione.

Il termine "naturalismo" fu adottato verso il 1880 da Émile Zola, che raccolse intorno a sé una scuola di narratori; per certi aspetti essi trovavano un precedente nell'opera di Gustave Flaubert, che nel 1857 con *Madame Bovary* aveva inaugurato una nuova maniera narrativa. La poetica di Flaubert si impernia sull'idea dell'"impersonalità" dell'opera d'arte, che ricorda da vicino l'"impassibilità" predicata dai poeti parnassiani e muove da una simile intenzione di reagire alle effusioni sentimentali dei romantici. L'autore non

▸D9

DOCUMENTO 9

Gustave Flaubert

RAPPRESENTARE E BASTA

Dalle lettere che Flaubert scrisse alla sua amante, la scrittrice Louise Colet, riportiamo due brani del 1852 e del 1854, dedicati al tema dell'"impersonalità" dell'arte.

Gustave Flaubert, *Lettere a Louise Colet*, 9 dicembre 1852 e 22 aprile 1854, trad. dal francese di P. Serini, Einaudi, Torino, 1959

Ecco perché l'*Uncle Tom*[1] mi sembra un libro angusto[2]. Obbedisce solo a preoccupazioni morali e religiose; bisognava scriverlo, invece, da una visuale *umana*. Per impietosirmi di uno schiavo che viene torturato, non è necessario che sia un brav'uomo, buon padre, buon marito, che canti inni e legga l'Evangelio e perdoni ai suoi carnefici...

Le riflessioni dell'autore mi hanno continuamente infastidito. Che bisogno c'è di riflessioni sulla schiavitù? Rappresentatemela, e basta. [...]

L'autore dev'essere nella sua opera come Dio nell'universo; presente dovunque e non visibile in nessun luogo. Dato che l'Arte è una seconda natura, il creatore di questa natura deve operare in modo analogo al creatore della prima: bisogna che in tutti gli atomi, in tutti gli aspetti di essa si senta un'impassibilità ascosa[3] e infinita. L'effetto, per lo spettatore, dev'essere una specie di sbalordimento. Deve dire: «Com'è stato fatto tutto ciò?», deve sentirsi annichilito senza capire perché. L'arte greca s'ispirava a tale principio, e per attuarlo piú facilmente sceglieva i propri personaggi in condizioni di eccezione, re dèi semidei, non cercava d'interessare con le nostre faccende personali, il suo fine era il divino.

1. **Uncle Tom**: *La capanna dello zio Tom* (1852), romanzo della scrittrice americana Harriet Beecher-Stowe.
2. **angusto**: povero, meschino.
3. **ascosa**: nascosta.

Un ritratto fotografico di Gustave Flaubert realizzato da Étienne Carjat nel 1860. (Rouen, Bibliothèque municipale) deve intervenire direttamente nella narrazione manifestando giudizi, commenti, reazioni emotive. Traspare da queste parole un ideale di perfezione stilistica priva di scorie soggettive, volta a ricostruire con nitidezza un frammento di vita reale, senza imporre al lettore una tesi.

Il romanzo sperimentale

Zola collega più esplicitamente il naturalismo allo scientismo positivista. In uno scritto del 1880 intitolato *Il romanzo sperimentale*, prende a ▸D10 fondamento il testo di epistemologia scientifica più apprezzato dell'epoca, l'*Introduzione allo studio della medicina sperimentale* (1865) del fisiologo Claude Bernard, per collocare in quel quadro l'attività narrativa: il romanzo è una sorta di esperimento in cui l'autore si chiede come può reagire un dato personaggio in una data situazione. Alla base c'è l'idea che il comportamento umano sia determinato, come i fenomeni naturali, da leggi causali, tra le quali il maggior rilievo spetta ai condizionamenti ereditari e a quelli ambientali (i fattori di «razza» e «ambiente» di cui parlava Taine). Lo scopo è fornire elementi di analisi sulle cause delle deviazioni individuali e sociali, che permettano di intervenire per

Émile Zola

IL ROMANZO SPERIMENTALE

Nel 1880 Émile Zola pubblicò una raccolta di saggi sulla narrativa sotto il titolo *Il romanzo sperimentale*; apriva la raccolta un saggio con lo stesso titolo, che è considerato il testo teorico fondante del naturalismo. Ne riproduciamo alcuni estratti.

Émile Zola, *Il romanzo sperimentale*, trad. dal francese di I. Zaffagnini, Pratiche Editrice, Parma, 1992

Bisognava partire dal determinismo[1] dei corpi inanimati per arrivare al determinismo degli organismi viventi; e poiché scienziati come Claude Bernard dimostrano ora che leggi immutabili regolano il corpo umano, si può annunciare, senza timore di ingannarsi, il momento in cui a loro volta saranno formulate le leggi del pensiero e delle passioni. Un identico determinismo deve regolare il ciottolo della strada ed il cervello dell'uomo. [...]
Da quel momento la scienza entra dunque nel terreno che appartiene a noi romanzieri che, ora, analizziamo l'uomo nella sua azione individuale e sociale. Con le nostre osservazioni ed i nostri esperimenti portiamo avanti il lavoro del fisiologo, il quale ha portato avanti quello del fisico e del chimico. In qualche modo facciamo della psicologia scientifica per completare la fisiologia scientifica e, per condurre a termine l'evoluzione, non dobbiamo fare altro che utilizzare nei nostri studi sulla natura e sull'uomo lo strumento decisivo del metodo sperimentale. In una parola, dobbiamo operare sui caratteri, sulle passioni, sui fatti umani e sociali come il fisico ed il chimico operano sui corpi inanimati e come il fisiologo opera sugli organismi viventi. Il determinismo regola l'intera natura. L'investigazione scientifica, il procedimento sperimentale combattono ad

1. **determinismo**: l'ipotesi secondo cui tutti i fenomeni naturali sono determinati da condizioni ed eventi precedenti secondo il principio della causalità. È uno dei grandi presupposti della scienza positivista.

porvi rimedio: a differenza della maggioranza dei suoi contemporanei, Zola crede a una funzione sociale della letteratura, nel quadro di un progressismo democratico di impronta evoluzionista.

La reazione al naturalismo

Il naturalismo improntò fortemente la narrativa della seconda metà dell'Ottocento e si diffuse dalla Francia in Italia e in altri paesi europei. Ma la sua affermazione non fu mai incontrastata. Era un'arte che non andava incontro ai gusti più facili del pubblico che chiedeva al romanzo evasione, consolazione, conferma delle sue certezze morali. I naturalisti, che rappresentavano crudamente le condizioni di vita dei ceti proletari, oppure i comportamenti devianti dei ceti superiori, erano accusati di essere materialisti, addirittura immorali: la storia del naturalismo comincia col processo per immoralità intentato contro *Madame Bovary* (vedi p. 38).

Negli ambienti letterari ci furono sempre correnti che avversavano questa scuola in nome di un'arte che non rappresentasse la bruta realtà, ma esprimesse qualcosa di "ideale". Fra queste tendenze ebbe un ruolo di primo piano l'estetismo, rappresentato tipi-

DOCUMENTO 10

una ad una le congetture degli idealisti[2] e sostituiscono i romanzi di pura immaginazione con i romanzi di osservazione e di esperimento. [...]

Ebbene, questo sogno del fisiologo e del medico sperimentale[3] è anche quello del romanziere che applica allo studio dell'uomo nella natura e nella società il metodo sperimentale. Il nostro scopo è il medesimo; anche noi vogliamo essere padroni dei fenomeni della vita intellettuale e passionale, per poterli guidare. In una parola siamo dei moralisti sperimentali[4] che mettono in luce mediante l'esperimento come si comporta una passione in un dato ambiente sociale. Il giorno in cui ci impadroniremo del suo meccanismo, si potrà curarla e placarla o almeno renderla il più inoffensiva possibile. Ecco dunque in che consistono l'utilità pratica e la elevata moralità delle nostre opere naturaliste, che sperimentano sull'uomo, che smontano e rimontano pezzo per pezzo la macchina umana per farla funzionare sotto l'influenza dei vari ambienti. Col procedere del tempo, col divenire padroni delle leggi, si tratterà soltanto di agire sugli individui e sugli ambienti, se si vuole arrivare allo stato sociale migliore. In tal modo facciamo della sociologia pratica ed il nostro lavoro avvantaggia le scienze politiche ed economiche.

2. **le congetture degli idealisti**: le ipotesi non sperimentali degli *idealisti*; in un altro punto del saggio Zola definisce *idealisti* «gli scrittori che si allontanano dall'osservazione e dall'esperimento per fondare le proprie opere sul soprannaturale e l'irrazionale».
3. **questo... sperimentale**: diventare «padrone delle malattie», capace di guarirle «infallibilmente per la felicità e il vigore della specie».
4. **moralisti sperimentali**: studiosi del comportamento umano, con un fine morale e un metodo sperimentale. Zola intende replicare alle accuse di immoralità che colpivano la narrativa naturalista.

DOCUMENTO 11

Oscar Wilde

LA MENZOGNA È LO SCOPO LEGITTIMO DELL'ARTE

Nel saggio *La decadenza della menzogna*, composto in forma di dialogo tra il 1889 e il 1891, Oscar Wilde immagina che due amici discutano sulla natura dell'arte. Nei passi che riportiamo il personaggio col quale Wilde si identifica tira le somme della discussione.

Oscar Wilde, *La decadenza della menzogna*, in *Opere*, trad. dall'inglese di M. d'Amico, Mondadori, Milano, 1979

L'arte non esprime mai niente altro che se stessa. Ha una vita indipendente, proprio come l'ha il pensiero, e si sviluppa puramente sulle proprie linee. Non è necessariamente realistica in un'epoca di Realismo, né spirituale in un'epoca di fede. Così, lungi dall'essere la creazione della sua epoca è di solito in diretta opposizione a questa, e la sola storia che ce la conservi è la storia del suo progresso[1]. [...]

Tutta l'arte cattiva viene dal ritorno alla Vita e alla Natura[2], e dalla loro elevazione a ideali. La vita e la natura possono a volte essere usate come parte del materiale grezzo dell'arte, ma prima di essere di alcuna vera utilità per l'arte debbono esser tradotte in convenzioni artistiche. Il momento in cui l'arte cede il proprio mezzo immaginativo, cede ogni cosa. Come metodo il Realismo è un fallimento completo, e le due cose che ogni artista dovrebbe evitare sono la modernità di forma[3] e la modernità di materiale[4]. Per noi, che viviamo nel diciannovesimo secolo, qualsiasi secolo è un soggetto adatto all'arte tranne il nostro. [...] M. Zola si siede e ci dà un ritratto del Secondo Impero[5]. A chi importa del Secondo Impero oggi? È datato. La vita va più in fretta del Realismo, ma la Fantasia precede sempre la Vita. [...]

La rivelazione finale è che la menzogna, il narrare belle cose non vere, è lo scopo legittimo dell'arte.

Oscar Wilde fotografato da Napoleon Sarony nel 1891. (Washington, Library of Congress)

1. **la sola... progresso**: la sola storia che si può fare dell'arte è la storia dell'evolversi delle sue forme, indipendente dal contesto storico nel quale si sviluppa.
2. **Tutta... Natura**: poiché l'arte ha il suo valore in se stessa, ogni volta che gli artisti cercano di imitare la realtà (la *Natura* e la *Vita*) ottengono risultati scadenti.
3. **modernità di forma**: la ricerca di uno stile che si modelli sul linguaggio e sul modo di sentire dei contemporanei.
4. **modernità di materiale**: il riferimento a fatti e ambienti del mondo contemporaneo.
5. **M. Zola... Impero**: *Monsieur* Zola. Il caposcuola del naturalismo francese è uno dei principali bersagli polemici di Wilde; i suoi romanzi del grande ciclo dei *Rougon-Macquart* sono ambientati nel periodo dell'impero di Napolone III (1849-1870), un'epoca da poco trascorsa.

▸T4 ▸T102 ▸T5 camente da tre romanzi-manifesto dell'epoca: *À rebours* ("A ritroso") di Joris-Karl Huysmans (1884), *Il piacere* di D'Annunzio (1889), *Il ritratto di Dorian Gray* (1890) dell'irlandese Oscar Wilde. Oltre che attraverso la narrazione, l'estetismo si espresse anche in dichiarazioni esplicite di poetica, tra le quali spiccano quelle di D'Annunzio, numerose ▸D11 e variegate, e certe prese di posizione provocatorie di Wilde, che irrideva alla ricerca di "verità" e alla volontà di assegnare all'arte scopi sociali.

La cultura letteraria in Italia

IL PROBLEMA DELLA LINGUA

Fare gli italiani

«Il primo bisogno d'Italia è che si formino italiani»: la nota frase scritta da Massimo d'Azeglio (1798-1866) all'indomani dell'unità esprime bene la percezione che subito si ebbe delle differenze culturali e sociali che attraversavano una nazione che gli entusiasmi risorgimentali avevano fatto sognare «una di lingua e di cor», come aveva scritto Manzoni in *Marzo 1821*. Non per nulla la varietà delle culture regionali permea la narrativa italiana degli ultimi decenni del secolo.

Italofoni e dialettofoni

Queste diversità erano innanzitutto linguistiche. Le stime sulla percentuale di sudditi del Regno che nel 1861 conoscevano la lingua italiana oscillano tra il 2,5% e il 9,5%: tutti gli altri erano in grado di usare solo il proprio dialetto. Gli analfabeti erano il 75% della popolazione, e la frequenza di due o tre anni di scuola elementare non bastava ad assicurare il possesso dell'italiano: «La lingua italiana i maestri non la conoscono e non vogliono adoperarla, difendendosi colla scusa, che i loro alunni non l'intendono», fu scritto a proposito delle scuole rurali in un'inchiesta ministeriale del 1865.

Manzoniani e antimanzoniani

Si discusse molto «intorno all'unità della lingua e ai mezzi per diffonderla», come suona il titolo della relazione scritta da Manzoni nel 1868 per il ministro della Pubblica Istruzione, il documento più importante di questo dibattito. Molti letterati aderirono alla tesi manzoniana dell'assunzione del fiorentino parlato come rigido modello, e questo li portò a infiorare i loro scritti di espressioni attinte all'uso popolare fiorentino, che non si sono poi radicate nella lingua nazionale. Contro questo fiorentinismo di maniera si schierarono coloro che vedevano il fondamento dell'italiano nella tradizione della lingua colta e scritta; tra questi Carducci e il grande linguista Graziadio Isaia Ascoli (1829-1907), che nel *Proemio* alla rivista «Archivio glottologico italiano» (1873) sostenne che l'unità di una lingua non nasce dall'imposizione di un modello, ma dalla circolazione della cultura, dal «moto complessivo delle menti».

Fattori di italianizzazione

Indipendentemente da questi dibattiti, il processo effettivo di diffusione dell'italiano passò per canali più spontanei, dovuti alle trasformazioni sociali conseguenti all'unità: la diffusione dell'istruzione, per quanto lenta e stentata (nel 1901 gli analfabeti erano scesi al 49%); la formazione di una burocrazia nazionale, con spostamenti di impiegati da una regione all'altra; il servizio di leva che metteva a contatto giovani di ogni provenienza regionale; la crescita dei centri urbani e le migrazioni interne dovute ai primi avvii di industrializzazione. In conseguenza di tutto ciò una quota crescente della popolazione fu in grado di usare nella vita quotidiana, accanto al proprio dialetto, una qualche forma di italiano.

Nasce l'italiano moderno

La presenza di una lingua italiana di uso comune è un fatto nuovo di portata storica. Se ne vedono gli effetti nella lingua letteraria e saggistica: nei testi dell'epoca è evidente il contrasto tra chi si ancora alle forme paludate della tradizione, con un arcaismo che le nuove circostanze rendono più vistoso, e quelli che si sforzano di stabilire col lettore un contatto più cordiale, con una sintassi più disinvolta e forme che ormai in larga parte coincidono con quelle dell'italiano attuale.

Ma la difficoltà di questi scrittori che si sforzano di scrivere in un italiano moderno è evidente dalle loro stesse dichiarazioni. La situazione in cui si trovano è ben descritta da Matilde Serao in un'intervista del 1894: «Guardate qui a Napoli: abbiamo tre lingue, una letteraria, aulica, sognata, non reale; una dialettale viva, chiara, pittorica, sgrammaticata, asintattica; una media che dirò borghese, che è scritta dai giornali, che ripulisce il dialetto sperdendone la vivacità e tenta imitare la lingua aulica senza ottenerne la limpidezza». E Luigi Capuana, il teorico del verismo, aveva scritto in un saggio del 1885: «Pel nostro lavoro avevamo bisogno di una prosa viva, efficace, adatta a rendere tutte le quasi impercettibili sfumature del pensiero moderno, [...] E ne abbiamo imbastita una pur che sia, mezza francese, mezza regionale, mezza confusionale, come tutte le cose messe su in fretta».

IL PROBLEMA DELLA LINGUA
- ALESSANDRO MANZONI *«Una lingua già bell'e formata»*
- GRAZIADIO ISAIA ASCOLI *«Il moto complessivo delle menti»*
- MATILDE SERAO *«Abbiamo tre lingue»*
- MATILDE SERAO *«Quest'orgia di vero»*
- LUIGI CAPUANA *Una lingua «pur che sia»*

LETTERATURA E POLITICA

La delusione postrisorgimentale

Quando nel 1867 fu stampato postumo il romanzo di Nievo, l'editore ne modificò il titolo da *Le confessioni d'un Italiano* in *Le confessioni d'un ottuagenario*: a un anno dalle poco onorevoli sconfitte di Lissa e Custoza e nell'anno dell'infelice episodio di Mentana, l'editore temeva che un titolo di sapore patriottico scoraggiasse i potenziali acquirenti. L'episodio illustra bene il rapido mutamento di clima che si manifestò di fronte ai gravi problemi del neonato Stato unitario: al fervore risorgimentale successe un generale senso di delusione.

Se i letterati della generazione precedente erano stati protagonisti delle lotte risorgimentali, quelli delle nuove generazioni si trovarono in genere fuori dalla politica attiva e in posizione di severa critica verso la classe dirigente, che giudicavano mediocre, priva di ideali, affarista: le violente invettive dei *Giambi ed Epodi* (1867-1879) di Carducci ne sono l'esempio più sintomatico. Queste sono critiche di sinistra, che riflettono le posi-

La sconfitta della flotta italiana presso l'isola di Issa in un dipinto di Carl Sorensen. (Vienna, Heeresgeschichtliches Museum)

zioni del Partito d'Azione garibaldino; verso la fine del secolo invece la polemica dei letterati assume per lo più toni nazionalisti: invocazione di una politica estera militare e coloniale più intraprendente che faccia dell'Italia una grande potenza.

La questione sociale Il problema più grave del nuovo Stato, la miseria delle plebi contadine e urbane, non poteva non essere tra gli interessi del mondo letterario (esclusi gli esteti alla D'Annunzio, che ostentavano un aristocratico disprezzo). La miseria popolare è un tema saliente per molti degli scapigliati milanesi, che univano la critica sociale all'anticonformismo culturale, e per molta narrativa d'appendice che, sull'esempio del francese Eugène Sue, se ne serviva come sfondo per storie a fosche tinte. In modo più incisivo i veristi contribuirono a portare all'attenzione del pubblico colto la questione meridionale, anche se non avevano intenzioni esplicite di denuncia e di proposta. Scrittori che si dissero "socialisti", come De Amicis e Fogazzaro, non andarono al di là di un interesse per i poveri sentimentale e paternalistico.

Il fenomeno sociale più imponente dell'epoca, la grande migrazione verso l'Europa e l'America, che dalla fine del secolo assunse in alcune regioni le dimensioni di un esodo di massa, ebbe invece un'eco letteraria molto limitata: tra gli scrittori più noti se ne occupò solo Pascoli, che ne fece la base del suo nazionalismo "proletario". ▸T90

La questione cattolica Un elemento politico-culturale importante dell'epoca è l'isolamento della Chiesa cattolica: le sconfitte politiche subite dallo Stato pontificio nel 1860 e poi nel 1870 determinano un atteggiamento di chiusura e di rifiuto nei confronti della cultura moderna, che si manifesta nelle 80 proposizioni del *Sillabo*, redatto da Pio IX nel 1864, e nel *Non expedit* emanato dieci anni dopo, in cui si vieta ai cattolici la partecipazione alla vita politica nazionale. L'ideologia cattolico-liberale, egemone nel Risorgimento, non ha più spazio: la cultura del tempo è in gran parte positivista, anticlericale, spesso atea. Molti intellettuali cattolici sentono in modo lacerante i conflitti tra scienza e fede, tra appartenenza religiosa e doveri di cittadinanza. Quest'ultima problematica viene avvertita dallo stesso papa Leone XIII, che nell'enciclica *Rerum novarum* del 1891 prende posizione nelle questioni sociali dell'epoca, proponendosi di mediare tra le posizioni del capitalismo e quelle del socialismo. Tuttavia, i tentativi di rinnovare la cultura cattolica sul piano del pensiero o su quello politico-sociale, che vanno sotto il nome di "modernismo", vengono condannati nel 1907 da papa Pio X; due anni prima *Il Santo*, romanzo di Fogazzaro, il maggiore scrittore cattolico italiano del tempo, era stato posto nell'*Indice dei libri proibiti*.

L'ORGANIZZAZIONE DELLA CULTURA

L'editoria e la stampa Anche in Italia l'editoria si consolida e comincia ad assumere dimensioni industriali, soprattutto negli ultimi vent'anni del secolo. L'allargamento del pubblico incrementa la letteratura popolare (narrativa di consumo, libri educativi per l'infanzia) e i grandi successi editoriali cominciano a misurarsi in centinaia di migliaia di copie: primo fra tutti il *Cuore* di De Amicis. Notevole anche lo sviluppo della stampa quotidiana, frammentata però in oltre cento testate: la diffusione di un quotidiano era ancora limitata all'ambito di una città e raramente raggiungeva le 20-30.000 copie. I maggiori editori concentrano nelle proprie mani la produzione di libri, riviste e quotidiani: in questo modo la stampa periodica serve alla promozione del libro e si facilita l'alternarsi degli stessi autori tra attività letteraria e giornalistica. Anche l'uso di stampare romanzi in appendice ai giornali favorisce lo scambio tra i due settori.

Milano e Roma

Milano è il centro dell'industria editoriale e della letteratura più avanzata: nei suoi salotti, nei suoi caffè, attorno ai suoi periodici, si raccolgono gruppi di scrittori-giornalisti battaglieri, impegnati nelle forme letterarie più vicine al grande pubblico come il teatro e la narrativa d'appendice, aperti alle esperienze nuove e agli influssi che giungono d'oltralpe. Un segno della vitalità di Milano è che i maggiori esponenti del verismo (Verga, Capuana, De Roberto), tutti siciliani, ne fanno per lunghi periodi il centro della propria attività.

Verso la fine del secolo anche Roma, in pieno sviluppo da quando è capitale del Regno, diventa un centro letterario importante; se Milano è la capitale della scapigliatura e del verismo, Roma lo è dell'estetismo decadente; la letteratura vi si intreccia con la cronaca mondana dell'aristocrazia che ruota intorno alla Corte e al potere politico.

Le università

Le università diventano dopo l'unità centri importanti di cultura, grazie anche alle nomine conferite dai primi governi del nuovo Stato, con lungimiranza e senza pregiudizi ideologici, ai personaggi più illustri, tra cui Francesco De Sanctis, Luigi Settembrini, il giovane Carducci. Non pochi scrittori, tra quelli che non possono vivere della propria produzione letteraria rivolta a un pubblico ristretto, trovano sostentamento in una cattedra universitaria.

Il positivismo

Il mondo accademico italiano è in questo periodo largamente permeato dal positivismo, il cui maggiore esponente è il filosofo e psicologo Roberto Ardigò (1828-1920). Il positivismo italiano risente naturalmente di influenze straniere (soprattutto di Spencer), ma trova anche una tradizione indigena nell'opera di Carlo Cattaneo (1801-1869): sulla rivista da lui fondata, «Il Politecnico», apparve nel 1866 il primo manifesto della nuova tendenza, l'articolo *La filosofia positiva e il metodo storico* dello storico Pasquale Villari (1826-1917).

LA STORIOGRAFIA LETTERARIA E FRANCESCO DE SANCTIS

La critica accademica

Nel rinnovato sviluppo delle università anche la critica letteraria trova una sua collocazione stabile tra le altre discipline: accanto alla critica militante, esercitata dai letterati che sviluppano dibattiti legati all'attualità su giornali e riviste, abbiamo la critica accademica dei professori di letteratura. Pure questo campo, verso la fine del secolo, è soggetto all'influenza del positivismo; ma l'opera più importante e ricca di futuro è di un uomo che appartiene ancora alla generazione romantica che ha fatto il Risorgimento.

De Sanctis: la vita

Francesco De Sanctis (1817-1883), nato in Irpinia e vissuto per lo più a Napoli, realizzò nella sua vita una perfetta fusione di studi letterari e impegno civile. Formatosi alla scuola del linguista e critico letterario purista Basilio Puoti, nel 1848 partecipò all'insurrezione napoletana insieme ai propri allievi; più tardi subì due anni e mezzo di carcere per cospirazione patriottica. Fuggito mentre veniva deportato in America, nel 1853 riparò a Torino, allora polo di attrazione dei patrioti, e poi a Zurigo, dove ebbe una cattedra. Sono di questi anni i suoi primi lavori di una certa importanza, raccolti nei *Saggi critici*. Dopo l'unità fu deputato e ministro della Pubblica Istruzione nei primi governi della Destra, dalla quale si allontanò in nome di posizioni più progressiste; tornò al governo con la Sinistra tra il 1878 e il 1881. Intanto era stato nominato professore di Letteratura comparata all'Università di Napoli e aveva scritto la sua opera fondamentale, la *Storia della letteratura italiana*.

Giuseppe Costantini, *La scuola del villaggio*, 1886. (Firenze, Centro Didattico Nazionale)

Le concezioni critiche

De Sanctis superò presto l'angusta concezione purista della letteratura come repertorio di eleganze stilistiche da imitare, grazie soprattutto alla lettura del trattato *Del primato morale e civile degli Italiani* (1843) di Vincenzo Gioberti, che gli diede l'idea dell'importanza nazionale della storia letteraria, e allo studio dell'opera di Hegel, che lo spinse ad approfondire il rapporto tra le opere letterarie e lo svolgimento storico dello spirito dei popoli. La sua cultura è dunque radicata nel romanticismo, dal quale attinge la sensibilità storica, l'interesse per l'opera letteraria come espressione del mondo intellettuale e morale di un autore e del suo tempo, il rifiuto della concezione classicista dell'arte come puro esercizio formale e retorico. A differenza di altri romantici, non è però indifferente agli aspetti formali; per lui la "forma" non è qualcosa di decorativo, è piuttosto l'espressione sensibile di un contenuto ideale: «Se lo stile è l'espressione, questa prende la sua sostanza e il suo carattere dalla cosa che si vuole esprimere».

Queste idee animano l'opera desanctisiana nel concreto delle analisi critiche, ma non sono approfondite per sé: l'autore non ha coltivato interessi puramente teorici, la sua è sempre una critica militante nutrita di impegno etico e civile, anche quando si occupa di opere del passato.

L'esigenza pedagogica

Un tale atteggiamento si sposa perfettamente alle esigenze di politica culturale del periodo postunitario. Nel momento in cui si trattava di dare una coscienza nazionale al nuovo Stato ("fare gli italiani"), c'era ben poco a cui riferirsi, in un paese attraversato da divisioni linguistiche, culturali, economiche, privo di tradizioni storiche unitarie. La letteratura era l'unico terreno su cui qualcosa di autenticamente italiano era esistito nei secoli: da qui il posto privilegiato che la storia letteraria assunse nel progetto formativo delle nuove generazioni (posto che ha in parte mantenuto fino a oggi). Nei primi vent'anni dell'unità ci fu un fiorire di manuali di storia letteraria scritti dai letterati più in vista dell'epoca: ne scrissero il cattolico moderato Cesare Cantù (1804-1895) e Luigi Settembrini (1813-1876), napoletano come De Sanctis e come lui patriota passato dalle galere borboniche alla cattedra universitaria.

La *Storia della letteratura*

Anche la *Storia della letteratura italiana* di De Sanctis – pubblicata tra il 1870 e il 1871 – nacque come manuale per i licei. L'impostazione che l'autore ha dato alla disciplina è rimasta per almeno un secolo un modello esemplare: a lui si devono il canone degli autori maggiori, la selezione delle opere importanti, la scansione delle epoche storiche.

Attraverso la letteratura De Sanctis traccia un disegno della formazione della coscienza nazionale: nel Medioevo domina la lotta tra l'astrazione di una visione della vita tutta orientata al cielo e il senso concreto dell'agire umano sulla terra; col Rinascimento trionfa la visione naturalistica dell'uomo, ma è una cultura di corte, moralmente fiacca, incapace di opporsi alla rovina politica dell'Italia: da qui una lunga decadenza manifestata da una letteratura formalista e oziosa, vuota di contenuti morali; solo nel secondo Settecento, con Parini e Alfieri, «rinasce l'uomo» e una letteratura nutrita di serio impegno, che prepara il Risorgimento.

▸D12

Questo schema, se da un lato porta a una certa parzialità di prospettive e di giudizi, dall'altro dà alla *Storia* un saldo disegno narrativo, che l'ha fatta definire da un critico di oggi «uno dei più bei romanzi dell'Ottocento italiano». A rendere l'opera godibile contribuisce lo stile dell'autore, ispirato all'esempio della saggistica di Manzoni: uno stile sciolto, su un tono discorsivo e affabile, che chiama continuamente il lettore a partecipare all'esperienza critica.

LA LETTERATURA ITALIANA SECONDO DE SANCTIS
- *«Lo stile è la cosa»*
- *Petrarca: il mestiere di letterato*
- *Ariosto: l'indifferenza dell'«artista»*
- *L'età della Controriforma: la letteratura come «artificio tecnico»*
- *Parini: «l'uomo nuovo in vecchia società»*
- *Foscolo: la «risurrezione di un mondo interiore»*

Francesco De Sanctis

LE PROSPETTIVE DELLA CULTURA ITALIANA

È la pagina conclusiva della *Storia della letteratura italiana*, in cui De Sanctis indica il percorso che dovrebbe compiere la cultura italiana per divenire «nazionale» e «moderna».

Francesco De Sanctis, *Storia della letteratura italiana*, capitolo XX, in *Opere*, a cura di N. Gallo, Ricciardi, Milano-Napoli, 1961

L'Italia è stata finora avviluppata come di una sfera brillante, la sfera della libertà e della nazionalità, e ne è nata una filosofia e una letteratura, la quale ha la sua leva fuori di lei, ancorché intorno a lei[1]. Ora si dee guardare in seno, dee cercare sé stessa: la sfera dee svilupparsi e concretarsi come sua vita interiore[2]. L'ipocrisia religiosa, la prevalenza delle necessità politiche, le abitudini accademiche, i lunghi ozii, le reminiscenze d'una servitù e abbiezione di parecchi secoli, gl'impulsi estranei soprapposti al suo libero sviluppo, hanno creata una coscienza artificiale e vacillante, le tolgono ogni raccoglimento, ogn'intimità. La sua vita è ancora esteriore e superficiale. Dee cercare sé stessa, con vista chiara, sgombra da ogni velo e da ogni involucro, guardando alla cosa effettuale[3], con lo spirito di Galileo, di Machiavelli. In questa ricerca degli elementi reali della sua esistenza, lo spirito italiano rifarà la sua coltura [...].

Una letteratura simile suppone una seria preparazione di studii originali e diretti in tutt'i rami dello scibile, guidati da una critica li-

1. **L'Italia... lei**: l'Italia è stata avvolta dagli ideali risorgimentali di libertà e nazionalità come da un involucro luminoso (*sfera brillante*): la loro abbacinante luminosità ha prodotto una letteratura e una filosofia che restano alla superficie dei problemi, e trovano la loro spinta non nelle condizioni più profonde e vere del paese, ma nella sua immagine superficiale (*fuori di lei, ancorché intorno a lei*).
2. **la sfera... interiore**: gli ideali di libertà e di nazionalità (la *sfera brillante* menzionata prima) devono radicarsi nella profondità della vita culturale del paese.
3. **guardando... effettuale**: badando alla realtà concreta delle cose (secondo la celebre espressione di Machiavelli).

De Sanctis e il naturalismo

L'interesse per una letteratura impegnata e nutrita di realtà concreta portò De Sanctis, negli ultimi anni della sua vita, a guardare con attenzione al movimento naturalista: i suoi ultimi saggi sono su Zola. È un segno notevole di apertura mentale, per un uomo formatosi nel clima dell'idealismo romantico.

La scuola storica

Nel periodo seguente la sua comparsa, la *Storia* di De Sanctis non ebbe tutta l'attenzione che ha avuto in seguito. Gli orientamenti della critica accademica stavano mutando sotto l'influsso positivista. Gli ultimi decenni dell'Ottocento sono dominati dalla "scuola storica", interessata quasi esclusivamente a ricerche di carattere erudito, all'accertamento dei "fatti": le grandi sintesi storiche sono guardate con sospetto come poco scientifiche. La scuola storica diede contributi importanti alla ricostruzione di momenti della storia della cultura (Domenico Comparetti, *Virgilio nel Medio Evo*) e allo studio delle fonti a cui gli autori hanno attinto i loro materiali (Pio Rajna, *Fonti dell'Orlando Furioso*).

Carducci

Carducci è una delle figure critiche più significative di questo periodo. La sua cultura classica ne fa un analista fine dello stile, delle tecniche degli autori, mentre il gusto per la ricerca erudita lo avvicina alla scuola storica.

DOCUMENTO 12

bera da preconcetti e paziente esploratrice, e suppone pure una vita nazionale, pubblica e privata, lungamente sviluppata. Guardare in noi, ne' nostri costumi, nelle nostre idee, ne' nostri pregiudizii, nelle nostre qualità buone e cattive, convertire il mondo moderno in mondo nostro[4], studiandolo, assimilandocelo e trasformandolo, «esplorare il proprio petto»[5] secondo il motto testamentario di Giacomo Leopardi, questa è la propedeutica[6] alla letteratura nazionale moderna, della quale compariscono presso di noi piccoli indizii con vaste ombre. Abbiamo il romanzo storico, ci manca la storia e il romanzo. E ci manca il dramma. Da Giuseppe Giusti non è uscita ancora la commedia. E da Leopardi non è uscita ancora la lirica[7]. Ci incalza ancora l'accademia, l'arcadia, il classicismo e il romanticismo. Continua l'enfasi e la rettorica, argomento[8] di poca serietà di studi e di vita. Viviamo molto sul nostro passato e del lavoro altrui. Non ci è vita nostra e lavoro nostro. E da' nostri vanti s'intravede la coscienza della nostra inferiorità[9]. Il grande lavoro del secolo decimonono è al suo termine. Assistiamo ad una nuova fermentazione d'idee, nunzia[10] di una nuova formazione. Già vediamo in questo secolo disegnarsi il nuovo secolo. E questa volta non dobbiamo trovarci alla coda, non a' secondi posti.

4. **convertire... nostro**: assimilare e interiorizzare la cultura del mondo moderno.
5. **«esplorare il proprio petto»**: è un'espressione tratta dai vv. 235-236 della *Palinodia al marchese Gino Capponi* di Leopardi.
6. **la propedeutica**: lo studio preparatorio.
7. **Da Giuseppe Giusti... lirica**: poeti come Giuseppe Giusti (vedi Vol. 4, p. 59) e come Leopardi non hanno avuto seguaci capaci di raccogliere la loro eredità nel campo della letteratura comica e della lirica.
8. **argomento**: segno.
9. **da' nostri... inferiorità**: il vanto della gloria passata lascia intravedere la consapevolezza di un'inferiorità nel presente.
10. **nunzia**: annunciatrice.

FISSA I CONCETTI

IL SECONDO OTTOCENTO

IL PENSIERO

Evoluzionismo (Darwin):
- "selezione naturale"
- storicità della natura e naturalità dell'uomo
- enorme impatto culturale e usi ideologici ("darwinismo sociale")

Positivismo (Comte, Spencer, Taine):
- metodo scientifico come unica strada per la conoscenza
- legge dell'evoluzione (Spencer); fatti artistici spiegabili a partire da «razza», «ambiente», «momento» (Taine); nascita delle scienze umane

Materialismo storico (Marx, Engels): «struttura» economica su cui si eleva la «sovrastruttura» (forme politiche e prodotti spirituali)

Crisi della ragione (Nietzsche): crisi definitiva dei valori tradizionali occidentali; affermazione del "superuomo"

LA LETTERATURA: PRODUZIONE, CIRCOLAZIONE, POETICHE

Trasformazione dell'industria editoriale:
- diffusione dell'istruzione, aumento del numero di lettori
- nascita delle case editrici con caratteri industriali
- frattura tra letteratura "alta" (pubblico colto) e "bassa" (pubblico di massa)

Le poetiche

Lirica:
- parnassianesimo: «l'arte per l'arte»; poesia di pure immagini
- simbolismo: stile allusivo e musicale; poeta "veggente"
- estetismo decadente: immagini estenuate e voluttuose, preziosismo linguistico

Il pensiero
- Qual era l'idea chiave del positivismo e quale sviluppo portò la sua applicazione nel campo delle scienze umane?
- Illustrate la situazione culturale di fine Ottocento indicata con l'espressione "crisi della ragione".
- Sintetizzate i principali influssi del darwinismo sulle concezioni della natura, dell'uomo, della società.
- Quali caratteri comuni si possono individuare tra il positivismo e il marxismo? Quali contributi apportano queste due correnti di pensiero alle idee sull'arte e la letteratura?
- Definite il concetto nietzschiano di «superuomo».

La letteratura: produzione, circolazione, poetiche
- Quali sono i principali mutamenti dell'industria editoriale e della composizione sociale del pubblico dei lettori nel corso del secondo Ottocento?
- Sintetizzate le diverse risposte date dagli scrittori dell'epoca al mutato rapporto con la società e col

LA CULTURA LETTERARIA IN ITALIA

Letteratura e società:
- disprezzo della borghesia, utilitaria e affarista, meschina e stupida
- "perdita d'aureola" (Baudelaire): nessuna superiorità del poeta
- naturalismo: scrittore come "scienziato sociale" che analizza i problemi cruciali della società
- atteggiamento provocatorio da parte del poeta "maledetto"
- estetismo: rifiuto dell'impegno morale e sociale, visione estetica della vita per l'arte

Problema della lingua: manzoniani (accettazione del fiorentino parlato come modello) e antimanzoniani (Carducci e Ascoli: l'unità di una lingua non nasce dall'imposizione di un modello)

Letteratura, politica e società:
- delusione postrisorgimentale
- miseria popolare usata come tema nella narrativa scapigliata e verista
- isolamento culturale della Chiesa cattolica
- nascita dell'industria editoriale e della grande stampa
- università centri importanti di cultura

La storiografia letteraria

Narrativa:
- romanzo "puro", compatto e concentrato sulla vicenda da raccontare; grande diffusione del racconto
- naturalismo: "impersonalità" dell'opera d'arte (Flaubert); approccio scientifico del romanzo "sperimentale" (Zola)
- estetismo: letteratura come espressione di un ideale che supera la bruta realtà

Francesco De Sanctis:
- importanza nazionale della storia letteraria; opera come espressione morale e intellettuale dell'autore e del suo tempo
- esigenza pedagogica: letteratura al centro del progetto formativo degli italiani

Gli altri:
- "scuola storica": ricerche di carattere erudito sui "fatti" della letteratura
- Carducci: fine analista dello stile, gusto per la ricerca erudita

pubblico.
- Definite i concetti di decadentismo, estetismo e simbolismo.
- Quali sono i tratti fondamentali della poetica naturalista?
- Quale influenza esercitò il naturalismo sulla letteratura europea? Quali reazioni suscitò nel pubblico e negli ambienti letterari?

La cultura letteraria in Italia
- Come si pone il problema della lingua in Italia dopo la realizzazione dell'unità nazionale?
- Quali sono i principali centri letterari nell'Italia del secondo Ottocento?
- In che cosa consiste il valore storico e pedagogico attribuito da De Sanctis alla storia della letteratura italiana? A quale idea della storia italiana si ispira?
- Come cambiò, dopo la fase risorgimentale, l'atteggiamento dei letterati italiani nei confronti della vita politica del Paese? Per quali motivi?

I MESTIERI DEL LETTERATO

Gli intellettuali al tempo dell'unità d'Italia

Funzionari statali, insegnanti, giornalisti

Attraverso la riorganizzazione e l'estensione del sistema scolastico e universitario, lo Stato italiano nato nel 1861 cambia radicalmente il rapporto tra intellettuali e poteri pubblici. A quasi tutti i livelli, la cultura del Risorgimento era stata una cultura antagonista, con tratti al tempo stesso aristocratici e militanti. Ora, col nuovo sistema formativo che si ramifica in una vasta burocrazia, viene invece inquadrata nelle istituzioni, e si apre a strati piccolo-borghesi che nello stipendio statale trovano una fonte di sostentamento su cui possono basare il resto delle loro attività. Tra i più insigni intellettuali del secondo Ottocento, molti sono professori, dallo storico Pasquale Villari al criminologo Cesare Lombroso, dal filosofo positivista Roberto Ardigò ai vati Giosue Carducci e Giovanni Pascoli; e a capofila di questa genealogia "statale" troviamo Francesco De Sanctis, passato dalle carceri e dall'esilio alla direzione di un ministero.

L'altro settore che assorbe i nuovi rappresentanti del lavoro culturale è il nascente giornalismo delle grandi tirature. Non solo i letterati collaborano in modo determinante a questa stampa (sia con contributi raffinati sia con i romanzi d'appendice del tardo Mastriani o della Invernizio), ma a volte addirittura inventano e fondano quotidiani, come gli instancabili Edoardo Scarfoglio e Matilde Serao.

Il letterato divo

Dopo una prima fase di consolidamento dell'orizzonte politico, culturale e sociale postunitario, a partire dagli anni Ottanta una parte della cultura più aggiornata assume caratteri spiccatamente mondani. È la cultura che ha per sfondo i salotti del trasformismo e della speculazione, cioè quella Roma che Carducci identifica con la corrotta Bisanzio. Nella capitale di allora, come racconteranno molti romanzi (della Serao, di De Roberto, di Pirandello e della Deledda), arrivano di continuo giovani provinciali ansiosi di farsi una posizione tra le aule del Parlamento, le ville dell'aristocrazia, i giornali e le riviste più in voga.

Queste ambizioni sono ben esemplificate e soddisfatte dalla parabola di D'Annunzio, che incarna il nuovo tipo del letterato non più professore ma già completamente assorbito dall'esigenza d'imporsi sul pubblico, di assecondarne lo snobismo, di provocarlo e di modificarne il gusto attraverso il potere della moda, dei media, del marketing. Già agli esordi, dando alle stampe la seconda edizione delle poesie di *Primo vere*, per creare un caso D'Annunzio mette in giro la notizia della sua morte; e poco dopo, mentre corregge le bozze del *Piacere*, propone all'editore Treves di vendere il romanzo con un'acquaforte firmata Andrea Sperelli, che è il nome del protagonista. Come si vede siamo ormai molto vicini al Novecento, al mondo contemporaneo e all'industria culturale che conosciamo.

Gabriele D'Annunzio sulla spiaggia di Pescara nel 1888. (F.P. Michetti/ Alinari)

La diffusione popolare della cultura

L'alfabetizzazione

Negli anni dell'unificazione, gli italiani analfabeti si aggirano intorno al 75% della popolazione; meno di mezzo secolo dopo, saranno circa il 40%. Il nuovo Stato costruisce per la prima volta istituzioni educative comuni a tutta la penisola. Se non riescono a colmare gli enormi dislivelli tra le diverse aree del paese, queste istituzioni gettano comunque le basi per una cultura nazionale, più uniforme e più democratica; e in mancanza di una lingua parlata condivisa, cominciano a diffondere un italiano scritto "medio", metà burocratico-giuridico e metà retorico-letterario. L'istruzione elementare, che al Centronord aveva già provato a svincolarsi dal monopolio della Chiesa, è uno dei fattori decisivi di questo processo, anche per lo smistamento dei maestri su tutto il territorio italiano; e assieme alla scuola vengono creati o riorganizzati musei, biblioteche, archivi di Stato, università.

Demetrio Cosola, *Il dettato*, 1891. (Torino, Galleria d'Arte Moderna e Contemporanea)

I libri e la stampa

Nel frattempo, intorno alla metà del secolo, sono state fondate o si sono affermate alcune importanti case editrici, che muovendosi tra letteratura alta, letteratura popolare e divulgazione scolastico-scientifica contribuiscono su un altro piano alla diffusione del sapere: Barbera a Firenze, Utet a Torino, Zanichelli a Bologna, Treves a Milano; e poi Bocca, Le Monnier, Sonzogno.

Poco dopo, tra gli anni Sessanta e Settanta, nascono anche i primi grandi quotidiani, come «Il Secolo», la «Gazzetta piemontese» (in seguito ribattezzata «La Stampa») e il «Corriere della Sera», sui quali acquista un ruolo sempre più rilevante la cosiddetta "terza pagina", cioè la pagina dedicata a temi culturali e in particolare letterari. Questi temi diventano dominanti in alcuni giornali domenicali spesso inizialmente concepiti come supplementi: per esempio nel «Fanfulla della Domenica», inaugurato nel 1879 da Ferdinando Martini, a cui danno una forte impronta prima Carducci e poi D'Annunzio.

Negli anni Ottanta, intorno a questi giornali si definisce il panorama di una nuova mondanità letteraria, forse rappresentata nella forma più tipica da un periodico come la «Cronaca Bizantina». A stamparlo è Angelo Sommaruga, un editore giovane e spregiudicato che pubblica autori di punta o in rapida ascesa, e che si rivolge a un pubblico desideroso di sentirsi parte di una raffinata élite ma al tempo stesso già molto sensibile alle sirene delle réclame. In questo periodo inizia ad apparire evidente la divaricazione tra la cultura accademica, specialistica, ma anche semplicemente scolastica o popolare, e i movimenti artistici o militanti d'avanguardia, che in opposizione a questa cultura si ritagliano un'identità aristocratica e antidemocratica destinata a divenire la sigla più visibile delle maggiori riviste d'inizio Novecento.

1 I GENERI

IL PROFILO

La narrativa nell'età del naturalismo

DA FLAUBERT AL NATURALISMO

Gustave Flaubert

Come abbiamo accennato, la svolta dalla narrativa romantica verso forme più moderne ebbe inizio in Francia dall'opera di GUSTAVE FLAUBERT (1821-1880). Nato a Rouen da famiglia agiata, visse quasi sempre ritirato in una sua casa di campagna insieme alla madre, dedicandosi interamente al lavoro letterario, in una specie di culto ascetico della perfezione stilistica che lo apparenta ai suoi contemporanei parnassiani: «La morale dell'arte consiste nella bellezza».

Madame Bovary

Il suo romanzo d'esordio, *Madame Bovary* (1857), resta anche il suo capolavoro e si pose come punto di riferimento degli sviluppi successivi della narrativa europea. È la storia degli adulteri e del suicidio di una donna piccolo-borghese incapace di accettare il grigiore della quotidianità nella piatta e gretta vita della provincia francese. Al rigore della rappresentazione sociale e psicologica (la narrazione è tra l'altro basata su un fatto di cronaca reale, attentamente ricostruito dall'autore) si unisce il rigore dello stile; la ricerca ossessiva della "parola giusta" è per Flaubert ricerca di un'espressione tanto aderente alle cose e ai fatti da lasciare che la realtà rappresentata parli da sé, senza che l'autore si inserisca a commentare e giudicare: così agisce la poetica dell'impersonalità.

▸T1 ▸T2

L'immedesimazione dell'autore nelle cose e nei personaggi, sottolineata da un uso inedito del discorso indiretto libero, crea un rapporto complesso e ambiguo tra il narratore e i fatti narrati. La storia di Emma Bovary è raccontata da un narratore impersonale, imparziale, oggettivo, che però ci fa vedere le cose attraverso gli occhi e le impressioni della protagonista, esprimendo i sentimenti spesso confusi e banali di lei attraverso un linguaggio razionalmente ordinato e stilisticamente elevato. Questa compresenza di immedesimazione e distacco induce il lettore a chiedersi se l'autore partecipi affettuosamente alla tragica vicenda della protagonista, se ne prenda le distanze con fredda oggettività o se ne voglia denunciare ironicamente la mediocrità e la volgarità.

Charles Emile Auguste Carolus-Duran, *Donna con guanto*, 1869. (Parigi, Musée d'Orsay)

PROFILO

La novità che questo metodo narrativo rappresentò agli occhi dei contemporanei si capisce se si pensa che il romanzo subì un processo per oscenità (da cui l'autore uscì assolto). Non era certo la prima volta che la letteratura parlava di adulteri (anzi si potrebbe dire che non ha mai parlato d'altro, a cominciare dal mito di Elena), e il romanzo non indulge a rappresentazioni lascive. Ciò che scandalizzò l'opinione più moralista del tempo fu da un lato che si trattava di una storia vera e contemporanea, dall'altro che nessuno nel romanzo interveniva a giudicare e correggere un mondo di meschinità e corruzione: né l'autore, né un personaggio portatore di valori morali.

Le altre opere

L'opera di Flaubert non è molto estesa, tra l'altro perché la cura ossessiva dello stile gli rendeva la scrittura lenta e faticosa, ma variegata, non limitata al realismo d'ambiente contemporaneo: dopo *Madame Bovary* scrive il romanzo storico *Salammbô* (1862), rievocazione fantasiosa e colorita dell'antica Cartagine; ritorna alla narrazione contemporanea in *L'educazione sentimentale* (1869), storia di una passione amorosa inappagata che dura una vita, sullo sfondo della sconfitta della rivoluzione del 1848, e si cimenta con una tematica tra mistica, simbolica e fantastica nella *Tentazione di Sant'Antonio* (1874), sorta di poema filosofico in prosa. Resta incompiuto invece *Bouvard e Pécuchet*, opera in cui Flaubert si propone, attraverso il racconto dei fallimenti che i due protagonisti rimediano in ogni campo dello scibile umano, di demolire la retorica del progresso che segna la sua epoca e di celebrare nel contempo le immense potenzialità della stupidità umana.

Émile Zola e il naturalismo

Quando Émile Zola (1840-1902), nel porre le basi del movimento naturalista, fa riferimento al modello di Flaubert, non ne raccoglie il carattere ambiguo e complesso, ma coniuga la poetica dell'impersonalità con i princìpi della filosofia positivista, mirando all'oggettività scientifica del «documento umano». Queste idee sono applicate in un grande ciclo di venti romanzi, intitolato *I Rougon-Macquart, storia naturale e sociale di una famiglia sotto il Secondo Impero* (1871-1893), che segue le vicende dei membri della famiglia in diversi contesti sociali per cinque generazioni successive: l'obiettivo è dimostrare il ruolo decisivo dell'ambiente e dell'ereditarietà nel determinare i comportamenti umani. Ma il forte temperamento dello scrittore va oltre le sue premesse concettuali: nei suoi capolavori (*L'assommoir*, *Germinal*, *Nana*) la denuncia degli effetti degradanti dell'ingiustizia e dell'emarginazione sociale dà vita a immagini, descrizioni e scene potenti e violente, molto lontane dalla fredda "scientificità" professata negli enunciati teorici. ▸T3

La figura di Zola resta significativa non soltanto per l'opera narrativa, ma perché incarna con coerenza un tipo nuovo di scrittore e di intellettuale: professionista della penna, che era il suo mezzo di sostentamento, si sentì partecipe con la sua opera della lotta per il progresso della società, accanto alla borghesia progressiva e alle classi popolari. Dal 1896 intervenne energicamente nelle polemiche politiche suscitate dall'"affare Dreyfus", schierandosi a difesa di un innocente contro le trame dei vertici militari e contro l'antisemitismo che dilagava; si pose così alla testa degli intellettuali che si battevano su posizioni democratiche, pacifiste e progressiste. L'editoriale *J'accuse...!* ("Io accuso", 1898) gli costò una condanna per diffamazione, tanto che dovette riparare all'estero per un anno per evitare il carcere.

Guy de Maupassant

Del gruppo di scrittori naturalisti riuniti attorno a Zola l'unico che è passato alla storia è GUY DE MAUPASSANT (1850-1893); nato in Normandia, ereditò dal padre una malattia di origine venerea che lo condusse precocemente alla follia e alla morte. Esordì nel 1880 con la novella *Boule de suif* ("Palla di sego"), che è uno dei suoi capolavori, pubblicata nel volume collettivo *Le serate di Médan* curato da Zola, amico di sua madre. Da allora si diede a un'attività febbrile, tra viaggi, vita mondana, donne; in dieci anni pubblicò sei romanzi (tra cui spiccano *Una vita* e *Bel Amì*), centinaia di articoli, e gli oltre duecento racconti che ne hanno fatto uno dei più grandi novellieri dell'Ottocento. Sono racconti di un realismo aspro e senza speranza, che creano un ritratto impietoso della meschina vita di provincia. Ma a questi se ne alternano altri centrati su toni macabri, situazioni psicologiche deliranti, evocazioni di fenomeni misteriosi che inclinano verso il fantastico, esulando dai precetti del movimento naturalista. Nel 1887, nell'introduzione al romanzo *Pierre e Jean*, lo stesso Maupassant afferma che l'oggettività è impossibile nella letteratura: segno che il movimento naturalista si sta estinguendo.

Se in Francia il naturalismo ha vita breve, e non lascia tracce significative negli scrittori delle generazioni successive, la sua influenza sulla letteratura europea resta determinante: basti pensare, per l'Italia, a scrittori come Verga, Capuana e De Roberto.

LA REAZIONE AL NATURALISMO E L'ESTETISMO

Joris-Karl Huysmans

Un segno eloquente dell'esaurimento del naturalismo fu il passaggio dal naturalismo all'estetismo di un altro allievo di Zola, JORIS-KARL HUYSMANS (1848-1907), anche lui esordito nel volume *Le serate di Médan*. Già nel 1884 la rottura era segnata dalla pubblicazione di *À rebours* ("A ritroso" o "Controcorrente"), un romanzo centrato su un nobile decaduto che si ritira a vivere in una casa da lui arredata con cura maniacale perché diventi una sorta di tempio del culto della sensazione: ▸T4 oggetti d'arte, colori, profumi, esperienze stravaganti sono l'oggetto esclusivo del libro, che finisce per ridursi a una sorta di catalogo delle squisitezze di un gusto raffinato fino all'estenuazione. Altri aspetti tipici dell'estetismo decadente del protagonista sono il disprezzo aristocratico per tutta l'umanità comune e la sensibilità morbosamente raffinata, che ne fa un debole e un irrequieto, tanto più quanto più le sue scelte di vita sembrano trionfare. Otto anni dopo la pubblicazione di *À rebours* l'autore si convertì al cattolicesimo, e concluse con opere di autobiografia spirituale la parabole iniziata nell'ambito del naturalismo.

Oscar Wilde

L'estetismo non fu solo una corrente letteraria, fu uno stile di vita: una moda con l'ambizione di porsi quasi come una nuova religione. Tipico esponente in questo senso ne fu il dublinese OSCAR WILDE (1854-1900), che visse tra Londra e Parigi la sua breve brillante parabola di *dandy* di successo, capace di imporsi all'attenzione del pubblico per gli atteggiamenti e la condotta di vita non meno che per l'opera. Autore di poesie, novelle, drammi e commedie brillanti, resta nella storia della narrativa soprattutto per il romanzo *Il ritratto di Dorian Gray* (1890), centrato sull'amore di un pittore per un giovane bellissimo, amore che si risolve nell'educazione all'edonismo, alla ricerca dei piaceri più raffinati e perversi. L'edonismo si afferma attraverso una conversazione scintillante, un'esibizione inesauribile di paradossi cinici e arguti che fanno il fascino dello stile di Wilde (non per nulla autore di gustose commedie). Ma sullo sfondo c'è un sinistro fenomeno magico, da cui scaturisce il finale tragico della storia, espressione di un oscuro sentimento di colpa e punizione. Wilde, che aveva affermato l'identificazione tra l'arte e la vita, concluse in modo similmente tragico la propria esistenza: condannato a due anni di lavori forzati per omosessualità (allora considerata un reato in Gran Bretagna), uscì distrutto da questa esperienza e morì tre anni dopo aver espiato la pena.

▸T5

Robert Goodloe Harper Pennington, *Ritratto di Oscar Wilde*, 1884. (Londra, Tate Gallery)

PROFILO

Altre tendenze narrative

Accanto all'estetismo alla fine del secolo si svilupparono altre tendenze narrative che in vari modi volevano recuperare valori spirituali e analisi psicologiche, contro quello che veniva considerato il volgare materialismo dei naturalisti. Non è possibile caratterizzare unitariamente queste tendenze variamente denominate "idealismo", "psicologismo", "spiritualismo" ecc. Un aspetto che le accomuna è l'interesse per i sottili conflitti spirituali di anime superiori che, per essere tali, non devono essere vincolate da bassi condizionamenti materiali; da qui la predilezione per ambienti e personaggi delle classi più ricche.

I GIGANTI DELLA NARRATIVA RUSSA

Nell'epoca in cui la narrativa dell'Europa occidentale era dominata dal naturalismo e dal contrasto dei suoi oppositori, in Russia emergevano due grandi figure di narratori, Dostoevskij e Tolstoj, che furono subito popolarissimi nel loro paese; conosciuti più tardi nell'Europa occidentale, sono considerati tra i massimi scrittori di ogni tempo.

Mentre la narrativa dell'Europa occidentale era sempre più dominata da preoccupazioni formali, i grandi scrittori russi del secondo Ottocento furono profondamente implicati nel dibattito ideale e politico che agitava quel paese nel periodo in cui cominciava a muoversi dalla sua storica arretratezza. Sia Tolstoj sia Dostoevskij videro negli influssi provenienti dall'Occidente un fattore di corruzione e fecero appello ai valori tradizionali del popolo russo, pur con posizioni e scelte artistiche diverse. I due grandi russi restano estranei alle problematiche del naturalismo e si riallacciano piuttosto al realismo romantico della prima metà del secolo.

Fëdor Dostoevskij

Nobile decaduto, FËDOR DOSTOEVSKIJ (1821-1881) ebbe una vita tormentata e scrisse sotto l'assillo dei debiti. I suoi maggiori romanzi (*Delitto e castigo*, 1866; *L'idiota*, 1869; *I demoni*, 1873; *I fratelli Karamazov*, 1880) danno un'immagine squallida e agitata della società contemporanea, con storie truci di passioni roventi e fatti di sangue. L'interesse di Dostoevskij non è sociale. La sua è una narrazione di taglio filosofico, che scava negli abissi dell'anima umana a confronto coi problemi su-

▸T9

premi dell'esistenza: il tema dominante è la negazione di Dio, che dà un senso di libertà illimitata («se Dio non esiste, tutto è permesso»), ma getta nell'angoscia di un sentimento di colpa senza possibile espiazione; il solo riscatto è sottomettersi alla fede. Stringati nelle parti narrative, questi romanzi sono fatti essenzialmente di dialoghi appassionati, in cui si scontrano le scelte esistenziali dei protagonisti.

Lev Tolstoj

Quanto la scrittura di Dostoevskij è convulsa, tanto quella di LEV TOLSTOJ (1828-1910) dà invece l'impressione di un sovrano dominio sulla sua materia. I suoi capolavori, *Guerra e pace* (1869) e *Anna Karenina* (1877), sono romanzi vasti, di respiro epico, in cui si muove una folla di personaggi, in una varietà di ambienti che vanno dalle dimore dei nobili alle capanne dei contadini, ai campi di battaglia. Tolstoj penetra con grande finezza nella psicologia dei personaggi, ma non si identifica in loro, mantiene un punto di vista superiore, che si manifesta anche in ampie digressioni saggistiche. La sua tecnica consiste nell'accumulare particolari apparentemente superflui rispetto alla trama, che danno alla narrazione una straordinaria vividezza, un senso di vita vissuta; e insieme suggeriscono che la ricchezza dell'esperienza non può essere costretta in nessuna formula. La tensione etica e religiosa che anima i romanzi maggiori diventa dominante nell'ultima parte dell'opera e della vita di Tolstoj, in cui si dedicò all'educazione e al miglioramento delle condizioni di vita dei contadini delle sue proprietà. La sua ricerca spirituale approdò a una religione razionalista centrata sulla morale della non violenza e a una sua utopia sociale, che divulgò in scritti saggistici e che ebbe molti seguaci.

▸T6 ▸T7 ▸T8

Anton Čechov

Il maggior narratore della generazione successiva, ANTON ČECHOV (1860-1904), muove dal naturalismo, ma lo sviluppa in una direzione nuova. Nei suoi racconti e nei suoi drammi domina un realismo d'atmosfera: le trame sono frammentarie e insignificanti, tutto è affidato alla rappresentazione di una quotidianità grigia e triste. I suoi personaggi, irresoluti, falliti, incapaci di autentica comunicazione, tentano invano di riscattarsi da un'esistenza priva di valore ai loro stessi occhi, e finiscono col naufragare in una rassegnazione disperata quanto meschina. Nonostante gli ambienti siano inconfondibilmente russi, i racconti e i drammi di Čechov sono una delle espressioni più efficaci della crisi di valori che interessa tutta la cultura europea sul finire dell'Ottocento.

▸T10

Edgar Degas, *Il broncio*, 1869-71. (New York, Metropolitan Museum of Art)

LA NARRATIVA D'APPENDICE E DI GENERE

Nonostante le intenzioni di Zola la narrativa naturalista non fu, nel complesso, molto popolare; come abbiamo accennato, la seconda metà dell'Ottocento è l'epoca in cui si profila nella produzione e nel consumo letterario la divaricazione tra un gusto più sofisticato e uno più adatto al grosso pubblico.

Personaggi ciclici

Un aspetto del gusto popolare per la narrazione è, da sempre, il piacere della ripetizione: il desiderio di veder ricomparire i personaggi già conosciuti in situazioni sempre nuove e sempre simili. Da qui il personaggio ciclico, protagonista di storie che sono infinite variazioni di uno stesso schema di fondo: un modello che dall'epoca dei romanzi cavallereschi si prolunga fino ai *serial* televisivi. Nella seconda metà dell'Ottocento l'eroe ciclico fa la sua comparsa nella narrativa d'appendice, per esempio con la fortunata serie di romanzi dedicati dal francese Pierre Ponson du Terrail (1829-1871) al personaggio di Rocambole, eroe del male che vive avventure inverosimili e compie orrendi delitti nel progetto di conquistarsi una vita agiata, ma finisce per convertirsi al bene; prototipo dei "super-eroi" del fumetto e del cinema, il personaggio è restato nella memoria popolare se non altro per l'uso dell'aggettivo "rocambolesco".

▸T11 Più affidato alle sottigliezze dell'investigazione razionale che all'effetto dei colpi di scena un altro grande eroe ciclico dell'epoca ancora vivo nella memoria contemporanea, l'investigatore Sherlock Holmes creato dallo scozzese Arthur Conan Doyle (1859-1930). Il successo del primo romanzo poliziesco della serie di Sherlock Holmes (1887) fu tale che l'autore fu costretto, quasi suo malgrado, a produrne altri; quando tentò di far morire il suo eroe, fu sommerso dalle proteste dei lettori e dovette resuscitarlo. La sua popolarità fu consacrata dalla nomina a baronetto (*sir*), e Sherlock Holmes fu oggetto in Inghilterra di un vero culto.

Romanzi di avventure, *mistery*, *horror*

Un altro scrittore anglosassone di successo, Robert Louis Stevenson (1850-1894), fu dotato di più solide qualità letterarie. Viaggiò molto, sia per ragioni di salute sia per spirito d'avventura, e raggiunse la popolarità appunto con un romanzo d'avventure, ▸T12 *L'isola del tesoro* (1883), che è diventato un classico della narrativa per ragazzi, grazie anche allo stile vivace e stringato. Scrittore versatile, Stevenson manifestò il suo talento anche nel genere *mistery* creato da Poe (vedi Vol. 4, p. 124): fu infatti autore di un altro libro avvincente e dal successo intramontabile, *Lo strano caso del Dottor Jekyll e del Signor Hyde* (1886). Tra i meriti di questo libro è la struttura moderna della narrazione, che è affidata dapprima a un personaggio testimone, ma per la soluzione ricorre a due documenti di altri personaggi, che ci fanno ripercorrere la vicenda da punti di vista diversi (vedi p. 582).

Questa tecnica è sviluppata con vero virtuosismo in un altro grande successo dell'epoca, ▸T13 appartenente a un altro genere di cui Poe era maestro, l'*horror*: *Dracula* (1897), unico romanzo dell'impresario teatrale e giornalista irlandese Bram Stoker (1847-1912). Da oltre un secolo il personaggio del morto che si nutre del sangue dei viventi affascina il pubblico, grazie anche alle numerose rielaborazioni cinematografiche. Ma questo non deve far dimenticare i meriti letterari del romanzo, costruito come un montaggio di documenti: brani di diari tenuti dai protagonisti, lettere, articoli di giornale. In questo modo il punto di vista è sempre interno alla narrazione e la *suspense* è creata informando il lettore solo di ciò che diversi personaggi sperimentano momento per momento dell'incomprensibile mistero in cui sono coinvolti.

PERCORSO
- L'orrore, il macabro, il perturbante (I), p. 579

La narrativa in Italia

Una produzione vivace

I decenni che vanno dall'unità alla fine del secolo sono tra i più fecondi nella storia della narrativa italiana. Giornali e riviste ospitano con larghezza racconti e romanzi a puntate, fiorisce un gran numero di scrittori maggiori e minori. Mentre il romanzo storico romantico declina, si intrecciano nuove tendenze, influenzate dalle esperienze recenti della narrativa straniera, che viene tradotta in abbondanza: dal filone fantastico e grottesco del romanticismo al realismo psicologico e sociale naturalista, dai grandi narratori russi all'estetismo decadente della fine del secolo. Alla narrativa di impegno artistico si affianca quella più popolare e commerciale, pure informata a esempi stranieri; e a volte il confine tra le due è ancora poco netto.

LA NARRATIVA SCAPIGLIATA

La scapigliatura

Il primo energico segno di rottura col gusto manzoniano della generazione precedente viene dal gruppo degli scapigliati milanesi nei decenni Sessanta e Settanta. La scapigliatura è la prima manifestazione italiana del disagio del letterato nella società borghese. Il termine apparve nel 1862 nel titolo di un romanzo (*La Scapigliatura e il 6 febbraio*) del giornalista e scrittore milanese Cletto Arrighi (pseudonimo di Carlo Righetti, 1830-1906) come equivalente del francese *bohème*, che in origine designava il mondo degli zingari ed era passato a indicare l'ambiente degli artisti emarginati e irrequieti che conducevano una vita povera e disordinata, nei bassifondi delle grandi città.

Il centro degli scapigliati fu Milano, la città italiana più moderna ed europea, in pieno sviluppo capitalistico dopo il 1860. Qui essi espressero la protesta di una giovane generazione di letterati e artisti contro l'affarismo, il moderatismo politico, la ristrettezza culturale della società borghese, mescolando un po' confusamente aspirazioni sociali, ricerca artistica e inquietudini esistenziali. La loro sfida alle convenzioni sociali si manifestò in una condotta di vita sregolata, che alcuni pagarono con la morte in giovane età, e nell'adesione alle posizioni della sinistra "estrema" repubblicana e libertaria: la loro vita si svolgeva tra le redazioni dei giornali dell'"estrema" e le osterie milanesi.

L'attività degli scapigliati alternava poesia, giornalismo, narrativa d'appendice; alcuni furono anche pittori o musicisti, con un accostamento tra le arti che sarà poi caratteristico dei movimenti d'avanguardia del primo Novecento.

Tinte accese, toni soggettivi

Nella narrativa, la loro volontà di rinnovamento e di scandalo si manifestò con la predilezione per le situazioni estreme ed eccezionali: passioni sensuali e distruttive, malattia, follia, casi paranormali, esperienze di incubo e delirio. La narrazione ha tinte accese e toni fortemente soggettivi: si predilige il racconto in prima persona. Lo sfondo realistico delle storie passionali si alterna con quello decisamente fantastico dei racconti straordinari su soggetti lugubri e allucinati, spesso intinti di occultismo sull'esempio di Hoffmann e di Poe.

Iginio Ugo Tarchetti

Nell'uno e nell'altro genere spetta un ruolo di iniziatore a Iginio Ugo Tarchetti (1839-1869), piemontese che visse a Milano gli ultimi anni della sua breve vita consunta dalla tisi. Fu anche poeta: nei suoi versi il gusto del macabro si coniuga con una vena di tenera malinconia. Oltre ai *Racconti fantastici*, di lui sono
▸T14 da ricordare due romanzi brevi: *Una nobile follia* (1867) e *Fosca*, uscito postumo nel 1869.

Nel primo si narra di un giovane arruolato nell'esercito piemontese e costretto a partecipare alla guerra in Crimea del 1855; la guerra, che nella storiografia ufficiale è una tappa del glorioso cammino verso l'unità, è rappresentata "dal basso" come una carneficina insensata, tra sofferenze inenarrabili; alla fine il protagonista sceglie di disertare e abbraccia una fede pacifista. La narrazione è pervasa di un violento antimilitarismo, sorprendente a pochi anni dalla conclusione del Risorgimento.

Fosca ha per tema una violenta passione erotica, al limite dell'isteria, che non può sfociare che nella morte dell'eroina. Sembra quasi che un'oscura forza paranormale trascini lei e il protagonista maschile lungo una china fatale.

Entrambi i romanzi sono narrati in prima persona; la narrazione è carica di tensione emotiva fino al parossismo, in una prosa convulsa e ingenuamente enfatica.

Franz von Stuck, *Il peccato*, 1906. (Collezione privata)

Altri scapigliati

Arrigo Boito (vedi p. 58), più famoso come poeta e musicista, fu autore di alcuni racconti imperniati su casi straordinari e paranormali alla Poe, condotti con abile dosaggio degli effetti di *suspense* (*L'alfier nero*, 1867). Anche il fratello CAMILLO BOITO (1836-1914), architetto, pubblicò due raccolte di racconti (*Storielle vane*, 1876; *Senso*, 1883). *Senso*, storia di una passione sensuale tra una nobildonna e un debosciato ufficiale dell'esercito austriaco che finirà fucilato per diserzione, sullo sfondo della guerra del 1866, deve la sua notorietà soprattutto al bel film che ne ricavò Luchino Visconti nel 1954.

Al di là del gruppo originario milanese, il clima scapigliato influenzò molti altri scrittori di vario livello. Il primo da ricordare è Giovanni Verga, per la produzione anteriore alla sua scoperta del verismo. In altri la tematica scapigliata si intreccia a motivi di protesta sociale e alle suggestioni della narrativa popolare francese.

Carlo Dossi

Il più singolare scrittore dell'epoca, CARLO DOSSI (1849-1910), può essere accostato all'ambiente scapigliato, con cui ebbe qualche contatto in gioventù, per lo sperimentalismo e per certi umori polemici, ma seguì una via tutta sua, in aristocratico isolamento. Lombardo, di famiglia ricca, abbracciò la carriera diplomatica e divenne un importante consigliere della politica estera nazionalista e colonialista di Francesco Crispi. Tra i venti e i quarant'anni pubblicò diversi libri, in tirature limitate, a volte a proprie spese. I primi due sono a sfondo autobiografico: *L'Altrjeri* (1868), rievocazione della propria infanzia, e *Vita di Alberto Pisani* (1870), storia di un giovane intellettuale che muore suicida per amore. Altri sono raccolte di bozzetti e ritratti in punta di penna, spesso pervasi di umore antifemminile: *La desinenza in A* (1878); *Amori* (1887). Notevoli anche le *Note azzurre* apparse postume (1912), raccolta di appunti, riflessioni dettate dal suo spirito acuto ed estroso. L'originalità di Dossi è tutta nella sua prosa lavoratissima, che su un fondo arcaizzante innesta un impasto linguistico composito e dissonante fatto di dialettalismi, forestierismi, parole di nuovo conio, metafore stravaganti: è una negazione radicale dell'ideale manzoniano di una prosa media e di una lingua omogenea, e precorre lo sperimentalismo linguistico di Carlo Emilio Gadda. L'effetto è di forte espressività e manifesta un atteggiamento distaccato e ironico, introverso e scontroso.

▸T15

VERISMO E DINTORNI

Il verismo

Il bisogno di realismo, così radicato nella letteratura dell'epoca, trovò l'espressione più compiuta nella scuola verista, che negli ultimi vent'anni del secolo dominò la scena e produsse i risultati di maggior valore, soprattutto nell'opera di Verga. Il termine "verismo" fu fatto proprio verso il 1880 da un gruppo di narratori che si ispiravano al naturalismo francese. Il teorico del gruppo fu LUIGI CAPUANA (1839-1915), catanese come il coetaneo Verga di cui fu amico e ammiratore. Nei suoi scritti critici propugna il canone naturalista dell'impersonalità, che espone quasi con le stesse parole di Flaubert: «Un'opera d'arte, novella o romanzo, è perfetta quando [...] la sincerità della sua realtà è così evidente, il suo modo e la sua ragion d'essere così necessarie, che la mano dell'artista rimane invisibile e l'opera d'arte prende l'aria d'un avvenimento reale, quasi si fosse *fatta da sé*». Meno enfasi viene posta dai veristi sull'altro grande principio del naturalismo zoliano, il carattere "sperimentale" della narrativa; essi restano comunque nell'ambito dello scientismo positivista, concependo le proprie opere come "studi dal vero".

Il regionalismo

I caratteri che distinguono i veristi dai loro maestri francesi dipendono dalla specificità della situazione italiana. In Italia, a differenza che in Francia, non esisteva un costume nazionale, le differenze tra le culture locali si imponevano a chi volesse dare una rappresentazione "vera" della vita popolare. Le opere maggiori dei veristi sono impregnate di caratteri regionali in ogni aspetto, dalle situazioni sociali ai caratteri e comportamenti dei personaggi, fino al loro modo di parlare.

La lingua

Anche per questo, il problema della lingua fu uno dei più difficili per i veristi: una lingua italiana parlata e popolare ancora non esisteva; la soluzione manzoniana, col suo carattere rigidamente unitario, non si prestava a una caratterizzazione regionale. Come scrisse Capuana, «quella prosa moderna, quel dialogo moderno bisognava, insomma, inventarlo di sana pianta». E loro si cimentarono in un difficile impasto di residui letterari, influenze francesi e innesti dialettali che, se non è sempre del tutto felice, è stato certo un contributo importante alla creazione di una prosa narrativa moderna, sciolta e vivace.

Narrativa e società

Il punto su cui i veristi si distaccano di più da Zola è la fiducia del francese nell'utilità del romanzo come diagnosi sociale che può favorire interventi di riforma. Al contrario, Capuana insiste sempre sul significato esclusivamente artistico dell'opera narrativa, senza implicazioni sociali (*Per l'Arte* è il titolo di una sua raccolta di saggi). Manca ai veristi l'ottimismo democratico di Zola, la fiducia positivista nel progresso. Quasi tutti meridionali, rappresentano la realtà delle loro regioni, fatta di costumi arcaici e di secolare oppressione sociale; il meccanismo dei fattori ereditari e ambientali, in cui credono da positivisti, non è per loro un meccanismo evolutivo, ma riproduce situazioni tragicamente immobili. Così la loro

Silvestro Lega, *Il pergolato*, 1868. (Milano, Pinacoteca di Brera)

opera esprime la delusione di quei patrioti meridionali che, come loro, avevano sperato che il rivolgimento politico unitario portasse un rinnovamento, e dovevano constatare che esso in realtà aveva appena scalfito in superficie l'immobilità della società, e aveva dato esca al trasformismo della sua classe dirigente. Nonostante il pessimismo di fondo, resta ai veristi il merito di aver dato vita in letteratura a una realtà ignorata o trascurata dal ceto politico e dal pubblico colto, dando un contributo importante, anche se indiretto, al dibattito sulla questione meridionale.

PROFILO

Luigi Capuana

La produzione narrativa di Capuana comprende molti volumi di novelle, alcune raccolte di fiabe per bambini e cinque romanzi. Le novelle alternano il realismo psicologico (vicende sentimentali di personaggi di ceto medio o alto, interesse per le situazioni più drammatiche e analisi minuta dei moventi dei personaggi) e il realismo sociale (bozzetti e vicende di vita popolare siciliana). ▸T16

Tra i romanzi più noti, *Giacinta* (1879) appartiene al primo genere. È la storia di una donna che ha la vita sentimentale sconvolta da uno stupro subìto da bambina. Sposa un uomo che non ama e diviene l'amante di quello a cui ha dato il suo cuore; ma non reggendo alle sue contraddizioni intime e allo scontro con l'ambiente sociale, finisce suicida.

▸T17 Anche *Il marchese di Roccaverdina* (1901), la sua opera migliore, è imperniato su un caso psicologico eccezionale. Qui l'analisi psicologica si fonde felicemente con lo sfondo sociale: la prepotenza feudale del protagonista, l'oppressione dei contadini, la meschinità della provincia siciliana emergono da una narrazione fatta di rapide scene dal ritmo incalzante.

Federico De Roberto

Il terzo rappresentante della "sicilianità" verista, Federico De Roberto (1861-1927) era nato a Napoli ma visse quasi sempre a Catania, a parte i soggiorni a Milano nel periodo in cui vi risiedettero anche i suoi amici e maestri Verga e Capuana. Anche lui alternò realismo psicologico e realismo sociale. Il suo capolavoro, *I Viceré* (1894), è un vasto romanzo che segue per oltre una generazione le vicende di una nobile casata siciliana, intrecciate a quelle politiche del passaggio dal regime borbonico allo Stato unitario, attraverso una folla di personaggi fortemente tipizzati, sempre in lite per meschine questioni patrimoniali, affetti da strane manie, arrivisti, ipocriti: il principio dell'ereditarietà si manifesta in una sorta di tara morale che colpisce gli ultimi discendenti di un'antica famiglia. È un cupo quadro di una società ingiusta e ▸T18 senza prospettive di cambiamento: «La storia è una monotona ripetizione», dice alla fine uno dei protagonisti. La narrazione ha qualche lungaggine, ma riesce efficace nella rappresentazione grottesca delle ossessioni dei protagonisti e in certe grandiose scene di massa.

Matilde Serao

Nel periodo più felice della sua attività, anche Matilde Serao (1856-1927) fu ascritta al gruppo dei veristi. Napoletana, di famiglia modesta, si diede giovanissima all'attività giornalistica e letteraria. Sposò Edoardo Scarfoglio, uno dei giornalisti più affermati dell'epoca, insieme al quale fondò e diresse giornali a Roma e a Napoli; dopo la separazione dal marito continuò la stessa attività da sola. Uno dei suoi libri più noti, *Il ventre di Napoli* (1884), nasce appunto da un'inchiesta giornalistica, condotta contro i progetti di "sventramento" del centro storico della città: è una descrizione colorita, ricca di dati precisi, della vita popolare nei vicoli napoletani. Anche le migliori opere narrative – raccolte di racconti, il romanzo *Il paese di cuccagna*, 1890, che ha per tema la passione napoletana per il gioco del lotto – valgono, più che per la trama, come serie di vivaci bozzetti di vita popolare, con un gusto incisivamente attento ai particolari, alla superficie colorata delle cose. Altri romanzi, di maggiori ambizioni psicologiche e morali, sono caduti nel dimenticatoio.

Emilio De Marchi

Al di fuori della scuola verista, l'interesse per una rappresentazione realistica della vita contemporanea nei suoi aspetti minuti e quotidiani è comune a molti narratori della fine del secolo. Tra essi spetta un posto di rilievo al milanese Emilio De Marchi (1851-1901), più vicino alla tradizione manzoniana, col suo moralismo esplicito, che alla impersonalità verista.

Demetrio Pianelli (1889) è il suo romanzo più riuscito. Il protagonista è un modesto impiegato dall'esistenza grigia e solitaria, che con eroici sacrifici prende a suo carico la moglie e la figlia di un fratello che, ben diverso da lui, si è ucciso per debiti di gioco. A poco a poco sente nascere in sé un sentimento tenero per la bellissima cognata, che lo ricambia appena con una tiepida riconoscenza. Sacrifica il suo sentimento per favorire il matrimonio della cognata con un cugino ricco, e finirà pure trasferito, per aver difeso l'onore della signora insidiato dal suo capufficio.

L'intento morale di celebrare la virtù del sacrificio è evidente, ma al di là di questo De Marchi riesce efficace nel dare un quadro di vita quotidiana della Milano piccolo-borghese: la lotta per far quadrare i conti di uno stipendio misero, la meschinità dell'ambiente impiegatizio, l'arroganza e l'insensibilità dei potenti, le animate scene di vita popolare.

LA REAZIONE AL VERISMO E FOGAZZARO

I "Cavalieri dello spirito"

Il predominio del realismo regionalista non fu mai totale. Già nel 1889 usciva il primo romanzo di D'Annunzio, *Il piacere*, che inaugurava la voga dell'estetismo decadente, centrato sulle vicende sentimentali di personaggi aristocratici, su sfondi raffinati e decorativi. Pochi anni dopo Matilde Serao si faceva banditrice di una nuova tendenza antinaturalista e misticheggiante, che denominava "i Cavalieri dello spirito": «Quest'*orgia di vero* [...], questo abuso di materialismo e di naturalismo ci spinge al misticismo, se volete, all'Idealismo». Nel clima della reazione antipositivista, una problematica religiosa doveva prendere il posto dei problemi materiali della vita sociale.

Antonio Fogazzaro

Il principale riferimento per questa antitesi al verismo era nell'opera di Antonio Fogazzaro (1842-1911); vicentino, cattolico, di famiglia ricca, visse una vita appartata e signorile, producendo una serie di romanzi che furono tra i più letti e apprezzati a cavallo tra i due secoli.

▸T19 Il primo, *Malombra* (1881), condensa una quantità di motivi in un impasto ricco e aggrovigliato. Ci sono elementi di occultismo e di romanzo nero: la protagonista è convinta di essere la reincarnazione di una sua antenata fatta morire dal marito per un ingiusto sospetto di adulterio, e di avere la missione di vendicarla sui discendenti; non è chiaro se bisogna crederle o considerarla pazza. C'è il conflitto tra l'anima e i sensi nel protagonista maschile, diviso tra l'amore per l'angelica e religiosa Edith e l'attrazione funesta che esercita su di lui Malombra; c'è la conversione al cattolicesimo del padre di Edith, e molto altro che non si può riassumere in breve.

Piccolo mondo antico (1895) è il romanzo rimasto più famoso: qui compare il tema patriottico (siamo sul lago di Lugano, nel Lombardo-Veneto, alla vigilia della gloriosa guerra del 1859), intrecciato con le vicende dell'eredità negata al protagonista da una nonna aristocratica, ottusa e austriacante, e col conflitto spirituale che turba l'amore tra

Angelo Morbelli, *Battello sul Lago Maggiore*, 1915. (Milano, Gallerie di Piazza Scala)

PROFILO

il protagonista, cattolico convinto, e la moglie non credente.

In *Piccolo mondo moderno* (1901) è il figlio dei protagonisti del romanzo precedente a essere diviso tra vaghe aspirazioni di azione religiosa e sociale e un amore colpevole secondo i suoi princìpi religiosi (è legato dal matrimonio con una donna finita in manicomio). Lo stesso personaggio ricompare in *Il Santo* (1905), divenuto un asceta banditore di una riforma religiosa; questo romanzo fu messo dalla Chiesa all'*Indice dei libri proibiti*.

I protagonisti di Fogazzaro, tutti di ceto ricco, sono intellettuali tormentati da inquietudini religiose, in primo luogo il conflitto tra la scienza e la fede, tipico dell'epoca; sono perennemente in bilico tra vaghe aspirazioni ideali e tentazioni sensuali, fino a restare preda di una perplessità che li rende incapaci di agire. Le figure femminili hanno in genere una personalità più forte, ma restano un po' ai margini dei complicati drammi spirituali su cui converge l'interesse dell'autore.

La prosa di Fogazzaro si muove con disinvoltura tra diversi registri stilistici: al tono alto che caratterizza i pensieri e i dialoghi dei protagonisti si contrappone la vivacità macchiettistica con cui sono delineate una quantità di figure minori e comiche, per lo più caratterizzate dal discorso in dialetto. L'autore è particolarmente felice nel dare immagini di vita quotidiana e di interni familiari, mentre prende un tono lirico e assorto quando delinea sfondi di paesaggio che appaiono carichi di mistero, portatori di oscuri messaggi.

LA NARRATIVA D'APPENDICE

Letteratura di consumo

«È aperta in Milano, via Meravigli 10, un'agenzia per la vendita ai giornali di romanzi d'appendice [...]. Disponiamo di 600 appendici di 82 Scrittori. Precisare se interessano romanzi sanguinari, storici, di viaggi, educativi, letterari, patriottici». Questa inserzione, pubblicata sul «Bollettino della stampa italiana» nel 1899, testimonia la diffusione e il peso commerciale che aveva ormai raggiunto la narrativa pubblicata a puntate sui periodici. Come abbiamo accennato, anche opere di alto valore uscivano in questa forma, ma il grosso della produzione, quella che oggi definiamo per antonomasia "letteratura d'appendice", consisteva di lavori confezionati in serie, senza grandi ambizioni, per il consumo di un pubblico di facile contentatura.

L'inserzione specifica i generi merceologici che offre alla propria clientela («romanzi sanguinari, storici, di viaggi...»); col suo carattere ripetitivo, questa produzione si inquadra in generi e sottogeneri in modo molto più rigido che la narrativa di qualità: il consumatore vuole sapere in anticipo che cosa troverà nel prodotto. È anche tipico che essa rifletta un gusto arretrato: si offrono romanzi storici e patriottici in un'epoca in cui questi generi erano tramontati all'orizzonte della letteratura di maggiore impegno.

Importazione e imitazione

L'agenzia citata offriva romanzi tradotti, e in effetti la narrativa d'appendice fu in Italia per buona parte un prodotto d'importazione; una produzione nazionale nacque soprattutto per imitazione dei più famosi autori francesi dell'epoca precedente. Così, se Eugène Sue aveva ottenuto uno straordinario successo con *I misteri di Parigi* (1842), romanzo ambientato nei bassifondi malavitosi della metropoli, da noi ci furono *I misteri di Napoli* (1875), di FRANCESCO MASTRIANI (1819-1891), molto attivo anche nel genere storico-patriottico, e Carlo Collodi, l'autore di *Pinocchio*, scrisse *I misteri di Firenze*.

Carolina Invernizio

Il successo più vasto e duraturo nell'ambito del romanzo d'appendice è toccato a CAROLINA INVERNIZIO (1851-1916), una rispettabile signora borghese che in quarant'anni di attività produsse più di cento romanzi, prevalentemente di un genere drammatico-sentimentale: intrighi complicati fatti di passioni travolgenti, delitti, colpi di scena. Titoli come *Il bacio d'una morta, La vendetta d'una pazza, La peccatrice, La sepolta viva* bastano a illustrare il repertorio di questa scrittrice, che attinge ancora agli scenari del romanzo nero inglese del tardo Settecento, mediati da esempi più recenti di narrativa popolare francese. La sua prosa è monotona e rozzamente enfatica, ma la costruzione narrativa ha un'indubbia efficacia, se è vero che questi romanzi si sono continuati a leggere con passione fino alla metà del Novecento, soprattutto da parte di quel pubblico femminile poco colto a cui la Invernizio si indirizzava.

• CAROLINA INVERNIZIO *Il processo*

LA LETTERATURA PER L'INFANZIA

Letteratura educativa

L'esigenza di "fare gli italiani" e la lenta diffusione della scolarità danno ai problemi pedagogici, nell'Italia unita, un rilievo che non avevano mai avuto prima. La letteratura per l'infanzia raggiunge una diffusione paragonabile solo al successo della narrativa d'appendice, e ha la sua stagione d'oro con titoli e autori che resteranno sul mercato fino a oggi.

Cuore

Il libro educativo per eccellenza, sul quale si sono formate generazioni di italiani, è *Cuore* (1886) di EDMONDO DE AMICIS (1846-1908), ligure, giornalista e scrittore che ebbe successo anche con vari libri di viaggi. Il libro si presenta come il diario di un anno scolastico di un bambino di terza elementare, intercalato dalle lettere di ammaestramenti morali che gli scrive il padre e dai nove "racconti mensili" che vengono letti in classe. I compagni di scuola del piccolo protagonista costituiscono un microcosmo sociale in cui tutte le classi sono rappresentate, e sono altrettanti esempi di virtù o di vizio: da una parte la laboriosità, l'ubbidienza, la disponibilità ad aiutare gli altri, dall'altra l'egoismo, l'arroganza, il rifiuto dell'istituzione scolastica e della famiglia. Grande rilievo hanno i motivi patriottici – soprattutto nei drammatici e avvincenti racconti mensili – e i temi della fratellanza tra i ceti sociali, unita al rispetto per la gerarchia. Così il libro è un condensato degli ideali di ordine, bontà, disciplinata collaborazione che l'Italia umbertina mirava a trasmettere alle nuove generazioni; è significativa l'assenza del tema religioso, sintomo evidente della frattura tra la classe dirigente della nuova Italia e la Chiesa cattolica.

▸T20

Il tono mira costantemente a toccare le corde del sentimento (tanto che Carducci definì l'autore «Edmondo dei languori»); ma il sentimentalismo non attenua la nettezza dei giudizi morali e la crudezza di certe tragiche scene dei racconti: l'idea che si debbano risparmiare le emozioni forti all'immaginazione infantile non si era ancora affermata. La lingua, sciolta e semplice, è ispirata a un moderato manzonismo, di cui l'autore fu anche teorico in *L'idioma gentile* (1905).

Pinocchio

L'altro grande libro per l'infanzia dell'epoca, *Pinocchio*, ci porta in un clima completamente diverso. L'autore, CARLO COLLODI (pseudonimo di Carlo Lorenzini, 1826-1890), fiorentino, partecipò alle guerre del Risorgimento e poi fu impiegato statale, ma esercitò sempre un'intensa attività di giornalista e scrittore d'appendice. *Storia di un burattino* apparve a puntate, a partire dal 7 luglio 1881, sul «Giornale per i bambini».

▸T21

Il libro si presenta come una fiaba educativa: il burattino disubbidiente e sventato viene più volte punito per le sue trasgressioni, finché non rientra nell'ordine e ottiene in premio la normalità, la trasformazione in un bravo bambino; ammaestramenti, esortazioni allo studio, alla laboriosità, all'ubbidienza, sono disseminate a ogni pagina. Ma ciò che avvince il lettore è il seguito incalzante di avventure e situazioni comiche e grottesche, che attingono al repertorio della comicità popolare e ad antichissimi archetipi dell'immaginario fiabesco: gli animali parlanti, la fata che regna al confine tra il mondo dei vivi e quello dei morti, il Paese dei Balocchi che evoca il "paese di Cuccagna" delle fantasie popolari.

Il mondo di *Pinocchio* è dominato da leggi spietate di sfruttamento e sopraffazione, che sembrano rispecchiare le condizioni dell'ambiente poverissimo in cui nasce il burattino; ma la narrazione non lascia mai spazio al sentimentalismo: le situazioni più tristi sono risolte con una battuta comica o con l'immediato esordio di una nuova avventura. Siamo agli antipodi del moralismo di *Cuore*: Pinocchio si comporta più o meno come l'«infame» Franti, modello negativo del libro di De Amicis, ma il lettore non è portato a condannarlo, bensì a seguirlo con simpatia sorridente. E in qualche punto si affaccia una vena potenzialmente eversiva dell'ordine costituito, come nella geniale invenzione della città di Acchiappacitrulli, dove gli innocenti sono arrestati e i colpevoli liberati.

Lo stile è quello semplice e immediato della fiaba, arricchito da un dialogo vivacissimo che sembra ispirarsi al teatro comico popolare; la lingua è un fiorentino vicino all'uso parlato, ma senza caratteri troppo vernacoli.

Emilio Salgari

Un altro scrittore per ragazzi di grande successo non ebbe intenti educativi, anzi fu a lungo avversato dagli educatori quanto amato dal suo pubblico. Il veronese EMILIO SALGARI (1862-1911) amò presentarsi come un capitano di mare a riposo ricco di ricordi; in realtà aveva seguito studi nautici in gioventù, ma non aveva compiuto più di qualche viaggio nell'Adriatico. In trent'anni produsse un'ottantina di romanzi, incalzato dalle difficoltà economiche e sfruttato dagli editori, e morì suicida. Le sue storie di avventure in mari esotici (*I pirati della Malesia*, 1896; *Il Corsaro Nero*, 1899) offrono alla fantasia del lettore situazioni drammatiche, intrecci movimentati, colori accesi; lo stile è enfatico e sommario, ma il ritmo narrativo è avvincente.

Due pirati in lotta su una spiaggia dei Caraibi in un'illustrazione di Howard Pyle del 1911. (Delaware, Art Museum)

LA MEMORIALISTICA

Ricordi del Risorgimento

La ricca produzione di libri di memorie che si ebbe dopo l'unità riflette il clima culturale dell'epoca precedente, come è naturale, essendo opera di esponenti della generazione che aveva fatto il Risorgimento. La presenza in quella generazione di tanti personaggi che erano stati insieme politici e uomini di cultura favorisce la comparsa di libri interessanti sia sotto il profilo storico che per la qualità della scrittura.

L'atteggiamento che prevale è quello di chi guarda al proprio passato, agli eccessi o errori di gioventù, con distacco ironico o con indulgente compiacimento, alla luce della saggezza senile e dell'opera politica e culturale compiuta. È il caso di *I miei ricordi* di Massimo d'Azeglio (1867, postumo), ricchi di pagine mosse e colorite. Le *Ricordanze della mia vita* di Luigi Settembrini, pubblicate postume nel 1879 a cura di De Sanctis, riflettono il carattere schietto, generoso e un po' ingenuo di un uomo che sacrificò gli anni migliori alla causa unitaria. Allo stesso De Sanctis si deve uno dei libri migliori del genere, un frammento autobiografico incompiuto pubblicato postumo col titolo *La giovinezza* (1889), interessante fra l'altro per la ricostruzione della sua formazione culturale.

Memorialistica garibaldina

Ci furono poi una quantità di libri legati al ricordo dell'epopea garibaldina, l'aspetto del Risorgimento più ricco di potenziali ingredienti narrativi: l'entusiasmo dei volontari, la partecipazione popolare, i momenti avventurosi. L'opera più nota è *Noterelle d'uno dei Mille* (1880) di GIUSEPPE CESARE ABBA (1838-1910). Il libro si presenta come un diario scritto nel corso degli eventi, ma in realtà è stato composto a vent'anni di distanza, e questo spiega il clima di grandezza epica in cui sono immersi le vicende e gli eroi dell'impresa, nobilitati dai paragoni storici che evocano continuamente. Questo aspetto celebrativo non toglie però nulla al tono di sincerità e alla vivacità narrativa che rendono gradevole il libro.

La poesia

LA NASCITA DELLA POESIA MODERNA E IL SIMBOLISMO

Charles Baudelaire

Il 1857, simbolico anno di nascita del romanzo moderno con *Madame Bovary* di Flaubert, può essere considerato anche la data di nascita della poesia moderna, per la pubblicazione di *Les fleurs du mal* ("I fiori del male") di CHARLES BAUDELAIRE (1821-1867). Quale sconcerto suscitasse la nuova letteratura è testimoniato dal fatto che nello stesso anno entrambi i libri subirono un processo per immoralità: Flaubert uscì assolto, Baudelaire condannato, e dovette far stampare una nuova edizione del suo libro togliendo alcune poesie.

▸T27

Gustave Courbet, *Ritratto di Baudelaire*, 1848-1849. (Montpellier, Musée Fabre)

La condanna subita è un segno dell'atteggiamento anticonformista che caratterizza l'opera come la vita di Baudelaire. Nato da una famiglia borghese e tradizionalista, verso i vent'anni si diede a una vita sregolata, in cui l'alcol e altre droghe avevano larga parte (a queste esperienze dedicò una raccolta di saggi, *I paradisi artificiali*, 1861). Frequentò ambienti equivoci (per un certo tempo fu l'amante di una prostituta) e contemporaneamente gli ambienti artistici e intellettuali che spesso tendevano a confondersi con quelli in una comune marginalità sociale. Fu un importante critico d'arte, sostenitore di Delacroix e della pittura romantica e antiaccademica, con gli opuscoli dedicati a vari *Salons* parigini di pittura; fu anche il primo ad attirare l'interesse sull'opera e sulle riflessioni di poetica di Poe. Dopo aver consumato parte del patrimonio familiare, fu fatto interdire dalla famiglia, si ridusse in miseria e morì ancora giovane.

PROFILO

La scelta di vita *bohémienne* resterà tipica di buona parte dei poeti delle generazioni successive, fino alle avanguardie del primo Novecento; essa nasce da una precisa consapevolezza della crisi del ruolo del poeta nella società borghese. In un mondo tutto centrato sulla produzione e sul profitto, un'attività gratuita come la poesia è condannata alla
▸T22 marginalità, e il poeta è un diverso, un esiliato, un estraneo rispetto al produttivismo dominante: «essere un uomo utile mi è sempre sembrato qualcosa di rivoltante».

I fiori del male

Nascono da qui le novità tematiche e stilistiche della poesia di Baudelaire che scandalizzarono i suoi contemporanei. Baudelaire rappresenta crudamente il vizio, l'erotismo, gli ambienti degradati che frequenta, con un linguaggio esplicito inedito per la poesia (in particolare per una poesia di tradizione classicista
▸T26 come quella francese). È anche il primo poeta metropolitano, capace di cantare i ritmi sovreccitati e le sensazioni forti della vita nel «nero oceano dell'immonda città». I "fiori del male" a cui intitola la sua raccolta sono appunto i fiori di bellezza che possono nascere dal fango del vizio e della degradazione urbana. In questo contesto il sentimento
▸T24 dominante è quello dello *spleen*, un termine preso a prestito dall'inglese (dove significa "milza", e per traslato "cattivo umore"), che al tempo di Baudelaire viene a significare un senso di disadattamento e depressione, una insoddisfazione per tutto ciò che si vive e un desiderio indefinito di evadere verso qualcosa di superiore. La sua poesia si apre dunque a improvvisi slanci verso un "aldilà", una realtà superiore che può volta a volta essere chiamata "la Bellezza", "il Cielo", "l'Ideale":

di là dalle angosce e dagli affanni immensi
che gravano del loro peso l'esistenza tra le brume,
felice colui che può, con un'ala vigorosa
slanciarsi verso i campi luminosi e sereni [*Elevazione*]

I segni di questa realtà ideale sono disseminati nel mondo dell'esperienza attraverso
▸T23 una «foresta di simboli», un insieme di misteriose armonie e «corrispondenze» tra le cose. Il compito più alto della poesia è allora esplorare questo misterioso mondo di simboli al quale la conoscenza scientifica e razionale non può giungere.

Da questo intreccio di temi contraddittori nasce l'impasto stilistico dissonante della poesia di Baudelaire, capace di mescolare lo stile alto e lo stile basso, il gusto del sublime
▸T25 e quello dell'orrido e del macabro, di inserire metafore e sinestesie audaci, sorprendenti, in una struttura discorsiva ancora equilibrata e regolare.

Non ultima tra le innovazioni introdotte da Baudelaire è il genere della prosa poetica, inaugurato dai *petits poèmes en prose* ("poemetti in prosa") intitolati *Lo spleen di Parigi*, raccolti postumi.

Arthur Rimbaud

Gli aspetti più provocatori dell'esperienza umana e artistica di Baudelaire sono portati all'estremo da ARTHUR RIMBAUD (1854-1891), ado-
▸T30 lescente geniale e ribelle che a sedici anni fuggì da una famiglia borghese, si diede a

un'esistenza errabonda per le capitali europee insieme al suo amico, il più anziano poeta Paul Verlaine, col quale ebbe una tumultuosa relazione amorosa. Intanto disperdeva tra i conoscenti i manoscritti delle sue poesie e prose poetiche, che furono in gran parte pubblicati quando il giovanissimo poeta, dopo pochi anni, aveva improvvisamente abbandonato l'attività letteraria e si era dato a traffici commerciali e ad avventure coloniali. Pare che la notizia della fama che stava acquistando la sua opera lo raggiungesse in Africa, dove passò gli ultimi anni della sua breve esistenza, e che il suo commento fosse: «Merde pour la poésie!».

▸T28 La poesia di Rimbaud è un seguito di immagini allucinate, sospese fuori dello spazio e del tempo, che si evocano le une le altre senza coerenza logica. L'evanescenza tematica e l'audacia del linguaggio metaforico tendono spesso all'oscurità per il lettore. Nei componimenti in versi il poeta dà prova di uno straordinario virtuosismo formale, con la ricerca di rime difficili e di accostamenti inusitati; sa ottenere forti effetti di suggestione musicale, anche se non rifugge dagli improvvisi scarti nel linguaggio basso. Le prose po-▸T29etiche sono brevi frammenti lirici che si presentano come rivelazioni improvvise di una realtà "altra", una "sur-realtà" (come dissero poi i surrealisti del primo Novecento, che videro in Rimbaud il loro precursore). Il titolo della raccolta principale, *Illuminazioni*, dà bene il senso di questa aspirazione a fare del poeta un «veggente mediante un lungo, immenso e ragionato sregolarsi di tutti i sensi».

Paul Verlaine

L'amico più anziano di Rimbaud, Paul Verlaine (1844-1896), ebbe una carriera poetica più lunga e riconoscimenti meno tardivi, anche se la sua condotta disordinata lo portò a morire in miseria. Anche la sua fu una vita tormentata, divisa tra le esperienze trasgressive (l'alcol, i vagabondaggi con Rimbaud, un periodo di carcere – quando, in seguito a un litigio con l'amico, gli aveva sparato –, gli altri amori omosessuali) e tentativi ricorrenti di pentirsi, rientrare nella normalità borghese, riconciliarsi con la moglie, riconvertirsi alla religione.

La sua formazione poetica avvenne nell'orbita della scuola parnassiana, dalla quale ▸T31 ereditò la sapiente rifinitura formale dei versi, un vero virtuosismo nel maneggiare suoni, rime e strofe. Ma la sua ispirazione non inclinava alle immagini nitide e scolpite del gusto parnassiano, aveva qualcosa di più languido e musicale, e per molti aspetti inaugurava in poesia l'estetismo decadente, come testimoniano questi versi:

Sono l'Impero alla fine della decadenza,
che guarda passare i grandi Barbari bianchi
componendo acrostici indolenti dove danza
▸T32 *il languore del sole in uno stile d'oro.* [Languore]

Nei momenti più intensi la poesia di Verlaine crea immagini evanescenti, sospese tra la realtà e il sogno, tra l'estasi e il delirio. Altrove lo si può vedere soprattutto come il creatore di un repertorio di tipiche immagini ricorrenti come giardinetti chiusi e solitari, marionette, vecchie romanze senza parole... un repertorio che resterà caratteristico del gusto simbolista e *liberty* di fine Ottocento, che in Italia si prolunga fino alla poesia dei crepuscolari.

Stéphane Mallarmé

A differenza degli altri padri del simbolismo, Stéphane Mallarmé (1842-1898) condusse una vita tranquilla, modesta e appartata di professore di liceo. Ma la sua casa divenne gradualmente il luogo di ritrovo di una schiera eletta di letterati e artisti che riconobbero in lui un maestro, e le sue rare, squisite pubblicazioni gli diedero una notevole fama, per quanto i lettori fossero e siano restati sempre pochi, come del resto il poeta aveva voluto.

Assieme a Rimbaud, Mallarmé è autore di una radicale rivoluzione del linguaggio poetico, che ha aperto la via percorsa da quasi tutta la poesia europea e americana almeno fino alla metà del Novecento. Se Rimbaud sviluppa l'aspetto visionario della poesia di Baudelaire, Mallarmé ne riprende l'ambizione di essere rivelazione dell'essenza più profonda della realtà attraverso il gioco dei rimandi simbolici. La sua poesia è ricerca di una Parola assoluta, libera da ogni valore di comunicazione pratica, capace di racchiudere in sé l'essenza dell'universo: «Il verso fa di molti vocaboli una parola totale, nuova, straniera alla lingua e come incantatoria [...]. Il mondo è fatto per sfociare in un bel libro». Ma questa essenza suprema delle cose non è poi conoscibile, l'assoluto coincide forse col nulla, e la poesia finisce per non avere altro oggetto che «la carne delle sue stesse parole». ▸T33 Si creano dunque situazioni poetiche rarefatte, in cui gli oggetti sono "aboliti" (una parola-chiave della poesia mallarmeana) nel momento stesso in cui sono nominati, e restano solo per evocare rimandi simbolici, in un gioco astratto e spesso oscuro.

L'opera di Mallarmé, frutto di uno spasmodico lavoro di raffinamento dello stile, si riduce a un numero limitato di componimenti. L'ultimo di essi, *Un colpo di dadi non abolirà mai il caso* (1897), abolisce la sintassi, sparpaglia parole e frasi sullo spazio bianco della pagina, usa una varietà di caratteri grafici, inaugurando una maniera di poesia visiva che sarà ripresa varie volte nel Novecento. Il titolo si può interpretare come un riconoscimento dello scacco finale della poetica dell'Assoluto: i "dadi" dell'opera non potranno mai abolire la casualità bruta dell'esperienza quotidiana.

Gusto simbolista

La ricerca di un "Aldilà" dell'esperienza sensibile, di un "Ignoto", di un Assoluto ai limiti dell'indicibile è propria della poetica dei maestri del simbolismo; ma ciò che si diffonde come gusto simbolista sul finire del secolo in molti paesi europei ha ambizioni meno radicali: è soprattutto l'evocazione musicale, l'indefinito, il linguaggio raffinato e allusivo. A questo livello il simbolismo può incontrarsi con una tendenza che si può definire "impressionista", mutuando il termine dalla pittura contemporanea: la tendenza ad accostare sensazioni colte nella loro immediatezza, non ordinate in una prospettiva razionale, a immergersi nel flusso degli eventi per cogliere l'emozione irripetibile di un istante. L'esempio più chiaro è nella poesia di Pascoli, apparentemente così estraneo alla "modernità" del suo tempo.

Su un piano di gusto più superficiale, simbolismo e parnassianesimo possono sconfinare nell'estetismo decadente: una poesia fatta di immagini estenuate e voluttuose, in ambientazioni esotiche, stracarica di ornato, preziosa nel linguaggio, quale fu praticata in Italia da Gabriele D'Annunzio.

Odilon Redon, *L'occhio,* 1882. (Los Angeles, County Museum of Art)

POESIA DEL "NUOVO MONDO"

Nel corso dell'Ottocento la letteratura nordamericana acquista una sua fisionomia autonoma rispetto alla madrepatria inglese. Già nella prima metà del secolo abbiamo incontrato due grandi narratori, Poe e Melville; nella seconda metà, le figure originali sono due poeti, entrambi privi di radici nella tradizione inglese, anche se assolutamente opposti l'uno all'altra.

Walt Whitman

WALT WHITMAN (1819-1892), nato a Long Island, ebbe in gioventù le esperienze canoniche dello scrittore americano: a undici anni interruppe gli studi e fece i più svariati mestieri, finché divenne giornalista; dovette poi più volte cambiare giornale a causa delle sue idee politiche, giudicate troppo radicalmente democratiche. Durante la guerra di secessione (1861-1865) si pronunciò contro lo schiavismo e prestò servizio come infermiere volontario. Nel 1855 pubblicò la prima delle dieci edizioni di *Foglie d'erba*, una raccolta di poesie in versi liberi che accrebbe e ampliò per tutta la vita. La poesia gli diede la fama, ma suscitò anche reazioni di scandalo per i riferimenti troppo esplicitamente sessuali di alcuni testi, nonostante il poeta si sforzasse di nascondere la tendenza omosessuale che li ispirava.

Whitman aderì entusiasticamente al "sogno americano" di una società interamente nuova, capace di unire uomini delle più diverse provenienze in uno sforzo comune, fondata sulla libera iniziativa individuale e sulla democrazia; volle dunque essere il cantore della libertà, delle masse, del progresso, dei paesaggi sconfinati e incontaminati del nuovo mondo:

▸T34

La Vita immensa nella sua passione, impulso, e forza,
Gioiosamente, per un più libero agire formata, sotto divine leggi,
L'Uomo Moderno, io canto. [*Canto il Se stesso*]

Questo atteggiamento di vate fa un singolare contrasto con la crisi di ruolo che contemporaneamente attraversava la poesia in Europa. Anche la forma poetica da lui adottata è originale: scrive in lunghi versi liberi chiaramente pensati per una declamazione a gola spiegata, corrispondenti a una presa di fiato; l'impeto che li sostiene è affidato alle continue anafore e iterazioni. Questa forma non ha antecedenti nelle letterature europee, e potrebbe essersi ispirata ai salmi biblici; la sua novità precorre la rivoluzione metrica propria della poesia novecentesca, che ha tra le sue forme, in poeti americani ed europei, un "verso libero lungo" di impronta whitmaniana.

Emily Dickinson

È difficile immaginare un'esperienza umana e poetica più opposta a quella di Whitman di quella di EMILY DICKINSON (1830-1886). Nacque e restò per tutta la vita in una cittadina del Massachusetts, nella casa della sua famiglia; una famiglia borghese e puritana la cui ristrettezza mentale, che contrastava con la sua indipendenza intellettuale, la spinse a un volontario isolamento. Chiusa per decenni nella sua stanza, si dedicò alla lettura e a un'ininterrotta sperimentazione poetica. Il suo unico canale comunicativo col mondo esterno fu un'intensa corrispondenza, attraverso la quale intrecciò amicizie e amori. Quando morì, solo sette delle sue composizioni erano state pubblicate.

L'opera della Dickinson consiste di oltre 1.700 brevi liriche: istantanee di scenari naturali (la natura vista dalla finestra del suo carcere volontario), brevi folgoranti riflessioni e dialoghi con personaggi indefiniti. L'espressione è estremamente concisa, i legami tra

▸T35

le immagini e le parole sono soppressi, la punteggiatura spesso sostituita da trattini: tutto questo crea un'ambiguità – e spesso oscurità – che sconcerta e insieme affascina il lettore. La modernità di questa forma espressiva è confermata dalla libertà metrica: ci sono strofe e rime, ma disposte irregolarmente, come irregolare è la misura dei versi; ancora, ci sono aspetti visionari e arditezze metaforiche che fanno pensare alle più audaci esperienze della poesia europea contemporanea e successiva:

Eastman Johnson, *La ragazza che ho lasciato dietro di me*, 1875. (Washington, Smithsonian Art Museum)

▸T36

I grilli cantarono
e tramontò il sole
e gli operai finirono uno a uno
la loro cucitura sul giorno.

Come nel caso di Whitman, ci troviamo di fronte a una forma espressiva di cui è difficile indicare antecedenti, mentre chiaramente precorre gli sviluppi della poesia novecentesca. Ma certo la sensibilità di un lettore di oggi si accorda più facilmente col discorrere sommesso e frammentario della Dickinson che con le frondose apostrofi di Whitman.

LA POESIA IN ITALIA

Poesia lirica

In sintonia con le tendenze prevalenti a livello europeo, la poesia italiana dei decenni postunitari è essenzialmente poesia lirica: scompaiono quasi del tutto la novella in versi, i poemi narrativi o filosofici, prevalgono forme compositive più brevi e concluse. Tuttavia, le novità più sconvolgenti della poesia parnassiana e simbolista compaiono in Italia in modo ancora episodico: ci sono pochi esperimenti di una poesia di pure immagini, di effetti musicali, di ardite metafore, di linguaggio sfumato ed evocativo. In questa direzione le cose più significative verranno solo verso la fine del secolo da Pascoli e da D'Annunzio.

I temi

Nella tematica, un carattere nuovo di questi decenni si può definire in largo senso "realismo": la poesia riflette la concreta esperienza del poeta, senza bisogno di travestimenti mitologici o simbolici, con un'attenzione ad aspetti minuti della vita quotidiana che appare sia nel classicista Carducci sia nei poeti più dichiaratamente "moderni". Questo non impedisce che accanto ai sentimenti privati siano presenti temi di impegno civile, dalla critica alla meschinità della classe dirigente alla protesta sociale, e temi di respiro filosofico, come le inquietudini suscitate dalla visione materialista dell'universo.

Il linguaggio

Anche nel linguaggio si manifesta una tendenza realista, nel senso di un abbassamento del tono, un'apertura al lessico comune, un accostamento ai modi della prosa. Questa tendenza coesiste con la persistenza dello stile aulico tradizionale, a volte negli stessi poeti; ma mentre nella poesia romantica l'urto tra gli elementi aulici e quelli popolari creava spesso incoerenze stilistiche, ora c'è una maggiore capacità di armonizzarli, o di trarre voluti effetti ironici dagli stridori e scarti di tono fra i due registri.

Nei poeti che esordiscono dopo il 1860 è evidente il bisogno di rompere con la maniera romantica, soprattutto col tardo romanticismo di Prati e Aleardi (vedi Vol. 4, p. 59), caratterizzato da un sentimentalismo vago e da un linguaggio spesso approssimativo. Questa esigenza si manifesta in due direzioni opposte: da un lato Carducci reagisce in nome di un ritorno al magistero formale della tradizione classica italiana, dall'altro gli scapigliati si richiamano invece alle tendenze nuove della lirica europea.

La scapigliatura

Nella poesia la sfida degli scapigliati al gusto tradizionale è più apertamente provocatoria che nella narrativa: gettano in faccia al pubblico borghese un repertorio di temi macabri o scabrosi, di atteggiamenti blasfemi, di esperimenti formali azzardati. Così Arrigo Boito, in una poesia del 1865, presenta sé e i suoi amici:

Torva è la Musa. Per l'Italia nostra
corre levando impetuosi gridi
una pallida giostra
di poeti suicidi.
Alzan le pugna e mostrano a trofeo
dell'Arte loro un verme ed un aborto
e giuocano al paleo
colle teste da morto.

Emilio Praga

Emilio Praga (1839-1875) è l'esponente più tipico di questa generazione, per la vita "maledetta" (fu distrutto ancor giovane dall'alcolismo), per l'interesse a diversi campi artistici (fu anche pittore), per la prontezza con cui assorbì l'influsso di Baudelaire, a pochi anni dall'uscita delle *Fleurs du mal*. I suoi versi
▸T37 (*Tavolozza*, 1862; *Penombre*, 1864) alternano i temi realistici, provocatori, sensuali, con
▸T38 momenti di ingenuo slancio sentimentale, di aspirazione all'innocenza e all'"ideale". Stilisticamente si muove in varie direzioni: accostamento a modi prosastici, ricerca di effetti musicali, residui della tradizione romantica; e l'impasto non è sempre felice.

Arrigo Boito

La vita di Arrigo Boito (1842-1918) conciliò invece il ribellismo giovanile con la conquista della rispettabilità: nel 1912 fu addirittura nominato senatore. Fu critico musicale e musicista, autore di testo e musica di due melodrammi; fu anche librettista delle ultime opere di Verdi. Nella sua opera poetica la tematica scapigliata è espressa con una perizia stilistica notevole ma molto esibita, tanto da dare l'impressione di un gioco un po' fine a se stesso. Notevole soprattutto il poemetto *Re Orso* (1865), che narra una fiaba lugubre e bizzarra sfoderando una serie di estrosi esperimenti metrici ed effetti sonori.

Giovanni Camerana

L'esperienza poetica di Giovanni Camerana (1845-1905) fu appartata e solitaria. Piemontese, frequentò gli scapigliati quando era studente a Pavia, poi fece una rispettabile carriera di magistrato, ma a sessant'anni si uccise. I suoi versi, rimasti in gran parte inediti fino alla morte, nei momenti più originali sviluppano una tematica tra parnassiana e simbolista: sono immagini di paesaggio trattate con finezza coloristica, ma irrigidite in una fissità spettrale, come fossero corrose da un male se-
▸T39 greto che mina alla radice tutte le cose. La ricerca di effetti musicali, che ricorda Verlaine, raggiunge risultati di grande suggestione.

PROFILO

Poesia sociale

Gli atteggiamenti anticonformisti degli scapigliati assunsero spesso aspetti di critica sociale, che andavano incontro alle aspirazioni del nascente movimento socialista. Questo vale in particolare per alcuni narratori e poeti che furono in vario modo influenzati dalla scapigliatura, pur non facendo parte del nucleo originario del movimento. Tra i poeti, una figura di un certo rilievo nel panorama dell'epoca fu Olindo Guerrini (1845-1916), che fu direttore della biblioteca universitaria di Bologna, e uno dei personaggi letterari di maggiore spicco di quella città, accanto a Carducci. Esordì con due volumetti di versi di gusto aggressivo e provocatorio (*Postuma*, 1877; *Nova polemica*, 1878), attribuiti a Lorenzo Stecchetti, un preteso giovane suicida. Sotto lo stesso pseudonimo fu autore di versi dialettali romagnoli, in parte osceni, che hanno avuto larga circolazione. Altri versi successivi comparvero col suo vero nome e furono raccolti nelle *Rime* (1903). In essi, tra i componimenti di tono apertamente sen-
▸T40 suale e di satira anticlericale, se ne incontrano diversi di polemica sociale, che coniugano la ricerca di una certa facilità popolare (e popolari alcune di queste rime lo divennero) con l'attenzione alla dignità formale, che deve qualcosa al Carducci più realista.

Vittorio Betteloni

Tra i poeti indipendenti sia dall'ambiente scapigliato sia dall'influsso carducciano, uno dei più interessanti è il veronese Vittorio Betteloni (1840-1910), insegnante nella sua città, che coltivò una poesia di tono minore, cantando le esperienze sentimentali di un giovane borghese (*Canzoniere dei vent'anni*, 1862; *Per una crestaia*, 1865) con un linguaggio dimesso, quotidiano, che nonostante le lodi di Carducci scandalizzò per la sua prosasticità:

Si stava assai benino
un tempo a la Regina:
buona cucina,
ottimo vino...

Contessa Lara

Una simile capacità di esprimere situazioni e sentimenti comuni in versi di tono sommesso si trova in alcune poetesse. È questa un'epoca che vede ricomparire una certa presenza femminile sulla scena letteraria; già abbiamo accennato all'importanza di narratrici come Matilde Serao e – su un altro piano – Carolina Invernizio. Verso la fine del secolo ebbero notorietà anche alcune poetesse, come Vittoria Aganoor Pompilj (1855-1910) e quella che assunse lo pseudonimo di Contessa Lara (Evelina Cattermole, 1849-1896). Quest'ultima, giornalista e scrittrice che si mantenne col suo lavoro, ebbe spesso l'attenzione delle cronache mondane per la sua agitata vita sentimentale: da quando il marito uccise in duello un suo amante a quando finì lei stessa uccisa dal suo ultimo compagno, dopo che lo aveva scacciato. Ma oggi merita di essere ricordata per la sua opera poetica (*Versi*, 1883; *E ancora versi*, 1886); la sua è
▸T41 una poesia di situazioni sentimentali vissute momento per momento, nella loro singolarità, con un'attenzione al particolare concreto e quotidiano che di solito manca ai poeti al maschile; a volte questo atteggiamento sfocia nel gusto per l'abbigliamento e l'arredo
▸T43 ricercato, in modo da creare uno sfondo prezioso a figure di donne fatali, accostandosi all'estetismo che negli stessi anni Ottanta aveva in D'Annunzio il suo profeta.

Arturo Graf

A partire dal 1880 circa nella poesia italiana si diffondono infatti i motivi tipici del clima europeo di fine secolo: da un lato l'estetismo decadente, dall'altro l'inquietudine esistenziale di fronte al mistero dell'universo, che trovò in Pascoli l'espressione più alta. Su questa seconda linea ha un suo rilievo la figura di Arturo Graf (1848-1913), professore all'università di Torino, studioso di letteratura della scuola storica. La sua poesia si ispira a un pessimismo di stampo leopardiano, che nei versi giovanili (*Medusa*, 1880) si esprime attraverso paesaggi desolati, immobili, intrisi di cupa angoscia, con un linguaggio aulico tradizionale di notevole intensità espressiva. Più avanti prende anche toni satirici e sarcastici, con un linguaggio più discorsivo, ma sempre stilisticamente sorvegliato.

La "poesia del mistero" di Arturo Graf
• *L'astro morto*

LA POESIA DIALETTALE

Le letterature dialettali

Abbiamo accennato come l'unificazione nazionale portasse a una scoperta delle differenze culturali regionali: oltre al regionalismo che caratterizza tanta narrativa verista e non, ne sono segno l'incremento degli studi sulle tradizioni popolari e le letterature orali, e lo sviluppo delle ricerche linguistiche sui dialetti.

In questo quadro si colloca la fioritura delle letterature dialettali. L'età precedente aveva offerto i due grandi esempi di Porta e Belli, l'opera del secondo dei quali fu ampiamente nota solo dal 1886, quando cominciò a uscirne un'edizione completa postuma. Dopo l'unità, se mancano autori di quel livello, in compenso la letteratura in dialetto si radica in ogni regione, con una certa diffusione e continuità.

L'uso del dialetto non ha carattere di contestazione dell'unificazione linguistica e della letteratura nazionale: tra l'altro, molti scrittori dialettali sono contemporaneamente scrittori in lingua. Il dialetto appare piuttosto quando si cerca una comunicatività più diretta, un'espressività più immediata: è significativo che i generi dialettali di elezione siano il teatro e la poesia lirica, mentre di una narrativa in dialetto si hanno pochi sporadici esempi. Le letterature dialettali si ritagliano così un ruolo in qualche modo "minore", non solo per l'ambito di diffusione necessariamente ristretto, ma anche per la portata dei temi e dell'impegno culturale che possono veicolare. Questo non ipoteca il valore dei risultati espressivi: molti autori si muovono nel dialetto con una disinvoltura maggiore che in italiano, dove sono impacciati dalla gestazione ancora faticosa di una lingua dell'uso medio.

Salvatore Di Giacomo

Nella lirica il filone più ricco è quello della poesia napoletana, che continua una lunga e ininterrotta tradizione. Qui spicca la figura di Salvatore Di Giacomo (1860-1934), che fu anche giornalista, studioso di storia locale e tradizioni popolari e autore di intense novelle in lingua di ambiente popolare, di alcune delle quali diede una riduzione teatrale in dialetto. Ma fu l'opera poetica quella che gli diede una fama nazionale e unanimi riconoscimenti critici.

La poesia di Di Giacomo si immerge nella vita popolare napoletana facendone parlare direttamente i protagonisti: è un mondo di sentimenti teneri o maliziosi e di improvvisi drammi passionali, sullo sfondo di una povertà non vista con occhio critico, ma accettata come una specie di realtà naturale, ricca di colore e di sentimento: tutto ciò che da Di Giacomo in poi siamo abituati a considerare

Carl Gustav Carus, *Pescatori nel porto di Napoli*, 1829. (Collezione privata)

la "napoletanità". Il fascino di questa poesia è soprattutto nella sua musicalità, di ascendenza vagamente arcadica, che crea un clima delicatamente trasognato. Del resto molte poesie di Di Giacomo furono scritte per musica e restano fra i testi esemplari della stagione d'oro della canzone napoletana.

T42

Il teatro

LA CRISI DEI VALORI BORGHESI SULLE SCENE

Il teatro europeo degli ultimi decenni dell'Ottocento ha ormai superato la classica distinzione fra tragedia e commedia: sulle scene trionfa il dramma borghese, sempre in prosa, di ambientazione contemporanea. Per tutto un periodo è evidente l'influenza del clima culturale naturalista: la scena e i dialoghi mirano a riprodurre col massimo di "verità" situazioni di vita reale, conflitti sociali e psicologici esemplari della società che gli spettatori conoscono per esperienza.

Due grandi autori scandinavi, Henrik Ibsen e August Strindberg, introducono nei loro testi aspetti di critica radicale della società e della morale borghese; entrambi svilupperanno via via elementi simbolici, che li porteranno a superare i limiti della rappresentazione naturalistica.

Henrik Ibsen

HENRIK IBSEN (1828-1906), norvegese, fu direttore artistico del National Theater di Bergen e del Norske Theater di Oslo. Nel 1864, grazie a una borsa di studio, poté venire in Italia, dove scrisse i suoi primi capolavori. Il dramma che lo fece conoscere in tutta Europa fu *Casa di bambola*, scritto appunto in Italia nel 1879. Da quel momento in poi la sua produzione fu intensa (*Spettri*, *L'anitra selvatica*, *La donna del mare*). In questi drammi Ibsen mette in scena personaggi tormentati dall'esigenza di affermare il proprio io contro le rigide convenzioni sociali, fornendo così un ritratto delle contraddizioni e delle ipocrisie della società contemporanea. Un tema particolarmente nuovo e conturbante per l'epoca è la messa in discussione del ruolo della donna nella famiglia e nella società: le sue protagoniste rifiutano di essere ridotte a oggetti decorativi della casa borghese, o di subire passivamente le scelte maschili, rivendicano un ruolo attivo e indipendente. Nella ricerca di una sempre maggiore precisione psicologica e storica, Ibsen contribuì efficacemente allo sviluppo del dramma borghese, intrecciando in modo più naturale le scene e scartando gli espedienti drammaturgici non realistici, come i soliloqui e gli a parte: le motivazioni interiori dei personaggi sono descritte nelle didascalie.

T44

Tornato in patria nel 1891, Ibsen vi scrisse gli ultimi drammi, in cui prevale un senso di cupa disillusione e in cui compaiono elementi propri del simbolismo.

Vilhelm Hammershoi, *Ida in un interno*, 1897. (Collezione privata)

August Strindberg

Sul solco tracciato da Ibsen si inseriscono le opere dello svedese AUGUST STRINDBERG (1848-1912). Nato a Stoccolma, ebbe una vita inquieta e turbinosa: si sposò tre volte, viaggiò continuamente per l'Europa. Scrisse poesie, saggi, romanzi, opere autobiografiche (*Il figlio della serva*, 1886), ma il centro della sua attività fu il teatro; fu tra l'altro fondatore, in Danimarca, del Teatro Scandinavo Sperimentale. Altrettanto movimentata la sua vicenda intellettuale: la sua critica violenta della società borghese, ispirata dapprima a un socialismo anarchicheggiante, subì in seguito l'influenza di Nietzsche; più tardi la sua affannosa ricerca della verità lo spinse a dedicarsi all'alchimia, all'ipnotismo e a forme di misticismo.

▸T45 Con le sue prime opere teatrali Strindberg introdusse in Svezia i modi del naturalismo (*Il padre*, 1887; *La signorina Julie*, 1888); la sua polemica antiborghese, incarnata da protagonisti tormentati, psicologicamente esasperati, acquista accenti violenti, negando ordinamenti e valori tradizionali. Più di Ibsen, Strindberg è ossessionato dalla questione femminile, che in lui si colora però di toni fortemente misogini. Nelle opere più tarde la cornice narrativa si sgretola, per lasciar posto a un susseguirsi di elementi onirici e allucinatori, che ne fanno uno dei precursori dell'espressionismo.

Anton Čechov

Anche il teatro di Anton Čechov si caratterizza per la critica alla borghesia russa del suo tempo, complice dell'immobilismo della nazione, ottusamente ipnotizzata in una sorta di autocontemplazione e ossessionata dalla noia; ▸T46 i protagonisti delle sue commedie (*Zio Vanja*, 1899; *Le tre sorelle*, 1901) sono sopraffatti dalla monotonia, schiacciati dall'abisso che separa le loro aspirazioni e i loro sogni dall'effettiva realizzazione, e si muovono in situazioni in cui il tragico, sempre sotteso, scivola nel melodramma o nel grottesco.

Fine di secolo

Verso la fine del secolo anche nel teatro, come nella narrativa, il predominio del naturalismo cede il passo a istanze spiritualiste e antirealiste; già l'ultima parte dell'opera sia di Ibsen sia di Strindberg ha un carattere mistico e simbolista. La polemica contro la borghesia, l'insofferenza nei confronti del suo conformismo, gli atteggiamenti di ribellione contro le convenzioni tendono a tradursi in soggetti provocatori e sperimentazioni stilistiche radicali, che influenzeranno notevolmente il teatro espressionista. Così, il tedesco FRANZ WEDEKIND (1864-1918) mette in

Henri de Toulouse-Lautrec, *Al Salon di rue des Moulins*, 1894. (Albi, Musée Toulouse-Lautrec)

scena criminali, prostitute, fantasie erotiche, fondendo i procedimenti del dramma, della farsa, del cabaret, del circo, del *vaudeville*. Al centro delle sue opere principali sta il tema del contrasto fra istinti sessuali e regole sociali e quello della donna seduttrice vista come forza della natura che il mondo borghese non controlla, dalla quale anzi è attratto in una spirale di morte. Anche il francese ALFRED JARRY (1873-1907), con il dramma *Ubu re* (1896), mette in scena personaggi totalmente amorali, creando una fiaba violentemente grottesca, diretta a suscitare effetti provocatori, che anticipa il teatro dell'assurdo.

IL TEATRO IN ITALIA

Importanza sociale

Il teatro italiano della seconda metà dell'Ottocento non ha prodotto opere di grande valore, al contrario della narrativa. Ha avuto però un ruolo sociale non inferiore: molto seguito da tutti i ceti urbani, è stato veicolo di idee e di educazione popolare, luogo di formazione dell'immaginario collettivo; funzioni che nel secolo seguente gli saranno gradualmente sottratte dal cinema, poi dalla televisione.

I generi

La classica distinzione dei generi teatrali, con ai due poli tragedia e commedia, si attenua e sparisce gradualmente. La tragedia storica in versi, tipica dell'età romantica, ha una continuazione piuttosto stanca, una volta venuta meno la tensione patriottica che l'animava, e dirada la sua presenza nei teatri; sarà resuscitata per un breve periodo, all'inizio del Novecento, da D'Annunzio. La commedia tende a perdere il carattere esclusivo della comicità per diventare rappresentazione seria di problemi psicologici e morali, fino a sfumare in quello che viene definito il "dramma" moderno. Il dramma è una messa in scena di ambienti contemporanei, per lo più borghesi, in cui si manifestano i conflitti psicologici e morali tipici dell'uomo moderno: lo scontro con le convenzioni sociali, la ricerca di identità, il fallimento di sogni e aspirazioni. La rappresentazione è in chiave realistica: autori, attori e registi – questa figura compare verso la fine del secolo – si sforzano di dare il più possibile un'apparenza di verità all'intreccio, al linguaggio, alla recitazione e alle scenografie.

Il dramma a tesi

I primi anni dopo l'unità sono un periodo di grande sviluppo dell'attività teatrale. Si afferma il dramma "a tesi", dominato da preoccupazioni pedagogiche e sociali. Per esempio, uno dei maggiori successi di quegli anni, *La morte civile* di Paolo Giacometti (1861), sostiene la necessità di introdurre il divorzio almeno in casi particolari. La trama, piena di colpi di scena, parte dal ritorno a casa di un ergastolano evaso, che trova che la moglie si è fatta una nuova famiglia illegittima. Il protagonista finisce suicida e l'ultima battuta è di un personaggio che, di fronte al suo cadavere, esclama: «Legislatori, guardate!».

Il dramma borghese

Col passare degli anni, autori più giovani rifiutano il dramma a tesi e puntano piuttosto a una rappresentazione cruda e spassionata dei problemi e delle miserie della società borghese, visti in chiave psicologica, non indagati nelle loro radici sociali. I temi tipici di questo teatro sono il "triangolo" sentimentale (lui, lei, l'altra o l'altro) e il problema dell'"onore", nel duplice aspetto di onore sessuale (minacciato dal tradimento della donna) e di rispettabilità economica (compromessa dai debiti o dalle operazioni poco oneste).

Il centro di questo genere teatrale è Milano. Lì operò il piemontese GIUSEPPE GIACOSA (1847-1906), che nelle sue opere migliori (*Tristi amori*, 1887; *Come le foglie*, 1901) mise in scena personaggi mediocri, deboli, incapaci di risolvere le loro difficoltà sentimentali o economiche. Drammaturgo molto attivo fu anche Marco Praga (1862-1929), figlio del poeta Emilio, che affrontò con spregiudicatezza i temi della condizione della donna in drammi come *Le vergini* (1889), *La moglie ideale* (1890; il titolo è ironico: la moglie ideale è quella che sa dividersi saggiamente tra il marito e l'amante).

▸T47

Il teatro verista

Queste opere rientrano nell'atmosfera verista, per il rifiuto della tesi esplicita che riflette il canone della impersonalità, per la rinuncia a intrecci spettacolari a favore di situazioni ordinarie e per la ricerca di un linguaggio medio corrente. Parallelamente, si manifesta un vivo interesse per la scena da parte dei maggiori narratori veristi: il teatro, in cui parlano i personaggi e l'autore non si palesa, pareva lo sbocco naturale della loro poetica.

Verga scrisse efficaci riduzioni teatrali di alcune sue novelle rusticane: le più famose sono *Cavalleria rusticana* (1884) e *La lupa* (1896). Con *Dal tuo al mio* (1903), scritto pri-

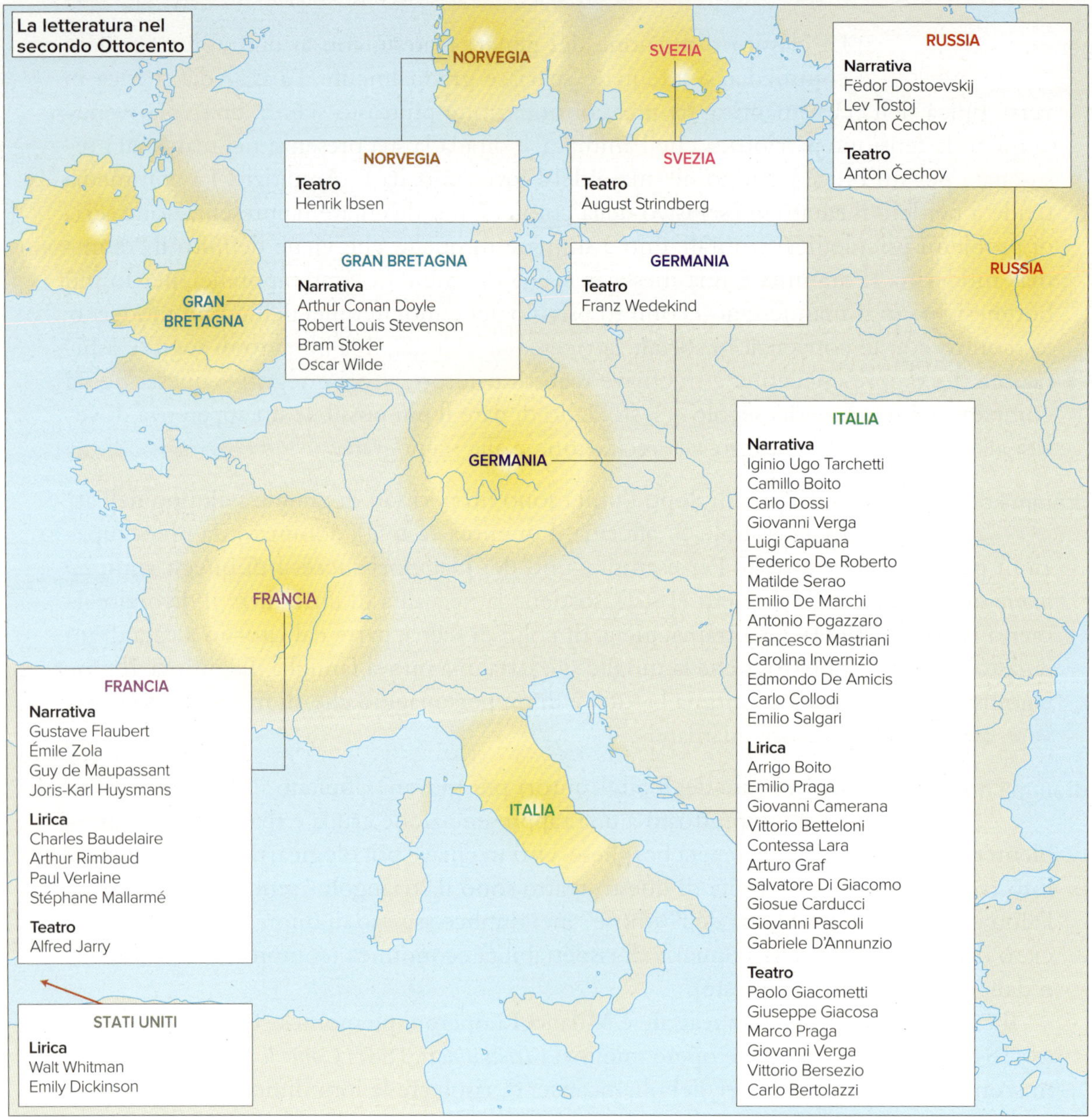

ma in forma teatrale poi in veste narrativa, affrontò il tema dei conflitti sociali e rappresentò l'arrivismo di uno spregiudicato giovane rampante, superando lo psicologismo dominante nel teatro dell'epoca. Nell'ampia produzione teatrale di Capuana prevalgono invece le situazioni borghesi e il tema del conflitto tutto privato tra i sentimenti e gli interessi.

Lino Selvatico, *La Scarpetta*, 1924. (Collezione Privata)

Il teatro dialettale

Buona parte del teatro di Capuana è in dialetto siciliano: anche questo poteva essere uno sbocco dell'esigenza di "verità". Ma anche prima che si manifestasse la poetica verista, subito dopo l'unità, il teatro dialettale fiorì in quasi tutte le regioni italiane: è del 1863 il primo grande successo del genere, *Le miserie d'Monssù Travet* del piemontese VITTORIO BERSEZIO (1828-1900): è una commedia a tesi, che attraverso le vicende di un impiegato statale colpisce i pregiudizi di casta verso i ceti produttivi, artigiani e commercianti. Il successo – affidato fuori dal Piemonte a una traduzione italiana dello stesso autore – è stato tale da far entrare nel lessico l'espressione *travet* nel senso di "modesto impiegato".

Un altro testo che suscita ancora interesse – grazie anche alla ripresa che ne fece nel 1955 il grande regista Giorgio Strehler – è *El nost Milan* (1893), del milanese CARLO BERTOLAZZI (1870-1916): è una storia di sfruttamento e di violenza, ambientata nel più misero sottoproletariato urbano; la crudezza realistica e i toni fortemente patetici danno al dramma un carattere di intensa denuncia sociale.

Il melodramma

Anche il melodramma riceve impulso dalla nuove condizioni dell'Italia unita e mantiene il ruolo di grande spettacolo popolare. E pure in questo campo la seconda metà del secolo segna una svolta verso il realismo; alle tradizionali ambientazioni storiche si affiancano quelle contemporanee: il primo esempio è *La traviata* (1853) di Giuseppe Verdi, e personaggi moderni e borghesi compaiono nelle opere più note del maggior operista della generazione successiva, Giacomo Puccini. Negli ultimi decenni del secolo anche il linguaggio dei libretti tende a perdere i caratteri ingenuamente aulici del melodramma romantico e si accosta cautamente a un livello più quotidiano; l'elaborazione formale dei testi è spesso più curata che in passato, anche perché ai librettisti di mestiere si affiancano letterati di buon livello, come Arrigo Boito e Giuseppe Giacosa, che collaborò al testo di molte opere di Puccini.

FISSA I CONCETTI

IL SECONDO OTTOCENTO

NARRATIVA

Fuori d'Italia

Naturalismo:
- Flaubert: impersonalità e immedesimazione nei personaggi; approccio nuovo e moralmente "scandaloso"
- Zola: oggettività scientifica del documento umano, denuncia sociale
- Maupassant: racconti realistici, alternati ad altri di tonalità fantastica

Estetismo:
- Huysmans: sensualità morbosamente raffinata, disprezzo aristocratico per l'umanità
- Wilde: edonismo, conversazione brillante, oscuro sentimento di colpa e punizione

Narrativa russa:
- Dostoevskij: romanzi come drammi esistenziali
- Tolstoj: romanzi di vasto respiro epico e finezza psicologica
- Čechov: realismo d'atmosfera, quotidianità grigia e triste

Narrativa d'appendice e di genere: personaggi ciclici (Sherlock Holmes), romanzi d'avventura (*L'isola del tesoro*), *mistery* (*Dr. Jekyll e Signor Hyde*), *horror* (*Dracula*)

In Italia

Scapigliatura (Milano):
- vita sregolata, protesta contro il mondo borghese; narrativa dai toni accesi e dalle trame estreme
- autori principali: Tarchetti (narrazione carica di tensione emotiva); Camillo Boito (*Senso*); Carlo Dossi (prosa lavoratissima)

Verismo:
- poetica dell'impersonalità; pessimismo sociale di fondo
- autori principali: Verga (vedi p. 312); Capuana (realismo psicologico e sociale); De Roberto (descrizione di una società chiusa); Serao (vivaci bozzetti della vita popolare di Napoli)

Fuori dal verismo: De Marchi (legato alla tradizione del "moralismo" manzoniano); Fogazzaro (inquietudine religiosa, tormenti e conflitti interiori); successo della narrativa d'appendice (Mastriani, Invernizio); letteratura per l'infanzia (*Cuore*, *Pinocchio*)

La narrativa nell'età del naturalismo
- Quale scelta narrativa di Flaubert è ripresa da Zola nei suoi romanzi?
- Per quali aspetti i grandi narratori russi sono estranei alle poetiche del naturalismo?
- Quali sono gli aspetti comuni alle varie tendenze narrative che alla fine del secolo animarono la reazione contro il positivismo?
- Quale tecnica narrativa accomuna due romanzi di grande successo come *Lo strano caso del Dottor Jekill e del Signor Hyde* e *Dracula*?

La narrativa in Italia
- Quali temi e quali scelte stilistiche sono tipici della narrativa scapigliata?
- Quali specificità distinguono i veristi italiani dai naturalisti francesi?
- Quale immagine della Sicilia emerge dalle opere di Capuana e di De Roberto?
- Quale tematica e quali scelte stilistiche caratterizzano le opere maggiori di Fogazzaro? In che rapporto con il verismo e con la tradizione manzoniana?

POESIA

Simbolismo:
- Baudelaire: novità tematiche (il vizio, il degrado della metropoli) e stilistiche (mescolanza di alto e basso) che segnano la nascita della poesia moderna
- Rimbaud: immagini allucinate e oscure, con forti effetti di suggestione musicale
- Verlaine: sapiente rifinitura formale di versi e suoni
- Mallarmé: poesia astratta e rarefatta

Poesia del "nuovo mondo":
- Whitman: cantore della libertà, delle masse, del progresso; stile enfatico e oratorio
- Dickinson: istantanee di scenari naturali e folgoranti riflessioni

In Italia:
- scapigliatura (Emilio Praga, Arrigo Boito): temi macabri, scabrosi, blasfemi; esperimenti formali azzardati
- Camerana: tra parnassianesimo e simbolismo, ricerca di una suggestiva musicalità
- Guerrini: poesia di polemica sociale
- Betteloni: tono minore, dimesso e sentimentale
- Contessa Lara: poesia sentimentale concreta e quotidiana, gusto estetizzante
- Graf: pessimismo di stampo leopardiano; linguaggio aulico e intensamente espressivo
- Di Giacomo: poeta dialettale, cantore della vita popolare napoletana

TEATRO

In Europa, affermazione del dramma borghese:
- Ibsen e Strindberg: personaggi tormentati in lotta contro le convenzioni sociali; questione femminile
- Čechov: immobilismo della società e dell'individuo; tonalità tra il tragico e il grottesco

In Italia:
- dramma a tesi (Giacometti), dominato da preoccupazioni pedagogiche e sociali
- dramma borghese (Giacosa, Marco Praga): rappresentazione cruda e spassionata della realtà borghese
- teatro verista (Verga, Capuana): sbocco ideale della poetica dell'impersonalità
- teatro dialettale: successo di *Le miserie d'Monssù Travet* (Bersezio) e di *El nost Milan* (Bertolazzi)
- melodramma: genere di successo popolare; buona qualità letteraria dei libretti (Boito, Giacosa)

- Quali intenti pedagogici accomunano *Cuore* e *Pinocchio*? Per quali aspetti i due romanzi si differenziano nettamente?

La poesia
- Per quali aspetti le opere di Baudelaire, Rimbaud e Mallarmé possono essere considerate alla base della lirica moderna?
- Quali sono le caratteristiche tematiche e formali della poesia del "nuovo mondo"?
- Quali sono le caratteristiche tematiche e formali della poesia degli scapigliati?
- In quale contesto e con quali modalità fioriscono dopo l'unità le letterature dialettali?

Il teatro
- Definite i caratteri del dramma borghese.
- Come si modifica dal punto di vista tematico e stilistico il melodramma italiano nel secondo Ottocento?
- Quali sono gli aspetti comuni alla produzione teatrale di Ibsen e di Strindberg?

1 | I GENERI

I TESTI

La narrativa nell'età del naturalismo

Nel secondo Ottocento la narrativa francese ha in Europa un ruolo di avanguardia, grazie alle teorie e all'opera della scuola naturalista, che ha larga influenza in vari paesi, e in Italia in particolare. Solo i grandi narratori russi ne sono scarsamente influenzati, e si rifanno piuttosto al realismo romantico dei decenni precedenti. In Francia, Inghilterra, Italia, alcuni scrittori reagiscono all'egemonia naturalista in nome di una poetica aristocratica, che si esprime in un estetismo raffinato e decadente. Intanto la narrativa destinata al largo consumo popolare tende a staccarsi da quella di alte ambizioni letterarie e a seguire strade proprie, codificandosi in generi ben definiti: la narrativa di avventure, quella poliziesca, quella dell'orrore sono tra i generi di più alta qualità e di maggior successo.

Madame Bovary (1857) segna una svolta nella narrativa ottocentesca, dal realismo romantico a una rappresentazione distaccata e impassibile di realtà quotidiane e meschine, che anticipa la scuola naturalista. La trama è elaborata a partire da un reale episodio di cronaca. La protagonista, figlia di proprietari di campagna, sposa Charles Bovary, un onesto medico di provincia, che la adora, ma ha orizzonti mentali limitati. Nei villaggi in cui va a vivere col marito, Emma Bovary si sente soffocare dalla monotonia della vita di provincia, così lontana dalle sue fantasie romantiche; si lascia così trascinare in due relazioni extraconiugali, che finiscono malamente quando i suoi amanti non sopportano più il suo attaccamento morboso. L'irrequietudine che la possiede la spinge ad assumere comportamenti stravaganti e a spese eccessive; nel momento in cui non può più far fronte ai debiti che ha contratto di nascosto dal marito, Emma si uccide avvelenandosi. Il marito continuerà ad adorarla nel ricordo anche quando, più tardi, scoprirà le lettere che testimoniano i suoi tradimenti.

▸ p. 38

Il naturalismo francese

- GUSTAVE FLAUBERT *Emma e Léon* (da *Madame Bovary*)
- GUY DE MAUPASSANT *La confessione*

In senso lato, gran parte della narrativa europea del secondo Ottocento si può definire "naturalista", in quanto mira a una rappresentazione articolata della società contemporanea, attraverso storie esemplari, con un'intonazione distaccata. In un senso più preciso, il "naturalismo" è una scuola sorta in Francia intorno al 1880, con una propria poetica esplicita, che ebbe in Émile Zola (▸D6, p. 17; ▸D10, p. 24; ▸T3) il proprio leader e teorico. Un precedente importante si era avuto pochi decenni prima nell'opera di Gustave Flaubert (▸T1-T2), che per la prima volta applicava rigorosamente il criterio dell'"impersonalità" della narrazione (▸D9, p. 23).

GUSTAVE FLAUBERT

T1 ▸ Le insofferenze di Madame Bovary

PERCORSO
- Dal personaggio "tipico" alla dissoluzione del personaggio (I), p. 571
- Le donne come soggetto e come oggetto della scrittura (V), p. 575

Questo brano si colloca alla fine della prima parte del romanzo; è il momento in cui Emma si rende conto di non sopportare la monotonia della vita di paese e la mediocrità del marito.

Ma era soprattutto all'ora dei pasti che sentiva di non farcela più, in quella saletta del pianterreno, con la stufa che fumava, la porta che strideva, i muri che trasudavano, il pavimento umido. Tutta l'amarezza dell'esistenza le veniva scodellata davanti, sul piatto, e con il vapore del bollito le salivano dal fondo dell'anima altre zaffate di squallore. Charles era lento nel mangiare; lei sgranocchiava qualche nocciola, o appoggiata al gomito si divertiva, con la punta del coltello, a rigare la tela cerata.

Ormai lasciava andare la casa alla deriva, e la signora Bovary madre, quando venne a trascorrere a Tostes una parte della Quaresima, fu molto colpita dal cambiamento. Infatti Emma, così accurata e delicata una volta, se ne stava adesso intiere giornate senza vestirsi, portava calze di cotone grigio e si faceva lume con la candela. Ripeteva che era necessario fare economia, non erano ricchi, loro. Aggiungeva che era contentissima, felicissima, che Tostes[1] le piaceva un mondo e al-

1. **Tostes**: è il primo dei due paesi in cui Emma vive col marito.

William MacGregor Paxton, *La colazione*, 1911. (Collezione privata)

tre ciance sorprendenti che tappavano la bocca alla suocera. D'altro canto Emma non sembrava più disposta a seguire i suoi consigli; anzi, una volta che la signora Bovary s'era azzardata a sostenere che i padroni devono tener d'occhio le pratiche religiose dei loro domestici, lei aveva replicato con tanta furia nello sguardo, e tanto gelo nel sorriso che la brava donna non ci riprovò più.

Si faceva difficile, capricciosa. Ordinava pietanze per sé sola, non le assaggiava nemmeno, un giorno beveva esclusivamente latte, il giorno dopo tazze di tè a dozzine. Sovente s'incaponiva a non mettere piede fuori di casa, poi si sentiva mancare l'aria, apriva le finestre, si metteva un abito leggero. Dopo aver duramente rimproverato la servetta le faceva dei regali o la mandava a spasso, dalle vicine, oppure talvolta gettava ai poveri tutti gli spiccioli che aveva nella borsa benché non fosse granché tenera né disponibile verso i patimenti altrui, come di solito la gente di origine contadina, che conserva sempre nell'animo qualche callosità delle mani paterne.

Verso la fine di febbraio papà Rouault nel ricordo della sua guarigione[2], portò di persona al genero un superbo tacchino e restò tre giorni a Tostes. Essendo Charles preso dai suoi malati, Emma gli tenne compagnia. Lui fumò in camera, sputò sugli alari[3], discettò di coltivazioni, vitelli, vacche, pollame e consiglio comunale, tanto che lei richiuse la porta, quando se ne fu andato, con un senso di liberazione che sorprese lei stessa. Non nascondeva più, del resto, il disprezzo che tutto e tutti le ispiravano; e a volte tirava fuori opinioni ben strane, criticava quanto veniva approvato da tutti, e approvava cose perverse o immorali: da far sgranare tanto d'occhi al marito.

Sarebbe durata per sempre quella desolazione? Non avrebbe trovato una via d'uscita? Eppure non valeva meno di tutte quelle che vivevano felici! Alla Vaubyessard[4] aveva visto duchesse che avevano la linea più pesante e il tratto più ordinario, e malediceva l'ingiustizia di Dio; appoggiava la testa contro i muri per piangere; invidiava le esistenze tumultuose, i balli mascherati, i piaceri sfacciati con tutte le ebbrezze che certo ne conseguivano e che a lei erano ignote.

2. **papà Rouault... guarigione**: il padre di Emma, proprietario di campagna, era stato curato con successo da Charles Bovary quando si era rotto una gamba; in quell'occasione il medico aveva conosciuto Emma e se ne era innamorato.
3. **alari**: sostegni di ferro per la legna, nel caminetto.
4. **Vaubyessard**: un castello di nobili, in cui i Bovary erano stati eccezionalmente invitati a una cena di gala e serata di danza. Quell'esperienza era rimasta nella mente di Emma come l'emblema della vita che sognava e da cui era esclusa.

Gustave Flaubert (1821-1880), nato a Rouen da famiglia agiata, visse nella casa di campagna di Croisset assieme alla madre, dedicandosi al lavoro letterario. Non scrisse molto, perché la cura ossessiva della perfezione di ogni particolare gli rendeva la scrittura lenta e faticosissima. Il primo romanzo che pubblicò, *Madame Bovary* (1857), ebbe grande successo, anche scandalistico: l'autore subì un processo per oltraggio alla morale e alla religione, da cui uscì assolto. Seguirono *Salammbô* (1862), un romanzo storico ambientato nell'antica Cartagine, e un nuovo romanzo di costume contemporaneo, *L'educazione sentimentale* (1869), storia di una passione irresoluta e inconcludente che occupa tutta una vita. Uscì postumo e incompiuto *Bouvard e Pécuchet*, acre ritratto umoristico delle stupide illusioni di due piccoli borghesi.

Si faceva pallida e aveva palpitazioni di cuore. Charles le prescrisse valeriana e bagni di canfora[5]. Ogni attenzione nei suoi riguardi sembrava irritarla di più.

C'erano giornate in cui chiacchierava con una febbrile loquacità; queste esaltazioni si spegnevano di colpo nel torpore, e se ne restava lì senza parlare né fare il minimo movimento. Ciò che in simili casi la rianimava era spruzzarsi sulle braccia un flacone d'acqua di Colonia.

Gustave Flaubert, *Madame Bovary*, parte I, capitolo IX, trad. dal francese di M.L. Spaziani, Mondadori, Milano, 2001

5. **canfora**: sostanza estratta da diversi tipi di piante, un tempo usata in medicina come sedativo e analgesico.

DIALOGO CON IL TESTO

COMPRENDERE

Una tragica quotidianità Il brano ci presenta momenti di vita quotidiana, situazioni e comportamenti ordinari, descritti con una serietà e accuratezza che è raro trovare nella narrativa precedente. C'è, al di sotto, la sapiente regia dell'autore, che attraverso l'accumulo di particolari apparentemente insignificanti prepara da lontano la tragica conclusione della vita di Emma. Ma la tragedia non ha bisogno di tinte forti, perché è la tragedia della nullità di un'esistenza. Così la narrazione di Flaubert procede con un passo tranquillo: abbiamo, come in molte parti del romanzo, un lungo sommario, ritmato dal monotono susseguirsi degli imperfetti che indicano il ripetersi di situazioni sempre uguali.

Frank Weston Benson, *Eleanor*, 1907. (Boston, Museum of Fine Arts)

ANALIZZARE

Impersonalità del narratore Fedele al principio dell'impersonalità, l'autore non interviene in prima persona, non commenta. Ci mostra le cose con gli occhi della protagonista, ma non si identifica in lei, le resta come nascosto dietro: nel primo capoverso, possiamo attribuire ad Emma la percezione dei particolari più miserabili della *saletta del pianterreno*, possiamo interpretare la frase *Charles era lento nel mangiare* (r. 5) come un discorso indiretto libero che manifesta la sua insofferenza; ma un'espressione come *Tutta l'amarezza dell'esistenza le veniva scodellata davanti, sul piatto* (r. 3) non appartiene al limitato orizzonte mentale del personaggio: qui si sente la voce del narratore che interpreta e ordina la realtà, il suo superiore dominio sulla materia narrata.

- **Distinguete nel brano i passi in cui il narratore si immerge nel personaggio, con la tecnica del discorso indiretto libero, e quelli in cui manifesta un punto di vista esterno e onnisciente. Si troveranno varie sottili sfumature intermedie.**

CONTESTUALIZZARE

I principi di poetica

- **Confrontate le osservazioni esposte sopra con la dichiarazione di poetica di Flaubert riportata in ►D9, p. 23.**

MADAME BOVARY

vista da Vincente Minnelli, Claude Chabrol e Sophie Barthes

La trasposizione dei grandi romanzi in film ha sempre allettato registi e produttori cinematografici, ma comporta molte difficoltà, e quando si porta sullo schermo un romanzo importante e noto, quale *Madame Bovary*, i rischi di fallire sono molto alti. Innanzi tutto: si deve essere fedeli al testo o allo spirito del romanzo? In altre parole, rispettare per filo e per segno la vicenda, a rischio di diventare didascalici, e annoiare oltretutto, oppure tagliare, cambiare, interpretare per essere più vicini alle intenzioni dell'artista, col rischio però di sovrapporre la propria interpretazione e tradire quindi l'autore? Le difficoltà sono notevoli proprio con personaggi come Madame Bovary, una di quelle eroine che hanno saputo ritagliarsi uno spazio importante nell'immaginario del pubblico di ogni tempo. Vi proponiamo quindi tre diverse soluzioni, la *Madame Bovary* dell'americano Vincente Minnelli, del 1949, quella del francese Claude Chabrol del 1991 e quella della francese naturalizzata statunitense Sophie Barthes del 2014.

Nella versione di Minnelli, è lo stesso Gustave Flaubert a raccontare la vicenda della sua eroina, durante il processo che gli fu intentato con l'accusa di pubblicazione immorale: nella sua difesa, lo scrittore sottolinea la condizione di solitudine della protagonista e sostanzialmente ne prende le parti. Il film, quindi, si discosta dalla volontà di imparzialità del romanzo, e trasforma nel contempo Emma in una sorta di eroina romantica. Dietro questa lettura, ci sono le interpretazioni di Sigmund Freud e altri autori, che vedono in Emma una donna in cerca della bellezza, che però può trovare solo nella sua mente. Siamo di fronte a una interpretazione dichiaratamente infedele, ma che si sforza di andare oltre la semplice rappresentazione della storia. Com'era prevedibile, il film fu accolto in modo contrastante dai critici.

Ma anche la scrupolosa fedeltà al romanzo da parte di Chabrol lasciò i critici insoddisfatti. Molti hanno considerato il film come un album illustrato, fedele a Flaubert solo nella lettera ma non in grado di restituirne la complessità argomentativa. Eppure, grazie anche a un'intensa recitazione da parte dell'attrice protagonista, il film è ammirevole per la fluidità e la coerenza espressiva. Particolarmente riuscita risulta poi la ricerca di un equilibrio tra la lucidità dello sguardo (e quindi di giudizio sulla protagonista e

Sopra Una scena tratta dal film *Madame Bovary* diretto da Vincente Minelli nel 1949.
A destra La locandina del film *Madame Bovary* diretto da Vincente Minelli nel 1949.

Madame Bovary
Regia: Vincente Minnelli
Sceneggiatura: Robert Ardrey
Cast: Jennifer Jones (Emma), James Mason (Flaubert)
Paese e anno di produzione: Stati Uniti (1949)
Durata: 115 minuti

Madame Bovary
Regia: Claude Chabrol
Sceneggiatura: Claude Chabrol
Cast: Isabelle Huppert (Emma), Jean-François Balmer (Charles), Christophe Malavoy (Rodolphe)
Paese e anno di produzione: Francia (1991)
Durata: 143 minuti

Madame Bovary
Regia: Sophie Barthes
Sceneggiatura: Felipe Marino, Rose Barrenchere
Cast: Mia Wasikowska (Emma), Henry Lloyd-Hughes (Charles), Paul Giamatti (M. Homais)
Paese e anno di produzione: Germania, Belgio, Stati Uniti (2014)
Durata: 118 minuti

il suo fallimento esistenziale), e l'affetto per il personaggio di Emma Bovary, la cui debolezza e la stessa sconfitta alla fine ci inteneriscono. La ricostruzione delle ambientazioni della provincia normanna è perfetta, e così anche l'attenzione ai dettagli, che passando dal testo scritto all'immagine acquistano in forza espressiva.

La più recente trasposizione cinematografica del romanzo, a opera di Sophie Barthes, può essere considerata una terza via rispetto ai due antecedenti citati. La regista, almeno nelle intenzioni dichiarate, si è ripromessa di restare fedele allo spirito del testo e alla psicologia dei personaggi. Alcune scelte registiche e di sceneggiatura, tuttavia, rivelano la sua volontà di affermare un proprio sguardo peculiare: *in primis*, la decisione di iniziare il racconto con la scena del suicidio di Emma, a cui segue un lungo *flashback* – coincidente con il resto del film – in cui si esplorano le ragioni che hanno condotto la protagonista a questo atto. Come nel film di Minnelli, inoltre, Emma viene rappresentata più come un'eroina romantica in lotta contro un mondo grigio che la opprime che come una donna che è nel contempo vittima e artefice del proprio destino. Anche in questo caso, come nell'illustre antecedente, non tutti hanno accolto positivamente le scelte compiute nella trasposizione.

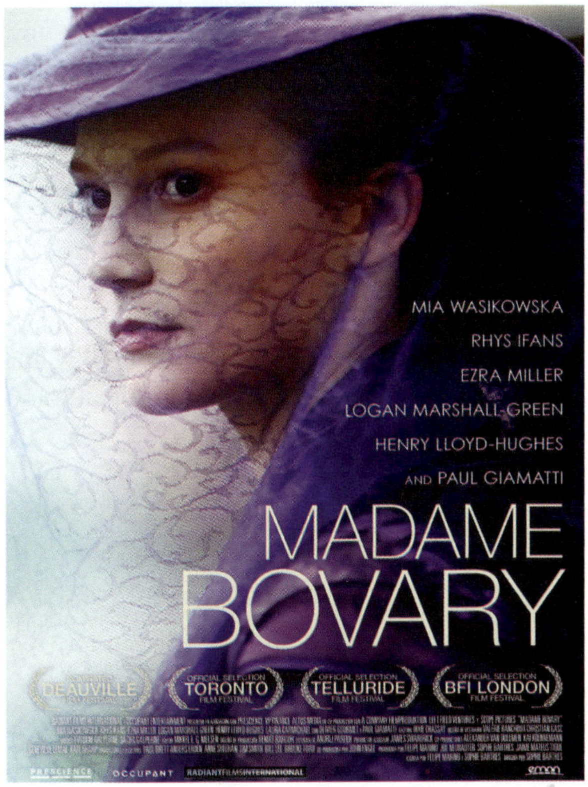

Sopra Una scena tratta dal film *Madame Bovary* diretto da Claude Chabrol nel 1991. **A destra** La locandina del film *Madame Bovary* diretto da Sophie Barthes nel 2014.

GUSTAVE FLAUBERT

T2 ▸ I comizi agricoli

Il giovane Léon, il primo inespresso amore extraconiugale di Emma, ha lasciato Yonville, il paese in cui lei vive col marito, per continuare i suoi studi a Parigi, ed Emma è piombata in una profonda tristezza. A questo punto compare nella sua vita un altro uomo, Rodolphe, un possidente che ha acquistato una proprietà nei dintorni, uno scapolo dedito alle conquiste femminili. Poco dopo aver fatto la conoscenza con Emma, Rodolphe, per cominciare il corteggiamento, approfitta della cerimonia dei "Comizi agricoli", una festa del circondario in cui alla presenza delle autorità vengono premiati i migliori allevatori di bestiame. Nelle pagine precedenti il brano che presentiamo l'autore ha descritto la folla che si raccoglie nella piazza del paese, il palco eretto per le autorità, la commissione che si aggira tra gli animali in concorso per il premio ai più bei capi. Rodolphe ha incontrato Emma e la accompagna. Siamo al momento in cui è atteso il prefetto del dipartimento.

Allora si vide scendere di carrozza un signore in marsina[1] corta arabescata d'argento, calvo sul davanti e cespuglioso sull'occipite, di carnagione livida e di espressione molto benevola. I due occhi a palla, ricoperti da spesse palpebre, si stringevano a fessura per osservare la folla mentre lui alzava il naso a punta e stirava in un sorriso la bocca rincagnata[2]. Riconobbe il sindaco dalla sciarpa, e gli spiegò che il signor prefetto non aveva potuto venire. Lui era un consigliere di prefettura. E aggiunse qualche scusa. Tuvache[3] gli rispose con dei convenevoli, l'altro si dichiarò confuso. E se ne stavano così, faccia a faccia, con le fronti che quasi si sfioravano, e tutt'intorno i membri della giuria, il consiglio municipale, i notabili, la guardia nazionale e la folla. Il signor consigliere, appoggiandosi al petto il piccolo tricorno[4] nero, ripeteva i saluti mentre Tuvache, curvo come un arco, sorrideva a sua volta, tartagliava, cercava le parole, sottolineava la sua devozione alla monarchia e l'onore che toccava a Yonville.

Hippolyte, il garzone della locanda, venne a rilevare le briglie dal cocchiere, e arrancando sul piede deforme guidò i cavalli sotto il portico del *Lion d'or* dove parecchi contadini fecero ressa per ammirare la carrozza. Il tamburo rullò, la bombarda tuonò, e le autorità in fila salirono a prendere posto sul palco, nelle poltrone di damasco[5] rosso prestate dalla signora Tuvache.

Si rassomigliavano tutti. Quelle molli facce biondastre un po' abbronzate dal sole avevano il colore del sidro[6] dolce. Ciuffi di favoriti[7] spuntavano dagli alti colletti rigidi sostenuti da cravattoni bianchi dal fiocco largo. I gilè dal risvolto a scialle erano regolarmente di velluto; nessun orologio era sprovvisto di un sigillo[8] ovale di corniola[9] pendulo da un lungo nastro; e si tenevano, tutti, le due mani sulle due

1. **marsina**: giacca da cerimonia
2. **rincagnata**: schiacciata, come quella di un cane.
3. **Tuvache**: il sindaco di Yonville.
4. **tricorno**: cappello a tre punte, tipico del secolo XVIII; nel secolo successivo è probabilmente un segno del conservatorismo delle autorità, che si ricollegano simbolicamente all'*ancien régime*.
5. **damasco**: tipo di tessuto, in genere di seta, operato con ordito e trama di colore identico, in cui però il disegno spicca sensibilmente dal fondo per contrasto di lucentezza.
6. **sidro**: bevanda alcolica ottenuta dalla fermentazione del succo di mele; in Normandia era diffuso più del vino.
7. **favoriti**: basette lunghe fino al mento.
8. **sigillo**: piccolo oggetto che portava inciso in negativo un monogramma o un simbolo che si imprimeva sulla ceralacca per sigillare la corrispondenza.
9. **corniola**: pietra appartenente alla famiglia dei quarzi.

Frederick Bacon Barwell, *Il mercato del bestiame*, 1871. (Norfolk, Museums)

cosce; debitamente scostata era l'inforcatura dei pantaloni, il cui panno non decatizzato[10] riluceva più del cuoio degli stivaloni.

Le signore importanti se ne stavano indietro, fra le colonne del portico, mentre la folla anonima si accalcava davanti al palco in piedi o seduta sulle sedie. Lestiboudois[11] aveva infatti ritrasportato lì tutte quelle sgombrate dal prato, e anzi correva continuamente a prenderne altre in chiesa, causando un tale impiccio con quel suo traffico da rendere quanto mai arduo raggiungere la scaletta del palco.

«Io trovo – disse Lheureux[12] (rivolgendosi al farmacista che passava per raggiungere il suo posto) – che avrebbero dovuto piantare due pennoni alla veneziana[13]. Con un tocco di novità, di stile e di eleganza sarebbe proprio stato un bel colpo d'occhio.»

«Certo – rispose Homais. – Ma che volete! È il sindaco che fa e disfà. Non brilla per gusto, povero Tuvache. Il cosiddetto genio dell'arte non è proprio il suo forte».

Intanto Rodolphe con madame Bovary era salito al primo piano del municipio, nella *sala delle delibere* e aveva dichiarato che, vuota com'era, sarebbe stata l'ideale per godere meglio lo spettacolo. Prese tre sgabelli che stavano intorno alla tavola ovale, sotto il busto del monarca, e li avvicinò a una delle finestre. Si sedettero uno accanto all'altra.

Sul palco ci fu un po' di fermento, lunghi bisbigli, confabulazioni. Poi il signor consigliere si alzò. Ora si sapeva che il suo nome era Lieuvain, e quel nome correva tra la folla, trasmesso da uno all'altro. Quando dunque ebbe esaminato alcuni fogli aguzzandoci sopra gli occhi per vedere meglio, attaccò:

«Signori, innanzitutto mi sia permesso (prima di intrattenervi sull'oggetto dell'odierna riunione, e sono sicuro che siete tutti d'accordo), mi sia permesso, di-

10. **panno non decatizzato**: tessuto non sottoposto al trattamento con vapore (detto "decatissaggio", dal francese *décatir*) finalizzato a ridurne la lucentezza e a impedirne il restringimento.

11. **Lestiboudois**: il sacrestano e becchino del paese, che stava portando in piazza le sedie della chiesa per darle a nolo.

12. **Lheureux**: merciaio nonché usuraio; sarà una causa della rovina economica di madame Bovary.

13. **pennoni alla veneziana**: grandi aste in forma di alberi di navi, per reggere bandiere o stendardi.

co, rendere giustizia alla superiore amministrazione, al governo, al monarca, signori, al nostro sovrano[14], quel re beneamato al quale nessuna branca della pubblica e privata prosperità è indifferente, e che dirige con mano tanto ferma e saggia il carro dello Stato fra gl'incessanti agguati di un mare tempestoso, ben sapendo insieme far rispettare la pace come la guerra, l'industria, il commercio, l'agricoltura e le belle arti.»

«Dovrei tirarmi un po' indietro» disse Rodolphe.

«Perché?» chiese Emma.

Ma in quel momento il tono del consigliere assunse uno straordinario vigore. Stava declamando:

«Passato è il tempo, signori, in cui le discordie civili insanguinavano le pubbliche piazze, in cui il possidente, il commerciante, lo stesso operaio, addormentandosi la sera in un placido sonno, tremavano paventando un brusco risveglio al rintocco delle campane incendiarie[15], in cui le massime più sovversive corrodevano spavaldamente le basi...»

«Potrebbero vedermi, di laggiù – riprese Rodolphe. – Per quindici giorni dovrei accampare scuse[16] a destra e a sinistra, e con la mia cattiva reputazione...»

«Ah, vi calunniate» disse Emma.

«No, no, è pessima, ve lo giuro.»

«Ma, signori, continuava il consigliere, se, rimuovendo dal mio ricordo tali quadri funesti riporto gli occhi sull'attuale situazione della nostra bella patria, che cosa vedo? Ovunque fioriscono il commercio e le arti, ovunque nuove vie di comunicazione, altrettante arterie nuove nel corpo dello Stato, vi stabiliscono rapporti nuovi. I nostri grandi centri manufatturieri hanno ripreso l'attività. La religione, rinsaldata, sorride a ogni cuore. I nostri porti sono pieni, la fiducia rinasce e finalmente la Francia respira!...»

«Del resto – soggiunse Rodolphe, – forse dal suo punto di vista, la gente ha ragione.»

«Cosa?» fece lei.

«Eh, non sapete che ci sono anime in perenne tormento? Aspirano via via al sogno e all'azione, alle passioni più pure, ai godimenti più furibondi, e così sprofondano in ogni sorta di fantasie, di follie.»

Allora lei lo guardò come si contempla un viaggiatore che abbia visitato paesi straordinari. Riprese:

«Non abbiamo nemmeno questa distrazione, noi, povere donne.»

«Triste distrazione se non vi si trova la felicità.»

«Ma è mai possibile trovarla?» lei domandò.

14. **nostro sovrano**: la vicenda si svolge durante il regno di Luigi Filippo d'Orléans (1830-1848).

15. **campane incendiarie**: le campane venivano suonate per avvertire la popolazione in caso di incendi e altre calamità; qui si allude a eventuali tumulti popolari.

16. **dovrei accampare scuse**: Rodolphe è membro della giuria che assegna premi ai migliori capi di bestiame; si è defilato per isolarsi con Emma.

«Sì, prima o poi è possibile.»

«E questo voi l'avete capito – diceva il consigliere. –Voi, agricoltori e braccianti di campagna, voi, pionieri di pace volti a un'opera profondamente civile, voi, campioni del progresso e della moralità! Voi avete capito, dico, quanto gli uragani della politica siano più nefasti dei disordini dell'atmosfera...»

«Prima o poi è possibile – ripeté Rodolphe, prima o poi, all'improvviso e quando ormai si disperava. Allora orizzonti si schiudono e pare che una voce gridi: "Eccola!". Si è spinti a confidare la nostra vita a quella certa persona, a darle tutto, a sacrificarle tutto. Non c'è bisogno di alcuna spiegazione, ci s'intende. Ci si era già confusamente visti nei sogni – e la guardava. – Eccolo insomma quel tesoro tanto a lungo cercato, eccolo a portata di mano, rifulgente, scintillante. Pure si dubita ancora, non si ha il coraggio di credere, si è abbagliati, al pari di chi esce dalle tenebre alla luce.»

E così finendo Rodolphe aggiunse un tocco di teatro alla frase. Si passò la mano sul volto, come colto da un mancamento, poi la lasciò ricadere sulla mano di Emma. Lei la ritrasse. Ma il consigliere proseguiva implacabile:

«E chi se ne stupirebbe, signori? Soltanto chi fosse tanto cieco, tanto sprofondato (non temo le parole), tanto sprofondato in pregiudizi d'altri tempi da misconoscere tuttora lo spirito delle comunità agricole. Dove trovare infatti più patriottismo che nelle campagne, più dedizione alla pubblica causa, più intelligenza, in una parola? E non mi riferisco, signori, a un'intelligenza superficiale, vano ornamento dei cervelli oziosi, ma a quell'intelligenza profonda e moderata che tende sopra a ogni cosa a scopi pratici, contribuendo così al bene di ognuno, all'incremento del benessere comune e al sostegno degli Stati, frutto del rispetto delle leggi, frutto dell'osservanza dei doveri...»

«Ci risiamo – disse Rodolphe. – Sempre i doveri. Parole del genere mi escono dalle orecchie. È un'accozzaglia di vecchi cretini dal panciotto di flanella e di bigotte con scaldino e rosario, tutti accaniti a rifischiarci: "Il dovere, il dovere!". Eh, perbacco! Il dovere è sentire ciò che è grande, privilegiare ciò che è bello e non inchinarsi a tutte le convenzioni della società con le ignominie che ci impone.»

«Però..., però...» obiettava madame Bovary.

«E no! perché prendersela con le passioni? Non sono forse l'unica cosa bella che ci sia sulla terra, sorgente d'eroismo, d'entusiasmo, di poesia, musica, arti, di tutto insomma?»

«Ma bisogna pure – disse Emma, – assecondare un po' l'opinione comune e obbedire alla morale.»

«Il fatto è che ce ne sono due – replicò lui. – Quella meschina, convenzionale, tipica degli uomini, quella che cambia continuamente pelle ed è solo buona a sbraitare, quella che arranca terra terra, sul fondo, come questa massa d'imbecilli che vedete. Ma l'altra, la morale eterna, è, ovunque e lassù, simile al paesaggio che ci circonda e al cielo azzurro che ci illumina.»

Gustave Flaubert, *Madame Bovary*, parte II, capitolo VIII, trad. dal francese di M.L. Spaziani, Mondadori, Milano, 2001

DIALOGO CON IL TESTO

COMPRENDERE

Scena pubblica... Abbiamo qui due scene che si svolgono contemporaneamente: da un lato la cerimonia ufficiale, con la folla, i personaggi e i discorsi ufficiali; dall'altro la scena a due tra Rodolphe ed Emma.

La prima è rappresentata con implicito sarcasmo: i notabili locali appaiono ridicoli nella loro solennità, il discorso ufficiale è una sfilza di pomposi luoghi comuni.

- **Individuate i particolari descrittivi e le battute che danno un aspetto meschino alle autorità e ai personaggi di paese.**
- **Nonostante la sua retorica vacuità, il discorso del rappresentante prefettizio si ispira a valori politici e sociali abbastanza precisi: individuateli.**

... e scena privata Il dialogo tra Rodolphe ed Emma è improntato a un ostentato distacco e disprezzo per quel mondo: Rodolphe recita la parte del giovane romantico in dissidio con la società borghese, Emma proietta su di lui i propri sogni di evasione. Che tutto questo sia falso non è detto dall'autore, in omaggio al principio della "impersonalità", ma è chiaro al lettore: sia perché dai pochi accenni precedenti sa già che Rodolphe è in realtà un volgare e cinico seduttore sia perché le sue dichiarazioni sentimentali sono caricate e banali.

- **Un aspetto della personalità di Emma, nella prima parte del romanzo, è il conflitto tra le sue fantasie di evasione e ribellione, nutrite di letture romantiche, e la resistenza che vi oppone l'educazione morale bigotta e piccolo-borghese che ha ricevuto. Identificate gli elementi della scena in cui questo conflitto si manifesta.**

In definitiva, Flaubert ci presenta due sfere di valori e sentimenti, opposte in apparenza, ma in fondo ugualmente false e banali. Ancora una volta, nel suo mondo non c'è spazio per una vita fatta di sentimenti e valori autentici.

ANALIZZARE

Come in un film Flaubert adotta in questo brano un procedimento narrativo assolutamente nuovo per i suoi tempi, alternando come in un montaggio cinematografico i brani del discorso ufficiale e i frammenti del dialogo tra i due futuri amanti. Due diversi flussi di eventi si intrecciano e investono il lettore direttamente come se si trovasse nel mezzo della situazione, esposto a una realtà non mediata e ordinata dal narratore. A questo effetto contribuisce la velocità narrativa rallentata fino a dare l'illusione che tempo della narrazione e tempo del mondo narrato coincidano. L'ideale di una narrazione impersonale, in cui parlano "le cose" e non l'autore, raggiunge così una delle sue realizzazioni artisticamente più perfette.

- **Per ricostruire questa tecnica del "montaggio incrociato", distinguete le parti del brano dedicate alla "scena pubblica" da quelle dedicate alla "scena privata".**

Georg Friedrich Kersting, *Coppia alla finestra*, 1815. (Collezione privata)

MADAME BOVARY

I motivi di interesse per una lettura integrale di *Madame Bovary* possono essere svariati: la fine analisi psicologica degli effetti di una cattiva educazione dei sentimenti, per esempio; oppure la perfetta rappresentazione di un meschino ambiente di provincia, colpito da un'ironia appena accennata, ma acre ed efficace.

Un approccio interessante può essere chiederci come mai questo romanzo, che a noi pare tutto meno che immorale, scandalizzò tanto i contemporanei, o almeno le autorità: è noto che alla prima edizione il libro fu processato per "oltraggio alla pubblica morale, alla religione e al buon costume". Il processo si concluse con un'assoluzione, ma piena di riserve: secondo la sentenza, l'accusa non era «sufficientemente provata», anche se «sotto diversi profili l'opera merita un biasimo severo».

È interessante esaminare uno dei passi additati dal pubblico accusatore. Siamo al capitolo IX: Emma ha ceduto per la prima volta alla corte di Rodolphe, durante una cavalcata in un bosco, ed è appena rientrata in casa; saluta frettolosamente il marito e corre a chiudersi in camera sua.

«Ebbe subito come una vertigine: rivedeva gli alberi, i sentieri, i fossati, Rodolphe, soprattutto, sentiva ancora la stretta delle sue braccia mentre le foglie frusciavano e i giunchi sibilavano.

Ma, vedendosi nello specchio, si stupì della propria faccia. Non aveva mai avuto occhi così grandi, così neri, così profondi. Qualcosa di sottile era diffuso sul suo corpo, la trasfigurava.

Si ripeteva: "Ho un amante! Un amante!" appassionandosi a un simile pensiero come all'idea di una nuova pubertà. Dunque avrebbe posseduto le famose gioie dell'amore, la febbre di felicità di cui aveva disperato. S'inoltrava in un'era meravigliosa in cui tutto sarebbe stato tempesta dei sensi, estasi, delirio; un'immensità celeste la circondava, le cime del sentimento scintillavano nella sua mente, l'esistenza normale le appariva ormai così lontana, in basso, nell'ombra, tra i vuoti di quelle altezze.»

Il pubblico accusatore commenta: «Così, fin da questa prima colpa, da questa prima caduta, ella fa la glorificazione dell'adulterio, canta il cantico dell'adulterio, la sua poesia, le sue voluttà. Ecco, signori, ciò che per me è ben più pericoloso, ben più immorale che la caduta in sé!»[1].

Il critico e teorico della letteratura Hans Robert Jauss[2] ha sostenuto che quel che veramente creava scandalo era la novità della tecnica narrativa, basata in questo passo sul discorso indiretto libero; secondo il critico, il pubblico ministero non l'aveva capita, attribuendo all'autore «la glorificazione dell'adulterio»; in realtà, come appare dal passo citato, il magistrato sapeva bene che quelle espressioni appartengono ai pensieri di Emma.

Più interessante, forse, quest'altro passaggio dell'accusa: «Non esiste nel libro un personaggio che la possa condannare. Se ci troverete un personaggio buono, se ci troverete un solo principio in virtù del quale l'adulterio sia stigmatizzato, ho torto io. Dunque, se, in tutto il libro, non c'è un solo personaggio che possa farle curvare la testa; se non c'è un'idea, una riga, in forza della quale l'adulterio sia biasimato, ho ragione io, il libro è immorale!»

Su questo punto, il rapporto stabilito da Jauss fra novità della tecnica artistica e scandalo morale è penetrante: «Lo stile narrativo impersonale non solo costringe il lettore a percepire le cose diversamente, [...] ma lo spinge contemporaneamente ad una estraniante insicurezza di giudizio. Poiché il nuovo artifizio rompeva una vecchia convenzione del romanzo, che nella descrizione fossero inclusi sempre univoci ed autentici giudizi morali sui personaggi, il romanzo poteva radicalizzare o suscitare *ex novo* problemi della vita reale...».

Si verifica «l'insospettato effetto di una nuova forma artistica, in grado di spingere il lettore di *Madame Bovary*, grazie ad una nuova maniera di vedere le cose, fuori dall'ovvietà del suo giudizio morale e di rendere di nuovo aperto un problema di morale pubblica che sembrava già risolto.»

È ancora attuale questa capacità del romanzo di sconcertare il lettore? Sta a voi, lettori di oggi, rispondere.

1. Da *Le procès de* Madame Bovary, in Gustave Flaubert, *Oeuvres complètes*, Éditions du Seuil, Paris, 1964 (trad. del curatore).
2. In Hans Robert Jauss, *Perché la storia della letteratura?*, Guida, Napoli, 1969.

Carl Holsøe, *Aspettando alla finestra*, 1898. (Collezione privata)

ÉMILE ZOLA

T3 ▸ La stireria

PERCORSO
- Dal personaggio "tipico" alla dissoluzione del personaggio (I), p. 571

L'Assommoir che dà il titolo a uno dei migliori romanzi di Zola (1877) significa qualcosa come "l'ammazzatoio", "il posto dove ci si stordisce" (letteralmente "la mazza", "la mazzata"): è il nome popolare di una bettola che costituisce il centro di questo romanzo dedicato ai disastrosi effetti dell'alcolismo nella classe operaia. La protagonista è Gervaise, una giovane stiratrice giunta a Parigi dalla campagna insieme al suo amante, da cui ha avuto due figli. Abbandonata da lui, Gervaise si sposa con Coupeau, un lattoniere, onesto operaio che le è molto affezionato, dal quale ha una figlia. Un giorno Coupeau precipita da un tetto su cui stava lavorando; si salva, grazie anche alle cure assidue di Gervaise, ma durante la lunga convalescenza si abitua all'ozio e a poco a poco prende il vizio di bere. Intanto Gervaise, col suo duro lavoro e prendendo soldi a prestito, è riuscita a realizzare il sogno di aprire una stireria propria. A questo punto si colloca il brano che presentiamo. Nel seguito del romanzo, anche Gervaise sarà presa dal vizio dell'alcol e a poco a poco precipiterà nella miseria e nell'abiezione, fino a prostituirsi.
L'Assommoir fa parte del ciclo *I Rougon-Macquart*, che in venti romanzi segue le vicende di una famiglia operaia attraverso varie generazioni. Due figli di Gervaise saranno al centro di altri romanzi famosi: Étienne, uno dei figli avuti dal primo amante, sarà protagonista di *Germinal*, romanzo sulle lotte operaie nelle miniere, Nana (la figlia avuta dal marito) diverrà la bellissima prostituta protagonista del romanzo omonimo.

Nel frattempo, era arrivato il caldo, ma proprio un gran caldo. Un pomeriggio di giugno, un sabato che c'era un sacco di lavoro urgente, Gervaise in persona aveva imbottito la stufa di coke[1], e tutt'intorno si stavano arroventando i dieci ferri, mentre il tubo della macchina[2] ronfava. A quell'ora, il sole cadeva a picco sulla facciata della bottega, il marciapiede mandava un riverbero ardente, che ondeggiando marezzava[3] il soffitto della bottega; e quell'inondazione di luce, cui i parati degli scaffali e della vetrina conferivano un riflesso azzurrino, proiettava sul banco da lavoro un chiarore abbagliante, come un pulviscolo di sole che andava a smorzarsi nel candore del bucato di fino. Lì dentro, ci faceva un caldo da morire. Avevano lasciato aperta la porta che dava sulla strada, ma non entrava neanche una bava di vento; i panni stesi a asciugare sui fili di ottone fumavano, e in meno di tre quarti d'ora s'irrigidivano come trucioli. Da un po', in quell'afa da fornace, regnava un silenzio pesante: si sentivano solo i colpi sordi dei ferri da stiro, attutiti dalla spessa coperta nascosta dal telo di cretonne[4].

«Alla faccia!» disse Gervaise. «Oggi, se non siamo fuse, è un miracolo! Verrebbe voglia di levarsi pure la camicia!»

Era accovacciata a terra, davanti a una bacinella di terracotta, stava passando nell'amido certi capi di biancheria. Con una sottana bianca e la vestaglietta con le maniche rimboccate che le scivolava giù dalle spalle, aveva le braccia nude, il collo nudo, era tutta rosea, e così sudata che qualche piccola ciocca dei suoi capelli biondi si appiccicava alla pelle. Con molta cura, immergeva nell'acqua lattiginosa cuffie, sparati[5] di camicie da uomo, sottane intere, pizzi di mutandoni da donna.

1. **coke**: tipo di carbone.
2. **macchina**: la stufa, a cui era collegato un fornello di ghisa su cui venivano scaldati i ferri da stiro.
3. **marezzava**: disegnava delle linee ondulate.
4. **cretonne**: tessuto di cotone spesso, qui usato come piano di appoggio per la stiratura.
5. **sparati**: la parte anteriore, inamidata, delle camicie indossate in occasioni formali.

Poi, arrotolava ogni capo e lo metteva in fondo a una cesta quadrata, dopo aver infilato la mano in un secchio pieno d'acqua e averla scossa sulle parti non inamidate delle camicie e dei mutandoni.

«Questa cesta è per voi, madame Putois» riprese. «Vedete di far presto, eh! Si asciuga in un attimo, fra un'ora ci toccherebbe ricominciare da capo.»

Madame Putois, una donna di quarantacinque anni, piccola e magrissima, stirava senza una goccia di sudore, con addosso un vecchio giubbettino marrone, tutto abbottonato. Non si era nemmeno tolta la cuffia, una cuffia nera decorata da nastrini il cui verde dava ormai sul giallo. Se ne stava lì rigida davanti al bancone, troppo alto per lei, con i gomiti per aria, spingendo il ferro a scatti, con gesti da marionetta. Tutt'a un tratto esclamò:

«No, eh! Mademoiselle Clémence, rimettetevi la vestaglietta. Lo sapete che l'indecenza non la sopporto. Già che ci siete, perché non la fate vedere tutta, la vostra mercanzia? Ci sono già tre uomini che si sono fermati a guardare, lì di fronte.»

Clémence, quella spilungona, sibilò fra i denti che era una vecchia scema. Stava soffocando, che male c'era se si metteva un po' comoda? Mica tutti ci avevano la pelle da salamandra come lei. E poi, cosa si vedeva? Niente! E alzava le braccia, e il petto giovane e prosperoso esplodeva sotto la camicetta, le spalle facevano scricchiolare le maniche corte. Quella bella ragazza faceva una vita sregolata, roba da rimanere spompata e smidollata prima dei trent'anni[6]; dopo una notte di bagordi, non sentiva più la terra sotto i piedi, dormiva con la biancheria in mano, le sembrava di averci un mucchio di stracci al posto del cervello e delle budella. Eppure, non la mandavano via, perché nessuna operaia poteva vantarsi di saper stirare una camicia da uomo con la sua stessa eleganza. Erano la sua specialità, le camicie da uomo.

«È roba mia, questa!» finì per dichiarare, dandosi delle gran pacche sui seni. «E non mordono, non fanno mica la bua a nessuno.»

«Clémence, rimettetevi la vestaglietta» disse Gervaise. «Madame Putois ha ragione, non sta bene... Qualcuno potrebbe prendere il mio negozio per quel che non è.»

Allora Clémence si rivestì brontolando. Quante storie! Come se i passanti non

6. **faceva... trent'anni**: se la spassava con gli uomini al punto da rovinarsi la salute ancora giovane.

Émile Zola (1840-1902), nato a Parigi da una famiglia di origine italiana, crebbe in Provenza. A diciotto anni tornò a Parigi, dove visse poveramente, facendo il commesso in libreria; ma presto si affermò come giornalista e scrittore. Imboccata la via del naturalismo, dal 1870 cominciò a pubblicare i venti romanzi del ciclo *I Rougon-Macquart. Storia naturale e sociale di una famiglia al tempo del Secondo Impero*; lo portò a termine in poco più di vent'anni di lavoro assiduo, scrivendo tra l'altro i suoi capolavori: *L'Assommoir* (1877), *Nana* (1880), *Germinal* (1885). Furono successi accompagnati da aspre polemiche, che spinsero lo scrittore a precisare le sue posizioni teoriche, raccolte nel 1880 in *Il romanzo sperimentale* (▸D10, p. 24); lo stesso anno apparve *Le serate di Médan*, che raccoglieva racconti suoi e di cinque scrittori più giovani (tra i quali Maupassant e Huysmans), consacrandolo al ruolo di caposcuola. Nel 1898 si schierò apertamente a difesa del capitano ebreo Dreyfus, accusato ingiustamente di tradimento, pubblicando un'editoriale (*J'accuse...!*) che gli costò una condanna per diffamazione. Fuggì in Inghilterra per evitare il carcere; nel 1900 tornò in Francia, in seguito a un'amnistia, e morì due anni dopo.

avessero mai visto un bel paio di tette! E sfogò la sua rabbia sull'apprendista, Augustine, quella sguercia, che stava stirando accanto a lei qualche capo senza pieghe, calze e fazzoletti; la spinse più in là, le tirò un po' di gomitate. Ma Augustine, astiosa, con la sua cattiveria subdola da mostriciattolo maltrattato, le sputò da dietro sul vestito, senza farsi vedere, per vendetta.

Gervaise nel frattempo aveva preso una cuffia che apparteneva a madame Boche[7], e voleva stirarla a regola d'arte. Aveva preparato dell'amido cotto, per rimetterla a nuovo. Stava stirando delicatamente l'interno della cuffia con il polacco, un piccolo ferro con le estremità arrotondate, quando entrò una donna, tutta ossa, con il volto segnato da certe chiazze rossastre, e la gonna fradicia. Era una lavandaia che aveva alle sue dipendenze tre operaie al lavatoio della Goutte-d'Or.

«Arrivate troppo presto, madame Bijard!» gridò Gervaise. «Vi avevo detto stasera... Mi impicciate e basta, a quest'ora qui!»

Ma siccome la lavandaia si lagnava, e aveva paura di non riuscire a mettere il bucato in ammollo quel giorno stesso, alla fine si decise a consegnarle subito i panni sporchi. Andarono a prendere i fagotti nella stanza a sinistra, quella dove dormiva Étienne[8]; e tornarono con le braccia stracariche di biancheria, che ammonticchiarono sul pavimento, in fondo alla bottega. La cernita durò più di mezz'ora. Gervaise faceva dei mucchietti intorno a sé, mettendo insieme le camicie da uomo, le camicette da donna, i fazzoletti, i calzini, gli strofinacci. Quando le passava per le mani un capo di un cliente nuovo, lo marcava con una croce di filo rosso, per riconoscerlo. Da tutti quei panni sporchi che stavano rimestando, si diffondeva nell'aria surriscaldata un odore acre.

«Alla faccia! ancora un po', e camminano da soli!» disse Clémence, tappandosi il naso.

«Be', sai com'è!, se era roba pulita, non la portavano mica qui da noi» spiegò tranquillamente Gervaise. «Ogni cosa ha il suo odore, è normale. Allora, stavamo dicendo: quattordici camicie da donna, giusto, madame Bijard?... e quindici, sedici, diciassette...»

Andò avanti a contare a alta voce. Non le faceva per niente schifo, ci era abituata, alla sporcizia; infilava le braccia nude e rosee in mezzo alle camicie ingiallite dall'unto, agli strofinacci induriti dal grasso delle risciacquature, ai calzini fracicati[9] e smangiati dal sudore. Però, in mezzo a quel fetore penetrante, che colpiva il suo volto chino sopra i mucchi di biancheria, la prendeva una specie di indolenza. Si era seduta sull'orlo di uno sgabello, piegata in due, e allungava le mani a destra e a sinistra, con movimenti rallentati, come inebriata da quel lezzo umano, con un vago sorriso, e lo sguardo trasognato. E si sarebbe detto che i suoi primi attacchi di pigrizia venissero di lì, dagli effluvi asfissianti di quei panni vecchi e sporchi che avvelenavano l'aria intorno a lei.

Proprio mentre Gervaise stava rigirando un pannolino, che non riusciva a riconoscere, talmente era intriso di piscio, entrò Coupeau.

«Porco cane!» balbettò. «Che sole!... Ti spacca la testa!»

Il lattoniere[10] dovette reggersi al bancone da lavoro, per non cascare. Era la prima volta che si prendeva una sbornia così. Fino a quel giorno, gli era capitato di

7. **madame Boche**: la portinaia dello stabile in cui abita Gervaise.

8. **Étienne**: il figlio di Gervaise avuto da una relazione precedente il matrimonio.

9. **fracicati**: fradici.

10. **lattoniere**: stagnaio.

tornare a casa un po' brillo, ma niente più. Quella volta lì, invece, aveva un occhio nero: una pacca amichevole che l'aveva beccato per sbaglio, in un momento che c'era un gran casino. La sua chioma ricciuta, dove si notava già qualche capello bianco, doveva essere andata a spolverare un angolino lurido nella sala di una qualche bettolaccia, perché da una ciocca, sulla nuca, pendeva una ragnatela. Però rimaneva allegro e contento, con i lineamenti un po' tirati e invecchiati, la mascella inferiore che sporgeva di più, ma sempre un bravo ragazzo, diceva lui, e con la pelle ancora tanto fresca e delicata da fare invidia a una duchessa.

«Ti spiego tutto» riprese, rivolgendosi a Gervaise. «Il fatto è che Pied-de-Céleri, lo conosci bene, no?, quello che ha una gamba di legno[11]... Allora, lui parte, torna al paese suo, e ha voluto offrire da bere a tutti... E guarda che noi non si faceva una piega, senza questo sole dell'accidenti... Per strada, si sentono male tutti quanti. Dico davvero, la gente sbanda, va a zigzag...»

E siccome Clémence, la spilungona, si divertiva un sacco a sentirgli dire che aveva visto la strada ubriaca, gli venne anche a lui un attacco di ridarella così travolgente, che rischiò di strozzarsi. Gridava:

«Ma pensa te! Tutti bevuti, quei maiali! Sono proprio buffi, eh?... Ma non è mica colpa loro! è il sole...»

Tutta la bottega rideva, perfino madame Putois, anche se a lei gli ubriachi non le piacevano per niente. Augustine, quella sguercia, rideva come una gallina, stridula, con la bocca aperta, che sembrava lì lì per soffocare. Gervaise però sospettava che Coupeau non fosse ritornato a casa diritto e filato, ma prima avesse passato un'oretta dai Lorilleux[12], sempre pronti a dargli qualche cattivo consiglio. Lui le giurò che non era vero, e allora si mise a ridere pure lei, piena di indulgenza, senza neanche rimproverargli di aver perso un'altra giornata di lavoro.

«Santo cielo, quante sciocchezze che racconta!» mormorò. «Ma è mai possibile, raccontare tante sciocchezze?»

Poi, con voce materna:

«Su, vai un po' a dormire. Lo vedi che abbiamo da fare; ci dai fastidio, qui... Sono trentadue fazzoletti, madame Bijard; ancora due, e fa trentaquattro.»

Ma Coupeau non aveva sonno. Rimase lì, a ciondolare in qua e in là, come il pendolo di un orologio, sghignazzando con l'aria di chi s'intestardisce a dar noia. Gervaise, che voleva sbarazzarsi di madame Bijard, chiamò Clémence le fece contare la biancheria, mentre lei la segnava sulla lista. Allora, a ogni capo, quella

11. **Pied-de-Céleri... legno**: il soprannome significa alla lettera "piede di sedano".
12. **Lorilleux**: sono la sorella e il cognato di Coupeau, che non hanno mai accettato il suo matrimonio con Gervaise.

Albert Edelfelt, *Lavandaie*, 1893. (San Pietroburgo, Museo dell'Ermitage)

13. **alcove**: camere da letto.

scioperata se ne usciva con una qualche parolaccia, o con una qualche oscenità; metteva in piazza le miserie dei clienti, le avventure delle alcove[13]; per ogni buco e per ogni macchia che le passavano fra le mani, trovava una battuta da caserma. Augustine fingeva di non capire, e si faceva tutta orecchie, da ragazzina viziosa che era. Madame Putois disapprovava con una smorfia; le sembrava assurdo dire quelle cose davanti a Coupeau; agli uomini, i panni sporchi non bisogna farglieli vedere; la gente come si deve se ne guarda bene dal parlare di certe cose. Gervaise, dal canto suo, tutta seria e indaffarata, sembrava non sentire. Mentre scriveva, teneva d'occhio attentamente i capi di biancheria, per riconoscerli a uno a uno; e non si sbagliava mai, su ciascuno poteva metterci il nome, solo a sentirne l'odore, o a vederne il colore. Quei tovaglioli lì appartenevano a Goujet: si vedeva subito, di certo non li avevano usati per pulire il culo delle padelle. Ecco invece una federa che veniva sicuramente da casa Boche, per via della pomata: tutta la biancheria di madame Boche era impiastricciata così. E non c'era mica bisogno di fiutarli, i gilè di flanella di monsieur Madinier, per sapere che erano suoi; tingeva la lana, quell'uomo, da tanto che ci aveva la pelle grassa. Gervaise conosceva anche altri dettagli, i segreti dell'igiene degli uni e degli altri, quel che nascondevano le sottane delle vicine che attraversavano la strada con gonna di seta, il numero di calzamaglie, di fazzoletti, camicie che ciascuno sporcava in una settimana, e come la gente strappava certi capi di biancheria, sempre nello stesso punto. Perciò ne poteva raccontare, di aneddoti. Le camicie di mademoiselle Remanjou, per esempio, alimentavano commenti interminabili; si logoravano in alto: quella vecchia zitella doveva averci le ossa delle spalle appuntite; e mai che fossero sporche, pure quando le aveva indossate per quindici giorni: il che dimostrava che a quell'età lì, uno diventava praticamente come un pezzo di legno, da cui era quasi impossibile spremere fuori una goccia di un liquido qualsiasi. Così, a ogni cernita, nella bottega mettevano a nudo i segreti di tutto il quartiere della Goutte-d'Or. [...]

I raggi obliqui del sole calante picchiavano sulla vetrina, tutta la bottega sembrava in fiamme. Allora a Coupeau, che con quel gran caldo diventava ancora più sbronzo, gli venne un attacco di tenerezza. Fece qualche passo verso Gervaise, con le braccia spalancate, tutto commosso.

«Sei davvero una brava moglie» balbettava. «Ti devo proprio dare un bacio.»

Ma inciampò nelle sottane, che gli sbarravano la strada, e poco ci mancò che cadesse.

«Ma quanto sei noioso!» disse Gervaise, senza arrabbiarsi, però. «Fai il bravo, su, che abbiamo finito.»

E invece niente, lui voleva darle un bacio, ne aveva bisogno, perché le voleva bene. Sempre biascicando, faceva il giro del mucchio di sottane, e andava a sbattere in quello delle camicie; poi, siccome si ostinava a farsi avanti, i suoi piedi rimasero impigliati, e lui andò giù lungo disteso, con il muso nel bel mezzo degli strofinacci. [...]

Adesso che l'aveva abbrancata, non la mollava più. E lei si lasciava andare: stordita dalla leggera vertigine che le procurava quel mucchio di biancheria, non le dava fastidio nemmeno l'alito avvinazzato di Coupeau. E quel bacione che si scambiarono in piena bocca, in mezzo al sudiciume del mestiere, era come una prima caduta, il primo passo verso l'abbrutimento.

Émile Zola, *L'assommoir*, capitolo v, trad. dal francese di P.L. Pellini, Mondadori, Milano, 2014

DIALOGO CON IL TESTO

COMPRENDERE

Documentazione minuziosa I romanzi di Zola vogliono essere "studi sociali"; l'autore si immerge in un ambiente, si documenta accuratamente su tutti i suoi aspetti.

- **Elencate i particolari che rappresentano con precisione tecnica la bottega e il lavoro di stireria.**

L'ambiente e i personaggi Questo brano è esemplare per l'analisi dell'influenza dell'ambiente sui comportamenti umani, teorizzata da Zola sulla base dei presupposti deterministici del positivismo. Qui le influenze ambientali sono risolte in rapporti di un'evidenza elementare: il calore dell'ambiente sembra determinare la sensualità degli atteggiamenti delle donne che vi lavorano; lo stare in mezzo alla biancheria sporca determina la volgarità dei loro pensieri e discorsi; l'odore nauseante di quei panni ha un effetto vagamente inebriante su Gervaise, produce in lei "rilassatezza" e sembra all'origine dell'indulgenza eccessiva che ha per l'ubriachezza del marito. Tutto questo vorrebbe forse essere "scientifico", ma il risultato non ha nulla della fredda analisi: la fantasia semplice e potente dell'autore accumula particolari significativi, di forte impatto emotivo, e crea un effetto di rispecchiamento tra personaggi e ambiente, tutto intuitivo e simbolico.

ANALIZZARE

Linguaggio popolare La novità dell'*Assommoir* che colpì di più i contemporanei e suscitò le maggiori polemiche è il linguaggio: l'autore si immerge nell'ambiente rappresentato e ne riproduce la lingua, non solo nelle battute di discorso diretto.

- **Anche attraverso la traduzione, potete identificare gli elementi di linguaggio popolare, familiare, gergale.**
- **È tipico di Zola l'uso sistematico del discorso indiretto libero per riprodurre pensieri e discorsi dei personaggi. In questo brano ve ne sono lunghe sequenze; identificatele.**

Coralità della narrazione Attraverso il discorso indiretto libero la voce del narratore si mescola con quella dei personaggi; e spesso non si identifica con un personaggio preciso, diventa voce anonima dell'ambiente: per esempio quando si descrivono i facili costumi di Clémence (*faceva una vita sregolata...*, r. 41), o si presenta *Augustine, quella sguercia* (r. 54), non è un personaggio determinato che si esprime così, ma il narratore che si è identificato con una collettività.

Il registro "basso" L'identificazione del narratore col punto di vista delle lavoratrici è sottolineato dall'insistenza sulle forti impressioni sensoriali, e sugli aspetti più grevi e "bassi" della fisiologia umana.

- **Anche la breve scena d'amore che conclude il brano risente della generale gravità dell'atmosfera: analizzatela da questo punto di vista.**

CONFRONTARE

Zola e Verga Questo modo di raccontare è una delle conquiste del naturalismo francese, che ebbe una forte influenza sulla maturazione stilistica di Verga. Tuttavia in Zola, nel complesso, il narratore è meno rigoroso nel praticare il criterio dell'impersonalità; alla fine di questo brano scopre addirittura ingenuamente il suo gioco, spiegando il significato della scena che ha rappresentato e anticipando gli sviluppi a cui deve portare.

- **Confrontando questo brano con uno di quelli del Verga maggiore, precisate le affinità e le differenze tra i due autori per quanto riguarda il punto di vista narrativo e il linguaggio.**

INTERPRETARE

Impassibilità o coinvolgimento? Lo sfondo teorico positivista delle scelte narrative di Zola è documentato dal brano ▸D10 (p. 24).

- **Vi sembra che l'atteggiamento di Zola nei confronti dei fatti narrati sia coerente con l'impassibilità scientifica teorizzata nel *Romanzo sperimentale* o che si percepisca un coinvolgimento emotivo dell'autore?**

▸ p. 40

L'estetismo

Mentre trionfa il naturalismo, molti scrittori si mostrano insofferenti dei limiti di una rappresentazione della realtà comune che giudicano meschina, priva di slancio ideale e artistico. Sotto varie etichette (psicologismo, idealismo...) si scrivono romanzi che esplorano i delicati conflitti intimi di anime superiori; ANTONIO FOGAZZARO (▸T19) è in Italia l'esponente maggiore di questa tendenza. L'aspetto più nuovo e significativo è l'estetismo, il culto della bellezza e della raffinatezza nella vita ancor prima che nell'arte, accompagnato da un sentimento compiaciuto di decadenza; i suoi testi esemplari sono *Controcorrente* di JORIS-KARL HUYSMANS (▸T4), transfuga del naturalismo, *Il ritratto di Dorian Gray* di OSCAR WILDE (▸T5) e *Il piacere* di GABRIELE D'ANNUNZIO (▸T101-T102).

JORIS-KARL HUYSMANS

T4 ▸ La pupilla squisita

PERCORSO
- Dal personaggio "tipico" alla dissoluzione del personaggio (I), p. 571

Il protagonista di *À rebours* ("A ritroso" o "Controcorrente" secondo le traduzioni, 1884), il duca Des Esseintes, è il languido ed estenuato discendente di una famiglia illustre. Disgustato della volgarità dei suoi contemporanei, si ritira a vivere nei dintorni di Parigi in una casa appartata di campagna, di cui cura minuziosamente l'arredamento squisito. Gran parte del libro è occupata dalla descrizione di questi arredi, dei quadri, dei libri, delle musiche, dei profumi tra i quali il protagonista estenua la sua sensibilità morbosamente raffinata. Tormentato dalla delicatezza dei nervi che lo rende incapace di nutrirsi, alla fine Des Esseintes dovrà cedere ai consigli dei medici e rientrare nella vita comune, tra la gente volgare. Il brano che presentiamo si colloca all'inizio del ritiro in campagna del protagonista.

Si era guadagnato la reputazione di originale e l'aveva rafforzata indossando abiti di velluto bianco, panciotti di aurifrigia[1], infilando nello scollo della camicia, a guisa di cravatta, un mazzolino di violette di Parma, offrendo ai letterati cene di grande risonanza come quella, per esempio, di ispirazione settecentesca in cui, per celebrare la più futile delle disavventure, aveva imbandito un banchetto funebre.

Nella sala da pranzo parata a lutto, aperta sul giardino che era stato trasformato, per l'occasione, con i vialetti cosparsi di polvere di carbone, la piccola vasca circondata da un parapetto di basalto[2] e riempita d'inchiostro e le aiuole piantate a pini e cipressi, la cena era stata servita su una tovaglia nera, adorna di cestini di viole e di scabiose[3] e illuminata da torciere da cui s'innalzavano lingue di fuoco verdastre e da candelabri su cui ardevano ceri.

Mentre un'orchestra nascosta suonava marce funebri, i convitati erano stati serviti da negre nude che portavano babbucce e calze di tessuto argentato cosparso di lacrime[4].

Su piatti bordati di nero avevano mangiato zuppa di tartaruga, pane di segale russa, olive mature di Turchia, caviale, bottarga[5] di cefalo, sanguinacci affumicati di Francoforte, selvaggina affogata in salse color della liquerizia e del lucido da scar-

1. **di aurifrigia**: con ricami d'oro.
2. **basalto**: pietra di colore scuro, di origine vulcanica.
3. **scabiose**: fiori di colore violetto.
4. **lacrime**: cristalli a forma di goccia.
5. **bottarga**: una specie di caviale.

pe, passato di tartufi, creme ambrate[6] al cioccolato, budini, pesche noci, gelatina di succo d'uva, more e visciole; in bicchieri scuri avevano bevuto i vini della Limagne e del Roussillon, di Tenedo, di Valdepeñas e di Porto; dopo il caffè e il nocino, avevano gustato kwas[7], porter e stout[8]. I biglietti d'invito alla cena, che commemorava la virilità momentaneamente defunta del padrone di casa, somigliavano ad annunci mortuari.

Ma tali stravaganze, di cui un tempo andava fiero, avevano finito con lo stancarlo; adesso disdegnava quelle ostentazioni puerili e sorpassate, quell'abbigliamento eccentrico, quegli ornamenti domestici bizzarri. Pensava semplicemente a crearsi, per il proprio piacere personale e non più per la sorpresa altrui, un interno confortevole ma non per questo privo di ricercatezza, a foggiarsi su misura un ambiente singolare e tranquillo, adatto alle esigenze della sua futura solitudine.

Quando la casa di Fontenay che un architetto aveva ristrutturato secondo i suoi desideri e i suoi progetti fu pronta, quando restò soltanto da deciderne l'arredamento e la decorazione, passò di nuovo in rassegna con la massima cura la gamma dei colori e delle sfumature.

Voleva dei colori che risaltassero alla luce artificiale delle lampade; poco gli importava che a quella del giorno apparissero scialbi o sgargianti, poiché viveva quasi solo di notte, pensando che a casa propria si sta meglio, più soli, e che lo spirito si affina e brilla veramente soltanto quando viene a contatto con l'ombra. Trovava anche un godimento particolare nel rimanere in una camera molto illuminata, la sola sveglia e animata tra tante case immerse nelle tenebre e nel sonno; una sorta di godimento in cui entrava forse una punta di vanità, quella soddisfazione specialissima provata da chi lavora fino a tardi nel momento in cui, scostando le tende delle finestre, si accorge che all'intorno tutto è spento, tutto è muto, tutto è morto.

Lentamente scelse le tinte, a una a una.

Il blu, alla luce delle candele, assume una tonalità verdastra; se è scuro come il cobalto e l'indaco, diventa nero; se è chiaro, vira al grigio; se è limpido e tenue come una turchese[9], sbiadisce e si fa algido[10].

A meno dunque di unirlo come complementare a un altro colore, non era certo il caso di farne la nota dominante di una stanza. [...]

Scartati questi colori, non ne restavano che tre: il rosso, l'arancione, il giallo.

A tutti preferiva l'arancione, confermando così con il proprio esempio la verità di una teoria che a suo avviso era di un'esattezza quasi matematica: cioè che esiste un'armonia tra la natura sensuale di un vero artista e il colore che appare più speciale e più vivo ai suoi occhi.

6. **ambrate**: scurite.
7. **kwas**: bevanda russa d'orzo fermentato.
8. **porter... stout**: sono due tipi di birra scura inglese.
9. **una turchese**: pietra cristallina di colore azzurro intenso.
10. **algido**: freddo, gelato.

Joris-Karl Huysmans (1848-1907), parigino di origine fiamminga, esordì con romanzi di impronta naturalista; fu amico di Zola, che pubblicò un suo racconto nel volume collettivo *Le serate di Médan* (1880). Fin dall'inizio dimostrò però una sensibilità morbida ed estetizzante, che lo portò ad accostarsi ai simbolisti. La rottura col naturalismo fu segnata dal romanzo *À rebours* ("Controcorrente", 1884), una sorta di manifesto dell'estetismo decadente. I romanzi successivi testimoniano l'adesione dell'autore all'ortodossia cattolica.

Trascurando infatti la gente comune, le cui retine grossolane non percepiscono né la cadenza[11] tipica di ciascun colore né il fascino misterioso delle loro gradazioni e delle loro sfumature; trascurando anche gli occhi dei borghesi, insensibili a uno sfarzo e all'impeto delle tinte forti e vibranti; limitandosi allora agli individui dalle pupille raffinate, rese esperte dalla letteratura e dall'arte, gli sembrava certo che l'occhio di chi tra loro sogna l'ideale, cerca illusioni, pretende veli nei tramonti, di solito è blandito dal blu e dai suoi derivati, quali il malva, il lilla, il grigio perla, purché tuttavia restino tenui e non superino il limite oltre il quale perdono in personalità e si trasformano in violetti primi, in grigi decisi.

Invece, gli individui brutali come ussari[12], i pletorici[13], i bei sanguigni, i maschi ben piantati che sdegnano i preliminari e le storie a puntate e vanno diritti al sodo perdendo subito la testa, prediligono per lo più le tonalità squillanti dei gialli e dei rossi, la violenza chiassosa dei vermigli e dei cromi[14] che li accecano e li inebriano.

Infine, gli occhi delle persone gracili e nervose il cui appetito sensuale ricerca cibi insaporiti da affumicature e da salamoie, gli occhi di chi è sovreccitato e consunto preferiscono quasi sempre questo colore irritante e malaticcio, dagli splendori fittizi, dalle febbri acide: l'arancione.

Joris-Karl Huysmans, *Controcorrente*, capitolo I, trad. dal francese di F. Ascari, Frassinelli, Città di Castello, 1995

11. **la cadenza**: il ritmo, l'armonia.
12. **ussari**: soldati di cavalleria.
13. **pletorici**: dotati di eccesso di sangue ("pletora", nella medicina del tempo).
14. **cromi**: come colore, il cromo è il giallo dorato del cromato di piombo.

DIALOGO CON IL TESTO

COMPRENDERE

L'eccezione come ideale *Controcorrente* apparve nel 1884, nel pieno del naturalismo; l'autore, che fino ad allora vi aveva aderito, in una prefazione scritta più tardi diceva di aver provato insofferenza per i limiti della scuola: soprattutto le rimproverava di rappresentare solo la media dell'umanità, di non ammettere l'eccezione. L'eccezionalità a tutti i costi è l'ideale del *dandy*, il nuovo tipo incarnato da Des Esseintes; lo scopo per cui profonde energie e spese è stupire una società di oziosi raffinati. Il pranzo tutto intonato ai colori del lutto, *per celebrare la più futile delle disavventure*, incarna l'idea che niente va preso sul serio: la futilità è il segno distintivo degli individui superiori.

- **Un'altra prerogativa dell'individuo eccezionale è il gusto del lusso smodato e dello spreco, presente specialmente nella prima parte del brano: indicatene esempi nel testo.**

Il tipo dell'esteta Nel seguito del brano, il protagonista va oltre il dandismo come rito sociale, si ritira in se stesso nel culto esclusivo della sensazione, coltivato come un'ossessione maniacale; diventa "esteta" in un senso più intimo e compiuto. Le minute e noiose elucubrazioni sugli effetti di ogni minima sfumatura di colore e di luce (che si ripetono nel libro a proposito di odori, musiche, libri, arredi...) nascono da una sensibilità squisita, richiedono l'occhio *sovreccitato e consunto* delle *persone gracili e nervose*. La morbosità è dunque dichiarata con compiacimento, come segno di distinzione spirituale; questo è un tratto caratteristico dell'estetismo decadente, che in Francia fu una vera e propria scuola ed ebbe in *Controcorrente* la sua "bibbia".

- **Un altro ingrediente essenziale dell'estetismo decadente è il disprezzo dell'uomo comune, identificato nel "borghese"; indicate i punti in cui questo atteggiamento si intreccia alla disquisizione sui colori.**

CONFRONTI Alcuni tratti del personaggio di Des Esseintes riappariranno, pochi anni dopo, nel protagonista del *Piacere* di D'Annunzio (▸T101).

OSCAR WILDE

T5 ▸ «Un nuovo edonismo!»

▸ PERCORSO
• Dal personaggio "tipico" alla dissoluzione del personaggio (I), p. 571

Il ritratto di Dorian Gray (1891) è un testo-chiave dell'estetismo di fine Ottocento. Dorian Gray è un giovane di straordinaria bellezza, che un suo amico pittore ha amorosamente rappresentato in un ritratto perfetto. Un amico comune, lord Henry, con la sua conversazione brillante e spregiudicata riesce a prendere il posto del pittore nel cuore di Dorian (l'autore presenta questi amori come platonici, e del resto il pubblico e la legge del tempo non avrebbero consentito altro). Lord Henry corrompe Dorian col suo immoralismo cinico, e il giovane si dà a una vita viziosa; intanto si realizza misteriosamente un suo desiderio: attraverso gli anni la sua bellezza e gioventù restano intatte, mentre i segni del tempo e dei peccati si accumulano sul ritratto, che lui tiene nascosto a tutti. Dopo aver corrotto, rovinato o spinto al suicidio diversi giovani ed essersi macchiato di un omicidio, Dorian scopre che la sua immagine ritratta, sempre più vecchia e orribile, rappresenta la propria coscienza, e vorrebbe distruggerla; ma nel momento in cui la colpisce è lui che muore e il suo cadavere è quello di un uomo invecchiato e consunto dai vizi, mentre il ritratto riprende le fattezze di un tempo.
La scena che riproduciamo rappresenta il primo incontro fra Dorian Gray e lord Henry, nello studio del pittore che sta finendo il ritratto fatale.

Uscito nel giardino, Lord Henry trovò Dorian Gray con il volto sprofondato nei grandi e freschi fiori di lillà, sorbendone febbrilmente il profumo come fosse vino. Gli si avvicinò e, posandogli una mano sulla spalla, mormorò: «Ottima idea, soltanto i sensi possono curare l'anima, come soltanto l'anima può curare i sensi».

Il giovane trasalì e si ritrasse. Era a capo scoperto, e le foglie gli avevano scompigliato i ricci ribelli, aggrovigliandone i fili dorati. Aveva gli occhi impauriti, come chi viene svegliato d'improvviso. Fremevano le narici finemente cesellate, e un nervo invisibile agitava le labbra scarlatte, facendole tremare.

«Sì» continuò Lord Henry, «ecco uno dei grandi segreti della vita – curare l'anima per mezzo dei sensi e i sensi per mezzo dell'anima. Voi siete una creatura meravigliosa. Sapete più di quanto credete di sapere[1] ma sapete anche meno di quanto vorreste sapere.»

Infastidito, Dorian Gray si voltò dall'altra parte. L'uomo alto ed elegante che gli era accanto non riusciva a non piacergli. Trovava interessante quel romantico volto olivastro e quell'aria esausta. Nella sua voce profonda e languida c'era un che di assolutamente seducente. Persino le sue mani, due fiori freschi e bianchi, possedevano un curioso fascino. Mentre parlava, si muovevano come musica, e pareva avessero un linguaggio proprio. E tuttavia Dorian aveva paura di lui, e di avere paura si vergognava. Perché era toccato a uno sconosciuto rivelargli se stesso? Conosceva Basil Hallward[2] da mesi, ma la loro amicizia non lo aveva cambiato in alcun modo. E all'improvviso ecco entrare nella sua vita qualcuno che della vita sembrava avergli dischiuso i misteri. Ma in fondo, di cosa doveva avere paura? Non era uno scolaretto, né una bambina. Spaventarsi era assurdo.

«Andiamo a sederci all'ombra» disse Lord Henry. «Parker[3] ha portato da bere,

1. **Sapete... credete di sapere**: la bellezza ha in sé la conoscenza dei segreti della vita, che in Dorian è ancora inconsapevole.
2. **Basil Hallward**: il pittore.
3. **Parker**: un cameriere.

se restate ancora sotto questa luce abbagliante vi sciuperete e Basil non vorrà ritrarvi mai più. Non dovete prendervi una scottatura. Sarebbe imperdonabile da parte vostra.»

«Che importanza ha?» rise Dorian, accomodandosi sulla sedia in fondo al giardino.

«Per voi, un'importanza assoluta, Signor Gray.»

«E perché mai?»

«Perché oggi voi possedete la giovinezza più meravigliosa, e la giovinezza è la sola cosa che valga la pena di possedere.»

«Non ho questa impressione, Lord Henry»

«Non l'avete oggi, certo. Ma un giorno, quando sarete vecchio e rugoso e brutto, quando i pensieri vi avranno scavato solchi sulla fronte e le orride fiamme della passione vi avranno marcato le labbra, questa impressione l'avrete, oh, se l'avrete. Oggi, ovunque andiate, affascinate il mondo. Ma sarà sempre così?

«Avete un volto meravigliosamente bello, Signor Gray. Via quello sguardo scettico. È la verità. E la Bellezza è una forma di Genio, anzi, è più nobile del Genio, poiché non richiede spiegazione. È uno dei prodigi del mondo, come la luce del sole, o la primavera, o il riflesso nelle acque buie di quel guscio d'argento che chiamiamo luna. È indiscutibile. È sovrana per diritto Divino. Chi la possiede diventa principe. Sorridete? Ah! Non sorriderete più quando l'avrete persa.

«C'è chi dice che la Bellezza sia superficiale. Può darsi. Ma almeno non lo è quanto il Pensiero. A mio parere, la Bellezza è la meraviglia delle meraviglie. Solo le persone frivole non giudicano dalle apparenze. Il vero mistero del mondo è il visibile, non l'invisibile.

«Sì, Signor Gray, gli dei sono stati generosi con voi. Ma ciò che gli dei danno, sono rapidi a toglierlo. Avete pochi anni per vivere appieno. Scomparsa la gioventù, svanirà anche la bellezza, e allora scoprirete d'un tratto che non ci saranno più vittorie in serbo per voi, oppure vi dovrete accontentare di quelle misere vittorie che la memoria del passato renderà più amare delle sconfitte. Ogni mese vissuto

Oscar Wilde (1854-1900), nato a Dublino da una famiglia aristocratica, si laureò a Oxford nel 1878 e risiedette alternativamente a Parigi e a Londra, affermandosi per il suo ingegno brillante, i suoi successi letterari e le sue pose eccentriche nei circoli artistici e nei salotti mondani. Nel 1882 tenne un fortunato ciclo di conferenze sull'estetismo negli Stati Uniti. Si cimentò con i generi più diversi: libri di poesie, favole (*Il principe felice*, 1888), racconti umoristici (*Il delitto di Arthur Savile*, 1891), saggi (*Intenzioni*, *L'anima dell'uomo sotto il socialismo*, 1891); ma le opere che più influirono sulla società del suo tempo furono il romanzo *Il ritratto di Dorian Gray* (1891), in cui cercò di coniugare l'estetismo più sfrenato con un finale morale, le brillanti e paradossali commedie di satira sociale (*Il ventaglio di Lady Windermere*, 1892; *L'importanza di chiamarsi Ernesto*, 1895), e la tragedia *Salomé* (1891), scritta in francese per l'attrice Sarah Bernhardt. Al culmine del successo, la sua omosessualità lo coinvolse in un processo, suscitato dal padre del suo amante, un nobile; fu condannato a due anni di lavori forzati (l'omosessualità era reato per la legge inglese). Dopo il processo scrisse il *De Profundis*, in prosa (pubblicato postumo nel 1905), e *La ballata del carcere di Reading* (1898), la più famosa delle sue poesie, dedicati alla tragica esperienza del carcere e alle riflessioni da essa suscitate. Dopo aver scontata la pena (dal 1895 al 1897), separato dalla moglie e dai due figli, messo al bando dagli ambienti aristocratici e intellettuali che lo avevano osannato, Wilde si trasferì a Parigi, dove morì in miseria.

Magnus Enckell, *Risveglio del fauno*, 1914. (Helsinki, Ateneumin taidemuseo)

vi porta più vicino a qualcosa di spaventoso. Il tempo, invidioso di voi, dichiara guerra ai vostri gigli e alle vostre rose. Assumerete un colorito giallognolo, avrete le guance incavate, gli occhi spenti. Soffrirete terribilmente.

«Sfruttate la giovinezza finché l'avete. Non sperperate l'oro dei vostri giorni ascoltando i noiosi, sforzandovi di rimediare a fallimenti irreparabili o regalando la vostra vita agli ignoranti, a chi è comune e volgare, poiché queste sono le aspirazioni, i falsi ideali della nostra epoca. Vivete! Vivete la vita meravigliosa che è dentro di voi! Non lasciatevi sfuggire alcunché! Cercate sempre sensazioni nuove. Non abbiate paura di nulla.

«Un nuovo Edonismo! È di questo che ha bisogno il nostro secolo. E voi potreste esserne il simbolo più evidente. Con la vostra personalità, non c'è nulla che non possiate fare. Il mondo vi appartiene per una stagione.

«Non appena vi ho conosciuto ho capito che siete del tutto inconsapevole di ciò che siete davvero, di ciò che potreste diventare. Vi ho trovato così affascinante che non ho potuto esimermi dal dirvi qualcosa su voi stesso. Ho pensato che sarebbe una tragedia se sprecaste la vostra vita. Sarà tanto breve la vostra giovinezza, tanto breve.

«I più comuni fiori di campo appassiscono, ma poi rifioriscono. Il prossimo giugno il laburno[4] tornerà d'oro come oggi. Tra un mese spunteranno stelle purpuree sulla clematide[5], e anno dopo anno la verde notte delle sue foglie ritroverà quelle stelle purpuree. Ma noi non ritroveremo mai la nostra giovinezza. Il palpito di gioia che a vent'anni ci batte dentro si fa più lento. Le membra si infiacchiscono, i sensi si guastano. Ci trasformiamo in orridi fantocci, perseguitati dal ricordo delle passioni di cui avevamo troppa paura, delle deliziose tentazioni cui non abbiamo osato cedere. Giovinezza! Giovinezza! Al mondo non esiste null'altro che la giovinezza!»

Dorian Gray ascoltava attonito, gli occhi sbarrati. Il ramoscello di lillà gli sfuggì di mano, cadendo sulla ghiaia. Un'ape pelosa giunse a ronzarvi attorno per un at-

4. **laburno**: pianta dai fiori giallo oro, molto profumati e pendenti in lunghi grappoli, che fioriscono in maggio.
5. **clematide**: pianta rampicante che fiorisce in primavera proseguendo fino all'autunno con fiori di vario colore.

timo. Poi si inerpicò sui fiorellini purpurei e traforati. Dorian la osservò con quello strano interesse per i dettagli insignificanti che ci sforziamo di provare quando le cose più importanti ci fanno paura, o quando ci coglie un'emozione nuova cui non riusciamo a dar voce, o quando un pensiero terrificante all'improvviso ci stringe d'assedio la mente, invitandoci a cedere. Poi l'ape volò via. Dorian la vide insinuarsi nella corolla screziata[6] di un convolvolo di Tiro[7]. Il fiore ebbe come un fremito, quindi prese a oscillare delicatamente avanti e indietro.

Si accorsero allora di Hallward che, sulla porta dello studio, con gesti frenetici li invitava a rientrare. Si scambiarono un sorriso.

«Sto aspettando» gridò Hallward. «Tornate dentro. La luce è perfetta[8]; portate pure i bicchieri.»

I due si alzarono e senza alcuna premura si riavviarono per il vialetto. Passarono in volo due farfalle verdi e bianche, mentre un tordo intonava il suo canto sul pero in fondo al giardino.

«Voi siete felice di avermi conosciuto, Signor Gray» disse Lord Henry, guardandolo.

«Sì, adesso ne sono felice. Ma lo sarò sempre?»

«Sempre! Che parola terrificante. Mi dà i brividi ogni volta che la sento. Le donne adorano usarla. Con la loro smania di farle durare per l'eternità, rovinano tutte le storie d'amore. È una parola senza senso, per giunta. L'unica differenza tra un capriccio e la passione di una vita è che il capriccio dura un poco più a lungo.»

Mentre entravano nello studio, Dorian Gray posò la mano sul braccio di Lord Henry. «Quand'è così, che la nostra amicizia sia un capriccio» mormorò, arrossendo per la propria audacia, quindi salì sulla pedana e si rimise in posa.

Lord Henry si lasciò cadere su una grande poltrona di vimini e rimase a osservarlo. Il silenzio era interrotto solo dalle rapide pennellate sulla tela, eccetto quando Hallward, di tanto in tanto, indietreggiava di un passo o due per contemplare il suo lavoro da lontano. Nei muti raggi obliqui che si riversavano dentro dalla porta aperta danzava il pulviscolo dorato. Il greve profumo delle rose sembrava aleggiare ovunque.

Oscar Wilde, *Il ritratto di Dorian Gray*, capitolo II, trad. dall'inglese di M. Piumini, Mondadori, Milano, 2014

6. **screziata**: variopinta.
7. **convolvolo di Tiro**: pianta erbacea perenne con fiori a forma di tubo o campana di diverso colore che hanno durata giornaliera.
8. **La luce è perfetta**: il momento è opportuno per dare gli ultimi tocchi al ritratto di Dorian.

Artur Timóteo da Costa, *Nello studio del pittore*, 1918. (San Paolo del Brasile, Pinacoteca do Estado)

DIALOGO CON IL TESTO

COMPRENDERE

Seduzione e culto della bellezza Questa è indubbiamente una scena di seduzione: le parole lusingatrici dell'uomo più maturo ed esperto affascinano il giovane Dorian e lo sottomettono al suo dominio intellettuale. Ma al di là della seduzione, il discorso di lord Henry ha pure un suo messaggio ideale: la bellezza è il valore supremo della vita, l'invito a godere della gioventù suona quasi come il richiamo a un dovere morale. In un altro luogo del romanzo lo stesso personaggio dice: «la vita ha i suoi capolavori elaborati, proprio come li hanno la poesia, la scultura, la pittura»; si tratta dunque di realizzare nella vita una perfezione artistica che è un valore assoluto.

Fra edonismo e superomismo Il *nuovo Edonismo* proclamato in questa pagina per il resto ha i tratti comuni dell'estetismo e del superomismo di quegli anni: il culto per la sensazione, la netta divisione tra gli uomini mediocri, volgari e gli spiriti eletti, l'idea che a questi ultimi nulla è vietato (*non c'è nulla che non possiate fare*).

- **Nella descrizione di lord Henry identificate i tratti di eleganza e quelli che manifestano un languore stanco, che è un carattere comune agli esteti dell'epoca.**
- **Il giardino accuratamente descritto crea uno sfondo voluttuoso e sensuale alla conversazione; spiegate in questo senso l'indugio sul particolare di un'ape che penetra un fiore (rr. 81-88).**

Alexandre Dubois-Drahonet, *Ritratto di Monsieur Gest*, 1819. (Los Angeles, County Museum of Art)

ANALIZZARE

Finezze e paradossi Lo stile di Wilde da un lato è raffinatamente musicale, dall'altro si serve del paradosso brillante per sorprendere le aspettative del lettore e marcare la superiorità intellettuale dei suoi personaggi.

- **Rintracciate nelle parole di lord Henry alcuni tipici paradossi wildiani.**

CONTESTUALIZZARE

Poetica e scrittura

- **Accostando a questo brano le dichiarazioni di poetica di Wilde (▸D11, p. 26), verificate la coerenza tra gli assunti teorici e l'opera realizzata.**

Estetismo decadente ed estetismo romantico L'affermazione della bellezza come valore supremo propria dell'estetismo di fine Ottocento nasce da un sentimento di radicale estraneità e contrapposizione dell'artista nei confronti della società borghese e della sua morale.

- **Spiegate quale diverso significato assume l'affermazione della bellezza nell'*Ode sopra un'urna greca* di un poeta romantico come John Keats (▸Vol. 4, T16).**

CONFRONTI L'intonazione di Wilde è quanto di più lontano si possa immaginare da quella di Dostoevskij; eppure, confrontando il brano di *Delitto e castigo* (▸T9), potete rintracciare un tema affine a uno di quelli toccati in questo brano: segno del ricorrere di certe problematiche morali all'epoca, e del genio anticipatore dello scrittore russo. Provate a dire di quale tema si tratta.

► p. 41

I grandi narratori russi

• Fëdor Dostoevskij, *Il dolore dei bambini* (da *I fratelli Karamazov*)

La narrativa russa ha in quest'epoca una grande fioritura, seguita da un vasto pubblico di lettori appassionati. A differenza di quanto accade nel resto d'Europa, i maggiori autori russi sono estranei all'influenza del naturalismo francese. Lev Tolstoj (►T6-T8) affronta con serenità "epica" i problemi supremi della vita, in romanzi e racconti in cui mescola le vicende individuali a quelle storiche, alterna la narrazione alla digressione saggistica alla maniera dei narratori dell'età romantica. Scrittore più irrequieto e tumultuoso, Fëdor Dostoevskij (►T9) costruisce i suoi romanzi come grandi dibattiti sui temi ideali, morali e politici cruciali nel suo tempo. Alla fine del secolo Anton Čechov (►T10) imposta i suoi racconti sui toni sommessi: i suoi personaggi si arrendono al grigiore di una vita quotidiana insensata e senza speranza, in cui si spegne la tensione ideale propria della narrativa ottocentesca.

LEV TOLSTOJ

T6 ► Il principe Andrèj ad Austerlitz

Guerra e pace, monumentale romanzo scritto da Tolstoj fra il 1863 e il 1869, è un grandioso affresco storico, ambientato negli anni della campagna napoleonica in Russia tra il 1803 e il 1813, dall'invasione alla ritirata. La trama, che svaria dall'ambientazione mondana dei salotti moscoviti alle potenti scene di massa negli spazi immensi della Russia, intreccia vicende individuali e collettive in un disegno complesso, che non si può riassumere in poche righe. I tre personaggi principali, membri di famiglie aristocratiche, sono il principe Andrèj Bolkònskij, Pierre Bezuchov e Nataša Rostova, amata da entrambi. Per i due protagonisti maschili, amici tra loro ma profondamente diversi per formazione e carattere, la tragica esperienza della guerra e il contatto con le sofferenze e il coraggio delle classi popolari sono tappe di un percorso di avvicinamento al significato profondo dell'esistenza: il tormentato e scettico Andrèj, ferito nella battaglia di Borodino, approderà attraverso l'esperienza del dolore condiviso a un senso di fratellanza universale che lo rappacificherà con se stesso alle soglie della morte; il goffo e sensibile Pierre, dopo inquiete vicende spirituali e sentimentali, scoprirà nelle virtù patriarcali e contadine del popolo russo un saldo codice morale a cui ispirare la vita, e troverà una serena stabilità nel matrimonio con Nataša.
Il brano che presentiamo è tratto dal primo dei quattro libri in cui è diviso il romanzo. Siamo in un momento drammatico della battaglia di Austerlitz: le truppe russe, assalite improvvisamente dall'armata francese, sono in rovinosa ritirata, ma il principe Andrèj combatte valorosamente.

XVI

[...]

La folla dei soldati in fuga era così fitta che, una volta presi in mezzo, non era possibile districarsene. C'era chi gridava: "Muoviti, perché ti fermi? Chi, voltatosi, sparava in aria. Chi batteva il cavallo dello stesso Kutùzov[1]. Liberatosi con uno

1. **Kutùzov**: il comandante in capo delle armate russe, che nel romanzo è contrapposto a Napoleone per la sua consapevolezza dell'ingovernabilità degli eventi umani: mentre Napoleone presume di prevedere e controllare le vicende belliche attraverso la programmazione razionale e la strategia, Kutùzov si limita a interventi limitati ed estemporanei, basati sull'intuizione e sul buon senso. Come altri militari citati in seguito, è un personaggio storico.

sforzo straordinario dal torrente umano della folla che fuggiva a sinistra, Kutùzov, con il suo seguito ridotto a meno della metà, mosse in direzione di un vicino rombo di cannoni. Liberatosi dalla folla dei fuggiaschi, il principe Andrèj, cercando di non allontanarsi da Kutùzov, vedeva tra il fumo più giù sul pendio della collina una batteria russa che ancora sparava contro i francesi che salivano per attaccarla. Più in alto c'era della fanteria russa che stava ferma, né avanzava per portare aiuto alla batteria, né retrocedeva nella stessa direzione dei fuggiaschi. Un generale a cavallo si staccò dalla fanteria avvicinandosi a Kutùzov. Del seguito di Kutùzov erano rimasti soltanto quattro uomini. Erano tutti pallidi in volto e si scambiavano delle occhiate in silenzio.

"Fermate quelle canaglie!" gridò ansando Kutùzov al comandante del reggimento indicando i fuggiaschi; ma in quello stesso istante, quasi a punizione per aver pronunciato quelle parole, una sventagliata di pallottole, come uno sciame di uccelli, cadde sul reggimento e sul seguito di Kutùzov.

I francesi attaccavano la batteria e, scorgendo Kutùzov, avevano sparato contro di lui. A quella scarica il comandante del reggimento si portò la mano alla gamba; alcuni soldati caddero e l'alfiere che portava la bandiera se la lasciò sfuggire di mano; la bandiera sventolò e cadde sulle baionette dei soldati più vicini. I soldati, senza averne avuto il comando, cominciarono a sparare.

"Ooooh!" gemette Kutùzov con un'espressione disperata in volto e guardandosi intorno. "Bolkònskij," mormorò con la voce che gli tremava per la coscienza della propria senile impotenza, "Bolkònskij," ripeté indicando il battaglione in rotta disordinata e il nemico, "com'è possibile questo?"

Ma, prima ancora che ripetesse quelle parole, il principe Andrèj, sentendo che lacrime di rabbia e di vergogna gli serravano la gola, era smontato da cavallo ed era corso verso la bandiera.

"Ragazzi, avanti!" gridò con una voce infantilmente acuta.

'Ci siamo!' pensava il principe Andrèj, afferrando l'asta della bandiera, pieno di gioia al sentire il fischio delle pallottole chiaramente dirette contro di lui. Alcuni soldati caddero.

"Urrà!" gridò il principe Andrèj sorreggendo a stento tra le mani la pesante bandiera, e corse in avanti nell'assoluta convinzione che tutto il battaglione gli sarebbe venuto dietro.

Lev Nikolaevič Tolstoj (1828-1910) nacque nella tenuta di Jasnaja Poljana, figlio di un conte e di una principessa. Non completò gli studi, e dal 1852 al 1856 fu ufficiale dell'esercito, nel Caucaso e nella guerra di Crimea, alla quale si ispira una delle sue prime opere narrative, i *Racconti di Sebastopoli* (1856). In seguito tornò a vivere nella tenuta di famiglia, dove cercò di promuovere l'emancipazione dei contadini e si dedicò intensamente all'istruzione dei loro bambini. Tra il 1867 e il 1869 uscì il suo primo capolavoro, *Guerra e pace*, seguito nel 1875-1877 da *Anna Karenina*; entrambi i romanzi ebbero immediato successo e gli diedero un'enorme popolarità. Negli anni seguenti Tolstoj fu assorbito soprattutto dai suoi interessi di riforma religiosa (che gli costarono nel 1901 la scomunica dalla Chiesa ortodossa) e di pedagogia popolare, dalle riflessioni sulla questione sociale, dall'impegno pacifista; i suoi seguaci crearono un vero e proprio movimento tolstoista, costituendo comunità in vari paesi europei. Tra le opere della vecchiaia spiccano i racconti lunghi *La morte di Ivàn Il'ič* (1886) e *La sonata a Kreutzer* (1889), mentre il romanzo *Resurrezione* (1900), che condensa le aspirazioni religiose e sociali dell'autore, è comunemente giudicato non riuscito.

Ed effettivamente egli corse in avanti da solo soltanto per qualche passo. Poi si mosse un soldato, un secondo, e tutto il battaglione, gridando "Urrà!", si precipitò dietro di lui e lo raggiunse. Un sottufficiale del battaglione corse avanti e prese la bandiera che ondeggiava per il peso nelle mani del principe Andrèj, ma venne subito ucciso. Il principe Andrèj afferrò di nuovo la bandiera e corse in avanti con il battaglione trascinandola per l'asta. Davanti a sé vedeva i nostri artiglieri, alcuni dei quali si battevano, mentre altri, abbandonando i cannoni, fuggivano correndogli incontro; vedeva anche i fanti francesi che prendevano i cavalli dell'artiglieria e facevano voltare i cannoni. Il principe Andrèj con il battaglione si trovava ormai a una ventina di passi dai pezzi. Udiva sopra la sua testa l'incessante fischio delle pallottole e ad ogni momento alla sua destra e alla sua sinistra dei soldati gettavano un grido e cadevano. Ma lui non li guardava; guardava soltanto a ciò che accadeva davanti a lui, alla batteria. Vedeva già chiaramente la figura di un artigliere dai capelli rossi con il chepì[2] di traverso che tirava da una parte uno scovolo[3], mentre un soldato francese lo tirava a sé, dall'altra parte. Il principe Andrèj distingueva ormai chiaramente le fisionomie sconvolte e al tempo stesso infuriate di quei due uomini, che evidentemente non capivano ciò che stavano facendo.

'Ma cosa fanno?' pensava il principe Andrèj guardandoli. 'Perché quell'artigliere rosso di capelli non fugge, dal momento che è disarmato? E perché il francese non lo colpisce? L'artigliere non avrà il tempo di scappare quando il francese si ricorderà di avere il fucile e lo infilzerà con la baionetta.'

Infatti un altro francese già correva contro i due contendenti con il fucile puntato, e il destino dell'artigliere dai capelli rossi, che ancora non si rendeva conto di ciò che lo aspettava e si era trionfalmente impossessato dello scovolo, era ormai segnato. Ma il principe Andrèj non vide come si concluse quello scontro. Fu come se uno dei soldati che gli erano più vicini – così a lui sembrò – lo avesse colpito con tutta la forza alla testa con un grosso bastone. Ciò gli procurò un certo dolore, ma soprattutto gli riuscì sgradevole perché il dolore lo distrasse e gli impedì di vedere ciò a cui stava guardando.

'Che succede? Sto cadendo? Le gambe mi si piegano,' pensò, e cadde riverso sulla schiena. Aprì gli occhi sperando di vedere come si era conclusa la lotta tra i francesi e l'artigliere e per sapere se era stato ucciso l'artigliere dai capelli rossi e se erano stati presi dal nemico o salvati i cannoni. Ma non vide nulla. Al di sopra di lui non c'era altro che il cielo, un cielo alto, non limpido, ma pur sempre un cielo incommensurabilmente alto, su cui passavano silenziosamente delle nuvole grigie. 'Com'è silenzioso, calmo e solenne, del tutto diverso da quando correvo,' pensò il principe Andrèj, 'diverso da com'era quando correvamo, gridavamo, ci battevamo; completamente diverso da quando il francese e l'artigliere, con i loro volti furiosi e spaventati, si strappavano a vicenda lo scovolo; non è affatto così che scorrono adesso le nuvole su questo infinito cielo. Come mai non ho visto prima d'ora questo cielo così alto? E come sono felice adesso che lo vedo! Sì, tutto è vuoto, tutto è inganno, al di fuori di questo infinito cielo. Nulla esiste, nulla di nulla, al di fuori di esso. E neanch'esso esiste, nulla esiste, eccetto il silenzio e la calma. E ne sia ringraziato Iddio! [...]

2. **chepì**: un copricapo militare.
3. **scovolo**: l'asta metallica dotata di una spazzola cilindrica che serviva per pulire l'interno dei cannoni.

XIX

Sulla collina di Pratzen[4] nel punto dov'era caduto con l'asta della bandiera in mano, il principe Andrèj Bolkònskij giaceva perdendo sangue e, senza rendersene conto, gemeva emettendo dei lamenti sommessi, penosi, infantili.

Verso sera cessò di gemere e giacque in totale silenzio. Non seppe quanto fosse durato quel suo svenimento. A un tratto si sentì di nuovo vivo e avvertì alla testa una cocente atroce sofferenza.

'Dov'è adesso, dov'è quel cielo così alto che fino ad ora non conoscevo e che ho visto oggi?' fu il suo primo pensiero. 'E anche queste sofferenze non le avevo mai provate,' pensò. 'Sì, prima d'ora non conoscevo nulla di nulla. Ma dove sono?'

Si mise in ascolto e udì il calpestio di cavalli che si avvicinavano e delle voci che parlavano in francese. Aprì gli occhi. Sopra di lui c'era ancora quello stesso alto cielo e quelle nuvole che galleggiavano lassù, ancora più alte, attraverso le quali si scorgeva un'azzurra infinità. Non volse il capo e non vide quelli che, a giudicare dal calpestio degli zoccoli e dalle voci, si erano avvicinati e si erano fermati.

I cavalieri che si erano avvicinati erano Napoleone accompagnato da due aiutanti di campo. Bonaparte, ispezionando il campo di battaglia, dava gli ultimi ordini per rinforzare il fuoco delle batterie che sparavano sulla diga di Augezd[5] e osservava i morti e i feriti rimasti sul campo.

"*De beaux hommes*[6]*!*" disse Napoleone guardando un granatiere russo ucciso che, con la faccia affondata nella terra e mostrando la nuca annerita, giaceva bocconi con un braccio già rigido spinto lontano dal corpo.

"*Les munitions des pièces de position sont épuisées, sire*[7]*!*" disse in quel momento un aiutante di campo arrivato dalle batterie che sparavano su Augezd.

"*Faites avancer celles de la réserve*[8]," disse Napoleone e, fatto qualche passo, si arrestò sopra il principe Andrèj che giaceva supino con accanto l'asta della bandiera (la bandiera era stata già presa dai francesi come trofeo di guerra).

"*Voilà une belle mort*[9]," disse Napoleone guardando Bolkònskij.

Il principe Andrèj comprese che ciò veniva detto di lui, e che a dirlo era Napoleone. Aveva sentito che era stato chiamato "sire" colui che aveva detto quelle parole. Ma sentire quelle parole fu per lui come udire un ronzio di mosche. Non soltanto non ne provò alcun interesse, ma non le rilevò neppure e le dimenticò immediatamente. La testa gli bruciava, sentiva che perdeva sangue e vedeva sopra dì sé quel cielo lontano, alto, infinito. Sapeva che quell'uomo era Napoleone, il suo eroe, ma in quel momento Napoleone gli appariva una persona così piccola

4. **Pratzen**: il poggio di cui si erano impadroniti i francesi.
5. **Augezd**: una diga verso la quale si erano ritirati i russi, offrendo un facile bersaglio all'artiglieria nemica, che ne fece strage.
6. ***De beaux hommes***: "begli uomini" (in francese).
7. ***Les munitions... sire***: "le munizioni delle batterie sono finite, maestà".
8. ***Faites... réserve***: "fate avanzare quelle della riserva".
9. ***Voilà... mort***: "ecco una bella morte".

Una scena della battaglia di Austerlitz in un dipinto di Bogdan Willewalde del 1884. (San Pietroburgo, Military Historical Museum of Artillery)

e insignificante in confronto con ciò che ora avvertiva tra la sua anima e quell'alto, infinito cielo su cui le nuvole correvano. In quel momento provava una completa indifferenza per chiunque stesse sopra di lui, per qualunque cosa dicesse di lui; era soltanto contento del fatto che delle persone si fossero fermate su di lui e desiderava soltanto che quelle persone lo aiutassero e lo riportassero in vita, quella vita che ora gli appariva così stupenda perché soltanto adesso l'aveva compresa. Raccolse tutte le sue forze per muoversi e per emettere un qualche suono. Fece un debole movimento con la gamba ed emise un fievole, doloroso lamento che commosse lui stesso.

"Ah! È vivo," disse Napoleone. "Sollevate questo giovane, *ce jeune homme*, e portatelo al posto di medicazione!"

Detto ciò, Napoleone andò incontro al maresciallo Lannes[10] che, toltosi il cappello, sorridendo, si avvicinava all'imperatore congratulandosi per la vittoria.

Il principe Andrèj non ricordò nient'altro: perse conoscenza per il terribile dolore causato dal venir messo in barella, dalle scosse durante il trasporto e dalle cure alla ferita al posto di medicazione. Riprese conoscenza soltanto alla fine del giorno, quando venne portato in ospedale insieme ad altri ufficiali russi feriti presi prigionieri. Durante il trasporto in ospedale egli si sentì un po' più in forze riuscendo a guardarsi intorno e perfino a parlare.

Le prime parole che udì tornando in sé furono quelle di un ufficiale francese del convoglio che diceva in fretta:

"Dobbiamo fermarci qui; tra poco l'imperatore passerà di qui e avrà piacere di vedere questi signori prigionieri".

"Adesso ci sono tanti prigionieri, quasi tutto l'esercito russo, che probabilmente la cosa gli sarà venuta a noia," disse un altro ufficiale. [...]

Il principe Andrèj che, perché l'esposizione dei trofei dei prigionieri fosse completa, era stato anche lui messo davanti e sotto gli occhi dell'imperatore, non poté non attirare la sua attenzione. Evidentemente Napoleone si ricordò di averlo visto sul campo e, rivolgendosi a lui, usò quello stesso appellativo di *jeune homme* sotto il quale Bolkònskij gli era rimasto impresso nella memoria.

"*Et vous, jeune homme*? E voi, giovanotto?" gli disse. "Come vi sentite, *mon brave*[11]?"

Sebbene, ancora cinque minuti prima, il principe Andrèj aveva potuto dire qualche parola ai soldati che lo trasportavano, adesso rimase in silenzio con gli occhi fissi su Napoleone... In quel momento gli sembravano così meschini gli interessi che occupavano Napoleone, così insignificante lo stesso suo eroe, con la sua mediocre vanità e gioia per la vittoria, in confronto con quell'alto, giusto e benevolo cielo che egli aveva visto e compreso, che non poté rispondergli.

E tutto gli appariva così inutile e insignificante in confronto con quella severa e solenne serie di pensieri evocati in lui dall'indebolimento delle forze in seguito alla perdita di sangue, alla sofferenza e alla prossima attesa della morte. Guardando negli occhi Napoleone, il principe Andrèj pensava alla nullità della grandezza, alla nullità della vita e all'ancor più grande nullità della morte, il significato della quale nessuno dei viventi ha mai potuto comprendere e spiegare.

L'imperatore, senza aspettare la risposta, si voltò dall'altra parte e, allontanando-

10. **maresciallo Lannes**: comandante dell'avanguardia dell'esercito francese. 11. ***mon brave***: "mio prode".

si, disse rivolto a uno dei suoi comandanti:

"Che ci si prenda cura di questi signori, che vengano portati al mio bivacco; che il mio dottore Larrey[12] esamini le loro ferite. Arrivederci, principe Rèpnin[13]". E, spronato il cavallo, passò oltre al galoppo.

Il suo volto splendeva di compiacimento e di gioia.

I soldati che avevano trasportato il principe Andrèj e gli avevano sottratto il medaglione d'oro con l'immagine che la principessina Màr'ja aveva appeso al collo del fratello[14], ora, vedendo con quanta amabilità l'imperatore si era rivolto ai prigionieri, si affrettarono a restituirglielo.

Il principe Andrèj non vide come e chi glielo avesse rimesso al collo, ma improvvisamente avvertì sul petto, attraverso l'uniforme, la presenza dell'immagine appesa a una sottile catenina d'oro.

'Sarebbe così bello,' pensò il principe Andrèj, guardando quell'immagine che la sorella gli aveva appesa al collo con tanto affetto e tanta devozione, 'sarebbe così bello se tutto fosse così chiaro e semplice come s'immagina la principessina Màr'ja. Come sarebbe bello sapere dove trovare sostegno in questa vita e cosa aspettarsi dopo di essa, nell'oltretomba! Come sarei felice e tranquillo se adesso potessi dire: Signore, abbi pietà di me!... Ma a chi potrei dire questo? Esiste una forza informe, indefinita, inattingibile, alla quale non soltanto non potrei rivolgenni, ma che neppure sono in grado di definire a parole, se sia un grande tutto o un nulla,' diceva egli tra sé, 'o forse esiste quel Dio che la principessina Màr'ja ha cucito in questo medaglione? Non c'è nulla, nulla di certo, eccetto la nullità di tutto ciò che mi è comprensibile e la grandezza di qualcosa d'incomprensibile, ma di somma importanza!'

I portantini si mossero. Ad ogni scossa egli provava di nuovo un dolore intollerabile; lo stato febbrile si aggravava ed egli cominciò a delirare. Quei sogni del padre, della moglie, della sorella e del figlio che doveva nascere e la tenerezza provata per loro nella notte precedente alla battaglia, la figura del piccolo, insignificante Napoleone, e sopra a tutto ciò quell'alto cielo, costituivano la principale sostanza delle sue febbrili visioni.

Gli si presentava l'immagine di una tranquilla felicità familiare a Lysye Gòry[15]. Già godeva di quella felicità, quando a un tratto gli apparve il piccolo Napoleone con quel suo sguardo indifferente, limitato, felice dell'altrui infelicità, e cominciarono i dubbi, i tormenti, e soltanto il cielo prometteva pace. Verso il mattino tutte quelle visioni si confusero fondendosi nel caos e nell'oscurità dell'incoscienza e dell'abbandono che, secondo l'opinione dello stesso Larrey, il medico di Napoleone, si sarebbero conclusi più probabilmente con la morte, piuttosto che con la guarigione.

"*C'est un sujet nerveux et bilieux*," disse Larrey, "*il n'en échappera pas*[16]."

Il principe Andrèj, con altri feriti considerati senza speranza, venne affidato alle cure degli abitanti del paese.

Lev Tolstoj, *Guerra e pace*, libro primo, capitoli XVI, XIX, trad. dal russo di G. Pacini, Feltrinelli, Milano, 2014

12. **Larrey**: Dominique Jean Larrey, medico personale di Napoleone.
13. **principe Rèpnin**: uno dei generali dell'esercito russo, fu fatto prigioniero nella battaglia di Austerlitz.
14. **l'immagine... fratello**: l'immagine sacra che la sorella Mar'ja aveva donato al principe Andrej.
15. **Lysye Gòry**: nome della tenuta in cui vive la famiglia del principe Andrèj.
16. ***C'est... pas***: è un soggetto nervoso e bilioso, non se la caverà.

DIALOGO CON IL TESTO

COMPRENDERE

Vastità di temi Tra le opere di Tolstoj e quelle di Flaubert (▸T1-T2) e di Zola (▸T3), una differenza che salta agli occhi è la vastità del respiro narrativo e della problematica filosofica e morale: non storie chiuse in ambienti oppressivi e meschini, di cui si denunciano il materialismo e le ipocrisie, ma i grandi fatti della storia, intrecciati alle vicende affettive e spirituali di una grande varietà di personaggi, e accompagnati da una continua ricerca sul senso profondo della vita.

Un improvviso cambiamento di sguardo In questo testo la compenetrazione tra narrazione storica e riflessione morale è condensata nell'improvviso cambiamento di sguardo su se stesso e sul mondo del principe Andrèj nei due diversi momenti della battaglia. Nella prima parte del brano il personaggio è totalmente preso dallo sdegno per la fuga disordinata dell'esercito russo, dal desiderio di riscattarne l'onore, dall'entusiastica disponibilità a dimostrare il suo valore rischiando la vita per la patria. Dopo la ferita, di questi slanci e ideali non è rimasto nulla: ciò che fino a quel momento era sembrato grande e pieno di significato ora appare irrilevante, e acquistano improvvisamente un'importanza straordinaria riflessioni e domande mai prima percepite e affrontate.

- **Ripercorrendo il testo, individuate qualche punto da cui traspare con particolare evidenza questo capovolgimento di valori.**
- **Nell'ultima parte del brano (rr. 175-186) la riflessione del protagonista si fa esplicitamente religiosa; provate a definire qual è l'atteggiamento del principe Andrèj nei confronti della fede "chiara e semplice" della principessina Màr'ja.**

La natura e la storia L'illuminazione improvvisa che trasforma la visione del mondo del principe Andrèj è legata a una contrapposizione che percorre l'intero romanzo: da un lato i tempi convulsi e disordinati della storia umana, rappresentati dai movimenti casuali e violenti della battaglia (rr. 1-67); dall'altro il ritmo ciclico ed eterno della natura, simboleggiato dal *cielo incommensurabilmente alto* che sovrasta le vicende terrene, e che il principe riesce a vedere veramente per la prima volta solo quando giace a terra ferito. Tolstoj sembra suggerire che, per accostarsi alla verità profonda che dà senso alla vita e alla storia, l'uomo deve passare attraverso l'esperienza della sofferenza e della vulnerabilità: solo percependo la propria piccolezza può rendersi conto della *forza informe, indefinita, inattingibile* che lo trascende e lo ingloba. Per questo Napoleone, che in questa fase del romanzo incarna il potere, la forza e la vittoria, appare ad Andrèj un uomo piccolo e insignificante in confronto a *quella severa e solenne serie di pensieri evocati in lui dall'indebolimento delle forze in seguito alla perdita di sangue, alla sofferenza e alla prossima attesa della morte.*

- **Quali caratteristiche di Napoleone e del principe Andrèj emergono dalla scena dialogata che conclude il brano?**

ANALIZZARE

Una morale interna ai fatti Un elemento di forza di questo brano sta nel fatto che la tematica morale e religiosa non è espressa dal narratore sotto forma di commento o di riflessione esterni ai fatti, ma emerge con naturalezza dagli sviluppi del racconto attraverso i pensieri e le emozioni del personaggio. In queste pagine il punto di vista narrativo coincide quasi sempre con quello del principe Andrèj, e il lettore è portato a identificarsi con lui, immedesimandosi nei suoi stati d'animo.

"Verità" del personaggio Le riflessioni, le sensazioni, i sentimenti di Andrèj sono riportati attraverso un procedimento che è stato definito «origliare psicologico»: è come se il narratore entrasse nella mente del personaggio e registrasse, attraverso il discorso diretto o indiretto, ogni minimo movimento della sua vita interiore, compresi quelli più strani o irrilevanti. Così il principe Andrèj, nel momento culminante dell'assalto, anziché concentrarsi sugli sviluppi complessivi della battaglia, si perde nella contemplazione di uno scontro marginale e bizzarro (rr. 56-63), e nell'attimo in cui viene colpito, anziché preoccuparsi per il dolore o per la gravità della ferita, prova un senso di fastidio per non poter seguire gli sviluppi di quell'evento secondario (rr. 63-67).

Attraverso questo tipo di notazioni Tolstoj da

un lato spoglia la narrazione degli eventi bellici di ogni retorica militarista, dall'altro conferisce alla psicologia del personaggio una concretezza e un sapore di verità che si imprimono con forza e persuasività nell'immaginazione del lettore: grazie a questa eccezionale capacità di individuazione, spesso i personaggi tolstoiani restano impressi nella memoria, più che come creature fantastiche, come donne e uomini reali, che ci sembra di aver conosciuto intimamente.

Il "particolare superfluo" Un analogo effetto di concretezza è prodotto, sul piano narrativo, dalla tecnica del "particolare superfluo", consistente nella messa in evidenza di dettagli irrilevanti dal punto di vista narrativo, che proprio per la loro apparente incongruità conferiscono alle scene descritte un sapore di autenticità e di verosimiglianza.

- **Individuatene almeno un esempio nel testo.**

CONFRONTARE

Tolstoj e Stendhal

- **Confrontate questa descrizione di una scena di guerra con quella tratta da *La Certosa di Parma* (▸Vol. 4, T6), cercando di individuare affinità e differenze nelle tecniche narrative e nella posizione ideologica di Tolstoj e di Stendhal.**

Napoleone al bivacco con i soldati dopo la battaglia di Austerlitz in un dipinto di Louis-François Lejeune del 1805. (Versailles, Musée du Chateau)

LEV TOLSTOJ

T7 ▸ Il suicidio di Anna Karenina

PERCORSO
- Dal personaggio "tipico" alla dissoluzione del personaggio (I), p. 571
- Le donne come soggetto e come oggetto della scrittura (I), p. 575

Il romanzo *Anna Karenina* fu pubblicato a puntate su una rivista moscovita dal 1875 al 1877, riscuotendo immediatamente un clamoroso successo di pubblico. La vicenda, ambientata nell'alta società russa del secondo Ottocento, ha per protagonista Anna, bella e stimata moglie del freddo e austero funzionario Karenin, di vent'anni più vecchio di lei, a cui ha dato un figlio. L'apparente equilibrio della vita della donna viene turbato dall'incontro con il giovane conte Vronskij, un ufficiale della guardia, di cui si innamora, dando inizio a una relazione scandalosa. Il marito vorrebbe imporle il rispetto delle formalità sociali, ma Anna, che ha avuto una bambina dall'amante, fugge con lui in Italia. Tornata in Russia, viene messa al bando dalla società e il marito le impedisce di vedere il figlio. Intanto Vronskij, che, in quanto uomo, non è toccato dallo scandalo, riprende gradualmente la vita mondana. Col passare del tempo Anna si sente sempre più isolata e trascurata, assalita dai rimorsi e ossessionata dalla gelosia. Dopo un occasionale litigio, nel quale le sembra di vedere confermati i suoi sospetti sulla fine dell'amore di Vronskij, in preda alla disperazione, si uccide gettandosi sotto un treno. Vronskij, sconvolto per la morte di Anna, parte per la guerra di Crimea. Alla tragica vicenda dei due amanti fa da controcanto la storia di un'altra coppia, Levin e Kitty, che riescono a costruirsi una vita famigliare serena in campagna, lontano dalla fatua società cittadina.
Il brano che riportiamo è tratto dalla parte finale del romanzo. Dopo un litigio senza rappacificazione, che ha lasciato Anna angosciata e amareggiata, Vronskij si è recato a trovare la madre. Anna non riesce a sopportare la lontananza dell'amante e prende un treno per raggiungerlo e avere un chiarimento definitivo con lui.

Si udì un campanello[1]; le passarono davanti alcuni giovanotti brutti, orrendi quasi, che andavano di fretta ma tenevano all'impressione che le avrebbero fatto. Poi fu Pëtr[2] ad attraversare la sala d'aspetto in scarpini e livrea, con la sua faccia da ebete; andava a prenderla per scortarla al treno. Sul binario, Anna sfilò accanto a un gruppo di uomini che parlavano animatamente e che subito si zittirono, al suo passaggio, scambiandosi sottovoce qualche commento sicuramente volgare sul suo conto. Anna salì sul predellino troppo alto, entrò nello scompartimento e si sedette, sola, su un sedile che era stato bianco e che ora era tutto insudiciato. Dopo un leggero sobbalzo sulle molle, anche la sua borsa si quietò. Dal finestrino, intanto, Pëtr la salutava sollevando il cappello con un sorriso idiota, mentre un ferroviere sbatteva lo sportello e lo chiudeva per bene. Anna vide correre sul binario un'orribile signora in *tournure*[3] (e se la immaginò svestita, Anna, spaventandosi per tanto orrore) e una bambina che rideva in modo sguaiato.

– Ce l'ha Katerina Andreevna, *ma tante*[4]. Ha tutto lei! – gridava la bimba.

«Così piccola e così smorfiosa. L'hanno già rovinata», pensò. E per non vedere piú nessuno si alzò in tutta fretta e andò a sedersi al finestrino opposto di quello stesso scompartimento deserto. Sotto al finestrino sfilò l'ennesimo sgorbio: un uomo sudicio con in testa un berretto dal quale sfuggivano alcuni ciuffi di ca-

1. **Si udì un campanello**: nelle stazioni russe la partenza dei treni era annunciata da tre suoni di campanello, a distanza di alcuni minuti l'uno dall'altro.
2. **Pëtr**: il cameriere che accompagna Anna alla stazione.
3. ***tournure***: dal francese *tourner* ("girare"), imbottitura posteriore della gonna, con cerchi metallici, stecche di balena o altro, di moda verso la fine dell'Ottocento, che serviva a mantenere la gonna discosta dal corpo, nella parte dalla vita in giù e a dare una forma a S al corpo femminile.
4. ***ma tante***: zia (in francese).

William Powell Frith, *Stazione ferroviaria*, 1862. (Londra, Royal Holloway)

pelli arruffati e che si chinava a guardare le ruote del treno. «Dove l'ho già visto, quel mostro?» pensò Anna. Quando lo ricordò – nel suo incubo[5]! – si alzò tutta tremante e tornò a sedersi all'altro finestrino. In quell'attimo il ferroviere aprì lo sportello per far salire una coppia.

– Volevate scendere? – le domandò. Anna non rispose. Dietro la veletta, il ferroviere e i due passeggeri non notarono il terrore dipinto sul suo volto. Anna tornò nel suo angolo e prese posto. La coppia si sedette sull'altro lato; squadravano il suo abito, discreti ma attenti. Anche quei due le facevano ribrezzo. Lui le chiese se poteva fumare. Non perché intendesse farlo, ma per attaccare discorso, pensò Anna. Ottenuto il suo permesso, si rivolse alla moglie in francese e parlò di cose delle quali gli interessava ancor meno che di fumare. Chiacchieravano solo perché lei li sentisse, ma per Anna era chiaro che non si sopportavano più e si odiavano persino. E davvero esseri tanto brutti e patetici non potevano suscitare altro che odio.

Risuonò il secondo campanello; fra rumore, grida e risate, sotto al finestrino sfilarono i bagagli. Non c'era niente di cui ridere, Anna lo sapeva benissimo, e tanta allegria la indispettiva fino a farle male, tanto che ebbe voglia di tapparsi le orecchie per non sentire. Finalmente risuonò anche il terzo campanello; prima si udì un fischio, poi il sibilo della locomotiva, poi il convoglio si mise in moto e l'uomo – il marito – si fece il segno della croce. «Che cosa significherà, quel gesto? Avrei proprio voglia di domandarglielo», pensò Anna guardandolo stizzita. Ignorò la moglie, invece, per guardare fuori dal finestrino, verso chi era rimasto sulla banchina e ora pareva andare a ritroso. Con sussulti regolari a ogni giunzione delle rotaie, il treno costeggiò il binario, poi un muro, poi il disco di segnalazione e poi altri treni, dopo di che le ruote presero a scorrere fluide e oliate senza più stridere come prima; e mentre la brezza giocava con la tenda, il vetro si accese del sole della sera. Anna dimenticò i suoi compagni di viaggio e, cullata dall'incedere dei vagoni e con i polmoni pieni del fresco dell'aria, riprese il filo dei suoi pensieri. «Dov'ero rimasta?[6] All'impossibilità di immaginare una vita senza dolore e a noi che tutto sappiamo ma che cerchiamo ogni mezzo per illuderci del contrario. Una volta che l'hai vista, però, la verità, che fai?»

– L'uomo ha avuto in dono la ragione per usarla contro quanto lo preoccupa,

5. **nel suo incubo**: un incubo ritornato più volte nei sogni di Anna: un contadino di aspetto spaventoso, con la barba arruffata, che fruga dentro un sacco e dice in francese: «bisogna battere il ferro, pestarlo, impastarlo».

6. **Dov'ero rimasta?**: Anna vuole riprendere il filo dei pensieri che era stato interrotto dalla prima scampanellata.

– disse in quello stesso istante la moglie, in francese, compiaciuta di quelle parole che storpiava malamente.

Era la risposta perfetta ai pensieri di Anna. «Per usarla contro quanto lo preoccupa», ripeté Anna. E dopo un'ultima occhiata al marito rubizzo e alla moglie gracilina comprese che lei, malaticcia, si sentiva incompresa, che il marito fomentava quella sua convinzione e intanto la tradiva. Era come se avesse spostato su di loro il suo fascio di luce e avesse visto tutta la loro storia e ogni recesso dei loro cuori. Non avevano nulla di interessante, però, e Anna tornò ai suoi pensieri.

«Ho molte preoccupazioni, è vero, e devo usare la ragione per sbarazzarmene. Perché *devo* sbarazzarmene. Non dovremmo poter spegnere la candela quando non c'è più nulla da guardare o quando guardare fa solo raccapriccio? Come si fa, però? Perché quel ferroviere correva, lungo il binario? Perché quei giovanotti gridano tanto, nello scompartimento vicino? Perché parlano? Perché ridono? Tutto è inganno, tutto è bugia, tutto è male!...»

Quando il treno raggiunse la stazione, Anna scese insieme alla folla degli altri passeggeri, ma si fermò sul binario per cercare di evitarli – neanche fossero appestati. Provò a ricordare perché era lì e che cosa si era ripromessa di fare. Ciò che prima le era parso possibile, tuttavia, ora sembrava difficile da realizzare, soprattutto nella folla chiassosa di quegli esseri orrendi che non le davano tregua. O erano i facchini a rincorrerla offrendole i propri servigi, o era qualche giovanotto a voltarsi e a fissarla mentre passava oltre chiacchierando a gran voce e scalpicciando sulle assi della banchina, oppure erano gli altri passeggeri che si scansavano dalla parte sbagliata. Quando ricordò che aveva deciso di proseguire, nel caso non avesse trovato ad attenderla una risposta[7], Anna fermò un facchino e gli chiese se sapeva di un cocchiere con un biglietto del conte Vronskij.

– Il conte Vronskij? C'era qualcuno dei loro, sì. Sono venuti a prendere la principessa Sorokina e sua figlia[8]. Com'è fatto quello che dite voi?

Mentre ancora parlava col facchino la raggiunse il cocchiere Michajla, allegro e colorito nella sua giacchetta turchese con tanto di catena appesa, palesemente fiero di avere svolto l'incarico che gli era stato affidato. Le porse un biglietto. Anna lo aprì. Aveva il cuore in gola ancora prima di leggerlo.

«Mi dispiace molto che il vostro biglietto non mi abbia raggiunto in tempo. Tornerò per le dieci», le scriveva Vronskij senza troppo badare alla grafia.

«Lo sapevo!» pensò Anna, con un ghigno malvagio.

– Va bene. Puoi tornare a casa, – disse con un filo di voce a Michajla. E ne aveva un filo, di voce, perché il cuore le batteva all'impazzata togliendole il respiro. «Non lascerò che mi tormenti in questo modo! Non te lo permetterò», pensò Anna, e non minacciava né il cocchiere né se stessa, bensì colui che la costringeva a soffrire[9].

Si avviò lungo il binario.

Due cameriere si girarono a guardarla e si concessero un commento sul suo

7. **nel caso... risposta**: Anna aveva inviato a Vronskij un biglietto e un telegramma in cui gli chiedeva di tornare a casa, e aveva deciso che, se non avesse ricevuto risposta, avrebbe proseguito il viaggio per una meta indefinita, senza rivedere mai più l'amante.

8. **a prendere... figlia**: uno dei motivi che spingono Anna alla gelosia è la convinzione che la madre di Vronskij voglia combinare un matrimonio tra lui e la figlia della principessa Sorokina.

9. **colui... soffrire**: espressione volutamente indefinita. Nella situazione di angoscia e di confusione che la sovrasta, Anna si rivolge, personificandoli, ai pensieri e alle emozioni che non cessano di tormentarla.

vestito: – È roba vera, – dissero del pizzo che indossava. Non la lasciarono in pace neanche i soliti giovanotti: di nuovo la fissarono e passarono oltre ridendo e gridando sguaiatamente. Il capostazione le chiese se intendeva salire. Il ragazzino che vendeva il *kvas*[10] non le staccava gli occhi di dosso. «Oddio, dove vado, adesso?» pensava Anna, e intanto continuava a camminare. Si fermò che era quasi in fondo alla banchina. Un gruppo di donne e bambini che avevano accolto un tale con gli occhiali e parlavano animatamente si zittì di colpo per squadrarla meglio. Anna accelerò il passo. Era ormai in fondo al binario. E stava sopraggiungendo un convoglio merci. La banchina cominciò a tremare e Anna ebbe come l'impressione d'essere di nuovo sul treno.

Fu allora che ripensò all'uomo che era stato investito il giorno in cui lei e Vronskij si erano incontrati per la prima volta[11] e capì che cosa doveva fare. Scese con passo lesto e leggero i gradini che conducevano dalla pompa d'acqua alle rotaie e si fermò quasi rasente al treno che le sfilava accanto. Osservò la parte bassa delle vetture, i bulloni, le catene, le ruote alte di ghisa del primo vagone che passava oltre e provò a stabilire – a occhio e croce – la metà esatta fra le ruote anteriori e le posteriori e il momento preciso in cui l'avrebbe avuta davanti.

«Proprio lì, – si diceva fissando l'ombra del treno sulla ghiaia mista a carbone, fra le rotaie. – Lì nel mezzo. Punirò lui e sarò libera, libera da tutti e da me stessa».

Avrebbe voluto gettarsi sotto il primo vagone, che stava giusto scorrendo davanti a lei. Ma perse l'attimo – la metà della vettura – per sfilarsi dal braccio la sacca rossa che si era impigliata. Ora doveva aspettare la carrozza successiva. Si scoprì a provare la stessa sensazione di quando, facendo il bagno, si preparava a tuffarsi. E si fece il segno della croce. Quel gesto consueto riaccese nel suo cuore una moltitudine di ricordi d'infanzia e di gioventù, il buio che aveva stretto ogni cosa si squarciò e per un attimo la vita le si offrì con tutte le gioie radiose del passato. Gli occhi, però, restavano fissi sulle ruote del secondo vagone, ormai vicino. E nell'istante preciso in cui ebbe di fronte lo spazio a metà della vettura, Anna gettò a terra la sacca rossa, strinse la testa fra le spalle e si lasciò cadere sotto il treno; cadde sulle mani, ma con un lieve sussulto si ritrovò in ginocchio, quasi volesse rialzarsi. E in quello stesso istante inorridí. «Dove sono? Che cosa sto facendo?

10. ***kvas***: bevanda russa d'orzo fermentato, simile alla birra.
11. **all'uomo... Vronskij**: un uomo che era stato ucciso dal treno, visto da Anna e Vronskij alla stazione di Mosca quando era nato il loro amore. Probabilmente il sogno citato in precedenza è un'eco di quel ricordo.

Claude Monet, *Treno nella neve*, 1875. (Parigi, Musée Marmottan Monet)

TESTI

T7

Perché?» Avrebbe voluto tirarsi su e avrebbe voluto togliersi da lì, ma qualcosa di gigantesco, di inesorabile la colpì alla testa e la trascinò con sé. – Signore, perdonami! – disse, sentendo vana ogni possibile resistenza. Intanto il vecchio barbuto armeggiava bofonchiando sul suo mucchio di ferraglia[12]. E la candela accanto alla quale Anna aveva letto il suo libro di ansie, inganni, dolore e rabbia brillò di una luce vivida, più vivida che mai, rischiarando quanto prima era avvolto dalle tenebre. Poi crepitò, tremula, e si spense per sempre.

Lev Tolstoj, *Anna Karenina*, libro VII, capitolo XXXI, trad. dal russo di C. Zonghetti, Einaudi, Torino, 2016

12. **il vecchio barbuto... ferraglia**: è il contadino mostruoso dell'incubo che perseguita Anna, forse evocato nella sua mente dalla percezione di un suono reale.

DIALOGO CON IL TESTO

COMPRENDERE

Oltre il giudizio morale Anna Karenina si può inquadrare nel tipo della moglie adultera, che frequentemente la narrativa ottocentesca presentava al pubblico come un esempio di comportamento socialmente pericoloso e moralmente condannabile; lo stesso Tolstoj dichiarò che il suo romanzo mirava ad esaltare «l'idea della famiglia», e sentì la necessità di contrapporre alla passione sregolata ed egoista della protagonista l'amore sereno e oblativo di una coppia religiosa, dedita ai figli e alla vita di campagna. E tuttavia è raro trovare un personaggio di romanzo che abbia esercitato tanto fascino e suscitata tanta simpatia nei lettori. Lo si deve alla capacità di Tolstoj di andare oltre le sue stesse concezioni morali per entrare pienamente nella concreta umanità dei suoi personaggi, facendosi portavoce delle *loro* ragioni e dei *loro* sentimenti.

Identificazione con Anna Anche in questa scena finale il lettore è indotto a immedesimarsi negli allucinati stati d'animo di Anna, che, disperando dell'amore di Vronskij, che è la sua unica ragione di vita, vede tutto ciò che la circonda come un universo mostruoso e violento: i lineamenti e gli atteggiamenti degli altri personaggi sono grotteschi, i loro gesti appaiono ostili e minacciosi, le percezioni reali si fondono con immagini da incubo. Così, quando Anna decide di compiere il suo gesto estremo, e Tolstoj lo descrive "dall'interno" fino a tentare di riprodurre l'esperienza stessa del morire, il lettore è portato a solidarizzare con la sua disperazione.

- **Anna aveva intenzione di recarsi da Vronskij, oppure, nel caso che non ci fosse stata risposta al suo messaggio, di proseguire il viaggio. Dunque la decisione del suicidio non era stata programmata, ma scattata d'improvviso. Indicate il punto del testo nel quale è segnalata questa svolta.**
- **Tuttavia la scelta del suicidio è preannunciata da segnali premonitori e preceduta da un evento specifico, che induce Anna a voler "punire" Vronskij: individuateli nel testo.**

INTERPRETARE

Di chi la colpa? Ciò che conduce Anna alla disperazione, oltre alla convinzione che Vronskij non l'ami più, è l'ostracismo che il marito e l'intera società le hanno decretato: dal punto di vista sociale la sua colpa non sta tanto nell'adulterio (che sarebbe stato tollerato se vissuto clandestinamente, come si vede dalle vicende di altri personaggi) quanto nella sua decisione di dichiarare e vivere apertamente il suo amore, sfidando le regole e le convenzioni.

Questa scelta anticonformista, scaturita da una dedizione totale alla sua passione, aggiunge complessità al personaggio e alle sue azioni. Lo scrittore italiano Gesualdo Bufalino ha così commentato la scelta del suicidio: «È una vendetta del cielo? E Anna la meritava? O non la meritava piuttosto il mondo che la spinse alla morte?». Tolstoj non dà una risposta esplicita a queste domande. Ci sono però due indicazioni che egli affida alla riflessione dei lettori: le metafore della candela e del libro su cui si chiude l'episodio (rr. 125-128), e una citazione biblica che fa da epigrafe al romanzo, tratta dalla *Lettera ai Romani* (12, 19): «A me la vendetta, io darò la retribuzione [dice il Signore]».

- **Come si può interpretare a vostro parere il suicidio di Anna alla luce di questi riferimenti testuali?**

ANALIZZARE

Tecniche di focalizzazione interna Per immergere totalmente il lettore nel mondo interiore della protagonista, l'autore filtra la narrazione attraverso il suo punto di vista, adottando una gamma variata di procedimenti stilistici:
- riproduce i pensieri di Anna attraverso il discorso diretto (*«Così piccola e così smorfiosa. L'hanno già rovinata», pensò*, r. 15);
- li riferisce attraverso il discorso indiretto (*Non c'era niente di cui ridere, Anna lo sapeva benissimo*, r. 33);
- attribuisce direttamente alla voce narrante lo sguardo deformante e i giudizi di Anna, espressi attraverso aggettivi fatti propri dal narratore (*le passarono davanti alcuni giovanotti brutti, orrendi quasi*, r. 1; *Sotto al finestrino sfilò l'ennesimo sgorbio: un uomo sudicio...*, r. 17);

- **Rintracciate nel testo altri esempi di ciascuno di questi procedimenti.**

"Particolari superflui" Anche in questo brano, come in quello tratto da *Guerra e pace* (▸T6), il narratore capta particolari descrittivi apparentemente irrilevanti rispetto alla logica narrativa, ma adatti a conferire verità e concretezza alla scena (*un'orribile signora in tournure*, r. 11; il *marito rubizzo*, r. 53).

- **Indicatene altri esempi nel testo.**

La descrizione del suicidio La capacità di penetrazione psicologica di Tolstoj raggiunge il culmine nella parte finale del testo (rr. 99-128), quando descrive il suicidio della protagonista in tutte le sue fasi senza mai abbandonare la focalizzazione interna del punto di vista narrativo. Nel tentativo di ricostruire e far provare al lettore gli stati d'animo che accompagnano un'esperienza che nessuno ha mai potuto descrivere dall'interno, Tolstoj immagina che nella mente di Anna si alternino tumultuosamente situazioni psicologiche contrastanti:
- minuziose osservazioni e calcoli sul movimento del treno e sulla dinamica del proprio corpo, come se, presa la decisione, Anna fosse mossa da un impulso freddo e meccanico;
- l'improvviso baluginare di ricordi, sentimenti, illuminazioni della coscienza;
- l'apparire di un'immagine allucinatoria, che ha perseguitato la protagonista nel corso del romanzo.

- **Individuate questi diversi momenti nel testo, e cercate di definire la risposta emotiva che possono suscitare nel lettore.**

CONFRONTARE

Emma ed Anna Lo scrittore russo Vladimir Nabokov ha scritto: «Anna non è solo una donna e non è solo uno splendido esemplare di femminilità, è una creatura con una piena, compatta e importante natura morale; tutto in lei è significativo e rilevante, e ciò vale anche per il suo amore [...]. Non è Emma Bovary, una nevrotica donnetta che passa strisciando lungo mura cadenti per raggiungere i letti di amanti intercambiabili».

- **Facendo riferimento a ▸T1-T2 e alla trama complessiva dei romanzi, confrontate i due personaggi, mettendone in rilievo affinità e differenze, e dite se concordate con il giudizio di Nabokov.**

Ivan Nikolaevič Kramskoj, *Ritratto di donna*, 1863. (Mosca, State Tretyakov Gallery)

PER LEGGERE

ANNA KARENINA

Tutte le famiglie felici sono simili fra loro, ogni famiglia infelice è infelice a modo suo.
Tutto era in scompiglio in casa Oblonskij. La moglie aveva saputo che il marito intratteneva una relazione con la governante francese che era stata in casa loro, e aveva dichiarato al marito di non poter più vivere nella casa con lui. Questa situazione durava da più di due giorni ed era avvertita in modo doloroso dai coniugi e da tutti i membri della famiglia [...]. *La moglie non usciva dalle sue stanze; il marito non era in casa da più di due giorni: i bambini correvano abbandonati per la casa...*

L'*incipit* di *Anna Karenina* mette il lettore nel bel mezzo di una burrasca coniugale: una delle tante scappatelle di Stepan Oblonskij è stata scoperta dalla moglie Dolly e la famiglia sta per sfasciarsi. Stepan allora chiama in aiuto la sorella Anna Karenina, che, con tatto e con dolce saggezza, riuscirà a rabbonire Dolly e a ristabilire la pace. Ma nel viaggio che l'ha condotta alla casa del fratello, Anna ha incontrato il conte Vronskij, e si sono poste le basi per la travolgente passione che la porterà a lasciare il marito e il figlio: se un legame coniugale è stato rinsaldato, un altro sta per spezzarsi. Così, fin dalle prime pagine, si intrecciano due temi fondamentali del romanzo: la riflessione sulla vita di famiglia e l'analisi dell'amore-passione, che travolge tutti i vincoli sociali.

- Per quanto riguarda il primo tema, un'interessante pista di lettura è costituita dagli sviluppi della vita coniugale delle due coppie che, nonostante le difficoltà, mantengono fermo il loro legame. La coppia Stepan-Dolly, i cui dissapori mettono in moto l'intera trama del romanzo, troverà un equilibrio di compromesso: Stepàn continuerà a tradire la moglie, che pazientemente continuerà a perdonarlo per amore dei cinque figli e perché in fondo lo ama. Tutta diversa è la storia di Levin e Kitty, che riusciranno a costruire una serena felicità domestica, basata su un legame che coniuga la passione con la fedeltà e la ricerca del significato profondo dell'esistenza.
- Anche il triangolo Anna-Karenin-Vronskij è tratteggiato con straordinaria finezza e penetrazione psicologica. Ciò che salta ben presto agli occhi del lettore è che i due uomini non sono all'altezza della donna: di fronte alla vitalità appassionata di Anna, l'arido e freddo Karenin e il superficiale e mondano Vronskij danno un'impressione di inadeguatezza e di mediocrità. Tuttavia sia il marito sia l'amante si dimostrano capaci di slanci di autenticità che possono riscattarli: considerate per esempio il comportamento di Karenin al capezzale di Anna (parte IV, capitolo XVII), o la reazione di Vronskij alla morte di lei (parte VIII, capitolo II). Quanto ad Anna, il lettore non può che essere affascinato dalla potenza travolgente dell'innamoramento per Vronskij, dalla capacità di sfidare apertamente le convenzioni sociali, dalla drammaticità del conflitto tra amore materno e passione amorosa. Ma il narratore non nasconde le componenti egoistiche e persino meschine che alimentano la morbosa gelosia che la condurrà al suicidio: chi di voi ha conosciuto questo sentimento, sia pure in storie meno tragiche ed estreme, non faticherà a trovare in Anna qualcosa di se stesso.
- Un altro motivo di fascino del romanzo è il clima di fatalità e di tragedia che accompagna la storia dei due amanti, evocato dal ricorrere di segni premonitori, di cui il lettore coglie pienamente il significato soltanto nel momento del tragico epilogo. Il primo incontro tra Anna e Vronskij è funestato dalla morte di un operaio della ferrovia schiacciato da un treno (parte I, capitolo XVIII): da allora Anna è perseguitata da un incubo che ritornerà nel momento del suicidio (▸T5). Anche il parto di Anna è preceduto da presagi di morte (parte IV, capitolo III) e mette seriamente a rischio la sua vita. Ma il punto in cui l'amore e la morte sono compenetrati nel modo più inquietante è la scena in cui è narrato il primo rapporto sessuale tra i due amanti, costellata di metafore e similitudini che rinviano alla morte violenta e all'assassinio (parte II, capitolo XI).
- Infine, ciò che dà al romanzo il sorprendente sapore di verità tipico di Tolstoj è la capacità di esprimere i sentimenti più intensi e i valori più profondi attraverso la concentrazione su particolari apparentemente insignificanti. Ve ne proponiamo un esempio tra tanti (ma non vi sarà difficile trovarne altri). Anna ha appena incontrato Vronskij per la prima volta, se ne è innamorata profondamente, e il suo sguardo sul mondo è improvvisamente cambiato: d'ora in poi ogni aspetto della sua vita precedente le apparirà sotto una luce diversa.

Ecco come Tolstoj raffigura questo drammatico capovolgimento:

A Pietroburgo, non appena il treno si fermò e lei ne discese, la prima faccia che richiamò la sua attenzione fu quella del marito. "Ah, Dio mio! Perché gli sono venute quelle orecchie?" pensò, guardando la sua figura fredda e rappresentativa e specialmente le cartilagini delle orecchie, che ora l'avevano colpita e che sostenevano le falde del cappello rotondo...

LEV TOLSTOJ

T8 ▸ La morte di Ivàn Il'ič

PERCORSO
- Dal personaggio "tipico" alla dissoluzione del personaggio (I), p. 571

La morte di Ivàn Il'ič (1886) comincia dopo la morte del protagonista: il primo capitolo descrive le reazioni alla notizia dei colleghi del suo ufficio giudiziario e le esequie in famiglia, in un clima di indifferenza e quasi di sollievo («è toccato a lui e non a me», «ha smesso di soffrire»). Poi il racconto ricostruisce l'intera vita di Ivàn, una vita assolutamente media e normale, condotta «in modo leggero, piacevole, decoroso»: figlio di un funzionario statale, ha studiato diligentemente e ha condotto un'onesta carriera nell'amministrazione giudiziaria, si è sposato, ha avuto normali dissensi e incomprensioni con la moglie. A quarantacinque anni ha raggiunto un'ottima posizione, quando improvvisamente, in seguito a una banale caduta da una scala, comincia a soffrire di una malattia che i medici non riescono a diagnosticare e che si aggrava progressivamente. Gradualmente si rende conto di dover morire, e si trova di fronte a una realtà che aveva sempre considerato astratta, quasi riguardasse solo l'uomo in generale, non lui: «E non può essere che, a me, tocchi di morire. Sarebbe troppo orrendo».
Nel capitolo che presentiamo, Ivàn sta già molto male e non esce più dalla sua stanza.

In che modo, al terzo mese della malattia d'Ivàn Il'ič, la cosa avvenisse, non si sarebbe potuto dire, giacché s'era determinata a poco a poco; ma certo avvenne che, sia la moglie, sia la figlia, sia il figliuolo, sia la gente di servizio, sia i conoscenti, sia i dottori, e sia – soprattutto – lui stesso, ebbero la consapevolezza che un solo interesse nutrivano gli altri per lui: se presto, finalmente, avrebbe sgombrato il campo, liberando i vivi dall'impaccio che provocava la sua presenza, e insieme liberando se stesso dalle proprie sofferenze.

Via via, egli dormiva sempre di meno; gli somministravano dell'oppio, e incominciarono a fargli iniezioni di morfina. Ma questo non valeva a dargli sollievo. L'ottuso senso d'angoscia, che provava in quello stato di mezzo assopimento, da principio, come qualcosa di nuovo, gli aveva dato, sì, un certo sollievo: ma poi era diventato altrettanto, o forse anche più tormentoso, che l'aperto dolore.

Gli furono preparati cibi speciali, secondo le prescrizioni dei medici; ma a lui, codesti cibi riuscivano insipidi, sempre più insipidi, e ripugnanti, sempre più ripugnanti.

Anche per agevolargli l'evacuazione furono adottati speciali accorgimenti, e ogni volta questo era un tormento. Tormento della sporcizia, della sconvenienza, del cattivo odore, della coscienza che un'altra persona dovesse prendere parte a una cosa simile.

Ma proprio in questa ch'era la cosa più sgradevole di tutte, ecco apparire a Ivàn Il'ič un conforto. Lì da lui, a portar via, veniva sempre il contadino addetto ai servizi, Gheràsim.

Era, Gheràsim, un fresco, pulito, giovane contadino, rimpolpato alquanto dalla tavola di città[1]. Sempre allegro, schietto. E, sulle prime, la vista di quest'uomo, sempre pulitamente vestito alla russa, che eseguiva quella repellente faccenda, aveva un po' confuso Ivàn Il'ič.

Una volta, sollevandosi dal vaso, e mancandogli la forza di tirar su i calzoni, s'era abbandonato sulla poltrona a molle, e con orrore posava lo sguardo sulle nudità,

1. **rimpolpato... città**: non magro come la maggior parte dei contadini, perché vivendo in città coi padroni poteva nutrirsi bene.

bruscamente segnate di muscoli, delle sue cosce svigorite.

Entrò con gli stivaloni massicci, spandendosi intorno un piacevole sentore di catrame dagli stivaloni, e di fresca aria invernale, Gheràsim col suo passo leggero e vigoroso, ben pulito il grembiule di canapa e ben pulita la camicia di cotonina, con le maniche rimboccate sulle nude, vigorose, giovani braccia: e, senz'alzare gli occhi a Ivàn Il'ič, tenendo evidentemente a freno, per non ferire il malato, la gioia di vivere che gli brillava in viso, s'accostò qua al vaso.

– Gheràsim, – con voce debole disse Ivàn Il'ič.

Gheràsim sussultò, in un evidente timore d'aver sbagliato a fare qualche cosa, e con un rapido movimento rivolse al malato il fresco, buono, semplice, giovane viso, sul quale appena appena incominciava a spuntargli la barba.

– Che cosa comandate?

– Penso che per te sarà una cosa spiacevole. Scusami. Da solo non ce la faccio.

– Per carità, padrone! – E Gheràsim ebbe un lampo negli occhi, e scoprì i suoi giovani, candidi denti. – O perché mai non dovrei darmi da fare? È roba di malati, la vostra.

E con le vigorose, abili mani, eseguì la sua solita bisogna; poi uscì, con passo leggero. E di lì a cinque minuti, sempre con quel passo così leggero, era di ritorno.

Ivàn Il'ič sempre a quel modo sedeva là sulla poltrona.

– Gheràsim, – disse, quando quello ebbe messo a posto il vaso pulito e lavato, – fa' il piacere, aiutami, vieni qua –. Gheràsim s'accostò. – Tirami su. Mi riesce faticoso, da solo, e Dmìtrij l'ho mandato via.

Gheràsim s'accostò ancora: con le braccia vigorose, con quella stessa leggerezza con cui camminava, lo circondò, lo sollevò destramente, morbidamente, e con una mano lo sosteneva ritto, mentre con l'altra tirava su i calzoni: poi fece per rimetterlo a sedere. Ma Ivàn Il'ič lo pregò che lo conducesse al divano. Gheràsim, senza sforzo, e – chissà come – senza stringere in alcun modo, lo condusse, quasi di peso, al divano, e là lo accomodò a sedere.

– Grazie. Come sei agile, bravo... in tutto quello che fai.

Gheràsim tornò a sorridere, e fece per andarsene. Ma Ivàn Il'ič si trovava tanto bene con lui, che gli dispiaceva mandarlo via.

– Senti una cosa: accostami, per piacere, quella sedia. No, quell'altra: qui sotto le gambe. Mi dà sollievo, tener le gambe alte.

Gheràsim portò qua la sedia, la posò senza urtare, e ad un tempo la abbassò al livello del piancito[2] e ci sollevò sopra le gambe d'Ivàn Il'ič. Ivàn Il'ič ebbe l'impressione di provare un certo sollievo, in quel momento che Gheràsim gli sollevava ben alte le gambe.

– Mi sento meglio, quando le gambe mi stanno alte, – disse Ivàn Il'ič. – Adattami lì sotto anche un guanciale.

Gheràsim fece anche questo. E di nuovo Ivàn Il'ič si sentì meglio, mentre Gheràsim gli sorreggeva i piedi. Quando glieli lascò ricadere, ebbe l'impressione di star peggio.

– Gheràsim, – gli disse, – tu adesso hai da fare?

– Nossignore, – disse Gheràsim, che aveva imparato dalla servitù di città a parlar coi signori[3].

2. **piancito**: pavimento.
3. **che aveva... a parlar coi signori**: i contadini russi davano a tutti del "tu" e non conoscevano le formule di rispetto come *Nossignore*.

– Che faccende ti son restate, ancora?

– Che faccende volete che mi siano restate? Ho terminato tutto: c'è solo la legna da spezzar per domani.

– Allora, sorreggimi le gambe così un po' più in alto... puoi farlo?

– E perché no: si può fare benissimo! – E Gheràsim alzò ben alte le gambe, e ad Ivàn Il'ič sembrò che, in quella posizione, non sentisse più affatto dolore.

– E per la legna, poi, come fai?

– Non ve ne date pensiero. Troveremo il tempo!

Ivàn Il'ič disse a Gheràsim che si sedesse a reggergli alte le gambe, e ci scambiò qualche parola insieme. E (cosa strana) gli pareva proprio di sentirsi meglio, mentre Gheràsim gli reggeva alte le gambe.

Da quella volta Ivàn Il'ič incominciò a chiamare, ogni tanto, Gheràsim, e da lui si faceva reggere le gambe sopra le spalle, e godeva a chiacchierarci insieme. Gheràsim faceva tutto con leggerezza, di buona voglia, semplicemente, e con una bontà, che commoveva Ivàn Il'ič. La buona salute, il vigore, il brio della vita, ferivano, in tutti gli altri, Ivàn Il'ič: soltanto in Gheràsim il vigore e il brio della vita non amareggiavano, ma tranquillavano Ivàn Il'ič.

Il più gran tormento d'Ivàn Il'ič era la menzogna: quella menzogna in cui tutti, chissà perché, s'accordavano, secondo la quale lui, anziché avviato alla morte, era semplicemente malato, e non aveva da far altro che star calmo e curarsi, e allora si sarebbe ottenuto un risultato eccellente. In realtà, lui sapeva benissimo che, qualunque cosa si facesse, nessun risultato se ne sarebbe avuto, tranne ancor più strazianti sofferenze e la morte. E gli dava tormento questa menzogna, gli dava tormento che non volessero riconoscere quel che tutti sapevano, e che anche lui sapeva, e che invece insistessero a mentirgli in faccia a proposito di questa tremenda sua situazione, e tanto facessero da costringer lui stesso a prender parte a questa menzogna. Menzogna, menzogna e nient'altro: questa menzogna che gli recitavano in faccia alla vigilia della morte, e che avrebbe dovuto abbassare il terribile, solenne atto della sua morte al livello di tutte le loro visite, tende[4], antipasti di storione... era per Ivàn Il'ič un tremendo tormento. E – strano! – molte volte, mentre

4. **visite, tende**: i riti sociali, le banali preoccupazioni per l'arredamento di casa.

Carolus Duran, *La convalescenza di un uomo ferito*, 1860. (Parigi, Musée d'Orsay)

essi, in faccia a lui, eseguivano le loro commedie, arrivava a un capello dal gridar loro: «Smettetela di dir bugie! Sapete anche voi, e lo so anch'io, che sto per morire; smettetela dunque, per lo meno, di dir bugie!» Ma mai gli bastava l'animo di dir così.

Il terribile, spaventoso avvenimento del suo morire, da tutti coloro che gli stavano intorno, era ridotto (lo vedeva chiaro) alla misura d'un incidente poco piacevole, quasi d'una cosa contraria al *comme il faut*[5] (da trattar su per giù come il caso d'un tizio che, entrando in un salotto, si spande intorno un cattivo odore), e questo a norma di quello stesso *comme il faut*, a cui egli era stato devoto tutta la vita; e vedeva chiaro che nessuno lo compativa, giacché non c'era nessuno che volesse neppure comprendere la sua situazione. C'era soltanto Gheràsim che comprendesse la sua situazione, e che lo compatisse. E per questo Ivàn Il'ič si sentiva bene soltanto con Gheràsim. Si sentiva bene quando Gheràsim, a volte per intere nottate, gli sosteneva alte le gambe, e rifiutava d'andarsene a dormire, dicendogli: – Voi non datevi pensiero, Ivàn Il'ič, mi caverò il sonno più tardi –; o quando bruscamente, passando al tu, gli ribatteva: – Manco male tu non fossi malato: ma una volta che stai così, perché non ti dovrei assistere? – Il solo Gheràsim non gli mentiva; s'intendeva, da tutto, ch'egli solo capiva di che si trattasse, e non giudicava necessario nasconderlo, ma, semplicemente, compativa il rifinito[6], debole padrone. Un giorno, anzi, disse addirittura, mentre Ivàn Il'ič lo forzava ad andarsene: – Tutti quanti morremo. Perché non ti dovrei assistere? – e voleva dire, con questo, che non faceva controvoglia il suo lavoro perché vi si sobbarcava per una persona prossima alla morte, e sperava che anche per lui qualcuno, venuto il tempo suo, si sarebbe sobbarcato allo stesso lavoro.

Oltre quella menzogna, o al seguito di essa, il più grande tormento veniva a Ivàn Il'ič dal fatto che non c'era nessuno che lo compatisse come lui avrebbe voluto essere compatito: in certi momenti, dopo aver a lungo sofferto, la cosa che Ivàn Il'ič desiderava più di tutte – per quanta vergogna potesse avere a confessarselo – la cosa che desiderava più di tutte era che, come un bimbo malato, qualcuno lo compatisse. Sentiva un desiderio che lo accarezzassero, che lo baciassero, che piangessero un po' su lui, a quel modo che si vezzeggiano e si consolano i bambini. Sapeva benissimo d'essere un pezzo grosso della magistratura, e d'avere del bianco nella barba, e che perciò era una cosa impossibile: ma quel desiderio lo sentiva lo stesso. E, nei suoi rapporti con Gheràsim, c'era appunto qualcosa di simile a questo. Ivàn Il'ič ha voglia di piangere, ha voglia che altri lo vezzeggino e piangano su lui, ed ecco che arriva un collega, il consigliere d'appello Šebèk, e invece di piangere e di lasciarsi vezzeggiare, Ivàn Il'ič assume un'espressione grave, severa, meditabonda, e per forza d'inerzia si mette a dire la sua opinione circa il valore d'una sentenza di cassazione, e tenacemente difende il suo punto di vista. Questa menzogna intorno a lui, e in lui stesso, era ciò che avvelenava più d'ogni altra cosa gli ultimi giorni di vita d'Ivàn Il'ič.

Lev Tolstoj, *La morte di Ivàn Il'ič*, capitolo VII, in *Quattro romanzi*, trad. dal russo di A. Villa, Einaudi, Torino, 1981

5. ***comme il faut***: "come si deve" (francese: l'aristocrazia russa usava il francese quanto il russo); l'espressione condensa l'idea del decoro sociale a cui bisogna conformarsi.
6. **rifinito**: sfinito dalla malattia.

DIALOGO CON IL TESTO

COMPRENDERE

Religiosità di Tolstoj Con *La morte di Ivàn Il'ič* Tolstoj prende di petto quelle domande supreme sulla vita e sulla morte che percorrono tutta la sua opera. Ivàn scopre l'inautenticità, la menzogna di una vita condotta come se la morte non esistesse; la scopre in sé come nelle persone che lo circondano, e tenta vanamente di ribellarvisi. Nel seguito del racconto, solo quando Ivàn giungerà ad ammettere di aver condotto una vita sbagliata potrà accettare la morte e morire serenamente. L'idea di Tolstoj è religiosa, non nel senso che rimandi a una vita ultraterrena, ma nel senso che invita l'uomo ad accettare di dipendere da una realtà più grande di lui.

La menzogna sociale... Nel capitolo che abbiamo riportato vediamo il protagonista lottare contro la menzogna che lo circonda, che è la rimozione della morte: bisogna far finta che la morte non esista, perché riconoscerla metterebbe in crisi tutta una vita inautentica fatta di *visite, tende* (r. 102) e di sentenze di cassazione. Di fronte a questi rituali la morte è qualcosa di sconveniente, una scorrettezza di cui è meglio non parlare; da qui la tremenda solitudine del morente.

... e l'autenticità di Gheràsim Al polo opposto della menzogna sociale, c'è la figura di Gheràsim. Il contadino che, nella sua semplice bontà, ha capito quello che i ricchi e gli intellettuali non possono capire è un tipo ricorrente nella narrativa di Tolstoj e di altri scrittori russi dell'Ottocento; è un tipo idealizzato, un modello spirituale di serena accettazione della realtà su cui si fondano i valori morali della solidarietà e della compassione.

- **Dal dialogo tra Ivàn e Gheràsim emergono le motivazioni che spingono il contadino a intrattenere col padrone un rapporto semplice e sincero. Individuatele nel testo e provate a spiegare perché esse sono tanto apprezzate da Ivàn.**

ANALIZZARE

Procedimenti del realismo tolstoiano Anche in questo brano, come in quelli tratti da *Guerra e pace* e da *Anna Karenina* (▸T6-T7), si possono osservare alcuni tratti stilistici tipici del realismo tolstoiano:
- il dominio superiore sulla materia trattata: il punto di vista narrativo è interno al protagonista, ma non è limitato a lui; in particolare in alcuni punti del testo è evidente la presenza del narratore che ordina, interpreta, dà un senso alla vicenda;
- la considerazione seria dei particolari più umili dell'esistenza, che anch'essi possono avere senso e valore per chi li vive;
- la capacità di tradurre i concetti generali in particolari narrativi nitidamente descritti; per esempio, i valori di cui è portatore Gheràsim non sono esposti astrattamente, ma incarnati in una seria di particolari concreti.

- **Selezionate le parti del testo in cui questi procedimenti narrativi sono particolarmente presenti, spiegando i motivi della vostra scelta.**

Un uomo sul letto di morte in un dipinto di Dmitri Belyukin, XIX secolo. (San Pietroburgo, Museo dell'Ermitage)

TOLSTOJ AL CINEMA

Il 31 gennaio 1937 il «New York Times» pubblica una testimonianza di Isaak Fajnerman, frequentatore della tenuta di Tolstoj a Jàsnaja Poljàna, che riporta i ricordi di una conversazione tenuta con lo scrittore nel 1908. L'occasione dello scambio di battute è dato dall'incontro tra Tolstoj e una macchina da presa. L'ottantenne scrittore ne riconosce subito le enormi potenzialità: «Vedrai che questo piccolo aggeggio rivoluzionerà la nostra vita – la vita degli scrittori. È un attacco diretto ai vecchi metodi dell'arte letteraria. [...] Sarà necessario un nuovo modo di scrivere. Questi rapidi cambiamenti di scena, questa mescolanza di movimento ed esperienza sono molto più efficaci del lento e pesante tipo di scrittura a cui siamo abituati. Sono più vicini alla vita. Anche nella vita cambiamenti e trasformazioni volano via davanti ai nostri occhi, e le emozioni dell'anima sono come un uragano. Il cinema ha intuito il mistero del movimento. E questo è grandioso».

Quelle di Tolstoj sono tra le prime opere narrative a essere riadattate per il grande schermo, inizialmente da registi russi, poi anche in altri paesi. Nel 1935 negli *studios* di Hollywood viene realizzata una versione di *Anna Karenina* generalmente considerata la migliore trasposizione del capolavoro tolstojano delle 14 finora tentate. A quasi un secolo di distanza, il film resta uno degli esempi più riusciti di riadattamento cinematografico di un'opera letteraria: il romanzo viene "cucito" su misura per l'attrice svedese Greta Garbo, qui all'apice della fama, che con la sua impeccabile recitazione dà corpo e anima alle passioni di una donna tormentata dalla vita: un ruolo che le si addice alla perfezione. L'occhio della cinepresa, sapientemente diretta dal regista Clarence Brown, insegue la diva regalandocene numerosi primi piani; e i chiaroscuri drammatici della vicenda vengono esaltati da un bianco e nero di estremo fascino.

Ventuno anni dopo viene girato in Italia un colossale (210 minuti) riadattamento dell'altro grande capolavoro di Tolstoj: *Guerra e pace*, firmato da King Vidor. La cifra fondamentale del film, come del romanzo, è un senso di grandiosità, di maestosità della narrazione. È Audrey Hepburn, altra grande attrice destinata a diventare un'icona del cinema, a vestire i panni della protagonista, Natasha; Henry Fonda interpreta Pierre Bezuchov, Mel Ferrer il principe Andrej. Lo scrittore e regista italiano Mario Soldati collabora alla messa in scena delle grandiose battaglie.

Oltre a questi due celebri film, si potrebbero citare numerose altre riduzioni cinematografiche da Tolstoj: una delle più recenti è *The woman who left*, film del filippino Lav Diaz tratto dal racconto *Dio vede la verità ma non la rivela subito*, che nel 2016 ha vinto il Leone d'oro al Festival del cinema di Venezia.

Il lungo respiro dei romanzi tolstojani, nonché la loro capacità di tenere insieme affresco sociale, intrighi familiari e drammi individuali, si presta bene anche a essere adattato al formato dello sceneggiato televisivo: di grande successo popolare quelli prodotti e trasmessi dalla RAI a partire dagli anni Sessanta. Nel 2016 l'inglese BBC ha prodotto una serie in 8 puntate di *Guerra e pace*, trasmessa in diversi paesi, che è riuscita a ottenere, oltre all'apprezzamento di un vasto pubblico, anche il plauso della critica, per l'aderenza al testo tolstojano e l'accuratezza della ricostruzione ambientale.

La locandina del film *Anna Karenina* diretto da Clarence Brown nel 1935.

La locandina del film *Guerra e pace* diretto da King Vidor nel 1956.

FËDOR DOSTOEVSKIJ

T9 ▸ La teoria del delitto

PERCORSO
- Dal personaggio "tipico" alla dissoluzione del personaggio (I), p. 571

Il protagonista di *Delitto e castigo* (1866) è Raskol'nikov, uno studente poverissimo giunto a Pietroburgo dalla provincia. Convinto che all'uomo superiore tutto è permesso, per liberarsi dalla miseria uccide una vecchia usuraia e la sorella di lei, testimone del delitto. Da quel momento è perseguitato da un inconfessato senso di colpa: non usa il denaro di cui si è impadronito, agisce in modo impulsivo, sempre febbricitante e sull'orlo del delirio, e nonostante non abbia lasciato tracce fa in modo di attirare su di sé l'attenzione degli inquirenti. Finirà per confessare platealmente il suo delitto e, condannato ai lavori forzati, comincerà una vita di redenzione. Alla vicenda di Raskol'nikov si intrecciano quelle di una serie di altri personaggi legati a lui in vario modo, sullo sfondo di una squallida Pietroburgo popolata di straccioni, alcolizzati, prostitute.
Ecco gli antefatti della scena che presentiamo: Raskol'nikov, convocato al commissariato di polizia per una cambiale inevasa, ha destato qualche sospetto perché è svenuto sentendo gli ufficiali parlare tra loro dell'omicidio della vecchia usuraia; più tardi, avendo incontrato in una bettola Zametov, segretario del commissariato, ha commentato con lui il delitto e lo ha provocato con la frase «E se le avessi ammazzate io?». Il suo amico Razumichin, giovane onesto e ingenuo, convinto della sua innocenza, vuole fargli conoscere il giudice istruttore che si sta occupando del caso, Porfirij Semionovič, che è suo parente. I due si recano a casa del giudice, col pretesto che Raskol'nikov vuole recuperare alcuni oggetti che aveva dato in pegno all'usuraia e ora sono sotto sequestro. La conversazione si avvia riprendendo una discussione che si era svolta la sera precedente a casa di Razumichin, in cui qualcuno aveva sostenuto la teoria socialista che il delitto è prodotto dalle influenze dell'ambiente, per cui basterebbe migliorare le condizioni di vita per estirparlo. A questo punto il giudice Porfirij ricorda a Raskol'nikov un suo articolo sulla questione, che ha letto su una rivista.

– Ma lei come ha fatto a sapere che l'articolo è mio? È firmato solo con l'iniziale.

– Ma per caso, e solo pochi giorni fa. Tramite il direttore[1], lo conosco... Mi ha molto interessato.

– Ricordo che analizzavo lo stato psicologico del delinquente durante l'attuazione del delitto.

– Sì, e insiste che l'esecuzione del delitto è sempre accompagnata dalla malattia. Molto, molto originale, ma ... in realtà, non mi ha interessato questa parte del suo articoletto, bensì un'idea espressa alla fine, a cui però, purtroppo, lei accenna solo in maniera vaga... In una parola, se ricorda, si allude al fatto che esisterebbero al mondo alcune persone che possono... anzi, non che possano, ma hanno il pieno diritto di commettere qualsiasi eccesso e delitto, e sarebbero per così dire al di sopra della legge.

Raskol'nikov sorrise del forzato e voluto travisamento della sua idea.

– Come? Che roba è? Il diritto al delitto? Non sarà mica perché «l'ambiente ha corrotto[2]»? s'informò Razumichin, addirittura spaventato.

– No, no, non per questo, – rispose Porfirij. – Il fatto è che nel suo articolo tutti gli uomini si suddividono in «comuni» e «fuori del comune». Gli uomini comuni

1. **direttore**: il direttore della rivista su cui era apparso l'articolo di Raskol'nikov.

2. **l'«ambiente ha corrotto»**: la formula che all'epoca era usata dai socialisti per spiegare (e in un certo senso giustificare) il delitto.

devono vivere nell'obbedienza e non hanno il diritto di violare la legge, perché, vedete, sono comuni. Quelli fuori del comune invece hanno il diritto di commettere qualsiasi delitto e di trasgredire in ogni modo la legge, in sostanza perché sono fuori del comune. Se non sbaglio è questa la sua idea, no?

– Cioè in che senso? Non può essere così! – mormorò incredulo Razumichin.

Raskol'nikov sorrise di nuovo. Aveva subito capito di che si trattava e dove volevano andare a parare; ricordava il suo articolo. Decise di raccogliere la sfida.

– La mia idea non è esattamente questa, – cominciò in tono semplice e modesto. – Del resto, riconosco che ha esposto quasi fedelmente il mio articolo, anzi, se vuole, del tutto fedelmente... – Sembrava gli facesse piacere ammetterlo. – L'unica differenza è che io non insisto affatto che gli uomini fuori del comune debbano per forza e siano obbligati a commettere sempre eccessi di ogni genere, come lei dice. Credo anzi che un articolo simile non avrebbe neppure passato la censura. Accennavo semplicemente che un uomo «fuori del comune» ha il diritto... cioè non il diritto ufficiale ma diciamo soggettivo, di autorizzare la propria coscienza a scavalcare... certi ostacoli, e unicamente nel caso in cui lo richieda la realizzazione della sua idea, magari salvifica per tutta l'umanità. Lei dice che il mio articolo è vago; io sono pronto a chiarirglielo, per quanto possibile. Forse non mi sbaglio, supponendo che lei, a quanto pare, voglia proprio questo; a sua disposizione. Secondo me, se per un concorso di circostanze le scoperte di Keplero e Newton non avessero potuto in alcun modo diventare note agli uomini se non con il sacrificio della vita di una, dieci, cento o più persone che impedissero quelle scoperte o si ponessero come un ostacolo sul loro cammino, Newton avrebbe avuto il diritto, e perfino il dovere... di *eliminare* quelle dieci o cento persone, per far conoscere le sue scoperte a tutta l'umanità. Da ciò, del resto, non consegue affatto che Newton avesse il diritto di uccidere chiunque gli saltasse in mente, a destra e a manca, o di rubare ogni giorno al mercato. Più avanti, ricordo, argomento nel mio articolo che tutti... be', diciamo almeno i legislatori e i riformatori dell'umanità, a cominciare dai più antichi, per continuare con i vari Licurgo, Solone[3], Maometto, Napoleone e così via, tutti dal primo all'ultimo sono stati delinquenti, già per il solo fatto che, dando una nuova legge, violavano quella antica, santamente venerata dalla società e tramandata dai padri, e naturalmente non si fermavano neppure davanti al sangue, se il sangue (a volte del tutto innocente e valorosamente versato per la legge antica) poteva aiutarli. È anzi degno di nota che nella maggior parte dei casi questi benefattori e riformatori dell'umanità fossero dei sanguinari particolarmente efferati. In breve, io deduco che tutti gli uomini non dico grandi, ma che appena escono un po' dalla carreggiata, cioè sono appena un po' capaci di dire qualcosina di nuovo, devono necessariamente, per propria natura, essere dei delinquenti: più o meno, s'intende. Altrimenti sarebbe difficile per loro lasciare la via battuta, e ovviamente non possono acconsentire a restarci, sempre per propria natura, e secondo me hanno addirittura il dovere di non acconsentire. Insomma, vede che fin qui non c'è nulla di particolarmente nuovo, Sono cose pubblicate e lette mille volte. E per quanto riguarda la mia divisione delle persone in comuni e fuori del comune, sono d'accordo che sia un po' arbitraria, ma dopotutto non

3. **Licurgo, Solone**: il mitico fondatore della costituzione di Sparta e il legislatore dell'antica Atene.

insisto sulle cifre esatte. Credo soltanto nella mia idea principale. E cioè appunto che gli uomini, per legge di natura, si dividono *in generale* in due categorie: una inferiore (degli uomini comuni), ovvero per così dire il materiale che serve unicamente a generare suoi simili, e in uomini veri e propri, che cioè hanno il dono e il talento di dire nel loro ambiente una parola nuova. Le ulteriori suddivisioni sono ovviamente infinite, ma i tratti distintivi delle due categorie sono piuttosto netti: la prima categoria, cioè il materiale, generalmente parlando è costituita da uomini per natura conservatori, conformisti, che vivono nell'obbedienza e amano obbedire. Secondo me, sono anche tenuti a farlo, perché questa è la loro missione, e in ciò non c'è decisamente nulla di umiliante. Gli uomini della seconda categoria, invece, violano tutti la legge, sono distruttori o tendono a esserlo, a seconda delle loro capacità. I loro delitti, ovviamente, sono relativi e diversissimi; per la maggior parte queste persone esigono, con le formule più svariate, la distruzione del presente in nome del meglio. Ma se per la loro idea hanno bisogno di passare magari anche sopra un cadavere, sopra il sangue, dentro di sé, in coscienza, possono secondo me autorizzarsi a passare sopra il sangue: del resto dipende dall'idea e dalla sua portata, noti bene. È solo in questo senso che nel mio articolo parlo del loro diritto al delitto. (Ricorderà che siamo partiti da una questione giuridica). D'altronde non c'è motivo di preoccuparsi troppo: la massa non riconosce quasi mai questo loro diritto, li giustizia e li impicca (più o meno) e così facendo compie, del tutto giustamente, la propria missione conservatrice, solo perché poi nelle generazioni successive quella stessa massa metta sul piedistallo i giustiziati e li idolatri (più o meno). La prima categoria è sempre padrona del presente, la seconda è padrona del futuro. I primi conservano il mondo e lo moltiplicano numericamente; i secondi muovono il mondo e lo conducono alla meta. Sia gli uni, sia gli altri hanno lo stesso identico diritto di esistere. In una parola, tutti per me hanno pari diritto: e... *vive la guerre éternelle*[4]: fino alla Nuova Gerusalemme[5], s'intende!

– Dunque lei nonostante tutto crede nella Nuova Gerusalemme?

– Ci credo, – rispose fermamente Raskol'nikov; nel dir così, come durante tutta la sua lunga tirata, aveva guardato a terra, fissando un punto preciso del tappeto.

– E-e-e in Dio crede? Mi scusi se sono così curioso.

– Ci credo, – ripetè Raskol'nikov, sollevando gli occhi su Porfirij.

– E-e nella resurrezione di Lazzaro crede?

Vladimir Makovsky, *Il condannato*, 1879. (Mosca, State Tretyakov Gallery)

4. ***vive la guerre éternelle***: viva la guerra eterna (francese).
5. **Nuova Gerusalemme**: utopia di una società totalmente rinnovata, di un nuovo e definitivo ordine di giustizia. L'espressione rinvia al libro biblico di Isaia, in cui il profeta annuncia la rinascita di Gerusalemme e una nuova età di prosperità e di pace.

– Ci-ci credo. Perché me lo domanda?

– Ci crede letteralmente?

– Letteralmente.

– Ah, ecco... così, una curiosità. Mi scusi. Ma permetta (ritorno al discorso di prima), costoro non sempre vengono giustiziati; alcuni al contrario...

– Trionfano in vita? Oh, sì, alcuni raggiungono lo scopo anche in vita, e allora...

– Cominciano loro stessi a giustiziare?

– Se occorre; anzi, sa, il piú delle volte. In generale la sua osservazione è acuta.

– La ringrazio. Ma ecco, mi dica: come si distinguono questi fuori del comune dai comuni? Hanno particolari segni alla nascita, forse? Dico nel senso che qui ci vorrebbe più esattezza, per così dire, qualcosa di più definito esteriormente: scusi in me la naturale preoccupazione dell'uomo pratico e benintenzionato, ma non si potrebbe, per esempio, introdurre un abito, portare qualcosa, che so, dei marchi?... Perché, ne convenga, se si farà confusione e uno di una categoria s'immaginerà di appartenere all'altra, e comincerà a «eliminare tutti gli ostacoli», come lei si è espresso molto felicemente, a quel punto...

– Oh, ciò accade spessissimo! Questa sua osservazione è ancora più acuta della precedente...

– La ringrazio...

– Ma si figuri; tenga presente però che l'errore è possibile solo da parte della prima categoria, cioè degli uomini «comuni» (come li ho chiamati, forse molto impropriamente). Nonostante la loro innata propensione all'obbedienza, per qualche ghiribizzo di natura, che non è negato neppure alla mucca, moltissimi di loro amano immaginarsi uomini all'avanguardia, «distruttori», e si credono capaci di «una parola nuova», e in tutta sincerità. Ma nello stesso tempo molto spesso non notano gli uomini davvero *nuovi* e perfino li disprezzano, considerandoli arretrati e di mentalità gretta. Ma secondo me il pericolo non è grave, e lei davvero non ha motivo di preoccuparsi, perché queste persone non vanno mai troppo lontano. Se esagerano, naturalmente, gli si può dare una frustatina ogni tanto, per rimetterli in riga, ma non di più; non c'è neppure bisogno di un aguzzino: si fustigheranno da sé, perché sono molto disciplinati; alcuni si rendono l'un l'altro questo servizio, e altri si colpiscono con le proprie mani ... E poi si impongono varie penitenze pubbliche: il risultato è bello ed edificante, insomma lei non ha di che preoccuparsi ... È una legge.

– Be', almeno per questo verso lei mi ha un po' tranquillizzato; ma c'è un altro

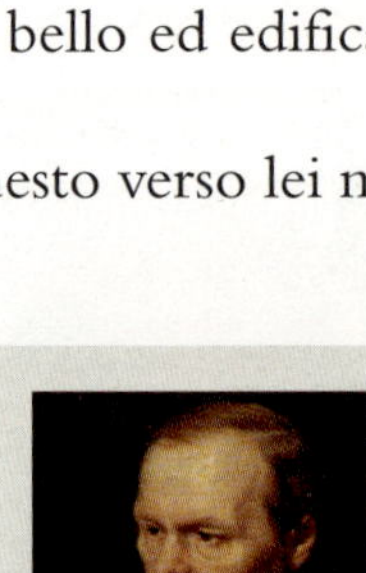

Fëdor Michajlovič Dostoevskij (1821-1881) nacque a Mosca, figlio di un nobile decaduto. Dopo aver compiuto gli studi a Pietroburgo, si diede alla carriera di narratore, ed esordì nel 1843 con *Povera gente* e *Il sosia*. Nel 1849 fu condannato a morte per aver aderito a un circolo socialista; graziato all'ultimo momento, scontò quattro anni di lavori forzati in Siberia, seguiti da anni di servizio militare come soldato semplice. In seguito abbandonò il socialismo utopistico e divenne sostenitore della fedeltà alla tradizione, alla religione ortodossa e alla patria russa. Dal suo ritorno a Pietroburgo (1859) data la sua produzione letteraria maggiore, condotta freneticamente, sotto l'assillo dei debiti, tra lunghi viaggi in Europa occidentale e una condotta di vita sregolata, turbata dall'epilessia e dal vizio del gioco. Tra i numerosi romanzi, i capolavori sono *Delitto e castigo* (1866), *L'idiota* (1868-1869), *I demoni* (1873), *I fratelli Karamazov* (1879-1880).

guaio: mi dica, sono molti quelli che hanno il diritto di sgozzare il prossimo, sono molti questi «fuori del comune»? Io, naturalmente, sono pronto a inchinarmi, ma converrà che c'è da aver paura, se saranno davvero molti, no?

– Oh, non si preoccupi neanche di questo, – continuò nello stesso tono Raskol'nikov. – In generale di uomini con un'idea nuova, che siano minimamente capaci di dire qualcosa di *nuovo*, ne nascono pochissimi, direi addirittura stranamente pochi. È chiara solo una cosa, che l'ordine secondo cui nascono gli uomini di tutte queste categorie e sottocategorie dev'essere determinato in modo assai sicuro ed esatto da qualche legge di natura. Questa legge, s'intende, ora è ignota, ma io credo che esista e che in futuro si potrà conoscere. L'enorme massa delle persone, il materiale, esiste al mondo solo per riuscire alla fine, attraverso un enorme sforzo, per un processo finora misterioso, mediante un incrocio di stirpi e di razze, a generare magari un solo individuo su mille che sia almeno un po' indipendente. Con un'indipendenza ancora più ampia ne nasce, forse, uno su diecimila (faccio per dire, a mo' di esempio). Con una ancora più ampia, uno su centomila. Di uomini geniali, uno su un milione, e perché nascano i grandi geni, il coronamento dell'umanità, forse bisogna aspettare che molte migliaia di milioni di uomini siano passate sulla terra. Insomma, io non ho guardato nell'alambicco in cui tutto ciò si distilla. Ma una legge precisa sicuramente c'è e ci deve essere; qui non c'è posto per il caso.

– Ma state scherzando, o cosa? - esclamò infine Razumichin. – Vi state prendendo in giro a vicenda? Stanno lì a prendersi per i fondelli! Parli sul serio, Rodja[6]?

In silenzio Raskol'nikov sollevò su di lui il volto pallido e quasi triste, e non rispose nulla. E a Razumichin parve strano, in confronto a quel volto calmo e triste, il sarcasmo non dissimulato, molesto, irritante e *scortese* di Porfirij.

– Be', fratello, se parli sul serio, allora ... Certo hai ragione, quando dici che non sono cose nuove e somigliano a quanto abbiamo letto e sentito mille volte; ma ciò che è veramente *originale*, in tutto questo (e davvero appartiene solo a te, con mio orrore), è che autorizzi il sangue *secondo coscienza* e, scusami, con tanto fanatismo... Dunque, proprio qui è racchiusa l'idea principale del tuo articolo. Perché questa autorizzazione del sangue *secondo coscienza* è... è, per me, più spaventosa dell'autorizzazione ufficiale, legale, a versare il sangue...

– Giustissimo: è piu spaventosa, – replicò Porfirij.

– No, tu ti sei fatto prendere la mano! Qui c'è un errore. Lo leggerò... Ti sei fatto prendere la mano! Non puoi pensarla così... Lo leggerò.

– Nell'articolo tutto questo non c'è, solo accenni, – disse Raskol'nikov.

– Già, già, – Porfirij non riusciva a stare fermo, – ora mi è quasi chiaro come lei considera il delitto, ma... scusi la mia insistenza (la importuno molto e me ne vergogno!), vede: lei poco fa mi ha molto tranquillizzato circa i casi erronei di confusione tra le due calegorie, ma... continuano a preoccuparmi diversi casi pratici! E se un uomo qualsiasi, o un ragazzo, s'immaginerà di essere un Licurgo o un Maometto... (futuro, s'intende) e si metterà a eliminare tutti gli ostacoli sul suo cammino... Dirà: devo affrontare una lunga campagna, e per questo mi occorre denaro... be', comincerà a procurarselo, per quella campagna... capisce?

6. **Rodja**: diminutivo del nome di Raskol'nikov, Rodion.

A un tratto Zametov[7] dal suo angolo si lasciò sfuggire una risatina. Raskol'nikov non lo degnò di uno sguardo.

– Devo convenire – rispose con calma – che casi simili effettivamente devono verificarsi. Gli sciocchi e i vanitosi abboccano particolarmente a questo amo; i giovani soprattutto.

– Ecco, vede. E allora come si fa?

– Allora niente, - sorrise Raskol'nikov, – non è colpa mia. Così è e sarà sempre. Ecco, lui – accennò a Razurnichin – ha appena detto che autorizzo il sangue. E con questo? In fondo la società è fin troppo fornita di luoghi di confino, carceri, inquirenti, bagni penali: che c'è da preoccuparsi? Cercate il ladro!...

– Ben gli sta.

– La logica non le manca. Ma come la mettiamo con la coscienza?

– E a lei che importa della coscienza?

– Ma così, per un senso di umanità.

– Chi ne ha una, soffra pure, se riconosce l'errore. Sarà il suo castigo, oltre ai lavori forzati.

– Be', ma gli uomini davvero geniali, – disse Razumichin accigliandosi, – quelli a cui è dato il diritto di sgozzare, quelli non devono soffrire affatto, neppure per il sangue versato?

– Perché questa parola: *devono*? Qui non si tratta né di permettere, né di vietare. Che soffrano pure, se hanno pietà della vittima... La sofferenza e il dolore sono inevitabili per una coscienza vasta e un cuore profondo. Le persone veramente grandi, mi sembra, devono provare una grande tristezza a questo mondo, – aggiunse a un tratto con aria assorta, quasi fuori tono rispetto alla conversazione.

Sollevò gli occhi, guardò gli altri pensoso, sorrise e prese il berretto. Era troppo tranquillo rispetto a come era entrato poco prima, e lo sentiva. Tutti si alzarono.

– Ebbene, mi insulti oppure no, si arrabbi oppure no, ma non posso trattenermi, – concluse di nuovo Porfirij Petrovič, – permetta ancora una domandina (la importuno davvero troppo!), vorrei buttare lì solo una piccola ideuzza, giusto per non dimenticarmene...

– Va bene, dica la sua ideuzza, – serio e pallido, Raskol'nikov stava di fronte a lui in attesa.

– Ecco... davvero, non so come esprimermi nel modo più azzeccato... l'ideuzza è troppo peregrina... psicologica... Ecco, quando lei ha scritto il suo articoletto... non è possibile, eh eh! che lei stesso si considerasse, almeno di un briciolo, un uomo «fuori del comune» e capace di dire *una parola nuova*, cioè nel senso che intende lei... Non è così?

– È molto probabile, – rispose sdegnosamente Raskol'nikov.

Razumichin fece un movimento.

– Ma se è così, davvero lei stesso si deciderebbe (diciamo in forza di qualche contrarietà e ristrettezza materiale o per il progresso di tutta l'umanità) a scavalcare un ostacolo?... Be', per esempio a uccidere e derubare?...

E a un tratto gli strizzò di nuovo l'occhio sinistro e scoppiò a ridere piano, esattamente come poco prima.

7. **Zametov**: il segretario del commissariato di polizia, col quale Raskol'nikov aveva avuto un colloquio compromettente. La sua presenza è un segno che questi ha dei sospetti e vuole mettere alla prova Raskol'nikov.

– Se anche l'avessi scavalcato, non verrei certo a dirlo a lei, rispose Raskol'nikov con aria di sfida e altezzoso disprezzo.

– Ma no, me ne interesso solo così, in realtà per comprendere bene il suo articolo, solo da un punto di vista letterario...

«Puah, è tutto così palese e sfrontato!», pensò con disgusto Raskol'nikov.

– Permetta che le faccia osservare – rispose seccamente – che io non mi credo Maometto o Napoleone... né alcun personaggio di questo genere, e di conseguenza non posso, non essendo loro, darle una spiegazione soddisfacente del modo in cui agirei.

– E via, basta! Chi da noi in Russia non si crede Napoleone, oggigiorno? – disse a un tratto Porfirij con spaventosa familiarità. Perfino nell'intonazione della sua voce c'era stavolta qualcosa di particolarmente scoperto.

– Non sarà stato qualche futuro Napoleone ad accoppare con la scure la nostra Alëna Ivanovna la settimana scorsa? – sparò di colpo Zametov dal suo angolo.

Raskol'nikov taceva e fissava Porfirij con sguardo fermo. Razumichin si accigliò, torvo. Anche prima aveva avuto una strana sensazione. Si guardò intorno infuriato. Passò un minuto di cupo silenzio. Raskol'nikov si voltò per andarsene.

– Se ne va già! – disse affettuosamente Porfirij, tendendogli la mano con estrema cortesia. – Molto, molto lieto di averla conosciuta. E quanto alla sua richiesta[8], non dubiti. Scriva così come le ho detto. O meglio ancora passi da me in ufficio... uno di questi giorni... anche domani. Ci sarò verso le undici, probabilmente. E sistemeremo tutto ... faremo quattro chiacchiere... Inoltre, essendo uno degli ultimi che è stato *là*[9], forse potrebbe dirci qualcosa... – aggiunse con l'aria piu benevola del mondo.

Fëdor Dostoevskij, *Delitto e castigo*, parte III, capitolo V, trad. dal russo di E. Guercetti, Einaudi, Torino, 2013

8. **la sua richiesta**: la richiesta di riavere dalla polizia alcuni pegni trovati in casa dell'usuraia con la dichiarazione di esserne il proprietario.

9. **uno degli ultimi... *là***: Raskol'nikov era stato dalla vecchia a chiedere un prestito portando un pegno, tre giorni prima del delitto (in realtà, era andato a studiare l'ambiente per preparare il colpo).

DIALOGO CON IL TESTO

COMPRENDERE

Se non c'è Dio, tutto è permesso? I romanzi di Dostoevskij sono descrizioni di ambiente, ma sono più ancora appassionati dibattiti di idee, percorsi da una forte tensione morale e religiosa. Al suo tempo cominciavano a diffondersi in Russia le nuove idee occidentali, il positivismo, il socialismo, la critica dei valori tradizionali, che in quell'ambiente assumeva la forma estrema della negazione totale (nichilismo). Nei suoi romanzi l'autore vuole mostrare che queste idee hanno conseguenze nefaste, e indicare la via della sottomissione alla religione; ma è capace anche di immergersi in quelle idee, di vederle dall'interno, con la forza propria del grande narratore. In queste pagine il protagonista sviluppa con forti argomentazioni l'idea che, una volta abbandonata la morale tradizionale, tutto è permesso agli uomini "straordinari", anche la sopraffazione e il delitto. Con questo Dostoevskij anticipa genialmente i temi nietzschiani della "morte di Dio" e del superuomo (▸D4, p. 13), che avranno tanta diffusione alla fine del secolo.

- **Raskol'nikov cerca di affermare la propria superiorità intellettuale sul piano delle idee, e contemporaneamente su quello della capacità di sfuggire ai tranelli che gli tende l'interlocutore. Rintracciate nel testo le battute e gli atteggiamenti del personaggio da cui scaturisce questa intenzione.**
- **D'altro lato Porfirij si esprime in modo distaccato e ironico, manifestando la sua reale superiorità nel confronto. Indicate qualche battuta in cui questo atteggiamento è particolarmente evidente.**

ANALIZZARE

Effetti teatrali Dostoevskij è estraneo alle poetiche di Flaubert (►D9, p. 23) e del naturalismo francese; la sua trama narrativa è sommaria: in questo romanzo, si riduce al vagabondaggio incoerente e allucinato di Raskol'nikov per Pietroburgo. Tutto l'interesse si concentra sui dialoghi: con un procedimento di tipo teatrale, l'autore provoca il confronto del protagonista con un gran numero di altri personaggi, che entrano in scena uno dopo l'altro, a volte un po' artificiosamente. In questa scena l'effetto teatrale consiste nel far svolgere in una casa, sotto le apparenze di una conversazione salottiera, un dialogo che potrebbe ben essere un interrogatorio; abbiamo così un forte scontro di personalità mascherato da una sottile schermaglia dialettica, che lo rende più avvincente.

- **Gli interventi diretti del narratore sono pochi e rapidi, simili a didascalie teatrali che suggeriscono i movimenti e le espressioni dei personaggi. Ripercorreteli, raccogliendo gli atteggiamenti attribuiti dal narratore a ciascuno degli interlocutori.**

La "polifonia" di Dostoevskij Il critico Michail Bachtin (1895-1975) ha coniato, per l'opera di Dostoevskij, la categoria letteraria di "romanzo polifonico". Con quest'espressione intende evidenziare una caratteristica tipica delle principali opere del romanziere russo, ben evidente nel testo appena letto, per cui ogni personaggio è portatore di una propria precisa visione del mondo, presentata in maniera "neutrale" da parte dell'autore. Nel romanzo le idee filosofiche, sociali e politiche di Dostoevskij non sono affermate né con espliciti commenti e giudizi morali del narratore né attraverso le parole di un personaggio, incaricato di esporre la visione "superiore" dell'autore. Il romanzo è dunque composto di una "polifonia" di voci, ognuna delle quali ha la propria dignità – sebbene non tutte alla fine trionfino.

- **Da questo punto di vista, confrontate l'approccio di Dostoevksij con quello di Tolstoj rileggendo il passo di *Guerra e pace* riportato in ►T6.**

CONTESTUALIZZARE

Raskol'nikov e Nietszche Le teorie nichiliste di Raskol'nikov sono una risposta delirante alla crisi dei valori tradizionali seguita alla diffusione dell'industrializzazione e al consolidamento della nuova società borghese. Il sentimento di questa crisi sarà uno degli aspetti principali della cultura di fine secolo e della prima parte del Novecento, dando vita a innumerevoli manifestazioni ed elaborazioni, anche molto diverse fra loro, fra cui la famosa teoria del superuomo di Nietzsche.

- **Confrontate le argomentazioni di Raskol'nikov per giustificare il superamento della morale tradizionale con quelle di Nietszche a favore dell'avvento del superuomo (►D4, p. 13), individuando elementi di somiglianza e differenza.**

Mykola Yaroshenko, *Lo studente*, 1881. (Mosca, State Tretyakov Gallery)

ANTON ČECHOV

T10 ▸ Il racconto della signorina N.N.

▸ **PERCORSO**
- Dal personaggio "tipico" alla dissoluzione del personaggio (I), p. 571

Questo racconto, datato 1887, appartiene a una fase ancora relativamente giovanile della produzione narrativa dell'autore.

Nove anni fa, un giorno poco prima di sera, al tempo della falciatura[1], io e Pëtr Sergéič, che esplicava le funzioni di giudice istruttore, ci recammo a cavallo alla stazione postale a ritirare le lettere.

Il tempo era splendido, ma al ritorno udimmo il rumoreggiare del tuono e vedemmo una nuvola nera e minacciosa che veniva dritto su noi. La nube si avvicinava a noi, e noi a lei.

Sul suo fondo biancheggiavano la nostra casa e una chiesa, e dei pioppi alti spiccavano come d'argento. Si sentiva l'odore della pioggia e del fieno. Il mio compagno era in vena. Rideva e diceva ogni sorta di sciocchezzuole. Diceva che non sarebbe stato male se avessimo incontrato un castello medioevale con le sue torri merlate, col musco[2] e le civette, per poterci riparare dalla pioggia e alla fin delle fini essere uccisi dal fulmine.

Ed ecco sulla segala e sul campo d'avena trascorse la prima onda, soffiò violentemente il vento, e nell'aria cominciò a turbinare la polvere. Pëtr Sergéič scoppiò a ridere e spronò il cavallo.

«Bene!» gridava. «Benissimo!»

Io, contagiata dalla sua allegria, e dal pensiero che mi sarei bagnata fino all'ossa e forse sarei stata uccisa da un fulmine, mi misi a ridere anch'io.

Il turbine e la rapida corsa, quando il vento ti soffoca e ti senti come un uccello, ti agitano e solleticano nel petto. Quando entrammo nel nostro cortile il vento era cessato e grossi scrosci di pioggia battevano sull'erbe e sui tetti. Presso la scuderia non c'era anima viva.

Pëtr Sergéič stesso dissellò i cavalli e li condusse alla mangiatoia. Aspettando che egli finisse, rimasi sulla soglia guardando fisso i fili obliqui della pioggia; il dolciastro, eccitante odore del fieno si sentiva più acuto che nei campi: a causa della pioggia e delle nubi, c'era un buio crepuscolare.

1. **al tempo della falciatura**: in piena estate. Come si desume dal seguito, la protagonista del racconto si trova in una villa di campagna, e Pëtr Sergéjč è ospite della sua famiglia.
2. **musco**: muschio.

Anton Pavlovič Čechov (1860-1904), nato nella provincia russa, di famiglia modesta, a diciannove anni seguì i genitori a Mosca, dove dovette mantenersi agli studi. Divenne medico, ma esercitò la professione solo saltuariamente, in occasione di epidemie e carestie. Cominciò da studente a scrivere racconti per riviste umoristiche, ed entrò anche nel campo teatrale con atti unici e *vaudevilles*; presto la scrittura di racconti e testi teatrali, accolti con successo, divenne la sua attività principale. In entrambi i campi, dai primi brevi testi a carattere comico e grottesco passò gradualmente a opere di più ampio respiro; fra le centinaia di racconti si possono ricordare *La stanza n. 6* (1892), *La signora col cagnolino* (1898); fra i drammi i più famosi sono *Il gabbiano* (1895), *Zio Vanja* (1896), *Le tre sorelle* (1900), *Il giardino dei ciliegi* (1903). Minato dalla tubercolosi, Čechov si ritirò nella sua tenuta di campagna e viaggiò alla ricerca di climi che gli ridessero la salute, ma morì ancora giovane, in una località della Foresta Nera in Germania.

«Che colpo!» disse Pëtr Sergéič, avvicinandosi dopo un rombo di tuono fortissimo e rotolante, mentre il cielo pareva spaccarsi in due. «Che ne dite?»

Stava vicino a me sulla soglia e respirando forte per la rapida corsa, mi guardava. Notai che mi ammirava.

«Natàl'ja Vladìmirovna», disse, «darei tutto al mondo per restare più a lungo così a guardarvi. Oggi siete incantevole».

I suoi occhi mi fissavano entusiasti, supplichevoli, il viso era pallido, sulla barba e sui baffi brillavano gocce di pioggia che parevano anch'esse guardarmi con amore.

«Io vi amo», disse. «Vi amo e sono felice perché vi vedo. So che non potrete essere mia moglie, ma io non voglio nulla, solo sappiate che vi amo. Tacete, non rispondete, non fate così, ma sappiate solo che mi siete cara, e permettetemi di guardarvi».

Il suo rapimento si comunicò anche a me. Guardavo il suo volto ispirato, ascoltavo la voce, che si confondeva col rumore della pioggia, e, come incantata, non potevo muovermi. Avrei voluto senza fine guardare gli occhi lucenti e ascoltare.

«Voi tacete. E va benissimo!» disse Pëtr Sergéič. «Continuate a tacere».

Mi sentivo felice. Cominciai a ridere per la contentezza e corsi in casa, sotto la pioggia scrosciante; e anche lui rise e a saltelloni mi seguì.

Facendo gran rumore, come bambini, fradici, senza fiato, battendo i piedi sulle scale, irrompemmo nelle stanze. Mio padre e mio fratello, non avvezzi a vedermi ridente e allegra, mi guardarono meravigliati e si misero a ridere anch'essi.

Le nubi temporalesche erano passate, il tuono taceva, e sulla barba di Pëtr Sergéič brillavano ancora le stille della pioggia. Tutta la sera fino all'ora di cena cantò, fischiettò, giocò facendo un gran chiasso col cane, rincorrendolo attraverso le stanze, e rischiò perfino di rovesciare il servo col samovar[3]. E a cena mangiò molto, disse molte sciocchezze, e assicurò che, se l'inverno si mangiano dei cetrioli freschi, si sente in bocca odore di primavera.

Andando a coricarmi, accesi una candela e spalancai la finestra, e un sentimento indefinibile si impadronì della mia anima. Mi ricordai di essere libera, sana, ricca, di avere un cognome noto, di essere amata, ma specialmente di essere di casata illustre e ricca – di casata illustre e ricca – che fortuna, mio Dio!... Poi, rannicchiandomi nel letto per il freddo leggero che era salito verso di me dal giardino con la rugiada, cercai di capire se amavo Pëtr Sergéič o no... Non avendo concluso niente, mi addormentai.

E quando al mattino scorsi sul letto i raggi tremuli del sole e le ombre dei rami dei tigli, nella mia mente risuscitò vivamente la scena della sera prima. La vita mi parve ricca, variata, piena di fascino. Canticchiando mi vestii in fretta e scappai nel giardino...

E poi che cosa accadde? E poi – nulla. In inverno, mentre eravamo in città, Pëtr Sergéič veniva di quando in quando a trovarci. I conoscenti della campagna sono affascinanti solo in campagna e d'estate; in città e d'inverno perdono la metà del loro incanto. Quando in città offri loro il tè, ti pare che portino degli abiti altrui e che non la finiscano mai di rimescolare col cucchiaino nel tè. Anche in città Pëtr Sergéič parlava qualche volta d'amore, ma l'impressione non era più quella del-

2. **samovar**: recipiente munito di fornello per tenere calda l'acqua per il tè; tipico arredo di ogni casa russa.

la campagna. In città sentivamo più fortemente la muraglia che ci separava; io ero ricca e di casata illustre, e lui era povero, non era neanche nobile, figlio di un diacono[4], e sostituto giudice istruttore, e nient'altro; tutti e due – io per la mia giovinezza, lui Dio solo sa perché – ritenevamo questa muraglia troppo alta e grossa e lui, venendo da noi in città, sorrideva forzatamente e criticava il bel mondo, e taceva tetro quando c'era qualcuno nel salotto. Non c'è muro che non si possa forare, ma gli eroi dei romanzi moderni per quanto io li conosco, sono troppo timidi, indolenti, pigri e diffidenti e troppo presto si rassegnano all'idea che non hanno fortuna, che la vita personale li ha ingannati; invece di combattere, criticano, e chiamano il mondo triviale[5], dimenticando che la loro stessa critica finisce per essere una trivialità.

Ero amata, la felicità era vicina, pareva essere al mio fianco: vivevo spensierata, senza cercar di capirmi, senza sapere che cosa aspettassi e che cosa desiderassi dalla vita, e il tempo passava, passava... Mi passavano accanto gli uomini col loro amore, fuggivano i chiari giorni, le tiepide notti, cantavano gli usignuoli, il fieno odorava; e tutto ciò che è caro e prodigioso nel ricordo, per me, come per tutti, passava rapido, senza lasciar tracce, non apprezzato, e spariva come nebbia... Dov'è ora tutto ciò?

Il babbo morì, io invecchiai; tutto ciò che mi piaceva, mi lusingava, mi dava una speranza – il rumor della pioggia, i rombi del tuono, i pensieri di felicità, i discorsi d'amore, – tutto ciò è diventato un puro ricordo, ed io vedo davanti a me un lontano eguale deserto; nel piano non c'è anima viva, e là sull'orizzonte è scuro, spaventoso...

Un colpo di campanello... È Pëtr Sergéič. Quando nell'inverno vedo gli alberi e ricordo come verdeggiavano per me nell'estate, mormoro:

«Oh, miei cari!»

E quando vedo gli uomini coi quali ho vissuto la mia primavera, sento una tristezza, un tepore e balbetto sempre lo stesso.

Già da molto tempo, per la protezione di mio padre, Pëtr Sergéič è stato trasferito in città. È un po' invecchiato, un po' malandato. Da un pezzo ha smesso di parlarmi d'amore, non dice più sciocchezze, non è contento del suo servizio, è sempre un po' malato, deluso di qualcosa, dice addio alla vita, e vive senza voglia di vivere. Ecco, si è seduto davanti al camino e guarda il fuoco in silenzio... Io, non sapendo che dire, ho domandato:

«Che c'è dunque?»

«Niente», ha risposto lui.

E di nuovo in silenzio. Il riflesso del fuoco saltellava sul suo viso triste.

Mi son ricordata del passato e a un tratto le mie spalle hanno sussultato, la testa si è abbassata e ho pianto amaramente. Sentivo una intollerabile pietà di me e di quell'uomo e avrei voluto appassionatamente ciò che è passato e che ora la vita ci rifiuta. Ora non pensavo più che sono di nobile casata e ricca.

Singhiozzai forte, premendomi le tempie; e balbettai:

«Mio Dio, mio Dio, la vita è perduta...»

Ed egli sedeva, taceva e non mi diceva: «Non piangete». Egli capiva che bisogna

3. **diacono**: ministro del culto di ordine inferiore al sacerdote; si ricordi che nelle chiese ortodosse è ammesso il matrimonio degli ecclesiastici.

4. **triviale**: volgare, stupido.

piangere e che era venuto il tempo delle lacrime. Vedevo dai suoi occhi che aveva pietà di me e anch'io avevo pietà di lui e insieme irritazione per quel timido vinto che non aveva saputo creare né la mia vita, né la sua.

Quando l'ho accompagnato nell'anticamera, mi è parso che a bella posta abbia indossato lentamente la pelliccia. Due volte in silenzio mi ha baciato la mano, mi ha guardata nel viso inondato di lacrime. Penso che in quell'istante si ricordasse del temporale, delle strisce oblique della pioggia, delle nostre risa, del mio volto di allora. Avrebbe voluto dire qualche cosa, sarebbe stato felice di dirmela, ma non ha detto nulla e solo ha scosso il capo e mi ha stretto forte la mano. Che Dio sia con lui!

Dopo averlo accompagnato, sono tornata nello studio, mi sono seduta di nuovo sul tappeto davanti al camino. La brace ardente si copriva di cenere, si spegneva a poco a poco. Il gelo ancor più irritato ha cominciato a battere alla finestra e il vento a cantare qualche cosa nel tubo del camino.

È entrata la cameriera e, credendomi addormentata, mi ha chiamata ad alta voce...

Anton Čechov, *Racconti*, trad. dal russo di E. Lo Gatto, Garzanti, Milano, 2013

DIALOGO CON IL TESTO

COMPRENDERE

La crisi dell'io I personaggi di Čechov sono dei vinti: deboli, irresoluti, sono incapaci di cogliere le occasioni che la vita offre loro e si abbandonano passivamente al grigiore senza speranza dell'esistenza quotidiana. Con questa tematica lo scrittore va oltre i caratteri tipici della narrativa ottocentesca: nei romanzi di Flaubert, Zola, Tolstoj, Dostoevskij, il personaggio è il nodo intorno a cui si condensano i grandi problemi della vita individuale e sociale, gli eventi anche minimi sono significativi; nei racconti e nel teatro di Čechov il personaggio perde di consistenza, le sue azioni non hanno motivazioni precise, i particolari danno l'impressione della casualità. Si avvertono i segni di quella dissoluzione della personalità individuale che sarà il grande tema della narrativa del Novecento; questo può spiegare perché il nome della protagonista, che appare nel racconto, nel titolo è ridotto a *N.N.*

- **In questo racconto i particolari descrittivi della scena iniziale sono tutti carichi di un senso gioioso e vitale, mentre quelli della scena finale non riflettono direttamente lo stato d'animo della protagonista, ma sembrano scelti piuttosto per la loro insignificanza. Raccogliete qualche esempio notevole degli uni e degli altri.**

ANALIZZARE

Tempi della narrazione Il racconto è sapientemente costruito sulla contrapposizione di due scene, separate da un intervallo di anni coperto da un sommario. Alla sua efficacia contribuisce grandemente un effetto di prospettiva temporale: l'inizio è fissato a *Nove anni fa*, dunque stabilisce un rapporto col momento in cui la narratrice racconta; nel finale il tempo della storia si ricongiunge al momento stesso della narrazione, portando il lettore a identificarsi con la situazione presente della protagonista.

- **Individuate i punti di confine tra le diverse fasi della narrazione (prima scena, sommario, seconda scena).**

▸ p. 43

Narrativa popolare

Nel tardo Ottocento, nei paesi di civiltà letteraria raffinata, la narrativa più impegnata tende a staccarsi dai gusti del grosso pubblico; si crea così una frattura tra la narrativa "alta" e quella "di consumo", e la seconda è caratterizzata da una divisione sempre più marcata in generi codificati. Il romanzo "nero" ripete gli schemi e i modi del "romanzo d'appendice", se possibile esagerandoli e banalizzandoli, ma in altri generi si affermano anche scrittori di sicuro talento: una notevole fioritura hanno il romanzo d'avventure e quello poliziesco. Il primo è destinato ai ragazzi, anche se trova lettori in tutte le fasce d'età; il capolavoro del genere nasce in Inghilterra con *L'isola del tesoro* di Robert Louis Stevenson (▸T12). Il genere poliziesco, sorto con alcuni racconti di Edgar Allan Poe, vede nascere, pure in Inghilterra, il suo primo eroe "classico", lo Sherlock Holmes di Arthur Conan Doyle (▸T11). A Poe risale anche il gusto per la narrativa dell'orrore, che ebbe una continuazione con storie di fantasmi e di vampiri. All'irlandese Bram Stoker si deve il più grande e duraturo successo di questo genere narrativo, *Dracula* (▸T13).

ARTHUR CONAN DOYLE

T11 ▸ La scienza della deduzione

Uno studio in rosso (1887) fu il primo romanzo della serie di Sherlock Holmes, da cui cominciò la straordinaria popolarità del personaggio. Come nei romanzi seguenti, il narratore è il dottor Watson, amico e ammiratore di Holmes; in questo brano siamo all'inizio della loro conoscenza. Watson, reduce da una guerra coloniale in Afghanistan dove è stato ferito, trascorre alcuni mesi di convalescenza a Londra. È stato messo in contatto con Holmes da un amico comune, mentre cercava qualcuno con cui dividere le spese di affitto. Da alcune settimane i due coabitano nello stesso appartamento.

Il 4 marzo, come ho buon motivo di ricordare, mi alzai un po' prima del solito e notai che Sherlock Holmes non aveva ancora finito di fare colazione. L'affittacamere era ormai così abituata alle mie abitudini ritardatarie che non aveva né apparecchiato né preparato il caffè per me. Con l'irritazione irragionevole tipica della natura umana suonai per indicare laconicamente[1] che ero pronto. Poi presi una rivista sul tavolo per ingannare il tempo, mentre il mio compagno masticava in silenzio il suo pane tostato. C'era un segno di matita vicino al titolo di uno degli articoli, e ovviamente cominciai a scorrerlo.

Il titolo, piuttosto pretenzioso, era 'Il libro della vita' e cercava di dimostrare quante informazioni un uomo attento può avere dall'esame preciso e sistematico di tutto quello che gli capita sott'occhio. Mi colpì per il suo notevole miscuglio di acume e di assurdità. La sua logica era stringente, ma le deduzioni mi parvero esagerate e campate in aria. Lo scrittore pretendeva di penetrare nei pensieri più intimi di una persona cogliendo un'espressione passeggera, la vibrazione di un muscolo o un battito d'occhi. Per chi fosse allenato all'osservazione e all'analisi era impossibile essere tratto in inganno, secondo lui. Le sue conclusioni erano infal-

1. **laconicamente**: senza parole.

libili come altrettanti postulati di Euclide[2]. Ai non iniziati poteva anche apparire dedito alla negromanzia, tanto stupefacenti sembravano le sue conclusioni, finché non si scopriva il metodo di cui si era servito.

"Da una goccia d'acqua" diceva lo scrittore, "un logico[3] potrebbe inferire l'eventuale esistenza dell'Atlantico o del Niagara senza mai averli visti o averne mai sentito parlare. E così tutta la vita non è che una grande catena, la cui natura ci si rivela ogniqualvolta ne scorgiamo un singolo anello. Come tutte le altre arti, la scienza della deduzione e dell'analisi si può acquisire solo con uno studio prolungato e paziente, e la vita è troppo breve per consentire a un essere umano di raggiungere in essa la massima perfezione. Prima di affrontare questi aspetti morali e intellettivi della questione che presentano le maggiori difficoltà, sarà bene che chi indaga cominci col padroneggiare problemi più elementari. Quando incontra un altro, cerchi di saperne discernere alla prima occhiata la storia, il mestiere o la professione. Per quanto puerile possa apparire una simile pratica, acuisce le facoltà di osservazione e insegna dove guardare e cosa cercare. Dalle unghie, dalle maniche della giacca, dalle scarpe, la zona dei pantaloni che tocca il ginocchio, le callosità dell'indice e del pollice, l'espressione, i polsini della camicia – da ognuna di queste cose si può capire chiaramente la professione di un uomo. È quasi inconcepibile che tutti questi dati assieme non illuminino un osservatore attento."

"Tutte ciance!" esclamai, sbattendo la rivista sul tavolo; "non ho mai letto simili sciocchezze in vita mia."

"Che c'è?" chiese Sherlock Holmes.

"Mah, quest'articolo", dissi, indicandolo col cucchiaino mentre mi sedevo per fare colazione. "Vedo che lo ha letto, dato che ci ha fatto un segno. Devo ammettere che è scritto bene. Però mi dà sui nervi. Evidentemente è la teoria di qualcuno che non ha niente di meglio da fare che elucubrare tutti questi bei paradossi seduto in poltrona nella solitudine del suo studio. Non sta in piedi. Vorrei vederlo chiuso in uno scompartimento di terza classe della Metropolitana, se gli chiedessero di indicare la professione di tutti i suoi compagni di viaggio. Scommetterei mille contro uno che non ce la farebbe."

"Perderebbe la scommessa" osservò Holmes con calma. "Quanto all'articolo, l'ho scritto io."

"Lei!"

"Sì; ho un dono per l'osservazione e per la deduzione. Le teorie che vi ho esposto, e che a lei sembrano così chimeriche[4], in realtà sono estremamente pratiche – così pratiche che mi danno il pane quotidiano."

"E come?" chiesi involontariamente.

"Bé, ho un mio mestiere. Penso di essere l'unico al mondo. Sono investigatore-consulente, sa cosa vuol dire? Qui a Londra ci sono un mucchio di investigatori appartenenti alla polizia e molti investigatori privati. Quando sono in imbarazzo, vengono da me e io riesco a metterli sulla pista giusta. Mi forniscono tutti gli indizi e in genere sono in grado di illuminarli, grazie alla mia conoscenza della

2. **postulati di Euclide**: sono gli assunti di base, non dimostrabili, sui quali è costruita la geometria razionale classica; dire che le *conclusioni* di un ragionamento somigliano a *postulati* non è molto rigoroso, ma ne vuole sottolineare la certezza.
3. **un logico**: qui l'espressione significa, con molta approssimazione, "una persona capace di condurre un'analisi scientifica".
4. **chimeriche**: fantasiose, irreali.

Sherlock Holmes e il dottor Watson in un'illustrazione di Sidney Paget del 1893.

Una scena tratta dal film *Le avventure di Sherlock Holmes* diretto da Alfred Werker nel 1939.

storia del crimine. I misfatti hanno una grande analogia fra loro, e se si hanno sulla punta delle dita tutti i particolari di un migliaio di casi, sarà strano che non si possa risolvere l'ennesimo. Lestrade è un noto investigatore. Recentemente si è trovato a malpartito in un caso di falsari, e perciò è venuto qui."

"E quegli altri?"

"Per lo più sono mandati dagli uffici di polizia privata. È tutta gente che si trova in difficoltà per qualche motivo e ha bisogno di qualche chiarimento. Io ascolto la loro storia, loro sentono i miei commenti, e poi intasco il mio compenso."

"Intende dire che senza uscire di casa è in grado di sbrogliare qualche intrigo in cui altri non riescono a capire niente, anche se ne hanno visto coi propri occhi tutti i particolari?"

"Esatto. Ho un intuito speciale in questo senso. Ogni tanto capita un caso un pochino più complicato. Allora mi devo dar da fare per vedere tutto coi miei occhi. Sono in possesso di una quantità di nozioni particolari che applico al problema, e ciò mi facilita il compito meravigliosamente. Le norme deduttive esposte in quell'articolo che ha suscitato il suo disprezzo hanno un valore inestimabile per il mio lavoro pratico. L'osservazione per me è come una seconda natura. Durante il nostro primo incontro, quando le ho detto che veniva dall'Afghanistan, lei mi è parso sorpreso."

"Glielo avranno certamente detto."

"Niente affatto. *Sapevo* che veniva dall'Afghanistan. Per lunga abitudine le idee si sono susseguite così rapidamente nella mia mente che sono giunto alla conclusione senza essere consapevole delle tappe intermedie. Eppure quelle tappe c'era-

Arthur Conan Doyle (1859-1930), nato a Edimburgo, in Scozia, era medico, ma abbandonò progressivamente la professione per darsi interamente all'attività narrativa. Nel 1887 pubblicò *Uno studio in rosso*, il primo dei romanzi polizieschi con protagonista Sherlock Holmes. Lo strepitoso consenso di pubblico lo costrinse, quasi suo malgrado, a scrivere altre opere dedicate al celebre investigatore, per un totale di circa 60 tra romanzi e racconti. Prigioniero del suo personaggio, Conan Doyle non riuscì a trasferire il successo ai tentativi compiuti in altri campi letterari (romanzi storici, commedie, saggi).

no. La logica del ragionamento è questa: 'Ecco qui un signore che ha l'aria di un medico, e anche di un militare. Quindi si tratta chiaramente di un dottore dell'esercito. È appena arrivato dai tropici, perché la sua faccia è scura, e questa non è la tinta naturale della sua pelle, perché i polsi sono chiari. Ha sopportato durezze e malattie, come rivela chiaramente il suo volto provato. Il suo braccio sinistro, rigido e dall'aspetto innaturale, è stato ferito. In che parte dei tropici un dottore dell'esercito inglese potrebbe aver tollerato molte durezze, ferendosi il braccio? In Afghanistan, chiaramente.' Non ci volle nemmeno un secondo per compiere questo ragionamento. Quindi osservai che lei veniva dall'Afghanistan, e lei si è stupito."

"Ora che me lo ha spiegato, è abbastanza semplice" dissi sorridendo. "Mi fa venire in mente Dupin di Edgar Allan Poe[5]. Avrei pensato che simili individui esistessero solo nei romanzi."

Sherlock Holmes si alzò e accese la pipa. "Indubbiamente lei crederà di farmi un complimento paragonandomi a Dupin" osservò. "Ora, a mio parere Dupin era un tipo molto mediocre. Quel suo vezzo di interrompere il filo dei pensieri dei suoi amici con una osservazione azzeccata dopo un quarto d'ora di silenzio in realtà è molto esibizionistico e superficiale. Aveva un certo talento analitico, senza dubbio; ma non era poi quel fenomeno che sembra immaginare Poe."

"Ha letto le opere di Gaboriau?" chiesi. "Lecoq[6] la soddisfa come investigatore?"

"Lecoq era un povero pasticcione" disse Sherlock Holmes irritato, sospirando con fare sardonico[7], "c'era un solo punto a suo vantaggio, la sua energia. Quel libro mi ha fatto proprio star male. C'era da stabilire l'identità di un prigioniero sconosciuto. Io avrei saputo farlo in ventiquattr'ore. Lecoq ci mise circa sei mesi. Un investigatore potrebbe prenderlo ad esempio di ciò che si deve evitare."

Ero piuttosto indignato nel sentir trattare in questo modo sdegnoso due personaggi che avevo ammirato. Mi avvicinai alla finestra e guardai la strada piena di traffico. "Costui sarà molto intelligente" dissi fra me, "ma si dà certamente molte arie."

"Non ci sono crimini né criminali oggigiorno" fece lui in tono lamentoso. "A che serve avere intelligenza nella nostra professione? So bene di avere la capacità di rendere famoso il mio nome. Non esiste né è mai esistito un uomo che abbia impiegato tanto studio e tante doti naturali a scoprire i crimini. E il risultato qual è? Non ci sono crimini da scoprire o al massimo c'è qualche furfanteria di poco conto con un movente così ovvio che perfino un funzionario di Scotland Yard può capirlo[8]."

Il suo modo arrogante di conversare continuava ad irritarmi, e pensai bene di cambiare argomento.

"Cosa starà cercando quel tipo?" chiesi, indicando un uomo robusto e vestito dimessamente sull'altro lato della strada, che camminava lentamente scrutando i

5. **Dupin... Poe**: Auguste Dupin è l'investigatore protagonista dei più famosi racconti polizieschi di E.A. Poe.

6. **Gaboriau... Lecoq**: Émile Gaboriau (1832-1873), scrittore francese, fu uno degli iniziatori del genere poliziesco; un suo romanzo è dedicato all'investigatore *Monsieur Lecoq*.

7. **sardonico**: sprezzante, con un ghigno di superiorità.

8. **perfino... capirlo**: *Scotland Yard* è l'indirizzo della storica centrale di polizia di Londra; l'incapacità degli agenti della polizia ufficiale diventerà un luogo comune della narrativa gialla.

numeri. Aveva in mano una grossa busta azzurra ed era evidentemente il latore di un messaggio.

"Intende dire il sergente in ritiro della marina» fece Sherlock Holmes.

"Vanterie e smargiassate!" pensai. "Sa che non posso verificare quello che ha tirato a indovinare."

Avevo appena formulato questo pensiero quando l'uomo che stavamo guardando adocchiò il numero della nostra porta e attraversò rapidamente la strada. Udimmo bussare forte, una voce profonda al piano di sotto e dei passi pesanti salire su per le scale.

"Per il signor Sherlock Holmes" disse entrando nella stanza e porgendo la lettera al mio amico.

Ecco una buona occasione per fargli perdere un po' delle sue arie. Non lo avrebbe supposto quando aveva buttato là quell'osservazione caso. "Posso chiederle, amico mio," dissi con voce melliflua "qual è il suo mestiere?"

"Commissionario[9], signore" fece lui sgarbatamente. "Uniforme in riparazione."

"Ed era?" domandai, con un'occhiata un po' maligna al mio compagno.

"Sergente, signore, Fanteria Leggera della Marina Reale, signore. Nessuna risposta? Bene, signore."

Batté i tacchi, alzò la mano in un saluto militare e se ne andò.

Arthur Conan Doyle, *Uno studio in rosso*, capitolo II, trad. dall'inglese di M.P. Janin, Rizzoli, Milano, 2012

9. **Commissionario**: addetto alle commissioni, fattorino.

DIALOGO CON IL TESTO

COMPRENDERE

L'eroe e la sua spalla In questa, che è una delle prime apparizioni in scena di Sherlock Holmes, possiamo riconoscere alcuni dei caratteri che hanno fatto la fortuna del personaggio e delle sue storie:

- lo spirito scientifico che permette "deduzioni" infallibili, in cui si rispecchiano i miti e gli entusiasmi propri dell'età del positivismo e la visione deterministica della realtà (*tutta la vita non è che una grande catena*, r. 22);
- la forte caratterizzazione del personaggio (che resterà una costante degli eroi del genere giallo): flemma britannica, pedanteria e arrogante presunzione.

● **Conan Doyle ha fatto grandeggiare il suo protagonista anche col porgli accanto, come narratore, un personaggio decisamente mediocre. Sintetizzate i comportamenti e gli atteggiamenti che caratterizzano Watson nel brano.**

CONTESTUALIZZARE

Il detective e il suo pubblico Sherlock Holmes non è stato il primo personaggio della letteratura a incarnare la figura del *detective*. Rispetto ai suoi più famosi predecessori, però, egli è stato il primo a esercitare questa attività come un professionista privato che agisce in totale autonomia ricavando da essa di che vivere. Il cavaliere Auguste Dupin, vero capostipite di questo personaggio, nei racconti di Poe svolgeva le indagini solo per una sua soddisfazione personale, e il Monsieur Lecoq di Gaboriau era un poliziotto della *Sûreté* francese poi promosso a ispettore. Queste caratteristiche di professionismo legato all'iniziativa privata vennero incontro al gusto e ai valori del nuovo pubblico borghese e costituirono così una delle ragioni dello straordinario successo del personaggio.

ROBERT LOUIS STEVENSON

T12 ▸ Combattimento sull'isola del tesoro

Pubblicato a puntate su un giornale per ragazzi nel 1881-1882, e l'anno dopo in volume, *L'isola del tesoro* ebbe subito un grande successo, che non è cessato fino a oggi. La vicenda si svolge nel Settecento; il protagonista e narratore è un ragazzo, Jim Hawkins, che vive con la madre in una locanda sulle coste inglesi; qui viene a stabilirsi un vecchio dall'aria sinistra, che si scoprirà essere un ex pirata; costui viene ucciso da altri pirati, e Jim trova sul suo cadavere la mappa di un tesoro nascosto in un'isola tropicale. Un signore locale, il cavalier Trelawney, e il medico Livesey organizzano una spedizione alla ricerca del tesoro; ma non si accorgono che l'equipaggio che ingaggiano è formato in gran parte da pirati, guidati da un certo "Long" John Silver, assunto come cuoco di bordo. Non appena la nave si ancora in prossimità dell'isola, i pirati si ammutinano e ingaggiano una lotta spietata contro il capitano della nave, il cavaliere, il dottore, e Jim.
All'inizio del capitolo XVIII, che riportiamo, la situazione è questa: i pirati sono sbarcati in gran parte sull'isola; quelli rimasti sulla nave sono stati sopraffatti dai suoi legittimi proprietari, che si affrettano a trasportare viveri, armi e munizioni in un altro punto dell'isola, dove sorge un fortino di legno, facendo la spola con una barca. Durante l'ultimo viaggio sono sorpresi dai pirati e devono combattere per raggiungere il fortino. Nel frattempo Jim, sbarcato sull'isola insieme ai pirati, è rimasto isolato, alle loro spalle; data l'assenza del protagonista, in questo punto la narrazione è affidata al dottor Livesey.

Ci precipitammo attraverso la striscia di bosco che ci divideva dal fortino; a ogni passo le voci dei bucanieri[1] risuonavano più vicine. Ben presto potemmo sentire il rumore dei loro passi di corsa e dei rami spezzati mentre si facevano largo nella fitta boscaglia.

Cominciai a rendermi conto che non avremmo potuto evitare una scaramuccia con loro e controllai l'esca[2] del mio fucile.

«Capitano», dissi, «Trelawney è il tiratore migliore. Dategli il vostro fucile, il suo è inservibile».

I due si scambiarono il fucile. Trelawney, silenzioso e freddo come sempre da quando la situazione aveva cominciato a precipitare, si fermò un momento per controllare che l'arma fosse a posto. Io intanto porsi il mio coltellaccio a Gray[3], che era disarmato. Fu di conforto per tutti vederlo sputarsi sulla mano, aggrottare le ciglia e saggiare la lama fendendo l'aria. Era chiaro, da ogni suo gesto, che il nostro nuovo acquisto si sarebbe ben guadagnato la sua paga.

Dopo altri quaranta passi sbucammo fuori dagli alberi proprio di fronte al fortino. Giungemmo alla palizzata, a metà circa del lato sud, proprio nel momento in cui sette ammutinati – con in testa il nostromo[4], Job Anderson – arrivavano di gran carriera da dietro l'angolo sud-ovest.

Si arrestarono, come per la sorpresa e, prima che si riprendessero, non soltanto io e il Cavaliere, ma anche Hunter e Joyce, dal capanno[5], avemmo tutto il tempo

1. **bucanieri**: pirati.
2. **esca**: materiale infiammabile, che veniva acceso con un acciarino.
3. **Gray**: è un marinaio che è stato convinto a seguire il gruppo del dottore.
4. **nostromo**: uno degli ufficiali a bordo delle navi.
5. **Huntere Joyce dal capanno**: Hunter e Joyce sono due servitori del cavalier Trelawney, lasciati di guardia al capanno che sorge all'interno della palizzata del fortino.

per fare fuoco. I quattro colpi si succedettero in una raffica irregolare, ma ebbero effetto: uno dei nemici cadde a terra e gli altri, senza pensarci due volte, se la diedero a gambe scomparendo tra gli alberi.

Dopo aver ricaricato, costeggiammo l'esterno della palizzata per vedere il nemico caduto. Era morto stecchito: colpito al cuore.

Non facemmo in tempo a rallegrarci per il nostro successo che subito si udì un colpo di pistola da dentro la boscaglia; una pallottola mi passò sibilando vicino all'orecchio e il povero Tom Redruth[6] barcollò e cadde lungo disteso a terra. Sia io che il Cavaliere rispondemmo al fuoco, ma non avendo nulla a cui mirare, probabilmente riuscimmo solo a sprecare colpi. Ricaricati quindi i fucili, volgemmo la nostra attenzione al povero Tom.

Il capitano e Gray lo stavano già esaminando; mi bastò un'occhiata per capire che non c'era più niente da fare.

Credo che la prontezza con cui avevamo replicato al fuoco avesse nuovamente messo in fuga gli ammutinati, perché potemmo sollevare indisturbati il povero guardacaccia oltre la palizzata e trasportarlo gemente e sanguinante fino al capanno.

Povero vecchio: dall'inizio dei nostri guai fino a questo momento, quando lo mettemmo a terra nel capanno per lasciarlo morire, mai un lamento, mai una parola di stupore o di paura o anche solo di rassegnazione. Nel corridoio sulla nave si era appostato dietro il materasso come un eroe troiano[7]; aveva eseguito bene tutti gli ordini, con tenacia e senza fiatare; era più anziano di noi di almeno una ventina d'anni; e ora era lui a morire, questo vecchio, scontroso e fedele servitore.

Il Cavaliere gli si buttò accanto in ginocchio e gli baciò la mano, piangendo come un bambino.

«Me ne sto andando, dottore?», domandò.

«Tom, amico mio», dissi, «stai per tornare in cielo».

«Prima, però, avrei voluto tanto fargli assaggiare il piombo del mio fucile», rispose.

«Tom», disse il Cavaliere, «ti prego, dimmi che mi perdoni».

«Non sarebbe mancarvi di rispetto, se lo facessi, Cavaliere?», fu la risposta. «E comunque, così sia, amen!».

Dopo un attimo di silenzio, disse che secondo lui qualcuno avrebbe dovuto leggere una preghiera. «È l'usanza, signore», aggiunse, quasi a scusarsi. Poco dopo, senza dire più nulla, spirò.

Intanto il capitano (di cui avevo già notato la giacca e le tasche rigonfie oltre

6. **Tom Redruth**: il vecchio guardacaccia del cavaliere, anche lui al suo seguito nella spedizione.

7. **Nel corridoio... troiano**: si riferisce a un episodio della lotta per sfuggire ai pirati rimasti sulla nave; il guardacaccia aveva bloccato con le armi un passaggio, come un *eroe troiano* sulle mura della città assediata nell'*Iliade*.

Robert Louis Stevenson (1850-1894), scozzese, studiò diritto, ma si diede fin da giovane alla letteratura. Viaggiò molto, in Europa e in America, sia per sfuggire all'ambiente chiuso della sua Edimburgo e della famiglia sia per tentar di curare la malattia polmonare che lo affliggeva. Raggiunse il successo con *L'isola del tesoro* (1883); altri romanzi che affascinano ancora i lettori sono *Lo strano caso del dottor Jekyll e del signor Hyde* (1886), di genere fantascientifico, e il romanzo storico *La freccia nera* (1888). Negli ultimi anni si ritirò a vivere nelle isole Samoa, continuando a scrivere (*Nei mari del Sud*, racconti, 1896).

misura) aveva tirato fuori un gran numero di oggetti di ogni genere – la bandiera britannica, una Bibbia, un rotolo di corda robusta, penne, inchiostro, il giornale di bordo e qualche libbra di tabacco. Sul terreno del recinto aveva trovato il tronco di un abete piuttosto alto cui erano stati tolti i rami; sollevatolo con l'aiuto di Hunter, lo incastrò nel punto in cui i tronchi si incrociavano formando un angolo. Poi si arrampicò sul tetto, inserì la bandiera e la issò.

Quest'operazione sembrò rincuorarlo un po': tanto che, rientrato nel capanno, si mise a fare l'inventario delle provviste come se niente fosse. In realtà, però, aveva seguito con attenzione il trapasso di Tom. Infatti, appena tutto fu finito, si avvicinò con un'altra bandiera e con profondo rispetto la distese sulla salma.

«Non disperatevi», disse, stringendo la mano al Cavaliere. «Ha fatto una bella fine; cosa c'è di meglio per un marinaio che essere uccisi facendo il proprio dovere verso il capitano e il padrone. Non sarà grande teologia, ma è un fatto».

Poi mi prese in disparte.

«Dottor Livesey», disse, «tra quante settimane dovrebbe arrivare la nave di conserva[8] che voi e il Cavaliere attendete?»

Gli dissi che non era questione di settimane, ma di mesi; che se non fossimo tornati per la fine di agosto, Blandly[9] avrebbe dovuto mandare qualcuno a cercarci: né prima né dopo. «Fate voi il calcolo», dissi.

«Sì, certo», replicò il capitano, grattandosi la testa, «e pur confidando moltissimo nell'aiuto della Provvidenza mi sembra di poter dire che ci troviamo in un bel guaio».

«Cosa volete dire?», chiesi.

«È un peccato, signore, l'aver perduto quel secondo carico. Ecco cosa voglio dire», ribatté il capitano. «Per quanto riguarda la polvere e le munizioni siamo a posto. Ma i viveri sono scarsi, molto scarsi –, così scarsi, dottor Livesey, che probabilmente è una fortuna avere una bocca di meno».

E indicò la salma sotto la bandiera.

In quel mentre, con un rombo e un sibilo, una palla di cannone[10] passò alta sopra il tetto del capanno andando a cadere lontano nel bosco.

«Oooh!», disse il capitano. «Fuoco a volontà, ragazzi miei! Già che di polvere ne avete poca».

8. **la nave di conserva**: una seconda nave che doveva andare alla ricerca della prima se non si avessero avute sue notizie per un certo tempo.
9. **Blandly**: un altro servitore di Trelawney, lasciato in Inghilterra con l'incarico di far salpare la *nave di conserva* in caso ce ne fosse stato bisogno.
10. **cannone**: quello della nave, rimasto in potere dei pirati.

Il capitano Smollett issa la bandiera britannica in un'illustrazione di Newell Convers Wyeth del 1911.

Al secondo tentativo la mira fu migliore e la palla cadde all'interno della palizzata, sollevando una nuvola di sabbia ma senza provocare danni peggiori.

«Capitano», disse il Cavaliere, «dalla nave la casa non è visibile. Dev'essere alla bandiera che stanno mirando. Non sarebbe più saggio tirarla giù?».

«Ammainare la mia bandiera!», esclamò il capitano. «Nossignore, non io»; e dal modo in cui lo disse credo che fummo tutti d'accordo con lui. Non era infatti solo un esempio di buoni e saldi sentimenti degni di un uomo di mare: era anche una buona linea di condotta, perché dimostrava ai nostri nemici che ce ne infischiavamo del loro cannone.

Il bombardamento continuò per tutta la sera. Le palle di cannone erano tutte o troppo lunghe o troppo corte, oppure cadevano nel recinto sollevando la sabbia; il fatto è che dovevano alzare il tiro a tal punto che poi il colpo cadeva inerte[11], andando ad affondare nella sabbia soffice. Non avevamo da temere colpi di rimbalzo e, anche se uno sfondò il tetto uscendo dal pavimento del capanno, ben presto ci abituammo a quel gioco un po' rozzo e lo considerammo alla stregua di una partita di cricket[12].

Robert Louis Stevenson, *L'isola del tesoro*, capitolo XVIII, trad. dall'inglese di R. Ambrosini, Garzanti, Milano, 2007

11. **alzare... inerte**: per superare la distanza, il tiro doveva essere diretto verso l'alto, per cui quando le palle arrivavano avevano esaurito la propulsione.
12. **alla stregua... cricket**: nel modo in cui avremmo considerato una partita di *cricket*, gioco britannico basato sul lancio di una palla verso un battitore munito di mazza.

DIALOGO CON IL TESTO

COMPRENDERE

Il romanzo d'avventure Il brano mette in evidenza le qualità narrative, semplici ma efficaci, che hanno fatto la fortuna di questo romanzo: un racconto rapido, sintetico e continuamente movimentato. I discorsi e i gesti dei personaggi rispecchiano i loro valori solidi ed elementari, che costituiscono l'ingrediente morale necessario a un romanzo per ragazzi.

- **Elencate questi valori; ne ricaverete un profilo dell'ideale educativo proprio dell'Inghilterra all'apice della sua potenza imperiale.**

CONTESTUALIZZARE

Letteratura per ragazzi ieri e oggi Ancora oggi, in una situazione di crisi dell'editoria, la letteratura per ragazzi è un filone della narrativa che riscuote grande successo di vendite.

- **Scegliete un romanzo per ragazzi scritto da un autore di oggi e confrontate i valori che intende trasmettere ai giovani lettori con quelli individuati in questo testo.**

La mappa dell'isola del tesoro, 1883.

BRAM STOKER

T13 ▸ Le fanciulle vampiro

PERCORSO
- L'orrore, il macabro, il perturbante (II), p. 579

In *Dracula* (1897) Bram Stoker riprende una leggenda popolare di origine slava: quella del vampiro, il morto vivente che la notte esce dalla tomba e si aggira a succhiare il sangue dei vivi; la fonde con un altro mito popolare, quello nato intorno al personaggio storico di Drakul ("il drago", in rumeno), un *voivoda* (principe) di Transilvania del secolo XVI che combatté contro i turchi e fu famoso per la sua ferocia. Può così dare all'inizio e al finale del romanzo lo sfondo cupo di un castello semidiroccato in Transilvania, una regione che a fine Ottocento aveva ancora aspetti selvaggi e primitivi.

Il romanzo si presenta come un montaggio di documenti: brani di diari tenuti dai protagonisti, lettere, articoli di giornale. In questo modo il punto di vista è sempre interno alla narrazione e il lettore è informato solo di ciò che diversi personaggi sperimentano momento per momento, senza capire, dell'orribile mistero in cui sono coinvolti.

Il brano che presentiamo appartiene alla prima parte del romanzo, che si svolge in Transilvania e ha la forma di un diario tenuto da Jonathan Harker, giovane di uno studio legale di Londra inviato al castello del conte Dracula per definire i particolari dell'acquisto che questi intende fare a Londra. Al castello viene accolto con affettata gentilezza, ma nota subito particolari inquietanti (tra l'altro il Conte, che risulta ricchissimo, è solo, senza servitù), fino a che si rende conto di essere di fatto prigioniero: comincia allora a esplorare il castello di giorno, quando il Conte è ufficialmente assente (in realtà si rifugia nel suo sepolcro). Durante una di queste esplorazioni si colloca la scena che leggeremo.

Il misterioso avvertimento del Conte[1] mi aveva al momento spaventato. Ma ancora di più mi spaventa ora, a ripensarci, perché in futuro egli avrà un sempre maggior potere su di me. E non oserò dubitare di ciò che potrà dirmi!

Una volta finito di scrivere il mio diario, e fortunatamente rimessi in tasca penna e quaderno, mi è venuto sonno. L'avvertimento del Conte l'avevo ben presente, ma ho provato piacere nel disobbedirgli. Nella sonnolenza che mi aveva preso ho provato la fermezza ostinata che il sonno a volte favorisce. Quel dolce chiaro di luna e il vuoto spazio tutto attorno davano un senso di libertà che mi rinfrescava tutto. Ho deciso di non tornare stasera alle mie tetre stanze e di dormire qui, dove, nei tempi antichi, le dame sedevano e cantavano e vivevano la loro dolce vita con i cuori gentili colmi di tristezza per i loro uomini lontani nel tumulto di guerre spietate. Ho spostato un grosso divano dall'angolo dove si trovava, in modo che sdraiandomi avrei potuto godere di quella bella vista verso est e verso sud, e senza pensare o senza badare alla polvere, mi sono sistemato per dormire.

Credo anzi di essermi proprio addormentato. O almeno lo spero, ma temo di no, perché tutto quello che è successo poi era così sorprendentemente vero, così vero che anche adesso, seduto qui alla piena luce del sole del mattino, non posso assolutamente credere che tutto fosse soltanto un sogno.

Non ero solo. La stanza era la solita, del tutto immutata da quando vi ero entrato. Sul pavimento, al brillante chiarore lunare, vedevo benissimo le mie impronte là dove avevo turbato la polvere accumulata per tanto tempo. Illuminate dalla luna, di fronte a me, vi erano tre giovani donne; delle dame, a giudicare dalle loro vesti

1. **Il misterioso... Conte**: visitandolo nelle stanze dell'ospite, il Conte gli aveva detto: «se lasciaste queste stanze, non avreste la possibilità di dormire in nessun'altra parte del castello. È vetusto, contiene molte memorie e riserva brutti sogni a coloro che si mettono a dormire mossi da imprudenza».

Bram (Abraham) **Stoker** (1847-1912), irlandese, per la maggior parte della sua vita fu impresario teatrale, dirigendo insieme a un famoso attore il Lyceum, un importante teatro di Londra. Fu anche critico teatrale e giornalista. La scrittura di romanzi e racconti di gusto popolare, del tutto ignorati dalla critica del tempo, fu per lui un'attività secondaria, ma gli diede un grande successo con *Dracula* (1897).

e dalle loro movenze. Sul momento, come le ho viste, ho pensato di stare sognando: esse non proiettavano nessuna ombra sul pavimento. Mi si sono avvicinate e per qualche istante mi hanno osservato, e poi hanno sussurrato qualcosa tra di loro. Due erano scure di capelli, con un forte naso aquilino, come il Conte, e grandi occhi neri e penetranti, che parevano quasi rossi al contrasto con il giallo pallore della luna, L'altra era bionda, bionda quanto lo si può essere, con una grande chioma di capelli color oro e occhi simili a pallidi zaffiri. Mi sembrava in qualche modo di conoscere quel viso, e di poterlo associare a un qualche sogno pauroso[2]: ma al momento non riuscivo a ricordare il come e il dove. Tutte e tre avevano degli splendenti denti bianchi che spiccavano come perle contro le labbra di un rosso rubino. C'era qualcosa in loro che mi metteva a disagio, una sorta di attrazione e al tempo stesso di paura mortale. Ho avvertito nel mio cuore un maligno, bruciante desiderio di essere baciato da quelle labbra rosse. Forse non è bene che io scriva queste cose, che potrebbero un giorno capitare sotto gli occhi di Mina[3] e darle un dispiacere, ma questa è la verità. Le tre donne hanno sussurrato qualcosa tra di loro, poi tutte e tre si sono messe a ridere, di un riso così argentino e musicale, ma anche così inquietante da far pensare che un suono simile non potesse sortire dalla dolcezza di labbra umane. Era come l'intollerabile, dolce tintinnio di una serie di bicchieri[4] suonata da mano troppo insinuante. La fanciulla bionda ha scosso la testa con civetteria, e le altre due l'hanno sollecitata. Una ha detto:

"Dai! Sei tu la prima, poi toccherà a noi. È tuo il diritto di cominciare". E l'altra ha aggiunto:

"È giovane e forte. Ci sono baci per tutte". Io ero lì immobile, a guardare di sotto le palpebre in un'agonia di deliziata aspettativa. La fanciulla bionda si è fatta avanti e si è chinata su di me fino a che non ho sentito sul mio viso il suo respiro. Un respiro dolce sotto un certo aspetto, dolce come il miele, che mi pervadeva tutto con un tintinnio simile a quello della sua voce, ma con un che di amaro che si insinuava nella dolcezza, un'aggressività amara, come nell'odore del sangue.

Avevo paura ad aprire del tutto le palpebre, ma osservavo tutto e tutto vedevo perfettamente attraverso le ciglia. La fanciulla si è inginocchiata e si è piegata su di me, con aria vogliosa. Vi era in lei una deliberata voluttà al tempo stesso eccitante e ripugnante, e nel piegare in avanti il collo si leccava le labbra come un animale, fino a che ho visto al chiarore lunare le labbra scarlatte inumidirsi e splendere, e la lingua rossa lambire i bianchi denti acuminati. Sempre più giù si chinava la testa, tanto che le labbra sembrarono non più indirizzarsi sulla mia bocca e sul mento, mirando invece alla mia gola. A un tratto si è fermata, e io ho sentito allora il suono leggero della sua lingua nel leccare i denti e le labbra, e poi il calore del suo respiro sul collo. La mia gola ha cominciato a tremare, come ci capita quando una

2. **di poterlo associare... pauroso**: di averlo visto in un incubo o in un'allucinazione.

3. **Mina**: la fidanzata di Jonathan.

4. **tintinnio... bicchieri**: soffregando l'orlo di una serie di bicchieri diversamente riempiti d'acqua, si ottengono suoni variamente intonati e armonizzati. Naturalmente si tratta di suoni freddi, stridenti.

mano ci si avvicina sempre di più per farci il solletico. Ora potevo sentire il tocco morbido e il fremito delle sue labbra sulla mia gola, ove la pelle è più sensibile che mai, e le punte dure di due denti aguzzi, sfiorarmi e lì indugiare. Io ho chiuso gli occhi in una languida estasi, e ho atteso e atteso con il cuore in tumulto.

Ma in quel medesimo istante, un'altra sensazione mi ha travolto, ratta come un fulmine. Ho avvertito la presenza del Conte, come per una sua improvvisa, furente irruzione. Aperti involontariamente gli occhi, l'ho visto stringere con forza il sottile collo della fanciulla bionda e strapparla da me con la forza di un gigante, mentre gli occhi azzurri di lei si stravolgevano dal furore, i bianchi denti digrignanti di rabbia, e il bel volto fiammeggiante di passione. Ma il Conte! Mai avrei immaginato tanta violenza e tanta furia, neanche in un demonio degli Inferi. I suoi occhi erano letteralmente di fiamma; di una lurida luce rossa, come se dietro di loro ardessero i fuochi dell'Inferno. Il volto era di un pallore di morte, e i lineamenti duri come corde tese. Le folte sopracciglia che si univano sopra il naso sembravano ora quasi una barra di metallo incandescente. Con un brusco movimento del braccio, ha allontanato la donna da sé, e poi ha fatto un gesto in direzione delle altre come a respingerle. Era lo stesso gesto imperioso che gli avevo visto fare con i lupi[5]. Poi, con un tono di voce che per quanto basso e sussurrato sembrava tagliare l'aria e riecheggiare per tutta la stanza, ha detto:

"Come osate toccarlo, voi tutte? Come osate posare gli occhi su di lui, dopo che ve lo avevo proibito? Indietro, tutte quante! Quest'uomo appartiene a me! E voi state attente a non occuparvene, altrimenti ve la farò pagare". La fanciulla bionda, con una risata di sfacciata civetteria, si è girata a rispondergli:

"Ma tu non hai mai amato. Mai amato, tu!". Al che anche le altre due si sono unite, e la stanza si è riempita di un riso senza gioia, aspro, vuoto, che al sentirlo quasi son venuto meno. Forse i demoni gioiscono così. Allora il Conte si è voltato, e dopo avermi osservato attentamente in volto, ha sussurrato:

"Sì, anch'io so amare. Anche voi lo sapete, se vi guardate indietro. Non è così? Ebbene, qui vi prometto che quando avrò finito con lui lo bacerete finché ne avrete voglia. Ma adesso via! Via! Ora devo svegliarlo, perché dobbiamo lavorare".

"E per noi non c'è niente, questa notte?" ha detto una delle donne, con un riso sommesso, indicando un sacco che il Conte aveva gettato per terra, e che si muoveva come se dentro vi fosse qualcosa di vivo. Il Conte con un cenno del capo ha assentito. Una delle donne ha fatto un balzo in avanti e ha aperto il sacco. Se le mie orecchie non mi hanno ingannato, ho sentito un singulto e un flebile lamento, come di un bambino mezzo soffocato. Le donne hanno circondato il sacco, mentre io ero paralizzato dall'orrore. Ma come ho alzato gli occhi, le tre donne erano sparite e con loro quell'orribile sacco. Dietro di loro non c'era nessuna porta, e non avrebbero potuto passar sopra di me senza che me ne accorgessi. Semplicemente, è sembrato che esse svanissero nei raggi della luna e che volassero via dalla finestra, perché per un momento mi è parso di vederne le ombre vaghe e incerte prima che si dissolvessero del tutto.

A quel punto l'orrore mi ha sopraffatto, e sono svenuto.

Bram Stoker, *Dracula*, capitolo III, trad. dall'inglese di L. Lunari, Feltrinelli, Milano, 2012

5. **lo stesso... lupi**: mentre Jonathan veniva accompagnato al castello, nella notte, branchi di lupi ululanti avevano assediato la carrozza, e il Conte li aveva scacciati con un solo gesto, dimostrando un altro dei suoi poteri paranormali.

DIALOGO CON IL TESTO

COMPRENDERE

Gli ingredienti del genere *horror* Bram Stoker non è uno scrittore raffinato, ma sa mescolare con grande abilità i suoi ingredienti narrativi:

- in primo luogo gli elementi di terrore e orrore ereditati dalla tradizione del romanzo "gotico": il castello, lo scenario notturno, le apparizioni spettrali, l'orribile sacrificio del bambino;
- in secondo luogo, la sospensione tra esperienza vissuta e allucinazione, che caratterizza il racconto fantastico dell'Ottocento (vedi Hoffmann, ▸Vol. 4, T9): il protagonista può aver sognato, anzi lo spera (r. 15), e più avanti nel romanzo sarà ancora tormentato dal dubbio, fino a che Abraham Van Helsing, lo scienziato eroe della storia, non gli confermerà che ciò che ha vissuto è tutto vero; in questo modo l'armamentario delle superstizioni popolari, caro alla cultura romantica, viene immesso nel nuovo clima culturale dominato dalla scienza "positiva";
- in terzo luogo, l'aspetto forse più interessante: l'ambiguo fascino del male. Dracula è senza dubbio un essere diabolico, tanto è vero che crocefissi e ostie consacrate sono tra gli strumenti per combatterlo; il carattere maligno e spietato dei vampiri traspare nel bagliore rossastro degli occhi e nelle orribili espressioni di ira. E tuttavia il rapporto del vampiro con le sue vittime ha anche qualcosa di erotico: le tre fanciulle sono state evidentemente dissanguate e ridotte a vampiri da Dracula, ma questo significa in un certo senso che lui le ha amate; il loro approccio a Jonathan ha qualcosa della seduzione sessuale, e lo stesso interesse di Dracula per lui potrebbe essere interpretato eroticamente.

● **Il carattere demoniaco delle tre compagne di Dracula è accentuato anche dall'attribuzione di tratti animaleschi al loro aspetto fisico o ai loro comportamenti. Individuate qualcuno di questi tratti.**

● **Indicate le espressioni che manifestano come lo stesso Jonathan sia preso dal fascino seduttivo delle fanciulle-vampiro.**

ANALIZZARE

Terrore ed erotismo L'ambiguità fra terrore ed erotismo, per quanto espressa nei limiti consentiti dalla morale ufficiale dell'epoca vittoriana, è uno dei punti di forza del romanzo, perché va a sollecitare zone oscure e sensibili della psiche del lettore. Insieme all'uso sapientissimo della *suspense* è certo un fattore che spiega il successo ininterrotto del romanzo da più di un secolo, e le innumerevoli riprese del tema in opere cinematografiche (alcune di alto livello), in fumetti e altri prodotti dell'industria culturale.

● **Indicate le espressioni del testo in cui è presente questa coesistenza di terrore ed erotismo e di dolore e piacere.**

L'effetto sorpresa Il carattere avvincente della narrazione risulta anche dalla sua capacità di suscitare aspettative nel lettore e poi di sorprenderlo con fatti imprevisti.

● **Individuate i principali avvenimenti che provocano un effetto di sorpresa.**

CONTESTUALIZZARE

La fortuna letteraria del vampiro Sebbene quella del vampiro sia, in forme diverse, una figura ricorrente nelle antiche tradizioni folkloriche di diversi popoli, fu però solo a partire dall'Ottocento che ebbe una vasta risonanza anche in ambito letterario. Nel 1819 una rivista inglese pubblicò *Il vampiro*, un racconto che riscosse una rapida e sorprendente fortuna in tutta Europa. Goethe, entusiasta, scrisse che si trattava della migliore opera scritta da Byron, a cui il racconto era stato erroneamente attribuito. Autore ne era in realtà John William Polidori, amico di Byron e di Mary Shelley, l'autrice di *Frankenstein*, altro romanzo di culto del genere *horror*; suo padre, Gaetano, era stato segretario di Vittorio Alfieri prima di emigrare a Londra e appassionarsi di romanzi gotici (fu lui a tradurre per primo in italiano *Il castello di Otranto* di Horace Walpole). Il racconto di Polidori, ben presto tradotto in tutta Europa, fissò l'immagine del vampiro con cui tutto il genere *horror* degli anni futuri – da Bram Stoker a oggi – ha dovuto inevitabilmente fare i conti.

VAMPIRI AL CINEMA

Nosferatu, una sinfonia delle tenebre di Friedrich Wilhelm Murnau
Nosferatu il principe della notte di Werner Herzog
Dracula di Bram Stoker di Francis Ford Coppola

Il vampiro non muore mai: perlomeno nel cinema. Dai tempi del muto ad oggi sono circa un migliaio i vampiri che hanno attraversato le ombre dello schermo cinematografico, e circa un centinaio i film con protagonista il famoso conte Dracula.

Il primo vampiro dello schermo fu *Nosferatu, una sinfonia delle tenebre*, di Friedrich Wilhelm Murnau, girato nel 1922, considerato un capolavoro del cinema muto. Il film ancora oggi riesce a trasmettere un senso di mistero e di vago orrore. La vicenda è spostata da Londra a Brema e i nomi sono cambiati (Nosferatu significa in rumeno "non-morto"), ma la trama è la stessa del romanzo di Bram Stoker. Il film però concentra l'attenzione sul progressivo annichilimento delle forze vitali di una città e dei suoi abitanti, impotenti di fronte all'avanzare del Male. Fra le sequenze più celebri, la vampirizzazione del giovane Hutter (*alias* Harker nel romanzo di Stoker) e dei marinai della nave su cui viaggia il conte Orlock (*alias* Dracula) verso Brema; la peste nella città, con la lunga fila di bare nere; e il sacrificio di Ellen (*alias* Mina), che si concede ai morsi del vampiro per trattenerlo fino al sorgere del sole, in modo da causarne la morte. Nel film si assiste a un trionfo dell'irrazionale che alcuni critici hanno interpretato come la premonizione dell'avvento del nazismo. Indubbiamente c'è dietro il pessimismo tipico del periodo seguente la prima guerra mondiale.

Il film ha avuto nel 1979 un *remake* da parte del regista tedesco Werner Herzog, *Nosferatu il principe della notte.* Qui il regista però sottolinea la solitudine e la malinconia esistenziale del protagonista. Rispetto all'originale, Herzog propone un esito diverso: l'impiegato Jonathan Harker, vampirizzato da Nosferatu, ne eredita la missione devastatrice. Se Stoker fa distruggere il suo vampiro dalla religione, Murnau dall'amore, Herzog, che è anarchico, tra la società e il vampiro sceglie il vampiro. La peste infatti è vista come momento liberatorio, è la sovversione della grigia passività borghese. Tra bare e migliaia di topi, si

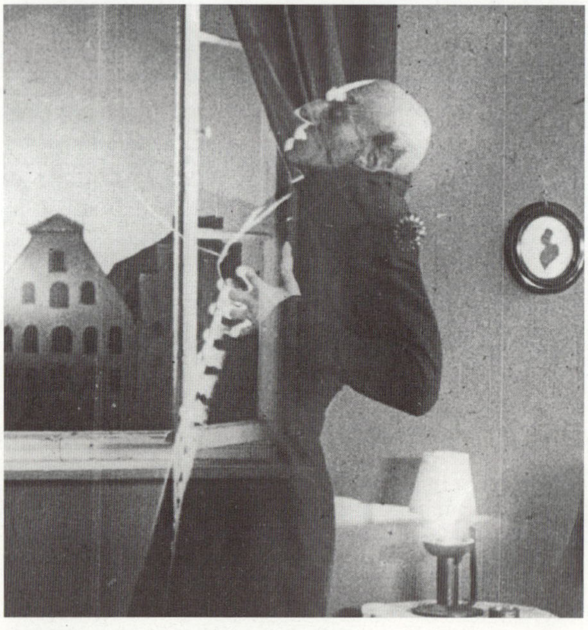

Sopra Scena tratta dal film *Nosferatu, una sinfonia delle tenebre* diretto da Friedrich Wilhelm Murnau nel 1922.
A destra La locandina del film *Nosferatu il principe della notte* diretto da Werner Herzog nel 1979.

Nosferatu, una sinfonia delle tenebre
Regia: Friedrich Wilhelm Murnau
Sceneggiatura: Henrik Galeen
Cast: Max Schreck (Conte Orlock), Gustav von Wangenheim (Hutter)
Paese e anno di produzione: Germania (1922)
Durata: 84 minuti

Nosferatu il principe della notte
Regia: Werner Herzog
Sceneggiatura: Werner Herzog
Cast: Klaus Kinski (Conte Dracula), Isabelle Adjani (Lucy Harker), Bruno Ganz (Jonathan Harker)
Paese e anno di produzione: Germania Ovest, Francia (1979)
Durata: 107 minuti

Dracula di Bram Stoker
Regia: Francis Ford Coppola
Sceneggiatura: James V. Hart
Cast: Gary Oldman (Conte Dracula), Winona Ryder (Mina), Keanu Reeves (Jonathan Harker)
Paese e anno di produzione: Stati Uniti (1992)
Durata: 128 minuti

festeggia e si brinda. La diversità contagia e trionfa.

Nel 1992 il regista americano Francis Ford Coppola gira *Dracula di Bram Stoker* con l'intento di ristabilire, dopo anni di contaminazioni e divagazioni intorno alla figura del vampiro, una sorta di "versione corretta", ricostruendo anche i motivi della trasformazione del conte Vlad in vampiro. Il film, ricco di splendide invenzioni visive, ha al suo centro l'amore fra Dracula e Mina, reincarnazione della sua sposa perduta durante le guerre contro i turchi, e fa del conte un eroe romantico, sorta di angelo caduto, insistendo sull'attrazione erotica presente da sempre nella figura del vampiro.

Negli ultimi anni il successo della figura del vampiro è stato alimentato da una serie di prodotti cinematografici e televisivi rivolti a un pubblico adolescenziale, che sono rapidamente ascesi a fenomeni di culto: la saga di *Twilight*, tratta dai romanzi *bestsellers* di Stephenie Meyer; le serie TV *Buffy l'ammazzavampiri*, *True Blood*, *The Vampire Diaries*... L'interesse principale di questi prodotti, probabilmente, non è nella loro qualità intrinseca quanto nella capacità di sperimentare la contaminazione tra generi diversi (*horror*, romanzo di formazione, narrazione sentimentale) e di slegare la figura del vampiro dagli stereotipi che l'hanno accompagnato nei decenni precedenti, adottando diverse soluzioni narrative per captare l'interesse delle nuove generazioni.

Sopra Scena tratta dal film *Dracula di Bram Stoker* diretto da Francis Ford Coppola nel 1992.
A destra La locandina del film *Dracula di Bram Stoker* diretto da Francis Ford Coppola nel 1992.

RILETTURE (T1-T13)

COMPRENDERE

1. Nella narrativa del secondo Ottocento spesso assumono rilievo i particolari più umili della vita di ogni giorno, a volte la monotonia quotidiana diventa un tema centrale. Individuate nei brani letti quelli in cui questi aspetti sono in evidenza e i diversi significati che assumono.
2. Uno dei temi forti della narrativa dell'epoca è la crisi dei valori tradizionali, la loro discussione e la ricerca di valori nuovi. Indicate e specificate questa tematica nei brani letti.
3. L'immaginario romanzesco permea di sé la mentalità dell'Ottocento, tanto è vero che spesso i personaggi stessi prendono romanzi e racconti come punto di riferimento e di confronto: la narrativa parla di se stessa. Individuate nei testi letti i luoghi in cui questo accade.

ANALIZZARE

4. Il romanzo del secondo Ottocento presenta una grande varietà di soluzioni per quanto riguarda la scelta del narratore e del punto di vista narrativo. Ne potete avere un'idea compilando la tabella seguente, motivando e discutendo le singole risposte, che non sono sempre nette e univoche.

		Flaubert	Zola	Huysmans	Wilde	Tolstoj	Dostoevskij	Čechov	Stevenson	Conan Doyle	Stoker
Narratore interno	coincide con un protagonista										
	è un personaggio testimone										
Narratore esterno	onnisciente e distaccato										
	assume a tratti il punto di vista di un personaggio										

ALLA MANIERA DI...

1. Provate a riscrivere una parte della scena domestica di madame Bovary (▸**T1**) assumendo il punto di vista di Charles Bovary.
2. L'incontentabile raffinatezza di Des Esseintes, il protagonista di *Controcorrente* (▸**T4**), sembra attirare irresistibilmente la parodia. Provate a descrivere la scena del banchetto mettendola in caricatura; potete assumere il punto di vista di un semplice contadino, che assiste casualmente alla scena.

SCRIVERE UN TESTO ARGOMENTATIVO

- Sviluppate il tema proposto mettendo in relazione le seguenti posizioni teoriche con i testi che conoscete.

REALISMO ROMANTICO E REALISMO NATURALISTA

Balzac, da *Prefazione a La commedia umana* (1842)

Nel 1842 Honoré de Balzac (1799-1850), il protagonista del realismo romantico francese, progettò di riunire la sua opera narrativa, già scritta e da scrivere, sotto il titolo generale *La Commedia umana*: la sua ambizione era di dare una rappresentazione complessiva del suo tempo, analoga a quella contenuta nella *Divina commedia*. Il progetto comprendeva 137 romanzi, di cui riuscì a scriverne ben 90. Diamo alcuni estratti della prefazione generale scritta in quell'occasione.

Il caso è il più grande romanziere del mondo: per essere fecondi, basta studiarlo. La Società francese sarebbe stata lo storico, io non dovevo essere che il suo segretario. Compilando l'inventario dei vizi e delle virtù, raccogliendo le principali manifestazioni delle passioni, dipingendo i caratteri, scegliendo gli avvenimenti principali della Società, creando dei tipi mediante l'accostamento dei tratti di parecchi caratteri omogenei, forse potevo arrivare a scrivere la storia trascurata da tanti storici, quella dei costumi. [...]
Ma, per meritare gli elogi a cui deve ambire ogni artista, non dovevo forse anche studiare le cause o la causa di questi effetti sociali, cogliere il senso nascosto in quell'immenso insieme di figure, di passioni e di avvenimenti? Infine, dopo avere cercato, non dico trovato, questa causa, questo motore sociale, non bisognava meditare sui princìpi naturali e vedere in che cosa le Società si allontanano o si avvicinano alla regola eterna del vero e del bello[1]? [...]

L'immensità di un progetto che abbraccia insieme la storia e la critica della Società, l'analisi dei suoi mali e la discussione dei suoi princìpi, mi autorizza, credo, a dare alla mia opera il titolo sotto il quale appare oggi: *La Commedia Umana*. È troppo ambizioso? È solo giusto? Lo deciderà il pubblico, a opera terminata.

Honoré de Balzac, *La comédie humaine. Scène de la vie privée*, vol. 1, Gallimard, Paris, 1951, trad. dal francese di A. Colombo

---

1. **alla regola... bello**: Balzac, di orientamento conservatore, ritiene che la società vada giudicata sulla base di princìpi *naturali* e immutabili.

Alessandro Manzoni, *Lettera a Victor Chauvet* (1820)

Non voglio per questo asserire che i componimenti che appartengono al genere romanzesco siano sostanzialmente falsi. Certo ci sono dei romanzi che meritano di essere considerati modelli di verità poetica; e sono quelli i cui autori, dopo aver preso atto, in modo preciso e sicuro, dei caratteri e dei costumi, hanno inventato, per poter rappresentare tali caratteri e tali costumi, azioni e situazioni conformi a quelle che si verificano nella vita reale: dico solo che, come ogni genere letterario ha un suo scoglio particolare, così lo scoglio del genere romanzesco è rappresentato dal falso. Il pensiero degli uomini si manifesta con maggiore o minore chiarezza attraverso le loro azioni e i loro discorsi; ma anche quando si parte da questa larga e solida base raramente si giunge alla verità nella rappresentazione dei sentimenti umani. A fianco di un'idea chiara, semplice e vera se ne presentano cento che sono oscure, forzate o false; ed è la difficoltà di separare la prima dalle seconde che rende così esiguo il numero dei buoni poeti. Tuttavia anche i più mediocri si trovano spesso sulla via della verità; qualche indizio più o meno vago di essa, lo hanno sempre. Ma è difficile seguire questi indizi: che cosa accadrà poi se li si trascura e li si disprezza? È questo l'errore che commettono, inventando i fatti, la maggior parte dei romanzieri. Ne è derivato quel che doveva derivarne, e cioè che la verità è sfuggita loro più spesso che a quelli che si sono tenuti più vicini alla realtà; ne è derivato che essi si sono preoccupati poco della verosimiglianza, sia nelle vicende che hanno immaginate sia nei caratteri dai quali hanno fatto scaturire queste vicende; e che a forza di inventare storie, situazioni nuove, pericoli inaspettati, contrasti eccezionali di passioni e di interessi, hanno finito col creare una natura umana che non somiglia in niente a quella che avevano sotto gli occhi, o, per meglio dire, a quella che non hanno saputa vedere. Di conseguenza l'epiteto di romanzesco è stato designato ad indicare generalmente, per quel che riguarda i sentimenti e i costumi, quel tipo particolare di falsità, quel tono artificioso, quei tratti convenzionali che contraddistinguono i personaggi dei romanzi.

Alessandro Manzoni, *Tutte le opere*, a cura di A. Chieri e F. Ghisalberti, Mondadori, Milano, 1957-1990

Gustave Flaubert, *Rappresentare e basta* (1852) (▸D9, p. 23)

Émile Zola, *Il romanzo sperimentale* (1880) (▸D10, p. 24)

▸ p. 44

La narrativa in Italia

Narratori “scapigliati”

Il movimento della scapigliatura, fiorito a Milano e a Torino negli anni Sessanta e Settanta, raccoglie scrittori, pittori, musicisti accomunati da un atteggiamento anticonformista, di opposizione ai modelli di vita borghese e alle forme artistiche dominanti. Nel campo della narrativa gli scapigliati vollero emanciparsi dal modello manzoniano del romanzo, coltivando altri generi come il racconto breve, esplorando zone oscure e morbose dell'esperienza umana (IGINIO UGO TARCHETTI, ▸T14), privilegiando i toni satirici e grotteschi e sperimentando impasti stilistici compositi, polemicamente contrapposti al fiorentino medio manzoniano (CARLO DOSSI, ▸T15).

IGINIO UGO TARCHETTI

T14 ▸ Succube di Fosca

PERCORSO
- Dal personaggio “tipico” alla dissoluzione del personaggio (I), p. 571
- L'orrore, il macabro, il perturbante (II), p. 579

BIBLIOTECA PERCORSO TEMATICO
- La follia

Nel romanzo *Fosca*, capolavoro di Tarchetti, il giovane protagonista Giorgio è diviso fra l'amore puro e sublime per la bella Clara e l'ambigua attrazione per Fosca, una donna di orribile bruttezza conosciuta in una cittadina di provincia dove lui è stato trasferito come ufficiale dell'esercito (i nomi delle due donne hanno un evidente significato simbolico). Inizialmente Giorgio, innamorato di Clara, nutre per Fosca un sentimento misto di ribrezzo e di pietà, ma questo si trasforma lentamente in un'attrazione morbosa, attizzata dalla passione violenta e possessiva della donna. Fosca, consunta da una malattia nervosa, morirà dopo una notte d'amore col protagonista, mentre lui, costretto a ritirarsi dalla vita militare per lo scandalo suscitato dalla relazione, dovrà vivere in solitudine, colpito dallo stesso male dell'amante.
Riportiamo un brano, tratto dai capitoli XXXII e XXXIII, nel quale è descritta la vita dei due amanti dopo che Giorgio, indotto dal medico di Fosca a fingere per pietà di esserne innamorato, è diventato succube della volontà della donna.

XXXII.

[...]

Passavamo quasi tutta la giornata assieme. Al mattino la vedeva da sola come prima; alla sera suo cugino[1] si tratteneva qualche ora con noi; poi finiva coll'uscire e col lasciarci soli da capo. Spesso Fosca teneva il letto[2], e io vegliava al suo capezzale gran parte della notte. Era impossibile ribellarsi a quelle esigenze, impossibile allontanarsi da lei un istante più presto di ciò che era inesorabilmente necessario, o lasciarle apparire soltanto l'affanno in cui mi poneva quel sacrificio.

Ciò avrebbe bastato a provocare qualche accesso terribile[3]. Era cosa avvenutami qualche volta nei primi giorni della nostra relazione, e n'era[4] rimasto sì atterrito che mi sarei assoggettato a qualunque gravissima prova per evitarlo.

1. **suo cugino**: Fosca vive insieme al cugino, colonnello dell'esercito e superiore di Giorgio.
2. **teneva il letto**: stava a letto.
3. **qualche accesso terribile**: qualche violenta crisi di nervi.
4. **era**: la desinenza in *-a* per la prima persona singolare fu regolare fino ai primi dell'Ottocento.

Durante quelle sue convulsioni io temeva che ella morisse, e mi sentiva rabbrividire a questo pensiero, giacché se ciò fosse avvenuto ne sarei stato io la causa. L'abitudine mi vi aveva reso in pochi giorni sì rassegnato, che io aveva quasi cessato di credere alla possibilità di sottrarmi a quella tortura. Il timore di ucciderla mi rendeva capace di qualunque sacrificio. Ella mi faceva rimanere vicino al suo letto delle lunghe ore, e nelle posizioni le più penose; o col capo sul guanciale, o colle mani intrecciate colle sue, o col viso rivolto verso la luce perché potesse vedermi bene. Mi conveniva[5] chiudere gli occhi, aprirli, fingere di dormire, sorridere, parlare, tacere, alzarmi, passeggiare, tornarmi a sedere, secondo che ella mi diceva di fare. Una disubbedienza commessa con garbo poteva farla sorridere, ma un atto dispettoso poteva avere conseguenze fatali. Quando era malata molto, i miei tormenti divenivano ancora maggiori. Ella aveva degli eccessi di tristezza e di disperazione veramente spaventevoli. La pietà che ne sentiva mi lacerava il cuore. Spesso era assalita da emicranie sì violente che ne diventava come pazza. Si lacerava i capelli, e tentava di percuotere la testa alla parete. In mezzo a quelle sue urla, a quei suoi spasimi, non si dimenticava però di me; mi avvinghiava tra le sue braccia con forza, quasi avesse voluto cercar salvezza sul mio seno, e non mi lasciava libero se non quando i suoi dolori l'avevano abbandonata. Io rimaneva tra le sue braccia, inerte, muto, inorridito, cogli occhi chiusi per non vederne il volto, atterrito dal pensiero che una mia imprudenza avrebbe provocate in lei quelle convulsioni, durante le quali avrebbe potuto tradire inconsciamente il nostro segreto[6]. Nei pochi momenti di calma le leggeva qualche libro, o parlavamo del nostro passato; e io mostrava di metter fede e interesse nei progetti strani e impossibili che ella formava pel suo avvenire. Allora ella era spesso ragionevole, spesso anche amabile, sempre buona; il suo dire era sì aggraziato, sì facile, e le modulazioni della sua voce sì dolci, che a non vederla si poteva rimanere incantati della sua compagnia.

Negl'intervalli di benessere che le lasciavano di quando in quando le sue infermità, era vivace, lieta, qualche volta scherzosa. Alzata, era altra donna. Lo sfarzo dei suoi abiti, i suoi profumi, i fiori di cui riempiva le sue stanze, sembravano metterla in una luce più serena, e circondarla d'un'atmosfera meno lugubre. Benché que' suoi acconciamenti sì ricchi dessero maggior risalto alla sua bruttezza, non la rendevano però sì spaventevole. In quei momenti v'era nella sua persona qualche cosa

5. **Mi conveniva**: ero costretto a.
6. **il nostro segreto**: il rapporto tra Giorgio e Fosca è tenuto nascosto al colonnello.

Antonio Mancini, *Riposo*, 1887. (Collezione privata)

di vivo, di giovane, di voluttuoso che il letto e la malattia non lasciavano apparire.

Passava quasi tutto il giorno in un suo gabinetto[7] dove non riceveva altre persone che suo cugino ed io[8]. V'era colà un ampio divano di velluto turchino, sul quale mi faceva sedere vicino a lei; mi aveva assegnato un posto alla sua destra, ed esigeva che non mi sedessi in altro punto del divano che in quello. Non vedendomi mai che là, diceva ella, poteva, allorché io non v'era, sedersi al suo posto ed illudersi di avermi vicino. Spesso mi teneva abbracciato delle lunghe ore, e mi faceva ripetere parola per parola alcune frasi affettuose che né il mio cuore mi avrebbe suggerito, né avrei avuto la forza di dirle. Queste sue follie erano inesauribili come la mia rassegnazione, giacché tutto ciò che avrebbe formato la felicità di un amante, formava invece la mia tortura, né sapeva indurmi a dimostrarglielo. Mi copriva di petali di fiori, mi faceva mangiare dei bottoni[9] di rose, o assaggiare le sue medicine che erano quasi sempre amarissime. Talora esigeva che mi mettessi al tavolo, che le scrivessi una lettera amorosa che mi dettava sovente ella stessa. Dopo essersi abbandonata a tutte queste follie, era spesso assalita da una tristezza improvvisa, si buttava a terra in ginocchio, mi diceva di perdonarla, e piangeva. Passava da un eccesso all'altro, ad un tratto, senza cause apparenti; e non aveva alcuna moderazione né ne' suoi dolori, né nelle sue gioie.

Ciò che mi pareva più incomprensibile in lei, era che non viveva che di caffè. Non veniva a tavola che per trovarmisi vicina, e per mettere a prova la mia pazienza, facendo passare i suoi piccoli piedi sotto i miei, perché glie li premessi, o pizzicandomi le ginocchia sotto la tovaglia. In quei momenti sapeva che io avrei tollerato tutto[10], e abusava volentieri di questa sicurezza.

Alla sera facevamo abitualmente una passeggiata in carrozza. La stagione era ancora assai calda, e spesso non uscivamo che sull'imbrunire. Il moto della vettura conciliava sì bene il sonno al colonnello, ed egli era sì felice di sapere che v'era lì io per conversare con sua cugina, che non aveva posto piede sulla predella[11] che era già addormentato. Fosca sembrava trovare maggior piacere in quelle strette di mano e in quei baci che mi dava di sotterfugio in quei momenti. Quella era per lei l'ora più felice della giornata: il sapere che suo cugino era lì, che io avrei osato dir nulla[12], oppormi a nulla, rendeva la sua arditezza ancora più tormentosa. Le sue imprudenze erano in quei momenti senza numero.

In quanto a me non v'erano istanti più tristi di quelli. Le strade che percorrevamo erano quasi tutte strade di campagna, strette, solitarie, aperte in mezzo ai vigneti ed ai prati. Era il principio dell'autunno; i grilli, le locuste, le piccole rane delle siepi riempivano l'aria d'una musica piena di dolcezza e di melanconia. Il cielo era quasi sempre sereno e stellato, l'aria impregnata di profumi. In quei momenti avrei voluto pensare a Clara, raccogliermi e dimenticarmi in quel pensiero, ma non era possibile. Fosca mi richiamava inesorabilmente alla realtà della mia situazione.

Ma a che scopo ricordare le angosce di quei giorni? Furono tali dolori che non si possono né immaginare, né dire, né forse sopportare senza soccombervi. La prova che io ho subita fu breve, ed è a ciò soltanto che ho dovuto la mia salvezza.

7. **gabinetto**: salottino.
8. **ed io**: e me (errore di grammatica).
9. **bottoni**: boccioli.
10. **In quei... tutto**: i due giovani mangiano in compagnia del colonnello, e Giorgio è costretto a tollerare in silenzio le *avances* di Fosca per mantenere nascosta la loro relazione.
11. **predella**: gradino per salire sulla carrozza.
12. **avrei... nulla**: l'omissione del "non" è un piemontesismo.

Venti giorni dopo la convalescenza[13] di Fosca, io non aveva già più né salute, né coraggio, né speranza di sopravvivere a quella sciagura.

XXXIII.

Una cosa sovratutto – e la noto qui come quella che può dar ragione dell'abbandono in cui ero caduto, e della sfiducia che s'era impadronita di me – contribuiva ad accrescere il mio dolore: il pensiero fisso, continuo, orrendo, che quella donna volesse trascinarmi con sé nella tomba. Essa doveva morire presto, ciò era evidente. Il vederla già consunta, già incadaverita, abbracciarmi, avvinghiarmi, tenermi stretto sul suo seno durante quei suoi spasimi, era cosa che dava ogni giorno maggior forza a questa fissazione spaventevole.

Iginio Ugo Tarchetti, *Fosca*, capitolo XXXII-XXXIII, Einaudi, Torino, 1971

13. **convalescenza**: Fosca è reduce da una crisi acuta della malattia, in seguito alla quale il medico della donna ha convinto Giorgio a fingersi innamorato di lei.

Iginio Tarchetti (1839-1869) nacque a San Salvatore Monferrato da una famiglia benestante (il nome Ugo è un'aggiunta dell'autore, in onore di Foscolo). Dopo aver frequentato il liceo intraprese la carriera militare, ma la abbandonò nel 1865. Si stabilì a Milano, dove condusse una vita sregolata ed entrò in contatto con i circoli letterari della scapigliatura, collaborando a giornali e riviste; scrisse romanzi di problematica sociale (*Paolina*, 1866, e *Una nobile follia*, 1866, primo di una progettata serie di *Drammi della vita militare*, di tono accesamente antimilitarista) e storie fantastiche ed umoristiche (*Racconti fantastici*, 1869; *Amore nell'arte*, 1869). La sua opera più importante, il romanzo *Fosca*, cominciò a uscire a puntate sulla rivista «Il pungolo», ma rimase incompiuta per la morte dell'autore; venne pubblicata poco dopo (1869) con il capitolo mancante scritto dall'amico Salvatore Farina. Tarchetti compose anche una raccolta di poesie, *Disjecta* (rime sparse), pubblicata postuma nel 1879. Morì improvvisamente, di tifo, nel 1869, a soli trent'anni.

DIALOGO CON IL TESTO

COMPRENDERE

Il "patologico" Tarchetti pone al centro del suo romanzo il personaggio inquietante di Fosca, donna di mostruosa bruttezza che porta alla distruzione l'uomo amato, ma anche la "malattia" di Giorgio, che si lascia catturare da una passione malsana. In questo brano è evidente l'insistenza sull'anormale, sul mortuario, sul patologico, che da un lato rinvia alla narrativa fantastica di Hoffmann (▸Vol. 4, T9) e di Poe (▸Vol. 4, T10); dall'altro si collega all'interesse della letteratura naturalista e verista per l'analisi dei "casi clinici" (Capuana, ▸T16).

- **Considerando le scelte stilistiche e il punto di vista attraverso il quale è filtrato il racconto, stabilite quale dei due riferimenti culturali sia più vicino a Tarchetti.**

ANALIZZARE

Una scrittura approssimativa La scrittura di Tarchetti è approssimativa, in qualche punto grammaticalmente vacillante. È un segnale che nel secondo Ottocento la letteratura non è più monopolio di intellettuali di alta levatura culturale, ma è praticata anche da scrittori di media cultura.

CONFRONTI Il motivo della donna vampiresca che stringe l'amato in un abbraccio mortale, e più in generale il tema della necrofilia, ricorrono con frequenza nella letteratura di fine Ottocento tra simbolismo, decadentismo e scapigliatura. Potete trovarne esempi nei testi di Baudelaire (▸T25) e di Emilio Praga (▸T38).

CARLO DOSSI

T15 ▸ Panche di scuola

L'altrjeri. Nero su bianco, composto da tre racconti (*Lisa*, *Panche di scuola*, *La principessa Pirimpimpara*), venne stampato per la prima volta nel 1868, a spese dell'autore diciottenne, in un numero limitato di copie; fu poi ripubblicato da Dossi nel 1881, in edizione riveduta e corretta. Il brano qui riprodotto è tratto da *Panche di scuola* nella versione del 1881, e narra un'esperienza scolastica del piccolo Guido Etelredi, protagonista-narratore del racconto, appena introdotto dal direttore Proverbio nella terza classe elementare che dovrà frequentare.

E fummo alla III classe.

Ivi, il più chiuso silenzio. È vero che nel toccare la soglia del corritojo che vi menava, èrami sembrato uscirne una chiuccurlaja[1], un pestìo, ma, chi non lo sa? pòssono suonare gli orecchi: anzi – suonàvanmi – inquantochè il direttore continuò il suo passo con la prima e greve misura da catapulta e inquantochè – aperto l'uscio – demmo in una così severa, orgogliosa àula che ne intirizzìvan le lingue[2]. Io, machinalmente, mi bottonài[3].

La sala era ampia, a volta, con una canna di stufa, che, innalzàtasi a zigzag, la traversava, e, dalle pareti a sola rinzaffatura[4]; quella di faccia a noi, bucata da tre finestre; l'altra, alla dritta[5], con suvvi[6] una gran carta d'Europa di poche parole (pei negligenti, muta); la terza infine, con una mènsola di falso marmo, che riguardava il mezzo della corsìa tra i due òrdini di panche e che portava il busto in gesso, verniciato di verde, spolverizzato d'oro, dello stesso Proverbio[7] – una perfetta insegna da macellaro!

Ed appancate[8], quante differenti testine! Là, una riccia siccome i trùciuoli del legnajuolo e castagnina[9] chiara; quà, una arruffata, dal capello aspro e castagnina oscura; presso, una bionda, a ciambelline, vera matassa di seta; poi, una nera, ingommata[10], lustra al par di uno stivale (se lustro) in sèguito, tre cimate[11], una rossigna... E quanti diversi nasucci!... arricciati, a peperone, aguzzi, i più... incipienti[12]... E quanti vispi occhiettini! grandicelesti, piccolineri, grigi che ammìccano, verdògnoli; quì, a lunghe ciglia, bassi come que' di una mònaca; lì, strabuzzanti, da coccoveggia[13]: o tondi come un duecentèsimi, o a sfenditura da caldarroste[14].

Il pettinatore morale[15] di tutti questi ciuffetti – un fuseràgnolo[16] alquanto scorretto di gambe, bircio[17], senza un pelo al labbro quantunque se lo carezzasse soventi[18] e con un cinque o sei dozzine al più di capelli, tuttochè[19] studiasse che la penna d'oca (in verità poggiata su di una molto visìbile orecchia) parèssegli[20] fic-

1. **chiuccurlaja**: un chiacchiericcio insistente. È una parola onomatopeica.
2. **che... lingue**: che rendeva muti per la soggezione.
3. **mi bottonài**: mi abbottonai il vestito.
4. **a sola rinzaffatura**: non intonacate. Il "rinzaffo" è lo strato di malta che viene passato sulle pareti prima di distendervi l'intonaco.
5. **alla dritta**: sulla nostra destra.
6. **suvvi**: su di essa.
7. **Proverbio**: è il nome del direttore.
8. **appancate**: affiancate sulle panche. Le *testine* sono, per sineddoche, gli scolari.
9. **castagnina**: di color castano.
10. **ingommata**: imbrillantinata.
11. **cimate**: sforbiciate, tagliate corte.
12. **incipienti**: forse vuol dire che sono nasi appena abbozzati, in cui si intravvede appena la forma del naso adulto.
13. **coccoveggia**: termine popolare per designare la civetta.
14. **a sfenditura da caldarroste**: sottili come i tagli che si fanno sulle castagne per cuocerle sulla brace.
15. **pettinatore morale**: il maestro, che non deve pettinare i capelli degli studenti, ma il loro comportamento.
16. **fuseràgnolo**: persona magra e lunga come un fuso.
17. **bircio**: strabico.
18. **soventi**: frequentemente (l'espressione regolare è "sovente").
19. **tuttochè**: benché.
20. **parèssegli**: gli paresse.

cata nella capigliatura – si avanzò allora verso di noi.

– Signor cavaliere! – diss'egli chinàndosi a Proverbio.

– Stava forse dettando – dimandò costùi vedèndogli in mano un foglio.

– Appunto, signore... La lèttera pel capo d'anno... ai parenti. La sua. Ne siamo, anzi, alla fine.

– E la finisca dunque – fece il direttore. E a sé tirò il seggiolone del maestro, vi si acconciò[21], poi, mi offerse un ginocchio.

L'altro, accavalciàtosi l'occhialetto sul naso:

– Bene – disse, cercando col dito sul foglio – siamo restati a... a...

– *Vita lunga e sempre lieta, la quale...* – pispigliàrono i fanciullini.

– *La quale* – seguì il maestro – *sarà coronata... da un èsito fortunato...*

– Non per Mazzi, peraltro – osservò il direttore, accennando ad uno scolaretto che, invece di scrìvere, picchiàvasi con le dita a pìzzico le gonfie gote. (Risa e movimento).

– *Fortunato, ove il Signore assecondi... le preci*[22] *mie;* punto e vìrgola – *Ed io farò... ogni... pos-sì-bi-le onde...*

– *Le preci mie*? – Domandò un ragazzino in arretrato.

– Punto e vìrgola – *ed io farò ogni possìbile, onde...* – ripetè il maestro – *onde rèndermi sempre più degno di* crèdermi *Vostro* – vi majùscola – *af-fe-zio-na-tìssimo... obbe-dien-tìssimo...* – e mèttano *o figlio*, o *nipote...* o *pupillo*[23]... a seconda della persona cui scrìvono. Poi, il nome...

– E la data – compì Proverbio.

Si udì un susurro, uno stropiccìo di piedi per tutta la scuola: la è scorbiata[24]... aah!

Il direttore fece un gesto coll'ìndice.

– Bandinelli – disse – il vostro dettato –

Si dipancò un tomboletto, tondo, grasso e bianco come un pan di butìro[25] – venne, e porse la sua carta da torta[26] a Proverbio.

Il quale vi mise gli occhi.

– Ahi, ahi... – notò subito – uno... due... tre... Tre *o* chiusi[27]! in una sola linea!... E queste? le sono *enne*? le sono *u*?

– Ma il calamajo... – cominciò il bambino articolando con aspirazione.

– Sòlite scuse! Il calamajo! la penna, che rende grosso!... Come, se noi, *i rè del creato*, le copie autèntiche di Dio, dovèssimo ubbidire a de' materialìssimi oggetti! Cangiate scrittura, Bandinelli mio caro. Non sapete forse che nel caràttere calligràfico s'intravede anche il morale? Questo che voi possedete, sporco, ingarbugliato, è da arruffapòpoli[28], da testa balzana... già, guardate... non un puntino alle *i*, non una spranghetta alle *ti*! Bandinelli, procuràtevene uno, pieno, rotondo, ciccioso come la vostra presenza...

E non è vero – aggiunse voltàndosi alla scolaresca – anzi! è falsìssimo che gli uòmini grandi scrìvino alla maledetta[29]. Migliaja e migliaja, ben in contrario, annerìrono le loro pagine col più bel *inglese*[30] del mondo... La è, Dio santo! questio-

21. **si acconciò**: si accomodò.
22. ***preci***: preghiere (antiquato).
23. ***pupillo***: erano così definiti i bambini sottoposti a tutela perché orfani.
24. **la è scorbiata**: è scarabocchiata, è scritta: è un'espressione di sollievo degli alunni per la fine del dettato.
25. **butìro**: burro.
26. **carta da torta**: la carta decorata per le lettere di capo d'anno.
27. **chiusi**: perché riempiti di inchiostro.
28. **arruffapòpoli**: agitatore, demagogo.
29. **alla maledetta**: in modo disordinato.
30. ***inglese***: un tipo di calligrafia.

ne *sine qua non*[31] di buon gusto! – e a tale propòsito si pulì il naso con un moccichino[32] stampato a cattedrali. – Poi, l'arte, non stà in quel che tu dici, ma nella forma che tu gli dai. Un bianco-mangiare in pappa[33], sentenza questa del Gran Luigi di Francia, ti sembra meno gustoso di uno che ti si porti a tàvola, ritto... E, di gente illustre con bella calligrafia, ve ne potrèi citare un barbaglio[34]... Fra gli altri... fra gli altri – quì si grattò un orecchio – Io, per esempio, ho nello scrìvere una mano eccellente... eppure – e riabassò il naso verso la inchiostrata di Bandinelli – senza vantarmi... stampài[35]! –

Egli, leggendo a mezza voce, faceva il roco mormorìo d'un calabrone in un fiasco. Ma, a un tratto:

– Ah! Bandinelli – uscì a dir con rimpròvero, dando un buffetto al fogliuzzo – la *vi* in *mandarvi* si riferisce ai vostri signori parenti. Pure, quì non vi ha la majùscola! E perché mò? e il rispetto? –

Il ragazzino sbirciò il punto accusato:

– E'[36] non è a capo[37] – osservò.

– E i vostri parenti non lo sono forse? – ribattè il direttore con un grosso sorriso – a capo della famiglia, eh? – e, come se avesse fatto uno stupendo trovato[38], ne gongolò tutto.

Nessuno proprio rideva.

– Ma che progressi, le lingue! Ora le si piègano ad ogni qualunque bizzarrìssima idèa, rièscono ad esprìmere i nostri più astrusi concetti... Se, fortunatamente, non capitàssero di tanto in tanto delle brave persone a rattenerle[39] per le sottane... già... perché ogni troppo è troppo... Dio sa, a lasciarle còrrere a che diàvolo giungerèbbero! E a dire, mièi cari figliuoli, che l'uomo, il linguacciuto, lo sballone[40] di adesso, non imbroccava, una volta, una sola parola; che, per comunicare altrùi i suòi più importanti pensieri, dovèa valersi di segni, di grugniti, di suoni imitativi?... *Teltel* (pioggia) balbettàvano gli antidiluviani con un sistema assài sèmplice, *gnamgnam* (cibo) da cui deriva il nostro magnare, *zaf* (sputo), *omk* (inghiottire). E poi... senza andare fino in Mesopotamia... poniamo che, da noi, quando, non essèndovi ancora nè azoto nè ossìgeno[41], si usava dormire la notte fra i rami o sotto

31. ***sine qua non***: necessaria (in latino).
32. **moccichino**: fazzoletto.
33. **Un... pappa**: un dolce sfatto e molle. Il *blanc manger* è un semifreddo.
34. **barbaglio**: letteralmente luce intensa. Qui significa "una grande quantità".
35. **stampài**: pubblicai dei libri.
36. **E'**: soggetto impersonale toscano.
37. **non è a capo**: la "vi" di mandarvi non è a capo, quindi – secondo lo scolaro – non richiede la maiuscola.
38. **come... trovato**: come se avesse fatto una magnifica scoperta.
39. **rattenerle**: trattenerle.
40. **sballone**: chiacchierone, bugiardo.
41. **non... ossìgeno**: per alludere a tempi remoti, il direttore usa un'immagine strampalata.

Carlo Alberto Pisani-Dossi (1849-1910), in arte Carlo Dossi, nacque a Zenefredo, un villaggio dell'Oltrepò pavese, da famiglia nobile e ricca. Dopo aver frequentato la facoltà di giurisprudenza, abbracciò la carriera diplomatica e divenne un importante consigliere della politica estera colonialista e nazionalista di Crispi. Accostatosi fin da giovanissimo alla scapigliatura milanese, tra i venti e i quarant'anni pubblicò diversi libri. I primi due sono a sfondo autobiografico: *L'altrjeri. Nero su bianco* (1868), rievocazione della propria infanzia, e *Vita di Alberto Pisani* (1870), storia di un giovane intellettuale che muore suicida per amore. Altri sono raccolte di bozzetti e brevi ritratti, spesso pervasi di umore misogino: *La desinenza in A* (1878), *Amori* (1887). A partire dal 1870 scrisse, su un quaderno dalla copertina azzurra, uno zibaldone di appunti e riflessioni, che fu pubblicato postumo nel 1912 con il titolo di *Note azzurre*.

gli àlberi... poniamo si rompesse il collo... una mela. Cadendo, essa, naturalmente, levava un rumore... quale? – quì egli appoggiò allo scrittojo un tale gran pugno da darne un balzo al signor maestro di terza ed al polverino[42] – *pu... um*. Ed ecco, quelli del luogo, chiamare così il frutto staccàtosi; ecco, in sèguito, modificàndosi, ingentilèndosi la loro lingua, procèderne dritto dritto il nostro vocàbolo: *pomo*.

– Ma, e se fosse caduta una pera? – fec'io[43], senza soggezione, il dubbio.

Proverbio si sconcertò un istante. Nessuno avèa mai opposto[44] alle sue sesquipedali[45] baggianate; tuttavìa, riavùtosi e, ad ogni buon conto, tappàtami con un manuscristi[46] la bocca:

– Il pero – disse – è una pianta moderna. –

Poi, si alzò: gli scolaretti, egualmente.

– Questi – mi avvertì egli allora nell'indicarmi lo spilungone che poco prima dettava – è il signor maestro di terza. E sarà il vostro, Etelredi. Lei poi – aggiunse – carìssimo Ghioldi, favorirà di avere molta e molta pazienza, quì, col signorino... È figlio del conte Carlo Etelredi... Molti riguardi, capisce?

– E quando non ne ho forse avuti? – domandò Ghioldi, arrossendo.

– Eh! non si scaldi. Ella, fraintende. Dicevo di andare adagio col ragazzo... nient'altro. Bisogna abituarlo, al lavoro, *ma*, lentissimamente. N'è vero, Guido? – e mi offerse una manata di caramelle.

– Grazie.

– Dunque – continuò egli ritirando, spazzata[47], la mano e con l'altra sfregàndola come a frullar cioccolata – siamo intesi. Guido, obedienza. Ragazzi mièi, gramàtica e calligrafia. –

Quindi, partì.

Carlo Dossi, *Panche di scuola*, in *L'altrjeri. Nero su bianco*, Einaudi, Torino, 1972

42. **polverino**: la segatura che si metteva su uno scritto per far asciugare l'inchiostro.
43. **fec'io**: io espressi.
44. **opposto**: obiettato.
45. **sesquipedali**: smisurate, immense.
46. **manuscristi**: leggero schiaffo.
47. **spazzata**: svuotata.

DIALOGO CON IL TESTO

COMPRENDERE

Un mondo scolastico caricaturale Il mondo scolastico dipinto da Dossi è un campionario di individui grotteschi nell'aspetto fisico, nei gesti e nei comportamenti: i bambini dalle fisionomie caricaturali, il maestro scheletrico e calvo, il direttore tronfio, ignorante e chiacchierone, il culto della grammatica e della calligrafia.

- **Individuate il momento del racconto in cui la ridicolizzazione del mondo scolastico raggiunge il punto più alto e spiegate il motivo della vostra scelta.**

ANALIZZARE

Una lingua lontana dal modello manzoniano Per riuscire a rendere questo mondo caricaturale Dossi usa una lingua straordinariamente varia e composita, remota dall'ideale manzoniano di prosa media e omogenea: termini rari e antiquati, neologismi, parole onomatopeiche o usate con significato diverso da quello originario, frasi latine, metafore bizzarre formano un impasto linguistico di forte effetto espressivo, che dà voce all'atteggiamento ironico dell'autore.

- **Individuate nel testo un esempio per ogni scelta linguistica citata.**

CONFRONTI Per la singolarità del suo stile Dossi è considerato un anticipatore dello sperimentalismo linguistico di Carlo Emilio Gadda (▸Vol. 6, T208-T211).

▸ p. 46

Narratori veristi

> **NARRATIVA REALISTA**
> - **MATILDE SERAO** *L'estrazione del lotto* (da *Il paese di cuccagna*)
> - **EMILIO DE MARCHI** *Al ristorante* (da *Demetrio Pianelli*)

I principali narratori veristi furono radicati in Sicilia, e ne ricavarono quel colorito fortemente regionale che trasmisero anche ad altri scrittori non legati direttamente al movimento, ma ugualmente interessati a una rappresentazione realistica della vita del loro tempo. Se il catanese Verga fu il caposcuola riconosciuto, fu catanese come lui e suo amico LUIGI CAPUANA, il teorico del movimento. La sua opera si caratterizza per l'analisi psicologica di casi umani estremi, al limite del patologico (▸T16); nel suo romanzo migliore, *Il marchese di Roccaverdina* (▸T17), questo aspetto si intreccia fedelmente con la rappresentazione della società siciliana, con le sue ingiustizie e arretratezze. Un altro esponente notevole della scuola, FEDERICO DE ROBERTO, era nato a Napoli ma visse a Catania buona parte della propria vita ed ambientò in Sicilia il suo romanzo più importante, *I Viceré* (▸T18), una vasta sagra famigliare sullo sfondo delle trasformazioni storiche nel periodo della unificazione italiana.

LUIGI CAPUANA

T16 ▸ Precocità

> **PERCORSO**
> - Dal personaggio "tipico" alla dissoluzione del personaggio (I), p. 571

È un racconto scritto nel 1884, incluso nella raccolta *Le appassionate* (1893), dedicata a "casi" di malattie o anomalie psichiche di personaggi soprattutto femminili.

Le due ville – una intonacata di rosso alla pompeiana[1], l'altra ancora rustica, coi buchi per l'impalcatura che le crivellavano la facciata e servivan di nido ai piccioni domestici – erano situate proprio dirimpetto, a mezzo chilometro di distanza. Quella, in cima al colle folto di mandorli e di ulivi, quasi mostruoso fiore rosso, mezzo nascosto tra il fogliame verde cupo; questa, in pianura, nel centro del gran quadrato della vigna, dove i larghi viali fiancheggiati da alberetti si tagliavano in croce.

E tutte e due, l'una appostata sul colle; l'altra quasi sdraiata nella pianura, tacevano come sonnacchiose per nove mesi dell'anno, fino ai primi di settembre. Allora, una mattina, svegliavansi a un tratto rumorose, formicolanti di gente. Dai terrazzini spalancati e dall'alto delle terrazze, i nuovi arrivati sventolavano i fazzoletti, per darsi il saluto. Poi, quasi ogni giorno, dal colle e dalla pianura, risuonavano prolungati gridi d'invito, messi fuori alla contadina, con le mani attorno alla bocca, perché la voce vibrasse meglio:

– Oh... ooh... Venitee!... Si va al fiumee!

– Sìii! Sìii! –

E, da lì a poco, vedevansi muovere in mezzo alla vigna gli ombrellini bianchi, gialli, rossi dei signori Morello e delle loro tre figliuole; o pure arrivavano di lassù gli Artale, presi a braccetto, da quegli innamorati ch'erano tuttavia[2], dopo quattro anni di matrimonio; la signora Luisa, bruna, con aria indolente e un po' sentimentale; il signor Carlo, bel giovane, fumando sotto il gran cappello di paglia e sorridente alla moglie.

---

1. **alla pompeiana**: molti affreschi delle ville dell'antica Pompei hanno uno sfondo di color rosso acceso.
2. **tuttavia**: ancora.

– Come fate per essere innamorati, anche dopo quattro anni? –

La signora Morello li accoglieva spesso con questo saluto.

– Come potremmo far di meglio? – rispondeva il signor Carlo.

– Un figliuolo, che Dio vi benedica!

– Ah, per questo c'è sempre tempo! –

Sembrava che i giovani sposi non avessero fretta davvero; quel figliuolo che, dopo quattro anni, non si decideva ancora a venire, li tormentava però tutti e due come una spina nel cuore; specie lui, che non vedeva l'ora di far saltare sulle ginocchia un bel marmocchio da continuare il casato.

E nel settembre, ogni volta che le due famiglie giungevano in campagna per la villeggiatura, la signora Morello, amante degli scherzi, si metteva a canzonarli:

– Pensateci, cari. In campagna riesce meglio –.

Se ci pensavano!

E quell'anno ci pensavano un po' più alla vista della piccola China, la nipotina dei Morello venuta a villeggiare con le zie.

– Che bella bambina!

– E come è buona! –

La signora Luisa se la divorava dai baci, non la lasciava un momento. E la bambina sorrideva a tutte quelle carezze, con strano sorriso di donnina seria. Alta, gracilina, col visino affilato, i capelli biondi tirati indietro e spioventi su le spalle, se ne stava ora sulle ginocchia della signora, ora tra quelle del signor Carlo che le diceva sovente:

– Vuoi rimanere con noi? –

Ella non rispondeva, ma gli levava in viso i begli e pensosi occhi cerulei[3], stringendosi leggermente nelle spalle, per significare a quel modo che non dipendeva da lei. Furono presto intimi, dopo un paio di giorni.

China andava a passare intiere giornate lassù; e, quando tornava dalla zia, non era così allegra e così vispa, come quando correva sotto gli alberi inseguendo lo zio – lo chiamava così – lanciandogli sassolini, se quegli le facea scappar di mano un grillo prigioniero o una farfalla.

– Voialtri la viziate – diceva la signora Morello, vedendole venire le lagrime agli occhi ogni volta che non le permetteva di tornar lassù insieme con gli Artale.

– Ma che viziare! È così savia! –

Una mattina il signor Carlo, sdraiato sull'erba all'ombra di un ulivo, mentre leggeva un romanzo se la vide comparire dinanzi tutta rossa e scalmanata. Arrivava di corsa, con quel gran sole, senza ombrellino!...

– Zio, zio, buon giorno! E Zitto. Non sanno nulla che son venuta fin qui.

– Sola?

– Ora conosco la via; non ho paura –.

Il signor Artale voleva sgridarla; ma la bambina era così bella in quell'atteggiamento supplichevole, che egli non n'ebbe il coraggio.

– Siedi qui... O meglio, andiamo su, in casa.

– No, no, zio! Seguita a leggere –.

Egli cavò di tasca un altro sigaro, lo accese, e sdraiatosi di nuovo sull'erba, col capo appoggiato al tronco dell'olivo, prima di riprendere la lettura le disse:

– E tu? Ti annoierai.

3. **cerulei**: azzurri.

– No. Seguita a leggere –.

Gli si era seduta accanto, sgualcendo una manata di erbette strappate allora allora: e mentr'egli continuava a tener dietro alla balorda strampaleria di quel romanzo, la bambina, diventata seria, col visino che aveva già ripreso il color bianco naturale quasi smorto, lo guardava attentamente, insistentemente, come in ammirazione.

Di tratto in tratto, il signor Artale levava gli occhi dal libro; e, incontrandosi con quegli occhi cerulei fissati su lui e che non parevano di bambina di nove anni, le diceva:

– Ti annoi, è vero?

– No, zio –.

Ed egli si stupiva un po' di quella vocina turbata.

Quel giorno China volle restare lassù:

– Almeno una settimana!... A voi le zie non diranno di no –.

Infatti non dissero di no. Ma la bambina non fu più allegra come prima.

– Che hai? – le domandava la signora Artale.

– Niente. Perché?

– Non ti diverti. Stai seria seria.

– No, zia, t'inganni. Sto tanto volentieri quassù! –

I tratti del suo visino ovale tornavano ad animarsi soltanto allorché il signor Carlo le diceva:

– Andiamo a fare una giratina[4], intanto che la zia fa preparar la tavola –.

Ella gli saltava al collo, gli dava un bacio, e poi lo prendeva pel braccio, con una carezza, accostandosi al viso la mano di lui e tenendovela stretta stretta.

– Come si chiamano questi fiori gialli? – gli domandò una volta.

– Denti di leone.

– E questi altri?

– Bacia piede[5], se non sbaglio.

– ... Mi vuoi bene, zio? – disse dopo un momento di silenzio.

– Certamente.

– E... alla zia vuoi bene molto?

– È mia moglie.

– ... Più di me?

– Sei curiosa[6] oggi.

4. **una giratina**: una breve passeggiata. Espressione toscana.
5. **Bacia piede**: traduzione dal siciliano “vasapiedi”, un tipo di trifoglio.
6. **curiosa**: strana.

William Merritt Chase, *Colazione in giardino*, 1888. (Toledo, Museum of Art)

– Dimmi: se fossi tua figlia, mi vorresti bene più assai?

– Chi lo sa? Forse allora tu saresti cattiva.

– No, non voglio essere tua figlia.

– Perché?

– Perché!...

La sera, chiese d'andar a letto di buon'ora:

– Mi sento stanca.

– Com'è gracile questa bambina! – diceva la signora Artale al marito, raggiuntolo sulla terrazza per godersi il fresco insieme con lui.

– È così nervosa, così impressionabile! – egli rispose.

– Poco fa si è messa quasi a piangere perché non ho voluto lasciarmi baciare due volte di seguito.

– Potevi contentarla, poverina.

– Ella trema tutta quando bacia.

– Non mi è parso.

– L'ho notato io, da qualche giorno.

– Perché deve tremare?

– Perché è troppo sensibile. Questa bambina soffrirà molto quando sarà grande.

– Certe volte ha un visino, un visino!... Forse pensa troppo alla sua povera mamma[7]. Se fosse nostra, Carlo!... Io già mi sono così presto abituata a vederla qui con noi, che quando non ci sarà più mi parrà di avere un vuoto nel cuore.

– E com'è intelligente! Hai visto che bella letterina ha scritto al suo babbo? Non sembrava di lei; con un solo errorino di ortografia. È troppo sviluppata per la sua età... Morrà presto...

– Non farle cattivi prognostici... Carlo, se fosse nostra! –

Rimasero lì fino a notte avanzata, al lume di luna ed egli la baciava di tanto in tanto per consolarla che quella bambina non fosse di loro.

– Ne faremo una più bella – soggiunse.

E volle ridere; ma non gli riuscì.

7. **povera mamma**: è il primo punto della novella dal quale il lettore apprende che la bambina è orfana.

Luigi Capuana nacque a Mineo (Catania) nel 1839 da una famiglia di proprietari terrieri. Nel 1864, senza aver terminato gli studi giuridici, si trasferì a Firenze, dove completò la sua formazione culturale da autodidatta: entrò in contatto con i pittori macchiaioli e scoprì il romanzo francese di Balzac e di Flaubert; negli stessi anni cominciò a collaborare come critico teatrale al quotidiano «La Nazione», si occupò di fotografia, di scienze naturali e di occultismo. Nel 1869 tornò a Mineo, dove fu sindaco. Nel 1877, su sollecitazione dell'amico Verga, si trasferì a Milano, dove divenne collaboratore del «Corriere della Sera», e conobbe e divulgò le opere di Zola e dei fratelli Goncourt, riprendendone le teorie nell'elaborazione della poetica verista. Durante i soggiorni a Roma, che alternava a quelli siciliani, fu direttore del giornale letterario «Fanfulla della Domenica» (1882-1883); sempre a Roma fu professore di Letteratura Italiana all'Istituto femminile di Magistero. Nel 1902 tornò definitivamente in Sicilia, dove ottenne la cattedra di Lessicografia e Stilistica all'università di Catania. Morì nel 1915. I suoi principali testi critici, orientati a verificare e approfondire la poetica del verismo, sono *Studi sulla letteratura contemporanea* (1880-1882), *Per l'arte* (1885), *Gli ismi contemporanei* (1898). Il romanzo *Giacinta* (1879), dedicato a Zola, è il manifesto letterario del verismo; *Il profumo* (1890) e *Il marchese di Roccaverdina* (1901) sono imperniati sui "casi clinici" cari al gusto positivista. I due più noti libri di novelle sono *Le appassionate* (1893) e *Le paesane* (1894).

Il signor Artale girava inutilmente il pomo della serratura per entrare nella stanzetta dove trovavasi l'occorrente per scrivere: l'uscio era chiuso col paletto interno.

– Zio, apro subito – disse all'ultimo la bambina.

– O che facevi lì?

– Nulla... Volevo scrivere –.

Era rossa in viso e abbassava gli occhi.

– Allora finisci. Scrivi al babbo?

– Sì... al babbo –.

Egli non badò all'aria imbarazzata della bambina e richiuse l'uscio. Tornò da lì a poco; ma China non c'era più.

E sedutosi al tavolino, visto sulla cartella d'incerato un foglio scritto a caratteri grossi, vi buttò gli occhi, distrattamente.

– Oh Dio! – esclamò.

E rilesse, stupito.

«Carlo del mio cuore.

Ti voglio bene e ti ho dato il mio cuore perché tu sei bello. Ma tu non mi vuoi bene quanto alla zia. Io ti voglio bene con tutto il cuore e ti voglio per amante. Non dire niente alla zia. Ed ora che me ne vado mi sento morire perché ti voglio tanto bene. Dovresti voler bene a me sola che ti bacio e sono la tua fedele amante.

China».

Il signor Artale non credeva ai propri occhi. Si era già alzato per chiamare sua moglie e far leggere quella lettera anche a lei, ma gli parve di commettere una cattiva azione.

– Povera bambina! Così precoce! –

E tornava a rileggere le ingenue parole: «ti voglio per amante... la tua fedele amante...»

– Chi le ha insegnato questo? –

Non rinveniva dalla sorpresa. Sentendo aprir l'uscio, nascose subito il foglio.

– Fa' presto, – veniva a dirgli la signora Luisa. – L'uomo ha fretta –.

Sceso giù con la lettera in mano per consegnarla al contadino, egli vide China che raccoglieva fiori di campo sotto i mandorli e ne aveva già fatto un bel mazzo. La bambina gli corse incontro, a testa alta, scuotendo i capelli sciolti, fissandolo in faccia, quasi per aver la risposta della sua lettera nel porgergli il mazzo.

– Portalo su – egli le disse severo.

La bambina impallidì, buttò via il mazzo e si addossò a un tronco di albero, piangendo.

– Cristo! – egli esclamò da sé. – China, vieni qui; non far la cattiva –.

Né si accorgeva che tornava a parlarle bruscamente.

Montò su, e disse alla moglie:

– Bisogna rimandare Chinuccia –.

La signora Luisa fece col capo un movimento interrogativo.

– Mi secca... Non siamo più liberi! E poi, la viziamo davvero, come dice la signora Morello. Ora, guarda, è lì, a piangere perché non ho preso subito un suo mazzo di fiori di campo quando davo gli ordini al contadino...

La signora la trovò che non piangeva più; masticava però la cocca del grembiulino, per rabbia.

– Sii buona: vieni a far colazione.

– No. Voglio andarmene dalle zie.

– Perché?

–Voglio andarmene! –

Il visino di China aveva già un'espressione così dura che la signora Artale stimò prudente non irritarla di più.

–Voglio andarmene... ora stesso!

– Sei cattiva. Lo zio non ti vorrà più bene e neppur io, sai? –

La bambina fece una spallucciata sdegnosa, sprezzante. La signora Artale ne fu scossa. E dopo colazione, appena giunsero i signori Morello con le figliuole, gliel'accusò[8] per gastigarla:

– Oggi è stata cattiva; voleva andarsene via –.

– Allora resterà qui altri otto giorni – disse il signor Morello, senza togliersi la pipa di bocca.

China aveva tratto in disparte la zia Carmela, la minore delle signorine Morello, e le si raccomandava:

– Zietta, te ne prego, conducimi via con te!

– Non hai sentito il nonno? Resterai qui altri otto gioni. Perché tu fai la cattiva?

– No, no! ...Voglio andarmene! –

Pestava co' piedi e aveva la vocina piena di pianto.

– Dicci almeno perché – soggiunse la signora Luisa irritata di quell'insistenza di bambina capricciosa. – Le zie possono immaginarsi che qui ti si maltratti.

–Voglio andarmene! –

Fu irremovibile; e la spuntò. Né quel giorno, né dopo, le si poté cavar altro di bocca.

Se gli Artale scendevano alla villa dei Morello, ella andava a nascondersi. Bisognava proprio scovarla e trascinarla innanzi ad essi per forza.

– E tutto questo perché? Perché Carlo, distratto, non prese da lei un mazzo di fiori!... È troppo sensibile – aggiungeva la signora Artale compassionandola.

Il signor Carlo, imbarazzato, taceva. E una volta che la signora Morello volle forzar la bimba a baciarlo e a chiedergli scusa, egli rispose:

– Non la tormenti... È così nervosa –.

Aveva rimorso di farla soffrire.

Julian Alden Weir, *Nel sole*, 1889. (Collezione privata)

8. **gliel'accusò**: la accusò di fronte a loro.

TESTI T16

Il peggio fu quando ella parve proprio cambiata, tanto stava seria, muta, imbronciata, facile a piangere per un nonnulla. Mangiava poco, dimagrava a vista d'occhio.

– Questa creaturina minaccia di ammalarsi – dicevano le zie. – Forse per ciò è così intrattabile –.

E la mattina che la zietta Carmela, nel vestirla, sentì scottarsi da quel viso pallido e da quelle manine scarne:

– La bambina ha la febbre – corse a dire alla mamma.

Le furono tutte attorno.

– Ti senti male?

– No.

– Il capo ti duole?

– No.

– Insomma?

– Non ho niente –.

Ma scoppiò in pianto tutt'ad un tratto.

– Questa bambina ci darà qualche grave dispiacere – disse la signora Morello a suo marito.

– Domani la riporterò in città. Se si ammalasse qui, sarebbe peggio – egli rispose, vuotando la pipa, impensierito.

Quindici giorni dopo i Morello interruppero la villeggiatura, richiamati dal loro figliuolo, vedovo da un anno.

La bambina stava male assai, ed egli – che pei nuovi appalti di lavori ferroviari dovea assentarsi frequentemente – non voleva lasciarla alle mani della donna di servizio.

Gli Artale rimasero soli lassù. Il signor Carlo non riusciva a levarsi dagli occhi quella bambina impallidita a un tratto e che gittava via il mazzo di fiori di campo; gli pareva d'averla colpita a morte lui, di propria mano, in quel punto.

– Chi sa come sta Chinuccia? – diceva alla moglie, appena desto.

– Poverina!... Tu lo prevedevi: non camperà molto; è troppo sviluppata per la sua età –.

Per delicatezza, egli non sapeva decidersi a raccontarle tutto. E fu subito di accordo, quando sua moglie disse:

– Che facciamo qui, soli soli? –

La signora Artale, entrata la prima[9] nella camera della malata, sentì empirsi gli occhi di lagrime vedendo quel corpicino disfatto e quasi irriconoscibile. Pure la bambina le sorrideva e lasciava baciarsi. Ma tosto ch'ella s'accorse[10] del signor Carlo, si voltò, accigliata, verso il muro; né volle più muoversi, finché non si persuase che era andato via.

– Che ti ha fatto quel bravo signor Artale, da trattarlo così? –

China non rispondeva né alla ziette né alle altre, arcigna, coi lineamenti quasi cattivi. Dopo parecchie di queste scene, il signor Artale notò che i Morello lo accoglievano freddamente.

– Che sospettavano? Doveva mostrar la lettera per iscolparsi?... Com'era già

9. **la prima**: per prima.

10. **tosto... s'accorse**: appena la bambina si accorse.

donna quella bambina! Lo faceva apposta, perché capiva di metterlo male[11] coi parenti –.

E fece così fino agli ultimi istanti, quando la febbre gastrica, che stava per portarla via, le lasciava appena un barlume di vita negli occhi, dove il colore ceruleo si era mutato in grigio torbido.

Avean dovuto accorrere di notte, egli e la moglie. E in quella triste circostanza la signora Morello lasciò scapparsi di bocca:

– Che le avevate fatto?... Vi odiava! –

Il signor Carlo la prese per una mano e la condusse nell'altra stanza. Intanto ch'egli parlava, la signora Morello sentiva montarsi al cuore tutta la sua grande severità di mamma e di nonna: e appena ebbe letto due volte la incredibile lettera della bambina:

– È bene che sia morta! – esclamò singhiozzando.

Mineo, 8 dicembre 1884.

Luigi Capuana, *Precocità*, in *Racconti*, a cura di E. Ghidetti, Salerno, Roma, 1973

11. **metterlo male**: metterlo in cattiva luce.

DIALOGO CON IL TESTO

COMPRENDERE

Fra scienza e mistero Una bambina si innamora di un adulto; sentendosi respinta da lui, si lascia morire. La scelta di un fatto così tragico e singolare si può inquadrare nell'interesse tipicamente positivista e naturalista per i "casi clinici", analizzati con oggettività "scientifica"; ma, a differenza del suo maestro Zola (▸T3), Capuana non si preoccupa di ricercare le cause del comportamento anomalo della bambina addebitandolo all'ereditarietà o ai condizionamenti sociali: China è una bambina *troppo impressionabile*, che viene trascinata da una passione più grande di lei per motivi psicologici oscuri, che la novella non spiega. Si evidenzia così un aspetto tipico dell'opera di Capuana: il gusto per gli aspetti morbosi e insondabili della psiche, che lo avvicina alla narrativa degli scapigliati.

● **Non mancano i particolari e gli indizi disseminati nella novella con lo scopo di insinuare indirettamente nel lettore l'attesa della tragedia. Ripercorrendo il testo, individuate questi indizi.**

ANALIZZARE

La struttura narrativa Fedele ai canoni naturalistici è invece la struttura narrativa della novella, scandita in scene (l'arrivo in campagna, l'incontro con la bambina...) nelle quali la soggettività del narratore tende a scomparire e il dialogo ha un'importanza fondamentale.

Julian Alden Weir,
Nel sole, 1889.
(Collezione privata)

Una “morale” incerta Per tutto il corso della novella il narratore rimane rigorosamente impersonale: non esprime commozione per la sorte della bambina, non pronuncia giudizi sui comportamenti dei personaggi, lasciando al lettore il compito di valutare le interpretazioni che essi danno dell’accaduto.

- **Da questo punto di vista il significato della novella appare problematico: secondo voi la battuta finale della nonna (*È bene che sia morta!*), che suggella la storia come una specie di “morale”, coincide con le intenzioni dell’autore oppure il lettore è implicitamente chiamato a prenderne le distanze?**

CONTESTUALIZZARE

Una tecnica ricorrente

- **Abbiamo già incontrato esempi di narrativa naturalista improntata sul susseguirsi di scene dialogate in Flaubert (▸T2) e Zola (▸T3). Confrontate dal punto di vista formale i dialoghi presenti in questi testi con quelli del racconto di Capuana.**

LUIGI CAPUANA

T17 ▸ Il marchese di Roccaverdina

PERCORSO
- Dal personaggio “tipico” alla dissoluzione del personaggio (I), p. 571

Il marchese di Roccaverdina, pubblicato parzialmente a puntate sul quotidiano «L’ora» di Palermo nel 1900, fu stampato in volume nel 1901. Il protagonista, un nobile siciliano, per ragioni di opportunità sociale impone alla serva e amante Agrippina Solmo il matrimonio con un suo fattore e uomo di fiducia, Rocco Criscione; entrambi però devono promettere perenne castità. Quando il marchese comincia a sospettare che la promessa non venga mantenuta, tormentato dalla gelosia, uccide in un agguato Rocco. Del delitto viene incolpato un innocente, che muore in carcere. Il marchese, sconvolto dal rimorso e dal terrore di essere denunciato dallo spirito dell’ucciso, con il quale l’avvocato Aquilante, esperto di spiritismo, tenta di mettersi in comunicazione, confessa la sua colpa a don Silvio La Ciura, con la speranza di trovare sollievo alle sue pene; ma il sacerdote, non vedendolo disposto a riparare, gli nega l’assoluzione. Il marchese, nonostante tutto, tenta di rifarsi una vita, ma i suoi pensieri ossessivi e le sue allucinazioni lo conducono alla pazzia.
Riportiamo un brano tratto dal secondo capitolo del romanzo: Rocco Criscione è stato ucciso, l’inchiesta è cominciata e mette sotto accusa degli innocenti. Uno di essi, Santi Dimaura, un vecchio contadino costretto a vendere la sua terra per pagare l’avvocato, si presenta al marchese di Roccaverdina che da tempo voleva comprarla; è il giorno in cui il marchese riceve i suoi contadini per fare i conti.

Due giorni dopo, il marchese di Roccaverdina vedeva ricomparire l’avvocato che questa volta non veniva solo.

L’anticamera era piena di contadini e di operai, tutti in piedi attorno al tavolino dove il marchese, seduto, esaminava liste di conti scarabocchiate con grossa scrittura.

«Scusate, marchese,» disse l’avvocato inoltrandosi tra le persone che si scostavano per lasciarlo passare. «Dobbiamo parlare di cosa urgente. C’è qui compare Santi Dimaura...»

«*Voscenza*[1] mi benedica!» soggiunse questi, sporgendo la testa dietro le spalle di don Aquilante.

«Andate di là; mi spiccio subito.»

1. ***Voscenza***: vostra eccellenza.

Don Aquilante abbozzò un gesto per significare: «Fate pure con comodo!» e accennò al vecchio contadino di seguirlo.

Dalla stanza dov'erano entrati essi udirono, poco dopo, la robusta voce del marchese che pareva litigasse con parecchi.

Timide risposte interrompevano, a intervalli, le sfuriate, i rabbuffi[2], le parolacce, le bestemmie che gli sgorgavano dalla bocca simili a un torrente. E durò una buona mezz'ora.

Don Aquilante, con una gamba accavalciata all'altra, una mano davanti agli occhi e il mento chinato sul petto, assorto in profonda meditazione, non aveva risposto a due o tre domande del vecchio che, seduto in un canto, vicino a l'uscio, girava tra le mani il berretto di panno nero, di Padova, e sembrava atterrito dagli urli del marchese che non finivano più.

Finalmente si udì sbatacchiare la porta di entrata e, quasi subito, acceso in viso pel sangue che gli saliva alla testa ogni volta che montava in collera, il marchese irruppe nella stanza, facendo balzare in piedi l'avvocato che in quel momento chi sa dov'era con la fantasia.

«Qualche giorno mi scoppierà una vena del petto! Vogliono far le cose a modo loro! E se uno non sta loro addosso come un aguzzino, gli rubano fin l'aria che respira! Posso essere dappertutto? Non sono Domineddio!»

Era l'ultima vampata.

«Che c'è di nuovo?» poi domandò rabbonito d'un tratto, aggiustandosi in capo il berretto di martora.

«Dice compare Santi...» cominciò l'avvocato.

«Per fare un piacere a *voscenza*,» soggiunse il vecchio contadino.

«Un piacere a me? A voi stesso più tosto. Si tratta, suppongo, di quella lingua di terreno[3], è vero?»

«Eccellenza, sì.»

«Compare Santi era mal consigliato,» disse don Aquilante.

«Sono vecchio, eccellenza. Ho consumato la mia vita su quelle zolle. Che vuole? Ho piantato io quegli alberi; e mi paiono figli miei. E quella casetta l'ho fabbricata io, con queste povere mani. *Voscenza* vuol bene a Margitello[4]? Vuol bene

2. **rabbuffi**: rimproveri.
3. **quella lingua di terreno**: il piccolo pezzo di terra posseduto da Santi Dimaura si trova all'interno dei possedimenti del marchese.
4. **Margitello**: la tenuta del marchese.

Un ragazzo con i suoi asini nella campagna siciliana in una fotografia degli anni Quaranta del Novecento.

alla casina, colà? È la stessa cosa per me. Chi poco ha, caro tiene. Le male persone però vogliono farmi passare una cattiva vecchiaia. Come hanno potuto dire che ce l'avevo a morte con la buon'anima di compare Rocco? E *voscenza* lo ha pure creduto! E il giudice istruttore mi ha tenuto due ore tra le tanaglie[5], per strapparmi di bocca: "L'ho ammazzato io!" Perché dovevo ammazzarlo? Perché compare Rocco faceva gl'interessi del suo padrone[6]? Perché più volte mi aveva accusato di alterare il limite[7]? Il pretore però non ha potuto mai condannarmi... Basta! Ho detto: finiamola! Il signor marchese vuole così? Sia fatta la sua volontà!»

La voce del vecchio tremava; le parole gli uscivano lentamente di bocca, quasi bagnate di lagrime.

«Ve l'ho già spiegato,» disse don Aquilante. «Nell'operato del giudice istruttore il signor marchese non c'entra. La giustizia fa il suo dovere; non ha riguardi per nessuno.»

«Ora hanno arrestato Neli Casaccio, poveretto!»

«Che ve n'importa? Badate ai fatti vostri.»

«Sceglieremo due periti,» fece il marchese. «Stavo per dire di no, sentendovi piagnucolare. Non ve la rubo quella lingua di terreno; ve la pago... Vi piacerebbe, se qualcuno venisse in casa vostra a occupare una stanza? Così voi, a Margitello; siete in mezzo alla mia tenuta, come quell'estraneo.»

«Ma io mi trovavo là fin da quando i fondi attorno erano di altri proprietari. Se essi li hanno venduti a *voscenza*, che colpa ne ho io?... Quando dovrò dare il consenso al notaio mi sentirò strappare un brano di cuore!... Purtroppo, in questo mondo, la brocca di terra cotta che vuol cozzare col sasso ha sempre la peggio!»

«Ora non sapete quel che vi dite!» lo ammonì don Aquilante. [...]

Intravedendo, con la coda dell'occhio, qualche cosa di nero fermatosi silenziosamente in mezzo all'uscio, il marchese rizzò la testa.

«Che vuoi? Che vieni a fare qui?» gridò con voce turbata.

L'avvocato e compare Santi si voltarono. E, riconosciuta la vedova di Rocco Criscione, si tirarono da parte.

Vestita a lutto, avviluppata nell'ampia mantellina di panno nero che le copriva la fronte, lasciando scorgere, tra le falde tenute strette con le due mani sul mento, appena gli occhi il naso e la bocca, la donna non fece un passo né un movimento. Rispose quasi sottovoce:

«Sono venuta per qualche notizia, se mai...»

Quell'atteggiamento e il tono della voce dovettero irritare maggiormente il marchese.

«Sono forse il giudice istruttore io?» esclamò con stizza. «Ne so quanto te, quanto gli altri!»

E, a un tratto, accortosi che le dava del tu[8], si morse le labbra, tentò di frenarsi:

«Si farà la causa alle Assise, in Caltagirone... Sarete chiamata. Ci saranno tre avvocati da parte vostra. E questo qui,» soggiunse il marchese indicando don Aquilante, «vale per dieci! Alle spese penso io. Non c'è bisogno che veniate a stimolarmi, a sollecitarmi... Che posso fare più di quel che ho fatto e faccio? Era vostro

5. **il giudice istruttore... tanaglie**: si riferisce all'interrogatorio subito nel corso delle indagini sull'uccisione di Rocco Criscione.

6. **Perché... padrone**: Rocco Criscione era l'uomo di fiducia del Marchese, e aveva avuto occasione di discutere con Santi Dimaura in questa veste.

7. **alterare il limite**: spostare a proprio favore il confine del terreno.

8. **accortosi... tu**: il marchese non vuole che traspaia il suo legame con Agrippina.

marito; ma era anche il mio fattore, la mia mano destra, come diceva or ora compare Santi; ed io l'ho pianto e lo piango più di voi... Che bisogno c'è di venire qui?... Ve l'ho detto e ridetto: è inutile venire da me!»

Parlando il marchese si era nuovamente irritato, alzava la voce, gesticolava agitatissimo.

Anche una persona che non avesse saputo quel che era corso tra quella donna e lui, avrebbe facilmente capito che la irritazione sorpassava il motivo apparente, e che le parole e l'accento con cui venivano pronunziate significavano qualche cosa di più di quel che veramente dicevano.

A Ràbbato[9] nessuno ignorava che Agrippina Solmo era stata fino a tre anni addietro la *femina* del marchese, come colà si esprimono con vocabolo poco indulgente. Nessuno ignorava che egli aveva posseduto quella contadina sin da quando ella aveva sedici anni; che l'aveva mantenuta meglio di una signora, e che per qualche tempo anche i parenti di lui avevano creduto che finalmente avrebbe commesso la pazzia di renderla marchesa di Roccaverdina.

Intorno ai fatti avvenuti dopo, non si sapeva niente di certo. Ognuno diceva la sua per spiegare la subitanea risoluzione del marchese di dar marito a colei. La cosa era passata tra il marchese e Rocco Criscione, detto anche *Rocco del marchese* perché *factotum* di casa Roccaverdina. Solamente, ragionando con un amico, una volta Rocco si era lasciato scappare di bocca:

«Se il marchese mi avesse ordinato: "Buttati giù dal campanile di Sant'Isidoro", mi sarei buttato a chiusi occhi!»

Vedendo che la donna restava là, con lo sguardo implorante fisso addosso al marchese, chiusa nella mantellina nera e immobile come una statua su la soglia dell'uscio, don Aquilante, che si era già dato una spiegazione di quella scena, pensò bene d'intervenire. E avvicinatosele, cominciò a dirle a bassa voce:

«Il marchese ha ragione. Ormai, tutto è in mano della giustizia. Per quel che lo riguarda, non dubitate, spenderebbe fino all'ultima stilla del suo sangue, se occorresse. Tornate a casa vostra; e quando vorrete sapere notizie, venite da me, sarà meglio... Andate dunque!»

Agrippina Solmo abbassò gli occhi, stiè un istante indecisa; senza un motto né un gesto, lentamente volse le spalle e sparì come se avesse avuto le suole delle scarpe foderate di ovatta.

Il marchese, quasi masticando qualcosa di amaro, si era accostato alla vetrata della finestra per evitare di guardare la vedova.

«Vestita di nero, col viso pallido, gli occhi intenti e le labbra scolorite, essa deve sembrargli una fantasima[10] di mal augurio,» pensava don Aquilante, «anche forse perché gli fa temere una ripresa che potrebbe produrre quelle conseguenze da lui volute evitare dandola in moglie a Rocco Criscione[11]! »

«Bisogna compatirla, poveretta,» egli disse tornando indietro. E annunziò: «È andata via!»

«Quella stupida di mamma Grazia[12]! Perché la lascia entrare?» brontolò il marchese.

9. **Ràbbato**: contrada di Mineo, località siciliana in cui il romanzo è ambientato.
10. **una fantasima**: un fantasma.
11. **una... Criscione**: il marchese aveva fatto sposare Agrippina con Rocco per tacitare le chiacchiere sulla loro relazione; ora teme che il comportamento della donna dia nuovamente scandalo.
12. **mamma Grazia**: una domestica.

E riscotendosi, soggiunse:
«Ah!... Mi ero scordato che voi eravate qui per l'affare di Margitello. Insomma, che dobbiamo concludere? Vogliamo fare alla buona, tra noi, senza periti né altro?... Cinquant'onze[13]!»
«Che dice mai, *voscenza*?» rispose il vecchio contadino rimasto presso l'uscio.
«Sessanta?»
«È il meglio pezzo di terreno, eccellenza; il cuore di Margitello.»
«Più sassi che terra. Dovrò pagarlo a peso d'oro?
«Quel che vale, eccellenza.»
«Oh! Se intendete di prendermi per la gola...»
«No, eccellenza!»
«Sentiamo dunque: che pretendete?»
Il vecchio stette un po' a riflettere, portò la mano destra al petto, quasi si accingesse a pronunziare un giuramento, e balbettò:
«Cent'onze, eccellenza!»
Il marchese diè uno scatto.
«Per farmi piacere, eh? Cent'onze!... Per farmi piacere?... Vi paioni fichi secchi cent'onze. E venite a dirmelo qui! E scomodate l'avvocato, quasi fosse vostro servitore!... Cent'onze!»
«Compare Santi però...» tentò d'interromperlo don Aquilante per calmarlo.
Ma il marchese non gli diè retta, e continuò a gridare come un ossesso:
«Cent'onze!... Volete scommettere che non vi faccio più andare nel vostro feudo?... Lo stimate certamente un feudo, se ne chiedete cent'onze... Chiudo tutti i sentieri; litigheremo. Intanto dovrete andarvi col pallone[14] nel gran feudo di cent'onze!... Avrei dovuto fare così da un pezzo. Domani! Manderò a disfare con un aratro sentieri e viottole. E chi crede di avere diritti, procuri di farli valere!»
«Ma, eccellenza!...»
«Zitto, compare Santi!» disse l'avvocato. «Lasciate che parli io...»
«Cent'onze!» sbraitava il marchese.
«E se facessi un taglio[15]?» propose l'avvocato. Il vecchio assentì con un gesto e soggiunse:
«Fate come vi pare! Sono venuto qui ad afforcarmi[16]; coi miei propri piedi ci sono venuto! Il signor marchese non dovrebbe approfittarsi delle circostanze... Dio non vuole!»
«Zitto!... Settant'onze!» buttò là in mezzo don Aquilante.
E fece il gesto, quasi aprisse il pugno pieno di monete e le spargesse per terra.
Il vecchio abbassò il capo, si prese il mento tra l'indice e il pollice d'una mano; poi, rassegnatamente alzò le spalle.
«Andiamo dal notaio[17], eccellenza!» conchiuse con un fil di voce.

Luigi Capuana, *Il marchese di Roccaverdina*, capitolo II, Garzanti, Milano, 1960

13. **onze**: l'onza è una moneta del Regno delle due Sicilie, usata come unità di calcolo anche dopo l'unificazione nazionale.
14. **col pallone**: col pallone aerostatico: se il Marchese devasterà tutti i sentieri che sono sulla sua proprietà, Santi non potrà raggiungere le sue terre.
15. **un taglio**: una riduzione del prezzo.
16. **afforcarmi**: impiccarmi.
17. **Andiamo dal notaio**: per stipulare il contratto.

DIALOGO CON IL TESTO

COMPRENDERE

La società e i personaggi Nel secondo capitolo del *Marchese di Roccaverdina* si intrecciano due temi fondamentali del romanzo: la rappresentazione della società siciliana e la vicenda personale del marchese, assassino del marito della sua amante. La struttura feudale del mondo agrario siciliano è rispecchiata nella rappresentazione dell'udienza del marchese ai suoi contadini, e specialmente nel dialogo tra lo stesso marchese, Santi Dimaura e l'avvocato don Aquilante.

- **Individuate nel testo i punti dai quali traspaiono con maggiore evidenza i rapporti sociali e di potere che intercorrono tra i personaggi.**

Antefatti e anticipazioni L'intento di documentazione sociale si fonde con i primi accenni alla vicenda di amore, delitto e rimorso a cui sarà dedicato il romanzo. La comparsa di Agrippina Solmo offre al narratore l'occasione di riepilogare, attraverso un *flashback*, alcuni fondamentali antefatti.

- **Si può notare inoltre che l'autore suggerisce indirettamente al lettore – che ancora non sa chi è l'autore dell'assassinio – che c'è qualcosa di strano e di irrisolto nell'atteggiamento del marchese nei confronti del delitto, e dell'amante che glielo ricorda. In quali punti del testo?**

ANALIZZARE

Una narrazione (quasi) impersonale Secondo i dettami della poetica verista, il narratore tende a non esprimere giudizi o commenti, e lascia che il lettore ricostruisca fatti, rapporti, sentimenti, caratteristiche sociali e psicologiche dall'aspetto, dai gesti e dalle parole dei personaggi.

- **Indicate nel testo i punti in cui dalla descrizione esterna dei personaggi emergono questi aspetti, e i rari momenti in cui il narratore, facendo eccezione al metodo dell'impersonalità, interpreta o commenta i fatti narrati.**

Distanza dal modello manzoniano Per quanto riguarda la lingua, la distanza dal modello manzoniano è particolarmente evidente nella sintassi (predominio del discorso diretto, frasi brevi, con prevalenza della coordinazione sulla subordinazione). Dal punto di vista lessicale Capuana cerca un equilibrio tra la presenza di espressioni dialettali (*voscenza, le male persone, femina*), proverbi popolari (*chi poco ha, caro tiene*), forme colloquiali (*coi miei propri piedi ci sono venuto*) specie nel parlato dei personaggi, e l'uso prevalente di parole toscane dotte, soprattutto nel discorso del narratore.

CONFRONTARE

Capuana e Verga

- **Accostate le scelte linguistiche di Capuana a quelle di Verga, nei *Malavoglia* (▸T68-T71) e nel *Mastro-don Gesualdo* (▸T74-T76), individuando le somiglianze e le differenze tra i due autori, e indicando quale dei due romanzi verghiani si avvicina maggiormente al *Marchese di Roccaverdina* dal punto di vista linguistico.**

William-Adolphe Bouguereau, *Ritratto del Signor M.*, 1850. (Collezione privata)

FEDERICO DE ROBERTO

T18 ▸ La razza degli Uzeda

▶ **PERCORSO**
- Dal personaggio "tipico" alla dissoluzione del personaggio (I), p. 571

Nelle intenzioni di De Roberto il romanzo *I Viceré* doveva descrivere «la fantasmagoria della lotta per la vita a livello più alto», portando a termine quel progetto di ciclo romanzesco – il "ciclo dei vinti" (vedi p. 314) – dedicato a ciascun gradino della scala sociale che Giovanni Verga aveva interrotto lasciando incompiuta *La duchessa di Leyra*.
Il romanzo, pubblicato nel 1894, racconta la storia della nobile famiglia catanese degli Uzeda-Francalanza, discendente di Viceré spagnoli, nell'arco di tempo che va dai primi moti rivoluzionari nell'isola alle elezioni del 1882. Dopo la morte della vecchia principessa di Francalanza ha inizio, con la lettura del testamento, la feroce lotta fra i sette figli della defunta e i quattro cognati; alle beghe tra parenti si aggiunge la lotta che tutti insieme sostengono contro le classi emergenti per conservare gli antichi privilegi. Così le vicende di un gran numero di personaggi si intrecciano con le tappe fondamentali dell'unità d'Italia. La storia si conclude quando, con la riforma elettorale del 1882, il giovane principe Consalvo si fa eleggere deputato al Parlamento, dimostrando di essere capace di difendere e rinnovare il primato della sua famiglia.
Nel brano che riportiamo il principe, dopo il successo elettorale, decide di far visita alla zia Ferdinanda, una vecchia usuraia fanaticamente attaccata alla nobiltà della famiglia; Consalvo vuole dimostrare alla zia, che l'ha diseredato per la sua attività politica a fianco dei democratici, di essere un vero discendente degli Uzeda.

La vecchia era capace di non riceverlo; egli aspettava la risposta con una certa ansietà. Donna Ferdinanda, udendo che c'era di là Consalvo, rispose alla cameriera, con voce arrochita dal raffreddore: «Lascialo entrare». Ella aveva saputo gli ultimi vituperi[1] commessi dal nipote, la parlata in pubblico come un cavadenti, i princìpi di casta sconfessati, l'inno alla libertà e alla democrazia, il palazzo Francalanza invaso dalla folla dei mascalzoni, Baldassarre[2] ammesso alla tavola del principe che prima aveva servito: Lucrezia[3] le aveva narrato ogni cosa, per vendicarsi, per rovinare Consalvo, per portargli via l'eredità. E donna Ferdinanda aveva sentito rimescolarsi il vecchio sangue degli Uzeda, dallo sdegno, dall'ira; ma adesso era ammalata, l'egoismo della vecchiaia e dell'infermità temperava i suoi bollori. E Consalvo veniva a trovarla; dunque s'umiliava, le dava questa soddisfazione negatale per tanto tempo. Poi, nonostante le apostasie[4] e i vituperi, egli era tuttavia il principe di Francalanza, il capo della casa, il suo protetto d'una volta... «Lascialo entrare...»

Egli le andò incontro premurosamente, si chinò sul lettuccio di ferro, quello di tant'anni addietro, e domandò:

«Zia, come sta?»

Ella fece solo un gesto ambiguo col capo.

«Ha febbre? Mi lasci sentire il polso... No, soltanto un po' di calore. Che cosa ha preso? Ha chiamato un dottore?»

«I dottori sono altrettanti asini» gli rispose brevemente, voltandosi con la faccia contro il muro.

«Vostra Eccellenza ha ragione... sanno ben poco... ma qualcosa più di noi sanno pure... Perché non curarsi in principio?»

1. **gli ultimi vituperi**: le ultime vergogne. Si riferisce ai festeggiamenti dopo il successo elettorale, nel corso dei quali Consalvo aveva ostentato idee democratiche e si era mescolato al popolo.
2. **Baldassarre**: un popolano diventato importante grazie ai rivolgimenti politici.
3. **Lucrezia**: una zia di Consalvo, moglie di Giulente, sconfitto dallo stesso Consalvo alle elezioni.
4. **apostasie**: tradimenti (propriamente: il rinnegare la propria fede).

La vecchia rispose con uno scoppio di tosse cavernosa che finì con uno scaracchio[5] giallastro.

«Ha la tosse e non prende nulla! Le porterò io certe pastiglie che sono davvero miracolose. Mi promette di prenderle?» [...]

Un nuovo scoppio di tosse fece soffiare la vecchia come un mantice. Quando calmossi, ella disse con voce affannata, ma con accento di amaro disprezzo:

«Tempi obbrobriosi!... Razza degenere!»

La botta era diretta anche a lui. Consalvo tacque un poco, a capo chino, ma con un sorriso di beffa sulle labbra, poiché la vecchia non poteva vederlo. Poi, fiocamente, con tono d'umiltà, riprese:

«Forse Vostra Eccellenza l'ha anche con me... Se ho fatto qualcosa che le è dispiaciuta, glie ne chiedo perdono... Ma la mia coscienza non mi rimprovera nulla... Vostra Eccellenza non può dolersi che uno del suo nome sia di nuovo alla testa del paese... Forse le duole il mezzo col quale questo risultato s'è raggiunto... Creda che duole a me prima che a lei... Ma noi non scegliamo il tempo nel quale veniamo al mondo; lo troviamo com'è, e com'è dobbiamo accettarlo. Del resto, se è vero che oggi non si sta molto bene, forse che prima si stava d'incanto?»

Non una sillaba di risposta.

«Vostra Eccellenza giudica obbrobriosa l'età nostra, nè io le dirò che tutto vada per il meglio; ma è certo che il passato par molte volte bello solo perché è passato... L'importante è non lasciarsi sopraffare... Io mi rammento che nel Sessantuno, quando lo zio duca fu eletto la prima volta deputato, mio padre mi disse: "Vedi? Quando c'erano i Vicerè, gli Uzeda erano Vicerè; ora che abbiamo i deputati, lo zio siede in Parlamento". Vostra Eccellenza sa che io non andai molto d'accordo con la felice memoria[6]; ma egli disse allora una cosa che m'è parsa e mi pare molto giusta... Un tempo la potenza della nostra famiglia veniva dai re; ora viene dal popolo... La differenza è più di nome che di fatto... Certo, dipendere dalla canaglia[7] non è piacevole; ma neppure molti di quei sovrani erano stinchi di santo. E un uomo solo che tiene nelle proprie mani le redini del mondo e si considera investito d'un potere divino e d'ogni suo capriccio fa legge è più difficile da guadagnare e da serbar propizio[8] che non il gregge umano, numeroso ma per natura servile... E poi, e poi il mutamento è più apparente che reale. Anche i Vicerè d'un tempo dovevano propiziarsi la folla; se no, erano ambasciatori che andavano a reclamare a Madrid, che ne ottenevano dalla Corte il richiamo... o anche la testa!...

5. **scaracchio**: sputo catarroso.
6. **la felice memoria**: la buonanima. Si riferisce al padre.
7. **canaglia**: popolo, plebe.
8. **serbar propizio**: mantenere favorevole.

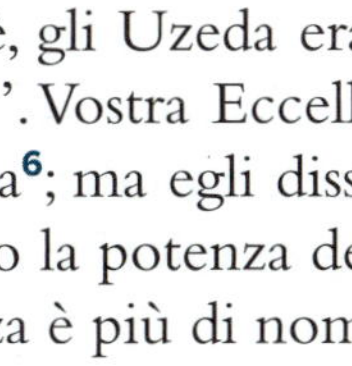

Federico De Roberto (1861-1927), nato a Napoli, visse quasi sempre a Catania, tranne che negli anni 1888-1897, passati a Firenze e a Milano, dove frequentò i suoi amici e maestri Verga e Capuana, aderì al verismo e cominciò a collaborare col «Corriere della Sera». Dagli inizi del Novecento, tornato a Catania, fu tormentato da malattie nervose e tutto preso dall'assistenza alla madre inferma. La sua produzione letteraria è molto vasta: saggi e pagine critiche, opere di teatro, raccolte di novelle (*La sorte*, 1887; *Documenti umani*, 1888; *Processi verbali*, 1890), romanzi (*Ermanno Reali*, 1889; *Spasimo*, 1897). Il suo capolavoro è *I Viceré* (1894), che insieme a *L'illusione* (1881) e a *L'imperio* (pubblicato postumo nel 1929), compone il "ciclo degli Uzeda", storia del «decadimento fisico e morale» di una famiglia aristocratica siciliana.

Le avranno forse detto che un'elezione adesso costa quattrini; ma si rammenti quel che dice il Mugnòs[9] del Vicerè Lopez Ximenes, che dovette offrire trentamila scudi al re Ferdinando per restare al proprio posto... e ci rimise i quattrini! In verità, aveva ragione Salomone[10] quando diceva che non c'è niente di nuovo sotto il sole! Tutti si lagnano della corruzione presente e negano fiducia al sistema elettorale perché i voti si comprano. Ma sa Vostra Eccellenza che cosa narra Svetonio[11], celebre scrittore dell'antichità? Narra che Augusto, nei giorni dei comizi, distribuiva mille sesterzi a testa alle tribù[12] di cui faceva parte, perché non prendessero nulla dai candidati!...»

Egli diceva queste cose anche per se stesso, per affermarsi nella giustezza delle proprie vedute; ma, poichè la vecchia non si muoveva, pensò che forse s'era assopita e che egli parlava al muro. S'alzò, quindi, per vedere: donna Ferdinanda aveva gli occhi spalancati. Egli continuò, passeggiando per la camera:

«La storia è una monotona ripetizione; gli uomini sono stati, sono e saranno sempre gli stessi. Le condizioni esteriori mutano; certo, tra la Sicilia di prima del Sessanta, ancora quasi feudale, e questa d'oggi pare ci sia un abisso; ma la differenza è tutta esteriore. Il primo eletto col suffragio quasi universale, non è nè un popolano, nè un borghese, nè un democratico: sono io, perché mi chiamo principe di Francalanza. Il prestigio della nobiltà non è e non può essere spento. Ora che tutti parlano di democrazia, sa qual è il libro più cercato alla biblioteca dell'Università, dove io mi reco qualche volta per i miei studi? L'*Araldo Sicolo*[13] dello zio don Eugenio, felice memoria. Dal tanto maneggiarlo, ne hanno sciupato tre volte la legatura! E consideri un poco: prima, ad esser nobile, uno godeva grandi prerogative, privilegi, immunità, esenzioni di molta importanza. Adesso, se tutto questo è finito, se la nobiltà è una cosa puramente ideale e nondimeno tutti la cercano, non vuol forse dire che il suo valore e il suo prestigio sono cresciuti?... In politica, Vostra Eccellenza ha serbato fede ai Borboni, e questo suo sentimento è certo rispettabilissimo, considerandoli come sovrani legittimi... Ma la legittimità loro da che dipende? Dal fatto che sono stati sul trono per più di cento anni... Di qui a ottant'anni Vostra Eccellenza riconoscerebbe dunque come legittimi anche i Savoia... Certo, la monarchia assoluta tutelava meglio gl'interessi della nostra casta; ma una forza superiore, una corrente irresistibile l'ha travolta... Dobbiamo farci mettere il piede sul collo anche noi? Il nostro dovere, invece di sprezzare le nuove leggi, mi pare quello di servircene!...»

9. **Mugnòs**: storico spagnolo del Seicento, autore di un *Teatro genologico* dedicato alle nobili famiglie spagnole.
10. **Salomone**: il re biblico noto per la sua saggezza, a cui era attribuito il libro dell'*Ecclesiaste* da cui è tratta la frase proverbiale.
11. **Svetonio**: storico latino (69-140 d.C.) autore delle *Vite dei Cesari*.
12. **tribù**: le circoscrizioni in cui era suddiviso il territorio dell'antica Roma.
13. ***Araldo Sicolo***: è l'opera di don Eugenio, fratello di Fernanda, che aveva dedicato tutta la sua vita a continuare il *Teatro genologico* del Mugnòs.

Francesco Vinea, *Le incertezze dell'età*, XIX secolo. (Collezione privata)

Travolto dalla foga oratoria, nel tripudio del recente trionfo, col bisogno di giustificarsi agli occhi propri, di rimettersi nelle buone grazie della vecchia, egli improvvisava un altro discorso, il vero, la confutazione di quello tenuto dinanzi alla canaglia, e la vecchia stava ad ascoltarlo, senza più tossire, soggiogata dall'eloquenza del nipote, divertita e quasi cullata da quella citazione enfatica e teatrale.

«Si rammenta Vostra Eccellenza le letture del Mugnòs?...» continuava Consalvo. «Orbene, imaginiamo che quello storico sia ancora in vita e voglia mettere a giorno[14] il suo *Teatro genologico* al capitolo: *Della Famiglia Uzeda*. Che cosa direbbe? Direbbe press'a poco: "Don Gafpare Vzeda"» egli pronunziò *f* la *s* e *v* la *u*[15] «"fu promosso ai maggiori carichi[16], in quel travolgimento del nostro Regno che passò dal Re don Francesco II di Borbone al Re don Vittorio Emanuele II di Savoia. Fu egli deputato al Nazional Parlamento di Torino, Fiorenza e Roma, et ultimamente dal Re don Umberto have stato sublimato con singolar dispaccio al carico di senatore. Don Consalvo de Uzeda, VIII prencipe di Francalanza, tenne poter di Sindaco della sua città nativa, indi deputato al Parlamento di Roma et in prosieguo..."» Tacque un poco, chiudendo gli occhi: si vedeva già al banco dei ministri, a Montecitorio; poi riprese: «Questo direbbe il Mugnòs redivivo; questo diranno con altre parole i futuri storici della nostra casa. Gli antichi Uzeda erano commendatori di San Giacomo, ora hanno la commenda della Corona d'Italia. È una cosa diversa, ma non per colpa loro! E Vostra Eccellenza li giudica degeneri! Scusi, perché?».

La vecchia non rispose.

«Fisicamente, sì; il nostro sangue è impoverito; eppure ciò non impedisce a molti dei nostri di arrivare sani e vegeti all'invidiabile età di Vostra Eccellenza!... Al morale, essi sono spesso cocciuti, stravaganti, bislacchi, talvolta...» voleva aggiungere «pazzi...» ma passò oltre. «Non stanno in pace tra loro, si dilaniano continuamente. Ma Vostra Eccellenza pensi al passato! Si rammenti di quel Blasco Uzeda, "cognominato[17] nella lingua siciliana *Sciarra*, che nel tosco idioma *Rissa* diremmo"; si rammenti di quell'altro Artale Uzeda, cognominato *Sconza*, cioè *Guasta!*... Io e mio padre non siamo andati d'accordo, ed egli mi diseredò; ma il Vicerè Ximenes imprigionò suo figlio, lo fece condannare a morte... Vostra Eccellenza vede che per qualche riguardo è bene che i tempi siano mutati!... E rammenti la fellonia dei figli di Artale III[18]; rammenti tutte le liti tra parenti, pei beni confiscati, per le doti delle femmine... Con questo, non intendo giustificare ciò che accade ora. Noi siamo troppo volubili e troppo cocciuti ad un tempo. Guardiamo la zia Chiara, prima capace di morire piuttosto che di sposare il marchese, poi un'anima in due corpi con lui, poi in guerra ad oltranza. Guardiamo la zia Lucrezia che, viceversa, fece pazzie per sposare Giulente, poi lo disprezzò come un servo e adesso è tutta una cosa con lui, fino al punto di far la guerra a me e di spingerlo al ridicolo del fiasco elettorale[19]! Guardiamo, in un altro senso, la stessa Teresa. Per obbedienza filiale, per farsi dar della santa, sposò chi non amava, affrettò la pazzia ed il suicidio del povero Giovannino[20]; e adesso va ad inginocchiarsi tutti i giorni nella cappella

14. **mettere a giorno**: aggiornare.
15. **pronunziò... *u***: Consalvo pronuncia le lettere secondo la grafia del manoscritto seicentesco.
16. **ai maggiori carichi**: alle cariche più importanti.
17. **cognominato**: soprannominato.
18. **la fellonia... Artale III**: un non definito tradimento (*fellonia*) dei figli di un altro Uzeda del passato.
19. **fiasco elettorale**: vedi la nota 3.
20. **Teresa... Giovannino**: la sorella di Consalvo, affetta da manie religiose, amava il nobile Giovannino di Radalì e ne era contraccambiata, ma era stata data in sposa al fratello di lui, il ripugnante duca Michele. Giovannino, impazzito per il dolore, si era ucciso.

della Beata Ximena[21], dove arde la lampada accesa per la salute del povero cugino! E la Beata Ximena che cosa fu se non una divina cocciuta? Io stesso, il giorno che mi proposi di mutar vita, non vissi se non per prepararmi alla nuova. Ma la storia della nostra famiglia è piena di simili conversioni repentine, di simili ostinazioni nel bene e nel male... Io farei veramente divertire Vostra Eccellenza, scrivendole tutta la cronaca contemporanea con lo stile degli antichi autori: Vostra Eccellenza riconoscerebbe subito che il suo giudizio non è esatto. No, la nostra razza non è degenerata: è sempre la stessa.»

Federico De Roberto, *I Viceré*, parte III, capitolo IX, a cura di M. Lavagetto, Garzanti, Milano, 1981

21. **Beata Ximena**: un'antenata degli Uzeda che la Chiesa aveva beatificato.

DIALOGO CON IL TESTO

COMPRENDERE

Il Risorgimento tradito Attraverso il lungo monologo di Consalvo, De Roberto dipinge un cupo ritratto della classe aristocratica protagonista del romanzo, corrotta, violenta e prepotente fin dalle sue origini remote; lo stesso Consalvo, pronto a sacrificare ogni sentimento per la conquista del potere, cinico manipolatore di quel popolo (la *canaglia*) da cui si fa eleggere deputato, ne è un degno rappresentante. La sua vicenda di esponente della vecchia classe dirigente camuffato da democratico per mantenere gli antichi privilegi si può leggere come un'amara condanna dell'intero processo risorgimentale, visto come una riproposizione delle ingiustizie di sempre, sotto cambiamenti di superficie.

- **In una battuta pronunciata dal protagonista la visione pessimistica dell'autore si estende dal momento storico rappresentato all'intera storia dell'umanità. Rintracciatela nel testo.**

ANALIZZARE

Il rapporto narratore-personaggi De Roberto applica in quasi tutto il brano la tecnica naturalista della narrazione impersonale, limitandosi a registrare senza commento le parole del protagonista.

- **Ci sono però alcuni rari punti in cui il narratore inserisce qualche rapida considerazione o analisi psicologica. Individuateli nel testo.**

- **Quando riporta i pensieri dei personaggi il narratore usa in genere la terza persona, tranne un punto, all'inizio del testo, in cui adotta una forma più vicina al discorso indiretto libero: individuatelo.**

Realismo linguistico Notevoli sono anche le scelte stilistiche di De Roberto, che si sforza di modellare il linguaggio usato sull'ambiente sociale e sulla situazione rappresentata, ricorrendo a forme sintattiche rapide e incisive e all'accostamento di registri linguistici diversi: dall'imitazione caricaturale della prosa secentesca (rr. 100-106) all'italiano colto (*vituperi*, r. 4, *apostasie*, r. 12), dai modi di dire regionali (*la felice memoria*, r. 48) alle espressioni crudamente realistiche (*con uno scoppio di tosse cavernosa che finì in uno scaracchio giallastro*, r. 24).

- **Cercate nel testo altri esempi di questa alternanza di registri.**

Carl Werner, *Costa siciliana*, 1837. (Collezione privata)

▸ p. 48

Antonio Fogazzaro

• *«Giorni di* breva *e di pioggia»* (da *Piccolo mondo antico*)

Sul finire dell'Ottocento la narrativa verista appare in via d'estinzione, e nuove tendenze, del tutto opposte, prendono il sopravvento. Da un lato si afferma l'estetismo decadente, inaugurato nel 1889 da *Il piacere* (▸T101-T102) di D'Annunzio, dall'altro il gusto per le analisi psicologiche sottili e per le inquietudini religiose. Al centro di questa seconda tendenza è l'opera di Antonio Fogazzaro, che nel suo primo romanzo, *Malombra* (1881), mischia atmosfere da romanzo gotico, elementi di occultismo e intenti di edificazione cattolica. Quest'ultimo elemento diventerà centrale, in contesti più equilibrati, nelle sue opere successive, che sono state più popolari; ma proprio l'inquieto groviglio tematico del primo libro lo rende forse il più interessante per un lettore di oggi.

T19 ▸ Un'eroina fatale

PERCORSO
- Dal personaggio "tipico" alla dissoluzione del personaggio (I), p. 571
- L'orrore, il macabro, il perturbante (II), p. 579

Malombra è il primo romanzo di Fogazzaro, pubblicato a spese dell'autore nel 1881, e ne rispecchia l'amore per le atmosfere sospese tra sensualità, inquietudine e misticismo. La protagonista, Marina, rimasta orfana, vive ospite dello zio, il conte Cesare d'Ormengo, in una villa su un lago lombardo; una sera scopre il manoscritto di un'antenata sospettata ingiustamente di adulterio e segregata per lunghi anni dal marito fino a diventare folle; si convince di esserne la reincarnazione e di doverla vendicare contro lo zio, discendente del marito aguzzino. Nell'aristocratica villa si trovano anche Corrado Silla, un giovane scrittore fallito chiamato dal conte per un incarico di lavoro, e il segretario tedesco del conte con la figlia Edith, buona e profondamente religiosa. Corrado intreccia un elevato legame d'affetto con Edith, ma è sensualmente attratto e soggiogato da Marina, che lo coinvolge nel suo cupo delirio: dopo aver provocato la morte dello zio, la donna ucciderà lo stesso Corrado, fuggirà sul lago e scomparirà misteriosamente.
Il brano che riportiamo è dedicato al momento centrale del romanzo: Marina, tornata in camera dopo una serata trascorsa sul lago, scopre il documento dell'antenata, per anni nascosto nella sua stanza.

Poi, quando i suoni e i canti si andarono dileguando da lontano e *Saetta*[1] mosse lentamente, quasi a malincuore, verso il Palazzo, le impressioni di quella sera si addentravano poco a poco nell'anima sua rammollita dal voluttuoso languore che l'aprile ispira; e vi si mesceva una gran sensazione di sgomento, simile a certe doglie che ci saettano e passano e passano e poi ce ne scordiamo; e si trova in seguito ch'erano frettolose messaggere di un grosso male in cammino. L'orologio di R...[2] suonò le nove. Non le parve la solita campana. Come poteva avere un'altra voce? Stette in ascolto. Le balenò alla mente d'essersi trovata un'altra volta sul lago, esattamente nello stesso luogo e alla stess'ora, d'aver ascoltata la campana e fatto lo stesso pensiero che il suono era diverso dal consueto. Ma quando?

Le era accaduto parecchie altre volte, specialmente nell'adolescenza, di venir sorpresa da simili riproduzioni di circostanze e di pensieri, senza poter ricordare l'epoca del suo primo passaggio. Ne aveva parlato. Suo padre s'era stretto nelle

1. ***Saetta***: l'elegante imbarcazione sulla quale Marina è solita navigare sul lago.

2. **R...**: il paese lombardo nel quale si svolge la vicenda.

spalle: che si ha a fare attenzione a simili sciocchezze? Miss Sarah[3] aveva detto: «E dunque?» Le amiche l'avevano assicurata che a loro succedeva la stessa cosa ogni giorno. Marina non ne parlò più, ma ci pensò ancora.

Questi lampi di reminiscenza solevano riferirsi a circostanze tra le più indifferenti della vita. Le rimaneva perciò sempre dubbio se si trattasse di reminiscenze vere e proprie o di allucinazioni. Stavolta non era così. Pensando e ripensando, si persuase di non essersi trovata *mai* sul lago a quell'ora; era dunque un'allucinazione.

Quando scese al Palazzo, il conte si era già ritirato. Ella passeggiò un tratto su e giù per la loggia, entrò nelle sue stanze, prese un libro, lo gettò via, ne prese un altro, gittò anche quello, si provò a scrivere una lettera e, dopo aver pensato alquanto con la penna in mano, stracciò il foglio, si trasse due anellini, li buttò sulla ribalta abbassata dello stipo[4] antico che le serviva di scrivania, e andò al pianoforte. Suonò uno dei suoi pezzi prediletti, la gran scena dell'evocazione delle monache nel *Roberto*[5]. Ella non intendeva, non suonava che musica d'opera.

Suonò come se gli ardori delle peccatrici spettrali[6] fossero entrati in lei, più violenti. Alla tentazione dell'amore si fermò, non poté proseguire. Quel foco interno era più forte di lei, la opprimeva, le toglieva il respiro. Chinò la fronte sul leggìo. Pareva che ardesse anche quello. Si alzò in piedi, guardando nel vuoto. La divina musica vibrava ancora nell'aria, le pareva di respirarla, di sentirla nel petto: ne le correva uno spasimo voluttuoso per le braccia.

Finalmente abbassò gli occhi sul pavimento, li posò involontariamente su qualche cosa che brillava a' suoi piedi. Guardò, senz'averne coscienza, quel punto brillante che a poco a poco le venne fermando la fantasia, finché lo vide e lo raccolse. Era uno degli anellini buttati da lei sulla ribalta dello stipo. Cercò l'altro. Sulla ribalta non c'era, nell'interno dello stipo non c'era, sul pavimento neppure. Marina s'irritò, frugò persino sotto lo stipo. Nulla. Cacciò ancora la mano nel vuoto che si apriva sopra il piano stesso della ribalta, fra due ordini di cassetti. Frugando là dentro si accorse di un piccolo foro nel piano, e, introdottovi l'indice, vi sentì l'anello. Non potendovi entrare con due dita, cercò levarnelo serrandolo tra il polpastrello dell'indice e il legno. Con sua meraviglia non le riuscì, l'anello pareva preso e trattenuto da un uncino. Mentre Marina faceva ogni sforzo di vincere questa resistenza, s'udì lo scatto di una molla; il piano, dove posava la mano di Marina, cadde di alcuni centimetri, l'anello vi ruzzolò su. Marina, sorpresa, ritirò la mano in fretta; poi, rifrugando, trovò che, in fondo, la mano entrava più addentro di prima e che v'erano, in quella ultima cavità, degli oggetti.

Ne li trasse ad uno ad uno. Erano un libro di preghiere, uno specchietto piccolissimo con la cornice d'argento, una ciocca di capelli biondi legati con un brandello di seta nera, e un guanto.

Marina, attonita, faceva passare e ripassare ciascun oggetto sotto la fiammella della candela. I capelli erano finissimi; parevano d'un bambino. Il guanto, a un bottone solo, era piccolo, stretto, allungato; aveva l'atto[7] d'una cosa viva: contene-

3. **Miss Sarah**: la governante di Marina.
4. **sulla ribalta... stipo**: sul piano ribaltabile del mobile.
5. ***Roberto***: è *Roberto il diavolo*, melodramma del musicista tedesco Jakob Meyerbeer (1791-1864).
6. **peccatrici spettrali**: nel terzo atto del melodramma il protagonista evoca le anime di suore dannate perché lo aiutino a conquistare la fanciulla di cui è innamorato.
7. **l'atto**: l'apparenza, l'atteggiamento.

va ancora, per così dire, lo spirito della mano delicata che l'aveva portato un giorno. A chi erano appartenuti quegli oggetti? Quale amore, quale occulto disegno li aveva nascosti là dentro? Marina frugò da capo nella cavità misteriosa sperando trovare uno scritto, ma senza frutto. Riprese a esaminare gli oggetti. Le pareva che ciascuno d'essi si struggesse[8] di parlare, di gridare: «Intendi!». Finalmente, voltando e rivoltando per ogni verso lo specchietto, s'avvide di qualche segno tracciato a punta di diamante sul vetro. Erano lettere e cifre segnate da una mano incerta. Con paziente attenzione Marina arrivò a leggere la seguente laconica scritta:

«Io – 2 maggio 1802»

Parve a Marina che una luce lontana e fioca sorgesse nell'anima sua. 1802! Non viveva in quel tempo al Palazzo la infelice prigioniera, la pazza della leggenda? Forse era lei. Quel guanto, quei capelli erano reliquie sue.

Ma nascoste da chi?

Marina, quasi senza sapere che si facesse, afferrò il libro di preghiere e ne sfogliò le pagine.

Ne cade un foglio ripiegato, tutto, tutto coperto di caratteri giallognoli, sbiaditissimi. Ella lo apre e vi legge:

«Per ricordarmi. 2 maggio 1802.

«Ch'io mi ricordi, nel nome di Dio! Altrimenti perché rinascere? Ho pregato la Vergine e Santa Cecilia di rivelarmi il nome che mi sarà imposto allora. Non vollero. Ebbene, qualunque sia il tuo nome, tu che hai ritrovato e leggi queste parole, conosci in te l'anima mia infelice[9]. Avanti di nascere hai sofferto tanto, tanto (questa parola era ripetuta dieci volte in caratteri assai grandi) col nome di Cecilia.

«Ricordati! Maria Cecilia Varrega di Camogli, infelice moglie del conte Emanuele d'Ormengo.

8. **si struggesse**: desiderasse ardentemente.
9. **conosci... infelice**: secondo la teoria della reincarnazione, dopo la morte l'anima del defunto trasmigra in altri corpi. L'autrice del biglietto vuol significare alla lettrice che la sua anima è trasmigrata in lei.

Antonio Fogazzaro (1842-1911), nato a Vicenza da famiglia benestante, di forte tradizione cattolica, si laureò in legge a Torino, dove il padre si era rifugiato come esule politico. Nel 1866 si trasferì a Milano, dove frequentò gli ambienti della scapigliatura e maturò la propria vocazione letteraria, a cui si dedicò totalmente a partire dal 1869 dopo il definitivo ritorno a Vicenza. Nel 1896 fu nominato senatore. La sua inquieta ricerca intellettuale lo portò a tentare di coniugare le teorie evoluzionistiche di Darwin con il cattolicesimo, e ad accostarsi al modernismo, corrente di rinnovamento del cristianesimo condannata dalla Chiesa cattolica. Esordì con la novella in versi *Miranda* (1874) e la raccolta di liriche *Valsolda* (1876), ma fu soprattutto autore di romanzi di grande successo, nei quali si riflettono le aspirazioni e le inquietudini della borghesia a cavallo tra i due secoli: *Malombra* (1881), *Daniele Cortis* (1884), *Il mistero del poeta* (1888), la tetralogia *Piccolo mondo antico* (1895), *Piccolo mondo moderno* (1901), *Il Santo* (1905), *Leila* (1910). Morì nel 1911, profondamente amareggiato dalle polemiche sui suoi ultimi romanzi, messi all'Indice dalla Chiesa cattolica, alla quale in ultimo fece atto di pubblica sottomissione.

«Ricordati la sera del 10 gennaio 1797 a Genova in casa Brignole: ricordati il viso bianco, il neo sulla guancia destra della santa zia, suor Pellegrina Concetta.

«Ricordati il nome Renato[10], l'uniforme rosso e azzurro, gli spallini e i ricami d'oro al collo e la rosa bianca al ballo Doria.

«Ricordati il carrozzone nero, la neve e la donna di Busalla che mi ha promesso di pregare per me.

«Ricordati la visione avuta in questa camera, due ore dopo mezzanotte, le parole di fuoco sfolgoranti sulla parete, parole d'una lingua ignota e tuttavia chiarissime in quel punto alla mia intelligenza che vi intese il conforto e la promessa divina. Mi è impossibile trascrivere quei segni, non ne ricordo che il senso. Dicevano che rinascerei, che vivrei ancora qui fra queste mura, qui mi vendicherei, qui amerei Renato e sarei riamata da lui; dicevano un'altra cosa buia, incomprensibile, indecifrabile, forse il nome che egli porterà allora.

«Vorrei scrivere la mia vita intera, non ne ho la forza; bastino quei cenni.

«Cambiati nome! Che io torni a essere Cecilia. Ch'egli ami Cecilia!

«Questo stipo era di mia madre; nessuno ne conosce il segreto. Vi pongo lo specchietto a cornice d'argento che la mamma ha avuto a Parigi da Cagliostro[11]. Mi vi sono guardata a lungo, a lungo; lo specchietto ritiene la fisonomia dell'ultima persona che vi si è guardata. Vi ho incisa la data con la pietra del mio anello.

«Questi sono i miei capelli. Non li conosci? Pensa. Strana cosa parlare a te come se tu non fossi io stessa! Come son belli e fini i miei capelli! Vanno sotterra senza un bacio d'amore, senza una carezza. Come son biondi! Vanno sotterra.

«Anche tu, piccola mano mia! Metto coi capelli un guanto per ricordarmi di te, piccola mano. Nota che il pollice del guanto mi è corto. Chi sa se avrò una manina così bella, così morbida? La bacio. Addio!

«Ho pochi giorni a vivere. È la sera del 2 maggio 1802. Non so l'ora, non ho orologio.

«Le finestre sono aperte. Ecco le mie sensazioni: un'aria tepida, un odor di bosco, un cielo verdognolo, così soave! E queste voci sul lago e queste campane e queste lagrime mie calde, possibile non le ricordi?

«Anima mia, imprimi bene in te stessa questo. Il conte Emanuele d'Ormengo e sua madre sono i miei assassini. Ogni pietra di questa casa mi odia. Nessuno ha pietà! Per un fiore, per un sorriso, per una calunnia! Oh, ma adesso no[12]! Adesso con la volontà, col desiderio immenso, son tutta sua[13], tutta!

«Son cinque anni e quattro mesi che son qui, che essi non parlano a me e che io non parlo ad essi. Quando mi porteranno in chiesa, ci verranno anche loro, forse. Saranno vestiti a lutto, mostreranno alla gente un viso triste e risponderanno ai preti: *lux perpetua luceat ei*[14]. Allora, allora vorrei rizzarmi sul cataletto[15] e parlare!

«Madre mia, padre mio, è vero che siete morti, che non potete difendermi? Ah, d'Ormengo, vili, vili, vili! Almeno non soffrono.

«Debbo arrestarmi un momento. I miei pensieri non mi obbediscono, si muovono tutti in una volta, si aggruppano qui in mezzo alla fronte, vi fanno una smania che non ha sollievo.

10. **Renato**: il giovane che, avendo corteggiato Cecilia, ne aveva causato involontariamente la prigionia.
11. **Cagliostro**: avventuriero in fama di mago, vissuto nel Settecento e condannato dall'Inquisizione.
12. **ma... no**: non è più una calunnia.
13. **sua**: di Renato.
14. ***lux... ei***: "le risplenda la luce perpetua", frase latina tratta dalla preghiera cattolica per i defunti.
15. **cataletto**: bara.

«Addio, sole; a rivederci.

«Porta nera, porta nera, non aprirti ancora!

«Calma. Alcune regole per quel giorno.

«Quando nella seconda vita avrò ritrovato e letto il presente manoscritto, m'inginocchierò immediatamente a ringraziar Dio; quindi, paragonati i miei capelli d'adesso a quelli d'allora, provato il guanto e guardata la immagine nello specchio, spezzerò a quest'ultimo il vetro che dev'essere rinnovato per poter servire un'altra volta; e riporrò tutto nel segreto[16]. Poi converrà premere sull'uncino per far tornar su il piano orizzontale.

«Aver fede cieca nella divina promessa: lasciar fare a Dio.

«Sieno figli, sieno nipoti, sieno parenti, la vendetta sarà buona per tutti. Qui aspettarla, qui.

«Cecilia.»

Marina lesse avidamente e non intese.

Rilesse. Al passo: «Tu che hai ritrovato e leggi queste parole, conosci in te l'anima mia infelice», si fermò. Prima non le aveva notate.

L'occhio suo si fermò su quelle parole, e le mani, che tenevano il foglio, tremarono. Ma per poco. Ella proseguì a leggere e le bianche mani tremanti parvero pietrificate. [...]

«È una pazzia» si disse Marina, «e io che mi stillo il cervello a questo modo, sono ridicola! Ridicola!» ripeté ad alta voce e balzò in piedi.

La parola uscita dalle labbra le parve più aspra della parola stessa concepita nel pensiero. Più aspra, non solo; anche eccessiva e falsa. Ne rimase ferita come se non l'avesse pronunciata lei. In pari tempo le entrò prima nel cuore, poi per tutte le membra una agitazione sorda, un'alternativa di stanchezza e d'impaziente ardore, una cupa resistenza alla volontà.

Meraviglioso il caso che l'aveva portata, nel fiore della gioventù e della bellezza, da Parigi, a quella stanza disabitata da settant'anni! Meraviglioso il caso che aveva appiccato l'anello all'uncino del segreto, sì che ella potesse leggere: «Tu che hai ritrovato e leggi queste parole, conosci in te l'anima mia infelice!»

Delirio! Ma dove era una traccia di vaniloquio[17] in quello scritto? Concitazione sì, disordine sì, ma una prigionia di cinque anni, un concetto così straordinario nella mente! Concetto antico! Ma non sarebbe questa una ragione di credere? Marina tremò, le parve sentirsi chiamare, pregare da tante anime ignote che avevano avuta questa fede, le parve seguire un momento il loro slancio. E il sangue le correva sempre più tempestoso, la intelligenza, la volontà venivano mancando.

Non ricordava Camogli né Genova, Renato né Pellegrina Concetta, non un giorno della esistenza precedente, non un'ora; ma quanti istanti! Quante volte non le era balenata la ricordanza di istanti perduti fra le tenebre d'un passato ignoto! Quella sera stessa, le campane! Le corse un ghiaccio pel sangue, un'oppressione indicibile la strinse alla gola. Ebbe allora lo sgomento di affogare, l'istinto di salvarsi. Abbracciò quest'idea che non poteva esser lei Cecilia, perché c'era del sangue d'Ormengo nelle sue vene; ma il cuore implacabile disse: «No, che importa il sangue? Tu odii, hai sempre odiato tuo zio, la vendetta è più squisita così; Dio, perché

16. **segreto**: nascondiglio.

17. **vaniloquio**: discorso vano, privo di senso.

tu la compia meglio, ti ha posto dentro, irriconoscibile, alla famiglia del nemico.»

Ma ella adesso aveva paura, voleva sottrarsi alla lotta; diè di piglio al lume e passò nella camera da letto. Le finestre erano aperte; un soffio di vento le spense la candela. Volle riaccenderla, ma non sapeva che si facesse, e non vi riuscì. Si gittò spossata alla finestra per aver ristoro. Colà le tornò subito a mente come, la sera del suo arrivo al Palazzo, guardando da quella finestra, nella notte, avesse creduto riconoscere un antico sogno, una immagine sinistra, apparsale altre volte nelle ore gaie della sua vita mondana. Fu l'ultimo colpo; una commozione senza nome le oscurò il pensiero e la vista, credette udire mille sussurri levarsi intorno a lei, mescolarsi per l'aria, confondersi in una voce sola; si portò ambe le mani alla fronte e cadde a terra.

Antonio Fogazzaro, *Malombra*, parte I, capitolo V, a cura di L. Baldacci, Garzanti, Milano, 1982

DIALOGO CON IL TESTO

COMPRENDERE

Emozioni e suggestioni In questo brano sono presenti gli elementi che fanno di *Malombra* un tipico romanzo dell'ondata letteraria antinaturalistica, rivolta a un pubblico stanco di denunce sociali e "documenti umani", e desideroso di emozioni e suggestioni singolari, sullo sfondo di ambienti di lusso:
- *la protagonista*, aristocratica, ipersensibile, colta, amante dell'arte e della musica, travagliata da ossessioni e allucinazioni che la spingeranno verso il delitto e l'autodistruzione;
- *lo sfondo*: una villa sontuosa, un voluttuoso e languido paesaggio serale che «rammollisce l'anima», rintocchi di campane e note musicali che sembrano evocare presenze spettrali;
- *il clima psicologico* fatto di sensualità, di sospensione tra realtà e irrealtà, di attrazione-repulsione per la storia di follia e di morte che emerge dal manoscritto;
- *il tema della reincarnazione*, che va incontro al gusto diffuso per il misterioso e il soprannaturale.

ANALIZZARE

Un enigma non risolto Il brano riportato, come tutto il romanzo, è percorso da un enigma non risolto: Marina è veramente la reincarnazione di Cecilia o sta semplicemente cedendo al delirio della follia? Questa sospensione di giudizio è resa possibile dalla posizione del narratore rispetto ai fatti narrati.

● **Definite il punto di vista narrativo.**

Preannunci, indugi, *suspense* L'oscuro intreccio tra presente e passato attorno al quale ruota il romanzo di Fogazzaro viene fatto scoprire al lettore per gradi, secondo una strategia tipica del racconto fantastico o "nero": dapprima l'autore dissemina indizi, premonizioni, anticipazioni che suscitano attese e curiosità, poi introduce una serie di indugi che provocano *suspense*, e solo dopo aver tenuto il lettore in sospeso soddisfa le aspettative che gli ha provocato.

● **Ripercorrendo il testo, ricostruite alcuni momenti fondamentali di questa strategia narrativa.**

Variazioni sintattiche A creare un clima misterioso e inquietante cooperano anche le scelte sintattiche: periodi ampi e sinuosi nella descrizione delle immagini e dei suoni della notte, brevi e nervosi nei momenti in cui cresce la tensione psicologica, quasi balbettanti e sconnessi nella parte dedicata al manoscritto.

● **Individuate esempi di questi tre modi di periodare.**

CONFRONTI Marina da un lato rinvia alle cupe eroine del romanzo scapigliato (Tarchetti, ►T14) dall'altro si apparenta alle raffinate e sensuali protagoniste della letteratura decadente (Contessa Lara, ►T41).

▸ p. 50

Scrittori per l'infanzia

Negli anni successivi all'unità d'Italia la narrativa per ragazzi ebbe una grande fioritura. Lo sviluppo di questo genere letterario fu propiziato dalla diffusione della scuola e dell'alfabetizzazione, e specialmente dall'intenzione, da parte della nuova classe dirigente, di amalgamare linguisticamente e culturalmente i cittadini del nuovo Stato, diffondendo tra i ceti popolari quei valori, comuni alla borghesia italiana ed europea, ritenuti indispensabili per il progresso civile della nazione.

Due libri profondamente diversi come *Cuore* (▸T20) di Edmondo De Amicis e *Pinocchio* (▸T21) di Carlo Collodi hanno in comune un esplicito fine pedagogico: educare i ragazzi al rispetto della famiglia, allo spirito di sacrificio, all'onestà, al lavoro. Pur essendo rivolti ai ragazzi, hanno raggiunto uno straordinario successo presso il pubblico adulto, tanto da divenire i due *bestsellers* più letti e tradotti della letteratura italiana di fine Ottocento.

EDMONDO DE AMICIS

T20 ▸ Il maestro e Franti

Pubblicato nell'ottobre del 1886 (proprio all'apertura dell'anno scolastico), *Cuore* era stato progettato da De Amicis fin dal 1878: «Mi son detto: per fare un libro nuovo e forte bisogna farlo con la facoltà nella quale mi sento superiore agli altri: il cuore. Il soggetto preso nel mio cuore. Il libro intitolato *Cuore*».

Nel romanzo si alternano pagine di diario, lettere e racconti. Si immagina infatti che Enrico Bottini, un bambino torinese di terza elementare, scriva il diario di un suo anno scolastico, suddiviso in dieci capitoli, corrispondenti ai dieci mesi di scuola; a questa cronaca quotidiana si alternano le lettere dei familiari, specie del padre, che commentano i brani del diario con considerazioni morali; a conclusione di ogni capitolo si inseriscono i racconti edificanti del maestro, dedicati a bambini delle diverse regioni italiane, modelli d'amor di patria, di spirito di sacrificio, di culto per la famiglia (*La piccola vedetta lombarda*, *Lo scrivano fiorentino*, *Il tamburino sardo*...).

Il primo brano che riportiamo è il diario del secondo giorno di scuola, nel quale Enrico descrive il suo nuovo maestro; il secondo è dedicato a Franti, il "cattivo" della scuola.

Il nostro maestro.

18, martedì.

Anche il mio nuovo maestro mi piace, dopo questa mattina. Durante l'entrata, mentre egli era già seduto al suo posto, s'affacciava di tanto in tanto alla porta della classe qualcuno dei suoi scolari dell'anno scorso, per salutarlo; s'affacciavano, passando, e lo salutavano: – Buon giorno, signor maestro. – Buon giorno, signor Perboni; – alcuni entravano, gli toccavan la mano e scappavano. Si vedeva che gli volevan bene e che avrebbero voluto tornare con lui. Egli rispondeva: – Buon giorno, – stringeva le mani che gli porgevano; ma non guardava nessuno; ad ogni saluto rimaneva serio, con la sua ruga diritta sulla fronte, voltato verso la finestra, e guardava il tetto della casa di faccia; e invece di rallegrarsi di quei saluti, pareva che ne soffrisse. Poi guardava noi, l'uno dopo l'altro, attento. Dettando, discese a passeggiare in mezzo ai banchi, e visto un ragazzo che aveva il viso tutto rosso di bollicine, smise di dettare, gli prese il viso fra le mani e lo guardò; poi gli domandò che cos'aveva e gli posò una mano sulla fronte per sentir s'era calda. In quel mentre, un ragazzo dietro di lui si rizzò sul banco e si mise a fare la marionetta. Egli si voltò tutt'a un tratto; il ragazzo risedette d'un colpo, e restò lì, col capo basso, ad aspettare il castigo. Il maestro gli pose una mano sul capo e gli disse: – Non lo far più. – Nient'altro. Tornò al tavolino e finì di dettare. Finito di dettare, ci guardò un momento in silenzio; poi disse adagio adagio, con la sua voce grossa, ma buona: – Sentite. Abbiamo un anno da passare insieme. Vediamo di passarlo bene. Studiate e siate buoni. Io non ho famiglia. La mia famiglia siete voi. Avevo ancora mia madre l'anno scorso: mi è morta. Son rimasto solo. Non ho più che voi al mondo, non ho più altro affetto, altro pensiero che voi. Voi dovete essere i miei figliuoli. Io vi voglio bene, bisogna che vogliate bene a me. Non voglio aver da punire nessuno. Mostratemi che siete ragazzi di cuore; la nostra scuola sarà una famiglia e voi sarete la mia consolazione e la mia alterezza[1]. Non vi domando una promessa a parole; son certo che, nel vostro cuore, m'avete già detto di sì. E vi ringrazio. – In quel punto entrò il bidello a dare il *finis*[2]. Uscimmo tutti dai banchi zitti zitti. Il ragazzo che s'era rizzato sul banco s'accostò al maestro, e gli disse con voce tremante: – Signor maestro, mi perdoni. – Il maestro lo baciò in fronte e gli disse: – Va', figliuol mio.

[...]

Franti, cacciato dalla scuola.

21, sabato.

Uno solo poteva ridere mentre Derossi[3] diceva dei funerali del Re[4], e Franti rise. Io detesto costui. È malvagio. Quando viene un padre nella scuola a fare una partaccia al figliuolo, egli ne gode; quando uno piange, egli ride. Trema davanti a Garrone, e picchia il muratorino perché è piccolo; tormenta Crossi perché ha il braccio morto; schernisce Precossi, che tutti rispettano; burla perfino Robetti[5], quello della seconda, che cammina con le stampelle per aver salvato un bambino. Provoca tutti i più deboli di lui, e quando fa a pugni, s'inferocisce e tira a far male.

1. **alterezza**: orgoglio.
2. **dare il *finis***: annunciare il termine delle lezioni.
3. **Derossi**: è il primo della classe.
4. **dei funerali del Re**: i funerali di Vittorio Emanuele II, morto nel 1878.
5. **Garrone... Robetti**: sono citati i nomi di alcuni compagni di Enrico: *Garrone* è il più buono e il più forte di tutti, *il muratorino* è costretto a lavorare per le condizioni di indigenza della sua famiglia, *Crossi* ha un difetto fisico, *Precossi* è il figlio del fabbro, *Robetti* è stato investito da un omnibus (una carrozza pubblica) per salvare un compagno.

Edmondo De Amicis (1846-1908), nato a Oneglia in Liguria nel 1846, crebbe a Cuneo, dove si era trasferita la famiglia. Destinato agli studi universitari, fu costretto per motivi economici a indirizzarsi alla carriera militare; nel 1866 partecipò alla guerra contro l'Austria; l'anno successivo fu inviato a Firenze come codirettore della rivista «L'Italia militare», dove pubblicò con grande successo bozzetti di argomento militare (*La vita militare*, 1868). Conquistata una vasta fama, intraprese nel 1870 la carriera di corrispondente di viaggio del giornale «La Nazione», e pubblicò numerosi libri di viaggio (*Spagna*, 1873, *Marocco*, 1876). Dal 1875 si trasferì definitivamente a Torino.

Pubblicò nel 1886 *Cuore*, il suo libro più famoso, e dopo lo straordinario successo continuò a scrivere *reportages* e racconti (*Sull'oceano*, 1889; *Il romanzo di un maestro*, 1890). Nel 1891 si iscrisse al nascente partito socialista e accentuò l'impegno sociale della sua narrativa, avvicinandosi alle istanze del verismo. Dedicati a temi sociali sono romanzi come *La maestrina degli operai* (1895) e *Lotte civili* (1901); alcuni racconti della raccolta *Tra scuola e casa* (1892) rappresentano il mondo della scuola con tono ironico e distaccato (*Amore e ginnastica*). De Amicis intervenne anche sulla questione della lingua a sostegno delle posizioni manzoniane (*L'idioma gentile*, 1905).

Ci ha qualcosa che mette ribrezzo su quella fronte bassa, in quegli occhi torbidi, che tien quasi nascosti sotto la visiera del suo berrettino di tela cerata. Non teme nulla, ride in faccia al maestro, ruba quando può, nega con una faccia invetriata[6], è sempre in lite con qualcheduno, si porta a scuola degli spilloni per punzecchiare i vicini, si strappa i bottoni dalla giacchetta, e ne strappa agli altri, e li gioca, e ha cartella, quaderni, libri, tutto sgualcito, stracciato, sporco, la riga dentellata, la penna mangiata, le unghie rose, i vestiti pieni di frittelle[7] e di strappi che si fa nelle risse. Dicono che sua madre è malata dagli affanni ch'egli le dà, e che suo padre lo cacciò di casa tre volte; sua madre viene ogni tanto a chiedere informazioni e se ne va sempre piangendo. Egli odia la scuola, odia i compagni, odia il maestro. Il maestro finge qualche volta di non vedere le sue birbonate, ed egli fa peggio. Provò a pigliarlo con le buone, ed egli se ne fece beffa. Gli disse delle parole terribili, ed egli si coprì il viso con le mani, come se piangesse, e rideva. Fu sospeso dalla scuola per tre giorni, e tornò più tristo[8] e più insolente di prima. Derossi gli disse un giorno: – Ma finiscila, vedi che il maestro ci soffre troppo, – ed egli lo minacciò di piantargli un chiodo nel ventre. Ma questa mattina, finalmente, si fece scacciare come un cane. Mentre il maestro dava a Garrone la brutta copia del *Tamburino sardo*, il racconto mensile di gennaio, da trascrivere, egli gittò sul pavimento un petardo che scoppiò facendo rintronar la scuola come una fucilata. Tutta la classe ebbe un riscossone. Il maestro balzò in piedi e gridò: – Franti! fuori di scuola! – Egli rispose: – Non son io! – Ma rideva. Il maestro ripetè: – Va' fuori! – Non mi muovo, – rispose. Allora il maestro perdette i lumi, gli si slanciò addosso, lo afferrò per le braccia, lo strappò dal banco. Egli si dibatteva, digrignava i denti; si fece trascinar fuori di viva forza. Il maestro lo portò quasi di peso dal Direttore, e poi tornò in classe solo e sedette al tavolino, pigliandosi il capo fra le mani, affannato, con un'espressione così stanca e afflitta, che faceva male a vederlo. – Dopo trent'anni che faccio scuola! – esclamò tristamente, crollando il capo. Nessuno fiatava. Le mani gli tremavano dall'ira, e la ruga diritta che ha in mezzo alla fronte, era così profonda, che pareva una ferita. Povero maestro! Tutti ne pativano. Derossi s'alzò e disse: – Signor maestro, non si affligga. Noi le vogliamo bene. – E allora egli si rasserenò un poco e disse: – Riprendiamo la lezione, ragazzi.

Edmondo De Amicis, *Cuore*, capitoli II, XXXIX, in *Opere complete*, a cura di A. Baldini, Garzanti, Milano, 1948

6. **invetriata**: dura.
7. **frittelle**: macchie di unto.
8. **tristo**: malvagio.

Un ragazzino a scuola durante una lezione in un'illustrazione di Jessie Willcox Smith del 1928.

Albert Anker, *Ragazzo che scrive*, 1908. (Collezione privata)

DIALOGO CON IL TESTO

CONTESTUALIZZARE

Il "buono", il "cattivo" e i lettori di oggi Per De Amicis il maestro Perboni rappresenta il concentrato di tutte le virtù che deve avere un buon insegnante; per un lettore di oggi è una figura caricaturale.

- **Individuate nel testo le caratteristiche del personaggio del maestro Perboni che piacquero tanto al pubblico dell'Ottocento e che oggi risultano involontariamente comiche, e discutete sui motivi di un così radicale cambiamento di valori morali e gusti letterari.**

Se il maestro è totalmente buono, Franti è totalmente cattivo. Oltre all'aspetto delinquenziale, al disordine, alla sporcizia, il suo tratto distintivo è l'irrisione dei valori che per De Amicis e i suoi lettori erano i più sacri: l'amore per la patria e per il re, l'obbedienza al maestro, il rispetto per la proprietà, la solidarietà con i più deboli, la dedizione al lavoro. Per queste caratteristiche De Amicis, per bocca di Enrico, lo condanna senza appello. Ma anche in questo caso ottiene un effetto rovesciato sul lettore di oggi: a distanza di più di un secolo Franti rischia di essere l'unico personaggio veramente simpatico di tutto il romanzo.

ANALIZZARE

Il patetismo Coerentemente con lo spiccato intento moralistico, De Amicis fa leva sulle emozioni più elementari ed estreme (la commozione, lo sdegno), mettendo in scena personaggi schematici nel bene e nel male e ricorrendo a intonazioni smaccatamente patetiche.

- **Indicate i passaggi della narrazione in cui l'intonazione patetica è più forte.**

Una lingua per tutti Le scelte linguistiche corrispondono all'intenzione di elaborare una lingua media, capace di parlare a tutti, che sia strumento di unificazione per gli italiani di diversi strati sociali e diverse provenienze regionali: la struttura sintattica è semplice, il lessico comune, sono evitate le intonazioni dialettali. Si potrebbe definire una riproposta, banalizzata ma efficace, della lingua manzoniana.

CONFRONTARE

De Amicis e Dossi

- **Confrontate la rappresentazione deamicisiana della vita scolastica con quella di Carlo Dossi (▸T15), dal punto di vista dell'atteggiamento dei due autori e delle loro scelte stilistiche.**

CARLO COLLODI

T21 ▸ Pinocchio in prigione

Collodi pubblicò a puntate la prima parte di *Pinocchio*, con il titolo *La storia di un burattino*, sulla rivista «Il giornale per i bambini», nel 1880. L'opera ottenne un successo immediato, tanto che, quando l'autore decise di concludere la vicenda con la morte di Pinocchio, impiccato dagli Assassini, fu costretto dalle numerosissime e pressanti richieste del pubblico a farlo resuscitare e a dare una conclusione più ottimistica alla trama.
Il romanzo, pubblicato in volume nel 1883, sarà tradotto in molte lingue, illustrato da famosi artisti, rielaborato in chiave teatrale, cinematografica e televisiva. Oggi la storia del burattino, delle sue innumerevoli birichinate e straordinarie avventure e del suo ravvedimento finale, coronato dalla trasformazione in ragazzo vero e proprio, è nota in tutto il mondo.
Riportiamo il capitolo XIX: Pinocchio ha ricevuto in dono dal burattinaio Mangiafoco cinque monete d'oro, e si è lasciato convincere dal Gatto e dalla Volpe a seppellirle nel Campo dei miracoli e ad annaffiarle, nella convinzione che le monete si moltiplicheranno; ma, al ritorno nel Campo, lo aspetta una brutta sorpresa...

Il burattino, ritornato in città[1], cominciò a contare i minuti a uno a uno; e, quando gli parve che fosse l'ora, riprese subito la strada che menava al Campo dei miracoli.

E mentre camminava con passo frettoloso, il cuore gli batteva forte e gli faceva tic-tac, tic-tac, come un orologio da sala, quando corre davvero. E intanto pensava dentro di sé:

«E se invece di mille monete, ne trovassi su i rami dell'albero duemila? E se invece di duemila, ne trovassi cinquemila? e se invece di cinquemila ne trovassi centomila? Oh! che bel signore, allora, che diventerei! Vorrei avere un bel palazzo, mille cavallini di legno e mille scuderie, per potermi baloccare, una cantina di rosoli e di alchermes[2], e una libreria tutta piena di canditi, di torte, di panattoni, di mandorlati e di cialdoni colla panna».

Così fantasticando, giunse in vicinanza del campo, e lì si fermò a guardare se per caso avesse potuto scorgere qualche alberello coi rami carichi di monete; ma non vide nulla. Fece altri cento passi in avanti, e nulla: entrò sul campo, andò proprio su quella piccola buca, dove aveva sotterrato i suoi zecchini, e nulla. Allora diventò pensieroso e, dimenticando le regole del galateo e della buona creanza, tirò fuori una mano di tasca e si dette una lunghissima grattatina di capo.

In quel mentre sentì fischiarsi negli orecchi una gran risata e, voltatosi in su, vide sopra un albero un grosso Pappagallo che si spollinava[3] le poche penne che aveva addosso.

– Perché ridi? – gli domandò Pinocchio con voce di bizza[4].

– Rido, perché nello spollinarmi mi son fatto il solletico sotto le ali.

Il burattino non rispose. Andò alla gora[5] e riempita d'acqua la solita ciabatta, si pose novamente ad annaffiare la terra che ricopriva le monete d'oro.

Quand'ecco che un'altra risata, anche più impertinente della prima, si fece sentire nella solitudine silenziosa di quel campo.

– Insomma – gridò Pinocchio, arrabbiandosi – si può sapere, Pappagallo maleducato, di che cosa ridi?

– Rido di quei barbagianni[6], che credono a tutte le scioccherie e che si lasciano trappolare da chi è più furbo di loro.

– Parli forse di me?

– Sì, parlo di te, povero Pinocchio, di te che sei così dolce di sale[7], da credere che i denari si possano seminare e raccogliere nei campi, come si seminano i fagioli e le zucche. Anch'io l'ho creduto una volta, e oggi ne porto le pene. Oggi (ma troppo tardi!) mi son dovuto persuadere che per mettere insieme onestamente pochi soldi bisogna saperseli guadagnare o col lavoro delle proprie mani o coll'ingegno della propria testa.

– Non ti capisco, – disse il burattino, che già cominciava a tremare dalla paura.

– Pazienza! mi spiegherò meglio, – soggiunse il Pappagallo. – Sappi dunque che, mentre tu eri in città, la Volpe e il Gatto sono tornati in questo campo, hanno preso le monete d'oro sotterrate, e poi sono fuggiti come il vento. E ora chi li raggiunge, è bravo.

1. **in città**: è la città di Acchiappa-citrulli, luogo degli inganni e dei furti.
2. **rosoli e alchermes**: liquori dolci, che si usano per condire le torte.
3. **si spollinava**: si toglieva il polline.
4. **bizza**: rabbia.
5. **gora**: stagno.
6. **barbagianni**: sprovveduti (letteralmente il barbagianni è un uccello).
7. **dolce di sale**: con poco sale in zucca, sciocco (l'espressione viene da Boccaccio).

Pinocchio restò a bocca aperta, e non volendo credere alle parole del Pappagallo, cominciò colle mani e colle unghie a scavare il terreno che aveva annaffiato. E scava, scava, scava, fece una buca così profonda, che ci sarebbe entrato per ritto un pagliaio: ma le monete non c'erano più.

Preso allora dalla disperazione, tornò di corsa in città e andò difilato in tribunale, per denunziare al Giudice i due malandrini, che lo avevano derubato.

Il giudice era uno scimmione della razza dei Gorilla: un vecchio scimmione rispettabile per la sua grave età, per la sua barba bianca e specialmente per i suoi occhiali d'oro, senza vetri, che era costretto a portare continuamente, a motivo di una flussione[8] d'occhi, che lo tormentava da parecchi anni.

Pinocchio, alla presenza del Giudice, raccontò per filo e per segno l'iniqua frode, di cui era stato vittima; dette il nome, il cognome e i connotati dei malandrini, e finì col chiedere giustizia.

Il Giudice lo ascoltò con molta benignità, prese vivissima parte al racconto, s'intenerì, si commosse e, quando il burattino non ebbe più nulla da dire, allungò la mano e suonò il campanello.

A quella scampanellata comparvero subito due can mastini vestiti da giandarmi[9].

Allora il Giudice, accennando Pinocchio ai giandarmi, disse loro:

– Quel povero diavolo è stato derubato di quattro monete d'oro: pigliatelo dunque e mettetelo subito in prigione.

Il burattino, sentendosi dare questa sentenza fra capo e collo, rimase di princisbecco[10] e voleva protestare: ma i giandarmi, a scanso di perditempi inutili, gli tapparono la bocca e lo condussero in gattabuia.

E lì v'ebbe a rimanere quattro mesi: quattro lunghissimi mesi: e vi sarebbe rimasto anche di più, se non si fosse dato un caso fortunatissimo. Perché bisogna sapere che il giovane Imperatore che regnava nella città di Acchiappa-citrulli, avendo riportato una gran vittoria contro i suoi nemici, ordinò grandi feste pubbliche, luminarie[11], fuochi artificiali, corse di barberi[12] e di velocipedi e, in segno di maggiore esultanza, volle che fossero aperte anche le carceri e mandati fuori tutti i malandrini.

8. **flussione**: malattia generata dal flusso eccessivo di sangue.
9. **giandarmi**: gendarmi.
10. **di princisbecco**: di stucco (letteralmente il princisbecco è una lega di rame, stagno e zinco, di aspetto simile all'oro).
11. **luminarie**: illuminazioni pubbliche.
12. **barberi**: cavalli da corsa.

Carlo Lorenzini (1826-1890), nato a Firenze, trasse lo pseudonimo **Collodi** dal paese d'origine della madre. Di tendenze liberali, frequentò l'ambiente dei patrioti fiorentini, combatté come volontario nel 1848 nella battaglia di Curtatone e Montanara e partecipò alla seconda guerra d'indipendenza. Dopo l'unità d'Italia fu impiegato presso la prefettura. Collaborò a giornali e riviste scrivendo soprattutto di arte, letteratura e teatro. Il suo esordio come scrittore risale al 1856, con *Un romanzo in vapore*, una specie di guida ferroviaria per il viaggio Firenze-Livorno, a cui seguì *I misteri di Firenze* (1857), ispirati ai *Misteri di Parigi* di Sue. Frutto della sua attività giornalistica sono raccolte di bozzetti, aneddoti di vita cittadina, osservazioni di costume (*Macchiette*, 1880; *Occhi e nasi, ricordi dal vero*, 1881; *Note gaie*,1882). La richiesta dell'editore Paggi di tradurre dal francese le fiabe di Perrault determinò il suo interesse per le fiabe e la letteratura infantile: ne scaturirono i *Racconti delle fate* (1875), *Il viaggio per l'Italia di Giannettino* (1876), *Minuzzolo* (1878). Nel 1880 furono pubblicate a puntate *Le avventure di Pinocchio*.

– Se escono di prigione gli altri, voglio uscire anch'io, – disse Pinocchio al carceriere.

– Voi no, – rispose il carceriere, – perché voi non siete del bel numero.

– Domando scusa, – replicò Pinocchio, – sono un malandrino anch'io.

– In questo caso avete mille ragioni – disse il carceriere e, levandosi il berretto rispettosamente e salutandolo, gli aprì le porte della prigione e lo lasciò scappare.

Carlo Collodi, *Le avventure di Pinocchio*, capitolo XIX, a cura di O. Castellani Pollidori, Fondazione Nazionale Carlo Collodi, Pescia, 1983

DIALOGO CON IL TESTO

COMPRENDERE

L'intento educativo A differenza di *Cuore* (▸T20), *Pinocchio* è ambientato in un mondo fantastico, che assomiglia a quello delle fiabe (paesi inesistenti, animali parlanti). Ha invece in comune con l'opera di De Amicis l'intenzione educativa.

- **Individuate nel brano la battuta di un personaggio nella quale viene espresso l'insegnamento morale che si può trarre dall'episodio.**

Una fantasia sbrigliata e irriverente A fianco di questo esplicito messaggio morale emerge però una vena bizzarra e irriverente: la rappresentazione capovolta del funzionamento della giustizia e l'assoluta mancanza di rispetto con cui sono raffigurati i suoi tutori non hanno risvolti edificanti, e potrebbero anzi essere interpretati come una sotterranea satira delle istituzioni.

Il fascino del romanzo sta proprio in questa convivenza tra il richiamo ai valori del dovere e del lavoro e le trovate di una fantasia sbrigliata, che spesso veleggia liberamente per conto suo, e non di rado sembra simpatizzare per le birichinate di Pinocchio più che per le prediche dei personaggi che rappresentano i valori dominanti.

- **Secondo voi, l'assurda giustizia praticata nella città di Acchiappa-citrulli è solo una trovata comica o può avere un intento di critica sociale?**

ANALIZZARE

Una lingua teatrale Dal punto di vista linguistico Collodi risente dell'influsso di Manzoni, ma lo vivacizza con l'uso di espressioni, similitudini e metafore colorite, tratte dal parlato popolare toscano, e di una sintassi rapida e veloce, fatta di periodi brevissimi e di dialoghi fulminanti, che danno al romanzo un carattere di teatralità, adatto alla recitazione ad alta voce.

- **Individuate nel testo qualche esempio di queste scelte stilistiche.**
- **Un altro aspetto tipicamente teatrale che compare con grande frequenza in *Pinocchio* è l'effetto di sorpresa, legato a un improvviso capovolgimento delle attese del lettore: rintracciate i due casi presenti in questo brano.**

CONTESTUALIZZARE

Varianti del manzonismo

- **Le scelte linguistiche di De Amicis (▸T20) e di Collodi sono due varianti del manzonismo degli scrittori postunitari: confrontatele dal punto di vista sintattico e lessicale, individuando somiglianze e differenze.**

Collodi e Verga *Pinocchio* fu pubblicato nel 1881, poche settimane dopo *I Malavoglia* di Verga (p. 357). Malgrado la radicale diversità del genere e dell'ispirazione, è possibile notare alcune somiglianze tra la storia di Pinocchio e quella di 'Ntoni, ribelli con il cuore buono alla ricerca di una promozione sociale: «la storia del povero che si perde per un eccesso di ambizione doveva essere inscritta nel destino sociale dell'Italia post-unitaria» (Asor Rosa).

- **Confrontate le scelte di vita di Pinocchio e di 'Ntoni, il loro rapporto con il mondo degli adulti e il diverso esito della loro ribellione.**

LABORATORIO DI ANALISI E SCRITTURA

RILETTURE (T14-T21)

CONFRONTARE

1. I testi di Tarchetti (▸T14), Capuana (▸T16), Fogazzaro (▸T19), presentano una galleria di personaggi femminili. Confrontateli individuandone i tratti specifici e i caratteri comuni: come interpretare l'improvvisa irruzione nella letteratura di questo nuovo tipo di protagoniste?

INTERPRETARE

2. *Cuore* (▸T20) e *Pinocchio* (▸T21) furono romanzi di straordinario successo popolare. Cercate di interpretare i motivi di questo successo facendo riferimento al messaggio morale proposto, alle caratteristiche della trama, alle scelte stilistiche.

ATTRIBUIRE

3. I tre brani seguenti sono gli inizi di un romanzo storico del primo Ottocento, di un racconto fantastico di uno scrittore scapigliato e di un romanzo verista:
   - *Margherita Pusterla*, romanzo di Cesare Cantù (1838);
   - *Uno spirito in un lampone*, dai *Racconti fantastici* di Iginio Ugo Tarchetti (1869);
   - *La bocca del lupo*, romanzo di Remigio Zena (1892).

   Identificate i tre testi e indicate i caratteri tematici e stilistici che vi permettono di riconoscere le diverse epoche e i diversi generi narrativi.

A

Il meglio, nelle cose proibite dal governo, è di non mischiarcisi mai; per esempio, a forza di suppliche e di raccomandazioni, una mattina finalmente il re fece alla Bricicca la grazia dei tre o quattro mesi che le restavano ancora, ed è uscita in libertà dopo un anno di prigionia per l'affare del lotto clandestino, ossia del seminario, come diciamo noi a Genova, ma intanto col suo volersi imbarazzare in certi negozi, fu essa che finì per uscirne colla testa rotta.

B

Nel 1854 un avvenimento prodigioso riempì di terrore e di meraviglia tutta la semplice popolazione d'un piccolo villaggio della Calabria.
Mi attenterò a raccontare, con quanta maggior esattezza mi sarà possibile, questa avventura meravigliosa, benché comprenda essere cosa estremamente difficile l'esporla in tutta la sua verità e con tutti i suoi dettagli più interessanti.

C

Entrando il marzo del 1340, i Gonzaga, signori di Mantova, avevano aperta una corte bandita nella loro città, con tavole disposte a chiunque venisse, con musici, saltimbanchi, buffoni, fontane che sprizzavano vino, tutta insomma la pompa colla quale i tirannelli, surrogatisi ai liberi governi di Lombardia, procuravano di stordire i generosi, allettare i vani, ed abbagliare la plebe, sempre ingorda dietro a queste luccicanti apparenze.

SCRIVERE UN TESTO ARGOMENTATIVO

● **ESERCIZIO GUIDATO** Facendo riferimento ai testi di questa sezione (▸T14-T21), scrivete un testo sull'argomento proposto.

LE DIVERSE SCELTE LINGUISTICHE DEGLI SCRITTORI ITALIANI DOPO L'UNITÀ

GUIDA ALLA STESURA

Potete considerare le scelte linguistiche di Tarchetti (▸T14), Carlo Dossi (▸T15), Capuana (▸T16-T17), De Roberto (▸T18), Fogazzaro (▸T19). Forse è meglio lasciar da parte De Amicis e Collodi, che si ponevano problemi linguistici specifici scrivendo per l'infanzia.

In tutti questi brani la lingua può apparire per qualche aspetto più antiquata e meno disinvolta di quella del testo definitivo dei *Promessi sposi*. Per rendervene conto, potete ricordare che Manzoni nell'edizione definitiva ridusse fortemente l'uso dei pronomi soggetto "egli", "ella", evidentemente considerandoli antiquati, ed eliminò le forme con pronome clitico dopo un verbo di modo finito (tipo "pentesi", "pentivasi", "pentissi"), e osservare la presenza di queste forme nei brani del secondo Ottocento.

Per quanto riguarda i singoli autori:

- nel caso di Tarchetti, se rileggete le note 4, 5, 8, 12 del brano, potete chiedervi se in lui prevalesse la volontà di non adeguarsi al modello manzoniano o l'incapacità di farlo;
- per Capuana, potete rileggere la sua dichiarazione sulla lingua dei veristi riportata nel Contesto, a p. 28, e cercare nel brano le tracce di quella lingua «pur che sia, mezza francese, mezza regionale, mezza confusionale, come tutte le cose messe su in fretta», come la definiva nello stesso testo;
- quanto a De Roberto, l'ultimo capoverso del paragrafo "Analizzare" nel Dialogo con il testo suggerisce che questo autore cercasse di accostare diversi registri linguistici, creando una miscela che di per sé poteva contraddire l'indicazione manzoniana di una lingua "media", che non scartasse troppo né in senso popolare né verso il tono aulico, né in direzione regionale; provate a verificare se i dati che riscontrate nel testo confermano questa ipotesi;
- infine, nel brano di Fogazzaro è evidente la ricerca di una lingua di tono elevato, nutrita di echi letterari, e in questo non manzoniana: potete annotare qualche esempio in questo senso.

Sulla base di queste osservazioni potete concludere quanto ciascun autore si discostasse dal modello manzoniano.

La nascita della lirica moderna

Nella seconda metà dell'Ottocento la Francia e Parigi sono il centro della cultura europea. Con la pubblicazione dei *Fiori del male* di Baudelaire (1857) nasce la poesia moderna, basata su un'interpretazione simbolica della realtà e sulla ricerca di un linguaggio capace di dar voce alle intuizioni soggettive del poeta; gli sviluppi di questa poetica, che ha un'immediata e profonda influenza negli altri paesi d'Europa, danno il via a quella trasgressione sistematica delle forme tradizionali che sarà tipica di gran parte della poesia del Novecento. Negli stessi anni, al di là dell'oceano, il dinamismo, le aspirazioni, le contraddizioni della società americana acquistano una voce poetica autonoma nell'opera di due personalità diversissime come Walt Whitman ed Emily Dickinson.

▸ p. 52

I simbolisti francesi

• CHARLES BAUDELAIRE *La Bellezza*

Coerentemente con le loro dichiarazioni di poetica (▸D8, p. 21), i "padri" del simbolismo francese praticano la poesia come evocazione di una realtà "altra", che va oltre l'esperienza quotidiana, attraverso un radicale rinnovamento del linguaggio. CHARLES BAUDELAIRE esprime da un lato il disagio del poeta nella società industriale e borghese (▸T22), dall'altro l'ambizione di interpretare il mondo intero in chiave poetica e simbolica (▸T23); dall'urto tra aspirazioni sublimi e squallore del mondo quotidiano nasce il suo linguaggio aspro e dissonante (▸T24, ▸T26), o la ricerca provocatoria di temi di una violenza inedita (▸T25, ▸T27). Sulle sue tracce ARTHUR RIMBAUD (▸T28-T30) e STÉPHANE MALLARMÉ (▸T33) voltano le spalle alla lingua della comunicazione ordinaria e, per vie diverse, compiono passi risolutivi verso l'oscurità e l'allusività che resteranno tipiche della poesia moderna, non riconducibile a un significato univoco e condiviso; più legato alla tradizione, PAUL VERLAINE piega il linguaggio simbolista all'elaborazione di forme languide e musicali, legate alla sensibilità che fu definita "decadente" (▸T31-T32).

Paul Verlaine e Arthur Rimbaud, a sinistra, insieme ad altri poeti simbolisti francesi in un dipinto di Henri Fantin-Latour del 1872. (Parigi, Musée d'Orsay)

Charles Baudelaire (1821-1867), nato a Parigi da un'agiata famiglia borghese e rimasto orfano di padre all'età di sei anni, trascorse l'adolescenza in collegio. Intorno ai vent'anni, nonostante l'opposizione della madre e dell'odiato patrigno, cominciò a condurre una vita irregolare, che raggiunse il culmine nel 1842, quando poté entrare in possesso dell'eredità paterna: ebbe relazioni amorose con attrici e prostitute, frequentò il club dei fumatori di hashish, dilapidò buona parte del patrimonio; la madre, preoccupata per le sue stranezze, nel 1844 gli fece sottrarre per legge l'amministrazione dell'eredità. Intanto Baudelaire aveva stretto amicizia con i più famosi letterati e artisti dell'epoca: per arrotondare la rendita mensile che gli era stata concessa dal tribunale, esordì come critico d'arte con gli opuscoli dedicati ai *Salons* del 1845 e del 1846. Nel 1847 scoprì l'opera di Edgar Allan Poe, di cui divenne un fervente ammiratore e tradusse in francese i *Racconti*. Durante la rivolta parigina del 1848 fu sulle barricate con gli insorti, ma abbandonò ben presto l'interesse per la politica. In quegli anni aveva pubblicato su giornali e riviste le sue poesie, che furono raccolte in volume nei *Fiori del male*, usciti nel 1857 e subito denunciati e condannati per oscenità; la seconda edizione del 1861, censurata, avrà in compenso trentacinque nuovi componimenti. Nel 1860 pubblicò *I paradisi artificiali*, una serie di saggi sugli effetti delle sostanze stupefacenti sulla psiche umana, specialmente in relazione alla creazione poetica. Amareggiato per l'incomprensione dei suoi connazionali e per il fallimento del suo editore, afflitto dalle difficoltà economiche, indebolito nel fisico per l'abuso di alcol e di oppio, partì per Bruxelles, dove aveva un contratto per una serie di conferenze che si rivelò fallimentare. Nel 1866, colpito da un attacco di paralisi e di afasia, fu fatto trasportare dalla madre a Parigi, dove morì l'anno dopo, senza aver riacquistato l'uso della parola.

CHARLES BAUDELAIRE

T22 ▸ L'albatro

PERCORSO
- L'intellettuale tra impegno, isolamento, emarginazione, p. 566

Conclusa nel 1859 dopo una lunga incubazione, questa poesia è stata posta da Baudelaire tra le prime dei *Fiori del male*, con una funzione di introduzione e di presentazione.

▸ **METRO**: nell'originale francese, quartine di versi alessandrini a rime alternate. La traduzione segue l'originale verso a verso, senza regolarità metrica.

Spesso, per divertirsi, gli uomini d'equipaggio
catturano degli albatri, grandi uccelli del mare,
che seguono, indolenti compagni di viaggio,
la nave che scivola sugli abissi amari.
Non appena li hanno deposti sopra il ponte,
questi re dell'azzurro, maldestri e vergognosi,
abbandonano miseramente le grandi ali bianche
come remi che strisciano inerti ai loro fianchi.
Quel viaggiatore alato, com'è squallido e goffo!
Lui, poco fa così bello, com'è comico e brutto!
Uno gli stuzzica il becco con la pipa,
l'altro imita, zoppicando, l'infermo che volava!
Il poeta è simile al principe delle nubi
che sfida la tempesta e si ride dell'arciere;
ma esiliato in terra in mezzo agli sberleffi,
le sue ali di gigante gli impediscono di camminare.

3. **indolenti**: allude al lento battere delle ali.
14. **si ride dell'arciere**: è troppo in alto per essere raggiunto dalle frecce.

Charles Baudelaire, *Les fleurs du mal*, Martello, Milano, 1954; trad. dal francese di G. Armellini

DIALOGO CON IL TESTO

COMPRENDERE

Inferiorità e superiorità del poeta Finché l'albatro sovrasta col suo volo il percorso della nave, è una figura maestosa; non appena è deposto sul ponte, si trasforma in un essere goffo, ridicolo, incapace di muoversi entro i limiti che gli sono imposti. La stessa sorte – dice Baudelaire – tocca al poeta: ciò che lo rende diverso dagli altri esseri umani sono le sue *ali di gigante*, cioè la grandezza spirituale e la forza immaginativa, preziose negli spazi sconfinati dell'ispirazione poetica, dannose e ingombranti nelle strettoie della realtà quotidiana.
Questa situazione di estraneità e di conflitto tra il poeta e il mondo circostante è legata all'affermarsi della società industriale, tutta centrata sui valori materialistici del profitto e della produzione, che non lasciano spazio a un'attività gratuita e disinteressata come la poesia. La vocazione poetica si presenta così come una condanna alla solitudine e all'emarginazione.

- **Il componimento di Baudelaire ruota attorno alla similitudine che accosta il poeta all'albatro. Che cosa possono rappresentare i marinai?**

CONFRONTARE

L'albatro* e *Perdita d'aureola Potete trovare una ripresa del tema centrale di questa poesia nel poema in prosa *Perdita d'aureola*, dello stesso Baudelaire (▸D5, p. 16).

- **Confrontate i due testi, la metafora e la similitudine su cui si basano, e spiegate in che cosa consiste l'affinità tematica.**

CONFRONTI La figura del poeta come diverso, maledetto, malato, ritorna, oltre che nelle opere di Rimbaud (▸T30), in molti momenti della letteratura moderna. Potete trovarne due esempi molto diversi in Thomas Mann (▸Vol. 6, T41) e in Guido Gozzano (▸Vol. 6, T11).

CHARLES BAUDELAIRE

T23 ▸ Corrispondenze

Composto probabilmente nel 1855 e collocato tra i primi componimenti dei *Fiori del male*, questo sonetto di Baudelaire è il caposaldo teorico della poetica simbolista.

▸ **METRO**: nell'originale francese, sonetto di versi alessandrini a rime alternate. La traduzione segue l'originale verso a verso, senza regolarità metrica.

La natura è un tempio dove vive colonne
lasciano a volte uscire confuse parole;
l'uomo vi passa attraverso foreste di simboli
che lo osservano con sguardi familiari.
Come lunghi echi che da lontano si fondono
in una tenebrosa e profonda unità,
vasta come la notte e come il chiarore,
i profumi, i colori e i suoni si rispondono.
Ci sono profumi freschi come carni di bimbi,
dolci come oboi, verdi come praterie,

1-2. **La natura... parole**: per il poeta la natura è un luogo sacro (*tempio*), i cui elementi, come colonne fatte di materia viva (*vive colonne*), alludono a verità misteriose.
4. **che lo osservano... familiari**: tra gli elementi della natura e l'uomo esiste una sintonia profonda, una familiarità segreta.
8. **i profumi... rispondono**: le diverse sensazioni provenienti dalla natura si compongono in una misteriosa unità, basata su analogie che si possono cogliere intuitivamente.
10. **oboi**: strumenti musicali a fiato.

e altri corrotti, ricchi e trionfanti,
che hanno l'espansione delle cose infinite,
come l'ambra, il muschio, il benzoino e l'incenso,
che cantano il trasporto dello spirito e dei sensi.

Charles Baudelaire, *Les fleurs du mal*, Martello, Milano, 1954; trad. dal francese di G. Armellini

13. **ambra**: profumo simile al muschio. **benzoino**: una resina intensamente profumata, meglio conosciuta come "incenso di Giava".
14. **il trasporto dello spirito... sensi**: secondo Baudelaire non c'è separazione tra lo *spirito* e i *sensi*: l'estasi dell'anima e l'ebbrezza sensuale sono la stessa cosa.

DIALOGO CON IL TESTO

COMPRENDERE

Un'unità nascosta Le *corrispondenze* di cui parla la poesia sono analogie profonde tra diverse sensazioni (*profumi, colori, suoni*) che rinviano alla *tenebrosa e profonda unità* della natura: solo attraverso la percezione di queste analogie è possibile accostarsi alla verità misteriosa a cui rinviano le cose che ci circondano. Non si tratta di una verità che si possa comprendere con la ragione: la si può soltanto percepire coi sensi, afferrare intuitivamente, ed esprimere attraverso un linguaggio allusivo ed evocativo.

«Nervi ultrasensibili» Da questo punto di vista *Corrispondenze* si può leggere come un testo fondamentale della poetica simbolista. Anche se Baudelaire non lo dice esplicitamente, è evidente che il soggetto privilegiato di questa singolare forma di conoscenza è il poeta: un individuo eccezionale che, grazie ai suoi «nervi ultrasensibili» (l'espressione è dello stesso Baudelaire), sa decifrare gli oscuri segnali che provengono dalla natura e coglierne l'essenza segreta. Il compito della poesia non consiste dunque nel dar voce a valori e ideali socialmente rilevanti o nel descrivere oggettivamente la realtà, come pensavano i naturalisti (▸D9, ▸D10, pp. 23-24), ma nell'esprimere attraverso "simboli" suggestivi e indefiniti la soggettività del poeta, per istituire un rapporto di sintonia con la soggettività del lettore.

- **Il rapporto fra uomo e natura è espresso attraverso la metafora iniziale del tempio: spiegatene il significato.**

ANALIZZARE

Una struttura geometrica Dal punto di vista della struttura il sonetto è costruito quasi geometricamente: la prima quartina enuncia la tesi fondamentale (la Natura come *foresta di simboli*), la seconda la approfondisce introducendo il tema dell'unità tra le sensazioni, che viene poi esemplificato nelle due terzine.

Analogie intuitive Se consideriamo però le singole immagini ed espressioni del sonetto, possiamo notare come non possano essere spiegate in termini univoci e razionali, ma facciano appello all'intuizione e all'immaginazione del lettore.
Il carattere indefinito della poesia è sottolineato dal ricorrere della figura della sinestesia che, associando diversi tipi di sensazione, istituisce tra loro analogie intuitive, non basate su rapporti logici.

- **Indicate le sinestesie presenti nel testo, e individuate gli ordini di sensazioni che combinano di volta in volta.**

CONFRONTARE

Corrispondenze e *L'albatro*

- **Nei *Fiori del male* questa poesia è collocata, insieme con *L'albatro* (▸T22), fra le prime, che fungono da introduzione all'intera raccolta. Provate a confrontare i due componimenti, mettendone in evidenza l'alternanza tra denigrazione ed esaltazione dell'immagine del poeta e della funzione della poesia.**

Baudelaire e i romantici La concezione della poesia enunciata da Baudelaire riprende ed esaspera alcuni temi già presenti nelle poetiche romantiche della lirica.

- **Confrontando questo testo con quelli riportati in ▸Vol. 4, T16-T19, individuate analogie e differenze.**

CHARLES BAUDELAIRE

T24 ▸ Spleen

È l'ultimo componimento di un ciclo di quattro che, nei *Fiori del male*, portano lo stesso titolo. Il termine inglese *spleen*, una parola chiave della poesia di Baudelaire, si riferisce a uno stato d'animo misto di noia, angoscia, depressione.

▸ **METRO**: nell'originale francese, quartine di versi alessandrini a rime alternate. La traduzione segue l'originale verso a verso, senza regolarità metrica.

Quando il cielo basso e greve pesa come un coperchio
sullo spirito gemente in preda ai lunghi affanni,
e dell'orizzonte abbracciando tutto il cerchio
su noi versa un giorno nero più triste delle notti;
quando la terra si muta in una cella umida,
dove la Speranza, come un pipistrello,
se ne va colpendo i muri con l'ala timida
e picchiando la testa sui soffitti ammuffiti;
quando la pioggia esponendo le sue strisce infinite
d'una vasta prigione imita le sbarre,
e un popolo muto di infami ragni
ci tende le sue tele al fondo del cervello,
campane di colpo saltano con furia
e lanciano al cielo un atroce ululato,
come fantasmi vagabondi e senza patria
che si mettano a gemere, ostinatamente.
– E lunghi funerali, senza tamburi né musica,
mi sfilano lentamente nell'anima; la Speranza,
vinta, piange, e l'Angoscia atroce, dispotica,
sul mio cranio chino pianta la sua bandiera nera.

Charles Baudelaire, *Les fleurs du mal*, Martello, Milano, 1954; trad. dal francese di G. Armellini

Charles Lacoste, *La mano d'ombra*, 1896. (Parigi, Musée d'Orsay)

DIALOGO CON IL TESTO

COMPRENDERE

Un sentimento moderno Lo *spleen* è uno stato di malessere e di disperazione totale che si può collegare al disgusto di Baudelaire per la nascente società industriale di massa, negatrice della bellezza e della poesia (▸D5, p. 16, ▸T22); il testo però non riconduce questo stato d'animo del poeta a nessuna specifica condizione di tempo e di spazio, accentuandone il carattere totalizzante. Non si tratta del "male del secolo" dei romantici, legato a un conflitto tra gli alti ideali dei poeti e la prosaicità del mondo, che aveva una sua tragica bellezza e nobiltà, ma di un sentimento moderno, molto più violento e immotivato, al limite della patologia psichica: ogni aspetto della vita suscita nel poeta un incontrollabile orrore, senza riscatto e senza via di scampo.

Questo disagio estremo è espresso attraverso un accumulo di immagini allucinate, che vengono a comporre un paesaggio figurato, nel quale non c'è distinzione tra mondo esterno e mondo interiore. Le emozioni del poeta si concretizzano in oggetti, figure, scene di forte impatto percettivo che si accavallano le une sulle altre creando un effetto di oppressione e di claustrofobia.

Odilon Redon, *Gnomo*, 1879.
(Otterlo, Kröller-Müller Museum)

ANALIZZARE

Indistinzione fra senso letterale e figurato
L'aspetto formale più evidente è il proliferare di personificazioni, similitudini e metafore, tanto fitte e intrecciate tra loro da rendere impossibile al lettore una distinzione tra senso letterale e senso figurato: differentemente da quanto avveniva nel linguaggio poetico tradizionale le figure non hanno la funzione di rafforzare e arricchire il discorso, ma lo costituiscono per intero, dando alla poesia un carattere allucinatorio, sospeso tra realtà e incubo. Questo effetto è accentuato da accostamenti inattesi e bruschi tra parole disomogenee per il livello stilistico ("alto" o "basso") a cui appartengono o per gli oggetti a cui si riferiscono e da una serie di scelte stilistiche:

- elementi del paesaggio leggeri e incorporei resi oppressivamente materiali attraverso l'identificazione con oggetti solidi e pesanti;
- immagini usate in funzione simbolica dipinte con una forza realistica che le fa diventare protagoniste autonome della poesia (il lettore *vede* il pipistrello sbattere le ali e la testa contro i muri della cella, e quasi si dimentica che è il simbolo della speranza);
- figure retoriche che si accavallano ed entrano le une nelle altre (una similitudine che ospita una personificazione, la quale a sua volta dà luogo a un'altra similitudine, e così via);
- l'uso di termini anatomici che conferiscono un'incongrua fisicità alle realtà spirituali a cui si riferiscono;
- l'insistenza su immagini che sovrappongono oggetti materiali ad aspetti del mondo interiore (*un coperchio sullo spirito*...).

● **Rintracciate nel testo un esempio per ciascuna di queste caratteristiche stilistiche.**

La tensione del ritmo Un'altra caratteristica stilistica che coopera a creare il clima oppressivo della poesia è il coordinamento tra la struttura sintattica e la disposizione delle immagini: si comincia con un lungo e ossessivo accumulo di tensione, che sfocia sul finire del componimento in una violenta esplosione per poi ritornare al tono lento e cupo dell'inizio.

● **Ripercorrendo il testo, indicate quali scelte sintattiche determinano questo effetto.**

CONFRONTARE

Tre traduzioni Vi presentiamo il testo originale e altre due traduzioni: la prima del francesista Luigi De Nardis (che ha trasposto i versi di Baudelaire in endecasillabi sciolti, metro italiano accostabile, per antichità e "nobiltà", all'alessandrino nella tradizione della poesia francese), la seconda di Giovanni Raboni, uno dei maggiori poeti del nostro Novecento.

Quand le ciel bas et lourd pèse comme un couvercle
Sur l'esprit gémissant en proie aux longs ennuis,
Et que de l'horizon embrassant tout le cercle
Il nous verse un jour noir plus triste que les nuits;
Quand la terre est changée en un cachot humide,
Où l'Espérance, comme une chauve-souris,
S'en va battant les murs de son aile timide
Et se cognant la tête à des plafonds pourris;
Quand la pluie étalant ses immenses traînées
D'une vaste prison imite les barreaux,
Et qu'un peuple muet d'infâmes araignées
Vient tendre ses filets au fond de nos cerveaux,
Des cloches tout à coup sautent avec furie
Et lancent vers le ciel un affreux hurlement,
Ainsi que des esprits errants et sans patrie
Qui se mettent à geindre opiniâtrement.
– Et de longs corbillards, sans tambours ni musique,
Défilent lentement dans mon âme; l'Espoir,
Vaincu, pleure, et l'Angoisse atroce, despotique,
Sur mon crâne incliné plante son drapeau noir.

Quando, come un coperchio, il cielo basso e greve
schiaccia l'anima che geme nel suo tedio infinito,
e in un unico cerchio stringendo l'orizzonte
fa del giorno una tristezza più nera della notte;
quando la terra si muta in un'umida segreta
dove, timido pipistrello, la Speranza
sbatte le ali contro i muri e batte con la testa
nel soffitto marcito;
quando le strisce immense della pioggia
d'una vasta prigione sembrano le inferriate
e muto, ripugnante un popolo di ragni
dentro i nostri cervelli dispone le sue reti,
furiose a un tratto esplodono campane
e un urlo tremendo lanciano verso il cielo,
così simile al gemere ostinato
d'anime senza pace né dimora.
Senza tamburi, senza musica, dei lunghi funerali
sfilano lentamente nel mio cuore:
Speranza piange disfatta e Angoscia, dispotica e sinistra,
pianta sul mio cranio riverso la sua bandiera nera.

Felix Vallotton, *Il fiume Neva con la nebbia*, 1913. (Collezione privata)

Quando come un coperchio il cielo pesa
grave e basso sull'anima gemente
in preda a lunghi affanni, e quando versa
su noi, dell'orizzonte tutto il giro
abbracciando, una luce nera triste
più delle notti; e quando si è mutata
la terra in una cella umida, dove
se ne va su pei muri la Speranza
sbattendo la sua timida ala, come
un pipistrello che la testa picchia
su fradici soffitti; e quando imìta
la pioggia, nel mostrare le sue striscie
infinite, le sbarre di una vasta
prigione, e quando un popolo silente
di infami ragni tende le sue reti
in fondo ai cervelli nostri, ad un tratto
furiosamente scattano campane,
lanciando verso il cielo un urlo atroce
come spiriti erranti, senza patria,
che si mettano a gemere ostinati.
E lunghi funerali lentamente
senza tamburi sfilano né musica
dentro l'anima: vinta, la Speranza
piange, e l'atroce Angoscia sul mio cranio
pianta, dèspota, il suo vessillo nero.

● **Confrontate il testo originale con le tre traduzioni: quale preferite? Per quali motivi?**

CHARLES BAUDELAIRE

T25 ▶ Rimorso postumo

PERCORSO
- Le donne come soggetto e come oggetto della scrittura (V), p. 575
- L'orrore, il macabro, il perturbante (II), p. 579

Pubblicata per la prima volta nel 1855, questa poesia è ispirata all'amore per Jeanne Duval, l'attrice a cui Baudelaire fu legato per tutta la vita e che gli fu spesso infedele.

▶ **METRO**: nell'originale francese, sonetto di versi alessandrini a rime alternate. La traduzione segue l'originale verso a verso, senza regolarità metrica.

Quando dormirai, mia bella tenebrosa,
in fondo a un monumento fatto di marmo nero,
e quando non avrai per alcova e maniero
che una tomba piovosa e una fossa profonda,
quando la pietra, opprimendo il tuo petto impaurito
e i fianchi ammorbiditi da una grazia indolente,
impedirà al tuo cuore di battere e di volere
e ai tuoi piedi di correre la corsa avventurosa,
la tomba, confidente del mio sogno infinito
(perché la tomba sempre comprenderà il poeta),
in quelle lunghe notti da cui il sonno è bandito,
ti dirà: «Che ti serve, cortigiana mancata,
non aver conosciuto ciò che piangono i morti?»
– E il verme ti roderà la pelle come un rimorso.

Charles Baudelaire, *Les fleurs du mal*, Martello, Milano, 1954; trad. dal francese di G. Armellini

3. **alcova e maniero**: letto e dimora.
12. **cortigiana**: prostituta.
13. **ciò che... morti**: Jeanne, rifiutando l'amore, ignora la cosa più preziosa della vita, che i morti rimpiangono di non poter più provare.

DIALOGO CON IL TESTO

COMPRENDERE

Contraddizioni e ambivalenze La poesia di Baudelaire è ricca di contraddizioni: esaltazione e deprezzamento della figura del poeta; gusto della degradazione e aspirazione a un'irraggiungibile purezza; mescolanza di scelte stilistiche auliche ed elevate e di espressioni crude e violente. Anche l'atteggiamento del poeta nei confronti della donna è ambivalente: da un lato è considerata l'angelo che può consolare e sollevare l'uomo dalla sua condizione di disperazione, dall'altro è una creatura diabolica e vampiresca, indifferente e crudele verso l'amante; a questa doppia immagine della donna corrisponde un atteggiamento di odio-amore da parte del poeta. In questa poesia Baudelaire si vendica della freddezza di Jeanne profetizzandone la morte: quando il corpo seducente e tanto desiderato sarà imprigionato dalla tomba e roso dai vermi, la donna rimpiangerà di non aver corrisposto all'amore del poeta.

● **Il sentimento di odio-amore del poeta nei confronti di Jeanne è riassunto nei due epiteti con cui la donna viene apostrofata nel testo: individuateli e spiegatene il significato.**

ANALIZZARE

Accostamenti violenti Il gusto macabro può far pensare all'opera di Poe (▸Vol. 4, T10), di cui Baudelaire fu ammiratore e traduttore. Tipico di entrambi gli autori è il sentimento misto di attrazione e repulsione nei confronti della morte, che sfiora la necrofilia.

- **Individuate nel testo gli accostamenti bruschi e violenti di immagini contrastanti, che vogliono produrre un effetto di *choc* sul lettore.**

Tensione ritmica Come in *Spleen* (▸T24), il carattere sconvolgente della poesia è rafforzato dalla costruzione complessiva del discorso, che tiene il lettore col fiato sospeso fino agli ultimi versi.

- **Analizzate la struttura sintattica del testo, evidenziando i caratteri comuni con quella di *Spleen*.**

CONFRONTARE

La figura del poeta Nel testo compare di passaggio, ma in modo significativo, la figura del poeta, che può essere approfondita attraverso un confronto con ▸D5, p. 16 e ▸T22.

- **Confrontate i testi, individuandone l'ispirazione comune e ricostruendo il ritratto complessivo che ne emerge.**

CONFRONTI Il gusto mortuario di questa poesia, e di altre simili di Baudelaire, ebbe un grande successo presso i poeti scapigliati italiani. Potete trovarne un'imitazione in Praga (▸T38).

CHARLES BAUDELAIRE

T26 ▸ A una passante

PERCORSO
- Le donne come soggetto e come oggetto della scrittura (V), p. 575

Pubblicata per la prima volta nel 1860, questa poesia fu inserita nella seconda edizione dei *Fiori del male*, nella sezione intitolata *Quadri parigini*.

▸ **METRO**: nell'originale francese, sonetto di versi alessandrini a rime alternate. La traduzione segue l'originale verso a verso, senza regolarità metrica.

La strada assordante urlava attorno a me.
Lunga, sottile, in lutto, dolore maestoso,
una donna passò, con la mano fastosa
sollevando, oscillando l'orlo ed il merletto;
agile e nobile, con la gamba da statua.
E io bevevo, teso come un folle,
nei suoi occhi, cielo livido dove germina l'uragano,
la dolcezza che affascina e il piacere che uccide.
Un lampo... poi la notte! – Fuggitiva bellezza
il cui sguardo m'ha fatto d'improvviso rinascere,
non ti rivedrò più che nell'eternità?
Altrove, lontano da qui! troppo tardi! forse *mai*?
perché ignoro dove fuggi, tu non sai dove vado,
o tu che avrei amata, o tu che lo sapevi!

Charles Baudelaire, *Les fleurs du mal*, Martello, Milano, 1954; trad. dal francese di G. Armellini

DIALOGO CON IL TESTO

COMPRENDERE

Poesia "metropolitana" Lo sfondo, sia pure appena accennato, ha una grande importanza: è la città moderna, rumorosa, gremita di folla, che lascia intravedere per un attimo la figura di donna e immediatamente la riassorbe nel suo caotico dinamismo. Un aspetto fondamentale della modernità di Baudelaire è proprio il carattere "metropolitano" della sua poesia, che presuppone nei suoi ritmi e nelle sue immagini l'esperienza violenta e movimentata della vita cittadina, anche quando non ne parla esplicitamente. In questo caso la città è insieme la fonte di ispirazione e di speranza del poeta (perché gli fa comparire la donna) e il luogo della sua disfatta (perché gliela sottrae).

Emozioni e suggestioni Attorno all'immagine femminile apparsa per un attimo e subito scomparsa si condensano una serie di emozioni e suggestioni tipiche della poesia di Baudelaire:
- l'immagine tormentata e ipersensibile del poeta;
- l'idea della bellezza come fascinazione ambivalente, dolce e insieme minacciosa;
- l'inafferrabilità del piacere e l'aspirazione a un "altrove" irraggiungibile.

● **Individuate questi motivi nel testo.**

ANALIZZARE

I due tempi della poesia Tra le scelte stilistiche che si possono cogliere anche in traduzione, la più notevole è la differenza ritmica e sintattica tra le due quartine e le due terzine.

● **Analizzate le scelte sintattiche che la determinano e cercate di interpretarne il significato in relazione allo sviluppo tematico della poesia.**

CONFRONTARE

Paesaggi Il rapido scorcio che fa da sfondo alla poesia può essere accostato al paesaggio urbano descritto in *Perdita d'aureola* (▸D5, p. 16).

● **Quali sono i caratteri comuni? Quali diversi significati significati assume il paesaggio nei due testi?**

Il testo originale Baudelaire coniuga la straordinaria novità dei suoi temi con lo scrupoloso rispetto dei vincoli di una forma metrica chiusa come quella del sonetto. Potete verificarlo nel testo originale:

La rue assourdissante autour de moi hurlait.
Longue, mince, en grand deuil, douleur majestueuse,
Une femme passa, d'une main fastueuse
Soulevant, balançant le feston et l'ourlet;
Agile et noble, avec sa jambe de statue.
Moi, je buvais, crispé comme un extravagant,
Dans son œil, ciel livide où germe l'ouragan,
La douceur qui fascine et le plaisir qui tue.
Un éclair... Puis la nuit! – Fugitive beauté
Dont le regard m'a fait soudainement renaître,
Ne te verrai-je plus que dans l'éternité?
Ailleurs, bien loin d'ici! trop tard! jamais peut-être!
Car j'ignore où tu fuis, tu ne sais où je vais,
O toi que j'eusse aimée, ô toi qui le savais!

Jean Beraud, *Una parigina in Place de la Concorde*, 1890. (Musée Carnavalet)

CHARLES BAUDELAIRE

T27 ▸ Epigrafe per un libro condannato

Pubblicato per la prima volta nel 1861, questo sonetto fu inserito da Charles Asselieau e da Théodore de Banville nell'edizione postuma dei *Fiori del male* (1868). Il titolo si riferisce al processo per oscenità subìto dalla prima edizione del libro, a opera dello stesso pubblico ministero che aveva sostenuto l'accusa contro *Madame Bovary* di Flaubert (▸T1-T2). L'autore e gli editori furono condannati a una multa e alla soppressione di sei poesie.

▸ **METRO**: nell'originale francese, sonetto di versi di otto sillabe. La traduzione segue l'originale verso a verso, senza regolarità metrica.

Lettore pacifico e bucolico,
sobrio e ingenuo uomo dabbene,
getta questo libro saturnino,
orgiastico e malinconico.
Se non hai studiato retorica
presso Satana, astuto docente,
gettalo! non ci capiresti niente,
o mi crederesti isterico.
Ma se, senza lasciarsi ammaliare,
il tuo occhio sa affondare negli abissi,
leggimi, per imparare ad amarmi;
anima curiosa che soffri
e vai cercando il tuo paradiso,
compiangimi!... Se no, ti maledico!

3. **saturnino**: malinconico, cupo, in quanto soggetto agli influssi malefici attribuiti dall'astrologia al pianeta Saturno.

Charles Baudelaire, *Les fleurs du mal*, Martello, Milano, 1954; trad. dal francese di G. Armellini

DIALOGO CON IL TESTO

COMPRENDERE

Il lettore specchio del poeta L'atteggiamento di Baudelaire rispetto ai suoi lettori risente dei cambiamenti sociali ed economici della società francese a metà dell'Ottocento. Se i poeti romantici potevano ancora rivolgersi a un pubblico abbastanza vasto e indifferenziato, di cui presumevano di incarnare i valori e gli ideali, il poeta moderno si sente isolato, "esiliato" in una società che non può e non vuole capirlo (▸D5, p. 16, ▸T22): per questo ha un rapporto conflittuale col pubblico, e si rivolge volutamente a una ristretta cerchia di lettori, come portavoce di una verità difficile, che solo pochi possono apprezzare.

● **Baudelaire elenca, in negativo e in positivo, i requisiti morali, culturali e psicologici del suo lettore modello, che disegnano un ritratto molto simile a un autoritratto. Individuateli nel testo e metteteli a confronto con l'immagine di sé proposta da Baudelaire in altri suoi componimenti (▸T22, T24, T25, T26).**

Una relazione contraddittoria L'atteggiamento del poeta è al tempo stesso appassionatamente affettuoso e violentemente aggressivo, come si vede in particolare nell'ultimo verso. Questa presenza contemporanea di sentimenti opposti ha il suo corrispettivo nelle scelte tematiche e stilistiche di tutta l'opera di Baudelaire, che vuole instaurare col lettore un rapporto intenso e violento, fatto insieme di coinvolgimento e di spiazzamento, di attrazione e di repulsione.

ARTHUR RIMBAUD

T28 ▸ Lacrima

Questa poesia di Rimbaud è datata «maggio 1872». Fu inserita, con alcuni cambiamenti, nell'unico libro pubblicato per iniziativa del poeta: *Una stagione all'inferno*, del 1873.

▸ **METRO**: nell'originale francese quartine di versi di undici sillabe. La traduzione segue l'originale verso a verso, senza regolarità metrica.

Lontano dagli uccelli, dai greggi, dalle contadine,
bevevo, accovacciato in qualche brughiera
circondata da teneri boschi di noccioli,
in una foschia di pomeriggio verde e tenera.
Cosa potevo bere in quella giovane Oise,
olmi senza voci, prato senza fiori, cielo coperto.
Cosa sorbivo dalla fiasca di colocasia?
Un liquore d'oro, insipido e che fa sudare.
Così, sarei stato una brutta insegna d'albergo.
Poi il temporale cambiò il cielo fino a sera.
Furono paesi neri, laghi, pertiche,
colonnati sotto la notte blu, stazioni.
L'acqua dei boschi si perdeva su sabbie vergini.
Il vento, dal cielo, lanciava ghiaccioli agli stagni...
Ora! come un pescatore d'oro o di conchiglie,
dire che non ho neppure pensato a bere!

Arthur Rimbaud, *Une saison en enfer*, in *Poésies*, a cura di L. Forestier, Gallimard, Paris, 1973; trad. dal francese di G. Armellini

Odilon Redon, *Il pianto*, 1878. (Boston, Museum of Fine Arts)

5. **Oise**: fiume delle Ardenne, regione in cui Rimbaud ha trascorso l'infanzia. La domanda allude forse alla sua povertà d'acque.

7. **colocasia**: pianta che cresce nelle paludi e nei luoghi umidi.

9. **Così... insegna d'albergo**: l'immagine dell'uomo che beve richiama al poeta i dipinti che adornavano le insegne delle taverne.

11. **pertiche**: probabilmente nel senso di "remi".

Arthur Rimbaud (1854-1891), nato a Charleville nelle Ardenne da un'agiata famiglia borghese, compì studi brillanti, dimostrando una straordinaria precocità. In violento conflitto con l'educazione conservatrice ricevuta in famiglia, tra i sedici e i diciassette anni compì varie "fughe" a Parigi, una delle quali coincise con l'avventura rivoluzionaria della Comune. Tornato a Charleville, nel 1871 mandò alcune sue poesie a Paul Verlaine, che lo invitò a Parigi e, coinvolto nell'ansia di evasione e di ribellione del poeta adolescente, abbandonò la moglie e la famiglia per darsi con lui a una vita irregolare ed errabonda in Belgio e in Inghilterra; la relazione omosessuale tra i due poeti si concluse drammaticamente, con un colpo di pistola sparato da Verlaine a Rimbaud al termine di una lite. Separatosi da Verlaine, Rimbaud scrisse *Una stagione all'inferno* (1873), l'unica opera da lui stampata, in 400 esemplari, e le *Illuminazioni* (1874-1875). Nel 1880, dopo alcuni anni di vagabondaggio per l'Europa che coincisero col definitivo abbandono dell'attività letteraria, partì per l'Abissinia dove lavorò come agente commerciale e mercante d'armi. Nel 1891, affetto da un tumore a una gamba, dovette tornare in Francia, dove morì all'ospedale di Marsiglia, a 37 anni. Nel frattempo in Francia, grazie all'antologia di Verlaine *I poeti maledetti* (1884), Rimbaud era diventato famoso; la prima raccolta dei suoi scritti sarebbe uscita postuma, nel 1898.

DIALOGO CON IL TESTO

COMPRENDERE

Un altrove non rassicurante Un tema ricorrente della poesia simbolista è il viaggio, l'evasione verso un mondo alternativo a quello dell'esperienza quotidiana. I primi versi esprimono intensamente questo desiderio di andare "lontano", e sembrano alludere a una fuga nella natura, vissuta romanticamente come rifugio familiare e accogliente; ma i versi seguenti mettono in discussione questa interpretazione: il tema idilliaco è immediatamente smitizzato, e il paesaggio si trasforma in modo tumultuoso e visionario, fuori da ogni intonazione rassicurante e da ogni descrizione realistica dello sfondo naturale. Il testo, basato su libere associazioni e metafore indefinite, sembra perdere progressivamente ogni coerenza logica, e si chiude in modo enigmatico, con una frase che si può leggere probabilmente come una dichiarazione di sconfitta, di insoddisfazione.

- **Individuate nel testo le immagini che suggeriscono questo percorso tematico.**

A conferma del carattere visionario della poesia, Rimbaud la introdurrà, in *Una stagione all'inferno*, con l'annotazione: «All'inizio fu uno studio. Scrivevo silenzi, notti; annotavo l'inesprimibile. Fissavo vertigini».

ANALIZZARE

Una progressiva oscurità La struttura tematica della poesia è sottolineata dalle scelte stilistiche: mentre la prima strofa è scorrevole e comprensibile, le successive si fanno via via più ermetiche e dissonanti. Si possono notare in particolare:

- immagini evocative, non riconducibili a un'interpretazione univoca (può essere interessante discutere, per esempio, sul possibile significato simbolico dell'atto del bere, che percorre tutto il testo; o sull'identificazione conclusiva del poeta con un *pescatore d'oro o di conchiglie*);
- salti di livello stilistico, attraverso l'inserimento di notazioni prosaiche o sarcastiche su uno sfondo prevalentemente lirico;
- costruzioni sintattiche ellittiche, al limite dell'irregolarità grammaticale.

- **Individuate nel testo queste caratteristiche.**

CONFRONTI Il paesaggio evocato dalle ultime due strofe può essere accostato a quello che fa da sfondo ai viaggi fantastici del protagonista dei *Poeti di sette anni* (▸T30), dello stesso Rimbaud.

CONFRONTARE

Il testo originale Riportiamo il testo originale. Chi di voi conosce il francese, può confrontarlo con la traduzione.

Loin des oiseaux, des troupeaux, des villageoises,
Je buvais, accroupi dans quelque bruyère
Entourée de tendres bois de noisetiers,
Par un brouillard d'après-midi tiède et vert.
Que pouvais-je boire dans cette jeune Oise,
Ormeaux sans voix, gazon sans fleurs, ciel couvert.
Que tirais-je à la gourde de colocase?
Quelque liqueur d'or, fade et qui fait suer.
Tel, j'eusse été mauvaise enseigne d'auberge.
Puis l'orage changea le ciel, jusqu'au soir.
Ce furent des pays noirs, des lacs, des perches,
Des colonnades sous la nuit bleue, des gares.
L'eau des bois se perdait sur des sables vierges,
Le vent, du ciel, jetait des glaçons aux mares...
Or! tel qu'un pêcheur d'or ou de coquillages,
Dire que je n'ai pas eu souci de boire!

Odilon Redon, *Fiore del sole*, 1876.
(Baltimore, Rothschild Art Foundation)

ARTHUR RIMBAUD

T29 ▸ I ponti

È un brano tratto dalle *Illuminazioni*, scritte da Rimbaud tra il 1874 e il 1875 e pubblicate, a cura di Verlaine, nel 1876. Sono brevi testi nei quali Rimbaud supera la distinzione tradizionale tra prosa e poesia, sperimentando, sulle tracce di *Lo spleen di Parigi* di Baudelaire, la forma del "poema in prosa". La parola "illuminazioni" allude al carattere folgorante e improvviso dell'ispirazione.

TESTI T29

Cieli grigi di cristallo[1]. Un bizzarro disegno di ponti, alcuni diritti, altri convessi, altri che scendono o che formano angoli obliqui coi primi, e queste figure si rinnovano negli altri circuiti rischiarati del canale[2], ma tutti tanto lunghi e leggeri che le sponde, cariche di cupole, s'abbassano e impiccioliscono[3]. Qualcuno di questi ponti è ancora carico di casupole. Altri sostengono pennoni[4], segnali, fragili parapetti. Accordi minori s'intersecano e filano[5], dagli argini salgono funi. Si distingue una giacca rossa, forse altri vestiti e strumenti musicali[6]. Sono arie popolari, frammenti di concerti aristocratici, residui di inni pubblici? L'acqua è bigia e azzurra, larga come un braccio di mare. – Un raggio bianco, cadendo dall'alto del cielo, annienta questa commedia[7].

Arthur Rimbaud, *Illuminations*, in *Oeuvres-Opere*, trad. dal francese di I. Margoni, Feltrinelli, Milano, 1964

1. **di cristallo**: un cielo *grigio* di solito non è cristallino. L'accostamento tra due qualità incompatibili nella realtà evoca subito un mondo impossibile, di fantasia.
2. **circuiti... canale**: si tratta forse di una visione dall'alto: una serie di curve che ripetono le loro forme sfumando in lontananza.
3. **s'abbassano e impiccioliscono**: forse perché viste in lontanza, dall'alto dei ponti *lunghi e leggeri*.
4. **pennoni**: aste di bandiere.
5. **Accordi... filano**: altri ponti più piccoli, che ripetono il disegno dei maggiori come un'eco musicale (*accordi*), si incrociano e *filano* (forse: si susseguono; l'espressione fa pensare a qualcosa che si dissolve alla vista, perde solidità).
6. **Si distingue... strumenti musicali**: un gruppo di persone che compongono una banda musicale si intravede in lontananza, ridotto a un tocco di colore. Anche la musica si sente e non si sente, come accenna la frase interrogativa seguente.
7. **Un raggio... commedia**: un tocco improvviso di luce dissolve la visione, rivelando il suo carattere illusorio (*commedia*).

DIALOGO CON IL TESTO

COMPRENDERE

Visionarietà... Ci sono aspetti che possono far pensare a un paesaggio mediterraneo o orientale: le cupole, i ponti, la banda musicale; ma è evidente che non si tratta della descrizione di un paesaggio reale, e neppure della rievocazione di cose realmente viste. Gli oggetti sembrano privi di peso, collocati in una luce astratta, come in un gioco di specchi: a due riprese le immagini visive (linee geometriche e immateriali o tenui tocchi di colore) diventano sempre più evanescenti fino a dissolversi in musica; poi un raggio di luce distrugge bruscamente la visione.

- **Ripercorrendo il testo individuate l'alternarsi di elementi visivi e uditivi (luci, colori, linee, suoni) che danno vita alla scena.**

... e ironia È dunque una visione fantastica, o un'allucinazione, a cui forse non è estraneo l'uso di droghe, praticato dai poeti simbolisti per esplorare zone sconosciute ed estreme dell'esperienza umana. Ma anche qui, come in *Lacrima* (▸T28) e in molte altre poesie di Rimbaud, la visionarietà si accompagna alla consapevolezza ironica della sua irrealtà.

- **Individuate il punto del testo che, con un improvviso cambiamento di intonazione, esprime un distacco critico rispetto alla scena evocata.**

ANALIZZARE

Poesia in forma di prosa L'evocazione di temi e atmosfere tipicamente lirici in un testo in prosa è un esempio del carattere sperimentale dell'opera di Rimbaud, teorizzata dal poeta nella "lettera del veggente" (▸D7, p. 20). Oltre all'abbandono della tradizionale struttura metrica della poesia, si nota la costruzione ellittica ed evocativa del testo, che richiama quella della poesia *Lacrima* (▸T28): frasi brevi staccate da forti pause sintattiche, accostamenti incongrui, prevalenza della coordinazione sulla subordinazione.

CONFRONTARE

Baudelaire e Rimbaud Per l'uso ripetuto della figura della sinestesia e per il carattere allucinatorio, questo brano si può leggere come una realizzazione della poetica baudelairiana delle *Corrispondenze* (▸T23), portata alle estreme conseguenze da Rimbaud attraverso la teorizzazione della "veggenza" e dello "sregolamento dei sensi" (▸D7, p. 20).

ARTHUR RIMBAUD

T30 ▸ I Poeti di sette anni

Rimbaud compose questa poesia nel 1871, quando aveva diciassette anni. È un autoritratto di se stesso bambino, visto come incarnazione esemplare delle caratteristiche psicologiche tipiche di ogni poeta; in questo senso si può interpretare il plurale del titolo.

▸ **METRO**: nell'originale francese strofe di alessandrini in rima baciata. La traduzione segue l'originale verso a verso, senza regolarità metrica.

E la Madre, chiudendo il libro del dovere,
se ne andava soddisfatta e fiera, senza vedere,
sotto gli occhi azzurri e la fronte prominente,
l'anima del suo bimbo zeppa di ripugnanze.
Tutto il giorno trasudava obbedienza; molto
intelligente; ma i neri tic, le manie
rivelavano in lui acerbe ipocrisie.
Nei corridoi bui dai parati ammuffiti
lui passava con la lingua fuori, coi pugni
all'inguine, e vedeva punti dentro gli occhi chiusi.
Sulla sera si apriva una porta: alla lampada
lo scoprivano là a rantolar sulla rampa
sotto un golfo di luce appeso al tetto. D'estate
soprattutto, ottuso, vinto, si ostinava testardo
a rinchiudersi dentro la frescura dei cessi:
là pensava tranquillo, saziando le narici.
Quando l'orto lavato dagli odori del giorno
dietro casa, d'inverno, s'inondava di luna,

1. **il libro del dovere**: il quaderno dei compiti (*devoirs* in francese).
3. **la fronte prominente**: segno di predisposizione intellettuale.
7. **acerbe ipocrisie**: l'*obbedienza* (v. 5) è una rabbiosa finzione.
10. **dentro gli occhi**: stringendosi il sesso e chiudendo gli occhi il bambino si procura una specie di visione (come Rimbaud, da adulto, stimolerà la sua visionarietà con l'alcol e altre droghe).
12. **là... sulla rampa**: il bambino coltiva le sue estasi solitarie in un angolo appartato della casa, in cima alle scale.
13. **sotto... tetto**: illuminato da un fascio di luce proveniente da un abbaino.
17. **lavato... giorno**: nel freddo della sera si attenuano gli odori.

seduto sotto un muro, sepolto nella marna,
e spremendo visioni dal suo occhio intontito,
ascoltava il brusio delle marce spalliere.
Che pietà! era amico solo di quei bambini
che, meschini, fronte nuda, occhi sbrodolanti sul volto,
celando magre dita gialle e nere di fango
sotto vesti vecchiotte puzzolenti di sciolta,
conversavano con la dolcezza degli idioti!
E se, sorprendendolo in compassioni immonde,
la madre inorridiva, le tenerezze profonde
del bimbo si lanciavano su quello stupore.
Era bello. Lei aveva lo sguardo azzurro – e bugiardo!
A sette anni faceva romanzi sulla vita
del gran deserto dove splende la libertà rapita,
foreste, soli, rive, savane! si ispirava
ai giornali illustrati, dove, rosso, guardava
le spagnole ridere e le italiane.
Quando veniva, occhi bruni, pazza, vestita di cotone,
– otto anni – la figlia dei vicini operai,
e la piccola brutale, scuotendo le trecce,
sulla schiena, in un angolo, gli saltava in groppa,
stando sotto di lei le mordeva le chiappe,
perché non portava mai le mutandine;
– e ammaccato da lei coi pugni e le pedate,
si portava i sapori della sua pelle in camera.
Odiava le scialbe domeniche di dicembre,
quando, impomatato, su un tavolo di mogano,
leggeva una Bibbia dal dorso verde cavolo;
nell'alcova, ogni notte, era oppresso da sogni.
Non amava Dio; gli uomini sì, che nella sera fulva,
neri, in camiciotto, vedeva rientrare ai sobborghi
dove i banditori, con tre rulli di tamburo,
fanno rumoreggiare e ridere le folle.
– Sognava la prateria innamorata, dove onde
luminose, pubescenze dorate, profumi
si sommuovono calmi e prendono il volo!
E come assaporava le cose tenebrose,
quando nella stanza nuda dalle persiane chiuse,

Odilon Redon, *La coppa del bambino*, 1894. (Collezione privata)

19. **marna**: terriccio fangoso.
21. **brusio... spalliere**: il legno imputridito brulica di insetti.
22. **quei bambini**: bambini poveri, forse mendicanti.
25. **sciolta**: diarrea.
27. **immonde**: dal punto di vista della madre, che non approva le frequentazioni del bambino.
28-29. **le tenerezze... stupore**: il bisogno di affetto del bambino approfitta dello sconcerto della madre per avere le sue carezze.
30. **Lei... bugiardo**: per il bambino la madre è insieme bella e ingannatrice (perché il suo affetto non è autentico, o forse perché finge ipocritamente di non aver visto le *compassioni immonde*).
31. **faceva romanzi**: si abbandonava a fantasticherie.
34. **rosso**: per l'eccitazione.
47. **alcova**: camera da letto. **sogni**: forse incubi provocati da paure religiose.
48. **fulva**: rosseggiante.
49. **in camiciotto**: l'abito tipico degli operai nell'Ottocento.
52-54. **Sognava... volo**: l'espressione di questi versi è volutamente indefinita: allude a fantasie febbrili intraducibili in un linguaggio chiaro e razionale. **pubescenze dorate**: peluria che copre alcune piante, interpretata in senso vagamente sessuale.

alta e azzurra, corrosa d'aspra umidità,
leggeva il suo romanzo sempre rimeditato,
pieno di cieli d'ocra e di foreste annegate,
fiori di carne schiusi ai boschi siderali,
vertigini, crolli, sconfitte e pietà!
– Mentre iniziava il rumore laggiù,
nel quartiere –, solo, su pezzi di tela
grezza, lui presentiva con violenza la vela!

Arthur Rimbaud, in *Poésies*, a cura di L. Forestier, Gallimard, Paris, 1973; trad. dal francese di G. Armellini

57. **aspra**: dall'odore pungente.
59. **ocra**: colore giallo-bruno.
60. **fiori di carne**: fiori esotici dall'aspetto carnoso. Come nei vv. 52-54, aspetti di natura lussureggiante sono caricati di allusioni sessuali. **boschi siderali**: forse vuol dire che gli alberi si stagliano contro il cielo.
61. **vertigini... pietà**: sono momenti delle avventure romanzesche lette, o più probabilmente immaginate, dal bambino.
64. **la vela**: nel gioco il bambino immagina di essere su una nave che simboleggia il suo violento desiderio di evasione.

DIALOGO CON IL TESTO

COMPRENDERE

La predestinazione a essere poeta Rimbaud crebbe nell'ambiente chiuso di un paesino della provincia francese, in una famiglia bigotta e perbenista; il testo fa scaturire dalla ripugnanza per questo ambiente la predestinazione del bambino di sette anni a essere un poeta "maledetto", ribelle contro le norme e le convenzioni borghesi. Il tema del conflitto tra artista e società, simboleggiato nell'immagine dell'*Albatro* di Baudelaire (▸T22), è qui portato alle estreme conseguenze: il poeta non può che essere, fin dall'infanzia, un irregolare, uno spostato, un nemico dei valori dominanti; l'unica sua via di salvezza è l'evasione in una realtà immaginata, attraverso lo sfrenamento delle sensazioni e della fantasia.

● **Indicate le parti del testo dedicate prevalentemente al tema della rivolta e quelle dedicate al tema dell'evasione.**

"Perversioni" infantili Nell'attribuire al bambino i segni della vocazione poetica, Rimbaud proietta su di lui caratteristiche adulte, ma riesce contemporaneamente a dar voce con impressionante penetrazione agli atteggiamenti e agli impulsi "perversi" della psicologia infantile:
- la subordinazione apparente e la trasgressione nascosta nei confronti delle regole degli adulti;
- l'atteggiamento ambivalente nei confronti della madre;
- l'attrazione per ciò che gli adulti considerano basso e ripugnante;
- i giochi erotici sospesi tra desiderio di tenerezza, aggressività, gusto del proibito;
- un violento bisogno di evasione

● **Individuate nel testo questi atteggiamenti.**

ANALIZZARE

Trasgressioni e dissonanze La volontà di trasgredire ogni convenzione si manifesta anche nello stile. Il verso utilizzato è l'alessandrino, il più nobile della tradizione francese (un po' come l'endecasillabo nella poesia italiana), ma il poeta sembra fare di tutto per ottenere effetti che suonino violenti e dissonanti all'orecchio di un lettore legato a un'idea tradizionale della poesia. Alcune scelte stilistiche si possono notare anche in traduzione:
- l'insistenza su una sensitività esasperata, quasi animale, tradotta in immagini visive, sonore, uditive in ogni scena della poesia;
- l'uso di parole crude, estranee alla tradizione letteraria, spesso messe in particolare evidenza dalla collocazione in fine di verso;
- l'evocazione di scene visionarie, nelle quali sembra svanire la distinzione tra reale e immaginario, mondo esterno e mondo interiore.

● **Individuatene qualche esempio nel testo.**

CONTESTUALIZZARE

Rimbaud e Leopardi Anche Leopardi ha espresso nelle sue opere un forte conflitto col suo ambiente di formazione, e in particolare con la figura della madre. Può essere interessante accostare da questo punto di vista i due poeti, collocandoli nei diversi contesti storici.

● **Confrontate questa poesia di Rimbaud con i brani riportati in** ▸Vol. Leopardi, D1-D3, **pp. 3-5****, analizzando affinità e differenze.**

I'M NOT THERE di Todd Haynes
POETI DALL'INFERNO di Agnieszka Holland
BLADE RUNNER di Ridley Scott

Scena tratta dal film *Poeti dall'inferno* diretto da Agnieszka Holland nel 1995.

Arthur Rimbaud, geniale poeta maledetto, è il "ragazzo dalle suole di vento": ha percorso migliaia di chilometri vagabondando in Europa, in Asia e in Africa a piedi. Ha scritto folgoranti poesie fra i sedici e i vent'anni; poi più nulla. Molte sono le zone d'ombra nella sua biografia, e questo ha favorito la sua mitizzazione. Più di Baudelaire, più di qualsiasi altro poeta, Rimbaud è l'emblema del genio e della sregolatezza, e dalla sua figura promana un fascino torbido che è stato raccolto – almeno in parte – dai grandi poeti del rock, *in primis* da Jim Morrison, leader del complesso dei Doors, che a Rimbaud tributava un culto quasi esclusivo, e che come lui ha condotto una vita sregolata terminata prematuramente proprio a Parigi.

Anche la musica folk di Bob Dylan, recente premio Nobel per la letteratura (2016), si ispira a Rimbaud, soprattutto negli album degli anni Sessanta, le cui canzoni contengono spesso immagini e scenari arcani e allusivi, di forte impatto ma di difficile interpretazione. L'influenza di Rimbaud sulla personalità artistica di Dylan – probabilmente rafforzata da Allen Ginsberg, poeta *beat* devoto a Rimbaud di cui Dylan era amico – è ben evidenziata in *I'm not there*, film realizzato dallo statunitense Todd Haynes nel 2007. Per rappresentare le «molte vite di Bob Dylan» ci si affida a ben sei personaggi diversi; uno di questi è proprio Rimbaud, le cui criptiche risposte a un fantomatico interrogatorio evocano alcuni aspetti del Dylan-pensiero su vita, arte, poesia.

In *You're gonna make me lonesome when you go* (1975), per celebrare la fine tormentata di un amore, Dylan canta: *Situations have ended sad / Relationships have all been bad / Mine've been like Verlaine's and Rimbaud*... Alla scandalosa relazione tra i due poeti è dedicato il film realizzato nel 1995 dalla polacca Agnieszka Holland. *Total Eclipse* – uscito in Italia con il titolo *Poeti dall'inferno*, che richiama la raccolta poetica di Rimbaud *Una stagione all'inferno* –, racconta con una certa crudezza (tanto da guadagnarsi un divieto ai minori di diciotto anni) la passione omosessuale che legò i due poeti. Verlaine, che aveva dieci anni più di Rimbaud, è conquistato dalla spregiudicatezza del giovane e talentuoso poeta, e ne subisce il fascino. Abbandona la giovane moglie, troppo borghese per lui, e fugge con Rimbaud per l'Europa. Dopo una serie di abbandoni e di pentimenti, Verlaine, umiliato dalla crudeltà del giovane amante, gli spara, e finisce in galera. L'ultima parte del film è dedicata a Rimbaud in Africa, malato, e poi moribondo a Marsiglia. Il film regge in parte, grazie alla bravura dei suoi attori, in particolare del ventunenne Leonardo Di Caprio, che regala al personaggio uno sguardo irridente e un fisico scattante, mentre risulta assai piatto nelle scelte registiche.

Forse, se volessimo segnalare un film più vicino allo spirito visionario della poesia di Rimbaud, bisognerebbe cercare altrove, per esempio nel capolavoro di fantascienza di Ridley Scott, *Blade Runner*: nelle atmosfere vagamente allucinate in cui è sprofondato il film, e anche in alcuni dialoghi, come il celebre monologo finale, sarà possibile trovare più di un accenno alle illuminazioni di Rimbaud.

I'm not there
Regia: Todd Haynes
Sceneggiatura: Todd Haynes, Oren Moverman
Cast: Ben Whishaw (Rimbaud)
Paese e anno di produzione: Stati Uniti, Germania (2007)
Durata: 135 minuti

Poeti dall'inferno
Regia: Agnieszka Holland
Sceneggiatura: Christopher Hampton
Cast: Leonardo DiCaprio (Rimbaud), David Thewlis (Verlaine)
Paese e anno di produzione: Stati Uniti, Gran Bretagna (1995)
Durata: 111 minuti

Blade Runner
Regia: Ridley Scott
Sceneggiatura: Hampton Fancher, David Webb Peoples
Cast: Harrison Ford (Rick Deckard), Rutger Hauer (Roy Batty)
Paese e anno di produzione: Stati Uniti (1982)
Durata: 117 minuti

PAUL VERLAINE

T31 ▸ La speranza brilla come un filo di paglia nella stalla

La poesia è stata scritta da Verlaine nel 1873, durante i vagabondaggi con Rimbaud, o, più probabilmente, in prigione, dopo il colpo di pistola che aveva segnato la fine della relazione tra i due poeti.

▸ **METRO**: nell'originale francese, sonetto di versi alessandrini. La traduzione segue l'originale verso a verso, senza regolarità metrica.

La speranza brilla come un filo di paglia nella stalla.
Che temi dalla vespa ebbra del suo volo folle?
Vedi, il sole filtra sempre da qualche buco.
Perché non ti addormentavi, col gomito sul tavolo?
Povera anima pallida, almeno quest'acqua del pozzo fresco,
bevila. E dormi, dopo. Su, vedi che resto,
e coccolerò i sogni della tua siesta,
e tu canticchierai come un bimbo cullato.
Suona mezzogiorno. Di grazia, se ne vada signora.
Lui dorme. È strano come i passi di donna
rimbombano nel cervello dei poveri infelici.
Suona mezzogiorno. Ho fatto innaffiare la stanza.
Su, dormi! La speranza brilla come un sasso in un solco.
Ah, quando rifioriranno le rose di settembre!

Paul Verlaine, *Sagesse*, in *Oeuvres poétiques complètes*, Bibliothèque de la Pléiade, Gallimard, Paris, 1968; trad. dal francese di G. Armellini

1. **come... stalla**: appena percepibile ma luminosa, come un filo di paglia illuminato dal sole.
2. **Che temi**: si rivolge a se stesso. **vespa... volo**: l'ebbrezza dell'amore sensuale, oppure l'assillo di un rimorso che ritorna, inesistente come il ronzio di una vespa.
9. **signora**: una donna che compare nella mente del poeta, portandogli ricordi e affanni del passato. Probabilmente è un'allusione alla moglie.
12. **innaffiare**: per pulirla. Ma l'immagine dell'acqua può alludere a in'idea di purificazione, o di cancellazione del passato.
13. **come un sasso in un solco**: come una scheggia illuminata dal sole in una crepa. Ma l'immagine è volutamente indefinita.
14. **quando... settembre!**: esprime il desiderio di una vita emotiva serena e matura come la natura estiva quando si avvicina l'autunno.

DIALOGO CON IL TESTO

COMPRENDERE

Frammentarietà e morbidezza Come nelle poesie e nelle prose liriche di Rimbaud (▸T28-T30) il discorso non si svolge linearmente, ma attraverso un accostamento frammentario di pensieri, sensazioni, immagini sospese tra realtà e allucinazione: gli esempi più evidenti sono costituiti dallo sdoppiamento del poeta, che si rivolge a se stesso come a un'altra persona, vista dall'esterno, e dall'immagine della donna che appare d'improvviso per sparire immediatamente.

● **Seguendo il testo verso a verso riepilogate attraverso uno schema il susseguirsi disordinato di immagini sulle quali si basa la poesia, e individuate quelle ricorrenti, cercando di interpretarne i significati possibili.**

- Verlaine introduce nel simbolismo francese una propensione tipicamente sua ai toni trasognati, morbidi, dolci. Indicate i punti del testo da cui questa componente emerge con particolare evidenza.

ANALIZZARE

Le scelte sintattiche L'andamento sospeso e zigzagante della composizione è sottolineato anche dalle scelte sintattiche.

- **Analizzatele da questo punto di vista (frasi brevi o lunghe, prevalenza della coordinazione o della subordinazione, coincidenza o meno delle pause sintattiche con quelle metriche).**

Testo originale

L'espoir luit comme un brin de paille dans l'étable.
Que crains-tu de la guêpe ivre de son vol fou?
Vois, le soleil toujours poudroie à quelque trou.
Que ne t'endormais-tu, le coude sur la table?
Pauvre âme pâle, au moins cette eau du puits glacé,
Bois-la. Puis dors après. Allons, tu vois, je reste,
Et je dorloterai les rêves de ta sieste,
Et tu chantonneras comme un enfant bercé.
Midi sonne. De grâce, éloignez-vous, madame.
Il dort. C'est étonnant comme les pas de femme
Résonnent au cerveau des pauvres malheureux.
Midi sonne. J'ai fait arroser dans la chambre.
Va dors! L'espoir luit comme un caillou dans un creux.
Ah, quand refleuriront les roses de septembre!

Paul Verlaine (1844-1896), nato a Metz da una famiglia della piccola borghesia, ricevette un'educazione conservatrice e al termine degli studi si avviò a una carriera di impiegato statale e si sposò; contemporaneamente scriveva poesie, cominciava a bere e mostrava una propensione agli accessi di violenza. Nel 1870 partecipò all'avventura rivoluzionaria della Comune e invitò a Parigi il diciassettenne Rimbaud, che gli aveva inviato alcune sue poesie: tra i due nacque una turbinosa relazione amorosa, che indusse Verlaine ad abbandonare la famiglia e a vagabondare con l'amico in Inghilterra e in Belgio, finché, in un momento di crisi, lo ferì con un colpo di pistola. Condannato a due anni di prigione, si riaccostò alla religione e scrisse poesie pervase di pentimento e di buoni propositi. Uscito dal carcere nel 1875, vagabondò per l'Europa, poi si stabilì a Parigi, dove trascorse gli ultimi anni della sua vita; nel 1896 morì in miseria, nonostante la fama raggiunta grazie all'attività letteraria, in un ospedale parigino. Verlaine pubblicò numerose raccolte di versi (*Poemi saturnini*, 1866; *Feste galanti*, 1869; *Romanze senza parole*, 1874; *Saggezza*, 1879; *Liturgie intime*, 1892) che ne fecero una figura di primo piano della poesia dell'epoca, articoli critici e prose autobiografiche. L'antologia *I poeti maledetti* (1884), nella quale inserì, oltre a se stesso, Rimbaud e Mallarmé, fu la prima consacrazione dei tre iniziatori del simbolismo francese.

PAUL VERLAINE

T32 ▸ Languore

Pubblicata per la prima volta nel 1883, questa poesia ispirò la testata di una rivista letteraria parigina uscita nel 1885, intitolata «Le Décadent». L'evocazione del tema della decadenza, dichiarata fin dal primo verso, ha un evidente significato polemico nei confronti dell'ottimismo progressista dell'epoca del positivismo.

▸ **METRO**: nell'originale francese, sonetto di versi alessandrini. La traduzione segue l'originale verso a verso, senza regolarità metrica.

Sono l'impero alla fine della decadenza
che guarda passare i grandi Barbari bianchi
componendo degli acrostici indolenti
con stile d'oro dove il languore del sole danza.

1-2. **Sono... bianchi**: la situazione psicologica del poeta è accostata all'inerzia dell'Impero romano nell'epoca della decadenza, incapace di reagire alle invasioni barbariche.
3. **acrostici**: virtuosistici componimenti poetici in cui le prime lettere di ogni verso formano una parola o una frase.
4. **con stile... danza**: l'eleganza raffinata e malinconica dello stile poetico è accostata a un sole al tramonto.

L'anima tutta sola ha male al cuore d'una noia densa.
Laggiù – si dice – ci sono lunghe battaglie cruente.
Oh, non potere, così debole, con desideri così lenti,
oh, non volervi far fiorire un po' quest'esistenza!
Oh, non volervi, non potervi un po' morire!
Ah! tutto è bevuto! Batillo, hai smesso di ridere?
Ah! tutto è bevuto, tutto mangiato! Più niente da dire!
Solo, una poesia un po' sciocca che si butta al fuoco,
solo, uno schiavo un po' fatuo che vi trascura,
solo, una noia di non si sa che, che vi addolora!

Paul Verlaine, *À la manière de plusieurs*, in *Oeuvres poétiques complètes*, Bibliothèque de la Pléiade, Gallimard, Paris, 1968; trad. dal francese di G. Armellini

7-8. **non potere... esistenza**: la debolezza morale, l'incapacità di portare a termine ciò che si desidera (*desideri così lenti*), impediscono di partecipare alle *battaglie* (v. 6), di conferire attraverso essi senso (*far fiorire*) all'esistenza.
10. **Batillo**: un celebre attore di pantomime dell'antica Roma, apprezzato da Mecenate.
13. **fatuo**: frivolo, superficiale.
14. **una noia... che**: un tedio indefinito, che deriva da cause indecifrabili.

DIALOGO CON IL TESTO

COMPRENDERE

Un singolare paragone storico La poesia è un autoritratto filtrato attraverso un singolare paragone storico. Come l'Impero romano nell'epoca della decadenza, il poeta, sfibrato dalla ricerca esclusiva del piacere e della bellezza, ha esaurito ogni slancio vitale e non ha più la forza di affrontare a viso aperto le vicende dell'esistenza, percepite come vana ripetizione di esperienze già vissute; gli resta solo uno stato d'animo malinconico e stanco, che si esprime in preziosi ma sterili virtuosismi poetici.

- **Individuate nel testo le metafore che esprimono questi stati d'animo.**

"Decadentismo" L'atteggiamento col quale Verlaine contempla questa situazione di disfacimento psicologico non è di rifiuto o di condanna, ma di languido compiacimento: il fascino torbido della decadenza e della consunzione è un motivo ricorrente nella poesia di fine Ottocento, dal quale scaturisce il termine "decadentismo", utilizzato dalla critica per designare un'ampia gamma di esperienze artistiche e letterarie dell'epoca.

ANALIZZARE

Mutamenti di ritmo e di stile Il tema della decadenza di Roma come simbolo dello stato d'animo del poeta è annunciato nella strofa iniziale con una serie di immagini indefinite ma legate fra loro da un disegno unitario. Nelle strofe successive la costruzione del discorso si frammenta e le immagini e le metafore si susseguono senza seguire un filo logico.

- **Analizzate la differenza fra la struttura sintattica della prima strofa e quella delle strofe seguenti: quali mutamenti imprime al ritmo della lettura e alla decifrabilità del significato della poesia?**

CONFRONTARE

Verlaine e Baudelaire Il *Languore* di cui parla Verlaine discende in via diretta dallo *Spleen* di Baudelaire (▸T24), ma non coincide esattamente con esso.

- **Mettete a confronto i due stati d'animo e il modo in cui i due poeti lo hanno rappresentato, individuando analogie e differenze.**

STÉPHANE MALLARMÉ

T33 ▸ Tutta l'anima riassunta

Questa poesia di Mallarmé fu pubblicata su «Le Figaro» del 3 agosto 1895 nel corso di un'inchiesta su «Il verso libero e i poeti». Solo nel 1913 fu unita alla raccolta delle *Poesie* di Mallarmé.

▸ **METRO**: nell'originale francese sonetto "inglese" (tre quartine a rima alternata più una coppia a rima baciata) di versi di sette sillabe; la traduzione segue l'originale francese verso a verso, senza regolarità metrica.

Tutta l'anima riassunta
quando lenta la espiriamo
in parecchi tondi di fumo
aboliti in altri tondi
attesta qualche sigaro
bruciante sapientemente per poco
che la cenere si separi
dal suo chiaro bacio di fuoco
così il canto delle romanze
al labbro vola
escludine se cominci
il reale perché vile
il senso troppo preciso azzera
la tua vaga letteratura.

Anders Zorn, *Ritratto di un fumatore*, 1891. (Collezione privata)

Stéphane Mallarmé, *Poésies*, in *Oeuvres complètes*, Bibliothèque de la Pléiade, Gallimard, Paris, 1961; trad. dal francese di G. Armellini

1-8. «Nelle prime due strofe il poeta spiega meticolosamente la tecnica necessaria per fumare un sigaro con la dovuta eleganza. Si deve innanzi tutto trattenere tutto il fiato ed espirarlo poi lentamente, per ottenere quei begli anelli evanescenti che si disfanno l'uno nell'altro» (Luciana Frezza).
1. **anima riassunta**: il fiato espirato "riassume" in sé l'anima del fumatore. Il poeta gioca sul significato originario della parola "anima", che gli antichi identificavano con il respiro.
5-6. **attesta... sapientemente**: i perfetti cerchi di fumo testimoniano che il sigaro è fumato con raffinata perizia.
6-7. **per poco che**: non appena.
9-10. **così... vola**: come l'*anima riassunta* nei cerchi di fumo si separa dal sigaro, così il suono delle *romanze* (il termine può alludere indifferentemente a canzoni e poesie) sfiora le labbra di chi le pronuncia.
11-12. **escludine... vile**: elimina dal tuo canto, fin dall'inizio (*se cominci*), la realtà perché è volgare (*vile*), una scoria inutile come la cenere che si scrolla dal sigaro (vv. 7-8).
13. **azzera**: cancella, annulla.
14. **vaga**: bella, indefinita.

Stéphane Mallarmé (1842-1898), nato a Parigi, ebbe, al contrario degli altri maestri del simbolismo, una vita sedentaria e priva di eventi clamorosi. Rimasto orfano di madre all'età di cinque anni, studiò in diversi collegi parigini; nel 1862 partì per l'Inghilterra per perfezionare la sua conoscenza dell'inglese. Ritornato in Francia, cominciò la carriera di insegnante di liceo, che seguì fino al 1894, quando decise di andare in pensione per dedicarsi totalmente all'attività letteraria. Fondamentale per la sua formazione letteraria fu la conoscenza dell'opera di Poe e di Baudelaire: dalle prime poesie pubblicate nel «Parnasse contemporaine» (1866) al poemetto *Il meriggio di un fauno* (1876) alle *Poesie complete* pubblicate in solo quaranta esemplari (1887) alle rare composizioni degli ultimi anni, le sue opere diedero un'interpretazione sempre più rarefatta, preziosa ed ermetica della poetica simbolista, alla quale diede un importante contributo teorico. Incluso da Verlaine nell'antologia *I poeti maledetti* (1884) ed elogiato da Joris-Karl Huysmans nel romanzo *Controcorrente* (1884; ▸T4), fu considerato un maestro dagli artisti più avanzati del suo tempo.

DIALOGO CON IL TESTO

COMPRENDERE

"Poesia pura" Nell'interpretazione di Mallarmé il simbolismo diventa "poesia pura", ricerca di un linguaggio "essenziale", più perfetto e assoluto di quello usato nella comunicazione quotidiana, capace di evocare un mondo ideale, di rarefatta e perfetta armonia. Per raggiungere questo risultato il poeta deve liberarsi dall'intenzione di descrivere gli oggetti materiali, i fatti concreti, anche i suoi stessi sentimenti, che sono accidentali, "impuri", legati a cose relative e ad esperienze passeggere.

- **Ricostruite questa concezione a partire dalle metafore di cui è intessuto il sonetto, tratte paradossalmente da un'esperienza banale, del tutto estranea alla tradizione poetica: perché secondo Mallarmé la poesia somiglia ai cerchi di fumo emessi da un "sapiente" fumatore di sigaro?**
- **L'indefinitezza della poesia è accentuata dall'assenza di punteggiatura; inseritela voi, nei punti che vi sembrano sintatticamente opportuni.**

ANALIZZARE

Geometrica eleganza Depurata da ogni intenzione realistica o psicologica, la poesia di Mallarmé non mira tanto a esprimere efficacemente contenuti concettuali o emotivi, quanto alla perfezione autosufficiente della sua costruzione sintattica e lessicale, alla rarefatta armonia delle relazioni tra gli elementi che la compongono, prendendo come modello – come ha scritto il critico Marcel Raymond – «l'eleganza di un disegno geometrico, di una funzione matematica».

Oscurità del linguaggio Oltre che agli effetti di suono – non percepibili in traduzione – Mallarmé affida questa ricerca di eleganza incorporea all'uso di un linguaggio ermetico, di difficile decifrazione, che vuole attirare l'attenzione del lettore sulle parole in se stesse, quasi indipendentemente dagli oggetti a cui si riferiscono.

- **Ripercorrendo il testo individuate le scelte sintattiche e lessicali attraverso le quali una similitudine concettualmente abbastanza semplice viene trasformata in un oscuro e sinuoso gioco di parole.**

CONFRONTARE

Poetica e poesia Accostate questo sonetto al testo di poetica di Mallarmé riportato in ▸D8, p. 21.

- **Quali affinità di contenuto e di linguaggio si possono notare?**

L'originale e le traduzioni La tendenziale intraducibilità di ogni testo poetico è particolarmente avvertibile nel caso di un componimento ermetico e rarefatto come questo. Vi proponiamo il testo originale e la traduzione della poetessa italiana Luciana Frezza.

Toute l'âme résumée
Quand lente nous l'expirons
Dans plusieurs ronds de fumée
Abolis en autres ronds
Atteste quelque cigare
Brûlant savamment pour peu
Que la cendre se sépare
De son clair baiser de feu
Ainsi le choeur des romances
À la lèvre vole-t-il
Exclus-en si tu commences
Le réel parce que vil
Le sens trop précis rature
Ta vague littérature.

Tutta l'anima addensata
Quando lenta l'espiriamo
In multipli anelli di fumo
In altri anelli abolentisi
Attesta che un sigaro brucia
Sapientemente per poco
Che si separi la cenere
Dal roseo bacio di fuoco
Così dei carmi alla labbra
L'afflato vola, all'avvio
Escludi tutto il reale
Da essi perché così vile
Dilava il senso troppo sicuro
La tua vaga letteratura

- **Quale delle traduzioni vi sembra preferibile? Per quali motivi?**

▸ p. 56

Poesia del "nuovo mondo"

Nella seconda metà dell'Ottocento la poesia americana acquista per la prima volta una sua fisionomia autonoma, ben distinguibile per caratteri tematici e formali da quella inglese. L'iniziatore di questa svolta è Walt Whitman, cantore delle radici e degli ideali del "nuovo mondo" e inventore di un linguaggio poetico vitale e potente, che ebbe grande influenza sulla letteratura americana del Novecento (▸T34). Negli stessi anni Emily Dickinson, una donna apparentemente estranea alle vicende culturali del suo tempo, lasciava nelle sue poesie, inedite per anni, un ritratto più segreto e profondo delle inquietudini che percorrevano la società americana, con risultati espressivi di straordinaria intensità e novità stilistica (▸T35).

WALT WHITMAN

T34 ▸ Partito da Paumanok

Riportiamo tre delle diciannove parti in cui è diviso il poemetto *Partito da Paumanok*, tratto da *Foglie d'erba*, la raccolta di poesie a cui Walt Whitman lavorò per tutta la vita.

▸ **METRO**: versi liberi.

1

Partito da Paumanok, isola a forma di pesce, dove son nato,
ben generato e allevato da una madre perfetta,
dopo aver errato per terre molte, amante dei marciapiedi affollati,
abitante della mia città di Mannahatta, o delle savane del Sud,
dopo essermi accampato come soldato, portando zaino e fucile, aver fatto
il minatore in California,
esser vissuto rude nella mia capanna tra le foreste del Dakota, mangiando carne,
bevendo alla fontana,
o essermi ritirato a fantasticare e meditare in qualche profondo recesso,
lontano dal clamor della folla, trascorrendo intervalli rapiti e felici,
esperto del generoso, fresco, fluente Missuri, esperto del maestoso Niagara,
delle mandre di bufali che pascolano per le praterie, del toro irsuto dal petto
possente.
avendo sperimentato terra, pietre, fiori del Quinto Mese, e contemplato
stupefatto le stelle, la pioggia e la neve,
studiato i toni del mimo e il volo del falco montano,
e udito all'alba il canto senza pari del tordo eremita, celato tra le tuie,
solitario, nell'Occidente, così intono il canto per un Mondo Nuovo.
[...]

1
1. **Paumanok**: il nome indiano di Long Island (l'isola su cui sorge in parte New York), dove nacque Whitman.
4. **Mannahatta**: il nome originale indiano di Manhattan, divenuta poi il centro di New York.
5. **come soldato**: si riferisce alla sua esperienza di infermiere volontario durante la guerra di secessione.
9. **Missuri... Niagara**: fiumi americani.
11. **Quinto Mese**: il mese di maggio.
12. **mimo**: passeraceo americano simile al merlo.
13. **tuie**: cespugli sempreverdi.

3

Americani! conquistatori! tappe d'umanità!
Pionieri! marce secolari! Libertà! masse!
per voi un programma di canti.

Canti della prateria,
canti del Mississippi dal lungo corso, giù fin al Golfo del Messico,
canti dell'Ohio, Indiana, Illinois, Iowa, Wisconsin e del Minnesota,
canti che si parton dal centro, dal Kansas, e di là, equidistanti,
sbocciano in palpiti ardenti per tutto avvivar senza tregua.
[...]

18

Guardate i battelli che navigano per i miei poemi,
guardate nei miei poemi immigranti che di continuo arrivano e sbarcano,
guardate, nel passato, il wigwam, la pista, la capanna del cacciatore, la chiatta, la foglia di granoturco, la concessione, la rozza siepe, il villaggio di frontiera,

George Caleb Bingham, *The Jolly floatboatmen*, 1846. (Washington, National Gallery of Art)

3
15. **Americani**: nel testo originale la parola è in spagnolo, come la parola *Libertà* (v. 2). **tappe d'umanità**: tappe nel progresso secolare dell'uomo.
21. **equidistanti**: in cerchi concentrici.

18
25. **wigwam**: tenda o capanna indiana. **la concessione**: l'appezzamento di terreno assegnato al colono nei territori di frontiera.

Walt Whitman (1819-1892), nato a Long Island da una famiglia di modeste condizioni, interruppe gli studi all'età di undici anni per lavorare come ragazzo di studio presso un avvocato, fattorino presso una tipografia e aiuto tipografo; ebbe anche una breve esperienza di lavoro come maestro elementare. Nel 1842 si diede al giornalismo, cambiando spesso giornale a causa delle sue idee politiche, giudicate troppo radicalmente democratiche; intanto pubblicava i primi scritti in prosa e in versi. Dal 1850 al 1855, pur continuando le collaborazioni giornalistiche, aiutò il padre nel mestiere di carpentiere. Nel 1855 pubblicò la prima delle dieci edizioni di *Foglie d'erba*, una raccolta di poesia in versi liberi che accrebbe e ampliò per tutta la vita. Nel corso della guerra di secessione (1861-1865) si pronunciò apertamente contro lo schiavismo, e, dopo una visita al fratello ferito in battaglia, decise di prestare servizio come infermiere volontario presso gli ospedali militari; l'incontro con la sofferenza provocata dalla guerra offrì nuova ispirazione alla sua poesia. Nel 1865, nonostante il consolidarsi della sua fama anche in Europa, dovette lasciare un impiego che nel frattempo aveva assunto presso il ministero degli Interni, per lo scandalo suscitato dal linguaggio e dalle metafore omosessuali di alcune sue poesie. Nel 1873 venne colpito da una leggera paralisi e si trasferì nel New Jersey, dove continuò a scrivere fino alla morte avvenuta nel 1892.

guardate, da un lato, il Mare Occidentale, dall'altro il Mare Orientale, come avanzano e si ritraggono sui miei poemi, al pari che sulle lor rive,
guardate pascoli e foreste nei miei poemi – animali feroci e domestici – guardate, oltre il Kaw, mandre infinite di bisonti, che pascono una corta erba ricciuta,
guardate nei miei poemi le solide, vaste città dell'entroterra, con strade lastricate, edifizi di ferro e pietra, incessanti veicoli e commercio,
guardate le stampatrici a vapore, dai molti cilindri, – guardate il telegrafo elettrico che valica il continente,
guardate, attraverso gli atlantici abissi, le pulsazioni americane che raggiungon l'Europa, le pulsazioni dell'Europa che debitamente rispondono,
guardate la robusta e rapida locomotiva che, ansimando, s'avvia ed emette il fischio del vapore,
guardate gli aratori che arano i campi – i minatori che scavano le miniere – guardate le fabbriche innumeri,
guardate operai che s'affaccendano al banco, con utensili – e guardate emergere di tra essi giudici superiori, filosofi, Presidenti, vestiti da operai,
guardate me che m'attardo per gli opifici e i campi degli Stati, il beneamato, abbracciato di giorno e di notte,
ascoltate i forti echi che i miei canti vi destano – leggete le allusioni alfine avverate.

Walt Whitman, *Foglie d'erba*, Einaudi, Torino, 2016, trad. dall'inglese di E. Giachino

26. **il Mare Occidentale... Orientale**: gli oceani Pacifico e Atlantico.
27. **il Kaw**: il fiume Kansas, che prese nome dagli Indiani Kansas o Kaw.
30. **le pulsazioni**: i segnali del telegrafo che percorrono i cavi sottomarini.
33. **emergere... operai**: secondo l'ideale democratico, i più alti esponenti della cultura e del potere provengono dagli strati popolari.
35. **le... avverate**: le indicazioni profetiche del poeta, che si sono avverate.

DIALOGO CON IL TESTO

COMPRENDERE

Cantore del "mito americano" Mentre in Europa l'idea tradizionale del poeta vate viene negata e ribaltata nella figura del "maledetto" (►D5, p. 16, ►T22, ►T30), in un paese giovane come gli Stati Uniti d'America Walt Whitman la ripropone con entusiastica e prorompente energia, identificando se stesso e la sua opera con i valori e i sentimenti dell'intera nazione.

- **Nelle parole e nelle immagini di cui è intessuto il brano individuate gli elementi costitutivi del "mito americano": dalle origini eroiche al progresso tecnico e civile agli ideali politici del presente.**

- **Al centro di questo quadro grandioso sta l'autoritratto di Whitman, interprete dell'anima del nuovo mondo. Ricostruite a partire dal testo le esperienze che hanno fatto di Whitman il poeta dell'epopea americana e mettetele a confronto con quelle di Baudelaire, Verlaine, Rimbaud.**

Panismo e metamorfosi Ma la nazione americana non è fatta solo da uomini, macchine e città: essa è anche in gran parte un paese selvaggio in cui la natura domina incontrastata. Per cantarla, dunque, Whitman esalta la fusione irrazionale dell'uomo con la natura, un atteggiamento che è stato definito "panismo" (da Pan, il dio dei boschi della mitologia greca metà uomo e metà capro).
Whitman vede la natura come una divinità in perenne metamorfosi, che proprio nella continua trasformazione rivela la sua vitalità. Proprio

la metamorfosi è l'elemento che, nella poesia di Whitman, collega l'elemento umano (il tumultuoso progresso degli Stati Uniti nel secolo XIX) con l'elemento naturale (il paesaggio, le piante, gli animali).
La stessa raccolta *Foglie d'erba* non smette mai di crescere e di trasformarsi, dalla prima edizione (1855), che conteneva solo dodici poesie, fino all'ottava (1892), che ne contiene quasi 400, chiamata *deathbed edition* ("edizione del letto di morte") perché rivista dal poeta fino agli ultimi giorni di vita. Whitman non smette mai di allungare, accorciare, spostare e risistemare le sue poesie, in modo che lo stesso processo editoriale renda l'idea immediata del fluire inarrestabile della realtà.

- **Individuate i versi in cui l'elemento della fusione con la natura ha particolare importanza.**

ANALIZZARE

Il verso libero lungo Per dar voce a una realtà sentita come tumultuosamente movimentata e nuova, Whitman rompe con la tradizione poetica, liberandosi dalle rime e da ogni vincolo metrico, e inventa un vigoroso e ampio verso libero, pensato per una declamazione ad alta voce, come si addice a un interprete dei sentimenti collettivi, che vuole parlare alle folle: una scelta di rottura radicale che coincide col desiderio di emancipare la poesia americana dai legami con la letteratura inglese.

- **Il ritmo dei versi, non più legato alle regole metriche tradizionali, è cadenzato dalla ripresa delle stesse strutture sintattiche e delle stesse parole. Individuatene qualche esempio nel testo.**

Le figure retoriche Oltre che dall'uso insistente dell'anafora, l'impressione di vitalità è data dalla figura dell'enumerazione, che, specie nella terza parte qui riportata, crea un potente e corale effetto di crescendo.

CONFRONTARE

Whitman e Rimbaud La rottura con i vincoli della metrica tradizionale accomuna Whitman a Rimbaud; ma le intenzioni e i risultati delle loro sperimentazioni sono profondamente diversi.

- **Verificate questa affermazione mettendo a confronto questo testo con una delle *Illuminazioni* (▸T29) dal punto di vista tematico e stilistico.**

CONFRONTI **Un verso libero lungo sul modello di Whitman sarà sperimentato nel Novecento in Italia da Cesare Pavese (▸Vol. 6, T26) e in America dai poeti della *beat generation*, in particolare da Allen Ginsberg (▸Vol. 6, T189).**

Testo originale Ti proponiamo i primi due passi citati, in lingua originale.

1

Starting from fish-shape Paumanok where I was born,
Well-begotten, and rais'd by a perfect mother,
After roaming many lands, lover of populous pavements,
Dweller in Mannahatta my city, or on southern savannas,
Or a soldier camp'd or carrying my knapsack and gun, or a miner in California,
Or rude in my home in Dakota's woods, my diet meat, my drink from the spring,
Or withdrawn to muse and meditate in some deep recess,
Far from the clank of crowds intervals passing rapt and happy,
Aware of the fresh free giver the flowing Missouri, aware of mighty Niagara,
Aware of the buffalo herds grazing the plains, the hirsute and strong-breasted bull,
Of earth, rocks, Fifth-month flowers experienced, stars, rain, snow, my amaze,
Having studied the mocking-bird's tones and the flight of the mountain-hawk,
And heard to dawn the unrivall'd one, the hermit thrust from the swamp-cedars,
Solitary, singing in the West, I strike up for a New World.

3

Americanos! conquerors! marches humanitarian!
Foremost! century marches! Libertad! masses!
For you a programme of chants.
Chants of the prairies,
Chants of the long-running Mississippi, and down to the Mexican sea,
Chants of Ohio, Indiana, Illinois, Iowa, Wisconsin and Minnesota,
Chants going forth from the centre from Kansas, and thence equidistant,
Shooting in pulses of fire ceaseless to vivify all.

EMILY DICKINSON

T35 ▸ Sentivo ronzare una mosca - quando morii -

PERCORSO
- Le donne come soggetto e come oggetto della scrittura (V), p. 575

Questa poesia del 1862 è dedicata al tema della morte, ricorrente nell'opera di Emily Dickinson.

▸ **METRO**: nell'originale inglese quartine di versi liberi; la traduzione segue l'originale verso a verso.

Sentivo ronzare una mosca – quando morii –
l'immobilità della stanza
era come l'immobilità dell'aria –
tra le folate dell'uragano –
gli occhi attorno – si erano prosciugati
e i respiri si raccoglievano fermi
per l'ultimo assalto – quando il re
si sarebbe rivelato – nella stanza –
lasciai in eredità i miei ricordi – diedi via
ogni parte di me che fosse
assegnabile – e poi avvenne:
si interpose una mosca –
con azzurro – incerto incespicante ronzio –
tra la luce – e me –
e poi le finestre mancarono – e poi
non potei vedere di vedere –

1. **quando morii**: descrive il momento della sua morte come se fosse già avvenuto.
3-4. **l'immobilità... uragano**: l'aria ferma tra due successive folate di vento.
6. **i respiri... fermi**: le persone che assistono all'agonia trattengono il respiro, come per prepararsi al momento della morte.
7. **il re**: Dio, oppure la morte.

Emily Dickinson, *The Complete Poems of Emily Dickinsons*, a cura di Thomas H. Johnson, Little Brown and Co., Boston, 1960; trad. dall'inglese di G. Armellini

DIALOGO CON IL TESTO

COMPRENDERE

«Una strada ignota» Emily Dickinson visse all'interno di una famiglia e di una comunità puritane nelle quali la pratica religiosa aveva un'importanza fondamentale, ma fin dall'adolescenza decise di non frequentare la chiesa: nella sua opera ritornano ossessivamente le grandi domande sul senso della vita, l'aspirazione all'immortalità e l'inquietudine del nulla, senza il conforto delle certezze offerte dalla fede. Questa poesia è dedicata alla morte, o meglio all'atto di morire, vissuto come un evento problematico, di significato oscuro, che suscita angoscia, perplessità, dubbi non risolti: «La Morte è una notte tempestosa e una strada ignota», scriveva negli stessi anni l'autrice in una delle sue lettere.

ANALIZZARE

Visionarietà Ciò che salta subito agli occhi è la "modernità" del tema e dello stile, stupefacente se si pensa che il testo è stato scritto nell'Ottocento, da una donna che viveva isolata, in un oscuro paesino della provincia americana.
La descrizione della propria morte come di un fatto già avvenuto crea fin dal primo verso un'atmosfera visionaria, accentuata dalla trama di percezioni e presentimenti attutiti, indefiniti, di cui è intessuta tutta la poesia: l'*immobilità dell'aria*, gli occhi *prosciugati*, il suono dei respiri, l'attesa per l'avvento di un indeterminato *re*; anche il ronzio che ritorna nella prima e nell'ultima strofa potrebbe essere insieme il suono "reale" del volo di una mosca e una percezione in-

Emily Dickinson (1830-1886) nacque ad Amherst (Massachusetts) da una famiglia borghese e puritana. Dopo aver terminato gli studi superiori, a parte qualche rara visita ai parenti e un viaggio del 1855 a Washington e a Philadelphia, trascorse tutta la vita nella casa del padre, in un volontario isolamento, dedicandosi a coltivare la propria vocazione poetica. Solo sette delle sue poesie furono pubblicate in vita; ma dopo la morte, avvenuta nel 1886, la sorella di Emily ritrovò nella sua camera circa 1.700 componimenti, ordinati con cura. Una prima raccolta uscì nel 1890, ma la prima completa edizione critica è stata pubblicata solo nel 1955. Le sue liriche, dense e ardite quanto la sua vita appare priva di rilevanti avvenimenti esterni, sono unanimemente considerate oggi tra le più grandi della poesia moderna.

teriore che segnala la perdita di coscienza e il distacco dalla realtà (*si interpose... tra la luce e me*). Si crea così un'indistricabile corrispondenza tra gli oggetti e il mondo interiore: le cose sono come spiritualizzate, private di consistenza fisica, e gli stati d'animo si identificano totalmente in esse, acquistando una quasi palpabile concretezza.

Metrica, sintassi, punteggiatura L'enigmaticità e l'estrema concentrazione espressiva della poesia sono sottolineate dalla singolarità delle scelte sintattiche e di punteggiatura e dal gioco ritmico che esse instaurano con le pause metriche.

- **Individuatele nel testo, cercando di interpretarne i possibili significati.**

CONFRONTARE

L'originale e le traduzioni Vi presentiamo il testo originale ed altre due traduzioni, rispettivamente della poetessa Margherita Guidacci e della studiosa Barbara Lanati.

I heard a Fly buzz – when I died –
the stillness in the Room
was like the Stillness in the Air –
between the Heaves of Storm –
the Eyes around – had wrung them dry
and Breaths were gathering firm
for the last Onset – when the King
be witnessed – in the Room –
I willed my Keepsakes – Signed away
what portion of me be
assignable – and then it was
there interposed a fly –
with Blue – uncertain stumbling Buzz –
between the light – and me –
and then the Windows failed – and then
I could not see to see –

Morendo, udivo ronzare una mosca
Il silenzio a me intorno
Assomigliava al silenzio dell'aria
Fra successive ondate di tempesta.
Gli astanti non avevano più lacrime,
E trattenevano il respiro
Per quell'ultimo assalto, quando il re
Si manifesta nella sua potenza.
Assegnai i miei ricordi, detti via
Ogni mia cosa che potessi dare –
E proprio in quel momento
S'i interpose una mosca,
Con un azzurro, incerto, tremolante ronzio
Fra me e la luce;
E allora le finestre s'empirono di nebbia
Ed io non vidi più.

Quando sono morta – una mosca
sentii ronzare – l'immobilità della stanza
come l'immobilità dell'aria € –
tra raffiche di tempesta.
Intorno, occhi riarsi –
respiri trattenuti – in attesa –
dell'ultimo assalto: quando il Re fosse lì
presente, nella stanza –
Dei miei ricordi feci testamento – lasciando
quanto di me fosse
ereditabile – poi
la Mosca –
Un ronzio incerto, azzurro, ineguale,
che tra me e la luce si interpose –
Poi le finestre vennero meno – allora
non potei più vedere, per vedere.

- **Confrontate le tre traduzioni con l'originale, cercando di spiegare le intenzioni di ciascuno dei traduttori: semplificare il testo? Accentuarne il carattere enigmatico, tradurlo nella forma il più possibile letterale? Quale di queste scelte vi sembra preferibile e perché?**

RILETTURE (T22-T35)

CONFRONTARE

1. Accostate le poesie di Baudelaire, Rimbaud, Mallarmé alle dichiarazioni di poetica dei loro autori (▸**T23**, ▸**D7**, p. 20, ▸**D8**, p. 21), mettendo in evidenza la maggiore o minore corrispondenza tra le intenzioni dichiarate e i risultati poetici.
2. Le poesie dei simbolisti francesi e quelle di Emily Dickinson (▸**T35**) sono molto diverse per ispirazione e retroterra culturale. C'è però una certa "aria di famiglia" che le differenzia dalla lirica dell'epoca precedente e conferisce loro un sapore di modernità: accostate un testo di Baudelaire, Rimbaud o Verlaine a quello di Emily Dickinson e cercate di individuare in che cosa consista l'affinità.

CONTESTUALIZZARE

3. Le caratteristiche tematiche e formali della poesia dei padri del simbolismo sono legate all'immagine che i poeti hanno di sé e dei loro rapporti con la società; scegliete un testo dal quale questo nesso emerga con evidenza e spiegate i motivi della vostra scelta.

INTERPRETARE

4. Lo studioso tedesco Hugo Friedrich ha scritto: «Baudelaire ha spesso parlato della bellezza. Ma nella sua lirica essa si è ritirata nella struttura formale e nel vibrare del linguaggio, [...]. Disinvoltamente egli ha desiderato anche la bruttezza come l'equivalente del nuovo mistero da penetrare, come il punto di rottura per l'ascesa all'idealità». Scegliete una poesia di Baudelaire e individuatene gli elementi che potevano apparire "belli" e "brutti" al gusto dell'epoca: che effetto vuole produrre questa mescolanza?

5. Riportiamo una serie di frasi scritte da Baudelaire:
«La poesia non può, se non vuol morire o decadere, assimilarsi alla scienza o alla morale; essa non ha per oggetto la Verità, ma solo se stessa»;
«Prima che passi molto tempo, diventerà evidente che una letteratura che rifiuta di marciare fraternamente a fianco della scienza e della filosofia è una letteratura omicida e suicida»;
«La puerile scuola dell'arte per l'arte, che escludeva la morale e spesso addirittura la passione, era necessariamente sterile»;
«Quanto a me, detesto addirittura l'idea di una intenzione morale definita in una poesia».
Da queste affermazioni emerge una contraddizione tra due idee della poesia: come attività totalmente autonoma e gratuita, che ha il suo valore in se stessa, o come veicolo di messaggi filosofici, psicologici, morali. Quali dei due aspetti vi sembra più presente nelle liriche di Baudelaire che avete letto? In quali scrittori del secondo Ottocento si può ritrovare una simile problematica?

SCRIVERE UN TESTO ARGOMENTATIVO

● Facendo riferimento ai documenti forniti e a quelli indicati di seguito, scrivete un testo sull'argomento proposto.

LA "PERDITA DELL'AUREOLA"

Charles Baudelaire, *La musa venale* (trad. G. Armellini)

O Musa del mio cuore, amante dei palazzi,
avrai, quando gennaio sbriglierà le sue bore,
durante i neri tedii delle sere nevose,
un tizzo per scaldare i tuoi due piedi viola?
Forse rianimerai le spalle marmorizzate
ai raggi notturni che forano le persiane?
Sentendo la tua borsa a secco come il palato,
raccoglierai l'oro dalle volte azzurrate?
   Devi, per guadagnare il pane d'ogni sera,

dondolare l'incensiere come un chierichetto,
cantare dei *Te Deum* a cui non credi affatto,
o, guitto a pancia vuota, sciorinare i tuoi vezzi
e il tuo riso bagnato di un pianto che non si vede,
perché scoppi dal ridere la marmaglia volgare.

Charles Baudelaire, *Elevazione* (trad. G. Armellini)

Sopra gli stagni, sopra le vallate,
oltre i monti, i boschi, le nuvole, i mari,
al di là del sole, al di là dell'etere,
oltre i confini delle sfere stellate,
tu, spirito, ti muovi con agilità,
e, come un buon nuotatore si abbandona tra le onde,
solchi felice l'immensità profonda,
con un'indicibile e maschia voluttà.
Vola via lontano da questi morbosi miasmi,
va' a purificarti nell'aria superiore,
e bevi, come un puro e divino liquore,
il fuoco chiaro che riempie gli spazi limpidi.
Dietro di sé gli affanni e i vasti dolori
che gravano del loro peso l'esistenza brumosa,
felice chi può, con ala vigorosa,
slanciarsi verso i campi luminosi e sereni,
colui che ha pensieri come allodole
che prendono lo slancio al mattino verso il cielo,
– e si libra sulla vita, e comprende senza sforzo
il linguaggio dei fiori e delle cose mute!

Tre documenti a scelta tra quelli di seguito indicati:
- Charles Baudelaire, *Perdita dell'aureola* (▸**D5**, p. 16)
- Arthur Rimbaud, *«Bisogna essere veggente»* (▸**D7**, p. 20)
- Stéphane Mallarmé, *Tutta l'anima riassunta* (▸**T33**)
- Emilio Praga, *Preludio* (▸**T37**)
- Giosue Carducci, *Congedo* (▸**T61**)

ANALISI DEL TESTO

● Analizzate e commentate il testo qui riportato, rispondendo alle domande del questionario oralmente o per iscritto. Potete svolgere l'esercizio rispondendo separatamente a ogni domanda, o integrando le singole risposte in un discorso complessivo, nell'ordine che vi sembra più efficace.

EMILY DICKINSON

T36 ▸ I grilli cantarono

PERCORSO
- Le donne come soggetto e come oggetto della scrittura (V), p. 575

Una delle principali fonti d'ispirazione di Emily Dickinson è l'osservazione della natura. Questa poesia, del 1866, è dedicata al calare della sera.

I grilli cantarono
e tramontò il sole
e gli operai finirono uno a uno
la loro cucitura sul giorno.

3-4. **finirono... giorno**: posero fine al giorno, concludendo la giornata lavorativa.

L'erba bassa si caricò di rugiada
il crepuscolo indugiò, come fanno gli stranieri
col cappello in mano, cortesi e nuovi,
come per restare, o andare.
Venne una vastità, come un vicino,
una saggezza, senza volto, o nome,
una pace, come emisferi a casa
e così la notte avvenne.

7. **nuovi**: appena arrivati, incerti su come comportarsi.
8. **come... andare**: il crepuscolo, momento intermedio tra il giorno e la notte, è paragonato a un ospite incerto se restare o congedarsi.
9. **come un vicino**: con l'amichevolezza e la familiarità di un vicino di casa.
11. **come emisferi a casa**: l'espressione richiama l'immagine di un mondo (*emisferi*) che ha raggiunto l'armonia, la serenità della vita domestica.

Emily Dickinson, *The Complete Poems of Emily Dickinsons*, a cura di Thomas H. Johnson, Little Brown and Co., Boston, 1960; trad. dall'inglese di G. Armellini

COMPRENDERE

1. L'autrice, per raffigurare l'avvento della notte, fa riferimento a immagini comuni del piccolo mondo rurale che la circondava: di quali immagini si tratta?
2. Il testo accosta a questi riferimenti quotidiani altre immagini, indefinite, rarefatte e tutt'altro che comuni: individuatele nel testo.

ANALIZZARE

3. Il testo è caratterizzato dai processi di concentrazione espressiva tipici di Emily Dickinson: immagini ardite; forzature del significato abituale delle parole; frasi ellittiche e sospese.
   Analizzate il testo da questi punti di vista.

CONFRONTARE

4. Ciò che in una traduzione va comunque irrimediabilmente perduto è la sonorità dell'originale, particolarmente importante in questo testo. Chi di voi conosce bene l'inglese può leggere ad alta voce la versione originale della poesia, individuando gli effetti di suono sui quali gioca quasi ossessivamente.

The Crickets sang
and set the Sun
and Workmen finished one by one
their Seam the Day upon.
The low Grass loaded with the Dew
the Twilight stood, as Strangers do
with Hat in Hand, polite and new
to stay as if, or go.

A Vastness, as a Neighbor, came,
a Wisdom, without Face, or Name,
a Peace, as hemispheres at Home
and so the Night became.

INTERPRETARE

5. Specie nell'ultima strofa, l'avvento della notte si carica di un significato simbolico. Cercate di approfondirlo, accostando per somiglianza e per contrasto questa poesia a *Sentivo ronzare una mosca – quando morii –* (▸**T35**).

ALLA MANIERA DI...

● Nella prosa poetica *I ponti* (▸**T29**) Arthur Rimbaud supera la distinzione tradizionale fra prosa e poesia sperimentando una scrittura descrittiva basata, più che sulla restituzione dei contorni riconoscibili di un paesaggio, sulla sua trasfigurazione nelle suggestive allucinazioni che esso suscita in lui. Scegliete un paesaggio capace di evocare in voi immagini suggestive (un mercato variopinto e affollato, un mega-concerto, un temporale ecc.) e descrivetelo in non più di dieci righe con una forma di prosa che cerchi di imitare lo stile visionario di Rimbaud.

La poesia in Italia

La poesia degli ultimi decenni dell'Ottocento è quasi esclusivamente poesia lirica, ma in quest'ambito si orienta in direzioni varie, nello sforzo di uscire dal sentimentalismo stereotipato del tardo romanticismo. I primi a reagirvi provocatoriamente sono gli scapigliati, che nella ricerca di novità tematiche e formali si ispirano a Baudelaire e al simbolismo francese; ma il vero simbolista italiano, in modi tutti suoi, sarà Pascoli. Contemporaneamente c'è un ritorno al classicismo, di cui è protagonista Carducci, che lo rinvigorisce con robuste iniezioni di realismo. C'è anche un realismo minore, che introduce nella poesia un linguaggio di tono colloquiale, ispirandosi a esperienze della vita comune o a temi di attualità. La varietà di esperienze poetiche dell'epoca è confermata dalla presenza di una poesia di ispirazione sociale; al polo opposto, si manifestano tendenze estetizzanti e decadenti, inaugurate da D'Annunzio.

▸ p. 58

La scapigliatura

- Arrigo Boito *Incubo*
- Iginio Ugo Tarchetti *Memento*
- Giovanni Camerana *Il pioppo nell'azzurro*
- Giovanni Camerana *Note morenti*

La scapigliatura, sorta a Milano nel primo decennio dopo l'unità d'Italia, fu un movimento di giovani letterati e artisti irrequieti, ribelli alle convenzioni romantiche e borghesi. In poesia gli scapigliati manifestarono la loro ricerca di novità con la polemica letteraria e sociale (Emilio Praga, ▸T37; Olindo Guerrini, ▸T40) con l'esibizione provocatoria di temi erotici, o scabrosi e ripugnanti (ancora Praga, ▸T38). Ma i risultati più convincenti furono raggiunti da Giovanni Camerana nella direzione di una poesia di pure suggestioni visive e sonore (▸T39).

ANALISI

EMILIO PRAGA

T37 ▸ Preludio

PERCORSO
- **L'intellettuale tra impegno, isolamento, emarginazione, p. 566**

La seconda raccolta di poesie del giovane Praga, *Penombre* (1864), si apre con questo *Preludio*, che è un vero "manifesto" della generazione scapigliata.

▸ **METRO**: quartine composte di tre endecasillabi chiusi alternativamente da un settenario e da un quinario; rima alternata (ABAb).

Noi siamo i figli dei padri ammalati;
aquile al tempo di mutar le piume,
svolazziam muti, attoniti, affamati,
sull'agonia di un nume.
Nebbia remota è lo splendor dell'arca,

1. **i figli... ammalati**: gli eredi di una generazione ormai in crisi; è la generazione che ha fatto il Risorgimento, e ora ha esaurito la sua carica ideale.
2. **aquile... piume**: siamo come *aquile*, cioè capaci di alti voli, ma in una fase di mutamento che rende il nostro volo incerto.
3. **attoniti, affamati**: sgomenti, desiderosi di nuovi ideali.
4. **sull'agonia di un nume**: mentre agonizza una divinità che rappresenta gli ideali del passato, ormai al tramonto.
5. **Nebbia... arca**: è ridotta a una nebbia lontana la luce dell'Arca, che nella Bibbia contiene le tavole della Legge data da Dio a Mosè. Si sono perdute le tavole dei valori.

Jean Delville, *La fine degli idoli*, 1931. (Collezione privata) © Jean Victor Delville, by SIAE 2020

Jules Lefebvre, *La verità*, 1870. (Parigi, Musée d'Orsay)

TESTI

T37

e già all'idolo d'or torna l'umano,
e dal vertice sacro il patriarca
s'attende invano;
  s'attende invano dalla musa bianca
che abitò venti secoli il Calvario,
e invan l'esausta vergine s'abbranca
ai lembi del Sudario...
  Casto poeta che l'Italia adora,
vegliardo in sante visïoni assorto,
tu puoi morir!... degli antecristi è l'ora!
Cristo è rimorto! –
  O nemico lettor, canto la Noja,
l'eredità del dubbio e dell'ignoto,
il tuo re, il tuo pontefice, il tuo boja,
il tuo cielo, e il tuo loto!
  Canto litane di martire e d'empio;
canto gli amori dei sette peccati
che mi stanno nel cor, come in un tempio,
inginocchiati.

6. **già... l'umano**: il genere umano torna all'idolo d'oro, cioè ad adorare il denaro. L'*idolo* è il vitello d'oro adorato dagli ebrei in un momento di smarrimento, durante l'assenza di Mosè salito sul Sinai a ricevere da Dio le tavole della legge.
7-8. **dal vertice... invano**: si aspetta invano che *il patriarca* (Mosè) ridiscenda dal *vertice sacro* (il Sinai) per ricondurre il popolo idolatra sulla retta via.
9-10. **dalla musa... Calvario**: da parte della *musa* che ha abitato per venti secoli il colle dove fu eretta la croce di Cristo; si tratta probabilmente della civiltà cristiana, o più specificamente della poesia cristiana (dato che è una *musa*).
11-12. **invan... Sudario**: la vergine (la *musa*) ormai spossata si aggrappa vanamente ai lembi del *Sudario*, il lenzuolo in cui fu avvolto il corpo di Cristo. È vano aggrapparsi ai simboli della civiltà cristiana.
13. **Casto... adora**: è una provocatoria apostrofe a Manzoni, allora quasi ottantenne, venerato maestro di letteratura cristiana e patriottica.
17-18. **O nemico lettor... ignoto**: il lettore è provocatoriamente chiamato *nemico*, perché appartiene certamente a quel ceto borghese, meschino, soddisfatto, a cui il poeta si ribella. La *Noja* (eco dell'*Ennui* di Baudelaire) è il senso angoscioso di vuoto che consegue (*eredità*) alla messa in crisi dei valori tradizionali: il *dubbio* su tutto, che porta al non sapere (*ignoto*).
20. **il tuo cielo... loto**: i tuoi ideali e il fango (*loto*) della tua realtà.
21. **litane**: litanie, preghiere rituali.
22. **sette peccati**: i sette peccati capitali elencati dalla dottrina cattolica.

Canto le ebbrezze dei bagni d'azzurro,
e l'Ideale che annega nel fango...
Non irrider, fratello, al mio sussurro,
se qualche volta piango,
giacché più del mio pallido demone,
odio il minio e la maschera al pensiero,
giacché canto una misera canzone,
ma canto il vero!

Emilio Praga, *Penombre*, in *Poesie*, Laterza, Bari, 1969

25. **le ebbrezze... azzurro**: gli slanci nel cielo dell'ideale.
27. **fratello**: il lettore è *fratello* perché vive la stessa situazione del poeta, anche se è *nemico* (v. 17) perché la nega ipocritamente. C'è il ricordo dell'ultima strofa della poesia proemiale delle *Fleurs du mal* di Baudelaire, che si conclude col verso – *Hypocrite lecteur, – mon semblable, – mon frère!* ("ipocrita lettore, mio simile, mio fratello!").
29-30. **più del... pensiero**: più ancora del *pallido demone* della noia che mi perseguita, odio il belletto (*minio*), odio mettere una maschera al pensiero. Il pianto di cui ha parlato (v. 28) nasce dalla fedeltà al *vero* della propria condizione.

Emilio Praga (1839-1875), nato a Milano, fu una figura di punta della scapigliatura. Di famiglia ricca, da adolescente viaggiò in Europa e fu a Parigi; ma dopo la morte del padre dovette mantenersi col lavoro di professore di letteratura italiana al Conservatorio di Milano. Dedito all'alcol, si ridusse in miseria, si separò dalla moglie, e morì ancor giovane, tormentato da allucinazioni. La sua opera poetica appartiene in gran parte agli anni giovanili: *Tavolozza* (1862), *Penombre* (1864), *Fiabe e leggende* (1867).

DIALOGO CON IL TESTO

COMPRENDERE

Aggressività e avvilimento Praga apre il suo libro di versi all'insegna della provocazione: la civiltà cristiana agonizza, il vecchio venerato Manzoni è ora che muoia, è il momento di una nuova generazione di *anticristi*. Nonostante l'esibita aggressività, questi si presentano come *muti, attoniti, affamati*, e il poeta si dice ispirato dalla *Noja*: non è in grado di proclamare una nuova fede, ma solo di denunciare il crollo dei valori tradizionali. Ma le sue bestemmie, i suoi slanci e i suoi pianti hanno il merito di rappresentare il *vero* di una crisi che il *nemico lettor* non vuole vedere.

- **Rintracciate nel testo questi altri aspetti, tipici di Praga e della scapigliatura:**

- l'oscillazione tra imprecisati slanci ideali e il fango della realtà;
- il gusto blasfemo di associare immagini sacre a negazioni della fede e provocatorie esibizioni di peccato;
- la polemica contro l'autorità politica e religiosa costituita, accennata in un verso.

ANALIZZARE

L'imitazione di Baudelaire A pochi anni dalla prima pubblicazione delle *Fleurs du mal* di Baudelaire (1857), Praga ne riprende con prontezza temi e immagini; ma si avverte la fatica di adeguare il proprio linguaggio poetico alle nuove intenzioni.

- **In questi versi il poeta mira a una poesia disinvoltamente discorsiva e insieme densa di concetti, ma in diversi punti l'espressione resta contorta e approssimativa; confermate o confutate questo giudizio con riferimenti al testo.**

EMILIO PRAGA

T38 ▸ Vendetta postuma

▸ **PERCORSO**
- L'orrore, il macabro, il perturbante (II), p. 579

Il provocatorio tema di questa poesia è imitato da un sonetto di Baudelaire (*Rimorso postumo*, ▸T25), e fu ripreso anche da altri poeti scapigliati.

▶ **METRO**: quartine di due endecasillabi alternati a un settenario e un quinario, a rima alternata.

Quando sarai nel freddo monumento
immobile e stecchita,
se ti resta nel cranio un sentimento
di questa vita,
ripenserai l'alcova e il letticciuolo
dei nostri lunghi amori,
quand'io portava al tuo dolce lenzuolo
carezze e fiori.
Ripenserai la fiammella turchina
che ci brillava accanto,
e quella fiala che alla tua bocchina
piaceva tanto!
Ripenserai la tua foga omicida
e gli immensi abbandoni;
ripenserai le forsennate grida,
e le canzoni;
ripenserai le lagrime delire,
e i giuramenti a Dio,
o bugiarda, di vivere e morire
pel genio mio!
E allora sentirai l'onda dei vermi
salir nel tenebrore,
e colla gioia di affamati infermi
morderti il cuore.

Emilio Praga, *Penombre*, in *Poesie*, Laterza, Bari, 1969

1. **freddo monumento**: la tomba.
5. **l'alcova**: la camera da letto.
9. **la fiammella turchina**: il lume da notte.
11. **quella fiala**: il recipiente di un alcolico, o di qualche altra droga.
13. **foga omicida**: la furia erotica.
17. **delire**: deliranti.

Gaetano Previati, *Il giorno sveglia la notte*, 1905. (Trieste, Galleria d'arte moderna)

DIALOGO CON IL TESTO

COMPRENDERE

Erotico e macabro come provocazione Il motivo ispiratore di questi versi è la volontà dell'autore di scandalizzare con un impasto di elementi funebri ed erotici: una riproposizione dell'antico binomio di amore e morte degradato al livello più materiale. Il tema funebre è presentato nella prima e nell'ultima quartina con una pesante sottolineatura degli aspetti più ripugnanti del disfacimento del corpo, e incornicia la rievocazione di un erotismo esibito come furia violenta, reso più piccante dalla sottolineatura di particolari inconsueti per la poesia ottocentesca (il letto, il lenzuolo) e da un accenno ad abitudini tossiche.

CONFRONTARE

Praga e Baudelaire Questa poesia è un'evidente ripresa del sonetto di Baudelaire *Rimorso postumo* (▸T25); accostando i due testi si possono notare differenze importanti:

- lungaggini e insistenze in Praga, forma chiusa e calcolata in Baudelaire;
- ragioni della "vendetta" o del "rimorso" più precise in Praga, più indefinite e sinistre in Baudelaire;
- erotismo materialmente esibito dal poeta italiano, accennato allusivamente dal francese.

● **Confermate o confutate questa valutazione analizzando i due testi e mettendoli a confronto.**

GIOVANNI CAMERANA

T39 ▸ Cerco la strofa

In questa poesia, datata 1886, Camerana dichiara la propria poetica, i propri intenti espressivi.

▸ **METRO**: strofe di cinque endecasillabi: una quartina a rima incrociata, più la ripetizione in chiusura della rima (e a volte di alcune parole) del primo verso (ABBAA). È un tipo di costruzione strofica che risale a Baudelaire.

Cerco la strofa che sia fosca e queta
come il lago incassato entro la neve;
ier vidi il lago, ed era il cielo greve,
tetra la sponda e bianca la pineta.
Cerco la strofa che sia cupa e queta.

L'acqua pareva d'ombra, e riflettea
gli spetri capovolti delle piante.
Tutto era spetro; – delle cose sante
l'alito per la triste aura fremea.
Cerco la santa strofa e l'alta idea.

3. **greve**: pesante, carico di nubi.
7. **gli spetri capovolti**: le immagini riflesse, di aspetto spettrale.
8-9. **delle cose... fremea**: un soffio di santità (le imprecisate *cose sante*) fremeva nel venticello triste. Il senso è indefinito, mira a suggerire uno stato d'animo in modo allusivo.

Giovanni Camerana (1845-1905), nato a Casale Monferrato, studiò legge a Pavia, dove conobbe Emilio Praga e Arrigo Boito e cominciò a comporre versi di intonazione scapigliata. Fece poi una carriera di magistrato, conclusa a Torino, dove a sessant'anni morì suicida. Aveva continuato a comporre poesie, che per la maggior parte non aveva pubblicato e uscirono postume nel volume *Versi* del 1907.

Cerco la vaga strofa, indefinita
come una lenta linea di montagna
quando incombe la nebbia, e la campagna
piange dell'anno la fuggente vita;
cerco la grigia strofa indefinita,

la indefinita strofa orizzontale,
in cui si volga, con cadenza blanda,
come sui mesti orizzonti, in Olanda,
dei pensosi mulini a vento l'ale,
il fascinante sogno sepolcrale.

12. **una lenta linea**: un vago profilo all'orizzonte.
14. **piange... vita**: sembra piangere la morte della natura, d'autunno.
16. **strofa orizzontale**: strofa dal ritmo lento, rilassato; la metafora è vaga, eppure rende perfettamente l'impressione che danno i versi di Camerana.
17. **si volga**: va collegato a *il fascinante sogno* dell'ultimo verso. **con cadenza blanda**: con un ritmo sommesso.
19. **l'ale**: le pale dei mulini a vento, viste come ali.

Giovanni Camerana, *Poesie*, a cura di G. Finzi, Einaudi, Torino, 1968

DIALOGO CON IL TESTO

COMPRENDERE

Una poetica simbolista In questi versi è dichiarato e insieme messo in atto l'ideale di una poesia musicale, fatta di allusioni vaghe e indefinite, di accordi di suoni e immagini che trasmettano uno stato d'animo con mezzi non discorsivi, ma di suggestione irrazionale.
È quanto di più vicino si sia realizzato, in Italia, a ciò che teorizzavano e praticavano negli stessi anni i simbolisti francesi. Ma non si può parlare di imitazione nel senso più banale, perché l'accento personale del poeta è inconfondibile: se in generale la poesia simbolista mira a suggerire qualcosa che sta "al di là" delle immagini, l'"al di là" di Camerana ha il segno cupo della morte, della consunzione di tutte le cose.

- **Raccogliete gli aggettivi di volta in volta attribuiti alla *strofa* e analizzatene la successione, verificando se si possa individuare una progressione verso un significato conclusivo.**

ANALIZZARE

Musicalità quasi ipnotica La sensazione di musicalità lenta, ripetitiva, quasi ossessiva è trasmessa, oltre che dallo schema di rime, dalla ripetizione modulata degli stessi suoni all'interno dei versi.

- **Selezionate e analizzatene qualche esempio.**

Questo effetto è rafforzato dalla fluidia alternanza di momenti dichiarativi (*Cerco la strofa* ...), narrativi e descrittivi, e dallo scarto sintattico del verso finale rispetto agli ultimi versi delle altre strofe.

- **Riscontrate la presenza di queste caratteristiche testuali.**

Edvard Munch, *Notte d'inverno*, 1901. (Oslo, Munchmuseet)

Realismi

- Vittorio Betteloni *Per una crestaia*
- Giacomo Zanella *Insegnavi al villan*
- Mario Rapisardi *Il canto dei mietitori*

Una tendenza della poesia italiana del tardo Ottocento si può definire in largo senso "realista": si toccano in versi argomenti di attualità e temi sociali, sulla linea inaugurata dagli scapigliati (Guerrini, ▸T40); si nominano oggetti e comportamenti quotidiani e banali, come fanno pure a volte con intento provocatorio gli scapigliati. In modo meno esibito ma forse più sostanziale, una scrittrice e giornalista molto attiva in quei decenni, nota con lo pseudonimo di Contessa Lara, introduce nei suoi versi i momenti e i sentimenti quotidiani di una signora borghese dell'epoca, in un contesto di oggetti e arredi fedelmente rappresentati (▸T41).

OLINDO GUERRINI

T40 ▸ Sciopero in risaia

PERCORSO
- **L'intellettuale tra impegno, isolamento, emarginazione, p. 566**

Questa poesia, che apparve nella raccolta completa delle *Rime* dell'autore (1903), risale all'ultimo ventennio dell'Ottocento. È l'epoca delle prime grandi lotte sindacali, in particolare dei braccianti agricoli; le risaie, estese in vaste zone della pianura padana, impiegavano molta manodopera, soprattutto femminile, in lavori stagionali.

▸ **METRO**: quartine di endecasillabi alternati a settenari, a rima alternata.

Sull'argine fangoso e desolato,
  sotto il ciel che s'oscura,
come ingiunto gli fu veglia il soldato
  e guarda la pianura.

Non un canto lontan, non un sussurro
  dai muti casolari;
non un allegro fil di fumo azzurro
  s'alza dai focolari.

Sol di bimbi affamati un gemer lento
  sembra morir lontano...
La fame, la miseria e lo spavento
  pesan sul triste piano!

Pensa il soldato: «Ahimè, lacrime umane
  noi vi freniam con l'armi!
Oggi, se a casa mia non c'è più pane
  ci saranno i gendarmi!»

Olindo Guerrini, *Le rime*, in *Poeti minori dell'Ottocento*, vol. I, a cura di L. Baldacci, Ricciardi, Milano-Napoli, 1958

1. **Sull'argine**: il riso si coltiva in zone acquitrinose, delimitate da argini.
3. **come... soldato**: il soldato monta la guardia, come gli è stato ordinato. All'epoca dell'autore era abbastanza frequente l'impiego dell'esercito per controllare e reprimere gli scioperi.
9. **bimbi affamati**: lo sciopero significa sospensione della paga, e quindi fame.

Olindo Guerrini (1845-1916), nato a Forlì, fu direttore della biblioteca universitaria di Bologna, e uno dei personaggi letterari di maggior spicco di quella città, accanto a Carducci. Pubblicò le sue prime raccolte di versi (*Postuma*, 1877, *Nova polemica*, 1878), caratterizzate da uno stile violento e anticonformista, con lo pseudonimo di Lorenzo Stecchetti. In seguito, scrisse dei versi in dialetto romagnolo, che ebbero una larga diffusione. Nel 1903, infine, pubblicò a suo nome le *Rime*. Fu attivo anche come giornalista. Morì a Bologna nel 1916 dopo alcuni anni trascorsi a Genova, dove era stato nominato bibliotecario.

DIALOGO CON IL TESTO

COMPRENDERE

Solidarietà di classe L'impiego delle truppe contro gli scioperanti metteva alcuni proletari (i soldati coscritti) contro altri proletari (i contadini in sciopero); il soldato immaginato dal poeta prende coscienza di essere misero e oppresso come coloro che è mandato a sorvegliare. Nel componimento di Guerrini risulta evidente l'intento pedagogico di promuovere la solidarietà di classe.

ANALIZZARE

Una scrittura trasparente A differenza di Camerana (▸T39) Guerrini mira alla massima chiarezza e comprensibilità del linguaggio. L'immagine di silenzio e desolazione della campagna, dove il lavoro è sospeso, è resa con una certa efficacia. Vi contribuisce il metro: ogni coppia di endecasillabo e settenario costituisce una frase a sé, e il secondo verso, più breve, crea come uno spazio di silenzio.

CONTESSA LARA

T41 ▸ Di sera

▶ PERCORSO
• Le donne come soggetto e come oggetto della scrittura (V), p. 575

Questa poesia appartiene alla prima raccolta che diede fama all'autrice, i *Versi* pubblicati dall'editore Sommaruga nel 1883. La situazione a cui si riferisce risale al periodo in cui la poetessa viveva col marito a Milano.

▶ **METRO**: sonetto.

Ed eccomi qui sola a udir ancora
il lieve brontolìo de' tizzi ardenti;
eccomi ad aspettarlo: è uscito or ora
canticchiando, co 'l sigaro tra i denti.

Gravi faccende lo chiamavan fuora:
gli amici a 'l giuoco de le carte intenti,
od un soprano che di vezzi infiora
d'una storpiata melodia gli accenti.

E per questo riman da me diviso
fin che la mezzanotte o il tocco suona
a l'orologio d'una chiesa accanto.

Poi torna allegro, m'accarezza il viso,
e mi domanda se son stata buona,
senza nemmeno sospettar che ho pianto.

Contessa Lara, *Versi* in *Poesie*, Edizioni dell'Oleandro, Roma, 1998

2. **il lieve... ardenti**: il lieve rumore dei pezzi di legno che bruciano nel caminetto.
7-8. **di vezzi... accenti**: arricchisce di variazioni, di fronzoli vocali, le note di una melodia che così è *storpiata*.
10. **il tocco**: l'una.

Evelina Cattermole (1849-1896), in arte **Contessa Lara**, nacque a Firenze, di padre inglese e madre russa. Assai giovane cominciò a scrivere versi e si fece conoscere nei salotti letterari di Firenze nel periodo in cui fu capitale (1865-1870). Sposò il figlio di un importante uomo politico dell'epoca e si trasferì a Milano per seguire il marito; lì ebbe una relazione extraconiugale; quando il marito la scoprì, uccise in duello l'amante, fatto che fece scalpore nelle cronache mondane dell'epoca. Separatasi dal marito, tornò a Firenze, dove iniziò l'attività di giornalista tenendo una rubrica destinata alle signore sul neonato «Corriere della Sera»; a questo lavoro si dedicò intensamente per il resto della vita. Nel 1883 si trasferì a Roma, invitata dal giovane intraprendente editore Angelo Sommaruga (che negli stessi anni "lanciava" D'Annunzio); presso di lui pubblicò un volume di *Versi*, assumendo per la prima volta lo pseudonimo di Contessa Lara. Scrisse altre raccolte di versi, novelle, romanzi per bambini. La sua vita sentimentale fu sempre agitata; finì uccisa con un colpo di pistola da un pittore con il quale aveva convissuto e poi aveva rotto la relazione.

DIALOGO CON IL TESTO

COMPRENDERE

Una quotidianità dolorosa La situazione che l'autrice ci presenta è stata vissuta da innumerevoli donne del suo tempo e non solo: il marito esce di sera per andare a divertirsi, la moglie soffre per la solitudine e l'insensibilità dell'uomo. È tipica della letteratura "al femminile" la capacità di dare significatività anche alle esperienze più quotidiane.

- **Quale atteggiamento verso il marito emerge dalla descrizione che ne fa la protagonista? Prevale l'indignazione, l'ironia, la rivolta, la gelosia, la rassegnazione...?**

ANALIZZARE

Naturalezza espressiva Contessa Lara non rompe clamorosamente con le forme della tradizione poetica italiana, usa un linguaggio che le continua dignitosamente: notate ad esempio le inversioni sintattiche, o l'uso delle preposizioni articolate divise in due parole (*co 'l*, *de le*), che sarà costante in D'Annunzio. Eppure in questo linguaggio tradizionale si insinuano con naturalezza espressioni di livello familiare, quotidiane, che ancora oggi si potrebbero usare anche parlando.

- **Indicate alcune di queste espressioni.**

Auguste Toulmouche, *Dolce far niente*, 1877. (Collezione privata)

▸ p. 60

La poesia dialettale

• Salvatore Di Giacomo
'O guaio

Nell'Italia unita, l'interesse per le culture popolari e regionali porta a uno sviluppo delle letterature in dialetto, soprattutto nei generi del teatro e della lirica. Gli autori sono scrittori colti, che scrivono anche in lingua e usano il dialetto come risorsa espressiva e colorito locale. Il centro più vivo di questa letteratura è Napoli, che elabora in quest'epoca il suo mito di un popolo vitalissimo, tenero e appassionato anche in mezzo alla miseria e al delitto, accettati come dati di natura. Le poesie e le canzoni di Salvatore Di Giacomo (▸T42) hanno dato a questo mondo l'espressione più incisiva e destinata a durare nella memoria collettiva.

SALVATORE DI GIACOMO

T42 ▸ Ventariello

Ariette e sunette è una raccolta pubblicata per la prima volta nel 1898. *Ventariello* ("Venticello") è un esempio tipico dei testi poetici (spesso musicati) che più hanno reso famoso Di Giacomo.

▸ **METRO**: quartine di ottonari rimati ABAX, dove X è sempre tronco.

Aggarbato, frisco e ffino
d' 'a matina 'o ventariello
fa, ogni giuorno, 'e stu ciardino
tutte 'e ffronne suspirà.
Chiacchiarea, quase annascosta
mmiez' a ll' ombra, na funtana,
ca, sapenno 'a storia nosta,
'a vo' a ll' arbere cuntà.
«Bene mio! – diceno 'e ffronne –
Nientemeno accussì è nfama?»
E cu ll'acqua, ca risponne,
fanno nzieme uno ciu ciù...
Tanto ch'io, ca guardo attuorno
e passeo mmiez' a sti ffrasche,
mme murtifico p' 'o scuorno,
e mme mbroglio a cammenà...

3. **'e stu ciardino**: di questo giardino.
4. **'e ffronne**: le fronde.
5. **Chiacchiarea**: mormora.
7. **ca**: che, la quale. **'a storia nosta**: la storia del nostro amore.
8. **'a vo'... cuntà**: la vuole raccontare agli alberi.
9. **Bene mio!**: esclamazione generica, come "Santo cielo!".
10. **'nfama**: traditrice.
15. **p' 'o scuorno**: per la vergogna.

Salvatore Di Giacomo, *Ariette e sunette*, in *Poesie e prose*, Mondadori, Milano, 1977

Salvatore Di Giacomo (1860-1934), nato e vissuto a Napoli, fu giornalista e letterato. Fu autore di novelle in lingua e di testi teatrali in lingua e in dialetto, tutti di ambiente napoletano. La sua fama è dovuta soprattutto all'attività poetica, in particolare ai testi per musica, alcuni dei quali sono entrati a far parte dei classici della canzone napoletana (*Reginella*, *A Marechiare*, *'E spingole frangese...*).

DIALOGO CON IL TESTO

COMPRENDERE E ANALIZZARE

La tendenza melodica L'ispirazione del Di Giacomo lirico è fatta di pochi semplici elementi: paesaggi dolci e sfumati, sospiri d'amore appena accennati; il tutto è sospeso in un'atmosfera musicale che toglie peso alle parole, tende a ridurle a pura melodia. In questo caso l'accenno a una situazione amorosa che di per sé sarebbe infelice perde ogni connotazione di serietà e di drammaticità grazie al ritmo leggero e cantabile dell'ottonario.

CONFRONTARE

Di Giacomo e Meli In testi come questo, Di Giacomo appare come un continuatore della canzonetta arcadica del secolo precedente, che già aveva trovato nel dialetto siciliano di Meli alcune delle sue espressioni più convincenti (▸Vol. 3, T59)

- **Confrontate i due testi, individuando le analogie di contenuto e di intonazione.**

Una ragazza riempie un otre alla fontana in un dipinto di Henry Herbert La Thangue, 1905. (Collezione privata)

RILETTURE (T37-T42)

ANALIZZARE

1. Nel linguaggio della poesia italiana del secondo Ottocento la persistenza del linguaggio aulico della tradizione coesiste con tentativi di inserire elementi nuovi per la poesia, più realistici e vicini alla lingua comune. Analizzate nei testi che avete letto la prevalenza di una di queste tendenze, o la loro commistione.

INTERPRETARE

2. La tendenza prevalente, nella poesia europea del secondo Ottocento, è verso una lirica pura, fatta di emozioni e sensazioni, che riduca al minimo gli intenti pratici (morali, politici) e gli elementi riflessivi. Indicate quali, fra i testi italiani a voi noti, si avvicinano di più a questa tendenza.

ATTRIBUIRE

3. Di questi due componimenti poetici di argomento amoroso, uno è di Luigi Carrer, poeta romantico del primo Ottocento; l'altro è di Iginio Ugo Tarchetti, poeta e scrittore scapigliato di cui abbiamo presentato un brano narrativo in ►**T14**. Attribuite ciascun testo al suo autore, mettendo in rilievo le caratteristiche tipiche della corrente e dell'epoca a cui appartiene.

A

Chi partir vede il suo dolce tesoro,
la sua sola speranza, il solo bene,
ben è stupor se in vita si mantiene;
io so che 'l provo, e per poco non moro.
E mentre in dura prigionia dimoro,
veggo l'augel che per le vie serene
del ciel liberamente va e viene,
e gorgheggia passando inno canoro.
Prestami, caro augel, l'ale tue lievi,
e in cambio qual più vuoi de' miei sudati
carmi, e tutti se brami anco, ricevi.
Ma tu non odi, e i campi interminati
fendi nell'aria; e me lasci a' miei grevi
pensieri, ai voti inani e sconsolati

3. **ben è stupor**: c'è da stupirsi.
10-11. **qual... ricevi**: ricevi in cambio quella che preferisci fra le mie poesie, frutto di studio e di fatica (*sudati*), e, se lo desideri, anche tutte.
14. **voti inani**: desideri vani.

B

Vorrei saper quanti baci fur dati
dal dì che i baci furono inventati:
baci di vecchie e di guance grinzose,
baci di dame e di volti di rose,
baci di bocche insipide e sdentate,
baci d'amore e di labbra infuocate,
timidi baci e baci di fanciulla,
baci di bimba, che sanno di nulla,
baci lunghi, e colpevoli e innocenti;
e doppi baci e baci lunghi e ardenti,
baci di fiori, di frondi e di sole,
fetidi baci e baci di viole...
Vorrei saper quanti ne fur scambiati
e a te, fanciulla, averli io tutti dati.

ANALISI DEL TESTO

● Analizzate e commentate il testo qui riportato, rispondendo alle domande del questionario oralmente o per iscritto. Potete svolgere l'esercizio rispondendo separatamente a ogni domanda, o integrando le singole risposte in un discorso complessivo, nell'ordine che vi sembra più efficace.

CONTESSA LARA

T43 ▸ Ritratto di donna

▶ **PERCORSO**
• Le donne come soggetto e come oggetto della scrittura (V), p. 575

Questo sonetto, apparso nel 1897 nella raccolta postuma *Nuovi versi*, fa parte dell'ultima produzione della Contessa Lara che fu influenzata dal gusto estetizzante e decadente messo in voga da D'Annunzio.

Queta è la notte: al raggio de la mite
lampa di bronzo antico, ogni contorno
d'arazzi e piante e mobili d'attorno
sfugge, e s'allunga in ombre indefinite.
Presso la scrivania di malachite,
ella, ne la pelliccia, or di ritorno
dal ballo, inchina il fulvo capo adorno
di rare gemme su le palme unite.
E ne l'attesa i verdi occhi socchiusi
sprigionan lampi di vendetta, crude
lusinghe, e guizzi di desio confusi;
mentre a l'ansar del petto ampio le freme
il bizantino talisman, che chiude
l'oblio de l'odio e de l'amore insieme.

2. **lampa**: lampada.
2-4. **ogni contorno... sfugge**: i contorni degli oggetti si fanno sfumati.
5. **di malachite**: col piano in malachite (minerale di colore verde, usato come pietra dura ornamentale).
7-8. **inchina... unite**: china sulle mani unite la testa bionda (*fulvo capo*) adorna di rare gemme.
10-11. **crude...confusi**: allettamenti crudeli e, misti a esse, scatti di desiderio.
13-14. **il bizantino talisman**: un gioiello, o amuleto, che può essere *bizantino* nel senso di antico, proveniente da Bisanzio, o nel senso più generico di "prezioso, ricercato". **che chiude... insieme**: che racchiude un veleno che può far dimenticare l'odio e l'amore insieme.

Contessa Lara, *Nuovi versi* in *Poesie*, Edizioni dell'Oleandro, Roma, 1998

COMPRENDERE

1. Nel sonetto sono presenti alcuni motivi tipici del gusto estetizzante e decadente:
   - l'immagine della "donna fatale" che affascina e distrugge;
   - il nesso di erotismo e morte;
   - il gusto per gli oggetti preziosi e raffinati.

   Raccogliete questi elementi in un breve riassunto del contenuto della poesia.
2. Nelle terzine è accennata una tragedia imminente, volutamente indefinita: quali elementi ce la fanno intuire?

ANALIZZARE

3. Anche le scelte linguistiche e stilistiche cooperano a creare un clima sontuoso, caratterizzato da una "poeticità" esibita: si possono notare in particolare il gusto per i termini rari e un insistito ricorrere di *enjambements*: in quali punti del testo?

CONFRONTARE

4. Confrontate questo sonetto con *Di sera* (▸**T41**) della stessa autrice, mettendo in luce le differenze di contenuto, di intonazione e di stile.

Il teatro: la crisi dei valori borghesi

Nella seconda metà dell'Ottocento il teatro di prosa vive una stagione molto feconda in Europa, assai meno in Italia, dove lo spettacolo teatrale più seguito continua a essere il melodramma. È in generale un teatro naturalista, nel senso che mira a riprodurre situazioni di vita reale e quotidiana col massimo di mimetismo: la convenzione vuole che il pubblico accetti come vera la vita che si svolge sulla "quarta parete" della scena. È un teatro borghese, che ha quasi sempre al centro personaggi, situazioni, problemi della classe sociale assolutamente dominante all'epoca. Ma la rappresentazione che ne danno i maggiori autori teatrali tende a mettere in luce non il trionfo della borghesia, ma i suoi limiti ideali, le sue ambiguità, gli aspetti di una crisi di valori che si sente sempre più pervasiva. L'approfondimento di questi temi porta diversi autori a passare dalla rappresentazione naturalistica a forme simboliche e non mimetiche, in linea con la reazione antinaturalista che si manifesta con intensità crescente nella narrativa.

▸ p. 61

Il teatro in Europa

Due grandi autori scandinavi, Henrik Ibsen (▸T44) e August Strindberg (▸T45), introducono nei loro testi aspetti di critica radicale della società e morale borghese; entrambi svilupperanno via via elementi simbolici, che li porteranno a superare i limiti della rappresentazione naturalistica. In Russia, Anton Čechov (▸T46) mette in scena l'insopportabile mediocrità dell'esistenza borghese di personaggi falliti, con un gusto per le atmosfere grigie in cui si dissolve la tradizionale preminenza dell'intreccio.

Albert Guillaume, *I ritardatari*, 1914.
(Parigi, Musée Carnavalet)

HENRIK IBSEN

T44 ▸ Casa di bambola

PERCORSO
- Le donne come soggetto e come oggetto della scrittura (V), p. 575

Quando nel 1879 comparve sulle scene europee *Casa di bambola*, scoppiò uno scandalo: indagare sui compromessi e sulle ipocrisie di una famiglia borghese, simpatizzare con la protagonista che lasciava il marito per ritrovare se stessa, costituiva una provocazione nei confronti della morale dominante. Si racconta che in Norvegia, terra natale di Ibsen, sui biglietti d'invito ai ricevimenti si aggiungeva la postilla: «Si prega di non discutere di *Casa di bambola*».

La storia si svolge tra le pareti di un appartamento borghese. Nora, giovane moglie dell'avvocato Helmer Torvald, per assicurare al marito malato le cure necessarie ha contratto, a sua insaputa, un grosso debito, falsificando la firma del padre. Nonostante abbia lavorato per anni di nascosto, rubando le ore al sonno, non è ancora riuscita a estinguere completamente il debito. Quando il marito viene nominato direttore di banca, Nora spera di liberarsi finalmente dalle angustie economiche. Purtroppo nella stessa banca lavora Krogstad, personaggio dal passato poco chiaro che ha prestato il denaro a Nora. Costui minaccia di rivelare tutto a Helmer, e quindi di far scoppiare uno scandalo, se Nora non convincerà il marito a dargli un posto migliore. A questo punto Nora vede con ansia avvicinarsi il momento in cui verrà svelato il suo segreto: dopo un drammatico colloquio con Krogstad, lo ha visto deporre nella cassetta delle lettere di casa una missiva in cui rivela il segreto del prestito e della firma falsa. Nella scena che riproduciamo in parte, Nora e il marito sono rientrati da un veglione e stanno per ritirarsi a dormire.

NORA (*gettandogli le braccia al collo*) Buona notte, Torvald, buona notte.

HELMER (*la bacia in fronte*) Buona notte, mio uccellino canoro. Dormi bene, Nora. Adesso vado a leggere la corrispondenza. (*Entra nello studio e chiude la porta dietro di sé.*)

NORA (*con lo sguardo folle, tocca qua e là, prende il domino*[1] *di Helmer, se lo butta addosso e mormora rapidamente, con voce rauca e spezzata*) Non rivederlo mai più. Mai, mai. (*Si copre la testa con lo scialle.*) E neanche i bambini. Nemmeno loro. Mai. Mai. Oh, l'acqua nera e gelida. L'abisso senza fondo... Fosse almeno passata! Adesso ha la lettera fra le mani. Ora la legge. No, no, non ancora! Torvald, addio... Addio, bambini[2]! Si slancia per uscire dall'anticamera. Nello stesso momento Helmer spalanca la sua porta e appare con in mano la lettera aperta.)

HELMER Nora!

NORA (*getta un grido*) Ah!

HELMER Che cos'è questo? Sai che cosa dice questa lettera?

NORA Lo so. Lasciami andare! Lasciami uscire!

HELMER (*la trattiene*) Dove vuoi andare?

NORA (*cercando di divincolarsi*) Torvald, tu non devi salvarmi!

HELMER (*arretrando*) È dunque vero? È vero ciò che scrive? Orribile! No, non può esser vero.

NORA Sì. è vero. Sopra tutto al mondo ho amato te.

HELMER Non tirar fuori queste misere scuse!

1. ***domino***: grande mantello con cappuccio, usato a carnevale. I due sono stati a una festa in maschera.
2. **Oh, l'acqua nera... i bambini**: Nora medita di suicidarsi annegandosi, per salvare l'onore del marito.

NORA (*avvicinandosi d'un passo*) Torvald!

HELMER Disgraziata... cos'hai fatto?

NORA Lasciami andare! Non devi scontare tu per me. Non addossarti tu la colpa!

HELMER Non facciamo la commedia! (*Chiude l'anticamera*) Adesso rimani qui e rispondi. Hai un'idea di ciò che hai fatto? Rispondi! Ne hai un'idea?

NORA (*lo guarda fisso e parla irrigidendosi*) Sì, adesso incomincio a capire.

HELMER (*passeggiando*) Oh, che tremendo risveglio! In questi otto anni... lei che è stata la mia gioia e il mio orgoglio... una simulatrice, una bugiarda... peggio, peggio ancora... una delinquente! Oh, quale orrore senza fondo! Vergogna, vergogna!

NORA (*tace e lo guarda con gli occhi fissi*)

HELMER (*si ferma davanti a lei*) Avrei dovuto essere preparato. Dovevo prevedere. I princìpi leggeri di tuo padre[3]... Taci! Hai ereditato la leggerezza di tuo padre. Niente religione, niente morale, niente senso del dovere... Oh, come sono punito per avere avuto indulgenza con lui. E l'ho fatto per amor tuo. E così mi ricompensi!

NORA Sì... così.

HELMER Tutta la mia felicità hai distrutto. Tutto il mio avvenire hai annientato. È orribile il solo pensarci. Sono nelle mani di un uomo senza scrupoli; può fare di me ciò che vuole; pretendere ciò che gli viene in mente; comandarmi a piacimento... e io non devo aprir bocca. E così miseramente devo affondare e perire per causa della leggerezza di una donna[4]!

NORA Quando non sarò più in questo mondo, sarai libero.

HELMER Lascia le buffonate! Codeste frasi le aveva sempre pronte anche tuo padre. Che mi gioverebbe che tu non fossi in questo mondo, come dici? Niente affatto mi gioverebbe. Egli può ugualmente render nota ogni cosa. E se lo fa, potrei essere sospettato di aver saputo del tuo atto delittuoso. Si potrà anche credere che io ti abbia spalleggiato... che io stesso ti abbia istigata a farlo. E tutto ciò lo devo a te, a te, che ho portato in palmo di mano[5] durante tutto questo tempo. Capisci ora che cosa mi hai fatto?

NORA (*con fredda calma*) Sì.

3. **I princìpi... padre**: il padre di Nora aveva subito un'inchiesta, da cui era uscito indenne. A dirigere l'inchiesta era stato mandato proprio Helmer.

4. **E così... donna**: Helmer prevede di essere esposto a ogni specie di ricatti da parte di Krogstad, per la leggerezza (la firma falsa) della moglie. Non considera minimamente che Nora lo ha fatto per salvargli la vita.

5. **portato in palmo di mano**: tenuto in alta considerazione.

Henrik Ibsen (1828-1906), nato a Skien in Norvegia, in seguito al fallimento del padre fu costretto a lavorare per guadagnarsi da vivere, ma continuò da solo gli studi e si dedicò alla composizione di opere teatrali. Partecipò con entusiasmo alla prime battaglie culturali del teatro norvegese, con un repertorio incentrato sulle tradizioni popolari nordiche. Fu direttore artistico del National Theater di Bergen e del Norske Theater di Kristiania (l'odierna Oslo). Nel 1864 abbandonò la Norvegia e si trasferì in Italia, dove compose il poema *Peer Gynt* (1867); dopo un soggiorno in Germania, tornò in Italia, dove scrisse l'opera che gli diede la celebrità, *Casa di bambola* (1879), e gli altri suoi capolavori: *Spettri* (1881), *L'anitra selvatica* (1884), *La donna del mare* (1890). Nel 1891 tornò in patria, a Kristiania, dove trascorse gli ultimi anni della sua vita.

HELMER È così incredibile che ancora non me ne rendo conto. Ma dobbiamo cercare il modo di uscirne. Via quello scialle! via ti dico! Devo cercare di accontentare quell'uomo in qualche modo. Bisognerà mascherare la cosa ad ogni costo. E in quanto a te e a me deve sembrare che tutto sia fra noi come prima. Beninteso soltanto agli occhi del mondo. Tu dunque resterai in casa come sempre; questo va da sé. Ma non dovrai educare i bambini. Non ho il coraggio di affidarli a te. Oh, dover dire ciò alla donna che ho amato così profondamente e che ancora...! Ebbene, bisogna finirla. Da oggi in poi non si tratta più di felicità, ormai si tratta soltanto di salvare le rovine, i rimasugli, l'apparenza... (*Suonano in anticamera. Helmer rimane interdetto*) Che c'è? A quest'ora? Forse l'orrore più grave... che sia lui? vai a nasconderti, Nora! Di' che sei malata. (*Nora rimane immobile. Helmer va ad aprire la porta dell'anticamera*)

LA CAMERIERA (*semivestita in anticamera*) Una lettera per la signora.

HELMER Dammela! (*Prende la lettera e chiude la porta*) Sì, è di lui. Tu non l'avrai. La leggerò io stesso.

NORA E leggi!

HELMER (*vicino alla lampada*) Quasi non ne ho il coraggio. Forse siamo perduti tu e io. Eppure... devo, devo sapere. (*Strappa la lettera, scorre alcune righe, nota un foglio incluso e manda un grido di gioia*) Nora!

NORA (*gli lancia uno sguardo interrogativo*)

HELMER Nora!... oh, bisogna che legga un'altra volta. Sì, è proprio così. Sono salvo, Nora, sono salvo!

NORA E io?

HELMER Anche tu, beninteso. Siamo salvi tutti e due, tu e io. Guarda. Ti rimanda l'obbligazione. Scrive che si rammarica ed è pentito... che un felice cambiamento nella sua vita[6]... Ma ciò che scrive è del tutto indifferente. Noi siamo salvi, Nora! Nessuno può prendersela con te. Oh, Nora, Nora... mettiamo via queste brutte cose. Vediamo... (*Dà un'occhiata al documento*) No, non voglio vedere. Tutta questa faccenda deve essere per me soltanto un sogno. (*Lacera l'obbligazione e le lettere, butta ogni cosa nella stufa e sta a guardare come arde*) Ecco, ora non esiste più. Scriveva che tu, dalla vigilia di Natale... oh Nora, devono essere stati tre giorni terribili per te.

NORA In questi tre giorni ho combattuto un'aspra battaglia.

6. **un felice... vita...**: Krogstad era stato persuaso a restituire la ricevuta del debito, con la firma falsa, da Kristine, amica di Nora. Fra i due in passato vi era stato un rapporto amoroso.

Una discussione tra marito e moglie in un dipinto di George Elgar Hicks del 1863. (Londra, Tate Gallery)

HELMER E hai sofferto e non hai trovato altra via d'uscita se non... ma, seppelliamo tutte queste brutte cose. Vogliamo gioire e ripetere: è passata, è passata! Però, ascoltami, Nora. Pare che tu non abbia ancora capito: è passata. Ma perché... codesto viso impietrito? Oh, mia povera piccola Nora, capisco, capisco, non vuoi ancora credere che ti ho perdonata. Così è però. Nora, ti giuro che ti ho perdonato tutto. So che ciò che hai fatto l'hai fatto per amor mio.

NORA È la verità.

HELMER Mi hai amato come una moglie deve amare il marito. Ti è mancata soltanto l'esperienza per valutare i mezzi. Ma credi forse che ti ami meno perché non sai agire senz'aiuto? Suvvia, appoggiati a me, ti sarò io consigliere e guida. Non sarei uomo se proprio questo impaccio femminile non ti rendesse ai miei occhi doppiamente attraente. Non badare alle parole dure che ho detto nel primo spavento, quando mi pareva che tutto mi dovesse crollare addosso. Ti ho perdonato, Nora, ti giuro che ti ho perdonato.

NORA Ti ringrazio del tuo perdono. (*Esce a destra*)

HELMER Su, rimani... (*Guarda dentro*) Che fai lì nell'alcova[7]?

NORA (*dal di dentro*) Mi levo il costume.

HELMER (*sulla soglia*) Fai bene. Cerca di riprenderti e di ritrovare l'equilibrio, mio spaventato uccellino canoro. Riposa tranquillamente. Ti coprirò con le mie ali forti. (*Passeggia davanti alla porta*) Oh, com'è bella e comoda la nostra casa, Nora. Qui puoi stare al sicuro. Ti terrò come una colomba inseguita che io abbia strappato agli artigli assassini dello sparviero. Porterò la calma nel tuo povero cuore palpitante. A poco a poco, Nora... credi a me. Già domani vedrai tutto con altri occhi e presto tutto sarà come prima. Non occorrerà che ti ripeta molte volte di averti perdonato. Tu stessa sentirai con certezza che è così. Come ti è venuta l'idea che potessi ripudiarti o farti rimproveri? Nora, tu non conosci il cuore di un uomo vero. Per l'uomo c'è qualcosa di incredibilmente soave e soddisfacente nella coscienza di aver perdonato alla sua donna... di averle perdonato con tutto il cuore, con tutta la sincerità. Tant'è vero che è diventata sua due volte, per così dire, come se egli l'avesse messa al mondo una seconda volta. È diventata, dirò così, la sua donna e la sua creatura a un tempo. Così sarai per me d'ora in poi, mia piccola sconsigliata[8]. Non aver paura di nulla, Nora, sii soltanto sincera con me e io sarò la tua volontà e anche la tua coscienza. Come? Non vai a letto? Ti sei cambiata?

NORA (*col solito abito di tutti i giorni*) Sì, Torvald, mi sono cambiata.

HELMER Ma perché? Adesso? Così tardi?

NORA Questa notte non dormirò.

HELMER Ma, cara Nora...

NORA (*guarda l'orologio*) Non è ancora troppo tardi. Siedi, Torvald. Noi due abbiamo ancora molto da discorrere. (*Si siede alla tavola*)

HELMER Nora... che c'è? Quel volto rigido...

NORA Siedi. Sarà lunga. Devo parlarti di molte cose.

HELMER (*si siede di fronte a lei*) Mi fai paura, Nora. E non ti capisco.

NORA Già, questo è il punto. Tu non mi capisci. E nemmeno io ho capito te... fino a questo momento. Ti prego di non interrompermi. Devi star a sentire,

7. **alcova**: stanza da letto.

8. **sconsigliata**: sprovveduta.

Torvald. È una resa di conti.

HELMER Che vuoi dire?

NORA (*dopo breve silenzio*) Eccoci qui seduti... non ti viene in mente niente?

HELMER Che cosa?

NORA Siamo sposati da otto anni. Non noti che noi due, tu e io, marito e moglie, facciamo oggi per la prima volta un discorso serio?

HELMER Un discorso serio... Che vuoi dire?

NORA Otto anni interi... anzi più ancora, dal primo giorno in cui ci siamo conosciuti, non abbiamo mai scambiato una parola seria intorno a cose serie.

HELMER Avrei dovuto metterti sempre al corrente di seccature che in ogni caso non avresti potuto condividere con me?

NORA Non parlo di seccature. Dico soltanto che non ci siamo mai trovati insieme seriamente per ponderare qualcosa a fondo.

HELMER Ma, cara Nora, non erano cose adatte a te.

NORA Eccoci al punto. Non mi hai mai compresa. Avete commesso, Torvald, gravi errori a mio danno, prima il babbo, poi tu.

HELMER Come? Noi due? Noi due che ti abbiamo amata più di ogni cosa al mondo!

NORA (*scuotendo la testa*) Voi non mi avete mai amata. Vi faceva soltanto piacere di essere innamorati di me.

HELMER Ma che cosa dici, Nora?

NORA Sì, Torvald, proprio così. Quando ero a casa col babbo, egli mi comunicava tutte le sue opinioni, sicché avevo le medesime opinioni. Ma se qualche volta ero d'opinione diversa, glielo nascondevo, perché ciò non gli sarebbe andato a genio. Mi chiamava la sua bambola e giocava con me come io giocavo con le mie bambole. Poi entrai in casa tua...

HELMER Che parola adoperi per il nostro matrimonio?

NORA (*imperterrita*) Voglio dire che passai dalle mani del babbo nelle tue. Tu regolasti ogni cosa sul tuo gusto e io ebbi lo stesso gusto tuo. Ma fingevo soltanto: non so più con sicurezza... Forse era l'uno e l'altro: ora così, ora cosà. Se adesso ci ripenso, ho l'impressione di essere vissuta qui come una mendica... dal naso alla bocca[9]. Vivevo presentandoti atti di bravura. Ma eri tu che volevi così. Tu e il babbo vi siete resi gravemente colpevoli nei miei confronti. Vostra è la colpa se non sono riuscita a niente.

HELMER Come sei ridicola e ingrata, Nora! Qui non sei stata forse felice?

NORA No, mai. Ho creduto, ma non lo sono stata mai.

HELMER Non... non felice?

NORA ...soltanto allegra. E tu sei sempre stato tanto gentile con me. Ma la nostra casa non era altro che una stanza da gioco. Qui sono stata la tua moglie bambola come in casa del babbo ero la figlia bambola. E i nostri figli erano a loro volta le mie bambole. Quando tu mi prendevi e giocavi con me, mi divertivo come si divertivano i bambini quando li prendevo e giocavo con loro. Questa, Torvald, è stata la nostra vita coniugale!

HELMER C'è qualcosa di vero nelle tue parole, per quanto siano esagerate ed esal-

9. **dal naso alla bocca**: di momento in momento, alla giornata, dipendendo dagli avvenimenti esterni senza una propria autonomia.

tate. Ma d'ora in poi tutto sarà diverso. I giorni del gioco sono passati, ora viene il tempo dell'educazione.

NORA Educazione di chi? La mia o quella dei bambini?

HELMER Tanto la tua quanto quella dei bambini, mia cara Nora.

NORA Oh, Torvald, tu non sei uomo da educare me a diventare la donna che fa per te.

HELMER E lo dici così?

NORA E io... sono io forse preparata al compito di educare i bambini?

HELMER Nora!

NORA Non hai detto tu stesso poc'anzi... che non puoi affidarmi questo compito?

HELMER In un momento di agitazione! Come puoi darvi peso?

NORA Invece sì. Avevi ragione. Non sono pari al compito. C'è un altro compito che prima devo assolvere. Devo cercare di educare me stessa e tu non sei uomo da aiutarmi. Devo farlo da me. Perciò ti abbandono.

HELMER (*balza in piedi*) Che cosa dici?

NORA Devo esser sola se voglio raccapezzarmi in me stessa e nel mondo. Perciò non posso più rimanere con te.

HELMER Nora, Nora!

Henrik Ibsen, *Casa di bambola*, traduzione dal norvegese di E.Pocar, Mondadori, Milano, 2002

DIALOGO CON IL TESTO

COMPRENDERE

Ipocrisia della morale borghese Con il colpo di scena un po' artificioso delle due lettere successive, Ibsen mette a nudo spietatamente la psicologia di Helmer, in cui condensa i tratti della morale borghese che condanna. I toni usati con la moglie cambiano improvvisamente, ma la sostanza non muta: egoismo e freddo calcolo mascherati da solenni appelli alla morale e all'onore, insensibilità verso la moglie, alla quale non riconosce autonomia di persona.

- **Rintracciate nel testo le battute che evidenziano questi atteggiamenti; in una l'egoismo emerge in modo plateale.**

Evoluzione di Nora Il personaggio di Nora nel corso della scena ha invece come una rivelazione, che la trasforma: dal sentimento di colpa e dallo spirito di dedizione, che la spingevano a sacrificarsi definitivamente, passa a una consapevolezza lucida, a una fredda determinazione.

- **Analizzate la trasformazione attraverso il cambiamento di stile delle sue battute, le didascalie e i riflessi dei suoi atteggiamenti nelle battute del marito.**

INTERPRETARE

Nora e noi Per spiegare la sua decisione, Nora ricostruisce la storia del suo matrimonio, in cui l'autore proietta un'immagine esemplare della condizione femminile nella società borghese del tempo. Pochi mesi prima di comporre *Casa di bambola*, Ibsen aveva scritto: «Esistono due forme di leggi spirituali, due forme di coscienza, una nell'uomo e un'altra – diversa – nella donna. Essi non si comprendono tra loro, ma nella vita pratica la donna è giudicata secondo la legge maschile, come se non fosse una donna, ma un uomo. [...] Una donna non può essere se stessa nell'attuale società, che è esclusivamente una società maschile, con leggi scritte per gli uomini, e magistrati che giudicano la condotta femminile da un punto di vista maschile». Queste affermazioni anticipano le tematiche del femminismo in modo sorprendente, soprattutto se si tiene conto che sono state scritte da un maschio.

- **A oltre un secolo di distanza, dopo le trasformazioni avvenute, a vostro parere quanto resta significativo per noi della vicenda di Nora e delle affermazioni citate?**

AUGUST STRINDBERG

T45 ▸ La signorina Julie

▶ **PERCORSO**
- Le donne come soggetto e come oggetto della scrittura (V), p. 575

La signorina Julie (1888) è un atto unico diviso in due parti. L'azione è ambientata in un unico interno: è la notte di San Giovanni, di mezza estate; in casa di un conte la servitù festeggia la serata gozzovigliando e danzando. La figlia del conte, Julie, in assenza del padre si mescola alla servitù bevendo e ballando, in particolare col servo Jean. Fra i due si stabilisce un gioco pericoloso di provocazioni e di ripulse, che si conclude inevitabilmente con la seduzione. Da questo momento in poi il dramma procede con un ritmo serratissimo, in un crudele confronto fra i due amanti, che si concluderà col suicidio di lei.

SIGNORINA Dobbiamo fuggire! Ma prima dobbiamo parlare, cioè, parlerò io, perché finora chi ha parlato è stato lei. Lei m'ha raccontato della sua vita, ora io le racconterò della mia, così ci conosceremo, prima di cominciare insieme la strada.

JEAN Un momento! Mi scusi! Ci pensi bene, prima, non si pentirà poi d'avermi raccontato i suoi segreti?

SIGNORINA Ma lei non è amico mio?

JEAN Sì, perché no! Ma su di me non conti.

SIGNORINA Lei fa presto a dire; – e poi, comunque: i miei segreti li sanno tutti. – Vede, mia madre era di origine non nobile, gente molto semplice. Fu educata secondo le idee del suo tempo, sull'eguaglianza, la libertà della donna e tutto il resto; e aveva una decisa avversione per il matrimonio. Quando mio padre chiese la sua mano, rispose che mai sarebbe diventata sua moglie, ma... lo diventò lo stesso. Io venni al mondo – contro il desiderio di mia madre a quanto poi ho capito. Ora mia madre volle educarmi come una «figlia della natura»[1] e per giunta farmi imparare tutto quello che impara un ragazzo, per dare l'esempio che una donna vale quanto un uomo. Dovevo vestirmi da maschietto, sapere rigovernare i cavalli, però non andare nella stalla delle vacche; dovevo strigliare le bestie, sellarle, andare a caccia, e perfino tentar di studiare agronomia[2]. E alla fattoria gli uomini erano impiegati nei lavori da donne, e le donne nei lavori da uomini – col risultato che la tenuta stava andando in rovina, ed eravamo diventati la favola del paese. Alla fine mio padre si dev'esser risvegliato e si ribellò, così tutto venne sistemato a suo modo. Mia madre si ammalò – non so di che male – ma ogni tanto le pigliavano delle crisi, s'andava a nascondere in soffitta o nel giardino, e poteva star fuori tutta la notte. Poi scoppiò quel grande incendio del quale avrà sentito parlare. La casa, la stalla, le rimesse, andarono a fuoco, e in tali circostanze da far sospettare un incendio doloso[3], perché il sinistro avvenne il giorno dopo ch'era scaduto il termine della rata trimestrale, e il premio[4], spedito da mio padre, per la negligenza dell'incaricato non era arrivato in tempo. *(Si riempie il bicchiere e beve).*

1. **come una «figlia della natura»**: secondo idee di ritorno alla natura e rifiuto delle convenzioni sociali, propugnate dal movimento naturista sorto nel corso dell'Ottocento.
2. **agronomia**: tecniche agricole.
3. **doloso**: provocato ad arte.
4. **il premio**: la cifra dovuta per l'assicurazione, la cui rata era appena scaduta.

JEAN Non beva più!

SIGNORINA Oh, cosa importa! – Restammo al verde, e dovevamo dormire nelle carrozze. Mio padre non sapeva dove trovare i denari per ricostruire la casa. Allora mia madre gli propone di chiederli in prestito a un suo amico di gioventù, un fabbricante di mattoni della zona. Mio padre si fa dare il denaro, ma gli interessi non glieli conteggiano, e si stupisce. Così la tenuta fu ricostruita! – *(Beve)* Lo sa, chi aveva incendiato la fattoria?

JEAN La sua signora madre!

SIGNORINA E lo sa chi era il fabbricante di mattoni?

JEAN L'amante di sua madre?

SIGNORINA Lo sa di chi erano i soldi?

JEAN Aspetti un momento – no, di chi?

SIGNORINA Erano di mia madre!

JEAN Ma anche del conte, se i beni non erano divisi?

SIGNORINA Non c'era nessuna divisione! – Mia madre aveva un piccolo capitale, che non volle far gestire da mio padre, e perciò lo depositò presso l'amico.

JEAN Che se lo fece fuori!

SIGNORINA Proprio così! Se ne appropriò! – Tutto questo viene a conoscenza di mio padre; ma non può far causa, non può pagare l'amante di sua moglie, non può provare che sono soldi di sua moglie! – Questa fu la vendetta di mia madre, quando lui prese il controllo della casa. – Quella volta stava per spararsi! – anzi corse voce che l'aveva tentato ma non ci riuscì! Ma poi riprende a vivere e mia madre deve pagare per quel che ha fatto![5] Così per cinque anni, s'immagina cosa sono stati per me? Simpatizzavo con mio padre, ma tenevo lo stesso dalla parte di mia madre, perché non conoscevo i fatti. Da lei avevo imparato a diffidare dell'uomo e a odiarlo – perché lei gli uomini li odiava, come ha sentito – e io le avevo giurato che non sarei mai stata la schiava d'un uomo.

JEAN E così s'è fidanzata col procuratore[6]!

5. **deve pagare... fatto**: si riferisce a imprecisate punizioni da parte del marito.
6. **procuratore**: giovane che si prepara a diventare avvocato.

Frank Dicksee, *La confessione*, 1896. (Collezione privata)

SIGNORINA Ma per farlo diventare mio schiavo.

JEAN E lui non voleva?

SIGNORINA L'avrebbe anche voluto, ma non ci riuscì! Mi stufai di lui!

JEAN Sì, l'ho visto – nel cortile della stalla!

SIGNORINA Cos'ha visto?

JEAN Ho visto questo – che l'aveva rotto lui il fidanzamento.

SIGNORINA È una menzogna! Sono stata io a rompere! Ha detto che è stato lui, quel mascalzone?

JEAN Non lo era davvero, un mascalzone! Li odia i maschi, lei, signorina?

SIGNORINA Sì! – Di solito! Ma ogni tanto – quando mi viene la debolezza, oh, che schifo!

JEAN Odia anche me?

SIGNORINA Infinitamente! Vorrei farla ammazzare come una bestia...

JEAN Come un cane rabbioso, che gli si spara subito. No?

SIGNORINA Esatto.

JEAN Ma qui non c'è nulla per sparare – e nessun cane! Come faremo?

SIGNORINA Partiamo!

JEAN Per torturarci a morte uno coll'altro?

SIGNORINA No – per godere, due giorni, otto giorni, finché si può, e poi – morire...

JEAN Morire? Che sciocchezza! Allora è meglio metter su un hotel!

SIGNORINA *(senza ascoltare Jean).* – sul lago di Como, dove splende sempre il sole, dove l'alloro a Natale è verde, e gli aranci risplendono[7].

JEAN Il lago di Como è un buco pieno di pioggia, e gli aranci lì li ho visti solo nelle drogherie; però è una buona località turistica, perché ci sono ville che si affittano a coppie di amanti, che è un gran buon affare – lo sa perché? – Sì, perché fanno un contratto per sei mesi, e se ne vanno dopo tre settimane!

SIGNORINA *(ingenuamente).* Perché dopo tre settimane?

JEAN Perché naturalmente cominciano a litigare! ma l'affitto bisogna pagarlo lo stesso! Così si affitta a un'altra coppia. E si ricomincia, perché d'amore non c'è penuria[8], – anche se non dura tanto!

SIGNORINA Lei non vuole morire con me?

JEAN Ma io non voglio morire affatto! Primo perché vivere mi piace, e poi perché considero il suicidio un peccato contro la provvidenza, che ci ha dato la vita.

SIGNORINA Lei crede in Dio, *lei*?

JEAN Certo che ci credo! E vado in chiesa ogni due settimane. – Francamente, ora ne ho abbastanza di parlare, e me ne vado a letto!

SIGNORINA Ho capito, e lei pensa che io me n'accontento, di questo? Lo sa lei cosa deve un uomo a una donna che ha disonorato?

JEAN *(tira fuori il portamonete e getta una moneta d'argento sul tavolo).* Prego! Non voglio dover niente a nessuno!

SIGNORINA *(mostrando di ignorare l'insulto).* Lei sa cosa stabilisce la legge...

JEAN Purtroppo la legge non punisce la donna che seduce un uomo!

SIGNORINA Vede altra soluzione che andarcene, sposarci e divorziare?

---

7. **dove splende... risplendono**: immagine letteraria tradizionale del Sud mediterraneo sognato dai nordici; contiene una citazione implicita di famosi versi di Goethe: «Conosci il paese dove fioriscono i limoni / nel verde cupo splendono gli aranci?» (▶Vol. 4, T21)
8. **penuria**: scarsità.

JEAN E se io non l'accettassi, questa *mésalliance*[9]?

SIGNORINA *Mésalliance...*

JEAN Sì, per me! Vede: io ho degli antenati più nobili di lei, perché io non ce l'ho un'incendiaria, in famiglia!

SIGNORINA Come lo sa?

JEAN Lei non può sostenere il contrario, perché noi non ne teniamo, di alberi genealogici, salvo che presso la polizia[10]! Ma il suo albero genealogico l'ho studiato, in un libro che sta sul tavolo in salotto. Lo sa chi era il fondatore della sua famiglia? Un mugnaio, che chiuse un occhio quando sua moglie andò a letto col re, durante la guerra danese. Antenati così non ne ho, io! Io non ne ho del tutto, di antenati, però io lo posso diventare, un antenato[11]!

SIGNORINA Ecco cosa mi viene per aver aperto il cuore a un indegno, per avergli sacrificato l'onore della mia famiglia...

JEAN Il disonore! – Lo vede, gliel'avevo detto! Non si deve bere, perché poi si parla! E *non si deve* parlare!

SIGNORINA Oh quanto mi pento! – Quanto mi pento! – E se lei almeno mi amasse!

JEAN Per l'ultima volta – cos'è che vuol dire? Devo mettermi a piangere, devo saltare sul frustino[12], devo baciarla, devo portarmela dietro tre settimane sul lago di Como per poi... cos'è che devo fare? cos'è che vuole? sta diventando imbarazzante! Ma è così quando si mette il naso negli affari delle donne! Signorina Julie! Lo vedo che è infelice, lo so che soffre, ma non riesco a capirla. Noi non facciamo tutte queste storie; non c'è odio fra la gente come me! Noi amiamo per divertirci, quando il lavoro ce ne dà il tempo; ma non possiamo dedicarci all'amore tutto il giorno e tutta la notte come fate voi! Credo che sia malata; è malata di sicuro.

SIGNORINA Deve essere buono con me, e ora mi parla umanamente.

JEAN Sì, ma sia umana anche lei! Mi sputa addosso e poi non mi permette di ripulirmi – su di lei!

SIGNORINA M'aiuti, m'aiuti; mi dica solo cosa devo fare – che strada devo prendere!

JEAN Ma Cristo, se lo sapessi!

SIGNORINA Sono stata pazza, ero fuori di me, allora non ci dev'essere una via di scampo?

9. ***mésalliance***: matrimonio con persona di condizione inferiore (francese: letteralmente "cattivo legame").
10. **alberi genealogici... polizia**: l'*albero genealogico* è la rappresentazione grafica della successione degli antenati, ed è tipico degli aristocratici; Jean dice ironicamente che l'albero genealogico dei poveri come lui si trova negli schedari della polizia.
11. **diventare, un antenato**: dare inizio a una famiglia illustre, sposando Julie.
12. **saltare... frustino**: si riferisce al trattamento che Julie aveva riservato all'ex fidanzato.

August Strindberg (1849-1912) nacque a Stoccolma in una famiglia piccolo-borghese, frequentò l'università e fece i più diversi mestieri, prima di darsi interamente a una multiforme attività letteraria: fu autore di opere narrative (*La camera rossa*, 1879), saggistiche, autobiografiche (*Il figlio della serva*, 1886), poetiche e soprattutto teatrali (*Il padre*, 1887; *La signorina Julie*, 1888). Scrisse circa 60 drammi e fu il fondatore del Teatro Scandinavo Sperimentale. La sua vita e la sua vicenda intellettuale furono inquiete e burrascose: le sue opere suscitarono vaste polemiche in patria, nonché un'accusa di blasfemia, e lo spinsero a soggiornare in Europa: a Parigi, poi in Svizzera e infine in Danimarca. Morì a Stoccolma nel 1912.

JEAN Resti qui e stia calma! Nessuno sa niente di niente.

SIGNORINA Impossibile! La gente lo sa e Kristin[13] lo sa!

JEAN Non sanno niente, e nessuno immaginerebbe niente del genere!

SIGNORINA *(esitante)* Ma – potrebbe succedere ancora!

JEAN È vero!

SIGNORINA E le conseguenze[14]?

JEAN *(intimidito)* Le conseguenze! – Dove avevo la testa, che non ci ho pensato? Già, allora – c'è solo una cosa da fare – via di qui! E subito! Con lei io non verrò, sarebbe tutto perduto, bisogna che viaggi da sola – via – dove vuole lei!

SIGNORINA Sola? Dove? – Non posso!

JEAN Deve! E prima che torni il conte! Se resta, lo sa anche lei cosa succederà! Se si sbaglia una volta, poi si vuole andar avanti, tanto il guasto è fatto... Così si diventa sempre meno prudenti – e alla fine si è scoperti! Dunque vada! Scriva poi al conte e gli confessi tutto, ma non che son stato io! Di me certamente non se lo può immaginare! E neanche penso che avrebbe tanta voglia di capire!

SIGNORINA Io parto, se lei m'accompagna!

JEAN Ma è impazzita, figliola? La signorina Julie scappare col domestico! Sarebbe sui giornali dopodomani, e il conte non sopravviverebbe!

SIGNORINA Non posso andare! Non posso restare! M'aiuti! Sono così stanca, così infinitamente stanca! – Mi dia un comando! Mi metta in moto, perché non ce la faccio più a pensare, ad agire...

JEAN Lo vede, che povere bestie siete? E vi pavoneggiate col naso all'aria come se foste i padroni del mondo! Va bene: le darò un ordine! Vada di sopra e si vesta; si procuri del denaro per il viaggio e torni giù!

SIGNORINA *(a mezza voce)* M'accompagni di sopra, Jean!

JEAN In camera sua? – È ammattita di nuovo? *(Esita un momento)* No! Vada, subito! *(Le prende la mano e la conduce fuori)*.

SIGNORINA *(uscendo)* Mi parli gentilmente, Jean!

JEAN Gli ordini non sono mai gentili; se ne accorge? se ne accorge?

August Strindberg, *La signorina Julie*, in *Teatro naturalistico*, vol. II, a cura di L. Codignola, Adelphi, Milano, 1982

13. **Kristin**: la cuoca di casa, con cui Jean era fidanzato.
14. **conseguenze**: la possibilità di rimanere incinta.

Alexander Nikanorovich Novoskoltsev, *Dopo la festa*, 1890. (Collezione privata)

DIALOGO CON IL TESTO

COMPRENDERE

Polemica sociale e antifemminista La scena presenta un confronto di alta tensione emotiva tra due personaggi che si sono incontrati per circostanze casuali e impulsi momentanei, ma non possono realmente comunicare, perché separati da una barriera sociale che li fa parlare e pensare in modi diversi. Le due figure sono complesse, ricche di elementi psicologici e ideali contraddittori:

- Jean da un lato appare un cinico arrampicatore sociale, dall'altro è portatore di una polemica sociale penetrante, che l'autore evidentemente condivide;
- Julie da un lato ha ereditato dalla madre l'odio per gli uomini, dall'altro appare completamente smarrita e incapace di autogestirsi; sono qui evidenti elementi di polemica antifemminista, presenti un po' in tutta l'opera di Strindberg.

● **Ripercorrendo il brano, individuate e definite i motivi di polemica sociale e antifemminista.**

Alfred Stevens,
Infelice, XIX secolo.
(Collezione privata)

Mutevolezza dei personaggi Nella prefazione al dramma Strindberg afferma di aver delineato i personaggi «alquanto "privi di carattere"», polemizzando col «concetto borghese dell'immutabilità dell'anima»; ha voluto rifiutare l'idea di un "carattere" assegnato al personaggio una volta per tutte, che lo fa parlare e agire in modo prevedibile e determina la sua vicenda: «In quanto caratteri moderni, viventi in un periodo di transizione più frettolosamente isterico, almeno, del precedente, ho dipinto le mie figure più vacillanti, logorate, miste di vecchio e di nuovo». Questa ambiguità e contraddittorietà dei personaggi supera i limiti del naturalismo e precorre i temi tipici della letteratura del Novecento.

● **Indicate i punti del dialogo in cui ciascun personaggio manifesta in modo più evidente questo carattere ambiguo e contraddittorio.**

ANALIZZARE

"Casualità" del dialogo Nella prefazione al dramma l'autore scrive: «Ho evitato la matematica simmetria del dialogo costruito alla francese, e lasciato che i cervelli lavorassero irregolarmente come fanno nella realtà, perché durante un colloquio nessun tema viene mai trattato a fondo, anzi un cervello coglie al volo dall'altro uno spunto a cui aggrapparsi, a caso. E allora anche il dialogo procede un po' casuale».

● **Ripercorrendo il brano, verificate come questo procedimento di associazione casuale permetta di navigare tra presente e passato, tra problemi materiali e conflitti interiori.**

CONFRONTARE

Strindberg e Ibsen Un confronto con la scena di Ibsen (▸T44) può mettere in luce aspetti di consonanza ideologica, e un punto di radicale contrasto, fra i due autori.

● **Definite entrambi questi aspetti.**

ANTON ČECHOV

T46 ▸ La partenza

Zio Vanja (1897) si svolge in una tenuta della campagna russa, amministrata da Ivan Petrovič Vojničkij (zio Vanja) e da sua nipote Sonja. Nella loro vita monotona fa la sua comparsa il professor Serebrjakov, marito della defunta sorella di Vanja e padre di Sonja, con la seconda moglie, la giovane e splendida Elena Andreevna. Le abitudini della fattoria vengono sconvolte dalle nuove usanze della coppia, mentre il fascino di Elena incanta prima Vanja, che smette di occuparsi dei campi, poi il dottor Astrov, medico di famiglia; Sonja, che è innamorata segretamente di Astrov, ne soffre. La crisi esplode quando Serebrjakov, insofferente della vita di campagna, propone alla famiglia di vendere la proprietà comune per investire il capitale in modo più redditizio. Zio Vanja, toccato in tutto ciò che aveva costruito nella sua vita, è accecato dall'ira contro il vecchio egoista e gli spara due colpi di pistola; non riesce a colpirlo, ma ormai la convivenza è impossibile e il professore Serebrjakov decide di partire con la moglie.
Presentiamo la scena finale: siamo al momento del commiato, Elena Andreevna si appresta a salutare il dottor Astrov.

ELENA ANDREEVNA Io parto. *(Porge la mano ad Astrov).* Addio.
ASTROV Di già?
ELENA ANDREEVNA I cavalli sono pronti.
ASTROV Addio.
ELENA ANDREEVNA Oggi mi avete promesso che ve ne andrete da qui.
ASTROV Ricordo. Partirò subito.

Pausa.

Vi siete spaventata?[1] *(La prende per mano).* Ma è stato davvero così terribile tutto questo?
ELENA ANDREEVNA Sì.
ASTROV E se invece rimaneste! Eh? Domani nella foresta demaniale[2]...
ELENA ANDREEVNA No... È già deciso... E poi io vi guardo con tanta sicurezza perché la partenza è decisa.... Una sola cosa vi chiedo: abbiate di me un'opinione migliore. Vorrei che voi mi stimaste.
ASTROV Eh! *(Un gesto di insofferenza).* Restate, vi prego. Riconoscetelo, non avete nulla da fare a questo mondo, la vostra vita non ha alcuno scopo, non avete nulla con cui occupare la vostra attenzione e, prima o poi, cederete ai sentimenti: è inevitabile. Quindi meglio sarebbe che non succedesse a Char'kov o chissà dove a Kursk[3], ma qui, nel grembo della natura... Sarebbe almeno poetico, e anche l'autunno qui è bello... C'è la foresta demaniale, le residenze di campagna mezzo distrutte di gusto turgeneviano[4]...
ELENA ANDREEVNA Come siete comico... Sono adirata con voi, ma nonostante tutto... vi ricorderò con piacere. Siete un uomo interessante, originale. Noi due

1. **Vi siete spaventata?**: poco prima zio Vanja ha sparato a Serebrjakov.
2. **foresta demaniale**: Astrov aveva proposto a Elena una passeggiata nella foresta demaniale, per sedurla.
3. **a Char'kov... Kursk**: città dell'Ucraina e della Russia meridionale.
4. **gusto turgeneviano**: da Ivan Turgenev, scrittore russo dell'Ottocento che nei suoi romanzi descrive una nobiltà di campagna che si lascia andare all'inerzia.

non ci vedremo più, e quindi, perché nasconderlo? Mi sono persino invaghita un poco di voi. Su, stringiamoci la mano e separiamoci da amici. Non serbiamoci rancore.

ASTROV *(dopo averle stretta la mano)* Sì, partite... *(Soprappensiero)*. Voi sembrate una creatura buona, di cuore, ma è come se ci fosse qualcosa di strano in tutta la vostra natura. Siete venuta qui con vostro marito, e tutti quelli che lavoravano, si davan da fare, creavano qualcosa, hanno dovuto smettere le proprie faccende e tutta l'estate occuparsi solo della podagra[5] di vostro marito e di voi. Tutti e due, lui e voi, ci avete contagiati con il vostro ozio. Io ho perso la testa, per un mese intero non ho fatto nulla, e intanto la gente si ammalava, nei miei boschi, nei miei vivai boschivi i pastori pascolavano il loro bestiame[6]... E così, dovunque andiate, voi e vostro marito, dappertutto portate distruzione... Io scherzo, certamente, però... strano, anch'io sono convinto che se voi restaste, si verificherebbe un'immensa devastazione. Ne morirei anch'io, ma anche la vostra sorte... non sarebbe migliore. Su, partite. *È finita la commedia*[7].

ELENA ANDREEVNA *(prende una matita dal tavolo di lui e la nasconde rapidamente)* Questa matita la terrò per ricordo.

ASTROV C'è qualcosa di strano... Ci siamo conosciuti e d'un tratto senza motivo... non ci vedremo mai più. Tutto è così al mondo... Finché qui non c'è nessuno, finché zio Vanja non entrerà con un mazzo di fiori[8], permettetemi... di baciarvi... Un addio... Sì? *(La bacia sulla guancia)*. Ecco, benissimo.

ELENA ANDREEVNA Vi auguro ogni bene. *(Guardandosi attorno)*. Qualunque cosa succeda, una volta nella vita! *(Lo abbraccia appassionatamente, e subito si separano rapidamente)*. Devo partire.

ASTROV Partite al più presto. Se i cavalli sono pronti, mettetevi in viaggio.

ELENA ANDREEVNA Sta venendo qualcuno, mi pare.

Si mettono in ascolto;

ASTROV *Finita*[9].

Entrano Serebrjakov, Vojnickij, Marija Vasil'evna con un libro, Telegin[10] *e Sonja.*

SEREBRJAKOV *(a Vojnickij)* Chi serba rancore non è uomo d'onore[11]. Dopo quanto è successo, in queste ore ho sofferto e meditato tanto che mi sembra che potrei, a edificazione dei posteri, scrivere un intero trattato su come si debba vivere. Accetto di buon animo le tue scuse e mi scuso a mia volta. Addio! *(Bacia Vojnickij tre volte)*.

5. **podagra**: malattia delle giunture dei piedi causata da acido urico nelle cartilagini delle articolazioni. Dà dolori acuti e impedisce il movimento.
6. **nei miei vivai... bestiame**: non sorvegliava più i vivai di alberi che aveva impiantato e lasciava che fossero rovinati dal bestiame.
7. ***È finita la commedia***: in italiano nel testo. È la battuta finale dell'opera *I pagliacci* di Ruggero Leoncavallo (1892, autore di musica e testo). La citazione in lingua originale mostra la risonanza dell'opera italiana all'epoca.
8. **zio... fiori**: durante un precedente tentativo di seduzione, zio Vanja li aveva sorpresi mentre entrava con un mazzo di fiori.
9. ***Finita***: in italiano nel testo.
10. ***Vojnickij... Telegin***: Vojnickij è il cognome di zio Vanja; Marija Vasil'evna è la nonna di Sonja, Telegin è un proprietario terriero caduto in miseria che vive presso la famiglia.
11. **Chi... d'onore**: con una certa solennità il professore dichiara di perdonare a Vanja il suo tentativo di ucciderlo.

VOJNICKIJ Riceverai regolarmente ciò che ricevevi prima[12]. Tutto andrà come una volta.

Elena Andreevna abbraccia Sonja.

SEREBRJAKOV *(bacia la mano a Marija Vasil'evna) Maman*[13]...

MARIJA VASIL'EVNA *(baciandolo)* Aleksandr, fatevi fare un'altra fotografia e mandatemela. Sapete quanto mi siete caro.

TELEGIN Addio, eccellenza! Non ci dimenticate!

SEREBRJAKOV *(dopo aver baciato la figlia)* Addio... Addio a tutti! *(Dando la mano ad Astrov).* Vi ringrazio per la piacevole compagnia... Ammiro il vostro modo di pensare, i vostri interessi, i vostri impulsi, ma permettete ad un vecchio di inserire nelle sue parole d'addio un'unica osservazione: bisogna fare, signori! Bisogna agire! *(Reciproco inchino).* Tante cose belle! *(Esce; lo seguono Marija Vasil'evna e Sonja).*

VOJNICKIJ *(bacia forte la mano a Elena Andreevna)* Addio... Scusate... Non ci vedremo più.

ELENA ANDREEVNA *(commossa)* Addio, mio caro. *(Lo bacia sulla testa ed esce).*

ASTROV *(a Telegin)* Cialdone[14], di' che colgano l'occasione per attaccare anche i miei cavalli.

TELEGIN Certo, amico mio. *(Esce).*

Restano solo Astrov e Vojnickij.

ASTROV *(raccoglie dal tavolo i colori*[15] *e li nasconde in valigia)* Perché non vai ad accompagnarli?

VOJNICKIJ Lascia che partano, io... io non posso. Mi è di peso. Bisogna che mi trovi al più presto qualcosa da fare... Lavorare, lavorare! *(Fruga nelle carte sul tavolo).*

Pausa; si sentono i sonagli.

ASTROV Sono partiti. Il Professore sarà contento. Neanche con le lusinghe riuscirai più ad attirarlo qui.

12. **ciò... prima**: la parte che gli spetta delle rendite della fattoria.
13. ***Maman***: "mamma" in francese, lingua comunemente usata dalla società russa colta del tempo. Serebrjakov è genero della vecchia per parte della prima moglie morta.
14. **Cialdone**: soprannome di Telegin, dovuto al suo viso butterato.
15. ***i colori***: quelli con cui Astrov si dilettava a costruire rappresentazioni cartografiche dell'ambiente circostante, durante la sua permanenza presso zio Vanja. Il gesto significa che si prepara a partire.

Franz Kopallik, *Oranienbaum*, XX secolo. (Collezione privata)

MARINA[16] *(entra)* Sono partiti. *(Si siede in poltrona e fa la calza).*

SONJA *(entra)* Sono partiti. *(Si asciuga gli occhi).* Che Dio li assista. *(Allo zio).* Su, zio Vanja, facciamo qualcosa.

VOJNICKIJ Lavorare, lavorare...

SONJA È tanto tempo che non stiamo seduti assieme a questo tavolo. *(Accende la lampada sul tavolo).* Sembra che non ci sia inchiostro... *(Prende il calamaio, va verso l'armadio e versa l'inchiostro).* Mi rattrista che siano partiti.

MARIJA VASIL'EVNA *(entra lentamente)* Sono partiti! *(Si siede e si immerge nella lettura).*

SONJA *(si siede al tavolo e sfoglia il libro dei conti)* Prima di tutto, zio Vanja, prepareremo i conti. È tutto così terribilmente confuso. Oggi sono di nuovo venuti a chiedere un conto. Scrivi. Tu prepara un conto, io ne farò un altro...

VOJNICKIJ *(scrive)* «Conto del Signor...».

Entrambi scrivono in silenzio.

MARINA *(sbadiglia)* Avrei voglia di andare a nanna...

ASTROV Che silenzio. Le penne scricchiolano, il grillo stride. Fa caldo, si sta bene... Non ho voglia di andarmene da qui.

Si sentono i sonagli.

Stanno attaccando i cavalli... Non rimane che congedarmi da voi, amici miei, congedarmi dal mio tavolo, e via! *(Ripone i cartogrammi[17] nella cartella).*

MARINA Perché agitarti tanto? Rimani ancora un poco.

ASTROV Non si può.

VOJNICKIJ *(scrive)* «Del vecchio debito sussiste una rimanenza di due e settantacinque...».

Entra un garzone.

GARZONE Michail L'vovič[18], i cavalli sono pronti.

ASTROV Ho sentito. *(Gli porge la borsa dei medicinali, la valigia e la cartella).* Tieni, prendi questo. Bada di non piegare la cartella.

GARZONE Bene. *(Esce).*

ASTROV Bene, signori... *(Si appresta a congedarsi).*

SONJA Quando ci rivedremo?

ASTROV Non prima dell'estate, probabilmente. D'inverno è difficile... S'intende che se dovesse succedere qualcosa, me lo farete sapere: verrò. *(Stringe le mani).* Grazie per l'accoglienza, l'ospitalità, l'affetto... in una parola, per tutto. *(Va verso la balia e la bacia sul capo).* Addio, vecchia mia.

MARINA Te ne parti così, senza tè?

ASTROV Non ne ho voglia, balia.

MARINA Allora un po' di vodka?

16. **Marina**: è la vecchia balia di Sonja.
17. ***cartogrammi***: le cartografie disegnate da Astrov sui mutamenti ambientali del territorio circostante.
18. **Michail L'vovič**: nome e patronimico di Astrov.

ASTROV *(impaziente)* Va bene...

Marina esce.

(Dopo una pausa). Il mio bilancino[19] zoppica. L'avevo già notato ieri, quando Petruška l'ha portato a bere.

VOJNICKIJ Bisogna farlo ferrare.

ASTROV A Roždestvennoe mi toccherà passare dal fabbro ferraio. È inevitabile. *(Si avvicina alla carta dell'Africa e la guarda).* In quest'Africa farà un gran caldo adesso, che terribile cosa!

VOJNICKIJ Sì, probabilmente.

MARINA *(torna con un vassoio, su cui ci sono un bicchierino di vodka e un pezzo di pane)* Mangia.

Astrov beve la vodka.

Alla salute, caro. *(Si inchina profondamente).* Dovresti mangiare un boccon di pane.

ASTROV No, basta così... Allora tante cose belle! *(A Marina).* Non accompagnarmi, balia. Non è il caso.

Esce; Sonja lo segue con una candela per accompagnarlo; Marina si siede nella propria poltrona.

VOJNICKIJ *(scrive)* «Il due febbraio: venti libbre di olio... Il sedici febbraio altre venti libbre d'olio... Grano saraceno...».

Pausa. Si sentono i sonagli.

MARINA È partito.

Pausa.

SONJA *(rientra, appoggia la candela sul tavolo)* È partito...

VOJNICKIJ *(fa il conto sul pallottoliere e annota)* Totale... quindici... venticinque...

SONJA *si siede e scrive.*

MARINA *(sbadiglia)* Oh, poveri noi peccatori[20]...

Telegin entra in punta di piedi, si siede accanto alla porta e accorda in sordina la chitarra.

VOJNICKIJ *(a Sonja, passandole la mano fra i capelli)* Bambina mia, che peso ho sul cuore! Se tu sapessi come mi è gravoso!

SONJA Che fare, bisogna vivere!

19. **bilancino**: cavallo da tiro che talvolta viene aggiunto di rinforzo a quello che è tra le stanghe.

20. **poveri noi peccatori**: frase di sapore religioso, ma ripetuta per abitudine, sbadigliando.

Pausa.

Noi vivremo, zio Vanja. Vivremo una lunga, lunga sequela di giorni e di interminabili sere; affronteremo pazientemente le prove che il destino ci manderà, adesso e in vecchiaia, senza conoscere riposo. E quando verrà la nostra ora, moriremo rassegnati e là, nell'oltretomba, diremo che abbiamo sofferto, che abbiamo pianto, che abbiamo conosciuto l'amarezza, e Dio avrà pietà di noi e tu ed io, zio, caro zio, vedremo una vita luminosa, meravigliosa, splendente; noi ci rallegreremo e, commossi, ci volteremo a guardare le sciagure di oggi, con un sorriso, e riposeremo. Io credo, zio, credo ardentemente, appassionatamente... *(Si inginocchia davanti a lui e poggia il capo sulle mani; con voce estenuata).* Riposeremo!

Telegin suona sommessamente la chitarra.

Riposeremo! Sentiremo gli angeli, vedremo il cielo cosparso di diamanti, vedremo tutto il male della terra, tutte le nostre sofferenze annegare nella misericordia che colmerà di sé il mondo, e la nostra vita diverrà quieta, tenera, dolce, come una carezza. Io credo, credo... *(Gli asciuga le lacrime con un fazzoletto).* Povero, povero zio Vanja, tu piangi... *(Tra le lacrime).* Non hai conosciuto gioia nella tua vita, ma aspetta, zio Vanja, aspetta... Riposeremo... *(Lo abbraccia).* Riposeremo!

Il guardiano batte.

Telegin accenna una melodia in sordina. Marija Vasil'evna scrive sui margini di un opuscolo; Marina fa la calza.

Riposeremo!

Cala lentamente il sipario.

Anton Čechov, *Zio Vanja*, atto IV, trad. dal russo di G.P. Piretto, in *Teatro*, Garzanti, Milano, 1989

Édouard Manet, *Conversazione in giardino*, 1879. (Berlino, Alte Nationalgalerie)

TESTI
T46

DIALOGO CON IL TESTO

COMPRENDERE

Un teatro di fantasmi Il finale di *Zio Vanja* è scandito da una serie di addii, che sottolineano la solitudine desolata in cui stanno ripiombando i protagonisti, dopo la ventata di agitazione, speranze, desideri che aveva portato la coppia venuta dalla città. Come sempre per i personaggi di Čechov appaiono come fantasmi evanescenti: sono grigi, abitudinari, disillusi; non partecipano alla vita, ma la guardano da lontano, con scarso interesse. Da un lato essi sognano che il futuro mostri loro un ideale, un evento, una sorpresa, dall'altro hanno paura che questo possa turbare le loro vite; ecco perché nell'atto II zio Vanja dice: «Quando manca la vita vera, si vive di miraggi. Sempre meglio che niente».

Un finale senza speranza I tentativi di ribellarsi a questo grigiore sono sempre velleitari: notate come il dottor Astrov, che ha visto nella visita l'occasione di un'avventura amorosa, ci vede anche una minaccia all'ordine della propria vita, insulso ma rassicurante.
In questo quadro non c'è posto per i sentimenti forti e i gesti risolutivi: zio Vanja ha fallito il suo gesto di ribellione, l'uccisione del cognato, e il perdono concesso dal tronfio Serebrjakov rende il suo atto ancor più insignificante.

- **Un simile effetto di smorzamento dei sentimenti e delle azioni si può osservare nel modo in cui Astrov fa a Elena la sua proposta di seduzione. Analizzate e definite il tono dei suoi discorsi.**

ANALIZZARE

"Impressionismo" teatrale In coerenza con la tematica dei suoi drammi, Čechov fa parlare i suoi personaggi in tono dimesso, anche quando affrontano questioni vitali. Il suo è un teatro di atmosfera, dove nessun personaggio si impone più degli altri all'attenzione degli spettatori, ma le diverse voci si intrecciano in modo corale in funzione di un effetto d'insieme. Per questo teatro tutto sfumature e mezzi toni la critica ha parlato di "impressionismo".

INTERPRETARE

Complessità dei personaggi Dopo essersi rivolto l'invito *Lavorare, lavorare*, zio Vanja non partecipa più ai dialoghi, si avverte solo in sottofondo la sua voce che ripete i documenti contabili che sta scrivendo.

- **Date un'interpretazione di questo atteggiamento, di grande efficacia teatrale.**
- **Più problematico è interpretare l'entusiasmo religioso delle ultime battute di Sonja; fino a che punto l'attesa di una felicità ultraterrena rappresenta per lei e per l'autore una soluzione reale?**

CONFRONTARE

Il drammaturgo e il narratore Pur nella diversità del genere letterario, anche i racconti di Čechov presentano lo stesso scenario borghese, con personaggi irresoluti che lasciano sfilare via le occasioni che la vita offre loro, e senza troppo rammarico.

- **Confrontate questo brano con *Il racconto della Signorina N.N.* (▸T10), definendo le affinità tematiche e la somiglianza di intonazione.**

Čechov e Tolstoj Anche Tolstoj trattò spesso nelle proprie opere la decadenza morale della borghesia (▸T8), alla quale contrappose la sanità morale e il vigore delle classi umili, per le quali si prodigò in numerose iniziative umanitarie. Čechov ebbe posizioni politiche progressiste e vide anch'egli da vicino le condizioni degli oppressi, come quando nel 1890 soggiornò come medico nel penitenziario dell'isola di Sachalin per osservare lo stato delle prigioni russe. Tuttavia egli non nutrì la stessa speranza di Tolstoj nell'energia del popolo e preferì concentrarsi sulla rappresentazione della decadenza della borghesia, alla quale anch'egli apparteneva.

PARTITURA INCOMPIUTA PER PIANOLA MECCANICA di Nikita Michalkov

OCI CIORNIE di Nikita Michalkov

Le atmosfere sospese del teatro di Č echov, le esitazioni dei suoi protagonisti, la sensazione di tragedia incombente che però si stempera fino a tramutarsi in farsa, rappresentano uno dei punti più alti raggiunti dal teatro e hanno goduto nel corso del Novecento di molte messe in scena. Il cinema, però, non potendo limitarsi a fare del "teatro filmato", si è trovato in difficoltà con le esili trame dell'autore russo. Nikita Michalkov è riuscito a vincere la sfida aggirando in parte il problema: ha evitato di confrontarsi con i più famosi titoli teatrali e si è rifatto invece a testi meno noti, che gli lasciavano maggior libertà di interpretazione e possibilità di ricreare le situazioni tipiche degli ambienti e dei personaggi čechoviani.

Partitura incompiuta per pianola meccanica è tratto da un testo giovanile di Čechov, che anticipa molte delle situazioni di *Zio Vanja*. Al centro della storia, cui partecipano molti personaggi, c'è il maestro Platonov, che durante un ricevimento in una casa di campagna ritrova Sof'ja, sua fiamma giovanile, ora sposata con un uomo mediocre. L'incontro lo spinge a fare i conti con la banalità della sua esistenza, con i sogni di gioventù infranti. Sopraffatto dal senso di fallimento, Platonov tenta un ridicolo suicidio in un fiume che ha due dita d'acqua. Le cose, poi, torneranno malinconicamente a posto. Il tono prevalente del film è quello della commedia, che nasce dalla consapevolezza che il dramma, pur reale, non può consumarsi: l'incompletezza della partitura è un'incompletezza che appartiene ai personaggi stessi, quasi una mancanza di energia vitale.

Oci ciornie è un altro film in cui Michalkov indaga l'universo di Čechov, avvalendosi di alcuni suoi racconti e tessendoli in una storia emblematica: su una nave, un uomo racconta a un passeggero russo la sua infatuazione per una donna russa dai grandi occhi neri (in russo: *oci ciornie*) che avrebbe potuto mutare radicalmente la sua vita e dargli la felicità, se solo lui avesse avuto il coraggio di divorziare dalla moglie che non amava e di dire, per una volta, la verità. Sempre in bilico tra l'ironia sulle debolezze dell'animo umano e la malinconia per le occasioni perdute, la commedia raggiunge momenti di grande intensità, come l'incontro con gli zingari, che dona al protagonista (un ottimo Marcello Mastroianni) uno dei rari momenti di sincerità, e il finale, in cui il primo piano rivela la bellezza struggente e malinconica della protagonista, in pieno stile čechoviano.

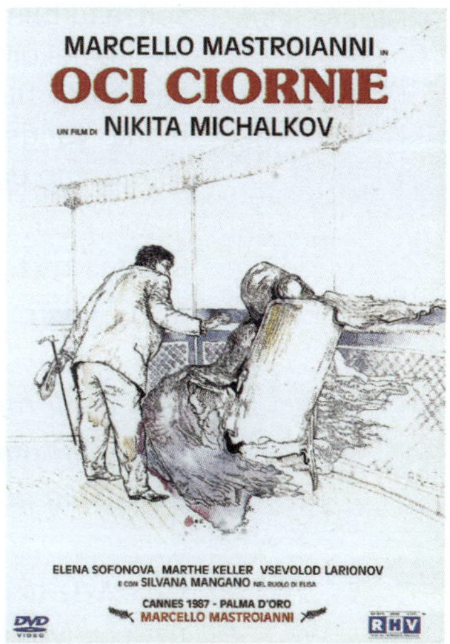

La locandina del film *Oci Ciornie* diretto da Nikita Michalkov del 1987.

Scena tratta dal film *Oci Ciornie* diretto da Nikita Michalkov del 1987.

Partitura incompiuta per pianola meccanica
Regia: Nikita Michalkov
Sceneggiatura: Aleksadr Adabashian, Nikita Michalkov
Cast: Aleksandr Kaliaghin (Platonov), Ielena Soloviei (Sofia)
Paese e anno di produzione: URSS (1977)
Durata: 103 minuti

Oci Ciornie
Regia: Nikita Michalkov
Sceneggiatura: Aleksadr Adabashian, Nikita Michalkov
Cast: Marcello Mastroianni (Romano), Marthe Keller (Tina)
Paese e anno di produzione: URSS, Italia (1987)
Durata: 113 minuti

▸ p. 63

Il teatro in Italia

Il teatro italiano del secondo Ottocento si può collocare nel complesso sotto l'etichetta del verismo. La ricerca di aderenza alla "verità" delle situazioni e della lingua porta a una forte caratterizzazione regionale, come nella narrativa, e spesso all'uso dei dialetti.

È ovviamente in lingua il teatro verista di ambiente borghese, che si sviluppa particolarmente nel Nord, in corrispondenza con il diffondersi della nuova borghesia industriale e dei ceti impiegatizi; esso mette in scena personaggi grigi e scialbi, immersi in un'atmosfera di soffocante perbenismo e incapaci di fronteggiare le difficoltà della nuova realtà economica e dei mutati rapporti sociali. La lingua si sforza di aderire al parlato quotidiano, mentre le trame ruotano su problemi economici o sentimentali (il "triangolo" amoroso tra "lui", "lei" e "l'altro"). Tra gli autori più notevoli è Marco Praga (▸T47).

MARCO PRAGA

T47 ▸ La moglie ideale

PERCORSO
• Le donne come soggetto e come oggetto della scrittura (V), p. 575

La moglie ideale (1890) fu il primo successo di Marco Praga. L'azione è centrata sul "triangolo" adulterino: Giulia Campiani, sposata con Andrea, agente di cambio, è l'amante di Gustavo Velati, amico di famiglia; la donna si divide equamente tra il marito e l'amante senza turbare la pace familiare. È "moglie ideale" proprio perché sa amministrarsi saggiamente nei differenti ruoli di moglie e di amante. E quando l'amante dà segni di stanchezza perché ha intenzione di sposare un'altra, si affretta a lasciarlo, ma lo fa senza che il marito venga a sapere nulla. La scena che presentiamo si svolge di sera; il marito di Giulia è uscito per un impegno, e l'ha lasciata sola con l'amante.

Scena terza
Giulia e Gustavo.

Giulia rimane un momento sulla soglia, sinché Teresa[1] *si è allontanata. Poi richiude la porta con cura e, rapidamente, viene a Gustavo ch'è rimasto in piedi colle spalle al caminetto, e gli butta le braccia al collo.*

GUSTAVO (*cerca di respingerla dolcemente*) Bada, può venir qualcuno.

GIULIA Ma no, non c'è nessuno. Che improvvisata, che bella improvvisata mi hai fatta! Non ti aspettavo, sai, stasera. (*Gustavo ripete l'azione di prima*) Ti annoio? ti annoio?

GUSTAVO No, mia cara, ma infine non bisogna scherzare col pericolo (*si scioglie dall'abbraccio e siede*).

GIULIA Pericoli? Ma non ce n'è punti[2]... E non te ne sei mai preoccupato tanto!

GUSTAVO È ben necessario che mi decida a ragionare e a farti ragionare.

GIULIA Non mi ami più, allora?

GUSTAVO Ma sì, ti amo, ti amo, ti amerò sempre... Però pensa, Giulia, che se un

1. **Teresa**: la domestica.

2. **punti**: nessuno. È un modo di dire toscano.

giorno ti dicessi: «È necessario che ci lasciamo e che ritorniamo semplicemente i buoni amici di una volta...», anche quel giorno ti amerei come adesso, come il dì in cui fosti mia... e dovresti credermi... e dovresti ubbidirmi.

GIULIA (*colpita, commossa*) Lo crederei nel solo caso che quel giorno non ti amassi più neppur io. (*Ha uno scatto, corre alla porta del fondo, l'apre, guarda al di fuori, la richiude, si accosta rapida a Gustavo e siede accanto a lui*) Perché mi fai questo discorso? Perché mi dici queste cose? Di', di', Gustavo, dimmi... dimmi!

GUSTAVO Per farti ragionare, perché tu ti renda conto, una buona volta, della tua, della nostra situazione.

GIULIA Sei stufo? Ti secca? Vuoi finirla?!

GUSTAVO Ssss!... Per Iddio!!

GIULIA Che paura hai stasera!

GUSTAVO Per le sciocchezze che tu fai! Lo vedi: testè[3] tuo marito era ancora per le scale. Teresa non era ancora uscita di qui, e tu mi buttavi le braccia al collo. Poteva tornar lui, e sarebbe stata la tua rovina. Poteva rientrare essa e sarebbe stata la pace perduta, o per lo meno il ridicolo sopra di noi!

GIULIA (*alzandosi*) Gustavo!... Ti preoccupa in egual modo il pericolo della mia rovina, e quello di diventar ridicoli in faccia a una serva?!... (*pausa*). Tu fingi! E nella preoccupazione di fingere, dici delle cose orribili! (*Siede accanto alla tavola e vi si abbandona colla testa tra le mani*).

GUSTAVO (*dopo aver accesa una sigaretta*) Mia cara... tu non capisci...

GIULIA Taci! Taci! Hai ragione, non capisco nulla, mi fai perdere la testa! (*pausa*). Dio mio! Dio mio! E l'avevo creduta una festa per me la tua visita di stasera! (*Gustavo fa un gesto di noia: si alza, torna al caminetto. Giulia si volge, lo guarda un momento, poi gli si avvicina, come prima affettosa*) Gustavo, dimmi la verità: che ti è accaduto oggi? Non ci vedevamo da due giorni: ti è accaduto qualcosa? qualcosa di seccante, che ti ha contrariato? Stai poco bene? Di', di'... ma non hai nulla con me, nevvero? di', Gustavo? (*Lo circonda, egli la respinge un poco*) No, no, non ti tocco... guarda, potrebbe vederci chiunque così... Ecco, va bene così?... Ma dimmi cos'è successo? Io ti perdono tutto: lo so, hai degli affari.... delle noie forse...

GUSTAVO Ma no, non ho nulla.

GIULIA Sì, sì, sei di cattivo umore... Vuoi andar via? Ti secca di essere venuto?... Vuoi andartene?... Ci vedremo domani; domani sarà passato... ecco. Vuoi andartene?

GUSTAVO Mi mandate via?

GIULIA No! Temo che ti annoi... temo che rimanendo qui, tu mi dica ancora delle cose che mi fanno male... Senza scopo poi, perché adesso dovrei perdonartele: ho capito che sei di cattivo umore, ecco tutto. Domani sarai il Gustavo di prima (*gli toglie la sigaretta dalle labbra e lo circonda*).

GUSTAVO E daccapo?!

GIULIA No, no, non ti tocco!... Non vuoi? Non vuoi confessarlo che sei preoccupato, di cattivo umore?... Sì, confessalo, mi farebbe tanto piacere che tu lo confessassi. Mi spiegherei tutto, allora...

Gustavo si scosta dal caminetto e si pone a passeggiare in salotto. Giulia rimane colla faccia verso lo specchio e segue in esso i movimenti di lui.

3. **testè**: poco fa.

GUSTAVO Dio santo! Come ingrandite ogni cosa! Come di ogni mosca che vola fate una balena addirittura. Che vi ho detto alla fin fine? Delle cose giuste! Perché voi donne, che dovreste avere tanta e maggiore sensibilità di noi uomini e una più raffinata squisitezza di sentimento, pure talvolta non arrivate a comprendere... Per esempio, vedete, voi non arrivate a comprendere che nella vostra casa, nella casa di vostro marito non voglio essere che un amico per voi... Che mi ripugna, che ripugna alla mia coscienza d'uomo onesto di tradire quell'uomo qui, sotto il suo tetto!... Tutto questo mi indigna!

GIULIA E da quando?

GUSTAVO Da... sempre! Ho potuto dimenticarlo nei primi tempi della nostra relazione, quando la passione mi accecava. Ma ora non più. Ve l'ho detto: è tempo di ragionare, e ragiono.

GIULIA E mentite!! (*Si volge*) Oh! Come mentite!... E mi parlate della vostra coscienza d'uomo onesto! Quale coscienza? Quale onestà? Sapete quale sarebbe la vera, la sola onestà? Quella di dirmi: «Non ti amo più!», senza menzogne, senza ipocrisie. Perché non mi amate più. Lo capisco, lo capisco bene, purtroppo! Siete mutato, molto mutato, da qualche tempo!... Una volta vi lamentavate, voi, vi doleva di non poter venire più sovente a vedermi qui, perché non vi bastavano le ore che si passavano assieme... altrove! E cercavate dei pretesti per venire, e venivate anche di sotterfugio... Stasera, dopo tanto tempo che questo bisogno di vedermi non lo provavate più, quando vi ho visto entrare e ho udita la ragione della vostra visita, ho capito subito che si trattava di un pretesto: so bene che non siete punto in pensiero per vostro fratello[4]... E ne ho gioito, e ho creduto che ritornaste il Gustavo di una volta, e vi ho buttate le braccia al collo!... Era un pretesto, sì, ma per venire a prendere congedo da me. (*Un silenzio*). Non rispondete nulla? Non avete nulla a rispondere?

GUSTAVO (*dopo aver accesa un'altra sigaretta*) Che volete che risponda alle vostre sciocchezze?

GIULIA Ah! Alle mie sciocchezze! Badate, è così sciocco quello che dico come sono veri i sentimenti che avete espressi testè.

GUSTAVO Che diritto avete di dubitarne?

4. **so bene... fratello**: Gustavo si era recato in casa Campiani per informarsi delle operazioni finanziarie del fratello, che operava in borsa come il marito di Giulia.

Dean Cornwell, *Opzioni*, 1917. (Collezione privata)

Marco Praga (1862-1929), milanese, figlio del poeta scapigliato Emilio, in seguito alla morte del padre fu costretto a iniziare precocemente a lavorare come impiegato. Ancor giovane si dedicò alla composizione di drammi, che inizialmente non ebbero molta fortuna. Soltanto con *Le vergini* (1889) ottenne un primo successo, e la collaborazione con Eleonora Duse nella messa in scena di *La moglie ideale* (1890) lo consacrò scrittore di teatro e gli permise di dedicarsi esclusivamente a questa attività. Tema di quasi tutti i suoi lavori è il "triangolo" adulterino, dove la donna è il centro motore delle vicende sentimentali, ma è destinata a soggiacere agli imperativi della morale borghese. Praga fu uomo di teatro nel senso più ampio del termine: fondò e diresse la Compagnia del Teatro Manzoni di Milano, svolse un'intensa attività di critico drammatico sulle più prestigiose riviste del tempo, fu infine direttore artistico della "Silentium film" e presidente della Società Italiana degli Autori e degli Editori. Morì suicida nel sanatorio di Varese.

GIULIA Poveretto! Credete dunque ch'io possa giustificare la vostra freddezza, le vostre rivolte, con un improvviso risvegliarsi della coscienza? con un'improvvisa.... tenerezza per mio marito? (*S'ode muoversi la molla dell'uscio di fondo. Giulia si ricompone*).

TERESA (*dal fondo*) Signora...

GIULIA Che c'è?

TERESA Sono le nove passate. Debbo mettere a letto il bambino?

GIULIA Sicuro!... Ha imparata la lezione?

TERESA Un pochino.

GIULIA Non importa. Mettilo a letto. È tardi.

Teresa esce. Gustavo si alza e torna al caminetto. Si apre di nuovo la porta del fondo ed entra Teresa che accompagna per mano Giannino.

GIULIA Buona notte, tesoro mio. (*Abbraccia Giannino che è venuto sino a lei, e poi si avvia per uscire*) E non dài la buona notte al signor Velati?

Giannino si dirige a Gustavo che si curva e lo bacia. Poi va al fondo. Teresa lo prende per mano e lo conduce via.

GIULIA (*dopo un lungo silenzio, seduta, senza guardare Gustavo*) Quando penso che ci fu un tempo in cui eri geloso di mio marito! Perché io ho sempre avuta questa virtù o questa fortuna, di non odiarlo, come quasi tutte le donne che hanno un amante, odiano il marito, e lo trascurano, e lo trattano male. Io no. È buono, è onesto, mi ama – lui – è il padre del mio bambino!... Non l'ho amato mai: per questo forse mi fu facile di volergli bene, perché noi donne non odiamo che l'uomo che abbiamo amato, e quando cessiamo di amarlo. Ma allorché ho provato anch'io il bisogno irresistibile di amare, e per disgrazia, fatalmente, mi sono innamorata di tutt'altri che di lui, ho saputo però conservarmi ai suoi occhi una buona moglie, affezionata... Tu fosti geloso di queste cure, di questa affezione. E avevi persino il coraggio, un tempo, di non credere al mio amore, e me lo dicevi, perché ti pareva impossibile che, amandoti, potessi sopportare un altro uomo vicino a me. (*Volgendosi a lui che si è seduto, avvicinando la propria poltrona alla sua, affettuosa*) Le ricordi le nostre discussioni d'allora? Io ti dicevo: «Gustavo, ti amo, ti amo, ed è questo amore che mi fa essere buona, paziente, saggia... Saggia, sì, perché non voglio perderti, perché voglio essere tua tutta la vita. Se facessi delle sciocchezze, se mi compromettessi, se dessi a lui un sospetto, se dubitasse di me e mi spiasse, la nostra pace sarebbe perduta, e il pericolo, forse, ti allontanerebbe da me... E se lui sapesse tutto, un giorno, che avverrebbe? Tu, buono, onesto, non mi abbandoneresti. Ma sopravviverebbe in te l'amore, grande, immenso, come io lo voglio, senza preoccupazioni, senza noie, senza averne sciupata la tua esistenza, compromessa la tua carriera? Non ti verrei a noia, un giorno? Vedi, Gustavo, questa idea mi spaventa, mi fa inorridire: e in questa idea di perderti per colpa mia, trovo la forza di simulare, di essere in faccia a lui una buona moglie». (*Circondandolo*) Ti ricordi?... E ti convincevi, e le nostre discussioni finivano in un bacio... (*pausa*). Non mi ami più? Non mi ami più?... È possibile?... Gli è che ti ho abituato male: ti ho amato, ti amo troppo! Ti annoio! Sei così sicuro del mio amore! Nevvero? Gustavo?... Gustavo?...

Marco Praga, *La moglie ideale*, atto I, scena III, in *Il teatro italiano*, vol. V, *La commedia e il dramma borghese dell'Ottocento*, tomo III, a cura di S. Ferrone, Einaudi, Torino, 1979

DIALOGO CON IL TESTO

COMPRENDERE

Due ipocrisie a confronto In *La moglie ideale* la protagonista, ribaltando la morale allora in auge, fa propri i comportamenti maschili: dividendosi saggiamente fra il marito e l'amante, si comporta esattamente come molti uomini del suo tempo all'interno di un codice morale piccolo borghese. Nella parte finale del dialogo, dichiara con franchezza di non aver mai voluto dare il minimo sospetto al marito per non compromettere l'amante che, nel caso di uno scandalo e di una separazione, sarebbe stato costretto a tenerla per sé.
Siamo quindi all'accettazione del perbenismo borghese e dell'ipocrisia dei suoi rapporti. Con notevole finezza, in questa scena l'autore mette anzi a confronto due ipocrisie: quella dichiarata, a suo modo onesta, di Giulia, e quella sotterranea di Gustavo, che cerca di allontanarla da sé con pretesti prevedibili e goffi. In questo confronto l'autenticità dei sentimenti è tutta dalla parte della donna, che ha un guizzo di ribellione nel rivendicare il suo amore e appare pateticamente indifesa di fronte alla freddezza maschile dell'amante.

- **Questo dramma sentimentale è posto in rilievo dalle contraddizioni di Giulia, che accusa l'uomo di non amarla più e insieme si rifiuta di accettare questa evidenza. Indicate i punti in cui queste contraddizioni emergono.**

ANALIZZARE

Incertezze del parlato Considerando il lessico usato dai due protagonisti, si può evidenziare lo sforzo dell'autore di farli parlare in modo naturale, e le difficoltà che incontra, in una situazione linguistica in cui l'italiano non era ancora lingua d'uso corrente: in mezzo a espressioni che potrebbero anche essere attuali, ne trovate altre che suonano arcaiche, o troppo volutamente toscane.

- **Trovate esempi di questi vari registri linguistici.**
- **È da notare come Praga sfrutti con finezza una situazione di convenzioni linguistiche sociali più complessa di quella attuale: osservate in quali punti i due interlocutori passano alternativamente dal "tu" al "voi", in relazione al variare dei loro atteggiamenti e argomenti.**

CONFRONTARE

Praga e Ibsen

- **Confrontando la protagonista di questo dramma con la Nora di Ibsen (▸T44), mettete in luce i due modi diversi di affrontare il tema dell'autonomia femminile.**

RILETTURE (T44-T47)

CONFRONTARE

1. I personaggi femminili di Nora (▸**T44**), Julie (▸**T45**), Sonja (▸**T46**) e Giulia (▸**T47**) rappresentano modi diversi di reagire rispetto al ruolo tradizionale della donna nella società borghese. Confrontatele da questo punto di vista.

INTERPRETARE

2. Nella prefazione a *La signorina Julie* (citata nel Dialogo con il testo a ▸**T45**), Strindberg contrappone un modo tradizionale di condurre il dialogo teatrale, con «matematica simmetria», a un dialogo «un po' casuale»: si tratta della scelta tra un modo di costruire il testo teatrale in modo razionale, in funzione della vicenda, e un modo che cerchi di riprodurre la casualità delle situazioni reali e della conversazione quotidiana. Cercate di definire in quale modo questa alternativa è stata affrontata dagli autori dei brani riportati in questa sezione.

SCRIVERE UN TESTO ARGOMENTATIVO

● **ESERCIZIO GUIDATO** Facendo riferimento ai testi ▸**T1-T10**, ▸**T22-T33** e ▸**T44-T47**, scrivete un testo sull'argomento proposto.

LA CRITICA ALLA SOCIETÀ BORGHESE NELLA LETTERATURA DEL SECONDO OTTOCENTO

GUIDA ALLA STESURA

La seconda metà dell'Ottocento è l'epoca del pieno trionfo della borghesia, ma il modo in cui la nuova società borghese si sta configurando suscita nei letterati del periodo critiche e insoddisfazioni anche molto diverse fra loro.

Per l'esposizione vi suggeriamo di seguire le seguenti tracce:

- scegliete i testi più significativi rispetto al tema fra quelli indicati, specificando i luoghi, gli ambienti e le coordinate temporali della loro composizione;
- definite i diversi generi a cui appartengono;
- indicate il tipo di pubblico a cui si rivolgono;
- indicate gli aspetti della società borghese che vengono maggiormente criticati in ciascuno di essi evidenziando le somiglianze e le differenze.

LE ARTI

Realtà, impressione, visione

Un rapporto problematico

Con l'affermarsi della società industriale il rapporto tra artisti e pubblico si fa problematico: non ci sono più mecenati aristocratici dai quali farsi proteggere e mantenere, e il successo o l'insuccesso vengono decretati da un pubblico di ceto medio, lontano dalle punte più avanzate del dibattito culturale e portato a privilegiare le forme artistiche più conservatrici. Si crea così un profondo solco tra gli artisti che assecondano il gusto dominante e gli artisti anticonformisti, che si battono contro le mode e le regole dell'arte ufficiale. Il principale teatro di questo scontro è Parigi, divenuta la capitale artistica e culturale d'Europa.

Gustave Courbet

Il rinnovamento artistico matura parallelamente all'affermarsi del pensiero positivistico e degli ideali democratici e socialisti, affiancando i moti rivoluzionari che scuotono la Francia, dalla rivolta del 1848 alla Comune di Parigi del 1871. Il più tipico rappresentante di questo nuovo clima è Gustave Courbet, che identifica la battaglia artistica per il realismo con l'impegno a fianco delle lotte popolari: «Io non sono soltanto un socialista, ma un democratico e un repubblicano, insomma un partigiano della rivoluzione e innanzi tutto un realista, cioè un sincero amico della verità stessa»; i suoi quadri, dipinti con pennellate corpose e dense, raffigurano in presa diretta scene della vita contemporanea: figure forti e solide di lavoratori bloccati nei gesti del lavoro quotidiano, pesanti e possenti nudi femminili, paesaggi animati da una poderosa ed elementare fisicità (▸T48).

I "macchiaioli"

Negli stessi anni il rifiuto della pittura ufficiale e le tendenze realistiche si fanno strada anche in Italia. Intorno alla metà del secolo al Caffè Michelangelo di Firenze si riuniscono i "macchiaioli", che coniugano l'impegno nelle lotte risorgimentali con la proposta di una pittura antiaccademica, ispirata a un rapporto concreto e diretto con la realtà. Il rappresentante più autorevole del movimento, il livornese Giovanni Fattori, definisce la tendenza «una nuova ricerca del verismo»: i suoi quadri rappresentano paesaggi di campagna, scene militari ritratte dal vero, momenti della rude vita dei butteri maremmani, rievocazioni di battaglie risorgimentali prive di ogni retorica celebrativa (▸T49).

L'impressionismo

Se c'è un movimento artistico che ha conquistato popolarità presso il pubblico di oggi questo è sicuramente l'impressionismo. Tutta diversa fu la reazione del pubblico e della critica parigina negli anni che videro la nascita del movimento (1867-1880): gli impressionisti (Renoir, Manet, Monet, Degas) furono definiti «pazzoidi», accusati di «buttare i colori a casaccio sulla tela», messi al bando dagli ambienti dell'arte ufficiale. Differentemente dai pittori accademici, gli impressionisti dipingevano all'aperto anziché nel chiuso degli studi, e fissavano a rapidi colpi di pennello l'impressione visiva di un paesaggio o di una scena di vita cittadina accostando macchie di colore luminoso, attenti alle condizioni atmosferiche momentanee più che alla definizione minuta dei particolari (▸T50-T52): per gli spettatori abituati ai contorni e ai chiaroscuri della pittura tradizionale, le loro opere risultavano insopportabilmente confuse e sommarie.

Le nuove esperienze degli impressionisti si inquadrano nella situazione culturale che fa da sfondo alla nascita delle poetiche del naturalismo e del simbolismo. Da un lato l'intenzione di rappresentare con immediatezza "pezzi di vita" tratti dall'esperienza quotidiana, indipendentemente dagli schemi formali precostituiti, si lega alle tendenze realistiche di stampo positivista; dall'altro la valorizzazione dell'impressione individuale del pittore di fronte alla realtà rappresentata dà l'avvio a un'idea dell'arte basata sulle emozioni soggettive dell'artista, più che sulla riproduzione "oggettiva" del mondo empirico.

Dall'impressione alla visione

In quest'ultima direzione vanno le ricerche dei pittori post-impressionisti, che, pur battendo strade diverse tra loro, tendono a emancipare la pittura dai vincoli della verosimiglianza, aprendo la strada alle avanguardie del Novecento. È il caso di Paul Cézanne che, dopo aver fatto parte del gruppo degli impressionisti, si dà a una ricerca appartata, volta a «dipingere la natura secondo le figure geometriche del cono, del cilindro, della sfera», rielaborando l'esperienza sensibile in base a un'esigenza di ordine mentale, autonoma dai dati della percezione (▸T53). Vicina alle esperienze dei poeti simbolisti è l'opera di Paul Gauguin, che a quarant'anni si lascia alle spalle la società industriale per rifugiarsi nelle isole dei mari del Sud: la sua pittura – basata sulla giustapposizione di zone di colori piatti, accesi e fantastici – vuole esprimere simbolicamente una visione selvaggia e "primitiva" dell'esistenza, in polemico contrasto col razionalismo positivistico dominante in Europa (▸T54). Ma il più visionario dei pittori post-impressionisti è Vincent Van Gogh, morto suicida dopo una vita tormentata: nei suoi quadri, che avranno un'influenza risolutiva sul movimento espressionista – il cui padre fondatore può essere considerato Edvard Munch (▸T55) –, le pennellate concitate e i colori violenti deformano e contorcono le figure e gli oggetti, pervadendoli di una allucinata e angosciosa vitalità (▸T54).

GUSTAVE COURBET

T48 ▸ Due frammenti di realtà

PERCORSO
- Dal personaggio "tipico" alla dissoluzione del personaggio (I), p. 571

Gustave Courbet (1818-1877), nato a Ornans, iniziò la sua attività nel solco della tradizione romantica, ma presto rinnegò ogni tipo di influenza in nome di una pittura radicalmente realistica, ponendosi in aperto conflitto con le istituzioni artistiche ufficiali. Socialista, partecipò attivamente alla Comune di Parigi; dopo la repressione seguita all'esperienza comunarda, fu condannato al carcere e perseguitato, e dovette andare in esilio in Svizzera, dove morì. *Lo spaccapietre* fu dipinto nel 1849, e sollevò violente polemiche per il suo contenuto sociale; *Le signorine sulla riva della Senna*, ultimato nel 1857, fece altrettanto scalpore per la "volgarità" e il "cattivo gusto" della rappresentazione.

Gustave Courbet, *Lo spaccapietre*, 1849. (Collezione privata)

Gustave Courbet, *Le signorine sulla riva della Senna*, 1857. (Parigi, Musée du Petit Palais)

DIALOGO CON L'OPERA

Una pittura onnivora Courbet sceglie di raffigurare frammenti di realtà volutamente privi delle implicazioni storiche e delle intonazioni patetiche o eroiche che avevano caratterizzato la pittura francese tra neoclassicismo e romanticismo (▸Vol. 3, T67; ▸Vol. 4, T39-T40): un manovale intento a frantumare dei sassi sul bordo di una strada, due ragazze qualunque che fanno la siesta sulle rive della Senna. Sono scene quotidiane e banali, tradotte in pittura da un osservatore convinto che nessun essere umano e nessun aspetto della vita siano indegni di essere raffigurati artisticamente: «Voi che pretendete di rappresentare Carlomagno, Cesare e Gesù Cristo in persona, sapreste fare il ritratto di vostro padre? – scriveva Courbet in quegli anni – Da parte mia considero un uomo con curiosità, così come considero un cavallo, un albero, un qualsiasi oggetto della natura».

Soggetti quotidiani La sfida alla tradizione non è soltanto nella scelta dei soggetti, ma nello sguardo realistico con cui sono raffigurati: le figure non sono in posa, ma quasi colte di sorpresa, nel bel mezzo della fatica quotidiana o nell'atteggiamento goffo e sgraziato del sonno e del riposo. Lo spaccapietre è, secondo una frase dello stesso Courbet, «l'uomo meccanicizzato nella desolazione che gli dà la nostra splendida civiltà», con le toppe sulle maniche della camicia, il panciotto strappato sotto l'ascella, i calzini bucati sui talloni. Le due ragazze sono due borghesi di città, vestite secondo la moda del tempo, dai volti assonnati e un po' volgari, appesantite dal calore e dalla stanchezza.

"Oggettività" della rappresentazione In entrambi i dipinti sia le figure sia il paesaggio sono resi con pennellate corpose e dense, a dare il senso di una elementare e potente fisicità. Il pittore non si preoccupa di esprimere i suoi sentimenti nei confronti delle scene rappresentate, di suscitare l'ammirazione, la compassione o la riprovazione dello spettatore, e neppure di mettere in luce le emozioni dei personaggi; si limita a registrare e a ri-creare la realtà com'è, nella sua solida ed essenziale concretezza.

- **Per apprezzare l'assoluta novità di questa posizione di Courbet mettete a confronto i suoi dipinti con quelli di David (▸Vol. 3, T67), Géricault e Delacroix (▸Vol. 4, T39-T40), analizzando i diversi atteggiamenti nei confronti delle scene raffigurate e le diverse intenzioni comunicative dei quattro artisti.**

Fra arte e letteratura Accusata di oscenità e volgarità dalla critica ufficiale, l'opera di Courbet affascinò i maggiori scrittori dell'epoca. Baudelaire vide nei suoi dipinti «la gloria della natura esterna, positiva, immediata»; Zola li definì «energici, di un sol blocco, costruiti a calce e sabbia, reali come la vita e belli come la verità».

- **Accostate la pittura di Courbet alle poetiche della narrativa realista e naturalista (Balzac, ▸Vol. 4, ▸D8, p. 22; Flaubert, ▸D9, p. 23; Zola, ▸D10, p. 24) e ad alcune pagine di romanzo (Balzac, ▸Vol. 4, T7; Flaubert, ▸T1-T2; Zola, ▸T3), individuando affinità e differenze nell'idea dell'arte, nelle scelte tematiche e nei modi di rappresentazione della realtà.**

T49 ▸ Il "verismo" in arte

PERCORSO
• Dal personaggio "tipico" alla dissoluzione del personaggio (I), p. 571

Giovanni Fattori (1825-1908), nato a Livorno, nel 1848 partecipò ai primi moti risorgimentali. Dai primi anni Cinquanta a Firenze frequentò il Caffè Michelangelo, luogo d'incontro dei pittori macchiaioli, e divenne il maggiore rappresentante del movimento. Di indole schiva, pagò la sua coerenza di artista antiaccademico con l'isolamento e difficoltà finanziarie.

Bovi al carro fu dipinto intorno al 1867; *Lo staffato* all'incirca nel 1880.

Giovanni Fattori, *Bovi al carro*, 1867. (Firenze, Galleria d'arte moderna)

Giovanni Fattori, *Lo staffato*, 1880. (Firenze, Galleria d'arte moderna)

DIALOGO CON L'OPERA

«Una nuova ricerca del verismo» I macchiaioli fiorentini si opponevano alla pittura accademica in nome di una più diretta aderenza al vero: rifiuto dei soggetti storici e mitologici, adozione di una tecnica pittorica tesa a rendere la modulazione delle luci e delle ombre attraverso il brusco accostamento di macchie di colori elementari, senza contorni né chiaroscuri. Fattori definì questa tendenza «una nuova ricerca del verismo», orientata a tradurre in immagini le «manifestazioni della natura» e a realizzare «un'illustrazione sociale del nostro secolo».

- **Alla rappresentazione della natura e del duro lavoro dei campi è dedicato *Bovi al carro*. Per apprezzarne il carattere arditamente innovativo individuate nella riproduzione:**
  - **la singolarità delle proporzioni della tela;**
  - **la collocazione anomala delle figure rispetto allo sfondo;**
  - **la riduzione del paesaggio a poche ampie fasce orizzontali di colori essenziali.**

Queste scelte formali consentono a Fattori di conferire al dipinto una straordinaria vastità d'orizzonti, senza rinunciare alla solidità dell'impianto compositivo e alla nettezza degli incastri tonali e coloristici: il paesaggio selvaggio della Maremma ha la stessa vigorosa solennità del massiccio gruppo dei buoi con il carro e il contadino, immobili sotto il sole battente che stampa al suolo la loro ombra.

«Mostrare le piaghe della società» Nello *Staffato* è più evidente l'intenzione, espressa da Fattori, di «mostrare le piaghe da cui è afflitta la società presente». Il dipinto raffigura un soldato trascinato per la staffa dal suo cavallo in fuga, che lascia una traccia di sangue nella polvere della strada: la composizione è divisa in due fasce orizzontali – il cielo e una strada deserta – di colore smorto, che quasi si fondono sulla linea dell'orizzonte; le figure del cavallo e del cavaliere sono rese con tratti rapidi e macchie sfumate, per dare l'idea del movimento precipitoso e del vorticare della polvere. Si tratta di un'opera in forte conflitto col gusto dominante sia per la tragicità disadorna delle forme sia per il soggetto, esplicitamente polemico con la dilagante retorica risorgimentale: come molti italiani di fede democratica e radicale, Fattori era deluso dell'Italia del suo tempo, e voleva ricordare col suo dipinto la gioventù caduta per ideali che a suo avviso erano stati traditi. La critica liquidò il dipinto, definendolo «una scena triste [...] che ispira orrore e ripugnanza», e la regina Margherita in persona sentenziò: «È così straziante che nessuno potrà soffrirne la vista in un salotto».

Fattori e Hayez

- **Per apprezzare la forte divergenza della pittura di Fattori rispetto al gusto dominante, confrontate dal punto di vista del soggetto e delle scelte formali *Lo staffato* con *I Vespri siciliani* di Francesco Hayez** (▸Vol. 4, T41).

Fra arte e letteratura L'idea che Fattori ha dell'arte scaturisce da un clima culturale affine a quello in cui matura il verismo letterario (▸D16 p. 317, ▸T68).

EDOUARD MANET

T50 ▸ *Olympia*

PERCORSO
- Dal personaggio "tipico" alla dissoluzione del personaggio (I), p. 571

Edouard Manet (1832-1883), nato a Parigi, fu precursore e ispiratore degli impressionisti, anche se non partecipò alle iniziative collettive del movimento. Alternativamente accettato e rifiutato ai *Salons* promossi dall'Accademia, vi espose quadri che suscitarono scandalo tra i benpensanti ed entusiasmo tra i giovani pittori d'avanguardia. Negli ultimi anni fu afflitto da una dolorosa e progressiva paralisi agli arti inferiori, ma continuò a dipingere senza posa fino alla morte.
Olympia fu dipinta nel 1873 ed esposta al *Salon* del 1875.

Edouard Manet, *Olympia*, 1873.
(Parigi, Musée du Louvre)

DIALOGO CON L'OPERA

Un soggetto "scandaloso" «Olympia è coricata sul suo letto senza altro ornamento che una rosa di cui adorna la stoppa dei suoi capelli. Questa donna è di una bruttezza completa; la sua faccia è stupida, la pelle cadaverica. Manet l'ha talmente storpiata che sarebbe impossibile rimuovere braccia e gambe». Questo commento giornalistico dà un'idea dell'accoglienza riservata dal pubblico e dalla critica al quadro di Manet. Lo scandalo derivava prima di tutto dalla scelta spregiudicata del soggetto, che portava alle estreme conseguenze il programma realistico già enunciato da Courbet (▸T48): una prostituta nuda, sdraiata su un letto disfatto, che fissa con sguardo sfrontato e arrogante l'osservatore, mentre una domestica di colore le porta un mazzo di fiori, dono di qualche corteggiatore. L'acerba nudità della ragazza, priva delle morbidezze idealizzanti che caratterizzavano i corpi femminili della tradizione pittorica, è sottolineata dalla volgare civetteria degli ornamenti: il braccialetto, gli orecchini e le pantofole dorati, il nastrino di raso al collo, il fiore nei capelli.

Una tecnica "sgrammaticata" Ma l'aspetto che più di ogni altro rendeva imbarazzante e sgradevolmente "vera" l'immagine della ragazza era la rivoluzionaria tecnica impiegata per raffigurarla. Secondo le consuetudini della pittura accademica, la rotondità dei corpi e delle figure doveva essere resa attraverso il chiaroscuro; Manet invece vuole dipingere con la massima aderenza alla concretezza della sensazione visiva, nella quale l'occhio non ha il tempo di distinguere le infinite gradazioni di passaggio tra l'ombra e la luce, ma coglie istantaneamente una mescolanza di toni freddi e caldi, luminosi e oscuri. Così, anziché utilizzare le sfumature dei passaggi chiaroscurali, Manet costruisce l'immagine attraverso l'accostamento di zone di colore piatto, nettamente separate dai contorni e in forte contrasto reciproco, con un effetto di realismo inaudito, che al pubblico del tempo poteva sembrare tanto sgrammaticato dal punto di vista artistico quanto sconveniente dal punto di vista morale.

- **Individuate nella riproduzione le scelte compositive che hanno consentito a Manet di giocare sull'accostamento tra colori squillanti e colori cupi, e qualche punto del dipinto in cui l'assenza di chiaroscuro contrasta con maggiore evidenza con le consuetudini della tradizione pittorica.**

Manet e Tiziano Spesso nei suoi dipinti Manet elabora un materiale compositivo e tematico che appartiene alla storia della pittura, iniettandovi l'intenzione dichiarata di «essere del proprio tempo» e di «dipingere quel che si vede».

- **Confrontate l'*Olympia* con la *Venere di Urbino* dipinta nel 1538 da Tiziano, a cui è evidentemente ispirata, individuando affinità e differenze.**

Tiziano, *Venere di Urbino*, 1538. (Firenze, Galleria degli Uffizi)

CLAUDE MONET

T51 ▸ Impressioni

PERCORSO
- Dal personaggio "tipico" alla dissoluzione del personaggio (I), p. 571

Claude Monet (1840-1926), nato a Giverny, si formò artisticamente a Parigi senza seguire i regolari corsi accademici; qui frequentò Manet e gli altri pittori che diedero vita all'impressionismo, diventando ben presto l'uomo simbolo del movimento. A partire dagli anni Novanta si dedicò a cicli di dipinti (le *Cattedrali* e le *Ninfee*) dedicati al medesimo soggetto, ripreso in diverse condizioni atmosferiche e di luce, portando al limite estremo la poetica dell'"impressione".

Impressione, sole nascente fu dipinto a Le Havre nel 1872 e fu esposto, due anni dopo, alla prima mostra collettiva degli impressionisti, nello studio dei fotografo Félix Nadar; quando fu domandato a Monet quale titolo scrivere sul catalogo dell'esposizione, l'artista rispose: «Dato che ovviamente non può passare per una veduta di Le Havre, scrivete *Impressione*». La mostra si risolse in un fiasco clamoroso, e un critico malevolo la stroncò definendo per spregio "impressionisti", dal titolo del quadro, tutti gli artisti del gruppo. *La stazione Saint-Lazare* fu dipinta nel 1877.

Claude Monet, *Impressione, sole nascente*, 1872. (Parigi, Musée Marmottan)

Claude Monet, *La stazione Saint-Lazare*, 1877. (Parigi, Musée d'Orsay)

DIALOGO CON L'OPERA

«Cogliere l'attimo fuggente» «Cogliere l'attimo fuggente, o almeno la sensazione che lascia»: così Monet ha condensato il fine della sua pittura. In *Impressione, sole nascente* non c'è traccia di linee di contorno, di prospettiva geometrica o di chiaroscuro, ma solo accostamenti di tocchi di colore: poche pennellate rosse e arancio, giustapposte ad altre grigie e azzurre, evocano il sorgere del sole in un'alba nebbiosa e i suoi riflessi via via meno vividi sull'acqua; pochi tratti di colore più scuro, che si fanno più tenui man mano che si allontanano dall'osservatore, alludono a barche in navigazione o ormeggiate nel porto.

Una nuova visione della realtà Alla critica del tempo il dipinto apparve un abbozzo scombinato: «Una carta da parati al suo stato iniziale è più rifinita di questa marina», scrisse un recensore. Ma dietro questo rivoluzionario modo di dipingere stava una nuova visione della realtà come qualcosa di mobile e di inafferrabile, che non si può imprigionare entro contorni definiti e forme ben delineate: più che descrivere un paesaggio "così com'è", si può fissare la sensazione che esso suscita in noi in un istante, nella consapevolezza che quella dell'istante successivo sarà completamente diversa. Ne scaturisce la necessità di eseguire il dipinto in un tempo rapido, a contatto diretto con la natura (quindi all'aperto e non nello studio, secondo la consuetudine accademica), senza indugiare sui particolari, ma cercando di cogliere l'impressione complessiva. Si spiega così anche l'attrazione degli impressionisti per la raffigurazione dell'acqua, elemento mobile per eccellenza, soggetto a una continua variabilità degli effetti di luce e di colore.

Il paesaggio della città industriale *La stazione Saint-Lazare* mostra un altro tema ricorrente nei quadri impressionisti: la vita della città industriale, colta nei suoi momenti apparentemente più impoetici e quotidiani, nella convinzione che ciò che conta non sia tanto l'oggetto rappresentato, quanto il tipo di sensazioni che suscita nell'artista, la qualità delle vibrazioni cromatiche e luminose che possono essere fissate sulla tela.

- **Individuate, anche in un soggetto così diverso da quello del dipinto precedente, le somiglianze nell'atteggiamento del pittore e nelle tecniche utilizzate.**

Courbet, Manet, Monet I dipinti di Courbet (▸T48), di Manet (▸T50) e di Monet si possono leggere come espressioni di un comune atteggiamento antiaccademico, orientato a istituire un rapporto diretto e immediato tra l'arte e la realtà.

- **Confrontateli, individuando le differenze e le somiglianze nella scelta dei temi e nella loro resa pittorica.**

Monet e Turner Un predecessore della pittura impressionista è l'inglese Joseph M. Turner.

- **Provate a confrontare i suoi dipinti riportati in ▸Vol. 4, T44 con quelli di Monet.**

Tra arte e letteratura Il tema della città industriale è introdotto per la prima volta nella poesia da Baudelaire (▸D5, p. 16; ▸T26) e fa da sfondo a molti romanzi naturalisti.

- **Confrontate l'atteggiamento di Baudelaire e di Monet di fronte al paesaggio industriale: puro oggetto di descrizione o connotato emotivamente e simbolicamente?**

EDGAR DEGAS

T52 ▸ *L'assenzio*

▶ **PERCORSO**

• Dal personaggio "tipico" alla dissoluzione del personaggio (I), p. 571

Edgar Degas (1834-1917), nato a Parigi da una ricca e nobile famiglia, ebbe una regolare formazione accademica, arricchita dallo studio della pittura rinascimentale, approfondito in numerosi viaggi di studio in Italia. Unitosi al gruppo degli impressionisti, se ne differenziò per la predilezione per la raffigurazione della figura umana e per l'importanza attribuita al disegno e alla pittura in studio.

L'assenzio, dipinto tra il 1875 e il 1876, è ambientato nel Café Nouvelle Athènes, uno dei luoghi di ritrovo preferiti dagli impressionisti.

Edgar Degas, *L'assenzio*, 1875-1876. (Parigi, Musée d'Orsay)

DIALOGO CON L'OPERA

Una *"tranche de vie"* Nonostante il sodalizio con gli impressionisti, Degas preferì sempre definirsi un pittore "realista"; questo dipinto esemplifica bene ciò che lo avvicina e ciò che lo allontana dai suoi compagni. Il soggetto è ciò che gli impressionisti chiamavano una *tranche de vie*, un "pezzo di vita" colto come d'improvviso in un momento qualunque: una prostituta pateticamente agghindata e un corpulento barbone male in arnese sono seduti al tavolo di un caffè, di fronte a due bicchieri, rispettivamente d'assenzio (il liquore che dà il titolo al dipinto) e di vino; i due personaggi, chiusi nella solitudine nonostante la vicinanza fisica, hanno gli occhi fissi davanti a sé, come se fossero ubriachi o persi nei loro pensieri; la luce fioca e i colori smorti sottolineano lo squallore della scena.
Il carattere volutamente casuale della *tranche de vie* è sottolineato dall'asimmetria della composizione e dal taglio dell'immagine, che fanno pensare all'inquadratura precaria e improvvisata di un'istantanea (Degas era molto interessato alla recente invenzione della fotografia).

- **Descrivete il dipinto mettendo in luce gli aspetti compositivi che danno quest'idea di casualità e repentinità.**

Il non-finito Un altro legame con la ricerca degli impressionisti è costituito dall'attenzione ai giochi di luce e dall'uso del non-finito.

- **Individuate nel dipinto qualche punto in cui questi aspetti sono particolarmente evidenti.**

Una prospettiva "sbilanciata" Ciò che invece differenzia questo dipinto da quelli di Monet e degli altri artisti del movimento è la profondità dell'impostazione spaziale, molto lontana dalla smaterializzazione degli oggetti in una pura ricerca di luminosità atmosferica perseguita dagli impressionisti. A differenza dei suoi compagni, Degas non rinuncia alla prospettiva, ma la utilizza in modo volutamente sbilanciato, attraverso il taglio sghembo dell'immagine e l'adozione di un punto di vista alto e decentrato: nessuno degli oggetti dipinti è parallelo o perpendicolare al piano della tela e il gioco di linee oblique determinato dal piano dei tavoli di marmo crea uno spazio dinamico che sembra risucchiare l'osservatore dentro l'angusto spazio del dipinto. A testimonianza del meditato rigore col quale Degas ha costruito l'impaginazione del quadro può essere interessante notare che i due personaggi raffigurati non sono due autentici emarginati, ma una modella e un amico del pittore, opportunamente acconciati e messi in posa.

Fra arte e letteratura: Degas e Zola Il soggetto del dipinto, e l'atteggiamento del pittore di fronte a esso, possono essere accostati alle tematiche preferite dal romanzo naturalista di Zola (►T3).

- **In che cosa consiste l'affinità? Per quali aspetti anche le scene del romanzo naturalista si potrebbero definire "*tranches de vie*"?**

PAUL CÉZANNE

T53 ▸ *I giocatori di carte*

PERCORSO
- Dal personaggio "tipico" alla dissoluzione del personaggio (I), p. 571

Paul Cézanne (1839-1906), nato ad Aix-en-Provence da una famiglia agiata, visse tra la città natale e Parigi, dove partecipò alle battaglie degli impressionisti, ma mantenne uno spirito di tenace e appartata ricerca che lo spinse a non accontentarsi delle conquiste figurative del movimento. Costantemente rifiutato dal *Salon* ufficiale, ottenne un certo successo solo negli ultimi anni di vita. *I giocatori di carte* fu dipinto fra il 1893 e il 1896.

Paul Cezanne, *I giocatori di carte*, 1893-1896. (Parigi, Musée d'Orsay)

DIALOGO CON L'OPERA

Oltre le apparenze «Nella pittura ci sono due cose: l'occhio e il cervello, ed entrambe devono aiutarsi fra loro». Con questa frase Cézanne voleva significare che non si accontentava della pura impressione visiva catturata dalla pittura impressionista («l'occhio»), ma andava alla ricerca di qualcosa di più profondo, radicato nella coscienza («il cervello»): l'impressionismo aveva consentito ai pittori di porsi di fronte alla realtà senza schemi formali precostituiti, con una libertà nuova; ora si trattava di superare il carattere provvisorio e momentaneo della sensazione ottica per costruire qualcosa di solido, fermo e consistente come la pittura dei grandi artisti del passato. Secondo Cézanne la via maestra per raggiungere questo risultato consisteva nell'andare oltre le apparenze della natura, alla ricerca della sua essenza profonda: «Tutto quello che vediamo non è vero, si dilegua. La natura è sempre la stessa, ma nulla resta di ciò che appare. La nostra arte deve dare il brivido della sua durata, deve farcela gustare eterna». Questo percorso doveva passare attraverso l'attività ordinatrice della mente dell'artista, capace di ricondurre la molteplicità instabile delle sensazioni a un ordine geometrico saldo ed essenziale: «In natura tutto è modellato secondo tre moduli fondamentali: la sfera, il cono, il cilindro. Bisogna imparare a dipingere queste semplicissime figure, poi si potrà fare tutto ciò che si vuole».

Un gioco di volumi geometrici Nei *Giocatori di carte* la presa di distanza dall'impressionismo è evidente: anche se il soggetto potrebbe essere quello di una tipica *tranche de vie*, e l'assenza del tradizionale chiaroscuro è un evidente portato delle conquiste figurative del movimento, non è rimasto nulla dell'istantaneità e dell'incorporeità dell'"impressione". I due giocatori, sui cui volti non c'è traccia di espressione psicologica, sono ricondotti a un solido e potente gioco di volumi geometrici: cilindri, sfere, tronchi di cono che si innestano gli uni negli altri per dar forma ai corpi, bloccati in posizioni immobili e perfettamente simmetriche; altrettanto semplificati e sintetici sono i contorni del tavolo e della tovaglia, innaturalmente rigida per esibire l'elementare struttura geometrica della sua forma. Nonostante la composizione non sia perfettamente equilibrata (i due giocatori sono a distanze diverse dai bordi del quadro), l'effetto complessivo è potentemente unitario, come se la materia di cui sono costituite le figure umane, gli oggetti, lo sfondo, fosse un unico organismo modulato nello spazio.

- **I singoli elementi della composizione (gli oggetti, i vestiti dei personaggi, i volti e le mani, lo sfondo) non sono caratterizzati da un colore ben definito che li distingue nettamente l'uno dall'altro, ma da un accostamento tra vari colori, dati con pennellate oblique, che si richiamano vicendevolmente nelle più diverse zone del quadro. Individuate nella riproduzione qualche esempio di queste riprese.**

La pittura come realtà autonoma Attraverso questa inedita compenetrazione di colori e forme, Cézanne riesce a dare l'idea del volume senza ritornare al chiaroscuro della pittura tradizionale. Il suo scopo non è più quello di raffigurare il mondo com'è, o come appare, ma come viene strutturato e ordinato dalla mente dell'artista; la pittura viene così a costruire una realtà autonoma, retta da leggi tendenzialmente indipendenti dai dati della percezione visiva. Da questa premessa prenderanno l'avvio i più rivoluzionari sviluppi dell'arte del Novecento.

Cézanne e Degas

- **Confrontate questo dipinto con *L'assenzio* di Degas (▸T52), mettendo in evidenza le profonde diversità di intenzioni e di stile dei due artisti.**

Paul Cezanne, *I giocatori di carte*, 1893-1896. (Parigi, Musée d'Orsay)

VINCENT VAN GOGH, PAUL GAUGUIN

T54 ▸ Visioni

PERCORSO
- Dal personaggio "tipico" alla dissoluzione del personaggio (I), p. 571

Vincent Van Gogh (1853-1890), figlio di un pastore protestante, nacque a Groot Zundert, in Olanda. Spinto da un totalizzante ideale di solidarietà, fece un'esperienza di predicatore fra i miserabili minatori del sud del Belgio con uno zelo talmente estremo che i superiori lo rimossero dall'incarico. Datosi alla pittura, si recò a Parigi, dove entrò in contatto con gli impressionisti; strinse amicizia con Gauguin e visse con lui per due mesi ad Arles, nel sud della Francia, ma il sodalizio artistico si ruppe per una lite, a seguito della quale Vincent, per punirsi, si tagliò il lobo di un orecchio. Dal 1889 fu più volte ricoverato in ospedale per accessi di follia. Si suicidò sparandosi al cuore.

Paul Gauguin (1848-1903), nato a Parigi, dopo una giovinezza trascorsa in viaggi di mare, lavorò nella sua città come agente di cambio. Dagli anni Settanta si diede alla pittura. Dopo la tumultuosa convivenza con Van Gogh, vendette tutto per recarsi a Tahiti, e poi alle Isole Marchesi, dove morì in carcere per essersi opposto alla politica razzista del governatore francese.

Campo di grano con volo di corvi fu dipinto da Van Gogh nel 1890; *Te Tamari No Atua* ("La nascita di Cristo figlio di Dio") fu eseguito da Gauguin nel 1896, alle Isole Marchesi.

Vincent Van Gogh, *Campo di grano con volo di corvi*, 1890. (Amsterdam, Rijksmuseum)

Paul Gaugin, *Te Tamari No Atua*, 1896. (Monaco, Neu Pinakothek)

DIALOGO CON L'OPERA

Follia ed evasione Van Gogh e Gauguin sono i primi pittori che testimoniano, con le vicende biografiche oltre che con le opere, il drammatico conflitto tra artista e società che si apre nella seconda metà dell'Ottocento (▸D5, p. 16, ▸T22, T27) e che sarà portato alle estreme conseguenze dalle avanguardie del secolo successivo: il primo paga con la follia e il suicidio la sua radicale alterità dalla società borghese; il secondo fugge alle Isole Marchesi per sottrarsi alla «lotta europea per il denaro», contrassegno di un mondo che egli definisce «criminale».

Slancio visionario Il *Campo di grano con volo di corvi*, dipinto da Van Gogh pochi giorni prima del suicidio, è un esempio estremo della totale identificazione tra l'esperienza esistenziale dell'artista e la sua opera pittorica: gli stridenti accostamenti di colore, il ritmo convulso delle pennellate, l'andamento spezzato dei contorni deformano violentemente la realtà naturale, esprimendo uno stato d'animo di rivolta e di disperazione, spinto al parossismo dalla gestualità dell'artista, impressa nei solchi e nelle asperità della materia pittorica. Così la ricerca impressionistica della pura sensazione visiva viene travolta da uno slancio visionario che elimina ogni distinzione tra mondo esterno e mondo interiore.

- **Anche il soggetto del dipinto si può leggere come trasposizione simbolica di una situazione psicologica ed esistenziale. Come si potrebbe interpretare, secondo voi?**

Esotismo e primitivismo Il dipinto di Gauguin rappresenta una ragazza nativa delle Isole Marchesi col corpo abbandonato nel sonno; alle sue spalle è raffigurato il suo sogno: una Sacra Famiglia indigena, accanto alla quale un palo dipinto evoca i simboli della religione pagana. L'accostamento tra l'iconografia cristana, i simboli del paganesimo e l'ambientazione esotica allude a una sacralità universale, che trascende i limiti delle religioni e si esprime nella legge naturale dell'amore fra tutti gli esseri viventi, simboleggiati dal corpo giovane della fanciulla dormiente, dall'intima scena familiare e dagli animali sullo sfondo. La scena viene così a rappresentare l'innocenza e la genuinità morale del mondo primitivo, implicitamente contrapposto alla civiltà occidentale. Il carattere simbolico del quadro è sottolineato dall'irrealismo dell'impostazione spaziale volutamente elementare e "primitiva", e dalla stesura del colore in larghe zone piatte, totalmente prive di quelle vibrazioni atmosferiche che contrassegnavano la pittura impressionista. Mallarmé ha così commentato i dipinti tahitiani di Gaugin: «È un miracolo che si possa infondere tanto mistero in tanto splendore».

Fra arte e letteratura: biografie "maledette"

- **Mettete a confronto le vicende biografiche di Van Gogh e di Gauguin con quelle di un poeta "maledetto" come Rimbaud (p. 20), e individuate gli eventuali denominatori comuni.**

CONFRONTI L'avanguardia novecentesca più legata all'esperienza di Van Gogh è l'espressionismo (▸Vol. 6, T59).

EDVARD MUNCH

T55 ▸ *L'urlo*

▸ **PERCORSO**
- Dal personaggio "tipico" alla dissoluzione del personaggio (I), p. 571

BIBLIOTECA PERCORSO TEMATICO
- La perdita dell'io

Edvard Munch (1863-1944), nato a Löten in Norvegia, ebbe un'adolescenza turbata da lutti familiari e malattie. Fece regolari studi artistici alla Scuola Reale di Pittura di Oslo e, in alcuni viaggi in Francia, conobbe la pittura degli impressionisti; visse a lungo in Germania. La sua opera pittorica, stroncata dalla critica ufficiale, fu apprezzata dai protagonisti delle avanguardie artistiche del primo Novecento, ed esercitò una profonda influenza specialmente sulla pittura scandinava e tedesca.

L'urlo, dipinto nel 1893, faceva parte di un grande ciclo pittorico intitolato *Il fregio della vita*, rimasto incompiuto.

Edvard Munch, *L' urlo*, 1893. (Oslo, Munchmuseet)

DIALOGO CON L'OPERA

Una visione tragica della realtà A differenza degli impressionisti, attivi nella modernissima e movimentata Parigi, Munch è un uomo dell'Europa del Nord, suggestionato dall'esistenzialismo di Kierkegaard, vicino a drammaturghi come Ibsen (▸T44) e Strindberg (▸T45): profondamente estraneo all'ottimismo progressista del positivismo, sente la condizione umana come solitudine e angoscia, isolamento dell'individuo circondato da un mondo ostile. Su questa tragica visione della realtà è imperniata tutta la sua opera, di cui *L'urlo* è uno dei momenti più alti. Una chiave di lettura del dipinto ci è offerta dallo stesso Munch in una pagina di diario: «Camminavo lungo la strada con due amici – quando il sole tramontò – il cielo si tinse all'improvviso di un rosso sangue – mi fermai, mi appoggiai stanco morto a un recinto – sul fiordo neroazzurro e sulla città c'erano sangue e lingue di fuoco – i miei amici continuavano a camminare e io tremavo ancora di paura – e sentivo che un grande urlo infinito pervadeva la natura».

- **Individuate i punti del testo che sono ripresi nel dipinto.**

Rappresentazione del mondo interiore In questo quadro l'abbandono di ogni ricerca di verosimiglianza è ancor più radicale e esplicito che nell'opera di Van Gogh e Gauguin (▸T54): l'uomo che grida è raffigurato come una larva contorta dai lineamenti orribilmente stravolti e semplificati, e l'eco del suo urlo sembra espandersi nei contorni sinuosi del paesaggio che lo circonda, amplificato dallo stridente contrasto fra le tonalità incandescenti e cupe dei colori. La linea, la forma, il colore non sono più strumenti per riprodurre le parvenze del mondo o per creare oggetti piacevoli a vedersi, ma dirette emanazioni dei sentimenti angosciosi dell'artista, intenzionato unicamente a esprimere attraverso la pittura il proprio mondo interiore: si spiegano così l'assoluto disinteresse per le conquiste antiche e moderne della pittura, l'uso di forme elementari che possono far pensare all'arte dei bambini o dei popoli "primitivi", la provocatoria rinuncia alla perfezione formale e alla gradevolezza estetica.

Il dipinto e l'incisione Oltre che autore di dipinti, Munch fu uno straordinario incisore. Vi presentiamo una versione litografica dell'*Urlo*, eseguita nel 1895.

- **Provate a confrontare il dipinto con la litografia formulando un'opinione su quale delle due opere esprima con maggior violenza ed efficacia l'angosciosa visione del mondo dell'autore.**

Edvard Munch, *L'urlo*, 1895. (Oslo, Munchmuseet)

Munch, Van Gogh, Gauguin Dal punto di vista formale Munch può essere accostato a Van Gogh per la violenta deformazione della realtà, a Gauguin per l'accentuato primitivismo, a entrambi per l'uso simbolico dei colori.

- **Quali aspetti formali accomunano *Il grido* a ciascuno dei dipinti di Van Gogh e di Gauguin che vi abbiamo proposto (▸T54)?**

Fra arte e letteratura: Munch, Baudelaire, Rimbaud L'evocazione di paesaggi visionari, nei quali mondo esterno e mondo interiore sono indistinguibili è il tema centrale di alcuni componimenti di Baudelaire (▸T23) e di Rimbaud (▸T27-T28).

- **Quale dei tre testi vi sembra più vicino al quadro di Munch? Per quali aspetti?**

> **CONFRONTI** Il movimento espressionista (▸Vol. 6, T59) individuerà nell'opera di Munch un precedente fondamentale.

CONFRONTARE

1. Vi presentiamo la *Colazione dei canottieri* (1881), un dipinto di Renoir, un protagonista dell'impressionismo. Accostatelo a quelli di Manet (▸**T50**), Monet (▸**T51**) e Degas (▸**T52**), individuando le caratteristiche tematiche e formali tipiche del movimento e la maggiore o minore vicinanza di Renoir a ciascuno degli altri.

Pierre-Auguste Renoir, *Colazione dei canottieri*, 1881. (Washington, Philips Collection)

INTERPRETARE

2. Nei dipinti di Courbet (▸**T48**), Fattori (▸**T49**), Manet (▸**T50**), Degas (▸**T52**), Munch (▸**T55**), il ruolo delle figure umane è fondamentale. Quali caratteristiche sociali e psicologiche hanno i personaggi raffigurati? Con quali intenzioni sono stati scelti, secondo voi? Che cosa ci dice il modo in cui sono stati dipinti sulle intenzioni comunicative dei diversi artisti?
3. Cézanne, Van Gogh e Gauguin prendono le mosse dalla libertà coloristica e dal nuovo modo di guardare alla realtà degli impressionisti, ma cercano di andare oltre la pura impressione visiva. Mettendo a confronto le loro opere (▸**T53-T54**), indicate le diverse direzioni in cui si muovono i tre artisti.

ANALIZZARE E CONFRONTARE

4. I due dipinti proposti in questa pagina hanno un soggetto simile, ma diversi stili compositivi. Individuate quello eseguito da Pierre-Auguste Renoir, pittore impressionista, e quello eseguito da Giovanni Fattori, pittore macchiaiolo. Per motivare la risposta tenete conto dei seguenti elementi:
- il tipo di pennellata;
- il modo in cui vengono usati i colori;
- la definizione delle linee di contorno delle forme;
- il modo in cui viene resa la superficie dell'acqua.

Una vera Karenina dietro "Guerra e pace"

GABRIELE PANTUCCI

Sophia Tolstoj: A Biography, di Alexandra Popoff, che la Free Press di New York pubblica in questi giorni, propone l'affascinante parallelismo tra le emozioni dei personaggi del grande romanziere e quelli vissuti da lui e da sua moglie: da *Guerra e pace* a *La sonata a Kreutzer*. In realtà questa scrupolosa biografia svolge un'altra importante funzione. Alexandra Popoff, di formazione letteraria russa ma ora impegnata in ricerche alla University of Saskatchewan (Canada), fa a pezzi l'immagine negativa della consorte di Tolstoj e dimostra invece l'importanza che rivestì nell'attività creativa dello scrittore oltre che nella vita quotidiana. Sophia copiava di notte quello che il marito aveva scritto di giorno, per renderlo leggibile ai tipografi. Gestiva l'intera Yasnaya Polyana [*la tenuta di Tolstoj*] mentre si curava dei tredici figli che gli aveva dato dopo sedici gravidanze e di ogni affare finanziario e commerciale; traduceva per lui dal francese in russo, ma per lui cuciva anche le bluse e faceva a maglia le coperte che lui preferiva.

Il lavoro della Popoff dimostra, attraverso lo studio delle 839 lettere che Tolstoj scrisse alla moglie, che il loro rapporto emotivo era fondamentale per la stabilità dello scrittore, afflitto da frequenti depressioni, oltre che per fornire autenticità ai sentimenti dei personaggi creati dalla sua fantasia. Tolstoj fu un marito difficile. A una Sophia giovanissima diede da leggere i suoi diari, in cui scriveva dei rapporti con prostitute e della gonorrea di cui aveva sofferto. Le aveva anche fatto conoscere la contadina Aksinya Bazykina e il figlio, Timofei, che aveva avuto con lui: entrambi continuavano a vivere nella tenuta. Eppure dalle lettere inviatele leggiamo come dipendesse totalmente da lei. L'ammirava come «la forza della mia vita» e si dichiarava «un uomo morto senza di te». E ancora: «Per l'amor di Dio non smettere di scrivermi, scrivimi ogni giorno». [...] In una delle lettere [...], dopo che lo scrittore racconta alla moglie per interi paragrafi di faccende domestiche e dei propri problemi di salute, le chiede in una sola riga a che punto sia la copiatura del seguito del «romanzo». Il romanzo di cui parla è *Guerra e pace*, che costò a Sophia sette anni di lavoro e che infine fu lei stessa a far pubblicare.

Negli anni successivi al 1880 Tolstoj si convertì a una forma di estremismo religioso: decise di abbandonare la letteratura per vivere «nella purezza dei Vangeli», lasciando la proprietà ma continuando ad abitare con la famiglia. Chiese insistentemente alla moglie di seguirlo in questo percorso spirituale ma Sophia, pur religiosa, rispose di no e si separarono. I seguaci più fondamentalisti dello scrittore non esitarono a bollarla come demoniaca. E Vladimir Chertkov, il discepolo che divenne curatore ufficiale di tutte le sue opere, cominciò a costruire l'immagine di una Sophia torturatrice che fu sostanzialmente accettata dalla letteratura e che ora il saggio della Popoff intende smontare.

Gabriele Pantucci, *Una vera Karenina dietro "Guerra e pace"*, «la Repubblica», 23 maggio 2010

1. Sulla base di quanto si afferma nel testo, indica se le seguenti affermazioni sono vere o false.
Metti una crocetta per ogni riga.

a. Lo studio di Alexandra Popoff propone un parallelismo tra la vita coniugale di Tolstoj e i temi dei suoi libri più celebri.
b. L'autrice critica Sophia Tolstoj, rivelando gli aspetti per cui venne bollata come "demoniaca".
c. Tolstoj ebbe figli da relazioni extraconiugali.
d. Quando Tolstoj si convertì a una forma di estremismo religioso decise di abbandonare la moglie.

2. Proponi un titolo per ciascuno dei tre capoversi in cui si divide il testo.

1. ....
2. ....
3. ....

3. Proponi un sinonimo per l'aggettivo "fondamentalisti" (riga 26), adatto al contesto in cui è usato.

....

4. "Di faccende domestiche" (riga 20) è:

A. ☐ complemento di argomento
B. ☐ complemento partitivo
C. ☐ complemento oggetto
D. ☐ complemento di materia

Parigi e le vite sregolate dei poeti maledetti

GIUSEPPE FANTASIA

Erano poeti assoluti per l'immaginazione e nell'espressione. Erano mal visti dalla società, e lontani dalla cultura borghese, erano degli artisti geniali e pazzoidi, dediti alle droghe, all'alcol e ad ogni genere di vizio. Vivevano a Parigi, una città che più delle altre, all'epoca (siamo nella seconda metà del XIX secolo), offriva distrazioni e quant'altro in ogni angolo della strada, soprattutto a Montmartre, il quartiere dove quelli più squattrinati si ritrovavano a bere assenzio e a fumare oppio, mentre quelli ricchi e annoiati andavano alla ricerca del piacere facile con le prostitute e nel Moulin Rouge.

Successivamente, vennero chiamati *poètes maudits*, poeti maledetti, figure tragiche che rappresentarono la massima espressione del pensiero romantico che era alla base della loro poesia, veicolo principale per cogliere l'essenza profonda della realtà che si poteva raggiungere – come scrisse uno di loro (Arthur Rimbaud in *Lettera al Veggente*) – "attraverso una totale sregolatezza dei sensi".

Tutto ebbe inizio con Paul Verlaine che nel 1883 pubblicò sulla rivista *Lutèce* alcuni saggi, dedicati a poeti che accomunò proprio con quella definizione, *poètes maudits*, comprendendovi il già citato Rimbaud, Stéphane Mallarmé, Tristan Corbière, Auguste Villiers de l'Isle-Adam e Pauvre Lelian, pseudonimo dello stesso Verlaine.

Vollero ricominciare da dove "il povero e sacro Baudelaire aveva finito" e in quella loro definizione fu racchiusa anche l'estetica dominante del tempo, contrassegnata da quel mito dell'*Idéal Artificiel* che, grazie ai loro versi, il tempo non avrebbe potuto scalfire.

A loro e a quel periodo particolare, è dedicato il volume *Parigi e i poeti maledetti*, curato da Stefano Biolchini e pubblicato da 24 Ore Cultura, che va a ricostruire perfettamente il clima culturale della Ville Lumière dell'epoca offrendone un ritratto esaustivo. Un libro prezioso, dedicato ai più nostalgici amanti di quella poesia e di quel mondo malinconico e decadente. Apritelo, sfogliatelo e leggetelo a caso, senza seguire una logica particolare – come avrebbe fatto uno di loro – e farete anche voi un salto "verso cose inaudite e innumerabili", come direbbe Rimbaud, in quello stile di vita dandy con le raffinatezze degli interni, i gioielli e i preziosi, il trucco pesante, l'hashish, l'assenzio, l'alcool, le "perversioni sessuali", il niente mallarmeiano e l'universale bisogno di assoluto.

Ci sono loro e anche tante donne, come la baudelairiana Jeanne Duval, e la loro vita mondana "fatta di serate infinite e di giornate che cominciano solo al crepuscolo, quando molto si beve e si spende", come scrive il curatore.

huffingtonpost.it, 7 dicembre 2015

1. **Il testo si compone di due parti, la prima prevalentemente espositiva, la seconda con la presenza di giudizi valutativi. Individuate il punto di passaggio dalla prima alla seconda parte.**

   ....

2. **Chi ha inventato la definizione "poeti maledetti"?**

   ....

3. **A quali precedenti letterari citati dall'articolo fanno riferimento i poeti maledetti?**

   ....

4. **In quale frase dell'articolo è sintetizzata la finalità fondamentale della poesia dei "maledetti"?**

   ....

5. **Individuate nel testo la presenza di verbi alla seconda persona.**

   ....

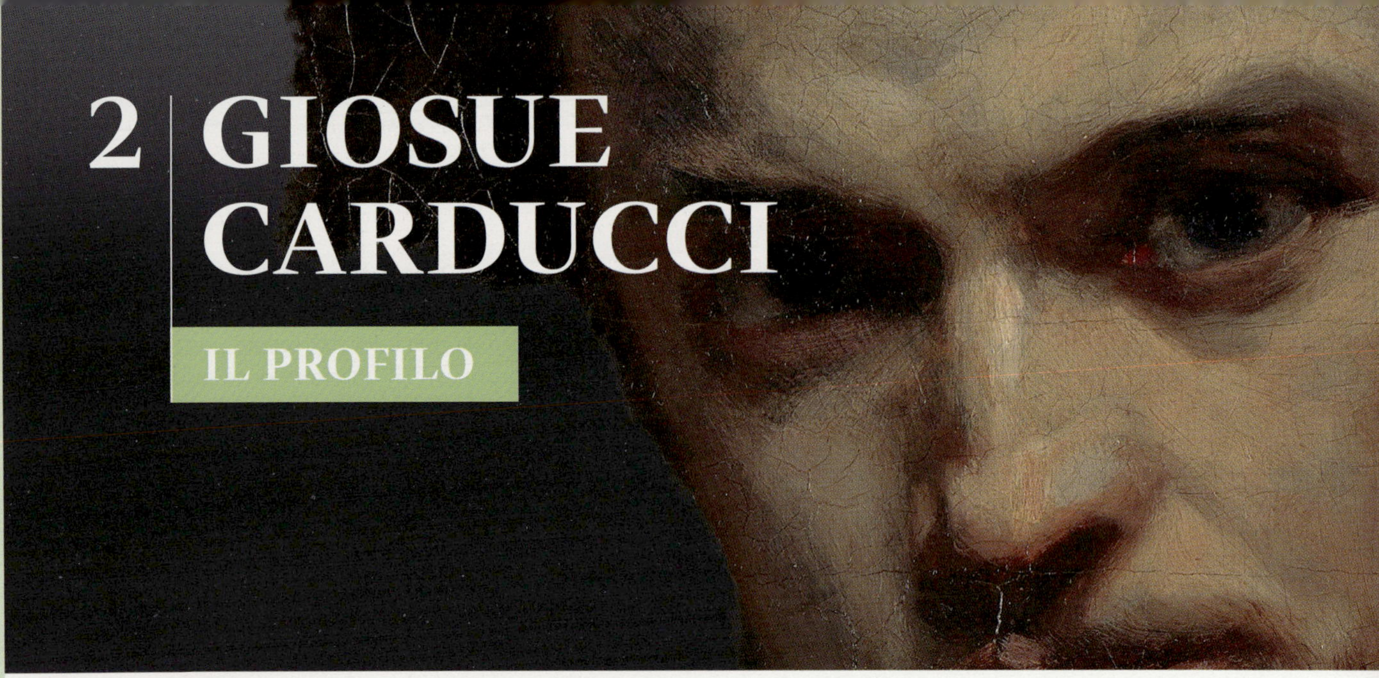

2 GIOSUE CARDUCCI

IL PROFILO

Il poeta professore

BIBLIOTECA
LEZIONE SU GIOSUE CARDUCCI

LA VITA

Maestro e vate

La personalità di Carducci ha dominato la cultura italiana nei primi decenni dopo l'unità. Il suo temperamento schietto e irruente, ricco di umori polemici, ha dato il tono a una figura di intellettuale a tutto tondo, in cui la poesia, il lavoro filologico e critico, l'insegnamento, la partecipazione al dibattito politico fanno tutt'uno. All'insegnamento universitario si dedicò ininterrottamente per quarantaquattro anni, circondandosi di una schiera di discepoli devoti che vedevano in lui "il Maestro" per eccellenza. Questo ruolo si salda con l'opera poetica, nutrita ugualmente di cultura letteraria e di passione civile, nell'immagine che ci ha lasciato di "poeta-professore" e vate.

La gioventù in Toscana

Giosue Carducci nacque nel 1835 a Valdicastello, in Versilia; il padre era un medico condotto, patriota e perseguitato. Studiò alla Scuola Normale Superiore di Pisa e nel 1856 si laureò in filosofia e filologia; intanto con alcuni amici fiorentini aveva costituito la società degli "Amici pedanti", fieramente avversa al romanticismo in nome del ritorno alla tradizione classica. Dopo la laurea insegnò per un anno nel Ginnasio di S. Miniato e lavorò a delle edizioni di classici.

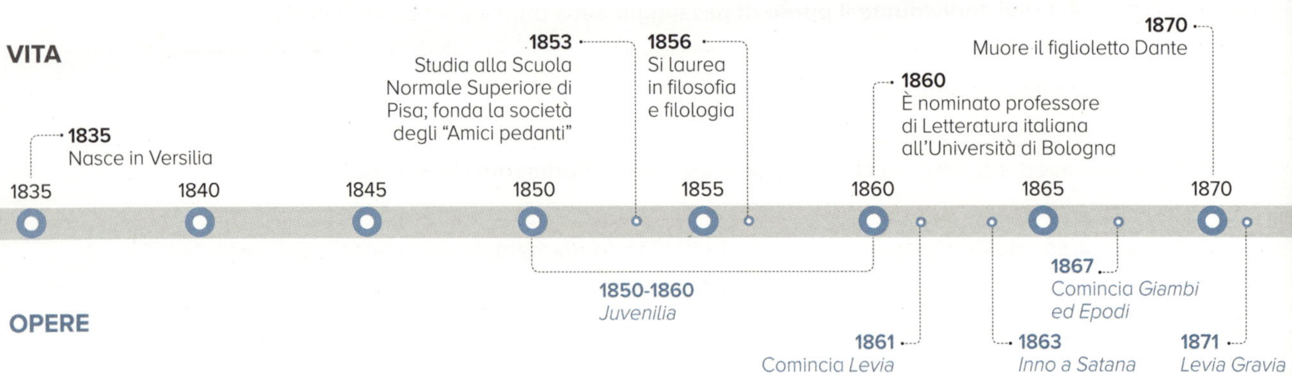

Professore a Bologna L'attività letteraria e filologica gli diede una certa rinomanza, tanto è vero che nel 1860, appena venticinquenne, fu chiamato alla cattedra di Letteratura italiana dell'Università di Bologna dal ministro della Pubblica Istruzione che stava riorganizzando l'insegnamento universitario del nuovo Stato. Restò in questa città fino alla morte, avvenuta nel 1907. Nell'anno precedente aveva ottenuto, primo tra gli scrittori italiani, il premio Nobel per la letteratura.

Giosue Carducci vincitore del premio Nobel per la letteratura in una caricatura di Augusto Majani detto Nasica del 1906.

GLI ATTEGGIAMENTI POLITICI

Il poeta della Sinistra Nei primi anni dopo l'unità Carducci condivide la delusione del "partito d'azione" garibaldino per lo sbocco moderato che la classe dirigente e la monarchia davano al moto risorgimentale. Le vergognose sconfitte di Aspromonte e Mentana, di Lissa e Custoza, i compromessi diplomatici sulla questione romana, la mediocrità dei governanti sono oggetto di violente invettive: «La nostra patria è vile». Il radicalismo democratico si spinge fino a qualche simpatia per prospettive di rivoluzione sociale.

L'aspirazione a Roma capitale e un progressismo di stampo positivista alimentano un atteggiamento violentemente anticlericale, che assume la forma più provocatoria nell'*Inno a Satana* (1863), celebrante nell'angelo ribelle «la natura sempre e l'umanità ribelli necessariamente nei tempi cristiani all'oppressura del principio di autorità dogmatico congiunto al feudale e dinastico». ▸T57

Il ripiegamento Con gli anni, queste idee hanno un graduale ripiegamento moderato. Nel 1878, dopo un memorabile incontro con la giovane e bella regina Margherita, il poeta le dedica un'ode; l'omaggio alla donna si trasforma a poco a poco in adesione alla monarchia; il patriottismo di origine mazziniana assume toni nazionalistici e fa del poeta un sostenitore convinto della politica imperialista di Crispi. Il suo rientro nell'ordine costituito è sanzionato nel 1890 con la nomina a senatore del Regno. Negli ultimi anni la sua poesia civile perde gli accenti polemici e si fa celebrazione delle glorie nazionali.

1875 · 1880 · 1885 · 1890 · 1895 · 1900 · 1905 · 1910

- **1877** I edizione di *Odi barbare*
- **1878** Incontra i sovrani
- **1878** *Alla regina d'Italia*
- **1882** *Giambi ed Epodi*
- **1887** *Rime nuove*
- **1889** III edizione di *Odi barbare*
- **1890** È nominato senatore
- **1899** *Rime e ritmi*
- **1906** Riceve il premio Nobel
- **1907** Muore a Bologna

La poetica e la critica

LA SCELTA DEL CLASSICISMO

Il classicismo

Fin dal tempo degli "amici pedanti" la scelta classicista di Carducci congloba in sé motivi letterari, culturali, etici e politici: è difesa della tradizione nazionale contro l'apertura romantica alle mode straniere; è attaccamento ai valori dell'antichità pagana, visti come adesione alla vita, "solarità", autonomia dell'individuo, contro quelli del Medioevo cristiano visti come oscurantismo, ascetismo, soggezione alle autorità (e qui il classicismo si salda con l'anticlericalismo); è una reazione al sentimentalismo tardoromantico, alla poesia del "cuore" («a la grand'arte pura / vil muscolo nocivo»), in nome di una concezione austera e virile della funzione della poesia.

Aperture europee

Col tempo, gli aspetti più angusti e provinciali di queste posizioni si attenuano: gli interessi di Carducci si allargano alla grande letteratura europea, in particolare quella della prima età romantica (mentre il decadentismo, da Baudelaire in poi, gli resta sostanzialmente estraneo): dà bellissime traduzioni di Heine, Goethe e altri protoromantici tedeschi, e lui stesso si cimenta in ballate romantiche (*La leggenda di Teodorico, Jaufré Rudel*), in cui dà prova di una maestria stilistica sconosciuta ai romantici italiani militanti.

La concezione fabbrile

Quella che resta ferma è la concezione della poesia come "arte" nel senso del latino *ars*, cioè tecnica, mestiere, lavoro sulla parola, opposta alla romantica "ispirazione". Nel Congedo che chiude le *Rime nuove* Carducci deride l'immagine del poeta sentimentale e sognatore «che va intorno / dando il capo ne' cantoni» e vi contrappone la sua concezione del poeta artefice, fabbro:

▸T61

Il poeta è un grande artiere,
che al mestiere
fece i muscoli d'acciaio.

Quanto alla funzione della poesia, il poeta le attribuisce una missione civile ed educativa: celebrare i valori in cui si riconosce la collettività nazionale, fustigare il malcostume. Si affaccia qua e là anche la tendenza a ridurla a pura bellezza, evasione dal presente, che può far pensare a qualche affinità con la contemporanea poetica parnassiana. Le due tendenze coesistono in Carducci senza trovare una sintesi teorica.

L'attività critica

Dalla concezione fabbrile della poesia derivano gli aspetti più interessanti del suo lavoro di storico e critico letterario, che comprende una vasta mole di saggi, da Dante a Parini ai contemporanei: i suoi commenti entrano con acume nei particolari tecnici del lavoro poetico, con un atteggiamento da lettore attento e da uomo del mestiere. Contemporaneamente l'erudizione, l'attenzione filologica alla ricostruzione dei testi, lo associano alla "scuola storica" in un utile lavoro di sistemazione e precisazione del patrimonio letterario italiano.

Il prosatore

Oltre agli studi critici, le prose di Carducci comprendono alcuni discorsi celebrativi e una quantità di scritti d'occasione, prefazioni, autodifese, divagazioni, raccolti nei volumi di *Confessioni e battaglie*, in cui si manifesta la sua vena di polemista estroso ed energico. Il suo stile ha un robusto impianto classico ma vi si muove con grande scioltezza, sa alternare con elegante sprezzatura i termini aulici e i giri di frase paludati alle espressioni vivaci e colorite attinte al parlato.

▸D13

DOCUMENTO 13

«MA DOV'È L'ARTE DELL'ARIOSTO E DI SHAKESPEARE?»

Le doti di brillante prosatore e polemista di Carducci sono ben documentate da questo brano di un articolo del 1882, che, prendendo spunto da una rappresentazione della *Signora delle camelie* di Alexandre Dumas, se la prende con la concezione dell'arte dei veristi e di Zola.

Giosue Carducci, *In aspettazione d'una recita di Sarah Bernhardt*, in *Prose scelte*, a cura di E. Pasquini, BUR, Milano, 2007

Nulla più di vero c'è al mondo, né meno gli aforismi d'Ippocrate[1].
L'arte è lunga, la vita è breve.
Breve la vita? O se a me par di avere quattromila anni!
Quanti popoli ho veduto sparire, quanti imperi crollare, quante civiltà rinnovarsi!
Quanti cartelloni[2] ho veduto mutare all'agenzia storica del genere umano! Vorrei un po' conoscere il capo-comico, e potergli dire per parte mia: Fatemi il piacere, signore, di calare il sipario. La commedia è sempre la stessa, e sempre noiosa: la compagnia è sempre la stessa, tutta di cani.
Lunga l'arte? Fosse vero! Ma dov'è l'arte dell'Ariosto e di Shakespeare? dove quella di Racine e del Metastasio? dove quella di Goethe e del Manzoni? Dove sono le belle che amammo pur ieri? Dove sono le nevi dell'altr'anno[3]? Dove sono i miei cari tulipani di questa mattina, i romantici? Al momento ci sono i veristi. Imbecilli!
Scusino i lettori: il dizionario della lingua italiana non mi offre altro aggettivo più proprio. Cretini è un neologismo pedantesco di volgarizzamento scientifico.
Imbecilli. Come se la facoltà di concepire il falso non fosse data all'uomo per ristoro del vero! Come se l'animale umano non crescesse col bisogno di favoleggiare un che diverso da quello che lo circonda! Come se il falso non fosse la sola cosa al mondo che diverta e sublimi gli animi! Come se il falso non fosse la materia e la forma dell'arte! Che sugo[4] a favoleggiare quello che tutto giorno facciamo e vediamo! Non ci annoia abbastanza, così fatto e veduto?
Che cosa, per esempio, di più essenzialmente falso del teatro! Di quanta forza di illusioni bisogna si carichi e si armi un pover uomo per resistere con pazienza a tutti quegli insulti del convenzionale che lo schiaffeggiano su quelle quattro tavole di legno, dietro quei lumi? Nessuno ha dimostrato meglio del signor Zola questo che io avvento[5] con rapide parole.
Ma nessuno ha più torto del signor Zola, quando dopo una tale dimostrazione crede di rimediare a tutto col dramma sperimentale[6]. Fra gli altri cataplasmi[7] del secolo decimonono non ci mancava proprio altro che cotesto! Ma non vede il brav'uomo, non sente, che è un'arte che muore in una civiltà che finisce?

1. **Ippocrate**: vissuto tra il V e il IV secolo a.C., viene considerato il fondatore della medicina nella Grecia classica. Carducci dà qui un significato diverso e ironico al celebre aforisma che gli è tradizionalmente attribuito.
2. **Quanti cartelloni**: la storia umana è paragonata al programma di una stagione teatrale.
3. **le nevi dell'altr'anno**: Carducci, la cui prosa è un continuo intarsio di citazioni implicite, gioca qui sui versi famosi della *Ballata delle dame del tempo che fu*, composta a metà Quattrocento dal poeta francese François Villon («Ditemi dove, in quale terra / è il più bel fiore di Roma, Flora? [...] E dove sono le nevi d'un tempo?»).
4. **Che sugo**: che gusto c'è.
5. **avvento**: esprimo in maniera precipitosa.
6. **signor Zola... sperimentale**: il capofila del romanzo naturalista Émile Zola voleva estendere le sue teorie alle opere teatrali, rendendole "logiche", realistiche, prive di ogni enfasi, e fondandole sull'interazione di caratteri e meccanismi psicologici o sociali il più possibile comuni. Progetto discutibile, secondo Carducci, visto che il teatro si basa su un alto grado di stilizzazione antirealistica (*Di quanta forza di illusioni... lumi?*).
7. **cataplasmi**: realtà noiose, moleste.

La poesia

TEMI E FORME

L'opera giovanile

Carducci ordinò la propria opera poetica in sei volumi, più alcuni componimenti sfusi, con criteri solo in parte cronologici. La produzione giovanile è raccolta in *Juvenilia* ("Cose giovanili", 1850-1860) e *Levia Gravia* ("Cose leggere, cose gravi", 1861-1871). Sono la testimonianza dell'apprendistato del poeta che si esercita nell'imitazione dei classici, dai latini alla tradizione italiana, con rigorosa esclusione della poesia romantica.

I tre volumi che raccolgono l'opera della maturità, la più significativa, raggruppano con criteri tematici e stilistici poesie scritte in periodi che in larga misura si sovrappongono.

Giosue Carducci in una caricatura di Augusto Majani detto Nasica del 1904.

Giambi ed Epodi

Nei *Giambi ed Epodi* (1867-1882) sono raccolte le poesie di satira politica; il titolo allude al metro tipico dell'invettiva nella poesia greca antica (*giambo*) e agli *Epodi*, le poesie di Orazio più cariche di umori polemici. È il momento più esplicitamente politico e di attualità della poesia carducciana, che commenta gli eventi di quegli anni scagliando acri invettive contro la classe dirigente moderata, in cui vede solo «piccioletti ladruncoli bastardi».

Questa tematica comporta importanti conseguenze stilistiche: nella scelta di un linguaggio classicista c'era il rischio della genericità, di una mancanza di presa sulla realtà vissuta, che è il limite di tanti dei versi giovanili. La spinta del furore polemico porta un forte correttivo in senso realistico: sono poesie fitte di nomi propri e di riferimenti alla cronaca, e le espressioni auliche si alternano a quelle della lingua quotidiana, o addirittura triviali, in accostamenti stridenti ma efficaci. Come in questi versi in cui l'Italia personificata celebra cinicamente le meschinità della vita parlamentare:

E così d'anno in anno, e di ministro
In ministro, io mi scarco
Del centro destro su 'l centro sinistro
E 'l mio lunario sbarco. [*Canto dell'Italia che va in Campidoglio*]

Rime nuove

Le *Rime nuove* (1861-1887) sono una raccolta di oltre cento liriche in una varietà di metri tradizionali, praticamente tutti quelli che offriva la storia della poesia italiana. Vi ha largo spazio l'ispirazione letteraria del poeta-professore: i temi amorosi si intrecciano a reminiscenze erudite o si vestono di forme attinte alla tradizione medievale e rinascimentale. Hanno un'impronta più originale le poesie che
▸T59 esprimono in modo più diretto situazioni affettive personali, paesaggi e stati d'animo; ai
▸T60 temi di affermazione gioiosa della vita (paesaggi ubertosi e inondati di sole, celebrazioni
▸T58 del lavoro, del vino e dell'amore) si affiancano i ripiegamenti malinconici: lutti familiari, amori che finiscono, delusione dei sogni di gioventù.

L'espressione degli affetti ha in questi versi una voluta semplicità, lontana da ogni complicazione sentimentale che possa turbare l'immagine rude e virile che il poeta vuole dare di sé.

Odi barbare Le *Odi barbare* (1877-1889), in buona parte contemporanee alle *Rime nuove*, si caratterizzano per la novità metrica (che peraltro riprende tentativi sporadici che c'erano già stati dal Quattrocento in poi): il poeta si sforza di riprodurre in italiano i metri della poesia latina; ma siccome questi si basavano sulla quantità sillabica (alternanza di sillabe brevi e lunghe), che in italiano è irrilevante, l'imitazione si può ottenere solo con varie combinazioni di versi italiani e con l'eliminazione della rima, sconosciuta alla poesia antica. Il risultato è definito "barbaro", perché tale suonerebbe a orecchie antiche, e insieme è nuovo e sorprendente per un orecchio educato alla poesia italiana.

I metri barbari servono a Carducci per creare un effetto ritmico aspro e dissonante, per la mancanza della rima, la frequenza di parole sdrucciole, gli accostamenti di versi ritmicamente sfasati: è un modo per reagire alla cantabilità facile di tanta poesia ottocentesca, in nome del gusto per una poesia lavorata, difficile, "antica". Di conseguenza il linguaggio è sempre sostenuto, scompaiono i momenti di colloquialità più cordiale presenti nelle altre raccolte, lo stile tende a un intarsio prezioso di reminiscenze erudite.

La poesia della storia Non mancano, anche nelle *Odi*, i temi privati e paesaggistici. Ma in questa raccolta prevale la poesia tipicamente carducciana della storia, di cui alcuni begli esempi sono inclusi anche nelle *Rime nuove* (*Il comune rustico*; *Ça ira*, collana di sonetti che rievocano la rivoluzione francese). Questa tematica è a volte rievocazione diretta, senza intromissioni soggettive, di momenti di forte scontro civile; più spesso nasce dalla visione di un paesaggio che la fantasia popola di figure del passato: è lo schema che si ripete dal *Comune rustico* alle più celebri *Odi barbare*.

▸T63
▸T58

La rievocazione del passato ha sempre un valore morale e civile: i personaggi dell'antica Roma e dell'età comunale sono esempi di operosità, di virile coraggio, di dedizione al dovere e alla collettività; la contrapposizione alla meschinità dell'età presente è a volte esplicita. Ma il fatto stesso che i valori si trovino incarnati solo nel passato rende ambiguo il significato della rievocazione: è proposta ammonitrice di esempi da imitare, ma è anche rifugio nella contemplazione di qualcosa di irrecuperabile, evasione dal presente. L'impeto progressista tinto di ottimismo positivista del giovanile *Inno a Satana* a poco a poco cede a uno stanco «desiderio vano de la bellezza antica».

Rime e ritmi Le poesie dell'ultima raccolta, *Rime e ritmi*, pubblicata nel 1899, riprendono, con qualche segno di stanchezza creativa, temi e forme delle precedenti, in metri tradizionali (*rime*) e "barbari" (*ritmi*).

FRA TRADIZIONE E INNOVAZIONE

Solarità e schiettezza L'immagine che Carducci ha amato dare di sé è quella di un poeta "solare", che sia nella poesia storica sia in quella paesaggistica e degli affetti afferma valori di forza morale, accettazione della vita nell'operosa concordia tra uomo e natura: una sorta di sereno materialismo nutrito ugualmente di ricordi classici e di echi positivisti, con punte anticristiane; esso comporta l'accettazione della morte come limite insuperabile dell'esperienza umana da affrontare con virile malinconia:

Mescete in vetta al luminoso colle,
mescete, amici, il biondo vino, e il sole
vi si rifranga: sorridete, o belle:
diman morremo. [*Su Monte Mario*]

Va nello stesso senso la voluta semplicità dello stile: contrapponendosi alla poesia romantica e simbolista, Carducci non mira a creare una suggestione indefinita e musicale, ma a delineare immagini limpide, situate in una prospettiva definita, costruite in modo essenziale con colori netti e intensi; ugualmente sobrio e schietto vuole essere nell'espressione dei sentimenti. L'aggettivazione, le metafore, le similitudini di solito non colpiscono per originalità.

Aspetti di sensibilità moderna

Nonostante questo, ci sono aspetti per cui il poeta "pagano" e "antico" si ritrova, forse senza intenzione, vicino alla sensibilità più nuova e inquieta del suo tempo. Sul piano tematico, soprattutto nei versi della maturità, l'ostentata "virilità" cede a tratti a qualcosa di più morbido; l'evasione nel sogno neoclassico dell'antichità come mitica età dell'oro, o uno scoramento che si fa desiderio di annientamento, come nel finale dell'ode *Alla stazione in una mattina d'autunno*: ▸T62

io voglio io voglio adagiarmi
in un tedio che duri infinito.

Sul piano stilistico, abbiamo visto come l'impianto classicista del linguaggio sia corretto da robuste iniezioni di elementi attuali, colloquiali: con questo la poesia carducciana sa dar vita a una varietà di situazioni, di particolari quotidiani, che la apparenta a suo modo alla tendenza al realismo propria del suo tempo. Non solo: affiorano anche, per quanto non frequenti, elementi di consonanza col linguaggio poetico di area simbolista: il gusto della sinestesia («Il divino del pian *silenzio verde*»), certe metafore più audaci (i «fanali» che «s'inseguono accidiosi», «sbadigliando la luce su 'l fango»).

Anche la scelta metrica "barbara" ha un aspetto bifronte tra passato e futuro: da un lato è un richiamo all'antico, dall'altro denuncia una stanchezza della metrica tradizionale, la stessa stanchezza che di lì a pochi anni porterà altri poeti ai primi esperimenti di verso libero.

Conservazione e novità

In conclusione, il predominio carducciano nella cultura letteraria italiana è stato visto da molti come un limite provinciale, che ha contribuito a tenere l'Italia fuori dalle tendenze più innovatrici della letteratura europea del secondo Ottocento, perpetuando un'immagine del letterato che altrove aveva fatto il suo tempo: il vate nazionale, il custode della tradizione. In questo giudizio c'è indubbiamente molto di vero, e tuttavia non si possono trascurare gli elementi di novità di cui il poeta maremmano è pure stato portatore più o meno consapevole. Non sarà proprio un caso se i poeti più nuovi e originali della generazione successiva, Pascoli e D'Annunzio, hanno entrambi preso le mosse da Carducci.

Giosue Carducci in compagnia di Gabriele D'Annunzio in una caricatura di Augusto Majani detto Nasica del 1929.

ZTE ONLINE
Mettiti alla prova con gli esercizi interattivi

GIOSUE CARDUCCI (1835-1907)

LA VITA E GLI ATTEGGIAMENTI POLITICI

Gioventù in Toscana:
- studia alla Scuola Normale Superiore di Pisa
- fonda la società classicista degli "Amici pedanti"
- insegna nel Ginnasio di S. Miniato

A Bologna:
- nel 1860 nominato professore universitario di Letteratura italiana
- nel 1878 incontro con i sovrani: passaggio dal giovanile radicalismo democratico all'adesione alla monarchia e a posizioni più moderate
- nel 1906 riceve il premio Nobel

LA POETICA E LA CRITICA

Classicismo:
- difesa della tradizione nazionale contro il romanticismo europeo (a cui in seguito si aprirà)
- valori pagani: attaccamento alla vita, "solarità", autonomia dell'individuo, sereno materialismo
- concezione "fabbrile" dell'arte: poesia come tecnica, mestiere, lavoro sulla parola
- missione civile della poesia

Attività critica:
- saggi su Dante, Parini e i contemporanei
- attenzione agli aspetti tecnici del lavoro poetico
- atteggiamento erudito che lo avvicina alla "scuola storica"

Prosatore:
- discorsi celebrativi e scritti d'occasione raccolti in *Confessioni e battaglie*
- estrosa vena polemica; stile classicista, ma sciolto e vivace

LA POESIA

- Immagine di poeta "solare", schietto, semplice e limpido nello stile
- Aspetti di sensibilità moderna, soprattutto nella poesia matura
- Poeta "bifronte": custode della tradizione, portatore più o meno consapevole di elementi di novità

Poesia giovanile (*Juvenilia* e *Levia Gravia*):
- apprendistato poetico nell'imitazione dei classici

Giambi ed Epodi:
- componimenti di aspra satira politica ispirati alla poesia greca e latina
- accostamenti efficaci tra classicismo e lingua quotidiana

Rime nuove:
- temi amorosi, ricordi autobiografici e reminiscenze erudite, ispirate alla tradizione medievale e rinascimentale
- espressione semplice e antiromantica

Odi barbare:
- novità metrica: tentativo di riprodurre il metro della poesia classica; effetto ritmico aspro e dissonante
- preponderanza del tema storico: rievocazione del passato e del suo valore morale e civile

Il poeta professore
- Quali furono le fonti di sostentamento e la collocazione sociale di Carducci?
- Riepilogate lo sviluppo delle sue posizioni politiche.

La poetica e la critica
- Qual è il significato estetico e ideologico del suo classicismo?

La poesia
- Quali sono i temi ricorrenti nella poesia carducciana?
- Definite l'importanza storica di Carducci nella storia della cultura italiana.

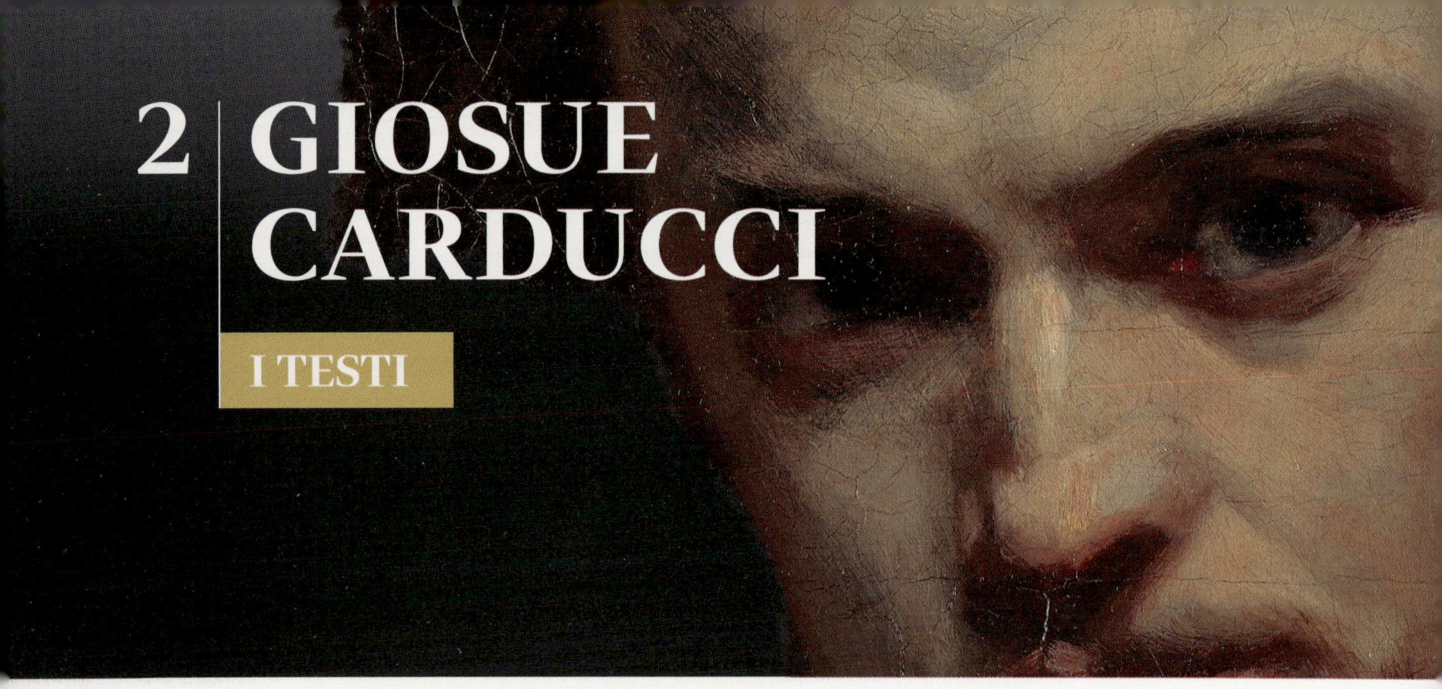

2 GIOSUE CARDUCCI

I TESTI

UN TESTO ESEMPLARE

T56 ▸ Il Comune rustico

La poesia fu scritta nel 1885, durante un soggiorno di Carducci in Carnia, tra i monti del Friuli, dove era andato per curarsi dai primi gravi disturbi circolatori. Il contatto con il paesaggio di montagna e con la semplicità e l'operosità degli abitanti del luogo gli suggerì questa poesia ambientata nel Medioevo (intorno all'anno Mille), nella quale immagina la costituzione di un piccolo Comune rurale, dopo che la terra è stata riscattata. Il console, supremo magistrato, la distribuisce ai membri della comunità.

▸ **METRO**: sestine di endecasillabi rimati secondo lo schema AABCCB.

O che tra faggi e abeti erma su i campi
smeraldini la fredda orma si stampi
al sole del mattin puro e leggero,
o che foscheggi immobile nel giorno
morente su le sparse ville intorno
a la chiesa che prega o al cimitero
   che tace, o noci de la Carnia, addio!
Erra tra i vostri rami il pensier mio
sognando l'ombre d'un tempo che fu.

1-2. **O che tra faggi... stampi**: sia che l'ombra (*fredda orma*) si stampi solitaria (*erma*) tra faggi e abeti sui campi verdi (*smeraldini*) al sole limpido e tiepido del mattino.
4-7. **o che foscheggi immobile... tace**: sia che (l'ombra) si diffonda cupa e ferma (*foscheggi immobile*), al tramonto, sui gruppi di case sparse intorno alla chiesa dove la gente prega (*a la chiesa che prega*) e al silenzioso cimitero.
7. **addio**: il poeta immagina di partire dalla Carnia.
9. **l'ombre... fu**: le immagini di un lontano periodo storico.

Non paure di morti ed in congreghe
diavoli goffi con bizzarre streghe,
ma del comun la rustica virtù
  accampata a l'opaca ampia frescura
veggo ne la stagion de la pastura
dopo la messa il giorno de la festa.
Il consol dice, e poste ha pria le mani
sopra i santi segnacoli cristiani:
– Ecco, io parto fra voi quella foresta
  d'abeti e pini ove al confin nereggia.
E voi trarrete la mugghiante greggia
e la belante a quelle cime là.
E voi, se l'unno o se lo slavo invade,
eccovi, o figli, l'aste, ecco le spade,
morrete per la nostra libertà. –
  Un fremito d'orgoglio empieva i petti,
ergea le bionde teste; e de gli eletti
in su le fronti il sol grande feriva.
Ma le donne piangenti sotto i veli
invocavan la Madre alma de' cieli.
Con la man tesa il console seguiva:
  – Questo, al nome di Cristo e di Maria,
ordino e voglio che nel popol sia. –
A man levata il popol dicea Sì.
E le rosse giovenche di su 'l prato
vedean passare il piccolo senato,
brillando su gli abeti il mezzodì.

Giosue Carducci, *Rime nuove*, LXXVII, in *Opere*, Zanichelli, Bologna, 1935-1940

10-15. **Non paure... festa**: non vedo (*veggo*) paurose apparizioni di morti, né ridicoli diavoli con bizzarre streghe in adunanza (*in congreghe*), ma i rustici e virtuosi abitanti del comune, accampati all'aperto, sotto l'ombra fresca dei noci, nella stagione dei pascoli (cioè l'estate) dopo la messa della domenica (*il giorno de la festa*).
16. **consol**: il supremo magistrato del Comune. **pria**: prima.
17. **segnacoli cristiani**: i simboli del cristianesimo, la Croce e i Vangeli.
18. **parto**: divido.
19. **ove... nereggia**: in fondo (*al confin*), dove si vede una zona più scura.
20-21. **la mugghiante... belante**: le mandrie di buoi e i greggi di pecore. Il console si rivolge ai pastori.
22. **se... invade**: se i barbari minacciano di invaderci (gli unni e gli slavi calavano in Italia dalle Alpi orientali). Qui il console si rivolge ai soldati.
23. **aste**: lance.
26. **ergea**: faceva alzare.
26-27. **de gli... feriva**: il sole già alto nei cieli (*grande*) colpiva le fronti dei prescelti (*eletti*).
29. **la Madre alma**: la Madonna; *alma*, dal latino "alere", che significa "nutrire", "dar vita".
30. **Con la man tesa**: in gesto di comando. **seguiva**: proseguiva.
33. **A man levata**: con la mano alzata in segno di giuramento.
36. **brillando**: mentre brillava.

Un gruppo di cavalieri in un dipinto di ambientazione medievale di Horace Vernet del 1827. (Versailles, Chateaux de Versailles)

ANALISI DEL TESTO

COMPRENDERE

Il paesaggio, l'evocazione storica Nella prima parte della poesia (vv. 1-9) il poeta prende congedo dagli alberi di noce della Carnia, descrivendo l'effetto della loro ombra in due diversi momenti della giornata: le ore limpide e fresche del primo mattino (vv. 1-3) e quelle immobili e silenziose del tramonto (vv. 4-6). Queste immagini di paesaggio evocano nella sua immaginazione una scena che potrebbe essersi svolta molti secoli prima sullo stesso sfondo campestre (vv. 6-8).

Da questo preambolo prende spunto la parte più ampia della poesia (vv. 10-35), dedicata alla descrizione della scena immaginata: la fondazione di un piccolo comune medievale, rappresentato nella sua forma più elementare: una comunità ristretta, ben integrata nella natura, pronta a difendere la propria indipendenza dalla minaccia di possibili invasori. Quest'ultimo particolare colloca la ricostruzione storica attorno all'anno Mille, quando su quei territori incombeva la minaccia delle popolazioni tedesche e slave.

Un Medioevo mitizzato Il *Comune* evocato dalla poesia è una comunità perfetta, fatta di gente sana, forte e concorde, sullo sfondo di un passato mitico, sul quale Carducci proietta i suoi ideali di giustizia, di laboriosità e di amor di patria: un'immagine del Medioevo che poteva piacere a un uomo della seconda generazione risorgimentale, alla ricerca di esempi storici da indicare come modelli etici e sociali all'Italia postunitaria, vissuta come pigra e moralmente decaduta. Non dunque il Medioevo cupo e oscurantista delle superstizioni religiose (vv. 10-11), ma quello libero e fiero della società comunale (*del comun la rustica virtù*, v. 12).

Si delinea così una società forte, coesa e ordinata, in cui ognuno sta al suo posto e fa la sua parte: il console esercita l'autorità con energia ed equità (vv. 18-24); la religione garantisce la coesione morale della collettività (vv. 15, 17, 31); gli uomini si mobilitano per il lavoro e per la guerra con unanime entusiasmo (vv. 25-27, 33); le donne si identificano nel proprio ruolo di mogli e madri dedicandosi agli affetti e alla preghiera (vv. 28-29); l'istituzione rappresentativa del senato garantisce il rispetto della volontà popolare (v. 35). È una visione della società che agli occhi di un lettore di oggi risulta ingenua e discutibile, ma nel quadro della mentalità dell'epoca poteva sembrare persuasiva e persino avanzata. Inoltre nel clima culturale e politico dell'Italia di quegli anni l'evocazione della minaccia degli unni e degli slavi (vv. 22-24) si poteva leggere come un'allusione abbastanza trasparente all'Impero asburgico, che occupava ampie zone al confine della Carnia, e un appello indiretto alla mobilitazione irredentista.

ANALIZZARE

Il magistero tecnico del «grande artiere» Carducci non amava l'idea romantica della poesia come "ispirazione" e presentò se stesso come «grande artiere» (▸T61), dedito a un impegno creativo basato su una piena padronanza degli strumenti tecnici del mestiere del poeta: la struttura compositiva del componimento conferma questo gusto per la poesia come lavoro altamente artigianale.

La struttura metrica (sestine di endecasillabi rimati secondo lo schema AABCCB) è arricchita dall'inserimento, in posizione fissa, di rime tronche nella seconda, quarta e sesta strofa; e in ciascuna di esse i monosillabi (*fu*, *là*, *Sì*: vv. 9, 21, 33) si alternano regolarmente ai polisillabi (*virtù*, *libertà*, *mezzodì*: vv. 12, 24, 36). Un'ulteriore variazione della ripetitività del ritmo è determinata dai forti *enjambements* che, scavalcando le pause metriche, legano gli ultimi versi delle prime tre strofe ai primi versi delle successive (*cimitero / che tace*; *virtù / accampata*; *foresta / d'abeti*: vv. 6-7; 12-13; 18-19).

Anche la struttura sintattica ha un andamento variato, con uno sviluppo diverso nelle due parti della poesia:

- nei primi nove versi, che fungono da preambolo, la sintassi è complessa e un po' faticosa, e la grande frequenza di *enjambements* rallenta il ritmo della lettura. L'ampiezza e la tortuosità del periodo, improntate a un'eloquenza di sapore classicheggiante, hanno la funzione di conferire all'esordio un'intonazione elevata e solenne;
- nella seconda parte, dedicata all'evocazione del quadro storico, la sintassi diventa semplice e lineare: le frasi sono brevi e scandite, e la

coordinazione prevale largamente sulla subordinazione. Gli *enjambements* sono solo due (vv. 12-13, 26-27), e le inserzioni del discorso diretto (vv. 18-24, 31-32) contribuiscono a dare un ritmo serrato alla rappresentazione.

Toni alti, riferimenti quotidiani La simpatia del poeta per il mondo semplice e vigoroso evocato dalla poesia è legata alla compenetrazione fra l'eroismo dei sentimenti e l'umiltà dell'ambientazione. Questo atteggiamento è reso attraverso uno stile composito, che accosta toni alti e riferimenti quotidiani.
Sul versante delle scelte stilistiche elevate si possono notare:
- il lessico aulico e classicheggiante (per esempio i latinismi *segnacoli*, v. 17; *parto*, v. 18; *eletti*, v. 26);
- la ricorrente inversione dell'ordine normale delle parole nella frase (*Erra tra i vostri rami il pensier mio*, v. 8; *in congreghe / diavoli goffi con bizzarre streghe*, vv. 10-11; *del comun la rustica virtù*, v. 12 ecc.);
- l'uso di perifrasi nobilitanti (oltre a quelle dei primi versi, dedicate all'evocazione delle ore mattutine e serali, si fa notare, per il suo carattere artificioso, quella dei vv. 20-21, *la mugghiante greggia e la belante*, per indicare le mucche e le pecore).

A questi elementi se ne possono accostare altri di segno opposto, tesi a sottolineare l'umiltà del mondo rurale evocato dal testo:
- la solennità del sostantivo *virtù* (v. 12), che condensa in sé con una metonimia tutta la positività della scena, è smorzata dagli aggettivi *rustica* e *accampata* (v.13);
- nel discorso del console compare un'espressione colloquiale (*quelle cime là*, v. 21);
- il *senato* (v. 35) che incede negli ultimi versi della poesia è caratterizzato dalla nota familiare e affettuosa dell'aggettivo *piccolo*, e il pubblico che assiste alla sfilata è quello placido e prosaico delle mucche al pascolo (vv. 34-35).

"Solarità" Un altro tratto tipicamente carducciano è il tipo di rapporto che si istituisce fra il tema centrale della poesia e gli squarci paesaggistici. Se nella parte iniziale e centrale del testo lo sfondo è prevalentemente ombroso (vv. 1-6, 13), nel momento culminante della rievocazione storica il gagliardo entusiasmo dei protagonisti è rischiarato dalla luce di un *sol grande* (v. 27); e l'ultima immagine che resta nella memoria del lettore è la macchia di colore delle *rosse giovenche* stampata sul verde del prato dal bagliore del mezzogiorno (vv. 34-36). Questa atmosfera luminosa e "solare" è un motivo ricorrente nella poesia di Carducci, che volle dare di sé l'immagine di un poeta capace di esaltare la positività della vita degli uomini e della natura nella sua piena concretezza e materialità.

CONTESTUALIZZARE

I "maledetti" e il "vate" Carducci compose questa poesia una trentina d'anni dopo la pubblicazione dei *Fiori del male* di Baudelaire (▸T22-T27) e una decina d'anni dopo *Una stagione all'inferno* e le *Illuminazioni* di Rimbaud (▸T28-T30). Impossibile immaginare mondi poetici più lontani, tanto nei temi quanto nello stile: da un lato la sperimentazione iconoclasta di un linguaggio poetico totalmente nuovo, dall'altro l'istituzione di saldi legami con la tradizione letteraria; da un lato la rivolta anarchica e individualistica contro ogni ordine costituito, dall'altro la ricerca nel passato dei valori collettivi di una nazione; da un lato l'idea del poeta come deviante e "maledetto", dall'altro l'idea del "vate" che si pone come guida morale della società.
Queste profonde differenze sono legate alla specificità della situazione storica dell'Italia alle prese con i problemi dell'unità appena raggiunta: l'opera di Carducci si pose, nella forma e nei contenuti, come una risposta all'esigenza di costruire una cultura nazionale capace di offrire ideali comuni e un'identità collettiva condivisa ai cittadini del nuovo Stato. I richiami ai momenti eroici della storia patria e la celebrazione di un'idea di bellezza fermamente ancorata alla tradizione offrirono al pubblico di ceto medio un quadro di valori in cui riconoscersi, e Carducci occupò un ruolo centrale nella cultura italiana del secondo Ottocento.
Questo non significa che il mondo culturale di Carducci fosse angustamente provinciale: conosceva e amava la grande letteratura romantica europea, e tradusse mirabilmente Heine, Goethe e altri scrittori tedeschi; semplicemente, si sentì profondamente estraneo alle suggestioni ribellistiche ed estetizzanti che percorrevano la letteratura del secondo Ottocento, sia nella versione dei capostipiti europei sia nelle rielaborazioni dei loro epigoni italiani (▸T37-T39).

▸ p. 284

Poesie

Dell'ampia produzione carducciana presentiamo un brano dall'*Inno a Satana* (▸T57), che documenta il giacobinismo repubblicano e anticlericale della gioventù, e alcune liriche della maturità, tratte dalle raccolte *Rime nuove* e *Odi barbare*. Nella prima hanno un'impronta più originale le liriche dedicate a temi più intimi: dai dolori familiari (▸T58) alla celebrazione delle gioie materiali della vita e del lavoro (▸T59) alla rievocazione di situazioni affettive personali (▸T60). Appartengono alla raccolta anche liriche di rievocazione storica e dichiarazioni di poetica (▸T61) nelle quali si affaccia il Carducci poeta civile.
Odi barbare è una raccolta di 50 poesie composte tra il 1877 e il 1889: testimonia quindi un'esperienza poetica spesso parallela a quella delle *Rime nuove*. Sono presenti tanto i temi privati (▸T62) quanto quelli storici e civili.

T57 ▸ Inno a Satana

Carducci agli esordi è un giovane poeta, letterato e professore universitario che fa parlare di sé. Giacobino, anticlericale, anticonformista, scandalizza i benpensanti e prova gusto a farlo: l'*Inno a Satana*, di cui riportiamo alcuni versi, è un'espressione tipica di questo atteggiamento. Scritto nel 1863, pubblicato a Pistoia nel 1865 sotto lo pseudonimo di Enotrio Romano, viene ristampato nel «Popolo di Bologna», l'8 dicembre 1869, in occasione dell'apertura del Concilio Vaticano I, con precisa intenzione provocatoria.

▸ **METRO**: quartine di quinari, il primo e il terzo sdruccioli, il secondo e il quarto piani e rimati.

A te, de l'essere
principio immenso,
materia e spirito,
ragione e senso;
mentre ne' calici
il vin scintilla
sì come l'anima
ne la pupilla;
mentre sorridono
la terra e il sole
e si ricambiano
d'amor parole,
e corre un fremito
d'imene arcano
da' monti e palpita
fecondo il piano;

1-4. **A te... senso**: Satana, e non Dio, è il *principio* di tutte le cose spirituali e materiali.
7-8. **sì... pupilla**: come i pensieri e i sentimenti (*l'anima*) brillano negli occhi.
13-16. **corre... piano**: un misterioso impulso amoroso (*fremito... arcano*) scende dai monti e rende i campi fecondi. L'immagine materialistica della natura vivificata dall'istinto erotico rinvia a Satana, come negazione del Dio spirituale e repressivo del cristianesimo.

a te disfrenasi
il verso ardito,
te, invoco, o Satana,
re del convito.
Via l'aspersorio,
prete, e il tuo metro!
No, prete, Satana
non torna indietro!
Vedi: la ruggine
rode a Michele
il brando mistico,
ed il fedele
spennato arcangelo
cade nel vano.
Ghiacciato è il fulmine
a Geova in mano.
Meteore pallide,
pianeti spenti,
piovono gli angeli
da i firmamenti.
Ne la materia
che mai non dorme,
re de i fenomeni,
re de le forme,
sol vive Satana.
Ei tien l'impero
nel lampo tremulo
d'un occhio nero,
o ver che languido
sfugga e resista,
od acre ed umido
provochi, insista.
Brilla de' grappoli
nel lieto sangue,
per cui la rapida
gioia non langue,

Satana e gli angeli ribelli in un'incisione di William Blake del 1808.

17. **a te disfrenasi**: in tuo onore si libera.
20. **re del convito**: Satana, sovrano della vita goduta come un allegro banchetto (*convito*).
21. **l'aspersorio**: lo strumento con cui i preti spruzzano l'acqua benedetta negli esorcismi e in altri riti religiosi.
22. **il tuo metro**: le tue preghiere in versi contro Satana.
26. **Michele**: l'arcangelo che cacciò Satana e gli angeli ribelli all'Inferno. È raffigurato con una spada in pugno.
27. **brando**: spada.
29. **spennato**: senza più penne, quindi umiliato e vinto.
30. **nel vano**: nel vuoto.
31-32. **Ghiacciato... mano**: il fulmine che Dio (*Geova*, uno dei possibili nomi di Dio ricavabili dall'Antico Testamento) scagliava per punire i peccatori gli si è gelato nelle mani. Dio ha perduto la sua temibile onnipotenza.
33-36. **Meteore... firmamenti**: (finito il regno di Dio) gli angeli precipitano dai cieli come meteore senza luce, pianeti senza vita.
38. **che... dorme**: che è sempre in movimento, in continua trasformazione.
39-40. **re de... forme**: Satana, l'energia che anima i fenomeni della natura e dà forma al mondo.
42-44. **Ei tien... nero**: egli esercita il suo potere nei luminosi occhi neri di una donna.
45-47. **o ver che... od...**: sia quando... sia quando (si riferisce al lampo degli occhi).
49-50. **de' grappoli... sangue**: nel vino rosso che produce allegria.
51-52. **per cui... langue**: grazie al quale la gioia non è più effimera (*rapida*) ma dura a lungo.

che la fuggevole
vita ristora,
che il dolor proroga,
che amor ne incora.
Tu spiri, o Satana,
nel verso mio,
se dal sen rompemi
sfidando il dio
de' rei pontefici,
de' re cruenti;
e come fulmine
scuoti le menti.
[...]
un bello e orrido
mostro si sferra,
corre gli oceani,
corre la terra:
corusco e fumido
come i vulcani,
i monti supera,
divora i piani;
sorvola i baratri;
poi si nasconde
per antri incogniti,
per vie profonde;
ed esce; e indomito
di lido in lido
come di turbine
manda il suo grido,
come di turbine
l'alito spande:
ei passa, o popoli,
Satana il grande.
Passa benefico
di loco in loco
su l'infrenabile
carro del foco.
Salute, o Satana,
o ribellione,
o forza vindice
de la ragione!
Sacri a te salgano
gl'incensi e i voti!
Hai vinto il Geova
de i sacerdoti.

Giosue Carducci, *Inno a Satana*, vv. 1-64, 169-200,
in *Opere*, Zanichelli, Bologna, 1935-1940

54. **ristora**: conforta.
55. **proroga**: allontana.
56. **amor ne incora**: ci invita all'amore.
59. **rompemi**: mi prorompe (il soggetto è *il verso mio*).
61-62. **de' rei... cruenti**: il dio di papi malvagi e di re sanguinari.
169. **orrido**: sconvolgente. È la macchina a vapore, simbolo di progresso. In questi versi l'attenzione del poeta si concentra sul treno.
173. **corusco e fumido**: lampeggiante e fumoso.
179. **antri incogniti**: gallerie nascoste, scavate nella roccia.
184. **il suo grido**: il fischio della vaporiera.
186. **l'alito**: lo sbuffare del vapore, come respiro del *mostro* del v. 170.
192. **carro del foco**: la locomotiva dove arde la caldaia.
195. **vindice**: vendicatrice.
198. **i voti**: le preghiere.

DIALOGO CON IL TESTO

COMPRENDERE

Satana simbolo della libertà di pensiero Nell'*Inno a Satana* Carducci celebra il trionfo della materia sullo spirito, della libertà di pensiero, della ragione e della scienza sull'oscurantismo della religione. L'argomento è affrontato d'impeto, con il gusto di profanare istituzioni intoccabili e valori consacrati, senza particolare cura per le finezze intellettuali e stilistiche («è inutile ch'io segni al tuo giudizio le molte strofe tirate giù alla meglio per finire», scrive lo stesso Carducci a un amico).

Ateismo, materialismo, positivismo Il componimento è un repertorio dei temi tipici del Carducci "giacobino" degli anni Sessanta:
- la sconfitta di Dio in un mondo che trova in se stesso la sua ragion d'essere;
- l'elogio "pagano" dei piaceri materiali della vita;
- la sfida alla secolare alleanza fra potere politico e religioso;
- l'esaltazione positivistica del progresso tecnico e scientifico.

- **Individuate questi temi nel testo.**

ANALIZZARE

Il ritmo Una funzione fondamentale nell'*Inno a Satana* svolge l'andamento ritmico, determinato da scelte metriche inconsuete rispetto alla tradizione poetica codificata.

- **Analizzate il tipo di verso scelto, lo schema delle rime, il rapporto tra metrica e sintassi: come definireste il ritmo che ne scaturisce?**
- **Quali effetti vi sembra che un simile andamento ritmico voglia produrre sui lettori?**

L'attualità poetizzata Vale la pena di sottolineare comunque che la formazione classicistica di Carducci si fa sentire anche nella trattazione dei contenuti più attuali. Notate come il poeta, nel rappresentare la macchina a vapore come simbolo della modernità e del progresso, senta la necessità di "poetizzarla" rappresentandola come una sorta di favoloso mostro mitologico.

CONTESTUALIZZARE

Le fonti del ribellismo carducciano I primi anni di Carducci a Bologna furono caratterizzati dallo studio delle storie della rivoluzione francese, per le cui idee provava un'accesa simpatia, e dalla lettura degli autori dello *Sturm und Drang* (Goethe e Schiller) e del romanticismo più impegnato socialmente (Hugo). Questi testi animarono il suo ideale di eroismo ribelle, già acceso dalle delusioni politiche degli anni 1860-1867 (dalla cessione di Nizza e Savoia alla Francia alla sconfitta di Garibaldi a Mentana da parte delle truppe franco-pontificie) e dal clima di cattolicesimo intransigente che si respirava a Bologna.

«Una birbonata» Per comprendere le intenzioni di Carducci quando scrisse l'*Inno a Satana* vale la pena di ricordare qualche dettaglio. L'*Inno* fu composto di getto in una notte, cosa che a prima vista sembra comprensibile per un carattere irruente come quello del poeta, ma sorprendente se si pensa alla cura classicistica per la forma che egli professò sempre. La sua ripubblicazione nel 1869 in coincidenza con il Concilio Vaticano convocato da Pio IX suscitò violente polemiche alle quali Carducci rispose volentieri con le *Polemiche sataniche*.
Molti anni dopo, nella prefazione all'edizione di *Levia Gravia* (1881), Carducci si mostrò pentito della pubblicazione frettolosa dell'inno, che ora gli sembrava una «chitarronata», cioè una volgare cantilena, ma continuava a ritenere valide le idee in esso contenute: «fu una birbonata utile: [...] l'Italia col tempo dovrebbe inalzarmi una statua, pel merito civile dell'aver sacrificato la mia coscienza d'artista al desiderio di risvegliar qualcuno e rinnovare qualche cosa.»

ANALISI

T58 ▸ Pianto antico

La poesia, scritta nel 1871, è dedicata al ricordo del figlio Dante, morto all'età di tre anni nel 1870. Con l'aggettivo «antico» Carducci voleva probabilmente alludere al carattere primordiale del dolore di fronte alla morte.

▸ **METRO**: quartine di settenari; il secondo verso rima col terzo; il quarto, tronco, ha sempre la stessa rima (ABBC, DEEC...).

L'albero a cui tendevi
la pargoletta mano,
il verde melograno
da' bei vermigli fior,
nel muto orto solingo
rinverdì tutto or ora
e giugno lo ristora
di luce e di calor.
Tu fior de la mia pianta
percossa e inaridita,
tu de l'inutil vita
estremo unico fior,
sei ne la terra fredda,
sei ne la terra negra;
né il sol più ti rallegra
né ti risveglia amor.

2. **pargoletta**: piccolina, da bambino. È un'espressione già usata da Tasso: «la pargoletta man sicura stendo».
4. **vermigli**: rossi.
5. **solingo**: solitario, perché non risuona più della voce del bambino.
7. **lo ristora**: gli ridà vita.
12. **estremo**: ultimo.
14. **negra**: nera.

Giosue Carducci, *Rime nuove*, XLII, in *Opere*, Zanichelli, Bologna, 1935-1940

DIALOGO CON IL TESTO

COMPRENDERE

Un pianto senza consolazione A un poeta come Carducci, tutto proteso a celebrare materialisticamente la positività e la "solarità" della vita, la morte del figlio si presenta come desolazione totale, senza consolazione possibile: «Io aveva avviticchiate attorno a quel bambino tutte le mie gioie, tutte le mie speranze, tutto il mio avvenire», scrive a un amico.

Il tema è affrontato riprendendo un motivo di origine classica – il contrasto tra la perennità della vita della natura e la brevità della vita dell'uomo – che qui viene però ricondotto a dimensioni quotidiane e domestiche: una pianta che rifiorisce, la luce e i colori dell'estate, un orto rimasto muto e deserto. Di origine classica è anche la simbologia del melograno come pianta della fecondità e dell'amore, sottolineate dal colore verde della pianta e rosso dei fiori; ma nella seconda strofa la fecondità si rivela illusoria, e l'amore destinato a essere deluso.

ANALIZZARE

Equilibrio e compostezza Il dolore lacerante che ispira la poesia si esprime in modo equilibrato, con un pudore e una compostezza che ne accentuano l'intensità. Cooperano a questo effetto:

- il ritmo cantabile del metro, che rinvia alla lirica settecentesca, solitamente usato per temi leggeri o lievemente malinconici, e che ha l'effetto di una ninna nanna desolata;
- la costruzione nitida e ordinata del discorso, diviso in due parti di uguale lunghezza, dedicate rispettivamente al motivo del melograno e a quello della morte;
- la chiarezza e la razionalità delle strutture sintattiche, scandite nella seconda parte del testo dal ricorrere della figura dell'anafora.

● **Il passaggio tra la prima e la seconda parte della poesia è costituito da una metafora che ne salda i due motivi fondamentali. Di che metafora si tratta?**

T59 ▸ San Martino

La poesia fu scritta nel 1883. Il titolo dà l'indicazione di una data: l'11 novembre, giorno del calendario dedicato a San Martino, quando si usava spillare il vino nuovo dai tini.

▸ **METRO**: quartine di settenari; il secondo verso rima col terzo; il quarto, tronco, ha sempre la stessa rima.

La nebbia a gl'irti colli
piovigginando sale,
e sotto il maestrale
urla e biancheggia il mar;
ma per le vie del borgo
dal ribollir de' tini
va l'aspro odor de i vini
l'anime a rallegrar.
Gira su' ceppi accesi
lo spiedo scoppiettando:
sta il cacciator fischiando
su l'uscio a rimirar
tra le rossastre nubi
stormi d'uccelli neri,
com'esuli pensieri,
nel vespero migrar.

1. **irti**: coperti di vegetazione spoglia.
3. **maestrale**: vento di nord-ovest.
6. **dal ribollir de' tini**: dai recipienti dove il mosto d'uva fermenta in vino.
13. **rossastre**: per il tramonto.
15. **esuli pensieri**: pensieri in fuga, simili agli uccelli che emigrano.
16. **migrar**: dipende da *sta il cacciator... a rimirar* dei vv. 11-12.

Giosue Carducci, *Rime nuove*, LVIII, in *Opere*, Zanichelli, Bologna, 1935-1940

TESTI

T59

DIALOGO CON IL TESTO

COMPRENDERE

Un mondo in armonia È una rapida serie di impressioni centrate sul contrasto – sottolineato dal *ma* che apre la seconda strofa (v. 5) – tra lo squallore del paesaggio autunnale e il senso di calore e di serenità che si avverte nell'ambiente raccolto e festoso del *borgo*, dove l'attività dell'uomo vince il rigore della natura: su questo sfondo i pensieri tristi volano via, come uccelli in fuga. Ne nasce l'immagine di un pezzo di mondo dove tutto è come deve essere: la stagione, il clima, l'uomo, il suo lavoro e perfino la sua, per altro fugace, tristezza.

ANALIZZARE

Immagini sensitive Il carattere "percettivo" della lirica è sottolineato dal susseguirsi di immagini visive, uditive, olfattive, che si imprimono vivacemente nella fantasia del lettore.

● **Individuatele nel testo.**

Inquadrature Come è tipico dello stile di Carducci, e coerentemente con l'idea di armonia che la poesia vuole suscitare, queste immagini sono disposte in un ordine compatto ed equilibrato: nel componimento si susseguono un'inquadratura d'insieme, un progressivo restringersi della scena e un ritorno all'inquadratura iniziale, secondo un movimento di tipo circolare.

● **Suddividete il testo in questi tre momenti.**

L'impressione di scorrevole naturalezza è rafforzata dal metro cadenzato, dalla semplicità delle scelte sintattiche e lessicali.

T60 ▸ Davanti San Guido

Questa poesia fu composta e pubblicata in due fasi molto lontane tra loro: dapprima nel 1874, con le prime venti strofe, poi nella versione completa nel 1886. Carducci ebbe l'ispirazione mentre tornava in treno a Bologna passando per la Maremma toscana, dove rivide l'oratorio di San Guido e Bolgheri, i luoghi dove passò la sua infanzia.

▸ **METRO**: quartine di endecasillabi a rime alternate.

I cipressi che a Bólgheri alti e schietti
van da San Guido in duplice filar,
quasi in corsa giganti giovinetti
mi balzarono incontro e mi guardâr.

Mi riconobbero, e – Ben torni omai –
bisbigliaron vèr' me co 'l capo chino —
perché non scendi? perché non ristai?
Fresca è la sera e a te noto il cammino.

Oh sièditi a le nostre ombre odorate
ove soffia dal mare il maestrale:
ira non ti serbiam de le sassate
tue d'una volta: oh, non facean già male!

Nidi portiamo ancor di rusignoli:
deh perché fuggi rapido così?
Le passere la sera intreccian voli
a noi d'intorno ancora. Oh resta qui! –

– Bei cipressetti, cipressetti miei,
fedeli amici d'un tempo migliore,
oh di che cuor con voi mi resterei –
guardando io rispondeva – oh di che cuore!

Ma, cipressetti miei, lasciatem'ire:
or non è più quel tempo e quell'età.
Se voi sapeste!... via, non fo per dire,
ma oggi sono una celebrità.

E so legger di greco e di latino,
e scrivo e scrivo, e ho molte altre virtù:
non son più, cipressetti, un birichino,
e sassi in specie non ne tiro più.

E massime a le piante. – Un mormorio
pe' dubitanti vertici ondeggiò,

Santiago Rusiñol Prats, *Jardín de Játiva*, XIX secolo. (Collezione privata)

1. **Bólgheri**: borgo a sud-est di Livorno, oggi frazione di Castagneto. **schietti**: dritti.
2. **San Guido**: oratorio del Settecento a pochissimi chilometri da Bolgheri, a cui è collegato da una strada fiancheggiata da cipressi. **filar**: fila.
3. **quasi**: come (latinismo).
4. **guardâr**: guardarono.
5. **Ben torni omai**: finalmente ritorni.
5. **vèr**: verso.
7. **ristai**: ti fermi.
10. **maestrale**: il vento che spira da nord-ovest.
11-12. **le sassate... volta**: i sassi che il poeta tirava contro gli alberi da bambino.
13. **rusignoli**: usignoli.
19. **di che cuor**: quanto volentieri.
21. **lasciatem'ire**: lasciatemi andare.
23. **non fo per dire**: non faccio per vantarmi.
29. **E massime a le piante**: e soprattutto alle piante; ora che è cresciuto, il poeta tira altri tipi di sassi, cioè le feroci polemiche contro i suoi rivali accademici, politici e letterari.
30. **vertici**: le cime dei cipressi.

e il dì cadente con un ghigno pio
tra i verdi cupi roseo brillò.
Intesi allora che i cipressi e il sole
una gentil pietade avean di me,
e presto il mormorio si fe' parole:
– Ben lo sappiamo: un pover uom tu se'.
Ben lo sappiamo, e il vento ce lo disse
che rapisce de gli uomini i sospir,
come dentro al tuo petto eterne risse
ardon che tu né sai né puoi lenir.
A le querce ed a noi qui puoi contare
l'umana tua tristezza e il vostro duol.
Vedi come pacato e azzurro è il mare,
come ridente a lui discende il sol!
E come questo occaso è pien di voli,
com'è allegro de' passeri il garrire!
A notte canteranno i rusignoli:
rimanti, e i rei fantasmi oh non seguire;
i rei fantasmi che da' fondi neri
de i cuor vostri battuti dal pensier
guizzan come da i vostri cimiteri
putride fiamme innanzi al passegger.
Rimanti; e noi, dimani, a mezzo il giorno,
che de le grandi querce a l'ombra stan
ammusando i cavalli e intorno intorno
tutto è silenzio ne l'ardente pian,
ti canteremo noi cipressi i cori
che vanno eterni fra la terra e il cielo:
da quegli olmi le ninfe usciran fuori
te ventilando co 'l lor bianco velo;
e Pan l'eterno che su l'erme alture
a quell'ora e ne i pian solingo va
il dissidio, o mortal, de le tue cure
ne la diva armonia sommergerà. –
Ed io – Lontano, oltre Apennin, m'aspetta
la Tittì – rispondea –; lasciatem'ire.
È la Titti come una passeretta,

31. **un ghigno pio**: un sorriso benevolo.
34. **pietade**: compassione.
39. **risse**: contraddizioni, conflitti.
40. **lenir**: placare.
41. **contare**: confidare.
42. **duol**: dolore.
45. **occaso**: tramonto (latinismo).
46. **garrire**: cinguettare.
48. **rimanti**: resta (forma sincopata di *rimàniti*). **rei fantasmi**: dannosi, inutili pensieri.
52. **putride fiamme**: i fuochi fatui, provocati nei cimiteri dai gas prodotti dalla putrefazione dei cadaveri.
54-55. **che... cavalli**: quando i cavalli stanno muso contro muso (*ammusando*) all'ombra delle grandi querce.
56. **pian**: pianura.
60. **te ventilando**: facendoti aria.
61. **Pan**: divinità greca, metà uomo e metà capro, che viveva nei boschi suonando la siringa, un flauto fatto di canne intrecciate. **erme**: solitarie.
63. **o mortal**: o uomo (riferito al poeta). **cure**: preoccupazioni (latinismo).
64. **diva armonia**: musica divina.
65. **oltre Apennin**: oltre l'Appennino, a Bologna, dove Carducci viveva con la famiglia e insegnava.
66. **Tittì**: soprannome affettuoso di Libertà, l'ultima figlia di Carducci, che all'epoca della stesura della poesia aveva due anni.

ma non ha penne per il suo vestire.
  E mangia altro che bacche di cipresso;
né io sono per anche un manzoniano
che tiri quattro paghe per il lesso.
Addio cipressi! addio, dolce mio piano! –
  – Che vuoi che diciam dunque al cimitero
dove la nonna tua sepolta sta? –
E fuggìano, e pareano un corteo nero
che brontolando in fretta in fretta va.
  Di cima al poggio allor, dal cimitero,
giú de' cipressi per la verde via,
alta, solenne, vestita di nero
parvemi riveder nonna Lucia;
  la signora Lucia, da la cui bocca,
tra l'ondeggiar de i candidi capelli,
la favella toscana, ch'è sí sciocca
nel manzonismo de gli stenterelli,
  canora discendea, co 'l mesto accento
de la Versilia che nel cuor mi sta,
come da un sirventese del trecento,
pieno di forza e di soavità.
  O nonna, o nonna! deh com'era bella
quand'ero bimbo! ditemela ancor,
ditela a quest'uom savio la novella
di lei che cerca il suo perduto amor!
  – Sette paia di scarpe ho consumate
di tutto ferro per te ritrovare:
sette verghe di ferro ho logorate
per appoggiarmi nel fatale andare:
  sette fiasche di lacrime ho colmate,
sette lunghi anni, di lacrime amare:
tu dormi a le mie grida disperate,
e il gallo canta, e non ti vuoi svegliare. –

Ferdinand Georg Waldmüller, *Visita al cimitero*, 1839. (Berlino, Alte Nationalgalerie)

69. **altro che**: tutt'altro che.
70-71. **manzoniano... paghe per il lesso**: scrittore che imita Manzoni per guadagnarsi da vivere; letteralmente “che rimedia qualche stipendio per il pranzo” (*lesso*).
80. **nonna Lucia**: Lucia Galleni, la nonna materna del poeta.
81. **da la cui bocca**: va collegato al verbo *discendea* del v. 85.
83-84. **la favella... stenterelli**: la lingua toscana, che è così insipida (*sciocca*) nell'imitazione manzoniana (*manzonismo*) fatta dagli scrittori toscaneggianti (chiamati *stenterelli* da Stenterello, maschera popolare fiorentina).
85. **canora**: dolce e musicale, in contrapposizione allo *sciocca* del v. 83.
86. **Versilia**: l'estremità nord-occidentale della provincia di Lucca; la nonna Lucia era nata a Seravezza.
87. **sirventese**: componimento medievale di origine provenzale, che assumeva varie forme metriche e trattava svariati temi.
93-100. **Sette paia... svegliare**: è la fiaba intitolata *Re Porco*, in cui una donna deve affrontare le terribili prove elencate per ritrovare il suo sposo e riguadagnare il suo amore. La fiaba narra di un principe nato con un corpo di maiale come punizione per la cattiveria di sua madre, che aveva malamente scacciato un mendicante quando era incinta di lui. Malgrado il suo aspetto, il principe-maiale riesce a sposare una ragazza, alla quale rivela il suo segreto: di notte egli può riprendere la sua forma umana, ma di giorno ha lo sgradevole aspetto suino. La ragazza rivela il segreto, sebbene abbia promesso di non farlo, e così il principe fugge lontano da lei, dicendo che potrà ritrovarlo solo se camminerà per sette anni, logorando sette paia di scarpe e sette verghe di ferro e riempiendo sette fiasche di lacrime. Dopo lunghe sofferenze, la ragazza ritrova il principe e riconquista il suo amore.

Deh come bella, o nonna, e come vera
è la novella ancor! Proprio così.
E quello che cercai mattina e sera
tanti e tanti anni in vano, è forse qui,
sotto questi cipressi, ove non spero
ove non penso di posarmi più:
forse, nonna, è nel vostro cimitero
tra quegli altri cipressi ermo là su.
Ansimando fuggìa la vaporiera
mentr'io così piangeva entro il mio cuore;
e di polledri una leggiadra schiera
annitrendo correa lieta al rumore.
Ma un asin bigio, rosicchiando un cardo
rosso e turchino, non si scomodò:
tutto quel chiasso ei non degnò d'un guardo
e a brucar serio e lento seguitò.

Giosue Carducci, *Rime nuove*, LXXII, in *Opere*, Zanichelli, Bologna, 1935-1940

108. **ermo**: isolato.
109. **vaporiera**: locomotiva.
111. **polledri**: puledri.
112. **annitrendo**: nitrendo.
113. **bigio**: grigio. **cardo**: pianta selvatica dai fiori di color porpora.

TESTI

T60

DIALOGO CON IL TESTO

COMPRENDERE

Un viaggio nei ricordi Il poeta viaggia in treno lungo la Maremma livornese, diretto *oltre Apennin* (v. 65), a Bologna, per rivedere la sua famiglia. Guardando a destra, in direzione opposta al mare, vede di scorcio la doppia fila di cipressi che collegano l'oratorio di San Guido al paesino di Bolgheri, dove visse da bambino dal 1837 al 1848.

La nota diffidenza di Carducci verso il sentimentalismo si esprime in un atteggiamento iniziale di superiorità: ora egli è un uomo famoso e dotto, non ha certo tempo per i ricordi! Ma poi le memorie di un'infanzia libera e selvatica, che ha forgiato il suo carattere, prendono il sopravvento, e la scena culmina nella visione della nonna Lucia, sepolta nel cimitero di Bolgheri. La conclusione è sconsolata: malgrado la fama e la cultura, il poeta non ha trovato la vera felicità, che rimane confinata in un passato ormai scomparso per sempre.

- **Quale valore simbolico hanno, secondo voi, i puledri che corrono festosi dietro alla locomotiva e l'asino che non si gira neanche a guardarla?**

ANALIZZARE

Tono colloquiale ma non troppo Lo stile della poesia, coerentemente con l'argomento e con la situazione descritta, è semplice e colloquiale, come se il dotto poeta volesse ritornare bambino anche nel modo di parlare con il paesaggio della sua infanzia. Anzi, nella sua fantasia gli alberi, il sole e gli uccelli non si limitano a parlare, ma esprimono i propri sentimenti anche con atteggiamenti corporei, come se fossero esseri umani.

- **Individuate nel testo le espressioni con cui gli elementi del paesaggio vengono umanizzati.**

Non mancano tuttavia alcuni elementi tipici della sua poesia: il tono sarcastico della polemica letteraria e un vigoroso classicismo, da lui ritenuto un efficace antidoto alle degenerazioni sentimentalistiche del tardo romanticismo.

- **Indicate i punti del componimento in cui il poeta esprime la polemica letteraria con termini concreti.**
- **Individuate i riferimenti al mondo classico.**

T61 ▸ Congedo

Questa poesia, la cui redazione definitiva è del 1887, conclude la raccolta *Rime nuove*.

▸ **METRO**: strofe di sei versi ottonari e quaternari secondo lo schema AaBCcB.

Il poeta, o vulgo sciocco,
un pitocco
non è già, che a l'altrui mensa
via con lazzi turpi e matti
porta i piatti
ed il pan ruba in dispensa.

E né meno è un perdigiorno
che va intorno
dando il capo ne' cantoni,
e co 'l naso sempre a l'aria
gli occhi svaria
dietro gli angeli e i rondoni.

E né meno è un giardiniero
che il sentiero
de la vita co 'l letame
utilizza, e cavolfiori
pe' signori
e vïole ha per le dame.

Il poeta è un grande artiere,
che al mestiere
fece i muscoli d'acciaio:
capo ha fier, collo robusto,
nudo il busto,
duro il braccio, e l'occhio gaio.

Non a pena l'augel pia
e giulía
ride l'alba a la collina,
ei co 'l mantice ridesta
fiamma e festa
e lavor ne la fucina;

e la fiamma guizza e brilla
e sfavilla
e rosseggia balda audace,
e poi sibila e poi rugge
e poi fugge

Carlo Carrà, *Allegoria del lavoro*, 1905. (Collezione privata) © Carlo Carrà, by SIAE 2020

1. **vulgo sciocco**: gente volgare e stolta.
2. **pitocco**: miserabile accattone.
4. **lazzi… matti**: battute volgari e strampalate.
7. **perdigiorno**: sfaccendato.
9. **dando… cantoni**: sbattendo la testa a ogni angolo di strada, sempre stordito e distratto.
14-18. **che… dame**: che sfrutta i fatti della vita, li condisce di volgarità (*co 'l letame*), e li trasforma in oggetti di facile consumo (*cavolfiori*) per i signori e in romantiche frivolezze (*vïole*) per le signore.
19. **artiere**: artigiano.
25. **pia**: pigola.
26. **giulía**: giuliva, allegra.
28-30. **ei… fucina**: il poeta è paragonato al fabbro che, di prima mattina, risveglia col mantice il fuoco della fucina e la festosità del lavoro.

scoppiettando da la brace.
Che sia ciò, non lo so io;
lo sa Dio
che sorride al grande artiero.
Ne le fiamme così ardenti
gli elementi
de l'amore e del pensiero
egli gitta, e le memorie
e le glorie
de' suoi padri e di sua gente.
Il passato e l'avvenire
a fluire
va nel masso incandescente.
Ei l'afferra, e poi dal maglio
co 'l travaglio
ei lo doma su l'incude.
Picchia e canta. Il sole ascende,
e risplende
su la fronte e l'opra rude.
Picchia. E per la libertade
ecco spade,
ecco scudi di fortezza:
ecco serti di vittoria
per la gloria,
e diademi a la bellezza.
Picchia. Ed ecco istorïati
a i penati
tabernacoli ed al rito:
ecco tripodi ed altari.
Ecco rari
fregi e vasi pe 'l convito.
Per sé, il pover manuale
fa uno strale
d'oro, e il lancia contro 'l sole:
guarda come in alto ascenda
e risplenda.
Guarda e gode, e più non vuole.

Giosue Carducci, *Rime nuove*, CV, in *Opere*, Zanichelli, Bologna, 1935-1940

37-38. **Che sia... Dio**: che cosa sia la creazione poetica (simboleggiata dalla fiamma della fucina) io non lo so, lo sa solo Dio.
40-48. **Ne... incandescente**: il poeta-fabbro getta nel fuoco della creazione i fondamenti dei sentimenti e delle idee, e le tradizioni e le speranze del suo popolo confluiscono nel metallo con cui sarà forgiata la poesia.
49-51. **dal... incude**: con fatica dà forma al metallo incandescente colpendolo col martello (*maglio*) sull'incudine.
57. **scudi di fortezza**: per difendersi dai nemici.
58. **serti di vittoria**: ghirlande come premio per i vincitori in battaglia.
60. **diademi a la bellezza**: corone per celebrare la bellezza.
61-63. **istorïati... rito**: edicole sacre decorate di figure (*istorïati*), dedicate al culto delle divinità patrie (*penati*).
64. **tripodi**: antichi sostegni a tre piedi per recipienti sacri.
66. **fregi... convito**: ornamenti e recipienti per i banchetti.
67. **manuale**: lavoratore manuale.
68. **strale**: freccia. La poesia, con la sua bellezza e luminosità, sfida il sole.
72. **più non vuole**: non desidera altro.

DIALOGO CON IL TESTO

COMPRENDERE

Ciò che un poeta *non* è... La poesia è caratterizzata da un tono diretto e aggressivo, come si nota dal vocativo iniziale *o vulgo sciocco* (v. 1). Questo tono riesce a mascherare il legame con i modelli poetici classici: Carducci avrà avuto presenti soprattutto l'Orazio delle *Odi* e il Parini dell'ode *La caduta*, che avevano contrapposto la propria scelta di vita poetica ad altre scelte ritenute meno valide. Partendo da questi modelli, prima di tutto Carducci procede per esclusione: il poeta non è un cortigiano al servizio dei potenti, né un acchiappanuvole sentimentale e sognatore, né un mestierante che sforna poesie su commissione inseguendo i gusti del pubblico.

- **Provate a riferire queste tre immagini di poeta ad esempi contemporanei e precedenti a Carducci.**

... e ciò che è Poi dipinge senza troppe sfumature il suo ideale di poeta (che è poi l'immagine di sé che vuole proporre ai lettori):
- l'artigiano alle prese con un materiale refrattario a lasciarsi modellare;
- l'uomo "virile", forte fisicamente e moralmente, nemico delle svenevolezze e amante degli aspetti materiali dell'esistenza (la bellezza femminile, l'allegria conviviale);
- il cantore e il promotore dei valori del suo popolo (la difesa della patria e l'onore militare, le tradizioni gloriose, gli ideali religiosi);
- il creatore disinteressato che si appaga del suo lavoro e non persegue un interesse personale.

- **Individuate nel testo le immagini che esprimono queste caratteristiche.**

Il ruolo pubblico di Carducci Così Carducci ripropone l'ideale classico del poeta-vate, con un'accentuazione dell'importanza delle componenti tecniche e artigianali della poesia e del suo legame con gli aspetti positivi e costruttivi dell'esistenza, che va d'accordo col ruolo pubblico da lui assunto nell'Italia degli ultimi decenni del secolo.

- **Individuate nel testo immagini ed espressioni che rinviano al mondo greco-romano, a cui Carducci fa riferimento in contrapposizione con le poetiche romantiche e decadenti.**

ANALIZZARE

Elementarità e abilità artigianale Anche nello stile Carducci si sforza di dare un'immagine di schiettezza e di vigore (toni rudi, sintassi elementare e metafore trasparenti).

- **Indicate qualche punto del testo in cui questi aspetti vi sembrano evidenti.**

L'intenzione di esibire l'abilità tecnica del *grande artiere* è testimoniata dal virtuosismo metrico.

- **Analizzate il tipo di versi, la loro successione e lo schema delle rime: come definireste il ritmo che ne scaturisce?**

CONFRONTARE

L'*Intermezzo* Negli stessi anni di *Congedo*, Carducci elabora un poemetto di 400 versi e di carattere programmatico, intitolato *Intermezzo* perché segna il passaggio dai *Giambi ed epodi* alle *Rime nuove*. Le idee di Carducci sul ruolo del poeta sono sempre le stesse. Rivolgendosi al proprio cuore in termini beffardi, gli dice (vv. 109-120):

Questa è, vecchio mio cuor, la vecchia storia,
    far, disfare, rifare:
per l'ozio, per la fame o per la gloria,
    è tutto un lavorare.
È un lavorare faticoso e pazzo
    da pentirsene un giorno.
Ecco, a metterti in versi io mi strapazzo,
    e non m'importa un corno
de le tue smorfie, o a la grand'arte pura
    Vil muscolo nocivo[1];
ma non so a quanti versi do la stura[2],
    E vedrò dove arrivo.

1. **Vil muscolo nocivo**: O vile muscolo dannoso per l'arte pura. 2. **do la stura**: do sfogo.

- **Evidenziate le somiglianze formali e contenutistiche di questi versi con *Congedo*.**

CONTESTUALIZZARE

Carducci e Foscolo L'idea di poeta che emerge da *Congedo* si può confrontare con quella proposta da Foscolo nei *Sepolcri* (▸Vol. 4, T54) nel personaggio di Omero.

- **Confrontate le due poesie, individuando gli elementi comuni e le differenze di profondità concettuale e di qualità espressiva.**

ANALISI

T62 ▸ Alla stazione in una mattina d'autunno

▸ **PERCORSO**
- Le donne come soggetto e come oggetto della scrittura (V), p. 575

La poesia fu composta tra il 1875 e il 1876 e ha per soggetto la partenza di Carolina Cristofori Piva, chiamata dal poeta Lidia, con la quale Carducci ebbe un'intensa relazione e uno scambio appassionato di lettere. Nel 1874 il poeta le aveva scritto: «Fuora piove acqua tinta e neve sulle sudicie vie; dentro, dentro l'anima mia, piove malinconia e disperazione [...]. Ripenso alla triste mattina del 23 ottobre 1873, quando ti accompagnai alla stazione, e tu mi ti involasti in un'orribile carrozza di 2ª classe, e il faccin mi sorrise l'ultima volta incorniciato in una infame abominevole finestrella quadrata; e poi il mostro, che si chiama barbaramente treno, ansò, ruggì, stridé, si mosse come un ippopotamo che corra fra le canne, e poi fuggì come una tigre».

▸ **METRO**: strofa alcaica, formata da due doppi quinari (dei quali il secondo sdrucciolo), un novenario e un decasillabo finale (con accenti fissi sulla terza, sesta e nona sillaba).

Oh quei fanali come s'inseguono
accidïosi là dietro gli alberi,
tra i rami stillanti di pioggia
sbadigliando la luce su 'l fango!

Flebile, acuta, stridula fischia
la vaporiera da presso. Plumbeo
il cielo e il mattino d'autunno
come un grande fantasma n'è intorno.

Dove e a che move questa, che affrettasi
a' carri foschi, ravvolta e tacita
gente? a che ignoti dolori
o tormenti di speme lontana?

Tu pur pensosa, Lidia, la tessera
al secco taglio dài de la guardia,
e al tempo incalzante i begli anni
dài, gl'istanti gioiti e i ricordi.

Van lungo il nero convoglio e vengono
incappucciati di nero i vigili,
com'ombre; una fioca lanterna
hanno, e mazze di ferro: ed i ferrei

freni tentati rendono un lugubre
rintocco lungo: di fondo a l'anima
un'eco di tedio risponde
doloroso, che spasimo pare.

1. **quei fanali**: i fanali del viale che conduce alla stazione.
2. **accidïosi**: indolenti, pigri.
4. **sbadigliando la luce**: emettendo una luce pallida, quasi con noia, come bocche che sbadigliano pigre.
5. **Flebile**: fioca. I tre aggettivi in gradazione indicano l'avvicinarsi del treno.
6. **la vaporiera**: la locomotiva. **Plumbeo**: scuro e opprimente.
8. **n'è intorno**: ci è attorno, ci avvolge (*ne* per "ci" è arcaico).
9-11. **Dove e a che move... gente?**: dove è diretta e a che scopo questa folla di viaggiatori imbacuccata (*ravvolta*) e silenziosa che si affretta verso i vagoni tetri (*carri foschi*)?
12. **di speme lontana**: che non hanno speranza di risolversi presto.
13. **la tessera**: il biglietto.
14. **la guardia**: il ferroviere che fora i biglietti.
15-16. **e al tempo... ricordi**: e insieme porgi i tuoi begli anni, i momenti di gioia e i ricordi al tempo che incalza.
18. **vigili**: i frenatori che battono col martello i freni per verificarne il funzionamento.
21. **tentati**: percossi (*tentati* è un latinismo). **rendono**: emettono in risposta.

E gli sportelli sbattuti al chiudere
paion oltraggi: scherno par l'ultimo
appello che rapido suona:
grossa scroscia su' vetri la pioggia.
Già il mostro, conscio di sua metallica
anima, sbuffa, crolla, ansa, i fiammei
occhi sbarra; immane pe 'l buio
gitta il fischio che sfida lo spazio.
Va l'empio mostro; con traino orribile
sbattendo l'ale gli amor miei portasi.
Ahi, la bianca faccia e 'l bel velo
salutando scompar ne la tènebra.
O viso dolce di pallor roseo,
o stellanti occhi di pace, o candida
tra' floridi ricci inchinata
pura fronte con atto soave!
Fremea la vita nel tepid'aere,
fremea l'estate quando mi arrisero;
e il giovine sole di giugno
si piacea di baciar luminoso
in tra i riflessi del crin castanei
la molle guancia: come un'aureola
piú belli del sole i miei sogni
ricingean la persona gentile.
Sotto la pioggia, tra la caligine
torno ora, e ad esse vorrei confondermi;
barcollo com'ebro, e mi tocco,
non anch'io fossi dunque un fantasma.
Oh qual caduta di foglie, gelida,
continua, muta, greve, su l'anima!
io credo che solo, che eterno,
che per tutto nel mondo è novembre.
Meglio a chi 'l senso smarrì de l'essere,
meglio quest'ombra, questa caligine:
io voglio io voglio adagiarmi
in un tedio che duri infinito.

Arthur Streeton, *Stazione ferroviaria*, 1893. (Sidney, Art Gallery of New South Wales)

Giosue Carducci, *Odi barbare*, XXIX, in *Opere*, Zanichelli, Bologna, 1935-1940

26-27. **l'ultimo appello**: l'ultimo invito dei ferrovieri a salire in carrozza.
29. **il mostro**: il treno.
30. **anima**: energia, potenza.
30-31. **crolla... sbarra**: si scrolla, ansima, accende i fanali.
31. **immane**: enorme, spaventoso (latinismo).
33. **empio**: malvagio.
33-34 **con traino... portasi**: tirando dietro a sé le carrozze con orribile fragore, agitando gli stantuffi, si porta via il mio amore (*amori*: il plurale imita l'uso latino).
35. **'l bel velo**: la veletta con cui le signore eleganti si proteggevano il viso (ricordo petrarchesco).
38. **stellanti... pace**: occhi luminosi come stelle, il cui sguardo infonde serenità.
39. **floridi ricci**: capelli folti e ricciuti.
40. **con atto soave**: con atteggiamento dolce e aggraziato.
42. **arrisero**: sorrisero; è riferito agli *occhi* del v. 38.
44. **si piacea**: si compiaceva.
45. **in tra... castanei**: tra i riflessi castani dei capelli.
46. **molle**: morbida.
48. **ricingean... gentile**: avvolgevano la sua figura delicata.
49. **caligine**: nebbia fitta.
51. **com'ebro**: come ubriaco.
52. **non anch'io... fantasma**: per accertarmi di non essere anch'io un fantasma.
57. **'l senso smarrì de l'essere**: ha perduto la coscienza e la volontà di vivere.

DIALOGO CON IL TESTO

COMPRENDERE

L'ambientazione contemporanea Rispetto alle altre poesie di Carducci che vi abbiamo proposto, una prima novità è l'ambientazione urbana e contemporanea, ricca di particolari prosaici: i fanali, il biglietto forato dal controllore, le operazioni dei frenatori, gli sportelli sbattuti, il fragore del treno in partenza. Questi dettagli realistici creano un singolare contrasto con la sorvegliatissima forma metrica dell'ode alcaica: questa mescolanza di classicismo e contemporaneità è una delle caratteristiche più interessanti e moderne delle *Odi barbare*.

Sentimenti romantici e decadenti Questo mondo di luci, ingranaggi, oggetti metallici, avvolto nella cupezza dell'autunno, è rappresentato come estraneo e nemico, gremito di immagini e presagi funerei. Il sentimento dominante è il risvolto oscuro dell'allegra "solarità" esibita dal grande «artiere»: un *tedio infinito* di sapore romantico e decadente molto simile allo *Spleen* di Baudelaire (▸T24). Una scelta tanto più sorprendente se si pensa al beffardo giudizio di Carducci sulla poesia tardoromantica e decadente in *Congedo* (▸T61) e *Intermezzo* (vedi p. 304).

Due volti di Carducci Il testo è stato composto in due momenti diversi: i vv. 37-48 nel giugno del 1875, il resto nel dicembre del 1876.

- **Confrontando tra loro queste parti della poesia come se fossero reciprocamente autonome, ricostruite le due situazioni emotive e i due volti diversi di Carducci.**

ANALIZZARE

Immagini ardite L'inedita situazione sentimentale espressa dalla poesia si traduce in scelte stilistiche ardite: potete notare come l'intenzione di proiettare sul paesaggio, sulle figure e sugli oggetti di sfondo gli stati d'animo del poeta si traduca in aggettivi, immagini e metafore al limite della visionarietà, in cui sembra sfumare il confine tra mondo esterno e mondo interiore, secondo i modi della poesia simbolista europea.

- **Indicate i punti del testo in cui Carducci, per rendere l'atmosfera visionaria, umanizza gli oggetti inanimati e al contrario spersonalizza le figure umane.**
- **Individuate i termini che rimandano all'apparenza e all'illusorietà.**

Oggetti contemporanei, parole antiche Tipicamente carducciana, ma particolarmente efficace in questo caso, è la designazione di oggetti, personaggi e gesti contemporanei con parole antiche: le situazioni e le occasioni più banali si trasformano così in qualcosa di solenne e di arcano.

- **Individuate nel testo qualche esempio di questo procedimento.**

Fra classicismo e sperimentazione Come in tutte le *Odi barbare*, la proverbiale perizia tecnica di Carducci si cimenta con un verso inventato per imitare un metro antico: l'eliminazione della rima è compensata da una fitta rete di assonanze, allitterazioni, effetti di suono, che accentuano il clima ipnotico in cui è immersa la poesia.
È interessante notare come in questo caso il classicismo di Carducci si traduca in una ricerca stilistica innovativa: nel tentativo di imitare i versi antichi, Carducci finisce per fare un'opera di ardita sperimentazione metrica, contribuendo alla crisi dei versi tradizionali.

- **Provate a ricostruire, almeno parzialmente, questa rete di richiami fonici.**

CONFRONTARE

Immagini del progresso L'immagine del treno è ricorrente nella poesia di Carducci: noi ne abbiamo presentato due esempi, qui e nell'*Inno a Satana* (▸T57), composto più di dieci anni prima.

- **Confrontando le due rappresentazioni, analizzate l'atteggiamento del poeta nei confronti del progresso, di cui il treno era il simbolo.**

Rappresentazioni del dolore La presenza del tema del dolore e della morte come controcanto all'esaltazione della materialità della vita è presente anche in *Pianto antico* (▸T58), ma è espressa in forme profondamente diverse.

- **Confrontate i due componimenti, evidenziando le differenze di stile e di atteggiamento.**

LABORATORIO DI ANALISI E SCRITTURA

RILETTURE (T56-T62)

CONTESTUALIZZARE

1. **ESERCIZIO GUIDATO** Fra le immagini del poeta che emergono da *Inno a Satana* (▸**T57**) e da *Congedo* (▸**T61**) ci sono elementi di continuità e di discontinuità. Mettete a confronto i due testi e, aiutandovi con le informazioni del Profilo (pp. 280-287), collocateli nell'ambito dei diversi momento del percorso ideologico di Carducci.

   GUIDA ALLA STESURA

   Nell'*Inno a Satana* il poeta rappresenta se stesso come impegnato in una battaglia culturale. Di quali ideali e valori è portatore? Quali sono i suoi bersagli polemici? Come definireste l'intonazione complessiva del testo? Istituite un rapporto fra le tesi di Carducci e il clima storico-culturale dell'epoca di composizione della poesia.

   In *Congedo* sono rifiutate e derise alcune figure di poeta. Potete individuare riferimenti a specifiche correnti letterarie e a momenti della storia degli intellettuali. L'ideale proposto da Carducci è quello del poeta come artigiano della parola e come poeta-vate. Spiegate questi due concetti con precisi riferimenti testuali. Come definireste l'intonazione complessiva della poesia? Rispetto alla funzione della poesia, mettete in luce analogie e differenze fra i due testi.

   Al tempo della composizione di *Congedo*, Carducci ha assunto il ruolo di poeta ufficiale. Spiegate come è cambiato il contesto storico-culturale e come si sono modificate le idee politiche di Carducci rispetto all'epoca dell'*Inno a Satana*.

ANALIZZARE

2. Una caratteristica tipica dell'opera di Carducci è la sperimentazione metrica. Scegliete due o tre poesie che si differenzino nettamente dal punto di vista del metro e del ritmo, cercando di risalire alle intenzioni comunicative del poeta.

CONFRONTARE

3. Carducci ha alle spalle il grande modello di Leopardi, ma la sua opera batte strade molto diverse. A parte l'evidente dislivello qualitativo, può essere interessante confrontare i due poeti dal punto di vista della poetica, dei temi ricorrenti, delle scelte stilistiche.

INTERPRETARE

4. In *Congedo* (▸**T61**) Carducci evoca un'immagine ideale del poeta e della poesia. Scegliete un suo componimento che vi pare particolarmente vicino alle intenzioni dichiarate e/o uno che ve ne sembra decisamente lontano, spiegando i motivi della scelta.
5. Molto amata fino all'inizio del Novecento, la poesia di Carducci non è molto apprezzata ai nostri giorni. Su uno sfondo di complessivo ridimensionamento i critici ne hanno "salvato" il momento della polemica politica e ideologica, l'evocazione di quadri storici, la raffigurazione di scene paesaggistiche, i ripiegamenti intimi e malinconici. Esprimete il vostro parere su queste valutazioni, facendo riferimento ai testi.

(RI)SCRIVERE

- Per la sua cadenzata struttura metrica l'*Inno a Satana* (▸**T57**) si presta a una riscrittura parodistica. Provate a scrivere un vostro "Inno" a una persona, un ideale, un concetto espresso da una parola sdrucciola ("Salute o preside", "Salute o spazzola", "Salute o puzzola"...), rispettando il metro carducciano.

ANALISI DEL TESTO

- Analizzate il testo, rispondendo alle domande del questionario oralmente o per iscritto. Potete svolgere l'esercizio rispondendo separatamente a ogni domanda, o integrando le singole risposte in un discorso complessivo, nell'ordine che vi sembra più efficace.

T63 ▸ Nevicata

Lenta fiocca la neve pe 'l cielo cinerëo: gridi,
suoni di vita più non salgon da la città,
non d'erbaiola il grido o corrente rumore di carro,
non d'amor la canzon ilare e di gioventù.
Da la torre di piazza roche per l'aere le ore
gemon, come sospir d'un mondo lungi dal dì.
Picchiano uccelli raminghi a' vetri appannati: gli amici
spiriti reduci son, guardano e chiamano a me.
In breve, o cari, in breve – tu càlmati, indomito cuore –
giù al silenzio verrò, ne l'ombra riposerò.

Giosue Carducci, *Odi barbare*, L, in *Opere*, Zanichelli, Bologna, 1935-1940

3. **erbaiola**: venditrice di erbe e ortaggi. **corrente**: va riferito a carro (ipallage).
5. **la torre di piazza**: si tratta di piazza San Petronio a Bologna.
6. **lungi dal dì**: fuori dal tempo.
7. **raminghi**: erranti senza meta.
7-8. **gli amici... son**: gli spiriti degli amici morti sono tornati.

COMPRENDERE

1. Fate una parafrasi del testo, ricostruendo l'ordine normale delle parole nella frase.

ANALIZZARE

2. Analizzate la struttura tematica della poesia, mettendo in luce i passaggi dalle sensazioni visive a quelle uditive, al momento introspettivo degli ultimi versi.
3. In alcuni punti è particolarmente evidente la ricerca di effetti di suono prodotti dall'allitterazione. Individuateli nel testo.
4. I versi sono costruiti con l'intenzione di imitare il distico elegiaco della poesia latina, costituito da un esametro e un pentametro: l'esametro è reso attraverso l'abbinamento di un settenario con un novenario; il pentametro attraverso l'abbinamento di un settenario con un ottonario. Scandite i versi della poesia, secondo questo modello:
   Lenta fiocca la neve (settenario) / *pel cielo cinerëo: gridi,* (novenario).
   suoni di vita più (settenario tronco) / *non salgon da la città* (ottonario tronco)

CONTESTUALIZZARE

5. *Nevicata* è l'ultima poesia della raccolta *Odi barbare*, da cui è tratta anche *Alla stazione in una mattina d'autunno*: confrontate i due testi, mettendo il luce le affinità tematiche e stilistiche.

INTERPRETARE

6. Come si può definire secondo voi il rapporto tra il paesaggio e lo stato d'animo del poeta? Indicate altre poesie basate sulla relazione tra mondo esterno e mondo interiore accostabili a questa per affinità o per differenza.

Ricordi di un vecchio scolaro

GIOVANNI PASCOLI

Era il giorno avanti il primo esame. La mattina dopo, il povero ragazzo smilzo e scialbo si trovava tra una ventina d'altri ragazzi, venuti da tutte le parti d'Italia, o sorridenti o rumorosi, aspettando... Aspettando chi? Carducci. Egli doveva venire a dettare il tema d'italiano. Proprio Carducci? Carducci in persona.

Oh! il povero ragazzo aspettava con forse il maggior palpito. Egli non aveva nel suo ingegno e nei suoi studi la fede che aveva il suo fratello maggiore; egli prevedeva, ahimè! di doversene tornare a casa, di lì a pochi giorni, come era venuto... [...] Ma non per questo palpitava, allora, il ragazzo. Egli palpitava per l'aspettazione di colui che doveva apparire tra pochi minuti.

Nel collegio, donde era uscito anni prima (un ottimo collegio di scolopi [*ordine religioso fondato nel 1617, dedito principalmente all'istruzione di fanciulli e giovani*]), egli aveva sentito parlare di Carducci; come, si può immaginare: aveva cantato *Satana*! Un bel giorno però uno degli scolopi, il professore d'italiano, ingegno elegante e ardito, anima e fiera e gentile, il Padre Donati, nella sua cella gli mostrò un ritratto: un ritratto di giovane avventuriere, cospiratore, soldato o che so io; una testa pugnace, audace di ribelle indomabile. [...] "Questo" disse il frate "è il poeta più classico e più novatore, lo scrittore più antico e più moderno che abbia l'Italia, è il Carducci." Al frate lucevano gli occhi azzurrissimi, e al ragazzo si cominciò a colorir l'anima di non so qual colore nuovo. Ricordò; e lesse poi quel che poté: ben poco; pure assai perché nel momento che ho detto, egli palpitasse come forse non altri.

A un tratto un gran fremito, un gran bisbiglio: poi, silenzio. Egli era in mezzo alla sala, passeggiando irrequieto, quasi impaziente. Si volgeva qua e là a scatti, fissando or su questo or su quello, per un attimo, un piccolo raggio ardente de' suoi occhi mobilissimi. "L'opera di Alessandro Manzoni" dettò. Poi aggiunse con parole rapide, staccate, punteggiate: *Ordine, chiarezza, semplicità! Non mi facciano un trattato d'estetica.* Una pausa di tre secondi; e concluse: *Già non saprebbero fare.* Sorrise a questo punto? Chi lo sa? S'indugiò ancora un poco e uscì. [...]

E qualche giorno dopo ci fu l'esame orale. E il giovinetto romagnolo entrò avanti il consesso giudicante, come se vi fosse travolto da una ventata; e rivide lui e si sentì interrogare. Ma egli qualche cosa doveva aver letto nel viso smunto e pallido del ragazzo: [...] certo il Maestro interrogava con non so qual pietà e ascoltava le risposte impacciate con una specie di rassegnazione cortese, accomodandole e spiegandole e giustificandole. Passò questo doloroso quarto d'ora; passarono gli altri. Il ragazzo fu richiamato a dare qualche schiarimento sul suo attestato di licenza, sentì o credé sentire che il Carducci, proprio il Carducci, ampliava e chiariva le sue spiegazioni, comunicandole agli altri professori.

Giovanni Pascoli, *Ricordi d'un vecchio scolaro*, «Il Resto del Carlino», 9 febbraio 1896

1. **Chi è il "povero ragazzo smilzo e scialbo" (riga 1) di cui si parla nel testo?**

....

2. **Nella frase "Egli non aveva nel suo ingegno e nei suoi studi la fede che aveva il suo fratello maggiore" (righe 4-5), "che" ha funzione di:**

A. ☐ avverbio
B. ☐ pronome relativo
C. ☐ aggettivo dimostrativo
D. ☐ congiunzione

3. **L'aggettivo "pugnace" (riga 12) è sinonimo di:**

A. ☐ litigioso
B. ☐ nobile
C. ☐ combattivo
D. ☐ ribelle

4. **Quale giudizio su Carducci ci si poteva aspettare dal collegio degli scolopi (righe 8-14)? Per quale motivo?**

....

....

5. **Quale atteggiamento ha Carducci nei confronti del ragazzo protagonista del racconto?**

....

....

Una Margherita per Carducci

GIOVANNI ZACCHERINI

Nel 1878 Ravenna tributò il suo omaggio alle celebrazioni risorgimentali, coll'inaugurazione del monumento a L.C. Farini, opera dello scultore Enrico Pazzi. Convenirono nella città alte personalità politiche, tra cui l'allora presidente del consiglio Cairoli e il ministro Zanardelli, che cominciarono a circuire il poeta toscano, presente alla cerimonia, prospettandogli il conferimento della "croce del merito civile di Savoia". La sottile opera di adescamento continuò poi durante la cena della Federazione democratico-progressista, dove, in una calorosa atmosfera, [...], i notabili politici riferirono a Carducci che la regina Margherita era entusiasta delle sue poesie di cui molte recitava a memoria e che l'aveva definito "il primo dei nostri poeti viventi".

Da qui, probabilmente, scoccò la scintilla che portò poi Giosue a scrivere "Alla regina d'Italia" ("Onde venisti?/ Quale a noi secoli/ sì mite e bella ti tramandarono/...), a riconciliarsi con la tanto detestata monarchia [...].

Per andare al di là del fatto personale, dei narcisismi e delle rivalità letterarie, bisogna dire che il clima politico italiano era cambiato, le velleità risorgimentali di rigenerazione morale e civile stavano naufragando nell'immobilismo e nel trasformismo e la stessa "sinistra" e la massoneria erano diventate più morbide nei confronti dei Savoia, anche perché lo spettro dell'internazionalismo cominciava ad aggirarsi inquietantemente. I vari Crispi, Bixio, De Pretis abbandonarono le vesti sulfuree degli agitatori per accomodarsi sui più tranquilli e remunerativi scranni parlamentari, ma da questa insoddisfazione frustrante nasceva come rivalsa un atteggiamento aggressivo, che voleva esaltare il ruolo di un'Italia imperiale erede della grandezza romana e che spingeva verso l'avventura coloniale e così Carducci invocava: "Armi, armi, armi per la sicurezza/ E armi non per difendere, ma per offendere/ L'Italia non si difende che offendendo...". E proprio da Ravenna venne una delle più aspre contestazioni alla svolta filosabauda e bellicista del poeta: "...or che una vertigine/ di briaco t'imbranca [*uno stordimento come di ubriaco ti riunisce al branco*]entro la reggia,/ or quasi al ferro la tua musa inneggia,/ ch'è fulcro al regio solio [*sostegno al trono reale*]./ Non più d'amor, ma d'odio/ par che la musa tua si pasca ormai:/ par ch'ella goda su gli umani guai". Chi così scriveva era Giuseppe Nardi, militante socialista [...], gli stessi versi furono declamati dall'autore nel novembre 1891 in un "geniale convegno" del Circolo Popolare di Ravenna, e furono poi pubblicati sul foglio bisettimanale *Il Radicale*.

Si scatenò una polemica che proseguì con scambi di invettive e di minacce dei due contendenti, con un Carducci che irrideva alla dilettantesca vena del suo censore e con un Nardi che non disarmava e replicava: "Io non avrò tema di apprestarmi alla mia parte, poiché se V. S. mostrasi spavaldamente armato della sua indiscutibile superiorità letteraria, giustamente celebrata, io mi sento rassicurato da quella buona compagnia che l'uom francheggia che è garanzia di una certa superiorità morale".

«Wall Street International Magazine», www.wsimag.com, 20 aprile 2017

1. In che modo si realizzò, secondo Zaccherini, "la sottile opera di adescamento" di Carducci?

....

2. Il termine "velleità" (riga 13) è sinonimo di:

A. □ rivendicazioni **B.** □ aspirazioni **C.** □ presupposti **D.** □ programmi

3. Indica un sinonimo per il termine "sulfuree" (riga 16), adatto al contesto in cui è usato.

....

4. La tesi espressa nel testo è che la svolta monarchica di Carducci dipese anche:

A. □ da uno scontro polemico che lo oppose al militante socialista Giuseppe Nardi
B. □ dalla sua delusione per l'atteggiamento politico di Crispi, Bixio, De Pretis
C. □ da un cambiamento generale del clima ideologico, che spinse Carducci e molti altri su posizioni più vicine alla monarchia e aggressive in politica estera
D. □ dalla speranza che la monarchia sabauda attuasse una politica estera improntata all'internazionalismo.

3 | GIOVANNI VERGA

IL PROFILO

BIBLIOTECA
LEZIONE SU GIOVANNI VERGA

La vita

UNO SCRITTORE "SILENZIOSO"

Una singolare riservatezza

Tra la fine dell'Ottocento e l'inizio del Novecento la scena letteraria italiana è dominata da scrittori che costruiscono e curano la propria immagine, ponendosi come personaggi pubblici o divi alla moda: il poeta vate, il ribelle antiborghese, il superuomo. Giovanni Verga, al contrario, evitò sistematicamente di parlare di sé, e giudicò «ridicolo [...] posare pel ritratto» per solleticare la «curiosità banale» del pubblico: volle che la sua opera parlasse da sola, «senza serbare alcun punto di contatto col suo autore, alcuna macchia del peccato d'origine». Così, per ricostruire la sua personalità, bisogna lavorare di fantasia, procedere per ipotesi e approssimazioni. ▸D14

La formazione

La sua formazione è anomala rispetto a quella tradizionale dei letterati italiani, basata sulla lettura dei classici. Nato nel 1840 a Catania da una famiglia benestante di idee liberali, compie i primi studi presso Antonio Abate, patriota entusiasta e scrittore sgrammaticato, che gli trasmette la sua passione per gli scadenti romanzi storico-patriottici dei contemporanei e per la narrativa d'appendice: i suoi romanzi giovanili (*Amore e patria*, *I carbonari della montagna*, *Sulle lagune*) imitano i toni enfatici di questi modelli e riflettono gli ideali risorgimentali del giovane scrittore, arruolatosi nella Guardia nazionale durante l'impresa dei Mille.

Garibaldini in camicia rossa nel particolare di un affresco di Pietro Aldi del XIX secolo. (Siena, Palazzo Pubblico)

A Firenze e a Milano

Col passare degli anni la chiusura provinciale dell'ambiente siciliano si fa soffocante per Verga, che ha deciso di dedicarsi totalmente al mestiere di scrittore. Così abbandona gli studi universitari di legge e nel 1869 decide di tentare la fortuna a Firenze, allora capitale del regno. Tre anni dopo si stabilisce a Milano, «la città più città d'Italia», vero centro della cultura nazionale e dell'industria editoriale. Le due "metropoli" rispondono alle attese del giovane provinciale: frequenta i salotti intellettuali e gli ambienti della scapigliatura, si dà alla vita mondana e agli amori. Le testimonianze dei contemporanei ci parlano di un bell'uomo cortese, taciturno, avvolto da un'aura di mistero, che ha molto successo con le donne, ma «è tanto poco vanesio che non ve ne direbbe nulla».

PROFILO

I romanzi "mondani" e *Nedda*

Nel decennio 1866-1875 Verga raggiunge il successo con una serie di romanzi che narrano vicende passionali ambientate nel mondo aristocratico e borghese. Gli ingredienti sono quelli della narrativa di consumo, modellati sulle attese di un pubblico desideroso di evasione e di forti emozioni: il giovane artista tra-

DOCUMENTO 14

IL RIDICOLO DI «POSARE PEL RITRATTO»

Le lettere da cui sono tratti questi brani sono state scritte nel 1881, anno dell'uscita dei *Malavoglia*. In esse Verga affronta il problema del rapporto tra un'opera letteraria e il suo autore: ne emerge una concezione della letteratura, ma anche un atteggiamento psicologico raro nell'Italia del tempo.

Giovanni Verga, *Lettere*, in *Opere*, a cura di L. Russo, Ricciardi, Milano, 1968

A Luigi Capuana, Milano, 19 febbraio 1881

E se vogliamo andare un po' più in là, questa suprema noncuranza per l'artista qualsiasi parmi che dev'essere una maniera universale con cui sarà vista l'arte in avvenire. Mi spiego. Che cos'è non il tuo nome, né il mio, ma quel del Manzoni, o di Zola, in faccia ai *Promessi Sposi* e all'*Assommoir*[1]? L'opera d'arte non val più dell'autore? se è riescita[2] ben inteso. Parmi che si deve arrivare a sopprimere il nome dell'artista dal piedistallo della sua opera, quando questa vive da sé; sai la mia vecchia fissazione di una ideale opera d'arte tanto perfetta da avere in se stessa tutto il suo organismo[3].

A Luigi Capuana, Milano, 30 aprile 1881

Carissimo Luigi,
[...]Il Sig. Rod[4] del *Parlement*[5] si propone fare un articolo sul mio libro, e mi domanda delle *notizie* biografiche sulla mia persona, senza di che, dice lui, l'articolo non *porterait*[6] in Francia, ma tu capisci quanto l'autobiografia ripugni al nostro gusto italiano. Io avevo lasciato passare la prima sua sull'argomento. Ma egli torna ad insistere colla lettera che ti accludo (e che ti prego di rimandarmi a posta corrente) né saprei come contentarlo. Vuoi scriverne due parole tu, secche secche, perché devono passare per le mie mani e ad ogni modo son io che le mando? Tu mi conosci abbastanza per dire quello che può interessare la curiosità banale di questo genere, senza cascare nel ridicolo di farmi *posare pel ritratto*.

1. ***Assommoir***: è il primo romanzo di Zola (1877), in italiano *L'ammazzatoio* (▸T3).
2. **riescita**: riuscita bene.
3. **la mia vecchia... organismo**: secondo Verga l'opera d'arte deve vivere di vita propria, indipendentemente dall'autore, deve essere come un organismo che ha in sé il proprio principio di organizzazione e di vita.
4. **Sig. Rod**: Édouard Rod (1857-1910), critico e narratore svizzero che tradusse in francese *I Malavoglia*.
5. ***Parlement***: giornale francese.
6. **non *porterait***: non richiamerebbe l'attenzione (in francese).

viato dalla società mondana, le ossessioni amorose di una ragazza monacata a forza, i mariti infedeli che si uccidono o si ravvedono. Anche i titoli sono eloquenti: *Una peccatrice*, *Storia di una capinera*, *Eva*, *Eros*, *Tigre reale*. Ma, sotto il sentimentalismo e il gusto per gli effetti forti, si fa luce la condanna dell'«atmosfera di Banche e di Imprese industriali» che domina la società. È una polemica affine a quella degli scapigliati, ma anche l'espressione di un disagio personale: la seduzione della grande città è attenuata dal rimpianto per le «cose care e lontane», per la «quiete tranquilla» della sua Sicilia. Una traccia di questa nostalgia si può trovare nella novella *Nedda* (1874), «bozzetto siciliano» in cui Verga adotta il tono sentimentale e un po' paternalistico della narrativa rusticale.

- *Morta al mondo* (da *Storia di una capinera*)
- *Sotto le luci della ribalta* (da *Eva*)

Le opere maggiori

Nel frattempo Verga amplia i suoi riferimenti culturali: legge i realisti francesi (Balzac, Flaubert, Zola) ed entra in contatto col pensiero positivista; sul finire degli anni Settanta segue con passione le discussioni sul naturalismo di Zola promosse dal suo amico e conterraneo Luigi Capuana. Negli stessi anni si apre in Italia il dibattito sulla questione meridionale. In questo clima nasce il suo progetto di un ciclo di cinque romanzi ambientati in Sicilia (*I Malavoglia*, *Mastro-don Gesualdo*, *La duchessa di Leyra*, *L'onorevole Scipioni*, *L'uomo di lusso*), col quale intende dipingere, sul modello di Balzac e di Zola, il quadro complessivo di una società: tema di fondo sono i risvolti negativi del progresso, le sventure dei «vinti» travolti dalla «lotta per la vita». Nel 1881 pubblica *I Malavoglia*; nel 1889 *Mastro-don Gesualdo*; di ispirazione affine sono le novelle di *Vita dei campi* (1880) e le *Novelle rusticane* (1883): tutte opere in cui la raffigurazione del mondo popolare siciliano già tentata in *Nedda* si accompagna a un radicale rinnovamento delle tecniche narrative.

La risposta del pubblico

Ma quel pubblico che aveva accolto con entusiasmo le vicende eccitanti di Eva e della capinera resta deluso: le cupe storie di contadini e pescatori risultano sgradevoli, le novità tecniche e stilistiche suscitano sconcerto. Così *I Malavoglia* fanno «fiasco, fiasco pieno e completo»; *Mastro-don Gesualdo* ha un'accoglienza migliore ma non raggiunge il successo dei romanzi mondani. Di tanto in tanto Verga ritorna a narrare storie sentimentali su sfondi borghesi o "di lusso" con uno stile più convenzionale, ma lo fa senza convinzione: è il caso del romanzo *Il marito di Elena* (1882), definito dallo stesso autore «una ciambella riuscita senza buco». Dei suoi testi per il teatro quello che ha maggior successo è *Cavalleria rusticana* (1884), storia a forti tinte di un "delitto d'onore" tratta da una novella di *Vita dei campi*; nel 1890 Mascagni ne fa una riduzione operistica, su un libretto che conserva poco dell'originale verghiano, riportando un trionfo eccezionale: Verga fa causa alla casa editrice e ottiene una forte somma

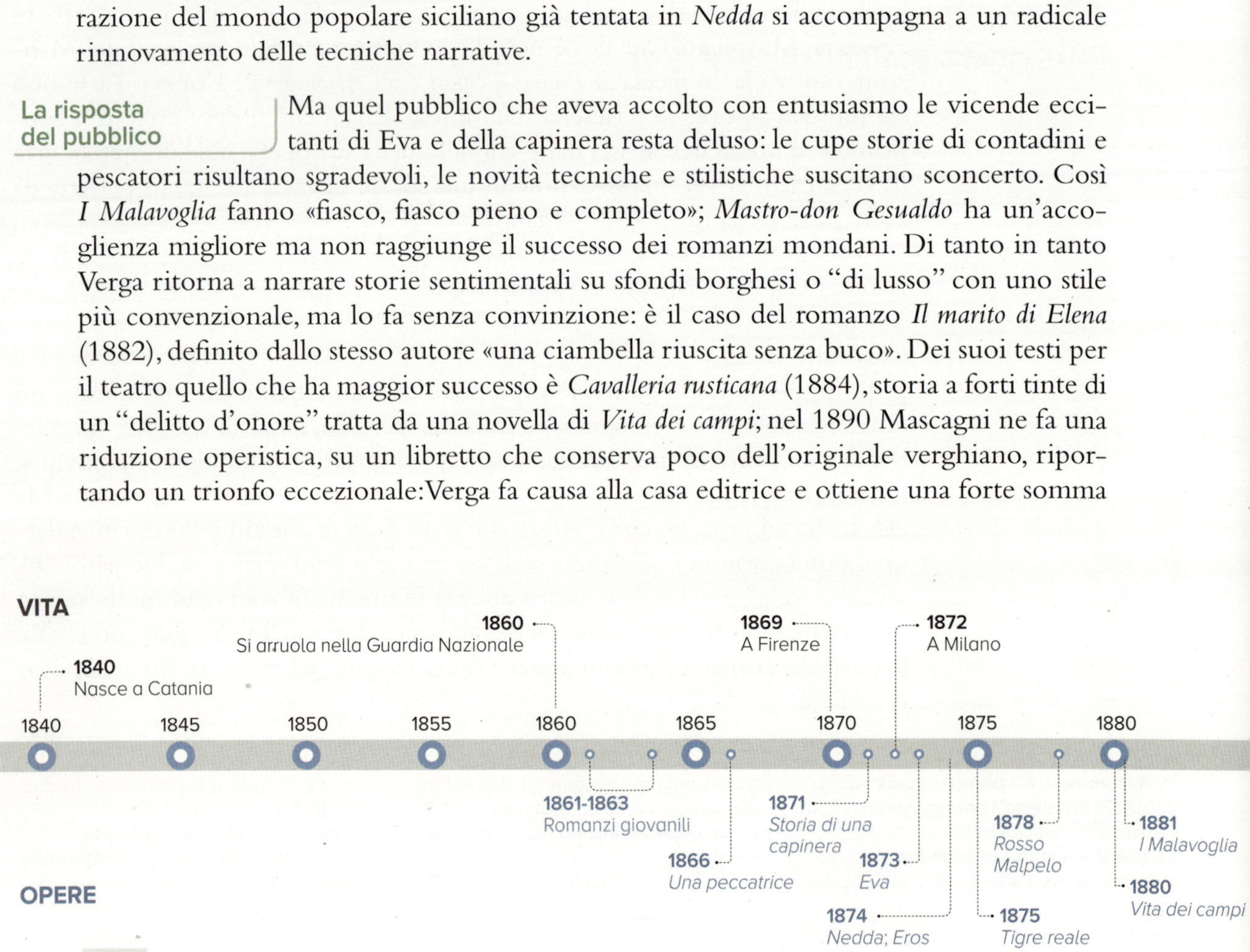

di diritti d'autore. Il fatto che la piena agiatezza economica gli giunga per vie traverse e non direttamente dal suo lavoro deve apparirgli come una conferma dell'incomprensione del pubblico. Nel 1893 compie a ritroso il viaggio della sua giovinezza e si trasferisce definitivamente a Catania.

I soldati della cavalleria del generale Bava Beccaris a Milano durante i tumulti del 1898. (Firenze, Museo della Storia della Fotografia Alinari)

Il ritiro a Catania

Tornato in Sicilia, continua a scrivere (le novelle di *Don Candeloro e C.i* sono del 1894; il dramma *Dal tuo al mio* del 1903), ma il lavoro che più gli sta a cuore – la prosecuzione del ciclo dei «vinti» – non riesce a prender forma, e col passar degli anni finisce per rinunciare del tutto alla letteratura. Fa vita appartata, con i fratelli e i nipotini (nonostante i numerosi amori non ha mai voluto sposarsi), e si chiude in un silenzio sempre più ostinato. La sua visione pessimistica della società si incupisce ulteriormente e lo spinge ad assumere posizioni politiche retrive, come il plauso alla repressione dei moti di Milano operata da Bava Beccaris nel 1898, l'appoggio all'autoritarismo di Crispi, il sostegno al nazionalismo e all'interventismo. Nel 1922 muore nella sua casa di Catania.

Le opere

IL VERISMO DI VERGA

La prefazione a *Eva*

Partendo dalla Sicilia verso il continente, il giovane Verga portava con sé, oltre ai sogni di successo letterario e a un grande desiderio di scrivere, un'idea ingenuamente romantica dell'artista come banditore di nobili sentimenti e di ideali patriottici; l'impatto con la vita della grande città avviata all'industrializzazione

▸D15

mette in crisi questa concezione: già nella prefazione a *Eva* (1873, p. 316) – il più fortunato dei suoi romanzi "mondani" – Verga dichiara di voler gettare in faccia al pubblico borghese una narrazione «vera», «senza rettoriche e senza ipocrisie»; e denuncia il materialismo di una società tutta orientata al guadagno e ai piaceri, che riduce un'attività puramente spirituale come l'arte a un «lusso da scioperati». Questi due temi – la volontà di rappresentare impietosamente le magagne della società e la consapevolezza della crisi della figura sociale dello scrittore – troveranno una sistemazione originale grazie all'influsso del pensiero positivistico e del naturalismo francese.

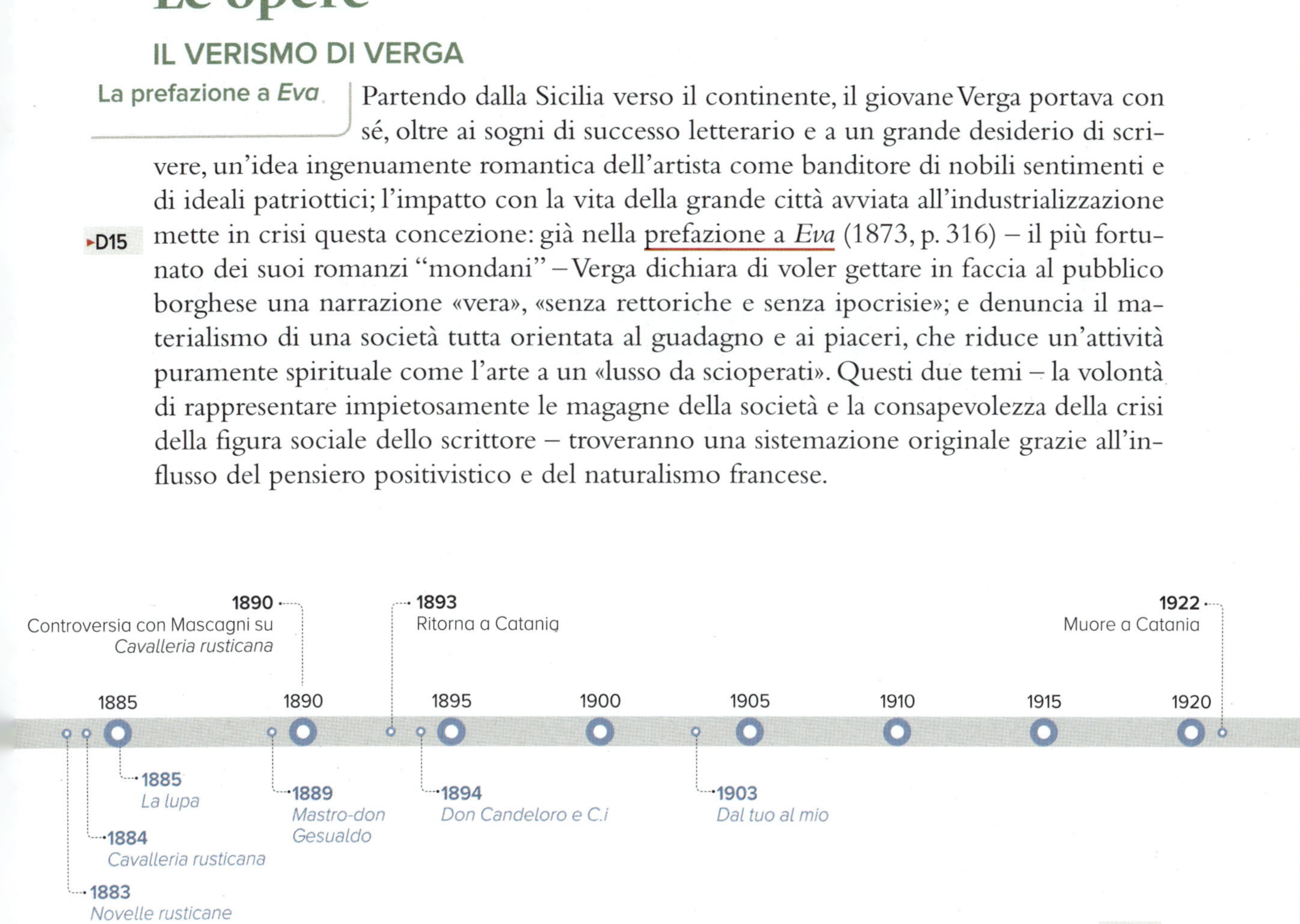

La lettera a Salvatore Farina

La teoria flaubertiana e zoliana dell'impersonalità (pp. 23-24) suggerisce a Verga la strada per liberarsi dal patetismo e dal soggettivismo
▸D9 della sua prima maniera, aderendo all'invito che, proprio in quegli anni di dibattito sul
▸D10 "realismo" e sul «romanzo sperimentale», veniva dalla voce autorevole di De Sanctis: «Il motto di un'arte seria è questo: poco parlare di noi e far molto parlare le cose, *sunt lacrimae rerum*. Dateci le lacrime delle cose e risparmiateci le lacrime vostre!». Da Flaubert Verga riprende l'idea che l'opera debba raggiungere la più totale autonomia dai fatti privati e dai giudizi dell'autore: perché un romanzo abbia «l'impronta dell'avvenimento re-
▸D16 ale», scrive nel 1880 a Salvatore Farina, esso dovrà sembrare «essersi fatto da sé», la mano dell'artista dovrà restare «assolutamente invisibile», e il lettore avrà l'impressione di «trovarsi faccia a faccia col fatto nudo e schietto, senza starlo a cercare tra le linee del libro, attraverso la lente dell'autore».

DOCUMENTO 15

«NON ACCUSATE L'ARTE»

È la prefazione a *Eva*, un romanzo ambientato tra giovani artisti anticonformisti, nel mondo corrotto dell'alta società; vi si racconta la storia dell'amore infelice di un pittore romantico per una ballerina.

Giovanni Verga, *Eva*, in *Romanzi giovanili*, Frassinelli, Milano, 1996

Eccovi una narrazione – sogno o storia poco importa – ma vera, com'è stata o come potrebbe essere, senza rettorica e senza ipocrisie. Voi ci troverete qualche cosa che vi appartiene, ch'è il frutto delle vostre passioni, e se sentite di dover chiudere il libro allorché si avvicina vostra figlia[1] – voi che non osate scoprirvi il seno dinanzi a lei se non alla presenza di duemila spettatori e alla luce del gas[2], o voi che, pur lacerando i guanti nell'applaudire le ballerine, avete il buon senso di supporre che ella non scorga scintillare l'ardore dei vostri desideri nelle lenti del vostro occhialetto[3] – tanto meglio per voi, che rispettate ancora qualche cosa[4].

Però non maledite l'arte ch'è la manifestazione dei vostri gusti. [...] La civiltà è il benessere, e in fondo ad esso, quand'è esclusivo[5] come oggi, non ci troverete altro, se avete il coraggio e la buona fede di seguire la logica, che il godimento materiale. [...] Viviamo in un'atmosfera di Banche e di Imprese industriali, e la febbre dei piaceri è la esuberanza di tal vita[6].

Non accusate l'arte, che ha il solo torto di aver più cuore di voi, e di piangere per voi i dolori dei vostri piaceri[7]. Non predicate la moralità, voi che ne avete soltanto per chiudere gli occhi sullo spettacolo delle miserie che create – voi che vi meravigliate come altri possa lasciare il cuore e l'onore là dove voi non lasciate che la borsa[8] – voi che fate scricchiolare allegramente i vostri stivali inverniciati dove folleggiano ebbrezze amare, o gemono dolori sconosciuti[9], che l'arte raccoglie e che vi getta in faccia.

1. **chiudere... figlia**: secondo la morale dell'epoca una ragazza non doveva leggere storie di amore non legittimato dal matrimonio.
2. **voi... gas**: si rivolge alle lettrici, signore della società elegante che nelle serate di gala, nei teatri illuminati con le luci a gas, amavano sfoggiare abiti scollati.
3. **occhialetto**: il binocolo da teatro.
4. **tanto meglio... qualche cosa**: il senso è ironico: i lettori immaginari non si vergognano, lei di esibirsi in abiti impudichi, lui di osservare vogliosamente le ballerine; ma almeno di fronte alla figlia fingono di rispettare una morale rigorosa.
5. **esclusivo**: l'unica cosa che interessa.
6. **la esuberanza... vita**: la manifestazione dell'abbondanza di benessere prodotto da questa vita.
7. **i dolori... piaceri**: i costi umani di un benessere ristretto a pochi privilegiati.
8. **come altri... borsa**: che ci sia ancora qualcuno che può impegnare il suo cuore e il suo onore per cose (come l'amore) che voi comprate col denaro.
9. **dove... sconosciuti**: nei luoghi di piacere, dove ci si abbandona a follie che provocano amarezza, e dove si nascondono sofferenze che restano ignote.

DOCUMENTO 16

«UN DOCUMENTO UMANO»

Il testo che meglio esprime il nuovo programma letterario di Verga è la prefazione a *L'amante di Gramigna*, una novella pubblicata nel 1880 sulla «Rivista Minima», periodico letterario diretto da Salvatore Farina. La prefazione, qui riprodotta, è la prima dichiarazione pubblica della poetica verista dello scrittore.

PROFILO

Giovanni Verga, *Vita dei campi*, in *Novelle*, Rizzoli, 1981

Caro Farina, eccoti non un racconto ma l'abbozzo di un racconto. Esso almeno avrà il merito di esser brevissimo, e di esser storico[1] – un documento umano, come dicono oggi[2] (...). Io te lo ripeterò così come l'ho raccolto pei viottoli dei campi, press'a poco colle medesime parole semplici e pittoriche della narrazione popolare, e tu veramente preferirai di trovarti faccia a faccia col fatto nudo e schietto, senza stare a cercarlo fra le linee del libro, attraverso la lente dello scrittore[3]. Il semplice fatto umano farà pensare sempre; avrà sempre l'efficacia dell'*essere stato*, delle lagrime vere, delle febbri e delle sensazioni che sono passate per la carne; il misterioso processo per cui le passioni si annodano, si intrecciano, maturano, si svolgono nel loro cammino sotterraneo nei loro andirivieni che spesso sembrano contraddittorî, costituirà per lungo tempo ancora la possente attrattiva di quel fenomeno psicologico che dicesi l'argomento di un racconto, e che l'analisi moderna si studia di seguire con scrupolo scientifico [...].

Noi rifacciamo il processo artistico al quale dobbiamo tanti monumenti gloriosi, con metodo diverso, più minuzioso e più intimo; sacrifichiamo volentieri l'effetto della catastrofe[4], del risultato psicologico, intravvisto con intuizione quasi divina dai grandi artisti del passato, allo sviluppo logico, necessario di esso, ridotto meno imprevisto, meno drammatico, ma non meno fatale[5]; siamo più modesti, se non più umili[6]; ma le conquiste che facciamo delle verità psicologiche non saranno un fatto meno utile all'arte dell'avvenire [...].

Intanto io credo che il trionfo del romanzo, la più completa e la più umana delle opere d'arte, si raggiungerà allorché l'affinità e la coesione di ogni sua parte sarà così completa che il processo della creazione rimarrà un mistero, come lo svolgersi delle passioni umane; e che l'armonia delle sue forme sarà così perfetta, la sincerità della sua realtà così evidente, il suo modo e la sua ragione di essere così necessarie, che la mano dell'artista rimarrà assolutamente invisibile, e il romanzo avrà l'impronta dell'avvenimento reale, e l'opera d'arte sembrerà *essersi fatta da sé*, aver maturato ed esser sorta spontanea come un fatto naturale, senza serbare alcun punto di contatto col suo autore.

Un ritratto di Giovanni Verga dipinto da Amedeo Bianchi nel 1913. (Catania, Casa Museo Giovanni Verga)

1. **storico**: rispecchiante fatti realmente accaduti.
2. **un documento... oggi**: una testimonianza fedele e imparziale della realtà, in aderenza alla poetica del naturalismo francese (▸D9-D10, pp. 23-24).
3. **senza... la lente dello scrittore**: senza doverlo cercare (il *fatto*) tra le righe del libro, deformato dal punto di vista dello scrittore.
4. **l'effetto della catastrofe**: in senso stretto la *catastrofe* è la conclusione, spesso luttuosa, della tragedia greca. Qui si riferisce al finale imprevedibile creato dallo scrittore per colpire la fantasia.
5. **fatale**: inevitabile, come determinato da un destino. Lo scrittore deve ricostruire scientificamente i processi psicologici fondandosi su una rigorosa consequenzialità logica e sui rapporti necessari di causa ed effetto; in questo modo il finale, effetto di certe cause, sarà meno imprevedibile e forse meno attraente, e tuttavia resterà tragico perché inevitabile.
6. **più modesti... umili**: modesti, perché consapevoli della difficoltà del compito che ci proponiamo; non umili, perché miriamo a uno scopo alto.

Cambia così la figura dello scrittore: non più cantore di sentimenti e ideali, ma scienziato o tecnico della letteratura, che – secondo le indicazioni di Zola – ha per compito di produrre "studi sociali". Da questo punto di vista la scelta di raccontare storie siciliane si può interpretare come un contributo dell'autore alla conoscenza di quel mondo meridionale che, sul finire degli anni Settanta, era al centro di inchieste, analisi sociologiche, dibattiti; ma, a differenza di Zola, Verga assume l'impersonalità come puro e semplice metodo di scrittura, senza alcuna intenzione di schieramento politico o di protesta sociale. Ciò che conta è che il mondo rappresentato sia «vero», e che «parli da sé».

• *«Inesorabilmente codino in politica»*

Vita dei campi: Fantasticheria

Nelle novelle di *Vita dei campi* (1880) – tutte di ambiente popolare siciliano – l'intellettuale benestante Giovanni Verga cerca di sparire, di lasciare totalmente la parola ai contadini, pastori o minatori protagonisti. Questo sforzo di mimetizzarsi, di cancellare se stesso nella realtà rappresentata, è motivato nella novella ▸T65 *Fantasticheria* con la profonda diversità e lontananza della turbinosa vita di città dai «sentimenti miti, semplici, che si susseguono calmi e inalterati di generazione in generazione» nel mondo rurale: per comprendere l'«istinto che hanno i piccoli a stringersi fra loro per resistere alle tempeste della vita», la loro «religione della famiglia», il loro rimanere eroicamente abbarbicati allo scoglio, come ostriche, di fronte alla minaccia del mondo «pesce vorace», bisogna che l'intellettuale cittadino metta tra parentesi la sua artificiosa visione del mondo, «si faccia piccino» anche lui, e guardi «col microscopio le piccole cause che fanno battere i piccoli cuori».

Jeli il pastore, Rosso Malpelo

Questa rappresentazione della campagna siciliana come un mondo di "piccoli" che, proprio per la loro estrema debolezza di fronte alla vita, sono in grado di provare sentimenti autentici e profondi, sconosciuti alla fatuità della vita urbana, si può interpretare come un'espressione del rimpianto e forse del rimorso dell'isolano che si è strappato dalle sue radici per cercare il successo nel continente. D'altra parte, specie in novelle come ▸T66 *Jeli il pastore* e ▸T67 *Rosso Malpelo*, la società contadina appare governata da leggi crudeli: i personaggi "diversi", più deboli e più soli, sono emarginati e schiacciati dai pregiudizi di un ambiente sociale rigido, feroce, dominato dal diritto del più forte, in cui i sentimenti puri e disinteressati non sembrano avere più spazio che nella società del bel mondo. Questa visione problematica e contraddittoria del mondo popolare siciliano – da un lato idealizzato come luogo della solidarietà e dei valori morali, dall'altro raffigurato sotto il dominio di meccanismi sociali disumani – sarà pienamente approfondita e risolta nei *Malavoglia*.

I MALAVOGLIA

La prefazione

Fin dal primo abbozzo del suo progetto di un ciclo di romanzi Verga si proponeva di dipingere «una specie di fantasmagoria della lotta per la vita, che si estende dal cenciaiuolo al ministro e all'artista, e assume tutte le forme, dall'ambizione all'avidità di guadagno». Nella ▸T68 prefazione ai *Malavoglia* (1881) il disegno si definisce e le sue premesse ideologiche si profilano con chiarezza.

L'evoluzionismo e i «vinti»

Tipicamente positivistica è l'intenzione di compiere uno «studio sincero e spassionato» dei meccanismi della vita sociale, analizzando le forme via via più complicate che «il congegno della passione» e «i sottili effetti dell'educazione» assumono ai diversi livelli della società e adeguando di volta in volta le tecniche descrittive all'ambiente rappresentato. Ma il grande mito del positivismo – la fede nel progresso come graduale e certo miglioramento delle condizioni della vita umana – viene radicalmente ridimensionato. Il cammino della storia, «grandioso» se «visto nell'insieme, da lontano», è in realtà il frutto di una continua lotta per la sopravvivenza e per il benessere, basata – come l'evoluzione delle specie teorizzata da Darwin – sulla legge naturale della prevalenza del più forte: travolti da questa «fiumana» inarrestabile, i «deboli» e i «fiacchi» soccombono ai «vincitori d'oggi», i quali a loro volta saranno sconfitti domani. Per questo lo scrittore rivolge l'attenzione alle vicende dei «vinti», e si propone di raffigurarne cinque esempi, su cinque diversi gradini della scala sociale, a ciascuno dei quali intende dedicare un romanzo.

La trama

I Toscano, detti "Malavoglia", pescatori di Aci Trezza, possiedono la "casa del nespolo" e una barca, la Provvidenza. La famiglia è composta da padron 'Ntoni (il nonno), Bastianazzo (suo figlio), Maruzza (la moglie di Bastianazzo) e dai nipoti 'Ntoni, Luca, Mena, Alessi, Lia. Per migliorare le condizioni della famiglia padron 'Ntoni acquista a credito dall'usuraio Zio Crocifisso un carico di lupini (un tipo di legumi) da rivendere altrove; ma la barca che li deve condurre a destinazione fa naufragio: Bastianazzo muore, e per pagare il debito bisogna vendere la casa. Per i Malavoglia è l'inizio di una lunga serie di sventure: Luca, partito militare, muore nella battaglia di Lissa, Maruzza è uccisa dal colera. Mentre padron 'Ntoni si sforza di tenere unita ▸T70 la famiglia e di recuperare la casa, suo nipote 'Ntoni, scontento della vita povera e dura, si dà al contrabbando e finisce in galera; anche Lia, compromessa dalle voci su una sua presunta relazione col brigadiere Don Michele, fugge di casa e si perde nella città. Mena, a causa delle difficoltà economiche e del disonore caduto sulla famiglia, deve rinunciare all'amore di compare Alfio, il carrettiere. Dopo la morte di padron 'Ntoni, Alessi, il più giovane dei nipoti, riesce a riscattare la casa del nespolo, dove va a vivere con la moglie, i figli e la sorella Mena. Una notte 'Ntoni, uscito di prigione, ritorna a casa, ma ▸T71 sente che non può rimanervi: la sua ribellione lo ha tagliato fuori per sempre dalla vita della famiglia e del paese.

I temi

Nei *Malavoglia* – prima tappa dell'analisi, ambientata nelle «basse sfere» della società – il tema centrale è costituito dal sorgere, in una povera famiglia di pescatori, delle «prime irrequietudini pel benessere», motivate dall'«accorgersi che non si sta bene, o che si potrebbe star meglio». Il romanzo si può leggere come documento di una realtà sostanzialmente sconosciuta al pubblico colto a cui Verga si rivolgeva: i modi di vita, gli usi, i proverbi dei contadini siciliani; la loro estraneità allo Stato unitario e alle vicende risorgimentali; gli effetti della leva obbligatoria e dei dazi doganali sulla società meridionale. Ma più in profondità, al di sotto dei fatti narrati, si delinea il conflitto tra due visioni del mondo: da una parte c'è padron 'Ntoni, fedele «ai motti e ai proverbi degli antichi», circondato da quella parte della famiglia che resta tenacemente ▸T69 unita, ancorata ai valori tradizionali della solidarietà, del lavoro, dell'onestà; dall'altra la maggioranza degli abitanti di Aci Trezza, che trama e spettegola spietatamente, assumendo la legge del più forte e il tornaconto economico come principale criterio di giudizio.

Si integrano così le due rappresentazioni del mondo rurale che si contrapponevano nelle novelle di *Vita dei campi*: anche la società contadina è dominata da una lotta spietata per il soddisfacimento dei bisogni materiali, ma al suo interno sopravvivono le antiche consuetudini modellate sui ritmi della natura, i rapporti autentici e solidali che possono offrire un provvisorio rifugio contro le violenze del "progresso". Per questo di fronte alla miseria e ai colpi del destino non bisogna cercare di migliorare la propria condizione, ma stringersi con tenacia ancora più forte alle proprie radici; e la sorte peggiore tocca a chi abbandona il paese, dove il mare «brontola sempre la solita storia» e «fino i sassi vi conoscono», per avventurarsi nelle «città grosse», nelle «strade arse di sole e bianche di polvere» del mondo esterno. È il caso di 'Ntoni, che, dopo aver reciso i suoi legami con la famiglia e con Aci Trezza, non riuscirà a far fortuna nell'universo utilitario ed egoista esterno al paese, ma non potrà neppure reintegrarsi nel tessuto di affetti e di tradizioni che si è lasciato alle spalle.

L'"artificio della regressione"

Nei *Malavoglia* Verga porta alle estreme conseguenze la sua versione della poetica dell'impersonalità, sforzandosi di eliminare dalla narrazione ogni traccia della sua individualità, di «mettersi nella pelle» dei personaggi, di vedere le cose coi loro occhi e di dirle con le loro parole. Questo processo è stato definito dalla critica "artificio della regressione" per indicare la distanza fra la mentalità dell'intellettuale borghese Verga e il punto di vista da cui sono narrate le vicende, "regredito" al livello culturale dei contadini siciliani protagonisti del romanzo. La voce che racconta sembra appartenere alla collettività degli abitanti di Aci Trezza, di cui assume le credenze, la mentalità, il linguaggio, e sembra rivolgersi a un destinatario che conosce dall'interno la vita del paese: i personaggi entrano in scena bruscamente, «messivi faccia a faccia – scrive Verga a Capuana – senza nessuna presentazione, come li aveste conosciuti sempre, e foste nato e cresciuto in mezzo a loro». Così, fin dalle prime righe il lettore si trova nel mezzo del mondo di Aci Trezza, e, se vuol stare al gioco, deve assumere anche lui i punti di vista e i modi di pensare dei pescatori e contadini protagonisti, ricostruendo sulla base degli indizi offerti dal testo un sistema di riferimenti e di informazioni che il narratore dà per scontato.

Il discorso indiretto libero

Questo processo di immedesimazione è reso più complesso e coinvolgente dal fatto che il narratore, attraverso un uso sistematico del discorso indiretto libero, assume di volta in volta la maschera di tutti i personaggi che entrano in scena. In alcuni momenti è il "coro" degli abitanti di Aci Trezza, ed esprime una mentalità comune a tutto il paese; ma altre volte fa suoi singoli punti di vista e visioni del mondo in reciproco contrasto, come il frenetico affarismo di zio Crocifisso, la testarda laboriosità di padron 'Ntoni e della sua famiglia, le oscillazioni del giovane 'Ntoni fra integrazione e ribellione, e così via: punti di vista e visioni del mondo che si susseguono nel romanzo senza che la voce narrante faccia da filtro, istituisca una gerarchia, dica chi ha ragione e chi ha torto. Il lettore si trova all'incrocio delle diverse mentalità, e alla fine tocca a lui tirare le somme, attribuire alla storia una sua morale e un suo significato complessivo.

La lingua

Per dar voce all'ambiente popolare che fa da protagonista al suo romanzo, Verga non poteva ricorrere ai modelli correnti di lingua letteraria – dal purismo al fiorentino manzoniano allo sperimentalismo scapigliato – impregnati di una cultura remota da quella dei suoi personaggi; d'altra parte intendeva scrivere un romanzo di respiro nazionale, rivolto al pubblico colto dell'Italia unita, il che metteva fuori gioco il dialetto siciliano realmente parlato dai contadini e dai pescatori della sua terra. Si propose dunque di creare qualcosa di totalmente nuovo, per dare alla lingua parlata dai suoi personaggi «la fisionomia del loro intelletto». Ne scaturì un «italiano colorato», che reca l'impronta del dialetto in alcune scelte lessicali, nella ricorrente citazione di proverbi, modi di dire e similitudini tipici del mondo rurale siciliano, e

DOCUMENTO 17

VERGA FOTOGRAFO

«No, non sono sfuggito al contagio fotografico e vi confesso che questa della camera nera è una mia segreta mania». Queste parole provengono da una lettera che Verga scrisse nel 1880 al suo editore milanese Emilio Treves. Lo scrittore si era dato a questa nuova passione – anzi, a quella che nel 1893, in un'altra lettera a Treves, definirà «l'unica mia grande passione» – a partire dal 1878. Parenti e amici, uomini del popolo e paesaggi rurali vennero immortalati in foto che Verga non rese mai pubbliche. Soltanto nel 1966 nella sua residenza catanese verranno riscoperti più di 400 negativi fotografici, che hanno subito destato l'interesse dei suoi studiosi.

Le foto di Verga non sono tecnicamente riuscitissime, ma sono rilevanti perché testimoniano la sua fascinazione nei confronti di uno strumento che prometteva una rappresentazione oggettiva e documentaria del reale, in accordo con la sua poetica verista. Non è un caso che Verga condividesse il suo interesse con altri suoi due colleghi e conterranei come Capuana e De Roberto, e che anche Zola, il padre del naturalismo francese, usasse la fotografia come strumento di documentazione per la sua attività di scrittore-scienziato sociale.
In questa pagina vi mostriamo alcune delle fotografie scattate da Verga.

La madre Vanna in uno scatto fotografico di Giovanni Verga del 1892. (Pioltello, Archivio Fotografico Fondazione 3M)

La famiglia Verga in uno scatto di Giovanni Verga del 1892. (Pioltello, Archivio Fotografico Fondazione 3M)

Il fratello Mario e i due nipoti in uno scatto di Giovanni Verga del 1892. (Pioltello, Archivio Fotografico Fondazione 3M)

Il paese di Vizzini in uno scatto di Giovanni Verga del 1892. (Pioltello, Archivio Fotografico Fondazione 3M)

che modella la propria struttura sintattica su quella del parlato popolare (periodi brevi, prevalenza delle frasi coordinate, frequenti ripetizioni di parole e costrutti). Il discorso assume così l'andamento cadenzato ed elementare della narrazione orale, in cui il ricorrere delle stesse formule (la Nunziata «chioccia con i suoi pulcini», don Michele «con la pistola sulla pancia e i calzoni dentro gli stivali», don Silvestro che «fa scricchiolare le scarpe verniciate») e degli stessi riferimenti di tempo e di spazio (le albe e le notti, le costellazioni, il mare, la spiaggia, la scalinata della chiesa, l'osteria) dà il senso di un mondo sempre uguale a se stesso, nel quale tutto ritorna ciclicamente, secondo i ritmi della natura e le tradizioni degli antichi.

Le ragioni del "fiasco"

L'insuccesso dei *Malavoglia* si può spiegare con le due caratteristiche che ne fanno – secondo le parole dell'autore – un «tentativo nuovo e ardito»: la sconvolgente novità delle scelte linguistiche e delle tecniche narrative, difficilmente digeribili per un pubblico abituato alle forme tradizionali del romanzo; e la crudezza della raffigurazione della vita del popolo, in netto contrasto col paternalismo consolatorio allora di moda. Verga era ben consapevole della «confusione» che la novità del suo stile avrebbe potuto determinare nella mente dei lettori, ma resta ugualmente «nauseato» dall'indifferenza del pubblico e della critica, e sicuro del valore del suo lavoro: «Il
▸D18
peggio è che non sono convinto del fiasco – scrive a Capuana – e se dovessi riscrivere quel libro lo farei come l'ho fatto». Con questo spirito, dopo aver congedato con scarsa convinzione «quel cornuto *Marito di Elena*» (1882), si accinge ad affrontare i problemi inerenti alla prosecuzione del ciclo dei «vinti».

LE *NOVELLE RUSTICANE* E *MASTRO-DON GESUALDO*

Secondo la prefazione ai *Malavoglia* il passo successivo doveva essere *Mastro-don Gesualdo*, un romanzo di ambiente borghese, dove alla «lotta pei bisogni materiali» subentra l'«avidità di ricchezze». La diversa ambientazione poneva a Verga problemi nuovi: la poetica dell'impersonalità esigeva che lo stile e il linguaggio mutassero col mutare del livello sociale oggetto dello «studio», e l'annullamento dell'autore nel mondo rappresentato risultava più arduo per la varietà ed eterogeneità dei personaggi borghesi, non inseriti in una comunità culturalmente omogenea come quella dei *Malavoglia*.

Le *Novelle rusticane* e le novelle "milanesi"

Le *Novelle rusticane* (1883) sono una prima approssimazione alla nuova tematica. L'ambiente rappresentato è ancora quello della campagna siciliana, ma non vi compaiono più le figure dei puri e dei "diversi" che si contrappongono in nome dei sentimenti e dei valori alla logica della «lotta per la vita»: la società contadina appare ormai integralmente corrotta dalle leggi dell'economia, ed è
▸T64
raffigurata come teatro di feroci e inutili scontri sociali (*Libertà*) o di frenetiche e uma-
▸T72
namente fallimentari accumulazioni di ricchezze (*La roba*). Di diversa ambientazione ma
▸T73
di tematica simile sono le novelle raccolte in *Per le vie* (1883) e in *Drammi intimi* (1884), dove, sullo sfondo di una Milano degradata "alla Zola", un proletariato senza speranze si abbrutisce nella miseria o rincorre vanamente i miti della ricchezza e del benessere.

Mastro-don Gesualdo

In *Mastro-don Gesualdo* (1889) i temi della scalata sociale e della subordinazione degli affetti al primato della «roba» si incarnano nel protagonista, il «tipo borghese [...] incorniciato nel quadro ancora ristretto di una città di provincia» che Verga aveva preannunciato nella prefazione ai *Malavoglia*.

▸T74
Nel paesino siciliano di Vizzini il manovale "mastro" Gesualdo Motta è riuscito, a forza di lavoro e durissimi sacrifici, a diventare imprenditore e proprietario terriero, con-

quistandosi il titolo riservato ai notabili ("don"). Amareggiato dai conflitti con la sua famiglia, che lo sfrutta e nello stesso tempo gli rinfaccia la sua ricchezza, pensa di coronare ▸T75 la sua scalata sociale sposando Bianca Trao, un'aristocratica decaduta, per cui abbandona Diodata, la fedele contadina da cui ha avuto due figli; ma Bianca non lo ama e si è piegata al matrimonio per coprire una relazione col ricco cugino Ninì Rubiera, che non ha potuto sposarla per l'opposizione della madre. Alcuni mesi dopo il matrimonio nasce Isabella, che da grande si vergognerà delle umili origini e dei modi rozzi del padre, e finirà con lo sposare — anche lei per "riparare" a un amore proibito — un nobile squattrinato, che dissiperà il patrimonio accumulato con tanta fatica. Consumato dalle delusioni e da un cancro, ▸T76 mastro-don Gesualdo morirà solo, relegato in una stanza appartata del palazzo cittadino della figlia, tra l'indifferenza dei servi.

I temi

A differenza di 'Ntoni Malavoglia, mastro-don Gesualdo riesce a cambiare la sua condizione e a sottrarsi al peso della miseria, ma paga questo apparente successo col fallimento nella sfera degli affetti privati: subordinando ogni

DOCUMENTO 18

«FIASCO PIENO E COMPLETO»

Consapevole della novità dei *Malavoglia*, Verga attendeva le reazioni del pubblico e della critica, ma le cose non andarono come aveva sperato: in questa lettera a Luigi Capuana esprime la sua delusione.

Giovanni Verga, *Lettere sparse*, a cura di G. Finocchiaro Chimirri, Bulzoni, Roma, 1979

A Luigi Capuana, Milano, 11 aprile 1881

I Malavoglia hanno fatto fiasco, fiasco pieno e completo. Tranne Boito[1] e Gualdo[2], che me ne hanno detto bene, molti, Treves[3] il primo, me ne hanno detto male, e quelli che non me l'hanno detto mi evitano come se avessi commesso una cattiva azione. Dei giornali, all'infuori del *Sole*, della *Gazzetta d'Italia della domenica*, della *Rivista Europea* o letteraria che sia e della *Gazzetta di Parma*, nessuno ne ha parlato, anche i meglio disposti verso di me, e ciò vuol dire chiaro che non vogliono spiattellarmi il *de profundis*[4]. Il peggio è che io non sono convinto del fiasco, e che se dovessi tornare a scrivere quel libro lo farei come l'ho fatto. Ma in Italia l'analisi più o meno esatta senza il pepe della scena drammatica[5] non va e, vedi, ci vuole tutta la tenacità della mia convinzione, per non ammannire i manicaretti[6] che piacciono al pubblico per poter ridergli poi in faccia.

Stanhope Alexander Forbes, *Vendita di pesce sulla spiaggia*, 1885. (Plymouth, City Art Gallery)

1. **Boito**: Camillo Boito (1836-1914), fratello del più celebre Arrigo, fu un esponente della scapigliatura milanese (vedi p. 45).
2. **Gualdo**: Luigi Gualdo (1844-1898), vissuto a lungo in Francia, autore di romanzi in italiano e in francese.
3. **Treves**: Emilio Treves (1834-1916), editore milanese di molte opere di Verga.
4. **non vogliono... *de profundis***: non vogliono dichiarare apertamente che il romanzo è fallito. Il *de profundis* è un salmo che si recitava in latino per i morti.
5. **l'analisi... drammatica**: Verga concepisce l'opera d'arte come uno studio, un'analisi rigorosa del reale, ma questo non è apprezzato dal pubblico italiano che cerca effetti drammatici e colpi di scena.
6. **ammannire i manicaretti**: preparare le gustose pietanze; fuori di metafora, scrivere opere che incontrino il gusto del grande pubblico.

cosa al culto della «roba», ha dovuto scavarsi il vuoto attorno, e di fronte alla malattia e alla morte si trova solo, lontano dalle terre che gli sono costate tanto sudore e dall'amore di Diodata, l'unica a nutrire nei suoi confronti un affetto sincero. Si conferma il pessimismo sociale di Verga secondo il quale ogni tentativo di migliorare la propria condizione non può tradursi che in una sconfitta. In più nel *Mastro-don Gesualdo* è scomparso quel mondo di tradizioni e di affetti che nei *Malavoglia* offriva un'alternativa, sia pure perdente, alla logica del profitto economico e del progresso: la società è degradata a ogni livello, fatta di nobili spiantati, avidi speculatori, plebi fameliche dominate dall'invidia e dall'intrigo. Su questo sfondo senza speranza, il conflitto tra le leggi dell'economia e i valori ideali, inespresso sul piano sociale, si riflette nella scissione psicologica e nel tragico isolamento del protagonista, deciso a seguire fino in fondo la logica del profitto ma interiormente deluso dalla mancanza di sentimenti sinceri e rapporti disinteressati.

Lo stile

Nel raffigurare un mondo fatto di individui isolati in reciproco conflitto, Verga non poteva ricorrere alla tecnica "corale" sperimentata nei *Malavoglia*: la prospettiva narrativa dominante è quella di un narratore esterno, anonimo e impersonale, che cede volentieri la parola ai protagonisti nelle frequenti scene di dialogo registrate senza introduzioni o commenti, ma che fa trasparire il giudizio dell'autore nelle spietate descrizioni dei personaggi, deformati in senso grottesco e caricaturale. Al centro della scena, solo contro tutti, c'è mastro-don Gesualdo, isolato talora in lunghi monologhi interiori resi col discorso indiretto libero. Il linguaggio, volendo adeguarsi a diversi ambienti (popolare, borghese, aristocratico), pesca ora dal dialetto ora dall'italiano colto e letterario. Nell'insieme il romanzo è meno sperimentale dei *Malavoglia*, più vicino alle forme tradizionali del realismo ottocentesco, e si deve probabilmente a questo la discreta accoglienza del pubblico e della critica.

Il tramonto del verismo

Ma contemporaneamente a *Mastro-don Gesualdo* esce trionfalmente *Il piacere* del giovane Gabriele D'Annunzio, astro nascente della scena culturale e mondana, banditore dei nuovi miti del decadentismo e spregiatore del naturalismo («Non mai apparve letteratura più povera di materia, più sciatta di forma, più sprovvista di vera e schietta italianità», affermerà nel 1892). Il clima culturale sta rapidamente cambiando: in antitesi al materialismo positivista si diffondono inquietudini irrazionalistiche e misticheggianti; i romanzi più graditi al pubblico borghese sono quelli spiritualistici e sensuali di Antonio Fogazzaro. Verga si sente sempre più estraneo alle mode e agli orientamenti del mercato editoriale: «Nel pubblico c'è bisogno di ideale e di al di là? Adesso? io non lo vedo», risponde nel 1893 a un'intervista. «Il pubblico ha da pensare ad altro... il misticismo è un nuovo genere di *sport*, la corsa all'al di là!».

LE ALTRE OPERE E IL SILENZIO

Le opere teatrali e il teatro verista

Il ritorno in Sicilia, la progressiva rinuncia alla letteratura, l'irrigidirsi del conservatorismo politico si possono spiegare anche con questo senso di estraneità e di fastidio di fronte al mutare della mentalità e del gusto. Tanto più che l'unico aspetto dell'opera di Verga che influenzò decisamente i contemporanei, e trovò numerosi continuatori, fu il teatro, una forma d'arte che egli considerava «inferiore e primitiva»: drammi come *Cavalleria rusticana* (1884) e *La lupa* (1885), ispirate a novelle pubblicate in *Vite dei campi*, diedero il via in Italia al teatro verista, rapido nell'azione scenica, violentemente drammatico, basato su uno stile "parlato", adatto all'istrionismo dei grandi attori dell'epoca.

IL DRAMMA VERISTA:
• *Cavalleria rusticana* (scena I)

Le ragioni del silenzio

Ma il vero cruccio di Verga fu quello di non riuscire ad andare oltre le prime «poverissime pagine incomplete» della *Duchessa di Leyra*, lasciando incompiuto il ciclo dei «vinti». La tenace riservatezza dell'autore ha obbligato i critici a lavorare di fantasia sui motivi di questo blocco. Certo ci fu un problema tecnico, di linguaggio e di stile: nelle opere di ambiente siciliano, e specialmente nei *Malavoglia*, Verga aveva trasformato il suo *handicap* culturale (la formazione letteraria da provinciale autodidatta) in una risorsa: la sua sostanziale estraneità ai classici gli aveva consentito, in un certo senso, di partire da zero, di inventare una lingua totalmente nuova, remota dagli accademismi e dalle artificiosità dei modelli letterari codificati. Mettendo in scena personaggi del mondo agiato e aristocratico avrebbe dovuto avventurarsi sul terreno malsicuro delle psicologie tortuose e del linguaggio raffinato, e sentiva di correre il rischio di ricadere nella sua maniera "mondana", o, peggio ancora, di farsi risucchiare dal "romanzo alla moda" di Fogazzaro e di D'Annunzio: «La povera gente sapevo farla parlare; con le persone del gran mondo non ci riesco: è gente che in ogni cosa mente due volte: se ha debiti, dice di avere mal di testa». Del resto la sua visione pessimistica della società e dei rapporti umani in genere si era progressivamente esasperata: la sua ultima raccolta di novelle, *Don Candeloro e C.i* (1894), ambientata nel mondo degli attori, delle ballerine, del teatro delle marionette, rappresenta la vita come una «triste commedia», dove «la finzione si mescola talmente alla realtà da confondersi insieme a questa» e l'uomo «è costretto a recitare una parte».

Verga e i suoi lettori

Il dibattito critico

Solo negli ultimi tempi della vita di Verga, intorno agli anni Venti del Novecento, la critica cominciò a riconoscere il valore dei suoi capolavori: da allora attorno a essi si è sviluppato un dibattito che ha prodotto interpretazioni contrastanti. Così alcuni critici hanno visto in Verga il "poeta della povera gente" e il cantore della "religione della famiglia", mentre altri lo hanno esaltato per la critica radicale di tutti i miti del suo tempo, dal provvidenzialismo cattolico, al populismo paternalistico, alla fiducia incondizionata nel progresso. Dal punto di vista politico c'è stato chi ha letto la sua rappresentazione pessimistica della società in senso "democratico" come denuncia della situazione bloccata delle plebi meridionali nell'Italia postunitaria; e chi invece l'ha interpretato come espressione della mentalità conservatrice del proprietario terriero sospettoso di ogni cambiamento.

Anche della sua raffigurazione del mondo popolare siciliano si sono sottolineati di volta in volta gli aspetti realistici e documentari o il carattere autonomamente artistico, la capacità di simboleggiare la sconfitta di ogni essere umano, indipendentemente dalla sua condizione sociale, di fronte alla vita e al destino.

Leggere Verga oggi

Noi condividiamo quest'ultima posizione. Ancora oggi, specie nei *Malavoglia*, Verga resta uno scrittore difficile. Ma se riuscirete a superare la fatica delle prime pagine vi troverete coinvolti in un mondo vivo, complesso, commovente, che, proprio per la volontà di Verga di "sparire" nella propria opera, di non sovrapporre ai fatti narrati i suoi giudizi e le sue opinioni, lascia uno spazio straordinariamente ampio all'immaginazione e all'immedesimazione del lettore, ben al di là degli schemi ideologici e delle stesse intenzioni consapevoli dell'autore.

FISSA I CONCETTI

GIOVANNI VERGA (1840-1922)

LA VITA

Formazione a Catania presso Antonio Abate, patriota entusiasta e scrittore sgrammaticato

A Firenze e a Milano:
- frequentazione di salotti intellettuali e ambienti della scapigliatura
- successo con i "romanzi mondani"
- conoscenza con Capuana e adesione alla poetica del verismo
- delusione per l'esito dei suoi lavori letterari

Ritorno a Catania:
- vita appartata e incupirsi del suo pessimismo
- assunzione di posizioni politiche retrive

LE OPERE

Primi romanzi (*Amore e patria*, *I carbonari della montagna*, *Sulle lagune*): toni enfatici e ideali risorgimentali

Romanzi "mondani" (*Una peccatrice*, *Storia di una capinera*, *Eva*, *Eros*, *Tigre reale*): narrazione vera, senza retoriche né ipocrisie; denuncia dell'ipocrita materialismo borghese

Il verismo: impersonalità dell'opera, scrittore come studioso della società

Incapacità di concludere la *Duchessa di Leyra* e pubblicazione delle novelle di *Don Candeloro e C.i*, ambientate nel mondo teatrale

La vita
- Quali furono le fonti di sostentamento e la collocazione sociale di Verga?
- Sintetizzate le tappe fondamentali della sua vita.

Le opere
- Qual è la tematica dei romanzi "mondani"?
- Riassumete i concetti base della poetica di Verga facendo riferimento alle sue dichiarazioni.
- Quale immagine del mondo rurale siciliano emerge dalle novelle e dai romanzi? Come muta nelle diverse fasi dell'opera verghiana?

ZTE ONLINE
Mettiti alla prova con gli esercizi interattivi

VERGA E I SUOI LETTORI

Rivalutato solo a partire dagli anni Venti del Novecento, come "poeta della povera gente", cantore della "religione della famiglia", critico dei miti del suo tempo

***Vita dei campi*:**
- contadini, pastori o minatori protagonisti
- da un lato, rimpianto per la genuinità della vita contadina; dall'altro, denuncia delle sue crudeli leggi e della sua mentalità retrograda

***I Malavoglia*:**
- primo romanzo del ciclo dei «vinti», dedicato alla classe sociale più bassa (protagonista è una famiglia di pescatori)
- le «prime irrequietudini del benessere» spazzate vie dalla "fiumana del progresso"
- famiglia legata ai valori della tradizioni e unita nelle avversità
- "artificio della regressione", discorso indiretto libero, lingua orale e calcata su una sintassi regionale, per una narrazione il più possibile mimetica
- fiasco del romanzo dovuto alle novità stilistiche

***Novelle rusticane* e "novelle milanesi":**
personaggi moralmente corrotti, feroci scontri individuali e inutili accumulazioni di ricchezza

***Mastro-don Gesualdo*:**
- temi: scalata sociale e subordinazione degli affetti al primato della «roba»
- si conferma il pessimismo sociale di Verga: è impossibile migliorare la propria condizione
- stile: narratore esterno impersonale; monologhi interiori con discorso indiretto libero; romanzo meno sperimentale dei *Malavoglia*
- discreto successo di pubblico e critica

Teatro verista (*Cavalleria rusticana*, *La lupa*), rapido nell'azione, basato su uno stile "parlato"

- Quale idea del progresso emerge dal progetto del ciclo dei «vinti»?
- Quali tecniche narrative e scelte stilistiche caratterizzano *I Malavoglia*?
- Come si può spiegare l'insuccesso del romanzo?
- In che senso 'Ntoni Malavoglia e mastro-don Gesualdo possono definirsi «vinti»?
- Come si può spiegare il diverso taglio narrativo dato a *Mastro-don Gesualdo* rispetto a *I Malavoglia*?
- Come si può interpretare il silenzio letterario di Verga negli ultimi anni di vita?

3 GIOVANNI VERGA

I TESTI

UN TESTO ESEMPLARE

T64 ▸ Libertà

La novella (tratta da *Novelle rusticane*, vedi p. 322) prende spunto da un evento accaduto nel paese di Bronte (Catania) nel luglio 1860 in occasione della spedizione dei Mille. Dopo il decreto di Garibaldi per la divisione delle terre comuni, i contadini insorsero contro i notabili del paese e il clero corrotto per vendicarsi delle secolari ingiustizie subite. La rivolta fu duramente repressa dal luogotenente di Garibaldi, Nino Bixio, e successivamente si tenne il processo a Catania. Nella novella i fatti vengono evocati, ma non sono nominati né i luoghi né i personaggi coinvolti.

Sciorinarono[1] dal campanile un fazzoletto a tre colori, suonarono le campane a stormo[2], e cominciarono a gridare in piazza: «Viva la libertà!».

Come il mare in tempesta. La folla spumeggiava e ondeggiava davanti al casino dei *galantuomini*[3], davanti al Municipio, sugli scalini della chiesa: un mare di berrette bianche; le scuri e le falci che luccicavano. Poi irruppe in una stradicciuola.

– A te prima, barone! che hai fatto nerbare la gente dai tuoi campieri[4]! – Innanzi a tutti gli altri una strega, coi vecchi capelli irti sul capo, armata soltanto delle unghie. – A te, prete del diavolo! che ci hai succhiato l'anima! – A te, ricco epulone[5], che non puoi scappare nemmeno, tanto sei grasso del sangue del pove-

1. **Sciorinarono**: esposero. Si dice dei panni stesi ad asciugare.
2. **a stormo**: con rintocchi rapidi e frequenti, per chiamare a raccolta la popolazione.
3. **casino dei *galantuomini***: circolo dei notabili, dei proprietari terrieri, che nell'Italia meridionale sono definiti *galantuomini*.
4. **hai fatto... campieri**: hai fatto frustare (*nerbare*, da "nerbo", scudiscio) la gente dalle guardie armate addette alla sorveglianza della tenuta agricola (*campieri*).
5. **ricco epulone**: Epulone, protagonista di una parabola evangelica, è un ricco goloso e avaro; i contadini apostrofano così un *galantuomo* dedito ai piaceri della tavola.

ro! – A te, sbirro! che hai fatto la giustizia solo per chi non aveva niente! – A te, guardaboschi! che hai venduto la tua carne e la carne del prossimo per due tarì[6] al giorno!

E il sangue che fumava ed ubbriacava. Le falci, le mani, i cenci, i sassi, tutto rosso di sangue! – Ai *galantuomini*! Ai *cappelli*[7]! Ammazza! ammazza! Addosso ai *cappelli*!

Don[8] Antonio sgattaiolava a casa per le scorciatoie. Il primo colpo lo fece cascare colla faccia insanguinata contro il marciapiede. – Perché? perché mi ammazzate? – Anche tu! al diavolo! – Un monello sciancato raccattò il cappello bisunto e ci sputò dentro. – Abbasso i cappelli! Viva la libertà! – Te'! tu pure! – Al reverendo che predicava l'inferno per chi rubava il pane. Egli tornava dal dir messa, coll'ostia consacrata nel pancione. – Non mi ammazzate, ché sono in peccato mortale! – La gnà[9] Lucia, il peccato mortale; la gnà Lucia che il padre gli aveva venduta a 14 anni, l'inverno della fame, e riempiva la Ruota[10] e le strade di monelli affamati. Se quella carne di cane fosse valsa a qualche cosa, ora avrebbero potuto satollarsi, mentre la sbrandellavano sugli usci delle case e sui ciottoli della strada a colpi di scure. Anche il lupo allorché capita affamato in una mandra[11], non pensa a riempirsi il ventre, e sgozza dalla rabbia. – Il figliuolo della Signora, che era accorso per vedere cosa fosse – lo speziale[12], nel mentre chiudeva in fretta e in furia – don Paolo, il quale tornava dalla vigna a cavallo del somarello, colle bisacce magre in groppa. Pure teneva in capo un berrettino vecchio che la sua ragazza[13] gli aveva ricamato tempo fa, quando il male non aveva ancora colpito la vigna. Sua moglie lo vide cadere dinanzi al portone, mentre aspettava coi cinque figliuoli la scarsa minestra[14] che era nelle bisacce del marito. – Paolo! Paolo! – Il primo lo colse nella spalla con un colpo di scure. Un altro gli fu addosso colla falce, e lo sventrò mentre si attaccava col braccio sanguinante al martello[15].

Ma il peggio avvenne appena cadde il figliolo del notaio, un ragazzo di undici anni, biondo come l'oro, non si sa come, travolto nella folla. Suo padre si era rialzato due o tre volte prima di strascinarsi a finire nel mondezzaio, gridandogli: – Neddu! Neddu! – Neddu fuggiva, dal terrore, cogli occhi e la bocca spalancati senza poter gridare. Lo rovesciarono; si rizzò anch'esso su di un ginocchio come suo padre; il torrente gli passò di sopra; uno gli aveva messo lo scarpone sulla guancia e glie l'aveva sfracellata; nonostante il ragazzo chiedeva ancora grazia colle mani. – Non voleva morire, no, come aveva visto ammazzare suo padre; – strappava il cuore! – Il taglialegna, dalla pietà, gli menò un gran colpo di scure colle due mani, quasi avesse dovuto abbattere un rovere di cinquant'anni – e tremava come una foglia – Un altro gridò: – Bah! egli sarebbe stato notaio, anche lui!

Non importa! Ora che si avevano le mani rosse di quel sangue, bisognava ver-

6. **tarì**: moneta in uso durante il regno dei Borboni.
7. ***cappelli***: i benestanti, chiamati così perché portavano il cappello, mentre i contadini portavano la berretta di lana.
8. **Don**: signore, titolo di rispetto.
9. **gnà**: signora, dallo spagnolo *doña*; è un appellativo che in Sicilia si dà alle donne del popolo.
10. **la Ruota**: una specie di armadio girevole posto a fianco dei conventi di suore per introdurvi offerte; i figli non voluti venivano abbandonati dalle madri in uno degli scomparti per affidarli alla cura delle suore.
11. **mandra**: mandria.
12. **speziale**: farmacista.
13. **la sua ragazza**: sua figlia. Don Paolo è un *galantuomo* rovinato economicamente, come si vede dalle righe successive.
14. **minestra**: verdura.
15. **martello**: il battente per bussare alla porta.

sare tutto il resto. Tutti! tutti i *cappelli*! – Non era più la fame, le bastonate, le soperchierie[16] che facevano ribollire la collera. Era il sangue innocente. Le donne più feroci ancora, agitando le braccia scarne, strillando d'ira in falsetto[17], colle carni tenere sotto i brindelli delle vesti. – Tu che venivi a pregare il buon Dio colla veste di seta! – Tu che avevi a schifo d'inginocchiarti accanto alla povera gente! – Te'! Te'! – Nelle case, su per le scale, dentro le alcove[18], lacerando la seta e la tela fine. Quanti orecchini su delle facce insanguinate! e quanti anelli d'oro nelle mani che cercavano di parare i colpi di scure!

La baronessa aveva fatto barricare il portone: travi, carri di campagna, botti piene, dietro; e i campieri che sparavano dalle finestre per vender cara la pelle. La folla chinava il capo alle schioppettate, perché non aveva armi da rispondere. Prima[19] c'era la pena di morte chi tenesse armi da fuoco. – Viva la libertà! – E sfondarono il portone. Poi nella corte, sulle gradinate, scavalcando i feriti. Lasciarono stare i campieri. – I campieri dopo! – Prima volevano le carni della baronessa, le carni fatte di pernici e di vin buono. Ella correva di stanza in stanza col lattante al seno, scarmigliata – e le stanze erano molte. Si udiva la folla urlare per quegli andirivieni, avvicinandosi come la piena di un fiume. Il figlio maggiore, di 16 anni, ancora colle carni bianche anch'esso, puntellava l'uscio colle sue mani tremanti, gridando: – Mamà! mamà! – Al primo urto gli rovesciarono l'uscio addosso. Egli si afferrava alle gambe che lo calpestavano. Non gridava più. Sua madre s'era rifugiata nel balcone, tenendo avvinghiato il bambino, chiudendogli la bocca colla mano perché non gridasse, pazza. L'altro figliolo voleva difenderla col suo corpo, stralunato, quasi avesse avute cento mani, afferrando pel taglio tutte quelle scuri. Li separarono in un lampo. Uno abbrancò lei pei capelli, un altro per i fianchi, un altro per le vesti, sollevandola al di sopra della ringhiera. Il carbonaio le strappò dalle braccia il bambino lattante. L'altro fratello non vide niente; non vedeva altro che nero e rosso. Lo calpestavano, gli macinavano le ossa a colpi di tacchi ferrati; egli aveva addentato una mano che lo stringeva alla gola e non la lasciava più. Le scuri non potevano colpire nel mucchio e luccicavano in aria.

E in quel carnevale furibondo del mese di luglio, in mezzo agli urli briachi della folla digiuna, continuava a suonare a stormo la campana di Dio, fino a sera, senza mezzogiorno, senza avemaria, come in paese di turchi[20]. Cominciavano a sbandarsi, stanchi della carneficina, mogi, mogi, ciascuno fuggendo il compagno. Prima di notte tutti gli usci erano chiusi, paurosi, e in ogni casa vegliava il lume. Per le stradicciuole non si udivano altro che i cani, frugando per i canti[21], con un rosicchiare secco di ossa, nel chiaro di luna che lavava ogni cosa, e mostrava spalancati i portoni e le finestre delle case deserte.

Aggiornava[22]; una domenica senza gente in piazza né messa che suonasse. Il sagrestano s'era rintanato; di preti non se ne trovavano più. I primi che cominciarono a far capannello sul sagrato si guardavano in faccia sospettosi; ciascuno ripensando a quel che doveva avere sulla coscienza il vicino. Poi, quando furono in molti, si diedero a mormorare. – Senza messa non potevano starci, un giorno di do-

16. **soperchierie**: soprusi.
17. **in falsetto**: con voce acuta.
18. **alcove**: camere da letto.
19. **Prima**: sotto i Borboni.
20. **senza mezzogiorno... turchi**: senza rintocchi che scandissero le ore della giornata, come in un paese di infedeli, senza religione (*turchi*). *Avemaria* sono i tre tocchi di campana che annunciavano l'alba, la sera, il mezzogiorno.
21. **canti**: cantoni, angoli.
22. **Aggiornava**: faceva giorno.

menica, come i cani! – Il casino dei *galantuomini* era sbarrato, e non si sapeva dove andare a prendere gli ordini dei padroni per la settimana. Dal campanile penzolava sempre il fazzoletto tricolore, floscio, nella caldura gialla di luglio.

E come l'ombra s'impiccioliva lentamente sul sagrato, la folla si ammassava tutta in un canto. Fra due casucce della piazza, in fondo ad una stradicciola che scendeva a precipizio, si vedevano i campi giallastri nella pianura, i boschi cupi sui fianchi dell'Etna. Ora dovevano spartirsi quei boschi e quei campi. Ciascuno fra di sé calcolava colle dita quello che gli sarebbe toccato di sua parte, e guardava in cagnesco il vicino. – Libertà voleva dire che doveva essercene per tutti! – Quel Nino Bestia, e quel Ramurazzo, avrebbero preteso di continuare le prepotenze dei *cappelli*! – Se non c'era più il perito per misurare la terra, e il notaio per metterla sulla carta, ognuno avrebbe fatto a riffa e a raffa[23]! – E se tu ti mangi la tua parte all'osteria, dopo bisogna tornare a spartire da capo? – Ladro tu e ladro io. – Ora che c'era la libertà, chi voleva mangiare per due avrebbe avuto la sua festa come quella dei *galantuomini*! – Il taglialegna brandiva in aria la mano quasi ci avesse ancora la scure.

Il giorno dopo si udì che veniva a far giustizia il generale[24], quello che faceva tremare la gente. Si vedevano le camice rosse dei suoi soldati salire lentamente per il burrone, verso il paesetto; sarebbe bastato rotolare dall'alto delle pietre per schiacciarli tutti. Ma nessuno si mosse. Le donne strillavano e si strappavano i capelli. Ormai gli uomini, neri e colle barbe lunghe, stavano sul monte, colle mani fra le cosce, a vedere arrivare quei giovanetti stanchi, curvi sotto il fucile arrugginito, e quel generale piccino sopra il suo gran cavallo nero, innanzi a tutti, solo.

Il generale fece portare della paglia nella chiesa, e mise a dormire i suoi ragazzi come un padre. La mattina, prima dell'alba, se non si levavano al suono della tromba, egli entrava nella chiesa a cavallo, sacramentando[25] come un turco. Questo era l'uomo. E subito ordinò che glie ne fucilassero cinque o sei, Pippo, il nano, Pizzanello, i primi che capitarono. Il taglialegna, mentre lo facevano inginocchiare addosso al muro del cimitero, piangeva come un ragazzo, per certe parole che gli aveva dette sua madre, e pel grido che essa aveva cacciato quando glie lo strapparono dalle braccia. Da lontano, nelle viuzze più remote del paesetto, dietro gli usci, si udivano quelle schioppettate in fila come i mortaletti[26] della festa.

23. **a riffa e a raffa**: a chi arraffa di più.
24. **il generale**: nella realtà storica è Nino Bixio, il luogotenente di Garibaldi.
25. **sacramentando**: bestemmiando.
26. **mortaletti**: mortaretti, fuochi d'artificio.

I garibaldini fucilano gli insorti in una scena tratta dal film *Bronte: cronaca di un massacro che i libri di storia non hanno raccontato* diretto da Florestano Vancini nel 1972. (WebPhoto)

Dopo arrivarono i giudici per davvero, dei galantuomini cogli occhiali, arrampicati sulle mule, disfatti dal viaggio, che si lagnavano ancora dello strapazzo mentre interrogavano gli accusati nel refettorio del convento, seduti di fianco sulla scranna[27], e dicendo ahi! ogni volta che mutavano lato. Un processo lungo che non finiva più. I colpevoli li condussero in città, a piedi, incatenati a coppia, fra due file di soldati col moschetto pronto. Le loro donne li seguivano correndo per le lunghe strade di campagna, in mezzo ai solchi, in mezzo ai fichidindia, in mezzo alle vigne, in mezzo alle biade color d'oro, trafelate, zoppicando, chiamandoli a nome ogni volta che la strada faceva gomito, e si potevano vedere in faccia i prigionieri. Alla città li chiusero nel gran carcere alto e vasto come un convento, tutto bucherellato da finestre colle inferriate; e se le donne volevano vedere i loro uomini, soltanto il lunedì, in presenza dei guardiani, dietro il cancello di ferro. E i poveretti divenivano sempre più gialli in quell'ombra perenne, senza scorgere mai il sole. Ogni lunedì erano più taciturni, rispondevano appena, si lagnavano meno. Gli altri giorni, se le donne ronzavano per la piazza attorno alla prigione, le sentinelle minacciavano col fucile. Poi non sapere che fare, dove trovare lavoro nella città, né come buscarsi il pane. Il letto nello stallazzo[28] costava due soldi; il pane bianco si mangiava in un boccone e non riempiva lo stomaco; se si accoccolavano a passare una notte sull'uscio di una chiesa, le guardie le arrestavano. A poco a poco rimpatriarono, prima le mogli, poi le mamme. Un bel pezzo di giovinetta si perdette nella città e non se ne seppe più nulla. Tutti gli altri in paese erano tornati a fare quello che facevano prima. I *galantuomini* non potevano lavorare le loro terre colle proprie mani, e la povera gente non poteva vivere senza i *galantuomini*. Fecero la pace. L'orfano dello speziale rubò la moglie a Neli Pirru, e gli parve una bella cosa, per vendicarsi di lui che gli aveva ammazzato il padre. Alla donna che aveva di tanto in tanto certe ubbie[29], e temeva che suo marito le tagliasse la faccia, all'uscire dal carcere, egli ripeteva: – Sta' tranquilla che non ne esce più. – Ormai nessuno ci pensava; solamente qualche madre, qualche vecchiarello, se gli correvano gli occhi verso la pianura, dove era la città, o la domenica, al vedere gli altri che parlavano tranquillamente dei loro affari coi *galantuomini*, dinanzi al casino di conversazione, col berretto in mano, e si persuadevano che all'aria ci vanno i cenci[30].

Il processo durò tre anni, nientemeno! tre anni di prigione e senza vedere il sole. Sicché quegli accusati parevano tanti morti della sepoltura, ogni volta che li conducevano ammanettati al tribunale. Tutti quelli che potevano erano accorsi dal villaggio: testimoni, parenti, curiosi, come a una festa, per vedere i compaesani, dopo tanto tempo, stipati nella capponaia[31] – ché capponi davvero si diventava là dentro! e Neli Pirru doveva vedersi sul mostaccio[32] quello dello speziale, che s'era imparentato a tradimento con lui! Li facevano alzare in piedi ad uno ad uno. – Voi come vi chiamate? – E ciascuno si sentiva dire la sua, nome e cognome e quel che aveva fatto. Gli avvocati armeggiavano fra le chiacchiere, coi larghi maniconi pendenti, e si scalmanavano, facevano la schiuma alla bocca, asciugandosela subito

27. **scranna**: panca di legno.
28. **stallazzo**: stalla annessa a una locanda, nella quale stavano gli animali e i clienti più poveri.
29. **ubbie**: idee ossessive (qui: timori).
30. **all'aria ci vanno i cenci**: frase proverbiale per dire: ci rimettono sempre i poveri.
31. **capponaia**: la gabbia del tribunale, paragonata a un pollaio.
32. **sul mostaccio**: faccia a faccia, sul muso (i *mostacci* sono i baffi).

col fazzoletto bianco, tirandoci su una presa di tabacco. I giudici sonnecchiavano, dietro le lenti dei loro occhiali, che agghiacciavano il cuore. Di faccia erano seduti in fila dodici *galantuomini*[33], stanchi, annoiati, che sbadigliavano, si grattavano la barba, o ciangottavano[34] fra di loro. Certo si dicevano che l'avevano scappata bella a non essere stati dei galantuomini di quel paesetto lassù, quando avevano fatto la libertà. E quei poveretti cercavano di leggere nelle loro facce. Poi se ne andarono a confabulare fra di loro, e gli imputati aspettavano pallidi, e cogli occhi fissi su quell'uscio chiuso. Come rientrarono, il loro capo, quello che parlava colla mano sulla pancia, era quasi pallido al pari degli accusati, e disse: – Sul mio onore e sulla mia coscienza[35]!...

Il carbonaio, mentre tornavano a mettergli le manette, balbettava: – Dove mi conducete? – In galera? – O perché? Non mi è toccato neppure un palmo di terra! Se avevano detto che c'era la libertà!...

Giovanni Verga, *Novelle rusticane*, in *Tutte le novelle*, a cura di C. Riccardi, Mondadori, Milano, 1979

33. **dodici *galantuomini***: i giurati.
34. **ciangottavano**: borbottavano.
35. **Sul mio... coscienza**: è la formula con cui inizia la sentenza.

ANALISI DEL TESTO

COMPRENDERE

La parola *libertà* La novella ruota attorno a due interpretazioni contrastanti della parola *libertà*. Per la borghesia risorgimentale essa aveva a che fare con l'unità e l'indipendenza nazionale e con la costruzione di ordinamenti politici di stampo liberale; questi concetti erano del tutto estranei all'esperienza, alla mentalità e ai bisogni dei contadini siciliani, che erano portati a interpretare la "libertà" in chiave sociale ed economica, come possibilità di liberarsi dallo sfruttamento dei latifondisti e di prendere possesso della terra (*Libertà voleva dire che doveva essercene per tutti!*, r. 98). La strage dei *galantuomini* e dei *cappelli* e la dura repressione che ne consegue scaturiscono da questo malinteso, che non viene dissipato neppure dalle vicende del processo, come testimonia la battuta finale del carbonaio: *In galera? – O perché? Non mi è toccato neppure un palmo di terra! Se avevano detto che c'era la libertà!...* (rr. 174-175).
Verga però non sembra interessato a collocare le vicende in un contesto storico preciso: benché la novella faccia riferimento a un evento realmente avvenuto a Bronte nel 1860, il narratore non indica né luoghi né date, e anche un personaggio storico come Nino Bixio non viene chiamato per nome, ma indicato come *il generale, quello che faceva tremare la gente* (rr. 106-107).

Il protagonista collettivo La non definizione dei luoghi e dei tempi, come l'assenza di una presentazione degli antefatti della vicenda, si può spiegare con l'intenzione di mettere il lettore «faccia a faccia col fatto nudo e schietto» (▸D16, p. 317), catapultandolo fin dalle prime parole, senza alcuna mediazione da parte del narratore, nel bel mezzo dell'azione. L'assenza di un filtro narrativo predeterminato è sottolineata dal fatto che il narratore non seleziona un protagonista singolo al centro della scena ma mette in scena un soggetto collettivo indefinito (*Sciorinarono... suonarono... cominciarono*, rr. 1-2), lasciando al lettore il compito di identificarne i connotati a partire dalle sue azioni: se in alcuni momenti singole figure emergono attraverso

rapidi *zoom* cinematografici (*una strega*, r. 7; *un monello sciancato*, r. 18; *il taglialegna*, rr. 44-45), esse scompaiono immediatamente, assorbite dalla massa.
Questo andamento corale caratterizza la novella per tutta la sua estensione, ed è richiamato dal ricorrere di verbi alla terza persona plurale senza soggetto espresso (*Lo rovesciarono*, r. 40; *sfondarono il portone*, r. 59; *Cominciavano a sbandarsi*, r. 79), o coniugati in forma impersonale (*si udì*, r. 106; *si vedevano*, r. 95; *si udivano*, r. 82).

Lo sguardo sui fatti Anche il narratore non esprime un punto di vista individuale, ma, secondo l'interpretazione verghiana dell'impersonalità naturalista, assume il punto di vista della comunità dei contadini, inglobando nel suo discorso le loro emozioni e i loro pensieri. Così la voce narrante descrive prosaicamente la bandiera italiana come un fazzoletto floscio (rr. 1, 91-92); considera l'arrivo del generale con lo sguardo rassegnato e attonito dei rivoltosi (rr. 106-112); interpreta il processo come un grottesco rito officiato da *galantuomini* che parlano e gesticolano in modo temibile e incomprensibile (rr. 153-172). Il susseguirsi delle diverse fasi della storia è filtrato in ogni momento dal trascolorare dei sentimenti collettivi, che passano dall'esplosione di rabbia della rivolta (rr. 1-84) allo smarrimento e alla passività dei due giorni successivi (rr. 85-121), all'atteggiamento di rinuncia e di rassegnazione determinato dalle lungaggini dell'istruttoria e del processo (rr. 122-175).

Un ritratto fotografico del generale garibaldino Nino Bixio del 1862. (Collezione privata)

Il fatalismo e la lotta per la vita Si delinea così, attraverso le reazioni e le riflessioni degli stessi protagonisti, una visione fatalistica e pessimistica della storia: le differenze di classe sono ineliminabili (*I* galantuomini *non potevano lavorare le terre colle proprie mani, e la povera gente non poteva vivere senza i* galantuomini, rr. 143-144); i poveri sono sempre sconfitti, e il loro tentativo di migliorare la propria condizione non può essere che inutile e controproducente (*all'aria ci vanno i cenci*, r. 152). Ma nella novella la sconfitta non risparmia neanche i ricchi: tanto i contadini processati e condannati quanto i *galantuomini* massacrati sono vittime della fatalità della storia, dominata da una "lotta per la vita" di insensata violenza, il cui carattere incontrollabile è sottolineato da similitudini e metafore che equiparano la folla a elementi naturali scatenati (*il mare in tempesta*, r. 3; *il torrente*, r. 41; *la piena di un fiume*, r. 64) o a un animale mosso da un istinto cieco (*anche il lupo... non pensa a riempirsi il ventre, e sgozza dalla rabbia*, rr. 26-27).
Da questo punto di vista il fatto che Verga preferisca non delineare le coordinate storiche si può leggere come qualcosa di più che una semplice tecnica narrativa: è come se l'autore suggerisse che il racconto della rivolta di Bronte non riguarda soltanto uno specifico paese della Sicilia in un preciso momento della storia dell'isola, ma rappresenta i meccanismi delle vicende umane di sempre, indipendenti dalle circostanze di tempo e di spazio.

ANALIZZARE

Il mimetismo del narratore Nel far sua la mentalità della massa dei contadini, il narratore utilizza procedimenti stilistici già presenti nelle novelle di *Vita dei campi* e nei *Malavoglia*:
- fa costante ricorso al discorso indiretto libero (*Ora che si avevano le mani rosse di quel sangue, bisognava versare tutto il resto*, rr. 47-48);
- modella la sintassi su forme e strutture tipiche del parlato, privilegiando sistematicamente la coordinazione rispetto alla subordinazione e violando in alcuni punti le regole dello scritto (*quasi ci avesse ancora la scure*, r. 104);
- assume i riferimenti culturali del mondo contadino (*ricco epulone*, r. 8), i suoi modi di dire (*come in paese di turchi*, r. 79) le espressioni dialettali (*la gnà Lucia*, r. 22), le locuzioni proverbiali (*all'aria ci vanno i cenci*, r. 152).

Mobilità del punto di vista La scelta di una prospettiva mimetica e "corale" non esclude però l'evocazione di stati d'animo contraddittori o l'assunzione di punti di vista differenziati, che sottolineano la tragicità della vicenda. Così, proprio nei momenti più rabbiosi e feroci della strage, vengono sottolineati i sentimenti di pietà provati dalla stessa folla dei rivoltosi (*Ma il peggio avvenne appena cadde il figliolo del notaio* [...] *– strappava il cuore! – Il taglialegna, dalla pietà, gli menò un gran colpo di scure*», rr. 36, 43). Oppure viene improvvisamente assunto il punto di vista di una vittima del massacro, con effetti di violenta drammaticità (*L'altro fratello non vide niente; non vedeva altro che nero e rosso. Lo calpestavano, gli macinavano le ossa a colpi di tacchi ferrati*, rr. 73-74). Solo in qualche raro passaggio, attraverso un aggettivo più letterario o una metafora più ricercata (*in quel carnevale furibondo del mese di luglio*, r. 77), sembra far capolino la voce dell'autore colto, che per un attimo prende le distanze dai fatti narrati ed esprime – sia pure indirettamente – un suo giudizio sulla vicenda.

Il ritmo narrativo Ma l'abilità narrativa di Verga si manifesta specialmente nella capacità di adeguare le scelte linguistiche alle emozioni che vuole suscitare nel lettore nelle diverse fasi del racconto.

- L'eccitazione e la drammaticità della rivolta (rr. 1-76) sono rese attraverso il ritmo concitato e spezzato della sintassi: frasi brevissime (*E sfondarono il portone*, r. 59; *Non gridava più* r. 67), spesso nominali (*un mare di berrette bianche; le scuri e le falci che luccicavano*, r. 4); fulminee battute di discorso diretto, in forma esclamativa e interrogativa (*– Perché? perché mi ammazzate? – Anche tu! al diavolo!*, rr. 17-18); frequente ricorso alle figure dell'anafora (*A te... A te... A te...*, rr. 6-12) e dell'asindeto (*nelle case, su per le scale, dentro le alcove, lacerando la seta e la tela fine*, r. 53).
- Gli avvenimenti della sera e dei due giorni successivi (rr. 77-121) sono rappresentati in modo più pacato: scompaiono le frasi nominali, il ritmo dei periodi si fa più disteso, scompare quasi del tutto il discorso diretto.
- Nella parte finale (rr. 122-175), il ritmo sintattico vuole rendere il senso della lunghezza dell'attesa del processo e il clima di rassegnazione che lo circonda. Scompaiono le frasi interrogative ed esclamative (se si escludono le due battute finali), e si possono notare periodi di un'ampiezza inconsueta (*Ormai nessuno ci pensava; solamente qualche madre, qualche vecchiarello, se gli correvano gli occhi verso la pianura,* [...] *e si persuadevano che all'aria ci vanno i cenci*», rr. 148-152).

Alla progressiva attenuazione della drammaticità della novella corrisponde un'accelerazione della velocità narrativa: mentre la strage è raccontata attraverso un accavallarsi di scene che danno al lettore l'impressione di assistere alla rivolta in tempo reale, i fatti successivi sono riassunti in sommari che abbracciano durate via via più ampie (la sera del giorno della rivolta, le due giornate seguenti, i tre anni del processo), fino alla brevissima scena finale della lettura della sentenza, che viene suggellata dalla battuta del carbonaio.

CONTESTUALIZZARE

L'immagine del Risorgimento Anche se l'assenza di una definizione di luoghi, tempi e nomi di persona tende a "destoricizzare" la novella, il lettore di oggi non può non vedervi rispecchiato un problema fondamentale della storia italiana: l'estraneità delle masse contadine dell'Italia meridionale rispetto al processo di realizzazione dell'unità e dell'indipendenza nazionale. Nel capitolo IX dei *Malavoglia* Verga aveva già toccato questa tematica, descrivendo l'arrivo ad Aci Trezza della notizia della sconfitta di Lissa come eco di una vicenda estranea e lontana («Il giorno dopo cominciò a correre la voce che nel mare verso Trieste c'era stato un combattimento tra i bastimenti nostri e quelli dei nemici, che nessuno sapeva nemmeno chi fossero, ed era morta molta gente...»). La lacerazione tra queste due facce dell'Italia è un problema che ha segnato profondamente le vicende sociali e politiche del nostro paese, e nel secolo successivo ritornerà nell'opera di scrittori siciliani come Sciascia (▸Vol. 6, T184-T185) e Tomasi di Lampedusa (▸Vol. 6, T176). Ciò che sappiamo delle idee politiche di Verga ci impedisce di attribuirgli un'intenzione di denuncia "da sinistra" del carattere elitario del movimento risorgimentale e dei suoi esiti; possiamo piuttosto collocare l'incomprensione delle grandi vicende storiche da parte dei contadini di *Libertà* nell'ambito di quella visione pessimistica della società e della storia che è una costante della poetica verghiana.

Tra *I Malavoglia* e *Mastro-don Gesualdo* Da questo punto di vista può essere interessante inserire la novella nel periodo che sta tra la pubblicazione dei *Malavoglia* e la stesura di *Mastro-don Gesualdo*. Come nei *Malavoglia*, l'ambiente rappresentato è quello della campagna siciliana e i protagonisti sono esponenti dei ceti subalterni. Ma è scomparsa l'evocazione dell'«ideale dell'ostrica» (▸T65), cioè di quel nucleo di valori e sentimenti del mondo rurale che si opponevano ai meccanismi violenti della "lotta per la vita": la società contadina appare integralmente contaminata dall'avidità di possesso e dalla legge del più forte, e il ritorno conclusivo all'assetto sociale di partenza non ha le connotazioni positive della ricostruzione della casa del nespolo (▸T71), ma è presentato come una pura e semplice riaffermazione di rapporti di potere. Le concezioni di Verga si sono ulteriormente incupite: il passaggio successivo sarà la rappresentazione, in *Mastro-don Gesualdo*, di un'umanità totalmente dominata dal primato della «roba».

INTERPRETARE

Gli "spazi bianchi" del testo Coerentemente con la poetica dell'impersonalità, Verga non prende esplicitamente posizione sulle vicende narrate. Nonostante ciò, ci si può chiedere se dall'insieme della novella emerga un'equidistanza dell'autore tra la violenza dei contadini e quella della repressione, o se ci siano segnali indiretti di una condanna più recisa per una delle due parti. Un indizio di parzialità potrebbe essere offerto dall'ampiezza dello spazio dedicato alla rivolta contadina, con il suo corredo di particolari atroci, e l'estrema brevità del riferimento alla fucilazione, evocata soltanto di scorcio e accompagnata da una similitudine per lo meno ambigua (*Da lontano* [...] *si udivano quelle schioppettate in fila come i mortaletti della festa*, rr. 120-121). Se ne potrebbe concludere che Verga è più attento alle ragioni dei personaggi che appartengono al suo ceto sociale piuttosto che a quelle dei contadini, dei quali, in veste di narratore, ha assunto il punto di vista, il modo di esprimersi, la mentalità. In questo bisticcio tra la posizione dell'autore e quella del narratore c'è qualcosa di paradossale: da un lato Verga farebbe di tutto per spogliarsi della sua fisionomia di intellettuale borghese, mimetizzandosi nel mondo popolare protagonista del racconto, e dall'altra ne condannerebbe i comportamenti, recuperando tutta la distanza che sembrava voler annullare.

Ma si potrebbe avanzare anche un'interpretazione diversa, facendo riferimento alla seconda parte della novella: la descrizione delle lungaggini del processo e della grottesca ritualità che lo caratterizza rispecchia soltanto il punto di vista dei contadini che vi assistono senza comprenderne il senso o rivela in realtà una posizione critica dello stesso Verga nei confronti del formalismo e della sotterranea violenza dei meccanismi giudiziari?

Il carattere incerto e problematico della "morale" che si può trarre da questa novella come da altre opere di Verga ha suscitato sconcerto nei contemporanei, ma è anche un elemento costitutivo del suo fascino sui lettori di ieri e di oggi. Mentre il tradizionale narratore onnisciente del romanzo del primo Ottocento accompagnava il lettore a ogni passo con spiegazioni e commenti, il narratore verghiano, con le sue ambiguità e i suoi silenzi, gli offre un ruolo meno riposante e rassicurante ma certamente più attivo: colmare gli spazi bianchi del racconto, elaborare *un proprio* giudizio, cooperare alla costruzione del significato del testo in una posizione non di gregario ma di co-protagonista.

Due soldati garibaldini nel particolare di un dipinto di Filippo Palizzi del 1860. (Roma, Galleria Nazionale d'Arte Moderna)

▸ p. 318

Vita dei campi

La raccolta *Vita dei campi* (1880) comprende otto novelle pubblicate in rivista tra il 1878 e il 1880, tutte di ambiente siciliano (*Fantasticheria*, *Jeli il pastore*, *Rosso Malpelo*, *Cavalleria rusticana*, *La lupa*, *L'amante di Gramigna*, *Guerra di santi*, *Pentolaccia*). Dalle storie narrate emerge una visione problematica del mondo popolare, ora idealizzato come luogo della solidarietà e dei valori morali (*Fantasticheria*, ▸T65), contrapposto alla fatuità della ricca società cittadina; ora raffigurato sotto il dominio di meccanismi sociali disumani, esemplificati da storie di emarginazione (*Rosso Malpelo*, ▸T66) o di trasgressione pagata con la morte (▸T67). La raccolta contiene anche un fondamentale testo di poetica verghiana, la prefazione all'*Amante di Gramigna* (▸D16, p. 317).

T65 ▸ *Fantasticheria*: «l'ideale dell'ostrica»

Dopo la novella *Nedda*, del 1874, Verga abbandona la maniera "mondana" dei suoi primi romanzi, e concentra la sua attenzione di narratore sul mondo rurale siciliano. In questo quadro si colloca la novella *Fantasticheria*, scritta nel 1878, pubblicata il 24 agosto 1879 sul «Fanfulla della Domenica» (un settimanale romano) e poi compresa nella raccolta *Vita dei campi*. Il narratore racconta di un viaggio ad Aci Trezza, il villaggio di pescatori in provincia di Catania nel quale saranno ambientate le vicende dei Malavoglia, in compagnia di una giovane signora dell'alta società.

Una volta, mentre il treno passava vicino ad Aci-Trezza, voi, affacciandovi allo sportello del vagone, esclamaste: «Vorrei starci un mese laggiù!».

Noi vi ritornammo e vi passammo non un mese, ma quarantott'ore; i terrazzani[1] che spalancavano gli occhi vedendo i vostri grossi bauli avranno creduto che ci sareste rimasta un par d'anni. La mattina del terzo giorno, stanca di vedere eternamente del verde e dell'azzurro, e di contare i carri che passavano per via, eravate alla stazione, e gingillandovi impaziente colla catenella della vostra boccettina da odore[2], allungavate il collo per scorgere un convoglio che non spuntava mai. [...]

Diceste soltanto ingenuamente: «Non capisco come si possa viver qui tutta la vita».

Eppure, vedete, la cosa è più facile che non sembri: basta non possedere centomila lire di entrata, prima di tutto; e in compenso patire un po' di tutti gli stenti fra quegli scogli giganteschi, incastonati nell'azzurro[3], che vi facevano batter le mani per ammirazione. Così poco basta perché quei poveri diavoli che ci aspettavano sonnecchiando nella barca, trovino fra quelle loro casipole[4] sgangherate e pittoresche, che viste da lontano vi sembravano avessero il mal di mare anch'esse, tutto ciò che vi affannate a cercare a Parigi, a Nizza ed a Napoli.

1. **terrazzani**: gli abitanti di Trezza.
2. **boccettina da odore**: bottiglietta di profumo che le signore erano solite portare legata a una catenina appesa al collo o a un polso.
3. **incastonati nell'azzurro**: incorniciati dall'azzurro del mare come una pietra preziosa nel castone dell'anello.
4. **casipole**: casupole, case malandate.

È una cosa singolare; ma forse non è male che sia così – per voi, e per tutti gli altri come voi. Quel mucchio di casipole è abitato da pescatori; «gente di mare», dicon essi, come altri direbbe «gente di toga[5]», i quali hanno la pelle più dura del pane che mangiano, quando ne mangiano, giacché il mare non è sempre gentile, come allora che baciava i vostri guanti... Nelle sue giornate nere, in cui brontola e sbuffa, bisogna contentarsi di stare a guardarlo dalla riva, colle mani in mano, o sdraiati bocconi, il che è meglio per chi non ha desinato; in quei giorni c'è folla sull'uscio dell'osteria, ma suonano pochi soldoni sulla latta del banco, e i monelli che pullulano nel paese, come se la miseria *fosse un buon ingrasso*[6], strillano e si graffiano quasi abbiano il diavolo in corpo.

Di tanto in tanto il tifo, il colèra, la malannata[7], la burrasca, vengono a dare una buona spazzata in quel brulicame[8], il quale si crederebbe che non dovesse desiderar di meglio che esser spazzato, e scomparire; eppure ripullula[9] sempre nello stesso luogo; non so dirvi come, né perché.

Vi siete mai trovata, dopo una pioggia di autunno, a sbaragliare un esercito di formiche tracciando sbadatamente il nome del vostro ultimo ballerino sulla sabbia del viale? Qualcuna di quelle povere bestioline sarà rimasta attaccata alla ghiera[10] del vostro ombrellino, torcendosi di spasimo; ma tutte le altre, dopo cinque minuti di pànico e di viavai, saranno tornate ad aggrapparsi disperatamente al loro monticello bruno. Voi non ci tornereste davvero, e nemmen io; ma per poter comprendere siffatta caparbietà, che è per certi aspetti eroica, bisogna farci piccini anche noi, chiudere tutto l'orizzonte fra due zolle, e guardare col microscopio le piccole cause che fanno battere i piccoli cuori. Volete metterci un occhio anche voi, a codesta lente, voi che guardate la vita dall'altro lato del cannocchiale? Lo spettacolo vi parrà strano, e perciò forse vi divertirà. [...]

Ora rimangono[11] quei monellucci che vi scortavano come sciacalli e assedia-

5. **gente di toga**: appartenente a una dinastia di magistrati, di avvocati.
6. ***ingrasso***: concime.
7. **malannata**: annata cattiva per l'agricoltura o per la pesca.
8. **brulicame**: letteralmente indica una massa di insetti in movimento, qui sta ad indicare una moltitudine di persone.
9. **ripullula**: prolifera, si riforma.
10. **ghiera**: puntale metallico.
11. **Ora rimangono**: nel brano che abbiamo omesso, il narratore passa in rassegna una serie di personaggi incontrati ad Aci Trezza, accomunati dalla dura lotta per la vita e dall'amore per il loro paese, che saranno i protagonisti dei *Malavoglia*.

Una coppia in giardino in un dipinto di Pierre-Auguste Renoir del 1868. (Colonia, Wallraf Richartz Museum)

vano le arancie; rimangono a ronzare attorno alla mendica, a brancicarle[12] le vesti come se ci avesse sotto del pane, a raccattar torsi di cavolo, buccie d'arancie e mozziconi di sigari, tutte quelle cose che si lasciano cadere per via ma che pure devono avere ancora qualche valore, perché c'è della povera gente che ci campa su; ci campa anzi così bene che quei pezzentelli paffuti e affamati cresceranno in mezzo al fango e alla polvere della strada, e si faranno grandi e grossi come il loro babbo e come il loro nonno, e popoleranno Aci-Trezza di altri pezzentelli, i quali tireranno allegramente la vita coi denti più a lungo che potranno, come il vecchio nonno, senza desiderare altro; e se vorranno fare qualche cosa diversamente da lui, sarà di chiudere gli occhi là dove li hanno aperti[13], in mano del medico del paese che viene tutti i giorni sull'asinello, come Gesù, ad aiutare la buona gente che se ne va.

– Insomma l'ideale dell'ostrica[14]! direte voi. – Proprio l'ideale dell'ostrica, e noi non abbiamo altro motivo di trovarlo ridicolo che quello di non esser nati ostriche anche noi. Per altro il tenace attaccamento di quella povera gente allo scoglio sul quale la fortuna li ha lasciati cadere mentre seminava principi di qua e duchesse di là, questa rassegnazione coraggiosa ad una vita di stenti, questa religione della famiglia, che si riverbera sul mestiere, sulla casa, e sui sassi che la circondano, mi sembrano – forse pel quarto d'ora[15] – cose serissime e rispettabilissime anch'esse. Parmi che le irrequietudini del pensiero vagabondo s'addormenterebbero dolcemente nella pace serena di quei sentimenti miti, semplici, che si succedono calmi e inalterati di generazione in generazione. – Parmi che potrei vedervi passare, al gran trotto dei vostri cavalli, col tintinnìo allegro dei loro finimenti e salutarvi tranquillamente.

Forse perché ho troppo cercato di scorgere entro al turbine che vi circonda[16] e vi segue, mi è parso ora di leggere una fatale necessità nelle tenaci affezioni[17] dei deboli, nell'istinto che hanno i piccoli di stringersi fra loro per resistere alle tempeste della vita, e ho cercato di decifrare il dramma modesto e ignoto che deve aver sgominati gli attori plebei che conoscemmo insieme[18]. Un dramma che qualche volta forse vi racconterò e di cui parmi tutto il nodo debba consistere in ciò: – che allorquando uno di quei piccoli, o più debole, o più incauto, o più egoista degli altri, volle staccarsi dal gruppo per vaghezza dell'ignoto, o per brama di meglio, o per curiosità di conoscere il mondo, il mondo da pesce vorace com'è, se lo ingoiò, e i suoi più prossimi con lui. – E sotto questo aspetto vedete che il dramma non manca d'interesse. Per le ostriche l'argomento più interessante deve esser quello che tratta delle insidie del gambero, o del coltello del palombaro che le stacca dallo scoglio.

Giovanni Verga, *Vita dei campi*, in *Tutte le novelle*, Mondadori, Milano, 1979

12. **brancicarle**: frugarle.
13. **se vorranno... aperti**: nella parte omessa è stata narrata la vicenda del *vecchio nonno*, che è morto all'ospedale, quindi non nel luogo dove è nato, cioè a casa sua.
14. **ideale dell'ostrica**: per la signora è inconcepibile che la lotta per la sopravvivenza e l'attaccamento tenace al paese (come quello di un'*ostrica* allo scoglio) possano costituire un *ideale*.
15. **forse pel quarto d'ora**: il narratore introduce una limitazione autoironica: il suo entusiasmo potrebbe essere di breve durata.
16. **entro al turbine... circonda**: l'agitazione, l'irrequietezza del mondo che circonda la giovane donna e che è stato oggetto dei romanzi di Verga.
17. **affezioni**: affetti, sentimenti.
18. **il dramma modesto... insieme**: lo scrittore cerca di comprendere il dramma umile e sconosciuto che ha travolto alcuni dei poveri abitanti di Aci Trezza che aveva conosciuto nel soggiorno fatto qui con la donna alla quale si rivolge nella novella.

DIALOGO CON IL TESTO

COMPRENDERE

Una dichiarazione di poetica Ha scritto Leonardo Sciascia che *Fantasticheria* è «la più vera e profonda dichiarazione di poetica che Verga abbia mai fatto». Il suo principale motivo di interesse sta nell'enunciazione di scelte tematiche e narrative che sono alla base delle novelle di *Vita dei campi*, e specialmente dei *Malavoglia*. Si possono notare in particolare alcuni temi:

- la contrapposizione tra il mondo cittadino e salottiero rappresentato dalla capricciosa turista «sazia di tutto» e la società rurale siciliana, temprata dalla durezza della lotta per la vita;
- il collegamento tra la situazione di miseria dei pescatori siciliani e l'autenticità dei loro *sentimenti miti, semplici, che si succedono calmi e inalterati di generazione in generazione*;
- l'autoritratto dell'intellettuale cittadino, che trova riposo dalle inquietudini del *pensiero vagabondo* al riparo di quei sentimenti e di quei ritmi eterni;
- la definizione del mondo esterno al paese come *pesce vorace* pronto a ingoiare quanti si staccano dal grembo protettivo della comunità sotto la spinta della *vaghezza dell'ignoto* e della *brama del meglio*.

Valori contrapposti Le qualità positive che Verga attribuisce agli abitanti di Aci Trezza nascono dal confronto quotidiano con una realtà di miseria e di precarietà. A differenza della giovane signora borghese, distratta da desideri e pensieri artificiosi, la *povera gente* del paesino siciliano per affrontare le difficoltà quotidiane deve aggrapparsi ai valori essenziali dell'esistenza: coraggiosa e tenace lotta per la vita, fedeltà ai luoghi e alle tradizioni, solidi legami di affetto e di solidarietà.

● **Indicate i punti del testo in cui tali valori sono presenti.**

ANALIZZARE

Guardare «dall'altro lato del cannocchiale» Verga afferma che, per poter comprendere la *caparbietà eroica* degli abitanti di Aci Trezza, accostati all'*esercito di formiche* sgominato dall'ombrellino della dama, bisogna *farci piccini anche noi, chiudere tutto l'orizzonte fra due zolle, e guardare col microscopio le piccole cause che fanno battere i piccoli cuori*. Ne scaturisce un postulato fondamentale della narrativa del Verga maturo: lo scrittore che si propone di rappresentare gli strati subalterni della società non deve considerarli "dall'alto", attraverso le sue categorie di intellettuale borghese, ma deve spogliarsi della sua mentalità per mettersi al livello dei suoi personaggi.

● **Questo cambiamento di prospettiva è ripreso dalla similitudine che conclude la novella, nella quale Verga anticipa un tema fondamentale dei *Malavoglia*: spiegatene il significato.**

Il paesaggio fisico e umano Nel brano ci sono alcuni elementi del paesaggio fisico e umano (gli scogli, la barca, le case, i pescatori, il mare, l'osteria, i monelli) che ritorneranno nei *Malavoglia*. Le parole che li designano acquistano significati diversi a seconda che si assuma l'ottica superficiale del turista borghese o quella, interna all'universo osservato, della lotta per l'esistenza.

● **Raccogliete i termini (sostantivi e aggettivi) che si riferiscono agli abitanti di Aci Trezza:**
- **con quale espressione definiscono se stessi? quale atteggiamento denota una simile espressione?**
- **quali appellativi potrebbero suonare spregiativi?**

CONFRONTARE

Fantasticheria* e *Eva *Fantasticheria* può essere accostata alla prefazione a *Eva* (▸D15, p. 316) per l'atteggiamento nei confronti del mondo borghese.

● **Confrontate i due testi mettendo in evidenza questa affinità tematica.**

T66 ▸ Rosso Malpelo

Questa novella, dopo essere apparsa sul «Fanfulla della Domenica» nel 1878, fu compresa nella raccolta *Vita dei campi*.

Malpelo si chiamava così perché aveva i capelli rossi; ed aveva i capelli rossi perché era un ragazzo malizioso e cattivo[1], che prometteva di riescire un fior di birbone. Sicché tutti alla cava della rena[2] rossa lo chiamavano Malpelo; e persino sua madre col sentirgli dir sempre a quel modo aveva quasi dimenticato il suo nome di battesimo.

Del resto, ella lo vedeva soltanto il sabato sera, quando tornava a casa con quei pochi soldi della settimana; e siccome era *malpelo* c'era anche a temere che ne sottraesse un paio di quei soldi; e nel dubbio, per non sbagliare, la sorella maggiore gli faceva la ricevuta a scapaccioni.

Però il padrone della cava aveva confermato che i soldi erano tanti e non più; e in coscienza erano anche troppi per Malpelo[3], un monellaccio che nessuno avrebbe voluto vedersi davanti, e che tutti schivavano come un can rognoso, e lo accarezzavano coi piedi, allorché se lo trovavano a tiro.

Egli era davvero un brutto ceffo, torvo, ringhioso, e selvatico. Al mezzogiorno, mentre tutti gli altri operai della cava si mangiavano in crocchio[4] la loro minestra, e facevano un po' di ricreazione, egli andava a rincantucciarsi col suo corbello[5] fra le gambe, per rosicchiarsi quel suo pane di otto giorni, come fanno le bestie sue pari; e ciascuno gli diceva la sua motteggiandolo[6], e gli tiravan dei sassi, finché il soprastante[7] lo rimandava al lavoro con una pedata. Ei c'ingrassava fra i calci e si lasciava caricare meglio dell'asino grigio, senza osar di lagnarsi. Era sempre cencioso e lordo di rena rossa, ché la sua sorella s'era fatta sposa[8], e aveva altro pel capo: nondimeno era conosciuto come la bettonica[9] per tutto Monserrato e la Carvana[10], tanto che la cava dove lavorava la chiamavano «la cava di Malpelo», e cotesto al padrone gli seccava assai. Insomma lo tenevano addirittura per carità e perché mastro[11] Misciu, suo padre, era morto nella cava.

Era morto così, che un sabato aveva voluto terminare certo lavoro preso a cottimo[12], di un pilastro lasciato altra volta per sostegno nella cava, e che ora non serviva più, e s'era calcolato così ad occhio col padrone per 35 o 40 carra[13] di rena. Invece mastro Misciu sterrava[14] da tre giorni e ne avanzava ancora per la mezza giornata del lunedì. Era stato un magro affare e solo un minchione come mastro Misciu aveva potuto lasciarsi gabbare a questo modo dal padrone; perciò appun-

1. **Malpelo... cattivo**: i capelli rossi, secondo credenze popolari, sono segno di malvagità. Il narratore anonimo condivide mentalità, cultura e linguaggio dell'ambiente sociale rappresentato.
2. **rena**: sabbia.
3. **e in coscienza... Malpelo**: il narratore assume qui il punto di vista del padrone e la giustificazione che adduce allo sfruttamento del ragazzo.
4. **in crocchio**: in gruppo.
5. **corbello**: il grosso cesto di vimini col quale i minatori trasportavano la rena fuori dalla cava.
6. **motteggiandolo**: prendendolo in giro con battute maliziose.
7. **soprastante**: sorvegliante.
8. **sposa**: fidanzata.
9. **come la bettonica**: era conosciuto da tutti (la *bettonica* è pianta medicinale assai nota).
10. **Monserrato e la Carvana**: al tempo di Verga erano due sobborghi nei pressi di Catania.
11. **mastro**: titolo che viene premesso al nome, per indicare chi esercita attività manuali.
12. **a cottimo**: pagato in base al lavoro svolto e non in funzione del tempo impiegato.
13. **carra**: la quantità di materiale che può essere contenuta in un carro. Il plurale in *-a* deriva dal neutro latino, e corrisponde a "carrate".
14. **sterrava**: portava via la terra dopo lo scavo.

to lo chiamavano mastro Misciu Bestia, ed era l'asino da basto[15] di tutta la cava. Ei, povero diavolaccio, lasciava dire e si contentava di buscarsi il pane colle sue braccia, invece di menarle addosso ai compagni, e attaccar brighe. Malpelo faceva un visaccio come se quelle soperchierie cascassero sulle sue spalle, e così piccolo com'era aveva di quelle occhiate che facevano dire agli altri: – Va' là, che tu non ci morrai nel tuo letto, come tuo padre.

Invece nemmen suo padre ci morì nel suo letto, tuttoché[16] fosse una buona bestia. Zio Mommu lo sciancato, aveva detto che quel pilastro lì ei non l'avrebbe tolto per venti onze[17], tanto era pericoloso; ma d'altra parte tutto è pericoloso nelle cave, e se si sta a badare al pericolo, è meglio andare a fare l'avvocato.

Adunque il sabato sera mastro Misciu raschiava ancora il suo pilastro che l'avemaria era suonata da un pezzo[18], e tutti i suoi compagni avevano accesa la pipa e se n'erano andati dicendogli di divertirsi a grattarsi la pancia per amor del padrone, e raccomandandogli di non fare *la morte del sorcio*. Ei, che c'era avvezzo alle beffe, non dava retta, e rispondeva soltanto cogli ah! ah! dei suoi bei colpi di zappa in pieno; e intanto borbottava: – Questo è per il pane! Questo pel vino! Questo per la gonnella di Nunziata! – e così andava facendo il conto del come avrebbe speso i denari del suo *appalto*[19] – il cottimante!

Fuori della cava il cielo formicolava di stelle, e laggiù la lanterna fumava e girava al pari di un arcolaio[20]; ed il grosso pilastro rosso, sventrato a colpi di zappa, contorcevasi e si piegava in arco come se avesse il mal di pancia, e dicesse: *ohi! ohi!* anch'esso. Malpelo andava sgomberando il terreno, e metteva al sicuro il piccone, il sacco vuoto ed il fiasco del vino. Il padre che gli voleva bene, poveretto, andava dicendogli: «Tirati indietro!» oppure «Sta' attento! Sta' attento se cascano dall'alto dei sassolini o della rena grossa». Tutt'a un tratto non disse più nulla, e Malpelo, che si era voltato a riporre i ferri nel corbello, udì un rumore sordo e soffocato, come fa la rena allorché si rovescia tutta in una volta; ed il lume si spense.

Quella sera in cui vennero a cercare in tutta fretta l'ingegnere che dirigeva i lavori della cava ei si trovava a teatro, e non avrebbe cambiato la sua poltrona con un trono, perch'era gran dilettante[21]. Rossi[22] rappresentava l'*Amleto*, e c'era un bellissimo teatro. Sulla porta si vide accerchiato da tutte le femminucce di Monserrato, che strillavano e si picchiavano il petto per annunziare la gran disgrazia ch'era toccata a comare Santa[23], la sola, poveretta, che non dicesse nulla, e sbatteva i denti quasi fosse in gennaio. L'ingegnere, quando gli ebbero detto che il caso era accaduto da circa quattro ore, domandò cosa venissero a fare da lui dopo quattro ore. Nondimeno ci andò con scale e torcie a vento, ma passarono altre due ore, e fecero sei, e lo sciancato disse che a sgomberare il sotterraneo dal materiale caduto ci voleva una settimana.

Altro che quaranta carra di rena! Della rena ne era caduta una montagna, tutta fina e ben bruciata dalla lava, che si sarebbe impastata colle mani e dovea prendere

15. **da basto**: il *basto* è la bardatura sulla quale si dispone il carico delle bestie da soma. Mastro Misciu era sfruttato come un animale.
16. **tuttoché**: sebbene.
17. **onze**: moneta siciliana.
18. **l'avemaria... da un pezzo**: era già passato il tramonto. *Avemaria* sono i tre tocchi di campana che annunciavano l'alba, il mezzogiorno, la sera.
19. ***appalto***: contratto con cui si affida un lavoro.
20. **arcolaio**: strumento per la filatura che ruota intorno a un asse; serve per dipanare una matassa e ottenere dei gomitoli.
21. **dilettante**: appassionato.
22. **Rossi**: Ernesto Rossi, famoso attore dei tempi di Verga.
23. **comare Santa**: la moglie di mastro Misciu.

il doppio di calce[24]. Ce n'era da riempire delle carra per delle settimane. Il bell'affare di mastro Bestia!

L'ingegnere se ne tornò a veder seppellire Ofelia[25]; e gli altri minatori si strinsero nelle spalle, e se ne tornarono a casa ad uno ad uno. Nella ressa e nel gran chiacchierìo non badarono a una voce di fanciullo, la quale non aveva più nulla di umano, e strillava: – Scavate! scavate qui! presto! – To'! – disse lo sciancato – è Malpelo! – Da dove è venuto fuori Malpelo? – Se tu non fossi stato Malpelo, non te la saresti scappata, no! – Gli altri si misero a ridere, e chi diceva che Malpelo avea il diavolo dalla sua, un altro che avea il cuoio duro a mo' dei gatti. Malpelo non rispondeva nulla, non piangeva nemmeno, scavava colle unghie colà nella rena, dentro la buca, sicché nessuno s'era accorto di lui; e quando si accostarono col lume gli videro tal viso stravolto, e tali occhiacci invetrati[26], e tale schiuma alla bocca da far paura; le unghie gli si erano strappate e gli pendevano dalle mani tutte in sangue. Poi quando vollero toglierlo di là fu un affar serio; non potendo più graffiare, mordeva come un cane arrabbiato e dovettero afferrarlo pei capelli, per tirarlo via a viva forza.

Però infine tornò alla cava dopo qualche giorno, quando sua madre piagnucolando ve lo condusse per mano; giacché alle volte il pane che si mangia non si può andare a cercarlo di qua e di là. Anzi non volle più allontanarsi da quella galleria, e sterrava con accanimento, quasi ogni corbello di rena lo levasse di sul petto a suo padre. Alle volte, mentre zappava, si fermava bruscamente, colla zappa in aria, il viso torvo e gli occhi stralunati, e sembrava che stesse ad ascoltare qualche cosa che il suo diavolo gli susurrava negli orecchi, dall'altra parte della montagna di rena caduta. In quei giorni era più tristo e cattivo del solito, talmente che non mangiava quasi, e il pane lo buttava al cane, come se non fosse *grazia di Dio*. Il cane gli voleva bene, perché i cani non guardano altro che la mano la quale dà loro il pane. Ma l'asino grigio, povera bestia, sbilenca e macilenta, sopportava tutto lo sfogo della cattiveria di Malpelo; ei lo picchiava senza pietà, col manico della zappa, e borbottava: – Così creperai più presto!

Dopo la morte del babbo pareva che gli fosse entrato il diavolo in corpo, e lavorava al pari di quei bufali feroci che si tengono coll'anello di ferro al naso. Sa-

24. **il doppio di calce**: la calce mescolata con l'acqua e la rena dà la calcina; in questo caso, poiché la sabbia era molto sottile, nell'impasto con la calce ne sarebbe occorsa di meno.
25. **Ofelia**: personaggio femminile dell'*Amleto*, che muore suicida.
26. **invetrati**: fissi e inespressivi, come fossero di vetro.

Il lavoro dei carusi, i ragazzini siciliani nella zolfatara, in un dipinto di Onofrio Tomaselli del 1905. (Collezione privata)

pendo che era *malpelo*, ei si acconciava ad esserlo il peggio che fosse possibile, e se accadeva una disgrazia, o che un operaio smarriva i ferri, o che un asino si rompeva una gamba, o che crollava un pezzo di galleria, si sapeva sempre che era stato lui; e infatti ei si pigliava le busse senza protestare, proprio come se le pigliano gli asini che curvano la schiena, ma seguitano a fare a modo loro. Cogli altri ragazzi poi era addirittura crudele, e sembrava che si volesse vendicare sui deboli di tutto il male che s'immaginava gli avessero fatto, a lui e al suo babbo. Certo ei provava uno strano diletto a rammentare ad uno ad uno tutti i maltrattamenti ed i soprusi che avevano fatto subire a suo padre, e del modo in cui l'avevano lasciato crepare. E quando era solo borbottava: «Anche con me fanno così! e a mio padre gli dicevano Bestia, perché ei non faceva così!». E una volta che passava il padrone, accompagnandolo con un'occhiata torva: «è stato lui, per trentacinque tarì[27]!». E un'altra volta, dietro allo sciancato: «E anche lui! e si metteva a ridere! Io l'ho udito, quella sera!».

Per un raffinamento di malignità sembrava aver preso a proteggere un povero ragazzetto, venuto a lavorare da poco tempo nella cava, il quale per una caduta da un ponte s'era lussato il femore, e non poteva far più il manovale. Il poveretto, quando portava il suo corbello di rena in spalla, arrancava in modo che sembrava ballasse la tarantella, e aveva fatto ridere tutti quelli della cava, così che gli avevano messo nome Ranocchio; ma lavorando sotterra, così ranocchio com'era, il suo pane se lo buscava; e Malpelo gliene dava anche del suo, per prendersi il gusto di tiranneggiarlo, dicevano.

Infatti egli lo tormentava in cento modi. Ora lo batteva senza un motivo e senza misericordia, e se Ranocchio non si difendeva, lo picchiava più forte, con maggiore accanimento, e gli diceva: – To'! Bestia! Bestia sei! Se non ti senti l'animo di difenderti da me che non ti voglio male, vuol dire che ti lascerai pestare il viso da questo e da quello!

O se Ranocchio si asciugava il sangue che gli usciva dalla bocca o dalle narici: – Così, come ti cuocerà il dolore delle busse, imparerai a darne anche tu! – Quando cacciava un asino carico per la ripida salita del sotterraneo, e lo vedeva puntare gli zoccoli, rifinito[28], curvo sotto il peso, ansante e coll'occhio spento, ei lo batteva senza misericordia, col manico della zappa, e i colpi suonavano secchi sugli stinchi e sulle costole scoperte. Alle volte la bestia si piegava in due per le battiture, ma stremo di forze non poteva fare un passo, e cadeva sui ginocchi, e ce n'era uno il quale era caduto tante volte, che ci aveva due piaghe alle gambe; e Malpelo allora confidava a Ranocchio: – L'asino va picchiato, perché non può picchiar lui; e s'ei potesse picchiare, ci pesterebbe sotto i piedi e ci strapperebbe la carne a morsi.

Oppure: – Se ti accade di dar delle busse, procura di darle più forte che puoi; così coloro su cui cadranno ti terranno per da più[29] di loro, e ne avrai tanti di meno addosso.

Lavorando di piccone o di zappa poi menava le mani con accanimento, a mo' di uno che l'avesse[30] con la rena, e batteva e ribatteva coi denti stretti, e con quegli *ah! ah!* che aveva suo padre. – La rena è traditora, diceva a Ranocchio sottovoce;

27. **tarì**: moneta equivalente alla trentesima parte dell'onza.

28. **rifinito**: sfinito.

29. **ti terranno per da più**: ti considereranno più forte.

30. **l'avesse**: fosse arrabbiato.

somiglia a tutti gli altri, che se sei più debole ti pestano la faccia, e se sei più forte, o siete in molti, come fa lo Sciancato, allora si lascia vincere. Mio padre la batteva sempre, ed egli non batteva altro che la rena, perciò lo chiamavano Bestia, e la rena se lo mangiò a tradimento, perché era più forte di lui.

Ogni volta che a Ranocchio toccava un lavoro troppo pesante, e Ranocchio piagnucolava a guisa di una femminuccia, Malpelo lo picchiava sul dorso e lo sgridava: – Taci pulcino! – e se Ranocchio non la finiva più, ei gli dava una mano, dicendo con un certo orgoglio: – Lasciami fare; io sono più forte di te. – Oppure gli dava la sua mezza cipolla, e si contentava di mangiarsi il pane asciutto, e si stringeva nelle spalle, aggiungendo: – Io ci sono avvezzo.

Era avvezzo a tutto lui, agli scapaccioni, alle pedate, ai colpi di manico di badile, o di cinghia da basto, a vedersi ingiuriato e beffato da tutti, a dormire sui sassi, colle braccia e la schiena rotta da quattordici ore di lavoro; anche a digiunare era avvezzo, allorché il padrone lo puniva levandogli il pane o la minestra. Ei diceva che la razione di busse non gliela aveva levata mai il padrone; ma le busse non costavano nulla. Non si lamentava però, e si vendicava di soppiatto, a tradimento, con qualche tiro di quelli che sembrava ci avesse messo la coda il diavolo: perciò ei si pigliava sempre i castighi anche quando il colpevole non era stato lui; già se non era stato lui sarebbe stato capace di esserlo, e non si giustificava mai: per altro sarebbe stato inutile. E qualche volta come Ranocchio spaventato lo scongiurava piangendo di dire la verità e di scolparsi, ei ripeteva: – A che giova? Sono *malpelo*! – e nessuno avrebbe potuto dire se quel curvare il capo e le spalle sempre fosse effetto di bieco orgoglio o di disperata rassegnazione, e non si sapeva nemmeno se la sua fosse salvatichezza o timidità. Il certo era che nemmeno sua madre aveva avuta mai una carezza da lui, e quindi non gliene faceva mai.

Il sabato sera, appena arrivava a casa con quel suo visaccio imbrattato di lentiggini e di rena rossa, e quei cenci che gli piangevano addosso da ogni parte, la sorella afferrava il manico della scopa se si metteva sull'uscio in quell'arnese[31], ché avrebbe fatto scappare il suo damo[32] se avesse visto che razza di cognato gli toccava sorbirsi; la madre era sempre da questa o da quella vicina, e quindi egli andava a rannicchiarsi sul suo saccone come un cane malato. Adunque, la domenica, in cui tutti gli altri ragazzi del vicinato si mettevano la camicia pulita per andare a messa o per ruzzare[33] nel cortile, ei sembrava non avesse altro spasso che di andar randagio per le vie degli orti, a dar la caccia a sassate alle povere lucertole, le quali non gli avevano fatto nulla, oppure a sforacchiare le siepi dei fichidindia. Per altro le beffe e le sassate degli altri fanciulli non gli piacevano.

La vedova di mastro Misciu era disperata di aver per figlio quel malarnese[34], come dicevano tutti, ed egli era ridotto veramente come quei cani, che a furia di buscarsi dei calci e delle sassate da questo e da quello, finiscono col mettersi la coda fra le gambe e scappare alla prima anima viva che vedono, e diventano affamati, spelati e selvatici come lupi. Almeno sottoterra, nella cava della rena, brutto e cencioso e sbracato[35] com'era, non lo beffavano più, e sembrava fatto apposta per quel mestiere persin nel colore dei capelli, e in quegli occhiacci di gatto che

31. **in quell'arnese**: così conciato.
32. **damo**: fidanzato.
33. **ruzzare**: giocare, scorrazzare.
34. **malarnese**: persona cattiva e poco raccomandabile.
35. **sbracato**: trasandato, malridotto.

ammiccavano se vedevano il sole. Così ci sono degli asini che lavorano nelle cave per anni ed anni senza uscirne mai più, ed in quei sotterranei, dove il pozzo di ingresso è verticale, ci si calan colle funi, e ci restano finché vivono. Sono asini vecchi, è vero, comprati dodici o tredici lire, quando stanno per portarli alla Plaja[36], a strangolarli; ma pel lavoro che hanno da fare laggiù sono ancora buoni; e Malpelo, certo, non valeva di più, e se veniva fuori dalla cava il sabato sera, era perché aveva anche le mani per aiutarsi colla fune, e doveva andare a portare a sua madre la paga della settimana.

Certamente egli avrebbe preferito di fare il manovale, come Ranocchio, e lavorare cantando sui ponti, in alto, in mezzo all'azzurro del cielo, col sole sulla schiena – o il carrettiere, come compare Gaspare che veniva a prendersi la rena della cava, dondolandosi sonnacchioso sulle stanghe[37], colla pipa in bocca, e andava tutto il giorno per le belle strade di campagna – o meglio ancora avrebbe voluto fare il contadino che passa la vita fra i campi, in mezzo al verde, sotto i folti carrubbi[38], e il mare turchino là in fondo, e il canto degli uccelli sulla testa. Ma quello era stato il mestiere di suo padre, e in quel mestiere era nato lui. E pensando a tutto ciò, indicava a Ranocchio il pilastro che era caduto addosso al genitore, e dava ancora della rena fina e bruciata che il carrettiere veniva a caricare colla pipa in bocca, e dondolandosi sulle stanghe, e gli diceva che quando avrebbero finito di sterrare si sarebbe trovato il cadavere di suo padre, il quale doveva avere dei calzoni di fustagno quasi nuovi. Ranocchio aveva paura, ma egli no. Ei narrava che era stato sempre là, da bambino, e aveva sempre visto quel buco nero, che si sprofondava sotterra, dove il padre soleva condurlo per mano. Allora stendeva le braccia a destra e a sinistra, e descriveva come l'intricato laberinto delle gallerie si stendesse sotto i loro piedi dappertutto, di qua e di là, sin dove potevano vedere la sciara[39] nera e desolata, sporca di ginestre riarse, e come degli uomini ce n'erano rimasti tanti, o schiacciati, o smarriti nel buio, e che camminano da anni e camminano ancora, senza poter scorgere lo spiraglio del pozzo pel quale sono entrati, e senza poter udire le strida disperate dei figli, i quali li cercano inutilmente.

Ma una volta in cui riempiendo i corbelli si rinvenne una delle scarpe di mastro Misciu, ei fu colto da tal tremito che dovettero tirarlo all'aria aperta colle funi, proprio come un asino che stesse per dar dei calci al vento[40]. Però non si poterono trovare né i calzoni quasi nuovi, né il rimanente di mastro Misciu; sebbene i pratici asserissero che quello dovea essere il luogo preciso dove il pilastro gli si era rovesciato addosso; e qualche operaio, nuovo del mestiere, osservava curiosamente come fosse capricciosa la rena, che aveva sbatacchiato il Bestia di qua e di là, le scarpe da una parte e i piedi dall'altra.

Dacché poi fu trovata quella scarpa, Malpelo fu colto da tal paura di veder comparire fra la rena anche il piede nudo del babbo, che non volle mai più darvi un colpo di zappa; gliela dessero a lui sul capo, la zappa. Egli andò a lavorare in un altro punto della galleria e non volle più tornare da quelle parti. Due o tre giorni dopo scopersero infatti il cadavere di mastro Misciu, coi calzoni indosso, e ste-

36. **Plaja**: spiaggia a sud del porto di Catania dove si strangolavano gli asini più vecchi.
37. **stanghe**: le sbarre laterali del carro.
38. **carrubbi**: alberi sempreverdi che producono, le carrube.
39. **sciara**: roccia formata dalla lava del vulcano.
40. **dar dei calci al vento**: agonizzare.

so bocconi che sembrava imbalsamato. Lo zio Mommu osservò che aveva dovuto stentar molto a morire, perché il pilastro gli si era piegato in arco addosso, e l'aveva seppellito vivo; si poteva persino vedere tuttora che mastro Bestia avea tentato istintivamente di liberarsi scavando nella rena, e avea le mani lacerate e le unghie rotte. – Proprio come suo figlio Malpelo! – ripeteva lo sciancato – ei scavava di qua, mentre suo figlio scavava di là. – Però non dissero nulla al ragazzo per la ragione che lo sapevano maligno e vendicativo.

Il carrettiere sbarazzò[41] il sotterraneo dal cadavere al modo istesso che lo sbarazzava dalla rena caduta e dagli asini morti, ché stavolta oltre al lezzo del carcame[42], c'era che il carcame era *di carne battezzata*; e la vedova rimpiccolì i calzoni e la camicia, e li adattò a Malpelo, il quale così fu vestito quasi a nuovo per la prima volta, e le scarpe furono messe in serbo per quando ei fosse cresciuto, giacché rimpiccolirsi le scarpe non si potevano, e il fidanzato della sorella non ne aveva volute di scarpe del morto.

Malpelo se li lisciava sulle gambe quei calzoni di fustagno quasi nuovo, gli pareva che fossero dolci e lisci come le mani del babbo che solevano accarezzargli i capelli, così ruvidi e rossi com'erano. Quelle scarpe le teneva appese ad un chiodo, sul saccone, quasi fossero state le pantofole del papa, e la domenica se le pigliava in mano, le lustrava e se le provava; poi le metteva per terra, l'una accanto all'altra, e stava a contemplarsele coi gomiti sui ginocchi, e il mento nelle palme per delle ore intere, rimugginando chi sa quali idee in quel cervellaccio.

Ei possedeva delle idee strane, Malpelo! Siccome aveva ereditato anche il piccone e la zappa del padre, se ne serviva, quantunque fossero troppo pesanti per l'età sua; e quando gli aveano chiesto se voleva venderli, che glieli avrebbero pagati come nuovi, egli aveva risposto di no; suo padre li ha resi così lisci e lucenti nel manico colle sue mani, ed ei non avrebbe potuto farsene degli altri più lisci e lucenti di quelli, se ci avesse lavorato cento e poi cento anni.

In quel tempo era crepato di stenti e di vecchiaia l'asino grigio; e il carrettiere era andato a buttarlo lontano nella sciara. – Così si fa, brontolava Malpelo; gli arnesi che non servono più si buttano lontano. – Ei andava a visitare il carcame del *grigio* in fondo al burrone, e vi conduceva a forza anche Ranocchio, il quale non

41. **sbarazzò**: sgomberò.
42. **carcame**: carogna.

Alberto Rossi,
Incidente in miniera,
XIX secolo.
(Collezione privata)

avrebbe voluto andarci; e Malpelo gli diceva che a questo mondo bisogna avvezzarsi a vedere in faccia ogni cosa bella o brutta; e stava a considerare con l'avida curiosità di un monellaccio i cani che accorrevano da tutte le fattorie dei dintorni a disputarsi le carni del *grigio*. I cani scappavano guaendo, come comparivano i ragazzi, e si aggiravano ustolando[43] sui greppi[44] dirimpetto, ma il Rosso non lasciava che Ranocchio li scacciasse a sassate. – Vedi quella cagna nera, gli diceva, che non ha paura delle tue sassate; non ha paura perché ha più fame degli altri. Gliele vedi quelle costole! Adesso non soffriva più, l'asino grigio, e se ne stava tranquillo colle quattro zampe distese, e lasciava che i cani si divertissero a vuotargli le occhiaie profonde e a spolpargli le ossa bianche e i denti che gli laceravano le viscere non gli avrebbero fatto piegar la schiena come il più semplice colpo di badile che solevano dargli onde mettergli in corpo un po' di vigore quando saliva la ripida viuzza. Ecco come vanno le cose! Anche il *grigio* ha avuto dei colpi di zappa e delle guidalesche[45], e anch'esso quando piegava sotto il peso e gli mancava il fiato per andare innanzi, aveva di quelle occhiate, mentre lo battevano, che sembrava dicesse: Non più! non più! Ma ora gli occhi se li mangiano i cani, ed esso se ne ride dei colpi e delle guidalesche, con quella bocca spolpata e tutta denti. E se non fosse mai nato sarebbe stato meglio.

La sciara si stendeva malinconica e deserta fin dove giungeva la vista, e saliva e scendeva in picchi e burroni, nera e rugosa, senza un grillo che vi trillasse, o un uccello che vi volasse su. Non si udiva nulla, nemmeno i colpi di piccone di coloro che lavoravano sotterra. E ogni volta Malpelo ripeteva che al di sotto era tutta scavata dalle gallerie, per ogni dove, verso il monte e verso la valle; tanto che una volta un minatore c'era entrato coi capelli neri, e n'era uscito coi capelli bianchi, e un altro cui s'era spenta la torcia aveva invano gridato aiuto ma nessuno poteva udirlo. Egli solo ode le sue stesse grida! diceva, e a quell'idea, sebbene avesse il cuore più duro della sciara, trasaliva.

– Il padrone mi manda spesso lontano, dove gli altri hanno paura d'andare. Ma io sono Malpelo, e se io non torno più, nessuno mi cercherà.

Pure, durante le belle notti d'estate, le stelle splendevano lucenti anche sulla sciara, e la campagna circostante era nera anch'essa, come la sciara, ma Malpelo stanco della lunga giornata di lavoro, si sdraiava sul sacco, col viso verso il cielo, a godersi quella quiete e quella luminaria dell'alto; perciò odiava le notti di luna, in cui il mare formicola di scintille, e la campagna si disegna qua e là vagamente – allora la sciara sembra più brulla e desolata. – Per noi che siamo fatti per vivere sotterra, pensava Malpelo, ci dovrebbe essere buio sempre e dappertutto. – La civetta strideva sulla sciara, e ramingava[46] di qua e di là; ei pensava: – Anche la civetta sente i morti che son qua sotterra e si dispera perché non può andare a trovarli.

Ranocchio aveva paura delle civette e dei pipistrelli; ma il Rosso lo sgridava perché chi è costretto a star solo non deve aver paura di nulla, e nemmeno l'asino grigio aveva paura dei cani che se lo spolpavano, ora che le sue carni non sentivano più il dolore di esser mangiate.

– Tu eri avvezzo a lavorar sui tetti come i gatti – gli diceva – e allora era tutt'altra cosa. Ma adesso che ti tocca a viver sotterra, come i topi, non bisogna più aver

43. **ustolando**: mugolando.
44. **greppi**: dirupi, scarpate.
45. **guidalesche**: piaghe provocate dalla soma e dai finimenti.
46. **ramingava**: vagava senza meta.

paura dei topi, né dei pipistrelli, che son topi vecchi con le ali, e i topi ci stanno volentieri in compagnia dei morti.

Ranocchio invece provava una tale compiacenza a spiegargli quel che ci stessero a far le stelle lassù in alto; e gli raccontava che lassù c'era il paradiso, dove vanno a stare i morti che sono stati buoni e non hanno dato dispiaceri ai loro genitori. – Chi te l'ha detto? – domandava Malpelo, e Ranocchio rispondeva che glielo aveva detto la mamma.

Allora Malpelo si grattava il capo, e sorridendo gli faceva un certo verso da monellaccio malizioso che la sa lunga. – Tua madre ti dice così perché, invece dei calzoni, tu dovresti portar la gonnella. –

E dopo averci pensato su un po':

– Mio padre era buono e non faceva male a nessuno, tanto che gli dicevano Bestia. Invece è là sotto, ed hanno persino trovato i ferri e le scarpe e questi calzoni qui che ho indosso io. –

Da lì a poco, Ranocchio il quale deperiva da qualche tempo, si ammalò in modo che la sera dovevano portarlo fuori dalla cava sull'asino, disteso fra le corbe[47], tremante di febbre come un pulcin bagnato. Un operaio disse che quel ragazzo *non ne avrebbe fatto osso duro*[48] a quel mestiere, e che per lavorare in una miniera senza lasciarvi la pelle bisognava nascervi. Malpelo allora si sentiva orgoglioso di esserci nato e di mantenersi così sano e vigoroso in quell'aria malsana, e con tutti quegli stenti. Ei si caricava Ranocchio sulle spalle, e gli faceva animo alla sua maniera, sgridandolo e picchiandolo. Ma una volta nel picchiarlo sul dorso Ranocchio fu colto da uno sbocco di sangue, allora Malpelo spaventato si affannò a cercargli nel naso e dentro la bocca cosa gli avesse fatto, e giurava che non avea potuto fargli quel gran male, così come l'aveva battuto, e a dimostrarglielo, si dava dei gran pugni sul petto e sulla schiena con un sasso; anzi un operaio, lì presente, gli sferrò un gran calcio sulle spalle, un calcio che risuonò come su di un tamburo, eppure Malpelo non si mosse, e soltanto dopo che l'operaio se ne fu andato, aggiunse: – Lo vedi? Non mi ha fatto nulla! E ha picchiato più forte di me, ti giuro!

Intanto Ranocchio non guariva e seguitava a sputar sangue, e ad aver la febbre tutti i giorni. Allora Malpelo rubò dei soldi della paga della settimana, per comperargli del vino e della minestra calda, e gli diede i suoi calzoni quasi nuovi che lo coprivano meglio. Ma Ranocchio tossiva sempre e alcune volte sembrava soffocasse, e la sera non c'era modo di vincere il ribrezzo[49] della febbre, né con sacchi, né coprendolo di paglia, né mettendolo dinanzi alla fiammata.

Malpelo se ne stava zitto ed immobile chino su di lui, colle mani sui ginocchi, fissandolo con quei suoi occhiacci spalancati come se volesse fargli il ritratto, e allorché lo udiva gemere sottovoce, e gli vedeva il viso trafelato[50] e l'occhio spento, preciso come quello dell'asino grigio allorché ansava rifinito sotto il carico nel salire la viottola, ei gli borbottava: – è meglio che tu crepi presto! Se devi soffrire in tal modo, è meglio che tu crepi! – E il padrone diceva che Malpelo era capace di schiacciargli il capo a quel ragazzo, e bisognava sorvegliarlo.

Finalmente un lunedì Ranocchio non venne più alla cava, e il padrone se ne lavò le mani, perché allo stato in cui era ridotto oramai era più di impiccio che

47. **corbe**: ceste.
48. ***non... duro***: non si sarebbe abituato.
49. **il ribrezzo**: i brividi.
50. **trafelato**: stanco.

d'altro. Malpelo si informò dove stesse di casa, e il sabato andò a trovarlo. Il povero Ranocchio era più di là che di qua, e sua madre piangeva e si disperava come se il suo figliolo fosse di quelli che guadagnano dieci lire la settimana.

Cotesto non arrivava a comprendere Malpelo, e domandò a Ranocchio perché sua madre strillasse a quel modo, mentre che[51] da due mesi ei non guadagnava nemmeno quel che si mangiava. Ma il povero Ranocchio non gli dava retta e sembrava che badasse a contare quanti travicelli c'erano sul tetto. Allora il Rosso si diede ad almanaccare che la madre di Ranocchio strillasse a quel modo perché il suo figliuolo era sempre stato debole e malaticcio, e l'aveva tenuto come quei marmocchi che non si slattano[52] mai. Egli invece era stato sano e robusto, ed era *malpelo*, e sua madre non aveva mai pianto per lui perché non aveva mai avuto timore di perderlo.

Poco dopo, alla cava dissero che Ranocchio era morto, ed ei pensò che la civetta adesso strideva anche per lui nella notte, e tornò a visitare le ossa spolpate del *grigio*, nel burrone dove solevano andare insieme con Ranocchio. Ora del *grigio* non rimanevano più che le ossa sgangherate, ed anche di Ranocchio sarebbe stato così, e sua madre si sarebbe asciugati gli occhi, poiché anche la madre di Malpelo s'era asciugati i suoi dopo che mastro Misciu era morto, e adesso si era maritata un'altra volta, ed era andata a stare a Cifali[53]; anche la sorella si era maritata e avevano chiusa la casa. D'ora in poi, se lo battevano, a loro non importava più nulla, e a lui nemmeno, e quando sarebbe divenuto come il *grigio* o come Ranocchio, non avrebbe sentito più nulla.

Verso quell'epoca venne a lavorare nella cava uno che non s'era mai visto, e si teneva nascosto il più che poteva; gli altri operai dicevano fra di loro che era scappato dalla prigione, e se lo pigliavano ce lo tornavano a chiudere per degli anni e degli anni. Malpelo seppe in quell'occasione che la prigione era un luogo dove si mettevano i ladri, e i malarnesi come lui, e si tenevano sempre chiusi là dentro e guardati a vista.

Da quel momento provò una malsana curiosità per quell'uomo che aveva provata la prigione e n'era scappato. Dopo poche settimane però il fuggitivo dichiarò chiaro e tondo che era stanco di quella vitaccia da talpa e piuttosto si contentava di stare in galera tutta la vita, ché la prigione, in confronto, era un paradiso e preferiva tornarci coi suoi piedi. – Allora perché tutti quelli che lavorano nella cava non si fanno mettere in prigione? – domandò Malpelo.

– Perché non sono *malpelo* come te! – rispose lo sciancato. – Ma non temere, che tu ci andrai e ci lascerai le ossa.

51. **mentre che**: dal momento che.
52. **si slattano**: si svezzano, si staccano dal seno della madre.
53. **Cifali**: Cibali, piccola località vicino a Catania che oggi è diventata un quartiere della città.

Un minatore al lavoro in un dipinto di John Hodgson Campbell del 1887. (Newcastle, Mining Institute)

Invece le ossa le lasciò nella cava, Malpelo, come suo padre, ma in modo diverso. Una volta si doveva esplorare un passaggio che si riteneva comunicasse col pozzo grande a sinistra, verso la valle, e se la cosa era vera, si sarebbe risparmiata una buona metà di mano d'opera nel cavar fuori la rena. Ma se non era vero, c'era il pericolo di smarrirsi e di non tornare mai più. Sicché nessun padre di famiglia voleva avventurarvisi, né avrebbe permesso che ci si arrischiasse il sangue suo[54] per tutto l'oro del mondo.

Ma Malpelo non aveva nemmeno chi si prendesse tutto l'oro del mondo per la sua pelle, se pure la sua pelle valeva tutto l'oro del mondo; sua madre si era rimaritata e se n'era andata a stare a Cifali, e sua sorella s'era maritata anch'essa. La porta della casa era chiusa, ed ei non aveva altro che le scarpe di suo padre appese al chiodo; perciò gli commettevano[55] sempre i lavori più pericolosi, e le imprese più arrischiate, e s'ei non si aveva riguardo alcuno, gli altri non ne avevano certamente per lui. Quando lo mandarono per quella esplorazione si risovvenne del minatore, il quale si era smarrito, da anni ed anni, e cammina e cammina ancora al buio gridando aiuto, senza che nessuno possa udirlo; ma non disse nulla. Del resto a che sarebbe giovato? Prese gli arnesi di suo padre, il piccone, la zappa, la lanterna, il sacco col pane, e il fiasco del vino, e se ne andò: né più si seppe nulla di lui.

Così si persero persin le ossa di Malpelo, e i ragazzi della cava abbassano la voce quando parlano di lui nel sotterraneo, ché hanno paura di vederselo comparire dinanzi, coi capelli rossi e gli occhiacci grigi.

Giovanni Verga, *Vita dei campi*, in *Tutte le novelle*, Mondadori, Milano, 1979

54. **il sangue suo**: i propri figli.

55. **commettevano**: assegnavano.

DIALOGO CON IL TESTO

CONTESTUALIZZARE

Lo sfruttamento: piaga sociale e legge di natura La novella nasce in connessione con l'uscita dell'inchiesta di Leopoldo Franchetti e Sidney Sonnino sul *Lavoro dei fanciulli nelle zolfare siciliane*, del 1876, che suscitò molto clamore negli ambienti politici e intellettuali, denunciando lo sfruttamento dei minori, la mancanza di misure di sicurezza, gli incidenti e le morti, le basse paghe che caratterizzavano il lavoro nelle cave. Verga prende spunto da questi dati di fatto, ma non mira tanto a denunciare una piaga sociale o a individuarne le cause, quanto ad analizzare i meccanismi elementari e feroci che governano la piccola società dei minatori, nella quale lo sfruttamento bestiale e la legge del più forte vengono accettati come una legge di natura, e chi contravviene alla mentalità collettiva, chi è più debole o più solo degli altri, è necessariamente sconfitto.

COMPRENDERE

La "filosofia" di Malpelo Malpelo, vittima della violenza dell'ambiente, ne assimila i comportamenti di prepotenza e prevaricazione e ne fa una vera e propria filosofia di vita: nel mondo degli uomini, come in quello degli animali, vale la legge del più forte (*L'asino va picchiato, perché non può picchiar lui; e s'ei potesse picchiare, ci pesterebbe sotto i piedi e ci strapperebbe la carne a morsi*). Battuto dal soprastante nella cava e in famiglia dalla madre e dalla sorella, respinto per i capelli rossi, Malpelo si compiace di essere cattivo e temuto, riempie di botte l'asino e tratta con durezza Ranocchio per "educarlo" alla lotta per la sopravvivenza. Rimasto solo, completamente privo di affetti, accetta fino in fondo il suo destino di reietto, partendo per un viaggio senza ritorno e diventando tutt'uno con quel mondo sotterraneo, oscuro e labirintico che sente vicino a sé.

Ci sono però alcuni momenti della storia in cui il personaggio lascia trasparire un volto più fragile e umano, in contrasto con le leggi della miniera.

- **In quali punti del testo?**

La visione economicistica Strettamente legata alla legge del più forte è la visione economicistica dell'esistenza, secondo cui ogni essere umano vale in base a quello che produce lavorando. La madre di Malpelo pensa al cadavere del marito più che altro perché *doveva avere dei calzoni di fustagno quasi nuovi*, che infatti poi riadatta per il ragazzo dopo il rinvenimento di mastro Misciu; il padrone della miniera considera gli animali e le persone solo come arnesi, che quando *non servono più si buttano lontano*; e Malpelo stesso non capisce perché la madre di Ranocchio pianga per il figlio malato, visto che non porta soldi a casa, né perché i minatori non si facciano incarcerare tutti per poter mangiare gratis.

La morte, gli animali La novella è scandita dalle morti dei tre esseri amati da Malpelo.

- **Ripercorrendo il testo, ricostruite quale significato il protagonista attribuisca alla morte e come la collochi all'interno della sua visione del mondo.**

La novella è ricca di presenze di animali: l'asino, i cani, la civetta, pipistrelli, topi, che assumono significati simbolici.

- **Notate come alcuni alludano alla universale soggezione alla lotta per l'esistenza e altri rimandino al mondo dei morti.**

ANALIZZARE

Il narratore "mimetico" In *Rosso Malpelo* Verga mette in pratica la sua interpretazione dell'impersonalità naturalistica, cercando di cancellare se stesso, di scomparire nella realtà rappresentata. Il punto di vista narrativo non è quello di un intellettuale borghese, ma quello della collettività dei minatori, di cui, fin dalle prime righe, la voce "fuori campo" che racconta i fatti assume la mentalità fatalistica e feroce. Questa immersione del narratore nel livello mentale e sociale di personaggi "primitivi" è resa anche attraverso una serie di scelte stilistiche:
- locuzioni popolari e colloquiali (*gli faceva la ricevuta a scapaccioni; ché la sua sorella s'era fatta sposa*);
- riferimenti a luoghi, a personaggi e a consuetudini della vita della miniera presentati come se il lettore ne fosse a conoscenza;
- strutture sintattiche modellate sui modi propri del parlato (*cotesto al padrone gli seccava assai; della rena ne era caduta una montagna*).

- **Indicatene qualche altro esempio nel testo.**

Dissonanze fra il narratore e l'"autore implicito" Tuttavia il lettore si rende conto che l'autore, anche se non esprime esplicitamente il suo giudizio sui fatti narrati, non condivide i criteri di valore del narratore anonimo e non ha nei confronti delle vittime lo stesso atteggiamento spietato che hanno i loro compagni di lavoro.

Questa dissonanza fra le parole del narratore e le intenzioni dell'"autore implicito" si può cogliere:
- nell'espressione di valutazioni e di giudizi che sono tanto remoti dalla mentalità dei lettori da suscitare interpretazioni opposte da quelle che ne dà esplicitamente il narratore (per esempio l'affermazione iniziale secondo cui Malpelo è *malizioso e cattivo* perché ha i capelli rossi è evidentemente assurda: fin dall'inizio il lettore è indotto a prenderne le distanze e a cercare da sé altre spiegazioni del comportamento del ragazzo);
- nelle rarissime notazioni di tono compassionevole disseminate nel testo (*Il padre che gli voleva bene, <u>poveretto</u>, andava dicendogli*...);
- nei punti della novella in cui Verga dà la parola a Rosso Malpelo, attraverso il discorso diretto o il discorso indiretto libero.

- **Facendo riferimento a questi e ad altri esempi dello stesso genere, provate a spiegare in che modo il testo riveli implicitamente il giudizio dell'autore.**

CONFRONTARE

Rosso Malpelo* e *Fantasticheria L'immagine del mondo popolare proposta in questa novella è molto lontana da quella che Verga disegna in *Fantasticheria* (▸T65).

- **Confrontate i testi mettendo il luce la differenza.**

T67 ▸ La lupa

PERCORSO
- Dal personaggio "tipico" alla dissoluzione del personaggio (I), p. 571
- La donna come oggetto e come soggetto della scrittura (V), p. 575

Le caratteristiche di questa novella di *Vita dei campi* sono l'estrema brevità della forma narrativa e l'audacia inconsueta del soggetto.

Era alta, magra; aveva soltanto un seno fermo e vigoroso da bruna e pure non era più giovane; era pallida come se avesse sempre addosso la malaria, e su quel pallore due occhi grandi così, e delle labbra fresche e rosse, che vi mangiavano.

Al villaggio la chiamavano *la Lupa* perché non era sazia giammai – di nulla. Le donne si facevano la croce quando la vedevano passare, sola come una cagnaccia, con quell'andare randagio e sospettoso della lupa affamata; ella si spolpava i loro figliuoli e i loro mariti in un batter d'occhio, con le sue labbra rosse, e se li tirava dietro alla gonnella solamente a guardarli con quegli occhi da satanasso, fossero stati davanti all'altare di Santa Agrippina[1]. Per fortuna *la Lupa* non veniva mai in chiesa né a Pasqua, né a Natale, né per ascoltar messa, né per confessarsi. – Padre Angiolino di Santa Maria di Gesù, un vero servo di Dio, aveva persa l'anima per lei.

Maricchia, poveretta, buona e brava ragazza, piangeva di nascosto, perché era figlia della *Lupa*, e nessuno l'avrebbe tolta[2] in moglie, sebbene ci avesse la sua bella roba nel cassettone, e la sua buona terra al sole, come ogni altra ragazza del villaggio.

Una volta *la Lupa* si innamorò di un bel ragazzo che era tornato da soldato, e mieteva il fieno con lei nelle chiuse[3] del notaro[4], ma proprio quello che si dice innamorarsi, sentirsene ardere le carni sotto al fustagno del corpetto[5], e provare, fissandolo negli occhi, la sete che si ha nelle ore calde di giugno, in fondo alla pianura. Ma colui seguitava a mietere tranquillamente col naso sui manipoli[6], e le diceva: – O che avete, gnà[7] Pina? Nei campi immensi, dove scoppiettava soltanto il volo dei grilli, quando il sole batteva a piombo, *la Lupa* affastellava manipoli su manipoli, e covoni[8] su covoni, senza stancarsi mai, senza rizzarsi un momento sulla vita, senza accostare le labbra al fiasco, pur di stare sempre alle calcagna di Nanni, che mieteva e mieteva, e le domandava di quando in quando: – Che volete, gnà Pina?

Una sera ella glielo disse, mentre gli uomini sonnecchiavano nell'aia, stanchi della lunga giornata, ed i cani uggiolavano[9] per la vasta campagna nera: – Te voglio! Te che sei bello come il sole, e dolce come il miele. Voglio te!

– Ed io invece voglio vostra figlia, che è zitella, rispose Nanni ridendo.

La Lupa si cacciò le mani nei capelli, grattandosi le tempie senza dir parola, e se ne andò, né più comparve nell'aia. Ma in ottobre rivide Nanni, al tempo che cavavano l'olio[10], perché egli lavorava accanto alla sua casa, e lo scricchiolìo del torchio non la faceva dormire tutta notte.

– Prendi il sacco delle ulive, disse alla figliuola, e vieni con me.

Nanni spingeva colla pala le ulive sotto la macina, e gridava ohi! alla mula per-

1. **occhi… Agrippina**: occhi demoniaci, che inducevano in tentazione anche davanti all'altare di Santa Agrippina, alla quale la credenza popolare attribuiva virtù antidemoniache.
2. **tolta**: presa.
3. **chiuse**: terreni recintati.
4. **notaro**: notaio.
5. **fustagno del corpetto**: il *fustagno* è un tessuto robusto e morbido; il *corpetto* è la parte dell'abito femminile che copre il busto con l'esclusione delle maniche.
6. **manipoli**: mazzi di spighe.
7. **gnà**: signora, dallo spagnolo *doña*; è un appellativo che in Sicilia si dà alle donne del popolo.
8. **covoni**: fasci di piante di cereali mietute e legate insieme.
9. **uggiolavano**: mugolavano.
10. **cavavano l'olio**: torchiavano le olive per spremere l'olio.

ché non si arrestasse. – La vuoi mia figlia Maricchia? gli domandò la gnà Pina. – Cosa gli date a vostra figlia Maricchia? rispose Nanni. – Essa ha la roba di suo padre, e dippiù io le dò la mia casa; a me mi basterà che mi lasciate un cantuccio nella cucina, per stendervi un po' di paglericcio.

– Se è così se ne può parlare a Natale, disse Nanni. – Nanni era tutto unto e sudicio dell'olio e delle ulive messe a fermentare, e Maricchia non lo voleva a nessun patto; ma sua madre l'afferrò pe' capelli, davanti al focolare, e le disse co' denti stretti: – Se non lo pigli ti ammazzo!

La Lupa era quasi malata, e la gente andava dicendo che il diavolo quando invecchia si fa eremita[11]. Non andava più in qua e in là; non si metteva più sull'uscio, con quegli occhi da spiritata[12]. Suo genero, quando ella glieli piantava in faccia quegli occhi, si metteva a ridere, e cavava fuori l'abitino della Madonna[13] per segnarsi. Maricchia stava in casa ad allattare i figliuoli, e sua madre andava nei campi, a lavorare cogli uomini, proprio come un uomo, a sarchiare[14], a zappare, a governare le bestie, a potare le viti, fosse stato greco e levante di gennaio, oppure scirocco[15] di agosto, allorquando i muli lasciavano cader la testa penzoloni, e gli uomini dormivano bocconi a ridosso del muro a tramontana. In quell'ora fra vespero e nona, in cui non ne va in volta femmina buona[16], la gnà Pina era la sola anima viva che si vedesse errare per la campagna, sui sassi infuocati delle viottole, fra le stoppie riarse dei campi immensi, che si perdevano nell'afa, lontan lontano, verso l'Etna nebbioso, dove il cielo si aggravava sull'orizzonte.

– Svegliati! disse *la Lupa* a Nanni che dormiva nel fosso, accanto alla siepe polverosa, col capo fra le braccia. Svegliati, ché ti ho portato il vino per rinfrescarti la gola.

Nanni spalancò gli occhi imbambolati, fra veglia e sonno, trovandosela dinanzi ritta, pallida, col petto prepotente, e gli occhi neri come il carbone, e stese brancolando le mani.

– No! non ne va in volta femmina buona nell'ora fra vespero e nona! singhiozzava Nanni, ricacciando la faccia contro l'erba secca del fossato, in fondo in fondo, colle unghie nei capelli. – Andatevene! Andatevene! non ci venite più nell'aia!

Ella se ne andava infatti, *la Lupa*, riannodando le trecce superbe, guardando fisso dinanzi ai suoi passi nelle stoppie calde, cogli occhi neri come il carbone.

Ma nell'aia ci tornò delle altre volte, e Nanni non le disse nulla; e quando tardava a venire, nell'ora fra vespero e nona, egli andava ad aspettarla in cima alla viottola bianca e deserta, col sudore sulla fronte; – e dopo si cacciava le mani nei capelli, e le ripeteva ogni volta: Andatevene! andatevene!

Non ci tornate più nell'aia! –

Maricchia piangeva notte e giorno, e alla madre le piantava in faccia gli occhi ardenti di lagrime e di gelosia, come una lupacchiotta anch'essa, quando la vedeva tornare da' campi pallida e muta ogni volta. – Scellerata! le diceva. Mamma scellerata!

11. **il diavolo... eremita**: il proverbio significa che invecchiando si cambiano abitudini.
12. **spiritata**: pazza.
13. **abitino della Madonna**: è uno scapolare, formato da due pezzetti di stoffa con l'immagine della Madonna e due nastri. È una specie di talismano portato per devozione e per scongiuro.
14. **sarchiare**: lavorare la superficie del terreno con il sarchio, una specie di zappa.
15. **greco e levante... scirocco**: venti che spirano rispettivamente da nord-ovest, da est e da sud. Il senso è "in qualunque stagione".
16. **In quell'ora... buona**: è ancora la trascrizione di un proverbio: tra vespero e nona (nelle ore del pomeriggio, tra le quindici e le diciotto), quando non va in giro nessuna donna per bene.

– Taci!

– Ladra! ladra!

– Taci!

– Andrò dal brigadiere, andrò!

– Vacci!

E ci andò davvero, coi figli in collo, senza temere di nulla, e senza versare una lagrima, come una pazza, perché adesso l'amava anche lei quel marito che le avevano dato per forza, unto e sudicio dalle ulive messe a fermentare.

Il brigadiere fece chiamare Nanni, e lo minacciò della galera, e della forca. Nanni si diede a singhiozzare ed a strapparsi i capelli; non negò nulla, non tentò scolparsi. – È la tentazione! diceva; è la tentazione dell'inferno! si buttò ai piedi del brigadiere supplicandolo di mandarlo in galera.

– Per carità, signor brigadiere, levatemi da questo inferno! fatemi ammazzare, mandatemi in prigione; non me la lasciate veder più, mai! mai!

– No! rispose però *la Lupa* al brigadiere. Io mi son riserbato un cantuccio della cucina per dormirvi, quando gli ho data la mia casa in dote. La casa è mia. Non voglio andarmene!

Poco dopo, Nanni s'ebbe nel petto un calcio dal mulo e fu per morire; ma il parroco ricusò di portargli il Signore[17] se *la Lupa* non usciva di casa. *La Lupa* se ne andò, e suo genero allora si poté preparare ad andarsene anche lui da buon cristiano; si confessò con tali segni di pentimento e di contrizione che tutti i vicini e i curiosi piangevano davanti al letto del moribondo. E meglio sarebbe stato per lui che fosse morto in quel tempo, prima che il diavolo tornasse a tentarlo e a ficcarglisi nell'anima e nel corpo quando fu guarito. – Lasciatemi stare! diceva alla *Lupa*; per carità, lasciatemi in pace! Io ho visto la morte cogli occhi! La povera Maricchia non fa che disperarsi. Ora tutto il paese lo sa! Quando non vi vedo è meglio per voi e per me...

Ed avrebbe voluto strapparsi gli occhi per non vedere quelli della *Lupa*, che quando gli si ficcavano ne' suoi gli facevano perdere l'anima ed il corpo. Non sapeva più che fare per svincolarsi dall'incantesimo. Pagò delle messe alle anime del Purgatorio e andò a chiedere aiuto al parroco e al brigadiere. A Pasqua andò a confessarsi, e fece pubblicamente sei palmi di lingua a strasciconi sui ciottoli del sacrato[18] innanzi alla chiesa, in penitenza, e poi, come *la Lupa* tornava a tentarlo:

– Sentite! le disse, non ci venite più nell'aia, perché se tornate a cercarmi, com'è vero Iddio, vi ammazzo!

17. **ricusò di portargli il Signore**: si rifiutò di andare da lui ad amministrare i sacramenti per i moribondi.

18. **fece... sacrato**: percorse, strisciandolo con la lingua, l'acciottolato del sagrato.

Jules Breton, *Il canto dell'allodola*, 1884. (Chicago, Art Institute)

TESTI

T67

– Ammazzami, rispose *la Lupa*, ché non me ne importa; ma senza di te non voglio starci.

Ei come la scorse da lontano, in mezzo a' seminati verdi, lasciò di zappare la vigna, e andò a staccare la scure dall'olmo. *La Lupa* lo vide venire, pallido e stralunato, colla scure che luccicava al sole, e non si arretrò di un sol passo, non chinò gli occhi, seguitò ad andargli incontro, con le mani piene di manipoli di papaveri rossi, e mangiandoselo con gli occhi neri. –

Ah! malanno all'anima vostra! balbettò Nanni.

Giovanni Verga, *Vita dei campi*, in *Tutte le novelle*, Mondadori, Milano, 1979

DIALOGO CON IL TESTO

COMPRENDERE

Un personaggio demoniaco Prima ancora di compiere l'incesto, *la Lupa* è un personaggio deviante e anomalo.

- **Individuate gli aspetti del suo comportamento che trasgrediscono sistematicamente il modello femminile rurale siciliano, incarnato invece dalla figlia Maricchia.**

Sullo sfondo di un ambiente saturo di superstizione e ossessionato dalla paura del diavolo, questa diversità viene interpretata come qualcosa di demoniaco, un "incantesimo" che strega gli uomini contro la loro stessa volontà: né le pratiche religiose né l'intervento delle autorità riconosciute (il parroco, il brigadiere) sono in grado di fronteggiarlo, e solo l'uccisione del personaggio deviante può risolvere la situazione. Il clima stregato della novella è accentuato dal fatto che la vicenda è collocata fuori dalla storia, in una dimensione mitica: il tempo è scandito dal ritmo ciclico delle stagioni e dei lavori agricoli, le apparizioni della protagonista sono accompagnate dalla ripetizione di alcune caratteristiche (*il petto prepotente*, *gli occhi neri come il carbone*, *le labbra rosse*), come avviene nelle ballate popolari e nell'epica antica.

- **Oltre alla violenza dell'istinto sessuale e della passione amorosa che pervade tutta la vicenda, anche in questa novella, come nelle altre di Verga, compare il movente dell'interesse economico: indicate i punti in cui è presente, ripercorrendo le azioni dei personaggi.**

ANALIZZARE

Linguaggio popolare Anche in questo caso l'unità stilistica della novella è data dal filtro del narratore popolare, che esprime la mentalità chiusa e superstiziosa della comunità attraverso un repertorio di scelte linguistiche:
- l'uso di espressioni tipiche del discorso orale (*due occhi grandi così*, labbra *che vi mangiavano*);
- la citazione di massime e di proverbi;
- i costrutti sintattici modellati sul parlato popolare (*sebbene ci avesse la sua roba nel cassettone*; *che cosa gli date a vostra figlia*; *a me mi basterà*);
- la descrizione delle emozioni attraverso i gesti (*le donne si facevano la croce*; *si cacciò le mani nei capelli, grattandosi le tempie senza dir parola*).

Ritmo incalzante Un carattere specifico di questa novella è l'estrema brevità, sottolineata dal ritmo incalzante con cui si susseguono i fatti: l'innamoramento della Lupa, la dichiarazione d'amore, il matrimonio di Nanni con Maricchia, la nascita dei figli, l'incesto e le sue conseguenze, l'uccisione della Lupa.

- **L'estrema rapidità della narrazione è resa possibile dall'ellitticità tipica di Verga. Ripercorrendo il testo individuate:**
  - **gli episodi che vengono omessi o sottintesi;**
  - **i salti nel tempo che intercorrono tra una scena e l'altra.**
- **Analizzate la parte conclusiva della novella (rr. 111-120): che cosa non viene raccontato? Quali effetti produce a vostro parere sul lettore questa omissione?**

▸ p. 318

I Malavoglia

• Mena e Alfio
• Il funerale di Bastianazzo

La prima idea di un «bozzetto marinaresco» intitolato *Padron 'Ntoni* è documentata da una lettera di Verga all'editore Treves del 21 settembre 1875. Negli anni successivi, dopo l'incontro decisivo di Verga con la letteratura naturalista e con Zola, il progetto iniziale si trasforma, e nel 1878 diventa l'abbozzo di un romanzo intitolato *I Malavoglia*. Nello stesso anno Verga scrive il racconto *Fantasticheria* (▸T65), nel quale sono anticipati i personaggi e i primi nuclei della trama. Nei due anni successivi il romanzo assume la sua forma definitiva, riprendendo la tecnica dell'impersonalità naturalista sperimentata nelle novelle di *Vita dei campi*, e viene pubblicato nel 1881 dall'editore Treves (per la trama vedi p. 319).

I testi di questa sezione sono ripresi dall'edizione dei *Malavoglia* inclusa in *Tutti i romanzi*, a cura di Enrico Ghidetti (Sansoni, Firenze, 1983).

ANALISI

T68 ▸ «La fiumana del progresso»

PERCORSO
• L'intellettuale tra impegno, isolamento, emarginazione, p. 566
• Dal personaggio "tipico" alla dissoluzione del personaggio (I), p. 571

Nella *Prefazione* l'autore indica nei *Malavoglia* il primo di un ciclo di romanzi che hanno per tema le differenti forme della lotta per la vita nei diversi strati sociali.

Questo racconto è lo studio sincero e spassionato del come probabilmente devono nascere e svilupparsi nelle più umili condizioni le prime irrequietudini pel benessere; e quale perturbazione debba arrecare in una famigliuola, vissuta sino allora relativamente felice, la vaga bramosia dell'ignoto[1], l'accorgersi che non si sta bene, o che si potrebbe star meglio.

Il movente dell'attività umana che produce la fiumana del progresso è preso qui alle sue sorgenti, nelle proporzioni più modeste e materiali. Il meccanismo delle passioni che la determinano in quelle basse sfere è meno complicato, e potrà quindi osservarsi con maggior precisione. Basta lasciare al quadro le sue tinte schiette e tranquille, e il suo disegno semplice. Man mano che cotesta ricerca del meglio di cui l'uomo è travagliato cresce e si dilata, tende anche ad elevarsi, e segue il suo moto ascendente nelle classi sociali. Nei *Malavoglia* non è ancora che la lotta pei bisogni materiali. Soddisfatti questi, la ricerca diviene avidità di ricchezze, e si incarnerà in un tipo borghese, *Mastro-don Gesualdo*, incorniciato nel quadro ancora ristretto di una piccola città di provincia, ma del quale i colori cominceranno ad essere più vivaci, e il disegno a farsi più ampio e variato. Poi diventerà vanità aristocratica nella *Duchessa de Leyra*; e ambizione nell'*Onorevole Scipioni*, per arrivare all'*Uomo di lusso*[2], il quale riunisce tutte coteste bramosie, tutte coteste vanità, tutte coteste ambizioni, per comprenderle e soffrirne, se le sente nel sangue, e ne è consunto. A misura che la sfera dell'azione umana si allarga, il congegno della

1. **la vaga bramosia dell'ignoto**: l'indefinito desiderio di ciò che non si ha e non si conosce.
2. ***Duchessa de Leyra... Onorevole Scipioni... Uomo di lusso***: avrebbero dovuto essere il terzo, quarto e quinto romanzo del ciclo dei «vinti», in cui Verga avrebbe descritto la ricerca del meglio in ambienti sempre più elevati. Con l'*Onorevole Scipioni* voleva ritrarre il mondo della politica, con l'*Uomo di lusso* l'ambiente raffinato e snob di certi artisti del suo tempo. In realtà l'autore si fermò al primo capitolo della *Duchessa de Leyra* e non andò più avanti.

passione va complicandosi; i tipi si disegnano certamente meno originali, ma più curiosi, per la sottile influenza che esercita sui caratteri l'educazione, ed anche tutto quello che ci può essere di artificiale nella civiltà[3]. Persino il linguaggio tende ad individualizzarsi, ad arricchirsi di tutte le mezze tinte dei mezzi sentimenti, di tutti gli artifici della parola onde dar rilievo all'idea[4], in un'epoca che impone come regola di buon gusto un eguale formalismo[5] per mascherare un'uniformità di sentimenti e d'idee. Perché la riproduzione artistica di cotesti quadri sia esatta, bisogna seguire scrupolosamente le norme di questa analisi; esser sinceri per dimostrare la verità, giacché la forma è così inerente al soggetto, quanto ogni parte del soggetto stesso è necessaria alla spiegazione dell'argomento generale[6].

Il cammino fatale, incessante, spesso faticoso e febbrile che segue l'umanità per raggiungere la conquista del progresso, è grandioso nel suo risultato, visto nell'insieme, da lontano. Nella luce gloriosa che l'accompagna[7] dileguansi le irrequietudini, le avidità, l'egoismo, tutte le passioni, tutti i vizi che si trasformano in virtù, tutte le debolezze che aiutano l'immane lavoro, tutte le contraddizioni, dal cui attrito sviluppasi la luce della verità. Il risultato umanitario[8] copre quanto c'è di meschino negli interessi particolari che lo producono; li giustifica quasi come mezzi necessari a stimolare l'attività dell'individuo cooperante inconscio a beneficio di tutti[9]. Ogni movente di cotesto lavorio universale, dalla ricerca del benessere materiale alle più elevate ambizioni, è legittimato dal solo fatto della sua opportunità a raggiungere lo scopo del movimento incessante; e quando si conosce dove vada questa immensa corrente dell'attività umana, non si domanda al certo come ci va. Solo l'osservatore, travolto anch'esso dalla fiumana[10], guardandosi attorno, ha il diritto di interessarsi ai deboli che restano per via, ai fiacchi che si lasciano sorpassare dall'onda per finire più presto, ai vinti che levano le braccia disperate, e piegano il capo sotto il piede brutale dei sopravvegnenti, i vincitori d'oggi, affrettati anch'essi, avidi anch'essi d'arrivare, e che saranno sorpassati domani.

I Malavoglia, *Mastro-don Gesualdo*, la *Duchessa de Leyra*, l'*Onorevole Scipioni*, l'*Uomo di lusso* sono altrettanti vinti che la corrente ha deposti sulla riva, dopo averli travolti e annegati, ciascuno colle stìmate del suo peccato, che avrebbero dovuto

---

3. **i tipi... civiltà**: nelle alte sfere sociali i tipi umani sono meno *originali*, meno caratteristici di quelli popolani, perché l'educazione e la civiltà allontanano dalla schietta naturalezza, introducono modi di fare più artificiali e quindi più uniformi (per esempio c'è maggior differenza tra un contadino siciliano e uno lombardo che tra due borghesi di quelle regioni); contemporaneamente negli strati più elevati della società i tipi umani risultano più strani e insoliti (*curiosi*), più individuabili per particolari interessi, manie, atteggiamenti che derivano dall'educazione. Verga parla di *tipi* e non di individui: la sua ricerca li considera personaggi che rappresentano una tendenza storica, una categoria sociale.

4. **Persino... idea**: il linguaggio dei borghesi adotta sfumature sottili (*mezze tinte dei mezzi sentimenti*), ricorre a espressioni sofisticate (*artifici della parola*) per (*onde*) esprimere un'idea.

5. **formalismo**: la cura formale del linguaggio. La civiltà delle buone maniere, negli strati alti della società, porta a un sostanziale conformismo non solo di espressioni, ma di sentimenti e d'idee; è però un conformismo pieno di complicazioni e sfumature, che richiede molta finezza allo scrittore che voglia riprodurlo. Tutto questo si contrappone alle *tinte schiette e tranquille* con cui si può riprodurre il mondo degli umili.

6. **la forma... generale**: lo stile e il linguaggio impiegati dallo scrittore devono essere aderenti al tema trattato (*soggetto*) così come ogni parte della storia raccontata deve coordinarsi con le altre in un tutto organico.

7. **Nella luce... che l'accompagna**: il progresso è circondato da una luce di gloria, è nel suo insieme una conquista per l'umanità. Verga si rifà agli entusiasmi per il progresso tipici della cultura positivista.

8. **il risultato umanitario**: gli effetti positivi del progresso, che riguardano l'umanità nel suo insieme.

9. **li giustifica... a beneficio di tutti**: seguendo solo il proprio interesse egoistico, il singolo individuo collabora senza volerlo (*inconscio*) al benessere generale. C'è qui un'eco delle teorie economiche liberiste, secondo le quali il maggiore vantaggio collettivo nasce spontaneamente dalla ricerca che ciascuno compie del proprio interesse individuale.

10. **travolto... fiumana**: anche l'artista che osserva e descrive gli avvenimenti sta dentro la corrente impetuosa del progresso.

essere lo sfolgorare della sua virtù[11]. Ciascuno, dal più umile al più elevato, ha avuta la sua parte nella lotta per l'esistenza, pel benessere, per l'ambizione – dall'umile pescatore al nuovo arricchito – alla intrusa nelle alte classi – all'uomo dall'ingegno e dalle volontà robuste, il quale si sente la forza di dominare gli altri uomini, di prendersi da sé, quella parte di considerazione pubblica che il pregiudizio sociale gli nega per la sua nascita illegale; di fare la legge, lui nato fuori della legge – all'artista che crede di seguire il suo ideale seguendo un'altra forma dell'ambizione[12]. Chi osserva questo spettacolo non ha il diritto di giudicarlo; è già molto se riesce a trarsi un istante fuori del campo della lotta per studiarla senza passione, e rendere la scena nettamente, coi colori adatti, tale da dare la rappresentazione della realtà com'è stata, o come avrebbe dovuto essere[13].

Milano 19 gennaio 1881.

11. **con le stìmate... virtù**: con i segni (*stìmate*) dei loro errori (*peccato*), che avrebbero potuto brillare come *virtù*: gli stessi comportamenti possono portare al successo o alla sconfitta, a seconda di come vanno le cose nella confusa fiumana della lotta per il progresso.
12. **dall'umile... ambizione**: sono nell'ordine i protagonisti dei romanzi del progettato «ciclo dei vinti»: padron 'Ntoni (*umile pescatore*); mastro-don Gesualdo, un manovale arricchito; la duchessa de Leyra, che avrebbe dovuto essere Isabella, la figlia di mastro-don Gesualdo sposata a un aristocratico; l'Onorevole Scipioni, nato da una relazione prematrimoniale (*nascita illegale*) di Isabella con uno spiantato; l'artista protagonista dell'*Uomo di lusso* del quale non si hanno notizie più precise.
13. **o come avrebbe dovuto essere**: la realtà che lo scrittore naturalista rappresenta è una realtà tipica: non importa che i fatti che racconta siano realmente accaduti; basta che rappresentino ciò che sarebbe potuto accadere, qualcosa che rappresenti significativamente i fenomeni sociali.

Giovanni Giacometti, *Nell'osteria*, 1915. (Lucerna, Kunstmuseum)

DIALOGO CON IL TESTO

COMPRENDERE

Un grande affresco sociale Verga preannuncia la composizione di un ciclo di romanzi che ambisce a disegnare un grande affresco sociale, sulla linea della tradizione realistica che va da Balzac a Zola. Il filo conduttore che dovrà conferire un carattere unitario ai romanzi è il tema della lotta per la vita, che si articola diversamente a seconda delle classi sociali.

I principi della poetica verista Nel testo potete cogliere alcuni princìpi fondamentali di poetica verista, che riprendono e sviluppano il discorso impostato nella prefazione a *L'amante di Gramigna* (▸D16, p. 317):
- l'oggettività scientifica, da «documento umano», che dovrà caratterizzare i romanzi;
- l'intenzione di delineare con rigorosa precisione e consequenzialità i meccanismi di funzionamento della società attraverso una campionatura esemplare di vicende e personaggi;
- l'imparzialità del narratore nei confronti dei fatti narrati;
- l'adeguamento delle scelte stilistiche agli ambienti sociali di volta in volta rappresentati dallo scrittore.

● **Indicate le parti del testo dedicate a ciascuno di questi punti.**

Un progetto incompiuto Verga non porterà a termine il ciclo dei «vinti», anche per problemi di tipo linguistico e stilistico:

● **Provate a individuare nel testo le considerazioni che sembrano anticipare le difficoltà crescenti dello scrittore, man mano che procederà nel suo progetto.**

Ambivalenza del progresso Il movente dell'attività umana, il meccanismo delle passioni sono spiegati con termini e concetti che Verga riprende dal pensiero materialistico ed evoluzionistico dominante nel suo tempo; c'è però una nota originale, tipicamente verghiana. L'atteggiamento di fronte al progresso è ambivalente: solo in un primo momento lo scrittore sembra far suo l'ottimismo positivistico nei confronti dello sviluppo storico, ma subito dopo mette in evidenza i risvolti negativi del suo *cammino fatale*.

- **Le due interpretazioni del progresso nascono dall'assunzione di due diversi punti di vista, a cui corrisponde la sottolineatura di diversi fenomeni sociali. Di quali punti di vista si tratta?**

CONTESTUALIZZARE

Un progetto meditato a lungo L'idea di un ciclo di romanzi era già presente nella mente di Verga nel 1878, quando scrisse la seguente lettera, datata 21 aprile, all'amico Salvatore Paola Verdura:

> «Ho in mente un lavoro che mi sembra bello e grande, una specie di fantasmagoria della lotta per la vita, che si estende dal cenciaiuolo al ministro e all'artista, e assume tutte le forme, dalla ambizione all'avidità del guadagno, e si presta a mille rappresentazioni del grottesco umano [...]. Insomma cogliere il lato drammatico, o ridicolo, o comico di tutte le fisionomie sociali, ognuna colla sua caratteristica, negli sforzi che fanno per andare avanti in mezzi a quest'onda immensa che è spinta dai bisogni più volgari o dall'avidità dalla scienza ad andare avanti, incessantemente, pena la caduta e la vita, pei deboli e i maldestri. [...] Per adescarti dirò che i racconti saranno cinque, tutti sotto il titolo complessivo della *Marea* e saranno: 1° *Padron 'Ntoni*; 2° *Mastro-don Gesualdo*; 3° *La Duchessa delle Gargantàs*; 4° *L'On. Scipioni*; 5° *L'uomo di lusso*.
> Ciascun romanzo avrà una fisionomia speciale, resa con mezzi adatti. Il realismo, io, l'intendo così, come la schietta ed evidente manifestazione dell'osservazione coscienziosa; la sincerità dell'arte, in una parola, potrà prendere un lato della fisionomia della vita italiana moderna, a partire dalle classi infime, dove la lotta è limitata al pane quotidiano, come nel *Padron 'Ntoni*, e a finire nelle varie aspirazioni, nelle ideali avidità de *L'uomo di lusso* (un segreto), passando per le avidità basse alle vanità del *Mastro-don Gesualdo*, rappresentante della vita di provincia, all'ambizione di un deputato».

- **Che significato si può attribuire al cambiamento di titolo da *La marea* a *I vinti*?**

CONFRONTARE

Due prefazioni Dal testo di questa prefazione scaturisce un'idea del compito dello scrittore che richiama quella della prefazione a *Eva* (▸D15, p. 316): concentrare il proprio interesse sui *vinti*, sui *deboli che restano per via*, denunciando la brutalità della lotta per la vita e i costi umani dell'impetuosa *fiumana del progresso*; ma le diversità di stile e di atteggiamento sono notevoli.

- **Quali differenze di tono e di prospettiva emergono da un confronto fra i due testi?**

Verga e Manzoni Il programma linguistico di Verga si contrappone al modello manzoniano (▸Vol. 4, D20, p. 349) dominante in quel momento nella letteratura italiana.

- **Mettete in evidenza gli elementi di contrasto tra i due programmi linguistici.**

Verga e Balzac Un accostamento tra la prefazione ai *Malavoglia* e la prefazione alla *Commedia umana* (▸Vol. 4, D8, p. 22) di Balzac consente di mettere in evidenza le convergenze e le divergenze tra realismo romantico e realismo di matrice naturalista.

- **Confrontate i due testi, individuando somiglianze e differenze di intenti.**

Brancaleone Cugusi da Romana, *Un contadino*, 1938. (Collezione privata)

ANALISI

T69 ▸ «Come le dita della mano» (capitolo I)

Dalla prima pagina del romanzo il lettore è calato nell'ambiente di un piccolo paese siciliano, in mezzo all'azione, senza che gli vengano fornite informazioni preliminari.

Un tempo i *Malavoglia* erano stati numerosi come i sassi della strada vecchia di Trezza[1]; ce n'erano persino ad Ognina, e ad Aci Castello[2], tutti buona e brava gente di mare, proprio all'opposto di quel che sembrava dal nomignolo, come dev'essere[3]. Veramente nel libro della parrocchia[4] si chiamavano Toscano, ma questo non voleva dir nulla, poiché da che il mondo era mondo, all'Ognina, a Trezza e ad Aci Castello, li avevano sempre conosciuti per Malavoglia, di padre in figlio, che avevano sempre avuto delle barche sull'acqua, e delle tegole al sole[5]. Adesso a Trezza non rimanevano che i Malavoglia di padron 'Ntoni[6], quelli della casa del nespolo, e della *Provvidenza* ch'era ammarrata sul greto, sotto il lavatoio[7], accanto alla *Concetta* dello zio Cola[8], e alla paranza[9] di padron Fortunato *Cipolla*.

Le burrasche che avevano disperso di qua e di là gli altri Malavoglia, erano passate senza far gran danno sulla casa del nespolo e sulla barca ammarrata sotto il lavatoio; e padron 'Ntoni, per spiegare il miracolo, soleva dire, mostrando il pugno chiuso – un pugno che sembrava fatto di legno di noce – Per menare[10] il remo bisogna che le cinque dita s'aiutino l'un l'altro.

Diceva pure, – Gli uomini son fatti come le dita della mano: il dito grosso deve far da dito grosso, e il dito piccolo deve far da dito piccolo.

E la famigliuola di padron 'Ntoni era realmente disposta come le dita della mano. Prima veniva lui, il dito grosso, che comandava le feste e le quarant'ore[11]; poi suo figlio Bastiano, *Bastianazzo*, perché era grande e grosso quanto il San Cristoforo che c'era dipinto sotto l'arco della pescheria della città[12]; e così grande e grosso com'era filava diritto alla manovra comandata[13], e non si sarebbe soffiato il naso se suo padre non gli avesse detto «soffiati il naso» tanto che s'era tolta[14] in moglie *la Longa* quando gli avevano detto «pigliatela». Poi veniva la Longa, una piccina che badava a tessere, salare le acciughe, e far figliuoli, da buona massaia; infine i nipoti, in ordine di anzianità: 'Ntoni, il maggiore, un bighellone di vent'anni, che si

1. **Trezza**: Aci Trezza è un paese sulla costa orientale della Sicilia, in provincia di Catania. Al tempo in cui è ambientata la vicenda era un piccolo borgo di pescatori.
2. **Ognina... Aci Castello**: due località vicine ad Aci Trezza.
3. **proprio... dev'essere**: *Malavoglia* è un soprannome (*nomignolo*), che secondo l'uso popolare deve alludere per contrario alla qualità delle persone a cui è attribuito: i Malavoglia, contrariamente al loro soprannome, sono brava gente di buona volontà.
4. **libro della parrocchia**: il registro parrocchiale dei battesimi, matrimoni e morti, che per secoli era stato l'unica anagrafe.
5. **che avevano... al sole**: avevano delle barche da pesca e una casa di proprietà (*delle tegole al sole*); godevano cioè di una discreta condizione economica.
6. **padron 'Ntoni**: il capofamiglia, da cui l'appellativo di *padron*; *'Ntoni* è la forma contratta dialettale di Antonio.
7. ***Provvidenza*... lavatoio**: *Provvidenza* è il nome della barca dei Malavoglia, che sta ormeggiata (*ammarrata*) sulla riva (*greto*) sotto il *lavatoio*, la vasca di uso pubblico in cui le donne del paese lavavano la biancheria.
8. ***Concetta*... Cola**: *Concetta* è il nome della barca di un altro personaggio, *zio Cola*. L'appellativo *zio* è comune in Sicilia e non implica necessariamente un rapporto di parentela, può essere attribuito per rispetto o per affettuosità.
9. **paranza**: è un'imbarcazione per la pesca costiera.
10. **menare**: tenere, condurre.
11. **comandava... ore**: era il capo e l'autorità indiscussa della famiglia. L'autore riprende un detto tipico della cultura popolare siciliana, *cummannari li festi*, che significa "far da padrone" e vi aggiunge la pratica devota delle *quaranta ore*, durante le quali viene esposto ai fedeli il SS. Sacramento.
12. **San Cristoforo... città**: il santo che secondo la leggenda avrebbe portato sulle spalle Gesù.
13. **filava... comandata**: obbediva senza discutere agli ordini del padre; la *manovra comandata* si riferisce alle operazioni che si compiono per dirigere un'imbarcazione.
14. **s'era tolta**: aveva preso.

buscava tutt'ora qualche scappellotto dal nonno, e qualche pedata più giù per rimettere l'equilibrio, quando lo scappellotto era stato troppo forte; Luca, «che aveva più giudizio del grande» ripeteva il nonno; Mena (Filomena) soprannominata «Sant'Agata[15]» perché stava sempre al telaio, e si suol dire «donna di telaio, gallina di pollaio, e triglia di gennaio[16]»; Alessi (Alessio) un moccioso tutto suo nonno colui!; e Lia (Rosalia) ancora né carne né pesce. – Alla domenica, quando entravano in chiesa, l'uno dietro l'altro, pareva una processione.

Padron 'Ntoni sapeva anche certi *motti* e proverbi che aveva sentito dagli *antichi*, «perché il motto degli antichi mai mentì»: – «Senza pilota barca non cammina» – «Per far da papa bisogna saper far da sagrestano» – oppure – «Fa il mestiere che sai, che se non arricchisci camperai» – «Contentati di quel che t'ha fatto tuo padre; se non altro non sarai un birbante» ed altre sentenze giudiziose.

Ecco perché la casa del nespolo prosperava, e padron 'Ntoni passava per testa quadra[17], al punto che a Trezza l'avrebbero fatto consigliere comunale, se don Silvestro, il segretario, il quale la sapeva lunga[18], non avesse predicato che era un codino marcio, un reazionario di quelli che proteggono i Borboni, e che cospirava pel ritorno di Franceschello[19], onde poter spadroneggiare nel villaggio, come spadroneggiava in casa propria.

Padron 'Ntoni invece non lo conosceva neanche di vista Franceschello, e badava agli affari suoi, e soleva dire: «Chi ha carico di casa non può dormire quando vuole» perché «chi comanda ha da dar conto».

---

15. **Sant'Agata**: è la santa patrona di Catania, martirizzata nel III o IV secolo. Nella cultura popolare è un simbolo di laboriosità e riservatezza.
16. **donna... gennaio**: significa che la donna laboriosa (*di telaio*: che sta sempre al telaio a tessere), la gallina allevata nel pollaio e la triglia pescata nel mese di gennaio, quando è molto rara, sono le migliori.
17. **testa quadra**: persona solida e saggia.
18. **don Silvestro... lunga**: è il segretario comunale, dunque un borghese (da qui il titolo di *don*), uno che ha studiato (*la sapeva lunga*).
19. **era... Franceschello**: un reazionario convinto (*codino marcio*), che stava dalla parte dei Borboni e tramava per il ritorno di Francesco II (l'ultimo re delle Due Sicilie, spodestato nel 1860 a seguito della spedizione di Garibaldi). Il termine *codino* designava nel primo Ottocento i nostalgici dei vecchi regimi, che portavano i capelli lunghi raccolti in un codino, secondo l'uso precedente la rivoluzione francese; *Franceschello* era il soprannome dato dal popolo a Francesco II. Il romanzo si svolge nei primi anni dell'Italia unita, poco tempo dopo la cacciata dei Borboni dall'Italia meridionale.

Pescatori tornano a riva dopo la giornata di lavoro in un dipinto di Giuseppe Giardiello, XIX secolo. (Collezione privata)

DIALOGO CON IL TESTO

COMPRENDERE

Le coordinate spaziali All'inizio del romanzo sono fissate le coordinate spaziali e temporali della vicenda, e sono presentati i componenti della famiglia Malavoglia che ne sono protagonisti. Le località e gli altri riferimenti spaziali non sono descritti e contestualizzati, ma citati come se il lettore fosse un abitante del luogo, che li conosce per esperienza diretta. Trezza, Ognina, Aci Castello, il greto, il lavatoio, la pescheria, la chiesa: gli orizzonti dei personaggi sono racchiusi in questo piccolo mondo, e il lettore vi si trova bruscamente immerso fin dalla prima riga.

Il tempo, fra mito e storia Nella definizione dello sfondo cronologico si intrecciano due diversi tipi di riferimenti: da un lato un tempo mitico, quasi fuori dalla storia (*Un tempo*, r. 1; *da che il mondo era mondo*, r. 5), dall'altro un tempo definito storicamente (*Adesso*, r. 7; *un reazionario di quelli che proteggono i Borboni*, r. 42).
Tutta la vicenda si svolgerà all'incrocio tra queste due dimensioni: il ritmo ciclico delle stagioni e degli usi tradizionali tramandati attraverso i *motti* e *i proverbi degli antichi*, e l'irruzione delle novità introdotte dallo sviluppo storico.

I personaggi Su questo sfondo sono presentati i Malavoglia, collocati nel contesto della gerarchia sociale del paese: proprietari della casa e padroni della barca, quindi non costretti a lavorare sotto padrone. Anche loro inizialmente sono dati per conosciuti al lettore (*quelli della casa del nespolo*, r. 8), ma poi vengono presentati in un ordine gerarchico che evidenzia la struttura patriarcale della famiglia: ciascuno è individuato con nome e soprannome e con l'indicazione di una caratteristica espressa attraverso un proverbio o riportando una frase di un altro familiare o di un paesano.

- **In queste pagine iniziali campeggia la figura di padron 'Ntoni: ripercorrendo il testo, ricostruite gli ideali, i valori, il sapere proverbiale incarnati dal personaggio e confrontateli con quelli enunciati da Verga in *Fantasticheria* (▸T65).**

ANALIZZARE

L'"artificio della regressione" Nei *Malavoglia* le tecniche narrative già sperimentate in *Vita dei campi* per raggiungere l'ideale stilistico dell'opera d'arte che sembri «essersi fatta da sé» (▸D16, p. 317) sono utilizzate nel modo più radicale e coerente. L'intellettuale borghese Verga, con il suo linguaggio e i suoi riferimenti culturali, scompare, e la narrazione è filtrata attraverso la voce di un narratore che appartiene al microcosmo di Aci Trezza e ne condivide la cultura, i giudizi, gli atteggiamenti: non c'è differenza tra la sua mentalità e quella dei personaggi, e quando interviene con valutazioni e commenti, questi sono in linea con il modo di pensare e di esprimersi della comunità paesana.

Parlato e "colore locale" Questa fusione è sottolineata dall'uniformità stilistica tra le parti narrative e quelle di discorso diretto: in entrambi i casi, lo sforzo è quello di riprodurre nella scrittura le forme e le cadenze del parlato e il "colore locale" siciliano. Si possono notare in particolare:
- similitudini, modi di dire, soprannomi presi dal linguaggio popolare;
- inserzione nel discorso del narratore di parole in dialetto siciliano;
- citazioni di massime e proverbi;
- costruzioni sintattiche che imitano quelle del linguaggio orale (inversioni dell'ordine regolare delle parole nella frase; uso di pronomi pleonastici; frasi accostate per aggiunte successive, attraverso serie di *e*).

- **Trovate nel testo esempi di queste scelte stilistiche.**
- **Con questi elementi di linguaggio popolare convivono termini tratti dal lessico tecnico della pesca, con i quali il lettore borghese e cittadino ha poca familiarità. Individuatene alcuni esempi.**

Incroci di punti di vista Le straordinarie capacità mimetiche di Verga sono particolarmente evidenti negli ultimi due capoversi del brano (rr. 39-47), in cui i giudizi del narratore, della comunità paesana e di due personaggi si alternano e si mescolano senza soluzione di continuità.

- **Individuate nel testo questa alternanza di punti di vista.**

CONFRONTARE

Due *incipit* Per apprezzare il carattere dirompente delle innovazioni introdotte da Verga nel romanzo, e l'effetto sconcertante che ebbero sul pubblico, può essere interessante confrontare l'inizio dei *Malavoglia* con quello dei *Promessi sposi* (▸Vol. 4, T73): entrambi definiscono le coordinate spaziali e temporali all'interno delle quali si svolgerà la trama, ma lo fanno in modo molto diverso.

- **Quali diversi rapporti si instaurano fin dalle prime pagine dei due romanzi tra il narratore, il mondo rappresentato e il lettore?**

T70 ▸ «Non voglio più farla questa vita» (capitolo XI)

PERCORSO
- Dal personaggio "tipico" alla dissoluzione del personaggio (I), p. 571

Dopo aver ceduto la casa del Nespolo a zio Crocefisso, i Malavoglia lavorano duramente per raggranellare il denaro necessario a ricomprarla, animati dalla speranza di poter ricostruire il focolare domestico. Le cose sembrano finalmente volgere al meglio, ma 'Ntoni è inquieto e scontento.

Una volta 'Ntoni Malavoglia, andando gironi pel paese, aveva visto due giovanotti che s'erano imbarcati qualche anno prima a Riposto[1], a cercar fortuna, e tornavano da Trieste, o da Alessandria d'Egitto, insomma da lontano, e spendevano e spandevano all'osteria meglio di compare Naso, o di padron Cipolla[2]; si mettevano a cavalcioni sul desco[3]; dicevano delle barzellette alle ragazze, e avevano dei fazzoletti di seta in ogni tasca del giubbone; sicché il paese era in rivoluzione per loro.

'Ntoni, quando la sera tornava a casa, non trovava altro che le donne, le quali mutavano la salamoia nei barilotti, e cianciavano in crocchio[4] colle vicine, sedute sui sassi; e intanto ingannavano il tempo a contare storie e indovinelli, buoni pei ragazzi, i quali stavano a sentire con tanto d'occhi intòntiti dal sonno. Padron 'Ntoni ascoltava anche lui, tenendo d'occhio lo scolare della salamoia, e approvava col capo quelli che contavano le storie più belle, e i ragazzi che mostravano di aver giudizio come i grandi nello spiegare gli indovinelli.

– La storia buona, disse allora 'Ntoni, è quella dei forestieri che sono arrivati oggi, con dei fazzoletti di seta che non par vero; e i denari non li guardano cogli occhi, quando li tirano fuori dal taschino. Hanno visto mezzo mondo, dice, che Trezza ed Aci Castello messe insieme, sono nulla in paragone. Questo l'ho visto anch'io[5]; e laggiù la gente passa il tempo a scialarsi[6] tutto il giorno, invece di stare a salare le acciughe; e le donne, vestite di seta e cariche di anelli meglio della Madonna dell'Ognina[7], vanno in giro per le vie a rubarsi i bei marinari.

Le ragazze sgranavano gli occhi, e padron 'Ntoni stava attento anche lui, come quando i ragazzi spiegavano gli indovinelli: – Io, disse Alessi, il quale vuotava adagio adagio i barilotti, e li passava alla Nunziata[8], – io quando sarò grande, se mi marito voglio sposar te.

– Ancora c'è tempo, rispose Nunziata seria seria.

– Devono essere delle città grandi come Catania; che uno il quale non ci sia avvezzo si perde per le strade; e gli manca il fiato a camminare sempre fra due file di case, senza vedere né mare né campagna.

– E' c'è stato anche il nonno di Cipolla, aggiunse padron 'Ntoni, ed è in quei paesi là che s'è fatto ricco. Ma non è più tornato a Trezza, e mandò solo i denari ai figliuoli.

1. **Riposto**: città sulla costa della Sicilia orientale, poco distante da Aci Trezza.
2. **Naso... Cipolla**: abitanti di Aci Trezza, di agiata condizione economica.
3. **desco**: il bancone dell'osteria.
4. **mutavano... cianciavano in crocchio**: rinnovavano l'acqua salata (*salamoia*) nei *barilotti* in cui si conservava il pesce e chiacchieravano sedute in cerchio (*in crocchio*).
5. **Questo... anch'io**: 'Ntoni ha fatto il servizio di leva a Napoli.
6. **scialarsi**: divertirsi spendendo.
7. **Madonna dell'Ognina**: immagine sacra coperta di gioielli venerata in un paese vicino ad Aci Trezza (*Ognina*).
8. **Nunziata**: una ragazza orfana di madre e abbandonata dal padre che alleva i suoi fratelli più piccoli, e abita vicino ai Malavoglia. Alla fine del romanzo sposerà Alessi.

Donne e bambini chiacchierano seduti davanti a casa in un dipinto di Telemaco Signorini del XIX secolo. (Collezione privata)

– Poveretto! disse Maruzza.

–Vediamo se mi indovini quest'altro, disse la Nunziata: *Due lucenti, due pungenti, quattro zoccoli e una scopa.*

– Il bue! rispose tosto[9] Lia.

– Questo lo sapevi! ché ci sei arrivata subito; esclamò il fratello.

–Vorrei andarci anch'io, come padron Cipolla, a farmi ricco, aggiunse 'Ntoni.

– Lascia stare, lascia stare! gli disse il nonno, contento pei barilotti che vedeva nel cortile. Adesso ci abbiamo le acciughe da salare. Ma la Longa guardò il figliuolo col cuore stretto, e non disse nulla, perché ogni volta che si parlava di partire le venivano davanti agli occhi quelli che non erano tornati più[10].

E poi soggiunse: – «Né testa, né coda, ch'è meglio ventura[11]».

Le file dei barilotti si allineavano sempre lungo il muro, e padron 'Ntoni, come ne metteva uno al suo posto, coi sassi di sopra[12], diceva: – E un altro! Questi a Ognissanti son tutti danari.

'Ntoni allora rideva, che pareva padron Fortunato quando gli parlavano della roba degli altri[13]. – Gran denari! borbottava; e tornava a pensare a quei due forestieri che andavano di qua e di là, e si sdraiavano sulle panche dell'osteria, e facevano suonare i soldi nelle tasche. Sua madre lo guardava come se gli leggesse nella testa; né la facevano ridere le barzellette che dicevano nel cortile.

– Chi deve mangiarsi queste sardelle qui, cominciava la cugina Anna[14], deve essere il figlio di un re di corona, bello come il sole, il quale camminerà un anno, un mese e un giorno, col suo cavallo bianco; finché arriverà a una fontana incantata di latte e di miele; dove, scendendo da cavallo per bere, troverà il ditale di mia figlia Mara, che ce l'avranno portato le fate, dopo che Mara l'avrà lasciato cascare nella fontana empiendo la brocca; e il figlio del re col bere che farà nel ditale di Mara, si

9. **tosto**: subito.
10. **quelli... più**: il marito Bastianazzo, morto in mare, e il figlio Luca, caduto nella battaglia di Lissa.
11. **Né testa... ventura**: la sorte migliore (*meglio ventura*) è stare a metà, né tra i primi né tra gli ultimi (*né testa né coda*) della scala sociale.
12. **coi sassi di sopra**: per tenere ben chiusi i barilotti.
13. **padron... altri**: è lo stesso personaggio nominato prima col soprannome di *Cipolla*: orgoglioso della sua ricchezza, sminuisce sarcasticamente quella degli altri.
14. **cugina Anna**: vedova vicina di casa dei Malavoglia, madre di Rocco Spatu (vedi ▸T71).

innamorerà di lei; e camminerà ancora un anno, un mese e un giorno, sinché arriverà a Trezza, e il cavallo bianco lo porterà davanti al lavatoio, dove mia figlia Mara starà sciorinando[15] il bucato; e il figlio del re la sposerà e le metterà in dito l'anello; e poi la farà montare in groppa al cavallo bianco, e se la porterà nel suo regno.

Alessi ascoltava a bocca aperta, che pareva vedesse il figlio del re sul cavallo bianco, a portarsi in groppa la Mara della cugina Anna. – E dove se la porterà? domandò poi la Lia.

– Lontano lontano, nel suo paese di là del mare; d'onde non si torna più.

– Come compar Alfio Mosca[16], disse la Nunziata. Io non vorrei andarci col figlio del re, se non dovessi tornare più.

– La vostra figlia non ha un soldo di dote, perciò il figlio del re non verrà a sposarla; rispose 'Ntoni; e le volteranno le spalle, come succede alla gente, quando non ha più nulla.

– Per questo mia figlia sta lavorando qui adesso, dopo essere stata tutto il giorno al lavatoio, per farsi la dote. Non è vero, Mara? Almeno se non viene il figlio del re, verrà qualchedun altro. Lo so anch'io che il mondo va così, e non abbiamo diritto di lagnarcene. Voi, perché non vi siete innamorato di mia figlia, invece d'innamorarvi della Barbara[17] che è gialla come il zafferano? perché la Zuppidda aveva il fatto suo[18], non è vero? E quando la disgrazia vi ha fatto perdere il fatto vostro, a voi altri, è naturale che la Barbara v'avesse a piantare.

– Voi vi accomodate a ogni cosa, rispose 'Ntoni imbronciato, e hanno ragione di chiamarvi *Cuor contento*.

– E se non fossi *Cuor contento* che si cambiano le cose? Quando uno non ha niente, il meglio è di andarsene come fece compare Alfio Mosca.

– Quello che dico io! esclamò 'Ntoni.

– Il peggio, disse infine Mena, è spatriare dal proprio paese, dove fino[19] i sassi vi conoscono, e dev'essere una cosa da rompere il cuore il lasciarseli dietro per la strada. «Beato quell'uccello, che fa il nido al suo paesello».

– Brava Sant'Agata[20]! conchiuse il nonno. Questo si chiama parlare con giudizio.

– Sì! brontolò 'Ntoni, intanto, quando avremo sudato e faticato per farci il nido ci mancherà il panico[21]; e quando arriveremo a ricuperar la casa del nespolo, dovremo continuare a logorarci la vita dal lunedì al sabato; e saremo sempre da capo!

– O tu che non vorresti lavorare più? Cosa vorresti fare? l'avvocato?

– Io non voglio fare l'avvocato! brontolò 'Ntoni, e se ne andò a letto di cattivo umore.

Ma d'allora in poi non pensava ad altro che a quella vita senza pensieri e senza fatica che facevano gli altri; e la sera, per non sentire quelle chiacchiere senza sugo, si metteva sull'uscio colle spalle al muro, a guardare la gente che passava, e digerirsi la sua mala sorte; almeno così si riposava pel giorno dopo, che si tornava

15. **sciorinando**: stendendo ad asciugare.
16. **Alfio Mosca**: carrettiere innamorato di Mena; i due ragazzi non avevano potuto sposarsi perché Mena era stata promessa, per ragioni di interesse, al figlio di padron Cipolla; così Alfio aveva lasciato il paese in cerca di fortuna e non era più tornato.
17. **Barbara**: Barbara, detta *la Zuppidda*, è l'ex fidanzata di 'Ntoni.
18. **aveva il fatto suo**: possedeva dei beni.
19. **fino**: persino.
20. **Sant'Agata**: così è soprannominata Mena. Vedi la nota 15 a ►T69.
21. **il panico**: il cibo. Il *panìco* è il miglio, cibo per gli uccelli.

da capo a far la stessa cosa, al pari dell'asino di compare Mosca, il quale come vedeva prendere il basto[22] gonfiava la schiena aspettando che lo bardassero! – Carne d'asino! borbottava; ecco cosa siamo! Carne da lavoro! E si vedeva chiaro che era stanco di quella vitaccia, e voleva andarsene a far fortuna, come gli altri; tanto che sua madre, poveretta, l'accarezzava sulle spalle, e l'accarezzava pure col tono della voce, e cogli occhi pieni di lagrime, guardandolo fisso per leggergli dentro e toccargli il cuore. Ma ei diceva di no, che sarebbe stato meglio per lui e per loro; e quando tornava poi sarebbero stati tutti allegri. La povera donna non chiudeva occhio in tutta la notte, e inzuppava di lagrime il guanciale. Infine il nonno se ne accorse, e chiamò il nipote fuori dell'uscio, accanto alla cappelletta[23], per domandargli cosa avesse.

– Orsù, che c'è di nuovo? dillo a tuo nonno, dillo! – 'Ntoni si stringeva nelle spalle; ma il vecchio seguitava ad accennare di sì col capo, e sputava, e si grattava il capo cercando le parole.

– Sì, sì, qualcosa ce l'hai in testa, ragazzo mio! Qualcosa che non c'era prima. «Chi va coi zoppi, all'anno[24] zoppica».

– C'è che sono un povero diavolo! ecco cosa c'è!

– Be'! che novità! e non lo sapevi? Sei quel che è stato tuo padre, e quel ch'è stato tuo nonno! «Più ricco è in terra chi meno desidera». «Meglio contentarsi che lamentarsi».

– Bella consolazione!

Questa volta il vecchio trovò subito le parole, perché si sentiva il cuore sulle labbra:

– Almeno non lo dire davanti a tua madre.

– Mia madre... Era meglio che non mi avesse partorito, mia madre.

– Sì, accennava padron 'Ntoni, sì! meglio che non t'avesse partorito, se oggi dovevi parlare in tal modo.

'Ntoni per un po' non seppe che dire: – Ebbene! esclamò poi, lo faccio per lei, per voi, e per tutti. Voglio farla ricca, mia madre! ecco cosa voglio. Adesso ci arrabattiamo colla casa e colla dote di Mena; poi crescerà Lia, e un po' che le annate andranno scarse staremo sempre nella miseria. Non voglio più farla questa vita. Voglio cambiar stato[25], io e tutti voi. Voglio che siamo ricchi, la mamma, voi, Mena, Alessi e tutti.

Padron 'Ntoni spalancò tanto d'occhi, e andava ruminando quelle parole, come per poterle mandar giù. – Ricchi! diceva, ricchi! e che faremo quando saremo ricchi?

'Ntoni si grattò il capo, e si mise a cercar anche lui cosa avrebbero fatto. – Faremo quel che fanno gli altri... Non faremo nulla, non faremo!... Andremo a stare in città, a non far nulla, e a mangiare pasta e carne tutti i giorni.

– Va, va a starci tu in città. Per me io voglio morire dove son nato; – e pensando alla casa dove era nato, e che non era più sua si lasciò cadere la testa sul petto. – Tu sei un ragazzo, e non lo sai!... non lo sai!... Vedrai cos'è quando non potrai più

22. **basto**: la sella adatta a portare il carico.
23. **cappelletta**: un altarino scavato nel muro delle case.
24. **all'anno**: entro un anno.
25. **stato**: condizione, vita.

dormire nel tuo letto; e il sole non entrerà più dalla tua finestra!... Lo vedrai! te lo dico io che son vecchio!

Il poveraccio tossiva che pareva soffocasse, col dorso curvo, e dimenava tristamente il capo: – «Ad ogni uccello, suo nido è bello». Vedi quelle passere? le vedi? Hanno fatto il nido sempre colà, e torneranno a farcelo, e non vogliono andarsene.

– Io non sono una passera. Io non sono una bestia come loro! rispondeva 'Ntoni. Io non voglio vivere come un cane alla catena, come l'asino di compare Alfio, o come un mulo da bindolo[26], sempre a girar la ruota; io non voglio morir di fame in un cantuccio, o finire in bocca ai pescicani.

– Ringrazia Dio piuttosto, che t'ha fatto nascer qui; e guardati dall'andare a morire lontano dai sassi che ti conoscono. «Chi cambia la vecchia per la nuova, peggio trova.» Tu hai paura del lavoro, hai paura della povertà; ed io che non ho più né le tue braccia né la tua salute non ho paura, vedi! «Il buon pilota si prova alle burrasche». Tu hai paura di dover guadagnare il pane che mangi; ecco cos'hai! Quando la buon'anima di tuo nonno[27] mi lasciò la *Provvidenza* e cinque bocche da sfamare, io ero più giovane di te, e non avevo paura; ed ho fatto il mio dovere senza brontolare; e lo faccio ancora; e prego Iddio di aiutarmi a farlo sempre sinché ci avrò gli occhi aperti, come l'ha fatto tuo padre, e tuo fratello Luca, benedetto! che non ha avuto paura di andare a fare il suo dovere. Tua madre l'ha fatto anche lei il suo dovere, povera femminuccia, nascosta fra quelle quattro mura; e tu non sai quante lagrime ha pianto, e quante ne piange ora che vuoi andartene; che la mattina tua sorella trova il lenzuolo tutto fradicio! E nondimeno sta zitta e non dice di queste cose che ti vengono in mente; e ha lavorato, e si è aiutata come una povera formica anche lei; non ha fatto altro, tutta la sua vita, prima che le toccasse di piangere tanto, fin da quando ti dava la poppa, e quando non sapevi ancora abbottonarti le brache, che allora non ti era venuta in mente la tentazione di muovere le gambe, e andartene pel mondo come uno zingaro.

In conclusione 'Ntoni si mise a piangere come un bambino, perché in fondo quel ragazzo il cuore ce l'aveva buono come il pane; ma il giorno dopo tornò da capo.

26. **bindolo**: una macchina costituita da una ruota mossa da un mulo, che serviva per tirare su l'acqua da un pozzo.
27. **nonno**: in realtà si tratta del bisnonno di 'Ntoni, visto che il nonno è padron 'Ntoni stesso.

Una famiglia riunita intorno al tavolo per il pranzo in un dipinto di Albin Egger-Lienz del 1910. (Vienna, Leopold Museum)

DIALOGO CON IL TESTO

COMPRENDERE

Uno scontro di mentalità Nella prefazione ai *Malavoglia* (▸T68) Verga aveva presentato il romanzo come uno «studio sincero e spassionato del come probabilmente devono nascere e svilupparsi nelle più umili condizioni le prime irrequietudini pel benessere; e quale perturbazione debba arrecare in una famigliuola, vissuta sino allora relativamente felice, la vaga bramosia dell'ignoto, l'accorgersi che non si sta bene, o che si potrebbe star meglio». In questo brano il tema della «bramosia dell'ignoto» e delle «irrequietudini pel benessere» si incarna nel personaggio di 'Ntoni, che, avendo conosciuto attraverso il servizio militare le attrattive della città, si ribella alla miseria e alla ripetitività della vita di Aci Trezza. A lui si contrappone padron 'Ntoni, custode delle tradizioni e dei valori della società patriarcale, ribaditi dal "coro" costituito dalle donne e dai ragazzi, assorti in quell'operosità e in quelle abitudini quotidiane che 'Ntoni non riesce più a sopportare.

- **Ripercorrendo il dialogo a più voci della prima parte del brano, e quello successivo fra 'Ntoni e il nonno, indicate quali sono i motivi di conflitto tra le due diverse mentalità.**

La «religione della famiglia» Nella prima parte del brano, tutti i personaggi sembrano un coro guidato da padron 'Ntoni, visto che aderiscono pienamente alla sua mentalità, che in *Fantasticheria* (▸T65) è identificata da Verga come «religione della famiglia».
Questa ideologia, che in questa scena affollata respinge 'Ntoni nella più completa solitudine, è basata sul rifiuto della logica economicistica: nessuno di quei personaggi vorrebbe mai diventare ricco, se ciò comportasse la rottura dei legami familiari e l'abbandono del paese natio. Quando padron 'Ntoni narra del nonno di Cipolla, che è diventato ricco *ma non è più tornato a Trezza*, Maruzza commenta *Poveretto!*; la Nunziata afferma che rifiuterebbe di sposare anche un principe, se questo significasse il non tornare più; e Mena dice che *Il peggio... è spatriare dal proprio paese*, prontamente lodata dal nonno.

- **Malgrado la convinta adesione alla «religione della famiglia», Maruzza è anche una madre che capisce il tormento del figlio. Individuate i gesti, per lo più silenziosi, con i quali ella mostra la sua angoscia per 'Ntoni.**

Complessità dei personaggi Anche la contrapposizione fra Padron 'Ntoni e il nipote non è schematica come potrebbe sembrare a una lettura superficiale: in fondo anche il nonno ha dimostrato un desiderio di cambiamento, quando ha tentato di sollevare le sorti della famiglia con l'infausto affare dei lupini.

- **Quale differenza c'è – se c'è – tra l'intraprendenza di padron 'Ntoni e quella di 'Ntoni?**
- **D'altra parte anche 'Ntoni non è un personaggio tutto d'un pezzo, ma è diviso tra l'ansia di cambiar vita, di lasciare il paese e la famiglia, e l'attaccamento per tutto ciò che vorrebbe lasciarsi alle spalle. Individuate nel testo i momenti dai quali traspare questo conflitto interiore.**

ANALIZZARE

I dialoghi Il brano è costituito quasi interamente da dialoghi, in cui il conflitto tra le due mentalità si esprime, come di consueto, attraverso le forme espressive tipiche del mondo rurale: nelle parole dei personaggi ricorrono con frequenza particolare i proverbi, i riferimenti alla cultura popolare e le similitudini con gli animali.

- **Scegliete alcuni esempi e spiegate quali significati assumono per 'Ntoni e per gli altri personaggi.**

Dislocazioni del narratore Nelle parti non dialogate, il narratore, secondo l'atteggiamento tipico di Verga, assume la mentalità e i modi di esprimersi dei personaggi, esprimendo via via i loro punti di vista. Nell'insieme si sbilancia maggiormente a favore dei sentimenti di padron 'Ntoni e della famiglia, che vengono espressi con aggettivi e commenti fortemente patetici, ma non trascura il punto di vista di 'Ntoni, offrendo al lettore l'occasione di identificarsi anche con lui.

- **Individuate nel testo qualche esempio di queste diverse dislocazioni del narratore.**

ANALISI

T71 ▸ «Ora è tempo d'andarsene» (capitolo XV)

Sono le ultime pagine del romanzo. Dopo la morte di padron 'Ntoni, Alessi, il più giovane dei nipoti, è riuscito a riscattare la casa del nespolo, dove vive con la moglie Nunziata, i figli e la sorella Mena. Una notte 'Ntoni, uscito di prigione, ritorna a casa.

Una sera, tardi, il cane si mise ad abbaiare dietro l'uscio del cortile, e lo stesso Alessi, che andò ad aprire, non riconobbe 'Ntoni il quale tornava colla sporta sotto il braccio, tanto era mutato, coperto di polvere, e colla barba lunga. Come fu entrato, e si fu messo a sedere in un cantuccio, non osavano quasi fargli festa. Ei non sembrava più quello, e andava guardando in giro le pareti, come non le avesse mai viste; fino[1] il cane gli abbaiava, ché non l'aveva conosciuto mai. Gli misero fra le gambe la scodella, perché aveva fame e sete, ed egli mangiò in silenzio la minestra che gli diedero, come non avesse visto grazia di Dio da otto giorni, col naso nel piatto; ma gli altri non avevano fame, tanto avevano il cuore serrato. Poi 'Ntoni, quando si fu sfamato e riposato alquanto, prese la sua sporta e si alzò per andarsene.

Alessi non osava dirgli nulla, tanto suo fratello era mutato. Ma al vedergli riprendere la sporta, si sentì balzare il cuore dal petto, e Mena gli disse tutta smarrita: – Te ne vai?

– Sì! rispose 'Ntoni.

– E dove vai? chiese Alessi.

– Non lo so. Venni[2] per vedervi. Ma dacché son qui la minestra mi è andata tutta in veleno. Per altro qui non posso starci, ché tutti mi conoscono[3], e perciò son venuto di sera. Andrò lontano, dove troverò da buscarmi[4] il pane, e nessuno saprà chi sono.

Gli altri non osavano fiatare, perché ci avevano il cuore stretto in una morsa, e capivano che egli faceva bene a dir così. 'Ntoni continuava a guardare dappertut-

1. **fino**: persino.
2. **Venni**: sono venuto. In Sicilia il passato remoto ha un uso molto più esteso che nel resto d'Italia e si usa anche per azioni appena compiute, in casi in cui altrove si usa il passato prossimo.
3. **ché tutti mi conoscono**: 'Ntoni si sente disonorato per essere stato in carcere e non osa presentarsi a chi conosce lui e la sua storia.
4. **buscarmi**: guadagnarmi.

Il ritorno a casa di un pescatore in un dipinto di George Elgar Hicks del 1866. (Collezione privata)

to, e stava sulla porta, e non sapeva risolversi ad andarsene. – Ve lo farò sapere dove sarò; disse infine, e come fu nel cortile, sotto il nespolo, che era scuro[5], disse anche:

– E il nonno?

Alessi non rispose; 'Ntoni tacque anche lui, e dopo un pezzetto: – E la Lia, che non l'ho vista?

E siccome aspettava inutilmente la risposta, aggiunse colla voce tremante, quasi avesse freddo: – è morta anche lei?

Alessi non rispose nemmeno[6]; allora 'Ntoni che era sotto il nespolo, colla sporta in mano, fece per sedersi, poiché le gambe gli tremavano, ma si rizzò di botto, balbettando:

– Addio addio! Lo vedete che devo andarmene?

Prima d'andarsene voleva fare un giro per la casa, onde vedere se ogni cosa fosse al suo posto come prima; ma adesso, a lui che gli era bastato l'animo[7] di lasciarla e di dare una coltellata a don Michele[8], e di starsene nei guai, non gli bastava l'animo di passare da una camera all'altra se non glielo dicevano. Alessi che gli vide negli occhi il desiderio, lo fece entrare nella stalla, col pretesto del vitello che aveva comperato la Nunziata, ed era grasso e lucente; e in un canto c'era pure la chioccia coi pulcini; poi lo condusse in cucina, dove avevano fatto il forno nuovo, e nella camera accanto, che vi dormiva la Mena coi bambini della Nunziata, e pareva che li avesse fatti lei[9]. 'Ntoni guardava ogni cosa, e approvava col capo, e diceva: – Qui pure il nonno avrebbe voluto metterci il vitello; qui c'erano le chiocce, e qui dormivano le ragazze, quando c'era anche quell'altra...[10] – Ma allora non aggiunse altro, e stette zitto a guardare intorno, cogli occhi lustri. In quel momento passava la Mangiacarrubbe[11], che andava sgridando Brasi Cipolla per la strada, e 'Ntoni disse: – Questa qui l'ha trovato il marito; ed ora, quando avranno finito di quistionare[12], andranno a dormire nella loro casa.

Gli altri stettero zitti, e per tutto il paese era un gran silenzio, soltanto si udiva sbattere ancora qualche porta che si chiudeva; e Alessi a quelle parole si fece coraggio per dirgli:

– Se volessi anche tu ci hai la tua casa. Di là c'è apposta il letto per te.

– No! rispose 'Ntoni. Io devo andarmene. Là c'era il letto della mamma, che lei inzuppava tutto di lagrime quando volevo andarmene[13]. Ti rammenti le belle chiacchierate che si facevano la sera, mentre si salavano le acciughe? e la Nunziata che spiegava gli indovinelli? e la mamma, e la Lia, tutti lì, al chiaro di luna, che si sentiva chiacchierare per tutto il paese, come fossimo tutti una famiglia? Anch'io allora non sapevo nulla, e qui non volevo starci, ma ora che so ogni cosa devo andarmene.

In quel momento parlava cogli occhi fissi a terra, e il capo rannicchiato nelle spalle. Allora Alessi gli buttò le braccia al collo.

5. **che era scuro**: mentre era già buio. Il *che* è usato con valore indeterminato, come spesso in Verga.
6. **non rispose nemmeno**: la vergogna per la sorella che ha preso una brutta strada è troppo dolorosa per essere espressa, come la morte del nonno.
7. **gli era bastato l'animo**: aveva avuto il coraggio.
8. **don Michele**: il brigadiere, a cui 'Ntoni aveva tirato una coltellata la sera in cui era stato arrestato.
9. **pareva... lei**: li accudiva come se fossero figli suoi.
10. **quell'altra**: Lia.
11. **Mangiacarrubbe**: è il nomignolo di un petulante personaggio femminile, sempre alla ricerca di un buon partito da sposare, finché non riesce ad accasarsi col possidente Brasi Cipolla.
12. **quistionare**: litigare.
13. **c'era il letto... andarmene**: 'Ntoni ricorda quando a tutti i costi si era messo in testa di lasciare il paese per tentare la fortuna, e la madre straziata dal dolore non faceva altro che piangere (vedi ►T70).

– Addio, ripeté ’Ntoni. Vedi che avevo ragione d’andarmene! qui non posso starci. Addio, perdonatemi tutti.

E se ne andò colla sua sporta sotto il braccio; poi, quando fu lontano, in mezzo alla piazza scura e deserta, che tutti gli usci erano chiusi, si fermò ad ascoltare se chiudessero la porta della casa del nespolo, mentre il cane gli abbaiava dietro, e gli diceva col suo abbaiare che era solo in mezzo al paese. Soltanto il mare gli brontolava la solita storia lì sotto, in mezzo ai *fariglioni*[14], perché il mare non ha paese nemmen lui, ed è di tutti quelli che lo stanno ad ascoltare, di qua e di là dove nasce e muore il sole, anzi ad Aci Trezza ha un modo tutto suo di brontolare, e si riconosce subito al gorgogliare che fa tra quegli scogli nei quali si rompe, e par la voce di un amico.

Allora ’Ntoni si fermò in mezzo alla strada a guardare il paese tutto nero, come non gli bastasse il cuore di staccarsene, adesso che sapeva ogni cosa, e sedette sul muricciuolo della vigna di massaro Filippo[15].

Così stette un gran pezzo pensando a tante cose, guardando il paese nero, e ascoltando il mare che gli brontolava lì sotto. E ci stette fin quando cominciarono ad udirsi certi rumori ch’ei conosceva, e delle voci che si chiamavano dietro gli usci, e sbatter d’imposte, e dei passi per le strade buie. Sulla riva, in fondo alla piazza, cominciavano a formicolare dei lumi[16]. Egli levò il capo a guardare i *Tre Re*[17] che luccicavano, e la *Puddara*[18] che annunziava l’alba, come l’aveva vista tante volte. Allora tornò a chinare il capo sul petto, e a pensare a tutta la sua storia. A poco a poco il mare cominciò a farsi bianco, e i *Tre Re* ad impallidire[19], e le case spuntavano ad una ad una nelle vie scure, cogli usci chiusi, che si conoscevano tutte, e solo davanti alla bottega di Pizzuto[20] c’era il lumicino, e Rocco Spatu[21] colle mani nelle tasche che tossiva e sputacchiava. – Fra poco lo zio Santoro[22] aprirà la porta, pensò ’Ntoni, e si accoccolerà sull’uscio a cominciare la sua giornata anche lui. – Tornò a guardare il mare, che s’era fatto amaranto[23], tutto seminato di barche che avevano cominciato la loro giornata anche loro, riprese la sua sporta, e disse: – Ora è tempo d’andarmene, perché fra poco comincierà a passar gente[24]. Ma il primo di tutti a cominciar la sua giornata è stato Rocco Spatu.

14. ***fariglioni***: scogli dirupati che sono un elemento tipico del paesaggio di Aci Trezza.
15. **massaro Filippo**: è uno dei personaggi minori del romanzo, un fattore (*massaro*) che amministra una vigna.
16. **cominciavano... lumi**: si vedono muoversi i lumi dei pescatori che si avviano al lavoro.
17. ***Tre Re***: nome popolare della costellazione di Orione formata da sette stelle di cui tre centrali.
18. ***Puddara***: la costellazione delle Pleiadi.
19. ***Tre Re*... impallidire**: man mano che il Sole si alza le stelle lentamente cominciano a non vedersi più, la loro luce impallidisce.
20. **Pizzuto**: Vanni Pizzuto, il barbiere del paese.
21. **Rocco Spatu**: un ubriacone e poco di buono. È con lui che ’Ntoni si è cacciato nel contrabbando, fino all’episodio che lo ha portato in carcere.
22. **zio Santoro**: è il padre dell’ostessa; cieco, passa il giorno sulla porta dell’osteria chiedendo l’elemosina.
23. **amaranto**: di colore rosso cupo (rispecchiando il rosso del cielo all’alba).
24. **fra poco... gente**: ’Ntoni non vuole esser visto.

Barconi di pescatori al largo in un dipinto di Pietro Galter, XIX secolo. (Collezione privata)

DIALOGO CON IL TESTO

COMPRENDERE

Una ricostruzione pagata a duro prezzo Alessi e Nunziata sono riusciti a recuperare la casa del nespolo: il focolare domestico, simbolo dei sentimenti disinteressati in conflitto con la logica spietata dell'interesse e dell'economia, è stato ricostruito, e apparentemente ogni cosa è *al suo posto come prima.* Ma è una ricostruzione pagata a duro prezzo: il nonno è morto, la famiglia è smembrata, Mena non ha potuto sposare Alfio Mosca.

'Ntoni lo sradicato Ma, tra tutti i personaggi, il più sconfitto è 'Ntoni. Egli rappresenta nella famiglia Malavoglia l'elemento irrequieto, stanco delle fatiche e delle rinunce, che si è allontanato da casa e si è tagliato fuori dal tessuto di valori e di affetti che si è lasciato alle spalle. Il suo desiderio di benessere e di evasione lo ha condannato allo sradicamento dal microcosmo del paese e della famiglia: un mondo del quale solo ora riesce a riconoscere la validità morale e sentimentale: *Ti rammenti le belle chiacchierate che si facevano la sera, mentre si salavano le acciughe? e la Nunziata che spiegava gli indovinelli? e la mamma, e la Lia, tutti lì, al chiaro di luna, che si sentiva chiacchierare per tutto il paese, come fossimo tutti una famiglia? Anch'io allora non sapevo nulla, e qui non volevo starci, ma ora che so ogni cosa devo andarmene* (rr. 54-59).

- **Per collocare la parabola seguita da 'Ntoni nella "filosofia" complessiva del romanzo e nella visione del mondo dell'autore, può essere utile accostare queste pagine finali al brano riportato in ▸T70 e alla parte finale della novella *Fantasticheria* (▸T65).**

Appartenenza ed estraneità Questo finale aspro, in forte contrasto con le attese di un pubblico abituato alla consolazione del lieto fine, è condotto con straordinaria compattezza espressiva: la voce del narratore si alterna e si fonde con quella di 'Ntoni, intrecciando la descrizione dei luoghi e dei gesti con l'evocazione delle emozioni e dei ricordi che suscitano nel personaggio.

- **Ripercorrendo il testo, individuate i punti in cui la solitudine e il rimpianto di 'Ntoni sono evocati attraverso i suoi rapporti contraddittori (di appartenenza e insieme di estraneità) con i famigliari, con la casa, con i compaesani, con gli elementi naturali, con i ritmi della vita del paese.**

ANALIZZARE

Continuità e mutamento Un motivo conduttore del brano è il contrasto – ricorrente in tutto il romanzo – tra la continuità e il mutamento: da un lato il ripetersi delle attività e delle abitudini di sempre, scandite dalla ciclicità dei fenomeni naturali (il brontolìo del mare, lo sparire delle stelle al ritorno dell'alba); dall'altro il cambiamento interiore intervenuto in 'Ntoni e la sua decisione di andarsene verso il futuro incerto di chi si è strappato dalle sue radici. Quella tensione fra il tempo circolare delle tradizioni e della natura e il tempo mutevole della storia, presente fin dalla prima pagina del romanzo (▸T69) raggiunge qui il suo apice.
Questo contrasto è sottolineato dall'uso dei tempi verbali (il presente, l'imperfetto, il passato remoto) e dalla ripetizione insistita di parole-chiave riferite ai concetti di continuità, cambiamento, separazione.

- **Selezionate una parte del testo nella quale l'alternanza dei tempi verbali vi pare particolarmente significativa e analizzatela da questo punto di vista.**
- **Individuate le parole-chiave.**

Musicalità della prosa Uno degli aspetti più affascinanti di questo finale è l'andamento musicale impresso da Verga alla sua prosa, tanto intenso emotivamente quanto difficile da analizzare da un punto di vista tecnico.

- **Provate a isolarne qualche aspetto ritmico e sintattico prendendo in considerazione i lunghi periodi che scandiscono la parte più lirica e meditativa del brano, successiva all'addio di 'Ntoni ai suoi familiari (*Addio, perdonatemi tutti*, r. 63).**

INTERPRETARE

Che c'entra Rocco Spatu? L'ultima frase del romanzo è una notazione prosaica e apparentemente insignificante, in netto contrasto con la tensione lirica che pervadeva i periodi precedenti. Perché un finale così stonato, che, più che una conclusione, sembra un'interruzione improvvisa? Si possono abbozzare diverse interpretazioni:

- Verga vuole staccarsi dai lettori con la stessa bruschezza con la quale li ha introdotti nel romanzo (▸T69): una conclusione che suonasse come un congedo di tipo tradizionale attenuerebbe l'impressione del fatto «nudo e schietto»;
- Rocco Spatu è un ubriacone e un poco di buono, malvisto dagli abitanti di Aci Trezza: riservando a lui il suo pensiero finale, 'Ntoni riflette sul fatto che *persino* un personaggio così anomalo e sregolato ha un suo posto nella vita del paese, mentre lui stesso ne è inesorabilmente tagliato fuori; questa riflessione accentua il senso di esclusione e di solitudine con cui si chiude il romanzo;
- la frase finale è un esempio di ironia antifrastica: in realtà Rocco Spatu non è il primo a cominciare la giornata ma l'ultimo del paese che va a dormire; dopo il lirismo nostalgico delle riflessioni precedenti, 'Ntoni si concede una battuta sarcastica, e Verga con lui;
- l'ultima frase del romanzo è un caso estremo di "impersonalità" del narratore: mescolando un nucleo tematico fondamentale (i sentimenti di esclusione e di rimpianto di 'Ntoni nel lasciare il paese), con una notazione irrilevante e occasionale (l'inizio della giornata di un personaggio secondario come Rocco Spatu), Verga vuole sottolineare che la voce che racconta si limita a registrare i pensieri del personaggio nel loro susseguirsi casuale, indipendentemente dalla loro maggiore o minore importanza.

● **Quale o quali di queste interpretazioni vi sembrano più persuasive? Avreste preferito un congedo di tipo diverso (per esempio un «sugo di tutta la storia» alla maniera di Manzoni, ▸Vol. 4, T79)?**

Un'altra conclusione del romanzo In una prima versione *I Malavoglia* si concludeva con la battuta d'addio di 'Ntoni (*Addio, perdonatemi tutti!*).

● **Considerando l'aggiunta introdotta nella versione definitiva, impostate una discussione sui diversi effetti sul lettore e sul diverso significato delle due conclusioni nell'economia complessiva del romanzo.**

Interpretazioni di 'Ntoni Il complesso rapporto di 'Ntoni con il suo paese natale, nel quale la malinconia per il passato convive con la necessità irrefrenabile di andare via, ha fatto sì che la sua figura sia stata variamente interpretata dagli studiosi. Se lo giudichiamo con l'ottica di padron 'Ntoni, il giovane è indubbiamente un "vinto", uno sconfitto. Il disonore del carcere, il senso di colpa verso i familiari ormai morti che egli ha fatto soffrire e la sua estraneità al paese lo condannano a un giudizio negativo; e questa è anche l'interpretazione classica, che è stata sostenuta per esempio da Luigi Russo nella sua monografia (▸C1, p. 400) su Giovanni Verga che uscì la prima volta nel 1919, quando lo scrittore era ancora vivo. In tempi molto più recenti, invece, Romano Luperini (▸C4, p. 402) ha visto in 'Ntoni un «eroe della modernità»: un uomo che ha sofferto, certo, e che vive con senso di colpa il distacco dalla tradizione; ma anche un uomo che ha saputo guardare al di là della ristretta ottica del paesello e che sente il richiamo della modernità, con tutto ciò che di incerto e di pericoloso essa comporta.

● **Individuate nel testo gli elementi che potrebbero convalidare questa seconda interpretazione.**

Maximilien Luce, *La toilette*, 1887. (Parigi, Musée du Petit Palais)

LA TERRA TREMA di Luchino Visconti
LA LUPA di Alberto Lattuada
LA LUPA di Gabriele Lavia

La terra trema
Regia: Luchino Visconti
Sceneggiatura: Luchino Visconti, Antonio Pietrangeli
Cast: Antonio Arcidiacono ('Ntoni)
Paese e anno di produzione: Italia (1948)
Durata: 162 minuti

La lupa
Regia: Alberto Lattuada
Sceneggiatura: Alberto Lattuada, Luigi Malerba, Antonio Pietrangeli, Alberto Moravia
Cast: Kerima (la Lupa), Ettore Manni (Nanni), May Britt (Maricchia)
Paese e anno di produzione: Italia (1953)
Durata: 93 minuti

La lupa
Regia: Gabriele Lavia
Sceneggiatura: Gabriele Lavia
Cast: Monca Guerritore (la Lupa), Raoul Bova (Nanni), Alessia Fugardi (Maricchia)
Paese e anno di produzione: Italia (1996)
Durata: 105 minuti

La terra trema è un film di Luchino Visconti liberamente tratto dai *Malavoglia*, girato nel 1948, cioè nel momento culminante della stagione neorealista. Interpretato da attori non professionisti reclutati fra i pescatori di Aci Trezza, il film è recitato in dialetto catanese e ambientato nei luoghi reali del romanzo: si viene così a stabilire un ponte ideale tra il verismo verghiano e il neorealismo del dopoguerra. Ma Visconti, in linea con la rilettura in chiave marxista dell'opera di Verga messa in atto da Natalino Sapegno e da altri studiosi in quegli stessi anni, modifica sostanzialmente trama e personaggi per potenziare le implicazioni sociali del romanzo. Protagonista è il giovane 'Ntoni, che invita gli altri pescatori di Aci Trezza a ribellarsi ai soprusi dei grossisti di pesce; in seguito decide di fare parte per sé e si mette in proprio, ipotecando la casa, ma poi perde la barca in una tempesta. La famiglia si disgrega, in linea con le vicende dei *Malavoglia*, e 'Ntoni si rassegna e torna a lavorare sulle barche dei grossisti; ma ormai è consapevole della necessità di continuare a lottare insieme agli altri pescatori. Diversamente da quanto avviene nel romanzo, la sconfitta di 'Ntoni vuole esemplificare l'inutilità della rivolta individuale: solo attraverso la costruzione di un'azione collettiva e la conquista di una coscienza sociale si può incidere sulla realtà.

La terra trema presenta un'interessante contraddizione: da una parte lo stile del film è documentaristico, per aderire alla realtà del mondo rappresentato col massimo di oggettività; dall'altra rivela un esasperato rigore figurativo, con inquadrature ricercate, da cui emerge il suo carattere di raffinata invenzione poetica.

Da Verga sono stati tratti anche due adattamenti dalla novella *La lupa* (▸T67), da parte di Alberto Lattuada nel 1953 e di Gabriele Lavia nel 1996. Quello di Lavia è un film che rimane molto vicino a ritmi teatrali, mentre il film di Lattuada propone una lettura della vicenda in chiave arcaica e mitica, spostando i fatti dalla Sicilia a Matera, nel 1950, con i personaggi che non lavorano più nei campi ma in una manifattura di tabacco.

Sopra Una scena tratta dal film *La Terra Trema* diretto da Luchino Visconti nel 1948. **A destra** La locandina del film *La Terra Trema* diretto da Luchino Visconti nel 1948.

Novelle rusticane e novelle "milanesi"

La raccolta *Novelle rusticane* (1883) comprende dodici novelle (*Il Reverendo, Cos'è il re, Don Licciu Papa, Il Mistero, Gli orfani, La roba, Storia dell'asino di S. Giuseppe, Pane nero, I galantuomini, Libertà, Di là dal mare*). La società contadina appare integralmente corrotta dai meccanismi dell'economia, ed è raffigurata come teatro di disumani arrivismi (▸T72) e feroci e inutili scontri sociali (▸T64). Nelle raccolte successive Verga inserisce una visione altrettanto negativa della vita sociale sullo sfondo della grande città, seguendo il modello di Zola: è il caso di *Tentazione!* (▸T73), tratta dalla raccolta *Drammi intimi* (1884) in cui un brutale fatto di cronaca nera è raccontato con impressionante immediatezza.

T72 ▸ La roba

La novella *La roba* fu pubblicata per la prima volta sulla rivista «La Rassegna settimanale» e inserita tre anni dopo nelle *Novelle rusticane*. La sua tematica si può considerare un'anticipazione del romanzo *Mastro-don Gesualdo* (▸T74-T76).

Il viandante che andava lungo il Biviere di Lentini[1], steso là come un pezzo di mare morto, e le stoppie riarse[2] della Piana di Catania, e gli aranci sempre verdi di Francofonte, e i sugheri[3] grigi di Resecone, e i pascoli deserti di Passaneto e di Passanitello, se domandava, per ingannare la noia della lunga strada polverosa, sotto il cielo fosco dal caldo, nell'ora in cui i campanelli della lettiga[4] suonano tristamente nell'immensa campagna, e i muli lasciano ciondolare il capo e la coda, e il lettighiere canta la sua canzone malinconica per non lasciarsi vincere dal sonno della malaria[5]: – Qui di chi è? – sentiva rispondersi: – Di Mazzarò –. E passando vicino a una fattoria grande quanto un paese, coi magazzini che sembrano chiese, e le galline a stormi accoccolate all'ombra del pozzo, e le donne che si mettevano la mano sugli occhi per vedere chi passava: – E qui? – Di Mazzarò –. E cammina e cammina, mentre la malaria vi pesava sugli occhi, e vi scuoteva all'improvviso l'abbaiare di un cane, passando per una vigna che non finiva più, e si allargava sul colle e sul piano, immobile, come gli pesasse addosso la polvere, e il guardiano sdraiato bocconi sullo schioppo[6], accanto al vallone, levava il capo sonnacchioso, e apriva un occhio per vedere chi fosse: – Di Mazzarò –. Poi veniva un uliveto folto come un bosco, dove l'erba non spuntava mai, e la raccolta durava fino a marzo. Erano gli ulivi di Mazzarò. E verso sera, allorché il sole tramontava rosso come il fuoco, e la campagna si velava di tristezza, si incontravano le lunghe file degli aratri di Mazzarò che tornavano adagio adagio dal maggese[7], e i buoi che passavano

1. **Biviere di Lentini**: lago dell'omonima cittadina della Sicilia sud-orientale, posta tra Catania e Siracusa.
2. **stoppie riarse**: erba secca che rimane sul campo dopo la mietitura.
3. **sugheri**: alberi del genere delle querce (più correttamente *sughere*, al femminile), dalla cui corteccia si ricava il materiale omonimo.
4. **lettiga**: carro per il trasporto di passeggeri.
5. **sonno della malaria**: il senso di spossatezza provocato dalla malattia.
6. **schioppo**: fucile.
7. **maggese**: campo lasciato a riposo.

il guado lentamente, col muso nell'acqua scura; e si vedevano nei pascoli lontani della Canziria[8], sulla pendice brulla, le immense macchie biancastre delle mandre di Mazzarò; e si udiva il fischio del pastore echeggiare nelle gole, e il campanaccio che risuonava ora sì ed ora no, e il canto solitario perduto nella valle. – Tutta roba di Mazzarò. Pareva che fosse di Mazzarò perfino il sole che tramontava, e le cicale che ronzavano, e gli uccelli che andavano a rannicchiarsi col volo breve dietro le zolle, e il sibilo dell'assiolo[9] nel bosco. Pareva che Mazzarò fosse disteso tutto grande per quanto era grande la terra, e che gli si camminasse sulla pancia. – Invece egli era un omiciattolo, diceva il lettighiere, che non gli avreste dato un baiocco[10], a vederlo; e di grasso non aveva altro che la pancia, e non si sapeva come facesse a riempirla, perché non mangiava altro che due soldi di pane; e sì ch'era ricco come un maiale; ma aveva la testa ch'era un brillante[11], quell'uomo.

Infatti, colla testa come un brillante, aveva accumulato tutta quella roba, dove prima veniva da mattina a sera a zappare, a potare, a mietere; col sole, coll'acqua, col vento; senza scarpe ai piedi, e senza uno straccio di cappotto; che tutti si rammentavano di avergli dato dei calci nel di dietro, quelli che ora gli davano dell'eccellenza, e gli parlavano col berretto in mano. Né per questo egli era montato in superbia, adesso che tutte le eccellenze del paese erano suoi debitori; e diceva che eccellenza vuol dire povero diavolo e cattivo pagatore; ma egli portava ancora il berretto, soltanto lo portava di seta nera, era la sua sola grandezza[12], e da ultimo era anche arrivato a mettere il cappello di feltro, perché costava meno del berretto di seta. Della roba ne possedeva fin dove arrivava la vista, ed egli aveva la vista lunga – dappertutto, a destra e a sinistra, davanti e di dietro, nel monte e nella pianura. Più di cinquemila bocche, senza contare gli uccelli del cielo e gli animali della terra, che mangiavano sulla sua terra, e senza contare la sua bocca la quale mangiava meno di tutte, e si contentava di due soldi di pane e un pezzo di formaggio, ingozzato in fretta e in furia, all'impiedi, in un cantuccio del magazzino grande come una chiesa, in mezzo alla polvere del grano, che non ci si vedeva, mentre i contadini scaricavano i sacchi, o a ridosso di un pagliaio, quando il vento spazzava la campagna gelata, al tempo del seminare, o colla testa dentro un corbello[13], nelle calde giornate della mèsse[14]. Egli non beveva vino, non fumava, non usava tabacco, e sì che del tabacco ne producevano i suoi orti lungo il fiume, colle foglie larghe ed alte come un fanciullo, di quelle che si vendevano a 95 lire. Non aveva il vizio del giuoco, né quello delle donne. Di donne non aveva mai avuto sulle spalle che sua madre, la quale gli era costata anche 12 tarì[15], quando aveva dovuto farla portare al camposanto.

Era che ci aveva pensato e ripensato tanto a quel che vuol dire la roba, quando andava senza scarpe a lavorare nella terra che adesso era sua, ed aveva provato quel che ci vuole a fare i tre tarì della giornata, nel mese di luglio, a star colla schiena curva 14 ore, col soprastante[16] a cavallo dietro, che vi piglia a nerbate se fate di riz-

8. **Canziria**: vallone dell'entroterra della provincia di Catania; verrà menzionato spesso in *Mastro-don Gesualdo*, poiché vi si trova uno dei poderi più grandi del protagonista.
9. **assiolo**: uccello rapace popolarmente chiamato anche "chiù" a causa del suo tipico verso.
10. **baiocco**: moneta di rame di scarso valore.
11. **aveva... brillante**: era un uomo di acuta intelligenza.
12. **grandezza**: capriccio, concessione al lusso o alla vanità.
13. **corbello**: cestino di vimini.
14. **mèsse**: raccolta dei cereali.
15. **tarì**: moneta molto diffusa in Sicilia fin dal tempo degli arabi (secolo X); all'epoca della novella, valeva un trentesimo di oncia.
16. **soprastante**: sorvegliante.

Un fattore controlla il lavoro dei suoi contadini in un dipinto di Arnaldo Ferraguti del 1890. (Pallanza, Museo del Paesaggio/Scala)

zarvi un momento. Per questo non aveva lasciato passare un minuto della sua vita che non fosse stato impiegato a fare della roba; e adesso i suoi aratri erano numerosi come le lunghe file dei corvi che arrivavano in novembre; e altre file di muli, che non finivano più, portavano le sementi; le donne che stavano accoccolate nel fango, da ottobre a marzo, per raccogliere le sue olive, non si potevano contare, come non si possono contare le gazze che vengono a rubarle; e al tempo della vendemmia accorrevano dei villaggi interi alle sue vigne, e fin dove sentivasi cantare, nella campagna, era per la vendemmia di Mazzarò. Alla mèsse poi i mietitori di Mazzarò sembravano un esercito di soldati, che per mantenere tutta quella gente, col biscotto alla mattina e il pane e l'arancia amara a colazione, e la merenda, e le lasagne alla sera, ci volevano dei denari a manate, e le lasagne si scodellavano nelle madie[17] larghe come tinozze. Perciò adesso, quando andava a cavallo dietro la fila dei suoi mietitori, col nerbo[18] in mano, non ne perdeva d'occhio uno solo, e badava a ripetere: – Curviamoci, ragazzi! – Egli era tutto l'anno colle mani in tasca a spendere, e per la sola fondiaria[19] il re si pigliava tanto che a Mazzarò gli veniva la febbre, ogni volta.

Però ciascun anno tutti quei magazzini grandi come chiese si riempivano di grano che bisognava scoperchiare il tetto per farcelo capire[20] tutto; e ogni volta che Mazzarò vendeva il vino, ci voleva più di un giorno per contare il denaro, tutto di 12 tarì d'argento, ché lui non ne voleva di carta sudicia per la sua roba, e andava a comprare la carta sudicia soltanto quando aveva da pagare il re[21], o gli altri; e alle fiere gli armenti di Mazzarò coprivano tutto il campo, e ingombravano le strade, che ci voleva mezza giornata per lasciarli sfilare, e il santo, colla banda, alle volte dovevano mutar strada, e cedere il passo[22].

Tutta quella roba se l'era fatta lui, colle sue mani e colla sua testa, col non dormire la notte, col prendere la febbre dal batticuore o dalla malaria, coll'affaticarsi

17. **madie**: i grandi mobili rettangolari di legno in cui si impastava la farina.
18. **nerbo**: frustino.
19. **fondiaria**: tassa sui possedimenti terrieri.
20. **capire**: entrare (dal latino *capio*, "contenere").
21. **pagare il re**: pagare le tasse; è un'espressione popolare.
22. **il santo... il passo**: persino la processione con la statua del santo e la banda musicale, che di solito ha la precedenza su tutto, doveva deviare dal percorso per lasciar passare gli enormi armenti di Mazzarò. Si noti il verbo al plurale *dovevano mutar strada*, concordato a senso con *il santo colla banda* come nel linguaggio popolare.

dall'alba a sera, e andare in giro, sotto il sole e sotto la pioggia, col logorare i suoi stivali e le sue mule – egli solo non si logorava, pensando alla sua roba, ch'era tutto quello ch'ei avesse al mondo; perché non aveva né figli, né nipoti, né parenti; non aveva altro che la sua roba. Quando uno è fatto così, vuol dire che è fatto per la roba.

Ed anche la roba era fatta per lui, che pareva ci avesse la calamita, perché la roba vuol stare con chi sa tenerla, e non la sciupa come quel barone che prima era stato il padrone di Mazzarò, e l'aveva raccolto per carità nudo e crudo ne' suoi campi, ed era stato il padrone di tutti quei prati, e di tutti quei boschi, e di tutte quelle vigne e tutti quegli armenti, che quando veniva nelle sue terre a cavallo coi campieri[23] dietro, pareva il re, e gli preparavano anche l'alloggio e il pranzo, al minchione, sicché ognuno sapeva l'ora e il momento in cui doveva arrivare, e non si faceva sorprendere colle mani nel sacco. – Costui vuol essere rubato per forza! – diceva Mazzarò, e schiattava dalle risa quando il barone gli dava dei calci nel di dietro, e si fregava la schiena colle mani, borbottando: – Chi è minchione se ne stia a casa, – la roba non è di chi l'ha, ma di chi la sa fare –. Invece egli, dopo che ebbe fatta la sua roba, non mandava certo a dire se veniva a sorvegliare la messe, o la vendemmia, e quando, e come; ma capitava all'improvviso, a piedi o a cavallo alla mula, senza campieri, con un pezzo di pane in tasca; e dormiva accanto ai suoi covoni, cogli occhi aperti, e lo schioppo fra le gambe.

In tal modo a poco a poco Mazzarò divenne il padrone di tutta la roba del barone; e costui uscì prima dall'uliveto, e poi dalle vigne, e poi dai pascoli, e poi dalle fattorie e infine dal suo palazzo istesso, che non passava giorno che non firmasse delle carte bollate, e Mazzarò ci metteva sotto la sua brava croce[24]. Al barone non era rimasto altro che lo scudo di pietra[25] ch'era prima sul portone, ed era la sola cosa che non avesse voluto vendere, dicendo a Mazzarò: – Questo solo, di tutta la mia roba, non fa per te –. Ed era vero; Mazzarò non sapeva che farsene, e non l'avrebbe pagato due baiocchi. Il barone gli dava ancora del tu, ma non gli dava più calci nel di dietro. – Questa è una bella cosa, d'avere la fortuna che ha Mazzarò! – diceva la gente; e non sapeva quel che ci era voluto ad acchiappare quella fortuna: quanti pensieri, quante fatiche, quante menzogne, quanti pericoli di andare in galera, e come quella testa che era un brillante avesse lavorato giorno e notte, meglio di una macina del mulino, per fare la roba; e se il proprietario di una chiusa limitrofa[26] si ostinava a non cedergliela, e voleva prendere pel collo Mazzarò, dover trovare uno stratagemma per costringerlo a vendere, e farcelo cascare, malgrado la diffidenza contadinesca. Ei gli andava a vantare, per esempio, la fertilità di una tenuta la quale non produceva nemmeno lupini, e arrivava a fargliela credere una terra promessa, sinché il povero diavolo si lasciava indurre a prenderla in affitto, per specularci sopra, e ci perdeva poi il fitto, la casa e la chiusa, che Mazzarò se l'acchiappava – per un pezzo di pane. – E quante seccature Mazzarò doveva sopportare! – I mezzadri che venivano a lagnarsi delle malannate[27], i debitori che mandavano in processione le loro donne a strapparsi i capelli e picchiarsi il petto per scongiurarlo di non

TESTI
T72

23. **campieri**: sorveglianti dei lavoratori nei campi, che si spostavano a cavallo.
24. **la sua brava croce**: essendo analfabeta, Mazzarò firmava con una croce.
25. **scudo di pietra**: stemma nobiliare collocato in cima al portone principale per indicare l'appartenenza del palazzo a una famiglia.
26. **chiusa limitrofa**: podere confinante.
27. **malannate**: annate di cattivo raccolto, che impedivano ai fittavoli di pagare quanto dovuto al padrone.

metterli in mezzo alla strada, col pigliarsi il mulo o l'asinello, che non avevano da mangiare.

– Lo vedete quel che mangio io? – rispondeva lui, – pane e cipolla! e sì che ho i magazzini pieni zeppi, e sono il padrone di tutta questa roba –. E se gli domandavano un pugno di fave, di tutta quella roba, ei diceva: – Che, vi pare che l'abbia rubata? Non sapete quanto costano per seminarle, e zapparle, e raccoglierle? – E se gli domandavano un soldo rispondeva che non l'aveva.

E non l'aveva davvero. Ché in tasca non teneva mai 12 tarì, tanti ce ne volevano per far fruttare tutta quella roba, e il denaro entrava ed usciva come un fiume dalla sua casa. Del resto a lui non gliene importava del denaro; diceva che non era roba, e appena metteva insieme una certa somma, comprava subito un pezzo di terra; perché voleva arrivare ad avere della terra quanta ne ha il re, ed esser meglio del re, ché il re non può né venderla, né dire ch'è sua.

Di una cosa sola gli doleva, che cominciasse a farsi vecchio, e la terra doveva lasciarla là dov'era. Questa è una ingiustizia di Dio, che dopo di essersi logorata la vita ad acquistare della roba, quando arrivate ad averla, che ne vorreste ancora, dovete lasciarla! E stava delle ore seduto sul corbello, col mento nelle mani, a guardare le sue vigne che gli verdeggiavano sotto gli occhi, e i campi che ondeggiavano di spighe come un mare, e gli oliveti che velavano la montagna come una nebbia, e se un ragazzo seminudo gli passava dinanzi, curvo sotto il peso come un asino stanco, gli lanciava il suo bastone fra le gambe, per invidia, e borbottava: – Guardate chi ha i giorni lunghi! costui che non ha niente! – Sicché quando gli dissero che era tempo di lasciare la sua roba, per pensare all'anima, uscì nel cortile come un pazzo, barcollando, e andava ammazzando a colpi di bastone le sue anitre e i suoi tacchini, e strillava: – Roba mia, vientene con me!

Giovanni Verga, *Novelle rusticane*, in *Tutte le novelle*, a cura di C. Riccardi, Mondadori, Milano, 1979

DIALOGO CON IL TESTO

COMPRENDERE

Mito e realtà della "roba" La novella si apre con un'ampia descrizione dei possedimenti di Mazzarò (rr. 1–25): un ipotetico viandante li percorre e ne scopre gradualmente la grande estensione. Nelle risposte del lettighiere – espresse con il discorso diretto o il discorso indiretto libero – le proprietà del protagonista sembrano espandersi a dismisura, fino ad acquisire una dimensione mitica, e lo stesso Mazzarò viene descritto come un personaggio da favola.

- **In quale punto del testo?**
- **All'immagine favolosa di Mazzarò viene accostata una descrizione realistica del personaggio: quali caratteristiche ne emergono?**

Un personaggio senza sfumature La seconda parte della novella (rr. 85–140), dedicata all'inarrestabile scalata sociale del protagonista, conferma questa descrizione. Con la folle coerenza di un fanatico religioso, Mazzarò ha subordinato all'unico oggetto della sua fede (l'accumulazione della ricchezza) ogni altro interesse, sentimento o valore: ha sottoposto se stesso a terribili sacrifici, e ha improntato i suoi rapporti con gli altri al criterio del vantaggio economico, basandoli esclusivamente sui rapporti di forza e sulla diffidenza nei confronti di chiunque potesse costituire una minaccia o un limite alla sua parossistica appropriazione della "roba".

- **Indicate i punti del testo in cui questa indifferenza per i principi morali e i legami affettivi è particolarmente evidente.**

La *roba* e la morte Il punto culminante del racconto giunge, quasi improvvisamente, nelle ultime righe: l'immagine di Mazzarò barcollante che cerca di ammazzare a colpi di bastone le anatre e i tacchini per portarsi con sé nella morte la *roba* che ha accumulato con tanti sacrifici resta impressa con forza nella mente del lettore. Tutto ciò che è raccontato nelle parti precedenti della novella acquista il suo significato alla luce di questa scena finale: la religione della *roba* non può nulla contro il sopraggiungere della morte, e la spasmodica corsa di Mazzarò verso la ricchezza si conclude con una sconfitta. Eppure Mazzarò, anche di fronte alla morte, resta uguale a se stesso: senza un'ombra di ripensamento o di pentimento, continua ad amare soltanto la *roba*, a desiderarne dell'altra, e addebita all'*ingiustizia di Dio* il dolore che prova nel separarsene.

ANALIZZARE

Linguaggio "popolare" Come nei *Malavoglia*, la voce che racconta non esprime direttamente le valutazioni e i giudizi dell'autore ma assume il linguaggio e il punto di vista di un narratore popolare.
Anche in questo caso si possono notare alcune caratteristiche formali che vogliono ricalcare il parlato dei popolani siciliani:
- frasi accostate per aggiunte successive, attraverso serie di *e*;
- similitudini e modi di dire presi dal linguaggio popolare;
- inversioni dell'ordine regolare delle parole nella frase;
- uso di pronomi pleonastici.

● **Selezionate una porzione di testo e segnalate esempi di queste scelte stilistiche.**

La posizione del narratore... Una caratteristica tipica di questa novella consiste nel fatto che il narratore condivide sostanzialmente la visione del mondo del protagonista: non solo non ne critica le condannabili scelte di vita, ma sembra attribuire un carattere addirittura eroico alle sue qualità e ai suoi comportamenti.

● **Individuate qualche punto del testo da cui emerga con evidenza questa esaltazione della figura di Mazzarò.**

... e la risposta del lettore Naturalmente Verga non vuole che i lettori condividano questo giudizio: quanto più il narratore esalta il fanatico amore di Mazzarò per la *roba*, tanto più l'oggettività dei fatti narrati ne fa percepire la violenza e la disumanità. Così la condanna morale di Mazzarò e del suo culto della ricchezza non viene espressa direttamente, tramite giudizi espliciti, ma attraverso il "non detto" del narratore impersonale, che lascia parlare i fatti nella loro nudità, facendo affidamento sulla risposta del lettore.

CONTESTUALIZZARE

Valori feudali e valori borghesi la figura di Mazzarò si può leggere come un ritratto caricaturale dell'uomo "che si è fatto da sé", esponente dei valori borghesi dell'iniziativa e dell'imprenditorialità, che nella Sicilia di Verga stavano soppiantando gli ideali tradizionali della società feudale. Questo conflitto di mentalità è rappresentato dalla contrapposizione col barone, il precedente proprietario delle terre di Mazzarò (rr. 92–114).

● **Quali aspetti delle due concezioni del mondo sono incarnati dai due personaggi della novella?**

CONFRONTARE

La roba* e *Libertà La rappresentazione di un mondo totalmente dominato dalla lotta per la vita e dal culto della *roba* – in cui i valori tradizionali della società patriarcale che erano presenti in *Vita dei campi* e nei *Malavoglia* sono scomparsi – è presente anche nella novella *Libertà* (▸T64), che fa parte della stessa raccolta.

● **Confrontate le due novelle, individuando affinità e differenze.**

INTERPRETARE

La conclusione: tragicità o ironia? Si è molto discusso sulla conclusione della novella: il gesto finale di Mazzarò è da interpretare come una sarcastica messa in caricatura della sua smodata passione per le ricchezze o esprime compassione per la tragicità della sua sconfitta?

● **Quale interpretazione vi sembra più persuasiva? Motivate la risposta facendo riferimento all'idea che vi siete fatti delle intenzioni di Verga e alla vostra esperienza di lettura.**

T73 ▸ Tentazione!

PERCORSO
- La donna come oggetto e come soggetto della scrittura (V), p. 575

Prima di essere inserita nella raccolta *Drammi intimi* (1884), questa novella fu pubblicata nel 1883 su una rivista torinese, la «Gazzetta del popolo della domenica», e suscitò la reazione scandalizzata dei lettori per la scabrosità del tema.

Ecco come fu. – Vero com'è vero Iddio! Erano in tre: Ambrogio, Carlo e il Pigna, sellaio[1]. Questi che li aveva tirati pei capelli a far baldoria: – Andiamo a Vaprio[2] col tramvai. – E senza condursi dietro uno straccio di donna! Tanto è vero che volevano godersi la festa in santa pace.

Giocarono alle bocce, fecero una bella passeggiata sino al fiume, si regalarono il bicchierino e infine desinarono al *Merlo bianco*, sotto il pergolato. C'era lì una gran folla, e quel dell'organetto, e quel della chitarra, e ragazze che strillavano sull'altalena, e innamorati che cercavano l'ombrìa[3]; una vera festa.

Tanto che il Pigna s'era messo a far l'asino con una della tavolata accanto, civettuola, con la mano nei capelli, e il gomito sulla tovaglia. E Ambrogio, che era un ragazzo quieto, lo tirava per la giacchetta, dicendogli all'orecchio: – Andiamo via, se no si attacca lite.

Dopo, al cellulare[4], quando ripensava al come era successo quel precipizio[5], gli pareva d'impazzire.

Per acchiappare il tramvai, verso sera, fecero un bel tratto di strada a piedi. Carlo, che era stato soldato, pretendeva conoscere le scorciatoje, e li aveva fatto prendere per una viottola che tagliava i prati a zig zag. Fu quella la rovina!

Potevano essere le sette, una bella sera d'autunno, coi campi ancora verdi che non ci era anima viva. Andavano cantando, allegri della scampagnata, tutti giovani e senza fastidi pel capo.

Se fossero loro mancati i soldi, oppure il lavoro, o avessero avuto altri guai, forse sarebbe stato meglio. E il Pigna andava dicendo che avevano spesi bene i loro quattrini quella domenica.

Come accade, parlavano di donne, e dell'innamorata, ciascuno la sua. E lo stesso Ambrogio, che sembrava una gatta morta[6], raccontava per filo e per segno quel che succedeva con la Filippina, quando si trovavano ogni sera dietro il muro della fabbrica.

– Sta a vedere – borbottava infine, ché gli dolevano le scarpe. – Sta a vedere che Carlino ci fa sbagliare la strada!

L'altro, invece, no. Il tramvai era là di certo, dietro quella fila d'olmi scapitozzati[7], che non si vedeva ancora per la nebbiolina della sera.

«L'è sott'il pont, l'ì sott'il pont a fà la legnaaa...»[8] Ambrogio dietro faceva il basso, zoppicando.

Dopo un po' raggiunsero una contadina, con un paniere infilato al braccio, che andava per la stessa via. – Sorte![9] – esclamò il Pigna. – Ora ci facciamo insegnar la strada.

1. **sellaio**: l'artigiano che lavora le selle e i finimenti per i cavalli.
2. **Vaprio**: Vaprio d'Adda, un comune della provincia di Milano.
3. **l'ombrìa**: l'ombra, per amoreggiare indisturbati.
4. **al cellulare**: in carcere.
5. **precipizio**: disastro.
6. **una gatta morta**: un tipo tranquillo, che non pensa alle donne.
7. **scapitozzati**: potati "a capitozza", cioè privati di tutti i rami tranne quelli superiori.
8. **«L'è sott'il pont... legnaaa...»**: "è sotto il ponte, è sotto il ponte a far la legna". Sono versi di una canzone in dialetto milanese.
9. **Sorte!**: che fortuna!

Fausto Zonaro,
Arrivano le belle!, 1884.
(Collezione privata)

Altro! Era un bel tocco di ragazza, di quelle che fan venire la tentazione a incontrarle sole. – Sposa[10], è questa la strada per andare dove andiamo? – chiese il Pigna ridendo.

L'altra, ragazza onesta, chinò il capo, e affrettò il passo senza dargli retta.

– Che gamba, neh![11] – borbottò Carlino. – Se va di questo passo a trovar l'innamorato, felice lui!

La ragazza, vedendo che le si attaccavano alle gonnelle, si fermò su due piedi, col paniere in mano, e si mise a strillare:

– Lasciatemi andare per la mia strada, e badate ai fatti vostri.

– Eh! che non ce la vogliamo mangiare! – rispose il Pigna. – Che diavolo!

Ella riprese per la sua via, a testa bassa, da contadina cocciuta che era.

Carlo, a fine di rompere il ghiaccio, domandò:

– O dove va, bella ragazza... come si chiama lei?

– Mi chiamo come mi chiamo, e vado dove vado.

Ambrogio volle intromettersi lui: – Non abbia paura, che non vogliamo farle male. Siamo buoni figliuoli, andiamo al tramvai pei fatti nostri.

Come[12] egli aveva la faccia d'uomo dabbene, la giovane si lasciò persuadere, anche perché annottava[13], e andava a rischio di perdere la corsa. Ambrogio voleva sapere se quella era la strada giusta pel tramvai.

– M'hanno detto di sì – rispose lei. – Però io non son pratica di queste parti. – E narrò che veniva in città per cercare di allogarsi[14]. Il Pigna, allegro di sua natura, fingeva di credere che cercasse di allogarsi a balia[15], e se non sapeva dove andare, un posto buono glielo trovava lui la stessa sera, caldo caldo. E come aveva le mani lunghe, ella gli appuntò una gomitata che gli sfondò mezzo le costole.

– Cristo! – borbottò. – Cristo, che pugno! – E gli altri sghignazzavano.

– Io non ho paura di voi né di nessuno! – rispose lei. – Né di me? – E neppure di me? – E di tutti e tre insieme? – E se vi pigliassimo per forza? – Allora si guardarono intorno per la campagna, dove non si vedeva anima viva.

10. **Sposa**: è un appellativo amichevole rivolto alle donne di campagna, un modo di prendersi una confidenza con una sconosciuta.

11. **neh!**: intercalare tipico della Lombardia e del Piemonte.

12. **Come**: siccome.

13. **annottava**: si stava facendo buio.

14. **allogarsi**: sistemarsi in casa di qualcuno come donna di servizio.

15. **a balia**: come balia, ad allattare un neonato.

– O il suo amoroso – disse il Pigna per mutar discorso – o il suo amoroso come va che l'ha lasciata partire?

– Io non ne ho – rispose lei.

– Davvero? Così bella!

– No, che non son bella.

– Andiamo, via! – E il Pigna si mise in galanteria[16], coi pollici nel giro del panciotto[17]. – Perdio! se era bella! Con quegli occhi, e quella bocca, e con questo, e con quest'altro! – Lasciatemi passare – diceva ella ridendo sottonaso[18], con gli occhi bassi.

– Un bacio almeno, cos'è un bacio? Un bacio almeno poteva lasciarselo dare, per suggellare l'amicizia. Tanto, cominciava a farsi buio, e nessuno li vedeva. – Ella si schermiva, col gomito alto[19]. – Corpo! che prospettiva! – Il Pigna se la mangiava con gli occhi, di sotto il braccio alzato. Allora ella gli si piantò in faccia, minacciandolo di sbattergli il paniere sul muso.

– Fate pure! picchiate sinché volete. Da voi mi farà piacere! – Lasciatemi andare, o chiamo gente! – Egli balbettava, con la faccia accesa: – Lasciatevelo dare, che nessun ci sente. – Gli altri due si scompisciavano dalle risa. Infine la ragazza, come le si stringevano addosso, si mise a picchiare sul sodo, metà seria metà ridendo, su questo e su quello, come cadeva. Poscia[20] si diede a correre con le sottane alte.

– Ah! lo vuoi per forza! lo vuoi per forza! – gridava il Pigna ansante, correndole dietro.

E la raggiunse col fiato grosso, cacciandole una manaccia sulla bocca. Così si acciuffarono e andavano sbatacchiandosi qua e là.

La ragazza furibonda mordeva, graffiava, sparava calci.

Carlo si trovò preso in mezzo per tentare di dividerli. Ambrogio l'aveva afferrata per le gambe onde[21] non azzoppisse qualcheduno. Infine il Pigna, pallido, ansante, se la cacciò di sotto, con un ginocchio sul petto. E allora tutti e tre, al contatto di quelle carni calde, come fossero invasati a un tratto da una pazzia furiosa, ubbriachi di donna... Dio ce ne scampi e liberi!

Ella si rialzò come una bestia feroce, senza dire una parola, ricomponendo gli strappi del vestito e raccattando il paniere. Gli altri si guardavano fra di loro con un risolino strano. Com'ella si moveva per andarsene, Carlo le si piantò in faccia col viso scuro: – Tu non dirai nulla! – No! non dirò nulla! – promise la ragazza con voce sorda. Il Pigna a quelle parole l'afferrò per la gonnella. Ella si mise a gridare.

– Ajuto!

– Taci!

– Ajuto, all'assassino!

– Sta' zitta, ti dico!

Carlino l'afferrò alla gola.

– Ah! vuoi rovinarci tutti, maledetta! – Ella non poteva più gridare, sotto quella stretta, ma li minacciava sempre con quegli occhi spalancati dove c'erano i carabinieri e la forca. Diventava livida, con la lingua tutta fuori, nera, enorme, una lingua

16. **si mise in galanteria**: si mise a fare il bellimbusto.
17. **nel giro del panciotto**: sotto l'orlo del gilé.
18. **sottonaso**: in modo dissimulato.
19. **Ella... alto**: si proteggeva il volto con il braccio, tenendo in alto il gomito.
20. **Poscia**: poi.
21. **onde**: affinché.

che non poteva capire[22] più nella sua bocca; e a quella vista persero la testa tutti e tre dalla paura. Carlo le stringeva la gola sempre più a misura che la donna rallentava le braccia, e si abbandonava, inerte, con la testa arrovesciata sui sassi, gli occhi che mostravano il bianco. Infine la lasciarono ad uno ad uno, lentamente, atterriti.

Ella rimaneva immobile stesa supina sul ciglione[23] del sentiero, col viso in su e gli occhi spalancati e bianchi. Il Pigna abbrancò per l'omero Ambrogio che non si era mosso, torvo, senza dire una parola, e Carlino balbettò:

– Tutti e tre, veh! Siamo stati tutti e tre!... O sangue della Madonna!...

Era venuto buio. Quanto tempo era trascorso? Attraverso la viottola bianchiccia si vedeva sempre per terra quella cosa nera, immobile. Per fortuna non passava nessuno di là. Dietro la pezza[24] di granoturco c'era un lungo filare di gelsi. Un cane s'era messo ad abbaiare in lontananza. E ai tre amici pareva di sognare quando si udì il fischio del tramvai, che andavano a raggiungere mezz'ora prima, come se fosse passato un secolo.

Il Pigna disse che bisognava scavare una buca profonda, per nascondere quel ch'era accaduto, e costrinsero Ambrogio per forza a strascinare la morta nel prato, com'erano stati tutti e tre a fare il marrone[25]. Quel cadavere pareva di piombo. Poi nella fossa non c'entrava. Carlino gli recise il capo, col coltelluccio che per caso aveva il Pigna. Poi quand'ebbero calcata la terra pigiandola coi piedi, si sentirono più tranquilli e si avviarono per la stradicciuola. Ambrogio sospettoso teneva d'occhio il Pigna che aveva il coltello in tasca. Morivano dalla sete, ma fecero un lungo giro per evitare un'osteria di campagna che spuntava nell'alba; un gallo che cantava nella mattinata fresca li fece trasalire. Andavano guardinghi e senza dire una parola, ma non volevano lasciarsi, quasi fossero legati insieme.

I carabinieri li arrestarono alla spicciolata dopo alcuni giorni; Ambrogio in una casa di malaffare, dove stava da mattina a sera; Carlo vicino a Bergamo, che gli avevano messo gli occhi addosso al vagabondare che faceva, e il Pigna alla fabbrica, là in mezzo al via vai dei lavoranti e al brontolare della macchina; ma al vedere i carabinieri si fece pallido e gli s'imbrogliò subito la lingua. Alle Assise, nel gabbione, volevano mangiarsi con gli occhi l'un l'altro, ché si davano del Giuda[26]. Ma quando ripensavano poi al cellulare com'era stato il guaio, gli pareva d'impazzire, una cosa dopo l'altra, e come si può arrivare ad avere il sangue nelle mani cominciando dallo scherzare.

Giovanni Verga, *Drammi intimi*, in *Tutte le novelle*, a cura di C. Riccardi, Mondadori, Milano, 1979

22. **capire**: trovar posto, stare.
23. **supina sul ciglione**: distesa sul bordo.
24. **pezza**: campo coltivato.
25. **il marrone**: lo sproposito.
26. **si davano del Giuda**: si accusavano di aver tradito, di aver fatto la spia.

Jakub Schikaneder, *Assassinio nella casa*, 1890. (Praga, National Gallery)

DIALOGO CON IL TESTO

COMPRENDERE

Un delitto visto dai colpevoli La novella racconta un fatto di cronaca nera: lo stupro e l'uccisione di una ragazza che avviene durante una scampagnata domenicale, su uno sfondo di vita urbana, con il tramvai che porta fuori città, le osterie di campagna, la fabbrica. La vicenda è narrata dal punto di vista dei tre assassini che si sforzano di ricostruire gli eventi che li hanno condotti alla rovina, passando, quasi senza accorgersene, dallo scherzo al delitto.

- **Ciascuno dei personaggi ha caratteristiche sue proprie, che lo differenziano dagli altri due: come sono delineate nelle diverse fasi del racconto?**

Personaggi inconsapevolmente degenerati L'osservazione è impassibile, brutale nella sua freddezza, anche nei momenti più crudi, come la morte e lo scempio del corpo della ragazza. Si delinea così un campione di umanità inconsapevolmente degenerata, tema tipico di Verga negli anni di composizione del *Mastro-don Gesualdo*.

- **Ripercorrendo il testo, raccogliete le espressioni con le quali i tre ragazzi si riferiscono alla ragazza violentata, allo stupro, all'assassinio e definite la mentalità che ne emerge.**

ANALIZZARE

L'ambiente e i personaggi La novella presenta i modi della narrazione orale (*Ecco come fu*...) e grazie all'uso di battute di dialogo e del discorso indiretto libero, realizza una piena coerenza tra linguaggio, personaggi e ambiente.

- **Individuate nel testo qualche esempio di uso di espressioni popolari e settentrionali che danno alla novella una coloritura sociale e culturale non solo nelle battute di discorso diretto, ma anche nelle parti narrative.**

L'anticipazione, la *suspense* La prospettiva temporale che caratterizza il racconto calamita fin dall'inizio il coinvolgimento e l'attenzione del lettore.

- **Individuate nel testo la rapida anticipazione che, fin dalle prime battute, crea l'aspettativa di un delitto.**

INTERPRETARE

Impersonalità del narratore e risposta del lettore Coerentemente con i principi della sua poetica, Verga non pronuncia alcun giudizio esplicito di condanna sulla mentalità dei ragazzi e sul delitto che ne è scaturito.

- **Può essere interessante discutere se dalla novella emerga un'indiretta presa di posizione da parte del narratore: se sì, in quali punti? E qual è l'atteggiamento che il lettore è chiamato ad assumere di fronte ai fatti narrati?**

Le radici della violenza sulle donne La rappresentazione della graduale metamorfosi che trasforma tre "bravi ragazzi" in stupratori assassini può far riflettere sulle radici della violenza sulle donne, frequente anche ai giorni nostri.

- **Quali aspetti della mentalità e dei modelli di comportamento maschili possono condurre a simili delitti?**

▸ p. 322

Mastro-don Gesualdo

Come Verga aveva preannunciato nella prefazione ai *Malavoglia* (▸T68), il secondo romanzo del «ciclo dei vinti» è *Mastro-don Gesualdo* (1889), ambientato su uno sfondo borghese, dove alla «lotta pei bisogni materiali» subentra «l'avidità di ricchezze» (per la trama vedi p. 322). Il titolo compare già in una lettera del 1878, nella quale Verga annunciava che il protagonista sarebbe stato un «rappresentante della vita di provincia» socialmente superiore ai Malavoglia. Questa nuova tematica si incarna in un personaggio che, a differenza di 'Ntoni Malavoglia, riesce a emanciparsi dalla miseria nella quale è nato, passando dalla condizione di bracciante agricolo (*mastro*) a quella di imprenditore e proprietario terriero (*don*). Ma anche mastro-don Gesualdo è un "vinto": la scalata vittoriosa verso la ricchezza e l'affermazione sociale non lo conducono alla felicità ma alla solitudine e al fallimento sul piano degli affetti umani. La tematica del romanzo era stata anticipata dalla novella *La roba* (▸T72).

I testi di questa sezione sono ripresi dall'edizione di *Mastro-don Gesualdo* inclusa in *Tutti i romanzi*, a cura di Enrico Ghidetti (Sansoni, Firenze, 1983).

T74 ▸ Mastro-don Gesualdo ricorda

(parte I, capitolo IV)

PERCORSO
- Dal personaggio "tipico" alla dissoluzione del personaggio (I), p. 571

Nel quarto capitolo della prima parte del romanzo, mastro-don Gesualdo si reca in visita alle sue terre per sorvegliare i suoi dipendenti e poco dopo il tramonto arriva alla fattoria della Canziria, uno dei suoi possedimenti, dove la serva-amante Diodata gli prepara la cena. La ragazza è assonnata, il protagonista, invece, soddisfatto di se stesso, si abbandona all'onda dei ricordi.

Egli invece non aveva sonno. Si sentiva allargare il cuore. Gli venivano tanti ricordi piacevoli. Ne aveva portate delle pietre sulle spalle, prima di fabbricare quel magazzino! E ne aveva passati dei giorni senza pane, prima di possedere tutta quella roba[1]! Ragazzetto... gli sembrava di tornarci ancora, quando portava il gesso dalla fornace di suo padre, a Donferrante[2]! Quante volte l'aveva fatta quella strada di Licodia[3], dietro gli asinelli che cascavano per via e morivano alle volte sotto il carico! Quanto piangere e chiamar santi e cristiani in aiuto! Mastro Nunzio allora suonava il deprofundis sulla schiena del figliuolo, con la funicella stessa della soma[4]... Erano dieci o dodici tarì[5] che gli cascavano di tasca ogni asino morto al poveruomo! – Carico di famiglia[6]! Santo che gli faceva mangiare i gomiti sin d'allora; Speranza[7] che cominciava a voler marito; la mamma con le febbri, tredici mesi

1. **roba**: campi coltivati, vigneti, aranceti, fattorie. Nella società rappresentata dal romanzo la ricchezza si identifica con il possesso di terra.
2. **il gesso... Donferrante**: il padre di Gesualdo, mastro Nunzio, possedeva una fornace che produceva gesso a Donferrante, nei dintorni di Vizzini.
3. **Licodia**: paese vicino a Vizzini.
4. **suonava... soma**: il padre frustava Gesualdo con la corda con la quale era legato il carico (*soma*). *Deprofundis* è un salmo che si recita per i morti; era come se mastro Nunzio pregasse per l'asino defunto bastonando il figlio.
5. **tarì**: antica moneta siciliana.
6. **Carico di famiglia**: mastro Nunzio doveva provvedere a una famiglia numerosa.
7. **Santo... Speranza**: il fratello e la sorella di Gesualdo.

dell'anno!... – Più colpi di funicella che pane! – Poi quando il Mascalise[8], suo zio, lo condusse seco manovale[9], a cercar fortuna... Il padre non voleva, perché aveva la sua superbia anche lui, come uno che era stato sempre padrone, alla fornace, e gli cuoceva di vedere il sangue suo al comando altrui. – Ci vollero sette anni prima che gli perdonasse, e fu quando finalmente Gesualdo arrivò a pigliare il primo appalto[10] per conto suo... la fabbrica del Molinazzo... Circa duecento salme[11] di gesso che andarono via dalla fornace al prezzo che volle mastro Nunzio... e la dote di Speranza anche, perché la ragazza non poteva più stare in casa... E le dispute allorché cominciò a speculare sulla campagna!... – Mastro Nunzio non voleva saperne... Diceva che non era il mestiere in cui erano nati. «Fa l'arte che sai!» – Ma poi, quando il figliuolo lo condusse a veder le terre che aveva comprato, lì proprio, alla Canziria, non finiva di misurarle in lungo e in largo, povero vecchio, a gran passi, come avesse nelle gambe la canna dell'agrimensore[12]... E ordinava «bisogna far questo e quest'altro» per usare del suo diritto, e non confessare che suo figlio potesse aver la testa più fine della sua. – La madre non ci arrivò a provare quella consolazione, poveretta. Morì raccomandando a tutti Santo, che era stato sempre il suo prediletto, e Speranza carica di famiglia com'era stata lei... – un figliuolo ogni anno... – Tutti sulle spalle di Gesualdo, giacché lui guadagnava per tutti. Ne aveva guadagnati dei denari! Ne aveva fatta della roba! Ne aveva passate delle giornate dure e delle notti senza chiuder occhio! Vent'anni che non andava a letto una sola volta senza prima guardare il cielo per vedere come si mettesse. – Quante avemarie, e di quelle proprio che devono andar lassù, per la pioggia e pel bel tempo! – Tanta carne al fuoco! tanti pensieri, tante inquietudini, tante fatiche!... La coltura dei fondi, il commercio delle derrate[13], il rischio delle terre prese in affitto, le speculazioni del cognato Burgio che non ne indovinava una e rovesciava tutto il danno sulle spalle di lui!... – Mastro Nunzio che si ostinava ad arrischiare cogli appalti il denaro del figliuolo, per provare che era il padrone in casa sua!... – Sempre in moto, sempre affaticato, sempre in piedi, di qua e di là, al vento, al sole, alla pioggia; colla testa grave di pensieri, il cuore grosso d'inquietudini, le ossa rotte di stanchezza; dormendo due ore quando capitava, come capitava, in un cantuccio della stalla, dietro una siepe, nell'aia, coi sassi sotto la schiena; mangiando un pezzo di pane nero e duro dove si trovava, sul basto[14] della mula, all'ombra di un ulivo, lungo il margine di un fosso, nella malaria[15], in mezzo a un nugolo di zanzare. – Non feste, non domeniche, mai una risata allegra, tutti che volevano da lui qualche cosa, il suo tempo, il suo lavoro, o il suo denaro; mai un'ora come quelle che suo fratello Santo regalavasi in barba sua all'osteria! – trovando a casa poi ogni volta il viso arcigno di Speranza, o le querimonie[16] del cognato, o il piagnucolìo dei ragazzi – le liti fra tutti loro, quando gli affari non andavano bene. – Costretto a difendere la sua roba contro tutti, per fare il suo interesse. – Nel paese non un solo che non gli fosse nemico, o alleato pericoloso e temuto. – Dover celare sempre la febbre dei guadagni, la botta di una mala notizia, l'impeto di una contentezza;

8. **il Mascalise**: così detto perché nativo di Mascali, comune sulle falde dell'Etna.
9. **seco manovale**: con sé come manovale alle sue dipendenze.
10. **appalto**: un contratto per costruire un edificio (*la fabbrica del Molinazzo*), per conto di un ente pubblico, assumendosene i rischi.
11. **salme**: antica unità di misura.
12. **la canna... agrimensore**: asta graduata usata dal tecnico che misura i campi.
13. **derrate**: generi alimentari.
14. **basto**: la sella imbottita con cui si cavalcano muli e asini.
15. **malaria**: la "cattiva aria" che propiziava il diffondersi della malattia.
16. **querimonie**: lamentele.

e aver sempre la faccia chiusa, l'occhio vigilante, la bocca seria! Le astuzie di ogni giorno; le ambagi[17] per dire soltanto «vi saluto»; le strette di mano inquiete, coll'orecchio teso; la lotta coi sorrisi falsi, o coi visi arrossati dall'ira, spumanti bava e minacce – la notte sempre inquieta, il domani sempre grave di speranza o di timore...

17. **ambagi**: giri di parole, frasi involute e ambigue.

DIALOGO CON IL TESTO

COMPRENDERE

Da *mastro* a *don* Il protagonista rievoca con l'orgoglio dell'uomo che si è fatto da sé la propria ascesa da muratore (*mastro*) a imprenditore e ricco proprietario terriero (*don*). Questo percorso è costato lavoro durissimo, fatiche, rinunce, solitudine, odio e rivalità.

Il tessuto di tradizioni e di valori che nei *Malavoglia* offriva un'alternativa, sia pure perdente, alla logica del profitto economico e della lotta per la vita, nel *Mastro-don Gesualdo* sembra scomparso.

- **Sintetizzate i caratteri fondamentali di questo diverso clima morale e culturale prendendo in considerazione:**
  - **il modo in cui sono descritti i rapporti tra il protagonista e i suoi familiari;**
  - **l'atteggiamento del protagonista rispetto all'autorità paterna e in generale al modello patriarcale della società, simboleggiato nel testo da un proverbio;**
  - **i valori ai quali Gesualdo ha ispirato tutte le sue scelte e i suoi comportamenti.**

Umanità di mastro-don Gesualdo Tuttavia Gesualdo è un personaggio meno schematico di un fanatico della "roba" tutto di un pezzo come Mazzarò (►T72). Nel brano, sia pure di passaggio, si accenna all'assunzione di responsabilità del protagonista nei confronti dei familiari e, da qualche aggettivo, sembra trasparire una traccia di compassione per alcuni di essi.

- **In quali punti del testo?**

ANALIZZARE

Prevalenza del discorso indiretto libero In *Mastro-don Gesualdo* Verga utilizza una tecnica narrativa adeguata a un romanzo imperniato sull'ascesa e la caduta di un unico protagonista. Scompare la voce "corale" dei *Malavoglia* e la prospettiva dominante è quella di un narratore esterno, anonimo e impersonale, che però spesso adotta l'ottica di Gesualdo attraverso il discorso indiretto libero, come nel caso del testo appena letto. Il flusso dei ricordi, originato dalla contemplazione, nella pace della sera, dei luoghi che hanno visto il suo faticoso cammino, si dipana come un lungo monologo interiore, seguendo le associazioni di idee del personaggio.

Pensieri che si accavallano L'accavallarsi dei pensieri di Gesualdo imita l'andamento vivace e discontinuo del parlato: frasi brevi, spesso lasciate in sospeso; molte esclamative; frequenti frasi nominali; anafore per rinforzare i concetti salienti.

- **Selezionate nel testo qualche esempio per ciascuna di queste caratteristiche stilistiche.**
- **Accanto a queste caratteristiche, rimangono frequenti i termini e le espressioni tipiche della lingua popolare. Individuatene alcuni esempi.**

CONFRONTARE

Mastro don Gesualdo e 'Ntoni Mastro-don Gesualdo ha avuto il coraggio di «staccarsi dallo scoglio», ovvero di ignorare l'«ideale dell'ostrica» enunciato in *Fantasticheria* (►T65). I litigi con suo padre, provocati da questa sua voglia di cambiare vita, affiorano nei ricordi: *E le dispute allorché cominciò a speculare sulla campagna!... – Mastro Nunzio non voleva saperne... Diceva che non era il mestiere in cui erano nati. «Fa l'arte che sai!»*.

- **Confrontate il rapporto tra mastro-don Gesualdo e suo padre mastro Nunzio con quello tra 'Ntoni Malavoglia e suo nonno padron 'Ntoni quale emerge dal ►T70. Pur nella somiglianza delle posizioni ideologiche, quale diverso punto di vista è utilizzato nelle due scene?**

T75 ▸ L'asta delle terre comunali

(parte II, capitolo I)

È un brano tratto dal primo capitolo della seconda parte del romanzo. Dopo aver sposato Bianca Trao, di famiglia nobile ma povera, mastro-don Gesualdo partecipa all'asta per le terre comunali guadagnandosi l'ostilità di tutti i nobili e le persone influenti del paese. La scena si svolge nel Palazzo di città, cioè il municipio di Vizzini.

– Tre onze e quindici!... Uno!... due[1]!...

– Quattr'onze! – replicò don Gesualdo impassibile.

Il barone Zacco[2] si alzò, rosso come se gli pigliasse un accidente. Annaspò alquanto per cercare il cappello, e fece per andarsene. Ma giunto sulla soglia tornò indietro a precipizio, colla schiuma alla bocca, quasi fuori di sé, gridando:

– Quattro e quindici!...

E si fermò ansante dinanzi alla scrivania dei giurati[3], fulminando il suo contraddittore cogli occhi accesi. Don Filippo Margarone, Peperito e gli altri del Municipio che presiedevano all'asta delle terre comunali, si parlarono all'orecchio fra di loro. Don Gesualdo tirò su una presa[4], seguitando a fare tranquillamente i suoi conti nel taccuino che teneva aperto sulle ginocchia. Indi alzò il capo, e ribatté con voce calma:

– Cinque onze!

Il barone diventò a un tratto come un cencio lavato. Si soffiò il naso; calcò il cappello in testa, e poi infilò l'uscio, sbraitando:

– Ah!... quand'è così!... giacch'è un puntiglio!... una personalità[5]!... Buon giorno a chi resta!

I giurati si agitavano sulle loro sedie quasi avessero la colica[6]. Il canonico Lupi[7] si alzò di botto, e corse a dire una parola all'orecchio di don Gesualdo, passandogli un braccio al collo.

– Nossignore, – rispose ad alta voce costui. – Non ho di queste sciocchezze... Fo[8] i miei interessi, e nulla più.

Nel pubblico che assisteva all'asta corse un mormorìo. Tutti gli altri concorrenti si erano tirati indietro, sgomenti, cacciando fuori tanto di lingua[9]. Allora si alzò in piedi il baronello Rubiera[10], pettoruto, lisciandosi la barba scarsa, senza badare ai segni che gli faceva da lontano don Filippo, e lasciò cadere la sua offerta, coll'aria addormentata di uno che non gliene importa nulla del denaro:

– Cinque onze e sei!... Dico io!...

1. **Tre onze... due**: l'*onza* o oncia era un'antica moneta siciliana; e *quindici*: è sottinteso tarì. Il tarì equivaleva a un trentesimo di oncia. Tre once e quindici tarì costituiscono l'offerta fatta per l'affitto delle terre comunali da parte di un concorrente: il banditore dell'asta conta fino a tre, e se nessuno fa un'offerta più alta l'asta viene vinta da chi ha proposto l'ultimo prezzo.
2. **Il barone Zacco**: nobile, parente della moglie di Gesualdo, la cui famiglia si è sempre aggiudicata le terre comunali.
3. **giurati**: i membri della commissione che deve giudicare sull'esito dell'asta.
4. **una presa**: una manciata di tabacco.
5. **una personalità**: una questione personale.
6. **la colica**: un dolore addominale.
7. **Il canonico Lupi**: un prete del paese, che amministra i beni di una confraternita religiosa e pratica l'usura. È un personaggio ambiguo, ora alleato ora nemico di Gesualdo, a seconda dei propri interessi personali.
8. **Fo**: faccio.
9. **cacciando... lingua**: come stremati dalla corsa al rialzo fatta da Gesualdo. Esagerazione comica.
10. **il baronello Rubiera**: il giovane figlio della baronessa Rubiera vive ancora con la madre, perciò viene chiamato baronello. Ha avuto una relazione con Bianca Trao, ora moglie di Gesualdo, ma non l'ha sposata per l'opposizione della madre.

La stipula di contratti tra signori in un dipinto di Louis Moeller, XX secolo. (Collezione privata)

– Per l'amor di Dio, – gli soffiò nelle orecchie il notaro Neri[11] tirandolo per la falda. – Signor barone, non facciamo pazzie!...

– Cinque onze e sei! – replicò il baronello senza dar retta, guardando in giro trionfante.

– Cinque e quindici.

Don Ninì si fece rosso, e aprì la bocca per replicare; ma il notaro gliela chiuse con la mano. Margarone stimò giunto il momento di assumere l'aria presidenziale.

– Don Gesualdo!... Qui non stiamo per scherzare!... Avrete denari... non dico di no... ma è una bella somma... per uno che sino a ieri l'altro portava i sassi sulle spalle[12]... sia detto senza offendervi... Onestamente... «Guardami quel che sono, e non quello che fui» dice il proverbio... Ma il comune vuole la sua garanzia. Pensateci bene!... Sono circa cinquecento salme[13]... Fanno... fanno... – E si mise gli occhiali, scrivendo cifre sopra cifre.

– So quello che fanno, – rispose ridendo mastro-don Gesualdo. – Ci ho pensato portando i sassi sulle spalle... Ah! signor don Filippo, non sapete che soddisfazione, essere arrivato sin qui, faccia a faccia con vossignoria e con tutti questi altri padroni miei, a dire ciascuno le sue ragioni, e fare il suo interesse!

Don Filippo posò gli occhiali sullo scartafaccio[14]; volse un'occhiata stupefatta ai suoi colleghi a destra e a sinistra, e tacque rimminchionito[15]. Nella folla che pigiavasi all'uscio nacque un tafferuglio. Mastro Nunzio[16] Motta voleva entrare a ogni costo, e andare a mettere le mani addosso al suo figliuolo che buttava così i denari. Burgio[17] stentava a frenarlo. Margarone suonò il campanello per intimar silenzio.

–Va bene!... va benissimo!... Ma intanto la legge dice...

Come[18] seguitava a tartagliare, quella faccia gialla di Canali[19] gli suggerì la risposta, fingendo di soffiarsi il naso.

– Sicuro!... Chi garantisce per voi?... La legge dice...

– Mi garantisco da me, – rispose don Gesualdo posando sulla scrivania un sacco di doppie[20] che cavò fuori dalla cacciatora[21].

11. **notaro Neri**: un notabile del paese che fa parte, con il baronello Rubiera e il barone Zacco, di un'alleanza contro don Gesualdo.
12. **portava i sassi sulle spalle**: è un'allusione agli inizi come manovale di Gesualdo.
13. **salme**: la salma era una misura di superficie.
14. **scartafaccio**: quaderno.
15. **rimminchionito**: istupidito.
16. **Mastro Nunzio**: il padre di Gesualdo.
17. **Burgio**: cognato di Gesualdo.
18. **Come**: poiché.
19. **Canali**: un personaggio intrigante, sempre in mezzo alle persone importanti del paese.
20. **doppie**: la doppia era una moneta d'oro del valore di due onze.
21. **cacciatora**: tipo di soprabito usato dai cacciatori.

A quel suono tutti spalancarono gli occhi. Don Filippo ammutolì.

– Signori miei!... – strillò il barone Zacco rientrando infuriato. – Signori miei!... guardate un po'!... a che siam giunti!...

– Cinque e quindici! – replicò don Gesualdo tirando un'altra presa. – Offro cinque onze e quindici tarì a salma per la gabella[22] delle terre comunali. Continuate l'asta, signor don Filippo.

Il baronello Rubiera scattò su come una molla, con tutto il sangue al viso. Non l'avrebbero tenuto neppure le catene.

– A sei onze! – balbettò fuori di sé. – Fo l'offerta di sei onze a salma.

– Portatelo fuori! Portatelo via! – strillò don Filippo alzandosi a metà. Alcuni battevano le mani. Ma don Ninì ostinavasi, pallido come la sua camicia adesso.

– Sissignore! a sei onze la salma! Scrivete la mia offerta, segretario!

– Alto[23]! – gridò il notaro levando tutte e due le mani in aria. – Per la legalità dell'offerta!... fo le mie riserve!...

E si precipitò sul baronello, come s'accapigliassero. Lì, nel vano del balcone, faccia a faccia, cogli occhi fuori dell'orbita, soffiandogli in viso l'alito infuocato:

– Signor barone!... quando volete buttare il denaro dalla finestra!... andate a giuocare a carte!... giuocatevi il denaro di tasca vostra soltanto[24]!...

Don Ninì sbuffava peggio di un toro infuriato. Peperito aveva chiamato con un cenno il canonico Lupi, e s'erano messi a confabulare sottovoce, chinati sulla scrivania, agitando il capo come due galline che beccano nello stesso tegame. Era tanta la commozione che le mani del canonico tremavano sugli scartafacci. Il cavaliere lo prese per un braccio e andarono a raggiungere il notaro e il baronello che disputavano animatissimi in un canto della sala. Don Ninì cominciava a cedere, col viso floscio e le gambe molli. Il canonico allora fece segno a don Gesualdo d'accostarsi lui pure.

– No, – ammiccò[25] questi senza muoversi.

– Sentite!... C'è quell'affare della cauzione... Il ponte se n'è andato, salute a noi!... C'è modo d'accomodare quell'affare della cauzione adesso[26]...

– No, – ripigliò don Gesualdo. Sembrava una pietra murata[27]. – L'affare del ponte... una miseria in confronto.

– Villano! mulo! testa di corno[28]! – ricominciò ad inveire il barone sottovoce.

Don Filippo, dopo il primo momento d'agitazione, era tornato a sedere, asciugandosi il sudore gravemente. Intanto che il canonico parlava sottovoce a mastro-don Gesualdo, il notaro da lontano cominciò a far dei segni. Don Filippo si chinò all'orecchio di Canali. Sottomano, in voce di falsetto[29], il banditore replicò:

– L'ultima offerta per le terre del comune! A sei onze la salma!... Uno!... due!...

– Un momento, signori miei! – interruppe don Gesualdo. – Chi garantisce quest'ultima offerta[30]?

22. **gabella**: tassa. Qui indica l'affitto da versare al comune per l'uso delle terre di sua proprietà.
23. **Alto**: altolà.
24. **di tasca vostra soltanto**: il baronello sta impegnando i soldi della madre.
25. **ammiccò**: fece un cenno d'intesa.
26. **quell'affare della cauzione adesso**: gli avversari cercano un compromesso con Gesualdo. Questi aveva avuto precedentemente l'appalto per la costruzione di un ponte; in seguito, a causa dell'incompetenza di mastro Nunzio il ponte era crollato, e Gesualdo avrebbe perso la cauzione che aveva versato in garanzia. Ora gli propongono di rinunciare all'asta ottenendo in cambio il condono del pagamento.
27. **una pietra murata**: irremovibile come una pietra conficcata nel muro.
28. **testa di corno**: testa dura.
29. **Sottomano... falsetto**: di nascosto, con voce alterata.
30. **Chi... offerta?**: Gesualdo sa che il baronello non può garantire da solo la sua offerta perché il patrimonio di famiglia appartiene alla madre.

A quell'uscita rimasero tutti a bocca aperta[31]. Don Filippo apriva e chiudeva la sua senza trovar parola. Infine rispose:

– L'offerta del barone Rubiera!... Eh? eh?

– Sissignore. Chi garantisce pel barone Rubiera?

Il notaro si gettò su don Ninì che sembrava volesse fare un massacro. Peperito dimenavasi come l'avessero schiaffeggiato. Lo stesso canonico allibì. Margarone balbettava stralunato.

– Chi garantisce pel barone Rubiera?... chi garantisce?... – A un tratto mutò tono, volgendola in burla: – Chi garantisce pel barone Rubiera!... Ah! ah!... Oh bella! questa è grossa! – E molti, al pari di lui, si tenevano i fianchi dalle risate.

– Sissignore, – replicò don Gesualdo imperturbabile. – Chi garantisce per lui? La roba è di sua madre.

A quelle parole cessarono le risate, e don Filippo ricominciò a tartagliare. La gente si affollava sull'uscio come ad un teatro. Il canonico, che sembrava più pallido sotto la barba di quattro giorni, tirava il suo compagno pel vestito. Il notaro era riuscito a cacciare il baronello contro il muro, mentre costui, in mezzo al baccano, vomitava[32]:

– Becco!... cuor contento!... redentore[33]!

– La parola del barone! – disse infine don Filippo. – La parola del barone Rubiera val più delle vostre doppie!... don... don...

– Don Filippo! – interruppe l'altro senza perdere la sua bella calma. – Ho qui dei testimoni per metter tutto nel verbale[34].

– Va bene! Si metterà tutto nel verbale!... Scrivete che il baronello Rubiera ha fatto l'offerta per incarico di sua madre!...

– Benone! – aggiunse don Gesualdo. – Quand'è così scrivete pure che offro sei onze e quindici a salma.

– Pazzo! assassino! nemico di Dio! – si udì gridare mastro Nunzio nella folla dell'altra sala[35].

Successe un parapiglia. Il notaro e Peperito spinsero fuori dell'uscio il baronello che strepitava, agitando le braccia in aria. Dall'altro canto il canonico, convulso[36], si gettò su don Gesualdo, stringendoglisi addosso, sedendogli quasi sulle ginocchia, colle braccia al collo, scongiurandolo sottovoce, in aria disperata, con parole di fuoco, ficcandoglisi nell'orecchio, scuotendolo pei petti della giacca[37], quasi volesse strapazzarlo, per fargli sentir ragione.

– Una pazzia!... Dove andiamo, caro don Gesualdo?...

– Non temete, canonico. Ho fatto i miei conti. Non mi scaldo la testa, io.

Don Filippo Margarone suonava il campanello da cinque minuti per avere un bicchier d'acqua. I suoi colleghi s'asciugavano il sudore anch'essi, trafelati. Solo don Gesualdo rimaneva seduto al suo posto come un sasso, accanto al sacchetto di doppie.

31. **a bocca aperta**: perché era inconcepibile che un ex manovale potesse mettere in dubbio la parola di un nobile.
32. **vomitava**: urlava insolenze senza trattenersi.
33. **Becco... redentore**: cornuto e contento, perché ha sposato Bianca, che aveva avuto una relazione col baronello; *redentore* perché l'ha "redenta" dal suo passato.
34. **per... verbale**: Gesualdo vuol far verbalizzare che è stata accettata l'offerta del suo concorrente senza la cauzione richiesta dalla legge.
35. **altra sala**: l'anticamera alla sala dove si svolge l'asta. Il padre di Gesualdo considera una pazzia offrire una cifra simile e mettersi contro i nobili.
36. **convulso**: agitato.
37. **scuotendolo... giacca**: strattonandolo per i risvolti della giacca.

DIALOGO CON IL TESTO

COMPRENDERE

La rivincita di mastro-don Gesualdo Mastro-don Gesualdo ha accettato il matrimonio con Bianca Trao propostogli con la mediazione del canonico Lupi come un mezzo per accedere ai ranghi dei notabili del paese e per avere l'aiuto dei nuovi parenti nobili nell'affare delle terre comunali. In realtà tutti lo avversano, non gli perdonano la rapida ascesa sociale e vogliono emarginarlo. Gesualdo non si lascia né intimidire né comprare, e segue con abilità un progetto sul quale ha riflettuto a lungo, soddisfatto di poter trattare alla pari con i notabili, prendendosi una rivincita sugli antichi padroni.

I due avversari che emergono con maggiore nitidezza nel corso dell'asta non sono scelti a caso. Il barone Zacco rappresenta l'ordine costituito che non è mai stato messo in discussione: è il membro di una famiglia ricca e nobile alla quale nessuno ha mai contestato il diritto non scritto di accaparrarsi le terre del comune. Sconfiggerlo significa dunque sfidare l'assetto sociale tradizionale. Il *baronello* Ninì Rubiera, invece, non è solo un nobile parassita e capriccioso, ma ha anche motivi di risentimento personale con mastro-don Gesualdo; è infatti l'ex amante di sua moglie Bianca, e probabilmente anche padre della sua amatissima figlia Isabella.

Due logiche in conflitto All'asta assistono molte persone, come a uno spettacolo, e in molti momenti vi è una rumorosa partecipazione anche da parte del pubblico: la sfida all'ordine tradizionale rappresentata dalla condotta di mastro-don Gesualdo è inconcepibile. Egli segue con determinazione una logica economica che ignora le gerarchie della nascita e dei titoli; la sua calma impassibile contrasta con l'agitazione scomposta di tutti gli altri che vedono mettere in discussione le basi fino ad allora solide della società tradizionale.

Questo conflitto di mentalità è esplicitato da due battute di dialogo: a un interlocutore che gli rinfaccia l'umiltà delle sue origini, mastro-don Gesualdo risponde facendosene vanto.

- **In quale punto del testo?**
- **Qualcosa di simile avviene in relazione alla questione delle garanzie con le quali i partecipanti all'asta devono sostenere le proprie offerte: che differenza c'è fra quella portata da mastro-don Gesualdo e quella del barone Rubiera?**

Superiorità e solitudine Il perfetto autocontrollo di mastro-don Gesualdo, sottolineato per contrasto dagli eccessi dei suoi avversari, conferisce al personaggio una dimensione di incontrastata superiorità. Ma la sua vittoria è pagata con la solitudine più totale: non ha contro soltanto i suoi parenti acquisiti, ma anche il padre, che non condivide la sua battaglia e si scaglia contro di lui nel tentativo di riaffermare le proprie prerogative di capofamiglia.

ANALIZZARE

Il narratore lascia la parola ai personaggi Nel raffigurare un mondo di individui isolati in reciproco conflitto, Verga abbandona l'intonazione "corale" dei *Malavoglia*, e mette in campo un narratore esterno e impersonale che a volte assume il punto di vista del protagonista (▸T70), altre volte, come in questo caso, tende a scomparire cedendo direttamente la parola ai personaggi in animate scene di dialogo. Il ritmo di questo inizio di capitolo è particolarmente movimentato: fin dalla prima riga il lettore è catapultato nel bel mezzo dell'azione, che si svolge con estrema rapidità, con improvvise entrate e uscite dei personaggi e un accavallarsi di brevi battute convulse e concitate. L'unica figura immobile, al centro della scena, è quella di Gesualdo, «seduto al suo posto come un sasso».

- **Individuate le espressioni che indicano la calma fisica e verbale di mastro-don Gesualdo in contrasto con l'esagitazione dei suoi avversari.**

Il giudizio (non detto) dell'autore Il giudizio dell'autore sulla grettezza di un mondo dominato dalla logica della "roba" non è espresso direttamente, ma traspare dalle spietate descrizioni dei personaggi, deformati in senso comico e caricaturale.

- **Individuate nel testo alcune scelte lessicali, similitudini, forzature di gesti e atteggiamenti che producono un effetto grottesco.**

T76 ▸ Morte di mastro-don Gesualdo

(parte v, capitolo v)

Gravemente ammalato, Gesualdo viene condotto a Palermo dal genero, un nobile spiantato che sta sperperando l'immensa fortuna accumulata dal suocero, per essere curato dai migliori medici. In realtà la medicina non può far nulla per lui, la figlia lo trascura e lo affida a servi negligenti. Il protagonista si sente a disagio nel palazzo e soffre per la solitudine.

Finalmente si persuase ch'era giunta l'ora, e s'apparecchiò[1] a morire da buon cristiano. Isabella[2] era venuta subito a tenergli compagnia. Egli fece forza coi gomiti, e si rizzò a sedere sul letto. – Senti, – le disse, – ascolta...

Era turbato in viso, ma parlava calmo. Teneva gli occhi fissi sulla figliuola, e accennava col capo. Essa gli prese la mano e scoppiò a singhiozzare.

– Taci, – riprese, – finiscila. Se cominciamo così non si fa nulla.

Ansimava perché aveva il fiato corto, ed anche per l'emozione. Guardava intorno, sospettoso, e seguitava ad accennare del capo, in silenzio, col respiro affannato. Ella pure volse verso l'uscio gli occhi pieni di lagrime. Don Gesualdo alzò la mano scarna, e trinciò[3] una croce in aria, per significare ch'era finita, e perdonava a tutti, prima d'andarsene.

– Senti... Ho da parlarti... intanto che siamo soli...

Ella gli si buttò addosso, disperata, piangendo, singhiozzando di no, di no, colle mani erranti che l'accarezzavano. L'accarezzò anche lui sui capelli, lentamente, senza dire una parola. Di lì a un po' riprese:

– Ti dico di sì. Non sono un ragazzo... Non perdiamo tempo inutilmente. – Poi gli venne una tenerezza. – Ti dispiace, eh?... ti dispiace a te pure?...

La voce gli si era intenerita anch'essa, gli occhi, tristi, s'erano fatti più dolci, e qualcosa gli tremava sulle labbra. – Ti ho voluto bene... anch'io... quanto ho potuto... come ho potuto... Quando uno fa quello che può...

Allora l'attirò a sé lentamente, quasi esitando, guardandola fisso per vedere se

1. **s'apparecchiò**: si preparò.
2. **Isabella**: la figlia di Gesualdo.
3. **trinciò**: tracciò.

Rivière Briton, *Il lungo sonno*, 1868. (Collezione privata)

voleva lei pure, e l'abbracciò stretta stretta, posando la guancia ispida su quei bei capelli fini.

– Non ti fo male, di'?... come quand'eri bambina?...

Gli vennero insieme delle altre cose sulle labbra, delle ondate di amarezza e di passione, quei sospetti odiosi che dei bricconi, nelle questioni d'interessi, avevano cercato di mettergli in capo[4]. Si passò la mano sulla fronte, per ricacciarli indietro, e cambiò discorso.

– Parliamo dei nostri affari. Non ci perdiamo in chiacchiere, adesso...

Essa non voleva, smaniava per la stanza, si cacciava le mani nei capelli, diceva che gli[5] lacerava il cuore, che gli pareva un malaugurio, quasi suo padre stesse per chiudere gli occhi.

– Ma no, parliamone! – insisteva lui. – Sono discorsi serii. Non ho tempo da perdere adesso. – Il viso gli si andava oscurando, il rancore antico gli corruscava[6] negli occhi. – Allora vuol dire che non te ne importa nulla... come a tuo marito...

Vedendola poi rassegnata ad ascoltare, seduta a capo chino accanto al letto, cominciò a sfogarsi dei tanti crepacuori che gli avevano dati, lei e suo marito, con tutti quei debiti... Le raccomandava la sua roba, di proteggerla, di difenderla: – Piuttosto farti tagliare la mano, vedi!... quando tuo marito torna a proporti di firmare delle carte[7]!... Lui non sa cosa vuol dire! – Spiegava quel che gli erano costati, quei poderi, l'Alìa, la Canziria[8], li passava tutti in rassegna amorosamente; rammentava come erano venuti a lui, uno dopo l'altro, a poco a poco, le terre seminative, i pascoli, le vigne; li descriveva minutamente, zolla per zolla, colle qualità buone o cattive. Gli tremava la voce, gli tremavano le mani, gli si accendeva tuttora il sangue in viso, gli spuntavano le lagrime agli occhi: – Mangalavite[9], sai... la conosci anche tu... ci sei stata con tua madre... Quaranta salme[10] di terreni, tutti alberati!... ti rammenti... i belli aranci?... anche tua madre, poveretta, ci si rinfrescava la bocca, negli ultimi giorni!... 300 migliaia l'anno, ne davano! Circa 300 onze[11]! E la Salonia... dei seminati d'oro... della terra che fa miracoli... benedetto sia tuo nonno che vi lasciò le ossa[12]!...

Infine, per la tenerezza, si mise a piangere come un bambino.

– Basta, – disse poi. – Ho da dirti un'altra cosa... Senti...

La guardò fissamente negli occhi pieni di lagrime per vedere l'effetto che avrebbe fatto la sua volontà. Le fece segno di accostarsi ancora, di chinarsi su lui supino che esitava e cercava le parole.

– Senti!... Ho degli scrupoli di coscienza[13]... Vorrei lasciare qualche legato[14] a delle persone verso cui ho degli obblighi... Poca cosa... Non sarà molto per te che sei ricca... Farai conto di essere una regalìa[15] che tuo padre ti domanda... in punto di morte... se ho fatto qualcosa anch'io per te...

---

4. **quei sospetti... capo**: il dubbio, alimentato da persone senza scrupoli e interessate, che Isabella non fosse sua figlia, ma figlia del baronello Rubiera.
5. **gli**: le.
6. **corruscava**: scintillava.
7. **Piuttosto... carte**: esorta la figlia a non firmare gli atti di vendita delle sue terre per sanare i debiti del marito.
8. **Alìa... Canziria**: proprietà di mastro-don Gesualdo nella piana di Catania.
9. **Mangalavite**: il nome di un altro podere.
10. **salme**: la salma era una misura di superficie equivalente a 30.000 m^2.
11. **onze**: moneta di valore in uso in Sicilia.
12. **vi lasciò le ossa**: consumò la vita lavorando quelle terre.
13. **scrupoli di coscienza**: nei confronti dei figli illegittimi avuti dalla serva Diodata. Gesualdo vuole lasciare a loro una parte di eredità.
14. **legato**: lascito di parte dell'eredità.
15. **Farai conto... regalìa**: la considererai come un regalo.

– Ah, babbo, babbo!... che parole! – singhiozzò Isabella.

– Lo farai, eh? lo farai?... anche se tuo marito non volesse...

Le prese le tempie fra le mani, e le sollevò il viso per leggerle negli occhi se l'avrebbe ubbidito, per farle intendere che gli premeva proprio, e che ci aveva quel segreto in cuore. E mentre la guardava, a quel modo, gli parve di scorgere anche lui quell'altro segreto, quell'altro cruccio nascosto, in fondo agli occhi della figliuola[16]. E voleva dirle delle altre cose, voleva farle altre domande, in quel punto, aprirle il cuore come al confessore, e leggere nel suo. Ma ella chinava il capo, quasi avesse indovinato, colla ruga ostinata dei Trao fra le ciglia[17], tirandosi indietro, chiudendosi in sé, superba, coi suoi guai e il suo segreto. E lui allora sentì di tornare Motta, com'essa era Trao, diffidente, ostile, di un'altra pasta. Allentò le braccia, e non aggiunse altro.

– Ora fammi chiamare un prete, – terminò con un altro tono di voce. – Voglio fare i miei conti con Domeneddio.

Durò ancora qualche altro giorno così, fra alternative di meglio e di peggio. Sembrava anzi che cominciasse a riaversi un poco, quando a un tratto, una notte, peggiorò rapidamente. Il servitore che gli avevano messo a dormire nella stanza accanto l'udì agitarsi e smaniare prima dell'alba. Ma siccome era avvezzo a quei capricci, si voltò dall'altra parte, fingendo di non udire. Infine, seccato da quella canzone che non finiva più, andò sonnacchioso a vedere che c'era.

– Mia figlia! – borbottò don Gesualdo con una voce che non sembrava più la sua. – Chiamatemi mia figlia!

– Ah, sissignore. Ora vado a chiamarla, – rispose il domestico, e tornò a coricarsi.

Ma non lo lasciava dormire quell'accidente! Un po' erano sibili, e un po' faceva peggio di un contrabbasso, nel russare. Appena il domestico chiudeva gli occhi udiva un rumore strano che lo faceva destare di soprassalto, dei guaiti rauchi, come uno che sbuffasse ed ansimasse, una specie di rantolo che dava noia e vi accapponava la pelle. Tanto che infine dovette tornare ad alzarsi, furibondo, masticando delle bestemmie e delle parolacce.

– Cos'è? Gli è venuto l'uzzolo[18] adesso? Vuol passar mattana[19]! Che cerca?

Don Gesualdo non rispondeva; continuava a sbuffare supino. Il servitore tolse il paralume, per vederlo in faccia. Allora si fregò bene gli occhi, e la voglia di tornare a dormire gli andò via a un tratto.

– Ohi! ohi! Che facciamo adesso? – balbettò grattandosi il capo.

Stette un momento a guardarlo così, col lume in mano, pensando se era meglio aspettare un po', o scendere subito a svegliare la padrona e mettere la casa sottosopra. Don Gesualdo intanto andavasi calmando, col respiro più corto, preso da un tremito, facendo solo di tanto in tanto qualche boccaccia, cogli occhi sempre fissi e spalancati. A un tratto s'irrigidì e si chetò del tutto. La finestra cominciava a imbiancare. Suonavano le prime campane. Nella corte udivasi scalpitare dei cavalli, e picchiare di striglie[20] sul selciato. Il domestico andò a vestirsi, e poi tornò a rasset-

16. **quell'altro... figliola**: il tormento segreto di Isabella, innamorata di un altro uomo e costretta a sposare il duca di Leyra.

17. **colla ruga... ciglia**: con l'espressione altera e ostinata dei suoi parenti materni.

18. **uzzolo**: voglia di fare i capricci.

19. **passar mattana**: fare il matto.

20. **picchiare di striglie**: il rumore delle *striglie*, spazzole usate dagli stallieri per pettinare il mantello dei cavalli.

Un carrettiere con il suo calesse in un dipinto di Hugo Muhlig, XIX secolo. (Collezione privata)

tare la camera. Tirò le cortine del letto[21], spalancò le vetrate, e s'affacciò a prendere una boccata d'aria, fumando. Lo stalliere, che faceva passeggiare un cavallo malato, alzò il capo verso la finestra.

– Mattinata[22], eh, don Leopoldo?

– E nottata pure! – rispose il cameriere sbadigliando. – M'è toccato a me questo regalo!

L'altro scosse il capo, come a chiedere che c'era di nuovo, e don Leopoldo fece segno che il vecchio se n'era andato, grazie a Dio.

– Ah... così... alla chetichella?... – osservò il portinaio che strascicava la scopa e le ciabatte per l'androne.

Degli altri domestici s'erano affacciati intanto, e vollero andare a vedere. Di lì a un po' la camera del morto si riempì di gente in manica di camicia e colla pipa in bocca. La guardarobiera vedendo tutti quegli uomini alla finestra dirimpetto venne anche lei a far capolino nella stanza accanto.

– Quanto onore, donna Carmelina! Entrate pure; non vi mangiamo mica... E neanche lui... non vi mette più le mani addosso di sicuro...

– Zitto, scomunicato[23]!... No, ho paura, poveretto... Ha cessato di penare.

– Ed io pure, – soggiunse don Leopoldo.

Così, nel crocchio[24], narrava le noie che gli aveva date quel cristiano – uno che faceva della notte giorno, e non si sapeva come pigliarlo, e non era contento mai. – Pazienza servire quelli che realmente son nati meglio di noi[25]... Basta, dei morti non si parla.

– Si vede com'era nato... – osservò gravemente il cocchiere maggiore. – Guardate che mani!

– Già, son le mani che hanno fatto la pappa[26]!... Vedete cos'è nascer fortunati... Intanto si muore nella battista[27] come un principe!...

– Allora, – disse il portinaio, – devo andare a chiudere il portone[28]?

– Sicuro, eh! è roba di famiglia. Adesso bisogna avvertire la cameriera della signora duchessa.

21. **le cortine del letto**: le tende intorno al letto a baldacchino; il servitore le chiude per togliere alla vista il morto.
22. **Mattinata**: servizio di mattina.
23. **scomunicato**: privo di rispetto religioso.
24. **crocchio**: gruppo di persone.
25. **Pazienza... noi**: si può aver pazienza nel servire chi è nato in una condizione sociale superiore alla nostra.
26. **hanno... pappa**: hanno impastato la calce.
27. **battista**: tessuto di lino molto fine.
28. **chiudere il portone**: in segno di lutto, come si usava nei palazzi signorili.

DIALOGO CON IL TESTO

COMPRENDERE

Un conflitto tutto interiore In *Mastro-don Gesualdo* il contrasto tipicamente verghiano tra le leggi dell'economia e i valori ideali non si traduce in un conflitto tra diversi personaggi, ma è tutto interno al protagonista. In queste pagine finali Gesualdo si preoccupa di salvare la «roba», che è stata la grande passione della sua vita e ora è minacciata dalle spese scriteriate del genero, ma è anche preso da sentimenti più disinteressati: l'amore per la figlia, per la contadina Diodata e per i figli avuti da lei.

- **In alcuni momenti Gesualdo prova dolcezza nei confronti della figlia, in altri prova la stessa dolcezza per la «roba», come se anch'essa fosse sua figlia. Individuate nel testo le espressioni che rivelano questo sentimento.**

Il fallimento di Gesualdo In ciascuno di questi campi la sua sconfitta è totale: il genero continua a dilapidare il patrimonio accumulato con tanta fatica; il tentativo di dialogo con la figlia naufraga nella freddezza e nell'incomunicabilità, e così pure il desiderio di lasciare una parte di eredità ai figli illegittimi (Isabella non chiede neppure i nomi dei destinatari dell'ultima volontà paterna).

La storia di Gesualdo si presenta così come un altro esempio dei nefasti effetti del "progresso" nella civiltà moderna: la dedizione alla logica del profitto può condurre al miglioramento delle condizioni materiali, ma viene pagata con una situazione di aridità affettiva e di solitudine invalicabile.

Gli atteggiamenti della figlia e dei servi Un aspetto particolarmente crudele della sconfitta di Gesualdo è la persistenza del marchio delle sue umili origini di manovale, per superare il quale ha speso tutta la sua vita.

- **Ripercorrendo il testo, notate come questo aspetto pesi in modo determinante sull'atteggiamento della figlia e dei servi nei suoi confronti.**
- **Si può notare tuttavia che l'atteggiamento della figlia non è univoco. Ripercorrendo il testo, indicate i punti da cui traspaiono la complessità e l'ambiguità delle sue reazioni psicologiche.**
- **Nel mondo del *Mastro-don Gesualdo*, dominato dall'avidità e dall'egoismo, nemmeno un evento solenne come la morte suscita rispetto. Mettete in evidenza come il narratore conferisca un carattere squallido e grottesco all'ultima scena del romanzo, attraverso i gesti, gli atteggiamenti, le parole dei servitori.**

Dal mastro-don alla duchessa L'ultima parola del romanzo, *duchessa*, prelude già a quello che avrebbe dovuto essere il terzo romanzo del ciclo dei «vinti», cioè *La duchessa di Leyra*, ovvero Isabella, l'infelice figlia di mastro-don Gesualdo che per volere del padre ha sposato il duca di Leyra, e non il cugino Corrado come avrebbe voluto.

ANALIZZARE

Alternanze del punto di vista Nella prima parte del brano (rr. 1-73), dedicata al colloquio con la figlia, il narratore alterna un punto di vista esterno, che registra le parole e i gesti dei personaggi, e uno interno, che dà voce ai pensieri e ai sentimenti di Gesualdo.

- **Analizzate questa alternanza di punti di vista, mettendo in evidenza il contrasto tra la reticenza delle frasi dette dal protagonista e la complessità delle emozioni, che restano taciute.**

Nella parte seguente, dedicata all'agonia solitaria del protagonista (rr. 74-130), il narratore filtra i fatti attraverso un altro punto di vista.

- **A quale personaggio appartiene?**
- **Provate ad analizzare le intenzioni comunicative di Verga nel fare questa scelta e gli effetti che essa produce sul lettore.**

INTERPRETARE

Un finale in sordina Come spesso avviene in Verga, il romanzo si interrompe bruscamente e in tono minore, senza battute o gesti memorabili. In questo caso si tratta di una scena di dialogo conclusa dalla battuta di un personaggio.

- **Provate a interpretare la frase conclusiva alla luce del significato complessivo di quest'ultima parte del romanzo.**

Interpretazioni a confronto

LUIGI RUSSO

C1 ▸ *I Malavoglia*, romanzo della fedeltà

Luigi Russo (1892-1961) è uno dei maggiori critici e storici letterari italiani del Novecento. I suoi studi sull'opera verghiana hanno fatto di Verga un classico della letteratura italiana, disegnandone un'immagine che ha esercitato una risolutiva influenza sulla critica successiva.

Tragedia, dove gli uomini non si atteggiano a eroi, e sono eroi; silenziosi eroi del dovere, eroi dell'onore domestico, del lavoro e della fedeltà. Possiamo dire appunto che questo è il romanzo della fedeltà, nel senso religioso, alla vita, alle costumanze antiche e severe, agli affetti semplici e patriarcali [...]. Padron 'Ntoni è il custode tenace di queste leggi invisibili della casa; egli è un semplice pescatore, ma si drizza, davanti alla nostra fantasia, rude e triste, nell'austerità e naturale grandezza della sua anima all'antica, senza che l'artista abbia voluto farcene di proposito la prosopopea[1], per tirarci al consenso e all'ammirazione [...]. E anche il suo proverbiare frequente è pur una necessità ideale: padron 'Ntoni è, non soltanto il patriarca del santuario, ma anche l'umile salmista[2] di quella sua religione della casa e della famiglia. [...]

Particolarmente il sentimento religioso della casa si allarga in tutto il romanzo, come la voce di una musica sacra che riempia, a volta a volta, e dòmi e soffochi il brusìo di una folla distratta di fedeli, e chiami tutti al raccoglimento. Da un coro stridulo di pettegolezzi paesani sale questo canto basso e solenne di una divinità severa e impassibile, a cui tutti rendono omaggio, anche gli stessi traviati, gli stessi oziosi, i vagabondi che hanno perduto il gusto del focolare domestico. Ed è questa primitiva e potente religione della casa, e delle virtù patriarcali, che stringe in una ferrea unità il romanzo.

Luigi Russo, *Etica e poesia nei "Malavoglia"* (1933), in *Giovanni Verga*, Laterza, Milano, 1979

1. **prosopopea**: la *prosopopea* è una figura retorica attraverso la quale uno scrittore fa parlare un personaggio defunto o assente, o anche un essere personificato. Nell'uso comune significa esaltazione, elogio smaccato.
2. **salmista**: il libro dei *Salmi* è una raccolta di preghiere contenute nell'Antico Testamento, che sono recitate nelle liturgie ebraiche e cristiane. Il *salmista* è colui che li intona durante la celebrazione del culto.

ALBERTO ASOR ROSA

C2 ▸ Un pessimismo senza illusioni

Alberto Asor Rosa (1933) è uno dei maggiori critici italiani contemporanei. Questo brano è tratto da *Scrittori e popolo* (1965), nel quale l'autore, passando in rassegna la letteratura italiana dell'Ottocento e del Novecento, ne critica il "populismo", cioè una rappresentazione idealizzata e falsata del popolo. La grandezza di Verga, a parere di Asor Rosa, consiste proprio nella sua estraneità a questa visione edulcorata e edificante delle classi popolari.

Che cosa caratterizza fondamentalmente il populismo? La convinzione, sia pure espressa attraverso gradazioni diverse, che il popolo contiene in sé valori positivi, da contrapporre di volta in volta alla corruttela della società, alle ingiustizie del destino e degli uomini, alla violenza bruta della disuguaglianza. Niente di tutto questo in Verga. In Verga la rappresentazione popolare è solo un momento di un quadro più vasto, di cui essa non rappresenta un fattore particolarmente significativo. Dietro ai proletari dei Malavoglia e di tante delle novelle siciliane dei Verga, c'è una visione di carattere più metafisico che storico, un atteggiamento morale più ontologico che terreno[1], un'indignazione e un pessimismo più universali che umani. Verga non assegna al popolo un posto "privilegiato" nella grande vicenda del dolore. Quel che affascina lo scrittore non è la sofferenza dei ceti subalterni, considerati come aventi leggi e manifestazioni proprie, bensì la ciclica inesorabile riconferma di una legge comune a tutti i ceti, a tutti gli uomini, a tutte le creature viventi: dal miserabile asino della novella *Rosso Malpelo*, ai pescatori dei *Malavoglia*, all'aspirante borghese *Mastro-don Gesualdo*, fino ai personaggi immaginati ma non compiuti degli ultimi romanzi del "ciclo dei vinti". [...]. Il paradosso, solo apparente a guardar bene, dell'arte verghiana sta in questo: che proprio il rifiuto della speranza populista e delle suggestioni socialiste porta lo scrittore siciliano alla rappresentazione più convincente, che del mondo popolare sia stata data in Italia durante tutto l'Ottocento[2] [...]. Il rifiuto di un'ideologia progressista costituisce la fonte, non il limite della riuscita verghiana.

Alberto Asor Rosa, *Scrittori e popolo*, Samonà e Savelli, Roma, 1965

1. **una visione... terreno**: un'attenzione ai caratteri permanenti ed essenziali della vita, non alle mutevoli circostanze storiche e sociali in cui si svolge.

2. **proprio il rifiuto... Ottocento**: secondo Asor Rosa, la rappresentazione del popolo offerta da Verga è veritiera e realistica perché, a differenza della letteratura "impegnata" dell'epoca, non prospetta speranze e possibilità di emancipazione che in quella situazione storica non erano presenti.

DOMINIQUE FERNANDEZ

C3 ▸ Sentimentalismo e paternalismo dei *Malavoglia*

Questo brano è tratto da *Madre mediterranea*, un saggio in forma di diario di viaggio nell'Italia meridionale, scritto nel 1967 dallo scrittore e italianista francese Dominique Fernandez (1929).

Cocente delusione, alla rilettura dei *Malavoglia*. Non mi ricordavo affatto di un Verga così privo, nel contempo, di vigore, di poesia e di *humour* [...]. Com'è noiosa la storia di quella famiglia di pescatori! Il padre muore in una tempesta, la madre di colera, il secondo dei cinque figli muore in guerra, il maggiore si dà all'alcool, una delle sorelle alla prostituzione e l'altra rimane zitella per dedicarsi ai figli del suo ultimo fratello, mentre il nonno snocciola senza sosta proverbi stupidi [...].

La trama è sentimentale e piagnucolosa, gli orfani divisi in due categorie: quelli che si salvano e quelli che si perdono. Il male ha tre incarnazioni: la pigrizia, l'alcool e la dissolutezza. Infine, invece di essere una protesta contro la società, il libro, con l'ipocrisia paternalista che caratterizza la letteratura pauperistica[1], invita la povera gente a contare solo sulla propria virtù, la propria pazienza, le proprie preghiere e le proprie lacrime.

Rilevo inoltre una cantonata storica gigantesca. Il maggiore dei Malavoglia, sin dal tempo in cui è ancora un bravo ragazzino e sta alla larga dalle bettole, si mette in testa di lasciare Acitrezza e tentare altrove fortuna. L'autore, lungi dall'incoraggiarlo in questa sana decisione, l'accusa di voler abbreviare i giorni a sua madre, di abbandonare alla deriva i suoi fratellini, di infischiarsi del focolare domestico, e infine d'essere un ambizioso, un pretenzioso, che sarà punito per aver disprezzato l'onorevole miseria di cui i Malavoglia si sono sempre accontentati [...]. *I Malavoglia* apparvero nel 1881. Ebbene, in quello stesso anno, l'Europa mandava ottantacinquemila emigranti in America; tre anni più tardi, duecentomila; nel 1900 l'Italia, da sola, duecentomila, dei quali la metà circa erano siciliani. Invece del complesso di colpa che avrebbe dovuto, secondo Verga, indebolirli, quei siciliani d'America rivelarono audacia e capacità magnifiche; e le loro famiglie, per nulla incline a morir di dolore, ricevettero il loro denaro senza disgusto.

Dominique Fernandez, *Madre mediterranea*, trad. dal francese di P. Caruso, Mondadori, Milano, 1967

1. **letteratura pauperistica**: qui si riferisce ai libri edificanti che hanno per protagonisti personaggi dei ceti subalterni (qualcosa che assomiglia al "populismo" criticato da Asor Rosa in ►C2).

ROMANO LUPERINI

C4 ► *I Malavoglia*, una tragedia moderna

Romano Luperini (1940) ha dedicato a Verga saggi nei quali l'ideologia dell'autore è messa in connessione con le sue scelte linguistiche e strategie narrative. Questo passo è tratto da *Il romanzo* (2003-2004), un'opera di vari autori dedicata alle origini e agli sviluppi di quel genere letterario.

[Verga] sa bene che la modernità ha già vinto e che anacronistico sarebbe contrapporle ideali ed esigenze che la fiumana del progresso sta per sommergere per sempre. Sa, per di più, che le leggi eterne della lotta per la vita e della selezione naturale rendono assurdo ogni rimpianto per il passato come ogni atteggiamento di difesa dei valori disinteressati dell'etica [...].

È questa tragedia – quella del distacco dalle antiche radici e dell'immersione senza scampo nel tempo aperto e frantumato della modernità – ad affascinare il lettore moderno. Alla fine del romanzo egli non aderisce tanto alle ragioni della colpa e dell'espiazione di 'Ntoni, quanto ai valori simbolici della sua figura di uomo scisso ed escluso e del suo addio al mondo arcaico-rurale. La tragedia che il lettore bene intende e a cui aderisce non è quella per cui 'Ntoni deve lasciare la casa del nespolo in nome di un'antica etica patriarcale e dei suoi parametri[1] di peccato e di colpa; piuttosto, dietro questa esigenza di espiazione, egli intuisce un impulso autopunitivo e masochistico che paga una colpa diversa e maggiore a cui è impossibile sottrarsi: la colpa del "progresso" che ci travolge, della modernità che ci sradica, ci corrompe e infine ci condanna a un'alienazione tale che l'essere stesso della vita, il suo significato, ci appare ormai non davanti ma dietro di noi, e irrimediabilmente da noi separato[2]. *I Malavoglia* non sono una saga regressiva[3], ma una tragedia moderna.

Romano Luperini, *"I Malavoglia" e la modernità*, in *Il romanzo*, a cura di F. Moretti, P.V. Mengaldo, E. Franco, vol. v, Einaudi, Torino, 2003

1. **parametri**: criteri di valore.
2. **un impulso... separato**: secondo Luperini il personaggio di 'Ntoni incarna la condizione dell'uomo contemporaneo, che, essendosi lasciato alle spalle i valori tradizionali in nome del progresso economico, si sente colpevole per l'abbandono delle certezze del passato, non riesce più a dare un senso alla vita, e vive in una situazione di estraneità a se stesso e alle sue esigenze più profonde (*alienazione*).
3. **saga regressiva**: racconto mitico centrato sull'esaltazione nostalgica del passato.

DIALOGO CON I TESTI

CONFRONTARE

1. La visione del mondo proposta dai *Malavoglia* è interpretata e valutata da Luigi Russo (▸C1), da Alberto Asor Rosa (▸C2) e da Dominique Fernandez (▸C3) in modi nettamente diversi. Sintetizzate ciascuno dei tre giudizi. A quali differenti criteri di valore vi sembra che i critici facciano riferimento?
2. Dal testo di Asor Rosa (▸C2) emerge implicitamente una valutazione sulla condizione storica dei ceti subalterni della Sicilia di fine Ottocento più pessimistica di quella esposta da Fernandez nelle considerazioni dedicate all'emigrazione (▸C3). Facendo riferimento alle vostre conoscenze storiche, quale delle due valutazioni vi sembra più condivisibile?
3. Luigi Russo (▸C1) individua l'eroe dei *Malavoglia* in padron 'Ntoni, Luperini (▸C4) nel giovane 'Ntoni. Quali caratteristiche dei due personaggi sono messe in luce dai due critici? Come si collega questa diversità di scelte con la loro interpretazione complessiva del romanzo?

INTERPRETARE

4. Tra le interpretazioni dei *Malavoglia* che vi abbiamo proposto quale o quali sono più vicine alla vostra esperienza di lettura? Motivate la risposta facendo riferimento a punti del romanzo che hanno suscitato in voi una risposta positiva o negativa particolarmente forte.

RILETTURE (T64-T76)

COMPRENDERE

1. Un postulato fondamentale della poetica naturalista, che Verga dichiara di accettare, è l'impersonalità del narratore. Ripercorrendo ▸**D16** (p. 317), ▸**T65** e ▸**T68**, individuate in ciascuno dei testi i riferimenti alle strategie narrative e alle scelte stilistiche che Verga intende adottare per metterlo in atto.

2. Alcune novelle di Verga sono centrate principalmente sull'azione, altre sulla delineazione di un personaggio, altre ancora sull'evocazione di un'atmosfera. Individuate a quali di questi tipi appartengono le novelle che avete letto.

3. Ripercorrendo i brani riportati e la trama dei *Malavoglia*, mettete in evidenza come la vicenda e i personaggi incarnino la visione del mondo e della società esposta da Verga in *Fantasticheria* (▸**T65**) e nella prefazione al romanzo (▸**T68**).

4. Nei *Malavoglia* si fronteggiano due sistemi di valori: quella degli affetti disinteressati e quella del tornaconto economico e della legge del più forte. Ripercorrendo i brani del romanzo, individuate i punti in cui emerge questa contrapposizione.

5. In questo testo critico su *Mastro-don Gesualdo* inserisci negli spazi vuoti i termini riportati di seguito: *dialoghi*, *economica*, *lessicale*, *narrazione*, *oggettiva*, *rapporti*, *registrazione*, *sintassi*.

Il metodo dell'impersonalità si traduce qui in uno stile asciutto ed essenziale, in una .... fatta di periodi brevi e incisivi, che trascina con sé ogni elemento .... ,senza dare rilievo alle singole parole, mettendo in piena evidenza i gesti e le azioni: sparisce la voce del "narratore popolare" e la .... sembra fondarsi su un'ottica totalmente .... , porsi come secca .... della violenza della realtà. I punti di vista dei personaggi, e soprattutto quello del protagonista, sono illuminati dall'interno, attraverso l'uso del discorso indiretto libero; e i loro .... emergono dall'incalzare dei .... [...]. Tutta la narrazione converge comunque sul protagonista, sulla dimensione .... della sua esistenza, che ha qualcosa di assoluto e anche di eroico.

Giulio Ferroni, *Profilo storico della letteratura italiana*, Einaudi, Torino, 1992

ANALIZZARE

6. Una tecnica usata magistralmente da Verga è l'ellissi narrativa. Individuate una novella nella quale l'omissione dei fatti e i salti nel tempo hanno una particolare efficacia.

7. Per dar voce all'ambiente popolare che fa da protagonista ai *Malavoglia*, Verga non poteva ricorrere ai modelli correnti di lingua letteraria. Creò dunque un «italiano colorato» che reca l'impronta del dialetto siciliano e modella la propria struttura sintattica su quella del parlato popolare. Prendendo in considerazione un brano del romanzo a vostra scelta, mettete in evidenza le scelte lessicali e sintattiche tipicamente verghiane e confrontatele col modello manzoniano.

8. Nei *Malavoglia* la voce che racconta in alcuni momenti sembra appartenere alla collettività degli abitanti di Aci Trezza, di cui condivide la mentalità e le credenze, ma in altri momenti assume attraverso il discorso indiretto libero i punti di vista di singoli personaggi, anche in contrasto tra loro: si susseguono così nel romanzo diverse visioni del mondo, senza che il narratore faccia da filtro, stabilendo chi ha ragione e chi ha torto. Individuate qualche punto del romanzo in cui questo avviene e cercate di definire quale tipo di risposta questa tecnica narrativa richieda al lettore.

9. Nel *Mastro-don Gesualdo* il narratore:
- registra le conversazioni tra i personaggi senza introduzioni né commenti;
- esprime il suo giudizio negativo sul mondo rappresentato attraverso spietate descrizioni caricaturali, senza entrare nella mente dei personaggi;
- assume il punto di vista del protagonista in monologhi interiori resi col discorso indiretto libero;
- filtra la narrazione attraverso il punto di vista di qualche personaggio secondario.

Individuate nei brani che avete letto un esempio per ciascuna di queste tecniche e confrontate il narratore di *Mastro-don Gesualdo* con quello dei *Malavoglia*.

10. Un'intenzione dichiarata della narrativa naturalista e verista era quella di mettere davanti agli occhi del lettore degli spaccati sociali senza introduzioni o mediazioni da parte del narratore. Considerate gli inizi e le conclusioni delle novelle e dei romanzi di Verga: in quali forme realizzano questa intenzione? Quali effetti producono sul lettore? Che differenza c'è rispetto alla narrativa precedente?

CONFRONTARE

11. Per mettere in luce l'audacia sperimentale delle scelte linguistiche di Verga, confrontate il linguaggio usato dallo stesso Verga nella prefazione ai *Malavoglia* (▸**T68**) con quello del resto del romanzo.

12. Mettete a confronto la storia di mastro-don Gesualdo con quella di 'Ntoni Malavoglia: che cosa accomuna i due personaggi? Che cosa li differenzia? In che senso entrambi possono dirsi dei «vinti»?

13. Un tema di rilievo tanto nei *Malavoglia* quanto in *Mastro-don Gesualdo* è quello dei rapporti familiari: quali somiglianze e quali differenze si possono notare nei due romanzi?

CONTESTUALIZZARE

14. Tra il Verga del romanzo *Eva* e quello delle novelle e dei romanzi siciliani ci sono profonde differenze, ma anche qualche elemento di continuità. Individuate le une e gli altri mettendo a confronto la prefazione a *Eva* (▸**D15**, p. 316) con le dichiarazioni di poetica successive (▸**D16**, p. 317, ▸**T65**, ▸**T68**) dal punto di vista dei temi trattati, degli scopi perseguiti, della funzione attribuita all'arte, dell'atteggiamento dello scrittore nei confronti della società e del pubblico.

15. *I Malavoglia* furono, secondo le parole stesse dell'autore, «un fiasco pieno e completo»; *Mastro-don Gesualdo* fu accolto più benevolmente dal pubblico e dalla critica, ma fu surclassato dall'uscita contemporanea del *Piacere* del giovane Gabriele D'Annunzio. Quali aspetti tematici e stilistici dei due capolavori di Verga potevano risultare indigesti ai lettori contemporanei?

INTERPRETARE

16. In *Fantasticheria* (▸**T65**) Verga contrappone l'autenticità dei sentimenti dei pescatori di Aci Trezza alla fatuità della signora della buona società settentrionale; nella prefazione ai *Malavoglia* (▸**T68**) dichiara di volersi interessare dei «vinti» e delle loro sofferenze. Discutete se e come queste prese di posizione vadano d'accordo con l'idea dello scrittore "scienziato sociale", osservatore imparziale della realtà.

17. Riportiamo una parte di una seconda prefazione pensata da Verga per i *Malavoglia*, che fu poi scartata a favore della prima (▸**T68**). Individuate le somiglianze e le differenze tra i due testi, ed esprimete una vostra valutazione su quale delle due risulti più adeguata al romanzo.

Quando vi siete trovati di notte nelle vie deserte di una grande città, davanti al fanale spento e col sigaro in bocca, non vi ha colpito l'impressione straordinaria che produce in voi quella calma? Allora forse avrete cercato dietro le finestre chiuse le vaghe forme indistinte di persone ancora deste, o il capo sull'origliere[1] che cerca il sonno con occhi spalancati, o il pallido volto chino sulle pagine di un libro, o il passo ebbro dell'uomo che ha giocato l'ultimo suo denaro, o il respiro pesante dell'operaio che riprenderà col giorno il suo lavoro, un'espressione qualsiasi della vita che sentite in voi, e che vi tace intorno. Di fantasticheria in fantasticheria tutta questa gente che si travaglia ancora col pensiero, che si agita e vive, vi sfila davanti, per le vie buie, come in un giorno di festa, in una processione fantasmagorica in cui passano tutti gli appetiti, tutte le febbri, tutte le avidità, tutte le aspirazioni grandi e piccine; le cure che devono trambasciare[2] quei sonni, le ansie più belle, le preoccupazioni che si agitano nell'incubo. Davanti alle scintille del vostro sigaro allora passano in rivista dei visi pallidi o accesi, che cercano qualche cosa, sempre. E quella folla nera, che popola le vie buie cammina, cammina tutta verso un punto solo, pigiandosi, accalcandosi, sorpassandosi brutalmente. Avete creduto di cedere ad una divagazione della fantasia e non fate che subire il sentimento dell'attività umana incessante e fatale che esiste attorno di voi ed in voi stesso. Avete cercato tutto cotesto movimento, e cotesta vita che tace attorno a voi, perché li sentite dentro di voi, perché sapete che vi accompagnerà a casa, e nei sogni, perché l'indovinate dietro quelle finestre chiuse, accanto a voi, da per tutto. [...] Certamente in mezzo a quella calca, i viandanti frettolosi anch'essi, non hanno tempo di guardarsi attorno, per esaminare gli

1. **origliere**: cuscino.

2. **trambasciare**: angosciare.

sforzi plebei, le smorfie oscene, le lividure e la sete rossa degli altri, le ingiustizie, gli spasimi di quelli che cadono, e sono calpestati dalla folla, i meno fortunati, e qualche volta i più generosi. L'osanna dei trionfatori copre le grida di dolore dei sorpassati. Ma visto davvicino il grottesco di quei visi anelanti non deve essere evidentemente artistico per un osservatore? non deve dare, a seconda dell'aspetto che loro impronta l'ambiente che attraversano nei luoghi e nelle età, la fisionomia storica? e questo osservatore meno frettoloso degli altri, chinandosi sui caduti per esaminarne le convulsioni, sostando un momento dinanzi alle verità che la folla si lascia indietro nella fretta di correre avanti, o agli affetti che gemono invano o alle febbri che si scambiano per passioni, o alla giustizia su cui si mettono i piedi, non ha il diritto di esclamare: – Che peccato!»

Giovanni Verga, *Appendici*, in *I Malavoglia*, a cura di F. Cecco, Einaudi, Torino, 1996

18. Tra le molte discussioni suscitate dall'opera di Verga particolarmente accesa è stata quella relativa alle sue implicazioni ideologiche. Di volta in volta il "messaggio" di Verga è stato letto come:
- una rappresentazione oggettiva delle condizioni di vita delle classi subalterne del meridione;
- un'esaltazione della religione del focolare domestico e delle virtù degli umili;
- una denuncia delle disuguaglianze e delle ingiustizie della società italiana del tempo;
- l'espressione di una visione fatalistica e pessimistica della storia;
- la traduzione letteraria di una concezione politica chiusa e conservatrice.

Quali di queste interpretazioni vi convincono di più? A quali momenti e aspetti dell'opera di Verga ciascuna di esse si attaglia maggiormente?

19. Natalino Sapegno ha scritto che Verga, dopo essere emigrato nel continente, si riavvicinò all'immagine della Sicilia «con l'anima del figliol prodigo, come all'unico bene che ancora gli rimanesse, intatto e solido dopo tanta dissipazione, bene vicino e tangibile, eppure indecifrabile e remoto come un miraggio, come l'ideale oggetto di una suprema e già disperata nostalgia». In che misura nella narrativa verghiana il mondo siciliano è presente come un «miraggio» e un «ideale»? Individuate le opere in cui questa interpretazione dell'immagine della Sicilia è più convincente e quelle in cui è più discutibile.

20. Si è molto discusso sui motivi del lungo silenzio letterario di Verga negli ultimi anni di vita. Considerando le sue vicende biografiche, le sue idee e la sua poetica, provate a fare ipotesi a riguardo.

ATTRIBUIRE

21. Distinguete tra i seguenti *incipit* di novelle di Verga quelli che appartengono alla produzione giovanile pre-verista da quelli che appartengono al periodo verista e spiegate i motivi delle vostre attribuzioni.

A.

L'avevano comperato alla fiera di Buccheri ch'era ancor puledro, e appena vedeva una ciuca, andava a frugarle le poppe; per questo si buscava testate e botte da orbi sul groppone, e avevano un bel gridargli: – Arriccà! –. Compare Neli, come lo vide vispo e cocciuto a quel modo, che si leccava il muso alle legnate, mettendoci su una scrollatina d'orecchie, disse: – Questo è il fatto mio –. E andò diritto al padrone, tenendo nella tasca la mano colle trentacinque lire.

B.

Quella fatale tendenza verso l'ignoto che c'è nel cuore umano, e si rivela nelle grandi come nelle piccole cose, nella sete di scienza come nella curiosità del bambino, è uno dei principali caratteri dell'amore, direi la principale attrattiva: triste attrattiva, gravida di noie o di lagrime – e di cui la triste scienza inaridisce il cuore anzi tempo.

C.

La signora Matilde era seduta sul parapetto smantellato, colle spalle appoggiate all'edera della torre, spingendo lo sguardo pensoso nell'abisso nero e impenetrabile; suo marito, col sigaro in bocca, le mani nelle tasche, lo sguardo vagabondo dietro le azzurrine spirali del fumo, ascoltava con aria annoiata; Luciano, in piedi accanto alla signora, sembrava cercasse leggere quali pensieri si riflettessero in quegli occhi impenetrabili come l'abisso che contemplavano.

D.
Sanno scrivere – qui sta il guaio. La brinata dell'alba scura, e il sollione della messe, se li pigliano come tutti gli altri poveri diavoli, giacché son fatti di carne e d'ossa come il prossimo, per andare a sorvegliare che il prossimo non rubi loro il tempo e il denaro della giornata. Ma se avete a far con essi, vi uncinano nome e cognome, e chi vi ha fatto, col beccuccio di quella penna, e non ve ne districate più dai loro libracci, inchiodati nel debito.
– Tu devi ancora due tumoli di grano dell'anno scorso.
– Signore, la raccolta fu scarsa!

ANALISI DEL TESTO

● Analizzate e commentate il brano di *Mastro-don Gesualdo* riportato in ▸**T74**, rispondendo alle seguenti domande. Potete svolgere l'esercizio rispondendo separatamente a ogni domanda, o integrando le singole risposte in un discorso complessivo, nell'ordine che vi sembra più efficace.

COMPRENDERE

1. Riassumete in non più di 100 parole il contenuto del brano, mettendo in evidenza in particolare le tappe dell'ascesa economica del protagonista.
2. Ricavate dal brano i tratti dominanti della personalità del protagonista. Mettete in evidenza in particolare i valori sui quali ha impostato la propria vita e il suo modo di considerare le relazioni con i familiari.

ANALIZZARE

3. Nel brano l'autore adotta la tecnica del discorso indiretto libero e del monologo interiore: spiegate questa affermazione ed esemplificatela con riferimenti al testo.
4. Lo stile del brano riproduce l'andamento tipico del parlato; citate e analizzate esempi di frasi che si discostano da una sintassi regolare secondo la norma dell'italiano scritto.

CONTESTUALIZZARE

5. Mastro-don Gesualdo è un "eroe" dalla personalità spiccata, determinato e tenace nel perseguire i propri obiettivi. Mettetelo a confronto con un personaggio di un romanzo della stessa epoca o del primo Novecento che abbia caratteristiche analoghe o contrastanti.

INTERPRETARE

6. Confrontate i valori che emergono dal testo con quelli dominanti nella società in cui viviamo: che cosa vi sembra diverso e che cosa immutato? Che cosa può significare (o non significare) mastro-don Gesualdo per un lettore di oggi?

ANALISI DEL TESTO

● Analizzate e commentate il testo qui riportato, rispondendo alle domande del questionario. Potete svolgere l'esercizio rispondendo separatamente a ogni domanda, o integrando le singole risposte in un discorso complessivo, nell'ordine che vi sembra più efficace.

T77 ▸ Nella stalla

Questa novella fu pubblicata da Verga nel 1883, in una raccolta di scritti di vari autori messa in vendita a favore delle vittime di un'inondazione.

Le mucche, lungo le rastrelliere, si voltavano indietro, a fiutare quel tramestìo che si era fatto attorno alla lettiera della *Bigia*. La pioggia batteva contro le impannate[1]; e le bestie scuotevano le catene sonnolente: di quando in quando,

1. **impannate**: finestre ricoperte da panni, carta o tela per non far passare il freddo e la luce.

nell'ombra che non arrivavan mai a dissipare le lanterne polverose, si udiva il tonfo di quelle che si accovacciavano, ad una ad una nello strame[2] alto, dei muggiti brevi e sommessi, un ruminare svogliato, il fruscio della paglia. Di tanto in tanto le mucche inquiete levavano il capo, tutte in una volta.

La *Bigia* aveva ai piedi un vitellino, ancora tutto molle e lucente nella lettiera, e lo leccava e lo lisciava muggendo sotto voce. – Di fuori si udiva un rombo che cresceva, dappertutto. Poco dopo accadde un gran trambusto nelle stanze superiori: dei passi precipitosi, e dei mobili che strascinavano sul pavimento. Uno spalancare di usci e di finestre e delle voci che chiamavano nel cortile.

Quindi si udirono delle schioppettate e delle strida di donne che piangevano. Il gallo, in cima alla scala, saettava il capo, spaventato, chiocciando. Di fuori il cane uggiolava.

Ad un tratto le bestie cominciarono a muggire tutte in una volta, fiutando verso l'uscio, cogli occhi spaventati, e tiravano forte le catene, come cercassero di strapparle.

Per tutta la corsia oscura corse un volo pesante e schiamazzante di galline. Immediatamente si udì il rombo vicino che scuoteva i muri, e sembrava montare verso le finestre. La *Bigia* allora levava il muso fumante verso le impannate, e metteva un muggito lungo e doloroso. Poi tornava a fiutare il vitellino, raccoccolato colle zampe sotto il ventre.

Il cane non uggiolava più. Della gente correva pel cortile, delle voci affannate, delle grida. L'uscio si spalancò all'improvviso, ed entrò un'ondata d'acqua sporca. Allora nella stalla successe un trambusto, un rovinìo, tutta una fila di mucche avea strappata l'asse, alla quale erano legate, e scappava all'impazzata trascinandosela dietro, inciampando le une colle altre, mentre le galline fuggivano schiamazzando fra le loro gambe.

Nella corte, su di un palo, ardeva un fascio di legna secca, e illuminava tutto intorno l'acqua nera, che luccicava dove cadevano le scintille. – Le bestie irruppero dalla stalla come una valanga, rompendo, scavalcando ogni cosa, sguazzando nella pozzanghera, la *Bigia* in mezzo. Poi tornò indietro, levando il muso, con lunghi muggiti, verso le finestre della cascina. Andava e veniva per la corte colla coda ritta, infine si decise a rientrare nella stalla. Il vitellino era là coll'acqua al collo, la madre tentava di spingerlo dolcemente verso l'uscio, scalpicciando in mezzo all'acqua. Ad ogni momento levava il capo verso il soffitto come per chiamare aiuto. Giunse un'altra ondata che gorgogliò al posto dove era il vitello, poi si agitò disperatamente e ribollì; la lanterna era sempre accesa nella stalla nera che sembrava barcollante. Infine l'onda si allargò quieta ed immobile dappertutto. Allora la *Bigia* scappò muggendo al vento, colla coda ritta, l'occhio pazzo di terrore; e si perse nell'oscurità profonda.

Giovanni Verga, *Tutte le novelle*, a cura di C. Riccardi, Mondadori, Milano, 1979

2. **strame**: strato di paglia e fieno accumulati nella stalla.

COMPRENDERE

1. Riassumete in circa 50 parole la vicenda narrata.

ANALIZZARE

2. L'effetto della novella è affidato in gran parte al "non detto": il lettore intuisce ciò che sta accadendo attraverso indizi indiretti disseminati nel testo. Analizzate in particolare quelli che fanno percepire progressivamente l'incombere di una tragedia imminente.
3. Anche la presenza degli uomini compare solo attraverso accenni indiretti: da quale punto di vista è presentata?

4. Indicate le espressioni che in alcuni punti attribuiscono a degli animali caratteri quasi umani.
5. Lo stile dell'autore è semplice e diretto; ma, a differenza che in altre sue opere, compaiono anche espressioni letterariamente raffinate ed elaborate. Indicatene qualcuna.

CONTESTUALIZZARE

6. Confrontando questa pagina con altre a voi note di Verga, individuate somiglianze e differenze; indicate gli aspetti che rendono questa novella singolare nell'opera verghiana.

INTERPRETARE

7. A vostro parere, qual è il significato della novella? Quale può essere stato l'intento dell'autore? Nel rispondere fate riferimento alle caratteristiche testuali evidenziate dalle domande precedenti.

SCRIVERE UN TESTO ARGOMENTATIVO

- Nel brano riportato sotto, Zola prescrive allo scrittore un atteggiamento di impassibilità e di assenza di emozioni di fronte ai fatti narrati. In che misura Verga condivide e rispetta questa prescrizione? Sviluppate l'argomento in forma di "saggio breve", utilizzando il documento proposto e quelli indicati di seguito, svolgendo la trattazione anche con opportuni riferimenti alle vostre conoscenze ed esperienze di studio.

Émile Zola, *Il romanziere* (1880)

Il romanziere è insieme un osservatore ed uno sperimentatore. L'osservatore per parte sua pone i fatti quali li ha osservati, individua il punto di partenza, sceglie il terreno concreto sul quale si muoveranno i personaggi e si produrranno i fenomeni. Poi entra in scena lo sperimentatore che impianta l'esperimento, cioè fa muovere i personaggi in una storia particolare, per mettere in evidenza che i fatti si succederanno secondo la concatenazione imposta dal determinismo dei fenomeni studiati. [...]
Il romanziere muove alla ricerca di una verità. [...] Non si può immaginare un chimico adirato con l'azoto perché questo elemento è contrario alla vita, o pieno di tenera simpatia per l'ossigeno per la ragione opposta. Un romanziere che sente il bisogno di indignarsi contro il vizio e di applaudire alla virtù, rovina allo stesso modo i documenti che presenta, in quanto il suo intervento è fastidioso quanto inutile; l'opera perde la sua forza, non è più una pagina di marmo estratta dal blocco della realtà, ma è una materia lavorata, rimpastata dall'emozione dell'autore, emozione soggetta a tutti i pregiudizi ed a tutti gli errori. Un'opera vera sarà eterna, mentre un'opera pervasa di commozione non potrà solleticare che il sentimento di un'epoca.

Émile Zola, *Il romanzo sperimentale*, Pratiche editrice, Parma, 1980

Tre documenti a scelta tra quelli qui indicati:
▸**D10** Émile Zola, *Il romanzo sperimentale* (p. 24)
▸**T3** Émile Zola, *La stireria*
▸**T64** Giovanni Verga, *Libertà*
▸**T65** Giovanni Verga, *Fantasticheria: «l'ideale dell'ostrica»*
▸**T66** Giovanni Verga, *Rosso Malpelo*
▸**T68** Giovanni Verga, *«La fiumana del progresso»*
▸**T71** Giovanni Verga, *«Ora è tempo d'andarsene»*

ALLA MANIERA DI...

1. Immaginate che la signora a cui Verga si rivolge in *Fantasticheria* (▸**T65**) gli risponda, confutando l'«ideale dell'ostrica».
2. Se Verga avesse raccontato la storia dei *Promessi sposi*, come avrebbe cominciato e concluso il romanzo? Scrivete un inizio e un finale (di 5-10 righe) dei *Promessi sposi* alla maniera di Verga.
3. Svolgete lo stesso esercizio all'inverso: se Manzoni avesse raccontato la storia dei *Malavoglia*, come avrebbe cominciato e concluso il romanzo?

Tre scrittori dal vero: Verga, Capuana, De Roberto

«Verrai il 20? Non dimenticare di portare stavolta la commedia e anche la macchina fotografica. Coll'una e coll'altra passeremo qualche ora buona, insieme a Federico e a Ciccio Ferlito». Così scrive Giovanni Verga a Luigi Capuana, da Catania, il 16 novembre 1887. E Capuana accetta entusiasta due giorni dopo, confermando sia la macchina sia la commedia (che potrebbe essere l'adattamento di *Giacinta*, andata in scena a Napoli maggio successivo).

Veniva così organizzata una seduta destinata a immortalare il gruppo fondatore del verismo: la macchina fotografica la fornisce Capuana, ma a quanto pare le foto sono opera di Verga. Federico è ovviamente De Roberto. Francesco Ferlito detto Ciccio era un amico, loro e di molti altri letterati dell'epoca, che dopo aver tentato una fortuna da giornalista fuori dalla Sicilia intraprenderà la carriera del magistrato. Il primo del terzetto a interessarsi di fotografia era stato Capuana, fin dal 1863. Lo scrittore di Mineo, che durante il suo soggiorno fiorentino era stato in contatto con lo studio degli Alinari, avrebbe messo su nel 1880, tra il serio e il faceto, un «Grande Atelier Fotografico in Mineo diretto dal Prof. Luigi Capuana». Alcuni dei suoi soggetti potranno stupire: nel '64, lo scrittore aveva ritratto la *trance* medianica di una ragazzina; nel 1889, preso da curiosità per lo spiritismo, cercherà a quanto pare di fotografare ectoplasmi. Siamo dunque ben lontani dall'intenzione di documentare la realtà secondo un approccio «verista»; al contrario, Capuana praticava fino all'esasperazione un comportamento tipico della sua terra: la vicinanza tra la foto e la morte (e i morti) è rimasta infatti – fino a pochi decenni fa – un ingrediente fondamentale negli usi sociali della fotografia in Sicilia. Spesso i ritratti ufficiali dei famigliari venivano eseguiti *post mortem*, sulla salma composta: naturalmente, con ritocco finale agli occhi. Lo stesso Capuana si fece uno scherzoso autoritratto da morto, e accettò di ritrarre una bimba appena defunta che i parenti, pur di conservarne il ricordo, fecero riesumare per l'occasione.

Verga aveva scattato le prime sue foto nel 1878, con una macchina dello zio paterno Salvatore Verga Catalano. La primissima immagine che sia pervenuta fino a noi è un autoscatto di gruppo preso nel cortile della casa materna, in via Sant'Anna 8 a Catania; nella fotografia, attraversata da lunghe fenditure della lastra, Verga è con la madre, il fratello Mario, la cugina adottiva Ledda, la sorella Teresa e la cagnetta Bella, donatagli dall'amica milanese Paolina Greppi. Dopo la seduta di posa del 1887 con gli amici scrittori, l'autore dei *Malavoglia* e di *Mastro-don Gesualdo* dirigerà l'obiettivo sui luoghi e sulle persone che più lo avevano ispirato nella scrittura narrativa: i massari e campieri di Vizzini, le strade di Licodia e di altri luoghi della Sicilia orientale, i parenti e i paesaggi, ma anche i luoghi di villeggiatura e di studio, dalla Lombardia alla Valtellina alla Svizzera. La fotografia coincide dunque con la fase artisticamente più alta della produzione letteraria di Verga: salvo protrarsi ben dentro la sua lunga vecchiaia, fino al secondo decennio del XX secolo.

Atlante della letteratura italiana, III. Dal Romanticismo a oggi, a cura di S. Luzzatto, G. Pedullà, Einaudi, Torino, 2012

1. Metti in ordine cronologico i seguenti eventi riportati nel testo.
- a. Verga scrive a Capuana per invitarlo a Catania, dicendogli di portare la sua macchina fotografica.
- b. La versione teatrale di *Giacinta* di Capuana viene portata in scena a Napoli.
- c. Capuana inizia a interessarsi di fotografia.
- d. Capuana apre a Mineo un «Grande Atelier Fotografico».
- e. Capuana ritrae con la macchina fotografica la *trance* medianica di una ragazzina.
- f. Capuana cerca di fotografare degli ectoplasmi.
- g. Verga scatta le sue prime foto.

2. Quale atteggiamento culturale tipico della sua terra Capuana mette in pratica nella sua attività di fotografo?

....

3. Indica il significato dell'espressione "tra il serio e il faceto" (riga 12).

....

4. Quale figura retorica è presente nella frase "la macchina fotografica la fornisce Capuana" (riga 6)?

A. □ Anacoluto B. □ Apostrofe C. □ Paronomasia D. □ Antitesi

Verga e il cinema

MASSIMO CARDILLO

«Magari potessi aiutarti, Dinuzza, metto perciò a tua disposizione quelli dei miei drammi, novelle e romanzi che ti servono, e facciamoli pure cinematografare, ben inteso a tuo totale beneficio, che io non voglio nulla ed è cosa tua. Credo che realmente si potrebbe cavarne qualche cosa perché del diritto di cinematografare *Cavalleria Rusticana* mi furono offerte 500 lire [...]. Figurati che di *Cavalleria Rusticana* ne fecero una rappresentazione che io non arrivavo a capire quando andai per curiosità a vederla. Ma tant'è così serviva a loro» (17 gennaio 1912). [...]. Già da tempo Giovanni Calendoli ha messo giustamente in rilievo l'importanza notevole che l'epistolario fra Verga e la Contessa Dina Castellassi di Sordevolo riveste ai fini di una più approfondita conoscenza non solo della personalità dello scrittore siciliano ma anche della Storia del Cinema Muto Italiano. [...]

Verga, partito da posizioni critiche entrerà addirittura a far parte di una casa cinematografica. Proprio lui che più e più volte pregherà la contessa Dina di non lasciar trapelare il segreto: «Ma tenetemi il segreto, vi scongiuro, quanto alla mia collaborazione cinematografica», «Non voglio confessarmi autore di simili contraffazioni artistiche». [...]

Ancora nel 1916 il giudizio dello scrittore sul cinematografo non è molto esaltante: «Anche quel cinematografo che ha preso il posto del teatro è proprio una fantasmagoria». Poca dignità artistica e poca capacità didattico-educativa: «Il cinematografo oggi ha invaso talmente il campo e ha bisogno di soggetti e temi coi quali abbruttire il pubblico e accecare la gente». Per non parlare poi degli interpreti che illustrano il soggetto «colle loro smanie e i loro salti mortali». Risultato di tutto ciò è per Verga una noia profonda. [...]

Verga dimostra comunque di avere spirito critico ma anche senso pratico dal momento che occorre far di necessità virtù. [...]. Lo scrittore comprende giustamente e accortamente che occorre approfittare del momento, con il cinematografo in rapidissima evoluzione ed espansione e quindi perennemente in cerca di soggetti. Comprende che la produzione è insufficiente a coprire il mercato: «Dallo sviluppo enorme che ha preso lo spettacolo cinematografico e dal bisogno sempre crescente che avranno perciò di soggetti cinematografabili, più o meno noti, qualcosa deve arrivare».

E arriva, se a mo' di manager così scrive alla sua amica negli ultimi mesi del 1912: «Accettate senz'altro l'offerta di 600 lire per la cinematografia di *Tigre Reale*», passando poi al rialzo per un'altra sua opera: «Quanto al cinematografo, se combinate per la *Storia di una Capinera*, che è popolarissima, non dovreste cederla a meno di 1.000 lire». Le condizioni economiche di Verga e della Contessa Dina non sono certamente floride per cui, se paga, ben venga «la frenesia cinematografica che impera in tutto il mondo e il bisogno di rinnovare i soggetti per queste stupidaggini» provocate a suo dire da «una febbre di follia collettiva».

Massimo Cardillo, *Tra le quinte del cinematografo. Cinema, cultura e società in Italia 1900-1937*, Dedalo, Bari, 1987

1. Qual è la fonte delle frasi citate tra virgolette nel testo?

....

2. Indica le opere di Verga riadattate per il cinema citate nel testo, indicando anche il compenso offerto allo scrittore o da lui richiesto per ciascuna di esse.

....

....

3. Qual è il significato dell'espressione "soggetti cinematografabili" (riga 23)?

....

4. L'autore contrappone lo "spirito critico" e il "senso pratico" di Verga nei confronti del cinema. In che cosa consiste questa contrapposizione?

....

....

5. "Dal momento che occorre far di necessità virtù" (riga 19) è una proposizione:

A. ☐ temporale **B.** ☐ causale **C.** ☐ consecutiva **D.** ☐ finale

4 GIOVANNI PASCOLI

IL PROFILO

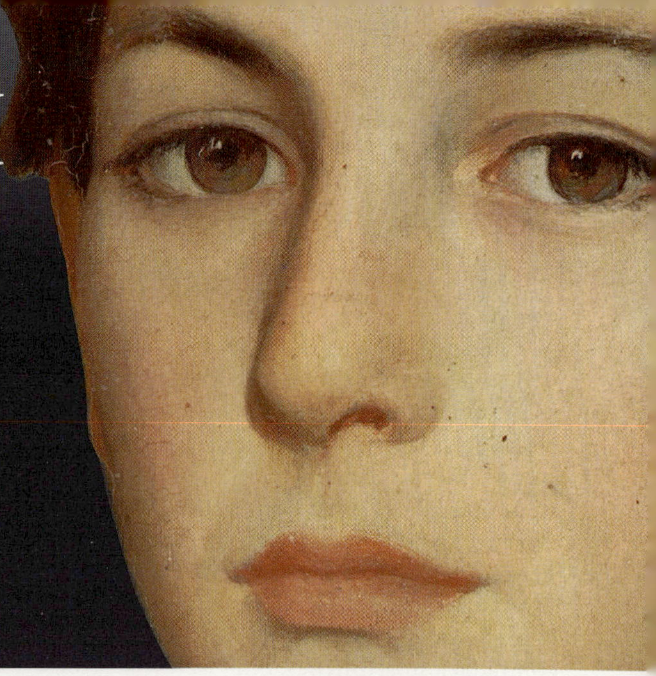

La vita e le idee

BIBLIOTECA
LEZIONE SU GIOVANNI PASCOLI

UNO SVENTURATO DI SUCCESSO

Una personalità a due facce

C'è un ritratto di Pascoli che ha trionfato per decenni nelle scuole: quello di un uomo che dalla sventura e dalla capacità di perdonare ha ricavato un'alta lezione morale di fratellanza, e l'ha tradotta in una poesia predicatoria di buoni sentimenti. Questo ritratto – che è poi un autoritratto – riflette solo uno dei lati di una personalità complessa e inquietante: noi oggi preferiamo guardare al suo lato oscuro, fatto di ipersensibilità e di ossessioni, e alle novità sconvolgenti che la sua poesia contrabbanda sotto l'apparenza di un candore fanciullesco.

Il trauma infantile

Giovanni Pascoli nacque nel 1855 a San Mauro di Romagna, primo degli otto figli di un amministratore delle tenute dei principi Torlonia. Aveva undici anni quando suo padre fu assassinato in circostanze misteriose; seguirono la morte della madre stroncata dal dolore e di tre fratelli, e la dispersione degli altri orfani, chi in convento, chi in collegio, chi a guadagnarsi il pane. La vita di Giovanni non fu materialmente sconvolta: continuò a studiare nel collegio dei padri Scolopi di Urbino dove era entrato a sei anni; lì si formò la cultura classica che gli consentì di coltivare per tutta la vita la composizione di poesie in latino.

Carducci e il socialismo

Nel 1873 si iscrisse alla facoltà di Lettere dell'Università di Bologna, dove entrò nella cerchia dei discepoli di Carducci; ma dopo tre anni interruppe gli studi, perse i sussidi di cui godeva e si ridusse in miseria. È di questo periodo la sua adesione all'Internazionale dei lavoratori e la militanza in gruppi anarchici, che lo portò a subire nel 1879 tre mesi di carcere. Uscito di prigione, riprese gli studi e si laureò nel 1882.

Gli affetti domestici

Iniziò subito la carriera di professore di ginnasio, in un primo momento a Matera, poi a Massa e a Livorno. Appena ebbe raggiunto un minimo di tranquillità economica, chiamò a vivere con sé le sorelle Ida e Maria, per ricostruire almeno in parte quel «nido» domestico che era stato tragicamente distrutto. Il

▸D19 suo attaccamento per le sorelle fu profondo e quasi morboso: quando Ida si sposò, Giovanni ebbe una crisi parossistica di gelosia; la convivenza con Maria durò tutta la vita, grazie anche ai piccoli perfidi artifici con cui ciascuno dei due faceva naufragare sul nascere ogni possibile progetto matrimoniale dell'altro.

Il successo

Sono di questi anni le prime poesie di impronta personale e i primi successi: la prima edizione di *Myricae* (1891), e la prima di una lunga serie di vittorie al concorso internazionale di poesia latina di Amsterdam.

Con la notorietà gli giunse la nomina a professore universitario "per meriti speciali"; dopo un anno a Bologna, fu docente di letteratura latina a Messina (dal 1897), poi a Pisa (dal 1903); ma tutto il tempo libero (che era molto) lo trascorreva con Maria a Castelvecchio di Barga in Garfagnana, in una villa con podere che aveva acquistato.

DOCUMENTO 19

«O STRAZIO INFINITO!»

Maria Pascoli, la sorella che visse sempre accanto al poeta e gli sopravvisse per quarant'anni, scrisse una biografia del fratello, utilizzando la vasta documentazione che aveva amorosamente conservato. Particolarmente interessanti sono le numerose lettere indirizzate a lei che Maria riproduce. Quella che presentiamo in parte si riferisce a un momento di grande turbamento nella vita di Pascoli: il poeta, appena aveva potuto avere una casa propria, aveva cercato di ricostituire un nido familiare chiamando a vivere con sé le sorelle Ida e Maria; ma nel 1895, dopo dieci anni di convivenza, Ida andò sposa. Giovanni ebbe una furiosa crisi di gelosia, che questo brano testimonia. Non possiamo sapere se i numerosi puntini di sospensione appartengono tutti al testo originale o segnalano in parte tagli operati dalla sorella.

Maria Pascoli, *Lungo la vita di Giovanni Pascoli*, Mondadori, Milano, 1961

O strazio infinito enorme incredibile! Bisogna separarsi, ancora viventi, dopo aver vissuto insieme la maggiore e miglior parte della vita: bisogna separarsi... per essere felici! O ironia, o scherno! È così. Non giova riluttare[1]. Tu sei la mia sorellina adorata, la mia compagnina, la mia vita! Ma bisogna che io mi prepari a non esagerare sul mio affetto[2]... come ho esagerato con la tua sorella... che contemplerebbe con lo stesso sguardo d'indifferenza... oltre che il mio sfacelo morale e intellettuale, anche il mio sfacelo fisico... pur che non le togliesse il suo «sposo»... Oh! un gran torto ha la tua sorella: quello di aver idoleggiata per sé, esclusivamente per sé, una felicità che avrebbe tolta a noi... Questo è il suo torto: le sue savie parole d'oggi... sono un sarcasmo atroce: a te non ha tolto molte occasioni, a me tutte[3]; e poi ora ci guarda con occhi quasi di compatimento, perché magra te, poverina angiolina mia, me, perché grasso e goffo e grigio e stanco e malato!...

1. **Non giova riluttare**: è inutile opporsi.
2. **mi prepari... affetto**: anche Maria potrebbe abbandonarlo per sposarsi.
3. **a te... tutte**: le *occasioni* sono le possibilità di sposarsi; Giovanni vuol dire che lui e Maria hanno rinunciato alle prospettive matrimoniali per non rompere l'unione dei tre; ma Maria, più giovane, ha ancora qualche possibilità.

Uno scorcio di San Mauro di Romagna, il paese dove nacque Giovanni Pascoli, in una fotografia della fine dell'Ottocento. (Barga, Casa Museo Giovanni Pascoli/Scala)

PROFILO

Sono anni di grande fervore creativo: mentre completa le principali raccolte delle sue poesie, le cui edizioni si esauriscono rapidamente, pubblica quattro originali antologie scolastiche e tre grossi volumi di critica dantesca, collabora a riviste e inizia l'attività di conferenziere, in cui si manifesta la sua crescente ambizione di poeta-vate, maestro civile e morale.

Gli ultimi anni

Nel 1905 venne chiamato alla cattedra di Letteratura italiana di Bologna al posto di Carducci che andava in pensione; era la consacrazione ufficiale a successore del "vate d'Italia", ma il successo fu amareggiato dal confronto col maestro, che per molti gli era sfavorevole: Pascoli appariva inferiore soprattutto come studioso di letteratura. Gli ultimi anni bolognesi trascorsero fra la composizione dei *Poemi italici* e *Poemi del Risorgimento* e i discorsi celebrativi: notevoli quelli del 1911 per il cinquantenario dell'unità d'Italia e per la guerra di Libia, in cui culmina il nazionalismo del poeta. Morì, di cancro, nel 1912.

L'EROE E IL FANCIULLINO

«Neurastenia»

▸D20

L'autoritratto che Pascoli si è costruito lo raffigura come un eroe del dolore, un uomo che con la forza di carattere è riuscito a vincere la sventura e a conquistarsi un grande ruolo morale e sociale. Ma dalle testimonianze della vita e dall'opera traspare un risvolto ben diverso, fragile e nevrotico, della sua personalità: basta leggere questo sfogo da una lettera a un amico del 1897: «sarà *neurastenia*, sarà *autosuggestione*, sarà effetto della vita forzatamente casta e orribilmente mesta, ma io passo certe ore, meglio certi giorni, in cui mi pare di dover morire». La tendenza a ingigantire ogni difficoltà e a percepire il mondo intero come ostile è un motivo ricorrente, come in questa lettera a Maria (1904): «La posta di Castelvecchio ha torto d'aver tassata la cartolina [...]. Manda a dire qualche cosa a quei dispettosi cattivi e ingrati: gentaccia! O Mariù, che brutto mondo!». Traspare in questi atteggiamenti un fondo di infantilismo che forse non è estraneo all'indicazione che Pascoli diede del «fanciullino» come simbolo dell'ispirazione poetica.

- *«Vita forzatamente casta e orribilmente mesta»*

Il «nido»

Questa personalità era stata segnata dal trauma della tragedia familiare, sulla quale il poeta ritornò con insistenza crescente col passare degli anni. Per tutta la vita Pascoli si sentì un orfano, attanagliato dalla nostalgia per la famiglia perduta; la sua poesia la simboleggia nell'immagine ricorrente del «nido», il luogo dove

Filippo Palizzi, *Il Calesse*, XIX secolo. (Collezione privata)

L'EROE DEL DOLORE

Questa lettera fu scritta da Pascoli nel 1904 a un ufficiale di marina il cui padre era stato assassinato; nel processo di appello il presunto assassino era stato assolto. Pascoli vide un'affinità tra questa vicenda e la tragedia della sua famiglia (anche l'assassinio di suo padre era rimasto impunito), e si rivolse allo sconosciuto come «fratello nella sventura»: ne emerge un autoritratto ideale, misto di orgoglio e di vittimismo.

Maria Pascoli, *Lungo la vita di Giovanni Pascoli*, Mondadori, Milano, 1961

Caro nobile cuore, è il 10 agosto[1]. Leggo nei giornali che lei s'imbarca per andare alla sua nave nelle acque lontane. È il 10 agosto. Ho bisogno di scriverle, mio forte fratello nella sventura. Sono moltissimi anni[2] (quasi tutti quelli della vita così pia e così mesta della mia sorella) in questo giorno io perdei il mio padre. Fu assassinato nella strada del ritorno (da Cesena a San Mauro), poco prima di arrivare a Savignano, sulla sera, da due uomini (uomini?) in agguato, mentre solo solo sul calessino[3] tornava, ripeto, alla sua famiglia; mia madre e otto figli! Tutta la famiglia fu spezzata, mia madre morì un anno e poco più dopo, tre fratelli più grandi di me morirono a non molta distanza; i superstiti quasi tutti o naufragarono nella vita o uscirono appena a riva[4], ma a una riva desolata, senza essersi potuti accompagnare per via[5]... Eccoci qui noi due, il fratello rimasto il più grande e la sorella ch'era la più piccina; eccoci qui, soli soli, con non altra compagnia che un povero buon canino. La sorella era troppo misera[6] per maritarsi, il fratello troppo tenero di lei per darle una dominatrice della casa, ch'ella mi pulisce e abbellisce da tanti anni! Eccoci qui soli soli, e non le so dire quanti siano stati e siano ancora gli strazi materiali e morali che abbiamo sofferto! Per quanto pensati e ripensati, se ci avviene di parlarne, ci fanno ancora piangere come se fossero stati sofferti da altri, non da noi. Tuttavia alla riva, per quanto desolata, siamo arrivati: ho cominciato ad avere una casa di mio, dalla quale, alla mia morte, la mia sorella-figlia non potrà essere scacciata, come sua madre da un'altra grande casa[7]; ho un buono stipendio, ho un buon nome. Né però la fortuna mi si mostra, nemmen ora! benevola: per questa casa ho vendute le medaglie che m'ero guadagnate ad Amsterdam[8], il mio buon nome è stato anche poche settimane fa gettato nel fango dai dotti più famosi d'Italia[9]; mi è stato, da chi meno avrebbe dovuto, fatto un insulto atroce davanti il figlio di quel re che io piansi con un inno di dolore e di gloria[10]... Ma bisogna contentarsi. Io mi meraviglio sempre di trovarmi salvo, e, le giuro, quando siedo alla parchissima mensa, io ringrazio istintivamente qualcuno, che forse è Dio, che mi dia l'insperata gioia del pane quotidiano. E lo benedico di avermene dato assai anche per la mia sorellina, e anche per altri. Ma insomma, alla mia patria, alla giustizia e alla bontà della mia patria, devo ben poco – non devo nulla.

1. **il 10 agosto**: la ricorrenza dell'assassinio del padre di Pascoli, avvenuto 38 anni prima.
2. **Sono... anni**: moltissimi anni fa.
3. **calessino**: veicolo a due ruote tirato da un cavallo.
4. **uscirono appena a riva**: si salvarono, come un naufrago che raggiunge a stento la riva.
5. **senza... per via**: senza essersi potuti sposare. Questo riguardava Giovanni e la sorella Maria (la sorella sposata non è nominata, come se non appartenesse più alla famiglia).
6. **misera**: povera, senza dote.
7. **come... casa**: dopo l'uccisione del marito, la madre di Pascoli aveva dovuto abbandonare la casa colonica di cui lui era stato affittuario.
8. **le medaglie... Amsterdam**: le medaglie vinte al concorso annuale di poesia latina di Amsterdam; dal 1892 al 1912 Pascoli vinse per tredici volte il primo premio.
9. **gettato nel fango... d'Italia**: Pascoli aveva concorso coi suoi volumi di critica dantesca al Premio Reale dell'Accademia dei Lincei, ed era stato giudicato quinto su sette concorrenti.
10. **davanti il figlio... gloria**: il giudizio piuttosto negativo su Pascoli fu letto in adunanza pubblica alla presenza del re, che era Vittorio Emanuele III, figlio di Umberto I, ucciso da un anarchico nel 1900; in quell'occasione Pascoli aveva composto l'inno *Al Re Umberto*.

ci si tiene stretti e caldi, ci si protegge reciprocamente dal mondo esterno: è l'ideale casa contadina patriarcale celebrata nei *Poemetti*, è un mitico rifugio dove ci si sottrae alle difficoltà, alle responsabilità, alla storia.

Il mistero

Fuori del «nido», la realtà gli appare oscura e minacciosa, sia negli aspetti sociali sia in quelli naturali. Pascoli accetta la visione materialista dell'universo divulgata dalla scienza positivista, ma di fronte a essa il suo atteggiamento è di smarrimento angoscioso: nell'inesorabile meccanicità delle leggi naturali non c'è niente che dia un senso all'uomo e alla sua mortalità; la gelida infinità degli spazi cosmici, in cui la terra non è che uno sperduto «atomo opaco», lo opprime quasi fisicamente; l'intera realtà gli appare un "mistero". Si può stabilire un parallelo con l'inesausta domanda leopardiana sul perché dell'universo meccanico disegnato dalla scienza settecentesca; ma Pascoli non ha la lucidità razionale di Leopardi, il suo rifiuto delle consolazioni, né quel suo tono di sfida verso la cultura del proprio tempo: il suo atteggiamento verso il mistero della natura è emotivo e sgomento, e rientra in una crisi generale dell'ottimismo positivista.

I morti, la morte

Nelle espressioni del "mistero" compare poi un elemento che si intreccia, contraddicendola, alla visione scientifica: la natura appare animata da presenze inquietanti, gli animali e le cose mandano oscuri messaggi; sembra di intravedere un residuo di una visione animista ereditata da tenaci superstizioni contadine. Alle stesse radici rimanda l'ossessiva presenza dei morti (i propri morti familiari), amati e insieme temuti, che assediano continuamente la sua immaginazione, esigono un tributo di lacrime, lo chiamano a sé. Così al pensiero dei morti si intreccia quello della propria morte, sentita con terrore come annientamento totale, ma insieme, in modo ambivalente, come un rifugio dal mondo, un ricongiungersi ai propri cari, un ritorno al «nido».

IL PREDICATORE

Socialismo umanitario

Pascoli è ritornato in diversi momenti sul significato morale e sociale, politico insomma, della sua opera. La militanza giovanile nell'Internazionale, sulla quale abbiamo scarse notizie, fu solo una parentesi; più tardi il poeta continuò a lungo a dirsi
▸D21 "socialista", anche se in un senso assai vago. Si trattava di una sorta di religione umanitaria, di un appello alla pacificazione universale, di un invito alla pietà che accomunava oppressori e oppressi:

È la PIETÀ che l'uomo all'uom più deve:
persino ai re; persino a te, Lucheni.

scrive in un'ode rivolta a un anarchico che ha commesso un attentato (*Nel carcere di Ginevra*). L'appello è fondato sul comune destino di morte, con un esplicito richiamo alla *Ginestra* di Leopardi, alla quale Pascoli dedicò un saggio.

Emilio Longoni, *L'oratore dello sciopero*, 1890-92. (Milano, Galleria di Arte Moderna)

La siepe

Tutto questo convive con la convinta esaltazione della piccola proprietà privata. L'ideale sociale di Pascoli è il contadino che vive sul "suo", col suo patriarcale attaccamento alla casa e alla famiglia (ancora il «nido»), la sua saggezza antica, e anche col suo senso geloso della proprietà. Simbolo ne è la siepe che cinge il campo e l'aia e vieta l'accesso agli estranei, alla quale è intitolato uno dei *Poemetti*:

io per te vivo libero e sovrano,
verde muraglia della mia città.

È significativo che il poemetto venisse dedicato nel 1897 a Gabriele D'Annunzio, che in quell'anno di tumulti e di assalti degli affamati ai granai, in un discorso elettorale rivolto ai coltivatori diretti, aveva fatto anche lui della siepe il simbolo della difesa dell'ordine e della proprietà.

PROFILO

DOCUMENTO 21

«NÉ SOCIALISTA NÉ ANTISOCIALISTA»

Siamo nel 1901, nel periodo in cui Pascoli è professore all'università di Messina. In una lettera all'amico lucchese Alfredo Caselli, il poeta parla di una sua possibile collaborazione a una rivista socialista, e introduce questa precisazione sui propri sentimenti politici.

Giovanni Pascoli, *Lettere agli amici lucchesi*, a cura di F. Del Beccaro, Nistri-Lischi, Pisa, 1960

- Nel carcere di Ginevra
- «I veri uomini»

Io non sono né socialista né antisocialista, perché sono *libero* e modesto predicatore d'una *nuova dottrina*. Spero d'essere sostanzialmente d'accordo; se non col da me odiato sempre, anche quando scontavo nelle patrie prigioni il mio ardente socialismo, credo Marxistico[1]; col sentimento, almeno, che li anima, i socialisti veramente sinceri. Il fatto è che del socialismo io, *pro virili parte*[2], voglio fare, come praticamente faccio, una religione, la quale m'accorgo, nelle mie meditazioni, che è un fondamento molto più scientifico che il *plus-valore* dell'economista ebreo-tedesco[3]. Qua a Messina mi hanno scomunicato[4], perché io predico che l'Italia essendo la nazione *proletaria* ed essendo insidiata dalle nazioni *borghesi* (oltre Francia, Inghilterra e *Deutschland*), i socialisti resterebbero socialisti anche diventando (come dovrebbero ed è *vergogna incredibile* e *pianto al cuor nostro* che non siano divenuti) patrioti... Ma lasciamo lì. Anch'io li ho scomunicati! E siamo pari.

1. **se non... Marxistico**: anche se non sono d'accordo con la dottrina marxista, che ho odiato sempre, anche quando pagavo con la prigione il mio socialismo; questo era accaduto nel 1879 quando, ancora studente a Bologna, era stato arrestato in una manifestazione ed era rimasto tre mesi in carcere.
2. ***pro virili parte***: per quanto sta in me (latino).
3. ***plus-valore*... ebreo-tedesco**: il *plusvalore* (la parte del valore prodotto dai salariati che viene loro sottratta dai proprietari dei mezzi di produzione) è il fondamento della teoria economica esposta da Marx nel *Capitale*, che vuole costituire un fondamento *scientifico* del socialismo e del comunismo; Pascoli ritiene che il proprio socialismo religioso e sentimentale sia più *scientifico*. L'espressione *economista ebreo-tedesco* è evidentemente spregiativa, forse con una punta di antisemitismo.
4. **mi hanno scomunicato**: i socialisti locali.

Giovanni Pascoli nel giardino di casa in un ritratto fotografico del 1903. (Barga, Casa Museo Giovanni Pascoli/Scala)

Il presentimento d'un disastro

Questo idillico mondo campestre appartiene al passato. Pascoli ha una percezione acuta delle trasformazioni economiche e politiche in atto: la piccola proprietà è minacciata da un lato dal grande capitale finanziario («Ahimè chi possiede i campi della terra saturnia [...]? Li possiede il credito ipotecario»), dall'altro dalle rivendicazioni collettivistiche del socialismo. La stessa tendenza alla concentrazione si manifesta nelle contese tra le grandi potenze: «Il genere umano precipita verso l'abisso della monarchia unica e del possessore unico». È un'immagine pregnante di ciò che noi chiamiamo capitalismo monopolistico e imperialismo, accompagnata dal presagio di uno sbocco catastrofico: «sui nostri capi passa il presentimento d'un disastro».

Così Pascoli, interpretando lo smarrimento di una piccola borghesia tradizionale schiacciata dai nuovi conflitti di classe e avviata al declino, giunge a una visione storica più lucida di qualunque ottimismo progressista, e quasi profetica. Ci giunge a modo suo, non attraverso un'analisi razionale, ma per via intuitiva, proiettando sulla storia lo stesso sgomento che prova di fronte al mistero dell'universo.

Frontespizio del discorso *La grande proletaria si è mossa* che Giovanni Pascoli tenne nel 1911 a sostegno dell'intervento militare in Libia.

Il nazionalismo proletario

In contrasto coi suoi appelli alla conciliazione universale, Pascoli professò sempre un nazionalismo convinto e aggressivo. Il nazionalismo è un prolungamento naturale del suo "socialismo" contadino: il sacro egoismo della piccola proprietà si trasferisce sul piano della collettività nazionale. Le guerre di conquista coloniale, da quelle di Crispi alla guerra di Libia del 1911, sono esaltate dal poeta a volte con accenti di vero furore bellicista. In questo il nazionalismo pascoliano coopera con altre correnti politico-culturali assai vive all'epoca, da D'Annunzio agli scrittori della rivista «Il Regno», fondata da Enrico Corradini, esponente di punta del nazionalismo italiano; ma se ne distingue per l'attenzione al problema dell'emigrazione, un fenomeno di portata enorme di cui altri letterati si curavano ben poco. L'Italia è la nazione proletaria perché esporta il suo proletariato nel mondo, le sue rivendicazioni equivalgono a una sorta di lotta di classe contro le nazioni ricche che sfruttano il suo lavoro e si sono impadronite del bottino coloniale. Queste idee trovarono l'espressione più efficace nel
▸D22
discorso tenuto nel 1911 in lode della guerra di Libia, «La grande Proletaria si è mossa», che fu ripubblicato dai principali quotidiani con larga risonanza. Diverranno poi una componente dell'armamentario ideologico del fascismo, più efficace del nazionalismo aristocratico alla D'Annunzio.

LA POETICA DEL FANCIULLINO

Il fanciullino

Pascoli ha esposto le sue idee sulla poesia in un saggio scritto fra il 1897 e il 1903 intitolato *Il fanciullino*. Un fanciullino è presente den-
▸T79
tro ciascuno di noi come memoria della propria infanzia: è ciò che abbiamo conservato dell'innocenza e della capacità di scoprire il mondo con occhi nuovi, con candida e sempre rinnovata meraviglia. È poeta chi sa ascoltare la voce del fanciullino che parla in lui come in ogni uomo.

DOCUMENTO 22

«LA GRANDE PROLETARIA SI È MOSSA»

Nell'autunno del 1911 il governo Giolitti decise che era giunto il momento di occupare la Libia, da tempo "riservata" all'Italia nella spartizione dell'Africa decisa a tavolino dalle diplomazie europee. Lo sbarco delle truppe italiane a Tripoli suscitò un'ondata di entusiasmi nazionalisti, contrastati dai socialisti e da qualche intellettuale come Gaetano Salvemini. Pascoli intervenne a favore della guerra con questo discorso pronunciato il 26 novembre nel teatro di Barga. Ne riproduciamo alcuni brani.

PROFILO

Giovanni Pascoli, *Patria e umanità*, *Prose*, Mondadori, Milano, 1971, vol. I

La grande Proletaria[1] si è mossa.

Prima ella mandava altrove i suoi lavoratori che in Patria erano troppi e dovevano lavorare per troppo poco. Li mandava oltre alpi e oltre mare a tagliare istmi, a forare monti, ad alzar terrapieni, a gettar moli, a scavar carbone, a scentar selve[2], a dissodare campi, a iniziare culture, a erigere edifizi, ad animare officine, a raccoglier sale, a scalpellar pietre; a fare tutto ciò che è più difficile e faticoso, e tutto ciò che è più umile e perciò più difficile ancora: ad aprire vie nell'inaccessibile, a costruire città dove era la selva vergine, a piantar pometi, agrumeti, vigneti dove era il deserto; e a pulire scarpe al canto della strada. Il mondo li aveva presi a opra[3] i lavoratori d'Italia; e più ne aveva bisogno, meno mostrava di averne, e li pagava poco e li trattava male e li stranomava[4]. Diceva: *Carcamanos! Gringos! Cincali! Degos!*

Erano diventati un po' come i negri, in America, questi connazionali di colui che la scoprì; e come i negri, ogni tanto erano messi fuori della legge e della umanità, e si linciavano. [...]

Ma la grande Proletaria ha trovato luogo per loro: una vasta regione bagnata dal nostro mare, verso la quale guardano, come sentinelle avanzate, piccole isole nostre; verso la quale si protende impaziente la nostra isola grande; una vasta regione che già per opera dei nostri progenitori fu abbondevole d'acque e di messi[6], e verdeggiante d'alberi e giardini; e ora, da un pezzo, per l'inerzia di popolazioni nomadi e neghittose[7], è per gran parte un deserto.

Là i lavoratori saranno, non l'*opre*, mal pagate mal pregiate mal nomate[8], degli stranieri, ma, nel senso più alto e forte delle parole, agricoltori *sul suo*, sul terreno della Patria; [...]

Chi vuol conoscere quale ora ella[9] è, guardi la sua armata[10] e il suo esercito. Li guardi ora in azione. Terra, mare e cielo, alpi e pianura, penisola e isole, settentrione e mezzogiorno, vi sono perfettamente fusi. Il roseo e grave alpino combatte vicino al bruno e snello siciliano, l'alto granatiere lombardo s'affratella col piccolo e adusto[11] fuciliere sardo; [...]. E vi sono le classi e le categorie anche là: ma la lotta non v'è; o è lotta a chi giunge prima allo stendardo nemico, a chi prima lo afferra, a chi prima muore. A questo modo là il popolo lotta con la nobiltà e con la borghesia. Così là muore, in questa lotta, l'artigiano e il campagnolo vicino al conte, al marchese, al duca.

1. **La grande Proletaria**: l'Italia.
2. **scentar selve**: disboscare.
3. **presi a opra**: ingaggiati come lavoratori a giornata.
4. **li stranomava**: gli affibbiava nomignoli spregiativi (quelli citati subito dopo).
6. **che già... messi**: nell'antichità l'Africa settentrionale era fertile su una fascia costiera più estesa di quella attuale; secondo Pascoli questo era dovuto ai lavori di irrigazione dei coloni romani.
7. **neghittose**: pigre. Secondo un pregiudizio razzistico, la desertificazione della Libia è stata dovuta non a mutamenti climatici, ma alla pigrizia delle popolazioni arabe.
8. **mal pregiate mal nomate**: disprezzate e chiamate con appellativi ingiuriosi.
9. **ella**: l'Italia.
10. **armata**: flotta militare.
11. **adusto**: scurito dal sole.

Poesia come lirica L'allegoria del fanciullino significa l'identificazione della poesia con un momento di conoscenza primigenia ed "eterna", cioè libera da ogni spessore storico e culturale. Si tratta evidentemente di una concezione della poesia come lirica e «pura» (l'espressione è nel saggio), imparentata alle idee che erano venute maturando nell'area simbolista e a quelle che negli stessi anni esponeva, con ben altra sistematicità, Benedetto Croce nella sua *Estetica*; una significativa concordanza con quest'ultimo è l'idea che i momenti di vera poesia sono sempre brevi, e nei poemi lunghi («poesia applicata») vanno isolati dal resto. Ma Pascoli si distingue dai simbolisti perché nega ogni importanza al lavoro tecnico-formale del poeta (in contrasto col virtuosismo di cui dà prova nei suoi versi); si distingue da Croce perché per lui la poesia non è creazione, è scoperta di un'essenza poetica che si trova già nella realtà: «Poesia è trovare nelle cose, come ho a dire? il loro sorriso e la loro lacrima».

La lingua poetica La poesia dunque nasce dalle cose stesse, e compito del poeta è scoprirle e nominarle («non è egli l'Adamo che per primo mette i nomi?»). Si pone qui un problema di lingua: è necessario un lessico estremamente determinato, capace di aderire alle cose caratterizzando ogni particolare («La poesia consiste nella visione d'un particolare inavvertito, fuori e dentro di noi»); il linguaggio della tradizione lirica italiana, ridotto, selezionato, e quindi generico, non è adeguato allo scopo. Pascoli critica Leopardi per espressioni come «un mazzolin di rose e di viole»: rose e viole non fioriscono nello stesso mese e non stanno bene insieme, la verità delle cose è tradita da un linguaggio che procede per formule tradizionali. «S'ha sempre a dire uccelli, sì di quelli che fanno *tottavì* e sì di quelli che fanno *crocro*?», scrive in un altro punto, con l'affettazione tipica della sua prosa. Ma i termini specifici per animali e piante o per gli oggetti della vita quotidiana non si trovano nel lessico letterario, sono parole d'uso comune che variano da regione a regione: da qui l'esigenza di arricchire il lessico attingendo a fonti dialettali, che ha tanta parte nella poesia pascoliana.

Il valore sociale Con una brillante capriola dialettica, Pascoli concilia poi la sua idea della poesia "pura" con una concezione moralistica: ▸T80 ciò che non è moralmente buono non interessa al fanciullino, perciò non è poetico; di più, la poesia, in quanto scopre un valore nelle più umili cose quotidiane, insegna ad accontentarsi di ciò che si ha, «pone un soave e leggero freno all'instancabile desiderio». In questo senso Pascoli attribuisce alla poesia «una suprema utilità morale e sociale», vede nel poeta un «ispiratore di buoni e civili costumi, d'amor patrio e familiare e umano», pur precisando che «il poeta non deve farlo apposta», deve ascoltare la sua voce interiore, non impancarsi a predicare. L'utilità sociale della poesia consiste dunque nell'insegnare ad accettare la propria condizione, a preferire la conciliazione alla lotta. Qui la concezione della poesia si incontra con le idee politiche e con i temi più profondi della psiche del poeta.

Angiolo Romagnoli, *Il piccolo tesoro*, 1873. (Collezione privata)

La poesia

LE RACCOLTE, I TEMI

La costruzione dell'opera

Nel raccogliere le proprie poesie in volume Pascoli non seguì un ordine cronologico: il poeta costruì i suoi libri di versi con criteri di affinità tematiche e formali, come avendo in mente fin dall'inizio una ben ordinata "opera completa". Del resto quest'opera non presenta una chiara evoluzione nel tempo, ma piuttosto un movimento ciclico tra svariati temi e modi. La presentiamo dunque secondo l'ordine che l'autore ha voluto.

Myricae

▸T78 ▸T81 ▸T86 ▸T95 ▸T98

Il titolo della prima raccolta, *Myricae*, è tratto da un'espressione di Virgilio (*arbusta juvant humilesque myricae*, "piacciono gli arbusti e le basse tamerici") e allude al carattere umile dei temi. La prima edizione comparve a Livorno nel 1891, seguita a brevi intervalli da altre quattro via via ampliate; l'edizione definitiva include le prime prove del poeta e testi del decennio 1886-1896. Sono più di 150 poesie, in genere brevi; prevalgono i temi campestri e, nelle più tarde, il ricordo della tragedia familiare.

Poemetti

▸T87 ▸T90

I *Primi* e i *Nuovi poemetti* sono le due parti in cui il poeta divise una raccolta pubblicata dapprima nel 1897 e poi molto accresciuta fino al 1909. Sono componimenti in terzine, parte dei quali forma una narrazione continuata sulle occupazioni quotidiane di una famiglia contadina e su un idillio rustico. A questi si affiancano, soprattutto tra i *Nuovi*, i poemetti di argomento cosmico, umanitario e sociale.

Canti di Castelvecchio

▸T91 ▸T93

Il titolo *Canti di Castelvecchio* si riferisce alla località in cui il poeta aveva una villa e un podere: sono una settantina di poesie composte fra il 1897 e il 1903. Continuano la tematica delle *Myricae* (la celebrazione delle piccole cose campestri e la tragedia familiare), ma con sviluppi più ampi e complessi.

Poemi conviviali

▸T94

I *Poemi conviviali* furono così intitolati perché cominciarono a uscire nel 1895 su «Il convito», lussuosa rivista romana banditrice dell'estetismo decadente. Gli argomenti sono tolti in gran parte dalla mitologia classica e dalla storia antica, con abbondanza di particolari eruditi. Il metro è quasi sempre l'endecasillabo sciolto.

Odi e inni

Le *Odi e inni* comparvero per la prima volta nel 1906. In metri che vanno dalle tradizionali terzine a strutture più nuove e ardite, che imitano la metrica greca, cantano temi civili e umanitari, per lo più prendendo spunto dalla cronaca: i moti del 1898, l'uccisione di re Umberto I, le esplorazioni polari, le guerre coloniali ecc.

Gli ultimi poemi

Dopo il 1905 circa, la poesia pascoliana svolta verso ambizioni epiche, che caratterizzano le ultime raccolte: *Canzoni di Re Enzio* (1909), *Poemi italici* (1911) e gli incompiuti *Poemi del Risorgimento* usciti postumi nel 1913.

La varietà dei temi

Basta questo elenco a intuire quanto vasta sia stata la produzione poetica di Pascoli: sono centinaia di liriche e poemetti, a cui bisogna aggiungere l'opera in versi latini, non meno ampia, che a detta degli specialisti contiene cose tra le sue migliori.

VITA

- **1855** Nasce a San Mauro di Romagna
- **1862** In collegio presso i padri Scolopi di Urbino
- **1867** Uccisione del padre
- **1873** Allievo di Carducci a Bologna
- **1876** Si avvicina a gruppi anarchici
- **1882** Professore di ginnasio
- **1885** Si riunisce alle sorelle Ida e Maria

1855 1860 1865 1870 1875 1880 1885

OPERE

Più sorprendente la varietà dei temi: l'universo poetico pascoliano comprende e accosta ogni aspetto della natura, dagli spazi siderali ai minimi eventi di foglie, petali, formiche; esplora la storia dall'antichità classica al Medioevo al Risorgimento, fino all'attualità; dà pari rilievo alle minime vicende private e ai grandi temi collettivi. La predicazione di pace e fratellanza si alterna a momenti di celebrazione dell'egoismo nazionale e della guerra; la nostalgia degli affetti domestici e dell'innocenza infantile lascia trasparire turbamenti profondi, inquietudini sessuali, pulsioni di morte. Ciò che dà unità a questo guazzabuglio è una "voce" poetica inconfondibile, un'impronta stilistica unica.

LO STILE

Impressionismo

Le prime prove poetiche di Pascoli, di cui resta qualche esempio in *Myricae*, potevano far pensare a una continuazione in tono minore di alcuni motivi del suo maestro Carducci in *Rime nuove*: una poesia della vita quotidiana fatta di stati d'animo e di quadretti naturali, in forme nitide e concluse. Ma fin dall'inizio il saldo impianto del discorso carducciano è incrinato dall'attenzione per il singolo particolare, per i suoni i colori gli odori, portati in primo piano e goduti per sé: col rilievo dato alla sensazione si scompagina la prospettiva, l'ordine delle cose, con un effetto che ricorda la pittura di macchie e colori puri di certi quadri impressionisti. Lo stesso accade sul piano psicologico: non c'è tanto un'espressione esplicita e motivata di sentimenti, quanto la pura emozione, suggerita in modo vago e allusivo per via di improvvisi fremiti e sussulti.

Negazione della sintassi

Pascoli tende insomma a distruggere l'ordine dei pensieri, delle immagini e dei sentimenti, e allo stesso modo riduce al minimo la struttura sintattica: spezza il discorso con continui incisi, esclamazioni, interrogazioni, frantuma il periodo in frasi brevi e coordinate, spesso ridotte a frasi nominali (prive di verbo): può giungere così alla pura elencazione di immagini ed emozioni, con trapassi improvvisi e accostamenti sorprendenti.

Linguaggio analogico

Su questo modo tutto emotivo di condurre il discorso si innesta poi una straordinaria inventiva verbale: basta ricordare espressioni come «soffi di lampi», «fulmini fragili», «voci di tenebra azzurra» (le campane), «orma sognata d'un volar di piume» (il volo notturno della civetta). Queste espressioni, che si comprendono ma non si possono parafrasare, che catturano il lettore per via di suggestione,

- **1891** Prima edizione di *Myricae*
- **1895** Si stabilisce nella villa di Castelvecchio di Barga
- **1895** Primi *Poemi conviviali*
- **1897** Professore di Letteratura latina all'Università di Messina
- **1897** *Poemetti*; saggio *Il fanciullino*
- **1903** Professore all'Università di Pisa
- **1903** *Canti di Castelvecchio*
- **1905** Professore di Letteratura italiana a Bologna
- **1906** *Odi e Inni*
- **1909** *Canzoni di Re Enzio*
- **1911** *Poemi italici*; *La grande Proletaria si è mossa*
- **1912** Muore a Bologna
- **1913** Escono postumi i *Poemi del Risorgimento*

possono ricordare le esperienze più innovative della poesia simbolista: in modo simile il linguaggio pascoliano suggerisce misteriose analogie tra i più diversi ordini di realtà. L'effetto però non è, come nei francesi, di alludere a una realtà "altra" superiore a quella sensibile, ma di creare un mondo instabile e cangiante, che pare sempre sul punto di dissolversi: immagini tremolanti, stati d'animo evanescenti.

Scelte lessicali

Il lessico è un altro terreno di innovazione sperimentale di Pascoli. Abbiamo visto come la convinzione che la poesia debba aderire alle cose lo portasse a sostenere la necessità di allargare il lessico poetico oltre i limiti ristretti della tradizione. La conseguenza più nota è la massiccia immissione di termini di derivazione dialettale romagnola o garfagnina nelle poesie di argomento campestre: tanto che il poeta sentì la necessità di aggiungere ai *Canti di Castelvecchio* un piccolo lessico che spiega quelli meno noti. Ma un'operazione simile si compie, in direzione opposta, nei *Poemi conviviali*, impreziositi di nomi propri e altre derivazioni dal greco antico:

[...] *Ella sedè, reggendo*
la risonante pèctide; ne strinse
tacita intorno ai còllabi le corde; [*Solon*]

o nelle *Odi* dedicate alle guerre africane, ricche di strani esotismi:

Nell'Agamè, sui morti che piangete,
sono molti anni che si vanga e si ara,
e il rosso tief si miete
pei fitaurari e i barambara. [*La sfogliatura*]

Ancora, in *Italy*, poemetto dedicato agli emigranti in America, è riprodotto il loro linguaggio "broccolino", una sorta di inglese italianizzato.

Insomma, ogni regione del mondo poetico pascoliano ha la propria lingua. Il risultato non è tanto la riproduzione di un linguaggio d'ambiente alla maniera verista, quanto un impasto linguistico variegato, ricco anche di dissonanze, perché le espressioni di tono più umile sono spesso accostate a quelle di registro elevato. Come nella struttura delle idee e delle immagini, anche nelle scelte lessicali la poesia pascoliana non ha un centro organizzatore.

Trame sonore

La stessa dialettica di realismo e preziosismo possiamo riconoscere nell'aspetto più straordinario dello stile pascoliano, la capacità di manipolare il materiale sonoro della lingua. Il lato più evidente è l'uso abbondantissimo di onomatopee create dal poeta, a cui si affianca una grande varietà di effetti onomatopeici ottenuti dal suono delle parole; fin qui l'intento è di imitazione realistica, è un modo di trasporre direttamente nella poesia la voce delle cose, come in questi versi sul canto dello scricciolo:

Il tuo trillo sembra la brina
che sgrigiola; il vetro che incrina...
trr trr trr terit tirit... [*L'uccellino del freddo*]

Ma al di là degli effetti imitativi, quasi in ogni poesia Pascoli dà prova di una sapientissima orchestrazione sonora fatta di allitterazioni, rime interne, echi e richiami tra le parole: una musicalità che si impone di per sé, come qualità preziosa della lingua, tanto che a volte sembra che non tanto il poeta cerchi l'effetto fonico adatto alle idee, ma che siano le trame sonore, per forza autonoma, a suggerire le idee. Come accadrà in certa lirica del Novecento.

I metri

Un altro campo di eccezionale virtuosismo stilistico è la metrica. Pascoli da un lato abbandona – dopo poche prove giovanili – la forma chiusa del sonetto, poco adatta al carattere fluido della sua ispirazione; dall'altro rifiuta gli esperimenti di verso libero iniziati al suo tempo da D'Annunzio e da altri. Usa e inventa una grande varietà di metri regolari, sfruttandone le possibilità all'estremo: crea ardite costruzioni strofiche, si vale dei diversi schemi di accentazione ammessi dai versi; se usa i metri barbari carducciani vi aggiunge la rima, come a rendere sempre più lambiccati i vincoli, le difficoltà da superare.

Contemporaneamente però il poeta corrode dall'interno questa regolarità: il ritmo ansimante del suo discorso non si adagia quasi mai nello schema metrico, lo contraddice con pause imprevedibili, accelerazioni e rallentamenti, continui *enjambements*. L'effetto più sorprendente si ha quando questo andamento a sussulti rende quasi irriconoscibili metri tradizionalmente robusti e strutturati come l'endecasillabo sciolto o la terzina. Ecco le terzine che chiudono il poemetto *Suor Virginia* (una bambina bussa alla porta della monaca, che è morta):

Tum tum... *Di là, con tutto quel gran cielo*
alla finestra, oh! trema come foglia
secca che prilla intorno a un ragnatelo,
la bimba, e bussa, e par ch'ora, sì, voglia
dirglielo: Madre, c'è uno laggiù:
chiuda! E volge gli aperti occhi alla soglia
dell'uscio: aspetta. Ella non venne più.

Henriette Browne,
La monaca, 1859.
(Collezione privata)

Pascoli e i suoi lettori

UN'AFFASCINANTE AMBIGUITÀ

Un innovatore tradizionalista

Abbiamo sottolineato i caratteri più innovativi della poesia di Pascoli, quelli che lo collocano tra i fondatori della poesia moderna, al livello delle esperienze rivoluzionarie del simbolismo francese, e che hanno avuto una profonda influenza sulla poesia successiva, dai crepuscolari agli ermetici a Montale. Il fatto sorprendente è che l'autore di questa rivoluzione poetica ha sempre ostentato una cultura tradizionalista e provinciale: un professore carducciano che componeva in latino, con interessi letterari compresi tra Virgilio e Leopardi, che pare aver ignorato tutto o quasi della poesia europea più recente.

Del resto questa ambiguità è presente in ogni aspetto della sua poesia: lo sperimentalismo metrico convive col rispetto delle regole; le preziosità linguistiche, gli ardimenti metaforici sono come mascherati da un tono effusivo e sentimentale; l'immagine di Pascoli poeta "facile", ingenuo e ossequiente alla tradizione, trova continui appigli nei suoi versi.

Lo stesso accade sul piano dei temi: la visione magica e angosciosa della natura coabita con l'idillio campestre, le ossessioni mortuarie con la più tenera nostalgia degli affetti familiari. È tipico il modo in cui Pascoli tocca i temi del sesso (il "mistero" del sesso, associato nel fondo della sua coscienza al "mistero" del mondo e del male): lo fa diverse volte, in modo abbastanza trasparente e anche crudo, ma per via di allusioni simboliche (*Il gelsomino notturno*), o in contesti di candore infantile (*Digitale purpurea*), che rendono accettabile, a lui stesso prima che al pubblico, una tematica potenzialmente trasgressiva.

▸T93
▸T89

Una fortuna contraddittoria

Così è potuto accadere che la fortuna di Pascoli sia stata ampia ma contraddittoria: da un lato un successo incontrastato presso il pubblico meno smaliziato e nella scuola, che hanno visto in lui un poeta dei buoni sentimenti, facile e adatto ai bambini, valorizzando certi componimenti tra i più scipiti come *La cavallina storna*, *La quercia caduta*, *I due fanciulli*; dall'altro una certa freddezza della critica accademica e militante, fino a quando non sono state messe in luce le sconvolgenti novità tematiche e formali di questa poesia. E un lettore di oggi prova, quasi a ogni verso, l'impressione di un insopportabile, manierato, bamboleggiante sentimentalismo, e insieme l'ammirazione per le straordinarie soluzioni stilistiche e le folgoranti rivelazioni sui più inquietanti paesaggi della psiche.

Luigi Russolo, *Profumo*, 1910. (Rovereto, Museo di arte moderna e contemporanea)

FISSA I CONCETTI

GIOVANNI PASCOLI (1855-1912)

LA VITA E LE IDEE

Infanzia:
- trauma dell'uccisione del padre (1867) e dei lutti familiari
- formazione al collegio dei padri Scolopi a Urbino

Anni universitari:
- nel 1873 all'Università di Bologna, discepolo di Carducci
- adesione all'Internazionale socialista; nel 1879 detenzione di tre mesi per la militanza in gruppi anarchici

Carriera e vita familiare:
- professore di ginnasio a Matera, Massa e Livorno; professore universitario a Messina, Pisa e Bologna
- ricostruzione del «nido» familiare con la sorella Maria a Castelvecchio di Barga
- scrittura delle sue principali raccolte e dei componimenti poetici in latino, che gli valgono numerosi premi

L'eroe e il fanciullino:
- autoritratto di "eroe del dolore" perseguitato dalla sventura; in realtà carattere fragile e nevrastenico, con atteggiamenti infantili e vittimistici
- immagine ricorrente del «nido», come riparo sicuro dal mistero e dal male che caratterizza il mondo esterno
- ossessiva presenza dei morti e dell'idea di morte, avvertita nel contempo con senso di paura e di consolazione

Il predicatore:
- invenzione di un socialismo umanitario inteso come "religione" della pietà e della solidarietà universale
- idea della «siepe»: esaltazione della piccola proprietà privata
- senso di smarrimento e pessimismo: presentimento della catastrofe storica che si prepara

La poetica del fanciullino:
- concezione della poesia come lirica e pura; non creazione, ma scoperta di un'essenza poetica nelle cose
- la lingua poetica deve aderire con precisione alla realtà descritta: esigenza di arricchire il lessico con fonti dialettali
- utilità sociale della poesia, «ispiratrice di buoni e civili costumi»

La vita e le idee
- Quali furono la collocazione sociale e le fonti di sostentamento di Pascoli?
- Sintetizzate le tappe fondamentali della sua vita.
- Quali nessi si possono istituire tra le vicende biografiche e il tema del «nido», ricorrente nella sua poesia?
- Come si possono spiegare gli aspetti contraddittori delle sue concezioni morali, filosofiche, politiche?
- Quale idea della poesia emerge dalla poetica del «fanciullino»? In che rapporto sta con le poetiche del simbolismo?

LA POESIA

Le raccolte:
- *Myricae*: brevi poesie di argomento prevalentemente campestre
- *Poemetti*: componimenti in terzine di argomento vario
- *Canti di Castelvecchio*: continuazione dei temi di *Myricae* con poesie dalla struttura più ampia e complessa
- *Poemi conviviali*: argomento classico, stile alto ed erudito
- *Odi e inni*: metri vari, temi civili e umanitari
- ultimi poemi di carattere epico (*Canzoni di Re Enzio*, *Poemi italici*, *Poemi del Risorgimento*)

Stile:
- attenzione "impressionistica" per il piccolo particolare, che si concentra in maniera rapida e fuggevole su aspetti sensoriali ed emotivi
- negazione della sintassi: periodi brevi, spesso ridotti a frasi nominali
- straordinaria inventiva verbale: linguaggio analogico
- allargamento del lessico poetico a termini dialettali, preziosi ed esotici
- straordinaria capacità di manipolare il materiale sonoro della lingua: onomatopee, allitterazioni, rime interne, echi e richiami tra le parole
- grande versatilità nelle scelte metriche: invenzione e reinvenzione dei metri regolari della tradizione

Un'affascinante ambiguità:
- personalità poetica sospesa tra innovazione e richiamo alla tradizione
- fortuna ampia e contraddittoria: successo incontrastato come poeta "facile" e "adatto ai bambini"; freddezza della critica accademica e ufficiale, fino a quando non è stata rivalutata la sua capacità di innovazione poetica

- Quale valore morale viene attribuito da Pascoli alla poesia?

La poesia
- Perché non è possibile istituire un ordine cronologico tra le raccolte pascoliane?
- In che senso si può parlare di "impressionismo" per Pascoli?
- Definite l'espressione "linguaggio analogico" con riferimento alla poesia di Pascoli.
- Quali innovazioni vengono introdotte da Pascoli nel lessico della poesia e nelle forme metriche?
- In che cosa consiste ciò che abbiamo chiamato l'"ambiguità" della poesia pascoliana?

4 GIOVANNI PASCOLI

I TESTI

UN TESTO ESEMPLARE — ANALISI

T78 ▸ L'assiuolo

Questa poesia fu composta nel 1896 e inclusa nella sezione *In campagna* di *Myricae*. L'assiuolo, detto anche con voce onomatopeica "chiù", è un uccello notturno. Secondo una vecchia credenza contadina, quando canta porta male.

▸ **METRO**: strofe di sette novenari (ad accenti fissi ogni tre sillabe), con un ritornello «chiù» che rima con il sesto verso, secondo lo schema: ABABCDCD.

Dov'era la luna? ché il cielo
notava in un'alba di perla,
ed ergersi il mandorlo e il melo
parevano a meglio vederla.
Venivano soffi di lampi
da un nero di nubi laggiù;
veniva una voce dai campi:
chiù...

Le stelle lucevano rare
tra mezzo alla nebbia di latte:
sentivo il cullare del mare,
sentivo un fru fru tra le fratte;

1. **ché**: introduce il motivo per cui ci si chiede dov'è la luna.
2. **notava in un alba di perla**: nuotava in una luce diffusa, perlacea come quella dell'alba.
3. **ergersi**: drizzarsi (come qualcuno che si alza in piedi per vedere meglio).
5. **soffi di lampi**: colpi di luce (sinestesia: è come se si percepisse la luce come un soffio di vento).
8. ***chiù***: il verso dell'assiuolo.
9. **rare**: rade.
10. **di latte**: di un bianco denso come quello del latte.
11. **cullare**: mormorio candenzato, come un canto di culla.
12. **fratte**: cespugli, o dirupi coperti di arbusti.

sentivo nel cuore un sussulto,
com'eco d'un grido che fu.
Sonava lontano il singulto:
chiù...
  Su tutte le lucide vette
tremava un sospiro di vento;
squassavano le cavallette
finissimi sistri d'argento
(tintinni a invisibili porte
che forse non s'aprono più? ...);
e c'era quel pianto di morte...
chiù...

Giovanni Pascoli, Myricae, in *Poesie*, vol. I, Mondadori, Milano, 1958

14. **com'eco... fu**: come se il cuore rievocasse un antico grido di dolore.
15. **singulto**: singhiozzo.
17-18. **Su tutte... vento**: un alito di vento muoveva appena tutte le cime degli alberi illuminate dalla luna.
19-20. **squassavano... d'argento**: le cavallette, scuotendo le ali, facevano un suono simile a quello di sottili sistri d'argento. I *sistri* erano strumenti musicali, di lamine metalliche, usati nell'antico Egitto in riti religiosi.
21-22. **tintinni... più?**: i *sistri* forse tintinnando cercano invano di far aprire segrete porte che non si aprono più? Le porte del mistero? Dell'aldilà?

George Inness, *Il temporale*, 1885. (Winston-Salem, Reynolda House Museum)

ANALISI DEL TESTO

COMPRENDERE

Sensazioni ed emozioni C'è un paesaggio notturno, campestre, dai contorni indefiniti: non solo manca ogni precisazione di tempo e di luogo (a parte l'improvvisa allusione alla vicinanza del mare, v. 11), ma gli elementi dello scenario sono difficilmente afferrabili: si percepisce la luce della luna, ma non si sa dove essa sia, il cielo è velato da una nebbia lattiginosa eppure le *vette* degli alberi si delineano nettamente (*lucide,* v. 17), si annuncia un temporale da un indeterminato *laggiù* (v. 6).

La cosa sorprendente è che Pascoli riesce a inserire su questo sfondo oscuro e indefinito il suo gusto per le "cose", gli oggetti concreti e determinati: fedele a questa poetica non nomina "alberi", ma *il mandorlo e il melo*; le stesse onomatopee, da *chiù* a *fru fru*, sono un modo di trasporre sulla pagina le sensazioni nella loro precisa materialità.
C'è dunque un'apparente fedeltà alla poetica delle "cose"; e in effetti l'io del poeta traspare solo nella prima persona *sentivo*, ripetuta tre volte nella seconda strofa. Eppure è evi-

dente che tutta la scena è filtrata attraverso la sensibilità di un osservatore: non abbiamo tanto oggetti, elementi naturali, quanto sensazioni ed emozioni, anzi, sensazioni che trapassano in emozioni ed emozioni che trapassano in simboli. Nella prima strofa le sensazioni sono prevalentemente visive, nella seconda e terza prevalgono le uditive; ma già il triplice *sentivo* dei vv. 11-13 unisce una sensazione (*sentire* nel senso di "udire", v. 12), una sensazione associata a emozioni (*il cullare del mare* è il ritmo della risacca, ma la metafora del *cullare* lo associa a nostalgie d'infanzia), e infine una pura emozione (il *sussulto nel cuore* del v. 13). Il dato sensoriale è poi trasformato in qualcosa di completamente simbolico negli ultimi versi, dove il verso delle cavallette diventa un elemento di un antico misterioso rito funebre.
Unifica questo complesso di immagini il ritmico ritorno, alla fine delle tre strofe, dell'onomatopea del verso dell'assiuolo, *chiù*. Anch'esso è una sensazione che si carica via via di valori emotivi e simbolici; basta osservare come è introdotto ciascuna volta: *una voce* (v. 7), *il singulto* (v. 15) *quel pianto di morte* (v. 23).

ANALIZZARE

Il metro La struttura metrica appare molto regolare. Il verso è il novenario, un verso rarissimo nella tradizione poetica precedente ma molto usato da Pascoli, che lo sfrutta in tutte le varianti ritmiche possibili (per un uso particolarmente raffinato, si può vedere *Il gelsomino notturno*, ▸T93). In questo caso il verso è ad accentazione regolare sulla 2ª, 5ª, 8ª sillaba, in modo da creare tre gruppetti di tre sillabe accentati al centro: un ritmo cadenzato, monotono, quasi da ninnananna (proprio come il «cullare del mare» del v. 11); la mancanza quasi totale di *enjambements* concorre a questo effetto. Ma alla fine di ogni strofa un verso è ridotto a una sola sillaba, l'onomatopea *chiù*, che si lega al resto perché è in rima col terzultimo verso, ma insieme interrompe l'andamento ritmico, crea un effetto di sospensione: il ritmo cantabile sfuma nell'indefinito, nel momento in cui la parola cede il posto al puro suono imitativo.

La sintassi Pascoli è un poeta che riduce al minimo i legami logici e sintattici. Così la sua struttura sintattica preferita è la coordinazione, o meglio la semplice giustapposizione delle frasi: in questa poesia, ogni coppia di versi costituisce un'unità di senso, e molto spesso una frase semplice; i legami tra queste unità sono affidati all'intuizione. Questo potrebbe dare al testo una forma piana e lineare, ma in realtà l'effetto è opposto. Intanto il discorso del poeta comincia su una domanda che non ha una risposta, ed è seguita da un *ché* ("perché") che non spiega un fatto, ma solo il motivo di un'interrogazione, di un'incertezza: siamo nel mezzo di una meditazione perplessa, è come se la poesia non avesse un vero inizio. Ugualmente, il discorso non si conclude: ritorna ogni volta a quel *chiù* che *sonava, c'era*, è una pura presenza che non risponde agli interrogativi (v. 1, v. 22), non dà un senso unitario, un senso razionale alla disarticolata sequenza di impressioni che precede.

Il lessico e le metafore Se la sintassi è elementare, il lessico non è così semplice e familiare come in altre poesie di *Myricae*: espressioni come *lucevano*, *squassavano*, *singulto*, *sistri* hanno qualcosa di ricercato e letterario. Ma quel che veramente impreziosisce il linguaggio sono le espressioni metaforiche:
- in *alba di perla*, *nero di nubi*, *nebbia di latte* una qualità di luce o colore è espressa attraverso un oggetto (*perla*, *latte*), oppure l'aggettivo è sostantivato (*nero di nubi* invece che "nubi nere"): in ogni caso la qualità sensoriale si materializza in una sostanza;
- *soffi di lampi* è nell'ordine della sinestesia: l'impressione visiva si materializza (di nuovo) in qualcosa che il corpo, non i soli occhi, potrebbe percepire;
- *un sospiro di vento*: qui siamo in un genere di metafore forse meno nuovo, l'attribuzione di atteggiamenti umani a fenomeni naturali; ma l'impressione di un fremito di emozione che pervade il paesaggio è davvero suggestiva.

E una suggestione indefinita, un senso magico di trasmutazione di tutte le cose, è l'effetto complessivo di questo gioco metaforico.

Effetti di suono Assieme alla suggestione metaforica, agisce fortissima in questi versi la suggestione sonora; è tutta una trama fittissima di echi e rimandi, che non si riuscirebbe mai a descrivere in modo esauriente:
- cominciando dagli effetti onomatopeici, oltre *chiù* c'è una sola vera onomatopea (*un fru fru*,

v. 12), ma essa si ripercuote sulle parole vicine fino a dare il tono a tutto un verso (*un FRu FRu TRa le FRatte*);
- c'è poi una parola onomatopeica, *tintinni* (v. 21), e anch'essa espande il suo effetto fino a intonare sulle *i* due versi (*fInIssImI sIstrI, tIntInnI a InvIsIbIlI*);
- una rima interna (*cullARE del mARE,* v. 11) rende più suggestiva la metafora che imita il suono della risacca, evoca il ricordo della culla, sfuma in una nostalgia di dolce incoscienza;
- non si contano poi i giochi di allitterazione (solo all'inizio: *il Mandorlo e il Melo, Nero di Nubi*...), il ritorno delle stesse vocali in posizione accentata (*notAva in un'Alba, parEvano a mEglio vedErla*); in qualche caso si può pensare che la preziosità dell'effetto fonico diventi per il poeta uno scopo in sé, al di là di una specifica funzione espressiva.

INTERPRETARE

Inafferrabilità del significato Insomma, se il ritmo cadenzato e la sintassi elementare possono dare una prima impressione di semplicità, l'impressione è presto smentita: il paesaggio è tutto un baluginare di luminosità incerte di cui non si avverte l'origine, è tutto animato di presenze invisibili, emana voci cariche di significati inafferrabili. Certo dal verso dell'assiuolo promana un senso di morte, certo l'emozione dominante è di inquietudine e sgomento, ma tutto questo non ha un'origine chiara e un punto di arrivo definito. Tutto rimanda a qualcosa d'altro, in una rete di echi sonori e di suggestioni simboliche: si sente che il significato deve essere *al di là* delle cose nominate, ma questo *al di là* resta vago quanto oscuro e minaccioso.

CONTESTUALIZZARE

Simbolismi La poesia si colloca in un momento cruciale dell'opera pascoliana, quando l'esperienza di *Myricae* si sta ormai concludendo e stanno nascendo altre opere più complesse e ambiziose: i *Poemetti*, i *Poemi conviviali*, i *Canti di Castelvecchio*. L'impressionismo delle prime *Myricae* è ormai superato, non si ha più una poesia di sensazioni e macchie di colore, ma di evocazioni, suggestioni musicali, simboli allusivi e indefiniti.
Questo si chiama propriamente "simbolismo". E i richiami alle esperienze contemporanee o di poco precedenti dei simbolisti francesi vengono alla mente spontanei, rileggendo questi versi. È stato osservato che il tipo metaforico *nero di nubi* era stato adottato per la prima volta da loro; ancora più impressionante può essere il richiamo a certi versi famosi dell'*Art poétique* di Paul Verlaine: *De la musique avant tout chose,* [...] *rien de plus cher de la chanson grise / où l'Indécis au Précis se joint* ["Musica prima di ogni altra cosa... nulla è meglio del canto ambiguo / dove l'Indeciso al Preciso si unisce"]. È proprio quello che ha fatto Pascoli, in questa poesia. Eppure a quel che ci risulta il poeta non conosceva molto dei suoi contemporanei stranieri. Se è arrivato al simbolismo, che è il clima poetico dominante del suo tempo, c'è arrivato per conto suo e a modo suo.

Un assiolo in un'illustrazione di John Gould, 1830 circa. (Collezione privata)

p. 418

Il fanciullino

«Sembra mancare la lingua»

Nel 1897 Pascoli pubblicò sulla rivista «Il Marzocco» un saggio sulla poesia, *Il fanciullino*, che fu poi ampliato e incluso nel volume *Miei pensieri di varia umanità* (1903), quindi in *Pensieri e discorsi* (1907). Il saggio, diviso in venti brevi capitoli, si presenta come un testo di riflessione teorica, ma in modo molto pascoliano: non c'è un'esposizione ordinata e coerente, le idee si aggregano, si disperdono, riaffiorano in un tessuto argomentativo discontinuo (T79-T80).

ANALISI

T79 «È dentro noi un fanciullino»

È la pagina iniziale del *Fanciullino*, seguita da un brano del III capitolo, in cui appare l'idea che dà il titolo al saggio: l'ispirazione poetica è la voce dell'infanzia che il poeta ha conservato in sé.

È dentro noi un fanciullino che non solo ha brividi, come credeva Cebes Tebano[1] che primo in sè lo scoperse, ma lagrime ancora e tripudi[2] suoi. Quando la nostra età è tuttavia[3] tenera, egli confonde la sua voce con la nostra, e dei due fanciulli che ruzzano e contendono tra loro[4], e, insieme sempre, temono sperano godono piangono, si sente un palpito solo, uno strillare e un guaire solo. Ma quindi noi cresciamo, ed egli resta piccolo; noi accendiamo negli occhi un nuovo desiderare[5], ed egli vi tiene fissa la sua antica serena maraviglia; noi ingrossiamo e arrugginiamo la voce, ed egli fa sentire tuttavia e sempre il suo tinnulo squillo come di campanello[6]. Il quale tintinnio segreto noi non udiamo distinto nell'età giovanile forse così come nella più matura, perché in quella occupati a litigare e perorare la causa della nostra vita, meno badiamo a quell'angolo d'anima donde esso risuona. [...]

Egli è quello, dunque, che ha paura al buio, perché al buio vede o crede di vedere; quello che alla luce sogna o sembra sognare, ricordando cose non vedute mai; quello che parla alle bestie, agli alberi, ai sassi, alle nuvole, alle stelle: che popola l'ombra di fantasmi e il cielo di dei[7]. Egli è quello che piange e ride senza perché, di cose che sfuggono ai nostri sensi e alla nostra ragione. Egli è quello che nella morte degli esseri amati esce a dire quel particolare puerile che ci fa sciogliere in lacrime, e ci salva[8]. Egli è quello che nella gioia pazza pronunzia, senza pensarci, la parola grave che ci frena. Egli rende tollerabile la felicità e la sventura, temperandole d'amaro e di dolce, e facendone due cose ugualmente soavi al ricordo. Egli fa umano l'amore, perché accarezza esso come sorella (oh! il bisbiglio dei due fanciulli tra un bramire[9] di belve), accarezza e consola la bambina che è nella

1. **Cebes Tebano**: interlocutore di Socrate nel dialogo di Platone *Fedone*, che tratta l'immortalità dell'anima. A Socrate che afferma che non si deve aver paura della morte Cebes risponde: «Come fossimo spauriti, o Socrate, cerca di persuaderci; o meglio non come spauriti noi, ma forse c'è dentro noi anche un fanciullino che ha timore di queste cose».
2. **tripudi**: gioie.
3. **tuttavia**: ancora.
4. **dei due... tra loro**: il fanciullo metaforico e il fanciullo reale giocano e litigano all'interno della stessa persona.
5. **un nuovo desiderare**: i desideri (sessuali, di successo) dell'uomo adulto.
6. **il suo tinnulo... campanello**: la voce infantile che risuona come lo squillo tintinnante di un campanello.
7. **che parla... dei**: il fanciullino rappresenta l'immaginazione, che attribuisce un'anima umana agli animali e alle cose, colloca esseri soprannaturali in ciò che è oscuro alla mente, ha creato gli dèi delle mitologie antiche.
8. **ci salva**: dalla disperazione.
9. **tra un bramire**: tra i ruggiti. Il dialogo d'amore è un sussurro di fanciulli nel ruggire delle *belve* che rappresentano gli istinti di lotta e di sopraffazione.

donna. Egli nell'interno dell'uomo serio sta ad ascoltare, ammirando, le fiabe e le leggende, e in quello dell'uomo pacifico fa echeggiare stridule fanfare di trombette e di pive[10], e in un cantuccio dell'anima di chi più non crede, vapora d'incenso l'altarino che il bimbo ha ancora conservato da allora[11]. Egli ci fa perdere il tempo, quando noi andiamo per i fatti nostri, chè ora vuol vedere la cinciallegra che canta, ora vuol cogliere il fiore che odora, ora vuol toccare la selce che riluce. E ciarla[12] intanto, senza chetarsi mai; e, senza lui, non solo non vedremmo tante cose a cui non badiamo per solito, ma non potremmo nemmeno pensarle e ridirle, perché egli è l'Adamo che mette il nome a tutto ciò che vede e sente[13].

Giovanni Pascoli, *Il fanciullino*, capitoli I, III, in *Prose*, vol. I Mondadori, Milano 1971

10. **in quello dell'uomo... pive**: nell'interno dell'uomo pacifico fa sentire il fascino dei sentimenti guerrieri, rappresentati da squilli di strumenti militari (*trombette e pive*). L'ispirazione poetica è disponibile a immedesimarsi nei sentimenti più contraddittori.
11. **vapora... da allora**: cosparge (*vapora*, transitivo) di incenso l'*altarino* interiore, che rappresenta il ricordo della fede infantile. Anche la religione è in sostanza un'emozione poetica, da conservare e ritrovare nel cuore.
12. **ciarla**: chiacchiera.
13. **è l'Adamo... sente**: secondo il libro biblico della *Genesi*, il primo uomo, per incarico di Dio, diede il nome a tutti gli animali; l'episodio biblico diventa metafora della facoltà poetica che traduce in parole le più diverse esperienze, e nominandole le rende conoscibili.

DIALOGO CON IL TESTO

COMPRENDERE

La poesia come voce dell'infanzia Il fanciullino pascoliano rappresenta la sensibilità poetica, intesa come percezione fantastica, spontanea e immediata, delle cose: la poesia è la voce dell'infanzia che ciascuno porta in sé, più o meno nascosta dall'esperienza e dalla "voce" dell'età adulta; poeta è chi sa conservare, ritrovare ed esprimere questo atteggiamento infantile.

Una metafora polivalente Procedendo per accumuli successivi, Pascoli carica la metafora del fanciullino di significati molteplici e profondi:
- il fanciullino è la potenza dell'immaginazione che arricchisce la realtà di sogni, esseri fantastici, miti;
- è la disponibilità a commuoversi, a partecipare emotivamente alle esperienze più diverse, anche se non condivise razionalmente: l'amore, lo spirito di pace e quello di guerra, la religione;
- è l'*antica serena meraviglia*, la capacità di vedere la realtà con occhi sempre nuovi: una facoltà originaria nell'uomo, anteriore alla ragione, alla storia, alla pratica; come Adamo, il poeta nomina le cose come se fosse la prima volta e in questo atto le rivela alla coscienza.

In un capitolo successivo del saggio, Pascoli dirà, rivolgendosi al *fanciullino*: «Tu sei ancora in presenza del mondo novello, e adoperi a significarlo la novella parola. Il mondo nasce per ognun che nasce al mondo».

ANALIZZARE

Procedimento analogico La prosa di Pascoli non ha uno sviluppo razionale, procede per giustapposizioni di immagini e suggestioni emotive.
Si possono notare procedimenti molto simili a quelli del Pascoli poeta in versi:
- la traduzione dei concetti generali in immagini, in piccole narrazioni;
- l'uso di simboli di portata indefinita e fortemente suggestiva;
- la ricerca di effetti onomatopeici in immagini metaforiche;
- la preferenza per un lessico vario, determinato, colorito.

● **Individuate un esempio per ciascuno dei caratteri indicati.**

T80 ▸ «Un soave freno all'instancabile desiderio»

Dai capitoli centrali del *Fanciullino* riportiamo una serie di passi che discutono il problema del valore morale e sociale della poesia.

Poesia è trovare nelle cose, come ho a dire? il loro sorriso e la loro lacrima[1]; e ciò si fa da due occhi infantili che guardano semplicemente e serenamente di tra l'oscuro tumulto della nostra anima.

A volte, non ravvisando essi nulla di luminoso e di bello nelle cose che li circondano, si chiudono a sognare e a cercare lontano. Ma pur nelle cose vicine era quello che cercavano, e non avervelo trovato fu difetto, non di poesia nelle cose, ma di vista negli occhi. [...]

Or dunque intenso il sentimento poetico è di chi trova la poesia in ciò che lo circonda, e in ciò che altri soglia spregiare, non di chi non la trova lì e deve fare sforzi per cercarla altrove. E sommamente benefico è tale sentimento, che pone un soave e leggero freno all'instancabile desiderio, il quale ci fa perpetuamente correre con infelice ansia per la via della felicità. Oh! chi sapesse rafforzarlo in quelli che l'hanno, fermarlo in quelli che sono per perderlo, insinuarlo in quelli che ne mancano, non farebbe per la vita umana opera più utile di qualunque più ingegnoso trovatore di comodità e medicine? E non so dire quanto la comunione[2] degli uomini ne sarebbe avvantaggiata; specialmente in questi tempi in cui la corsa verso l'impossibile felicità è con tanto fulmineo disprezzo in chi va avanti, con tanta disperata invidia in chi resta addietro[3]. [...]

Così il poeta vero, senza farlo apposta e senza addarsene[4], [...] è, come si dice oggi, socialista[5], o come si avrebbe a dire, umano. Così la poesia, non ad altro in-

Un bambino gioca in cortile in un dipinto di Thomas Eakins del 1876. (Washington, National Gallery Of Art)

1. **il loro... lacrima**: il risvolto emotivo che è intrinseco alle *cose*.
2. **comunione**: fratellanza, solidarietà.
3. **la corsa... addietro**: la corsa verso l'*impossibile felicità* (il benessere materiale) è affannosa, sprezzante degli altri (*fulmineo disprezzo*) in chi ha successo, e suscita *disperata invidia* negli altri. È un giudizio di condanna per la competizione propria della società capitalistica e per le tensioni sociali che suscita.
4. **addarsene**: accorgersene.
5. **socialista**: nel senso generico di persona che contribuisce a risolvere le tensioni sociali.

tonata che a poesia, è quella che migliora e rigenera l'umanità, escludendone, non di proposito il male, ma naturalmente l'*impoetico*. Ora si trova a mano a mano[6] che impoetico è ciò che la morale riconosce cattivo e ciò che l'estetica proclama brutto. Ma di ciò che è cattivo e brutto non giudica, nel nostro caso, il barbato filosofo. È il fanciullo interiore che ne ha schifo. Il quale[7] come narrando le imprese dei suoi eroi, e dicendo tutto di loro, e, oltre le battaglie e i discorsi, anche i pasti e i sonni, e figurando a noi, per esempio, i loro cavalli, e ridicendo che brucavano e sudavano e spumavano, pur non dice mai (tu vedi che procuro quanto posso, che tu non torca il niffolo[8]) non dice mai che stallavano[9]; così della nostra anima non racconta che il buono e della nostra visione non ricorda che il bello. Ché per cantare il male bisogna fare uno sforzo continuo su se stesso, a meno che non si tratti di pazzia. [...]

Il poeta, se è e quando è veramente poeta, cioè tale che significhi solo ciò che il fanciullo detta dentro[10], riesce perciò ispiratore di buoni e civili costumi, d'amor patrio e familiare e umano. Quindi la credenza e il fatto, che il suon della cetra adunasse le pietre a far le mura della città, e animasse le piante e ammansasse le fiere della selva primordiale[11]; e che i cantori guidassero e educassero i popoli. [...]

Ma il poeta non deve farlo apposta. Il poeta è poeta, non oratore o predicatore, non filosofo, non istorico, non maestro, non tribuno o demagogo, non uomo di stato o di corte. E nemmeno è, sia con pace del Maestro[12], un artiere che foggi spada e scudi e vomeri; e nemmeno, con pace di tanti altri, un artista che nielli[13] e ceselli l'oro che altri gli porga. A costituire il poeta vale infinitamente più il suo sentimento e la sua visione, che il modo col quale agli altri trasmette l'uno e l'altra. [...]

Ora il poeta sarà invece un autore di provvidenze civili e sociali? Senza accorgersene, se mai. Si trova esso tra la folla; e vede passar le bandiere e sonar le trombe. Getta la sua parola, la quale tutti gli altri, appena esso l'ha pronunziata, sentono che è quella che avrebbero pronunziata loro. Si trova ancora tra la folla: vede buttare in istrada le masserizie di una famiglia povera[14]. Ed esso dice la parola, che si trova subito piena delle lagrime di tutti.

Il poeta è colui che esprime la parola che tutti avevano sulle labbra e che nessuno avrebbe detta. Ma non è lui che sale su una sedia o su un tavolo, ad arringare. Egli non trascina, ma è trascinato; non persuade, ma è persuaso.

Giovanni Pascoli, *Il fanciullino*, capitoli VIII, X, XI, in *Prose*, vol. I Mondadori, Milano, 1971

6. **si trova a mano a mano**: riflettendo, si scopre gradualmente.
7. **Il quale**: il fanciullino poetico, che qui è identificato in Omero, il poeta dell'infanzia dell'umanità; la sua fanciullaggine è dimostrata dall'attenzione minuta per tutti i particolari delle imprese eroiche che narra.
8. **non torca il niffolo**: non debba torcere il muso, in segno di disgusto; vuol dire che per nominare qualcosa di "brutto" userà un'espressione indiretta, per non disgustare il lettore.
9. **stallavano**: defecavano.
10. **significhi... il fanciullo detta dentro**: esprima solo ciò che gli suggerisce il fanciullo interiore. Parafrasa l'espressione di Dante (*Purg.*, XXIV, 52-54: «I' mi son un che, quando / Amor mi spira, noto, e a quel modo / ch'e' ditta dentro vo significando»).
11. **la credenza... primordiale**: si riferisce ai miti greci che incarnavano la potenza suggestiva della poesia nella figura di Orfeo, il mitico cantore capace di ammansire le belve e far muovere le pietre al suono della sua cetra.
12. **sia... Maestro**: senza offesa per Carducci (il *Maestro* di Pascoli, e per antonomasia), del quale vengono parafrasate le definizioni del poeta in *Congedo* (►T61).
13. **nielli**: "niellare" è una delle tecniche di decorazione usate in oreficeria. Si riferisce al carattere artigianale del lavoro poetico sulla parola, sostenuto da Carducci nel testo citato.
14. **buttare... povera**: uno sfratto eseguito con la forza.

DIALOGO CON IL TESTO

COMPRENDERE

Trovare nelle cose *il loro sorriso e la loro lacrima* La prima parte del brano contiene importanti puntualizzazioni dell'idea pascoliana della poesia: la poesia è nelle cose, è in qualche modo una realtà oggettiva; il poeta la scopre, non la crea. È in particolare nelle cose piccole, vicine, quotidiane; l'emozione poetica suscitata da oggetti rari, ricercati, "grandi", è di una qualità inferiore, più superficiale.
Appare qui una giustificazione della poetica delle *Myricae*, e una presa di distanza dal gusto prezioso della poesia estetizzante e decadente, alla D'Annunzio.

Funzione sociale della poesia L'accento posto sulle piccole cose serve a Pascoli per affrontare il problema del valore morale e sociale della poesia: se l'ispirazione poetica è totalmente spontanea e fanciullesca, apparentemente non è compatibile con propositi educativi, non può assumere responsabilità sociali (come invece sosteneva il suo *Maestro* Carducci, a cui Pascoli allude alla r. 40); ma l'autore è convinto che la poesia sia inseparabile da questi valori, ed elabora una soluzione dell'antinomia.

- **Ricapitolate i passaggi argomentativi attraverso i quali Pascoli aggira elegantemente la difficoltà.**
- **Indicate le espressioni con cui l'autore riesce a recuperare al poeta, in un quadro ideale che pareva escluderlo, il ruolo tradizionale di vate, interprete dei grandi sentimenti collettivi.**

INTERPRETARE

Una visione conservatrice della società Interpretando le espressioni con cui Pascoli introduce il tema dell'utilità sociale della poesia, gli si può attribuire una visione sostanzialmente conservatrice delle disuguaglianze sociali.

- **Discutete gli argomenti che confermano o confutano questa interpretazione.**

CONFRONTARE

La prefazione di *Myricae* Nell'aprile del 1894 uscì la terza edizione di *Myricae*, la più importante raccolta poetica di Pascoli. Nella prefazione il poeta, ricordando l'omicidio del padre, scriveva: «Ma l'uomo [*cioè Pascoli stesso*] che da quel nero [*il lutto per la morte del padre*] ha oscurata la vita, ti chiama a benedire la vita, che è bella, tutta bella; cioè, sarebbe; se noi non la guastassimo a noi e a gli altri. Bella sarebbe; anche nel pianto che fosse però rugiada di sereno, non scroscio di tempesta; anche nel momento ultimo, quando gli occhi stanchi di contemplare si chiudono come a raccogliere e riporre nell'anima la visione, per sempre. Ma gli uomini amarono più le tenebre che la luce, e più il male altrui che il proprio bene. E del male volontario dànno, a torto, biasimo alla natura, madre dolcissima, che anche nello spengerci sembra che ci culli e addormenti. Oh! lasciamo fare a lei, che sa quello che fa, e ci vuol bene.»

- **Confrontate questa prefazione con il brano tratto da *Il fanciullino*, individuando affinità e differenze nella concezione della poesia e dei rapporti fra gli uomini.**

Myricae

Rio Salto

La prima edizione della prima raccolta poetica pascoliana che comparve nel 1891, comprendeva 22 poesie; nelle successive edizioni la raccolta fu via via arricchita, fino alla quinta, del 1900, che presenta il numero definitivo di 156 componimenti, in gran parte brevi. *Myricae* contiene dunque testi composti in momenti diversi, riveduti e corretti nel corso delle successive edizioni, e in parte anche posteriori a quelli confluiti in altre raccolte; ma nell'ordinamento generale della propria opera Pascoli propone questo libro come un ideale "primo tempo" della sua poesia (▸T81-T86).

I testi riportati in questa sezione sono ripresi dall'edizione di *Myricae* in *Poesie* (vol. I, Mondadori, Milano, 1958).

T81 ▸ Arano

È il primo di una serie di sette quadretti di vita rustica pubblicati in opuscolo nel 1886 col titolo *L'ultima passeggiata*, che diventò in seguito il titolo di una sezione di *Myricae*, aumentata a sedici componimenti, tutti di uguale forma metrica.

▸ **METRO**: madrigale, composto da due terzine e una quartina di endecasillabi. Il madrigale era in origine un componimento per musica; Pascoli ne adotta la forma metrica medievale.

Al campo, dove roggio nel filare
qualche pampano brilla, e dalle fratte
sembra la nebbia mattinal fumare,
   arano: a lente grida, uno le lente
vacche spinge; altri semina; un ribatte
le porche con sua marra pazïente;
   ché il passero saputo in cor già gode,
e il tutto spia dai rami irti del moro;
e il pettirosso: nelle siepi s'ode
il suo sottil tintinno come d'oro.

Giuseppe Magni, *Aratura*, 1902. (Collezione privata)

1. **roggio**: rosso ruggine. Termine letterario, che risale a Dante.
2. **pampano**: foglia di vite. **fratte**: anfratti del terreno, dirupi.
3. **mattinal**: del mattino.
6. **porche**: zolle. **marra**: tipo di zappa. **pazïente**: l'aggettivo è spostato dalla persona all'oggetto (ipallage).
7. **ché**: introduce il motivo per cui bisogna frantumare le zolle: coprire i semi per non farli beccare dagli uccelli. **saputo**: che sa per esperienza.
8. **irti**: spinosi, pungenti. **moro**: gelso (albero).
10. **tintinno come d'oro**: un suono che è come il tintinnare di un campanello d'oro.

DIALOGO CON IL TESTO

COMPRENDERE

Primato delle sensazioni Il tema del quadretto di vita campestre è di illustre tradizione letteraria, ma Pascoli ne fa qualcosa di completamente nuovo. In primo luogo elimina qualsiasi considerazione morale, qualsiasi risvolto soggettivo: è una poesia di pure immagini, in cui l'io è assente. Non sono in primo piano i sentimenti o le riflessioni ma le sensazioni: la poesia si apre con una notazione di colore (le foglie di vite che rosseggiano) seguita da un'altra sensazione visiva (la nebbia che si alza lenta), e passando per i rumori dei lavori agricoli (le grida dei contadini, l'urto della zappa sulle zolle) e si chiude giocando raffinatamente su un suono (il cinguettio del pettirosso).

Abolizione delle gerarchie In secondo luogo la visione pascoliana tende ad abolire ogni gerarchia tra gli esseri: uomini, animali, cose partecipano della stessa vita.
Si può notare in particolare che:
- l'unico essere a cui viene attribuito uno stato psicologico è paradossalmente un animale;
- la figura retorica dell'ipallage coinvolge un attrezzo nella stessa fatica di uomini e vacche.

ANALIZZARE

Un linguaggio antico e moderno Il linguaggio ha un delicato equilibrio fra tradizione e innovazione: i termini letterari (*roggio*, *mattinal*) si legano con naturalezza con quelli più usuali (*vacche*).
Compare poi, già perfetta, la maestria tipica di Pascoli nel trattare gli effetti ritmici e fonici in funzione di riproduzione dell'oggetto rappresentato. La lentezza silenziosa della scena mattutina è sottolineata dal forte iperbato iniziale (*Al campo... arano*, vv. 1-4) e dalla ripetizione dell'aggettivo *lente* al v. 4. Questa lentezza iniziale è animata improvvisamente dalla presenza degli uccelli: ma mentre il passero è immobile e silenzioso, il pettirosso canta portando gioia, e la parola *oro* suggella il componimento con una nota luminosa.
Come spesso in *Myricae*, Pascoli rende irriconoscibile all'orecchio l'endecasillabo, il verso della tradizione letteraria "nobile", o frantumandolo attraverso la punteggiatura o allungandolo oltre i suoi confini per mezzo dell'*enjambement*.

- **Analizzate l'effetto prodotto dal gioco degli accenti e delle pause ai vv. 4-5 e il modo in cui è ottenuto un effetto onomatopeico nell'ultimo verso.**

CONFRONTARE

Pascoli e Carducci Per valutare la novità della poesia pascoliana, può essere utile confrontare questo paesaggio autunnale con quello ritratto da Carducci in *San Martino* (▸T59).

- **Quali differenze tematiche e formali si possono individuare?**

"Impressionismo" Il primato della sensazione e la riduzione di uomini, animali e oggetti a puri elementi figurativi, non ordinati gerarchicamente, sono gli aspetti della poesia pascoliana per cui si può parlare di "impressionismo", con un termine mutuato dalla contemporanea pittura francese.

T82 ▸ Novembre

Questa lirica fu pubblicata nella rivista fiorentina «Vita nuova» nel 1891, e inclusa nella prima edizione di *Myricae* che uscì nello stesso anno. *Novembre* fa riferimento a un fenomeno stagionale ricorrente: ai primi di quel mese si ha spesso un periodo di belle giornate, detto "estate dei morti", per la ricorrenza del 2 novembre.

▸ **METRO**: quartine di tre endecasillabi e un quinario, rimati ABAb. Si tratta della strofa saffica, usata da Carducci come metro "barbaro"; ma Pascoli, reintroducendovi la rima, ne cambia completamente l'effetto.

Gemmea l'aria, il sole così chiaro
che tu ricerchi gli albicocchi in fiore,
e del prunalbo l'odorino amaro
senti nel cuore...

Ma secco è il pruno, e le stecchite piante
di nere trame segnano il sereno,
e vuoto il cielo, e cavo al piè sonante
sembra il terreno.

Silenzio, intorno: solo, alle ventate,
odi lontano, da giardini ed orti,
di foglie un cader fragile. È l'estate,
fredda, dei morti.

1. **Gemmea**: pulita e fredda come una gemma.
3. **prunalbo**: biancospino.
5. **pruno**: il cespuglio del biancospino.
5-6. **le stecchite piante... sereno**: le piante, rinsecchite e spoglie, disegnano una trama nera contro il cielo sereno.
7. **vuoto**: senza i voli degli uccelli, che sono già migrati, il cielo è vuoto.
7-8. **cavo... terreno**: il terreno duro, compatto, sembra cavo al piede che lo fa risonare.

DIALOGO CON IL TESTO

COMPRENDERE

Il contrasto apparenza/realtà, vita/morte La poesia è incentrata su un contrasto fra illusione e realtà: ci sono segnali di primavera, subito negati da inequivocabili presagi d'inverno. Il contrasto apparenza/realtà implica anche quello vita/morte, implicito nelle immagini dei rami stecchiti, del cielo vuoto di uccelli, esplicito nel riferimento finale alla festa dei morti.

L'assenza dell'"io" Questi temi psicologici sono tutti risolti in pure immagini: nette, precise nel disegno, esse si rivolgono più alla percezione sensibile che non alla mente. È una successione di sensazioni dell'odorato, della vista, dell'orecchio attento a cogliere le voci più segrete della natura: l'odore del prunalbo è *amaro* (v. 3), una sinestesia che preannuncia la svolta triste del componimento; il cielo, prima limpido come un vetro, sembra ora frantumato in mille pezzi dalle *nere trame* delle *stecchite piante* (vv. 5-6); invece dell'atteso canto degli uccellini primaverili, intorno c'è soltanto *silenzio* (v. 9), talmente profondo che si potrebbe sentire il rumore di una foglia che cade in lontananza.
Immagini e sensazioni sembrano sussistere di per sé, staccate da una coscienza soggettiva: notate che nella poesia non compare un "io", e l'illusione dell'estate è attribuita a un "tu" generico.

ANALIZZARE

Chiarezza della struttura tematica La poesia presenta a prima vista un aspetto classicamente composto, un disegno chiaro e razionale. Contribuiscono a questo effetto:
- il metro classicheggiante;
- la coincidenza tra periodi sintattici e strofe;
- la precisa scansione del discorso in due momenti, segnata dal *Ma* che apre la seconda strofa.

Una sottile ambiguità Tuttavia altri aspetti contraddicono questa struttura, creando una sottile ambiguità, quasi corrodendo dall'interno questo disegno nitido e preciso.

● **Analizzate:**
- **le frasi nominali;**
- **l'alternarsi di espressioni ricercate e letterarie con altre di tono molto familiare;**
- **la mancanza di un ordine gerarchico fra le sensazioni.**

È poi da osservare la straordinaria condensazione dell'espressione *di foglie un cader fragile* (v. 11), dove si assommano un'allitterazione con effetto onomatopeico, un'ipallage ed elementi simbolici (la caducità delle foglie è un segnale di morte).

T83 ▸ Lavandare

Questo componimento entrò nella sezione *L'ultima passeggiata* (vedi ▸T81) alla terza edizione di *Myricae* (1894).

▸ **METRO**: madrigale, composto da due terzine di endecasillabi con schema ABA, CBC, e una quartina con schema DEDE, (dove D è un'assonanza).

Nel campo mezzo grigio e mezzo nero
resta un aratro senza buoi, che pare
dimenticato, tra il vapor leggiero.

E cadenzato dalla gora viene
lo sciabordare delle lavandare
con tonfi spessi e lunghe cantilene:

Il vento soffia e nevica la frasca,
e tu non torni ancora al tuo paese!
quando partisti, come son rimasta!
come l'aratro in mezzo alla maggese.

Elin Danielson-Gambogi, *Lavandaia*, 1900. (Collezione privata)

1. **mezzo... nero**: la parte arata ha il colore scuro della terra appena smossa.
3. **il vapor leggiero**: la leggera nebbia.
4. **gora**: canale.
5. **sciabordare**: il rumore dei panni risciacquati. Il verbo si riferisce di solito al rumore delle onde contro lo scafo di un'imbarcazione.
6. **tonfi spessi**: il rumore sordo dei panni sbattuti nell'acqua. **lunghe cantilene**: canti prolungati e monotoni.
7. **nevica la frasca**: le foglie cadono dai rami (*frasca*) come fiocchi di neve. La quartina riproduce un canto intonato dalle lavandaie, che è ripreso da due stornelli popolari marchigiani.
10. **maggese**: terreno lasciato incolto per un anno perché ritorni fertile.

DIALOGO CON IL TESTO

COMPRENDERE

Un quadro di vita rustica Come gli altri madrigali di *L'ultima passeggiata*, è un quadretto di vita rustica, costruito attraverso le percezioni di un anonimo osservatore: nella prima terzina abbiamo una sensazione visiva, sfumata dalla foschia, con qualcosa di vagamente inquietante (il senso di abbandono che promana dall'aratro); poi irrompe, "fuori campo" (*dalla gora viene*), il suono delle lavandaie, reso con incisivi effetti onomatopeici; infine, attraverso il canto delle donne, ricompare l'immagine dell'aratro abbandonato, che chiude circolarmente la struttura tematica della poesia.

ANALIZZARE

Linguaggio familiare In questi versi Pascoli procede decisamente sulla via di un'introduzione nella poesia di un linguaggio familiare: la sintassi è semplice e lineare, ci sono espressioni della lingua più usuale, non solo nel canto popolare che occupa la quartina, ma anche nel discorso del poeta (*il campo mezzo grigio e mezzo nero*).

Enjambements Il ritmo del componimento è caratterizzato da due forti *enjambements*.

- **In quali versi? Vi pare che qualche parola sia messa in particolare risalto dalla pausa metrica che la precede?**

Fonosimbolismo Tipico di Pascoli è l'utilizzo di termini "fonosimbolici" che alludono al loro significato anche dal punto di vista del suono.

- **Analizzate le onomatopee ai vv. 5-6.**

CONFRONTARE

Lavandare* e *Arano Questa poesia segue a distanza di otto anni *Arano* (▸T81), affine per tema e impostazione.

- **Confrontando i due testi, verificate il progressivo abbandono del linguaggio classicheggiante a favore di uno più familiare.**

INTERPRETARE

Paesaggio o stato d'animo? Secondo un'interpretazione diffusa, il vero tema della poesia sarebbe il senso di solitudine e di abbandono del poeta, proiettato nell'immagine dell'aratro; la nostra lettura sottolinea invece gli aspetti visivi e uditivi di un'immagine "pura", appena sfiorata da una vaga risonanza psicologica.

- **Quale interpretazione vi pare più convincente, e perché?**

ANALISI

T84 ▸ Temporale

Questa poesia fu inclusa nella terza edizione di *Myricae* (1894), nella sezione *In campagna*.

▸ **METRO**: si presenta come una strofa di ballata, in settenari. Rime: A (ritornello), BCBCCA.

Un bubbolìo lontano...

Rosseggia l'orizzonte,
come affocato, a mare;
nero di pece, a monte,
stracci di nubi chiare:
tra il nero un casolare:
un'ala di gabbiano.

1. **bubbolìo**: il brontolio del tuono (parola onomatopeica; formalmente deriva da *bubbolo*, sonaglio per animali).
3. **come affocato**: come se fosse di fuoco.
4. **nero di pece**: nuvoloni neri come la pece.

DIALOGO CON IL TESTO

COMPRENDERE

L'emozione di un attimo Un paesaggio sotto la minaccia di un temporale in arrivo è colto come in un'istantanea: è l'emozione di un attimo, priva di qualsiasi contesto, aperta e chiusa all'improvviso. Da qui si crea l'effetto vagamente sinistro di una sospensione del tempo. L'immagine «tra il nero un casolare» propone il tema, in seguito ricorrente in Pascoli, del «nido» familiare assediato dal male.

Dissoluzione della prospettiva L'impressionismo pascoliano tocca qui uno dei suoi vertici: è un rapido accostamento di sensazioni tradotte in veloci pennellate, in forti contrasti di colore. La tecnica compositiva ha dissolto ogni impalcatura prospettica, ogni ordine di grandezze e di distanze: nel verso finale, il dettaglio dell'*ala di gabbiano* occupa all'improvviso tutto il campo visivo, assume lo stesso rilievo del cielo e della casa.

ANALIZZARE

Condensazione espressiva La sintassi ha il supporto di un solo verbo-predicato (*Rosseggia*, v. 2); per il resto si regge su una serie di frasi nominali. La semplificazione sintattica favorisce il condensarsi, quasi il sovrapporsi, delle immagini. La stessa condensazione espressiva è prodotta dalle metafore *nero di pece* (v. 4) e *stracci di nubi* (v. 5), che danno consistenza materiale alle impressioni: si tratta di procedimenti espressivi nuovi per l'epoca, che anticipano modi tipici della lirica del Novecento.

- **Analizzate le due metafore, spiegando il procedimento di sostituzione sul quale si basano.**
- **Analizzate l'immagine dell'*ala di gabbiano* del v. 7: a quale elemento del paesaggio si riferisce? Su che cosa si basa l'analogia?**

CONFRONTARE

Approssimazioni Di questa poesia possediamo i primi abbozzi, risalenti al 1892, contenuti in un quaderno sotto il titolo «Appunti di viaggio per una poesia rapida a vari tratti». Un primo tentativo, in ottonari, suona così:

M'è davanti un rosseggiare
tetro come di vulcano.
Come è nero alla sinistra
tutto sparso a fiori bianchi
Una casa vi biancheggia
come cigno…

Una versione più matura, in bella copia su un foglietto, è la seguente:

Temporale

Lontano il tuon rimbomba.
Rosseggia l'orizzonte
come affocato, a mare:
nero di pece a monte
con fiocchi grigi: appare
tra il nero un casolare,
come un'ala di colomba.

- **Analizzate l'elaborazione compiuta dal poeta in direzione della versione finale. Per quali ragioni questa può essere considerata superiore alla versione immediatamente precedente?**

Fra letteratura e arte Fra i dipinti impressionisti che abbiamo riprodotto nella sezione Le arti, i più adatti a un accostamento con questo testo sono i paesaggi di Monet (▸T51).

- **Cercate di spiegare in che consistono le affinità fra le due modalità di raffigurazione del paesaggio.**

T85 ▸ Patria

Anche questa poesia comparve nell'edizione 1894 di *Myricae*, col titolo *Estate*; il successivo cambiamento del titolo ha voluto sottolineare il significato di un ritorno in sogno al paese natio di San Mauro (la «patria»), al quale Pascoli tornò di persona molto di rado, dopo la tragedia che aveva disperso la famiglia. Questo cambiamento rientra nella tendenza del poeta a enfatizzare sempre più, col passare degli anni, la tragedia che lo aveva colpito nell'infanzia, a sentirsi sempre più orfano ed esule.

▸ **METRO**: ballata in settenari, costituita da due ritornelli, ciascuno seguito da due strofe; rime A, BCBCA.

Sogno d'un dì d'estate.

Quanto scampanellare
tremulo di cicale!
Stridule pel filare
moveva il maestrale
le foglie accartocciate.

Scendea tra gli olmi il sole
in fascie polverose;
erano in ciel due sole
nuvole, tenui, róse:
due bianche spennellate

in tutto il ciel turchino.

Siepi di melograno,
fratte di tamerice,
il palpito lontano
d'una trebbïatrice,
l'*angelus* argentino...

dov'ero? Le campane
mi dissero dov'ero,
piangendo, mentre un cane
latrava al forestiero,
che andava a capo chino.

4. **Stridule**: che rendono un suono secco e acuto.
5. **maestrale**: vento da nord-ovest.
8. **in fascie polverose**: tra gli alberi il sole crea strisce di luce in cui si vede agitarsi il pulviscolo.
10. **tenui, róse**: sottili, in via di disfarsi (*róse*, corrose).
14. **fratte di tamerice**: cespugli di *tamerice*, un arbusto.
15. **palpito**: battito regolare, come quello di un cuore.
17. **l'*angelus***: il suono della campana che annuncia una preghiera alla Madonna, tre volte al giorno. **argentino**: squillante.

Josef Maria Auchentaller, *Campane a festa*, 1903. (Collezione privata)

DIALOGO CON IL TESTO

COMPRENDERE

Quale patria? Il titolo *Patria* è volutamente fuorviante: non ci troviamo davanti a una lirica di argomento civile come quelle di Carducci (e alla quale anche Pascoli approderà in seguito), ma a una definizione personale di "patria": un luogo che risulta familiare non per le sue tradizioni storiche, politiche e culturali, ma per i suoi suoni, i suoi odori, i suoi colori. La patria è, etimologicamente, il paese del padre, quel padre la cui morte nel 1867 ha provocato il distacco del poeta dalla sua Romagna. In una delle sue prime poesie, *Romagna*, Pascoli scriveva: «Ma da quel nido, rondini tardive / tutti tutti migrammo un giorno nero; / io, la mia patria or è dove si vive» (vv. 49-51). Vagando per l'Italia, Pascoli capisce ben presto che non rivedrà la sua Romagna natia, ma che dovrà farla rivivere in sé sul filo della memoria.

Il paesaggio, l'estraneità Le prime tre strofe descrivono un paesaggio di campagna estiva, luminoso, ridente, animato dai suoni naturali e del lavoro umano; solo il primo ritornello annuncia che non si tratta di una realtà presente, ma di un sogno. L'ultima strofa dà un'interpretazione dolorosa della visione: emerge un "io" che si riconosce a casa propria (ma solo in sogno) attraverso il suono familiare delle campane; ma subito si proietta nell'immagine di un *forestiero* che va malinconicamente *a capo chino*, perché si scopre ormai estraneo al proprio paese. Il ritorno sognato si risolve in un doloroso sentimento di estraneità.

- **Spiegate in che modo questo sentimento è proiettato nel paesaggio, attraverso immagini che lo esprimono indirettamente.**

ANALIZZARE

Accostamento aprospettico di sensazioni Le prime tre strofe rappresentano uno degli esiti più felici dell'impressionismo pascoliano: qui esso non si manifesta in forti contrasti di colore (come in *Temporale*, ▸T84), ma in un'animata successione di sensazioni direttamente accostate le une alle altre, senza una struttura discorsiva che dia loro un ordine, una prospettiva. Il metro contribuisce a dare un carattere festoso alla rappresentazione: il succedersi dei brevi settenari, con rime frequenti, crea un ritmo vivace, come di danza (non per nulla è un metro di "ballata").

- **Rintracciate l'espressione che manifesta esplicitamente il carattere pittorico dell'immaginazione.**
- **La manifestazione più pregnante dell'impressionismo del poeta è nella strofa costituita esclusivamente di frasi nominali: un puro elenco di oggetti e sensazioni. Individuatela.**
- **Nonostante la mancanza di un preciso ordine prospettico, le sensazioni visive e uditive sono attentamente distribuite nelle strofe; ricostruite l'alternanza di queste percezioni.**

CONFRONTARE

"Poetica delle cose" Oltre che di impressionismo, si può parlare per questi versi della pascoliana "poetica delle cose", quale è espressa soprattutto nel *Fanciullino* (▸T79-T80).

- **Accostate i testi, mettendo in luce i collegamenti.**

INTERPRETARE

Un'aggiunta inopportuna? È interessante notare che tra le carte del poeta si è trovata un'altra redazione della poesia che contiene, con poche varianti, solo i vv. 2-16. Manca in sostanza il primo verso, che interpreta la scena successiva come *sogno*, e l'ultima strofa, che introduce il tema del senso di esclusione dell'esule. Se questo appunto rappresenta una fase di elaborazione precedente, costituisce un ulteriore indizio del fatto che i temi del dolore di orfano ed esule spesso non fanno parte dell'ispirazione originaria di Pascoli, ma vi si aggiungono in un secondo momento.

- **A vostro parere questi temi arricchiscono l'ispirazione paesaggistica iniziale o vi introducono qualcosa di estraneo? Motivate il vostro giudizio.**

T86 ▸ X agosto

Il componimento, scritto nel 1896, fu inserito nella quarta edizione di *Myricae* (1897). Il titolo fa riferimento a una data del calendario, la ricorrenza di San Lorenzo, quando nella notte è più visibile il fenomeno delle stelle cadenti. Ma per il poeta quella data è anche l'anniversario della morte del padre, ucciso nella notte con un colpo di fucile da una mano ignota.

▸ **METRO**: quartine di decasillabi alternati a novenari, a rime alternate. L'alternanza di un verso più lungo con uno più breve evoca il distico elegiaco della poesia latina: *Elegie* si intitola infatti la sezione di *Myricae* che raccoglie le poesie con questo metro.

San Lorenzo, io lo so perché tanto
di stelle per l'aria tranquilla
arde e cade, perché sì gran pianto
nel concavo cielo sfavilla.

Ritornava una rondine al tetto:
l'uccisero: cadde tra spini:
ella aveva nel becco un insetto:
la cena de' suoi rondinini.

Ora è là, come in croce, che tende
quel verme a quel cielo lontano;
e il suo nido è nell'ombra, che attende,
che pigola sempre più piano.

Anche un uomo tornava al suo nido:
l'uccisero: disse: Perdono;
e restò negli aperti occhi un grido:
portava due bambole in dono...

Ora là, nella casa romita,
lo aspettano, aspettano in vano:
egli immobile, attonito, addita
le bambole al cielo lontano.

E tu, Cielo, dall'alto dei mondi
sereni, infinito, immortale,
oh! d'un pianto di stelle lo inondi
quest'atomo opaco del Male! → la m e' maiuscola per dire che il male e' più grande di Dio

↓ e' il modo in cui Pascoli definisce il mondo

Due rondini in volo in un'illustrazione di John James Audubon del 1830.

1-2. **tanto di stelle**: tante stelle (complemento partitivo, alla maniera latina).
3. **gran pianto**: le stelle cadenti sono sentite come un pianto del cielo.
11. **il suo nido**: gli abitanti del nido, i rondinini (metonimia).
14. **Perdono**: per il suo assassino.
16. **due... dono**: per le sue bambine.
17. **romita**: solitaria.
24. **quest'atomo... Male**: la Terra, minimo atomo nell'immensità del cosmo, dove domina il male; *opaco* può essere inteso sia in senso fisico (corpo che non brilla di luce propria), sia in senso morale (oscuro, per la presenza del male).

DIALOGO CON IL TESTO

COMPRENDERE

La tragedia personale, la riflessione morale La poesia condensa alcuni temi caratteristici della poesia pascoliana matura:

- il ricordo doloroso della morte violenta e ingiusta del padre: assente nei versi giovanili, questo tema assume via via un rilievo crescente, diventa costitutivo dell'immagine di sé che il poeta costruisce;
- il tema del *nido* (che la rondine e l'uomo non fanno in tempo a raggiungere) come luogo sicuro e protetto, contrapposto a un mondo esterno minaccioso;
- strettamente associata, la meditazione sul mistero incomprensibile del *Male* che permea il mondo, coinvolgendo ogni essere;
- il sentimento cosmico del rapporto fra la Terra e l'universo, in cui reminiscenze di tradizione cristiana (la contrapposizione tra il cielo buono e la Terra cattiva) si intrecciano con suggestioni inquietanti provenienti dalla visione positivista del cosmo (l'angoscia di sentirsi su un *atomo opaco* sperduto nello spazio).

Questi temi si innestano sull'originaria poesia delle piccole cose e la caricano di intenti morali e umanitari, che avranno sempre più spazio nell'opera del poeta.

Due storie parallele Il messaggio morale è affidato alle due storie parallele ed esemplari della rondine e dell'uomo. Sullo sfondo, il grande pianto dell'universo si riversa ugualmente su uomini e animali: l'assenza di prospettiva gerarchica, che abbiamo notato nelle poesie di paesaggio (▸T84), si estende qui agli aspetti morali, e si riassume nell'immagine arditissima che proietta un essere minimo (*quel verme*) sullo sfondo immenso del «cielo lontano».

ANALIZZARE

Parallelismi Lo sviluppo dei temi ha una struttura circolare, con un'evidente ripresa tra la prima e l'ultima quartina e una serie di parallelismi tra le due coppie di quartine centrali.

- **Provate a fare una rappresentazione schematica di queste riprese e parallelismi.**

Un misto di elementarità e complessità La sintassi è semplice, il linguaggio presenta elementi comuni, quasi puerili (il diminutivo *rondinini*; l'allitterazione *pigola sempre più piano*, v. 12); il metro molto scandito (perché i due versi che si alternano sono ad accentazione fissa) contribuisce a dare l'impressione di un discorso elementare, quasi un apologo per bambini: e in effetti questa è stata una delle poesie di Pascoli più lette nelle scuole, anche elementari.

Ma al solito, la semplicità in Pascoli si intreccia con elementi colti e complessi: latinismi (*tanto / di stelle*), traslati raffinati (*atomo opaco*).

- **Osservate lo scambio metaforico con cui Pascoli indica i luoghi a cui fanno ritorno la rondine (v. 5) e l'uomo (v. 13). Quale significato simbolico hanno quei termini?**

CONTESTUALIZZARE

Riferimenti cristiani Nel testo sono presenti elementi che sembrano alludere alla passione di Cristo: gli *spini* tra cui cade la rondine (v. 6) possono far pensare alla corona di spine; la posizione in cui muore l'uccello con le ali aperte è accostata alla croce (v. 9); l'uomo in punto di morte perdona i suoi nemici (v. 14) come Gesù. Questi riferimenti non hanno tuttavia alcun valore metafisico: per tutta la sua vita, Pascoli è stato agnostico e alieno dalla religione. Il suo legame con il cristianesimo è più che altro sentimentale: ne ha affettuosi ricordi d'infanzia (che emergono per esempio in *Digitale purpurea*, ▸T89) e ne apprezza l'insegnamento di mitezza. Il ciclo *Piccolo Vangelo*, che sarà pubblicato postumo nel 1912, è dedicato alla figura di Gesù, presentato come un uomo dolce e capace di parlare ai fanciulli, ma fondamentalmente estraneo a un mondo che non lo capisce.

INTERPRETARE

Quale messaggio? La poesia è una protesta contro la violenza e un invito alla non-violenza; ma ci si può chiedere se il presentare il *Male* come un mistero cosmico e ineluttabile non svaluti la prospettiva di un impegno attivo contro il male. Anche ci si può chiedere se la commozione espressa dal pianto del cielo spinga il lettore alla riflessione e alla scelta morale o abbia un carattere puramente consolatorio.

- **Argomentate e valutate queste ipotesi interpretative.**

Poemetti

• Il chiù

È una raccolta pubblicata per la prima volta nel 1897, che in un'edizione successiva (1904) prese il titolo di *Primi Poemetti*, ai quali seguirono i *Nuovi Poemetti* (1909). I due volumi sono introdotti in epigrafe da un motto virgiliano: *paulo maiora* ("cose un poco più grandi"), che allude a testi di più ampio respiro e su temi meno "umili" di quelli di *Myricae*. Sono poemetti in terzine; alcuni compongono una sorta di narrazione continuata, sul filo del variare delle stagioni, della vita e del lavoro di una famiglia di contadini in Garfagnana (▸T87); altri sono improntati a un forte simbolismo (▸T88-T89). La prima raccolta si conclude con *Italy*, un lungo racconto in versi sul triste destino degli emigranti in America (▸T90). La seconda raccolta dà maggior spazio alla poesia cosmica (ispirata al senso di sgomento di fronte al mistero dell'universo), e alla poesia umanitaria, di apostolato sociale.

I testi riportati in questa sezione sono ripresi dall'edizione dei *Poemetti* in *Poesie* (vol. I, Mondadori, Milano, 1958).

T87 ▸ La siepe

Nell'agosto 1897 Gabriele D'Annunzio, candidato al parlamento nel collegio di Ortona che includeva la sua Pescara, vi pronunciò un discorso elettorale, nazionalista e antisocialista, in cui esaltava la siepe come simbolo della proprietà privata, baluardo di sicurezza e di indipendenza (▸D23, p. 493). Pascoli scrisse subito sulla «Tribuna» un articolo di elogio a questo discorso, e quindi sullo stesso giornale pubblicò *La siepe*, uno dei primi interventi del poeta in campo politico-sociale, che col passare degli anni si faranno poi più frequenti. Il componimento fu in seguito incluso nei *Primi Poemetti*, in una delle serie dedicate alla vita quotidiana di una famiglia di contadini; rientra in un discorso più ampio di "elogio del perfetto podere" che il capofamiglia fa ai suoi familiari raccolti davanti al focolare durante una veglia invernale.

▸ **METRO**: tre serie di terzine a rima incatenata, ciascuna chiusa da un ultimo verso isolato che rima con il secondo dell'ultima terzina.

I

Siepe del mio campetto, utile e pia,
che al campo sei come l'anello al dito,
che dice mia la donna che fu mia
  (ch'io pur ti sono florido marito,
o bruna terra ubbidïente, che ami
chi ti piagò col vomero brunito...);
  siepe che il passo chiudi co' tuoi rami

2-3. **che al campo... che fu mia**: che cingi il campo come l'anello matrimoniale cinge il dito, attestando che è mia la donna diventata tale il giorno delle nozze. L'anello racchiude metaforicamente la proprietà della donna, come la siepe racchiude la proprietà terriera.
4. **florido marito**: marito fecondo. L'agricoltore è marito della terra perché la feconda.
6. **chi ti piagò al vomero brunito**: chi ti ha aperto (letteralmente "ferito", *piagò*) col lucente vomere dell'aratro. Prosegue la metafora: l'aratura è assimilata a un atto sessuale.

irsuti al ladro dormi-'l-dì; ma dài
ricetto ai nidi e pascolo a gli sciami;
siepe che rinforzai, che ripiantai,
quando crebbe famiglia, a mano a mano,
più lieto sempre e non più ricco mai;
d'albaspina, marruche e melograno,
tra cui la madreselva odorerà
io per te vivo libero e sovrano,
verde muraglia della mia città.

II

Oh! tu sei buona! Ha sete il passeggero;
e tu cedi i tuoi chicchi alla sua sete,
ma salvi il frutto pendulo del pero.
Nulla fornisci alle anfore segrete
della massaia: ma per te, felice
ella i ciliegi popolosi miete.
Nulla tu rendi; ma la vite dice;
quando la poto all'orlo della strada,
che si sente il cucùlo alla pendice,
dice: – Il padre tu sei che, se t'aggrada,
sì mi correggi e guidi per il pioppo;
ma la siepe è la madre che mi bada. –
– Per lei vino ho nel tino, olio nel coppo –
rispondo. I galli plaudono dall'aia;
e lieto il cane, che non è di troppo,
ch'è la tua voce, o muta siepe, abbaia.

8. **dormi-'l-dì**: che dorme di giorno (perché va in giro a rubare di notte); è un epiteto composto che traduce un'espressione dell'antico poeta greco Esiodo, autore di un poema sui lavori agricoli.
9. **pascolo a gli sciami**: (dài) nutrimento agli sciami delle api, coi tuoi fiori.
11. **crebbe famiglia**: vennero nuovi figli, o nipoti.
13. **d'albaspina... melograno**: complementi da riferire a *siepe*; piante adatte a formare una siepe.
14. **madreselva**: caprifoglio, pianta dai fiori odorosi.
16. **verde... città**: la siepe protegge la proprietà come le mura difendevano un tempo le città.
18-19. **cedi i tuoi chicchi... pero**: le bacche selvatiche (*i tuoi chicchi*) possono essere cedute al passante assetato, ma i frutti coltivati del pero sono difesi dai furti dalla siepe.
20-22. **Nulla... miete**: tu non dài frutti da conservare nelle anfore ben riposte in cantina (*segrete*) della massaia; ma grazie a te ella raccoglie felice i frutti dei ciliegi carichi (*popolosi*).
25. **che si sente... pendice**: quando si sente cantare il cuculo dai pendii: di maggio, tempo della potatura delle viti.
26-27. **Il padre... pioppo**: dice la vite al contadino: tu sei per me il padre che, come ti piace (*t'aggrada*), correggi la mia crescita (potando e legando) e mi fai seguire il filare dei pioppi.
29. **coppo**: vaso di terracotta.
31. **non è di troppo**: non è superfluo, perché aggiunge la sua guardia a quella della siepe.

Giulia Bandini, *Paesaggio,* 1887-90. (Collezione privata)

III

E tu pur, siepe, immobile al confine,
tu parli; breve parli tu, ché, fuori,
dici un divieto acuto come spine;
dentro, un assenso bello come fiori;
siepe forte ad altrui, siepe a me pia,
come la fede che donai con gli ori,
che dice mia la donna che fu mia.

34. **breve**: brevemente (latinismo).
37. **forte ad altrui, siepe a me pia**: severa con gli estranei (a cui sbarra l'accesso), devota a me.
38. **la fede... ori**: la fedeltà che promisi dando l'anello d'oro matrimoniale.

DIALOGO CON IL TESTO

COMPRENDERE

L'armonia, la minaccia La siepe è esaltata come simbolo della piccola proprietà contadina, elevata a ideale di vita; essa racchiude un mondo raccolto, ordinato, in cui tutti gli esseri e le cose hanno un proprio posto e un proprio ruolo, sotto l'occhio vigile del padre padrone.
Ma l'armonia interna al piccolo mondo del podere richiede un atteggiamento "forte" verso il mondo esterno, sentito come potenzialmente ostile e minaccioso.

- **Individuate i luoghi del testo in cui si ribadiscono gli atteggiamenti antitetici della siepe verso l'esterno e verso l'interno.**

Sesso e possesso Un altro tema significativo è l'assimilazione del rapporto tra l'uomo e la terra a quello fra l'uomo e la donna. L'associazione tra la fecondità sessuale e quella della terra è un antichissimo mito di tutte le civiltà contadine; ma Pascoli, nel riprenderlo, vi associa idee di possesso e, sia pure di passaggio, di violenza: qualcosa di turbato è sempre presente nei non rari riferimenti del poeta al sesso.

- **In quali punti del testo sono presenti queste associazioni?**

ANALIZZARE

Colloquialità e preziosismi Pascoli dà alla terzina un andamento dimesso, adatto ad accogliere le espressioni colloquiali di un semplice contadino (*Oh! tu sei buona!*, v. 17; *che si sente...*, v. 25); ma contemporaneamente intarsia nel discorso espressioni preziose (*anfore segrete*, v. 20; *i ciliegi popolosi*, v. 22) e una dotta citazione dalla poesia greca: l'idea è che la semplicità del contadino sia una semplicità antica, quindi ben espressa in un linguaggio arcaico.

- **Individuate simili alternanze di espressioni semplici e preziose nella prima e nella terza sezione del poemetto.**

Umanizzazione della natura Pascoli non vede nella natura una spettatrice passiva delle vicende umane ma un organismo vivente, capace di avere intenzioni e provare emozioni.

- **Individuate i termini che umanizzano gli elementi della natura.**

Un'epopea rustica Nonostante i toni dimessi, il discorso si carica di un'enfasi da epopea rustica, con le ripetute apostrofi alla siepe, con la formula ripetuta all'inizio e in chiusura (*che dice mia la donna che fu mia*), solenne come un rituale.

CONFRONTARE

Due versioni del "nido" Confrontando questo testo con *X agosto* (▸T86), vi potete riconoscere una nuova manifestazione del mito pascoliano del «nido».

- **Individuate le caratteristiche che questo motivo assume nei due componimenti.**

CONFRONTI Il tema del sesso ricompare in altri *Poemetti* (*Digitale purpurea*, ▸T89), e nel *Gelsomino notturno* (▸T93).

T88 ▸ Nella nebbia

Questo componimento fu pubblicato sulla rivista fiorentina «Il Marzocco» nel novembre 1897 e quindi incluso nella raccolta *Primi Poemetti*.

▸ **METRO**: terzine a rima incatenata; l'ultimo verso, isolato, rima col secondo della terzina precedente.

E guardai nella valle: era sparito
tutto! sommerso! Era un gran mare piano,
grigio, senz'onde, senza lidi, unito.
E c'era appena, qua e là, lo strano
vocìo di gridi piccoli e selvaggi:
uccelli spersi per quel mondo vano.
E alto, in cielo, scheletri di faggi,
come sospesi, e sogni di rovine
e di silenzïosi eremitaggi.
Ed un cane uggiolava senza fine,
né seppi donde, forse a certe péste
che sentii, né lontane né vicine;
eco di péste né tarde né preste,
alterne, eterne. E io laggiù guardai:
nulla ancora e nessuno, occhi, vedeste.
Chiesero i sogni di rovine: – Mai
non giungerà? – Gli scheletri di piante
chiesero: – E tu chi sei, che sempre vai? –
Io, forse, un'ombra vidi, un'ombra errante
con sopra il capo un largo fascio. Vidi,
e più non vidi, nello stesso istante.
Sentii soltanto gl'inquïeti gridi
d'uccelli spersi, l'uggiolar del cane,
e, per il mar senz'onde e senza lidi,
le péste né vicine né lontane.

7. **alto... faggi**: in alto, contro il cielo, alberi spogli, resi spettrali dall'esser visti attraverso la nebbia.
8. **come sospesi**: la nebbia non lascia intravedere la base degli alberi. **sogni di rovine**: uno scenario di rovine intraviste come in un incubo.
9. **eremitaggi**: abitazioni solitarie (letteralmente, sedi di eremiti).
10. **uggiolava**: guaiva in tono piano e lamentoso.
11. **né seppi... péste**: e non seppi da dove uggiolava, forse (il cane uggiolava) a un rumore di passi.
13-14. **eco di... eterne**: un'eco di passi, né lenti né veloci, alternati, continui.
20. **un largo fascio**: un pesante carico di legna.

Gustave Loiseau, *Salici nella nebbia*, 1915. (Collezione privata)

DIALOGO CON IL TESTO

COMPRENDERE

Allegoria del destino umano L'impianto della poesia è chiaramente allegorico: la nebbia che sommerge il paesaggio è simbolo della vita e del mistero che la circonda; il destino umano è un vagare senza scopo, nell'oscurità, ombra tra le ombre, sotto il peso del dolore. Le domande sull'identità e la destinazione dell'ombra che rappresenta l'uomo sono prive di risposta. Tutti gli esseri, animati e inanimati, sono trasformati in parvenze spettrali, in un contesto di percezione sfocata e vacillante, in uno spazio e in un tempo indefiniti, senza confini certi (*mare senza lidi*).

- **Individuate le espressioni e i simboli di una condizione tetra e dolorosa ricorrenti con insistenza nel testo.**

ANALIZZARE

Le espressioni negative La mancanza di riferimenti certi, l'angosciosa indefinitezza dello spazio e del tempo sono espresse dal ripetersi frequente di espressioni negative.

- **Individuatene qualche esempio.**

Corrosione dell'endecasillabo In questo testo è in evidenza un modo tutto pascoliano di trattare la terzina, destinato a ricomparire in molti altri componimenti: un metro illustre, tradizionalmente scandito e regolare, è corroso dall'interno da fitte pause, incisi, *enjambements* che creano un ritmo ansimante, frantumato in una serie di sussulti. Se si legge ad alta voce, per esempio, il v. 3, si sentirà che il ritmo dell'endecasillabo (che pure esteriormente è regolare) è completamente sfatto. Si direbbe che il metro segua la stessa sorte di corrosione e disfacimento della realtà vista dal poeta.

- **Verificate queste osservazioni analizzando la terzina vv. 16-18.**

CONFRONTARE

Pascoli e Leopardi Nella figura dell'ombra in cammino sotto un peso schiacciante è chiaramente ripresa l'immagine, pure allegorica, del «Vecchierel bianco, infermo / [...] / con gravissimo fascio in su le spalle» del *Canto notturno* di Leopardi (▸Vol. Leopardi, T17, vv. 21-39).

- **Confrontate i due passi, verificando da un lato l'analogia nel significato attribuito a questa figura, dall'altro il modo diverso di costruire le immagini; valutate se questo corrisponda a un diverso atteggiamento dei due poeti nei confronti di una problematica che ha qualche punto di contatto.**

Il motivo della nebbia La poesia *Nebbia*, composta circa negli stessi anni e contenuta nei *Canti di Castelvecchio* è dedicata allo stesso fenomeno naturale, che assume però un significato simbolico diverso. Ne riportiamo alcuni stralci:

Nascondi le cose lontane,
tu nebbia impalpabile e scialba[1]
[...]
Nascondi le cose lontane,
nascondimi quello ch'è morto!
Ch'io veda soltanto la siepe
dell'orto,
la mura ch'ha piene le crepe
di valerïane[2].

Nascondi le cose lontane:
le cose son ebbre di pianto[3]!
[...]
Nascondi le cose lontane
che vogliono ch'ami e che vada[4]!
Ch'io veda là solo quel bianco
di strada,
che un giorno ho da fare tra stanco
don don di campane[5]...

Nascondi le cose lontane,
nascondile, involale al volo
del cuore[6]! Ch'io veda il cipresso
là, solo,
qui, solo quest'orto, cui presso[7]
sonnecchia il mio cane.

1. **scialba**: scolorita.
2. **valerïane**: erbe spontanee.
3. **ebbre di pianto**: piene di dolore.
4. **vogliono... vada**: mi chiedono di amare la vita e di agire.
5. **tra stanco... campane**: trasportato al cimitero.
6. **involale... cuore**: sottraile agli slanci del cuore.
7. **cui presso**: vicino al quale.

- **Quale diverso significato assume la nebbia in questa poesia? Quale analogia si può istituire con *La siepe* (▸T87)?**

T89 ▸ Digitale purpurea

PERCORSO
- L'orrore, il macabro, il perturbante (II), p. 579

Questo componimento fu pubblicato sulla rivista «Il Marzocco», nel 1898, e quindi incluso nella raccolta *Primi poemetti*. La digitale è una pianta dai fiori a corolla roseo-violacea, maculata di rosso, da cui si ricava una medicina per le malattie di cuore, molto tossica se presa in dosi non controllate. La sorella del poeta, Maria, dice di aver fornito lei lo spunto a questa poesia raccontando al fratello un episodio della sua vita in collegio, quando durante una passeggiata lei e le sue compagne videro in un giardino una pianta sconosciuta: «Era una pianta dal lungo stelo rivestito di foglie, con in cima una bella spiga di fiori rosei a campanelle, punteggiati di macchioline di color rosso cupo: la digitale purpurea. [...] La Madre Maestra ci intimò di allontanarci subito di lì, di non appressarci a quel fiore che emanava un profumo venefico e così penetrante che faceva morire. Indietreggiammo impaurite [...]. Io rimasi per un pezzo con la paura di quel fiore velenoso, e quando si doveva passare nelle vicinanze me ne stavo più lontano che fosse possibile senza nemmeno guardarlo. Questo puerile e insignificante racconto ispirò a Giovannino il poemetto. Il dialogo tra due ex compagne di collegio, Maria e Rachele (in cui è la sostanza del lavoro) è di sua immaginazione. In Maria ha voluto raffigurare me, ma Rachele l'ha creata lui».

▸ **METRO**: tre serie di terzine a rima incatenata (ABA, BCB, ...), ciascuna chiusa da un ultimo verso isolato che rima con il secondo dell'ultima terzina.

I

Siedono. L'una guarda l'altra. L'una
esile e bionda, semplice di vesti
e di sguardi; ma l'altra, esile e bruna,
  l'altra... I due occhi semplici e modesti
fissano gli altri due ch'ardono. «E mai
non ci tornasti?» «Mai!» «Non le vedesti
  più?» «Non più, cara.» «Io sì: ci ritornai;
e le rividi le mie bianche suore,
e li rivissi i dolci anni che sai;
  quei piccoli anni così dolci al cuore...»
L'altra sorrise. «E di': non lo ricordi
quell'orto chiuso? i rovi con le more?
  i ginepri tra cui zirlano i tordi?
i bussi amari? quel segreto canto
misterioso, con quel fiore, *fior di*... ?»
  «*morte*: sì, cara.» «Ed era vero? Tanto
io ci credeva che non mai, Rachele,
sarei passata al triste fiore accanto.
  Ché si diceva: il fiore ha come un miele
che inebria l'aria; un suo vapor che bagna
l'anima d'un oblìo dolce e crudele.

4. **I due occhi... modesti**: sono gli occhi di Maria.
5. **gli altri... ardono**: gli occhi di Rachele, che bruciano di una segreta inquietudine.
5-6. **E mai non ci tornasti?**: sottinteso: al convento di suore dove furono entrambe educande.
13. **zirlano**: emettono il loro verso (voce onomatopeica).
14. **bussi**: bossi, piante ad arbusto. **segreto canto**: angolo nascosto.
20. **vapor**: effluvio.
21. **d'un oblìo... crudele**: di una smemoratezza dolce ma pericolosa.

Charles Curran, *Lotus Lilies*, 1888. (Chicago, Terra Museum of American Art)

Oh! quel convento in mezzo alla montagna
cerulea!» Maria parla: una mano
posa su quella della sua compagna;
e l'una e l'altra guardano lontano.

II

Vedono. Sorge nell'azzurro intenso
del ciel di maggio il loro monastero,
pieno di litanie, pieno d'incenso.
Vedono; e si profuma il lor pensiero
d'odor di rose e di viole a ciocche,
di sentor d'innocenza e di mistero.
E negli orecchi ronzano, alle bocche
salgono melodie, dimenticate,
là, da tastiere appena appena tocche...
Oh! quale vi sorrise oggi, alle grate,
ospite caro? onde più rosse e liete
tornaste alle sonanti camerate
oggi: ed oggi, più alto, *Ave*, ripete,
Ave Maria, la vostra voce in coro;
e poi d'un tratto (perché mai?) piangete...
Piangono, un poco, nel tramonto d'oro,
senza perché. Quante fanciulle sono
nell'orto, bianco qua e là di loro!

23. **cerulea**: azzurra come il cielo.
26. **Vedono**: rievocano.
28. **pieno... d'incenso**: risonante di preghiere e odoroso d'incenso.
30. **viole a ciocche**: dette comunemente *violacciocche*, sono fiori simili alle viole, ma più grandi e di colori screziati. Pascoli risale alla locuzione da cui è sorto il nome.
33-34. **melodie... tocche**: musiche dimenticate, suonate allora al piano, o all'organo, da mani che toccavano leggere la tastiera.
35-36. **quale... caro**: chi dei vostri cari vi è venuto oggi a trovare in convento, sorridendovi tra le grate (inferriate o reti metalliche attraverso le quali si poteva parlare coi visitatori).
36. **onde più rosse**: per cui più animate del solito.
37. **sonanti**: risonanti delle voci delle educande.
43. **bianco... di loro**: chiazzato dalle loro bianche vesti.

Bianco e ciarliero. Ad or ad or, col suono
di vele al vento, vengono. Rimane
qualcuna, e legge in un suo libro buono.
In disparte da loro agili e sane,
una spiga di fiori, anzi di dita
spruzzolate di sangue, dita umane,
l'alito ignoto spande di sua vita.

III

«Maria!» «Rachele!» Un poco più le mani
si premono. In quell'ora hanno veduto
la fanciullezza, i cari anni lontani.
Memorie (l'una sa dell'altra al muto
premere) dolci, come è tristo e pio
il lontanar d'un ultimo saluto!
«Maria!» «Rachele!» Questa piange, «Addio!»
dice tra sé, poi volta la parola
grave a Maria, ma i neri occhi no: «Io,»
mormora, «sì: sentii quel fiore. Sola
ero con le cetonie verdi. Il vento
portava odor di rose e di viole a
ciocche. Nel cuore, il languido fermento
d'un sogno che notturno arse e che s'era
all'alba, nell'ignara anima, spento.
Maria, ricordo quella grave sera.
L'aria soffiava luce di baleni
silenzïosi. M'inoltrai leggiera,
cauta, su per i molli terrapieni
erbosi. I piedi mi tenea la folta
erba. Sorridi? E dirmi sentia: Vieni!
Vieni! E fu molta la dolcezza! molta!
tanta, che, vedi... (l'altra lo stupore
alza degli occhi, e vede ora, ed ascolta
con un suo lungo brivido...) si muore!»

44. **ciarliero**: che risuona delle loro chiacchiere.
44-45. **col suono... vento**: col fruscio forte delle vesti lunghe.
46. **un suo libro buono**: un libro educativo, di quelli permessi alle educande.
48-49. **una spiga... sangue**: il fiore della digitale purpurea, i cui petali sembrano dita spruzzate di sangue.
50. **l'alito ignoto**: il profumo misterioso.
54-56. **Memorie... saluto**: l'una sa dalla silenziosa pressione della mano quanto sia dolce per l'altra il ricordare, come sia sofferto e affettuoso (*tristo e pio*) l'allontanarsi dopo un ultimo saluto.
59. **ma i neri occhi no**: i neri occhi non sono rivolti a Maria; Rachele prova uno strano imbarazzo.
61. **cetonie**: insetti di colore verde-oro.
64. **un sogno... arse**: un sogno che aveva avuto qualcosa di bruciante; manifestazione di un desiderio inespresso.
66. **grave**: pesante, soffocante.
67-68. **L'aria... silenzïosi**: l'aria era attraversata da lampi di luce senza tuoni.
71-72. **dirmi... Vieni!**: mi sentivo chiamare da una voce misteriosa.
73-74. **lo stupore... occhi**: alza gli occhi stupiti.
74. **vede ora**: ora capisce.

DIALOGO CON IL TESTO

COMPRENDERE

Due piani temporali La vicenda è costruita su una suggestiva sovrapposizione di piani temporali: il presente dell'incontro fra due ex compagne di collegio ormai adulte e il passato rievocato con tale intensità da tornare presente.

- **Notate i punti in cui il discorso del poeta trapassa quasi insensibilmente dall'uno all'altro momento.**

Contrasto fisico e psicologico Il ritratto delle due figure femminili sottolinea un netto contrasto fisico e psicologico: Maria bionda (secondo uno stereotipo di angelica purezza), ingenua; Rachele bruna (secondo un altro stereotipo di pericolosa passionalità), inquieta, reticente.

- **Indicate i momenti della narrazione da cui emergono queste diverse caratteristiche.**

Il peccato, l'inconscio, la morte Nella sezione centrale una voce narrante fuori campo ricostruisce l'atmosfera mistica del convento, suggerendo idee di innocenza e di candore, ma conclude sull'immagine di una strana pianta antropomorfa, proibita e spaventosa, capace al tempo stesso di esercitare un fascino ambiguo. E infine viene la confessione del peccato di Rachele, indotto da voci oscure e irresistibili di tentazione: un peccato troppo dolce e troppo mortale per essere solo ciò che il testo dice esplicitamente.

- **Quali che fossero le intenzioni del poeta, non si può non vedere nel racconto di Rachele un riferimento simbolico all'esperienza sessuale, vissuta tra oscure pulsioni e profondi sensi di colpa. Rintracciate nel testo gli indizi che ci portano a questa interpretazione.**

Ma la figura della digitale purpurea rimanda a eventi e significati che vanno oltre. Essa proietta nelle cose inquieti conflitti dell'inconscio, dove la paura di amare è paura di vivere, e la paura di vivere diventa voglia di morire.

ANALIZZARE

Ardimenti retorici, metrici, sintattici Questo componimento presenta in modo accentuato gli aspetti più singolari della scrittura poetica pascoliana:

- il forte simbolismo, sottolineato dagli ossimori che alludono al tema della seduzione che uccide (*«fior di... morte»*, vv. 15-16, *oblìo dolce e crudele*, v. 21), dalle metafore dove si mescolano percezioni sensoriali diverse (*L'aria soffiava luce di baleni / silenziosi*, vv. 67-68);
- una sintassi spezzata, in un discorso pieno di sospiri, pause, domande, allusioni, con una punteggiatura densa di esclamativi, interrogativi, punti di sospensione, da cui risulta un accumulo di frasi concitate, spesso interrotte, con vuoti logici da colmare;
- un metro formalmente regolare, ma sconvolto dalla frammentazione sintattica, dalle frequenti spezzature; fino all'audacia di certe inaudite rime composte, come *fior di... ?* (v. 15) che rima con *tordi* (v. 13); *viole a* (v. 62) che rima con *Sola* (v. 60).

- **Il discorso nella seconda sezione si distende più pianamente nelle terzine, mentre nella prima e terza prevale la frammentazione ritmica; provate a spiegare il legame tra queste variazioni ritmiche e i diversi momenti emotivi del racconto.**

Peder Severin Krøyer, *Una sera d'estate sulla spiaggia*, 1893. (Skagen, Kunstmuseer)

T90 ▸ Italy

Italy, scritto nel 1904 e posto a chiusura dei *Primi poemetti*, è preceduto da una solenne dedica agli emigranti che in quegli anni lasciavano l'Italia a centinaia di migliaia ogni anno, diretti in gran parte oltre Atlantico: *Sacro all'Italia raminga* ("dedicato all'Italia che emigra"). Il poemetto è diviso in due canti, per 450 versi complessivi. Narra di una bimba, Maria (Molly in inglese), figlia di emigrati, nata in America, che è accompagnata da due giovani zii in Italia, nella campagna toscana, presso i nonni, perché malata di tisi. Grazie al clima mite Molly alla fine guarisce, ma la nonna, che si è presa il suo male, muore. Riportiamo le sezioni III-VI del primo canto, in cui si descrivono il primo incontro degli emigranti con la madre (nonna della bambina) al loro ritorno, la brutta impressione che Molly ha del paese per lei straniero, l'incontro coi paesani che chiedono notizie dei loro parenti emigrati.

▸ **METRO**: serie di otto terzine a rima incatenata, chiuse da un verso che rima col secondo dell'ultima terzina.

III

E i figli la rividero alla fiamma
del focolare, curva, sfatta, smunta.
«Ma siete trista! siete trista, o mamma!»
Ed accostando agli occhi, essa, la punta
del pannelletto, con un fil di voce:
«E il Cecco è fiero? E come va l'Assunta?»
«Ma voi! Ma voi!» «Là là, con la mia croce».
I muri grezzi apparvero col banco
vecchio e la vecchia tavola di noce.
Di nuovo, un moro, con non altro bianco
che gli occhi e i denti, era incollato al muro,
la lenza a spalla ed una mano al fianco:
roba di là. Tutto era vecchio, scuro.
S'udiva il soffio delle vacche, e il sito
della capanna empiva l'abituro.
Beppe sedé col capo indolenzito
tra le due mani. La bambina bionda
ora ammiccava qua e là col dito.
Parlava; e la sua nonna, tremebonda,
stava a sentire e poi dicea: «Non pare
un luì quando canta tra la fronda?»

1. **i figli la rividero**: Beppe e Ghita, zii di Molly, incontrano la vecchia madre nel suo cascinale.
4-5. **accostando... pannelletto**: la vecchia, asciugando una lacrima con un lembo del grembiule da cucina (*pannelletto*, lucchese).
6. **E il Cecco... Assunta**: chiede notizie di altri parenti; è *fiero?* significa "è forte, in salute?"
7. **Ma voi!**: è un modo di chiedere come sta; secondo l'uso antico, i figli si rivolgono alla madre col *voi*. **Là là con la mia croce**: sto così così, coi miei guai (*la mia croce*).
8. **banco**: l'armadio per la biancheria (lucchese).
10-12. **Di nuovo... la lenza a spalla**: l'unica cosa nuova era una stampa che ritraeva un uomo di colore (*moro*), incollata al muro, in cui si vedevano di bianco solo gli occhi e i denti, con una lenza da pesca in spalla.
13. **roba di là**: roba venuta da laggiù, dall'America.
14-15. **il sito... abituro**: il tanfo (*sito*, toscanismo) della baracca adibita a stalla riempiva l'abitazione.
18. **ammiccava**: accennava, indicava.
21. **luì**: un piccolo uccello.

Ferdinand Georg Waldmüller, *Il compleanno della nonna*, 1856. (Collezione privata)

Parlava la sua lingua d'oltremare:
«... *a chicken-house*» «un piccolo luì...»
«...*for mice and rats*» «che goda a cinguettare,
zi zi» «*Bad country, Ioe, your Italy!*»

IV

ITALY, penso, se la prese a male.
Maria, la notte (era la Candelora),
sentì dei tonfi come per le scale...
tre quattro carri rotolarono... Ora
vedea, la bimba, ciò che n'era scorso!
the snow! la neve, a cui splendea l'aurora.
Un gran lenzuolo ricopriva il torso
dell'Omo-morto. Nel silenzio intorno
parea che singhiozzasse il Rio dell'Orso.
Parea che un carro, allo sbianchir del giorno,
ridiscendesse l'erta con un lazzo
cigolìo. Non un carro, era uno storno,
uno stornello in cima del Palazzo

22. **Parlava... oltremare**: Molly, nata in America, parla solo inglese.
23. ***a chicken-house***: un pollaio. La voce di Molly, che nomina ciò che si vede intorno, si alterna ai commenti della nonna.
24. ***for... rats***: per topi e ratti (probabilmente la bimba indica una trappola).
25. ***Bad... Italy***: brutto paese, Joe, la tua Italia! Joe (che Pascoli scrive *Ioe*) è il nome preso in America dallo zio Beppe. Secondo un uso popolare (ma improbabile in bocca a Molly), *Italy* va letto come parola tronca ("Italì"), tanto che rima con *luì*.
26. **ITALY... male**: il tempo peggiora, come se l'Italia fosse offesa del giudizio di Molly-Maria.
27. **la Candelora**: nome popolare della festa della Purificazione di Maria (2 febbraio), in cui si benedicono le candele.
28. **dei tonfi... scale**: è il rumore di blocchi di neve che cadono dal tetto.
29. **carri rotolarono**: i tuoni, popolarmente interpretati come un rotolio di carri.
30. **ciò... scorso**: che cosa era caduto da quei carri celesti.
31. **a cui... aurora**: al cui luccicare l'aurora era più luminosa.
33. **Omo-morto**: nome popolare di un monte che sovrasta Castelvecchio in Garfagnana (il luogo della casa di campagna di Pascoli, dove il poeta ambienta la sua storia). Dall'immagine umana del monte deriva la metafora *torso* per i suoi pendii.
34. **parea che singhiozzasse**: è il rumore soffocato dell'acqua che scorre sotto la neve.
36. **lazzo**: aspro, stridulo. Propriamente l'aggettivo indica il sapore della frutta troppo acerba.
38. **Palazzo**: un grande edificio abbandonato, a Castelvecchio.

abbandonato, che credea che fosse
marzo, e strideva: marzo, un sole e un guazzo!
Maria guardava. Due rosette rosse
aveva, aveva lagrime lontane
negli occhi, un colpo ad or ad or di tosse.
La nonna intanto ripetea: «Stamane
fa freddo!» Un bianco borracciol consunto
mettea sul desco ed affettava il pane.
Pane di casa e latte appena munto.
Dicea: «Bambina, state al fuoco: nieva!
nieva!» E qui Beppe soggiungea compunto:
«*Poor Molly!* qui non trovi il pai con fleva!»

V

Oh! no: non c'era lì né *pie* né *flavour*
né tutto il resto. Ruppe in un gran pianto:
«*Ioe, what means* nieva? *Never? Never? Never?*»
Oh! no: starebbe in *Italy* sin tanto
ch'ella guarisse: *one month or two, poor Molly!*
E *Ioe* godrebbe questo po' di scianto!
Mugliava il vento che scendea dai colli
bianchi di neve. Ella mangiò, poi muta
fissò la fiamma con gli occhioni molli.
Venne, sapendo della lor venuta,
gente, e qualcosa rispondeva a tutti
Ioe, grave: «*Oh yes*, è fiero... vi saluta...
molti bisini, *oh yes*... No, tiene un fruttistendo...
Oh yes, vende checche, candi, scrima...
Conta moneta: può campar coi frutti...
Il baschetto non rende come prima...
Yes, un salone, che ci ha tanti bordi...
Yes, l'ho rivisto nel pigliar la stima...»
Il tramontano discendea con sordi
brontoli. Ognuno si godeva i cari

40. **marzo... guazzo**: in marzo, sole e pioggia a dirotto. Il verso dello stornello è interpretato come se ripetesse un proverbio.
41. **Due rosette rosse**: i pomelli delle guance arrossati, sintomo della tisi.
45. **borracciol**: tovagliolo (termine dialettale settentrionale).
48. **nieva**: nevica, in dialetto lucchese.
49. **compunto**: serio.
50. **il pai con fleva**: la focaccia (*pie*) con aromi (*flavour*) americana. Beppe-Ioe parla l'inglese italianizzato nella pronuncia degli emigranti.
53. ***what... Never?***: che cosa vuol dire *nieva*? *Never* ("mai")? La bimba interpreta la parola come se fosse inglese, e teme che significhi che non tornerà mai in America.
55. ***one month... Molly***: un mese o due, povera Molly.
56. **scianto**: riposo (lucchese).
57. **Mugliava**: muggiva (termine lucchese, ma anche letterario).
62. **è fiero**: sta bene (notizie su conoscenti comuni).
63-64. **molti... checche, candi, scrima**: si infittiscono i termini italoamericani: *bisini* (*business*), "affari"; *fruttistendo* (*fruit-stand*), "bancarella di fruttivendolo"; *checche* (*cakes*), "dolciumi"; *candi* (*candy*), "zucchero candito", *scrima* (*ice cream*), "gelato".
65. **Conta moneta**: ha dei soldi (*money*).
66. **Il baschetto**: la vendita ambulante (da *basket*, "canestro").
67. **un salone che ci ha tanti bordi**: una trattoria (*saloon*) con tanti tavoli (*board*).
68. **la stima**: il bastimento (da *steamer*).
69. **Il tramontano**: vento invernale (più comunemente *la tramontana*).

ricordi, cari ma perché ricordi:
quando sbarcati dagli ignoti mari
scorrean le terre ignote con un grido
straniero in bocca, a guadagnar danari
per farsi un campo, per rifarsi un nido...

VI

Un campettino da vangare, un nido
da riposare: riposare, e ancora
gettare in sogno quel lontano grido:
Will you buy... per Chicago e Baltimora,
buy images... per Troy, Memphis, Atlanta,
con una voce che te stesso accora:
cheap!... nella notte, solo in mezzo a tanta
gente; *cheap! cheap!* tra un urlerìo che opprime;
cheap!... Finalmente un altro odi, che canta...
Tu non sai come, intorno a te le cime
sono dell'Alpi, in cui si arrossa il cielo:
chi canta, è il gallo sopra il tuo concime.
«La mi' Mèrica! Quando entra quel gelo,
ch'uno ritrova quella stufa roggia
per il gran *coke*, e si rià, *poor fellow!*
O va per via, battuto dalla pioggia.
Trova un *farm. You want buy?* Mostra il baschetto.
Un uomo compra tutto. Anche, l'allóggia!»
Diceva alcuno; ed assentiano al detto
gli altri seduti entro la casa nera,
più nera sotto il bianco orlo del tetto.
Uno guardò la piccola straniera,
prima non vista, muta, che tossì.
«You like this country...» Ella negò severa:
«Oh no! Bad Italy! Bad Italy!»

---

71. **cari ma perché ricordi**: esperienze in sé tristi, che diventano dolci solo nel ricordo.
75. **per farsi... nido**: con lo scopo di tornare in patria e potersi comprare un campo, ricostruire una casa (*nido*).
79. ***Will you buy***: "volete comprare?". È il richiamo del venditore ambulante (*grido straniero*, vv. 73-74).
80. ***images***: figurine di gesso, che gli emigranti lucchesi vendevano portandole nel *baschetto* (v. 66). **Troy, Memphis, Atlanta**: come Chicago e Baltimora sono città degli Stati Uniti.
81. ***cheap***: a buon mercato.
83. **urlerìo**: insieme di urla confuse.
85-86. **intorno... Alpi**: al suono della voce di un compaesano, senza capire come succeda, l'emigrante si sente improvvisamente trasportato al suo paese, ai piedi delle *Alpi* Apuane.
88. **La mi' Mèrica**: l'America (pronuncia popolare) che ho conosciuto. **Quando... gelo**: quando comincia il gran gelo dell'inverno americano.
89. **roggia**: arrossata dal calore.
90. ***coke***: carbone. **si rià**: si riprende (da *riaversi*). ***poor fellow***: povero compare.
92. ***farm***: fattoria. ***You want buy?***: volete comprare? (in un inglese approssimativo).
94. **alcuno**: uno dei presenti, emigranti ritornati che rievocano la loro America.
99. ***You like this country***: ti piace questo paese. Ancora l'inglese semplificato degli emigranti.

DIALOGO CON IL TESTO

COMPRENDERE

L'emigrazione vista da una bambina Pascoli fu tra i pochi letterati che si resero conto dell'importanza storica del fenomeno dell'emigrazione, che in pochi decenni portò milioni di italiani oltre Atlantico. Con una mossa tipicamente sua, per cantare la loro vita e i loro sentimenti sceglie una situazione molto determinata e un punto di vista infantile: il dramma dell'emigrazione si riassume in Molly, la bambina cresciuta in America, che parla solo l'inglese (particolare, questo, poco realistico) e non riconosce più l'Italia come paese suo.

Estraneità fra il vecchio e il nuovo mondo Nel rapporto tra nonna e nipote emerge una totale estraneità tra il vecchio e il nuovo mondo: esse parlano ciascuna una lingua sconosciuta all'altra, e non si capiscono. Il confronto è tra una civiltà contadina con il suo patrimonio di valori (la vita semplice, il lavoro dei campi, la natura) e una terra straniera distante e diversa, affarista e metropolitana, vissuta come un incubo dai nostri "vu cumprà" (*Will you buy*), sempre in giro per strada, di notte, al freddo, sotto la pioggia.

- **Interpretando i sentimenti e i sogni degli emigranti, Pascoli ritrova temi che gli sono intimamente congeniali; individuatene almeno uno.**

ANALIZZARE

Una narrazione frammentata Pascoli fa entrare nel metro regolare della terzina una narrazione mossa, frantumata in una serie di *flash* staccati. Gran parte del testo è occupata da battute di discorso diretto che si incrociano, a volte si sovrappongono per frammenti, come se fossero colte da un orecchio che non riesce a seguire il filo intero del discorso.

- **Analizzate questo effetto di frantumazione in un dialogo tra nonna e nipote e nei discorsi di *Ioe*.**

Un impasto di lingue Questi dialoghi avvengono in lingue diverse. Fedele al principio che la lingua della poesia deve rispecchiare la verità delle "cose", Pascoli ha creato un originale impasto di almeno quattro lingue:
- la lingua del poeta narratore, che rispecchia l'umiltà dell'ambiente e dei personaggi (*se la prese a male*, v. 26), ma si concede anche finezze letterarie (*allo sbianchir del giorno*, v. 35, *una voce... che accora*, v. 81);
- una fitta terminologia ripresa dal dialetto lucchese;
- l'inglese di Molly;
- lo strano impasto italoamericano creato dagli emigranti.

- **Individuate esempi di questi vari livelli linguistici.**

CONTESTUALIZZARE

Verso la globalizzazione Con grande perizia, il poeta impasta le diverse lingue nei suoi versi, fino a creare acrobatiche rime tra inglese e italiano (*gelo / fellow*). Ma non si tratta solo di abilità letteraria: il *mix* linguistico rispecchia la contaminazione culturale propria dell'emigrazione; per la prima volta Pascoli dà voce in poesia a quella mescolanza di lingue e di culture che in seguito è diventata, e diventerà sempre più, un carattere del mondo in cui viviamo.

Emigranti italiani appena sbarcati a Ellis Island, New York, nel 1912. (Washington, Library of Congress)

Canti di Castelvecchio

- *Nebbia*
- *Le ciaramelle*
- *L'uccellino del freddo*

Dal 1895 Pascoli trascorse tutto il tempo libero dai suoi impegni di insegnamento a Castelvecchio di Barga (Lucca), dove acquistò una casa. Qui, nella campagna toscana che gli ricordava quella della sua infanzia in Romagna, cercò di ricostruire un «nido» familiare con le sorelle. A Castelvecchio si ispira il titolo di questa raccolta pubblicata per la prima volta nel 1903, che contiene poesie scritte dal 1897 in poi (▸T91-T93).

I testi riportati in questa sezione sono ripresi dall'edizione dei *Canti di Castelvecchio* in *Poesie* (vol. I, Mondadori, Milano, 1958).

T91 ▸ Casa mia

La poesia fu pubblicata nel 1897 con un gruppo di altre sotto il titolo complessivo *Il ritorno a San Mauro*, che andò poi a costituire la sezione conclusiva dei *Canti di Castelvecchio*. La casa a cui fa riferimento il titolo è quella dell'infanzia in Romagna, che il poeta e la sua famiglia furono costretti ad abbandonare dopo l'uccisione del padre. Sul cancello di quella casa il poeta incontra, in un ritorno onirico, la madre morta.

▸ **METRO**: quartine di settenari, alternatamente a rima alternata (ABAB) e a rima incrociata (ABBA).

Mia madre era al cancello.
Che pianto fu! Quante ore!
Lì, sotto il verde ombrello
della mimosa in fiore!

M'era la casa avanti,
tacita al vespro puro,
tutta fiorita al muro
di rose rampicanti.

Ella non anche sazia
di lagrime, parlò:
– Sai, dopo la disgrazia,
ci ristringemmo un po'... –

Una lieve ombra d'ale
annunziò la notte
lungo le bergamotte
e i cedri del viale.

– ci ristringemmo un poco,
con le tue bimbe; e fanno... –

6. **tacita... puro**: silenziosa, nella luce pura del tramonto.
9. **non anche**: non ancora.
11. **la disgrazia**: la tragica morte del marito.
12. **ci ristringemmo**: ci riducemmo a vivere in meno stanze.
13. **lieve ombra d'ale**: leggero velo d'oscurità.
15. **bergamotte**: una varietà di peri.
18. **le tue bimbe**: le sorelle Ida e Maria, con le quali Giovanni ricostituì il «nido» familiare; nella situazione immaginata dal poeta, vivono con la madre, che in realtà è morta.

Camille Pissarro,
La casa dei contadini,
1887. (Sidney, Art
Gallery of New
South Wales)

Era il suo dire fioco
fioco, con qualche affanno.
S'udivano sussurri
cupi di macroglosse
su le peonie rosse
e sui giaggioli azzurri.
– Fanno per casa (io siedo)
le tue sorelle tutto.
Quando così le vedo,
col grembiul bianco, in lutto... –
Io vidi allor la mia
vita passar soave,
tra le sorelle brave,
presso la madre pia.
Dissi: – Oh! restare io voglio!
Vidi nel mio cammino
al sangue del trifoglio
presso il celeste lino.
Qui sperderò le oscure
nubi e la mia tempesta,
presso la madre mesta,
tra le sorelle pure!

22. **macroglosse**: un genere di farfalle.
23-24. **peonie... giaggioli**: tipi di fiori.
34-36. **Vidi nel mio cammino... lino**: vidi, sul mio sentiero, il fiore celeste del lino vicino a quello rosso-sangue del trifoglio. Simbolicamente, vede nel *cammino* della vita futura una prospettiva di pace (il fiore azzurro) succedere al *sangue* della tragedia del padre.
37-38. **sperderò... tempesta**: supererò i miei affanni (*oscure nubi*) e inquietudini (*tempesta*).

Lavorerò di lena
tutto il gran giorno; e sento
ch'alla tua parca cena
m'assiderò contento,
quando dal mio lavoro,
o la tua lieve mano
od il vocio lontano
mi chiamerà, di loro.
E sarò lieto e ricco
io delle mie fatiche,
quando ogni tenue chicco
germinerà tre spiche.
E comprerò leggiadre
vesti alle mie fanciulle,
e l'abito di tulle
alla lor dolce madre. –
Così dicevo: in tanto
ella piangea più forte,
e gocciolava il pianto
per le sue guancie smorte.
S'udivano sussurri
cupi di macroglosse
su le peonie rosse
e sui giaggioli azzurri.
– Oh! tu lavorerai
dove son io? Ma dove
son io, figliuolo, sai,
ci nevica e ci piove! –
Una lieve ombra d'ale
annunzïò la notte
lungo le bergamotte
e i cedri del viale.
– Oh! dolce qui sarebbe
vivere? oh! qui c'è bello?
Altri qui nacque e crebbe!
Io sto, vedi, al cancello. –
M'era la casa avanti,
tacita al vespro puro,
tutta fiorita al muro
di rose rampicanti.

43. **parca**: modesta, frugale.
46. **la tua lieve mano**: un gesto carezzevole.
48. **di loro**: delle sorelle.
51-52. **quando... spiche**: quando da ogni piccolo seme di grano (*tenue chicco*) cresceranno tre spighe. Il lavoro dei campi sarà la sua soddisfazione.
55. **tulle**: tessuto di cotone o lino.
66. **dove son io**: nella terra del cimitero. Un improvviso richiamo alla realtà della morte dissolve l'illusione di una vita in comune.
75. **Altri... crebbe**: un'altra famiglia si è insediata in questa casa. Pascoli ebbe il sospetto che chi aveva preso il posto del padre nella gestione della tenuta di San Mauro fosse responsabile della sua morte.
76. **al cancello**: esclusa dalla casa non più sua.

DIALOGO CON IL TESTO

COMPRENDERE

La tragedia, la nostalgia Nella poesia del Pascoli maturo ritorna insistentemente il ricordo della tragedia che aveva colpito la sua famiglia d'origine. In questi versi il tema non è caricato di significati simbolici e morali, come accadeva in *x agosto* (▸T86), ma è contenuto nei termini di un sentimento personale: nostalgia struggente della casa-nido distrutta, sogno impossibile di una vita quieta e operosa nel seno degli affetti familiari.

Un clima allucinato Questo sentimento è tradotto nel colloquio onirico con la madre, in un clima allucinato: il tempo è sospeso in una specie di immobile crepuscolo; passato e presente, realtà e immaginazione si sovrappongono e si confondono, come accade appunto quando si sogna. In questo modo il poeta ha tenuto a freno gli eccessi di lacrimosa autocommiserazione presenti nella sua ispirazione, li ha fissati in immagini nitide, li ha lasciati trasparire in battute di dialogo allusive ed evasive.

- **Verificate questa interpretazione identificando:**
  - **l'inserimento, nella prima parte e nel finale, di strofe descrittive che spezzano il discorso e il pianto della madre, evitando una prolungata effusione sentimentale, e insieme creano per esso uno sfondo suggestivo;**
  - **le battute indirette e reticenti con cui la madre distrugge l'illusione e torna alla realtà della morte e dell'esclusione dalla casa.**

ANALIZZARE

Una struttura saldamente organizzata Nonostante il clima onirico, il componimento presenta una struttura saldamente organizzata. Le strofe sono disposte con calcolata simmetria, secondo un ordine chiuso, circolare.
Tre strofe descrittive si ripetono identiche all'inizio e alla fine del componimento, come una specie di ritornello.

- **Analizzate la disposizione delle tre strofe ripetute nei due luoghi del testo: quale effetto produce a vostro parere questa ripetizione e calcolata disposizione?**

Il risultato complessivo è quello di una composizione elaborata, che fa da contrappeso al materiale sfuggente delle immagini, al sentimentalismo della situazione.

Il lessico, la sintassi Lo stesso delicato equilibrio di elementi contrari si può osservare nelle scelte lessicali e sintattiche:
- la sintassi è piana, adatta a un tono colloquiale, ma spezzata a volte da incisi, esclamazioni, frasi interrotte;
- le espressioni familiari si alternano ad altre di gusto raffinatamente letterario;
- compare il gusto pascoliano per un lessico definito, attento a nominare ogni cosa con precisione.

- **Individuate esempi delle caratteristiche indicate.**

CONTESTUALIZZARE

Ritorno a San Mauro Le nove poesie di *Ritorno a San Mauro*, sezione finale dei *Canti di Castelvecchio*, sono ciò che rimane di una raccolta progettata e mai realizzata, i *Canti di San Mauro*: in questi componimenti i ricordi (paesaggi, persone, usanze) si materializzano fisicamente davanti agli occhi del poeta che rivive la sua dolorosa esperienza familiare. All'incontro con la madre sono dedicate, oltre a *Casa mia,* le due poesie successive, *Mia madre* e *Commiato*. Nei componimenti che seguono si accentua il clima allucinatorio: dapprima il poeta parla con se stesso bambino in *Giovannino*, poi addirittura rivive in prima persona l'omicidio del padre, con il quale si identifica nella poesia *Il bolide*, che presenta notevoli somiglianze con *x Agosto*.

T92 ▸ La mia sera

«Siamo pieni di tribolazioni! Ne ho guasti i sonni, caro amico! Mi sfogherò scrivendo oggi "La mia sera", un innetto molto malinconico»: così scrive il poeta all'amico Alfredo Caselli, il 15 ottobre 1900. La lirica fu pubblicata nella rivista «Il Marzocco» e poi inclusa nei *Canti di Castelvecchio*.

▸ **METRO**: strofe di sette novenari chiusi da un senario; schema: ABABCDCd.

Il giorno fu pieno di lampi;
ma ora verranno le stelle,
le tacite stelle. Nei campi
c'è un breve *gre gre* di ranelle.
Le tremule foglie dei pioppi
trascorre una gioia leggiera.
Nel giorno, che lampi! che scoppi!
   Che pace, la sera!

Si devono aprire le stelle
nel cielo sì tenero e vivo.
Là, presso le allegre ranelle,
singhiozza monotono un rivo.
Di tutto quel cupo tumulto,
di tutta quell'aspra bufera,
non resta che un dolce singulto
   nell'umida sera.

È, quella infinita tempesta,
finita in un rivo canoro.
Dei fulmini fragili restano
cirri di porpora e d'oro.
O stanco dolore, riposa!
La nube nel giorno più nera
fu quella che vedo più rosa
   nell'ultima sera.

Emilio Longoni, *La voce del ruscello*, 1904. (Collezione privata)

4. **breve**: perché affiora e poi scompare.
5-6. **Le tremule... leggiera**: una brezza lieve muove le foglie dei pioppi che, stormendo appena, sembrano esprimere la gioia della natura per il ritorno del sereno.
9. **Si devono aprire**: appariranno, col dissolversi delle nubi.
10. **sì tenero e vivo**: limpido e fresco.
15. **un dolce singulto**: il rumore del ruscello che *singhiozza* (v. 12) come un pianto dolce e consolatore. Traspare un significato simbolico: alle tempeste della vita succede una mesta ma consolata rassegnazione.
17. **infinita**: che sembrava non finire mai.
18. **canoro**: che canta.
19. **fragili**: di forma irregolarmente spezzata, oppure: che scompaiono rapidamente; ma il valore dell'aggettivo sta soprattutto nella suggestiva allitterazione con *fulmini*.
20. **cirri di porpora e d'oro**: nuvolette colorate di rosso e di giallo dal sole al tramonto.
22-24. **La nube... sera**: la nuvola che durante il giorno pareva la più cupa ora è quella che mi appare di un colore più sereno. Diventa più esplicito il senso simbolico: ciò che è stato più doloroso *nel giorno* della vita, nella vecchiaia (*nell'ultima sera*) diventa il pensiero più dolce.

Che voli di rondini intorno!
che gridi nell'aria serena!
La fame del povero giorno
prolunga la garrula cena.
La parte, sì piccola, i nidi
nel giorno non l'ebbero intera.
Né io... e che voli, che gridi,
mia limpida sera!

Don... *Don*... E mi dicono, Dormi!
mi cantano, Dormi! sussurrano,
Dormi! bisbigliano, Dormi!
là, voci di tenebra azzurra...
Mi sembrano canti di culla,
che fanno ch'io torni com'era...
sentivo mia madre... poi nulla...
sul far della sera.

27-28. **La fame... cena**: la fame dovuta alla povertà del giorno (gli uccellini non hanno potuto cercare cibo a causa della tempesta) prolunga la cena, festosamente chiassosa (*garrula*).
29-30. **La parte... intera**: gli uccellini (*i nidi*, per metonimia), durante il giorno, non hanno avuto intera la parte, pur modesta, di cibo che toccava loro.
31. **Né io...**: neppure io (ho avuto la mia parte di felicità).
33. **Dormi!**: le *voci* delle campane (v. 36) sono interpretate onomatopeicamente come un ripetuto invito a dormire (simbolicamente, ad acquietarsi e attendere la morte).
36. **voci di tenebra azzurra**: le voci delle campane che giungono dalla serena oscurità della sera.
37. **canti di culla**: ninne nanne.
38. **com'era**: come ero, nell'infanzia. Il poeta usa, per ragioni di rima, la desinenza antica in *-a* della prima persona dell'imperfetto.

DIALOGO CON IL TESTO

COMPRENDERE

La sera come tramonto della vita La poesia è costruita su un'evidente allegoria: lo scenario della natura che si rasserena al tramonto si carica di valore simbolico (annunciato già nel titolo dal possessivo *mia*). Nel contrasto fra *giorno* e *sera*, tra *lampi*, *scoppi* e *pace*, il poeta rappresenta la propria vita: un percorso travagliato e doloroso, che solo in vista del traguardo finale, la morte, approda a una mesta e consolata serenità.

- **L'allegoria si rivela esplicitamente solo alla metà del testo, portando il lettore a scoprire nuovi significati nei versi che ha già letto. Ripercorrendo la poesia, analizzate, fin dalla prima strofa, il manifestarsi progressivo di un senso duplice in ogni immagine.**

Una natura umanizzata La natura può rappresentare simbolicamente la vita in quanto per Pascoli essa è già di per sé tutta animata e umanizzata.

- **Individuate i modi in cui il poeta presta a cielo, piante, animali sentimenti e voci umane.**

La morte, la madre Attraverso l'animazione della natura, Pascoli va oltre l'allegoria, verso una totale identificazione fra i sentimenti e le cose: il pianto del «rivo» non rappresenta, *è* il sentimento del poeta, i rintocchi delle campane *sono* «voci» che lo chiamano. E a quel punto, nel finale, il gioco delle trasmutazioni simboliche diventa estremamente denso: dalle campane al-

la ninna nanna, da questa alla madre, alla morte; presente e passato si sovrappongono in una regressione all'infanzia.
L'interpretazione di questi versi finali può spingersi lontano: dietro la madre si può intravedere un'antica divinità agreste, la terra-madre da cui la vita ha origine e a cui si ritorna dopo la morte; il sonno della morte può essere visto come un ritorno all'incoscienza dello stato prenatale, nel seno della terra-madre.

ANALIZZARE

Effetti di suono, figure, analogie Sotto la consueta apparente semplicità, il linguaggio di questa poesia è denso, ricco di artifici ed effetti di grande modernità:
- la trama degli effetti sonori è ricchissima: onomatopee, allitterazioni e versi intonati su un suono vocalico (sulla *e* il v. 4, sulla *u* il v. 13);
- metafore preziose come *fulmini fragili*, *voci di tenebra azzurra* trapassano in quella che, con termine novecentesco, chiamiamo "analogia": un intreccio di sensazioni ed emozioni suggestivamente chiaro al lettore, ma che non si parafrasa facilmente in un senso letterale;
- il discorso procede per "variazioni sul tema", un'immagine chiama l'altra, per associazione spontanea; ma il senso cresce progressivamente su se stesso fino a culminare nel finale con la massima densità di suggestioni e allusioni.

● **Due strofe riprendono un'immagine già presente nella strofa precedente (per esempio l'apparizione delle stelle nei vv. 2 e 9); altre due introducono nella poesia un riferimento visivo o sonoro nuovo: individuate questi passaggi nel testo.**

Variazioni del ritmo Il metro è cadenzato su un monotono ritmo di accenti ternari; tuttavia per due volte il ritmo è variato dal sottile artificio del verso ipermetro: un verso prolungato di una sillaba oltre la rima, compensato da una sillaba mancante all'inizio di quello successivo.

● **Indicate le due ricorrenze di questo artificio.**

CONFRONTARE

Pascoli e Leopardi È probabile che nell'ispirazione di Pascoli abbia agito il ricordo della leopardiana *Quiete dopo la tempesta* (▸Vol. Leopardi, T18).

● **Confrontate i due testi, individuando i diversi modi in cui i due poeti interpretano il rasserenamento della tempesta e articolano il rapporto fra le immagini e i loro significati simbolici.**

Pascoli e Foscolo L'associazione tra la sera e una morte sentita come estremo riposo e conforto per una vita travagliata è al centro del sonetto *Alla sera* di Foscolo (▸Vol. 4, T52).

● **Confrontate i due componimenti, mettendo in luce la profonda diversità nella costruzione del discorso.**

CONTESTUALIZZARE

Motivi ricorrenti Nel componimento sono presenti immagini che ricorrono frequentemente nella poesia pascoliana: i lampi e la tempesta (vv. 1 e 17), le rondini (v. 25), il nido (v. 29); la culla (v. 37), le campane (v. 33).

● **Ritrovate queste immagni nelle poesie di Pascoli che avete letto e analizzatene i significati simbolici.**

L'arrivo della tempesta in un dipinto di Willem Roelofs del 1850. (Amsterdam, Rijksmuseum)

ANALISI

T93 ▸ Il gelsomino notturno

La poesia fu composta nel 1901 in occasione delle nozze di un amico. Nella dedica Pascoli scriveva: «... alla gentile sposina non occorre che tu legga subito la poesia: domani se mai!» (per "domani" intendeva il giorno dopo le nozze). La raccomandazione del poeta è illuminante per capire il simbolismo del testo. Il gelsomino notturno (detto anche "bella di notte") è un fiore i cui calici si aprono al tramonto e si chiudono all'alba.

▸ **METRO**: quartine di novenari ad accenti fissi: i primi due sono accentati sulla 2ª, 5ª, 8ª sillaba, il terzo e il quarto sulla 3ª e 8ª sillaba; la rima è alternata.

E s'aprono i fiori notturni,
nell'ora che penso a' miei cari.
Sono apparse in mezzo ai viburni
le farfalle crepuscolari.

Da un pezzo si tacquero i gridi:
là sola una casa bisbiglia.
Sotto l'ali dormono i nidi,
come gli occhi sotto le ciglia.

Dai calici aperti si esala
l'odore di fragole rosse.
Splende un lume là nella sala.
Nasce l'erba sopra le fosse.

Un'ape tardiva sussurra
trovando già prese le celle.
La Chioccetta per l'aia azzurra
va col suo pigolìo di stelle.

Per tutta la notte s'esala
l'odore che passa col vento.
Passa il lume su per la scala;
brilla al primo piano: s'è spento...

è l'alba: si chiudono i petali
un poco gualciti; si cova,
dentro l'urna molle e segreta,
non so che felicità nuova.

---

2. **nell'ora... cari**: al crepuscolo, mentre penso ai miei cari morti.
3. **viburni**: arbusti ornamentali.
4. **crepuscolari**: che si risvegliano al crepuscolo.
5. **i gridi**: le voci che echeggiano durante il giorno.
6. **sola... bisbiglia**: soltanto da una casa giungono voci sommesse.
7. **Sotto... nidi**: gli uccellini (*nidi* per metonimia) dormono con il capo sotto l'ala.
9. **Dai calici**: dai fiori del gelsomino.
11. **là**: nella *casa* che *bisbiglia* (v. 6).
12. **le fosse**: le tombe dei suoi cari morti.
13. **tardiva**: che rientra tardi all'alveare.
14. **già prese le celle**: già tutte occupate le celle dell'alveare.
15-16. **La Chioccetta... stelle**: la costellazione delle Pleiadi passa nell'azzurra distesa del cielo col suo corteo di stelle minori, come una chioccia nell'aia col suo seguito di pulcini. *Chioccetta* è un nome popolare delle Pleiadi.
19. **Passa... scala**: nella *casa*, vista dall'esterno, vanno a dormire: si vede il lume salire le scale.
21-22. **è l'alba... gualciti**: trascorsa la notte, il gelsomino richiude i suoi petali un po' sciupati.
22-24. **si cova... nuova**: dentro *l'urna* del fiore matura una nuova, inesprimibile (*non so che*) felicità. L'*urna* del fiore è qui diventata anche il grembo della sposa fecondato nella prima notte di nozze, che racchiude la gioia di una nuova vita; ecco ciò che è accaduto nella *casa*. Alla luce di questa identificazione si capisce anche che i *petali un poco gualciti* alludono alla perdita della verginità.

DIALOGO CON IL TESTO

COMPRENDERE

Il "mistero" che non si può nominare La poesia è costruita, in modo allusivo, su un tema taciuto: la prima notte di nozze dell'amico, il "mistero" dell'amore da cui nascerà una nuova vita; un tema troppo conturbante, per il poeta, per nominarlo esplicitamente.

Un "io" ipersensibile C'è un io (che appare fuggevolmente al secondo verso) che osserva dall'esterno la casa in cui si compie il "mistero"; un io così teso a raccogliere ogni minima sensazione da percepire anche l'impercepibile (il nascere dell'erba, il movimento delle stelle in cielo, il bisbiglio amoroso degli sposi dentro una casa lontana, *là*).

Il simbolo del fiore La natura si identifica nell'evento amoroso attraverso il simbolo sessuale del fiore che si apre a sera e all'alba racchiude nel suo segreto la gioia della fecondazione; intorno all'evento (e alla casa degli sposi) crea uno sfondo complice, fatto di odori intensi e sensuali, di rumori attutiti.

L'esclusione del poeta Assumendo un atteggiamento da "guardone" che osserva a distanza la casa della giovane coppia, il poeta lascia trasparire qualcosa di ancora più delicato e segreto: il sentimento doloroso di essere escluso dall'amore e dalle gioie familiari. Tale sentimento può essere espresso solo indirettamente: attraverso il pensiero ossessivo dei propri cari morti (la famiglia distrutta), l'immagine dell'ape esclusa da un alveare già tutto occupato, e, per contro, attraverso le immagini di felicità domestica animale (i *nidi*, l'incredibile chioccia celeste seguita dai suoi pulcini).

Una struttura a intreccio La struttura tematica è a intreccio: i singoli temi appaiono, scompaiono e riappaiono in un ordine apparentemente casuale, come fili di colore diverso in una matassa:
- i fiori notturni e il loro odore;
- il pensiero dei cari morti;
- la casa osservata dall'esterno;
- immagini della vita animale centrate sul tema del *nido*, del riparo, delle relazioni familiari.

● **Analizzate la localizzazione nei versi di questi motivi ricorrenti.**

ANALIZZARE

Una trama di notazioni frammentarie Il testo si presenta come una trama di pensieri slegati, immagini frammentarie sparse senza ordine: le singole annotazioni sono affidate a brevi frasi separate dal punto fermo. È come se il senso che le collega restasse sospeso nei silenzi tra frase e frase.

Virtuosismo metrico Dal punto di vista metrico, la poesia rappresenta uno dei vertici del virtuosismo pascoliano: ogni strofa comincia con l'andamento cantilenante di due novenari a ritmo ternario, per rompere poi questo ritmo negli altri due, più rapidi, meno regolari, quasi prosastici. Questo schema, che accoppia i versi vicini, si incrocia con quello delle rime, che è invece alternato, creando un gioco sottile di sfasature che contribuisce all'effetto sospeso, inquietante, vagamente magico, di questi versi.

● **Ricostruite lo schema di rime dell'ultima strofa, analizzando l'artificio metrico su cui si basa.**

CONFRONTARE

Pascoli e Baudelaire Quando si vede in Pascoli un inconsapevole simbolista, si pensa a poesie come questa, tutta intessuta su arcani richiami tra fenomeni naturali e su allusioni a stati d'animo difficilmente decifrabili.

● **Accostate *Il gelsomino notturno* al sonetto *Corrispondenze* di Baudelaire (▸T23) mostrando come anche Pascoli, in modo assolutamente indipendente e tutto suo, attui qualcosa di simile al simbolismo teorizzato dal poeta francese.**

CONFRONTI A proposito del *Gelsomino notturno* leggete il brano critico di Giacomo Debenedetti, ▸C6 (p. 475).

Poemi conviviali

Il titolo *Poemi conviviali* nasce dal fatto che i primi poemetti inclusi poi nella raccolta comparvero nel 1895 sulla rivista «Il Convito», di tendenza estetizzante e nazionalista, il cui principale animatore era D'Annunzio. In linea con gli ideali della rivista, Pascoli fa qui la scelta di una poesia preziosa e colta, riprendendo la tradizione della "poesia conviviale" che nel mondo classico ritualmente accompagnava il banchetto di persone colte. I temi sono attinti alla mitologia o alla storia greca, di cui sviluppano momenti ed episodi marginali, caricandoli di significati simbolici e di una sensibilità tutta moderna (▸T94). La raccolta, pubblicata per la prima volta nel 1904, nella versione definitiva contiene venti "poemi brevi" scritti tra il 1895 e il 1905. I metri sono l'endecasillabo sciolto e la terzina.

T94 ▸ Alexandros

Protagonista del poemetto è Alessandro Magno (secondo l'uso dei *Conviviali*, il nome è presentato nella forma greca, che va accentata *Aléxandros*), il grande conquistatore macedone del IV secolo a.C. che si spinse fino in India. Nell'immaginazione del poeta, Alessandro è giunto fino all'estremo limite delle terre emerse, di fronte all'Oceano che secondo la geografia antica le circondava tutte.

▸ **METRO**: serie di tre terzine a rime incatenate, ciascuna con un verso di chiusura (schema ABA, BCB, CDC, D).

I

– Giungemmo: è il Fine. O sacro Araldo, squilla!
Non altra terra se non là, nell'aria,
quella che in mezzo del brocchier vi brilla,
  o Pezetèri: errante e solitaria
terra, inaccessa. Dall'ultima sponda
vedete là, mistofori di Caria,
  l'ultimo fiume Oceano senz'onda.
O venuti dall'Haemo e dal Carmelo,
ecco, la terra sfuma e si profonda
  dentro la notte fulgida del cielo.

1. **Araldo**: colui che rendeva pubbliche le decisioni del sovrano; *sacro* perché, in quanto messaggero, era inviolabile. **squilla**: dà con la tromba il segnale di fermarsi.
2-3. **Non altra... brilla**: non vi è più altra terra se non la luna, quella là in cielo, che si riflette nel vostro scudo (*brocchier*).
4. **Pezetèri**: i soldati della guardia reale.
5. **inaccessa**: inaccessibile, mai raggiunta. **ultima sponda**: l'estremo limite della terra.
6. **mistofori di Caria**: mercenari (con termine greco) provenienti dalla Caria, regione costiera dell'Anatolia.
7. **fiume Oceano**: l'oceano che circonda le terre emerse era concepito come un fiume immenso. **senz'onda**: calmo, piatto.
8. **Haemo**: catena montuosa della Macedonia. **Carmelo**: monte della Palestina. Le truppe di Alessandro erano raccolte da tutte le regioni del Mediterraneo orientale.
10. **fulgida**: luminosa, stellata.

Charles Le Brun, *L'ingresso di Alessandro Magno a Babilonia*, 1673. (Parigi, Musée du Louvre)

II

Fiumane che passai! voi la foresta
immota nella chiara acqua portate,
portate il cupo mormorìo, che resta.
Montagne che varcai! dopo varcate,
sì grande spazio di su voi non pare,
che maggior prima non lo invidïate.
Azzurri, come il cielo, come il mare,
o monti! o fiumi! era miglior pensiero
ristare, non guardare oltre, sognare:
il sogno è l'infinita ombra del Vero.

III

Oh! più felice, quanto più cammino
m'era d'innanzi; quanto più cimenti,
quanto più dubbi, quanto più destino!
Ad Isso, quando divampava ai vènti
notturno il campo, con le mille schiere,
e i carri oscuri e gl'infiniti armenti.
A Pella! quando nelle lunghe sere
inseguivamo, o mio Capo di toro,
il sole; il sole che tra selve nere,
sempre più lungi, ardea come un tesoro.

IV

Figlio d'Amynta! io non sapea di meta
allor che mossi. Un nomo di tra le are
intonava Timotheo, l'auleta:
soffio possente d'un fatale andare,
oltre la morte; e m'è nel cuor, presente
come in conchiglia murmure di mare.

11-12. **voi... portate**: nella vostra limpida acqua rispecchiate la foresta immobile entro cui scorrete.
13. **che resta**: che non cessa mai.
14-16. **dopo varcate... invidiate**: dopo avervi varcate, giunti in cima (*di su voi*), lo spazio che appare alla vista non è così grande, che non sia maggiore quello che prima ci nascondete (*invidiate*, latinismo); cioè, di quello che prima si immaginava. La realtà è sempre più meschina dell'immaginazione.
19. **ristare**: star fermi, non partire.
20. **il sogno... Vero**: la realtà, che è limitata, proietta nel sogno un'ombra infinita.
21-22. **quanto più... d'innanzi**: quanto maggiore era il cammino ancora da compiere.
22. **cimenti**: prove difficili, rischiose.
23. **quanto più destino**: quanto maggiore era il destino ancora incompiuto.
24. **Isso**: luogo della battaglia dove nel 335 a.C. Alessandro sconfisse Dario, re di Persia. **divampava ai vènti**: era illuminato dai fuochi di bivacco, animati dal vento.
26. **gl'infiniti armenti**: gli sterminati branchi di cavalli.
27. **Pella**: capitale della Macedonia, patria di Alessandro.
28. **Capo di toro**: traduzione letterale del nome greco Bucefalo, il cavallo di Alessandro. Lo storico greco Plutarco racconta che il giovane Alessandro domò il cavallo ribelle Bucefalo facendolo abbagliare dal sole.
31. **Figlio d'Amynta**: il padre di Alessandro, Filippo re di Macedonia, figlio di Amynta.
31-32. **io non... mossi**: quando partii per la conquista, io non sapevo quale fosse il suo termine. **Un nomo**: un canto sacro. **are**: altari.
33. **Timotheo**: cortigiano di Alessandro, poeta e musico (*auleta*, suonatore di flauto).
34-35. **soffio... la morte**: il canto fu per me un impulso potente ad andare oltre ogni limite umano, seguendo il destino.
35-36. **m'è nel cuor... mare**: la memoria del canto è presente nel cuore come nella conchiglia continua a risonare il mormorio del mare.

O squillo acuto, o spirito possente,
che passi in alto e gridi, che ti segua!
ma questo è il Fine, è l'Oceano, il Niente...
e il canto passa ed oltre noi dilegua. –

V

E così, piange, poi che giunse anelo:
piange dall'occhio nero come morte;
piange dall'occhio azzurro come cielo.
Ché si fa sempre (tale è la sua sorte)
nell'occhio nero lo sperar, più vano;
nell'occhio azzurro il desiar, più forte.
Egli ode belve fremere lontano,
egli ode forze incognite, incessanti,
passargli a fronte nell'immenso piano,
come trotto di mandre d'elefanti.

VI

In tanto nell'Epiro aspra e montana
filano le sue vergini sorelle
pel dolce Assente la milesia lana.
A tarda notte, tra le industri ancelle,
torcono il fuso con le ceree dita;
e il vento passa e passano le stelle.
Olympiàs in un sogno smarrita
ascolta il lungo favellìo d'un fonte,
ascolta nella cava ombra infinita
le grandi quercie bisbigliar sul monte.

Giovanni Pascoli, *Poemi conviviali*, in *Poesie*, vol. II, Mondadori, Milano, 1958

39. **l'Oceano**: va accentato *Oceàno*, secondo un uso letterario.
41. **anelo**: ancora anelante, desideroso di andare avanti.
42-43. **piange... cielo**: secondo una leggenda, Alessandro aveva gli occhi di colore diverso.
45-46. **nell'occhio... forte**: ai due colori è attribuito un significato simbolico: il nero rappresenta la delusione sempre più forte delle sue speranze, l'azzurro la forza sempre più intensa dei suoi desideri.
48. **forze... incessanti**: le segrete energie che animano incessantemente l'universo.
51. **Epiro**: regione greca, povera e montuosa, annessa al regno di Macedonia. **aspra**: impervia.
53. **pel dolce... la milesia lana**: per l'amato fratello lontano la lana di Mileto, allora pregiata.
54. **industri ancelle**: schiave laboriose.
55. **torcono il fuso**: fanno girare il *fuso*, cilindro rigonfio di legno intorno al quale si avvolgeva la lana. **ceree**: pallide, del colore della cera.
57. **Olympiàs in un sogno smarrita**: la madre di Alessandro, perduta nella fantasticheria.
58. **il lungo favellìo**: il mormorio dell'acqua, interpretato come *favella* umana.
59. **nella cava... infinita**: nell'immensa e buia cavità del cielo.

Testa in marmo di Alessandro Magno in una copia romana da originale greco del IV secolo a.C. (Monaco, Glyptothek)

DIALOGO CON IL TESTO

COMPRENDERE

Di fronte al *Niente* Con *Alexandros*, che fu nel tempo il primo dei *Poemi conviviali*, la poesia pascoliana imbocca decisamente la via dei temi "grandi": rievocazioni di fatti storici grandiosi, esplorazione dei problemi supremi del destino umano. Alessandro, giunto al limite estremo del mondo, si trova di fronte a un Oceano immobile, al *Niente*.

La delusione, il desiderio, il "nido" Il grande conquistatore scopre che è vano l'impulso possente che lo ha spinto ad andare sempre oltre, a superare ogni limite; scopre che la realtà è sempre deludente, più piccola del suo desiderio e sogno; rimpiange i primi momenti della sua avventura, o la sua vita precedente, dedita ai semplici esercizi fisici, in un piccolo regno montano.

Il grande conquistatore è dunque un'allegoria della vanità di ogni sogno, desiderio, anelito di conquista; ma la realtà che delude non è una realtà puramente materiale: è animata da voci misteriose, dagli echi di «forze incognite» che sono forse quell'aldilà che il desiderio umano cerca, ma che resta inattingibile.

- **Ricostruite la distribuzione di questi temi nelle prime cinque sezioni del poemetto.**
- **L'ultima sezione ci porta improvvisamente nella remota patria di Alessandro, nel suo «nido» familiare; quale significato può aver voluto dare il poeta a questa chiusa?**
- **Confrontate la figura materna che chiude la poesia con quella su cui si conclude *La mia sera* (▸T92): quali somiglianze si possono notare?**

ANALIZZARE

Preziosi intarsi di nomi Come negli altri *Poemi conviviali*, la ricostruzione dell'ambiente viene suggerita da continui preziosi intarsi di nomi propri conservati nella loro forma originaria e vocaboli ricalcati dal greco, dall'evocazione di una geografia storica, dal ricorrere di precisi particolari d'epoca.

- **Individuateli nel testo.**

Forme di una sensibilità inquieta Il gusto raffinatamente archeologico si sposa con la sensibilità tutta pascoliana per i fremiti misteriosi e le "voci" animate della natura, le percezioni al limite dell'impercettibile (*il vento passa e passano le stelle*), il gusto dell'indefinito. Questa sensibilità turbata travolge la regolarità del metro, lo rende inquieto e instabile, spezzando i versi con esclamazioni e apostrofi, incisi, *enjambements*.

- **Scegliete una sezione del poemetto e analizzatela, mettendo in luce queste caratteristiche formali.**

CONTESTUALIZZARE

Pascoli e Leopardi Ora che è giunto al limite, Alessandro rimpiange l'uomo che era stato all'inizio: meno potente, ma più ricco di immaginazione, perché non sapeva che cosa lo attendesse. Prima di partire per la sua impresa vedeva davanti a sé più pericoli e più incertezze (vv. 21-23), ma era più libero perché non si era ancora scontrato con l'idea di *meta*, di confine, di limite (v. 31-32).

- **Confrontate questa concezione di felicità con la teoria del piacere di Leopardi (▸Vol. Leopardi, T4, T28).**

GIANFRANCO CONTINI

C5 ▸ Il linguaggio di Pascoli

Gianfranco Contini (1912-1990), acuto e dottissimo filologo, è stato tra i primi a introdurre in Italia una critica letteraria fondata su una rigorosa analisi linguistica dei testi. Nel 1955, in occasione del centenario della nascita di Pascoli, tenne la lezione da cui ricaviamo un brano. La lezione cominciava con un nudo elenco di citazioni che mostravano in atto la varietà delle scelte linguistiche del poeta, dalle onomatopee, ai termini contadini semi-dialettali, agli arcaismi e agli esotismi.

In questo campionario risulta evidente che Pascoli o trascende il modulo di lingua che ci è noto dalla tradizione letteraria, o resta al di qua: a ogni modo, si tratti di una poesia, se così mi posso esprimere, translinguistica, si tratti di una poesia cislinguistica[1], siamo di fronte a un fenomeno che esorbita dalla norma. Se vogliamo qualificare gli elementi singoli delle citazioni esibitevi [...], riconosciamo anzitutto la presenza di onomatopee, "videvitt", "scilp", "trr trr trr terit tirit[2]", presenza dunque di un linguaggio fonosimbolico[3]. Questo linguaggio non ha niente a che vedere in quanto tale con la grammatica; è un linguaggio agrammaticale o pregrammaticale, estraneo alla lingua come istituto[4]. D'altro canto incontriamo in copia[5] termini tecnici, tecnicismi che qualche volta sono in funzione espressiva, qualche altra si presentano sotto un aspetto più nomenclatorio; rientrano insomma sotto l'ampia etichetta che i glottologi[6] definiscono delle lingue speciali: etichetta sotto la quale sono classificati, per esempio, i gerghi. E se si sceverano[7], esaminandoli più da vicino, questi campioni di lingue speciali, si constaterà che talvolta il poeta vuol riprodurre il color locale: questo in modo particolarissimo nelle poesie ispirate alla vita di Castelvecchio e sature di termini garfagnini[8]. [...] Ma a sua volta questo color locale può comporsi talora di più ingredienti: vedete l'emigrante che, tornando in Lucchesia dagli Stati Uniti[9], parla un linguaggio impastato di italiano e di americano, in cui il toscano incastona, o, più spesso, assorbe, adattati alla sua fonetica e forniti di connessioni mnemoniche[10] in tutto nuove, i vocaboli stranieri. È una variante del color locale. E un'altra variante è quella che vorrei chiamare color locale d'occasione: Pascoli si può dire che faccia mente locale anche linguisticamente, per esempio innanzi a una situazione della guerra d'Abissinia[11] evocherà termini specifici, etiopici, molti dei quali sono nomi proprî e perciò risultano doppiamente estranei al linguaggio quotidiano. [...] Il vasto uso poetico dei nomi proprî caratterizza quello che si classifica per estensione co-

1. **translinguistica... cislinguistica**: che va al di là (*trans-*) o che resta al di qua (*cis-*) dell'uso linguistico ordinario.
2. **videvit... tirit**: esempi delle onomatopee del canto degli uccelli di cui è ricca la poesia pascoliana.
3. **fonosimbolico**: che allude al significato anche dal punto di vista del suono.
4. **come istituto**: come istituzione, complesso di norme sociali.
5. **in copia**: in abbondanza (latinismo).
6. **glottologi**: linguisti.
7. **si sceverano**: si distinguono in gruppi.
8. **garfagnini**: della Garfagnana, la valle in cui si trova Castelvecchio.
9. **l'emigrante... Stati Uniti**: si riferisce al poemetto *Italy* (▸T90).
10. **connessioni mnemoniche**: associazioni di idee.
11. **guerra d'Abissinia**: conflitto che si concluse con l'indipendenza dell'Etiopia (1896).

me parnassianesimo[12]; e l'amore che Pascoli ha per simili stilemi, si può inscrivere sotto la definizione più generale, meno legata a un'epoca, di alessandrinismo[13]. Parnassianesimo e alessandrinismo è ad esempio quell'abbondanza di linguaggio antiquario che è tipicissima dei *Poemi Conviviali*.

In ogni caso dunque abbiamo a che fare con lingua speciale, entità rara, preziosa, squisita, il cui funzionamento, la cui stessa esistenza è precisamente condizionata dalla differenza di potenziale rispetto alla lingua normale.

Gianfranco Contini, *Il linguaggio di Pascoli* in *Varianti e altra linguistica*, Einaudi, Torino, 1970

12. **parnassianesimo**: la poetica della *Scuola del Parnaso*, fiorita in Francia a partire dal 1866, ispirata al culto della perfezione formale classica (vedi p. 19); per estensione, qualsiasi poetica della forma rara e preziosa.
13. **alessandrinismo**: gusto per una poesia raffinata ed erudita, quale fu praticata nella tarda antichità greca (età ellenistica, o "alessandrina").

GIACOMO DEBENEDETTI

C6 ▸ Pascoli e i temi erotici

Giacomo Debenedetti (1901-1967) fu un brillante critico letterario, che si sottrasse all'impostazione idealistica crociana, dominante nella sua generazione, per accostarsi a metodi di ispirazione psicoanalitica e sociologica già affermati fuori d'Italia. Anche questo brano è tratto da una conferenza tenuta in occasione del centenario della nascita di Pascoli (1955).

Il paradosso è che questo poeta, nato a battezzare un certo numero di cose, delle quali conosciamo abbastanza bene l'elenco: cose della natura minuta e vicina, taluni spettacoli della natura in grande, osservati su scala cosmica, negli spazi dei mondi e delle stelle, taluni sentimenti che aspirano a rimanere nella più tipica sfera del semplice e del quotidiano, anche talune congiunture del destino; questo poeta non trova mai la parola univoca e certa per battezzare se stesso. E allora, per assegnare comunque un perché a questa inquietante assenza dell'uomo, si è aspettato il Pascoli sul traguardo dell'amore: uno dei luoghi dove, da uomo a uomo, pare più facile riconoscersi. E si è concluso, semplicisticamente, che nel silenzio, o difetto, della corda amorosa[1] era la chiave di quella inafferrabilità. [...] Giovanni Pascoli, limitato ed evasivo poeta, perché sordo all'amore. Mentre potrebbe diventare la strada per incontrarlo nel giusto punto, dove ciò che egli poteva fare coincide con ciò che gli toccava di fare[2].

Così, nei *Canti* leopardiani[3], il Pascoli legge una fuga dall'amore adulto, un ritorno allo stadio degli amori infantili. Il nostro secolo, che ci ha provveduti, per i fenomeni del genere, del più assortito vocabolario, parlerebbe di regressione psi-

1. **corda amorosa**: la tematica amorosa (metaforicamente, una delle "corde" dello strumento del poeta).
2. **dove... gli toccava di fare**: nell'ambito in cui le possibilità stilistiche del poeta coincidevano con necessità interiori, profonde.
3. ***Canti* leopardiani**: nel brano che abbiamo omesso Debenedetti cita un discorso di Pascoli sulla poesia di Leopardi, in cui il primo attribuisce al secondo certi "gusti di fanciullo", e in particolare vede un atteggiamento amoroso infantile nelle immagini che Leopardi dà di Silvia e Nerina.

cologica[4]. Inutile discutere se essa sia nel testo leopardiano o nella visuale del commentatore. Conta il fatto che il Pascoli ce l'abbia trovata: ne abbia concluso che quelle regressioni possono diventare temi di grande poesia. Ed è grande poesia anche il *Gelsomino notturno*, che su un attimo di regressione psicologica alza un capolavoro di ansiosa, e se così possiamo dire, turbata purezza.

Il poeta vi si raffigura in atto di spettatore, che guarda dall'esterno la casa dove un amico, nella notte nuziale, ha portato la sposa. Un lume ascende le scale, brilla al primo piano, poi si spegne. La natura intesse frattanto un notturno gonfio, dolce, svisceratamente pronubo[5]. I calici dei fiori si sono aperti alle loro nozze, il ronzio degli insetti, il sussurro dei venti, musicano insidiosamente la trama complice e voluttuosa dell'aria: i profumi adescanti si fanno grevi, si ispessiscono in odori. Un analogo turbamento penetra il poeta, matura in lui col procedere di quel mistero nuziale. La scena si è iniziata nell'ora in cui egli pensa ai suoi cari: quel rimpianto di orfano lo riporta a tenerezze infantili, alle indulgenze che i bambini si procurano con la fragilità, l'inconsolabile protesta per i torti patiti. L'orfano ha ritrovato in sé il bambino, ha propiziato la regressione all'infanzia.

Ma parliamo per metrica, sarà il miglior commento. Il *Gelsomino notturno* è scritto in quartine di novenari, dove i primi due versi cantano con inflessione diversa dai due ultimi: con differente intenzione e potere evocativo del *melos*[6]. [...]

Nei primi due versi delle quartine passano le immagini provocatrici, l'odore di fragole rosse che si esala dai calici aperti, il crescendo dell'orgasmo come un volo impazzito:

> un'ape tardiva sussurra
> trovando già prese le celle.

A cui risponde, dal distico[7] successivo, dal di dentro dell'essere, un'estasi meravigliosamente placata, smarrita in luoghi irreali, agli orli della vita, dove la accolgono immagini familiari, rassicuranti, e il gemere soavemente lamentoso ha la tenerezza casalinga di un pigolìo:

> La Chioccetta per l'aia azzurra
> va col suo pigolìo di stelle.

L'ultima quartina è improvvisamente asimmetrica. Frange l'estasi raggiunta su quell'aia azzurra, si accascia in una liquidità affranta, estenuata:

> È l'alba: si chiudono i petali
> un poco gualciti: si cova
> dentro l'urna molle e segreta
> non so che felicità nuova.

4. **regressione psicologica**: ritorno a uno stadio evolutivo della psiche che dovrebbe essere superato. Termine della psicoanalisi.
5. **pronubo**: che favorisce l'accoppiamento.
6. ***melos***: melodia (greco); qui nel senso della musicalità del ritmo dei versi.
7. **distico**: coppia di versi.

Disfatta felicità, felicità che è sfacelo, a cui il verso allude col suo apparente zoppicare, che ci costringe a ritrarre l'accento tronco, assertivo della parola felicità, a umiliarne lo squillo leggendo:

non so che felìcita nuova.

Giacomo Debenedetti, *Il gelsomino e la donna di Eresso* in *Saggi*, Mondadori, Milano, 1999

CARLO SALINARI

C7 ▸ Il fanciullino

Carlo Salinari (1919-1977) fu un critico letterario di ispirazione marxista e uno dei protagonisti del dibattito culturale nell'epoca del neorealismo. Il brano che riproduciamo è tratto dal saggio *Il fanciullino*, incluso in *Miti e coscienza del decadentismo italiano* (1960). Come altri storici della letteratura, Salinari includeva nel termine "decadentismo" tutta la letteratura della fine dell'Ottocento e della prima metà del Novecento in quanto riteneva che contenesse segni di irrazionalismo e di crisi ("decadenza borghese"). Il «superuomo» dannunziano e il «fanciullino» pascoliano sarebbero gli emblemi delle prime e più significative poetiche "decadenti" in Italia. Nelle pagine precedenti questo brano, il critico si sofferma ad analizzare non solo la poetica del fanciullino, ma lo sviluppo delle idee politiche di Pascoli e la maturazione della sua poesia a partire dalle fasi giovanili.

Tutto, dunque, spinge in un'unica direzione: la scoperta dell'infanzia. Con l'infanzia si identifica la poesia, alla memoria dell'infanzia approda il suo travaglio stilistico[1], all'infanzia del mondo corrisponde la sua concezione evangelica e umanitaria. In tal modo Pascoli coglie un tratto *reale* della psicologia e della condizione dell'uomo moderno: il vagheggiamento di un luogo che si sottragga al caos e alle contraddizioni della società contemporanea, di una oasi di originale innocenza in cui non giungano gli echi delle violenze e delle brutture della nostra vita, in cui si spengano i contrasti e le lotte, in cui si vanifichino i nostri problemi. Vagheggiamento che nasce da un desiderio naturale di evasione al predominio delle cose sugli uomini, alla frenesia delle civiltà industriali, alla necessità delle guerre, all'impero del denaro. Desiderio che l'uomo virile raffrena, considerandolo una pura e pericolosa illusione e impegnandosi, invece, nella lotta quotidiana: che, tuttavia, rimane nell'animo suo come uno dei termini della dialettica[2] della sua personalità, e di tanto in tanto lo affascina, e rende più drammatica la sua lotta, più umano e contrastato il suo impegno. I simboli di questa condizione sono appunto, nella letteratura decadente, l'infanzia e la campagna, ora più ora meno esplicitamente contrapposte all'uomo adulto e alla città. Tutte le componenti della poetica pascoliana concorrono a creare questo simbolo (e di qui la poesia), ma concorrono anche ad isolarlo e quindi a renderlo astratto rispetto alla realtà nel suo complesso (e di qui i limiti).

Carlo Salinari, *Miti e coscienza del decadentismo italiano*, Feltrinelli, Milano, 1960

1. **approda... stilistico**: nelle pagine precedenti il critico ha ripercorso il cammino giovanile della poesia pascoliana: da un'ispirazione soggettiva e fantastica, all'oggettività della poesia delle "cose" propria delle prime *Myricae* (vedi per esempio *Arano*, ▸T81), a una fase in cui nella raffigurazione delle "piccole cose" si insinua e diventa essenziale la memoria dell'infanzia.
2. **dialettica**: contrapposizione di elementi che creano un conflitto dinamico.

ALBERTO ARBASINO

C8 ▸ Un grande e misconosciuto precursore

Nel 1974 la RAI realizzò un singolare programma radiofonico, facendo comporre e mandare in onda ad alcuni noti saggisti delle "interviste impossibili", in cui si fingeva un colloquio con un personaggio famoso del passato. Lo scrittore e critico Alberto Arbasino (1930-2020) scrisse l'"intervista" con Pascoli, canzonando allegramente le opinioni critiche più accreditate sulla "modernità" di Pascoli.

ARBASINO - Professore! Professore!

PASCOLI - Eh! Eh!

ARBASINO - Professore! Ho letto le sue poesie, finalmente!

PASCOLI - Era ora! Mi congratulo! E che cosa ne dice, eh, che cosa ne dice?

ARBASINO - Insomma... Vede, professore... io per tanti anni sono stato molto tranquillo, su questo punto... Non le avevo ancora lette... però mi sentivo al sicuro, perché sapevo che tanti critici illustri e moderni di cui tutti ci fidiamo molto, come Contini e Pasolini...

PASCOLI, *compiaciuto* - Conosco, conosco...

ARBASINO - Insomma, la consideravano uno straordinario sperimentatore europeo: impressionistico, espressionistico, simbolistico, strutturalistico, fonico, timbrico, onomatopeico, materico, poveristico, e pop[1]!

PASCOLI - Cu cu! cu cu!

(Usignolo della Radio[2])

PASCOLI, *contento* - Due lagrime amare di più! Chiù chiù! Da un nero di nubi laggiù! Chiù chiù! Com'eco di un grido che fu! Chiù chiù! Cos'è che volete di più?[3]

ARBASINO - Ecco, dicevamo che per tanti anni mi sentivo molto tranquillo...

PASCOLI, *birichino* - Parli per lei!

ARBASINO - Non avendola mai letta, credevo che fosse veramente uno sperimentale molto spericolato come sostenevano tutti i nostri critici più squisiti...

PASCOLI - E invece? Din don dàn! [...]

ARBASINO - Mi sembra che veramente lei sia un poeta tutto di uccellini e di rondinini e di galline che fanno l'ovino e di cip cip e ciap ciap... e nient'altro! e ben contento! ... Niente di male, del resto, anzi... [...]

1. **impressionistico... pop**: cumulo di termini volutamente comico: si parte dalle più comuni qualificazioni della poesia pascoliana (*impressionistico*), per aggiungercene uno proprio delle avanguardie del Novecento (*espressionistico*), poi i termini tipici della critica formalista e strutturalista (*fonico, timbrico*), e infine, sfiorando il *nonsense*, termini dell'arte figurativa d'avanguardia degli anni Sessanta e Settanta (arte materica, arte povera, arte pop).

2. ***Usignolo della Radio***: il canto dell'usignolo fu per decenni un segnale della radio pubblica italiana; qui è accostato ironicamente ai cinguettii così frequenti nella poesia pascoliana.

3. **Due lagrime... di più?**: mescolanza parodica di autentici versi di Pascoli (da *L'assiuolo*, ▸T78) con altri creati dall'"intervistatore"; anche l'onomatopea dell'assiuolo (dalla stessa poesia), duplicata, è ridotta a una specie di smorfia bambinesca.

PASCOLI - Un grande e misconosciuto precursore, certo!

ARBASINO - Ma di chi, scusi?

PASCOLI - Di un grande e celeberrimo filone della lirica italiana del Novecento, dove trionfano tanti miei epigoni[4], e soprattutto tante mie epigone, che hanno portato avanti con innegabile abilità il mio discorso, e intanto si sono fatte una gran fama tra il pubblico, a mie spese, perché nessuno si ricorda di quel grande anticipatore che sono stato io!

ARBASINO - Ma a che filone si riferisce, professore? [...]

PASCOLI - Ecco... care, care... creature canore... la Zanicchi, la Berti, la Milva... E magari anche l'Endrigo e il Fidenco e il Villa[5]... bravi, bravi... sono loro, soltanto loro, i miei veri discepoli... peccato che non lo si riconosca... anche se in fondo non hanno inventato molto e devono a me quasi tutto... perché sono, io, naturalmente io, come già vi accennavo dianzi, non soltanto il precursore ma il vero iniziatore di questo stupendo movimento... questa commovente e affascinante lirica così cantabile del Novecento italiano... la Scuola di Sanremo... anche se i discografici non lo ammettono... e i festival pop mi ignorano...

Alberto Arbasino, in AA.VV., *Le interviste impossibili*, Bompiani, Milano, 1975

4. **epigoni**: seguaci, continuatori.
5. **la Zanicchi... il Villa**: protagonisti della canzone italiana degli anni Sessanta. L'autore mescola disinvoltamente esponenti della tradizione melodica italiana (come Claudio Villa) e gli innovatori dell'epoca, i cantautori della prima generazione (come Sergio Endrigo).

CESARE GARBOLI

C9 ▸ La "crisi del nido"

Cesare Garboli (1928-2004), uno dei maggiori critici italiani del secondo Novecento, ha individuato il momento cruciale della storia umana e poetica di Pascoli negli anni fra il 1887 e il 1893, quando la convivenza con le sorelle nel «nido» familiare ricostruito entra in crisi. Il brano che riportiamo è tratto da un articolo pubblicato sul quotidiano «la Repubblica» nel 2000.

Nella poesia pascoliana manca il desiderio. Manca, per dirla con una parola più pomposa e moderna, la libido[1]. [...] È ormai un'abitudine associare la censura del desiderio alla strana configurazione insieme coniugale e casta che il poeta volle dare alla sua intimità familiare con due sorelle nel fiore degli anni: due sorelle padrone di casa, madri, spose e figlie di un giovane fratello sotto la trentina. La costruzione del "nido", o meglio la ricostruzione, dopo la diaspora[2], del nucleo fa-

1. **libido**: il termine latino utilizzato da Sigmund Freud, il fondatore della psicoanalisi, per indicare il desiderio sessuale.
2. **diaspora**: dispersione.

miliare originario grazie al progetto di una vita coniugale a tre – un fratello appena laureato, due sorelle uscite di convento – va annoverata come uno dei miti più sorprendenti che abbia inventato la poesia moderna: un sogno, una fantasia così italiana, così romagnola e cattolica, che difficilmente potrebbe trovare riscontro in qualunque altro luogo della terra. Nella realizzazione di questa fantasia, la castità ha un posto rilevante. Ma non era una scelta. Era un gesto, che presupponeva un'autocastrazione ma escludeva l'impotenza o l'incapacità di amare[3]. [...] Le due ragazze erano ancora nell'età dei sogni, lontane dalle fantasie e dai forti richiami del desiderio. Quanto al Pascoli, il Pascoli voleva tutto. Voleva le due colombelle, vederle, toccarle, e voleva una reginella che sfaccendasse per casa. Voleva la famiglia d'origine e voleva una famiglia propria. L'esercizio della castità si presentava come il solo modo di esercitare il ruolo di padre e di capofamiglia; ed era la sola, vera prova d'amore, d'amore totale anche se perverso[4], che uno sposo-fratello potesse offrire alle due sorelle. Al Pascoli piacque così. [...]

La vita felice del nido durò fino a quando durarono la novità e la sorpresa, fino al trasloco da Massa a Livorno. Il nido non era fatto per la *routine*. A Livorno, fra il 1887 e il 1892, si consumò la crisi[5]. A quel tempo, il tempo lentissimo durante il quale si formarono le prime *Myricae*, il Pascoli era ancora incerto sul suo futuro di poeta. Ammucchiava sonetti e ballatine negli opuscoli per nozze di conoscenti e di amici. Prestava orecchio al D'Annunzio panico e sensuale, ai parnassiani, ai classici greci, al solito Carducci. Ma sopravvenne una novità. Arrivarono i morti. Arrivarono in sogno nella seconda e nella terza edizione delle *Myricae*, sempre più numerosi, preceduti da tre sonetti in forma di colloquio-monologo con la madre. Quei sonetti significano che il nido ha girato su se stesso. Dalla sua nascita sono passati quasi dieci anni, e si sente un accento lugubre e insolito di autocommiserazione. Per la prima volta, vicino ai quaranta, il Pascoli si presenta al pubblico come una vittima sacrificale e un padre espiatorio[6]. [...] E allora, che cosa è successo? Che cosa ha trasformato un sacrificio per gioco in un sacrificio vero, mortifero come tutti i sacrifici? Un secolo fa, il Borgese[7] non sapeva darsi ragione di un paradosso. Non riusciva a spiegarsi come "l'ombra dolorosa" di fatti antichi e lontani fosse cresciuta nella poesia pascoliana facendosi sempre più invadente con gli anni, "invece di attenuarsi", come sarebbe stato più logico. Ma il culto dei morti, nel Pascoli, non nasce dal "contraccolpo" di una tragedia passata e lontana. Nasce dal contraccolpo di una tragedia presente. A risuscitare i morti fu la progressiva con-

3. **un gesto... amare**: inizialmente la rinuncia volontaria a una vita sessuale adulta (*autocastrazione*) non era vissuta da Pascoli come una grave limitazione perché compensata dalla convivenza amorosa con le sorelle.
4. **perverso**: nella terminologia di Freud l'aggettivo indica una distorsione del desiderio sessuale rispetto all'orientamento ritenuto normale; in questo caso allude al carattere larvatamente incestuoso del legame affettivo fra Pascoli e le sorelle.
5. **la crisi**: il progressivo logoramento della vita a tre, che sfocerà nel matrimonio di Ida (vedi ▸D19, p. 413).
6. **padre espiatorio**: a seguito della "crisi del nido" Pascoli comincia a presentare la sua assunzione di un ruolo paterno nei confronti delle sorelle come un sacrificio espiatorio, assunto su di sé per rimediare alla morte precoce dei genitori.
7. **il Borgese**: Giuseppe Antonio Borgese (1882-1952), scrittore e critico italiano, in un saggio su Pascoli notava con stupore che nel poeta il dolore dei lutti familiari, anziché affievolirsi, come avviene di solito, sembra crescere nel corso del tempo.

sapevolezza di avere investito e gettato la propria esistenza in un sogno sbagliato, irrealizzabile, in un sacrificio compiuto invano, per fanciullaggine, per "puerizia d'animo". [...] La mistica familiare non è più una festa, o un sogno, ma un'esequia, un lutto. Il mito del padre consolatore non altera, ma perpetua, cambiandolo di segno, il distacco grazie al quale si può assaporare la vita, sognarla, e magari gustarla da innamorato senza andarle incontro, senza mai affrontarla e sfidarla, tenendola anzi accuratamente lontana[8].

Cesare Garboli, *Pascoli sposo-fratello nel nido della poesia*, «la Repubblica», 21 maggio 2000

8. **Il mito... lontana**: la rinuncia a vivere una vita affettiva e sessuale adulta non appare più al poeta una scelta gioiosa ma un sacrificio inutile: il riemergere del culto dei morti ha la funzione di darle un valore, un senso di dolorosa necessità.

DIALOGO CON I TESTI

COMPRENDERE

1. Sintetizzate in una sola frase la tesi centrale del brano di Contini (▸C5).
2. Sintetizzate la tesi centrale del brano di Debenedetti (▸C6). Cercate di chiarire a che cosa vuole alludere il critico nell'ultima parte del commento al *Gelsomino notturno*.
3. Quali aspetti positivi e quali limiti dell'opera pascoliana indica Carlo Salinari nel brano ▸C7?
4. Quali caratteri della poesia pascoliana sono parodiati nelle battute che Arbasino (▸C8) mette in bocca al poeta? Applicate i giudizi del critico (o "intervistatore") a un componimento pascoliano che a vostro giudizio si presti a questo confronto. Vi pare che il ruolo di "precursore" attribuito da Arbasino a Pascoli valga anche per le canzoni di oggi?
5. Qual è il punto di svolta della vita di Pascoli indicato da Garboli (▸C9)? Con quali effetti sui temi della sua poesia?

CONFRONTARE

6. Distinguete, nei testi presentati, i diversi modi di approccio all'opera di Pascoli:
   - riferimento prevalente alle caratteristiche formali;
   - riferimento prevalente alle caratteristiche tematiche;
   - attenzione al rapporto fra letteratura e società;
   - attenzione al rapporto fra la poesia e le vicende biografiche.

RILETTURE (T78-T94)

COMPRENDERE

1. La metafora del «nido» ricorre ossessivamente nella poesia pascoliana; ripercorrendo i testi in cui essa appare esplicitamente o implicitamente (per esempio in ▸**T86**, ▸**T87**, ▸**T91**, ▸**T93**), definite il valore simbolico che ha nell'ispirazione pascoliana.
2. Un altro tema ossessivo è quello della morte, spesso associato al pensiero dei propri cari morti. Ricostruite i significati e i valori che assume individuandolo in ▸**T78**, ▸**T82**, ▸**T86**, ▸**T91-T93**.
3. Il tema dell'amore e del sesso è presente nella poesia pascoliana più di quanto ci si potrebbe attendere in base alle esibizioni di candore infantile. Potete ricostruire gli atteggiamenti del poeta a questo proposito in base al brano iniziale del *Fanciullino* (▸**T79**), e ai testi poetici ▸**T87**, ▸**T89**, ▸**T93**.

CONTESTUALIZZARE

4. A partire dai testi riportati in ▸**D19-D22** (pp. 413-419) e in ▸**T79-T80**, tratteggiate un ritratto di Pascoli, mettendo in collegamento le sue vicende biografiche con le sue idee sulla società e sulla letteratura.
5. Pascoli, come è noto, fu allievo di Carducci a Bologna; ma i rapporti fra i due si raffreddarono presto. Ci può illuminare in proposito un passo delle memorie della sorella Maria (*Lungo la vita di Giovanni Pascoli*, Mondadori, Milano, 1961), che si riferisce all'epoca della prima edizione di *Myricae* (1891): «Una sera [...] si era trovato con lui e con altri amici nella fiaschetteria Cipriani, e senza che la conversazione vi desse nessun appiglio, il Carducci gli si volse di scatto e con quella sua aria tra burbera e paterna gli disse: "Ora basta, Pascolino, di far versi. Non ne farai più, non è vero?" era un consiglio? era un ammonimento? o che altro era? Lì per lì confuso e impacciato non seppe rispondere che una fila di monosillabi: "Sì sì, no no, già già"».
   Sulla base della vostra conoscenza della poesia e della poetica carducciana, individuate gli aspetti della poesia delle prime *Myricae* (▸**T81-T83**) che dovevano risultare indigesti al "Maestro".
6. La novità della poesia pascoliana fu subito avvertita da alcuni dei primi commentatori. In una recensione alle prime *Myricae* (sul «Fanfulla della Domenica» del 31 gennaio 1892), Giulio Salvadori si esprimeva così: «Egli è tal poeta che nessun altro ricorda, né antico né moderno; egli pensa e scrive in modo tutto suo; pensa e scrive, diciamo; cosicché la originalità sua è tanto nella *idea* quanto nella *forma*. Non un *luogo comune* nei suoi versi, non una *frase stereotipata*». Verificate questo giudizio con una ricerca nei testi letti: quali temi ritrovate in Pascoli inediti, oppure già consueti nella poesia precedente? Quali forme (linguistiche, stilistiche, metriche) rimandano alla tradizione o rompono con essa?

ANALIZZARE

7. I brani riportati in ▸**D19-D22** (pp. 413-419) e in ▸**T79-T80** esemplificano lo stile del Pascoli prosatore. Analizzate lo stile di questa prosa raccogliendo esempi delle seguenti caratteristiche:
   - l'uso di un periodare e di un lessico di tono familiare;
   - le insistenti serie parallele di frasi o sintagmi coordinati;
   - l'uso frequente di esclamazioni, interrogazioni, puntini di sospensione;
   - l'uso a volte frequente dei diminutivi.
8. In Pascoli buoni sentimenti, stupore e sgomento infantili, accenti strappalacrime, si mescolano a oscuri turbamenti, cosmiche inquietudini, toni allucinati. "Semplicità" e "complessità" di temi e di forme si alternano e si aggrovigliano nello stesso testo, a volte nello stesso verso. In base ai testi che avete letto, indicate e commentate esempi di questa duplicità.

INTERPRETARE

9. Nei suoi testi di carattere politico e sociale, Pascoli insiste spesso su una sua «religione» (▸**T80**) umanitaria che predica la pacificazione e fratellanza; in altri testi compare invece un nazionalismo acceso e bellicista, come in *La grande Proletaria si è mossa* (▸**D22**, p. 419). Provate a spiegare questa compresenza di atteggiamenti diversi ricorrendo a *La siepe* (▸**T87**): gli spunti ideologici presenti in quel poemetto possono costituire un ponte tra le due tendenze indicate.

10. Nei giudizi dei primi critici di Pascoli traspare lo sconcerto di fronte a un poeta nuovo, trasgressivo della tradizione. Ecco brani di due dei più grandi critici dell'epoca.
Benedetto Croce (1907): «E così l'arte del Pascoli par che serbi sempre l'aspetto di un problema. La genialità e l'artificio, la spontaneità e l'affettazione, la sincerità e la smorfia, appaiono uniti negli stessi componimenti, nelle stesse strofe, talvolta in un singolo verso [...]. L'impressione del lettore è quella che io ho notata in principio: l'attrattiva e la repulsione, il rapimento e il disgusto si avvicendano».
Renato Serra (1910): «Egli sogna e canta; ma quanto più par che al sogno si abbandoni con tutta la ingenuità dell'anima, e già ceda alla voluttà piena del canto, ecco in quel punto egli è più vigile e cauto e accorto a discernere con la incredibile sottilità ogni variare del sogno, è fermo su se stesso a considerare una per una le modulazioni della sua voce e a meravigliarsi e a compiacersi».
I due brani mostrano perplessità di fronte a un viluppo di spontaneità e artificio. Qual è a questo proposito la vostra impressione di lettori? Come valutate la questione della "sincerità"?

11. Dopo un gruppo di sonetti giovanili, Pascoli abbandonò quasi completamente questa forma metrica. In base alle analisi condotte sui metri pascoliani, provate a dare una spiegazione di questo fatto.

CONFRONTARE

12. Luciano Folgore (1888-1966), poeta futurista, si dedicò alle parodie letterarie. Riproduciamo una parte della parodia che fece di Pascoli.

L'alba (Parodia di Giovanni Pascoli)

I

Giovanni si svegliò; c'era nel cielo
quasi un tremor, quasi un pallore, quasi
un riflesso di sol chiuso in un velo.
   Gli orti di Barga stavano, pervasi
da un lieve freddo, lieve, così lieve
che a dirlo non faceva freddo, quasi.
   Brina? Sì, no. V'era un biancor di neve:
un presso a poco, un nulla, una chimera
e qualche schiocco sulla strada breve.
   "Cip cip" frullò, trillò la capinera,
Giovanni si vestì ch'era già l'alba,
sorrise al fumo della caffettiera,
   ma scalpitò la sua cavalla falba.

Luciano Folgore, *Poeti controluce. Parodie*, Campitelli, Foligno, 1922

Sulla base dei testi che avete letto, individuate gli aspetti della poesia pascoliana che il parodista ha messo in caricatura.

13. Tra le carte del poeta si sono trovati vari appunti che rappresentano la prima idea di *L'assiuolo* (▸**T78**).
Riproduciamo il secondo, che precede di poco la stesura della poesia vera e propria:
«La luna c'era? io non la vedevo ma i grandi alberi parevano alzarsi a guardare verso lei. Un cielo chiaro, con poche stelle. Da una parte una striscia di nuvole che lampeggiava. Cavallette, rane. A un tratto uno stormir di foglie.
Campanelline d'oro e pure delle cavallette s'udivano a ora a ora. Le cicale parevano rane, a petto loro.»
Confrontate questo abbozzo col testo finale:
- dal punto di vista tematico: che cosa compare nella poesia che nell'appunto non c'era? Quali idee ha sviluppato il poeta durante l'elaborazione?
- dal punto di vista formale: che cosa cambia con l'introduzione della versificazione metrica? Quali scelte lessicali diverse appaiono nella poesia?

ATTRIBUIRE

14. Presentiamo due inizi di poesie, uno di Pascoli, l'altro di Carducci. Attribuite ciascun brano a uno dei due poeti, e motivate la vostra attribuzione.

A

Le rane

Io sento gracchiare le rane
dai borri dell'acque piovane
nell'umida serenità.
E fanno nel lume sereno
lo strepere nero d'un treno
che va...

B

Brindisi funebre

Su 'l viso de l'amore
la rosa illanguidì,
senza lasciarmi un fiore
la gioventù fuggì.
Lo stuol de l'ore danza
lontano omai da me:
con esse è la speranza
l'illusïon, la fé.

ANALISI DEL TESTO

● Analizzate e commentate le due poesie proposte, pubblicate nella terza edizione di *Myricae* (1894), rispondendo alle seguenti domande oralmente o per iscritto. Potete svolgere l'esercizio rispondendo separatamente a ogni domanda, o integrando le singole risposte in un discorso complessivo, nell'ordine che vi sembra più efficace.

T95 ▸ Il lampo

E cielo e terra si mostrò qual era:

la terra ansante, livida, in sussulto;
il cielo ingombro, tragico, disfatto:
bianca bianca nel tacito tumulto
una casa apparì sparì d'un tratto;
come un occhio, che, largo, esterrefatto,
s'aprì si chiuse, nella notte nera.

T96 ▸ Il tuono

E nella notte nera come il nulla,

a un tratto, col fragor d'arduo dirupo
che frana, il tuono rimbombò di schianto:
rimbombò, rimbalzò, rotolò cupo,
e tacque, e poi rimareggiò rinfranto,
e poi vanì. Soave allora un canto
s'udì di madre, e il moto di una culla.

Giovanni Pascoli, *Myricae*, in *Poesie*, vol. I, Mondadori, Milano, 1958

COMPRENDERE

1. Riassumete in poche parole le situazioni presentate nelle due poesie.

ANALIZZARE

2. Individuate i principali effetti di suono presenti nei due testi.
3. Analizzate la presenza nei due testi di sensazioni visive e/o uditive.
4. In uno dei due testi la struttura sintattica è spezzata e frammentaria; nell'altro è più lineare e compatta. Confrontateli da questo punto di vista.

INTERPRETARE

5. Entrambe le poesie evocano emozioni e stati d'animo che vanno oltre una semplice rappresentazione paesaggistica: di quali emozioni e stati d'animo si tratta in ciascuna delle due? quale vi sembra più efficace dal punto di vista espressivo? Motivate le vostre risposte con riferimenti ai testi.

CONTESTUALIZZARE

6. Fra le poesie di Pascoli che avete letto sceglietene una nettamente diversa da queste dal punto di vista tematico e formale e spiegate i motivi della vostra scelta.

ANALISI DEL TESTO

● Analizzate e commentate il testo riportato rispondendo alle seguenti domande oralmente o per iscritto. Potete svolgere l'esercizio rispondendo separatamente a ogni domanda, o integrando le singole risposte in un discorso complessivo, nell'ordine che vi sembra più efficace.

T97 ▸ Il piccolo bucato

Questa poesia comparve fin dalla prima raccolta intitolata *Myricae* (su una rivista, 1890), e fu poi inclusa nella sezione *In campagna*.

Come tetra la sizza che combatte
gli alberi brulli e fa schioccar le rame
secche, e sottile fischia tra le fratte!
Sur una fratta (o forse è un biancor d'ale?)
un corredino ride in quel marame:
fascie, bavagli, un piccolo guanciale.
Ad ogni soffio del rovaio, che romba,
le fascie si disvincolano lente;
e da un tugurio triste come tomba
giunge una nenia, lunga, pazïente.

1. **sizza**: vento freddo (toscano popolare).
5. **marame**: confusione di oggetti (parola antica e rara).
7. **rovaio**: tramontana, vento del nord.

Giovanni Pascoli, *Myricae*, in *Poesie*, vol. I, Mondadori, Milano, 1958

COMPRENDERE

1. Riassumete in poche parole la situazione presentata nella poesia.

ANALIZZARE

2. Definite la forma metrica del componimento.
3. Individuate le allitterazioni presenti nel testo.
4. A partire dalle allitterazioni, analizzate gli effetti di suono e il loro valore espressivo.

INTERPRETARE

5. A vostro parere perché il poeta ha voluto che il *tugurio* che compare nell'ultima strofa fosse *triste come tomba*?
6. Esaminando il rapporto fra elementi naturali e segni della presenza umana, quale significato si può attribuire alla poesia?

7. Confrontate dal punto di vista tematico e stilistico questa poesia con una di quelle, di uguale forma metrica, della serie *L'ultima passeggiata* (►T81, ►T83).
8. I versi di *Myricae* si possono descrivere ricorrendo alle due categorie critiche dell'impressionismo e del simbolismo. Come collochereste questo componimento rispetto alle due categorie?
9. Mettete questa poesia in relazione alla "poetica del fanciullino", considerando in particolare il concetto di "poesia delle cose" e le idee pascoliane sulla lingua della poesia.

ANALISI DEL TESTO

● Analizzate e commentate il testo riportato rispondendo alle seguenti domande oralmente o per iscritto. Potete svolgere l'esercizio rispondendo separatamente a ogni domanda, o integrando le singole risposte in un discorso complessivo, nell'ordine che vi sembra più efficace.

T98 ► Dalla spiaggia

Questa poesia fu inclusa da Pascoli nella raccolta delle *Myricae* a partire dalla terza edizione del 1894.

I

C'è sopra il mare tutto abbonacciato
il tremolare quasi d'una maglia:
in fondo in fondo un ermo colonnato,
nivee colonne d'un candor che abbaglia:
una rovina bianca e solitaria,
là dove azzurra è l'acqua come l'aria:
il mare nella calma dell'estate
ne canta tra le sue larghe sorsate.

II

O bianco tempio che credei vedere
nel chiaro giorno, dove sei vanito?
Due barche stanno immobilmente nere,
due barche in panna in mezzo all'infinito.
E le due barche sembrano due bare
smarrite in mezzo all'infinito mare;
e piano il mare scivola alla riva
e ne sospira nella calma estiva.

1. **abbonacciato**: calmo, in bonaccia.
2. **quasi d'una maglia**: la trama dei riflessi luminosi.
8. **larghe sorsate**: il rumore della risacca.
12. **in panna**: ferme per assenza di vento.

Giovanni Pascoli, *Myricae*, in *Poesie*, vol. I, Mondadori, Milano, 1958

COMPRENDERE

1. Sintetizzate il contenuto della poesia, tenendo presente la sua scansione in due parti.

ANALIZZARE

2. Definite il metro del componimento; analizzate il rapporto fra scansione metrica e sintassi. Quali effetti producono a vostro parere queste scelte metriche e sintattiche?
3. Il componimento è impostato su una serie di parallelismi, sia tra le due parti sia all'interno di ciascuna. Individuateli e indicate come queste strutture contribuiscono al significato complessivo.

INTERPRETARE

4. Indicate il tema o i temi del componimento che vi sembrano più rilevanti dal punto di vista della visione generale del mondo.

CONTESTUALIZZARE

5. Confrontate questo testo con un'altra poesia di Pascoli a vostra scelta; indicate affinità e differenze sia tematiche, sia stilistiche.

SCRIVERE UN TESTO ARGOMENTATIVO

● Facendo riferimento al documento citato e a quelli indicati di seguito, scrivere un testo sull'argomento proposto.

I LETTERATI E IL PROGRESSO

Giovanni Pascoli, *Le nuove Babilonie*

È un brano di un discorso pronunciato da Pascoli agli studenti dell'Università di Messina, nel giugno del 1900, in occasione di una solennità di quell'Ateneo e pubblicato col titolo *Una sagra.*

M'ingannerò; ma s'è aperta nel mondo una lotta, oltre le tante altre che già ci sono, una lotta presso cui le già antiche degli imperi orientali, e poi di Roma latina e poi di Roma, per così dire, germanica[1], sono un nulla. Si stanno edificando delle Ninivi e Babilonie e delle Cartagini e Rome[2], mostruose, enormi, infinite. Esse conquisteranno, assoggetteranno, cancelleranno, annulleranno, intorno a sè, tutto, e poi si getteranno le une contro le altre con la gravitazione di meteore fuorviate[3]. Che sarà di noi? Perché ciò a me sembra fatale e necessario; come, in un altro ordine di cose, altro fato e altra necessità mi apparisce. Questa. Le ricchezze gravitano a trovarsi insieme nel medesimo tesoro[4]. Il campicello è assorbito dal campo, il campo dalla tenuta, la tenuta dal latifondo, e via via. Intere nazioni, sto per dire, sono espropriate della loro proprietà fondiaria. Ahimè chi possiede i campi della terra Saturnia madre di biade e madre d'eroi[5]? Li possiede il credito ipotecario. E questo chi è? È generalmente anonimo, ed è un creditore collettivo. Ma poco a poco, questa collettività si riduce e semplifica; i più forti ingoiano i più deboli: verrà tempo, in cui si potrà dinotare per nome l'unico possessore di tutto il mondo: un tiranno al cui servizio sia un genere umano di schiavi.

Giovanni Pascoli, *Una sagra*, in *Prose*, Mondadori, Milano, 1971

1. **Roma... germanica**: l'impero "romano" medievale, che aveva il suo centro in Germania ed era governato da dinastie germaniche.
2. **delle Ninivi... Rome**: capitali di grandi imperi antichi. Ninive era la capitale degli Assiri.
3. **fuorviate**: uscite dalla propria orbita.
4. **Le ricchezze... tesoro**: si riferisce al processo di concentrazione dei capitali, intenso all'epoca (anche se può apparire poca cosa in confronto a oggi).
5. **terra Saturnia... eroi**: l'Italia, secondo un'espressione di Virgilio nelle *Georgiche* (II, 173-174: «Salve grande madre di messi, terra Saturnia, madre di uomini valorosi»); *Saturnia* è l'aggettivo di Saturno, divinità agreste degli antichi italici.

- Giacomo Leopardi, *Dialogo di Tristano e di un amico* (▸**Vol. Leopardi, T29**)
- Émile Zola, *La letteratura e il denaro* (▸**D6**, p. 17)
- Émile Zola, *Il romanzo sperimentale* (▸**D10**, p. 24)
- Gustave Flaubert, *I comizi agricoli* (▸**T2**)
- Giosue Carducci, *Inno a Satana* (▸**T57**)
- Giosue Carducci, *Alla stazione in una mattina d'autunno* (▸**T62**)
- Giovanni Verga, *«La fiumana del progresso»* (▸**T68**)

La cantina di Giovanni Pascoli

ELIO GIOANOLA

A «centellinare il fiasco» Pascoli ha imparato prestissimo, nel momento stesso in cui ha imparato a fare versi, cioè dopo che, in conseguenza di un colpo di fucile da cui la sua esistenza è stata devastata, si è reso conto di non possedere nessuno dei requisiti necessari per affiatarsi con la vita adulta. Nella grande abulia giovanile della stagione di Bologna, ha messo subito a disposizione la sua «lima d'oro» per chi, tra i compagni dilettanti di poesia, fosse in grado di pagargli un pranzo o una seduta all'osteria. [...]

I più assidui compagni di Pascolino, come amava chiamarlo il maestro [*Carducci*], sono Ugo Brilli (*nomen omen*) [*espressione latina il cui significato è "il destino di una persona è nel suo nome"*], Severino Ferrari e Giulio Vita, detto Botticino, in considerazione della capienza in fatto di lambrusco e altri vini tanto nostrani quanto di altra provenienza. Scritto al Caffè delle Belle Arti, [...], «dopo colazione», ecco il sonetto caudato per Severino, con la firma Gianni Schicchi, che è il *nom de plume* [*pseudonimo*] usato da Pascoli nel periodo (siamo nel 1878). Ne leggiamo solo qualche verso:

Ma vedendo che io forte sghignazzava
ingollavi del Chianti e del Brachetto.
Ingollavi del Chianti, ed una varia
tinta nel tuo visetto palpitava,
e ogni istante correvi a prender aria. [...]

«Le serate più allegre», dice la devota Mariù nella sua biografia del fratello, «erano quelle di qualche banchetto che andavano a fare nella trattoria del Foro Boario. Di uno di quei banchetti, offerto dai fratelli Dall'Osso, Giovannino aveva un particolare grato ricordo per un forte brindisi alla Romagna fatto dal Carducci». Meno grati, invece, i ricordi di quando il maestro alternava i brindisi alla lettura dei suoi versi, all'ascoltare i quali il Brilli, certo il più beota della «Beozia» (così si chiamava la compagnia), esclamava invariabilmente «è un uomo superiore! È un uomo superiore», aggiungendo in romagnolo «Me a degh che s'avèn da impicchèr tott!» [*Io lo dico che devono impiccarsi tutti!*]. Al che Pascolino, che non si univa volentieri al coro dei lodatori, gli rispondeva, «Impìccati tu! lo non m'impicco davvero!».

Elio Gioanola, *Psicanalisi e interpretazione letteraria*, Jaca Book, Milano, 2005

1. Qual è il significato del verbo "centellinare" (riga 1)?

A. □ Gustare a piccoli sorsi
B. □ Bere avidamente, con foga
C. □ Bere abbondantemente
D. □ Stappare

2. A quale tragico evento della vita di Pascoli ci si riferisce con l'espressione "un colpo di fucile da cui la sua esistenza è stata devastata" (riga 2)?

....

3. Individua l'espressione figurata utilizzata nel primo capoverso per evidenziare la perizia di Pascoli nel comporre poesie.

....

4. Spiega l'utilizzo dell'espressione *nomen omen* in riferimento a Ugo Brilli.

....

5. Sulla base del contesto e della seguente risposta di Pascoli, spiega il significato figurato dell'espressione «Me a degh che s'avèn da impicchèr tott!» (riga 22).

....

....

In occasione del centenario della morte di Giovanni Pascoli

GUIDO DE FRANCESCHI

In occasione del centenario della morte di Giovanni Pascoli, che cinquantasettenne chiuse gli occhi a Bologna il 6 aprile 1912, c'è in programma un fitto calendario di eventi celebrativi [...]. In concomitanza con l'anniversario, il viso baffuto del poeta inizierà a circolare impresso su una moneta da 2 euro che l'Istituto Poligrafico e Zecca dello Stato – onore riservato a pochissimi – ha voluto dedicargli. Ma già i programmi scolastici, ben prima dell'attuale conio della moneta pascoliana, avevano intrappolato il poeta di San Mauro di Romagna in un medaglione bronzeo tutto sommato ben poco attraente.

Nei ricordi dei più, derivanti dal tempo passato fra i banchi, Pascoli è legato a un pugno di immagini salvate da una remota sfogliata dell'antologia. La cavallina storna, che portava "colui che non ritorna"; la rondine caduta tra spini che "aveva nel becco un insetto: / la cena de' suoi rondinini"; qualche scena campestre non troppo lieta; la parola "fanciullino"; il tema del "nido" con il corollario dei rapporti morbosetti con la sua famiglia d'origine, in particolare per quanto concerne i legami tra il poeta Zvanî e la sorella Mariù. In definitiva, il piccolo fardello di ricordi scolastici legati a Pascoli, rimanderebbe a un orizzonte di versi smielati, dolciastri, con la lacrimuccia sul ciglio e un discreto corredo di noia, versi più volti all'ultimo scorcio dell'Ottocento che proiettati in un Novecento poeticamente meno ingessato. Eppure si tratta di un'immagine distorta e largamente riduttiva. A dispetto della grande e longeva celebrità del poeta, molti aspetti anche centrali della produzione di Pascoli sono rimasti piuttosto in ombra, perlomeno al di fuori delle cerchie degli specialisti e dei lettori più colti. È il caso anche della raccolta più nota, *Myricae*. Nonostante la scelta di temi un rigo sotto, fin dal titolo che allude alle "umili tamerici" che appaiono in un verso virgiliano, nonostante il suo sguardo sempre rivolto alla cultura classica e la profonda conoscenza professorale della storia poetica patria, la penna di Pascoli trita già nei componimenti raccolti in *Myricae* la compostezza del verso "ben fatto" della tradizione italiana, preferendo un andamento frammentario, la spezzatura della frase, l'ellissi, l'uso di vocaboli umili che mai avevano calcato i marmi dell'accademia, la frantumazione della struttura delle singole poesie con cesure ed *enjambements*, senza contare che il frequente uso di allitterazioni e assonanze si spinge fino a un'irruzione di onomatopee e "suoni" ("scilp", "vitt", "dib dib bilp bilp", "chiú") che precorrono successive avanguardie.

Guido De Franceschi, *Giovanni Pascoli: cento anni fa moriva il massimo autore latino dell'età moderna*, «Il Sole 24 Ore», 5 aprile 2012

1. Nel testo vengono citate diverse figure retoriche: associa a ciascuna il significato corrispondente.

a. Ellissi
b. *Enjambement*
c. Assonanza
d. Allitterazione

1. Ripetizione di un suono o di una serie di suoni.
2. Rottura dell'unità metrica e/o sintattica di un verso che ha nel verso successivo il suo completamento logico.
3. Omissione in una frase di uno o più termini che si vogliono sottintendere.
4. Ripetizione di suono vocalico nella sillaba finale di più parole.

2. Sulla base di quanto si afferma nel testo, indica se le seguenti affermazioni sono vere o false.

a. Molte personalità eminenti hanno visto raffigurato il proprio volto su una moneta da 2 euro. V F
b. *Myricae* è una raccolta di versi in lingua latina. V F
c. Nei versi di Pascoli sono presenti numerosi termini colloquiali e quotidiani. V F
d. Il rapporto tra Pascoli e i suoi familiari è un tema poco affrontato nelle letture scolastiche. V F

3. Dal testo si evince che la conoscenza scolastica della poesia di Pascoli non rende giustizia alla grandezza del poeta. Spiega perché.

....

4. Qual è il significato dell'espressione "un rigo sotto" (riga 18)?

A. □ Citati più avanti
B. □ Che riprendono le parole-chiave dei primi versi
C. □ Dal tono dimesso
D. □ Oscuri, tenebrosi

5 | GABRIELE D'ANNUNZIO

IL PROFILO

La vita «inimitabile»

BIBLIOTECA
LEZIONE SU GABRIELE D'ANNUNZIO

UN FENOMENO DI COSTUME

Nessun letterato ha avuto influenza sulla vita pubblica e privata degli italiani quanto Gabriele D'Annunzio. Se "petrarchismo" o "carduccianesimo" sono termini della storia letteraria, quando si dice "dannunzianesimo" si pensa prima di tutto a un vasto fenomeno di costume, a uno stile di vita.

L'adolescenza

Gabriele D'Annunzio nacque nel 1863 a Pescara (che era allora un villaggio di pescatori), figlio di un agricoltore facoltoso che sperperò il patrimonio con le donne. Compì gli studi ginnasiali e liceali dal 1874 al 1881 nell'antico e prestigioso collegio Cicognini di Prato, dove si mostrò un allievo eccezionalmente dotato, ambizioso e indocile.

Il suo talento letterario è precocissimo: a sedici anni pubblica il primo libro di versi, *Primo vere*, ispirato a Carducci, per il quale professa un'ammirazione sconfinata. Non meno precoce è il suo talento per la pubblicità: il libro, stampato dapprima a spese del padre (1879), ha recensioni favorevoli su riviste importanti, e un anno dopo è ripubblicato da un editore; proprio in quel momento un giornale riceve e pubblica la notizia (subito smentita) che il giovane poeta è morto cadendo da cavallo; la "soffiata" proviene probabilmente da D'Annunzio stesso.

A Roma

Finito il liceo, nel 1881 si trasferisce a Roma, in teoria per studiare Lettere; in realtà trascura l'università e si butta nella vita mondana e letteraria, diventa collaboratore fisso di diversi periodici, tra cui la «Cronaca bizantina», la rivista che per prima mirava a una divulgazione della letteratura presso un pubblico ampio, e «La tribuna», il più importante quotidiano della capitale. Al lavoro giornalistico si accompagna un'altrettanto intensa attività creativa: vari volumi di poesie e di novelle consolidano la sua fama di astro nascente della letteratura; anche le polemiche moralistiche suscitate dalle audacie erotiche di certe poesie (ci fu chi lo definì «poeta porcellone e inverecondo») servono ad aumentare la risonanza del suo nome. Con *Il piacere* (1889) inizia la serie dei romanzi, che lo portano a contatto con un pubblico più vasto.

Non meno movimentata la vita galante, che durerà per tutta la vita: gli amori con le signore dell'alta società si intrecciano alle avventure occasionali, lasciandolo a volte spossato. Nonostante il fisico poco appariscente, aveva sulle donne un fascino irresistibile: la grande danzatrice americana Isadora Duncan lo definì «forse l'amante più meraviglioso del nostro tempo». Nel 1883 sposò una nobildonna, dalla quale si separò dopo sette anni costellati di innumerevoli infedeltà, che spinsero la moglie a un tentativo di suicidio; dal matrimonio nacquero tre figli (altri due sarebbero nati più tardi da un'altra relazione).

PROFILO

Un altro carattere che si manifestò allora e sarebbe rimasto immutato è la prodigalità smisurata: tutta la sua vita fu un seguito di spese folli, debiti non pagati, sequestri e pignoramenti. «Io sono un animale di lusso», scrisse una volta al suo editore, «e il superfluo m'è necessario come il respiro».

L'ingresso in politica

Dopo il 1890 D'Annunzio, fino ad allora esteta puro, comincia a far sentire la sua voce su temi politici, unendosi al coro antidemocratico, nazionalista e militarista che si stava levando in quegli anni; affiorano gli echi di Nietzsche, di cui è il primo divulgatore in Italia: «Le plebi resteranno sempre schiave e condannate a soffrire», scrive sul «Mattino» di Napoli nel 1892. Nel 1895 redige il *Proemio* del «Convito», la lussuosa rivista letteraria fondata da Adolfo De Bosis, saldando l'estetismo a un'intenzione di attivismo reazionario: «raccogliere un vivo fascio di energie militanti» che salvino le «gerarchie intellettuali» dai «nuovi Barbari» che minacciano la civiltà italiana (vedi p. 603).

Gli stessi temi appaiono nel discorso elettorale con cui D'Annunzio si presenta candidato nel 1897 nel collegio di Ortona (che includeva la sua Pescara), dove viene eletto deputato: «La fortuna d'Italia è inseparabile dalle sorti della Bellezza, cui ella è madre nei secoli dei secoli plasticatrice». Il discorso si incentra sul tema della «siepe» (p. 493), simbolo della proprietà privata che si deve difendere dalla minaccia del socialismo.

▸D23

Alla Camera il poeta sedette all'estrema destra, ma fu poco presente e non prese mai la parola; è rimasto famoso solo il gesto compiuto nel 1900 durante l'ostruzionismo della sinistra contro i provvedimenti restrittivi della libertà proposti dal governo; quando ormai si delineava la vittoria dell'opposizione, passò ostentatamente all'estrema sinistra, giustificandosi con queste parole: «come uomo d'intelletto, vado verso la vita». Poco dopo la Camera fu sciolta e D'Annunzio non fu rieletto.

Gabriele D'Annunzio nel suo studio al Vittoriale nel 1921. (Mary Evans/Scala)

L'attività teatrale

L'ingresso in politica coincide con l'inizio dell'attività drammaturgica: c'è alla base lo stesso desiderio di «comunicare, in una maniera diretta e sensibile, con una moltitudine adunata». Vi contribuisce anche la relazione iniziata nel 1895 con la grande attrice Eleonora Duse, che aveva qualche anno più di lui ed era già all'apice della fama; l'incontro tra due idoli delle cronache mondane faceva salire alle stelle la popolarità di entrambi. Insieme alla Duse, D'Annunzio si propose di restaurare un teatro di tono elevato e tragico, nel momento in cui quello di ispirazione verista dava segni di crisi; tra il 1898 e il 1909 mise in scena con alterna fortuna una decina di drammi, quasi sempre con la Duse come protagonista. Intanto continuava a pubblicare romanzi (altri sei, dopo *Il piacere*) e versi: nel 1903 uscirono i tre volumi delle *Laudi*, tra cui *Alcyone*, che rappresenta il culmine della sua poesia.

Dalla Capponcina all'esilio in Francia

Dal 1898 vive in una villa presso Firenze detta "La Capponcina", dove profonde somme pazzesche in lavori di ristrutturazione, arredamento, allevamento di cani e cavalli, regali principeschi alle amanti di turno. Il bisogno di sfuggire all'assedio dei creditori è tra le ragioni per cui, partito nel 1909 per un viaggio a Parigi, si trattiene in Francia per cinque anni: con affitto di una nuova villa, nuove spese, nuovi debiti.

In Francia D'Annunzio è già noto attraverso le traduzioni di varie opere ed è subito introdotto negli ambienti intellettuali più qualificati; ottimo conoscitore della lingua, compone in un francese arcaizzante *Le martyre de Saint Sébastien* (1911), un "mistero" teatrale musicato da Claude Debussy, e altre opere teatrali. Comincia anche a collaborare con sceneggiature alla nascente industria del cinema muto. Intanto invia al «Corriere della Sera» le prose poi raccolte sotto il titolo *Le faville del maglio*.

Il poeta soldato

Torna all'impegno politico in occasione della guerra di Libia, per la quale compone le *Canzoni della gesta d'oltremare* (1912). Allo scoppio della prima guerra mondiale, dopo alcuni infiammati interventi sulla stampa francese, rientra in Italia nel maggio 1915 per mettersi alla testa dell'agitazione interventista con una serie di memorabili discorsi in cui alla retorica patriottica si unisce l'incitamento alla violenza contro i neutralisti e il loro *leader* Giolitti: «Ogni eccesso di forza è lecito, se vale a impedire che la Patria si perda [...]. Col bastone e col ceffone, con la pedata e col pugno si misurano i manutengoli [*complici di misfatti*] e i mezzani».

• *Arringa al popolo romano in tumulto*

Alla guerra D'Annunzio chiese e ottenne di partecipare non come un normale combattente (del resto aveva passato la cinquantina), ma organizzando azioni eccezionali di marina e soprattutto di aviazione: si era dato con entusiasmo al volo fino dai primi esperimenti, e lo aveva celebrato nel romanzo *Forse che sì forse che no* del 1910. Il "poeta soldato" fu dunque un guerriero di lusso, ma coraggioso e tenace. Nel 1916, in occasione di un ammaraggio di fortuna, si ferì alla testa e perse la vista da un occhio; bendato e costretto all'immobilità per due mesi, a Venezia, compose, guidando stentatamente la mano su striscette di carta, il *Notturno*, un libro di ricordi e divagazioni che è tra le sue cose migliori. Ma appena guarito tornò alle motosiluranti, ai voli e ai bombardamenti.

Gabriele D'Annunzio in divisa militare durante l'occupazione di Fiume nel 1920.

DOCUMENTO 23

IL DISCORSO DELLA SIEPE

Riproduciamo alcuni passaggi del discorso elettorale tenuto da D'Annunzio a Pescara il 22 agosto e subito ripubblicato da «La Tribuna» di Roma.

Gabriele D'Annunzio, *Laude dell'illaudato*, *Prose di ricerca*, vol. I, Mondadori, Milano, 1954

Uomo di gleba e di rupe[1], uomo contadino, o uomini contadini, io per me non voglio riconoscere nulla di estraneo[2], essendo disposto dalla natura e dall'arte a esperimentar tutto, a conquistar tutto, ad assorbir tutto, a vivere in perpetua plenitudine[3], con la maggior possibile abondanza di armonie; perocché io credo tanto un uomo più virtuoso quanto *più egli si sforza di accrescere l'esser suo.*

Or voi vedete dunque che io non traggo la mia espressione se non dai caratteri essenziali della mia schiatta[4]; i quali non sono se non un istinto di conservazione e un istinto di predominio vigorosi [...]. Ecco i due naturali fattori d'ogni più alta civiltà terrestre, emersi dalla profondità stessa della vita; ecco i due naturali fattori delle ineguaglianze, delle gerarchie, delle infinite subordinazioni che – secondo la prova di tutte le scienze – sono necessarie al progresso delle società umane come allo sviluppo delle specie inferiori[5] [...].

Io vi dico in verità che quando un uomo afferma: «Questo bene è mio, preso da me, e mi giova, e voglio proteggerlo e difenderlo contro tutti» costui ha un concetto della sua dignità e della sua potenza assai più alto di quello che abita il capo umile dell'uomo rassegnato a ricevere il suo bene dallo Stato come in antico l'Egizio era pago di riceverlo dal Faraone. – Nella storia delle stirpi umane come in quella delle specie animali è manifesto che la condizione prima d'ogni ascesa verso le superiori forme della vita è la lotta per lo sviluppo dell'individuo, è lo sforzo veemente dell'individuo per mantenere la sua indipendenza e i suoi attributi[6]. [...]

A voi certo è sacro quel sentimento, o agricoltori della mia terra, che educate[7] con cura sollecita e assidua sul limite del campo la siepe tenace. Io vi dico, o agricoltori, che non mai abbastanza tenace e folta e spinosa e viva è la siepe ond'è precluso[8] il suolo fecondo cui il vostro ferro dirompe e il vostro sudore irriga[9]. Afforzatela ancóra; fate ch'emetta radici più robuste, aculei più fieri; perocché taluno[10] minacci di profanarla, di abbatterla, di raderla, di non lasciarne segno, non temendo d'esser votato agli dei infernali[11].

Bella e protetta dai Cieli è la siepe che limita il campo lavorato, o agricoltori. Voi l'amate ed io l'amo, se fiorisca di bianchi fiori, se risplenda di rosse bacche. Ma forse voi medesimi non sapete, come io so, quanto ella sia viva. Poche cose nel mondo sono vive e inviolabili come la siepe che limita il campo lavorato, o agricoltori.

1. **Uomo... rupe**: uomo della terra (l'oratore si riferisce a se stesso); la famiglia di D'Annunzio era di proprietari terrieri.
2. **per me... estraneo**: non voglio che nessuna esperienza mi sia estranea.
3. **in perpetua plenitudine**: in una continua pienezza di esperienza.
4. **non... schiatta**: esprimo i caratteri essenziali della mia stirpe abruzzese.
5. **sono necessarie... inferiori**: l'*istinto di conservazione* e *l'istinto di predominio* sono la base del progresso umano come dell'evoluzione delle specie animali. È l'ideologia del darwinismo sociale, già presente in Nietzsche.
6. **i suoi attributi**: i diritti o privilegi che qualificano la sua posizione sociale.
7. **educate**: fate crescere (latinismo).
8. **ond'è precluso**: da cui è chiuso (impedendo l'accesso agli estranei).
9. **cui... irriga**: che i vostri strumenti aprono e il vostro sudore bagna.
10. **perocché taluno**: affinché nessuno.
11. **d'esser votato... infernali**: di essere destinato alla morte, per punizione divina, avendo violato il confine sacro al dio Termine.

La spedizione di Fiume

Al termine della guerra il poeta soldato, aureolato di gloria, fu protagonista dell'agitazione nazionalista contro la "vittoria mutilata", che rivendicava Fiume e la Dalmazia. E nel 1919, di fronte alle lungaggini della conferenza di pace, si pose alla testa di alcuni reparti che disertarono e di "legionari" volontari, coi quali occupò Fiume per un anno e mezzo. Solo dopo che il trattato di Rapallo ebbe definito i confini con la Jugoslavia alla fine del 1920, Giolitti, allora capo del governo, fece sloggiare con la forza D'Annunzio e i suoi.

▸D24

DOCUMENTO 24

«LA DISUMANATA MASSA UMANA»

Durante l'occupazione di Fiume, D'Annunzio tenne frequenti discorsi alla folla dal balcone del palazzo del governo; li rievoca in questa pagina dei suoi *Taccuini*, rielaborata nel suo ultimo libro, il *Libro segreto*.

Gabriele D'Annunzio, *Libro segreto*, in *Prose di ricerca*, vol. II, Mondadori, Milano, 1962

In Fiume d'Italia ho conosciuto intera la diversità fra l'orazione scritta e l'orazione improvvisa[1].

Veramente quella mezza ora che il mio spirito e la mia volontà di dominio vivevano prima ch'io apparissi alla ringhiera, quella misura di tempo senza misura[2] m'era sublime.

Il popolo tumultuava e urlava chiamandomi. Sotto le mie finestre la disumanata[3] massa umana estuava[4] ribolliva riscoppiava come la materia in fusione. io[5] dovevo rispondere alla sua angoscia, dovevo esaltare la sua speranza, dovevo rendere sempre più cieca la sua dedizione, sempre più rovente il suo amore a me, a me solo. e questo con la mia presenza[6], con la mia voce, col mio gesto, con la mia faccia pallida, col mio sguardo di guercio[7].

O misterioso contrappunto[8]! senza determinare la mia eloquenza e il mio accento, accordavo a quel diffuso e confuso clamore non so qual clangore[9] della volontà, non so quali squilli dell'imperio. certe cadenze, certe clausule[10] mi balenavano dentro come quei baleni che appariscono a fior del metallo strutto[11], ai margini della fossa fusoria.

Una forza non più contenibile mi saliva allora al sommo del petto, mi anelava nella gola: credo mi soffiasse non so che fluorescenza o fosforescenza tra i denti e le labbra. gittavo un grido. i miei ufficiali accorrevano, spalancavano la porta, facevano ala. con un passo violento come lo scatto della balestra andavo alla ringhiera. andavo ad bestias[12]? ad animos[13]? sì al popolo.

1. **l'orazione improvvisa**: il discorso pubblico improvvisato.
2. **quella... senza misura**: quel momento in cui il tempo pareva fermarsi, per l'emozione.
3. **disumanata**: eccitata fino a perdere la sua umanità.
4. **estuava**: ardeva (latinismo).
5. **io**: nel *Libro segreto* D'Annunzio sperimenta un'innovazione grafica: dopo un punto che non manda a capo non usa la lettera maiuscola.
6. **la mia presenza**: il mio aspetto dimesso.
7. **sguardo di guercio**: D'Annunzio aveva perso la vista da un occhio in seguito a un incidente aviatorio, durante la guerra.
8. **contrappunto**: in musica, è la sovrapposizione armonizzata di due melodie; qui designa metaforicamente l'incontro-scontro fra l'oratore e la folla.
9. **clangore**: letteralmente, "squillo di tromba".
10. **clausule**: chiusure di periodo ben armonizzate (forma latineggiante per *clausole*).
11. **a fior... strutto**: alla superficie del metallo fuso.
12. **ad bestias**: "alle belve" (latino); nell'antica Roma erano mandati *ad bestias* i condannati o i gladiatori che dovevano affrontare belve feroci durante i giochi circensi.
13. **ad animos**: "alle anime" (della folla); espressione coniata sulla precedente.

"Il Vittoriale"

"La Casetta rossa" sul Canal Grande

"La Capponcina"

LA VITA

1	1863	Nasce a Pescara
2	1874-1881	Frequenta il collegio Cicognini, a Prato
3	1881-1898	Roma (estati a Francavilla)
4	1898-1909	"La Capponcina"
5	1909-1914	Parigi e Arcachon
6	1915-1918	Si trasferisce a Venezia, base per le imprese della prima guerra mondiale
7	1919-1921	Fiume
8	1921-1938	"Il Vittoriale"

LE OPERE

1879	*Primo vere*
1881	*Canto novo*
1889	*Il piacere*
1891	*Giovanni Episcopo*
1892	*L'innocente*
1893	*Poema paradisiaco*
1894	*Trionfo della Morte*
1895	*Le vergini delle rocce*
1896	*La città morta*
1900	*Il Fuoco*
1902	*Francesca da Rimini*
1903	*Maia, Elettra, Alcyone*
1904	*La figlia di Iorio*
1905	*La fiaccola sotto il moggio*
1910	*Forse che sì forse che no*
1911-1914	*Faville del maglio*
1921	*Notturno*
1935	*Libro segreto*

D'Annunzio e Mussolini

L'impresa fiumana era stata concepita anche come un preludio a una marcia su Roma per abbattere il governo costituzionale, in concorrenza con Mussolini che, alla testa dei suoi fasci, maturava mire analoghe. Ma la condotta politica di D'Annunzio fu indecisa e svogliata, fino a lasciare senza guida i suoi seguaci. Dopo il colpo di Stato fascista, si rassegnò al ruolo di vate nazionale, onorato ma tenuto in disparte da ogni attività pratica.

Si ritirò a vivere a Gardone, nella villa detta "Il Vittoriale" acquistata per lui dal governo, arredata con quello sfarzo smodato che aveva fatto assomigliare ogni sua residenza a un magazzino di antiquariato. Furono anni di progressiva decadenza fisica e impotenza creativa, fino alla morte che lo colse nel 1938.

Un'opera multiforme

L'ESTETISMO GIOVANILE

Tra Carducci e Verga

Gli esordi di D'Annunzio sono all'insegna delle due più forti personalità letterarie emergenti intorno al 1880: Carducci per la poesia, Verga per la prosa. Il giovanissimo scrittore abruzzese mostra un'abilità prodigiosa nell'impadronirsi delle loro maniere e insieme ridurle alla propria misura, farne altra cosa.

I primi versi

Nei versi di *Canto novo*, scritti nel 1881, usa con perizia la lingua e i metri delle *Odi barbare* appena apparse; della tematica carducciana scarta il lato storico e civile ed esalta la celebrazione pagana di una natura solare, traboccante di vita; sensualità paesaggistica e sensualità erotica si fondono in una poesia non profonda, ma esuberante e gioiosa:

e i fior feminei avidi emergono
su le volubili spirali, ai pollini
a l'aure al sol porgendo
lussuriosi i calici: [*Canto dell'ospite*]

I molti volumi di versi del decennio seguente sono come una rivisitazione storica della lirica italiana alla luce dell'estetismo decadente. Nell'*Intermezzo* (1883) il poeta riscopre i metri tradizionali, nei quali esprime un erotismo languido, morboso, fino all'affiorare di quel tema della spossatezza sessuale che ritornerà con insistenza nei romanzi:

La giovinezza mia barbara e forte
in braccio de le femmine si uccide. [*Sed non satiatus*]

In *L'Isottèo* e *La Chimera* (1886) riprende ora le forme dei poeti fiorentini del Quattrocento, ora la canzonetta arcadica, con un gusto lezioso di cesellatore di parole rare, che disegnano figure femminili e situazioni amorose stilizzate. È tutto un poetare "alla maniera di", all'insegna di un estetismo frivolo e mondano. Le *Elegie romane* (1887-1891), in versi "barbari", mostrano un gusto più maturo, fondendo i paesaggi romani e una storia sentimentale in atmosfere morbide e musicali.

Louis Welden Hawkins, *Ventaglio su sfondo dorato*, 1905. (Collezione privata)

Le prime prose

Lo stesso virtuosismo mimetico trionfa nelle prime raccolte di racconti, ambientati tra i primitivi popolani del suo Abruzzo. In *Terra vergine* (1882) lo scrittore diciottenne imita alla perfezione lo stile del Verga di *Vita dei campi*:

> *il babbo se l'era mangiato il mare; se l'era mangiato, una sera che il libeccio urlava come cento lupi* [...]

ma alterna questa maniera a una prosa descrittiva raffinata e sontuosa, estranea al-
▸T100 la identificazione verghiana nei personaggi. Nelle successive *Novelle della Pescara* (opera pubblicata nel 1902, ma frutto dell'unione di due raccolte del 1884 e del 1886), restano esteriormente i canoni del verismo: l'ambiente popolare, l'uso insistito del dialetto nei dialoghi, la presentazione impassibile di storie tragiche. Ma manca la sensibilità umana del verismo migliore: i popolani hanno tratti animaleschi, e D'Annunzio si accanisce a descrivere coi colori più accesi e truci scene violente, malattia e morte, con un gusto morboso per la carne in disfacimento.

Il piacere

Col suo primo romanzo, *Il piacere* (1889), D'Annunzio abbandona la maniera verista e si pone alla testa della nuova voga del romanzo psicologico ed estetizzante, da poco inaugurata in Francia da Huysmans.

Il protagonista, Andrea Sperelli, è un giovane nobile romano, diviso tra un amore sensuale e quello per un'altra donna che incarna a suoi occhi un riscatto spirituale. L'atteggiamento dell'autore verso il protagonista, che è una proiezione idealizzata di se stesso, è ambiguo: da un lato Andrea è un essere superiore, di squisita sensibilità artistica, è «l'ide-
▸T102 al tipo del giovine signore italiano del XIX secolo»; dall'altro lato è un debole, capace di ogni finzione, soggiogato dalla sensualità, e le sue aspirazioni a una vita più elevata sono velleitarie. D'Annunzio accenna qualche condanna moralistica, ma in realtà si mostra attratto da quello stile di vita aristocratico e dissipato: è tutto preso dalle raffinate descri-
▸T101 zioni di arredamenti, vestiti, oggetti d'arte e d'antiquariato, le stesse in cui si era esercitato nelle cronache mondane scritte per i giornali romani. In questo gusto sfrenato per il prezioso e il decorativo sta il fascino che il libro può ancora esercitare, nonostante la lentezza e staticità della narrazione, che insegue con squisita minuzia ogni sfumatura psicologica e ogni particolare d'ambiente.

La fase della "bontà"

Dopo *Il piacere* l'arte di D'Annunzio ha una svolta: nei versi del *Poema Paradisiaco* (1893) scompaiono le visioni voluttuose e gli sfondi preziosi. Con un tono sommesso e colloquiale, il poeta si atteggia a figliuol prodigo deluso che torna agli affetti familiari e alla vita semplice e buona:

Oh al fine io tocchi l'albero e l'arbusto
con mani monde e non mi turbi alcuna
brama! Oggi tutta la bontà s'aduna
in quel cuore che seppe ogni disgusto: [*Il buon messaggio*]

Anche in questo atteggiamento c'è molto di letterario: c'è l'eco dei versi di pentimento e di bontà di Verlaine, e di una corrente del simbolismo francese che sviluppava questi motivi. Ma la maestria stilistica del poeta nella nuova maniera è perfetta, tanto da anticipare i modi che saranno tipici, ai primi del nuovo secolo, della poesia crepuscolare.

LE OPERE POETICHE GIOVANILI
- *Isolda* (da *Intermezzo*)
- *Consolazione* (da *Poema paradisiaco*)

Giovanni Episcopo e L'innocente

Nello stesso periodo D'Annunzio scopre Dostoevskij – che cominciava a essere noto attraverso traduzioni francesi – e si dà a una narrativa di analisi psicologica e morale, che contrappone personaggi egoisti e senza princìpi a figure esemplari di bontà, saggezza, dedizione al dovere; e la prosa si fa meno ridondante. Nasce così *Giovanni Episcopo* (1891), un racconto lungo su un modesto impiegato (l'unico protagonista dannunziano che lavori per vivere), il quale, vittima di vessazioni e prepotenze, finisce per uccidere il suo persecutore. La narrazione si presenta come il monologo di un uomo sull'orlo della pazzia, con movenze di lingua parlata che sembrano anticipare i modi narrativi di Pirandello; è un testo poco noto, ma è tra quelli di D'Annunzio che ancora si leggono con maggior piacere.

Anche il romanzo successivo, *L'innocente* (1892), si presenta come la confessione in prima persona di un delitto: il protagonista fa morire il neonato che sua moglie ha avuto da un altro uomo. Ma questa volta la narrazione è lenta e minuta, appesantita dallo sfoggio di analisi psicologiche di sapore vagamente scientifico.

IL SUPERUOMO LETTERARIO

I romanzi del superuomo

Intanto D'Annunzio legge Nietzsche e aderisce con entusiasmo alla teoria del superuomo (▸D4, p. 13), che era già implicita nel suo aristocratico immoralismo. Ancora una volta è il primo a divulgare in Italia un'importante novità culturale, ma ancora una volta la riduce alla propria misura: non sente profondamente la tensione tragica del filosofo della "morte di Dio", coglie soprattutto l'idea del superuomo come affermazione di individualismo, di volontà di potenza, che identifica col suo culto estetico della "vita come opera d'arte". D'ora in poi i protagonisti dei suoi romanzi sono superuomini o aspiranti tali; ma questi assertori della volontà di potenza sono poi contemplativi, irresoluti, suggestionabili, morbosamente attratti da tutto ciò che sa di decadenza e disfacimento.

▸D25

Il trionfo della Morte e Le vergini delle rocce

Il primo che parla di Nietzsche, parafrasando intere pagine di *Così parlò Zarathustra*, è Giorgio Aurispa, protagonista del *Trionfo della Morte* 1894): ma il superomismo è solo una delle ipotesi che si affacciano al suo spirito esitante e malato.

▸T103

▸T104

Si muove tra velleità politiche e spirituali il protagonista di *Le vergini delle rocce,* pubblicato nel 1895 sulle pagine del «Convito»: è di nuovo un nobile, disgustato di «un'epoca in cui la vita publica non è se non uno spettacolo miserabile di bassezza e di disonore», e convinto che «Lo Stato non deve essere se non un instituto perfettamente adatto a favorire la graduale elevazione d'una classe privilegiata verso un'ideal forma di esistenza». Egli sogna di generare il "re di Roma", destinato a un'imprecisata restaurazione, e immagina di scegliere fra tre sorelle, eredi di una nobile casata borbonica, la sposa che compia con lui l'opera. Le contempla e non si decide.

Il fuoco e Forse che sì forse che no

Stelio Éffrena, protagonista de *Il fuoco* (1900), è un eroe più positivo: è un grande artista proteso alla creazione di un'opera teatrale sublime, che fonda musica e poesia, sull'esempio di Wagner e superandolo. Ma nel romanzo dominano le atmosfere di decadimento: i paesaggi veneziani, la figura dell'amante di Stelio, una grande attrice ormai sulla via del declino fisico (trasposizione della Duse), che deve sacrificare il suo amore al genio creatore dell'amico; il libro si chiude con la rappresentazione del funerale di Wagner, cupa e solenne come una marcia funebre.

«POCHI UOMINI SUPERIORI»

Con *Le vergini delle rocce* l'ideologia dannunziana del superuomo accentua i suoi aspetti reazionari: la società deve essere nettamente divisa tra «liberi» e «schiavi», i secondi devono lavorare per permettere ai primi di coltivare le loro superiori facoltà. Vi proponiamo la pagina iniziale del romanzo.

Gabriele D'Annunzio, *Le vergini delle rocce*, in *Prose di romanzi*, vol. II, Mondadori, Milano, 1989

Domati i necessarii tumulti[1] della prima giovinezza, battute le bramosie troppo veementi e discordi, posto un argine all'irrompere confuso e innumerevole delle sensazioni, nel momentaneo silenzio della mia coscienza io aveva investigato se per avventura[2] la vita potesse divenire un esercizio diverso da quello consueto delle facoltà accomodative nel variar continuo dei casi[3]; ciò è: se la mia volontà potesse per via di elezioni[4] e di esclusioni trarre una sua nuova e decorosa opera dagli elementi che la vita aveva in me medesimo accumulati.

Mi assicurai, dopo qualche esame, che la mia coscienza era giunta all'arduo grado[5] in cui è possibile comprendere questo troppo semplice assioma: – Il mondo è la rappresentazione della sensibilità e del pensiero di pochi uomini superiori[6], i quali lo hanno creato e quindi ampliato e ornato nel corso del tempo e andranno sempre più ampliandolo e ornandolo nel futuro. Il mondo quale oggi appare, è un dono magnifico largito dai pochi ai molti, dai liberi agli schiavi: da coloro che pensano e sentono a coloro che debbono lavorare. – E riconobbi quindi la più alta delle mie ambizioni nel desiderio di portare un qualche ornamento, di aggiungere un qualche valor nuovo a questo umano mondo che in eterno s'accresce di bellezza e di dolore.

1. **i necessarii tumulti**: le inevitabili passioni scomposte.
2. **per avventura**: per caso, eventualmente. È una delle tante espressioni arcaiche amate da D'Annunzio.
3. **quello consueto... casi**: l'esercizio, comune a tutti (*consueto*) della capacità di adattarsi al continuo variare delle situazioni.
4. **elezioni**: scelte.
5. **arduo grado**: elevato livello.
6. **Il mondo... superiori**: la massima echeggia le filosofie idealiste, per le quali il mondo è creazione dello spirito umano; ma, in base a quanto segue, probabilmente per *mondo* bisogna intendere la civiltà, l'arte, la "bellezza" accumulata nei secoli.

Serafino Macchiati, *Dopo il galà*, 1905 circa. (Collezione privata)

In questi romanzi la pur esile trama narrativa dei precedenti si dissolve del tutto: sono romanzi in cui non succede quasi niente, la narrazione consiste in un seguito di atmosfere descrittive e psicologiche. La prosa nel *Trionfo della Morte* ha ancora momenti di forte efficacia, ma nei successivi è sempre più snervata e stracarica di ornamenti, con una monotonia che tocca il culmine nel *Fuoco*, quasi illeggibile.

L'ultimo romanzo di D'Annunzio, *Forse che sì forse che no* (1910), proietta i consueti temi di superomismo e di lussuria sullo sfondo del nuovo mito delle gesta aviatorie. La narrazione si fa più rapida, ma è tenuta su un tono così invariabilmente melodrammatico che sfida il ridicolo.

- «Difendete la Bellezza!» (da *Le vergini delle rocce*)
- «La volubile sinfonia dell'acqua» (da *Le vergini delle rocce*)
- «L'Imaginifico» (da *Il fuoco*)
- «Il funerale di Wagner» (da *Il fuoco*)

Le *Laudi*

Intanto il mito del superuomo aveva dato nuovo impulso all'attività poetica. Nasceva il progetto delle *Laudi del cielo del mare della terra e degli eroi*, che avrebbe dovuto essere un ciclo di sette volumi di versi intitolati alle stelle delle Pleiadi. Ne uscirono tre nel 1903, *Maia*, *Elettra* e *Alcyone*.

Gaetano Previati, *La danza delle Ore*, 1899. (Milano, Gallerie di Piazza Scala)

Maia o *Laus vitae* ("Lode della vita"), scritto per ultimo in pochi mesi, è il "Libro primo", prologo del ciclo. È un poema di 8400 versi liberi, che celebra la poesia come affermatrice di energia vitale, attraverso la rivisitazione dei miti dell'Ellade antica. Tenuto dal primo all'ultimo verso su un tono eccitato e sublime, è un succedersi convulso di visioni: i temi mitologici carichi di riferimenti eruditi si alternano alle immagini delle città moderne grandiose e terribili. Su tutto domina l'esaltazione dell'io del poeta («E io dissi: "O mondo, sei mio!"») e dei nuovi valori del superuomo.

Il secondo libro, *Elettra*, raccoglie poesie celebrative già pubblicate in precedenza, in cui esplode l'ideologia nazionalista e bellicista, e la serie *Le città del silenzio*, dedicata ai centri storici italiani che furono un tempo splendide sedi di civiltà raffinata.

Alcyone, composto in gran parte durante l'estate del 1902 trascorsa in Versilia, si presenta come una pausa lirica e contemplativa; e l'allentarsi della tensione eroica consente a D'Annunzio di scrivere alcune delle sue poesie più perfette. È una celebrazione dell'estate come espansione di vitalità della natura e dell'uomo: anche l'uomo appare una forza della natura, idea simboleggiata nella ricorrente figura del centauro, mezzo uomo e mezzo fiera. In questo è evidente il legame con l'ideologia del superuomo, come è evidente la volontà di creare una mitologia moderna inserendo nel paesaggio versiliese ninfe e divinità antiche, con un continuo sfoggio di nomenclatura greca. Ma in molte liriche queste intenzioni non intralciano l'espressione dell'estatica identificazione tra uomo e natura.

In *Alcyone* il virtuosismo stilistico di D'Annunzio tocca i suoi vertici, sia nei metri tradizionali sia nei versi liberi. Costruisce immagini plastiche di calda evidenza sensuale (*La morte del cervo*, *Versilia*, *A mezzodì*), si ripiega in momenti di musicalità assorta e delicata (*La sera fiesolana*, *Novilunio*), crea paesaggi di immobilità attonita (*Meriggio*, *La sabbia del tempo*, *Nella belletta*). Giustamente famosa, *La pioggia nel pineto* è una delle sintesi più felici di questi motivi.

T109 T105 T106 T107 T99

IL TEATRO

Le intenzioni

Intanto l'infaticabile autore si era dato anche a un'intensa attività drammaturgica, sollecitato dall'ambizione di dominare la folla scatenandone le emozioni con la magia della parola. Come lo Stelio Éffrena del *Fuoco*, suggestionato dall'esempio di Wagner D'Annunzio sognava un grande teatro tragico che resuscitasse i miti della tragedia antica. Che cosa intendesse si può intuire dalla definizione che diede della sua *Francesca da Rimini*: la vicenda della mite eroina dantesca, già oggetto della sentimentale tragedia di Silvio Pellico, diventava sotto la sua penna un «poema di sangue e di lussuria».

Le prime tragedie

Le prime tragedie furono composte in prosa. *La città morta* (1896) attua la fusione tra ambientazione moderna e mito antico mettendo in scena una storia di incesto e di delitto tra un gruppo di archeologi che portano alla luce Micene, sullo sfondo di una Grecia arida e assolata. Un superuomo artista è protagonista di *La Gioconda* (1899), un superuomo politico di *La Gloria* (1899), in cui si assiste a un colpo di Stato nella Roma moderna, in un intreccio di passioni erotiche e politiche, tra grandiose scene di massa.

Tragedie in versi

Con la *Francesca da Rimini* (1902; più tardi musicata da Riccardo Zandonai), D'Annunzio passa alla tragedia in versi. Ottiene i risultati più convincenti quando trasferisce i temi di libidine e violenza sullo sfondo del suo Abruzzo primitivo, miticamente trasfigurato. In *La figlia di Iorio* (1904), «Tragedia pastorale», domina un clima favoloso di antichissimi rituali e superstizioni, evocato da un linguaggio impastato di arcaismi e dialettalismi; è il testo teatrale dannunziano più suggestivo alla lettura. *La fiaccola sotto il moggio* (1905) ha invece per scenario un palazzo cadente, dove una famiglia nobiliare consuma la sua fine fra tradimenti e delitti. Meno verbosa delle altre, è l'unica tragedia che resista ancora alla messa in scena e sia stata ripresa dopo la morte dell'autore.

La tematica politica torna in *La nave* (1908), ambientata a Venezia nell'epoca bizantina, dove tra lotte di capipopolo e intrighi di donne lussuriose si assiste alla costruzione di una grande nave destinata alla conquista dell'Adriatico. I toni imperialistici assicurarono alla tragedia un grande successo e il verso «Arma la prora e salpa verso il Mondo» diventò un emblema delle aspirazioni nazionaliste.

• *Il fuoco greco* (da *Francesca da Rimini*)

Un complessivo fallimento

Nel complesso, con l'eccezione delle due tragedie abruzzesi, il teatro resta la parte più caduca dell'opera dannunziana. Manca l'azione e la tensione drammatica, i personaggi declamano verbosamente le loro passioni ma non acquistano un vero spessore. Non tutte le opere teatrali ebbero successo, e quasi tutte sono rapidamente cadute dal repertorio.

D'Annunzio al cinema

Della tragedia *La nave* verranno realizzate anche due versioni cinematografiche: la prima diretta nel 1912 da Eduardo Bencivenga, regista che in quegli stessi anni portò sul grande schermo altre due opere dannunziane (*L'innocente* e *La figlia di Iorio*); la seconda del 1921, con la regia di Mario Roncoroni e Gabriellino D'Annunzio, figlio del poeta. Fu lo scrittore stesso a imporsi con la produzione affinché suo figlio firmasse la regia del film tratto dalla sua tragedia. D'Annunzio volle anche come protagonista femminile la grande danzatrice russa Ida Rubinstein, che il poeta aveva conosciuto e amato durante il soggiorno parigino.

IL D'ANNUNZIO "NOTTURNO"

Gli ultimi versi

Dopo *Alcyone* la vena lirica di D'Annunzio si inaridisce, i versi che scrive sono pochi e di scarso interesse. Nazionalismo e superomismo si fondono nei versi scritti per la guerra di Libia (*Canzoni della gesta d'oltremare*, 1911-1912) e per la guerra mondiale (*Canti della guerra latina*, 1914-1918). I toni sono roboanti, l'esaltazione patriottica sconfina a volte nell'ossessione morbosa del sangue e della strage.

Le faville del maglio

Ma intanto il gusto dello scrittore maturava l'ennesima e ultima svolta nelle nuove prose che veniva scrivendo: uno stile più misurato, un tono più raccolto e riflessivo compaiono nelle *Faville del maglio* pubblicate sul «Corriere della Sera» tra il 1911 e il 1914 e raccolte poi, insieme ad altre prose, in tre grossi volumi. Il titolo allude alle scintille che sprizzano dai colpi di martello dell'artefice: sarebbero dunque sprazzi minori in margine alle opere più impegnative. In queste pagine D'Annunzio rielabora annotazioni che da anni aveva raccolto nei suoi fitti taccuini («vuota i fondi del cassetto», scrisse un critico del tempo): ricordi autobiografici, riflessioni saggistiche, brani descrittivi si alternano senza ordine. A suo modo l'autore partecipa di quella poetica del frammento lirico in prosa che si affermava negli stessi anni tra gli scrittori "vociani".

• *La cicala vespertina*

Il *Notturno*

Lo stesso fluire incontrollato di pensieri ed emozioni si ritrova nel *Notturno*, scritto nel 1916 a Venezia durante la forzata cecità seguita

T108

all'incidente di volo e pubblicato nel 1921. Il tono del libro è dato dal buio e dal silenzio che circondano il malato, in cui prendono corpo le immagini del ricordo, soprattutto quelle recenti delle imprese guerriere e dei compagni caduti. Non mancano i tratti di retorica bellicosa («Musiche incomparabili della guerra divina!»); ma le pagine migliori rendono con grande vividezza emozioni e sensazioni in una prosa impressionistica fatta di notazioni brevi e staccate:

Sonnolenza di calen d'aprile. Pioggia meridiana che s'attenua sul fogliame e finisce.
Il mio sopore mi accorda col giardino che non vedo.
Sento che è l'alta marea e che la riva è immersa.
La melodia degli uccelli mi risuona in tutto il torace, come un canto dei miei spiriti consolati.

Sascha Schneider, *Trionfo dell'oscurità*, 1896. (Collezione privata)

Non è un D'Annunzio interamente nuovo: al fondo c'è il suo egocentrismo di sempre, esaltato anzi dal ripiegamento su di sé dovuto alla situazione; ma il suo virtuosismo stilistico, liberato dal peso delle ambizioni narrative e ideologiche, si manifesta al meglio nella sciolta libertà del frammento. Il gusto novecentesco per la "prosa d'arte" trova qui una delle sue manifestazioni più felici.

PROFILO

Il *Libro segreto*

Ma il frammentismo denuncia anche l'esaurimento dell'inventiva. L'unico libro nuovo scritto nei lunghi anni del Vittoriale (*Cento e cento e cento e cento pagine del libro segreto di Gabriele D'Annunzio tentato di morire*, 1935) è di nuovo una raccolta di appunti sparsi, ricordi e confessioni. Il tono è ancora quello del *Notturno*, reso ora più tetro dal sentimento della decadenza senile e dell'approssimarsi della fine.

TRA VARIETÀ E UNIFORMITÀ

Varietà di toni e di influssi

Vista nell'insieme, l'opera di D'Annunzio può dare l'impressione di una straordinaria varietà: l'estetismo della bellezza disinteressata si alterna con l'impegno politico, la vitalità sfrenata e ferina dei sensi coll'attrazione per la corruzione e la morte, la crudezza realistica coll'evasione nel sogno, i toni esaltati e sublimi col ripiegamento riflessivo.

Non meno sorprendente la varietà degli echi di cui si nutre la sua opera. Con sensibilità prontissima D'Annunzio capta e utilizza tutto ciò che di nuovo si muove nella cultura del suo tempo: Carducci, Verga, poi l'estetismo decadente e il simbolismo, poi Dostoevskij, poi Nietzsche e infine il frammentismo e la prosa d'arte. Questo mimetismo gli consentì di essere sempre all'avanguardia, ma gli attirò anche giudizi severi, come questo di Benedetto Croce, del 1897: «il D'Annunzio ha l'esperienza dei libri stranieri alla moda e non ha assolutamente nulla da dire». La disinvoltura con cui alle volte trascriveva quasi alla lettera le sue fonti gli attirò pure accuse di plagio; ma più che di plagio, si può parlare di un'ispirazione riflessa, di una letteratura che si nutre di altra letteratura. D'Annunzio assomiglia insomma al suo Andrea Sperelli (il protagonista del *Piacere*), il quale «quasi sempre, per incominciare a comporre, aveva bisogno d'una intonazione musicale datagli da un altro poeta».

Erotismo e narcisismo

Tutto questo non gli impedisce di restare sempre fondamentalmente se stesso: nelle sue mille trasformazioni c'è qualcosa di costante, anzi di monotono. Innanzitutto la sensualità erotica, che travalica la sfera sessuale e colora di sé ogni altro motivo di ispirazione: le descrizioni di aspetti naturali e di oggetti d'arte, i ripiegamenti sulla bontà, il rapporto del poeta-soldato con la morte e del poeta-politico con la folla. In secondo luogo il narcisismo, il culto dell'io ammantato dell'ideologia del superuomo.

La disgregazione dell'io

Ma accade poi curiosamente che questo io tanto esaltato si presenta, proprio nelle pagine più felici, come disgregato, privo di un centro. Le liriche più belle di *Alcyone* esprimono il perdersi della coscienza individuale nell'identificazione con la natura, il farsi sasso erba pioggia. L'aspetto più interessante e moderno dei romanzi è la messa in scena di personalità divise, ondeggianti, inconsistenti. Di Andrea Sperelli dice: «l'anima sua, camaleontica, mutabile, fluida, virtuale si trasformava, si difformava, prendeva tutte le forme». E al protagonista di *L'innocente* fa dire: «Una moltitudine di sensazioni involontarie, spontanee, incoscienti, istintive componeva la mia esistenza reale». Ancora, nel *Trionfo della Morte*: «La sua esistenza si riduceva a un mero flusso di sensazioni, di emozioni, di idee, privo d'ogni fondamento sostanziale». Questo senso della dissoluzione dell'io corrode uno dei fondamenti della narrativa naturalista, l'idea del personaggio come una realtà compatta e ben conoscibile, anticipando i temi più nuovi e inquietanti del romanzo novecentesco.

Così, sotto la proclamazione ottimista del superuomo e dei suoi valori («volontà voluttà orgoglio istinto»), traspare qualcosa di turbato, come un senso del vuoto. Da qui forse quell'attrazione morbosa per la morte, il sangue, il disfacimento fisico, che ricorre nell'opera dannunziana: qualcosa di sadico affiora continuamente, sia che parli di eroismo sia che parli di erotismo. Non per nulla D'Annunzio, che dopo *Trionfo della Morte* progettava di scrivere un *Trionfo della Vita*, è riuscito a scrivere solo il primo.

L'«amor sensuale della parola»

In questo vuoto, il dominio espertissimo della parola letteraria diventa l'unico appiglio sicuro: «L'espressione è il mio modo unico di vivere. Esprimermi, esprimere è vivere». D'Annunzio ha manifestato sempre una fede assoluta nella propria arte, senza fingere modestia: «Lo studio lo studio lo studio mi ha reso tal maestro ch'io so esprimere l'inesprimibile e che supero nel mio stile tutti gli uomini che scrissero in tutti i secoli», scrive nel *Libro segreto*.

Luigi Bonazza, *La leggenda di Orfeo*, 1905. (Rovereto, Museo di Arte Moderna e Contemporanea di Trento e Rovereto)

La poetica della "Parola", della bella espressione come un fine in sé, percorre tutta la sua opera. In un primo tempo è una poetica dell'"artefice glorioso", della pura perizia tecnica:

O poeta, divina è la Parola;
ne la pura Bellezza il ciel ripose
ogni nostra letizia; e il Verso è tutto. [*La Chimera*]

Più tardi l'estetismo si carica di altre ambizioni, arieggia l'ideale simbolista della magia della parola come forma superiore di conoscenza che rivela le misteriose armonie dell'universo: «Con la parola e con la musica il poeta ricomponeva l'unità della vita ideale» (*Il fuoco*). Ma il simbolismo resta superficiale in D'Annunzio, incapace di sollevarsi oltre il livello dell'esperienza fisica: «Sempre qualcosa di carnale, qualcosa che somiglia a una violenza carnale, un misto di atrocità e di ebrietà, accompagna l'atto generativo del mio cervello». Il suo è un «amor sensuale della parola», adorata nella sua capacità di suscitare emozioni immediate, e proprio nel suo corpo sonoro. Accarezza le singole parole come oggetti preziosi, fino a ricercare le grafie più rare (*conscienza*, *instituto*, *imagine*, *realità*, le preposizioni articolate scisse *de la*, *de le*), fino a intessere interi versi di nomi propri carichi di per sé di suggestioni raffinate: «O Virginia May de la Penuele», «Erigone, Aretusa, Berenice».

Succede così che anche la sua eccezionale maestria stilistica è dispersa nei particolari: romanzi, drammi, poesie allineano immagini ed emozioni senza organizzarle intorno a un centro; i suoi periodi, a volte brevi a volte ridondanti, hanno una sintassi elementare fatta di semplici giustapposizioni e accumuli. L'effetto, per un lettore di oggi, è ancora quello che un critico nel 1890 diceva di provare di fronte alla sua prosa: «come il miele d'Imetto: due cucchiaiate, una delizia – tre, una nausea». E purtroppo D'Annunzio di solito somministra il suo miele a mestoli.

D'Annunzio e i suoi lettori

UN POETA CHE FU UN MITO

Il fiuto per il pubblico

L'importanza storica di D'Annunzio non si limita al valore letterario dei suoi testi. Dal punto di vista della sociologia letteraria, è il primo scrittore italiano che si adatta con piena consapevolezza alle esigenze del mercato e del pubblico di massa (p. 506): «Io ho con il pubblico europeo il contatto più diretto e più immediato: sono una forza viva e feconda. Sono sicuro di poter *stupire* il pubblico per parecchi anni ancora», scrive nel 1896 al suo traduttore francese. Il suo mimetismo e trasformismo è guidato da un fiuto sicuro per ciò che può incontrare i gusti del pubblico; non solo nell'opera, ma nella vita, che è una continua messa in scena, una promozione pubblicitaria di se medesimo.

▸D26

Le ragioni di un successo incontrastato

Ciò che D'Annunzio può offrire al pubblico è l'evasione estetica: a una borghesia ridotta sempre più a una vita mediocre e massificata propone di identificarsi fantasticamente in esperienze da superuomini, avventure erotiche ed eroiche su sfondi sfarzosi, con uno stile che rende raro e prezioso tutto ciò che tocca. Per decenni un pubblico borghese mediamente acculturato legge i suoi libri, si inebria ai suoi versi, assiste al suo teatro. Lo attirano le vicende non comuni di individui non comuni, raccontate con parole e immagini ricercate, con toni enfatici e suggestivi. La gente si lusinga di accedere a opere così raffinate, sente di partecipare a un rito artistico esclusivo. Per i lettori meno preparati, romanzieri di successo provvedono a diffondere un dannunzianesimo di più facile consumo: così Guido Da Verona (1881-1939), definito «il D'Annunzio delle dattilografe e delle manicure», così l'inesauribile autrice di romanzi rosa Liala (1902-1995), il cui pseudonimo, si dice, fu trovato dallo stesso D'Annunzio.

Un mito per un'intera generazione

Una schiera di giovani si riconosce nelle sue aspirazioni estetiche e superomistiche, si adegua alle sue mode e alle sue pose; egli diventa un mito per un'intera generazione. In un racconto del 1941 (*Singolare avventura di Francesco Maria*), Vitaliano Brancati rappresenta così l'entusiastica scoperta di D'Annunzio da parte di un giovane siciliano di provincia (nel quale ha messo qualcosa di se stesso giovane): «Chi può descrivere la sera di un giovane di vent'anni, provvisto di fantasia, povero di cose e perfino di salute, scontento di tutti gli scrittori del mondo e in attesa di un suono di parole che faccia per lui, già con la penna in mano, ma bisognoso di una ma-

Astolfo De Maria, *Gabriele D'Annunzio*, 1921. (Collezione privata)

DOCUMENTO 26

«L'APPETITO SENTIMENTALE»

Questo brano è tratto da un'intervista a D'Annunzio realizzata da Ugo Ojetti, giornalista letterario (1871-1946), e da lui pubblicata nel volume *Alla scoperta dei letterati* (1895).

Ugo Ojetti, *Alla scoperta dei letterati*, Le Monnier, Firenze, 1946

Intanto io noto un fenomeno volgare. L'Europa è inondata di quella letteratura che si suol chiamare amena[1]. In Italia, per esempio, le biblioteche economiche a una lira il volume hanno avuto in poco tempo una filiazione innumerevole di biblioteche minime, lillipuziane, diamantine, gialle, azzurre, verdi[2], a venticinque centesimi, a quindici centesimi, a dieci centesimi e perfino ad un soldo. E la concorrenza tra i piccoli editori diventa ogni giorno più attiva. Essi fanno a gara nell'offrire al lettore italiano la maggior possibile quantità di carta stampata per il minor possibile prezzo. Qualcuno aveva profetato: – Il giornale ucciderà il libro. – Ed ecco che il libro si difende, con incredibili prodigi. Migliaia e migliaia di volumi si propagano per tutta la penisola leggeri e multicolori come le foglie d'una foresta battuta da una vento d'autunno.

Il fatto è innegabile. Queste speculazioni librarie hanno una fortuna insperata. Il commercio della prosa narrativa non era mai giunto a un tal grado d'attività. L'appetito sentimentale della moltitudine non era mai giunto a un così rapido consumo di alimenti letterarii. [...]

Tutte le varietà e tutti i miscugli sono offerti al gusto dei compratori in questa gran fiera di ideali a buon mercato. [...]

Ma tra il romanzo sottile appassionato e perverso, che la dama assapora con lentezza voluttuosa nella malinconia del suo salotto aspettando, e il romanzo di avventure sanguinarie, che la plebea divora seduta al banco della sua bottega, c'è soltanto una differenza di valore. Ambedue i volumi servono ad appagare un medesimo bisogno, un medesimo appetito: il bisogno del sogno, l'appetito sentimentale. Ambedue in diverso modo ingannano un'inquieta aspirazione ad escir fuori dalla realità mediocre, un desiderio vago di trascendere l'angustia della vita comune, una smania quasi incosciente di vivere una vita più fervida e più complessa.

1. **che... amena**: oggi si direbbe "letteratura d'intrattenimento".
2. **le biblioteche... verdi**: gioca sui nomi che assumevano le collane di libri economici: "biblioteca minima", "biblioteca diamantina" e simili; *lillipuziana* significa "di piccole dimensioni" (dal paese di Lilliput nei *Viaggi di Gulliver* di Swift).

Louis Comfort Tiffany, *Lettura*, 1888. (New York, Metropolitan Museum of Art) no più esperta che gliela guidi per le prime righe, il quale finalmente trova il suo Poeta? Tanto più se questo poeta [...], non lo guida verso i noiosi sentieri della virtù e della rinunzia, ma al contrario verso quelli del piacere [...]. Maestro carissimo, delizioso maestro! Nel tuo viso grave e sorridente, la barba di colui che c'insegnò il latino e il catechismo, è andata a finire sul volto ammiccante e furbo dell'amico che per la prima volta ci condusse in casa della Donna».

L'estetica della politica

Così il dannunzianesimo diventa un fenomeno di costume, un ideale di vita. Non c'è discontinuità nel passaggio dalla letteratura alla politica: il disprezzo per la democrazia, il nazionalismo, l'esaltazione della guerra, il gusto per il bel gesto pubblico sono all'insegna dello stesso estetismo che anima la scrittura. La "divina Parola" diventa strumento di potere: «mi sembra che la parola orale, rivolta in modo diretto a una moltitudine, non debba aver per fine se non l'azione, e sia pure un'azione violenta», dice il protagonista del *Fuoco*, e di lì a pochi anni il suo autore metterà in pratica l'idea.

L'azione di D'Annunzio tra il 1914 e il 1921 fu decisiva nell'accelerare il crollo dello Stato liberale; e se poi il poeta fu emarginato dalla politica attiva, poteva a buon diritto vantarsi di essere «il *precursore* certo di quel che ha di buono il fascismo». Soprattutto, fu lui a fornire al fascismo buona parte del suo armamentario esteriore: il frasario, i cerimoniali, dal dialogo tra il capo e la folla al grido rituale "Eia eia alalà", l'insulto triviale agli avversari (come il nomignolo di "Cagoia" affibbiato da questo fine letterato al suo avversario al tempo di Fiume, il capo del governo legittimo Nitti), la cupa idolatria per la violenza e la morte.

Attualità e inattualità di D'Annunzio

Il crollo del fascismo ha travolto in un certo senso anche D'Annunzio: agli occhi di un lettore di oggi i suoi miti e la sua enfasi risultano inesorabilmente datati. C'è però un aspetto della personalità dannunziana che non appare invecchiato ma genialmente anticipatore di certe tendenze della cultura odierna: la consapevolezza che, per avere un posto di primo piano nella società di massa, un intellettuale non può limitarsi a scrivere, ma deve fare della sua vita una recita permanente, diventare un divo dei *media*, capace di affascinare il pubblico con l'eccezionalità e la provocatorietà dei suoi comportamenti e dei suoi gesti. Questa spregiudicata strategia di autoaffermazione, sorretta da un'eccezionale abilità letteraria, rende difficile distinguere nella sua opera la sincerità dall'insincerità: verità e finzione, autenticità e artificio sono inestricabilmente mescolati. A noi oggi D'Annunzio può interessare, oltre che come inventore di una figura di intellettuale tipica del mondo contemporaneo, per il suo ruolo di protagonista della cultura del suo tempo: grandi scrittori europei come Marcel Proust e André Gide hanno subito il fascino dei suoi romanzi, e tutti i narratori e i poeti italiani del primo Novecento, anche quelli che si sono definiti per differenza da lui e ne hanno preso polemicamente le distanze, hanno dovuto fare i conti con l'ingombro e la seduzione della sua opera sterminata.

Gabriele D'Annunzio durante un discorso interventista al Teatro Costanzi di Roma nel 1915 in un disegno di Achille Beltramo. («Domenica del Corriere», 23-30 maggio 1915, Anno XVII, n. 21)

FISSA I CONCETTI

GABRIELE D'ANNUNZIO (1863-1938)

LA VITA «INIMITABILE»

Formazione e prime opere:
- al prestigioso collegio Cicognini di Prato, studente brillante e indocile
- pubblicazione della prima raccolta *Primo vere*

A Roma:
- iscrizione alla facoltà di Lettere, trascurata a favore della vita mondana
- collaboratore giornalistico per «Cronaca bizantina» e «La tribuna»
- pubblicazione del *Piacere* e primo successo
- passione sfrenata per le donne e per il lusso
- ingresso in politica, con posizioni di attivismo reazionario, ed elezione al Parlamento
- incontro con Eleonora Duse e inizio dell'attività drammaturgica

A Firenze e a Parigi:
- vita lussuosa nella villa "La Capponcina" presso Firenze
- a causa dei debiti si trattiene in Francia per cinque anni; introduzione nei circoli letterari e collaborazione giornalistica con il «Corriere della Sera»

Ritorno in Italia:
- attivismo per l'entrata dell'Italia in guerra; impegno come aviatore durante il conflitto
- perdita temporanea della vista da un occhio a causa di un ammaraggio di fortuna
- spedizione di Fiume in nome della vendetta per la "vittoria mutilata"
- all'avvento del fascismo, graduale ritiro di D'Annunzio, ormai vate della nazione, dalla vita pubblica: ultimi anni vissuti nella villa "Il Vittoriale", a Gardone

UN'OPERA MULTIFORME

Estetismo giovanile:
- primi versi scritti sotto l'influenza dei metri barbari di Carducci, con accenti estetizzanti e decadenti
- prime opere narrative ispirate al verismo di Verga, ma con una prosa descrittiva raffinata e sontuosa
- *Il piacere*: romanzo psicologico ed estetizzante, con un gusto per il prezioso e il decorativo
- "fase della bontà" (*Poema Paradisiaco*): atteggiamento sommesso e colloquiale, anticipatore della poesia crepuscolare
- *Giovanni Episcopo* e *L'innocente*: romanzi psicologici alla Dostoevskij

Romanzi:
- ripresa dello Zarathustra nietzschiano (*Trionfo della Morte*), in chiave individualistica ed estetizzante
- *Le vergini delle rocce*: coniugazione politica di un superomismo antidemocratico
- *Il fuoco*: artista proteso alla creazione di un'opera sublime che unisca teatro, musica e poesia
- *Forse che sì forse che no*: superomismo proiettato nel nuovo mito delle gesta aviatorie

La vita «inimitabile»
- Quali furono la collocazione sociale e le fonti di sostentamento di D'Annunzio?
- Sintetizzate le tappe fondamentali della sua vita.

Un'opera multiforme
- Riepilogate i diversi influssi letterari ripresi da D'Annunzio nella prima fase della sua opera (1881-1892), con riferimento ai romanzi e alle raccolte di versi scritti in quegli anni.
- Confrontate le vicende dei protagonisti dei principali romanzi di D'Annunzio – da *Il piacere* a *Il Fuoco* – individuando i tratti comuni.
- Quali sono i temi delle raccolte *Maia*, *Elettra* e *Alcyone*? Per quali aspetti quest'ultima si differenzia dalle precedenti?

D'ANNUNZIO E I SUOI LETTORI

- Primo scrittore italiano ad avere piena consapevolezza delle esigenze del pubblico di massa, a cui offre con la sua opera un'opportunità di evasione estetica
- Dannunzianesimo come fenomeno di costume e ideale di vita per un'intera generazione
- D'Annunzio responsabile di buona parte dell'estetica fascista, che oggi lo rende profondamente inattuale

Tra varietà e uniformità:
- straordinaria varietà di temi, di stili, di echi culturali
- uniformità della personalità dannunziana, fissa attorno agli stessi caratteri: sensualità erotica e narcisismo
- tema della disgregazione dell'io in alcune pagine ispirate, che precorrono la narrativa novecentesca
- amore sensuale della parola: virtuosismo stilistico e ideale simbolista della poesia come forma di conoscenza superiore

Il superuomo letterario

Il teatro
- superamento del teatro verista e ritorno al grande dramma tragico (*Francesca da Rimini*)
- drammi migliori ambientati in un Abruzzo primitivo, miticamente trasfigurato (*La figlia di Iorio*, *La fiaccola sotto il moggio*)
- tema politico e tonalità imperialistiche in *La nave*

Il D'Annunzio "notturno":
- *Le faville del maglio*: prose di vario argomento, caratterizzate da uno stile più misurato
- *Notturno*: prosa poetica occasionata dalla convalescenza per il ferimento all'occhio: stile impressionistico fatto di brevi e vivide notazioni
- *Libro segreto*: tarda raccolta di appunti sparsi, ricordi e confessioni

Laudi: ciclo di sette volumi (solo tre pubblicati) intitolati alle Pleiadi:
- *Maia*: lungo poema proemiale che celebra la poesia come energia vitale
- *Elettra*: poesie celebrative in cui esplode l'ideologia nazionalista e bellicista
- *Alcyone*: pausa lirica e contemplativa, celebrazione della vitalità della natura e dell'uomo e della loro fusione; vertice stilistico della poesia dannunziana

- Che significato attribuisce D'Annunzio all'attività teatrale? Quali temi presenti nella sua produzione lirica e narrativa ritornano nel teatro?
- Quali sono le caratteristiche tematiche e stilistiche del D'Annunzio "notturno"?
- Quali costanti della personalità di D'Annunzio si possono individuare nella straordinaria varietà e abbondanza della sua produzione?

D'Annunzio e i suoi lettori
- Quali aspetti della società italiana del secondo Ottocento possono spiegare il grande successo di D'Annunzio?
- Quale fu il suo rapporto con la cultura politica dell'Italia del tempo?
- Per quali aspetti la sua idea dell'attività letteraria può dirsi moderna?

5 GABRIELE D'ANNUNZIO

I TESTI

UN TESTO ESEMPLARE | ANALISI

T99 ▸ La pioggia nel pineto

È un momento dell'estate del 1902 trascorsa in Versilia con la Duse. Per il poeta, questa vacanza è un momento di tregua, vissuto in mezzo alla natura, lontano da ogni ribalta. La lirica è collocata nella seconda parte di *Alcyone*.

▸ **METRO**: quattro "strofe lunghe" di 32 versi che variano dal trisillabo al novenario.

Taci. Su le soglie
del bosco non odo
parole che dici
umane; ma odo
parole più nuove
che parlano gocciole e foglie
lontane.
Ascolta. Piove
dalle nuvole sparse.
Piove su le tamerici
salmastre ed arse,
piove su i pini
scagliosi ed irti,
piove su i mirti

1. **Taci**: il poeta si rivolge a una donna, Ermione (vedi v. 32).
5-7. **parole... lontane**: voci della natura, il rumore delle gocce della pioggia sulle foglie: un linguaggio fresco e rinnovato.
10. **tamerici**: arbusti sempreverdi.
11. **salmastre ed arse**: che sanno di mare e sono bruciate dal vento.
13. **scagliosi ed irti**: con la corteccia a scaglie e le foglie aghiformi.
14-15. **mirti divini**: il mirto è nella mitologia classica la pianta sacra a Venere.

divini,
su le ginestre fulgenti
di fiori accolti,
su i ginepri folti
di coccole aulenti,
piove su i nostri vólti
silvani,
piove su le nostre mani
ignude,
su i nostri vestimenti
leggieri,
su i freschi pensieri
che l'anima schiude
novella,
su la favola bella
che ieri
t'illuse, che oggi m'illude,
o Ermione.

Odi? La pioggia cade
su la solitaria
verdura
con un crepitìo che dura
e varia nell'aria
secondo le fronde
più rade, men rade.
Ascolta. Risponde
al pianto il canto
delle cicale
che il pianto australe
non impaura,
né il ciel cinerino.
E il pino
ha un suono, e il mirto
altro suono, e il ginepro
altro ancóra, stromenti
diversi
sotto innumerevoli dita.

Gaston Bussière, *Ninfa*, 1929. (Zurigo, Koller Collection)

UN TESTO ESEMPLARE

TESTI

T99

16-17. **fulgenti... accolti**: risplendenti di fiori a gruppi.
19. **coccole aulenti**: bacche odorose (latinismo).
20-21. **vólti silvani**: visi da abitanti dei boschi, per la consuetudine con la natura.
26-28. **su i freschi pensieri... novella**: sui pensieri intonati alla freschezza della natura che scaturiscono dall'anima come rinnovata.
29. **la favola bella**: l'illusione dell'amore e della felicità, un incanto fragile e fuggevole.
32. **Ermione**: antico nome greco che il poeta dà alla donna amata.
34-35. **solitaria verdura**: la vegetazione, priva della presenza dell'uomo.
36-39. **crepitìo... rade**: il suono incessante della pioggia varia a seconda che cada su rami più o meno folti.
41. **pianto**: il cadere della pioggia.
43. **il pianto australe**: la pioggia sferzata dall'austro, vento del sud.
44. **impaura**: spaventa.
45. **cinerino**: di colore grigio cenere.
49-51. **stromenti... dita**: come se le piante fossero strumenti musicali diversi suonati dalle *innumerevoli dita* della pioggia.

E immersi
noi siam nello spirto
silvestre,
d'arborea vita viventi;
e il tuo vólto ebro
è molle di pioggia
come una foglia,
e le tue chiome
auliscono come
le chiare ginestre,
o creatura terrestre
che hai nome
Ermione.
   Ascolta, ascolta. L'accordo
delle aeree cicale
a poco a poco
più sordo
si fa sotto il pianto
che cresce;
ma un canto vi si mesce
più roco
che di laggiù sale,
dall'umida ombra remota.
Più sordo e più fioco
s'allenta, si spegne.
Sola una nota
ancor trema, si spegne,
risorge, trema, si spegne.
Non s'ode voce del mare.
Or s'ode su tutta la fronda
crosciare
l'argentea pioggia
che monda,
il croscio che varia
secondo la fronda
più folta, men folta.
Ascolta.
La figlia dell'aria

53-54. **spirto silvestre**: lo spirito che anima il bosco.
55. **d'arborea vita viventi**: e viviamo la stessa vita degli alberi.
56. **ebro**: inebriato di sensazioni.
60. **auliscono**: profumano.
61. **chiare**: luminose (per il colore giallo intenso dei loro fiori).
71. **vi si mesce**: si mescola a quello delle cicale.
74. **dall'umida ombra remota**: dai recessi più profondi, cupi e umidi del bosco, dove stanno le rane.
84. **monda**: pulisce, purifica.
89. **La figlia dell'aria**: la cicala, animale alato.

Una ninfa emerge dalle acque in una statuetta in marmo di Ferdinando Vichi del 1900. (Collezione privata)

è muta; ma la figlia
del limo lontana,
la rana,
canta nell'ombra più fonda,
chi sa dove, chi sa dove!
E piove su le tue ciglia,
Ermione.
Piove su le tue ciglia nere
sì che par tu pianga
ma di piacere; non bianca
ma quasi fatta virente,
par da scorza tu esca.
E tutta la vita è in noi fresca
aulente,
il cuor nel petto è come pèsca
intatta,
tra le pàlpebre gli occhi
son come polle tra l'erbe,
i denti negli alvèoli
son come mandorle acerbe.
E andiam di fratta in fratta,
or congiunti or disciolti
(e il verde vigor rude
ci allaccia i mallèoli
c'intrica i ginocchi)
chi sa dove, chi sa dove!
E piove su i nostri vólti
silvani,
piove su le nostre mani
ignude,
su i nostri vestimenti
leggieri,
su i freschi pensieri
che l'anima schiude
novella,
su la favola bella
che ieri
m'illuse, che oggi t'illude,
o Ermione.

Gabriele D'Annunzio, *Alcyone*, in *Versi d'amore e di gloria*, vol. II, Mondadori, Milano, 1984

91. **limo**: fango.
100. **virente**: verdeggiante.
101. **par... esca**: pare che tu erompa dalla corteccia di una pianta, come una ninfa dei boschi.
104-105. **pèsca intatta**: pesca non ancora colta.
107. **polle**: pozze di acqua sorgiva.
108. **alvèoli**: cavità in cui alloggiano le radici dei denti.
110. **di fratta in fratta**: da un intrico all'altro del bosco.
112. **il verde vigor rude**: erba e sterpi del sottobosco.
113. **mallèoli**: caviglie.

ANALISI DEL TESTO

COMPRENDERE

La metamorfosi dell'umano in vegetale Una passeggiata a due nel bosco, un acquazzone estivo gioiosamente accolto. Se andiamo oltre questa elementare definizione tematica, una prima ipotesi può essere che il tema centrale della poesia sia l'amore, ma questa interpretazione appare subito debole: anche qui, come in quasi tutta la sua opera, D'Annunzio pare un poeta di sensazioni, più che di sentimenti. La figura femminile che è nominata non ha consistenza né visiva né sentimentale, è un puro "tu" che serve al poeta per creare una suggestiva atmosfera di attenzione e raccoglimento nell'ascolto dei suoni della natura (*Odi?*, *Ascolta, ascolta*); la frase che allude all'amore (*la favola bella...*, vv. 29-32, 125-128) è estremamente vaga, e pare introdotta più che altro come un motivo musicale che, ritornando alla fine della prima e dell'ultima strofa, chiude circolarmente la poesia.

Se la poesia ha un protagonista, non è dunque Ermione, ma la pioggia, e le mille voci della natura che essa suscita, ascoltate in ogni loro sfumatura con una tensione spasmodica. E proprio da questa tensione nasce la progressiva identificazione di due esseri umani nella natura vegetale. Fin dall'inizio le voci della natura recano una suggestione magica, quasi volessero attrarre a sé chi le sente: sono *parole più nuove / che parlano gocciole e foglie* (vv. 5-6). E subendone il fascino, il poeta e la donna vanno incontro a una vera e propria metamorfosi, che ha i suoi momenti culminanti al centro della poesia, in chiusura della seconda strofa, dove essi sono *d'arborea vita viventi* (v. 55), e nell'ultima strofa, dove Ermione è ormai trasformata in una sorta di ninfa silvestre (*par da scorza tu esca*, v. 101), e cuore, occhi, denti sono assimilati a elementi naturali.

L'identificazione nella natura, la metamorfosi dell'umano in vegetale sembra dunque il tema centrale della poesia, come del resto accade in molte altre liriche di *Alcyone*.

ANALIZZARE

Il metro e gli effetti sonori Il metro è quello che D'Annunzio chiama, in un altro componimento di *Alcyone*, «la mia Strofe Lunga»: una sequenza di versi brevi di varia misura, con rime fitte ma non legate a uno schema; l'unico vincolo metrico è la misura delle strofe, in questo caso tutte di 32 versi. La libera misura dei versi non esclude il ritorno insistente di ritmi simili: per esempio, all'inizio abbiamo una serie di senari tutti ad accentazione ternaria (*del bòsco non òdo / paròle che dìci*, vv. 2-5), e lo schema ternario continua nel novenario e nel trisillabo seguenti; più avanti abbiamo una serie di quinari alternatamente accentati sulla seconda e sulla prima sillaba (vv. 11-14), più oltre un gioco ritmico è creato dall'alternare un trisillabo, quasi una pausa, a versi più lunghi (vv. 20-25).

L'intreccio delle rime è così fitto che non importa darne esempi; vale se mai la pena di segnalare come le rime vere e proprie facciano parte di un gioco ancora più serrato di effetti sonori, come le rime interne (*e varia nell'aria*, v. 37), o assonanze (*secondo le fronde*, v. 38), il ritorno delle stesse vocali in posizione accentata (*salmastre ed arse*, v. 11), gli effetti dovuti a ripetizioni di parole o figure etimologiche (*parole... che parlano*, vv. 5-6; *d'arborea vita viventi*, v. 55), le allitterazioni (*il verde vigor rude*, v. 112).

Si può parlare di effetti onomatopeici? Sì e no. Se prendiamo alcuni versi tra i più probabili candidati a questa definizione (*con un crepitìo che dura / e varia nell'aria / secondo le fronde / più rade, men rade*, vv. 36-39), non possiamo dire che sia imitato fisicamente il suono della pioggia sulle fronde; il poeta sembra gareggiare col fenomeno naturale nel creare variazioni sonore. Non tanto imitazione onomatopeica dunque, quanto creazione di una musica verbale non meno ricca e varia di quella che offrono le voci della natura. Del resto, basta confrontare il passo sul canto della rana (vv. 90-94) con un verso autenticamente onomatopeico di Pascoli, «c'è un breve *gre gre* di ranelle» (▸T92), per afferrare la differenza.

Una sintassi musicale La sintassi è, come sempre in D'Annunzio, ridotta a pochi schemi elementari: netta prevalenza della coordinazione e ricerca insistente di serie parallele, spesso imperniate su semplici anafore. Possiamo prendere come esempio il lungo periodo che occupa quasi tutta la prima strofa (vv. 10-32): una serie di frasi parallele aperte da *piove*, che contengono a loro volta serie parallele minori costruite sulla preposizione *su*, con in chiusura due frasi relative (le uniche subordinate), ancora una volta disposte in parallelo. Non meno tipica la lunga serie delle *e* che apre due sequenze di frasi parallele nei vv. 46-64. Una tale struttura sintattica è a sua volta in funzione di effetti ritmici e musicali; così come lo sono certi giri di frase poveri in sé di significato, ma che creano un rallentamento ritmico in cui incastonare ancora rime o altri effetti sonori; per esempio *parole più nuove / che parlano gocciole e foglie* (vv. 5-6), *o creatura terrestre / che hai nome / Ermione* (vv. 62-64).

Un lessico prezioso Il materiale lessicale che D'Annunzio inserisce in questa partitura musicale ha un carattere scelto e prezioso. Si notano subito i latinismi (*fulgenti*, v. 16; la serie *aulente, aulenti, auliscono*, vv. 19, 60, 103), i termini usati nel significato più raro e letterario, come *fiori accolti* (v. 17) nel senso di "riuniti a gruppi", e la ricerca delle forme più antiche e rare, anche solo per l'ortografia: *impaura* (v. 44) più antico e raro di "impaurisce", *cinerino* (v. 45) invece che "cenerino", *stromenti* (v. 49), *spirto* (v. 53), *ebro* (v. 56) al posto di "ebbro". Va da sé che rientra in questo gusto dell'insolito anche la scelta di non fondere *su* e articolo in una preposizione articolata: *su i*, *su le*, *su la*. Lo stesso gusto raffinato presiede alle combinazioni lessicali. Esse non mirano a sorprendere (gli accostamenti più insoliti sono temperati da un *come*, vedi i vv. 104-109), ma sono metafore leggermente inusuali (*le soglie del bosco*, vv. 1-2; *pensieri che l'anima schiude*, vv. 26-27), costrutti latineggianti (*fulgenti / di fiori*, vv. 16-17; *folti / di coccole*, vv. 18-19), aggettivazioni originali (*freschi pensieri*, v. 26).
Queste scelte lessicali non cercano l'espressività forte, lo spicco di singole espressioni: l'intonazione resta sommessa e uniforme; ma su tutto il discorso, anche là dove le parole e i costrutti sono più comuni, si diffonde un senso di eleganza ricercata, come un invito ad assaporare il gusto squisito di ogni singola parola.

INTERPRETARE

L'«amor sensuale della parola» Queste osservazioni analitiche suggeriscono un'interpretazione che va oltre il tema identificato all'inizio: l'immersione nella natura, l'estasi panica, la metamorfosi dell'umano in natura sono sì al centro della poesia, ma ciò che più interessa al poeta sembra essere la pura e semplice traduzione di tutto questo in musica verbale. Le parole squisite, i rimandi sonori che si creano fra esse sono forse il vero nucleo di ispirazione di D'Annunzio: ciò che il poeta, in età più avanzata, chiamò «l'amor sensuale della parola».

CONTESTUALIZZARE

Simbolismo? Alcuni aspetti della poesia dannunziana, nella fase di *Alcyone*, rimandano indubbiamente a motivi della tendenza simbolista allora diffusa in Europa, che certo il poeta conosceva bene (a differenza di Pascoli). La ricerca di una musica verbale è presente nella poesia francese da Baudelaire in poi, l'idea che la natura sia tutta percorsa da misteriose presenze e "voci" rimanda alle «corrispondenze» del poeta francese (▸T23). Ma il simbolismo dannunziano dà l'impressione di essere più superficiale: se i versi dei simbolisti francesi, nei loro momenti più intensi, alludono a qualcosa di indecifrabile che sta "al di là" del semplice significato delle parole, D'Annunzio sembra restare in un certo senso "al di qua", legato al puro culto della sensazione, alla pura ricerca della bella parola.

Modernità? L'uso del verso libero, nel 1902, rappresentava certo una novità in Italia, e apriva la strada alla più evidente rivoluzione che si sia manifestata nella poesia del Novecento. Lo stesso vale per certi accostamenti audaci di significati, come quelli tra *cuor* e *pèsca*, *occhi* e *polle*, *denti* e *mandorle acerbe* dei vv. 104-109. Ma abbiamo visto come queste audacie sperimentali siano temperate da qualcosa che rinvia a un ordine, a un gusto che non vuole rompere ogni legame con la tradizione classicheggiante della poesia italiana: i versi liberi producono ritmi e cadenze tendenzialmente regolari, oltre a essere racchiusi in strofe di uguale misura; gli accostamenti inconsueti sono temperati da un *come*, evitando quella fusione di idee appartenenti a ordini diversi dell'esperienza che costituirà uno degli elementi della poesia "analogica" novecentesca. Del resto la modernità degli accostamenti verbali è temperata dall'uso di un lessico arcaizzante, la modernità del tema della metamorfosi dal rinvio ad aspetti della mitologia classica (le ninfe dei boschi). Tutto cospira insomma a dare di D'Annunzio l'immagine di un innovatore attento alla tradizione: capace di dare al pubblico della poesia l'emozione della novità senza sconvolgerlo, anzi riconfermando una parte delle sue più rassicuranti aspettative su ciò che è poetico.

Le opere narrative

Le novelle della Pescara

Le novelle della Pescara, pubblicate nel 1902 dai Fratelli Treves in sei volumi, raccolgono le prime prove narrative di D'Annunzio: quasi tutti i racconti che erano già usciti separatamente nelle due precedenti raccolte *Il libro delle vergini* (1884) e *San Pantaleone* (1886). Sono novelle ambientate nel paese di Pescara (che allora non era capoluogo di provincia) e nella campagna circostante.

T100 ▸ La veglia funebre

PERCORSO
• L'orrore, il macabro, il perturbante (II), p. 579

In questa novella (apparsa nella raccolta *San Pantaleone* del 1886) D'Annunzio ha ripreso uno spunto della novellistica antica (si trova nel *Satyricon* dello scrittore latino Petronio, I secolo d.C.), trasportandolo in un villaggio del suo Abruzzo.

Il cadavere del Sindaco Biagio Mila, già tutto vestito e con la faccia coperta d'una pezzuola umida d'acqua e d'aceto, stava disteso nel letto, quasi in mezzo alla stanza, tra quattro ceri. Vegliavano, nella stanza, la moglie e il fratello del morto ai due lati.

Rosa Mila poteva avere circa venticinque anni. Era una donna fiorita, di carnagione chiara, con la fronte un po' bassa, le sopracciglia lungamente arcuate, gli occhi grigi e larghi e nell'iride variegati come agate[1]. Possedendo in grande abbondanza capelli, ella quasi sempre aveva la nuca e le tempie e gli occhi nascosti da molte ciocche ribelli. In tutta la persona le splendeva la nitidezza della sanità; e la sua fresca pelle aveva il profumo dei frutti prelibati.

Emidio Mila, il cherico[2], poteva avere circa la stessa età. Era magro, con nel volto il colore bronzino di chi vive nella campagna al pieno sole. Una molle lanugine rossiccia gli copriva le guance; i denti forti e bianchi davano al suo sorriso una bellezza virile; e gli occhi suoi giallognoli lucevano talvolta come due zecchini nuovi.

Ambedue tacevano: l'una scorrendo con le dita un rosario di vetro, l'altro guardando il rosario scorrere. Ambedue avevano l'indifferenza che la nostra gente campestre suole avere dinanzi al mistero della morte.

Emidio disse, con un lungo sospiro:

– Fa caldo, stanotte.

Rosa sollevò gli occhi per assentire.

Nella stanza un poco bassa la luce oscillava secondo i moti delle fiammelle. Le ombre si raccoglievano ora in un angolo ora in una parete, variando di forme e di intensità. Le vetrate della finestra erano aperte, ma le persiane restavano chiuse. Di tratto in tratto le tende di mussolo[3] bianco si movevano come per un fiato. Sul candore del letto il corpo di Biagio pareva dormire.

Le parole di Emidio caddero nel silenzio. La donna chinò di nuovo la testa, e

1. **agate**: l'agata è una pietra preziosa traslucida e screziata di vari colori.

2. **cherico**: chierico, giovane avviato al sacerdozio.

3. **mussolo**: tessuto fine (più comunemente *mussola*).

ricominciò a scorrere il rosario lentamente. Alcune stille di sudore le imperlavano la fronte, e la respirazione le era faticosa.

Emidio, dopo un poco, domandò:

– A che ora verranno a prenderlo, domani?

Ella rispose, nel natural suono della sua voce:

– Alle dieci, con la Congregazione del Sacramento[4].

Quindi ancóra tacquero. Dalla campagna giungeva il gracidare assiduo[5] delle rane, giungevano a quando a quando[6] gli odori delle erbe. Nella tranquillità perfetta Rosa udì una specie di gorgoglìo roco escir dal cadavere, e con un atto di orrore si levò dalla sedia, e fece per allontanarsi.

– Non abbiate paura, Rosa. Sono umori[7] – disse il cognato, tendendole la mano per rassicurarla.

Ella prese la mano, istintivamente; e la tenne, stando in piedi. Tendeva gli orecchi per ascoltare, ma guardava altrove. I gorgoglìi si prolungavano dentro il ventre del morto, e parevano salire verso la bocca.

– Non è nulla, Rosa. Quietatevi – soggiunse il cognato, accennandole di sedere sopra un cassone da nozze[8] coperto d'un lungo cuscino a fiorami.

Ella sedette, accanto a lui, tenendolo ancóra per mano, nel turbamento. Come[9] il cassone non era molto grande, i gomiti dei seduti si toccavano.

Il silenzio tornò. Un canto di trebbiatori sorse di fuori in lontananza.

– Fanno le trebbie[10] di notte, al lume della luna – disse la donna, volendo parlare per ingannar la paura e la stanchezza.

Emidio non aprì bocca. E la donna ritrasse la mano, poiché quel contatto ora cominciava a darle un senso vago d'inquietudine.

Ambedue ora erano occupati da uno stesso pensiero che li aveva colti d'improvviso; ambedue ora erano tenuti da uno stesso ricordo, da un ricordo di amori agresti nel tempo della pubertà.

Essi, in quel tempo, vivevano nelle case di Caldore, su la collina solatìa[11], al quadrivio. Sul limite d'un campo di fromento sorgeva un muro alto costruito di sassi e di terra argillosa. Dal lato di mezzodì, che i parenti di Rosa possedevano, come ivi era più lento e dolce il calor del sole, una famiglia di alberi fruttiferi prosperava e moltiplicava. Alla primavera gli alberi fiorivano in comunione di letizia; e le

4. **Congregazione del Sacramento**: una delle società religiose di carità, tipiche dei paesi meridionali, che partecipano tra l'altro ai riti funebri.
5. **assiduo**: continuo, insistente.
6. **a quando a quando**: di quando in quando.
7. **umori**: liquidi del corpo, che fermentano nella putrefazione.
8. **un cassone da nozze**: un mobile destinato a contenere i vestiti, un tempo arredo delle stanze da letto coniugali.
9. **Come**: poiché.
10. **Fanno le trebbie**: la trebbiatura a mano veniva fatta sull'aia, battendo con bastoni il mucchio del grano.
11. **solatìa**: soleggiata.

Edvard Munch, *Sul letto di morte*, 1893. (Oslo, Munch Museum)

cupole argentee o rosee o violacee s'incurvavano sul cielo coronando il muro e dondolavano come per inalzarsi nell'aria e facevano insieme un ronzìo sonnifero come d'api mellificanti[12].

Dietro il muro, dalla parte degli alberi, Rosa in quel tempo soleva cantare.

La voce limpida e fresca zampillava come una fontana, sotto le corone dei fiori.

Per una lunga stagione di convalescenza Emidio aveva udito quel canto. Egli era debole e famelico. Per sfuggire alla dieta, scendeva dalla casa furtivamente, celando sotto gli abiti un gran pezzo di pane, e camminava lungo il muro, nell'ultimo solco del grano, fin che non giungeva al luogo della beatitudine.

Allora si sedeva, con le spalle contro i sassi riscaldati, e cominciava a mangiare. Mordeva il pane e sceglieva una spiga tenera: ogni granello aveva in sé una minuta stilla di succo simile a latte e aveva un fresco sapor di farina. La voluttà del gusto e la voluttà dell'udito nel convalescente si confondevano quasi in una sola sensazione infinitamente dilettosa. Cosicché in quell'ozio, tra quel calore, tra quelli odori che davano all'aria quasi la cordial saporità del vino, anche la voce feminile diveniva per lui un naturale alimento di rinascenza e come un nutrimento fisico che gli si fondeva nelle vene.

Il canto di Rosa era dunque una causa di guarigione. E, quando la guarigione fu compiuta, la voce di Rosa ebbe sempre sul beneficato una virtù[13] sensuale.

Dopo d'allora, poiché tra le due famiglie la dimestichezza divenne grande, sorse in Emidio uno di quei taciturni e timidi e solitarii amori che divorano le forze dell'adolescenza.

Di settembre, prima che Emidio partisse pel seminario, le due famiglie riunite andarono in un pomeriggio a merendare nel bosco, lungo il fiume.

La giornata era molle[14], e i tre carri tirati dai bovi avanzavano lungo i canneti fioriti.

Nel bosco la merenda fu fatta su l'erba, in una radura circolare limitata da fusti di pioppi giganteschi. L'erba corta era tutta piena di certi piccoli fiori violacei che esalavano un profumo sottile; qua e là nell'interno discendevano tra il fogliame larghe zone di sole; e la riviera[15] in basso pareva ferma, aveva una pace lacustre, una pura trasparenza ove le piante acquatiche dormivano immote.

Dopo la merenda, alcuni si sparpagliarono per la riva, altri rimasero distesi supini.

Rosa ed Emidio si trovarono insieme; si presero a braccio e cominciarono a camminare per un sentiero segnato tra i cespugli.

Ella si appoggiava tutta su lui; rideva, strappava le foglie ai virgulti nel passaggio, morsicchiava gli steli amari, rovesciava la testa in dietro per guardar le ghiandaie fuggiasche. Nel moto il pettine di tartaruga le scivolò dai capelli che d'un tratto le si diffusero su le spalle con una stupenda ricchezza.

Emidio si chinò insieme a lei per raccogliere il pettine. Nel rialzarsi, le due teste si urtarono un poco. Rosa, reggendosi la fronte tra le mani, gridava tra le risa:

– Ahi! Ahi!

Il giovinetto la guardava, sentendosi fremere sin nelle midolle e sentendosi im-

12. **mellificanti**: intente alla produzione del miele.

13. **una virtù**: un potere di attrazione.

14. **molle**: di clima mite e dolce.

15. **la riviera**: un corso d'acqua (francesismo).

pallidire e temendo di tradirsi. Ella distaccò con l'unghie da un tronco una lunga spirale d'edera, se l'avvolse alle trecce con un attorcigliamento rapido e fermò la ribellione[16] su la nuca con i denti del pettine. Le foglie verdi, talune rossastre, mal contenute, rompevano fuori irregolarmente. Ella chiese:

– Così vi piaccio?

Ma Emidio non aprì bocca; non seppe che rispondere.

– Ah, non va bene! Siete forse muto?

Egli aveva voglia di cadere in ginocchio. E, come Rosa rideva d'un riso scontento, egli si sentiva quasi salire il pianto agli occhi per l'angoscia di non poter trovare una parola sola.

Seguitarono a camminare. In un punto un'alberella abbattuta impediva il passaggio. Emidio con ambe le mani sollevò il fusto, e Rosa passò di sotto ai rami verdeggianti che un istante la incoronarono.

Più in là incontrarono un pozzo ai cui fianchi stavano due bacini di pietra rettangolari. Gli alberi densi formavano intorno e sopra il pozzo una chiostra di verdura[17]. Ivi l'ombra era profonda, quasi umida. La vôlta vegetale si rispecchiava perfettamente nell'acqua che giungeva a metà dei parapetti di mattone.

Rosa disse, distendendo le braccia:

– Come si sta bene qui!

Poi raccolse l'acqua nel concavo della palma, con un'attitudine di grazia, e sorseggiò. Le gocciole le cadevano di tra le dita e le imperlavano la veste.

Quando fu dissetata, con tutt'e due le palme raccolse altr'acqua, e l'offerse al compagno lusinghevolmente:

– Bevete!

– Non ho sete – balbettò Emidio istupidito.

Ella gli gettò l'acqua in viso, facendo con il labbro inferiore una smorfia quasi di dispregio. Poi si distese dentro uno dei bacini asciutti, come in una culla, tenendo i piedi fuori dell'orlo, e scotendoli irrequietamente. A un tratto si rialzò, guardò Emidio con uno sguardo singolare:

– Dunque? Andiamo.

Si rimisero in cammino, tornarono al luogo della riunione, sempre in silenzio. I merli fischiavano su le loro teste; fasci orizzontali di raggi attraversavano i loro passi; e il profumo del bosco cresceva intorno a loro.

Alcuni giorni dopo, Emidio partiva.

Alcuni mesi dopo, il fratello d'Emidio prendeva in moglie Rosa.

Nei primi anni di seminario il cherico aveva pensato spesso alla nuova cognata. Nella scuola, mentre i preti spiegavano l'*Epitome historiae sacrae*[18], egli aveva fantasticato di lei. Nello studio, mentre i suoi vicini, nascosti dai leggii aperti, si davano fra loro a pratiche oscene, egli aveva chiuso la faccia tra le mani, e s'era abbandonato ad imaginazioni impure. Nella chiesa, mentre le litanie alla Vergine[19] sonavano, egli, dietro l'invocazione alla *Rosa mystica*, era fuggito lontano.

E, come aveva appresa dai condiscepoli la corruzione[20], la scena del bosco gli

16. **la ribellione**: la resistenza del ramo d'edera a prendere una forma circolare.
17. **una chiostra di verdura**: un recinto verde.
18. ***Epitome historiae sacrae***: "sintesi di storia sacra" (latino), un manuale di studio nei seminari.
19. **le litanie alla Vergine**: una preghiera costituita da una lunga serie di invocazioni alla Madonna, ritmicamente intercalate da *Ora pro nobis* ("prega per noi"), ciascuna con un epiteto diverso; *Rosa mystica* è uno di questi.
20. **la corruzione**: la conoscenza del sesso.

era apparsa in una nuova luce. E il sospetto di non avere indovinato, il rammarico di non aver saputo cogliere un frutto che gli si offriva, allora lo tormentarono stranamente.

Dunque era così? Dunque Rosa un giorno lo aveva amato? Dunque egli era passato inconsapevole accanto a una grande gioia?

E questo pensiero ogni giorno si faceva più acuto, più insistente, più incalzante, più angustioso. E ogni giorno egli se ne pasceva[21] con maggiore intensità di sofferenza; finché, nella lunga monotonia della vita sacerdotale, questo pensiero divenne per lui una specie di morbo immedicabile, e dinanzi alla irrimediabilità della cosa egli fu preso da uno scoramento immenso, da una melanconia senza fine.

– Dunque egli non aveva saputo!

Nella stanza ora i ceri lacrimavano[22]. Di tra le stecche delle persiane chiuse entravano soffi di vento più forti, e facevano inarcare le tende.

Rosa, invasa pianamente dal sopore, chiudeva di tanto in tanto le palpebre; e come la testa le cadeva sul petto, le riapriva subitamente.

– Siete stanca? – chiese con molta dolcezza il cherico.

– Io, no – rispose la donna, riprendendo gli spiriti[23] ed ergendosi su la vita.

Ma nel silenzio di nuovo il sopore le occupò i sensi. Ella teneva la testa appoggiata alla parete: i capelli le empivano tutto il collo, dalla bocca semiaperta le usciva la respirazione lenta e regolare. Così ella era bella; e nulla in lei era più voluttuoso che il ritmo del seno e la visibile forma dei ginocchi sotto la gonna leggiera. Un soffio repentino fece gemere le tende e spense i due ceri più vicini alla finestra.

– S'io la baciassi? – pensò Emidio, per una suggestione improvvisa della carne guardando l'assopita.

Ancóra i canti umani si propagavano nella notte di giugno, con la solennità delle cadenze liturgiche; e sorgevano di lontananza in lontananza le risposte[24] in diversi toni, senza compagnia di stromenti. Poiché il plenilunio doveva essere alto, il fioco lume interno non valeva a vincere l'albore[25] che pioveva copioso su le persiane, e si versava fra gli intervalli del legno.

Emidio si volse verso il letto mortuario. I suoi occhi, scorrendo la linea rigida e nera del cadavere, si fermarono involontariamente su la mano, su una mano gonfia e giallastra, un po' adunca[26], solcata di trame livide[27] nel dorso; e prestamente

21. **se ne pasceva**: se ne nutriva la mente.
22. **lacrimavano**: facevano gocciolare la cera fusa.
23. **riprendendo gli spiriti**: ritornando in sé.
24. **le risposte**: nei canti di lavoro spesso si alterna una strofa cantata da un solista a una risposta del coro.
25. **l'albore**: la luce fioca della luna.
26. **adunca**: contratta.
27. **trame livide**: i segni delle vene, di colore livido nel morto.

Carlo Stratta, *Una coppia in salotto*, 1890. (Collezione privata)

si ritrassero. Piano piano, nell'inconsapevolezza del sonno, la testa di Rosa, quasi segnando su la parete un semicerchio, si chinò verso il cherico turbato. La reclinazione della bella testa muliebre[28] fu in atto dolcissima; e, poiché il movimento alterò un poco il sonno, tra le palpebre a pena a pena sollevate apparve un lembo d'iride e scomparve nel bianco, quasi come una foglia di viola nel latte.

Emidio rimase immobile, tenendo contro l'òmero il peso. Egli frenava il respiro per tema[29] di destare la dormiente, e un'angoscia enorme l'opprimeva per il battito del cuore e dei polsi e delle tempie, che pareva empire tutta la stanza. Ma, come il sonno di Rosa continuava, a poco a poco egli si sentì illanguidire e mancare in una mollezza invincibile, guardando quella gola feminea che le collane di Venere[30] segnavano di voluttà, aspirando quell'alito caldo e l'odor dei capelli.

Un nuovo soffio, carico di profumo notturno, piegò la terza fiammella e la spense.

Allora senza più pensare, senza più temere, abbandonandosi tutto alla tentazione, il vegliante baciò la donna in bocca.

Al contatto, ella si destò di soprassalto, aprì gli occhi stupefatti in faccia al cognato, divenne pallida pallida.

Poi, lentamente si raccolse i capelli su la nuca, e stette là, con il busto eretto, tutta vigile, guardando dinanzi a sé, nelle ombre varianti.

– Chi ha spento i ceri?

– Il vento.

Non altro dissero. Ambedue rimanevano sul cassone da nozze, come prima, seduti a canto, sfiorandosi con i gomiti, in una incertezza penosa, evitando con una specie di artificio mentale che la loro coscienza giudicasse il fatto e lo condannasse. Spontaneamente ambedue rivolsero l'attenzione alle cose esteriori, in quest'operazione dello spirito mettendo un'intensità fittizia, concorrendovi pure con l'attitudine della persona. E a poco a poco una specie di ebrietà[31] li conquistava.

I canti, nella notte, seguitavano e s'indugiavano per l'aria lunghissimamente, e s'ammollivano lusinghevolmente di risposta in risposta. Le voci maschili e le voci feminili facevano un componimento amoroso. Talvolta una sola voce emergeva su le altre altissima, dando una nota unica, in torno a cui gli accordi concorrevano come onde in torno al medio filo d'una corrente fluviatile[32]. Ora, ad intervalli, sul principio di ciascun canto, si udiva la vibrazione metallica di una chitarra accordata in diapente[33]; e tra una ripresa e l'altra si udivano gli urti misurati delle trebbie[34] in sul terreno.

I due ascoltavano.

Forse per una vicenda[35] del vento, ora gli odori non erano più gli stessi. Venivano, forse dalla collina d'Orlando, i profumi possenti dell'agrumeto; forse dai giardini di Scalia i profumi delle rose, così densi che davano all'aria il sapore delle confetture nuziali; forse dal padule della Farnia le fragranze umide dei giaggioli, che respirate deliziavano come un sorso d'acqua.

I due rimanevano ancóra taciturni, sul cassone, immobili, oppressi dalla volut-

28. **muliebre**: femminile.
29. **per tema**: per paura.
30. **le collane di Venere**: le piccole pieghe della pelle, cariche di attrattiva.
31. **ebrietà**: eccitazione.
32. **medio filo... fluviatile**: il flusso principale di una corrente fluviale.
33. **in diapente**: su intervalli di quinta (termine musicale antico).
34. **trebbie**: qui indica i bastoni usati per la trebbiatura.
35. **una vicenda**: un cambiamento.

tà della notte lunare. Dinanzi a loro l'ultima fiammella oscillava rapidamente, e curvandosi faceva lacrimare il cero consunto. Ad ogni tratto, pareva sul punto di spegnersi. I due non si movevano. Stavano là ansiosi, con gli occhi dilatati e fissi a guardare la tremula fiammella moritura. D'improvviso il vento inebriante la spense. Allora, senza temere l'ombra, con un'avidità concorde, nel medesimo tempo, l'uomo e la donna si strinsero l'uno all'altra, si allacciarono, si cercarono con la bocca, perdutamente, ciecamente, senza parlare, soffocandosi di carezze.

Gabriele D'Annunzio, *Le novelle della Pescara*, in *Prose di romanzi*, vol. II, Mondadori, Milano, 1942

DIALOGO CON IL TESTO

COMPRENDERE

Assimilazione dei moduli veristi Il giovane D'Annunzio maneggia già con consumata abilità i modi della narrativa naturalista e verista:
- ricostruisce un ambiente locale con ricchezza di particolari tipici, ne coglie gli aspetti di costume e mentalità (*l'indifferenza che la nostra gente campestre suole avere dinanzi al mistero della morte*, rr. 15-16);
- alla maniera verista, affida buona parte delle notazioni psicologiche ai gesti, agli atteggiamenti esterni dei personaggi;
- conduce la storia al suo epilogo erotico con una calibrata gradazione psicologica, rendendo così accettabile un fatto strano e ripugnante, data la situazione; anche l'inserimento del ricordo di un amore giovanile mancato contribuisce a rendere umanamente credibile quella che avrebbe potuto essere una storiella cinica e scollacciata (tale era nei modelli antichi che hanno ispirato l'autore).

Una sensibilità nuova L'analisi psicologica di casi umani estremi era un tema tipico del naturalismo; ma D'Annunzio vi introduce una sua sensibilità che è già lontana da quei modelli:
- fa partecipare alla vicenda lo scenario naturale, coi suoi suoni, luci, odori, creando una rispondenza tra natura e stati d'animo che ha qualcosa di simbolista;
- introduce un suo gusto dell'orrido, dello sfacelo dei corpi, che resterà presente anche in molte opere posteriori.

● **Notate i passi in cui elementi naturali sono caricati di risonanze erotiche e i particolari macabri disseminati nel racconto.**

ANALIZZARE

Il *flashback* La perizia tecnica del giovane scrittore è testimoniata dalla naturalezza dell'inserimento in *flashback* del ricordo giovanile. Il ricordo della malattia e della convalescenza del giovane Emidio si carica di valori simbolici che anticipano il finale: il piacere che provava da ragazzo mangiando mentre Rosa cantava ha instillato in lui un desiderio di sensualità che, repressa a lungo nel seminario, alla fine troverà sfogo in compagnia della ragazza nella situazione più impensabile.

● **Individuate i punti del racconto che fanno da cerniera fra i fatti del passato e quelli del presente.**

● **Individuate nel testo i termini relativi al piacere sensuale del cibo nel ricordo di gioventù.**

Il lessico, le similitudini L'uso di una sintassi semplice e rapida rimanda ai modi naturalistici. Ma anche dal punto di vista formale si rivela già la ben diversa personalità stilistica dannunziana: c'è un gusto della preziosità lessicale, che si rivela nella scelta della forma ortografica più ricercata (*cherico*, r. 10; *quelli odori*, r. 72; *feminile*, r. 73; *imaginazioni*, r. 140), nei troncamenti (*natural*, r. 30; *cordial*, r. 73), nelle espressioni ricercate (*il colore bronzino*, r. 11; *la cordial saporità del vino*, r. 73), nella scelta di vocaboli inconsueti (*quadrivio*, r. 54; *api mellificanti*, r. 61; *fluviatile*, r. 206).

● **C'è anche una notevole abbondanza di similitudini, che arricchiscono di sfumature le descrizioni. Individuate quelle presenti in un brano a vostra scelta.**

Il piacere

• «Il verso è tutto»

Il piacere è il primo romanzo di D'Annunzio, scritto nell'estate del 1888 e pubblicato l'anno dopo. Ottenne un largo successo di pubblico, imponendosi anche all'estero. Il protagonista, Andrea Sperelli, un giovane aristocratico che ha avuto un'educazione raffinata (▸T101-T102), vive a Roma e frequenta il bel mondo. È contemporaneamente attratto da due nobildonne, molto diverse tra loro: Elena Muti, spregiudicata, sensuale, che lo ha lasciato dopo un'intensa relazione e che, a due anni dalla rottura, ancora lo coinvolge in un'ambigua schermaglia amorosa; Maria Ferres, onesta, sensibile, che lui conosce in un periodo di grave prostrazione spirituale, dopo aver rischiato di morire in duello, e che con le sue grazie virtuose soddisfa un suo momentaneo bisogno di riscatto. Andrea trascina Maria nell'adulterio, ma non riesce a dimenticare Elena; insiste così nel ricercarla nella voce e nei gesti di Maria, in un gioco ossessivo e crudele di sdoppiamento. Maria scopre alla fine di essere la vittima di un perverso "triangolo" e lo lascia. Andrea, rimasto solo, prende atto della sua irrimediabile instabilità emotiva.

ANALISI

T101 ▸ Don Giovanni e Cherubino

Presentiamo due brani dalle pagine iniziali del romanzo. Andrea Sperelli spera di riallacciare i rapporti con Elena, a due anni dalla rottura, e aspetta in casa sua la ex amante che gli ha promesso una visita.

L'anno moriva, assai dolcemente. Il sole di San Silvestro spandeva non so che tepor velato, mollissimo, aureo, quasi primaverile, nel ciel di Roma. Tutte le vie erano popolose come nelle domeniche di maggio. Su la piazza Barberini, su la piazza di Spagna una moltitudine di vetture passava in corsa traversando; e dalle due piazze il romorio confuso e continuo, salendo alla Trinità de' Monti, alla via Sistina[1], giungeva fin nelle stanze del palazzo Zuccari, attenuato.

Le stanze andavansi empiendo a poco a poco del profumo ch'esalavan ne' vasi i fiori freschi. Le rose folte e larghe stavano immerse in certe coppe di cristallo che si levavan sottili da una specie di stelo dorato slargandosi in guisa d'un giglio adamantino[2], a similitudine di quelle che sorgon dietro la Vergine nel *tondo* di Sandro Botticelli alla Galleria Borghese[3]. Nessuna altra forma di coppa eguaglia in eleganza tal forma: i fiori entro quella prigione diafana paion quasi spiritualizzarsi e meglio dare imagine[4] di una religiosa o amorosa offerta.

Andrea Sperelli aspettava nelle sue stanze un'amante. Tutte le cose a torno rivelavano infatti una special cura d'amore. Il legno di ginepro ardeva nel caminetto e la piccola tavola del tè era pronta, con tazze e sottocoppe in maiolica di Castel Durante ornate d'istoriette mitologiche da Luzio Dolci, antiche forme d'inimita-

1. **via Sistina**: la via che sovrasta la scalinata di Trinità dei Monti e domina le piazze di Spagna e Barberini. Il palazzo abitato da Andrea si trova nel cuore della Roma tardo-rinascimentale e barocca.

2. **in guisa... adamantino**: alla maniera di un giglio di cristallo.

3. **nel *tondo*... Galleria Borghese**: nel dipinto rotondo di Botticelli (raffinato artista fiorentino del tardo Quattrocento) conservato alla Galleria Borghese di Roma.

4. **imagine**: D'Annunzio impreziosisce l'ortografia riportando le parole a una forma vicina a quella latina.

bile grazia, ove sotto le figure erano scritti in carattere corsivo a zàffara[5] nera esametri d'Ovidio[6]. La luce entrava temperata dalle tende di broccatello rosso a melagrane d'argento riccio, a foglie e a motti[7]. Come il sole pomeridiano feriva i vetri, la trama fiorita delle tendine di pizzo si disegnava sul tappeto. [...]

Ma il momento si approssimava. L'orologio della Trinità de' Monti suonò le tre e tre quarti. Egli pensò, con una trepidazione profonda: «Fra pochi minuti Elena sarà qui. Quale atto io farò accogliendola? Quali parole io le dirò?»

L'ansia in lui era verace e l'amore per quella donna era in lui rinato veracemente; ma la espressione verbale e plastica[8] de' sentimenti in lui era sempre così artificiosa, così lontana dalla semplicità e dalla sincerità, che egli ricorreva per abitudine alla preparazione anche ne' più gravi commovimenti dell'animo.

Cercò d'imaginare la scena; compose alcune frasi; scelse con gli occhi intorno il luogo più propizio al colloquio. Poi anche si levò per vedere in uno specchio se il suo volto era pallido, se rispondeva alla circostanza. E il suo sguardo, nello specchio, si fermò alle tempie, all'attaccatura dei capelli, dove Elena *allora* soleva mettere un bacio delicato. Aprì le labbra per mirare la perfetta lucentezza dei denti e la freschezza delle gengive, ricordando che un tempo ad Elena piaceva in lui sopra tutto la bocca. La sua vanità di giovine viziato ed effeminato non trascurava mai nell'amore alcun effetto di grazia o di forma. Egli sapeva, nell'esercizio dell'amore, trarre dalla sua bellezza il maggior possibile godimento. Questa felice attitudine del corpo e questa acuta ricerca del piacere appunto gli cattivavano[9] l'animo delle donne. Egli aveva in sé qualche cosa di Don Giovanni e di Cherubino[10]: sapeva essere l'uomo d'una notte erculea[11] e l'amante timido, candido, quasi verginale. La ragione del suo potere stava in questo: che, nell'arte d'amare, egli non aveva ripugnanza ad alcuna finzione, ad alcuna falsità, ad alcuna menzogna. Gran parte della sua forza era nella ipocrisia.

«Quale atto io farò accogliendola? Quali parole io le dirò?» Egli si smarriva, mentre i minuti fuggivano. Egli non sapeva già con quali disposizioni Elena sarebbe venuta.

Gabriele D'Annunzio, *Il piacere*, libro I, capitolo I, in *Prose di romanzi*, vol. I, Mondadori, Milano, 1988

5. **zàffara**: vernice usata sulla maiolica e sul vetro.
6. **esametri d'Ovidio**: versi latini di Ovidio, poeta dell'età augustea.
7. **motti**: brevi frasi inserite fra le decorazioni.
8. **plastica**: qui vale "gestuale" (assimilando gli atteggiamenti del corpo alle arti scultorie).
9. **cattivavano**: conquistavano, accattivavano.
10. **Don Giovanni... Cherubino**: due personaggi di opere di Mozart: da un lato l'amatore esperto e insaziabile protagonista dell'opera omonima, dall'altro l'adolescente Cherubino delle *Nozze di Figaro*, che seduce per il suo candore.
11. **erculea**: di grande potenza (qui erotica).

James Tissot, *Ritratto di Algeron Moses Marsden*, 1877. (Collezione privata)

DIALOGO CON IL TESTO

COMPRENDERE

Uno sfondo di lusso Nel *Piacere* trionfa l'estetismo. In primo luogo è gusto raffinatissimo della decorazione, dell'ambiente sapientemente arredato, dell'oggetto squisito; non si saprebbe dire se qui il protagonista vero sia Andrea Sperelli o il suo appartamento.

- **D'Annunzio esibisce senza economia la sua competenza di erudito e di intenditore: notate la ricercatezza dei riferimenti ad artisti, a maestri decoratori, a precisi particolari tecnici.**

Narcisismo come regola di vita In secondo luogo l'estetismo è ricerca della maggiore varietà possibile di esperienze (erotiche, in questo caso): Andrea Sperelli vuole provare tutte le emozioni dell'amore, vuole essere contemporaneamente *Don Giovanni* e *Cherubino*. L'artificio che presiede alla disposizione dei suoi arredi coincide con l'artificio con cui vive le sue esperienze amorose: Andrea è un narcisista (*sapeva... trarre dalla sua bellezza il maggior possibile godimento*, rr. 36-37), e concepisce la seduzione come una messa in scena accuratamente preparata. Per lui la finzione e la falsità diventano una regola di vita.

Istinto e finzione Vediamo qui bene in evidenza quella mescolanza, tipica del decadentismo, tra vita e arte, tra istinto e finzione. D'Annunzio sottolinea l'immediatezza dei sentimenti e la violenza dei sensi, ma anche l'accurata costruzione della vita come recita da parte di Andrea Sperelli: i suoi modelli, Don Giovanni e Cherubino, sono personaggi dell'opera lirica, e nell'affermazione *gran parte della sua forza era nella ipocrisia* (r. 42) il termine *ipocrisia* va inteso nel senso etimologico di "recitazione" (dal greco *hypokrités*, "attore").

- **In un punto del brano D'Annunzio accumula molti termini tratti dal lessico teatrale: quale?**

Ambiguità L'autore ha nei confronti di Andrea Sperelli un atteggiamento ambiguo. Da un lato lo presenta come un personaggio d'eccezione, bello, ricco, colto, raffinato, seducente, atto a suscitare l'ammirazione del pubblico medio-borghese a cui è destinato; dall'altro inserisce qua e là qualche accenno di condanna moralistica.

- **In quali punti del testo?**

ANALIZZARE

Divagazioni e preziosismo Queste pagine presentano una caratteristica che resterà costante nel D'Annunzio romanziere: la narrazione è lentissima, gli eventi sono ridotti al minimo; trionfano invece la descrizione ossessivamente accurata, le divagazioni erudite o psicologiche. Lo stile persegue il gusto dell'arte "floreale" allora di moda, che predilige la linea curva, la voluta ornamentale, la decorazione abbondante:
- la sintassi ha un andamento paratattico, procede per addizioni successive;
- il lessico è prezioso, perfino l'ortografia viene alterata alla ricerca di effetti arcaizzanti e inconsueti;
- le citazioni colte sono usate come decorazioni aggiunte al testo.

- **Indicate qualche esempio di queste scelte stilistiche.**

CONTESTUALIZZARE

Oltre il verismo *Il piacere* esce otto anni dopo *I Malavoglia* (▸T68-T71) e nello stesso anno di *Mastro-don Gesualdo* (▸T74-T76) di Verga.

- **Spiegate per quali caratteri il libro dannunziano segna una rottura con il naturalismo e il verismo.**

D'Annunzio, Huysmans, Wilde Questo romanzo segue di pochi anni *A ritroso* di Huysmans (▸T4) e precede di pochi anni *Il ritratto di Dorian Gray* di Wilde (▸T5), formando con essi un'ideale triade dell'estetismo decadente.

- **Confrontando i brani riportati dei tre romanzi, sintetizzate le analogie fra i loro protagonisti e nella descrizione degli ambienti in cui si muovono.**

> **CONFRONTI** Per analizzare in modo più approfondito l'*incipit* del *Piacere*, potete far riferimento al testo di Pietro Gibellini (▸C13, p. 552).

TESTI
T101

ANALISI

T102 ▸ La vita come opera d'arte

Queste pagine sono tratte dal secondo capitolo del *Piacere*. Dopo aver presentato il protagonista nel suo raffinato ambiente (▸T101), il narratore traccia la storia della sua formazione, che riassume i princìpi di una visione estetica della vita.

Sotto il grigio diluvio democratico odierno[1], che molte belle cose e rare sommerge miseramente, va anche a poco a poco scomparendo quella special classe di antica nobiltà italica, in cui era tenuta viva di generazione in generazione una certa tradizion familiare d'eletta cultura, d'eleganza e di arte. [...]

Il conte Andrea Sperelli-Fieschi d'Ugenta, unico erede, proseguiva la tradizion familiare. Egli era, in verità, l'ideal tipo del giovine signore italiano nel XIX secolo, il legittimo campione d'una stirpe di gentiluomini e di artisti eleganti, l'ultimo discendente d'una razza intellettuale.

Egli era, per così dire, tutto impregnato di arte. La sua adolescenza, nutrita di studii varii e profondi, parve prodigiosa. Egli alternò, fino a' venti anni, le lunghe letture coi lunghi viaggi in compagnia del padre e poté compiere la sua straordinaria educazione estetica sotto la cura paterna, senza restrizioni e constrizioni di pedagoghi. Dal padre appunto ebbe il gusto delle cose d'arte, il culto passionato della bellezza, il paradossale disprezzo de' pregiudizii, l'avidità del piacere. [...]

Il padre gli aveva dato, tra le altre, questa massima fondamentale: «Bisogna *fare* la propria vita, come si fa un'opera d'arte. Bisogna che la vita d'un uomo d'intelletto sia opera di lui. La superiorità vera è tutta qui.»

Anche, il padre ammoniva: «Bisogna conservare ad ogni costo intiera la libertà, fin nell'ebrezza[2]. La regola dell'uomo d'intelletto, eccola: – *Habere, non haberi*[3]».

Anche, diceva: «Il rimpianto è il vano pascolo[4] d'uno spirito disoccupato. Bisogna sopra tutto evitare il rimpianto occupando sempre lo spirito con nuove sensazioni e con nuove imaginazioni.»

Ma queste massime *volontarie*, che per l'ambiguità loro potevano anche essere interpretate come alti criterii morali, cadevano appunto in una natura *involontaria*, in un uomo, cioè, la cui potenza volitiva era debolissima.

Un altro seme paterno aveva perfidamente fruttificato nell'animo di Andrea: il seme del sofisma[5]. «Il sofisma» diceva quell'incauto educatore «è in fondo ad ogni piacere e ad ogni dolore umano. Acuire e moltiplicare i sofismi equivale dunque ad acuire e moltiplicare il proprio piacere o il proprio dolore. Forse, la scienza della vita sta nell'oscurare la verità. La parola è una cosa profonda, in cui per l'uomo d'intelletto son nascoste inesauribili ricchezze. I Greci, artefici della parola, sono infatti i più squisiti goditori dell'antichità. I sofisti fioriscono in maggior numero al secolo di Pericle, al secolo gaudioso[6].»

1. **il grigio... odierno**: le tendenze egualitarie, che sommergono la società in un grigiore uniforme.
2. **fin nell'ebrezza**: anche nei momenti in cui si è ubriachi di piacere.
3. ***Habere, non haberi***: "possedere, non essere posseduti" (latino).
4. **il vano pascolo**: l'inutile nutrimento.
5. **sofisma**: ragionamento ingannevole che ha l'apparenza della verità.
6. **I sofisti... gaudioso**: nell'età del maggior splendore di Atene, il secolo di Pericle (V secolo a.C.) fiorì la scuola dei filosofi *sofisti*, che sostenevano che ogni affermazione è controvertibile, che non esistono verità, ma solo opinioni; dal nome che si attribuirono (alla lettera, "i sapienti"), deriva *sofisma*.

Un tal seme trovò nell'ingegno malsano del giovine un terreno propizio. A poco a poco, in Andrea la menzogna non tanto verso gli altri quanto verso sé stesso divenne un abito così aderente alla conscienza[7] ch'egli giunse a non poter mai essere interamente sincero e a non poter mai riprendere su sé stesso il libero dominio. [...]

Nel tumulto delle inclinazioni contradditorie egli aveva smarrito ogni volontà ed ogni moralità. La volontà, abdicando, aveva ceduto lo scettro agli istinti; il senso estetico aveva sostituito il senso morale. Ma codesto senso estetico appunto, sottilissimo e potentissimo e sempre attivo, gli manteneva nello spirito un certo equilibrio; così che si poteva dire che la sua vita fosse una continua lotta di forze contrarie chiusa ne' limiti d'un certo equilibrio. Gli uomini d'intelletto, educati al culto della Bellezza, conservano sempre, anche nelle peggiori depravazioni, una specie di ordine. La concezion della Bellezza è, dirò così, l'*asse* del loro essere interiore, intorno al quale tutte le loro passioni gravitano.

Gabriele D'Annunzio, *Il piacere*, libro I, capitolo II, in *Prose di romanzi*, vol. I, Mondadori, Milano, 1988

7. **conscienza**: D'Annunzio ama impreziosire l'ortografia delle parole riaccostandole al loro etimo latino (*conscientia*).

Albert Guillaume, *Una buona annata*, XIX secolo. (Collezione privata)

DIALOGO CON IL TESTO

COMPRENDERE

Il ritratto dell'esteta Rappresentando la formazione dell'*ideal tipo del giovine signore*, D'Annunzio ha inteso evidentemente raffigurare un modello umano esemplare (e, almeno in parte, se stesso): il perfetto esteta. Le sue caratteristiche principali sono:

- la passione per l'arte e la bellezza, erudita e raffinata, perché nutrita di studi e letture;
- l'estensione del culto della bellezza dall'arte alla vita; attraverso un perfetto dominio di sé (*Habere, non haberi*), l'esteta fa della propria vita *un'opera d'arte*: l'estetica diventa una morale;
- la ricerca della sensazione, dell'immaginazione, del piacere, come continua sperimentazione di nuove esperienze;
- il distacco sprezzante dalla massa degli uomini comuni, che dal *paradossale disprezzo de' pregiudizi* giunge all'esaltazione del *sofisma*, cioè al rifiuto della razionalità.

Compresenza di valutazioni opposte Come nel brano precedente, nonostante Andrea Sperelli sia presentato come un modello, si incontrano nel testo giudizi negativi sulla debolezza del suo carattere e sugli effetti dell'educazione che ha ricevuto, ambiguamente compensati da altre valutazioni.

- **Rintracciate nel testo questi due tipi di giudizio.**

CONTESTUALIZZARE

Calcoli commerciali... Questa ambiguità è tipica degli atteggiamenti decadenti, centrati sull'esaltazione di qualcosa che si presenta come *malsano*. È possibile vedervi un riflesso della personalità dello stesso D'Annunzio. Ma possiamo anche interpretarla come un calcolo commerciale: D'Annunzio scrisse all'editore (perplesso per certe audacie del testo): «Voi avrete capito che, studiando quello Sperelli, io ho voluto studiare, nell'ordine morale, un *mostro*». Introducendo qua e là commenti moralistici, l'autore si premurava di non sfidare troppo apertamente il perbenismo borghese.

... e risvolti politici È invece netto il giudizio sull'aristocrazia di sangue, a cui appartiene il suo personaggio, e sulla democrazia che ne cancella i privilegi.

- **Individuate questi riferimenti nel testo e spiegate quale visione politica ne emerge.**

CONFRONTARE

«Difendete la Bellezza!» Nel seguente brano, tratto da *Le vergini delle rocce*, il protagonista, disgustato dalla società democratica, si rivolge ai poeti come ultimi difensori della raffinatezza: «Difendete la Bellezza! È questo il vostro unico officio. Difendete il sogno che è in voi! Poiché oggi non più i mortali tributano onore e riverenza ai cantori alunni della Musa che li predilige, come diceva Odisseo, difendetevi con tutte le armi, e pur con le beffe se queste valgano meglio delle invettive. [...] Bollate voi sino all'osso le stupide fronti di coloro che vorrebbero mettere su ciascuna anima un marchio esatto come su un utensile sociale e fare le teste umane tutte simili come le teste dei chiodi sotto la percussione dei chiodajuoli. Le vostre risa frenetiche salgano fino al cielo, quando udite gli stallieri [= *i politici*] della Gran Bestia [= *il popolo*] vociferare nell'assemblea. Proclamate e dimostrate per la gloria dell'Intelligenza che le loro dicerie non sono men basse di quei suoni sconci con cui il villano manda fuori per la bocca il vento dal suo stomaco rimpinzato di legumi. [...] Difendete il Pensiero ch'essi minacciano, la Bellezza ch'essi oltraggiano! Verrà un giorno in cui essi tenteranno di ardere i libri, di spezzare le statue, di lacerare le tele. [...] Non disperate, essendo pochi. Voi possedete la suprema scienza e la suprema forza del mondo: il Verbo. Un ordine di parole può vincere d'efficacia micidiale una formula chimica. Opponete risolutamente la distruzione alla distruzione!»

- **Indicate i tratti comuni tra questo testo e il brano del *Piacere* appena letto.**

Il conte Sperelli e padron 'Ntoni *L'incauto educatore* (r. 27) di Andrea Sperelli è il padre, che si esprime solo per massime destinate a inculcare l'immoralità nel figlio; un singolare (e voluto) contraltare di padron 'Ntoni, che nelle prime pagine dei *Malavoglia* di Verga espone per mezzo dei proverbi la sua semplice filosofia di vita, fatta di lavoro e rispetto della tradizione.

- **Confrontate da questo punto di vista il brano del *Piacere* con il primo capitolo dei *Malavoglia* (▸T69).**

Il conte Robert de Montesquiou in un ritratto di Giovanni Boldini del 1897. (Parigi, Musée d'Orsay)

Trionfo della Morte

Trionfo della Morte, iniziato nel 1889, comparve a puntate, incompleto, su due giornali nel 1890 e nel 1893. L'edizione definitiva è del 1894. Durante questa lunga gestazione l'autore scopre Nietzsche e aderisce alla teoria del superuomo: nell'edizione definitiva inserisce infatti ampie citazioni da *Così parlò Zarathustra*. Il protagonista, Giorgio Aurispa, abita a Roma ed è legato a Ippolita Sanzio, che per lui ha rotto con il marito. Giorgio vive però questo rapporto in modo inquieto: non è sicuro di sé né di lei. Trascorre qualche tempo in provincia, presso la famiglia d'origine, che ritrova intristita in rancori reciproci; viene colto da una scorata inerzia, ossessionato dal ricordo dello zio Demetrio, morto suicida anni prima. Reagisce decidendo di incominciare una nuova vita, lontano da tutti, insieme con Ippolita: i due si rifugiano in un luogo isolato, sul mare, in Abruzzo. Qui, in un magico scenario, tra gente primitiva, si consuma la passione tra i due amanti. La musica di Wagner fa da controcanto a un gioco erotico perverso: la passione è vissuta da Giorgio come una remora e una debolezza, e Ippolita diventa «la Nemica». Infine, travolto da un irresistibile impulso di morte, egli trascina con sé la donna giù da un precipizio.

T103 ▸ «Tu mi sei ignota»

Presentiamo le prime pagine del romanzo, simbolicamente collegate alle ultime da un evento che apre e chiude a circolo l'intera vicenda.

Ippolita, quando vide contro il parapetto[1] un gruppo di uomini chini a guardare nella strada sottoposta, esclamò soffermandosi:

– Che sarà accaduto?

Ella ebbe un piccolo moto di timore; e appoggiò involontariamente la mano sul braccio di Giorgio come per trattenerlo.

Giorgio disse, osservando i gesti di quegli uomini:

– Si sarà gettato giù qualcuno.

Soggiunse:

– Vuoi che torniamo indietro?

Ella esitò un poco, tra la curiosità e il raccapriccio. Rispose:

– No; seguitiamo.

Seguitarono pel viale estremo[2], lungo il parapetto. Involontariamente Ippolita accelerava il suo passo verso il gruppo dei curiosi.

In quel pomeriggio di marzo il Pincio era quasi deserto. Nell'aria grigia e sorda morivano i romori rari.

– È così – disse Giorgio. – Qualcuno s'è ucciso.

Ambedue si soffermarono, in vicinanza del gruppo. Tutti quegli uomini guardavano con occhi intentissimi il lastrico[3] sottostante. Erano plebei oziosi. I loro volti diversi non esprimevano alcuna pietà e alcuna tristezza; l'immobilità dello

1. **contro il parapetto**: i due passeggiano sul colle romano del Pincio.
2. **estremo**: all'estremità del giardino del Pincio.
3. **il lastrico**: la strada.

sguardo metteva ne' loro occhi una specie di stupefazione bestiale.

Un giovinastro sopraggiunse, avido di vedere.

– Non c'è più – gli fece un tale, prima che colui si sporgesse; ed aveva nella voce un indefinibile accento tra di scherno e di giubilo, come rallegrandosi che lo spettacolo non potesse più da altri esser goduto. – Non c'è più. L'hanno già portato via.

– Dove?

– A Santa Maria del Popolo.

– Morto?

– Morto.

Un altro, un uomo scarno e verdiccio che portava intorno al collo una larga sciarpa di lana, si sporse molto; e, togliendosi di bocca la pipa, domandò ad alta voce:

– Che c'è rimasto?

La sua bocca era tòrta da un lato, rappresa come per una bruciatura, convulsa come se assaporasse una saliva amara di continuo rigurgitante; e la sua voce era profonda, come se uscisse da luoghi cavernosi.

– Che c'è rimasto?

Un carrettiere, giù nella strada, si chinava a piè della muraglia. I riguardanti tacquero, immobili, aspettando la risposta. Scorgevano soltanto, su le pietre, una chiazza nerastra.

– Poco sangue – rispose il carrettiere, ancóra curvo, cercando qualche cosa nella chiazza con la punta di una canna.

– E poi? – chiese di nuovo l'uomo della pipa.

Il carrettiere si sollevò, tenendo in cima della canna qualche cosa che quei di sopra non vedevano.

– Capelli.

– Di che colore?

– Biondi.

Le voci, nel precipizio chiuso fra le due alte muraglie, avevano un rimbombo singolare.

– Giorgio, andiamo! – supplicò Ippolita, turbata, un poco pallida, scotendo l'amante che si sporgeva dal parapetto, in vicinanza del gruppo, attratto dall'atrocità della scena.

Oltrepassarono il luogo tragico, in silenzio. In ambedue persisteva il pensiero di quella morte, dolorosamente; e la loro tristezza era visibile.

Egli disse:

– Beati i morti perché non dubitano più.

Ed ella:

– È vero.

Uno scoramento infinito rendeva stanche le loro parole. Ella soggiunse, abbassando il capo, con un misto di amarezza e di compianto:

– Povero amore!

– Quale amore? – le chiese Giorgio, assorto.

– Il nostro.

– Tu lo senti dunque finire?

– Non in me.

– In me forse?

Una irritazione mal repressa inaspriva la voce di lui. Egli ripeté, guardandola:

– In me? Rispondi.

Ella tacque, riabbassando il capo.

– Non rispondi? Ah, tu sai bene che non diresti il vero.

Poi, dopo un intervallo in cui ambedue provarono un'ansietà inesprimibile di leggersi nell'anima, egli seguitò:

– Incomincia così l'agonia[4]. Tu non te ne accorgi ancóra; ma io, da che tu sei tornata, ti guardo continuamente ed ogni giorno sorprendo in te un segno nuovo...

– Che segno?

– Un cattivo segno, Ippolita... Orribile cosa amare ed avere questa lucidità in tutti gli istanti eguale!

La donna scosse il capo, con un atto quasi violento; e si oscurò. Ancóra una volta, come tante altre volte, i due amanti divennero l'uno contro l'altra ostili. Ciascuno dei due si sentiva ferire dall'ingiustizia del sospetto e si ribellava, interiormente, con una collera sorda; ch'erompeva talora in parole crude e irreparabili, in accuse gravi, in recriminazioni enormi. Una invincibile smania li assaliva, di torturarsi a vicenda, di pungersi, di martoriarsi il cuore.

Ippolita si oscurò e si chiuse, corrugando i sopraccigli, serrando la bocca, mentre Giorgio la guardava con un sorriso irritante. [...]

Come egli taceva sopra pensiero, Ippolita gli domandò:

– Tu credi dunque, Giorgio, che io non ti ami?

– Ebbene, sì, guarda: io credo che tu mi ami – egli rispose. – Ma puoi tu provarmi che domani, che fra un mese, che fra un anno, che sempre sarai egualmente felice d'esser mia? Puoi tu provarmi che ora, in questo attimo, sei tutta mia? Che cosa posseggo io di te?

– Ogni cosa.

– Nulla, o quasi nulla. Io non posseggo quel ch'io vorrei possedere. Tu mi sei ignota. Come qualunque altra creatura umana, tu chiudi dentro di te un mondo per me impenetrabile; e la più ardente passione non mi aiuterà a penetrarlo. Delle tue sensazioni, dei tuoi sentimenti, dei tuoi pensieri io non conosco se non una minima parte. La parola è un segno imperfetto[5]. L'anima è intrasmissibile. Tu non puoi darmi l'anima. Anche nella più alta ebrezza, noi siamo due, sempre due, se-

4. **l'agonia**: la fine dell'amore.
5. **è un segno imperfetto**: può rappresentare solo imperfettamente i sentimenti.

Una passeggiata sul Pincio con veduta su Roma in un dipinto di Ippolito Caffi del 1846. (Collezione privata)

TESTI
T103

parati, estranei, interiormente solitarii. Io bacio la tua fronte; e sotto la fronte si muove forse un pensiero che non è mio. Ti parlo; e forse una mia frase ti risveglia nello spirito un ricordo d'altri tempi, non del mio amore. Un uomo passa, un uomo ti guarda; e nel tuo spirito si produce un qualunque moto ch'io non posso sorprendere. E io non so quante volte un riflesso della tua vita anteriore illumini il momento presente... Oh, di quella vita, io ne ho una paura folle! – Sono accanto a te; mi sento tutto invaso dalla delizia che mi viene in certe ore dalla tua sola presenza; ti accarezzo, ti parlo, ti ascolto; mi abbandono. D'un tratto, un pensiero mi agghiaccia. Se io, inconsapevolmente, suscitassi in te una memoria, il fantasma d'una sensazione già provata, una malinconia dei più lontani giorni? Io non ti saprò mai dire la mia sofferenza. Quel calore, che mi dava il sentimento illusorio di non so qual comunione fra me e te, cade d'un tratto. Tu mi sfuggi, ti allontani, diventi inaccessibile. Io rimango solo, in una solitudine spaventevole. Dieci, venti mesi d'intimità non sono più nulla. Tu mi sembri estranea come quando non mi amavi. Ed io non ti accarezzo più, non parlo più; mi chiudo; evito qualunque manifestazione esteriore; ho paura che ogni minimo urto possa sollevare nel fondo del tuo spirito quei sedimenti oscuri che vi ha accumulati la vita irrevocabile[6]. E allora cadono su noi quei lunghi silenzii angosciosi, in cui le forze del cuore si consumano inutilmente, miseramente. Io ti domando: «A che pensi?» Tu mi rispondi: «A che pensi?» Io non so il tuo pensiero; tu non sai il mio. Il distacco si fa sempre più profondo; diventa un abisso. E il guardare in quell'abisso è un'angoscia così forte che, per una specie d'istinto cieco, io mi getto sul tuo corpo, ti stringo, ti soffoco, impaziente di possederti. La voluttà è alta, come non mai. Ma quale voluttà può compensare l'immensa tristezza che sopraggiunge?

Gabriele D'Annunzio, *Trionfo della Morte*, libro I, cap. I, in *Prose di romanzi*, vol. I, Mondadori, Milano, 1988

6. **irrevocabile**: irrevocabilmente trascorsa.

DIALOGO CON IL TESTO

COMPRENDERE

Una sinfonia di morte In queste pagine d'apertura i due protagonisti non sono presentati dal narratore attraverso una descrizione fisica o un'analisi psicologica, ma attraverso i gesti e le battute di dialogo. Sullo sfondo di una scena squallida e desolata (le tracce del suicidio di uno sconosciuto, i cinici commenti dei curiosi), Ippolita e Giorgio constatano amaramente che anche il loro amore sta morendo. A questa lenta agonia di un sentimento sarà dedicato l'intero romanzo, che si concluderà nello stesso clima tragico e funereo con il suicidio dei due amanti che si gettano dall'alto una scogliera: la scena iniziale, dunque, è una funesta anticipazione del finale.

- **Solo in pochi punti del testo sono presenti rapide notazioni psicologiche sullo stato d'animo dei personaggi: individuatele.**

Inquietudini e contraddizioni Fin dalle prime pagine Giorgio Aurispa appare un personaggio inquieto, portato a tormentare se stesso e gli altri per un bisogno di conoscenza totale. Appare anche l'atteggiamento ambiguo, misto di amore e rancore, verso la sua donna; l'autore fa trasparire un motivo di questo sentimento che va al di là di una gelosia ossessiva che pure c'è, coinvolgendo un tema generale dell'esistenza umana.

- **Descrivete questo atteggiamento psicologico ed esistenziale con riferimenti all'ultima lunga battuta del personaggio.**

Tra naturalismo e romanzo psicologico Questa importante componente introspettiva convive con pagine di ispirazione più apertamente naturalistica, con descrizioni realistiche e l'uso di un lessico concreto. Questo carattere composito è dovuto alla gestazione insolitamente lunga del romanzo (1890-1894), durante la quale D'Annunzio ha subìto diverse influenze letterarie: dapprima quella del naturalismo francese, più interessato alla descrizione degli ambienti, poi quella dei romanzieri russi, più inclini all'analisi del tormento dei personaggi. D'altra parte lo stesso D'Annunzio, nella dedica iniziale del romanzo all'amico Francesco Paolo Michetti, afferma di aver voluto creare un'opera che «alternasse le precisioni della scienza alle seduzioni del sogno».

- **Evidenziate le espressioni realistiche presenti nella descrizione iniziale dei tre personaggi di condizione bassa.**

CONTESTUALIZZARE

Verso la dissoluzione dell'io Il protagonista è in preda a stati d'animo contraddittori, si tormenta con un'autoanalisi implacabile, in fondo alla quale sente dissolversi la sua personalità. È una nevrosi che sfocia in un distacco incolmabile dell'io da se stesso e dagli altri.
Questo carattere è comune ad altri personaggi dannunziani: come Andrea Sperelli (*Il piacere*), Tullio Hermil (*L'innocente*) e Claudio Cantelmo (*Le vergini delle rocce*), Giorgio Aurispa ha alte ispirazioni ma volontà debole. Crede di trovare una via d'uscita ai suoi dubbi nella filosofia di Nietzsche (▸T104) o nella musica di Wagner, alla quale dedica molte pagine di riflessione; ma poi i suoi dubbi e le sue gelosie hanno la meglio e lo spingono verso il suicidio/omicidio finale, unica via d'uscita da un labirinto interiore insuperabile.
Con la sua sensibilità per tutto ciò che di nuovo si muoveva nella cultura europea, D'Annunzio ha precorso a modo suo quella dissoluzione dell'unità del personaggio che caratterizzerà il nuovo romanzo novecentesco.

ANALIZZARE

Atmosfere fatali Appare in questa pagina la sensibilità dannunziana per le atmosfere cupe, che creano intorno ai personaggi un clima di fatalità tragica; se ne possono vedere i segni non solo nella scena del suicida, ma anche nelle notazioni di paesaggio e di clima.

- **Individuatene qualche esempio.**

Rara essenzialità narrativa È questa una delle rare pagine in cui D'Annunzio ha una sua agilità narrativa: le notazioni si susseguono in frasi brevi e staccate, il dialogo è rapido, fatto di battute brevi e spesso interrotte, con naturalezza. Non mancano i commenti e le riflessioni dell'autore, sempre puntigliosamente analitici, ma sono contenuti in limiti tali da non appesantire la narrazione. Anche il lessico, sempre accurato e preciso, non è appesantito dai consueti sfoggi di arcaismi e preziosità.

Una coppia litiga in un dipinto di James Tissot, XIX secolo. (Collezione privata)

ANALISI

T104 ▸ «Il verbo di Zarathustra»

Nel corso dell'elaborazione del *Trionfo della Morte*, dal 1889 al 1894, D'Annunzio incontrò il pensiero di Nietzsche, che si diffondeva in Europa in quegli anni. In queste pagine il protagonista, Giorgio Aurispa, medita sulle parole di Zarathustra, il mitico profeta persiano a cui il filosofo tedesco aveva affidato il suo messaggio nel suo libro più popolare (▸D4, p. 13).

Il verbo di Zarathustra, del Maestro che insegnava il *Superuomo* goethiano[1], gli pareva il più virile e il più nobile che fosse mai stato proferito da un poeta e da un filosofo nell'età moderna. Egli, il fiacco, l'oppresso, il titubante, l'infermiccio[2], aveva teso l'orecchio con un profondo turbamento a quella voce nuova che scherniva con sì aspri sarcasmi la debilità, l'irritabilità, la sensibilità morbosa, il culto della pietà, il vangelo della rinunzia, il bisogno di credere, il bisogno di umiliarsi, il bisogno di redimere e di redimersi, tutti insomma i più ambigui bisogni spirituali dell'epoca, tutta la ridevole e miserevole effeminazione[3] della vecchia anima europea, tutte le mostruose rifioriture della lue cristiana nelle razze decrepite[4]. Egli, il solitario, il contemplatore, lo speculatore inerte, il malsicuro seguace di Gautama[5], aveva teso l'orecchio con una strana ansietà a quella voce che *affermava* la vita, che considerava il dolore come la disciplina dei forti, che ripudiava ogni fede e in ispecie *la fede nella Morale*, che proclamava la giustizia della ineguaglianza, che esaltava le energie terribili, il sentimento della potenza, l'istinto di lotta e di predominio, l'eccesso delle forze generatrici e fecondanti, tutte le virtù dell'uomo dionisiaco[6], del vincitore, del distruttore, del creatore. «Creare!» diceva Zarathustra. «Ecco l'atto che affranca dal dolore e fa men grave il peso della vita. Ma, perché esista colui che crea, è necessario l'aiuto dei patimenti e di quali metamorfosi! [...]»

Diceva Zarathustra[7]: «Infine io son colui che benedice e colui che afferma; e lungo tempo pugnai da fierissimo giostratore[8] per avere un giorno le mani libere a benedire. Ed ecco la mia benedizione: – Essere sopra ogni cosa come il suo proprio cielo[9], come la sua volta immutabile, la sua cupola azzurra, la sua eterna sicurtà: – e benedetto è colui che così benedice! Perocché, tutte le cose sieno battezzate su le fonti dell'eternità[10], di là dal Bene e dal Male, e il Bene e il Male sieno ombre fugaci, brume d'afflizione, nebbie al vento.»

Diceva: «*Per caso!*[11] – ecco il titolo di nobiltà più antico al mondo. Io lo resi a tutte le cose, io affrancai tutte le cose dal giogo della finalità[12]. E questa libertà e

1. **il *Superuomo* goethiano**: nel *Faust* di Goethe (▸Vol. 4, T35-T36) era comparsa una tensione al superamento dei limiti umani in cui D'Annunzio vede un precorrimento dell'idea nietzschiana del superuomo.
2. **il titubante, l'infermiccio**: l'esitante, il malaticcio. Giorgio Aurispa è combattuto fra grandi ambizioni e una continua perplessità e scontentezza di sé.
3. **la ridevole... effeminazione**: la ridicola e miserabile debolezza femminea. Per D'Annunzio la debolezza è femminile, e il *Maestro* della forza è *virile*.
4. **tutte le... decrepite**: il rifiorire del messaggio cristiano, che è una malattia (*lue*, "sifilide", "corruzione") nelle razze decadenti (*decrepite*).
5. **Gautama**: uno dei nomi di Buddha, il fondatore del buddismo verso il quale Giorgio Aurispa si sentiva attratto.
6. **uomo dionisiaco**: nella sua prima opera, *La nascita della tragedia*, Nietzsche aveva opposto lo spirito "dionisiaco" (da Dioniso, dio dell'ebbrezza, della forza vitale) allo spirito "apollineo" (l'immagine tradizionale della classicità come equilibrio, armonia, moderazione). L'*uomo dionisiaco* è quello che si abbandona agli istinti vitali primordiali, alla forza selvaggia della sua natura.
7. **Diceva Zarathustra**: citazione da *Così parlò Zarathustra*, parte III.
8. **da fierissimo giostratore**: come un fiero cavaliere in un torneo medievale.
9. **Essere... cielo**: ciascuno sia per se stesso il proprio *cielo*, la propria divinità.
10. **tutte le cose... eternità**: tutte le cose sono ugualmente eterne, in un ciclo perpetuo di trasformazione.
11. ***Per caso!***: nulla ha una ragione e uno scopo. È un passo del *Zarathustra* che segue quello già citato.
12. **affrancai... finalità**: ho liberato tutte le cose dal vincolo di avere uno scopo.

questa serenità celesti io le dispiegai su tutte le cose, come una cupola azzurra, allorché, insegnai che né sopra di loro né dentro di loro alcuna *volontà eterna* vuole.»

Non era in queste sentenze una grande e pura elevazione della vita? Non era il profeta di un'Aurora colui che bandiva[13] gli spiriti da ogni passato, da ogni presente, e li spingeva per mille ponti e per mille strade verso il futuro, verso «la terra dei figli», verso la terra non anche[14] scoperta, in grembo ai più lontani mari, ove un giorno doveva apparire l'Essere superiore all'uomo, l'Essere sopraumano, il *Superuomo*? La forma ideale, a cui tendeva la specie con un continuo ascendere passando per le sue metamorfosi[15], come si poteva raggiungere se non con la profusione della vita[16]? «Che un sideral[17] raggio brilli nel tuo amore! Che la tua speranza sia questa: – Possa io generare il Superuomo!».

Gabriele D'Annunzio, *Trionfo della Morte*, libro V, cap. III, in *Prose di romanzi*, vol. I, Mondadori, Milano, 1988

---

13. **bandiva**: allontanava.
14. **non anche**: non ancora.
15. **con un continuo... metamorfosi**: con una continua evoluzione, per continue trasformazioni verso una condizione più alta. Nel pensiero di Nietzsche ci sono tracce di una personale interpretazione dell'evoluzione darwiniana.
16. **la profusione della vita**: lo sfruttamento completo di tutte le possibilità della vita.
17. **sideral**: celeste, delle stelle.

DIALOGO CON IL TESTO

CONTESTUALIZZARE

Dall'esteta al superuomo Dopo l'incontro con l'opera di Nietzsche, D'Annunzio sviluppa l'ideale dell'esteta in quello del superuomo, in cui trova conferma a idee per lui già congeniali.

- **Quali denominatori comuni e quali differenze si possono individuare fra il modello dell'esteta incarnato da Andrea Sperelli nel *Piacere* (▸T101-T102), e la figura del superuomo esaltata in questo testo?**

D'Annunzio e Nietzsche L'autore, abbandonando gli scrupoli morali (o commerciali) che aveva manifestato nel *Piacere*, sottolinea esplicitamente la polemica di Nietzsche contro la religione e la morale tradizionale. Il testo si può leggere come un compendio di alcuni aspetti cruciali del pensiero nietzschiano:
- il ripudio della compassione come sentimento dei deboli e degli schiavi;
- la negazione di ogni fideismo e provvidenzialismo e la polemica anticristiana;
- la valorizzazione dell'istinto e della volontà di potenza;
- il tema dell'"eterno ritorno" come negazione dell'idea di progresso;
- la teoria darwiniana dell'evoluzione della specie applicata alla società umana.

- **In quali punti del testo sono presenti questi concetti?**

COMPRENDERE

Giorgio Aurispa e Zarathustra Ma più ancora dello Sperelli del *Piacere*, il protagonista di *Trionfo della Morte* è un individuo in profonda crisi esistenziale; il confronto di Giorgio Aurispa con Zarathustra si presenta come un contrasto tra malattia e salute. Il "superuomo" non è una realtà, ma un sogno, una delle tante aspirazioni di un'anima *titubante*, che nel romanzo appare come un individuo bloccato senza rimedio in una spirale autodistruttiva, un eroe già sconfitto.

- **Indicate i termini utilizzati da D'Annunzio per descrivere le caratteristiche del protagonista.**

ANALIZZARE

Un enfatico crescendo Anche in questo brano, come nel precedente, la scrittura è meno pretenziosa che nel *Piacere*. Qui però la caratteristica dominante è l'enfasi con cui il narratore esalta la "profezia" di Zarathustra.

- **Analizzate le scelte sintattiche che conferiscono al brano una crescente accensione retorica.**

Alcyone

- Altri testi dalle *Laudi*:
  - *La quadriga imperiale* (da *Maia*)
  - *Le città terribili* (da *Maia*)
  - *Versilia* (da *Alcyone*)

Buona parte delle liriche di *Alcyone*, secondo libro delle *Laudi*, furono scritte nel corso dell'estate del 1902. L'opera, che contiene 88 poesie, fu pubblicata nel 1903, ed è ordinata secondo un disegno organico: è la rievocazione trasfigurata di una felice estate trascorsa in Versilia, in compagnia della donna amata, Eleonora Duse, la grande attrice drammatica. Il tema dominante è il mito di una vita vissuta in perfetta fusione con la natura. Introdotta da un proemio (che la collega agli altri libri delle *Laudi*), la raccolta presenta cinque sezioni: il poeta rievoca la serena atmosfera di giugno che prelude l'estate (▸T105), esalta la pienezza solare di una stagione al suo culmine (▸T106), racconta una serie di metamorfosi, con la fusione dell'uomo nella natura e una natura che si umanizza (▸T99), descrive i primi segni di una estate in declino (▸T107).

I testi di *Alcyone* riportati in questa sezione sono ripresi dal vol. II di *Versi d'amore e di gloria*, a cura di Luciano Anceschi, Annamaria Andreoli e Niva Lorenzini (Mondadori, Milano, 1984)

ANALISI

T105 ▸ La sera fiesolana

La lirica fu pubblicata nel 1899 sulla «Nuova Antologia» e in seguito venne collocata nella sezione iniziale di *Alcyone*, quella che evoca l'atmosfera di giugno, preludio d'estate.

▸ **METRO**: tre strofe di quattordici versi che variano liberamente (endecasillabi, novenari, settenari, quinari, e versi che eccedono l'endecasillabo, di dodici o tredici sillabe); pure libera la disposizione delle frequenti rime. Ogni strofa è seguita da una "laude" in tre versi (un endecasillabo, un verso "eccedente" e un quinario).

Fresche le mie parole ne la sera
ti sien come il fruscìo che fan le foglie
del gelso ne la man di chi le coglie
silenzioso e ancor s'attarda a l'opra lenta
su l'alta scala che s'annera
contro il fusto che s'inargenta
con le sue rame spoglie
mentre la Luna è prossima a le soglie
cerule e par che innanzi a sé distenda un velo
ove il nostro sogno si giace
e par che la campagna già si senta
da lei sommersa nel notturno gelo
e da lei beva la sperata pace
senza vederla.
    Laudata sii pel tuo viso di perla,

2. **ti sien**: siano per te.
4. **a l'opra lenta**: al lavoro delicato e paziente.
5. **s'annera**: diventa più scura con il sopraggiungere della sera.
6. **s'inargenta**: spicca argenteo.
7. **rame spoglie**: i rami spogliati delle foglie.
8-9. **la Luna... cerule**: la Luna si avvicina alla soglia azzurra (sta per sorgere nel cielo).
10. **il nostro sogno**: il sogno dei due amanti.
15. **tuo viso di perla**: il colore perlaceo diffuso dalla luna in procinto di apparire.

o Sera, e pe' tuoi grandi umidi occhi ove si tace
l'acqua del cielo!
Dolci le mie parole ne la sera
ti sien come la pioggia che bruiva
tepida e fuggitiva,
commiato lacrimoso de la primavera,
su i gelsi e su gli olmi e su le viti
e su i pini dai novelli rosei diti
che giocano con l'aura che si perde,
e su 'l grano che non è biondo ancóra
e non è verde,
e su 'l fieno che già patì la falce
e trascolora,
e su gli olivi, su i fratelli olivi
che fan di santità pallidi i clivi
e sorridenti.
Laudata sii per le tue vesti aulenti,
o Sera, e pel cinto che ti cinge come il salce
il fien che odora!
Io ti dirò verso quali reami
d'amor ci chiami il fiume, le cui fonti
eterne a l'ombra de gli antichi rami
parlano nel mistero sacro dei monti,

Thure Sundell, *Chiaro di luna*, XX secolo. (Collezione privata)

16-17. **tuoi grandi... cielo**: le pozzanghere dove ristagna silenziosa la pioggia.
19. **bruiva**: frusciava.
20. **tepida e fuggitiva**: di una temperatura già estiva e di breve durata.
21. **commiato... primavera**: saluto della primavera che sta per andarsene, *lacrimoso*, quasi una pioggia di lacrime.
23. **dai novelli... diti**: pieni di nuovi, freschi, germogli.
24. **che giocano... perde**: che sembrano giocare con la brezza (quasi aria dispersa) che li muove.
27. **patì la falce**: subì il taglio della falce.
28. **trascolora**: cambia colore perché si secca.
29. **fratelli olivi**: evoca l'appello fraterno agli elementi della natura nel *Cantico delle creature* di San Francesco (▶Vol. 1, T1): «frate Sole, frate Vento, frate Focu».
30-31. **che fan... sorridenti**: che rendono i pendii del colli (*clivi*) pallidi del loro colore verde e lieti; *di santità* si riferisce ai significati religiosi associati agli ulivi, *sorridenti* dà al paesaggio un tono di francescana letizia.
32. **aulenti**: profumate.
33-34. **pel cinto... che odora**: per la natura intorno che ti cinge come il ramo di salice che avvolge in fasci il fieno profumato.
35. **reami**: antichi, misteriosi, regni.
36-38. **le cui... monti**: le sorgenti dell'Arno (*il fiume*), da cui scorre eterna l'acqua, nascono tra antichi e ombrosi boschi, nei recessi arcani dei monti.

e ti dirò per qual segreto
le colline su i limpidi orizzonti
s'incùrvino come labbra che un divieto
chiuda, e perché la volontà di dire
le faccia belle
oltre ogni uman desire
e nel silenzio lor sempre novelle
consolatrici, sì che pare
che ogni sera l'anima le possa amare
d'amor più forte.
   Laudata sii per la tua pura morte,
o Sera, e per l'attesa che in te fa palpitare
le prime stelle!

40-42. **le colline... chiuda**: le colline fiorentine, contro il cielo sereno, disegnano profili di labbra chiuse a mantenere un segreto.
42-44. **la volontà... desire**: la voglia di rivelare il segreto le rende belle al di là di ogni umano desiderio.
45-46. **sempre novelle consolatrici**: portatrici di una consolazione sempre nuova.
49. **la tua pura morte**: il tuo dileguarti serena nel buio della notte.

DIALOGO CON IL TESTO

COMPRENDERE

Atmosfere, sensazioni, visioni Il tema è tenue e musicalmente sfumato: una tiepida sera di giugno, con gli stati d'animo che essa risveglia nel poeta e nella donna che gli sta accanto. Le immagini costruiscono un disegno semplice e leggero, il linguaggio non racconta né descrive, ma evoca atmosfere riposanti, visioni magiche (*reami d'amor*), segreti religiosi (il *mistero sacro dei monti*). Suoni e colori sono tenui, smaterializzati: *fruscio*, *bruiva*, *soglie cerule*, *rosei diti*, *pallidi clivi*. Anche il poeta e la donna perdono consistenza corporea: l'uno è solo una voce, l'altra è un silenzioso fantasma, appena evocato dal "tu" ricorrente.

Sintonia fra l'io e le cose L'accordo emotivo tra esseri umani e paesaggio si intona a uno spirito francescano nei temi mistici della fratellanza e della letizia (vv. 29-31), nel richiamo al *Cantico delle creature*, con la triplice "laude" che scandisce i tempi della lirica. Il rapporto uomo-natura, che altrove D'Annunzio esprime in termini fisici, sensuali, qui si spiritualizza, diventa una magica sintonia tra l'io e le cose.

- **Metafore e similitudini tendono a dare sembianze umane agli aspetti del paesaggio. Indicate qualche esempio.**
- **In particolare, nei tre ritornelli (vv. 15-17, 32-34 e 49-51) la Sera viene personificata come una divinità femminile. Indicate quali parti della sua persona vengono evocate e spiegate a quali elementi del paesaggio corrispondono, secondo il principio dell'analogia.**

Celebrazione della parola poetica Ma questi motivi di ispirazione naturalistica sono come incorniciati da un tema più profondo, che è la celebrazione della parola del poeta, un tema tipicamente simbolista.
Infatti le prime due strofe si presentano come due lunghe similitudini che illustrano le qualità de *le mie parole* (vv. 1-2, 18-19), mentre nella terza il poeta stesso diventa soggetto (*Io ti dirò* v. 35), e si propone come il disvelatore degli occulti segreti che animano lo scenario naturale (v. 39).

- **In che cosa consiste il segreto svelato dal poeta? È possibile ricondurlo a qualche concetto o sentimento o si tratta di pura suggestione sonora, impossibile da parafrasare?**

ANALIZZARE

Cadenzati movimenti musicali La poesia è uno dei risultati più perfetti della maestria di D'Annunzio nell'intonare musicalmente il discorso lirico. Le tre strofe sono tre movimenti musicali, avviati dalla ripresa tematica quasi identica nelle prime due, conclusi dalla triplice "laude" che si ripete, mutata nelle immagini, ma con la stessa cadenza di sacra litania. I tre momenti sono distinti in modo così chiaro che, quando pubblicò la lirica per la prima volta il 16 novembre 1899 sulla rivista «Nuova Antologia», D'Annunzio attribuì un sottotitolo a ognuna delle strofe: *La natività della Luna* (strofa I), *La pioggia di giugno* (strofa II), *Le colline* (strofa III).

Sintassi, metrica, figure I periodi coincidono con le strofe e vi si distendono con una sintassi piana, fatta di serie parallele e coordinate, con una scorrevolezza accentuata dalla punteggiatura ridotta al minimo. Il ritmo, giocato sul libero sviluppo dei versi, evita le rotture marcate e privilegia fluidi rimandi sonori (come l'allitterazione *il Fruscio che Fan le Foglie*, v. 2), accordandosi ai movimenti sciolti del discorso.

- **Analizzate altri casi in cui le parole sono accostate per il loro suono oltre che per il loro significato.**
- **Il dialogo fra le sensazioni umane e le vibrazioni della natura è espressa attraverso il ricorrere della figura della sinestesia: in quali punti del testo?**

Guido Pellizza da Volpedo, *Passeggiata amorosa*, 1901-1902. (Roma, Galleria Nazionale d'Arte Moderna)

CONTESTUALIZZARE

D'Annunzio e Baudelaire Il componimento rimanda esplicitamente, per i temi e per le forme, alle esperienze simboliste diffuse in quegli anni in Europa (▸T22-T32).

- **Accostate *La sera fiesolana* a *Corrispondenze* (▸T23) di Baudelaire: quali analogie e quali differenze si possono individuare?**

Suggestioni francescane Nel periodo passato a Fiesole (1894-1904), è evidente il fascino che la figura di San Francesco esercitò su D'Annunzio. In *La sera fiesolana* si nota, oltre alla ripresa del *Cantico delle creature* nella formula *Laudata sii*, l'immagine dei *fratelli olivi / che fan di santità pallidi i clivi* (vv. 29-30). Il poeta, inoltre, ribattezzò vezzosamente la villa di Eleonora Duse «Porziuncola», come la chiesetta di Assisi restaurata da San Francesco, e pensò anche di dedicare al santo una tragedia, che poi non fu mai realizzata.
Questa infatuazione francescana ebbe inizio con un pellegrinaggio che D'Annunzio e la Duse fecero ad Assisi nel settembre 1897, di cui resta traccia nei taccuini del poeta, ricchi di fini notazioni paesaggistiche e sentimentali che ritornano in *La sera fiesolana*.
Indubbiamente, appare a prima vista sorprendente che un *dandy* spendaccione e mondano come D'Annunzio abbia subìto il fascino di San Francesco. Tuttavia, l'interesse per un Medioevo "primitivo" accomuna diversi artisti del periodo *liberty*, specialmente i pittori preraffaelliti che il poeta apprezzava. Inoltre, D'Annunzio doveva trovare interessante nel santo non certo l'aspetto più propriamente religioso, che anzi gli rimase sempre estraneo, ma il suo rapporto genuino e diretto con la natura, testimoniato non solo dal *Cantico delle creature*, ma anche da episodi leggendari della sua biografia come la predica agli uccelli e l'ammansimento del lupo di Gubbio.

T106 ▸ Meriggio

Rievocando la felice estate del 1902 trascorsa in Versilia, scriveva D'Annunzio cinque anni dopo: «Ogni giorno mettevo la sella a un cavallo balzano per tre ma non alato, e me ne andavo a passar l'Arno, e me ne andavo verso la Giogana [...]. E ogni giorno mi trasfiguravo nell'estro di una laude eterea come una lodola, e muscolosa come una lonza». D'Annunzio percorre la regione in solitarie esplorazioni, in cerca di ispirazione poetica. La lirica *Meriggio*, contenuta nella seconda sezione di *Alcyone*, sembra confermarlo.

▸ **METRO**: quattro "strofe lunghe" di ventisette versi liberi, chiuse da un verso isolato.

A mezzo il giorno
sul Mare etrusco
pallido verdicante
come il dissepolto
bronzo dagli ipogei, grava
la bonaccia. Non bava
di vento intorno
alita. Non trema canna
su la solitaria
spiaggia aspra di rusco,
di ginepri arsi. Non suona
voce, se ascolto.
Riga di vele in panna
verso Livorno
biancica. Pel chiaro
silenzio il Capo Corvo
l'isola del Faro
scorgo; e più lontane,
forme d'aria nell'aria,
l'isole del tuo sdegno,
o padre Dante,
la Capraia e la Gorgóna.
Marmorea corona
di minaccevoli punte,
le grandi Alpi Apuane
regnano il regno amaro,
dal loro orgoglio assunte.
La foce è come salso
stagno. Del marin colore,

2. **Mare etrusco**: il Tirreno.
3. **pallido verdicante**: verde pallido.
4-5. **come... ipogei**: come il colore dei bronzi dissepolti dalle tombe etrusche.
6. **bonaccia**: assenza di vento.
10. **aspra di rusco**: su cui cresce la pianta spinosa del rusco (pungitopo).
11. **arsi**: bruciati dal sole.
13-15. **Riga... biancica**: dalla parte di Livorno biancheggia una fila di vele afflosciate per mancanza di vento.
16-17. **Capo Corvo... Faro**: località verso La Spezia.
20-22. **l'isole... Gorgóna**: le isole di Capraia e di Gorgona, dinanzi alla foce dell'Arno, ricordate da Dante in un'espressione di sdegno. Allusione all'invettiva contro Pisa colpevole della morte del conte Ugolino e dei suoi figli (*Inf.* XXXIII, vv. 82-84): «muovasi la Capraia e la Gorgona, / e faccian siepe ad Arno in su la foce, / sì ch'elli anneghi in te ogni persona!»
26. **regnano... amaro**: dominano il mare dall'acqua amara.
27. **dal loro... assunte**: innalzandosi orgogliose.
28. **salso**: salato.
29. **Del marin colore**: riferito allo *stagno* della foce.

per mezzo alle capanne,
per entro alle reti
che pendono dalla croce
degli staggi, si tace.
Come il bronzo sepolcrale
pallida verdica in pace
quella che sorridea.
Quasi letèa,
obliviosa, eguale,
segno non mostra
di corrente, non ruga
d'aura. La fuga
delle due rive
si chiude come in un cerchio
di canne, che circonscrive
l'oblìo silente; e le canne
non han susurri. Più foschi
i boschi di San Rossore
fan di sé cupa chiostra;
ma i più lontani,
verso il Gombo, verso il Serchio,
son quasi azzurri.
Dormono i Monti Pisani
coperti da inerti
cumuli di vapore.
Bonaccia, calura,
per ovunque silenzio.
L'Estate si matura
sul mio capo come un pomo
che promesso mi sia,
che cogliere io debba
con la mia mano,
che suggere io debba
con le mie labbra solo.
Perduta è ogni traccia
dell'uomo. Voce non suona,
se ascolto. Ogni duolo
umano m'abbandona.

Rubaldo Merello, *Il promontorio di Portofino*, 1914. (Genova, Galleria d'Arte Moderna)

30. **capanne**: le capanne dei pescatori rette da palafitte sull'acqua.
32-33. **che pendono... staggi**: che pendono dai pali incrociati che le reggono (*staggi*).
34. **il bronzo sepolcrale**: i bronzi dissepolti delle tombe etrusche (vedi vv. 4-5).
36. **quella che sorridea**: l'acqua che prima, scorrendo nel fiume, pareva sorridere. La foce stagnante è come la tomba del fiume.
37-38. **Quasi letèa... eguale**: come l'acqua immobile del Lete (il fiume dell'oltretomba pagano che procurava l'oblio a chi vi si immergeva), che induce oblio (*obliviosa*), piatta (*eguale*).
40-41. **ruga d'aura**: increspatura prodotta dal vento.
41-45. **La fuga... silente**: verso il corso del fiume, la *fuga* prospettica delle rive è chiusa da un cerchio di canne che delimita una zona immersa nell'oblio e nel silenzio; come fuori dal tempo e dalla memoria.
47. **San Rossore**: famosa pineta tra l'Arno e il Serchio.
48. **cupa chiostra**: scura muraglia circolare.
50. **il Gombo**: la villa di caccia di quella che allora era la tenuta reale di San Rossore.
62. **suggere**: succhiare.
66. **duolo**: dolore, preoccupazione.

Non ho più nome.
E sento che il mio vólto
s'indora dell'oro
meridiano,
e che la mia bionda
barba riluce
come la paglia marina;
sento che il lido rigato
con sì delicato
lavoro dall'onda
e dal vento è come
il mio palato, è come
il cavo della mia mano
ove il tatto s'affina.
E la mia forza supina
si stampa nell'arena,
diffondesi nel mare;
e il fiume è la mia vena,
il monte è la mia fronte,
la selva è la mia pube,
la nube è il mio sudore.
E io sono nel fiore
della stiancia, nella scaglia
della pina, nella bacca
del ginepro: io son nel fuco,
nella paglia marina,
in ogni cosa esigua,
in ogni cosa immane,
nella sabbia contigua,
nelle vette lontane.
Ardo, riluco.
E non ho più nome.
E l'alpi e l'isole e i golfi
e i capi e i fari e i boschi
e le foci ch'io nomai
non han più l'usato nome
che suona in labbra umane.
Non ho più nome né sorte
tra gli uomini; ma il mio nome
è Meriggio. In tutto io vivo
tacito come la Morte.
E la mia vita è divina.

Xavier Mellery, *L'edera*, 1895.
(Bruxelles, Musée royaux des beaux-arts de Belgique)

68. **Non ho più nome**: immerso nell'oblio, ho perduto la coscienza di me.
70-71. **s'indora... meridiano**: assume il colore dorato della luce del meriggio.
74. **la paglia marina**: le alghe del mare.
75-77. **rigato... lavoro**: segnato di delicate striature.
81. **s'affina**: diventa più fine, capace di cogliere le sensazioni più sottili.
82. **la mia forza supina**: il mio corpo sdraiato supino che grava sulla sabbia.
87. **pube**: pelo pubico.
90. **stiancia**: erba che cresce tra le dune sabbiose.
91. **pina**: pigna.
92. **fuco**: alga marina.
96. **contigua**: vicina.
98. **riluco**: emano luce.

DIALOGO CON IL TESTO

COMPRENDERE

Un'immobilità allucinata In un meriggio estivo, culmine del giorno in una stagione anch'essa al suo culmine, trionfa il mito della solarità, espressione della forza della natura. Ma questa forza si traduce in un'immobilità allucinata: mare, vento, isole, monti, tutto il paesaggio è fermo, in una quiete e in un silenzio totali. A questa sensazione di isolamento contribuisce la totale solitudine del poeta, che non ha accanto a sé neanche la consueta figura femminile, come in *La pioggia nel pineto* (▸T99) e *La sera fiesolana* (▸T105).

Identificazione panica con la natura A partire dalla terza strofa, l'accento si sposta dal paesaggio all'io del poeta; ma è un "io" totalmente immerso nella natura, fino a identificarsi con essa, in uno stato di estasi panica, senza più identità umana (*Perduta è ogni traccia / dell'uomo*, vv. 64-65). Il tema è dunque un rapporto tra uomo e natura vissuto come ritorno alle radici della vita, in un abbraccio dell'io con le cose non privo di sensualità (vv. 60-63). Ma questa pienezza vitale è anche una disgregazione dell'io, un dissolversi mortale: *In tutto io vivo / tacito come la Morte* (vv. 107-108): quella stessa morte che, in quanto parte del ciclo naturale, viene lodata come portatrice di metamorfosi sia nelle liriche di *Alcyone* relative all'inizio dell'estate, come *La sera fiesolana* (vv. 49-50, ▸T105), sia in quelle relative alla fine dell'estate, come il ciclo dei *Madrigali dell'estate* (▸T107).

ANALIZZARE

La sintassi, il lessico La sintassi è semplificata, con frasi a volte ridotte al solo verbo (*Ardo, riluco*, v. 98), oppure soltanto nominali (*Bonaccia, calura, / per ovunque silenzio*, vv. 55-56); la frequenza delle pause traduce la sensazione dominante di immobilità e silenzio. Il lessico è elegante, ricco di termini rari (*verdicante, biancica*), di riferimenti colti (*ipogei, o padre Dante*), di termini specialistici della botanica (vv. 89-92) e immagini preziose (*non ruga d'aura, l'oblìo silente*, la *cupa chiostra* dei boschi).

Effetti di suono, similitudini, metafore Altrettanto raffinato (come sempre in *Alcyone*) è il trattamento degli effetti sonori.

- **Individuate passi in cui c'è la ricerca di suoni aspri, atti a rendere un paesaggio arso dal sole estivo, e altri in cui prevale una sonorità delicata ed evanescente, che rende le lontananze velate dalla calura.**

Altri caratteri peculiari della scrittura poetica di *Alcyone* si possono così sintetizzare:
- l'elencazione come accumulo di parole e di immagini;
- il gioco dei parallelismi e delle ripetizioni;
- il metro impreziosito da una molteplicità di rimandi sonori.

- **Indicate un esempio per ciascuna di queste caratteristiche.**

Le similitudini, numerose come sempre in D'Annunzio, a metamorfosi avvenuta si abbreviano in metafore, simboli di una totale simbiosi uomo/natura.

- **Verificate nel testo questa progressione.**

CONFRONTARE

Meriggio* e *La pioggia nel pineto L'identificazione tra essere umano e natura è espressa con immagini molto simili a quelle che appaiono in un passo della *Pioggia nel pineto* (▸T99).

- **Confrontate i due testi, indicando i passi che si richiamano reciprocamente.**
- **Un'altra scelta stilistica che accomuna i due testi è la ripetizione a distanza, al loro interno, di versi uguali o simili. Fatene alcuni esempi.**

T107 ▸ Nella belletta

Questa poesia fa parte dei *Madrigali dell'estate*, una serie di brevi componimenti riuniti sotto questo titolo nella quarta sezione di *Alcyone*.

▸ **METRO**: madrigale di due terzine e un distico di endecasillabi. Due sole rime, nelle terzine.

Nella belletta i giunchi hanno l'odore
delle persiche mézze e delle rose
passe, del miele guasto e della morte.
   Or tutta la palude è come un fiore
lutulento che il sol d'agosto cuoce,
con non so che dolcigna afa di morte.
   Ammutisce la rana, se m'appresso.
Le bolle d'aria salgono in silenzio.

Filippo Palizzi, *Paesaggio con rondini*, 1868. (San Pietroburgo, Museo dell'Ermitage)

1. **belletta**: il fango della palude (termine dantesco).
2. **persiche mézze**: pesche troppo mature, che cominciano a marcire.
3. **passe**: appassite.
5. **lutulento**: fangoso.
8. **Le bolle d'aria**: il bollore prodotto da processi di putrefazione sul fondo della palude.

DIALOGO CON IL TESTO

COMPRENDERE

Il tema della morte È un'immagine di immobilità, silenzio, lenta putrefazione. La parola *morte*, che ricorre in chiusura delle due terzine, può suggerire un'interpretazione in linea con la collocazione della poesia verso la fine di *Alcyone*: l'estate muore per consunzione, per eccesso di maturità.

ANALIZZARE

Attrazione e ripugnanza Il rapporto maturità-disfacimento è assaporato in una gamma di delicate sensazioni olfattive; come sempre, la corruzione fisica ha su D'Annunzio un ambiguo fascino misto di attrazione e ripugnanza, qui espresso dall'ossimoro *fiore lutulento*. E mentre le liriche di *Alcyone* relative alla pienezza dell'estate pullulavano di suoni (il canto degli uccelli, le cicale, le onde del mare, il vento), qui ad attrarre il poeta è proprio il silenzio, che si lega all'idea stessa di morte: nell'ambiente della palude non c'è vita e non c'è movimento, e il silenzio della rana (v. 7) e delle bolle (v. 8), di per sé naturalissimi, si caricano di significati simbolici di morte.

- **Analizzate il passaggio dalle sensazioni olfattive a quelle tattili, visive e uditive.**
- **Individuate la sinestesia nel testo.**

CONFRONTARE

Nella belletta* e *Meriggio

- **Confrontando questa poesia con *Meriggio* (▸T106), individuate e analizzate:**
  - analogie nelle scelte lessicali;
  - affinità e differenze tematiche;
  - l'opposizione di intonazione e ritmo.

Il *Notturno*

• *«O gloria immensa!»*

Nel 1916, durante una delle sue spericolate imprese aviatorie nella prima guerra mondiale, D'Annunzio rischiò di perdere la vista in un incidente di volo e per due mesi fu costretto a letto a Venezia, con gli occhi bendati; restò cieco di un occhio, ma riprese presto le sue azioni di guerra. Passò quei due mesi a scrivere, con la tecnica che descrive in questo brano. A guerra finita, rielaborò le note e gli appunti nel *Notturno* (1921). Il titolo allude al fatto che l'autore scrive al buio, senza vedere ciò che scrive, ma si adatta anche al clima onirico che pervade l'opera. Il libro si propone come registrazione immediata di pensieri, sensazioni, immagini che nascono dentro gli occhi bendati. I disagi fisici di chi scrive, il suo malessere spirituale, la figura della figlia che lo assiste si mescolano a improvvise visioni: si materializzano ricordi, figure, paesaggi (imprese e compagni di guerra, la madre, l'Abruzzo), in una continua sovrapposizione di presente e passato.

T108 ▸ «Scrivo nell'oscurità»

Presentiamo le pagine iniziali del *Notturno*.

Ho gli occhi bendati.

Sto supino nel letto, col torso immobile, col capo riverso, un poco più basso dei piedi.

Sollevo leggermente le ginocchia per dare inclinazione alla tavoletta che v'è posata.

Scrivo sopra una stretta lista di carta che contiene una riga. Ho tra le dita un lapis[1] scorrevole. Il pollice e il medio della mano destra, poggiati su gli orli della lista, la fanno scorrere via via che la parola è scritta.

Sento con l'ultima falange del mignolo destro l'orlo di sotto e me ne servo come d'una guida per conservare la dirittura.

I gomiti sono fermi contro i miei fianchi. Cerco di dare al movimento delle mani una estrema leggerezza in modo che il loro giuoco non oltrepassi l'articolazione del polso, che nessun tremito si trasmetta al capo fasciato.

Sento in tutta la mia attitudine la rigidità di uno scriba egizio scolpito nel basalte[2].

La stanza è muta d'ogni luce. Scrivo nell'oscurità. Traccio i miei segni nella notte che è solida contro l'una e l'altra coscia come un'asse inchiodata[3].

Imparo un'arte nuova.

Quando la dura sentenza del medico mi rovesciò nel buio, m'assegnò nel buio lo stretto spazio che il mio corpo occuperà nel sepolcro, quando il vento dell'azione si freddò sul mio volto[4] quasi cancellandolo e i fantasmi della battaglia furono

1. **lapis:** matita.
2. **basalte**: forma antica per *basalto*, la pietra nera di molte sculture egizie.
3. **nella notte che è solida... inchiodata**: sente il buio premere fisicamente sui suoi fianchi.
4. **il vento dell'azione si freddò... volto**: l'incidente lo costrinse a interrompere la sua febbrile attività militare; *il vento dell'azione* richiama il vento che doveva sentire il pilota dei piccoli aerei scoperti dell'epoca.

Gaetano Previati, *La creazione della luce*, 1913. (Roma, Galleria Nazionale d'Arte Moderna)

d'un tratto esclusi dalla soglia nera[5], quando il silenzio fu fatto in me e intorno a me, quando ebbi abbandonata la mia carne e ritrovato il mio spirito, dalla prima ansia confusa risorse il bisogno di esprimere, di significare. E quasi sùbito mi misi a cercare un modo ingegnoso di eludere il rigore della cura e d'ingannare il medico severo senza trasgredire i suoi comandamenti.

M'era vietato il discorrere e in ispecie il discorrere scolpito[6]; né m'era possibile vincere l'antica ripugnanza alla dettatura e il pudore segreto dell'arte che non vuole intermediarii o testimonii fra la materia e colui che la tratta. L'esperienza mi dissuadeva dal tentare a occhi chiusi la pagina. La difficoltà non è nella prima riga, ma nella seconda e nelle seguenti[7].

Allora mi venne nella memoria la maniera delle Sibille che scrivevano la sentenza breve su le foglie disperse al vento del fato[8].

Sorrisi d'un sorriso che nessuno vide nell'ombra quando udii il suono della carta che la Sirenetta[9] tagliava in liste per me, stesa sul tappeto della stanza attigua, al lume d'una lampada bassa.

Ella deve avere il mento rischiarato come dal riverbero della sabbia cocente quando eravamo distesi l'uno accanto all'altra su la spiaggia pisana, nel tempo lieto.

La carta fa un fruscìo regolare che nella mia imaginazione evoca quello della risacca a piè delle tamerici e dei ginepri riarsi dal libeccio[10].

5. **soglia nera**: il buio in cui è costretto è come una porta chiusa.
6. **scolpito**: scritto.
7. **La difficoltà... seguenti**: scrivendo a occhi chiusi, il difficile è non sovrapporre le righe.
8. **Sibille... fato**: le Sibille erano sacerdotesse di Apollo che davano responsi oracolari. Secondo una tradizione, i responsi erano scritti su foglie che il vento subito disperdeva: probabilmente una metafora per l'oscurità dei responsi, l'impossibilità di scrutare il destino, che qui è però presa alla lettera.
9. **la Sirenetta**: la figlia Renata, nata nel 1894 da una relazione con la principessa Maria Gravina.
10. **libeccio**: vento di sud-ovest.

Sotto la benda il fondo del mio occhio ferito fiammeggia come il meriggio estivo di Bocca d'Arno[11].

Vedo la sabbia corrugata dal vento, rigata dall'onda.

Posso noverare[12] i granelli, affondarvi la mano, riempirmene la palma, lasciarli scorrere fra le dita.

La fiamma cresce, la canicola[13] infuria. La sabbia brilla nella mia visione come mica e quarzo[14]. Mi abbarbaglia, mi dà la vertigine e il terrore, come il deserto libico quando quella mattina cavalcavo solo verso le tombe di Sakkarah[15].

Non ho difesa di palpebre né altro schermo. Il tremendo ardore è sotto la mia fronte, inevitabile.

Il giallo s'arrossa, il piano si travaglia[16]. Tutto diventa irto e tagliente. Poi, come una mano creatrice foggia le figure nella creta cedevole, un soffio misterioso alza dalla distesa abbagliante rilievi di forme umane e bestiali.

Ora il fuoco solido[17] è trattato come la pietra a scarpello.

Ho davanti a me una parete rigida di roccia rovente scolpita d'uomini e di mostri. A quando a quando sbatte come una immensa vela, e le apparizioni si agitano. Poi tutto fugge, portato via dal turbine rosso, come un mucchio di tende nel deserto.

L'orlo della retina strappata brucia accartocciandosi come il papiro dantesco[18]; e il bruno cancella via via le parole che vi sono scritte.

Leggo[19]: «Perché due volte m'hai tu deluso[20]?».

Il sudore salso[21] mi cola fin nella bocca misto alle lacrime delle ciglia compresse.

Ho sete. Domando un sorso d'acqua.

L'infermiera me lo nega, perché m'è vietato di bevere[22].

«Tu ti disseterai nel tuo sudore e nel tuo pianto[23]».

Il lenzuolo aderisce al mio corpo come quello che involge l'annegato stillante di sale, tratto alla riva e deposto su la sabbia sinché non venga qualcuno a riconoscerlo, a chiudergli le palpebre schiumose e a ululare[24] sul suo silenzio.

Gabriele D'Annunzio, *Notturno*, in *Prose di ricerca*, vol. I, Mondadori, Milano, 1954

11. **Bocca d'Arno**: la foce dell'Arno. Il paesaggio evocato è quello versiliese, lo stesso di *Alcyone*.
12. **noverare**: contare.
13. **canicola**: caldo afoso.
14. **mica e quarzo**: tipi di metallo dall'aspetto brillante.
15. **quando... Sakkarah**: ricordo di un viaggio in Egitto compiuto con la Duse nel 1899.
16. **il piano si travaglia**: la pianura della visione si sconvolge, si agita.
17. **il fuoco solido**: il bruciore degli occhi, i barbagli che si formano al loro interno, che nella visione si solidificano come materiale scultorio.
18. **come il papiro dantesco**: riferimento a Dante, *Inf.* XXV, vv. 63-65: «come procede innanzi da l'ardore, / per lo papiro suso, un color bruno / che non è nero ancora e 'l bianco more».
19. **Leggo**: immaginariamente, nel *papiro* della similitudine, cioè nella propria *retina*, nella propria mente.
20. **Perché... deluso?**: da allusioni successive, sembra che l'appello sia rivolto alla morte, che per due volte ha negato la propria gloria al poeta-soldato, facendo morire in sua vece due compagni di imprese.
21. **salso**: salato.
22. **m'è vietato di bevere**: il medico aveva imposto a D'Annunzio di bere il meno possibile, per favorire il riassorbimento del versamento interno.
23. **Tu... pianto**: la frase ha un sapore biblico, ma non è ripresa alla lettera dalla Bibbia. Probabilmente l'autore ricorda un luogo dei *Salmi* (101, 10): «e mescolavo la mia bevanda col pianto», e la maledizione di Adamo dopo il peccato originale nel *Genesi* (3, 19): «mangerai il pane nel sudore del tuo viso».
24. **ululare**: gridare il compianto sul defunto.

DIALOGO CON IL TESTO

COMPRENDERE

I temi dominanti Il *Notturno* è definito da D'Annunzio «diario delle tenebre». Il poeta è costretto a scrivere in condizioni difficilissime: ha gli occhi bendati, è totalmente immobile, deve stare sdraiato con la testa più in basso rispetto ai piedi e per ordine del medico può bere pochissimo.

La mancanza della vista gli permetterà di concentrarsi da un lato sulla sua interiorità e sui suoi ricordi, dall'altro sugli altri sensi (soprattutto l'udito e l'olfatto). Nel testo si possono notare alcuni temi dominanti:

- la necessità vitale dello scrivere come urgenza interiore;
- la molteplicità di sensazioni provocate dal buio, tattili ma anche visive;
- la percezione fantastica di un mondo interiore oscuro e inquieto, simbolicamente trasfigurato.

- **Nonostante l'eccezionalità della situazione, potete rintracciare nel testo certe costanti dell'ispirazione dannunziana:**
  - **il bisogno di dare una dimensione eroica e sovrumana a ogni anche minima esperienza personale;**
  - **la presenza ossessiva di immagini funebri.**

CONTESTUALIZZARE

Una nuova forma di narcisismo Il poeta non si perde d'animo e decide di trasformare la sua difficile condizione in una nuova fonte di ispirazione. *Imparo un'arte nuova*, afferma perentoriamente alla r. 18: nulla di insolito, dunque, perché il poeta ha sempre esaltato la metamorfosi formale e stilistica come segno di vitalità. A ciò si aggiunga che D'Annunzio ha fatto passare ben sei anni tra la composizione e la pubblicazione del *Notturno*, durante i quali ha mantenuto viva l'attesa del pubblico per il nuovo libro con anticipazioni e indiscrezioni, esibendo la sua infermità in numerose fotografie e descrivendo (spesso esagerando) le sue difficili condizioni.

Malgrado il tono apparentemente dimesso e intimistico, dunque, il *Notturno* si può leggere come un'ulteriore occasione utilizzata da D'Annunzio per esibire narcisisticamente il proprio eroismo di uomo in lotta contro le difficoltà.

ANALIZZARE

Prosa scarna e allusiva Il discorso si sviluppa attraverso una sintassi spezzata, in frasi brevi, incisive, determinate anche dalle particolari modalità di composizione: il poeta scriveva su striscioline di carta fissate su un telaio di legno preparategli dalla figlia, in modo da poter scrivere su una riga dritta anche senza vedere.

Le parole esasperano le cose e le trasformano in visioni deliranti. Il ritmo del discorso, scandito dalle pause forti della punteggiatura e dai frequenti a capo, è convulso, incalzante: si adatta al flusso disordinato del pensiero, al mutare improvviso delle sensazioni, al calore incandescente delle immagini. Nel complesso, la scrittura del *Notturno* sviluppa la tendenza originaria dannunziana a una prosa-poesia, ma si fa più scarna, frammentaria, allusiva.

- **L'evocatività del testo è sottolineata dalle figure retoriche. Indicate in particolare le metafore e similitudini con cui D'Annunzio si riferisce alla sua retina danneggiata.**
- **Un aspetto di cui si può verificare la persistenza è il gusto dell'arcaismo e dei riferimenti eruditi. Indicatene qualche esempio nel testo.**

Realtà, memoria, allucinazione L'aspetto più suggestivo del testo è il trapasso dal presente alla memoria, all'allucinazione.

- **Indicate i punti in cui questi passaggi avvengono in modo improvviso eppure naturale e spiegate quali sottili associazioni di idee evocano quei ricordi.**

LUIGI RUSSO

C10 ▸ Il dannunzianesimo di due generazioni

Luigi Russo (1892-1961), professore di letteratura italiana nelle Università di Pisa e di Firenze, fu un critico letterario di formazione crociana, di grande prestigio ai suoi tempi. Nel 1938, alla morte di D'Annunzio, ricevette dal governo fascista (come tutti i suoi colleghi) l'ordine di tenere un discorso commemorativo. Ne riportiamo un brano che sottolinea l'importanza dello scrittore nella storia della cultura e del costume, con un atteggiamento non tanto celebrativo, ma anzi abbastanza indipendente dalla retorica ufficiale del regime.

Nessun giovane della mia generazione e di almeno una generazione successiva alla mia, si è sottratto al fascino e agli insegnamenti dannunziani; anche là dove si respingevano nella loro parte più insana, come modi stilistici, come ambizione di vita, come gusto politico, dalla guerra libica in poi abbiamo tutti consumato metafore e gesti e motti dannunziani. Anche i temperamenti più asciutti e più schietti, e alieni da ogni estetismo, hanno pagato il loro tributo a questo singolare idoletto disceso dagli Abruzzi. Il che si dice non a titolo affermativo e celebrativo, ma come una confessione necessaria, semplice ed onesta. Il solo modo di liberarsi dal dannunzianesimo è quello di confessarlo. [...]

Il *vivere non est necesse*, ma *navigare est necesse*[1], è stato il motto di molti giovani della generazione della guerra e di quella successiva del fascismo. Tutti abbiamo imparato a scrivere più bello da D'Annunzio, il che, argutamente è stato osservato, non sempre significa scrivere meglio [...]. Sarebbe uno studio assai utile, e ricco di risultati, venire analizzando la prosa quotidiana, nel suo trapasso dal semplice e casalingo stile dei manzoniani, allo stile dannunzianeggiante, dall'alba del Novecento fino ai nostri giorni. Di moduli dannunziani è intessuta oggi la prosa degli illetterati [...]. Il caso prodigioso di D'Annunzio è stato quello di avere esordito e spiegato la sua originalità prima come poeta, e di essere diventato in seguito un tribuno, un annunziatore, un fautore di un nuovo costume pratico di vita. Il dannunzianesimo è un fenomeno che ha un'importanza storica, non solo per l'Italia, ma per tutta l'Europa, superiore all'opera stessa dello scrittore [...]. E, certo, non valgono le nostre condanne di moralisti e di esteti puri[2] a dissipare la realtà e la efficacia di questa letteratura prammatistica[3] del D'Annunzio e dei suoi seguaci, sul

1. ***vivere non est... necesse***: "vivere non è necessario, navigare è necessario"; frase attribuita dallo storico greco Plutarco a Pompeo, che l'avrebbe pronunciata in un momento in cui stava per intraprendere un viaggio per mare e i marinai lo avvertivano del pericolo di una tempesta imminente. D'Annunzio l'aveva assunta come motto della propria concezione eroica dell'esistenza. La poesia dedicatoria del primo libro delle *Laudi* comincia: «Gloria al Latin che disse: "Navigare / è necessario; non è necessario / vivere."».

2. **esteti puri**: cultori dell'arte e della letteratura nella loro autonomia, in senso ben diverso dall'estetismo dannunziano che mescola arte e vita.

3. **prammatistica**: orientata agli effetti pratici; qui il termine non ha nessun riferimento alla filosofia pragmatista.

corso degli avvenimenti. Un nuovo mito si è venuto formando in questo ultimo venticinquennio, che rompe i termini angusti della vecchia patria del libro di lettura, che evade dal piccolo mondo antico degli italiani casalinghi; e bisogna riconoscere che il D'Annunzio è stato uno degli artefici di questo ampliamento dei confini della nostra anima.

Luigi Russo, *Gabriele D'Annunzio. Saggi tre*, Sansoni, Firenze, 1938

EDOARDO SANGUINETI

C11 ▸ «Un ideale di superpoesia»

Edoardo Sanguineti (1930-2010), poeta e critico formatosi nella "nuova avanguardia" degli anni Sessanta del Novecento, si è sempre tenuto fedele a un'impostazione culturale e politica marxista. Nel presentare D'Annunzio nella prima sezione della sua antologia *Poesia italiana del Novecento* (1969) teneva a prendere le distanze da una rivalutazione critica del poeta di cui allora si avvertivano i primi segnali.

Il mito del superuomo, rielaborato e dimidiato[1] a partire dalle prepotenti suggestioni di Nietzsche, scariche di ogni autenticità morale, rimane l'asse ideologico su cui è maturata la letteratura dannunziana. Vi corrisponde un ideale di superpoesia, se così è lecito dire, in cui trovi realizzazione il sogno aristocratico, erotico-eroico, di un "vivere inimitabile"[2]: un sogno già perfettamente maturo, benché ancora essenzialmente inconscio, nell'alta società italiana del periodo post-carducciano. D'Annunzio perseguì insomma, con una coerenza unica al suo tempo, un obiettivo di arte radicalmente antirealistica, che da ogni disponibile tradizione letteraria, dai greci ai simbolisti, ha estratto perpetuamente strumenti di lussuosa copertura e di teatrale compensazione[3]. Sotto apparenze di inquietudine sperimentale, in abito di incontentabile e espertissimo *artifex*[4], egli racchiuse in verità il più impavido eclettismo. Nella sua vasta produzione appare oggi più resistente, di conseguenza, quel tanto che, non già innocente mai[5], confessa almeno con più aperto candore, il sogno di un supermondo, in modi di chiara evasione e illusione: dove una "favola bella", insomma, si propone con accenti di proclamata irrealtà, ammettendo tutta la propria sostanza di elegante arabesco. Per dirla in modo crudo, resiste, di contro alla risibile superpoesia sognata, la sola sottopoesia decorativa, in cui, per sentenza d'autore, "il verso è tutto[6]".

Edoardo Sanguineti, *Poesia italiana del Novecento*, Einaudi, Torino, 1969

1. **dimidiato**: dimezzato; vuol dire che del superuomo nietzschiano D'Annunzio coglie gli aspetti più superficiali, ignorando la tensione tragica del filosofo della "morte di Dio".
2. **"vivere inimitabile"**: espressione di D'Annunzio, che definì nel sottotitolo *Scritti del vivere inimitabile* il primo volume de *Le faville del maglio*.
3. **copertura... compensazione**: *copertura* (cioè nascondimento) della realtà, *compensazione* della sua mediocrità.
4. ***artifex***: *Artifex gloriosus* si intitola una delle poesie della raccolta *Intermezzo* (1883). Non importa dire che l'"artefice glorioso" è il poeta stesso.
5. **non... mai**: per il critico un poeta è sempre responsabile di fronte alla società, anche quando non proclama ideali politico-morali ma si rifugia nell'evasione.
6. **"il verso è tutto"**: altra espressione dannunziana. Si trova sia in una poesia giovanile (*La Chimera*), sia nel romanzo *Il piacere*.

ALBERTO ARBASINO

C12 ▸ Il «povero Imaginifico»

Anche Alberto Arbasino (1930-2020) è stato un protagonista della "nuova avanguardia", ma si è tenuto lontano da qualunque presa di posizione ideologica. La sua abbondante attività di saggista (letterario, teatrale, e soprattutto di costume) si caratterizza per il tono brillante e scanzonato.

Col povero Imaginifico[1], c'è poco da fare gli spiritosi, fingendo di non vederlo o liquidandolo con insofferenza. Si può detestarlo o si può ammirarlo, nella vita, nell'opera, o in tutt'e due, e per lo più con stizze o bizze sbagliate. Però è quasi indispensabile fare i conti con lui, giacché l'abbiamo (volenti o no) sempre qui fra noi, come il Vaticano e il Vesuvio, il chianti e la canzone, il fascismo e la torre di Pisa; e continua a saltarci fuori da tutte le parti, con una presenza invadente e smaniosa che ci lancia segnali pieni di malizia proprio dai libri e dagli spettacoli delle generazioni più antidannunziane[2] [...] giacché il perfido Imaginifico non soltanto "ha fatto di tutto", ma l'ha fatto "all'italiana"; ed evidentemente ha capito molte costanti e molte debolezze italiane più di chiunque altro – tant'è vero che nella vita italiana le situazioni dannunziane e i personaggi dannunziani continuano a presentarsi con pazzesca frequenza [...]. E prima di tutto, sembrerà italianissima la sua totale mancanza di *sense of humour*[3], che gli consente di eseguire infinite stronzate sempre molto sul serio, senza mai sospettarne la ridicolaggine, davanti a un pubblico altrettanto incapace di percepire il Ridicolo (basta controllare, anche oggi, le reazioni a teatro o al cinema: se si avverte solo un sospetto di ironia, ogni pubblico italiano si impermalisce e respinge tutto, come se ironia e *sense of humour* fossero rivolti contro di lui). E poi, si sa, gran virtuosismo nel suscitare l'ammirazione incondizionata soprattutto attraverso contraddizioni fragorose, ma con rappresentazioni eccellenti! I romanzi dell'Imaginifico [...] rimangono infatti gli ultimi prodotti "storici" della patria cultura[4] capaci oltretutto di mettere d'accordo ogni tipo di utente: l'adolescente libresco e il *viveur*[5] capriccioso, la signorina che suona il piano e l'adultera con la valigetta pronta, l'editor di "Vogue" e l'autore de *La carne, la morte e il diavolo*[6] [...]. *Il piacere* e *Il fuoco* e il *Trionfo della morte* e *Forse che sì forse che no* risultano innegabilmente "a doppia faccia", programmaticamente "a diversi livelli". Reggono perfettamente sia una rilegatura in cuoio nero da biblioteca "infernale", sia la *brochure* erotico plastificata da edicola ferroviaria.

Alberto Arbasino, *La belle époque per le scuole*, in *Certi romanzi*, Einaudi, Torino, 1977

1. **Imaginifico**: è la definizione che D'Annunzio dà del protagonista de *Il fuoco* e implicitamente di se stesso; *povero* per tutte le critiche di cui è stato fatto oggetto, non tanto sul piano letterario quanto su quello morale, politico, di costume.
2. **ci lancia... antidannunziane**: vuol dire che qualcosa dell'eredità dannunziana traspare anche negli atteggiamenti e nelle opere delle generazioni del dopoguerra, che dichiaratamente hanno rinnegato quell'eredità.
3. ***sense of humour***: senso dell'umorismo; si usa l'espressione in inglese per associarla a quel gusto ironico, distaccato, signorile che si attribuisce alla cultura del *gentleman*.
4. **gli ultimi... cultura**: le ultime opere che appartengono a un canone consacrato della storia della cultura italiana.
5. ***viveur***: persona dedita ai piaceri della vita mondana (francese).
6. **l'editor... *diavolo***: due personaggi apparentemente opposti: il direttore di una rivista internazionale di moda e un critico raffinato come Mario Praz (1896-1982), autore di un celebre studio *La carne, la morte e il diavolo nella letteratura romantica* (1950), che passava in rassegna i temi più morbosi della letteratura romantica e decadente e si concludeva appunto con un capitolo su D'Annunzio.

PIETRO GIBELLINI

C13 ▸ L'importanza di un *incipit*

Secondo Pietro Gibellini (1945), docente universitario e critico letterario, la chiave interpretativa del romanzo *Il piacere* è riposta nel suo *incipit* (▸T5.3), in cui si evidenzia la corrispondenza tra natura e arte, costante nella produzione letteraria dannunziana.

Si può dire che la pagina iniziale racchiuda il senso di tutto il libro. Con una zoomata dall'esterno all'interno, lo sguardo dello scrittore, dalla Roma dorata di fine anno, entra nel palazzo di Sperelli, ne esplora i raffinati arredi, fruga nei suoi pensieri più segreti. Sono già esibite le coordinate dell'opera: all'azione, centrale nel romanzo ottocentesco, subentrano la «memoria» e l'«aspettazione», al protagonista che cerca un posto nel mondo, succede quello che tenta di sistemare il mondo nella sua testa o di sostituirvene uno mentale, come farà Tozzi in *Con gli occhi chiusi*[1], fatte salve le differenze. I gesti di Andrea vengono poi interpretati, spiegati dal narratore onnisciente, che si identifica con lui: non svanisce solo l'«impersonalità» veristica, ma la plurivocità tipica del genere romanzesco, che cede il posto a un dettato monocromo, in cui non si distinguono le voci del narratore e del protagonista, le quali poco divergono da quelle degli altri personaggi. La lingua è squisitamente poetica, fin dall'*incipit* memorabile, «L'anno moriva assai dolcemente», un endecasillabo *a minore*[2] e nel contempo una metafora. Come Sperelli colleziona oggetti d'antiquariato e opere d'arte, prefigurando il signore della Capponcina e del Vittoriale, il narratore raduna nelle prime righe metafore artistiche: volti alla Botticelli, atmosfere da Correggio. L'esordio evidenzia così la corrispondenza tra natura e arte, altro motivo ricorrente dell'opera dannunziana: i colori soffusi del cielo di Roma e quelli caldi del focolare sono associati alla luce vaporosa del pittore rinascimentale, e si accordano anch'essi allo stato d'animo incerto e insieme sensualmente acceso del protagonista.

Pietro Gibellini, *Introduzione*, in Gabriele D'Annunzio, *Il Piacere*, BUR, Milano, 2010

1. **Con gli occhi chiusi**: romanzo dello scrittore Federigo Tozzi (1883-1920) scritto nel 1913 e pubblicato nel 1919 (▸Vol. 6, T62).
2. **endecasillabo *a minore***: verso della tradizione poetica italiana, in cui il ritmo del primo emistichio (quello più corto) è un quinario (accento sulla quarta sillaba metrica).

PAOLO VALESIO

C14 ▸ D'Annunzio: la sfida a Dante

Paolo Valesio (1939), linguista e critico letterario, ha studiato in maniera approfondita l'opera di D'Annunzio.

L'ambizione totalizzante delle *Laudi* non è (né può essere), la totalità cui ho accennato sopra parlando della *Commedia*. *Quella* totalità aveva a che fare con un'organizzazione metafisica, una sistemazione ontologica[1]. *Questa* totalità è in effetti

1. **un' organizzazione... ontologica**: la *Commedia* rappresenta una visione del mondo organizzata e compatta di cui è nota la natura profonda (*metafisica*), un sistema di tutto l'essere (*ontologica*).

presso che il contrario di quella: è l'ispezione fenomenologica[2] di una realtà che si offre solo in forma disgregata. E questa è la seria, anzi la drammatica, base di quell'*ascesi*[3] estetica di D'Annunzio che viene ancora a volte bollata dalla pigrizia di un *-ismo* insulso (estetismo). [...]

Il poema moderno è totale allora, in prima istanza, per la totalità (ripeto) della sua aggressione percettiva del reale. Ma vi è ancora un altro senso per cui può dirsi totale [...]. Le *Laudi* costituiscono un poema totale in quanto sono un poema di *narrazione continua*. Poco importa qui calcolare i punti forti e quelli deboli di tale narrazione – le sue continuità e i suoi sbalzi, l'eterogeneità delle sue componenti, la facilità con la quale la sua peculiar forma metrica vi si presta[4], e così via.

Quel che conta sopra tutto è che è la scommessa dell'epica è mantenuta; e questo avviene al livello per così dire biologico. *Epos* è una di quelle plurivalenti parole greche la cui traduzione equivarrebbe una trattazione filosofica; ma se traduciamo, a un livello di base (cioè senza soffermarci sulle connotazioni eroiche, lo stile sublime ecc.) *epica* come 'narrazione in poesia', o 'poesia narrativa', allora possiamo vedere in sintesi ciò che è in giuoco, lungo l'arco storico della poesia italiana.

D'Annunzio raccoglie, con più decisione di ogni altro poeta dopo Petrarca[5], la sfida dantesca come sfida della *continuità narrativa*. Dopo di lui, la poesia cesserà da questa sfida e si rifugerà nel frammento, ininterrottamente fino a oggi.

Il poema totale di d'Annunzio, dunque, lungi dall'essere obsoleto, punta al futuro, al di là di quella frammentarietà pallida ed estenuata che continua a essere il maggior limite della poesia italiana contemporanea.

Paolo Valesio, *Dante e D'Annunzio*, in *D'Annunzio a Yale*, «Quaderni dannunziani», n. 3-4, Garzanti, Milano, 1989

2. **l'ispezione fenomenologica**: l'esplorazione del mondo dei fenomeni (intesi come apparenze, di cui non si conosce la realtà "metafisica" e "ontologica").
3. ***ascesi***: esercizio di perfezionamento spirituale.
4. **la facilità... presta**: il metro di *Maia* (il primo e più impegnativo libro delle *Laudi*, che il critico sembra avere qui in mente, anche se parla delle *Laudi* in generale), da un lato è libero, dall'altro è cadenzato e orecchiabile, e questo può renderlo più adatto a una lunga invenzione narrativa.
5. **dopo Petrarca**: il critico si riferisce al poema *I trionfi*, col quale Petrarca tentò una vasta sintesi della concezione cristiana del mondo, in concorrenza con la *Commedia*.

DIALOGO CON I TESTI

COMPRENDERE

1. Precisate il significato che Edoardo Sanguineti (▸C11) dà all'accusa, che muove a D'Annunzio, di «arte radicalmente antirealistica».
2. Come spiega Arbasino (▸C12) il successo di D'Annunzio? Per quali caratteristiche intrinseche all'opera, per quali caratteristiche esterne, dovute al pubblico e alla società italiana?
3. Per quali ragioni Paolo Valesio (▸C14) contrappone la "totalità" della *Commedia* alla "totalità" dell'opera dannunziana?
4. Pietro Gibellini (▸C13) avvicina due romanzi apparentemente agli antipodi, come *Il piacere* e *Con gli occhi chiusi* di Federigo Tozzi, riconoscendo in entrambi la preponderanza dello spazio "mentale" del protagonista. Rileggete il ▸T101 e leggete l'estratto del romanzo di Tozzi riportato in ▸Vol. 6, T52, cercando di individuare questa caratteristica.

CONFRONTARE

4. A quasi quarant'anni di distanza, Luigi Russo (▸C10) e Alberto Arbasino (▸C12) ritornano sul dannunzianesimo diffuso nella società italiana come fenomeno non solo letterario, ma di costume. Quali caratteristiche del fenomeno mette in rilievo ciascuno dei due? Confrontando i due testi, come appare mutato nel tempo lo sfondo culturale su cui si colloca il fenomeno?

RILETTURE (T99-T108)

COMPRENDERE

1. Lungo la vita e l'opera di D'Annunzio si verifica una progressiva convergenza tra idee artistiche e posizioni politiche, nel senso di un'estetica politicizzata e di una politica estetizzante. Ripercorrendo i documenti e i testi e disponendoli in ordine cronologico, ricostruite alcuni momenti di questo processo di convergenza.

2. La tematica dell'opera di D'Annunzio può essere strutturata attorno all'opposizione tra due polarità psicologiche:
- quella "solare", esaltazione delle forze vitali della natura e dell'uomo, della libera espansione degli istinti;
- quella "notturna", attrazione per l'orrido, il disfacimento, la morte; oppure espressione di debolezza morale, stanchezza, depressione.

Individuate nei testi che conoscete i momenti in cui è presente uno di questi poli tematici, o in cui sono entrambi compresenti.

ANALIZZARE

3. Lo stile dannunziano, sia in prosa sia in versi, è caratterizzato dalla costruzione per accumulo: prevalenza della coordinazione sulla subordinazione anche quando il periodare è complesso, serie parallele, ripetizioni e variazioni di parole e costrutti. Analizzate da questo punto di vista alcuni passi dei testi letti.

CONTESTUALIZZARE

4. Con una straordinaria facoltà di pronta assimilazione, e a volte di anticipazione, delle tendenze del gusto letterario, D'Annunzio ha rappresentato nella sua opera una grande varietà di poetiche del suo tempo. Ripercorrendo i testi presentati, potete individuare quelli che richiamano o anticipano:
- il naturalismo e il verismo;
- l'estetismo di fine Ottocento;
- la poesia crepuscolare;
- il frammentismo vociano e la prosa d'arte novecentesca.

5. Anche le poetiche simboliste sono in qualche misura presenti nell'opera dannunziana. Confrontando le liriche di *Alcyone* con le dichiarazioni di poetica e coi testi dei simbolisti francesi (▸**D5**, p. 16; ▸**D7**, p. 20; ▸**D8**, p. 21; ▸**T22-T32**), potete individuare alcune consonanze e differenze.

INTERPRETARE

6. A proposito di D'Annunzio, lo scrittore francese Julien Benda (1867-1956) racconta: «Una volta, siccome gli facevo notare che in seguito all'americanizzazione della nostra società, il pubblico che legge era composto sempre più soltanto da donne, egli replicò sospirando...: "Oh sì, e allora bisogna fare dei romanzi per loro"». Dite se i romanzi dannunziani vi sembrano scritti più per le donne che per gli uomini, e quali aspetti possono interessare di più un pubblico femminile (almeno tradizionalmente inteso).

7. Dopo avere visto a Roma *Francesca da Rimini*, la prima tragedia dannunziana interpretata dalla Duse (1901), il giovane svizzero Paul Klee (futuro grande pittore) così annotava nel suo diario: «Paolo era davvero bello. La Duse è spirituale, ma decisamente isterica, una morfinomane. Il suo tono di voce, ricco di colori dal più alto al più basso, a lungo andare fa venire un acuto mal di testa [...]. Il poeta è stato invitato a intervenire, ma non è comparso. Il pubblico risentito, ha gridato verso la scena ogni sorta di frasi irriverenti. "Ti è di nuovo scappato il piccolo Gabriele?", era la più ardita». Il sodalizio tra D'Annunzio e la Duse fece dunque epoca non solo per gli eventi teatrali che produsse: data la risonanza internazionale dei due protagonisti, fu anche una *love story* molto chiacchierata da un'opinione pubblica pettegola, avida di scandali. Anche in questo D'Annunzio fu un iniziatore; individuate e descrivete le affinità con qualche fenomeno tipico dell'informazione di massa attuale.

8. *Trionfo della Morte* (▸**T103**) si apre con il suicidio di uno sconosciuto che rimanda alla tragica fine dei due amanti. Nel romanzo *Anna Karenina* (▸**T7**), Tolstoj anticipa allo stesso modo il tragico epilogo della protagonista facendola assistere, alla sua prima comparsa in scena, alla morte di uno sconosciuto sotto un treno. È uno dei "plagi" di cui spesso fu accusato D'Annunzio. A queste accuse l'autore rispose in un articolo sul giornale francese «Le Figaro» scrivendo, tra l'altro: «L'originalità vera di uno scrittore risiede [...] in quella virtù per la quale tutto ciò che egli tocca pare diventare di sua proprietà». Provate a valutare questa tesi, con riferimento alla vostra conoscenza dell'opera dannunziana.

9. Il critico Francesco Flora, in un saggio del 1926, individuava come nucleo autentico dell'ispirazione dannunziana «la presenza dell'animalità o bestialità»: «Se la bestia dovesse esprimersi, sarebbe dannunziana, e dannunziano sarebbe l'albero se si esprimesse». Individuate gli elementi su cui si può fondare questa metafora critica e discutete la sua validità.

ANALISI DEL TESTO

● Analizzate e commentate il brano iniziale del *Piacere* riportato in ▸**T101** rispondendo alle seguenti domande. Potete svolgere l'esercizio rispondendo separatamente a ogni domanda, o integrando le singole risposte in un discorso complessivo, nell'ordine che vi sembra più efficace.

COMPRENDERE

1. Riassumete il contenuto del brano in circa 100 parole.
2. Descrivete i caratteri principali del protagonista come appare dal brano: condizione sociale, stile di vita, tratti psicologici.

ANALIZZARE

3. Qualificate il ritmo narrativo, tipico dei romanzi di D'Annunzio, quale appare in queste pagine.
4. Definite il tipo di sintassi usato dall'autore, nelle sue costanti e nelle sue varianti.
5. Definite le scelte lessicali dell'autore, portando esempi.

INTERPRETARE

6. Sulla base dell'analisi fin qui condotta, dite quale effetto poteva mirare a produrre sul lettore questo brano e il romanzo di cui era l'inizio.
7. A vostro parere le reazioni di un lettore o una lettrice di oggi si differenziano da quelle dei lettori contemporanei a D'Annunzio? In quale misura? Per quali motivi?

CONTESTUALIZZARE

8. Spiegate come si possono applicare a questo brano le categorie dell'estetismo e del decadentismo.
9. Confrontate questo brano con un testo o brano di un altro autore (italiano o no) della stessa epoca che presenti caratteri simili.

ANALISI DEL TESTO

● Analizzate e commentate questa poesia rispondendo alle seguenti domande oralmente o per iscritto. Potete svolgere l'esercizio rispondendo separatamente a ogni domanda, o integrando le singole risposte in un discorso complessivo, nell'ordine che vi sembra più efficace.

T109 ▸ A mezzodì

La poesia fa parte della serie dei *Madrigali dell'estate* compresi in *Alcyone*.

A mezzodì scopersi tra le canne
del Motrone argiglioso l'aspra ninfa

2. **Motrone**: fosso che scorre in Versilia. **argiglioso**: forma ricercata per *argilloso*.

nericiglia, sorella di Siringa.
L'ebbi su' miei ginocchi di silvano;
e nella sua saliva amarulenta
assaporai l'origano e la menta.
Per entro al rombo della nostra ardenza
udimmo crepitar sopra le canne
pioggia d'agosto calda come sangue.
Fremere udimmo nelle arsicce crete
le mille bocche della nostra sete.

Gabriele D'Annunzio, *Versi d'amore e di gloria*, vol. II, a cura di L. Anceschi, A. Andreoli e N. Lorenzini, Mondadori, Milano, 1984

3. **nericiglia**: "dalle ciglia nere"; epiteto costruito alla maniera omerica. **Siringa**: nella mitologia antica era una ninfa che, inseguita dal dio silvestre Pan, si tramutò in canna nel momento in cui questi stava per ghermirla. Da lei avrebbero poi preso il nome i flauti di canna.
4. **silvano**: abitante delle selve.
5. **amarulenta**: amarognola.
7. **Per entro al**: attraverso il. **ardenza**: ardore (qui in senso erotico); termine letterario e raro.
10. **arsicce crete**: terreni cretacei riarsi dal sole estivo.

COMPRENDERE

1. Sintetizzate in poche parole l'episodio rappresentato nella poesia.
2. Protagonista della scena è un "io" immaginario; delineate le caratteristiche di questo personaggio.
3. Spiegate l'intreccio di metafore su cui sono impostati gli ultimi due versi.

ANALIZZARE

4. Descrivete il metro della poesia.
5. Elencate i richiami alla mitologia e alla poesia antica che vi sono contenuti.
6. In quali punti del testo riconoscete particolari effetti di suono? Che tipo di sonorità è ricercata dal poeta?

INTERPRETARE

7. Nella poesia c'è un intreccio fra tre elementi tematici: il gusto per una natura selvaggia, gli aspetti mitici, l'erotismo. Spiegate il rapporto fra i tre elementi e attribuite all'insieme un significato complessivo.

CONTESTUALIZZARE

8. Confrontate questa poesia con *La pioggia nel pineto* (▸**T99**) dal punto di vista tematico e stilistico.
9. I miti antichi sono stati variamente ripresi e interpretati lungo la storia della poesia italiana. Confrontate l'uso che ne fa D'Annunzio con quello che appare in un testo o in un autore più antico a voi noto.

ALLA MANIERA DI...

1. Durante gli anni romani, D'Annunzio collaborò a parecchi giornali come cronista mondano. Ecco che cosa scrive sulla «Tribuna» dell'11 dicembre 1888: «Per la via del Corso le signore tiberine passano al trotto stanco dei cavalli, distese nelle carrozze a metà chiuse, e sono pallide, per lo più nascoste da un velo denso, sprofondate nella mollezza delle pellicce. Salutano lentamente, sorridono debolmente; lasciano che la testa dondoli al moto delle ruote; talvolta paiono assopite e paiono non aver più forma sotto l'amplitudine dei mantelli». Tra queste signore, possiamo collocare la protagonista di un romanzo dannunziano: in quali fantasticherie mondane, o galanti, è immersa? Dove sta andando? Chi incontrerà tra poco? Scrivete un inizio di racconto, ovviamente in stile dannunziano.
2. In *Satura* di Eugenio Montale (1971) c'è una poesia intitolata *Piove*, che è in parte una parodia della *Pioggia nel pineto*; ne riportiamo alcune strofe:

Piove. È uno stillicidio
senza tonfi
di motorette o strilli
di bambini.
Piove
da un cielo che non ha
nuvole.
Piove
sul nulla che si fa
in queste ore di sciopero
generale.
[...]
Piove
non sulla favola bella
di lontane stagioni,
ma sulla cartella
esattoriale,
piove sugli ossi di seppia
sulla greppia nazionale.
[...]
Piove
in assenza di Ermione
se Dio vuole,
piove perché l'assenza
è universale
e se la terra non trema
è perché Arcetri a lei
non l'ha ordinato.

24. **ossi di seppia**: allusione autoironica al titolo del primo volume di versi di Montale.
25. **greppia**: mangiatoia per gli animali nelle stalle; metaforicamente, le ruberie e gli sprechi della classe dirigente.
40. **Arcetri**: sede di un osservatorio astronomico.

Eugenio Montale, *Satura*, in *Opere complete*, Mondadori, Milano, 1996

- Individuate nel testo gli echi di parole e procedimenti ritmici della poesia dannunziana.
- Indicate con quali mezzi Montale ottiene un effetto parodistico.
- Sul piano tematico, la parodia consiste in un rovesciamento del significato attribuito alla pioggia: da un'esplosione di vitalità naturale, a un grigiore che rappresenta simbolicamente la nullità della vita pubblica nazionale. Provate a produrre una vostra parodia, applicando i modi della *Pioggia nel pineto* a un tema di vostro interesse.

La lingua letteraria del secondo Ottocento

Ettore Tito, *Pagine d'amore*, 1909. (Genova, Museo Raccolte Frugone)

La narrativa

La difficile ricerca di una lingua nazionale Un personaggio dei *Viceré* di De Roberto (▸T18) ricorda a una vecchia zia gli antenati della loro illustre casata: *Si rammenti di quel Blasco Uzeda, cognominato nella lingua siciliana* Sciarra, *che nel tosco idioma* Rissa *diremmo; si rammenti di quell'altro Artale Uzeda, cognominato* Sconza, *cioè* Guasta*!...* (rr. 117-119). È poco credibile che un nobile siciliano, nel 1882, debba tradurre a un membro della sua famiglia i termini siciliani in "tosco idioma", cioè in italiano. Sarebbe più probabile che entrambi parlassero tra loro in siciliano. In realtà l'autore ha introdotto quelle traduzioni pensando ai lettori di tutto il resto d'Italia. Questo episodio testimonia le difficoltà in cui vennero a trovarsi gli scrittori dopo l'Unità, volendo rappresentare in italiano la loro realtà sociale in un paese dove il 90% della popolazione, a tutti i livelli sociali, parlava abitualmente un dialetto.

La difficoltà è evidente anche in una scena del *Marchese di Roccaverdina* di un altro verista siciliano, Luigi Capuana (▸T17), dove un vecchio contadino è introdotto a parlare col marchese; il contadino si rivolge al marchese con una tipica espressione dialettale, *Voscenza* (contrazione di "vostra eccellenza"), ma poco dopo gli sono attribuite battute che è difficile immaginare in bocca a un contadino siciliano, come *Perché più volte mi aveva accusato di alterare il limite?* (r. 48). Qui la lingua del narratore prevale nettamente su quella del personaggio.

Il modello manzoniano Manzoni, nell'edizione quarantana del suo romanzo, aveva brillantemente superato il problema, creando praticamente dal nulla un italiano adatto sia agli ampi interventi del narratore sia al linguaggio dei popolani sia a quello dei personaggi più colti, con le dovute differenze. Intorno al 1880, gli unici che sembrano del tutto a loro agio con un italiano medio sono due scrittori per l'infanzia: De Amicis, programmaticamente manzoniano, che in *Cuore* si permette limitati innesti di forme popolareggianti: *Ci ha qualcosa...* (▸T20, r. 43), *i vestiti pieni di frittelle* (r. 49), e il fiorentino Collodi, che attinge liberamente alla parlata della sua città: *una lunghissima grattatina di ca-*

po (▸T21, r. 17), *E lì v'ebbe a rimanere…* (r. 67).

Persistenze di un lessico arcaico Ma in generale i narratori sembrano prigionieri di modi grammaticali e lessicali che Manzoni aveva scartato o fortemente limitato, perché evidentemente li giudicava antiquati. Un caso evidente è l'uso enclitico, cioè dopo il verbo, delle particelle pronominali atone (*mi, ti, si* ecc.); nell'italiano moderno l'uso enclitico è limitato all'imperativo (*portami…*) e alle forme dell'infinito e del gerundio (*portarsi, portandosi*), ma è escluso dai modi finiti (*portavasi*). Nell'italiano antico questo uso coi verbi di modo finito era comune, e tale è rimasto fino al primo Ottocento. Manzoni aveva usato forme di questo tipo due sole volte nell'edizione 1827 dei *Promessi sposi* e tolse anche quelle dall'edizione definitiva. Nel tardo Ottocento troviamo invece *svegliavansi* in *Precocità* di Capuana (▸T16, r. 10), *calmossi* in De Roberto (▸T18, r. 29) e diversi esempi in Verga: *parmi* (▸T65, r. 62) *sviluppasi* (▸T68, r. 36), *sentivasi* (▸T72, r. 67), tre forme in un brano qui riportato di *Mastro-don Gesualdo* (▸T75). Che poi questa costruzione enclitica si trovi in Dossi (▸T15) e nel romanzo giovanile di Fogazzaro (▸T19) non è sorprendente, perché entrambi, in modi diversi, sceglievano una scrittura aristocratica, non avevano intenzione di essere popolari.

Altri esempi che vanno nello stesso senso:

- Manzoni aveva usato nell'edizione ventisettana le preposizioni articolate *pei, pel* e le aveva espunte da quella del 1840; le ritroviamo in Dossi (▸T15), Capuana (▸T16), De Roberto (▸T18), in Verga (nei *Malavoglia* e in altre opere);
- la congiunzione *allorché* ("quando"), presente nei *Promessi sposi* del 1827 e assente nell'edizione definitiva, è usata da Tarchetti (▸T14), Capuana (▸T16), e da Verga (▸T64, ▸T66, ▸T74);
- il pronome personale *ella* (che oggi non si usa praticamente più) nei *Promessi sposi* del 1840 era ristretto a tre soli casi; Verga invece ne fa un largo uso nella novella milanese che ha una protagonista femminile (▸T73), e altrettanto fanno Capuana (▸T16) e Fogazzaro (▸T19).

Una sintassi più moderna In conclusione, la lingua dei narratori che scrivono intorno al 1880 è per certi aspetti lessicali più antiquata di quella usata da Manzoni quaranta anni prima. È invece più moderna la loro sintassi, che tende a un periodare più snello che in passato, con frasi in genere breve e poca subordinazione. Un esempio tipico di questa tendenza è nel brano di De Roberto (▸T18, rr. 1-2). Si collocano su questa stessa linea, per evidenti ragioni, gli scrittori per l'infanzia (▸T20-T21). La sintassi di Capuana, nel *Marchese di Roccaverdina* (▸T17), è più elaborata e ricca di subordinazioni, ma in genere risulta efficace (*Anche una persona che non avesse saputo quel che era corso tra quella donna e lui, avrebbe facilmente capito che la irritazione sorpassava il motivo apparente, e che le parole e l'accento con cui venivano pronunziate significavano qualche cosa di più di quel che veramente dicevano*, rr. 91-94); solo in qualche punto tradisce un certo impaccio (*quelle conseguenze da lui volute evitare*, r. 123).

Il caso di Verga In questo panorama, Verga rappresenta un caso a sé. Nella sua lingua non mancano le forme letterarie e antiquate: oltre a quella già citate, *onde* in significato finale (▸T66, ▸T69, ▸T71), l'uso insistente di *il quale* come pronome relativo, anche in posizioni che oggi non sarebbero accettate (*i cani non guardano altro che la mano la quale dà loro il pane*, ▸T66, r. 97), un'anticaglia come *poscia* per "poi" (▸T73), il dimostrativo *cotesto*, che oggi non si usa più (▸T66, T68). Con tutto ciò, la prosa di Verga dà un'impressione di perfetta immersione in un mondo popolare, soprattutto nei *Malavoglia*, e anche in gran parte delle novelle. Non è una questione di lessico e nemmeno di vicinanza al dialetto siciliano, come molti hanno creduto: i sicilianismi lessicali e sintattici sono rari. È una questione di ritmo, di imitazione delle cadenze del parlato, di fusione tra la lingua del narratore e quella dei personaggi. Basta rileggere la prima pagina dei *Malavoglia* (▸T69) per incontrare nomi di luoghi dati per noti o usati come termini di paragone (*numerosi come i sassi della strada vecchia di Trezza*, r. 1), nomi di personaggi dati per noti, espressioni proverbiali e modi di dire popolari (*che avevano sempre avuto delle barche sull'acqua, e delle tegole al sole*, r. 6). Il narratore sembra essere una voce anonima della gente del luogo, e anche i giudizi dati su persone e cose appartengono a quella voce: *proprio all'opposto di quel che sembrava dal nomignolo, come dev'essere* (r. 3). In un certo senso tutto il romanzo è un discorso indiretto libero attribuito a un personaggio anonimo o collettivo; e spesso è difficile dire se certe frasi siano da attribuire a questa voce narrante o riproducano i discorsi o i pensieri di singoli personaggi.

Le innovazioni più audaci di Verga, sia nei romanzi maggiori sia nelle novelle, riguardano la sintassi che assume varie forme tipiche del parlato, e non solo nelle battute in discorso diretto:

- le dislocazioni a destra, dove un elemento è portato alla fine della frase, anticipato da un pronome e separato da una pausa, come *gliela dessero a lui sul capo, la zappa* (▸T66, r. 228; è anche un chiaro esempio di discorso indiretto libero);
- le dislocazioni a sinistra, in cui un elemento è portato all'inizio della frase e in seguito ripreso da un pronome, come *quel ragazzo il cuore ce l'aveva buono come il pane* (▸T70, r. 166);
- le frasi scisse, dove un elemento è portato in prima posizione introdotto da *essere* e il resto della frase è retto da un *che*: *è in quei paesi là che s'è fatto ricco* (▸T70, r. 29);
- il cosiddetto "*che* polivalente", non riconducibile a nessuna delle costruzioni subordinate classificate dalla grammatica: "*tutti lì, al chiaro di luna, che si sentiva chiacchierare per tutto il paese*" (▸T71, r. 56).

Meno rivoluzionario, ma presente a volte con un'insistenza eccezionale, l'uso della frase nominale, di cui Verga si serve per animare momenti di particolare concitazione narrativa; ne abbiamo esempi in *Libertà* (▸T64) e in una pagina del *Mastro-don Gesualdo* (▸T74).

La prosa preziosa di D'Annunzio La prosa di D'Annunzio costituisce una svolta nel panorama della fine del secolo: mentre la maggior parte dei narratori mirava in varia misura a una lingua comune, popolare, vicina al parlato, lui punta a una prosa aristocratica e preziosa. Non si tratta di un recupero della tradizione classica e neoclassica della lingua letteraria italiana, che si distingueva per il periodare elaborato e frondoso; anzi la sintassi della prosa di D'Annunzio è semplice, fondata sulla coordinazione e l'accumulo di particolari, come nella sua poesia. Ma le parole, le singole espressioni sono costantemente ricercate, lontane dall'uso comune, spesso con un che di poetico. Può trattarsi di arcaismi come *una chiostra di verdura* (▸T100, r. 116), *veracemente* (▸T101, r. 25), *noverare* (▸T108, r. 45); e si noti che due di queste espressioni sono tolte da un testo del 1886 e da uno del 1921, a 35 anni di distan-

Édouard Manet, *A casa di Tortoni*, 1875. (Boston Isabella Stewart Gardner Museum)

za: le scelte linguistiche di D'Annunzio restano sostanzialmente le stesse attraverso la sua vastissima produzione e le diverse tendenze e mode che segue di volta in volta. L'arcaismo può diventare una vera e propria citazione nascosta, come in *La stanza è muta d'ogni luce* (▸T108, r. 16), volutamente ricalcato sul dantesco «Io venni in loco d'ogne luce muto» (*Inf.*, v, v. 28). Può trattarsi di espressioni comunque ricercate, come in ▸T100 *il gracidare assiduo delle rane* (r. 32), *api mellificanti* (r. 61), *la cordial saporità del vino* (r. 73), di troncamenti poetici come in ▸T101 *nel ciel di Roma* (r. 2), *una special cura* (r. 15). Può trattarsi infine di pure preziosità ortografiche come *stromenti* (▸T100, r. 169), *imagine* (T101, r. 13), *conscienza* (▸T102, r. 36).

La poesia

Temi nuovi, linguaggio tradizionale La seconda metà dell'Ottocento è l'epoca di rottura della tradizione poetica che aveva regnato nella letteratura italiana da Petrarca in poi e che alcuni romantici erano riusciti appena a scalfire. Nella generazione degli scapigliati e di Carducci si ha un allargamento dei temi che possono entrare in versi, più che un rinnovamento del linguaggio: Emilio Praga può essere estremamente provocatorio in quel che dice (▸T37), ma basta vedere l'abbondanza dei troncamenti a cui ricorre, e che difficilmente si userebbero in prosa (*mutar, svolazziam, splendor, or* in pochi versi) per constatare che per lui scrivere versi significa entrare in un campo linguistico specifico e separato dal discorso comune. Olindo Guerrini può far entrare in poesia un tema moderno e sovversivo come un conflitto sociale (*Sciopero in risaia*, ▸T40), ma lo fa con una lingua tradizionale (*sotto il ciel che s'oscura*, v. 2; le inversioni come *Sol di bimbi affamati un gemer lento*, v. 9).

La lingua "antica" di Carducci A differenza di questi suoi contemporanei, Carducci volle essere classico e "antico". Questo appare soprattutto nei suoi componimenti di argomento storico: in una poesia come *Il comune rustico* (▸T56) la lingua è impregnata di tradizione letteraria: si veda la sintassi ampia e articolata delle prime strofe, le scelte lessicali come *pria* per "prima", gli imperfetti in *-ea* (*ergea, vedean*) alternati a quelli in *-eva* (*empieva*), la scelta di *veggo* per "vedo" (ma proprio accanto a questa forma arcaica compare un verso volutamente semplice e "popolare": *dopo la messa il giorno de la festa*). Nelle poesie dedicate a impressioni di paesaggio (*San Martino*, ▸T59) o a sentimenti privati (*Pianto antico*, ▸T58) la sintassi si distende nei versi brevi in modo piano e lineare, ma il lessico resta di tono alto anche nel nominare oggetti comuni (*muto orto solingo, terra negra* in ▸T58). Le innovazioni lessicali più audaci si trovano in una delle *Odi barbare*, programmaticamente dedicate alla restaurazione dell'antico: *Alla stazione in una mattina d'autunno* (▸T62; già il titolo è inaudito nella tradizione poetica italiana): parole mai o quasi mai usate in versi prima di lui come *fanali, vaporiera, tessera, vigili* come sostantivo mostrano che anche per un classicista era ormai il tempo di far entrare nella poesia il mondo moderno.

Pascoli: l'"esplosione" del linguaggio poetico Con Pascoli si ha una vera esplosione del linguaggio poetico in tutte le direzioni possibili. Nei quadretti di vita campestre delle *Myricae* più giovanili, come *Arano* (▸T81), la sua lingua poteva apparire una continuazione di quella del Carducci più intimo ma radicato nella tradizione: si veda *roggio*, aggettivo dantesco. Ma già in *Lavandare* (▸T83) la nota di colore è affidata a un'espressione colloquiale (il *campo mezzo grigio e mezzo nero*) e l'ultima quartina evoca un canto popolare; in *Novembre* (▸T82) alla preziosa frase nominale di apertura (*Gemmea l'aria*) segue un'espressione decisamente colloquiale, il "tu" in significato impersonale.

Pascoli è disponibile a utilizzare ogni risorsa linguistica, antica o moderna, ricercata o usuale, purché evochi con forza oggetti e sensazioni: in poesie scritte nello stesso anno possiamo trovare una parola rara e preziosa come *bubbolio* (▸T84) e un tecnicismo della meccanica moderna come *trebbiatrice* (▸T85). Tecnicismo e rarità si coniugano nell'uso di termini specialistici della botanica e della zoologia: *albaspina, marruche* (▸T87, v. 13), *bergamotte, macroglosse* (▸T91, vv.

15, 22), *viburni* (▸T93, v. 3). Ma spesso queste risorse linguistiche pare non bastino a manifestare la concreta materialità delle "cose", e Pascoli ricorre a un mezzo espressivo che è ai limiti della lingua articolata, l'onomatopea: *un fru fru tra le fratte* (▸T78, v. 12), *un breve gre gre di ranelle* (▸T92, v. 4). Anche le parole sono spesso scelte per il loro aspetto sonoro (oltre che per il significato), sia che si tratti di un effetto onomatopeico (come è il caso delle parole che accompagnano le onomatopee citate qui sopra) sia che si tratti di produrre un effetto suggestivo non tanto sensoriale quanto emotivo come, ancora in ▸T78, *tintinni a invisibili porte* (v. 21).

Un altro modo tipicamente suo di tradurre le sensazioni in emozioni consiste in espressioni che materializzano le qualità sensibili: non "nubi nere", ma *un nero di nubi* (▸T78, v. 6), non "alza gli occhi stupiti" ma *lo stupore alza degli occhi* (▸T89, vv. 73-74); o che condensano un possibile termine di paragone: non "nebbia bianca come latte" ma *nebbia di latte* (▸T78, v. 10), non "suoni di campane come voci che vengono dalla tenebra" ma *voci di tenebra azzurra* (▸T92, v. 36). La poesia del Novecento farà ampio uso di simili procedimenti espressivi.

Varietà di gerghi La rivoluzione della lingua poetica si conferma nei componimenti più ambiziosi, poemi e poemetti, a cui Pascoli si dedica circa dal 1895. Nel poemetto *La siepe* (▸T87) parla un patriarca contadino, erede di un'antica sapienza, e nel suo lessico si alternano espressioni di tradizione illustre come *se t'aggrada* (v. 26) e altre nuove ma di sapore antico, come *anfore segrete* (v. 20), *ciliegi popolosi*, (v. 22), accanto a modi di sintassi popolare come *quando la poto all'orlo della strada* (v. 24), *che si sente il cucùlo alla pendice* (v. 25), e a frasi colloquiali come *la madre che mi bada* (v. 28). Quando, nei *Poemi conviviali*, Pascoli incarna i suoi temi in personaggi del mondo classico, la sua lingua si fa antica: *Alexandros* (▸T94) è tutto un intarsio di nomi di personaggi e luoghi antichi, e di grecismi come *mistofori* (v. 6), e anche al di fuori di queste espressioni archeologiche il linguaggio si fa prezioso; basta notare l'aggettivazione: *notte fulgida* (v. 10), *foresta immota* (v. 12), *anelo* (v. 41). Quando affronta un tema a lui contemporaneo come il dramma dell'emigrazione (▸T90), non esita a mischiare nelle sue terzine espressioni inglesi (*a chicken-house*, v. 23), di dialetto lucchese (*pannelletto*, v. 5; *nieva* v. 48) di inglese italianizzato proprio degli emigranti (*checche, candi, scrima*, v. 64). La sua tematica non ha limiti, e ogni regione di quel mondo poetico ha la propria lingua.

Rinnovamento della sintassi Altrettanto innovatore è Pascoli nella sintassi. Nella sua poesia è raro incontrare periodi elaborati, carichi di subordinate. Prevale il semplice allineamento di frasi brevi, brevissime, o anche di frasi nominali come in ▸T84 e in ▸T85, vv. 13-17, portatrici di sensazioni ed emozioni. Altrove il discorso si frantuma in interrogazioni sospese (*Dov'era la luna? ché il cielo...*, ▸T78, v. 1), esclamazioni (*Fiumane che passai!*, ▸T94, v. 11) apostrofi (*Oh! tu sei buona!*, ▸T87, v. 17), in fitte battute di dialogo (▸T89, ▸T90). Il risultato è una poesia tutta fremiti e sussulti, espressione di un'emotività sempre scoperta.

Il preziosismo poetico di D'Annunzio Al contrario di quella di Pascoli, la lingua poetica di D'Annunzio ha un aspetto uniforme (con la sola eccezione del *Poema paradisiaco*). Il lessico è di sapore antico, ma non tradizionale; non attinge a Petrarca o al petrarchismo, ma a fonti più antiche, come i danteschi *belletta* (▸T107) o *aulire* (▸T99, vv. 38, 60) o il latinismo *laudato* (▸T105) attinto al *Cantico* di San Francesco. Predilige latinismi rari come *silente* (▸T106, v. 45), *virente* (▸T99, v. 100) e forme comunque rare come *obliviosa* (▸T106, v. 38), *bruire* (▸T105, v. 39). Sfrutta le possibilità di formazione delle parole, come i verbi prefissati (in ▸T105: *s'annera*, v. 5; *s'inargenta*, v. 6; *trascolora*, v. 28), o altre derivazioni rare, come *verdicante*, *biancica* in ▸T106 (vv. 3, 15). A volte impreziosisce le parole semplicemente ricorrendo alla forma più rara (*sien* per "siano" in ▸T105) o a un'ortografia disusata: *stromenti* (▸T99, v. 49), *circonscrive* (▸T106, v. 44). Quanto alla sintassi, costruisce frasi lunghe, distese per molti versi, ma strutturalmente semplici, fatte di elementi coordinati: la sua ispirazione procede per accumuli di immagini e di parole.

QUESTIONI DI LINGUA

1. Nel brano di Tarchetti (▸T14) indicate le forme linguistiche obsolete.
2. Nel brano di Dossi (▸T15) indicate:
   - le forme antiquate;
   - i composti creati dall'autore;
   - le forme verbali con pronome enclitico;
   - le particolarità ortografiche.
3. Individuate i momenti di discorso indiretto libero nel primo capoverso del brano di De Roberto (▸T18).
4. Nel suo romanzo giovanile (▸T19) Fogazzaro usa un italiano letterario, a volte con forme arcaiche; citate qualche espressione che conferma questo giudizio.
5. Nei testi di Verga citate altri esempi, oltre quelli forniti nella scheda, di sintassi che imita le caratteristiche del parlato.
6. Nei testi di Verga individuate e citate esempi di discorso indiretto libero riferiti a singoli personaggi.
7. Tra i brani del *Mastro-don Gesualdo* di Verga (▸T74-T76), uno è quasi interamente composto di frasi nominali. Individuatelo.
8. Nei testi narrativi di D'Annunzio che avete letto, citate altri esempi delle caratteristiche linguistiche descritte ed esemplificate nella scheda.
9. Nel *Comune rustico* di Carducci (▸T56) si alternano imperfetti in *-ea* e in *-eva*; che cosa determina la scelta tra le due forme?
10. Le ferrovie furono il segno più vistoso della rivoluzione industriale del secondo Ottocento; Carducci ha parlato di treni nell'*Inno a Satana* (▸T57, vv. 169-192) e in *Alla stazione in una mattina d'autunno* (▸T61, vv. 1-32). Che cosa si può notare di diverso nell'approccio al tema, nelle due poesie?
11. Dai testi di Pascoli che avete letto, raccogliete esempi di esclamazioni, interrogazioni, apostrofi che spezzano il discorso.
12. Dai testi di Pascoli che avete letto, raccogliete esempi di metafore particolarmente originali e suggestive.
13. Notate e provate a definire la particolarità sintattica che compare nei vv. 24-25 di *La siepe* (▸T87): *quando la poto all'orlo della strada, / che si sente il cucùlo alla pendice*.
14. In *Casa mia* (▸T91) i vv. 25-26 (*Fanno per casa (io siedo) / le tue sorelle tutto*) e i vv. 43-44 (*ch'alla tua parca cena / m'assiderò contento*) descrivono due analoghe scene di intimità domestica, ma con scelte linguistiche diverse. Descrivete questa diversità e dite se può essere spiegata dal contesto.
15. Elencate le parole antiche o comunque rare nel madrigale *Nella belletta* di D'Annunzio (▸T107).

D'Annunzio e *Cabiria*

ANNA CHIARA LUZZI

Sin dall'inizio è la letteratura, in modo particolare, che stringe un rapporto immediato con la più giovane arte [*il cinema*] e in Italia il dibattito si anima tra i più importanti intellettuali dell'epoca, da Papini a Prezzolini a Bragaglia, a Gozzano, dedicando vere e proprie inchieste pubblicate nelle riviste e naturalmente D'Annunzio, intorno al quale si crea il caso della notissima *Cabiria*, pellicola diretta da Giovanni Pastrone, sotto lo pseudonimo di Piero Fosco (accreditato con questo nome nei titoli di testa solo nell'edizione restaurata e censurata del 1931) e girata allo scopo di creare una sorta di celebrazione della romanità, come modello a cui avrebbero dovuto ispirarsi il patriottismo e il nazionalismo del popolo italiano, da poco reduce dalla guerra italo-turca del 1911 e avviato verso quella del Carso. [...]

Sebbene D'Annunzio avesse probabilmente accettato l'offerta generosa di Pastrone di scrivere il testo di *Cabiria* soltanto per denaro, non v'è dubbio che egli saprà poi ben orchestrare la sua campagna promozionale come autore del film [...].

In un settore neonato, in cui il concetto stesso di autorialità è tutto da definire, in cui è la casa di produzione più che l'operatore del cinema a creare un prodotto concertato, in cui lo stesso termine regista, sceneggiatore, è ancora da definire compiutamente, non ha molto senso neppure parlare di adattamento in riferimento a un'opera come *Cabiria* che, con ogni evidenza, è tratta da opere letterarie di prima e di seconda mano, dalla *Salammbô* di Flaubert e dalla riscrittura che ne fa Salgari con la sua *Cartagine in fiamme*. [...] Lo stesso Pastrone dichiara: «Ero un regista, d'accordo, ma ero altresì un industriale, o per meglio dire un commerciante» e da esperto commerciante decide di rivolgersi al poeta, lo incontra a Parigi nella sua casa, al 44 di Avenue Kléber, gli offre cinquantamila lire «perché, senza far nulla, diventasse coautore di *Cabiria*». Occorreva convincere il mercato che si stava producendo un imperdibile prodotto artistico e D'Annunzio rappresentava una sorta di garante della qualità. Egli scrive le didascalie sulla traccia di quelle indicate da Pastrone, il quale inventa anche quasi tutti i nomi, forse anche quello di *Cabiria*, che consuetamente si attribuisce all'inventiva di D'Annunzio; stando però a questa differente versione dei fatti, sembra che il poeta inizialmente la volesse chiamare *Eunoa*. Le didascalie del film, a cominciare dalla prima, rappresentano la più evidente antonomasia del dannunzianesimo: la magniloquenza, la tendenza all'eccesso, in omaggio e in accordo a un certo diffuso gusto dell'epoca legato all'abitudine recitativa proposta da Sarah Bernhardt con la sua mimica sopra le righe e la declamazione muta tipica [...].

Anna Chiara Luzzi, *Il «maraviglioso» e il «maravigliosissimo» dei tempi moderni*, *«Flaubert. Revue critique et génétique»*, 15 dicembre 2015

1. Qual è, secondo l'autrice del testo, lo scopo della realizzazione del film *Cabiria*?

....

2. Quali sono gli antecedenti letterari del film *Cabiria*?

....

3. La frase "Sebbene D'Annunzio avesse probabilmente accettato l'offerta generosa di Pastrone" (riga 9) è una:

A. □ subordinata relativa
B. □ proposizione principale
C. □ subordinata concessiva
D. □ coordinata alla principale

4. Per quale motivo Pastrone si rivolse a D'Annunzio per la realizzazione di *Cabiria*?

....

5. Il termine "concertato" (riga 13) significa:

A. □ accompagnato dalla musica
B. □ frutto di una collaborazione
C. □ di sicuro valore
D. □ composto in modo approssimativo

Quando il Vate volò dalla finestra

LARA PAVANETTO

La sera del 13 agosto 1922 Gabriele D'Annunzio cadde dal balcone della stanza della musica del Vittoriale, e rimase fra la vita e la morte per molti giorni. Il fatto sembrò subito molto strano, la versione ufficiale comunicata alla stampa affermava che il poeta, mentre stava cercando un po' di fresco nella serata afosa, era stato colto da un capogiro. Il 17 agosto seguente il giornale *Il Comunista* insinuò che la caduta fosse dovuta a un fatto doloso. Altri ventilarono l'ipotesi che il poeta avesse tentato il suicidio e non mancò chi sostenne che la caduta non fosse mai avvenuta. Ad oggi la versione è che D'Annunzio cadde mentre ascoltava la musica suonata al pianoforte per lui da Luisa Baccara, appoggiato a una finestra, vicino alla sorella della pianista, la giovane Jolanda. La caduta sarebbe stata causata da una spinta datagli da Jolanda per opporsi a qualche avance focosa del poeta. [...]

Fu disposta un'inchiesta riservata affidata al commissario Giuseppe Dosi. Giuseppe Dosi si presentò in incognito [...]. Chiese di frequentare il Vittoriale per dipingere paesaggi, e ne approfittò per interrogare il personale, e la gente dei dintorni. Conversò con lo stesso D'Annunzio, fino a quando il poeta capì di avere a che fare con uno sbirro e gli impose di andarsene. D'Annunzio all'epoca abitava al Vittoriale [...] dedicandosi alla sua arte, avendo scelto di tenersi lontano dalla vita pubblica. Ex legionari legati ad Alceste De Ambris che era stato capo di gabinetto di D'Annunzio a Fiume, cercavano di richiamare il poeta all'impegno pubblico e di fargli assumere una posizione antifascista in un momento nel quale il fascismo, soprattutto in campo sindacale, stava mietendo successi. I fascisti guardavano al poeta come un rivoluzionario combattentista, pensando alla suggestione che la sua figura poteva esercitare sull'intero popolo italiano. Lo stesso Mussolini era consapevole che la figura di D'Annunzio era un polo d'attrazione per gli ambienti squadristi del suo movimento. Nell'aprile del 1921 vi era stato un incontro fra D'Annunzio e Mussolini. Il poeta aveva appoggiato la candidatura di De Ambris alle elezioni di quell'anno, e vi erano state alcune iniziative promosse dai sindacalisti dannunziani in chiave antifascista. [...] In quello stesso periodo furono avviati abboccamenti tra D'Annunzio, Mussolini e Francesco Saverio Nitti, che avrebbero dovuto portare ad una riconciliazione pubblica fra i tre uomini destinati a portare, in prospettiva, a un governo di pacificazione nazionale. L'incontro avrebbe dovuto aver luogo il 15 agosto in una villa toscana. L'improvvisa caduta di D'Annunzio, proprio alla vigilia dell'incontro, il 13 agosto, ne impedì la realizzazione. Nitti scrisse nelle sue memorie: "Se D'Annunzio non fosse caduto dalla finestra e l'incontro con lui, Mussolini e me fosse avvenuto, forse la storia dell'Italia moderna avrebbe seguito un altro cammino". Certo è che, per la pena del contrappasso, chi sale troppo in alto poi cade. Dopo l'incidente, con la proclamazione del 4 novembre come festa nazionale, alcuni esponenti della vecchia classe politica liberale pensarono di sfruttare, in chiave antifascista D'Annunzio facendolo partecipare a una grande manifestazione patriottica che si sarebbe dovuta svolgere a Roma, all'Altare della Patria, nell'anniversario della vittoria. La marcia su Roma del 28 ottobre 1922 fece cadere il progetto. Dopo la marcia su Roma D'Annunzio al Vittoriale sarà un osservato speciale, e forse prigioniero. Visse in una specie di esilio dorato, sorvegliato, spiato, seguito, e trattato come un incapace.

Lara Pavanetto, *Quando il Vate volò dalla finestra e predisse la sua morte*, larapavanetto.blogspot.it, 13 settembre 2017

1. **Indica quali dei seguenti elementi sono presenti (P) e quali non sono presenti (NP) nel testo.**
   Metti una crocetta per ogni riga.
   a. I risultati dell'indagine di Giuseppe Dosi. P NP
   b. Un resoconto dei retroscena della politica italiana del tempo. P NP
   c. La versione ufficiale sull'incidente occorso a D'Annunzio. P NP

2. **A quale espressione usata nelle ultime righe (27-35) corrisponde la seguente definizione: "principio che regola la pena che colpisce i rei mediante il contrario della loro colpa o per analogia a essa"?**

   ....

3. **Nel testo per due volte viene fatto notare come l'accadere di un evento ha impedito il realizzarsi di un altro evento che avrebbe dovuto avere luogo pochi giorni dopo. Di quali eventi si tratta?**

   ....

IL TEMA

L'intellettuale tra impegno, isolamento, emarginazione

Nel secondo Ottocento scrittori e artisti hanno di fronte a loro due strade: usare la propria opera per prendere posizione nel dibattito sociale e politico, o garantire per essa la vita in un mondo "altro", estraneo alla realtà storica.

«...occorre distinguere: accanto alla forma, al ritmo ed alle parole, accanto al monumento meramente linguistico vi è la filosofia dell'opera. Essa può condurre alla verità o all'errore, è il prodotto di un metodo e diviene necessariamente una forza che sospinge il secolo in avanti o lo riconduce indietro».

Émile Zola, *Lettre à la jeunesse* ("Lettera ai giovani"), 1897

«L'arte non esprime mai altro che se stessa. [...] La rivelazione finale è che la menzogna, il narrare belle cose non vere, è lo scopo legittimo dell'arte».

Oscar Wilde, *The Decay of Lying* ("La decadenza della menzogna"), 1889

Max Liebermann, *Tessitoria*, 1881. (Collezione privata)

Odilon Redon, *Fiore di sangue*, 1895.
(Parigi, Musée d'Orsay)

Il pittore tedesco Max Liebermann (1847-1935) nella prima parte della sua opera si collocò sulla scia della pittura realistica francese di Courbet (▸T48), introducendo nei suoi quadri la nuova realtà del lavoro industriale; in questo quadro vediamo l'interno di una filanda, rappresentato con un realismo che scandalizzava i contemporanei: le macchine, l'ambiente, l'abbigliamento e gli atteggiamenti dei tessitori sono esattamente riferibili a una certa fase dello sviluppo industriale. Tutto il contrario accade nel quadro del maestro della pittura simbolista francese, Odilon Redon: si vede una figura immersa in uno spazio indefinito, priva di qualunque connotato storicamente riconoscibile, mentre il titolo e la figura circolare in alto a destra alludono a inafferrabili simboli misterici.

I due quadri riassumono per noi due atteggiamenti contrapposti e compresenti nelle esperienze artistiche e letterarie di fine Ottocento, ben sintetizzati anche nelle citazioni da Zola e da Wilde: da un lato l'idea che l'arte debba prendersi le proprie responsabilità di fronte al proprio tempo, rappresentare (se non giudicare) la società e la vita contemporanea; dall'altro l'idea che l'arte debba vivere in un suo mondo completamente "altro" rispetto a quello dell'esperienza comune, attingendo la propria ispirazione in se stessa o nell'interiorità dell'artista.

Questo può essere il punto di partenza per un'esplorazione degli atteggiamenti di intellettuali e letterati sui rapporti fra arte e società, atteggiamenti che, come vedremo, all'alba del Novecento sfociano in nuove forme di impegno attivo, tutte diverse da quelle che potevano avere in mente Zola o un pittore verista.

IL PERCORSO

1. L'impegno

La seconda metà dell'Ottocento vede esplodere i conflitti sociali e sorgere le prime organizzazioni socialiste. Alcuni letterati sentono il bisogno di schierarsi con la loro opera a favore delle classi lavoratrici, in questo influenzati anche dall'idea positivista di progresso. Come nei movimenti politici, anche tra scrittori e poeti ci sono posizioni più radicali e posizioni più concilianti, favorevoli al miglioramento delle condizioni di vita popolari ma contrarie al conflitto sociale.

L'impegno per il progresso sociale

- Herbert Spencer, *La società industriale* (**Testo 3**, p. 590)
- Émile Zola, *Il romanzo sperimentale* (▸**D10**, p. 24)
- Mario Rapisardi, *Il canto dei mietitori*
- Olindo Guerrini, *Sciopero in risaia* (▸**T40**)

L'impegno per la pace sociale

- Giacomo Zanella, *Insegnavi al villan*
- Giovanni Pascoli, *«Né socialista né antisocialista»* (▸**D21**, p. 421)
- Giovanni Pascoli, *I veri uomini*
- Giovanni Pascoli, *«Un soave freno all'instancabile desiderio»* (▸**T80**)
- Giovanni Pascoli, *Nel carcere di Ginevra*

- **Selezionate e sintetizzate il passo del brano di Zola in cui alla narrativa è attribuito un compito sociale. Mettete in relazione le idee di Zola con la prospettiva di sviluppo della società delineata da Spencer.**
- **Dite che cosa caratterizza le poesie di Guerrini e Rapisardi rispetto alle idee di società che sottostanno ai passi di Zola e di Spencer.**
- **Spiegate il contrasto fra le posizioni di Guerrini e Rapisardi da una parte, Zanella dall'altra, nei confronti dei conflitti sociali.**
- **Sintetizzate l'atteggiamento di Pascoli nei confronti dei conflitti sociali quale risulta dai brani letti.**
- **Per quali ragioni si può dire che un'idea di impegno del letterato e del pensatore nella società è comune a tutti i brani di questa sezione, al di là delle differenze?**

2. La "torre d'avorio"

Verso la fine dell'Ottocento l'espressione "torre d'avorio", di origine biblica e liturgica, fu applicata a quegli scrittori che volevano che la letteratura si chiudesse in un suo splendido isolamento, rifiutando di attribuire alla loro opera un compito sociale. Questo rifiuto poteva presentarsi in forme diverse.

Alcuni esempi

- Gustave Flaubert, *Rappresentare e basta* (▸**D9**, p. 23)
- Giovanni Verga, *«Inesorabilmente codino in politica»*
- Giovanni Verga, *«La fiumana del progresso»* (▸**T68**)
- Stéphane Mallarmé, *Eresie artistiche: l'arte per tutti* (**Testo 11**, p. 600)
- Oscar Wilde, *La menzogna è lo scopo legittimo dell'arte* (▸**D11**, p. 26)

- **Chiarite in che cosa l'opinione di Flaubert sui fini da assegnare all'arte si differenzia da quella di Zola (▸D10, p. 24).**
- **Definite, sulla base dei brani presentati, l'atteggiamento di Verga nei confronti delle prospettive di rinnovamento della società.**
- **Individuate gli obiettivi polemici che hanno rispettivamente il brano di Mallarmé e quello di Wilde; spiegate le concezioni dell'arte che sottostanno ai due brani.**
- **Confrontate le opinioni espresse o implicite nei brani di questa sezione a proposito dell'idea che l'arte debba o possa rappresentare la realtà sociale della sua epoca.**

3. L'emarginazione

La società del secondo Ottocento vede il trionfo della borghesia e dei suoi valori utilitaristici. In questo contesto molti poeti si sentono spiazzati, privati del loro ruolo tradizionale.

Alcuni esempi

- Charles Baudelaire, *Perdita d'aureola* (▸**D15**, p. 16)
- Charles Baudelaire, *L'albatro* (▸**T22**)
- Emilio Praga, *Preludio* (▸**T37**)

- **Dite per quali aspetti i due testi presentati esibiscono l'emarginazione sociale del poeta.**

4. Profeti dell'attivismo

Verso la fine dell'Ottocento, tra gli intellettuali e i letterati si diffondono idee di impegno verso la società che vanno in direzione opposta agli ideali progressisti e socialisti: esaltazioni della forza e della sopraffazione tra gli individui, tra le classi e tra le nazioni. Nietzsche è il primo profeta di questa tendenza, con la sua idea di "superuomo"; D'Annunzio la diffonde e la pratica fino a trasformarsi lui stesso in uomo d'azione.

Il "superuomo" di Nietzsche

- Friedrich Nietzsche, *«Dio è morto»* (▸**D4**, p. 13)
- Friedrich Nietzsche, *Che cos'è aristocratico?* (**Testo 5**, p. 593)

L'attivismo di D'Annunzio e Pascoli

- Gabriele D'Annunzio, *«Il verbo di Zarathustra»* (▸**T104**)
- Gabriele D'Annunzio, *La quadriga imperiale*
- Gabriele D'Annunzio, *Arringa al popolo romano in tumulto*
- Gabriele D'Annunzio, *«La disumanata massa umana»* (▸**D24**, p. 498)
- Giovanni Pascoli, *La grande Proletaria si è mossa* (▸**D22**, p. 423)

- Interpretando il primo brano di Nietzsche alla luce del secondo, potete ricavarne un'ipotesi sugli atteggiamenti nei confronti della società e dei suoi conflitti a cui può portare l'idea del superuomo.
- Nel brano di D'Annunzio ▸T104 potete rinvenire alcune affermazioni esplicitamente opposte alle idee sostenute da Pascoli, in particolare nel testo *Nel carcere di Ginevra*.
- L'ideale del superuomo in D'Annunzio si impone spesso a personaggi che si sentono personalmente deboli, infermi, irresoluti, o all'autore stesso in quanto è consapevole dei suoi limiti fisici. In due dei brani di D'Annunzio potete trovare tracce di questa coincidenza.
- Mettendo in rapporto i due brani teorici di D'Annunzio (▸T104, *La quadriga imperiale*) con quelli che si riferiscono all'attività politica dello stesso autore (▸D24, p. 498; *Arringa al popolo romano in tumulto*), fate un'ipotesi sul ruolo che ha avuto l'idea del superuomo nella sua opera e nella sua vita.
- Dopo aver collocato quattro testi di Pascoli nella sezione *L'impegno per la pace sociale*, ne abbiamo posto uno in questa sezione. Quali sono gli elementi di continuità tra questo testo e i precedenti, e quali le novità che vi compaiono?
- Sintetizzate gli atteggiamenti che emergono dall'insieme dei testi di questa sezione nei confronti delle idee di democrazia, progresso, concordia sociale.

VERSO L'ESAME | Argomentare

- Il dibattito tra "impegno" e "disimpegno" dell'arte e della letteratura diventerà ancora più acceso nel corso del Novecento, secolo i cui drammatici eventi storici metteranno gli intellettuali di fronte alla necessità di difficili scelte di campo. E ancora oggi il tema del rapporto tra l'arte, la società e la politica non può di certo dirsi risolto. Scrivete un testo su questo argomento, facendo riferimento per ciascuna delle due posizioni ad almeno un testo novecentesco o dei nostri giorni, e specificando infine qual è la vostra opinione: siete per un'arte "impegnata", per un'arte "libera" da doveri sociali, o ipotizzate la possibilità di una "terza via"?

IL TEMA

Dal personaggio "tipico" alla dissoluzione del personaggio (I)

Nella seconda metà dell'Ottocento ha inizio un processo di disgregazione del personaggio "tipico" della narrativa realista, che troverà il suo pieno compimento nel "nuovo romanzo" novecentesco.

Edgar Degas, *Le stiratrici*, 1884. (Parigi, Musée du Louvre)

Edvard Munch, *Pubertà*, 1895. (Oslo, Nasjonalgalleriet)

Le stiratrici di Degas (per informazioni sull'autore vedi p. 202) sono colte in un momento qualunque del loro lavoro, sullo sfondo disadorno di uno squallido locale. Una appoggia tutto il suo peso sul ferro da stiro, l'altra esprime la sua stanchezza con uno sgraziato sbadiglio. Il taglio volutamente disarmonico e apparentemente casuale della composizione, la precisa individuazione della condizione sociale dei personaggi, il realismo dei gesti e dell'ambientazione conferiscono al dipinto il carattere di un "documento umano", accostabile alle descrizioni di ambienti di lavoro dei romanzi naturalistici. Le due protagoniste del dipinto non sono personaggi caratterizzati da sentimenti eroici o destini eccezionali, come avveniva in epoca romantica (vedi il percorso *Metamorfosi dell'eroe*, vol. 4, p. 488), ma rappresentano tipicamente una categoria sociale, nella dura concretezza della sua esperienza quotidiana.

Il dipinto di Munch (per informazioni sull'autore vedi p. 208) ci proietta in una dimensione completamente diversa: l'adolescente nuda seduta sul bordo del letto non ha alcuna connotazione sociale; la gracilità del corpo, l'atteggiamento difensivo, lo sguardo fisso e impaurito rivolto allo spettatore alludono a una situazione esistenziale di profondo smarrimento. L'ombra che la ragazza proietta sulla parete non ha nulla di naturale: si staglia come un'entità oscura e minacciosa, quasi una materializzazione dell'angoscia che incombe sul personaggio. Il pittore non ha voluto rappresentare realisticamente una condizione sociale ma evocare un'indefinita condizione psicologica di disagio e di inquietudine di fronte alla vita.

Nella narrativa del secondo Ottocento possiamo cogliere qualcosa di simile: un passaggio dal rispecchiamento realistico delle vicende della vita sociale all'interesse per l'esperienza individuale nelle sue componenti di malessere e di disarmonia. Il percorso propone una galleria di personaggi che scandiscono alcune tappe fondamentali di questo processo.

IL PERCORSO

1. Il "tipico"

La definizione del "tipo" come personaggio che si contrappone all'eccezionalità dell'eroe romantico, condensando in sé le caratteristiche essenziali di un ceto, di un carattere, di un modo di comportarsi, è un aspetto centrale della poetica del romanzo realista del primo Ottocento, che la narrativa naturalista e verista riprende e radicalizza: i protagonisti di alcuni romanzi fra primo e secondo Ottocento testimoniano la permanenza della categoria del "tipico" nelle diverse stagioni della narrativa realista. Fanno eccezione i personaggi di Tolstoj, che incarnano nella complessità della loro esperienza le tematiche religiose e morali ricorrenti nelle opere dell'autore.

Il tipico nel realismo romantico

- Honoré de Balzac, *Prefazione alla* Commedia umana (**vol. 4**, ▸**D8**, p. 22)
- Stendhal, *Modi di agire nel 1830* (vol. 4, ▸**T5**)
- Honoré de Balzac, *Père Goriot*

Il tipico nel realismo naturalista

- Émile Zola, *Il romanzo sperimentale* (▸**D10**, p. 24)
- Giovanni Verga, *«La fiumana del progresso»* (▸**T68**)
- Gustave Flaubert, *Le insofferenze di Madame Bovary* (▸**T1**)
- Émile Zola, *La stireria* (▸**T3**)
- Luigi Capuana, *Il marchese di Roccaverdina* (▸**T17**)
- Federico De Roberto, *La razza degli Uzeda* (▸**T18**)
- Emilio De Marchi, *Al ristorante*
- Giovanni Verga, *«Non voglio più farla questa vita»* (▸**T70**)
- Giovanni Verga, *Mastro-don Gesualdo ricorda* (▸**T74**)

Tolstoj: personaggi e riflessione morale

- Lev Tolstoj, *Il suicidio di Anna Karenina* (▸**T7**)
- Lev Tolstoj, *La morte di Ivàn Il'ič* (▸**T8**)

- Definite la categoria del "tipico" come emerge dalla prefazione di Balzac alla *Commedia umana*. Quali tipi umani e sociali emergono dai brani di romanzo di Stendhal e dello stesso Balzac?
- Sintetizzate gli elementi di continuità e di discontinuità tra realismo romantico e realismo naturalista che emergono da un confronto tra i testi di poetica di Balzac (▸Vol. 4, D8, p. 22), di Zola (▸D10, p. 24) e di Verga (▸T68).
- Accostando i due brani narrativi di Verga (▸T70, ▸T74) alla prefazione ai *Malavoglia* (▸T68), spiegate quali tipiche situazioni sociali e psicologiche vi sono rappresentate.
- Analizzate i protagonisti dei testi di Flaubert, Zola, Capuana, De Roberto e De Marchi, mettendo in luce i nessi tra la condizione sociale, le caratteristiche psicologiche, le relazioni con gli altri personaggi.
- Anche Anna Karenina e Ivàn Il'ič sono caratterizzati dal punto di vista della loro collocazione sociale, ma ciò che l'autore mette esplicitamente in campo attraverso la loro storia è una problematica più ampia e universale. A quale ceto sociale appartengono i due personaggi? Quali tematiche religiose e morali emergono dai testi?

PERCORSI TEMATICI

2. Dal "tipico" al "patologico"

Già nell'ambito della narrativa verista e naturalista l'attenzione si sposta dai personaggi "tipici" ai casi-limite, nei quali si riflettono sia un interesse "scientifico" per le manifestazioni cliniche della malattia mentale sia la percezione di un oscuro disagio nei rapporti fra individuo e società. Il gusto per gli aspetti morbosi e insondabili della psiche caratterizza la narrativa scapigliata e decadente, portata ad attribuire fisionomie sinistre a personaggi femminili. Tipicamente maschile è invece la figura dell'individuo superiore, che in nome della propria autorealizzazione recide ogni vincolo morale e ogni legame di dipendenza dalla società: l'evoluzione dei personaggi dannunziani dal *Piacere* al *Trionfo della Morte* alle *Vergini delle Rocce* si può leggere come un graduale passaggio dalla figura dell'esteta avido di sensazioni rare al superuomo dominatore, nell'ambito di una visione reazionaria della società. In un racconto di Čechov si affaccia un tipo umano che sarà protagonista della narrativa del Novecento: il personaggio debole, irresoluto, incapace di guidare la sua esistenza e di comprendere le motivazioni del suo stesso comportamento.

Casi limite
- Giovanni Verga, *La lupa* (▸**T67**)
- Luigi Capuana, *Precocità* (▸**T16**)

Eroine "fatali"
- Igino Ugo Tarchetti, *Succube di Fosca* (▸**T14**)
- Antonio Fogazzaro, *Un'eroina fatale* (▸**T19**)

Personaggi "senza qualità"
- Anton Čechov, *Il racconto della Signorina N.N.* (▸**T10**)

L'esteta, il superuomo
- Friedrich Nietzsche, «*Dio è morto*» (▸**D4**, p. 13)
- Fëdor Dostoevskij, *La teoria del delitto* (▸**T9**)
- Joris-Karl Huysmans, *La pupilla squisita* (▸**T4**)
- Oscar Wilde, «*Un nuovo edonismo!*» (▸**T5**)
- Gabriele D'Annunzio, *La vita come opera d'arte* (▸**T102**)
- Gabriele D'Annunzio, «*Il verbo di Zarathustra*» (▸**T104**)
- Gabriele D'Annunzio, «*Pochi uomini superiori*» (▸**D25**, p. 503)
- Gabriele D'Annunzio, «*Difendete la Bellezza!*»
- André Gide, *L'"atto gratuito" di Lafcadio* (▸**vol. 6, T43**)

- **Quali caratteristiche delle protagoniste della *Lupa* e di *Precocità* ne fanno dei casi limite? Per quali aspetti la costruzione dei due personaggi si colloca nell'ambito dei canoni della narrativa naturalista e per quali se ne distacca?**
- **Nei romanzi di Tarchetti e di Fogazzaro predomina il gusto per il macabro e per il fantastico, che fa delle due protagoniste qualcosa di più che dei semplici casi clinici. Quali differenze si possono individuare rispetto alle protagoniste delle novelle di Verga e di Capuana?**
- **Come si spiega secondo voi la tendenza ad attribuire caratteristiche inquietanti a personaggi femminili?**
- **Confrontate i personaggi di Raskol'nikov (▸T9), Andrea Sperelli (▸T102), Giorgio Aurispa (▸T104), Claudio Cantelmo (▸D25, p. 503; «*Difendete la Bellezza!*»), Lafcadio (*L'"atto gratuito" di Lafcadio*), mettendo in luce affinità e differenze.**
- **A differenza degli altri personaggi di questa sezione, i protagonisti della novella di Čechov non hanno nessuna caratteristica vistosamente anomala o eccezionale. In che cosa di differenziano allora dal personaggio "tipico" del realismo ottocentesco?**

3. La figura umana nelle arti figurative

Come abbiamo visto nell'introduzione a questo percorso, anche nelle opere figurative si possono individuare diversi modi di rappresentare la figura umana, corrispondenti a diverse concezioni della vita e della funzione dell'arte.

Alcuni esempi

- Gustave Courbet, *Due frammenti di realtà* (▸**T48**)
- Giovanni Fattori, *Il "verismo" in arte* (▸**T49**)
- Edouard Manet, *Olympia* (▸**T50**)
- Edgar Degas, *L'assenzio* (▸**T52**)
- Edvard Munch, *L'urlo* (▸**T55**)

- **I dipinti di Courbet, Fattori, Manet e Degas raffigurano personaggi che si possono ascrivere alla categoria del "tipico": quali figure e situazioni sociali rappresentano esemplarmente?**
- **Confrontando *L'urlo* di Munch con gli altri dipinti, mettete in luce il diverso significato attribuito alla figura umana e risalite alle diverse intenzioni comunicative degli autori.**

VERSO L'ESAME | Argomentare

- **Disponete in ordine cronologico i testi che abbiamo raccolto sotto il titolo "L'esteta, il superuomo" e confrontateli tra loro: quali caratteristiche definiscono ciascuno dei due tipi umani? Quali rapporti di continuità e di influenza si possono individuare tra gli autori?**

IL TEMA

Le donne come soggetto e come oggetto della scrittura (V)

Nel secondo Ottocento la "questione femminile" emerge in tutta la sua problematicità. Anche la letteratura inizia ad abbandonare gli schemi tradizionali e a descrivere il rapporto tra uomo e donna in maniera più complessa e articolata.

Auguste Renoir, *Il palco*, 1874. (Londra, Courtland Institute Galleries)

Mary Cassat, *All'opera*, 1879. (Boston, Museum of Fine Arts)

I due quadri, dipinti negli stessi anni, sono opera di Auguste Renoir (1841-1919), uno dei protagonisti dell'impressionismo francese (▸T50-T52), e di Mary Cassatt (1845-1926), una pittrice americana che si era trasferita a Parigi per unirsi al gruppo degli impressionisti. Dall'accostamento emerge chiaramente un modo opposto di rappresentare le figure femminili da parte di un artista uomo e di un'artista donna.

Nel dipinto di Renoir la donna in primo piano, sontuosamente ingioiellata e agghindata, si offre agli sguardi degli astanti come uno spettacolo da ammirare, un seducente trofeo esibito dall'uomo sullo sfondo (il marito o l'amante), che, al contrario di lei, è sobriamente vestito di scuro e fissato in una posizione attiva, non di osservato, ma di osservatore.
La figura femminile dipinta da Mary Cassatt attribuisce alla protagonista del dipinto una fisionomia completamente diversa: non c'è nessun accompagnatore che possa limitarne l'autonomia, il disadorno vestito nero esclude ogni indulgenza verso il ruolo di oggetto sessuale per gli sguardi maschili, e specialmente il ruolo attivo di osservatrice questa volta è riservato a lei.

Donne viste dagli uomini e donne viste dalle donne, donne che si fanno guardare e donne che guardano: nella seconda metà dell'Ottocento, grazie all'affermarsi della "questione femminile", la tradizionale idea maschile del rapporto tra i sessi entra in crisi. La letteratura abbandona il modello dell'amore romantico e incarna in storie e personaggi nuovi la problematicità della relazione uomo-donna.

IL PERCORSO

1. La donna fascinosa e nemica

Di fronte alla messa in discussione dei tradizionali ruoli femminili, lo sguardo maschile si fa inquieto e angosciato: non più semplice oggetto di desiderio, peccatrice o angelo della casa, la donna diventa una creatura inconoscibile e inaccessibile, insieme seducente e oscuramente minacciosa.

Alcuni esempi

- Charles Baudelaire, *Rimorso postumo* (▸**T25**)
- Charles Baudelaire, *A una passante* (▸**T26**)
- Gabriele D'Annunzio, «*Tu mi sei ignota*» (▸**T103**)

- **Per ciascuno dei testi analizzate l'atteggiamento del protagonista maschile (poeta o personaggio) nei confronti della donna oggetto del suo desiderio: qual è il motivo dell'irraggiungibilità della donna? Quali reazioni psicologiche ne derivano?**

2. Due adultere

Quando vengono composti i romanzi *Madame Bovary* (1857) e *Anna Karenina* (1875-77) il tema dell'adulterio e il personaggio della moglie adultera non costituiscono una novità. Ciò che colpisce il pubblico – e costa a Flaubert un processo per oltraggio alla morale e alla religione – è l'assenza di un esplicito giudizio di condanna: la donna che antepone la passione amorosa ai legami familiari non è più relegata nel ruolo della peccatrice.

Emma Bovary

- Gustave Flaubert, *Le insofferenze di Madame Bovary* (▸**T1**)
- Gustave Flaubert, *Emma e Léon*

Anna Karenina

- Lev Tolstoj, *Il suicidio di Anna Karenina* (▸**T7**)

- **In entrambi i romanzi un autore maschio cerca di mettersi nei panni di un personaggio femminile. Quali sentimenti caratterizzano Emma e Anna nei brani antologizzati? Vi sembra che dai testi emerga indirettamente un giudizio degli autori sulle scelte delle protagoniste? Quale dei due scrittori vi sembra più emotivamente vicino al suo personaggio?**

3. La crisi dell'amore romantico

Autori di diversi paesi raffigurano il rapporto uomo-donna mettendo in discussione il modello romantico dell'amore-passione: la relazione tra uomini e donne non si basa sulla spontanea effusione del sentimento, ma è inquinata da complicazioni psicologiche, convenzioni sociali, interessi economici, conflitti di potere, brutali rapporti di forza.

Alcuni esempi

- Anton Čechov, *Il racconto della signorina N.N.* (▸**T10**)
- Henrik Ibsen, *Casa di bambola* (▸**T44**)
- August Strindberg, *La signorina Julie* (▸**T45**)
- Marco Praga, *La moglie ideale* (▸**T47**)
- Giovanni Verga, *Tentazione!* (▸**T73**)

- **In tutti i testi di questa sezione, a parte quello di Strindberg, apertamente antifemminista, chi fa la figura peggiore sono i personaggi maschili: analizzateli da questo punto di vista, mettendone in luce le caratteristiche di debolezza, meschinità, ottusità, violenza.**
- **Nei brani di Ibsen, Strindberg e Praga sono raffigurate donne che infrangono in forme diverse le convenzioni sociali relative al rapporto tra i sessi. Di quali infrazioni si tratta? Come vengono giudicate dagli autori?**

4. Omologazione, emancipazione, differenza

Sullo sfondo del progressivo affermarsi della "questione femminile" le donne che scrivono esprimono la loro soggettività in modo ora più condiscendente ora più conflittuale rispetto ai codici sociali e letterari dominanti: alcune scrittrici ripropongono acriticamente le immagini stereotipate della femminilità, altre lottano per affermarsi nella società su un piede di parità con gli uomini. Una posizione diversa è quella di Emily Dickinson, che, scegliendo l'autoreclusione e il totale silenzio editoriale, rifiuta radicalmente le convenzioni e i canali comunicativi precostituiti.

Tra omologazione ed emancipazione

- Matilde Serao, *«Quest'orgia di vero»*
- Matilde Serao, *Abbiamo tre lingue*
- Matilde Serao, *L'estrazione del lotto*
- Carolina Invernizio, *Il processo*
- Contessa Lara, *Di sera* (▸**T41**)
- Contessa Lara, *Ritratto di donna* (▸**T43**)

Un altro sguardo sul mondo

- Emily Dickinson, *Sentivo volare una mosca – quando morii –* (▸**T35**)
- Emily Dickinson, *I grilli cantarono* (▸**T36**)

- **Confrontate i personaggi femminili di Carolina Invernizio e di Contessa Lara: in che misura rientrano nei tradizionali stereotipi della femminilità e in che misura rappresentano in termini nuovi e concreti la condizione delle donne?**
- **La poesia di Emily Dickinson è caratterizzata da una straordinaria originalità di temi e di stile. A vostro parere questa originalità è legata al fatto che l'autrice è una donna? È possibile individuare nei testi le tracce di uno sguardo inequivocabilmente femminile? Argomentate la vostra risposta positiva o negativa facendo riferimento ai testi ed esplicitando la vostra concezione della donna.**

VERSO L'ESAME | Argomentare

- **A partire dai testi e dalle notizie biografiche ricostruite la figura delle quattro scrittrici presentate in questo percorso: Matilde Serao, Carolina Invernizio, Contessa Lara, Emily Dickinson. In quale rapporto si pongono con il mercato editoriale, le convenzioni letterarie, il tradizionale ruolo della donna nella società?**

IL TEMA

L'orrore, il macabro, il perturbante (II)

Nel secondo Ottocento il genere *horror* si afferma nella narrativa d'appendice. Ma atmosfere lugubri e situazioni macabre sono riscontrabili anche in molte pagine di letteratura "alta".

Dracula e una fanciulla in un'illustrazione di Wilfried Satty del XX secolo.

La stampa che riproduciamo è ispirata a un episodio del *Dracula* di Bram Stoker (▸T13). Il conte infernale è entrato dalla finestra, nelle forme del mostruoso pipistrello che si vede alle sue spalle, nella stanza di una fanciulla, e ha compiuto il suo orrendo lavoro: la fanciulla giace spossata e seminuda, perdendo ancora sangue dalla gola, e sangue macchia la camicia del conte; in primo piano sta riverso un giovane eroe che ha tentato invano di opporsi all'assalto del mostro. Il disegnatore ha profuso gli orrori con tale smaccata ingenuità da toccare il ridicolo; ma il successo di stampe di questo genere ci dice quale fu fin dall'inizio la popolarità di Dracula, e quale attrattiva continuassero a esercitare i temi dell'orrore, meglio se condito di paranormale. Del resto, è significativo che uno dei titoli di maggior successo della scrittrice popolare Carolina Invernizio fosse *Il bacio della morta*.

La scelta di testi che segue colloca il genere *horror* al confine con altri generi e modi letterari ampiamente diffusi nel secondo Ottocento. In primo luogo la tematica macabra, che è una componente quasi costante dello spirito "maledetto" in poesia, e che nel clima decadente si può combinare perfidamente con l'erotismo. In secondo luogo il modo letterario che è stato definito "il perturbante": in una situazione inizialmente normale, compatibile con l'esperienza comune, si insinua qualcosa di imprevedibile, che potrebbe essere o non essere una manifestazione di forze occulte e paranormali. Qui l'emozione che si suscita nel lettore è più sottile del semplice orrore: è l'inquietudine di fronte a un mistero insoluto, a un possibile sovvertimento dei consueti criteri di realtà.

IL PERCORSO

1. La narrativa: il piacere di aver paura

Nella narrativa italiana dopo l'Unità, sull'esempio del genere fantastico europeo dell'epoca romantica, si diffonde il gusto per gli ingredienti piccanti: un erotismo morboso al limite dell'inverosimile, fenomeni paranormali, il gusto di insistere su particolari macabri, mentre la narrativa di intrattenimento esibisce a profusione brividi di terrore e violenza passionale. Sul finire del secolo il vero e proprio genere *horror*, già inaugurato da Poe, trova un felice continuatore nell'autore di *Dracula*.

In Italia

- Igino Ugo Tarchetti, *Succube di Fosca* (▸**T14**)
- Antonio Fogazzaro, *Un'eroina fatale* (▸**T19**)
- Gabriele D'Annunzio, *La veglia funebre* (▸**T100**)
- Carolina Invernizio, *Il processo*

***Dracula* di Bram Stoker**

- *Le fanciulle vampiro* (▸**T13**)

- Ripercorrendo il brano di Tarchetti, analizzate i passaggi attraverso i quali il personaggio-narratore passa dalla pietà al terrore.
- Il carattere tipico del modo narrativo fantastico è che il lettore viene lasciato in sospeso quanto a decidere se i fenomeni paranormali presentati siano da intendere come reali o come frutto di suggestione o allucinazione. Indicate come questo procedimento è applicato nel brano di *Malombra* di Fogazzaro.
- Analizzate l'insistenza su particolari macabri nella novella di D'Annunzio. Quale rapporto si può stabilire tra questo aspetto del racconto e quello erotico?
- Analizzate i procedimenti con cui Carolina Invernizio, nel brano indicato, mira a suscitare forti emozioni nel lettore.
- Un motivo ricorrente nei brani presentati è che il protagonista si trova dominato da forze oscure, troppo potenti e inafferrabili per potersene difendere. Individuate i brani in cui questo ingrediente è presente e i modi in cui tende a suscitare emozioni di terrore nel lettore. Dite in quale testo a vostro parere questo effetto è massimo, e perché.
- Un altro elemento ricorrente è l'intreccio tra aspetti macabri o di orrore ed elementi di erotismo; analizzate la varia composizione di questi due ingredienti nei brani in cui è presente.

PERCORSI TEMATICI

2. La poesia del macabro e dell'inquietante

Baudelaire è il primo a introdurre temi macabri in poesia, con l'intento di scandalizzare il lettore benpensante, ed è presto imitato dagli scapigliati italiani. Sul finire del secolo, il gusto decadente va alla ricerca di temi più sottilmente inquietanti.

Da Baudelaire a Pascoli

- Charles Baudelaire, *Rimorso postumo* (▸**T25**)
- Emilio Praga, *Vendetta postuma* (▸**T38**)
- Arrigo Boito, *Incubo*
- Igino Ugo Tarchetti, *Memento*
- Contessa Lara, *Ritratto di donna* (▸**T43**)
- Giovanni Pascoli, *Digitale purpurea* (▸**T89**)

- Posto che la poesia di Praga è un'evidente imitazione di quella di Baudelaire, analizzate gli elementi tematici che il poeta italiano ha in più e in meno rispetto al modello francese.
- Analizzate le intonazioni e gli effetti particolari con cui la tematica macabra è modulata nelle poesie di Boito e di Tarchetti.
- Analizzate, nel sonetto di Contessa Lara, gli elementi che mirano a produrre nel lettore un effetto di inquietudine crescente.
- Analizzate, nel poemetto di Pascoli, gli aspetti che producono nel lettore una sensazione di incertezza, inquietudine, turbamento.

VERSO L'ESAME | Argomentare

- Le due sezioni del percorso proposto affrontano il tema dell'orrore, del macabro e del perturbante rispettivamente nella narrativa e nella poesia del secondo Ottocento. Al di là delle differenze di carattere formale, provate a individuare alcune analogie sul piano tematico (ambientazioni, situazioni, personaggi, immagini ricorrenti ecc.), mettendo a confronto tre brani di narrativa e tre poesie dall'una e dall'altra sezione.

LITERARY COMPARISONS

Strange case of Dr Jekyll and Mr Hyde by Robert Louis Stevenson

In the previous pages (pp. 579-581) you will have seen how horror literature spread across Europe in the XIX century, and how macabre characters or situations were present in many other texts of "high literature". In these pages we will be looking at one of most famous example of horror literature in XIX century, *Strange case of Dr. Jekyll and Mr. Hyde*, a short story written by Robert Louis Stevenson (p. 7). In the activities that follow you will also be asked to compare this book with some of the texts you have already studied.

Discussion

Strange case of Dr Jekyll and Mr Hyde (the "The" was missing from the title when it was published in 1886) is a story about a man who wanted to separate the "good" and the "bad" inside himself.

- **What do you already know about the story of Jekyll and Hyde? Compare ideas with your classmates.**

The plot

The story is told by three narrators. Mr Utterson is our point of reference for the first eight chapters, while chapters 9 and 10 are in the form of letters, one from Dr Lanyon and the last from Dr Jekyll. Here is the outline of the plot. Each of the 10 chapters has been summarised.

1. The story begins with respectable Mr Utterson taking a walk with his friend Mr Enfield through the streets of London. At one moment they pass an ugly neglected door to a building. Enfield tells him how he had seen a strange incident by this door. Apparently a short ugly man had collided with a young girl who was running to get a doctor. She fell to the ground and he simply walked over her without excusing himself. Enfield followed and caught him, and the horrible man paid £100 in compensation to the girl's family. Enfield discovered his name was Mr Hyde, but there was something strange: the cheque he gave to the girl's family was signed by the very respectable doctor Henry Jekyll, and the ugly door was the back entrance to Dr Jekyll's house!

2. Utterson is worried because he is Dr Jekyll's lawyer. He knows that Dr Jekyll has inexplicably made a will leaving all of his money to the mysterious Mr Hyde. Utterson is afraid that Hyde is blackmailing Jekyll. He becomes obsessed with Hyde and wants to find out more about him. «If he be Mr Hyde... I shall be Mr Seek». He visits an old friend, Dr Lanyon, who also knows Jekyll, hoping to find more information. However, Lanyon confesses that he has never heard of Mr Hyde and that he has had little contact with Jekyll for more than 10 years, because they had argued about their different approaches to scientific research. Utterson begins to wait in the street hoping to meet Mr Hyde. One day he is successful; however, he finds Hyde to be repulsive. Afterwards Utterson visits Jekyll's house and becomes even more suspicious when the servants tell him that the doctor is away but has given instructions to let Mr Hyde use the house as he pleases.

3. Two weeks later Mr Utterson is invited for dinner at Dr Jekyll's. Mr Utterson interrogates Dr Jekyll about the mysterious Mr Hyde. Dr Jekyll does not want to talk about Hyde and wants to change the subject. He apologises for Hyde's terrible behaviour but strangely he also asks Utterson to take care of him.

4. One year later a very respectable politician, Mr Carew, is brutally murdered in the street. The killer is identified as Mr Hyde. But there is a strange detail: Utterson recognises the murder weapon, a walking stick – a present he had given to Dr Jekyll. He decides not to tell the police to protect Jekyll from scandal. However, Mr Hyde completely disappears and the police are unable to find him.

5. Utterson visits Dr Jekyll, who shows him a letter he has received from Hyde, in which he says he has escaped forever. However Utterson becomes suspicious when Dr Jekyll's servant tells him that no letters have been delivered that day; later his clerk notices that the handwriting in a letter is identical to that of Dr Jekyll.

6. Time passes and there is no news of Mr Hyde. Utterson goes to a dinner party at Dr Jekyll's and Dr

Lanyon is present. Everything seems fine; however, on the following evening, when he returns to say hello to Jekyll, Mr Utterson is refused entry. He tries again the next evening but is not admitted. After his fifth unsuccessful attempt he visits Dr Lanyon to discuss the problem. He is shocked to find that Lanyon, who was a strong healthy man a few days before, is now very ill and dying. Something terrible has greatly disturbed the doctor but he refuses to explain anything. He dies two weeks later, leaving Utterson a letter with instructions that it can only be opened in the event of Dr Jekyll's death or disappearance. Very mysterious! Utterson is tempted to read the letter, but because he is such a serious lawyer he resists the temptation and the mystery remains a mystery!

7. After Lanyon's death, Utterson and Mr Enfield are taking another walk and pass by the mysterious doorway. They see Dr Jekyll's face at the window of the house and they call him to join them, but Dr Jekyll says he cannot come out. Suddenly his face is filled with fear. He closes the window and disappears.

8. One evening, some time after the window incident, Mr Utterson is disturbed by Dr Jekyll's servant, Poole. He asks Utterson to come to Jekyll's house immediately because he suspects something bad has happened. When Utterson arrives at the house they hear a strange voice inside the laboratory but it is not Dr Jekyll's voice. They break opened the door and find a dead man on the floor. A small man wearing clothes that are far too big to him. It's Mr Hyde. They look for Dr Jekyll's body but can find nothing apart from some letters addressed to Utterson. Mr Utterson thinks it's better if he reads them in private. He tells Poole that he will come back later and then they can call the police.

9. The chapter consists of a letter from Dr Lanyon. Apparently Dr Lanyon had received a letter asking for help from Dr Jekyll. Jekyll asks him to go to his house, take some chemicals from the laboratory and then go home and wait for a mysterious visitor. At midnight a man arrives. He's a short unpleasant man wearing clothes that are much too big for him. He mixes the chemicals and makes a solution. Before drinking it he asks Dr Lanyon if he wants to stay or if he would prefer to leave the room. Dr Lanyon is curious and decides to stay. The small man drinks the liquid and Lanyon is shocked to see the small ugly man transform into Dr Jekyll! All this is too much for him: firstly, he has witnessed something that should have been scientifically impossible; secondly, he realises that since Jekyll and Hyde are the same person it means Jekyll was responsible for the death of Carew. Finally we know why he became ill and died – his whole understanding of life has been overturned and destroyed!

10. In the final chapter we read Dr Jekyll's confession and the remaining mystery is resolved. When he was a young man he had realised that he was leading two separate lives: he appeared to the world to be a hard-working, respectable doctor; however, at the same time he had another alternative life, with many secret vices. So he decided to examine the dual nature of man through «mystical» studies, separating the two parts of his personality. After years of experimenting he produced a chemical solution that would complete his work. He drank it and found himself transformed: his body had changed, he felt strong, sensual and wild. However he had become much shorter: he supposed this was because his evil side was the smaller part of his personality. He named this deformed part of his personality Mr Hyde. As time went by, however, he found it was increasingly difficult to control Mr Hyde and his brutal violence. Even worse, his body began to transform into Hyde even without drinking chemical solution. He has tried to hide in his laboratory and has destroyed the keys to avoid letting brutal Hyde out of the house. Finally, in desperation he drinks the last of the solution and briefly becomes Dr Jekyll for the last time. He has enough time to rewrite his will and prepare this confession. He writes that whatever happened the reader should consider Henry Jekyll as dead.

● **Stevenson has given a name to each of the 10 chapters. Work with another student and try to match each title to a chapter.**

a. *Story of the door*
b. *Remarkable incident of Dr Lanyon*
c. *Henry Jekyll's full statement of the case*
d. *Search for Mr Hyde*
e. *Dr Lanyon's narrative*
f. *Dr Jekyll was quite at ease*
g. *Incident of the letter*
h. *Incident at the window*
i. *The Carew murder case*
j. *The last night*

The characters

The main characters in the short story are all members of the "respectable" middle class. They are also all men.

● **Read their descriptions and try to create a physical impression of each one in your mind. Imagine you are watching a film. Compare your "impressions" with another student.**

Mr Utterson He is an extremely successful lawyer, about 50 years old. He becomes obsessed with a strange mysterious and violent man called Mr Hyde who he believes is creating problems for his old friend (and client) Dr Jekyll. He is a loyal, sincere man but perhaps a little *too* serious. Not good company on an exciting night out. Stevenson describes him as a man of «rugged countenance [*di aspetto severo*] that was never lighted by a smile; cold and embarrassed in discourse; [...] dreary [*noioso*], and yet somehow loveable».

Dr Jekyll Jekyll is a doctor and experimental scientist. He is wealthy and respectable. He has a wide circle of friends including the lawyer, Utterson, and another doctor, Dr Lanyon. However, during the course of the novel his behaviour becomes increasingly strange and erratic. Stevenson describes him as a «large, well made, smooth-faced man of fifty», «with something of a slyish cast [*di aspetto scaltro, furbo*] perhaps». Is he trying to tell us something? Appearances can be deceiving...

Dr Lanyon He and Jekyll were once close friends and went to medical school together (so he must be about 50 years old too). Lanyon is very conventional. He only approves of scientific enquiry about the world of real, material things. In contrast, Jekyll is interested in the paranormal (what he calls «transcendental medicine»). Lanyon disagrees with Jekyll's ideas and calls them «scientific balderdash [*sciocchezze*]» and tells Utterson that Jekyll is «wrong in mind». Stevenson describes him as «a hearty, healthy, dapper [*elegante*], red-faced gentleman, with a shock [*ciuffo*] of hair prematurely white. [...]The geniality [*affabilità*], as was the way of the man, was somewhat theatrical to the eye».

Edward Hyde Hyde is a brutal violent man. He has an unpleasant effect on everyone he meets – but nobody can understand exactly why. Nobody can give a precise description of him; all they know is that he is short, "dwarfish", he gives off the idea of deformity and for some unknown reason everyone finds him repulsive. He has absolutely no sense of guilt and is violent without any motive. He's very secretive and his appearances in the story are always brief.

Comparisons

● **One of the ingredients of horror literature is the sense of thrill and suspense transmitted to the reader. You can notice this in the plot structure of *Dr Jekyll and Mr Hyde*, in which the mystery is only entirely resolved in the last pages. Try to compare it with the plot structure of another great example of Victorian horror literature, *Dracula* by Bram Stoker (▸T13). Which elements do they have in common? Mention other literary works you can associate with these examples.**

● **Another leading motive of horror literature is the power of evil forces, too big to be controlled or defeated by the characters. Find this motive in the plot of *Dr Jekyll and Mr Hyde* and in other examples of XIX century literature you have studied (look especially at the texts mentioned in the "Percorso tematico: L'orrore, il macabro, il perturbante" (pp. 579-581).**

● **Dr Lanyon's character represents a rationalist, positivist mind which is overwhelmed by the experience of what science can do. *Dr Jekyll and Mr Hyde* takes place in an age of rapid technological progress and change. Darwin's *Origin of the species* had been published in 1859; theories on evolution had shaken traditional religious beliefs and many were afraid of the progress of science. Mention other texts or authors you have studied which are characterised by the distrust of science and progress.**

Duality

Mr Utterson reflects on Mr Hyde

In Chapter 2 Mr Utterson sees Mr Hyde for the first time. He is a very conventional man and finds it difficult to interpret Hyde's strangeness. It is a totally new experience, hard for his rational brain to comprehend and analyse.

«Mr. Hyde was pale and dwarfish, he gave an impression of deformity without any nameable malformation, he had a displeasing smile, he had borne himself to the lawyer with a sort of murderous mixture of timidity and boldness, and he spoke with a husky[1], whispering and somewhat broken voice; all these were points against him, but not all of these together could explain the hitherto unknown disgust, loathing and fear with which Mr. Utterson regarded him. "There must be something else," said the perplexed gentleman. "There is something more, if I could find a name for it. God bless me, the man seems hardly human! Something troglodytic, shall we say?"»

1. **husky**: rauca.

● **Pick out the key characteristics of his description. Make a note of words and adjectives Utterson uses to describe Hyde.**

Jekyll becomes Hyde for the first time

In Chapter 10 Dr Jekyll describes his sensations when he drank the chemical solution and became Mr Hyde for the first time. In the previous text we read a description of how Mr Utterson saw Hyde. In contrast, here we see inside his mind. Read this passage and analyse his experience.

«There was something strange in my sensations, something indescribably new and, from its very novelty, incredibly sweet. I felt younger, lighter, happier in body; within I was conscious of a heady recklessness, a current of disordered sensual images running like a millrace[1] in my fancy, [...] an unknown but not an innocent freedom of the soul. I knew myself, at the first breath of this new life, to be more wicked[2], tenfold more wicked [...]; and the thought, in that moment, braced and delighted me like wine[3]. I stretched out my hands, exulting in the freshness of these sensations; and in the act, I was suddenly aware that I had lost in stature».

1. **millrace**: corrente d'acqua che aziona un mulino.
2. **wicked**: malvagio, perfido.
3. **braced... wine**: mi tonificò e mi inebriò come vino.

● **Make a list of the sensations Jekyll/Hyde feels. For each one decide if it is positive or negative for him. Look for:**
- immediate general sensations:
- physical and mental feelings;
- moral sensations;
- physical change.

● **The two descriptions of Mr Hyde you have read are very good examples of the ambiguity of some evil characters: they scare and fascinate at the same time. What are *your* feelings?**

● **Think about other characters in the texts mentioned in the "Percorso tematico: L'orrore, il macabro, il perturbante" (pp. 579-581). Which ones are able to trouble and charm the reader, like Hyde?**

Victorian morality and hypocrisy

In the last chapter, Jekyll writes clearly about the dual nature of human beings. He says that, as a young, educated man from a respectable family, he maintained an appearance of good behaviour at all times, while no one suspected his true nature, which was at times full of what were considered to be vices.
The pious nature of Victorian society meant that many people repressed their natural desires and feelings. It also meant there was a vast divide between how people appeared in public and what they did or would like to have done in private.

● **Extend these considerations to another novel that tells us a lot about Victorian morality, *The portrait of Dorian Gray* (▸T5). Do you think that this book and *Dr Jekyll and Mr Hyde* have something in common?**

● ***Il visconte dimezzato* (1951) by Italo Calvino is clearly inspired by *Dr Jekyll and Mr Hyde*'s main theme: the presence of a "good" and an "evil" part inside man. If you know this book, compare it to Stevenson's short story, analysing how the respective authors develop the topic of duality of human nature.**

DIALOGO CON L'EPOCA

Il secondo Ottocento

L'uomo della folla, racconto pubblicato nel 1840 da Edgar Allan Poe, ha come oggetto un fenomeno relativamente "nuovo": la descrizione della moltitudine di individui che affolla le strade della città alla fine della giornata lavorativa. La rivoluzione industriale ha generato progresso e ricchezza, ma la società massificata che ne è nata ha anche imposto una trasformazione profonda nell'interiorità di ciascun individuo. Il progresso e la fiducia nella scienza, le trasformazioni nella società e nell'economia, gli entusiasmi e le inquietudini che ne derivano sono al centro del percorso che vi proponiamo.

Con un sigaro in bocca e un giornale in grembo, m'ero svagato per gran parte del pomeriggio, ora soffermandomi su un annuncio pubblicitario, ora studiando la composita compagnia della sala, ora scrutando la strada attraverso la fumosa vetrata. Quella è una delle principali arterie della città, ed era stata molto affollata tutto il dì. Al calar delle tenebre, tuttavia, la folla prese a crescere d'attimo in attimo; e all'ora in cui i lampioni furono del tutto accesi, due dense e continue maree di gente fluivano affrettandosi oltre la mia porta. Mai m'ero trovato in una simile situazione a quell'ora del giorno, e il tumultuoso mare di teste umane mi colmò d'una emozione squisita e affatto nuova. [...]
Guardavo i passanti aggregati in masse, e riflettevo sui loro rapporti collettivi. Ben presto, tuttavia, scesi nei particolari, e notai con minuzioso interesse le innumerevoli varietà di figure, di abiti, di aspetti, di portamenti, e volti, e modi di esprimere un proprio contegno. Di gran lunga la maggior parte di quelli in transito avevano un'aria da uomini d'affari contenti di sé, e sembravano badare solo a farsi strada nella calca. Costoro tenevano la fronte corrugata e gli occhi vaganti in rapide mosse; e quando spinti da loro simili che venivano in senso opposto, non mostravano alcun tratto d'impazienza, bensì s'aggiustavano il vestito. Altri, anch'essi in numerosa classe, erano agitati nei movimenti e accaldati nei volti, parlavano e gesticolavano tra sé, come se soffrissero di solitudine proprio a causa della fitta folla che li avvolgeva.

Edgar Allan Poe, *L'uomo della folla*, in *Storie di solitari americani*, a cura di G. Celati e D. Benati, BUR, Milano 2006

PRIMA SEZIONE

L'ETÀ POSITIVA

Fin dalla prima metà del secolo Auguste Comte aveva gettato le basi del positivismo, indicando nell'aderenza ai fatti propria della scienza il modello di ogni conoscenza e assegnando alla filosofia il compito di ordinare le diverse scienze in un sistema unitario del sapere (**Testo 1**). Una conseguenza di questa mentalità fu il tentativo di spiegare i fenomeni sociali e spirituali (la storia, la religione, la letteratura) sulla base di modelli derivati dalle scienze della natura, in particolare dalla teoria dell'evoluzione delle specie (**Testo 2**).
Un contributo decisivo alla diffusione di queste idee venne dalla più grande conquista scientifica dell'epoca, la teoria dell'evoluzione delle specie formulata da Charles Darwin (▸**D1**, p. 7). Essa fornì a Herbert Spencer la base per proporre una spiegazione unitaria di tutta la realtà (▸**D2**, p. 9), nella quale il progresso umano era visto come proseguimento dell'evoluzione della natura (**Testo 3**), secondo una prospettiva ottimistica che ebbe grande seguito al suo tempo.

DIALOGO CON L'EPOCA

AUGUSTE COMTE

TESTO 1 ▸ La filosofia positiva

Il brano è tratto dalla parte iniziale del monumentale *Corso di filosofia positiva* (1830-1842), in cui Comte gettò le basi del positivismo che avrebbe dominato nella seconda metà del secolo.

Il carattere fondamentale della filosofia positiva è di considerare tutti i fenomeni come soggetti a *leggi* naturali invariabili: la loro scoperta e la loro riduzione al minor numero possibile costituiscono il fine di tutti i nostri sforzi, in quanto la ricerca di ciò che chiamiamo cause – siano esse cause prime o cause finali[1] – dev'essere considerata assolutamente inaccessibile e priva di senso per noi [...]. Ciascuno sa, in effetti, che nelle nostre spiegazioni positive[2], anche le più perfette, non abbiamo affatto la pretesa di esporre le *cause* generatrici dei fenomeni, poiché allora non si farebbe altro che spostare la difficoltà[3], ma abbiamo soltanto la pretesa di analizzare con esattezza le circostanze della loro produzione e di collegarli tra di loro mediante relazioni normali di successione e di somiglianza[4].
Così, per menzionare l'esempio più ammirevole, diciamo che i fenomeni generali dell'universo sono *spiegati* – nella misura in cui possono esserlo – dalla legge newtoniana della gravità perché da una parte questa bella teoria ci mostra tutta l'immensa varietà dei fatti astronomici come costituenti un solo e medesimo fatto, [...] mentre, d'altro lato, questo fatto generale ci è presentato come semplice estensione di un fenomeno che ci è familiare al massimo grado, e che perciò consideriamo perfettamente conosciuto – ossia del peso dei corpi sulla superficie della terra. In quanto a determinare che cosa siano in sé[5] tale attrazione e tale peso, quali

1. **siano esse... finali**: per la filosofia tradizionale le *cause prime*, identificate per lo più in Dio, spiegavano l'origine e la struttura delle cose, le *cause finali* spiegavano i fenomeni in base ai loro presunti scopi (*finalismo*: la pioggia è spiegata dalla sua funzione di far crescere la vegetazione, che è spiegata dalla sua funzione di nutrire gli animali ecc.).
2. **spiegazioni positive**: quelle scientifiche, basate su osservazioni controllabili.
3. **poiché allora...difficoltà**: attribuendo l'origine dei fenomeni a princìpi superiori, metafisici, resterebbe ancora da spiegare l'origine di quei princìpi, e così via all'infinito.
4. **soltanto la pretesa...somiglianza**: le *spiegazioni positive* non indagano il *perché* dei fenomeni, ma si limitano ad analizzare *come* questi si producono, le leggi del loro funzionamento (*relazioni normali di successione e di somiglianza*).
5. **che cosa siano in sé**: l'essenza profonda che starebbe dietro i fenomeni, indagata dalla filosofia metafisica.

ne siano le cause, si tratta di questioni che consideriamo tutte insolubili, che non appartengono più al dominio della filosofia positiva e che lasciamo con ragione all'immaginazione dei teologi e alle sottigliezze dei metafisici.

Auguste Comte, *Corso di filosofia positiva*, lezione I, vol. I, trad. dal francese di P. Rossi, in *Positivismo e società industriale*, Loescher, Torino, 1975

HIPPOLYTE TAINE

TESTO 2 ▸ Razza, ambiente, periodo

Mentre idealisti e spiritualisti vedevano nella storia il regno della libertà dello spirito, il positivista Hippolyte Taine (1828-1893), nell'*Introduzione* alla sua *Storia della letteratura inglese* (1863), da cui è tratto questo brano, fornisce un'interpretazione naturalistica del processo storico, riconducendone ogni aspetto, e specialmente l'arte, a cause rigidamente necessarie e scientificamente osservabili.

Sono tre i differenti fattori che producono lo stato morale elementare[1]: *la razza, l'ambiente e il periodo*. Si definiscono *razza* le disposizioni innate ed ereditarie che l'uomo porta con sé venendo al mondo e che sono solitamente unite a marcate differenze nell'indole e nella struttura corporea. Variano a seconda dei popoli. Per natura vi sono delle varietà d'uomini, come ve ne sono di tori e di cavalli; alcune coraggiose e intelligenti, altre pavide e di possibilità ridotte, alcune capaci di concezioni e creazioni superiori, altre limitate a idee e invenzioni rudimentali, altre infine adatte più particolarmente a certe attività e fornite più abbondantemente di certi istinti, allo stesso modo che le razze canine sono più dotate alcune per la corsa, altre per la lotta e per la caccia, altre ancora per la guardia della casa o del gregge. [...]

Una volta così appurata la struttura interna di una razza, va considerato l'*ambiente* nel quale vive. L'uomo non è infatti solo al mondo; vive all'interno della natura e tra gli altri uomini; e all'abito primitivo e permanente[2] vengono sovrapponendosi abiti accidentali e secondari, e le circostanze fisiche o sociali alterano o completano la natura che incontrano.

Talora ad avere influenze determinanti è il clima. Ad esempio, benché non possiamo seguire che in modo impreciso la storia dei popoli ariani dalla loro patria comune fino alle loro patrie definitive[3], possiamo però affermare che la profonda differenza che si riscontra fra le razze germaniche da una parte e le razze elleniche e latine dall'altra, deriva in gran parte dalla differenza delle regioni in cui si sono stabilite. Le prime in paesi freddi e umidi, nel fondo di aspre foreste paludose o sulle rive di un oceano minaccioso, prigioniere di sensazioni melanconiche o violente, inclini all'ubriachezza e alle grandi mangiate, volte a una vita di lotta e di ferocia; le altre al contrario, nel mezzo dei più bei paesaggi, sulle rive di un mare splendente e ridente, spinte alla navigazione e al commercio, esenti dai grossolani bisogni del ventre, indirizzate fin dall'inizio ad abitudini socievoli, all'orga-

1. **lo stato morale elementare**: i caratteri culturali fondamentali di un'epoca.
2. **all'abito primitivo e permanente**: alle disposizioni innate e non modificabili (perché connesse ai caratteri fisici della razza).
3. **popoli ariani...definitive**: si riteneva che i popoli che parlano lingue indoeuropee appartenessero a un gruppo razziale unico (*ariani*) e si fossero sparsi nel mondo a partire da una sede originaria in Asia.

nizzazione politica, ai sentimenti e alle facoltà che sviluppano l'arte di parlare, la capacità di godere, la creazione delle scienze, delle lettere e delle arti. Talora, invece, sono state determinanti le circostanze politiche [...]. Talora, infine, sono state le condizioni sociali ad imprimere il loro marchio [...].
Vi è tuttavia un terzo ordine di cause [...]. Per un popolo come per una pianta: alla stessa temperatura e sullo stesso terreno la stessa linfa produce nei diversi gradi della sua elaborazione successiva delle formazioni diverse: germogli, fiori, frutti, semi, in modo tale che la formazione seguente ha sempre per condizione la precedente e nasce dalla sua morte. E si traggono le medesime conclusioni anche se, invece di un breve periodo come dianzi[4], si considera uno di quegli ampi sviluppi che abbracciano uno o più secoli, come il medio evo o la nostra ultima epoca classica[5]. Vi è dominante una certa condizione; gli uomini per duecento, cinquecento anni si sono rappresentati un certo modello ideale di uomo: nel medio evo, il cavaliere e il monaco, nella nostra età classica, l'uomo di corte e l'elegante parlatore. [...] È secondo questa legge che si formano le grandi correnti storiche, voglio dire i grandi periodi di egemonia di una forma dello spirito o di un'idea fondamentale[6]. [...] Qui come dovunque si tratta soltanto di un problema di meccanica: l'effetto totale è una risultante interamente determinata dalla grandezza e dalla direzione delle forze che la producono. La sola differenza che distingue i problemi umani dai problemi fisici è che nei primi direzioni e grandezze non sono suscettibili di valutazione precisa come nei secondi. [...] Ma, benché i mezzi di notazione[7] delle scienze morali non siano gli stessi che nelle scienze fisiche, nondimeno, essendo la materia la stessa, in ambedue costituita di forze, direzioni e grandezze, si può concludere che tanto nelle une quanto nelle altre l'effetto finale si produce secondo la stessa regola.

Hippolyte Taine, *Storia della letteratura inglese*, in *Materialisti dell'Ottocento*, a cura di A. Pacchi, trad. dal francese di A. Lupoli, il Mulino, Bologna, 1978

DIALOGO CON L'EPOCA

4. **come dianzi**: come abbiamo fatto poco fa (parlando del ciclo della pianta).
5. **la nostra ultima epoca classica**: il Rinascimento.
6. **i grandi... fondamentale**: le epoche caratterizzate dal prevalere di una certa *forma dello spirito*, come la civiltà medievale caratterizzata dalla religione o quella rinascimentale caratterizzata dall'arte.
7. **i mezzi di notazione**: il linguaggio di una scienza, come per esempio le formule della fisica e della chimica.

Le origini etniche dei principali gruppi umani in un'illustrazione di Gustav Mutzel del 1849. (Boston, University Library)

HERBERT SPENCER

TESTO 3 ▶ La società industriale

Nei *Principi di sociologia* (1876-1896), da cui è tratto questo brano, Spencer riconduce i fenomeni sociali alle stesse leggi naturali operanti nel campo biologico.

Questi tratti predominanti, per cui il tipo industriale si distingue così ampiamente da quello militare[1], trovano la loro origine nelle relazioni tra individui proprie delle attività industriali, che sono del tutto dissimili da quelle proprie delle attività militari. Tutte le transazioni commerciali – tra padroni e operai[2], o tra venditori e compratori di merci, oppure tra i professionisti e coloro ai quali essi prestano i loro servizi – sono effettuate sulla base del libero scambio. In cambio di qualche beneficio che *B* riceve da *A*, *B* volontariamente fornisce ad *A* un beneficio equivalente, se non sotto forma di merce prodotta direttamente da lui, sotto forma di denaro guadagnato con la sua professione. Questa relazione, in cui la reciproca prestazione di servizi non è né forzata né subordinata ad altri[3], diventa la relazione predominante in tutta la società nella misura in cui sono predominanti le attività industriali. Determinando ogni giorno pensieri e sentimenti, disciplinando ogni giorno tutti ad affermare le proprie esigenze e costringendoli nello stesso tempo a riconoscere quelle degli altri, essa produce individui le cui strutture e i cui abiti mentali modellano in forme corrispondenti gli ordinamenti sociali. Ne risulta un tipo caratterizzato interamente da quella stessa libertà individuale che è implicita in ogni transazione commerciale [...].

Se questa fosse la sede adatta, si potrebbero aggiungere alcune considerazioni riguardo a un possibile tipo sociale futuro, che differisca tanto dal tipo industriale quanto da quello militare – un tipo che, disponendo di un sistema di sostentamento molto più sviluppato[4] di qualsiasi altro che conosciamo al presente, userà i prodotti dell'industria non già per mantenere un'organizzazione militare né esclusivamente per il progresso materiale, ma li impiegherà per svolgere attività più elevate. Come il contrasto tra il tipo militare e quello industriale è indicato dal rovesciamento della credenza che l'individuo esista a profitto dello stato in quella che lo stato esiste a profitto dell'individuo, così il contrasto tra il tipo industriale e quello che da esso verosimilmente si svilupperà è indicato dal rovesciamento della credenza che la vita sia in funzione del lavoro in quella che il lavoro sia in funzione della vita. Ma in questa sede dobbiamo occuparci di induzioni tratte da società esistite o esistenti [...]. Non possiamo quindi far altro che accennare, a titolo di indicazione, al moltiplicarsi delle istituzioni e degli organi per la cultura intellettuale ed estetica[5], e alle attività analoghe che hanno come scopo immediato non già il sostentamento della vita, ma la gratificazione.

Herbert Spencer, *Principi di sociologia*, in *Positivismo e società industriale*, trad. dall'inglese di P. Rossi, Loescher, Torino, 1975

1. **il tipo...militare**: nel passato le società erano soprattutto di *tipo militare*, vi prevalevano le attività militari e il potere era in mano a nobili guerrieri; nel mondo moderno, invece, le società sono soprattutto di *tipo industriale* vi prevalgono le attività produttive e il potere è in mano agli imprenditori.
2. **tra padroni e operai**: gli operai vendono il proprio lavoro in cambio del salario.
3. **non è... altri**: al contrario di quanto avviene nelle società feudali.
4. **un sistema... sviluppato**: mezzi di produzione molto più progrediti, tali da assicurare abbondanza e benessere.
5. **al moltiplicarsi... estetica**: nella società attuale crescono le istituzioni della vita intellettuale e artistica: è un segno dell'evoluzione verso il nuovo modello di società che l'autore prevede.

LA STAZIONE DI SAINT-LAZARE di Claude Monet

Claude Monet, uno degli esponenti più significativi del movimento impressionista (vedi p. 200), fu particolarmente attratto dallo scenario offerto dalla stazione Saint-Lazare a Parigi, che dipinse più volte. Questo dipinto, che risale al 1877, ritrae uno dei simboli delle nuove tecnologie e della trasformazione che ha investito il paesaggio urbano: il treno, avvolto dai vapori, all'arrivo in una stazione affollata.

Claude Monet, *La stazione Saint-Lazare a Parigi*, 1877. (Londra, National Gallery)

CONTESTUALIZZARE E CONFRONTARE

- La teoria dell'evoluzione di Darwin influenzò in modo significativo anche le discipline di ambito sociale. Mettete in relazione il Testo 3 con il ▸D1 (p. 7), spiegando in che modo Spencer riprende le teorie di Darwin.
- Le concezioni di Taine (Testo 2) ebbero influenza sulle poetiche del naturalismo. Potete verificarlo confrontando il brano di Zola riportato in ▸D10 (p. 24).
- L'esaltazione del progresso si diffuse nella seconda metà dell'Ottocento in tutti i campi della cultura. Potete trovare un esempio letterario di questa euforia nell'*Inno a Satana* di Carducci (▸T57) e in *Partito da Paumanok* di Walt Whitman (▸T34). Mettete a confronto i due testi, identificando analogie e differenze.
- Confrontate le descrizioni della locomotiva presenti in due poesie di Carducci (*Inno a Satana*, ▸T57; *Alla stazione in una mattina d'autunno*, ▸T62) con il quadro di Monet raffigurato qui sopra.

SECONDA SEZIONE

NAZIONALISMO E COLONIALISMO

Sul finire dell'Ottocento si diffondono tendenze culturali che esaltano l'istinto aggressivo come il carattere più autentico dell'umanità. Friedrich Nietzsche (o almeno certi suoi passi, come il **Testo 5**) offre a queste tendenze gli spunti teorici più brillanti. È tutto un fiorire di teorizzazioni della lotta tra le razze, di esaltazione delle conquiste coloniali (Rudyard Kipling, **Testo 6**; Alfredo Oriani, **Testo 8**), di entusiasmi per la potenza militare e la guerra. Ma c'è anche chi, come Joseph Conrad, vede nella colonizzazione del continente africano tutt'altra cosa che una marcia trionfale dell'uomo bianco (**Testo 7**).
Nei territori colonizzati gli europei entrano in contatto con le popolazioni locali, osservando costumi e usanze molto lontani dalle tradizioni a cui sono abituati. Proprio in conseguenza di queste interazioni nasce la moderna antropologia culturale, disciplina che pone al centro dei propri studi le dinamiche delle comunità allora considerate primitive (**Testo 4**).

EDWARD BURNETT TYLOR

TESTO 4 ▶ La nascita dell'antropologia moderna

Edward Burnett Tylor (1832-1917) è considerato uno dei fondatori dell'antropologia culturale. Nel 1871, con la pubblicazione del suo testo più importante, *Primitive culture*, propone uno sguardo inedito che segna la nascita della nuova disciplina. Riportiamo un brano da quest'opera.

Nel vasto repertorio delle concezioni e delle abitudini umane si può vedere che se la civiltà è obbligata a combattere, non solo la persistenza dei resti degli stadi inferiori, ma anche il processo di degenerazione che si produce al suo interno, essa trionfa tuttavia di questi due ostacoli e prosegue sempre la sua marcia. La storia, nel suo campo specifico, e l'etnologia, in un dominio più vasto, concorrono a mostrare che nel mondo le istituzioni più solide hanno rimpiazzato quelle più fragili e che da questo incessante conflitto deriva il corso generale della civiltà. Proviamo a prendere in prestito la metafora mitica per mostrare il contrasto così come lo concepiamo tra i fenomeni chiamati progresso, aberrazione, regresso, i quali segnano il corso generale della cultura. Rappresentiamoci la marcia della civiltà nel mondo come fosse il cammino di una persona. La vedremo così avanzare a passo spedito, oppure arrestarsi lungo il cammino, e spesso smarrirsi lungo i sentieri che la riconducono ai luoghi dai quali era partita molto tempo prima; ma che essa abbia o no deviato, la sua strada non manca di portarla avanti, e se talvolta essa compie qualche passo indietro, questa sua mutata andatura la farà barcollare, impotente. Ciò che allora si verifica è in contrasto con la sua natura, dal momento che i suoi piedi non sono per nulla fatti allo scopo di camminare all'indietro: ecco perché essa barcolla. La vera andatura dell'uomo è in effetti il progresso, la marcia in avanti.

Edward Burnett Tylor, *Primitive culture* in *Alle origini dell'antropologia*, a cura di U. Fabietti, Bollati Boringhieri, Torino, 1998

FRIEDRICH NIETZSCHE

TESTO 5 ▶ Che cos'è aristocratico?

Al di là del bene e del male (1886) è una raccolta di frammenti scritti da Nietzsche nello stesso periodo di *Così parlò Zarathustra*; il titolo si riferisce alla critica della morale tradizionale. L'ultimo capitolo, di cui presentiamo il primo brano, è intitolato *Che cos'è aristocratico?*

Ogni elevazione del tipo «uomo»[1] è stata, fino a oggi, opera di una società aristocratica – e così continuerà sempre a essere: di una società, cioè, che crede in una lunga scala gerarchica[2] e in una differenziazione di valore tra uomo e uomo, e che in un certo senso ha bisogno della schiavitù. [...] Indubbiamente, per quanto riguarda la storia delle origini di una società aristocratica (il presupposto, dunque, di quell'innalzamento del tipo «uomo»), non ci si può abbandonare ad alcuna illusione umanitaria[3]: la verità è dura. Diciamocelo francamente, come sino a oggi ogni civiltà superiore è cominciata sulla terra! Uomini con un'indole ancora naturale, barbari in ogni terribile significato della parola, uomini da preda ancora in possesso di non infrante energie volitive e bramosie di potenza[4], si gettarono su razze più deboli, più ben costumate, più pacifiche, forse dedite al commercio o alla pastorizia, o su antiche civiltà marcescenti, in cui appunto l'ultima forza vitale fiammeggiava in rutilanti fuochi artificiali d'intelligenza e di pervertimento[5]. La classe aristocratica è stata sempre, in principio, la casta barbarica: la sua preponderanza non stava in primo luogo nella forza fisica, ma in quella psichica, – erano gli uomini *più interi* (la qual cosa, a ogni grado[6], significa anche lo stesso che «bestia più intera»[7] –).

Friedrich Nietzsche, *Al di là del bene e del male*, 257, trad. dal tedesco di F. Masini, Adelphi, Milano, 1993

DIALOGO CON L'EPOCA

1. **elevazione del tipo «uomo»**: proseguendo l'evoluzione delle specie col proprio sviluppo storico, l'uomo ha creato tipi umani sempre più perfetti.
2. **una lunga scala gerarchica**: una gerarchia fra i gruppi sociali, che assegna loro funzioni e diritti diversi.
3. **illusione umanitaria**: la credenza in una solidarietà fraterna tra gli uomini, predicata da democratici e socialisti, è per Nietzsche una pura *illusione*.
4. **uomini da preda... potenza**: uomini simili ad animali da preda, in possesso di energie di volontà e desiderio di potenza non ancora domate (*infrante*) dalla civiltà.
5. **antiche civiltà... pervertimento**: civiltà antiche in decadenza (*marcescenti*: in via di marcire), le cui ultime energie si esprimevano in manifestazioni brillanti (*rutilanti*) di intelligenza e di corruzione. È il mito della decadenza, tipico dell'epoca, che ha per modelli il tardo impero romano e bizantino (uno stereotipo, rinfrescato da Nietzsche con le sue brillanti capacità stilistiche); per contro, il modello degli uomini *con un'indole ancora naturale* sono i Germani dell'epoca barbarica.
6. **a ogni grado**: a ogni livello di significato.
7. **«bestia più intera»**: il pieno sviluppo dell'umanità comporta anche il pieno sviluppo dell'animalità che è insita nell'uomo.

Curt Stoeving, *Ritratto di Friedrich Nietzsche*, 1894. (Collezione privata)

RUDYARD KIPLING

TESTO 6 ▶ Il fardello del Bianco

Rudyard Kipling (1865-1936) nacque a Bombay da famiglia inglese; è diventato celebre per i racconti dei due *Libri della giungla* (1894-1895) e per il romanzo *Kim* (1901), ma fu anche autore di poesie. Nel 1907 gli fu conferito il premio Nobel.
Questa poesia porta il sottotitolo «Gli Stati Uniti e le isole Filippine»; fu composta in occasione della cessione delle Filippine dalla Spagna agli USA dopo la guerra di Cuba (1898), per esaltare la missione civilizzatrice dei popoli bianchi nelle colonie.

Addossatevi il fardello del Bianco –
mandate i migliori della vostra razza –
andate, costringete i vostri figli all'esilio
per servire ai bisogni dei sottoposti,
per custodire in pesante assetto
gente irrequieta e sfrenata –
popoli truci, da poco soggetti,
mezzo demoni e mezzo bambini.
Addossatevi il fardello del Bianco –
per resistere con pazienza,
per celare la minaccia del terrore
e frenare la dimostrazione dell'orgoglio;
in parole semplici e chiare,
cento volte rese evidenti,
per cercare il vantaggio altrui,
e produrre l'altrui guadagno.
Addossatevi il fardello del Bianco –
le crudeli guerre della pace –
riempite la bocca della Carestia
e fate cessare la malattia;
e quando più la meta è vicina,
il fine per altri perseguito,
osservate l'Ignavia e la Follia pagana
ridurre al nulla tutta la vostra speranza.
Addossatevi il fardello del Bianco –
non sgargiante governo di re,
ma fatica di servo e di spazzino –
la storia delle cose comuni.

André Hallet, *Danzatori in Rwanda*, 1930. (Collezione privata)

1. **il fardello**: il carico, il gravoso compito.
5. **in pesante assetto**: con un ordine gravoso da imporre e da subire.
7. **da poco soggetti**: in realtà la colonizzazione spagnola delle Filippine risaliva al Cinquecento.
11. **per celare... terrore**: il terrore va minacciato, ma con discrezione, senza esibirlo troppo.
18. **le crudeli... pace**: le guerre condotte con crudeltà per "pacificare" le regioni non ancora soggette.
19. **riempite... Carestia**: fate cessare le carestie, nutrendo in abbondanza. L'immagine è una metafora ("riempire la bocca" per "nutrire"), una metonimia ("Carestia" per "affamati") e una personificazione.
21. **quando... vicina**: quando state per raggiungere questo scopo umanitario.
23. **l'Ignavia... pagana**: la pigrizia e la follia proprie dei "selvaggi" pagani. In realtà i filippini non erano affatto pagani, ma in parte cattolici, in parte musulmani.
28. **la storia... comuni**: una vicenda di cose ordinarie e utili. Il governo delle colonie non ha aspetti *sgargianti* di gloria, ma è un faticoso quotidiano lavoro per migliorare l'economia, le comunicazioni, la sanità.

I porti in cui non entrerete,
le strade che non calpesterete,
andate, costruitele coi vostri vivi,
e segnatele coi vostri morti!

Addossatevi il fardello del Bianco –
e cogliete la sua antica ricompensa:
le accuse di coloro che fate progredire,
l'odio di coloro che tutelate –
il grido delle masse che attirate
(ah, lentamente!) verso la luce:
"Perché ci avete tolto dalla schiavitù,
la nostra amata notte egiziana?"

Addossatevi il fardello del Bianco –
non osate piegarvi a un compito inferiore –
e non vociferate troppo di Libertà
per mascherare la vostra stanchezza;
da tutto ciò che gridate o mormorate,
da tutto ciò che fate o tralasciate,
i popoli truci e silenziosi
peseranno voi e i vostri Dèi.

Addossatevi il fardello del Bianco –
basta coi giorni dell'infanzia –
l'alloro offerto con leggerezza,
la lode facile e non lesinata.
Mette ora alla prova la vostra maturità
per gli anni ingrati che attendono,
reso cauto da una dura esperienza,
il giudizio dei vostri pari!

Rudyard Kipling, *I capolavori di Rudyard Kipling*, trad. dall'inglese di P. Bottalla, Mursia, Milano, 1966

29-30. **I porti... calpesterete**: le infrastrutture di comunicazione costruite nell'interesse esclusivo degli indigeni.
32. **segnatele... morti**: queste grandi opere resteranno segnate dalle tombe di chi è caduto durante i lavori.
34. **ricompensa**: ironico.
38. **la luce**: della civiltà.
40. **amata notte egiziana**: barbarie primitiva. Allusione alla biblica schiavitù degli ebrei in Egitto.
43. **non vociferate... Libertà**: gli americani, con la loro tradizione democratica, potrebbero essere tentati di parlare agli indigeni di Libertà; ma sarebbe solo un segno di mascherata stanchezza di fronte ai propri compiti di governo.
47. **truci e silenziosi**: chiusi in un silenzio minaccioso. È l'impressione che può aver l'europeo che non comprende una cultura diversa.
48. **peseranno... Dèi**: giudicheranno voi e i vostri ideali.
50. **basta... infanzia**: gli USA, nazione giovane, entrano nell'età adulta partecipando alle dominazioni coloniali.
51-52. **l'alloro... lesinata**: il prestigio, le lodi di cui sono stati coperti finora gli americani, senza aver dovuto affrontare le prove delle vecchie nazioni europee.
56. **il giudizio...pari**: il giudizio delle altre nazioni bianche (*vostri pari*).

Lo zio Sam, che rappresenta gli Stati Uniti, sbarca nelle Filippine carico di simboli della civiltà moderna in un'illustrazione di Emil Flohri del 1900-1902. (Washington, Library of Congress)

JOSEPH CONRAD

TESTO 7 ▸ Cuore di tenebra

Cuore di tenebra è un romanzo breve di Joseph Conrad (1857-1924) che uscì in rivista nel 1899 e in volume nel 1902. In una sera nebbiosa, alla foce del Tamigi, su un battello che aspetta la marea favorevole a salpare, un anziano marinaio, Marlow, racconta ad altri quattro viaggiatori un episodio della sua vita. Una volta a Bruxelles aveva avuto un ingaggio dalla compagnia che sfruttava il Congo per conto del re del Belgio; il suo incarico era risalire il fiume Congo alla guida di un vecchio e malandato battello, per raggiungere la "stazione" più interna e remota della compagnia, affidata a un certo Kurtz, personaggio misterioso che da anni nessun bianco aveva più visto, oggetto di invidia per le straordinarie quantità di avorio che riusciva a inviare alla stazione-base e di dicerie sui metodi non ortodossi con cui lo estorceva agli indigeni.
Nelle pagine precedenti il brano che presentiamo Marlow ha preso contatto con la compagnia, ha conosciuto lo sfruttamento spietato dei neri costretti al lavoro e lasciati morire di fame e ha dipinto i funzionari bianchi come avidi, fatui e per lo più destinati a morire presto per il clima equatoriale insopportabile. Riparato alla meglio il battello che gli veniva affidato, ha cominciato a risalire lentamente il fiume, verso "stazioni" sempre più isolate e remote.

Risalire quel fiume era come viaggiare indietro nel tempo sino ai più lontani albori del mondo, quando la vegetazione cresceva sfrenata sulla terra e i grandi alberi erano re. Un corso d'acqua deserto, un grande silenzio e una foresta impenetrabile. L'aria era calda, densa, opprimente, stagnante. Non c'era gioia nello splendore del sole. I lunghi tratti di quel corso d'acqua procedevano deserti, nel buio di ombreggiate lontananze. Sulle secche argentee ippopotami e alligatori prendevano il sole gli uni accanto agli altri. Le acque, allargandosi, scorrevano tra una moltitudine di isole boscose; su quel fiume perdevi l'orientamento come in un deserto e incappavi per giornate intere nei bassifondi, alla ricerca del canale[1], finché non arrivavi a crederti stregato e tagliato fuori da tutto ciò che un tempo avevi conosciuto – da qualche parte – molto lontano – forse in un'altra esistenza. C'erano momenti in cui ti tornava in mente il passato, come succede a volte quando non hai un attimo libero da dedicare a te stesso; ma assumeva la forma di un sogno irrequieto e rumoroso, ricordato con stupore tra le realtà soffocanti di quello strano mondo di piante e acqua e silenzio. Ma questa immobilità non assomigliava per niente alla pace. Era l'immobilità di una forza spietata che stava rimuginando un impenetrabile progetto. Ti guardava con aria vendicativa. Col tempo mi ci abituai; non la vedevo più; non ne avevo il tempo. Dovevo cercare in continuazione il canale; dovevo distinguere, guidato soprattutto dall'ispirazione, i segni dei banchi di sabbia sommersi; stavo all'erta cercando i massi sprofondati; imparavo a serrare i denti con prontezza prima che mi mancasse il cuore quando rasentavo per un pelo qualche vecchio subdolo infernale tronco d'albero che avrebbe strappato la vita a quel battello di latta e affogato tutti i pellegrini[2]; dovevo tener d'occhio le tracce di legno morto che avremmo potuto tagliare di notte per generar vapore l'indomani. E quando dovete badare a cose di questo genere, ai piccoli incidenti che avvengono alla superficie, la realtà – la realtà, vi dico – si affievolisce. La verità

1. **canale**: il tratto percorribile, con acque più profonde.

2. **i pellegrini**: un direttore della compagnia e alcuni impiegati; il narratore li ha definiti pellegrini per l'uso di andare in giro con lunghi, inutili bastoni.

interna si nasconde – per fortuna, per fortuna. [...]
"La terra qui sembrava ultraterrena. Noi siamo abituati a vedere la forma incatenata di un mostro sopraffatto[3], ma lì – lì potevi vedere qualcosa di mostruoso e di libero. Era terrificante e gli uomini[4] erano... No, non erano inumani. Be', voi sapete che è proprio questo il lato peggiore della cosa – il sospetto che non fossero inumani si affacciava a poco a poco. Quelli gridavano e saltavano e giravano su se stessi e facevano orribili smorfie; ma ciò che ti faceva rabbrividire era proprio il pensiero che appartenessero all'umanità – come voi – il pensiero di una tua remota parentela con questo frastuono selvaggio e appassionato. Brutto. Sì, era parecchio brutto; ma, se eri abbastanza uomo, dovevi confessare a te stesso che la sincerità spaventosa di quel rumore procurava in te un seppur vaghissimo riscontro, un confuso sospetto che racchiudesse un significato che tu – così lontano dalla notte dei tempi – potevi comprendere. E perché no? La mente dell'uomo è capace di tutto – perché contiene tutto, il passato come il futuro. Cosa c'era lì, in fin dei conti? Gioia, paura, dolore, devozione, valore, collera – chi può dirlo? – ma anche verità – verità spogliata del manto del tempo.

Joseph Conrad, *Cuore di tenebra*, capitolo II, trad. dall'inglese di E. Capriolo, Feltrinelli, Milano, 2013

3. **un mostro sopraffatto**: la natura domata dall'uomo nei paesi civilizzati.
4. **gli uomini**: gli indigeni.

DIALOGO CON L'EPOCA

ALFREDO ORIANI

TESTO 8 ▶ La guerra d'Africa

Alfredo Oriani (1852-1909) fu autore di romanzi e racconti, ma raggiunse la notorietà per i suoi saggi politici ispirati a un deciso nazionalismo (*Fino a Dogali*, 1889; *La lotta politica in Italia*, 1892; *Rivolta ideale*, 1906); per questi scritti fu considerato un precursore del fascismo, e la sua *Opera omnia* fu curata da Benito Mussolini.
Il libro da cui è tratto questo brano, *Fino a Dogali* (1889), conteneva un'analisi dei primi passi della politica coloniale italiana, che ebbero una battuta d'arresto dopo la disfatta subita contro le truppe etiopiche a Dogali in Eritrea (1887).

Garibaldi, Mazzini e tutte le coscienze eroiche della Rivoluzione[1] erano morti; una volgare democrazia snaturava la grandezza del loro genio e del loro carattere nelle più miserevoli interpretazioni; non si voleva nessuna guerra coll'Africa, riconoscendole lo stesso diritto nazionale dell'Italia; si confondevano storia e preistoria[2], si pareggiavano le loro diverse epoche[3] e le loro contraddittorie personalità. Si dimenticava che se i più civili non avessero sempre conquistato i più barbari, la civiltà non sarebbe mai cresciuta; [...]. Nutrita dal principio di eguaglianza morale e politica, la democrazia non comprendeva che tale alta verità diventava falsa applicata fuori del proprio periodo storico a popoli barbari; che il loro contatto cogli inciviliti, reso oggi inevitabile, doveva costringerli alla guerra come a un saggio della loro potenzialità[4]. O resisterebbero all'urto, difendendo la loro nazionalità

1. **Rivoluzione**: il Risorgimento.
2. **si confondevano... preistoria**: non si distingueva tra i popoli che hanno avuto una storia e le popolazioni primitive immerse ancora nella preistoria.
3. **le loro diverse epoche**: le diverse fasi di sviluppo dell'Italia e dell'Africa.
4. **un saggio... potenzialità**: una messa alla prova delle loro capacità.

coll'assimilarsi rapidamente le nostre industrie e le nostre scienze, o perirebbero. La storia, anziché consacrare l'intangibilità di nessun popolo, ha sempre distrutti tutti quelli, che non potevano entrare nel suo disegno.
La redenzione dell'Africa non è già quella degli africani attuali, ma la sostituzione di una più alta vita alla loro: chè se essi non possono raggiungerla, hanno vissuto fin troppo vivendo inutilmente. [...].
La razza bianca disputa il terreno alle razze inferiori chiamandole alla propria civiltà: quelle che non rispondono sono condannate, quelle che resistono saranno distrutte.
L'Italia, stata due volte il centro del mondo[5] e risorta oggi nazione, non può sottrarsi a quest'opera d'incivilimento universale, di cui le tragedie, per essere inevitabili, diventano incolpevoli[6]. La storia segue la stessa morale e lo stesso diritto della natura nel trionfo della forma più perfetta e dell'idea più alta[7], e poiché vincitori e vinti saranno pareggiati dalla stessa morte, la disparità del loro trattamento scompare nella idealità conquistata[8].

Alfredo Oriani, *Fino a Dogali*, in *Gli eroi, gli eventi, le idee. Pagine scelte*, Cappelli, Bologna, 1928

5. **stata... mondo**: si riferisce alle epoche dell'impero romano e del Rinascimento.
6. **per essere... incolpevoli**: avvengono senza colpa perché sono inevitabili.
7. **La storia... più alta**: la morale e il diritto che regolano la storia sono le stesse che in natura regolano l'evoluzione delle specie, dove attraverso la lotta per la vita si affermano le forme di vita più perfette; allo stesso modo nella storia si affermano le idee più alte.
8. **e poiché... conquistata**: forse vuol dire che tutte le civiltà sono destinate a scomparire (stessa morte), per cui l'ingiustizia nei loro rapporti (disparità del loro trattamento) scompare vista da lontano, nella luce del progresso storico (idealità conquistata). Il linguaggio pomposo e vago consente a stento di cavare un significato.

Una spedizione in Africa organizzata dalla Società geografica italiana nei primi anni del Novecento.

CONTESTUALIZZARE E CONFRONTARE

- **La teoria dell'evoluzione è alla base sia del Testo 4 sia del Testo 5. Spiegate in che modo questi testi riprendono e sviluppano le concezioni di Darwin (▸D1, p. 7) e di Spencer (▸D2, p. 9).**
- **L'idea espressa da Nietzsche nel Testo 5 per cui gerarchia e schiavitù sono alla base della civiltà è ripresa quasi alla lettera da D'Annunzio. Individuate questa ripresa nel brano dalle *Vergini delle rocce* riportato in ▸D25 (p. 503).**
- **Tra i fattori che determinano la storia umana Taine assegna un ruolo fondamentale alla razza, considerata un dato naturale e immodificabile. Da qui alla diffusione di concezioni apertamente razziste il passo era breve. Cercate nel Testo 2 i presupposti di queste concezioni, riscontrabili in modo particolare nel Testo 8.**
- **Ripercorrendo i caratteri che Kipling attribuisce ai filippini nel Testo 6, ricostruite i tratti essenziali dello stereotipo dei popoli di colore diffuso tra gli europei dell'epoca.**
- **Analizzate i due seguenti aspetti del Testo 7:**
  - la dimensione simbolica assunta dal viaggio nel cuore dell'Africa;
  - il significato attribuito dal narratore al «frastuono selvaggio e appassionato» delle popolazioni africane.

TERZA SEZIONE

GLI SCRITTORI E LA SOCIETÀ BORGHESE

Negli anni del Risorgimento, in Italia il processo verso l'unificazione politica rende urgente la necessità di raggiungere anche un'unità culturale tra tutte le classi sociali, e si individua proprio nella letteratura uno degli strumenti più importanti per arrivare a tale scopo (**Testo 9**).
Intanto, nei paesi europei più avanzati lo sviluppo della società industriale, il diffondersi di una mentalità scientista e positivista, i processi di mercificazione della letteratura sconvolgono la tradizionale immagine dello scrittore e del suo rapporto col pubblico. Così Charles Baudelaire denuncia la condizione marginale del poeta nella società del profitto e della produzione (▸D5, p. 16), Stéphane Mallarmé proclama il carattere gratuito e aristocratico dell'arte contro ogni forma di massificazione (**Testo 10**), Arthur Rimbaud riprende il tema dell'incompatibilità tra la poesia e il nuovo sistema sociale, dipingendo il poeta come un "maledetto", segnato fin dall'infanzia dalla tendenza alla rivolta (▸T30).
Più vario è l'atteggiamento dei romanzieri naturalisti: se i fratelli Goncourt contrappongono provocatoriamente un crudo realismo ai gusti conformisti e tradizionalisti del pubblico (**Testo 11**), Émile Zola saluta con entusiasmo l'espansione del mercato e dell'industria editoriale come un'occasione di libertà per lo scrittore e di democratizzazione per l'arte (▸D6, p. 17). Ancora diverso è l'atteggiamento degli intellettuali italiani della rivista «Il Convito», che coniugano la critica alla società borghese con un discorso ideologico nazionalistico e tendenzialmente antidemocratico (**Testo 12**).

VINCENZO GIOBERTI

TESTO 9 ▸ Letteratura nazionale e popolare

In *Del rinnovamento civile d'Italia* (1851), la sua seconda ponderosa opera politica, Gioberti affrontava tra l'altro il problema del contributo che la letteratura avrebbe dovuto dare alla rinascita italiana.

E in vero una letteratura non può essere nazionale se non è popolare; perché, e bene sia di pochi[1] il crearla, universale dee[2] esserne l'uso e il godimento. Oltre che, dovendo ella esprimere le idee e gli affetti comuni e trarre in luce quei sensi che giacciono occulti e confusi nel cuore delle moltitudini, i suoi cultori debbono non solo mirare al bene del popolo ma ritrarre del suo spirito[3]; tanto che questo viene ad essere non solo il fine ma in un certo modo eziandio[4] il principio delle lettere civili. E vedesi col fatto che esse non salgono al colmo della perfezione e dell'efficacia se non quando s'incorporano e fanno, come dire, una cosa colla nazione: né per altro io credo che l'antica letteratura greca sovrasti a tutte di eccellenza, se non perché ella seppe immedesimarsi meglio di ogni altra col popolo che la possedeva; cosicché, laddove essa era veramente pubblica, quelle d'oggi a suo rispetto si possono chiamar «private». Ché se la nostra, la quale «già fu la prima di Europa, oggi è poco meno che l'ultima quanto alle parole e quanto alle cose»[5], questo nasce appunto dall'essersi ella ritirata dalla vita pubblica e civile e divenuta il negozio[6] accademico o il passatempo di pochi oziosi. Il Rinnovamento italiano dovendo essere democratico, anche la letteratura dee partecipare di questo carat-

1. **e bene sia di pochi**: sebbene sia compito di pochi.
2. **dee**: deve.
3. **ritrarre del suo spirito**: attingere allo spirito popolare.
4. **eziandio**: anche.
5. **«già fu... cose»**: citazione dall'*Epistolario* di Leopardi.
6. **il negozio**: l'occupazione.

tere e venire indirizzata al bene del popolo.
Egli è per avventura[7] più difficile lo scriver buoni libri pel popolo che per li dotti, dovendosi al pregio intrinseco delle cose che si dicono aggiungere l'accorgimento della scelta e il magistero[8] di accomodarle alla capacità del volgo. Perciò nessuna nazione moderna è ricca di tali scritture, e noi ne siamo poveri oltremodo. Io non conosco fra i nostri classici alcuno scrittore di prosa che meriti da ogni parte il titolo di «popolare», salvo Gasparo Gozzi, modello impareggiabile in questo genere, e quel Giambattista Gelli[9], umile calzolaio, che con favella semplice, tersa, graziosa, spontanea, espresse intorno agli argomenti più gravi i sensi del popolo e precorse alla filosofia moderna. Ai dì nostri Alessandro Manzoni sciolse col suo romanzo l'arduo problema se si possa scrivere un libro che sia insieme delizia del popolo e pascolo delle menti più elette; e i vivi ingegni di Cesare Cantú e del Tommaseo-[10]attesero a varie specie d'instruzion popolare con una vena infaticabile[11], che sarebbe degna di trovare in Italia emuli ed imitatori.

Vincenzo Gioberti, *Del rinnovamento civile in Italia*, vol. III, a cura di F. Nicolini, Laterza, Bari, 1912

7. **per avventura**: forse. *Egli* è un soggetto impersonale (espletivo).
8. **il magistero**: la maestria, l'abilità.
9. **Gozzi... Gelli**: Gasparo Gozzi (1713-1786) ritrasse scene della vita veneziana negli scritti pubblicati sul suo periodico «La gazzetta veneta»; Giovan Battista Gelli fu autore di raccolte di dialoghi e apologhi, in stile vivacemente popolare.
10. **Cantú...Tommaseo**: Cesare Cantù e Niccolò Tommaseo nel primo Ottocento scrissero libri di educazione morale del popolo.
11. **vena infaticabile**: inventiva inesauribile.

STÉPHANE MALLARMÉ

TESTO 10 ▸ Eresie artistiche: l'arte per tutti

È un brano tratto da un articolo scritto da Mallarmé nel 1862, all'età di vent'anni. In età matura il poeta rinnegherà il tono aggressivo e impetuoso delle argomentazioni, ma si manterrà fedele a un'idea rara e aristocratica dell'arte, alla quale ispirerà tutta la sua vita.

Ogni cosa sacra e che sacra vuol conservarsi s'avvolge di mistero. Le religioni si trincerano dietro arcani[1] svelati al solo predestinato: l'arte ha i suoi. [...]
Ho sovente domandato perché tal carattere necessario sia stato rifiutato ad una sola arte, alla più grande. Questa è senza mistero di fronte alle curiosità ipocrite, senza terrore di fronte alle empietà, o sotto il sorriso o la smorfia dell'ignorante e del nemico[2].
Parlo della poesia. *Les Fleurs du Mal*[3], ad esempio, sono stampate con caratteri il cui sboccio fa fiorire ad ogni aurora le ajuole d'un lungo discorso utilitario[4], e vendonsi nei libri bianchi e neri[5], identicamente eguali a quelli che spacciano prosa del visconte du Terrail[6] o versi del Sig. Legouvé[7].
Così i primi venuti entrano senza ostacoli in un capolavoro, e da quando esiston

1. **arcani**: misteri.
2. **senza mistero... nemico**: a differenza dalle altre arti, la poesia è alla portata di tutti, non è circondata dal mistero.
3. ***Les Fleurs du Mal***: la raccolta delle poesie di Baudelaire, considerato da Mallarmé il suo maestro.
4. **con caratteri... utilitario**: i caratteri da stampa sono paragonati a fiori che, sbocciando ogni mattina all'apertura delle librerie, sono comprati e venduti, sottoponendo la poesia alle regole utilitarie del mercato.
5. **bianchi e neri**: a differenza dei codici manoscritti di un tempo, colorati, rari e preziosi.
6. **visconte du Terrail**: Pierre-Alexis Ponson du Terrail (1829-1871), inventore del personaggio di Rocambole, protagonista di romanzi d'appendice di grandissimo successo presso il pubblico di massa.
7. **Sig. Legouvé**: Gabriel Legouvé (1764-1812), autore di mediocri tragedie.

poeti, non sono state inventate, per l'allontanamento di tali importuni, una lingua immacolata, formule jeratiche[8] l'arido studio delle quali abbagli il profano e punga il paziente fatale[9]; e questi intrusi presentano a mo' di biglietto d'ingresso una pagina dell'alfabeto che hanno appreso a leggere!
O fermagli d'oro degli antichi messali! O geroglifici inviolati dei rotoli di papiro!
Quale la conseguenza di questa assenza di mistero?
Come tutto ciò ch'è assolutamente bello, la poesia strappa l'ammirazione; ma tale ammirazione sarà distante, vaga, sciocca, proviene dalla folla. Mercé[10] di questa sensazione generale, un'idea inaudita ed assurda germinerà nei cervelli, e cioè essere indispensabile insegnarla nelle scuole, e irresistibilmente, come tutto quanto è insegnato a molti, la poesia sarà abbassata al rango di una scienza. Verrà spiegata a tutti egualmente, egualitariamente, giacché è difficile distinguere sotto i crini arruffati di quale alunno biancheggi la stella sibillina[11]. [...]
A questo male, del resto, i poeti, anche i più grandi, non sono del tutto estranei.
Ecco.
Stimo un filosofo che ambisca alla popolarità [...]. Ma che un poeta, un adoratore del bello inaccessibile al volgare[12], non sia pago dei suffragi del sinedrio[13] dell'arte, questo m'irrita, e non lo comprendo. L'uomo può essere democratico: l'artista deve, sdoppiandosi[14], rimanere aristocratico.

Stéphane Mallarmé, *Eresie artistiche: l'arte per tutti*, trad. dal francese di R. Mucci, in *Tutte le poesie e prose scelte*, a cura di L. De Nardis, Guanda, Parma, 1966

8. **jeratiche**: sacre, solenni.
9. **punga il paziente fatale**: punisca chi si sia sottoposto, a suo danno (*paziente fatale*), all'*arido studio* che dovrebbe preservare la poesia dal contatto coi profani.
10. **Mercé**: a causa.
11. **sotto... sibillina**: quale alunno abbia, sotto i capelli (*crini*) arruffati, il segno di chi è predestinato alla poesia. Nel mondo greco-romano la Sibilla era la profetessa ispirata da Apollo.
12. **al volgare**: alla gente del popolo.
13. **sinedrio**: la parola designa il supremo organo legislativo e giudiziario degli antichi Ebrei. Qui si riferisce alla ristretta aristocrazia spirituale che secondo Mallarmé ha il diritto di emettere un giudizio sulle cose dell'arte.
14. **sdoppiandosi**: perché, come uomo, può essere *democratico*.

EDMOND E JULES GONCOURT

TESTO 11 ▸ Prefazione a *Germinie Lacerteux*

Il romanzo *Germinie Lacerteux* (1865) dei fratelli Goncourt è ispirato alla storia vera di una loro donna di servizio, che avevano assistito amorevolmente durante una lunga malattia. Dopo la morte della donna i due scrittori avevano scoperto che la domestica aveva una doppia vita: di giorno era una fedele cameriera; di notte, indotta da un giovane seduttore senza scrupoli, si dava a comportamenti viziosi, giungendo a derubare i suoi padroni per dare soldi all'amante.
Il romanzo riprese questa vicenda vissuta con minime variazioni, con un realismo e una crudezza nuovi per l'epoca. Consapevoli della "scandalosa" novità della loro opera, i fratelli Goncourt le premisero questa introduzione, di cui riportiamo una parte.

Dobbiamo chiedere scusa al pubblico per questo libro che gli offriamo e avvertirlo di quanto vi troverà.
Il pubblico ama i romanzi falsi: questo romanzo è un romanzo vero.
Ama i romanzi che dànno l'illusione di essere introdotti nel gran mondo: questo libro viene dalla strada.

Ama le operette maliziose, le memorie di fanciulle, le confessioni d'alcova[1], le sudicerie erotiche, lo scandalo racchiuso in un'illustrazione nelle vetrine di librai: il libro che sta per leggere è severo e puro. Che il pubblico non si aspetti la fotografia licenziosa del Piacere: lo studio che segue è la clinica dell'Amore[2].
Il pubblico apprezza ancora le letture anodine[3] e consolanti, le avventure che finiscono bene, le fantasie che non sconvolgono la sua digestione né la sua serenità: questo libro, con la sua triste e violenta novità è fatto per contrariare le abitudini del pubblico, per nuocere alla sua igiene. Perché mai dunque l'abbiamo scritto? Proprio solo per offendere il lettore o scandalizzare i suoi gusti?
No.
Vivendo nel diciannovesimo secolo, in un'epoca di suffragio universale, di democrazia, di liberalismo, ci siamo chiesti se le cosiddette «classi inferiori» non abbiano diritto al Romanzo; se questo mondo sotto un mondo, il popolo, debba restare sotto il peso del «vietato» letterario[4] e del disdegno degli autori che sino ad ora non hanno mai parlato dell'anima e del cuore che il popolo può avere. Ci siamo chiesti se possano ancora esistere, per lo scrittore e per il lettore, in questi anni d'uguaglianza che viviamo, classi indegne, infelicità troppo terrene, drammi troppo mal recitati, catastrofi d'un terrore troppo poco nobile. Ci ha presi la curiosità di sapere se questa forma convenzionale di una letteratura dimenticata e di una società scomparsa, la Tragedia, sia definitivamente morta; se, in un paese senza caste e senza aristocrazia legale, le miserie degli umili e dei poveri possano parlare all'interesse, all'emozione, alla pietà, tanto quanto le miserie dei grandi e dei ricchi; se, in una parola, le lacrime che si piangono in basso possano far piangere come quelle che si piangono in alto. Queste meditazioni ci hanno indotto a tentare l'umile romanzo di *Suor Filomena*, nel 1861; e adesso ci inducono a pubblicare *Le due vite di Germinia Lacerteux*.
Ed ora, questo libro venga pure calunniato: poco c'importa. Oggi che il Romanzo si allarga e ingrandisce, e comincia ad essere la grande forma seria, appassionata, viva, dello studio letterario e della ricerca sociale, oggi che esso diventa, attraverso l'analisi e la ricerca psicologica, la Storia morale contemporanea, oggi che il Romanzo s'è imposto gli studi e i compiti della scienza, può rivendicarne la libertà e l'indipendenza. Ricerchi dunque l'Arte e la Verità; mostri miserie tali da imprimersi nella memoria dei benestanti di Parigi; faccia vedere alla gente della buona società quello che le dame di carità hanno il coraggio di vedere, quello che una volta le regine facevano sfiorare appena con gli occhi, negli ospizi, ai loro figli: la sofferenza umana, presente e viva, che insegna la carità; il Romanzo abbia quella religione, che il secolo scorso chiamava con il nome largo e vasto di Umanità; basterà questa coscienza: ecco il suo diritto.

Edmond e Jules Goncourt, *Prefazione a Germinie Lacerteux*, in *Le due vite di Germinia Lacerteux*, trad. dal francese di O. del Buono, Rizzoli, Milano, 1957

1. **confessioni d'alcova**: segreti della vita erotica. L'alcova è la camera da letto.
2. **la clinica dell'Amore**: la descrizione dei processi amorosi condotta col distacco scientifico di un esame clinico.
3. **anodine**: calmanti, tranquillizzanti.
4. **debba... letterario**: debba essere bandito dalla letteratura come argomento indegno di essere trattato.

GABRIELE D'ANNUNZIO

TESTO 12 ▶ I nuovi barbari

Tra il 1895 e il 1907 uscì a Roma la rivista «Il Convito», diretta dal poeta Adolfo de Bosis, a cui collaborarono D'Annunzio, Pascoli e altri letterati italiani di primo piano. Il brano che riportiamo è tratto dal *Proemio*, scritto da D'Annunzio per esporre gli scopi della rivista.

Alcuni artisti, scrittori e pittori, accomunati da uno stesso culto sincero e fervente per tutte le più nobili forme dell'Arte, si propongono di publicare[1] ogni mese in Roma – dal gennaio al dicembre di questo anno – una loro raccolta di prose, di poesie e di disegni composta con insolita severità di scelta e stampata con quella eleganza semplice che aggiunge decoro alle belle imagini e ai chiari pensieri. Mettendosi a questa impresa e accingendosi a darle il meglio delle loro forze, essi hanno ben considerato le difficoltà grandi a cui vanno incontro in un tempo in cui sembra abolito ogni culto delle cose intellettuali. [...]

Sembra, in verità, che ricorrano per l'Italia i tempi oscuri in cui vennero da contrade remotissime i Barbari a travagliare un suolo che pure era cresciuto con la polvere degli estranei[2] e nella corsa ruinosa abbatterono tutti i simulacri della Bellezza e cancellarono tutti i vestigi del Pensiero. Ma la presente barbarie è, secondo noi, peggiore o almeno più vile; perché non ha neppure, come l'antica, la grandiosità delle violenze cieche e irresistibili. Essa consegue i medesimi effetti poiché abbatte e cancella, ma non come un tonante e lampeggiante uragano, sì bene come un tardo fiume fangoso in cui si scarichino mille canali putridi[3]. E per colmo di onta questo fiume ha in Roma la sua sorgente massima. [...]

Ebbene, c'è ancora qualcuno che in mezzo a tanta miseria e a tanta abiezione italiana serba la fede nella virtù occulta della stirpe, nella forza ascendente delle idealità trasmesseci dai padri, nel potere indistruttibile della Bellezza, nella sovrana dignità dello spirito, nella necessità delle gerarchie intellettuali, in tutti gli alti valori che oggi dal popolo d'Italia sono tenuti a vile, e specialmente nell'efficacia della parola. [...]

Non è più il tempo del sogno solitario all'ombra del lauro o del mirto[4]. Gli intellettuali raccogliendo tutte le loro energie debbono sostenere militarmente la causa dell'Intelligenza contro i Barbari[5], se in loro non è addormentato pur l'istinto più profondo della vita. Volendo vivere essi debbono lottare e affermarsi di continuo,

1. **publicare**: la consonante semplice al posto della doppia si richiama alla radice latina della parola, secondo un uso tipico della prosa dannunziana.
2. **con... estranei**: sconfiggendo i popoli stranieri.
3. **la presente... putridi**: secondo D'Annunzio la decadenza d'Italia deriva da un'involuzione politica, sociale e culturale, di cui tratteggerà più avanti i lineamenti: tradimento della «virtù della stirpe», abbandono delle «idealità trasmesseci dai padri», messa in discussione delle «gerarchie intellettuali».
4. **Non è più... mirto**: non si può più praticare la poesia come un'attività solitaria, individualistica. Nel mondo antico con il *lauro* e il *mirto* si incoronavano i poeti.
5. **contro i Barbari**: contro gli stranieri, nei confronti dei quali bisogna riaffermare la supremazia della stirpe italiana, e contro le masse, la cui affermazione ha «abolito ogni culto delle cose intellettuali».

Giò Ponti, *Le attività gentili: I progenitori*, 1925. (Collezione privata)

DIALOGO CON L'EPOCA

contro la distribuzione la diminuzione la violazione il contagio. Tutto acceso dallo zelo dell'Arte come da una fiamma di collera, Benvenuto[6] non si batteva per una statua con più furia che per un'amante? La nostra Bellezza sia dunque nel tempo medesimo la Venere adorata da Platone e quella di cui Cesare diede il nome per parola d'ordine ai suoi soldati sul campo di Farsaglia «Venus victrix»[7].

6. **Benvenuto**: Benvenuto Cellini (1500-1571), lo scultore che nella sua *Vita* narrò con grande veemenza la fusione della statua di Perseo.

7. **sia dunque... «Venus victrix»**: sia non solo un'idea pura come la bellezza nel pensiero di Platone, ma anche uno slogan combattivo come la "Venere vincitrice" evocata da Giulio Cesare sui campi di battaglia (Cesare vantava la discendenza della propria famiglia da Venere).

CONTESTUALIZZARE E CONFRONTARE

- Nel 1851 Gioberti (Testo 9) sosteneva l'importanza della letteratura come strumento per ottenere l'obiettivo dell'unità culturale. Mettete in rapporto le idee di Gioberti con le esigenze della società e cultura italiana dopo il raggiungimento dell'unità politica (vedi Profilo, p. 27). A questo scopo, fate riferimento anche al ▸D12 di De Sanctis (p. 32).
- Una valutazione opposta a quella di Mallarmé (Testo 10) sulla mercificazione e la democratizzazione dell'arte sarà espressa, una ventina d'anni dopo, da Émile Zola nel brano riportato in ▸D6 (p. 17). Confrontate tra loro i due testi.
- Nel Testo 11 i fratelli Goncourt sfidano apertamente i gusti del pubblico, proclamando con forza una nuova idea della letteratura. Individuate nel testo i punti di conflitto tra le intenzioni dei Goncourt e quelle che loro considerano le attese del pubblico.
- A differenza di Baudelaire (▸D5, p. 16) e Mallarmé (Testo 10), che formulano un giudizio globalmente negativo sulla società moderna, i fratelli Goncourt ne valorizzano alcuni aspetti fondamentali. Ne scaturisce un'idea dell'arte molto diversa da quelle teorizzata dai poeti simbolisti. Quali aspetti della società moderna vengono esaltati?
- Fra i testi presentati, il più vicino alle posizioni espresse da D'Annunzio nel Testo 12 è quello di Mallarmé (Testo 10). Metteteli a confronto, individuando affinità e differenze, specie per quanto riguarda la presenza o l'assenza di distinzioni tra la sfera dell'arte e la sfera politica.

VERSO L'ESAME | Argomentare

- Illustrate le principali istanze del positivismo a partire dal Testo 1 di Auguste Comte, facendo riferimento ai due testi di Spencer riportati in questa antologia (▸D2, p. 9, Testo 3) e inserendo nella vostra analisi riferimenti ad altri pensatori dell'epoca.
- I testi presentati nella terza sezione pongono alcune questioni che ancora oggi sono oggetto di discussione: il rapporto tra cultura "alta" e cultura di massa e il ruolo della letteratura nella formazione dei cittadini. Individuate le tesi sostenute nei testi presentati (includendo nell'analisi anche il brano di Zola riportato nel ▸D6, p. 17), discutetele in classe e scrivete infine un testo in cui riportate le argomentazioni emerse nel corso del confronto.

STRUMENTI E MATERIALI PER LA PROVA SCRITTA

a cura di Lucia Gasperini, Patrizia Becherini, Stefano Sandrelli

IL PROGRESSO TRA FIDUCIA E SENSO CRITICO

RIFLETTERE SUL LESSICO

LE PAROLE SONO IMPORTANTI

I concetto di "**progresso**" indica un avanzamento verso gradi o stadi superiori, con l'idea implicita di una crescita, di un miglioramento continuo, di un'evoluzione positiva. Da sempre si sono confrontate visioni contrapposte: c'è chi ritiene che esso non esista e che la storia si ripeta sempre uguale, in modo ciclico, o addirittura che sia un declino da un'iniziale età dell'oro verso la catastrofe finale; e c'è invece chi vede nel cammino umano un costante sviluppo verso forme di vita più evolute, verso un futuro pieno di realizzazioni positive. È di questa opinione il futurista Filippo Tommaso Marinetti (▸**Vol. 6**, **D5**, p. 20): «Abbiate fiducia nel progresso, che ha sempre ragione, anche quando ha torto, perché è il movimento, la vita, la lotta, la speranza. E guardatevi dall'intentare dei processi al Progresso. Sia pure impostore, perfido, assassino, ladro, incendiario, il Progresso ha sempre ragione» (*Teoria e invenzione futurista*, 1912)

Dallo *Zingarelli 2018*
progresso [vc. dotta, lat. *progrĕssu(m)*, da *progrĕssus*, part. pass. di *prōgredi* "progredire" → sec. XIV] **s. m.**
1 avanzamento, evoluzione graduale e continua di qlco.: *i progressi della tecnica*; *il rapido progresso di una malattia*; *voi averete inteso il progresso del mio viaggio* (P. Bembo) | ***in progresso di tempo***, con l'andar del tempo. CONTR. regresso.
2 profitto, miglioramento: *fare progressi negli studi*; *il paziente ha fatto dei progressi*
3 avanzamento verso forme migliori nel campo delle conoscenze spec. scientifiche, delle relazioni sociali, dei costumi, dei mezzi di vita: *avere fede nel progresso*; *progresso sociale*.

- **Quale significato assume la parola progresso nel seguente verso di Ariosto: «Di lor si ride Angelica proterva, / che non è vista, e i lor *progressi* osserva»?**

INTORNO ALLA PAROLA

Di seguito riportiamo un elenco di aggettivi che si possono accostare alla parola "progresso" o ai suoi sinonimi per qualificarla.

Dal *Dizionario delle collocazioni Zanichelli 2012*
AGGETTIVI accelerato, autentico, clamoroso, concreto, continuo, considerevole, costante, effettivo, evidente, generale, graduale, illusorio, impercettibile, imperante, improvviso, inarrestabile, incessante, incontestabile, inimmaginabile, lento, lieve, marcato, naturale, netto, notevole, profondo, progressivo, radicale, rapido, reale, sensibile, significativo, sostanziale, spontaneo, tangibile, trascurabile, ulteriore, vero, vertiginoso, visibile, vistoso
• chiaro, deciso, falso, indubbio, leggero, malinteso, timido ***progresso***
• ***progresso*** economico, intellettuale, scientifico, sociale, tecnico, tecnologico

- **Molti degli aggettivi indicati qui sopra tendono a "esaltare" il progresso, dandone una connotazione molto positiva. Sottolineateli.**
- **Non è meno importante saper combinare la parola "progresso" con i verbi più adeguati.**

Dal *Dizionario delle collocazioni Zanichelli 2012*
VERBO+COMPLEMENTO accelerare, aiutare, assistere a, attendersi, bloccare, compiere, consentire, contribuire a, credere in, determinare, evidenziare, fare, favorire, fermare, garantire, impedire, indicare, intralciare, ipotizzare, mostrare, notare, osservare, ostacolare, ottenere, percepire, permettere, portare a, prevedere, produrre, promuovere, rallentare, rappresentare, registrare, rilevare, rincorrere, riscontrare, segnare, seguire, subire

- **Riconoscete nell'elenco e sottolineate con colori diversi i gruppi di sinonimi.**

IN ALTRE LINGUE

Nella seguente tabella riportiamo la traduzione nelle principali lingue europee del termine "progresso" e di altre parole a esso semanticamente legate. Attenzione: non considerate questo specchietto come una rigida "tabella di equivalenza"; i termini di queste lingue, così come quelli italiani, presentano infatti una vasta gamma di sfumature semantiche.

Italiano	Inglese	Francese	Tedesco	Spagnolo
PROGRESSO	*progress*	*progrès*	*Fortschritte*	*progreso*
evoluzione	*evolution*	*évolution*	*Evolution*	*evolución*
avanzamento	*advancement* *promotion*	*avancement*	*Vorschub*	*avance*
sviluppo	*development*	*développement*	*Entwicklung* *Entfaltung* *Wachstum*	*desarrollo*

- **Cercate l'etimologia comune dei termini che in italiano e altre lingue europee indicano i concetti di "progresso", "evoluzione" e "sviluppo". Indicate anche in quali epoche storiche questi termini sono sorti e riflettete su un possibile rapporto tra la nascita di questi termini e i rispettivi contesti storico-culturali.**

RACCOGLIERE LE IDEE

INTRODUZIONE AL TEMA

Prima di leggere i documenti, iniziate a raccogliere le idee sul tema. Quali spunti vi suggeriscono le domande proposte qui di seguito?

- **A che cosa vi fa pensare il termine "progresso"? A qualcosa di individuale o di collettivo (o a entrambe le cose)?**
- **A vostro avviso il progresso tecnologico può essere arrestato o è destinato a continuare ininterrottamente?**
- **Nella storia dell'umanità il progresso tecnologico non è sempre avanzato con lo stesso ritmo: a quale ritmo marcia nella nostra epoca, secondo voi?**
- **Definireste "ottimista" una persona che ha fiducia nel progresso? E "pessimista" una persona che non ce l'ha?**
- **In base alla *vostra* esperienza, sentite di aver fiducia nel progresso? Motivate la vostra risposta.**

INDIVIDUARE E RIASSUMERE I CONCETTI-CHIAVE

LEGGERE, COMPRENDERE E ANALIZZARE I DOCUMENTI

TESTO 1

La legge dell'evoluzione

L'avanzamento dal semplice al complesso, per via di successive modificazioni sopra modificazioni, si vede tanto nei più remoti cambiamenti dei Cieli a cui la ragione ci può ricondurre, quanto nei più remoti cambiamenti che noi possiamo induttivamente stabilire; si vede nella evoluzione geologica e climatica della Terra; in quella di ogni organismo individuale che vive sulla superficie, e del complesso degli organismi; si vede nella evoluzione dell'Umanità, considerata sia nell'uomo incivilito, sia nell'insieme delle razze; si vede nella evoluzione della società rispetto alla sua organizzazione politica, religiosa, ed economica del pari; e si vede nella evoluzione di quegli innumerevoli prodotti concreti ed astratti dell'attività umana, che costituiscono l'ambiente della nostra vita di ogni giorno. Dal più remoto passato cui la Scienza può scandagliare, fino alle novità di ieri, un carattere essenziale della Evoluzione è stata la trasformazione dell'omogeneo nell'eterogeneo[1].

Herbert Spencer, *Primi princìpi*, trad. dall'inglese di G. Salvadori, Bocca, Torino, 1905 (▸D2, p. 9)

1. **trasformazione... eterogeneo**: riferimento alla crescente complessità in tutti i campi del mondo.

Domande-guida

- Il filosofo positivista inglese Herbert Spencer (vedi p. 8) considerava l'evoluzione e il progresso come la legge universale della vita e del cosmo. Quale altro pensatore, naturalista e biologo, aveva teorizzato il principio dell'evoluzione delle specie animali e vegetali?
- In che cosa consiste l'evoluzione per Spencer? Quali realtà interessa? Secondo quale "legge" opera?

TESTO 2

La fiducia nel progresso nel XIX secolo

L'utilizzazione sistematica delle scoperte scientifiche da parte dell'industria e gli straordinari successi ottenuti mediante tale utilizzazione non tardarono a procurare alla scienza una larghissima popolarità, alimentando le speranze che essa avrebbe finito per risolvere ogni problema dell'umanità.
Ciascuno poteva constatare direttamente che le applicazioni della fisica, della chimica, della biologia stavano davvero trasformando il modo di vivere dei popoli «civili» (dai mezzi di comunicazione e di trasporto a quelli di illuminazione, dalle abitazioni private all'urbanistica, dalla medicina all'agricoltura, dall'arte tipografica a quella della guerra): come stupirsi se tutto ciò fece sorgere, in vasti strati di persone, attese addirittura miracolistiche? È vero che di tanto in tanto l'economia subiva gravissime crisi, che toglievano a milioni di lavoratori le modeste conquiste faticosamente acquisite, ma nemmeno tali crisi riuscivano in realtà a fermare per lungo tempo lo sviluppo della produzione e tanto meno ad arrestare il progresso scientifico-tecnico; qualcuno poteva giungere a considerarle come semplici crisi di crescenza, altri più seriamente le attribuiva al modo di procedere caotico (non scientifico) dei dirigenti dell'economia.
Fiducia nella scienza e fiducia nel progresso risultano, così, abbinate nella mente dei più e determinano a poco a poco l'atmosfera culturale che si diffonde in gran parte dell'Europa, in specie presso i ceti borghesi.

Ludovico Geymonat, *Storia del pensiero filosofico e scientifico*, vol. V, Garzanti, Milano, 1972

Domande-guida

- Riassumete il contenuto del testo in cinque righe.
- Da che cosa nasceva la fiducia nel progresso che, come mostra il brano del filosofo Ludovico Geymonat (1908-1991), si era affermata nell'Ottocento?
- Perché la fiducia nel progresso si è diffusa soprattutto tra i ceti borghesi?
- Perché Geymonat definisce *miracolistiche* le attese che erano sorte in quel periodo?

TESTO 3

Progressi che trasformano il mondo

Per migliaia e migliaia di anni, da quando quella strana creatura denominata uomo ha preso a trasferirsi da un luogo all'altro della terra, gli unici parametri della velocità di movimento sono stati il trotto del cavallo, il girare su se stessa della ruota, la propulsione impressa alla nave dai remi o dalla vela. L'immane progresso tecnico, sviluppatosi in quell'esigua porzione di tempo rischiarata dalla luce dell'intelletto che noi siamo soliti chiamare storia universale, non aveva accelerato in modo sensibile il ritmo degli spostamenti. [...]
Sarà solo il diciannovesimo secolo a modificare radicalmente la velocità del moto. Nei primi vent'anni dell'Ottocento, infatti, popoli e paesi si avvicinano più di quanto non sia accaduto nei millenni precedenti; grazie ai treni e ai battelli a vapore è possibile compiere in una sola giornata viaggi che richiedevano parecchi giorni, e ore interminabili si riducono a quarti d'ora o addirittura a minuti. Ma per quanto

i contemporanei considerassero un enorme progresso l'accelerazione del tempo dovuta a ferrovia e navi a vapore, queste nuove conquiste tecniche rientravano ancora nell'ambito del concepibile. I nuovi mezzi di locomozione si limitano a moltiplicare per cinque, per dieci o per venti la velocità fino ad allora sperimentata, così che sensi e intelletto riescono a seguirne i cambiamenti, a capacitarsi dell'apparente miracolo. Del tutto inaspettati invece sono gli effetti delle prime applicazioni pratiche dell'elettricità, che, ancora in culla, già si rivela un Ercole: infrange ogni legge conosciuta, sovverte qualsiasi norma e misura. Non riusciremo mai, noi nati dopo, a renderci veramente conto dello stupore provato dalla gente dell'epoca per le prime realizzazioni del telegrafo elettrico, a condividerne lo sbalordimento misto a incredulità ed entusiasmo per quella piccola, impercettibile scintilla che fino a ieri sembrava solo in grado di uscire dalla bottiglia di Leida per spostarsi, crepitando, di qualche centimetro e che ora, a un tratto – dotata di forza diabolica –, supera d'un balzo paesi, montagne e interi continenti.

Stefan Zweig, *Momenti fatali*, trad. dal tedesco di D. Berra, Adelphi, Milano, 2005

Domande-guida

- Riassumete il contenuto del testo in cinque righe.
- Secondo lo scrittore austriaco Stefan Zweig (1881-1942) il progresso è avanzato in modo uniforme nella storia dell'umanità?
- Qual è l'innovazione tecnica che, secondo Zweig, ha rivoluzionato il mondo in maniera radicale? Riflettete sulle altre tecnologie che essa ha reso possibili.
- Con quali sentimenti viene accolta questa nuova invenzione dalla gente dell'epoca?

TESTO 4

La fiumana del progresso

Il cammino fatale, incessante, spesso faticoso e febbrile che segue l'umanità per raggiungere la conquista del progresso, è grandioso nel suo risultato, visto nell'insieme, da lontano. Nella luce gloriosa che l'accompagna dileguansi le irrequietudini, le avidità, l'egoismo, tutte le passioni, tutti i vizi che si trasformano in virtù, tutte le debolezze che aiutano l'immane lavoro, tutte le contraddizioni, dal cui attrito sviluppasi la luce della verità. Il risultato umanitario copre quanto c'è di meschino negli interessi particolari che lo producono; li giustifica quasi come mezzi necessari a stimolare l'attività dell'individuo cooperante inconscio a beneficio di tutti. Ogni movente di cotesto lavorio universale, dalla ricerca del benessere materiale alle più elevate ambizioni, è legittimato dal solo fatto della sua opportunità a raggiungere lo scopo del movimento incessante; e quando si conosce dove vada questa immensa corrente dell'attività umana, non si domanda al certo come ci va. Solo l'osservatore, travolto anch'esso dalla fiumana, guardandosi attorno, ha il diritto di interessarsi ai deboli che restano per via, ai fiacchi che si lasciano sorpassare dall'onda per finire più presto, ai vinti che levano le braccia disperate, e piegano il capo sotto il piede brutale dei sopravvegnenti, i vincitori d'oggi, affrettati anch'essi, avidi anch'essi d'arrivare,e che saranno sorpassati domani.

Giovanni Verga, *I Malavoglia*, in *Tutti i romanzi*, Sansoni, Firenze, 1983 (▸**T68**)

Domande-guida

- Perché, secondo Verga, le conquiste del progresso sono grandiose solo se viste da lontano?
- Chi sono per Verga gli esclusi dal progresso?
- Qual è la posizione di Verga nei confronti del progresso che emerge dal testo?

TESTO 5

Le macchine ci domineranno

Soddisfo, scrivendo, a un bisogno di sfogo, prepotente. Scarico la mia professionale impassibilità e mi vendico, anche; e con me vendico tanti, condannati come me a non essere altro, che una mano che gira una manovella. Questo doveva avvenire, e questo è finalmente avvenuto! L'uomo che prima, poeta, deificava i suoi sentimenti e li adorava, buttati via i sentimenti, ingombro non solo inutile ma anche dannoso, e divenuto saggio e industre, s'è messo a fabbricar di ferro, d'acciaio le sue nuove divinità ed è diventato servo e schiavo di esse. Viva la macchina che meccanizza la vita! Vi resta ancora, o signori, un po' d'anima, un po' di cuore e di mente? Date, date qua alle macchine voraci, che aspettano! [...] È per forza il trionfo della stupidità, dopo tanto ingegno e tanto studio spesi per la creazione di questi mostri, che dovevano rimanere strumenti e sono divenuti invece, per forza, i nostri padroni.

Luigi Pirandello, *Quaderni di Serafino Gubbio operatore*, quaderno I, capitolo I e II, in *Tutti i romanzi*, vol. II, a cura di G. Macchia e M. Costanzo, Mondadori, Milano, 1973 (▸**Vol. 6, T80**)

Domande-guida

- Perché Pirandello definisce *mostri* le macchine?
- Vi sembra che la previsione "catastrofista" di Pirandello si sia avverata?

TESTO 6

Jules Verne, la fantascienza che anticipa il futuro

Nel campo della narrativa in cui Verne è divenuto più famoso, cioè la fantascienza, le sue intuizioni sono state veramente notevoli. Nel romanzo *Dalla Terra alla Luna* ha anticipato la storica missione dell'*Apollo* del luglio 1969; in *Ventimila leghe sotto i mari*, il sottomarino atomico *Nautilus,* che traversò in immersione il mar Glaciale Artico, passando per il Polo Nord, nel 1958; in *Robur il conquistatore,* ha creato un antenato dell'elicottero (il cui primo esemplare fu realizzato in Germania nel 1936); sempre in *Robur* ha ideato un sistema di comunicazioni via satellite (che verrà realizzato nel 1960 con il nome di *Telestar I*); ne *Il castello dei Carpazi*, infine, ha praticamente "inventato" la televisione.

Francesco Lamendola, *Jules Verne: un'interpretazione*, www.ariannaeditrice.it

Domande-guida

- Lo scrittore francese Jules Verne (1828-1905) è considerato il padre della fantascienza. Quali sono le invenzioni che ha anticipato nei suoi romanzi?
- Secondo voi è un caso che il genere della fantascienza sia sorto verso la metà del XIX secolo?
- Avete letto libri di Verne o visto film tratti da essi? Che impressione vi hanno fatto? In che modo raccontano il rapporto tra l'uomo, la scienza e la tecnica?

TESTO 7

Pessimismo e fantascienza

Poiché la fantascienza ha a che fare con il futuro della società umana, la diffusa perdita di fiducia nella scienza e nel progresso scientifico produrrà necessariamente degli sconvolgimenti nel campo della SF[1]. Questa perdita di fiducia nell'idea di progresso, in un "domani più radioso", è ormai radicata nella nostra cultura: le atmosfere cupe della SF più recente ne sono un effetto, non la causa.
Se uno scrittore di SF, attualmente, rispecchia questo senso di rovina, fa semplicemente il suo dovere di scrittore responsabile. Se uno scrittore sente che i rumori di sciabole e il rullare di tamburi di questi giorni[2] possono condurre il mondo alla guerra, non ha scelta: è costretto a comunicare queste impressioni nei suoi scritti, a meno che non scriva per puro profitto, nel qual caso non comunica mai le proprie impressioni, bensì soltanto quelle che ritiene commercialmente accettabili.
Tutti gli scrittori responsabili sono stati, in una certa misura, involontari profeti di sventura, perché la sventura è nell'aria, ma gli scrittori di SF ancor di più, perché la SF è sempre stata un genere di denuncia. Nella fantascienza, lo scrittore non ha semplicemente l'inclinazione a calarsi nei panni della Cassandra; egli vi è assolutamente obbligato, a meno che, è ovvio, non ritenga davvero possibile svegliarsi un giorno e scoprire che gli illuminati marziani hanno fatto sparire tutte le bombe e gli arsenali nucleari per il nostro bene.
Ovviamente, i racconti catastrofici diventano monotoni, perché ci sono infiniti futuri brillanti, positivi e prosperi, ma una sola catastrofe: la guerra.

Philip K. Dick, *Vita breve e felice di uno scrittore di fantascienza*, trad. dall'inglese di G. Pannofino, Feltrinelli, Milano, 1997

1. **SF**: *science fiction*, fantascienza.
2. **rullare di tamburi di questi giorni**: riferimento alla guerra di Corea e alle tensioni tra Stati Uniti e Unione Sovietica. L'articolo di Dick risale al 1955.

Domande-guida

- L'americano Philip K. Dick (1928-1982) è stato uno dei più grandi scrittori di fantascienza del XX secolo. Quale idea di progresso emerge da questo suo testo? Vi sembra affine a quella ottocentesca di Jules Verne?
- La fantascienza ha spesso anticipato il futuro. Qual è il maggiore pericolo che Dick vede profilarsi all'orizzonte?
- Qual è il compito che Dick attribuisce alla fantascienza?

TESTO 8

Progresso e decrescita

Il culto del progresso non impone la recita di litanie dirette a ingraziarsi la divinità, ma una serie di *pratiche* familiari indispensabili (accendere la luce, prendere l'automobile, telefonare) e la richiesta di ulteriori innovazioni per risolvere i problemi e i guasti prodotti dalla dinamica stessa del progresso. La fede è stata sostituita dai riti.

Si è aperta così la via alla banalizzazione del male, ossia alla strumentalizzazione degli uomini e della natura senza turbamenti di coscienza da parte dei responsabili e con il tacito consenso delle vittime.

«Ciò di cui avremmo realmente bisogno – ha scritto Derk Rasmussen – sarebbe un movimento per l'ateismo economico, un'onda lunga di incredulità». Questo è esattamente ciò che si propone il movimento della decrescita. Il progetto di costruzione di società conviviali autonome ed econome, nel Nord e nel Sud del mondo, imporrebbe, rigorosamente parlando, più una "a-crescita" – così come si parla di ateismo – che una de-crescita. Del resto, si tratta per l'appunto di abbandonare una fede e una religione, quella dell'economia. Per raggiungere questo obiettivo è necessaria un'opera di decolonizzazione dell'immaginario, che può essere condotta in due direzioni principali e complementari: la decostruzione dell'universalismo economico e la demistificazione dello sviluppo e della crescita.

Il relativo "incantamento" del mondo, prodotto dalla scienza, dal progresso e dallo sviluppo, è ormai rotto da un pezzo. Tuttavia, la fede nel progresso e nell'economia non è più un fatto di coscienza, ma una droga da cui siamo tutti dipendenti e a cui ci è impossibile rinunciare volontariamente. Il progressismo e l'economismo sono incorporati nei nostri consumi quotidiani, li respiriamo con l'aria inquinata delle nostre città, li beviamo con l'acqua contaminata dai pesticidi, li mangiamo con i "cibi-spazzatura", ce ne rivestiamo con i vestiti fabbricati nelle galere del Sud-Est asiatico e, infine, ci trasportano in giro nelle nostre bagnarole climatizzate... Solo l'evidenza "pratica" del loro fallimento potrà forse aprire gli occhi dei suoi adepti affascinati: ma, trattandosi di un evento più che probabile, ci resta ancora qualche speranza.

Dovremmo insomma augurarci un ritorno degli dèi? La costruzione di una società laica della decrescita non potrà fare a meno di un "nuovo incantamento" del mondo. Molti tendono già a questa o a quella forma di spiritualità. Ma spetterà ai poeti, agli artisti e agli esteti di tutte le razze, in breve, a tutti gli specialisti dell'inutile, del gratuito, del sogno, delle parti sacrificate di noi stessi, portare a termine questo incarico, senza sentire il bisogno di ricorrere né ai teologi né agli ayatollah.

Serge Latouche, *L'economia come religione*, trad. dal francese di S. Salpietro, «Lettera Internazionale», 2009

Domande-guida

- L'economista francese Serge Latouche (1940) è colui che ha elaborato la teoria della "decrescita felice". Fate una ricerca su questo argomento.
- Sintetizzate con parole vostre l'idea di progresso come "religione" sostenuta da Latouche in questo testo.
- Siete d'accordo con la visione del presente di Latouche e con la "via d'uscita" da lui proposta?

SCHEMATIZZARE E COLLEGARE I CONCETTI-CHIAVE

COLLEGARE DOCUMENTI E CONOSCENZE

Rileggendo i documenti, è possibile notare diversi atteggiamenti nei confronti del progresso. Si può però rilevare che, a fronte della grande fiducia che vi è stata nel XIX secolo, epoca di grandi scoperte e innovazioni tecnico-scientifiche, oggi emerge un sentimento non altrettanto ottimistico. Eppure anche la nostra epoca è caratterizzata da un susseguirsi continuo di invenzioni tecnologiche sempre più sofisticate, che rendono possibili cose impensabili solo fino a 10 anni fa.

- Fate una tabella di due colonne: nella prima raggruppate i testi in cui si esprime un atteggiamento positivo nei confronti del progresso, nell'altra quelli che si dimostrano meno fiduciosi del fatto che esso migliori le condizioni di vita di tutti.
- Ricostruite o ipotizzate le motivazioni degli uni e degli altri.
- Con la tabella avete messo a fuoco la problematicità della questione. Esprimete con parole vostre le due principali posizioni possibili rispetto al tema.
- Aggiungete alle opinioni analizzate altri punti di vista incontrati nel corso dei vostri studi e delle vostre letture. Per esempio:
  - il progresso in campo medico e farmaceutico ha reso possibile guarire molte malattie che fino a qualche tempo fa erano incurabili;
  - le continue innovazioni tecnologiche nel campo dell'informatica (computer, telefonini, automazione) hanno permesso trasformazioni che mutano gli stili di vita e il modo di relazionarsi tra le persone, non sempre in maniera positiva. Che influenza hanno le nuove tecnologie sulla vostra vita quotidiana?
  - i progressi nel campo dei trasporti e delle comunicazioni hanno contribuito al fenomeno della globalizzazione; in che cosa consiste?
  - il sistema capitalistico promette un continuo progresso materiale per tutti. Ma le continue crisi che lo caratterizzano e la crescente disuguaglianza sociale dimostrano che si tratta di promesse non mantenute.
- Arricchite le motivazioni finora esaminate con considerazioni tratte da esperienze personali: la vostra vita vi sembra "progredita" in bene o peggiorata? Ritenete che in futuro la situazione migliorerà o peggiorerà? E per quali motivi? Pensate che il progresso tecnologico abbia migliorato la vostra vita? Se sì in quale modo? Se no, perché?

SCRIVERE

PROGETTARE LA STESURA DI UN TESTO ARGOMENTATIVO

A questo punto siete in grado di elaborare la vostra personale posizione e su questa base progettare il testo argomentativo. Vi forniamo qualche suggerimento per una possibile stesura del testo e vi chiediamo in fondo di completare alcuni punti di questa "scaletta".

INTRODUZIONE

INQUADRAMENTO DEL TEMA

Si può dire che il progresso ha da sempre caratterizzato la storia dell'uomo, che è stata segnata nei secoli da continue innovazioni tecnologiche, soprattutto negli ultimi secoli. Non tutti, però, attribuiscono lo stesso significato a questo "progresso".

PRESENTAZIONE DEL PROBLEMA

Il tema assegnato è aperto ai diversi atteggiamenti nei confronti del progresso, tra i due estremi dell'entusiastica fiducia e della pessimistica diffidenza.

FORMULAZIONE DELLA TESI

Il progresso porta sempre con sé un cambiamento delle abitudini e delle forme di organizzazione di vita precedenti. Per molti non è facile accettare questo processo, soprattutto se è molto rapido, perché comporta la perdita di modi di vivere che costituiscono l'identità personale, a cui non si vuole rinunciare per paura di un salto nel buio. Coloro che rifiutano il cambiamento vengono generalmente definiti "conservatori", perché pensano che il mantenimento dello *status quo* sia preferibile alla perdita di ciò che è noto e rassicurante. Il progresso è però inarrestabile: si possono mettere in luce gli aspetti negativi che genera e cercare di limitarli, ma è impossibile impedirlo.

FINE COMUNICATIVO
Scopo del lavoro è ribadire che il progresso è ineliminabile nella vita umana e che l'atteggiamento nei suoi confronti dipende dai momenti storici: nelle fasi di espansione si tende a valutarlo in modo positivo; nelle fasi di recessione si intende invece a metterne in luce le criticità. I processi di trasformazione determinati dal progresso non hanno, inoltre, le stesse conseguenze per tutti.

SVILUPPO

PRIMO ARGOMENTO
Frase-chiave Il progresso è un processo evolutivo inarrestabile che riguarda sia la natura sia la società umana (**Testo 1**).
Primo elemento a supporto A partire dal XIX secolo il progresso ha iniziato a correre in modo veloce; le continue innovazioni tecnico-scientifiche hanno cambiato radicalmente lo stile di vita (**Testo 3**) e aperto la strada a ulteriori conquiste in modo sempre più accelerato.
Secondo elemento a supporto I progressi della scienza e della tecnica hanno suscitato fiducia nelle loro illimitate possibilità, soprattutto tra i ceti borghesi, che hanno maggiormente usufruito delle loro applicazioni pratiche (**Testo 2**).
Terzo elemento a supporto La fiducia nel progresso del XIX secolo è testimoniata dalla nascita della letteratura fantascientifica. Il suo “padre”, Jules Verne, ha prefigurato nei suoi romanzi un futuro caratterizzato da mirabolanti invenzioni tecniche, alcune delle quali sono poi state effettivamente realizzate (**Testo 6**).

SECONDO ARGOMENTO
Frase-chiave Non tutti valutano il progresso nello stesso modo: c'è chi apprezza le innovazioni che introduce, finalizzate a migliorare lo stile di vita e ad ampliare le opportunità in tutti i settori del vivere associativo; c'è invece chi non accetta i cambiamenti troppo bruschi che esso genera, o li considera in ultima istanza un peggioramento delle condizioni di vita.
Primo elemento a supporto Il progresso non porta benefici a tutti in modo uguale: molte innovazioni non avvantaggiano gli strati più poveri (**Testo 4**), che non solo restano spesso esclusi dai loro effetti, ma vedono in molti casi peggiorare le loro condizioni materiali.
Secondo elemento a supporto L'avanzare del progresso tecnico ha dato un ruolo centrale alle macchine, da cui gli uomini sono diventati sempre più dipendenti (**Testo 5**).
Terzo elemento a supporto L'automazione che sta coinvolgendo tutti i settori produttivi e dei servizi per molti versi facilita la vita (riduce i tempi di lavorazione e gli spostamenti fisici, e aumenta le possibilità di connessione tra le persone), ma ha conseguenze molto pesanti sull'occupazione.

TERZO ARGOMENTO
Frase-chiave Il progresso tecnologico ha messo nelle mani dell'uomo strumenti distruttivi e ha ridotto tutto l'agire umano al soddisfacimento costante di bisogni materiali sempre meno sostenibili (**Testo 8**).
Primo elemento a supporto Come sottolinea Philip K. Dick nella seconda metà del XX secolo il progresso ha portato l'uomo verso l'autodistruzione, in quanto è ormai in possesso di armi nucleari che rischiano di annientare il mondo (**Testo 7**).
Secondo elemento a supporto L'intenso sfruttamento delle risorse naturali non rinnovabili porta al loro esaurimento e a un deterioramento irreversibile dell'ambiente.
Terzo elemento a supporto *Completate sul quaderno il terzo argomento.*

CONCLUSIONE

Scrivete sul quaderno le prime due parti della conclusione.
RIPRESA DEGLI ARGOMENTI
RIFORMULAZIONE DELLA TESI
FORMULA CONCLUSIVA
Il progresso è inarrestabile e ha sicuramente molti aspetti positivi, ma è necessario avere consapevolezza delle sue conseguenze, soprattutto quando, oltre a offrire innumerevoli benefici, presenta anche molti pericoli, non sempre immediatamente evidenti.

- **Provate ora, partendo dalla struttura qui sopra proposta, oppure immaginando un diverso percorso espositivo, a scrivere un testo argomentativo sul tema.**

RISCRIVERE

CAMBIARE PROSPETTIVA

CAMBIARE INTERPRETAZIONE

Scrivete un testo in cui adottate un punto di vista diverso sul tema, riflettendo su questo aspetto: chi si oppone alle conquiste del progresso o ne mette in luce solo gli aspetti negativi rischia di restare tagliato fuori dal flusso degli eventi e rimanere emarginato dalle sue enormi opportunità.

CAMBIARE SITUAZIONE DI SCRITTURA

Vi è stato chiesto di preparare una presentazione con slide sul seguente argomento: "Quali sono le innovazioni tecnico-scientifiche che stanno cambiando il mondo e in che modo lo stanno trasformando". Fate un elenco di almeno cinque innovazioni che ritenete di fondamentale importanza, raccogliete informazioni sul loro funzionamento e sul loro impatto sociale, economico, culturale. Preparate la presentazione integrando adeguatamente immagini ripresa da Internet con testi scritti da voi.

STRUMENTI E MATERIALI PER LA PROVA SCRITTA

a cura di Lucia Gasperini, Patrizia Becherini, Stefano Sandrelli

LA CRISI TRA DIFFICOLTÀ E SFIDA

RIFLETTERE SUL LESSICO

LE PAROLE SONO IMPORTANTI

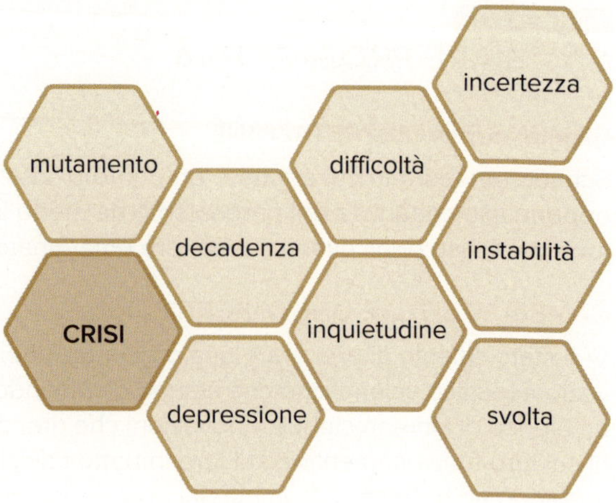

Si è soliti associare il termine "**crisi**" a una rottura traumatica, a una situazione di disagio che giunge in modo inatteso e improvviso a modificare la situazione preesistente. E questo può avvenire a tutti i livelli: economico, sociale, politico, esistenziale, finanziario, energetico, sanitario, individuale e collettivo.

Eppure la crisi può essere una sfida, un'occasione creativa che porta a soluzioni innovative e a una salutare rigenerazione. La pensa così Albert Einstein: «Non pretendiamo che le cose cambino, se facciamo sempre la stessa cosa. La crisi è la migliore benedizione che può arrivare a persone e Paesi, perché la crisi porta progressi. La creatività nasce dalle difficoltà nello stesso modo che il giorno nasce dalla notte oscura. È dalla crisi che nasce l'inventiva, le scoperte e le grandi strategie. Chi supera la crisi supera se stesso senza essere superato. Chi attribuisce alla crisi i propri insuccessi e disagi, inibisce il proprio talento e ha più rispetto dei problemi che delle soluzioni. La vera crisi, è la crisi dell'incompetenza. L'inconveniente delle persone e delle nazioni è la pigrizia nel cercare soluzioni e vie di uscita. Senza crisi non ci sono sfide, senza sfide la vita è una routine, una lenta agonia. Senza crisi non c'è merito. È nella crisi che emerge il meglio di ognuno, perché senza crisi tutti i venti sono solo lievi brezze. Parlare di crisi significa incrementarla, e tacere nella crisi è esaltare il conformismo. Invece, lavoriamo duro. Finiamola una volta per tutte con l'unica crisi pericolosa, che è la tragedia di non voler lottare per superarla» (1955; *Il mondo come lo vedo io*, Newton Compton, Roma, 2005).

Dallo *Zingarelli 2018*
crisi [vc. dotta, lat. *crīsi(n)*, nom., *crīsis*, dal gr. *krísis* "separazione, scelta, giudizio", da *kríno* "io giudico" → sec. XIV] **s. f. inv.**
1 (*med.*) rapido mutamento in meglio o in peggio nel corso di una malattia | accesso, fase acuta di una malattia: *crisi epilettica*; *crisi di nervi* | (*est.*) ***avere una crisi di pianto, di riso e sim.***, scoppiare in un pianto, in un riso improvviso e violento | periodo di tempo in cui si verifica una crisi
2 fase della vita individuale o collettiva particolarmente difficile da superare e suscettibile di sviluppi più o meno gravi: *crisi morale, religiosa*; *crisi dinastica, familiare*; *crisi monetaria, agricola, commerciale*; *attraversare una crisi* | ***essere in crisi***, attraversare un periodo difficile, pieno di incertezze, essere depresso | ***crisi di coscienza***, profondo turbamento di natura spirituale, morale, religiosa e *sim.*, che comporta scelte e decisioni spesso definitive | ***stato di crisi***, situazione di difficoltà economica di un'impresa o di un settore industriale che legittima la richiesta di interventi a sostegno dei lavoratori da parte dello Stato | ***crisi economica***, rallentamento a volte brusco nell'attività economica considerata nel suo complesso, che segue il passaggio dalla fase di espansione alla fase di depressione | (*per anton.*) ***la crisi, la grande crisi***, quella iniziatasi nel 1929 e durata per molta parte del successivo decennio | ***crisi energetica***, quella determinata da un aumento generalizzato dei prezzi dei prodotti petroliferi o dal calo delle risorse energetiche | ***crisi governativa, ministeriale, di gabinetto, di governo***, cambiamento nel governo di uno Stato, con le dimissioni del ministero in carica e le trattative per la composizione del nuovo: *apertura della crisi* | ***crisi extraparlamentare***, crisi di governo non provocata da mozione di sfiducia del Parlamento | ***crisi al buio***, crisi di governo aperta senza che ci siano le premesse per costituire una nuova maggioranza | ***mettere in crisi***, mettere in difficoltà, in stato di grave imbarazzo: *i recenti avvenimenti economici hanno messo in crisi il governo*

- **Il termine "crisi" è usato in numerosi ambiti diversi tra loro (medico, politico ecc.). Indicate tutti quelli che riuscite a ricavare dalle definizioni qui sopra.**

INTORNO ALLA PAROLA

Di seguito riportiamo un elenco di aggettivi che si possono accostare alla parola "crisi" per qualificarla e una serie di espressioni tipicamente usate in relazione al termine.

Dal *Dizionario delle collocazioni Zanichelli 2012*
AGGETTIVI acuta, difficile, drammatica, duratura, grave, inevitabile, intensa, leggera, perenne, permanente, profonda, ricorrente, seria, terribile, violenta
• breve, brutta, folle, leggera ***crisi***
• ***crisi*** adolescenziale, cardiaca, economica, energetica, epilettica, esistenziale, finanziaria, globale, internazionale, isterica, matrimoniale, mondiale, morale, nervosa, personale, politica, religiosa, spirituale
VERBO+COMPLEMENTO affrontare, aggravare, attraversare (un periodo di), controllare, entrare in crisi, essere in crisi, essere in preda a, essere sull'orlo di, evitare, fomentare, gestire, mandare in crisi, mettere in crisi, porre fine a, prevenire, provocare, ricucire, risolvere, scatenare, scongiurare, sfiorare, superare, tamponare, uscire da, versare in, vivere
SOGGETTO+VERBO si attenua, ha ripercussioni su, esplode, si profila, si protrae, si riacutizza, sconvolge, scoppia, travolge
COSTRUZIONI attimo/momento/periodo ecc. di crisi, crisi di astinenza, crisi di coscienza, crisi di governo, crisi di identità, crisi di nervi, crisi di pianto

- **Nell'esercizio precedente vi abbiamo chiesto di identificare i diversi ambiti in cui è usata la parola "crisi". Ora costruite una tabella inserendo al suo interno gli aggettivi e le espressioni che secondo voi sono specificamente riferibili a ciascun ambito (per esempio:** *politica* → *crisi di governo*).

IN ALTRE LINGUE

Nella seguente tabella riportiamo la traduzione nelle principali lingue europee del termine "crisi" e di altre parole a esso semanticamente legate. Attenzione: non considerate questo specchietto come una rigida "tabella di equivalenza"; i termini di queste lingue, così come quelli italiani, presentano infatti una vasta gamma di sfumature semantiche.

Italiano	Inglese	Francese	Tedesco	Spagnolo
CRISI	*crisis*	*crise*	*Krise*	*crisis*
difficoltà	*difficulty*	*difficulté*	*Schwierigkeit*	*dificultad*
drollo	*collapse* *fall*	*effondrement* *écroulement*	*Zusammenbruch* *Einsturz*	*colapso*

- **Fate una ricerca sull'etimologia del termine che nelle principali lingue europee indica il concetto di "crisi". Indicate la differenza tra il suo significato originario e quello che gli diamo oggi, provando a spiegare in che modo si è passati dall'uno all'altro.**

RACCOGLIERE LE IDEE

INTRODUZIONE AL TEMA

Prima di leggere i documenti, iniziate a raccogliere le idee sul tema. Quali spunti vi suggeriscono le domande proposte qui di seguito?

- **A che cosa vi fa pensare il termine "crisi"? A qualcosa di individuale o di collettivo (o a entrambe le cose)?**
- **Come definireste la crisi: una situazione di stallo e di difficoltà, un crollo imprevisto, una fase di instabilità, un mutamento evolutivo?**
- **Come ci si deve comportare nelle situazioni di crisi? Qual è l'atteggiamento migliore per superarle?**
- **Dobbiamo sempre cercare di evitare l'insorgere di una crisi? Pensate che la crisi possa a volte essere utile? Motivate la vostra risposta.**

INDIVIDUARE E RIASSUMERE I CONCETTI-CHIAVE

LEGGERE, COMPRENDERE E ANALIZZARE I DOCUMENTI

TESTO 1

Spleen

Quando il cielo basso e greve pesa come un coperchio
sullo spirito gemente in preda ai lunghi affanni,
e dell'orizzonte abbracciando tutto il cerchio
su noi versa un giorno nero più triste delle notti;
quando la terra si muta in una cella umida,
dove la Speranza, come un pipistrello,
se ne va colpendo i muri con l'ala timida
e picchiando la testa sui soffitti ammuffiti;
quando la pioggia esponendo le sue strisce infinite
d'una vasta prigione imita le sbarre,
e un popolo muto di infami ragni
ci tende le sue tele al fondo del cervello,
campane di colpo saltano con furia
e lanciano al cielo un atroce ululato,
come fantasmi vagabondi e senza patria
che si mettano a gemere, ostinatamente.
– E lunghi funerali, senza tamburi né musica,
mi sfilano lentamente nell'anima; la Speranza,
vinta, piange, e l'Angoscia atroce, dispotica,
sul mio cranio chino pianta la sua bandiera nera.

Charles Baudelaire, *Les fleurs du mal* (1857), Martello, Milano, 1954; trad. dal francese di G. Armellini (▸**T24**)

Domande-guida

- Lo *spleen* esprime uno stato d'animo inquieto e tormentato, una visione sfiduciata del mondo, priva di speranza. Questo sentimento angoscioso ti sembra espressione di una crisi esistenziale, di una crisi collettiva o di entrambe?
- A tuo avviso, quale ruolo ha la *Speranza* nella vita di ciascuno?

TESTO 2

Il crollo delle certezze

Ci sono ancora ingenui osservatori di se stessi che credono nell'esistenza di "certezze immediate", per esempio "io penso" o, com'era superstizione di Schopenhauer, "io voglio"[1]: quasi che qui il conoscere potesse cogliere il suo oggetto puro e nudo, come "cosa in sé"[2], e non ci fosse una falsificazione né dalla parte del soggetto né dalla parte dell'oggetto. Mai io ripeterò cento volte che "certezza immediata", altrettanto che "conoscenza assoluta" e "cosa in sé", racchiudono in sé una *contradictio in adjecto*[3]; bisognerebbe sbarazzarsi una buona volta della seduzione delle parole! [...] Quell'"Io penso" presuppone che io confronti il mio stato attuale con altri stati che conosco di me stesso, per stabilire che cosa sia; per questo richiamo a un altro "sapere", esso non ha per me in nessun caso una "certezza" immediata. [...] Il filosofo si trova in tal modo tra le mani una serie di problemi di metafisica, vere e proprie questioni di coscienza dell'intelletto, che suonano: "Da dove prendo io il concetto del pensare? Perché credo a causa ed effetto?

1. **"io penso"... "io voglio"**: *l'io penso* è il principio su cui si basa la filosofia di Cartesio (▸ **Vol. 3**, **D5**, p. 19), fondamento del razionalismo moderno; Arthur Schopenhauer contrappose al principio della ragione una Volontà cieca e irrazionale, che domina il mondo costringendo l'uomo all'infelicità o alla noia.
2. **"cosa in sé"**: espressione della filosofia idealistica kantiana che indica la realtà così come essa è, nella sua essenza.
3. ***contradictio in adjecto***: contraddizione tra una certa sostanza e un suo attributo (come nell'espressione "acqua di fuoco").

Che cosa mi dà il diritto di parlare di un Io, e anzi di un Io come causa, e infine ancora di un Io come causa dei pensieri? [...] un pensiero viene quando vuole "lui", e non quando "io"; sicché si falsifica dello stato dei fatti quando si dice : il soggetto 'Io' è condizione del predicato 'penso'. Esso pensa: ma che questo "esso" sia proprio quel vecchio famoso "Io", è, detto blandamente, solo una supposizione, un'asserzione, e soprattutto non una "certezza immediata".

Friedrich Nietzsche, *Al di là del bene e del male* (1886), trad. dal tedesco di S. Giametta, Rizzoli, Milano, 1996

Domande-guida
- Friedrich Nietzsche (▸**D4**, p. 13) è stato uno dei più significativi teorici del nichilismo. In che cosa consiste questa posizione filosofica? Documentatevi con una breve ricerca.
- Secondo Nietzsche nel corso della storia l'uomo si è creato tutta una serie di illusioni, valori, credenze e certezze per dare un senso alla propria esistenza, senso che in realtà essa non ha. Quali sono le certezze che egli ritiene apparenti, prive di fondamento?
- Il pensiero di Nietzsche mette in crisi non solo le certezze, ma lo stesso concetto di Io. In quale parte del testo esprime questa posizione?

TESTO 3
Possiamo essere sicuri di noi stessi?

Normalmente nulla è per noi più sicuro del senso di noi stessi, del nostro proprio Io. Questo ci appare autonomo, unitario, ben contrapposto a ogni altra cosa. Che tale apparenza sia fallace, che invece l'Io abbia verso l'interno, senza alcuna delimitazione netta, la propria continuazione in una entità psichica inconscia, che noi designiamo come Es, e per la quale esso funge per così dire da facciata, lo abbiamo per la prima volta appreso dalla ricerca psicoanalitica da cui ci attendiamo molte altre informazioni circa il rapporto tra Io ed Es. [...]
Il problema fondamentale del destino della specie umana a me sembra questo: se, e fino a che punto, l'evoluzione civile degli uomini riuscirà a dominare i turbamenti della vita collettiva provocati dalla loro pulsione aggressiva e autodistruttrice. In questo aspetto proprio il tempo presente merita forse particolare interesse. Gli uomini adesso hanno esteso talmente il proprio potere sulle forze naturali, che giovandosi di esse sarebbe facile sterminarsi a vicenda, fino all'ultimo uomo. Lo sanno, donde buona parte della loro presente inquietudine, infelicità, apprensione...

Sigmund Freud, *Il disagio della civiltà* (1930), Bollati Boringhieri, Torino, 1971

Domande-guida
- La psicanalisi di Sigmund Freud (▸**Vol. 6, D4**, p. 14) ha scardinato le certezze dell'Io, sostenendo che le nostre azioni sono determinate non da ragione e volontà ma da un'entità psichica inconscia che agisce fuori dal nostro controllo consapevole. Che nome dà a questa entità nel testo?
- Qual è, secondo Freud, il problema fondamentale del destino della specie umana?
- Da che cosa derivano, per Freud, le inquietudini e le apprensioni degli uomini del suo tempo? Pensi che questi turbamenti siano attuali anche oggi?

TESTO 4
Siamo gli uomini vuoti

Siamo gli uomini vuoti
Siamo gli uomini impagliati
Che appoggiano l'un l'altro
La testa piena di paglia. Ahimè!
Le nostre voci secche, quando noi
Insieme mormoriamo
Sono quiete e senza senso
Come vento nell'erba rinsecchita
O come zampe di topo sopra vetri infranti
Nella nostra arida cantina
Figura senza forma, ombra senza colore,
Forza paralizzata, gesto privo di moto;
Coloro che han traghettato
Con occhi diritti, all'altro regno della morte
Ci ricordano – se pure lo fanno – non come anime
Perdute e violente, ma solo
Come gli uomini vuoti
Gli uomini impagliati. [...]

Gli occhi non sono qui
Qui non vi sono occhi
In questa valle di stelle morenti
In questa valle vuota
Questa mascella spezzata dei nostri regni perduti
In quest'ultimo dei luoghi d'incontro
Noi brancoliamo insieme
Evitiamo di parlare
Ammassati su questa riva del tumido fiume
Privati della vista, a meno che
Gli occhi non ricompaiano
Come la stella perpetua
Rosa di molte foglie
Del regno di tramonto della morte
La speranza soltanto
Degli uomini vuoti. [...]

È questo il modo in cui finisce il mondo
È questo il modo in cui finisce il mondo
È questo il modo in cui finisce il mondo
Non già con uno schianto ma con un lamento.

Thomas Stearns Eliot, *Gli uomini vuoti* (1925), in *Poesie*, trad. dall'inglese di R. Sanesi, Bompiani, Milano, 1994

Domande-guida

- Thomas Stearns Eliot (▸**Vol. 6, T7**) ha espresso la crisi dell'io, il sentimento di inquietudine e incertezza che ha caratterizzato la visione dell'uomo all'inizio del Novecento. Perché, secondo voi, in questa poesia afferma che gli uomini sono *vuoti* e hanno la testa *piena di paglia*?
- Come si possono interpretare i versi finale e la loro ripetizione?

TESTO 5

La struttura delle rivoluzioni scientifiche

La scienza normale, l'attività nella quale la maggior parte degli scienziati spendono inevitabilmente quasi tutto il loro tempo, è affermata sulla base dell'assunzione che la comunità scientifica sa che cosa è il mondo. Gran parte del successo dell'impresa deriva dalla volontà della comunità di difendere quell'assunzione, se necessario ad un prezzo considerevole. La scienza normale, ad esempio, sopprime spesso novità fondamentali, perché esse sovvertono necessariamente i suoi impegni basilari. [...]. Talvolta un problema normale, cioè un problema che dovrebbe essere risolvibile per mezzo di regole e procedimenti noti, resiste al reiterato assalto dei più abili membri del gruppo entro la cui competenza viene a cadere. In altre circostanze, uno strumento dell'apparato di ricerca, progettato e costruito per gli scopi della ricerca normale, non riesce a funzionare nella maniera aspettata, rivelando un'anomalia che, nonostante i ripetuti sforzi, non può venire ridotta a conformarsi all'aspettativa professionale. In questi ed altri modi ancora, la scienza normale va a finire ripetutamente fuori strada. E quando ciò accade – quando cioè la professione non può più trascurare anomalie che sovvertono l'esistente tradizione della pratica scientifica – allora cominciano quelle indagini straordinarie che finiscono col condurre la professione ad abbracciare un nuovo insieme di impegni, i quali verranno a costituire la nuova base della pratica scientifica.

[...] La storia della scienza mostra che, particolarmente nelle prime fasi di sviluppo di un nuovo paradigma, non è neppure molto difficile inventare alternative del genere. Ma tale invenzione di alternative è proprio ciò che gli scienziati raramente tentano [...]. Fin tanto che gli strumenti forniti dal paradigma continuano a dimostrarsi capaci di risolvere i problemi che questo definisce, la scienza si muove molto velocemente e penetra assai profondamente usando con fiducia quegli strumenti. La ragione è evidente. Come nel processo di fabbricazione così anche nella scienza il cambiamento di strumenti è una stravaganza che va riservata per l'occasione che lo richiede. Il significato delle crisi sta nell'indicazione, da esse fornita, che l'occasione per cambiare strumenti è arrivata.

Thomas Kuhn, *La struttura delle rivoluzioni scientifiche* (1962), trad. dall'inglese di A. Carugo, Einaudi, Torino, 1995

Domande-guida

- Fate una ricerca sul filosofo della scienza statunitense Thomas Kuhn (1922-1996), in particolare sulle tesi contenute nel suo testo *La struttura delle rivoluzioni scientifiche*.
- Riassumete il testo in circa cinque righe.
- Confrontate i contenuti del testo di Kuhn con la citazione di Albert Einstein riportata nell'introduzione (p. 614).

TESTO 6

La crisi economica ha colpito soprattutto i giovani

La crisi è stata peggio di una guerra, per i giovani italiani. Lo diciamo dopo aver letto il primo rapporto integrato sul mercato del lavoro, figlio dell'incrocio dei dati del ministero del lavoro, Istat, Inps, Inail e Anpal. Un rapporto che mette nero su bianco che la realtà riesce a essere persino peggiore di quanto pensassimo fosse: che l'aumento della disoccupazione è soprattutto giovanile. Che al Sud, per i giovani, la situazione è simile a quella greca. Che la disoccupazione di lunga durata è diventata una malattia talmente endemica. Che la ricerca del primo impiego riguarda ormai parecchi trentenni. Che 18 miliardi di decontribuzione alle nuove assunzioni hanno fatto il solletico a questa china. Che tra qualche anno, questi buchi contributivi, peseranno come macigni sul bilancio dell'Inps.
I dati, dicevamo. Il primo: tra il 2008 e il 2016, il tasso di occupazione per i 15-34enni è diminuito di 10,4 punti rispetto al 2008, a fronte di un aumento di 16 punti per i 55-64enni. La diciamo in un altro modo: nella crisi si è deciso che i posti di lavoro sacrificabili erano quelli dei giovani. E che l'obiettivo di mantenere a ogni costo chi già lavorava è stato perseguito a discapito di chi doveva ancora entrare.
Risultato? Due: l'età media della popolazione in età da lavoro è aumentata vertiginosamente, passando da poco più di trenta a più di quarant'anni tra il 1993 e il 2017, in soli 25 anni, e si stima arriverà a 45 nel 2036. Già oggi, peraltro, nella scuola e nella pubblica amministrazione, che in teoria dovrebbero essere settori innovativi e di frontiera, l'età media dei dipendenti si aggira attorno ai 48 anni. Del resto, se non puoi licenziare gli anziani, puoi solo bloccare il turnover. Ossia, non far entrare i giovani. Cristallino. Tre: se calano i posti pubblici, per il Mezzogiorno sono guai. E infatti è lì che la crisi occupazionale batte violentissima. Ad esempio, il tasso di disoccupazione al Nord è addirittura più basso rispetto alla media europea – 7,6% contro 8,6% – mentre nel Mezzogiorno lambisce il 20%, il valore più elevato dell'Ue28 dopo la Grecia. Quattro: sorpresa (sarcasmo) si tratta prevalentemente di disoccupazione giovanile. Soprattutto, si tratta di disoccupazione giovanile di lunga durata. In altre parole, di giovani che non riescono per anni a trovare un posto di lavoro, pur cercandolo: il 61,3% dei giovani disoccupati del Sud – sei su dieci! – è da più di due anni che non lavora.

Francesco Cancellato, *Per i giovani la crisi è stata peggio di una guerra*, linkiesta.it, 12 dicembre 2017

Domande-guida

- In che cosa è consistita la crisi del 2007 cui riferimento l'articolo?
- Riportate in maniera schematica i dati statistici riferiti nel testo.

TESTO 7

Dalla crisi energetica a una nuova sensibilità ambientale

Sono passati 40 anni dalla prima crisi petrolifera[1] che vide un'improvvisa interruzione del flusso di approvvigionamento dell'oro nero proveniente dalle nazioni appartenenti all'organizzazione dei paesi esportatori di petrolio (Opec) verso Stati Uniti e paesi europei.
Eravamo nell'ottobre 1973, al tempo nessuno dei paesi arabi riconosceva ancora la legittimità dello Stato d'Israele e nel "Giorno dell'espiazione" (festività ebraica dello Yom Kippur) l'esercito egiziano e l'esercito siriano invasero la terra di Canaan. La guerra durò circa 20 giorni e gli israeliani ebbero la meglio grazie al supporto dell'Occidente. La reazione dei paesi arabi dell'Opec fu di bloccare le proprie esportazioni di petrolio verso chi aveva aiutato Israele, appunto Stati Uniti e paesi europei. I prezzi del barile iniziarono a salire fino a raggiungere i 12 $ nel 1974 (oltre 4 volte il prezzo pre-crisi) e portarono con sé anche i prezzi dell'elettricità, che al tempo a livello mondiale era prodotta per il 17% da petrolio, e del gas naturale, che in diverse circostanze poteva essere usato al posto del greggio.
I governi dei paesi industrializzati occidentali per affrontare la crisi, oltre che a diversificare le fonti di approvvigionamento di idrocarburi (ad esempio attingendo dalle riserve del Mar del Nord), iniziarono a varare provvedimenti per diminuire i consumi energetici. In Italia il governo approvò il piano "Austerity". Le misure varate prevedevano un forte aumento del prezzo dei carburanti, l'obbligo di ridurre la pubblica illuminazione del 40%: le insegne furono spente. Bar e ristoranti dovevano chiudere entro la

mezzanotte. La velocità sulle strade venne limitata (50 km/h nei centri urbani, 100 km/h sulle strade extraurbane e 120 km/h sulle autostrade).
A questa prima fase di affannosa ricerca di provvedimenti che rispondessero nel breve periodo alla urgente necessità di ridurre i consumi, seguì anche una presa di coscienza dell'opinione pubblica e della politica. Il buio delle città faceva luce sulla forte dipendenza dalle importazioni di petrolio. Serviva un piano energetico di lungo periodo che conferisse all'occidente industrializzato una maggiore autonomia energetica. Europa occidentale e Stati Uniti iniziarono a interrogarsi sulle possibili soluzioni. Il risparmio energetico fu una delle principali risposte alla crisi.

Quarant'anni dalla prima crisi petrolifera. Quell'impulso al risparmio energetico, qualenergia.it, 22 ottobre 2013

Domande-guida
- Riassumete il testo in circa cinque righe.
- Il testo mostra come da una crisi possano scaturire soluzioni positive. Siete in grado di fare altri esempi, tratti dalla storia più o meno recente o dall'attualità?

SCHEMATIZZARE E COLLEGARE I CONCETTI-CHIAVE

COLLEGARE DOCUMENTI E CONOSCENZE

- Rileggendo i documenti, è possibile notare diversi atteggiamenti nei confronti della crisi. In sé rappresenta sicuramente un momento di difficoltà, di stallo, ma può essere anche un'occasione per cercare soluzioni nuove che aiutano a progredire.
- Fate una tabella di due colonne, raggruppando i testi che mostrano rispettivamente il lato "negativo" e quello "positivo" della crisi.
- Con la tabella avete messo a fuoco la problematicità della questione. Esprimete con parole vostre le posizioni possibili rispetto al tema.
- Aggiungete alle opinioni analizzate altri punti di vista incontrati nel corso dei vostri studi e letture. Per esempio:
  - le "crisi" che hanno caratterizzato vari ambiti della cultura e della scienza a cavallo tra Ottocento e Novecento;
  - le crisi cicliche del sistema capitalistico (tra le principali, quelle del 1873, del 1929 e del 2007);
  - a livello socio-politico, le crisi possono sfociare in momenti rivoluzionari, che portano a un totale cambiamento della situazione preesistente;
  - nelle situazioni di crisi, individuali e collettive, si registra un aumento delle dipendenze (gioco, alcool, droghe, farmaci, cibo ecc.), che diventano una forma patologica di compensazione del disagio subito.
- Arricchite le motivazioni finora incontrate con considerazioni tratte da esperienze personali: quali importanti crisi avete attraversato nella vostra vita e come l'hanno cambiata? In che modo le avete superate? Avete attraversato momenti di crisi che hanno rappresentato per voi un'evoluzione positiva?

SCRIVERE

PROGETTARE LA STESURA DI UN TESTO ARGOMENTATIVO

A questo punto siete in grado di elaborare la vostra personale posizione e su questa base progettare il testo argomentativo. Vi forniamo qualche suggerimento per una possibile stesura del testo e vi chiediamo in fondo di completare alcuni punti di questa "scaletta".

INTRODUZIONE

INQUADRAMENTO DEL TEMA

Nella vita individuale e collettiva le crisi sono fenomeni ricorrenti e ineliminabili. Malattie, perdite, separazioni, catastrofi, tracolli finanziari, conflitti: non è facile vivere questi eventi traumatici senza sofferenza, ma un atteggiamento costruttivo può aiutare a superarli e renderli meno devastanti.

PRESENTAZIONE DEL PROBLEMA
La crisi può essere accettata come opportunità di cambiamento o subita in modo passivo e doloroso, immergendosi in una depressione senza vie d'uscita.

FORMULAZIONE DELLA TESI
In medicina il termine "crisi" indica la fase acuta di una malattia che può evolvere in un miglioramento o in un peggioramento. In generale, è importante capire come la si affronta per non esserne schiacciati, per superarla nel modo più indolore, per cercare in essa i presupposti di un miglioramento della propria condizione. In questo percorso è fondamentale accettare il cambiamento generato dall'evento traumatico con cui si è costretti a confrontarsi.

FINE COMUNICATIVO
Scopo del lavoro è evidenziare che le crisi sono fenomeni ricorrenti nella vita umana, il cui impatto può essere drammaticamente distruttivo, ma anche costruttivo, a seconda del modo in cui le si affronta.

SVILUPPO

PRIMO ARGOMENTO
Frase-chiave Le crisi sono eventi traumatici che generano cambiamenti, più o meno dolorosi secondo la loro entità ma anche secondo il modo in cui le si affronta,
Primo elemento a supporto Le crisi possono provocare uno stato di depressione, di sfiducia e di perdita di speranza, quello che Baudelaire definisce *spleen* (**Testo 1**).
Secondo elemento a supporto Di fronte a eventi o momenti storici problematici è facile smarrire il significato della vita e provare un incolmabile senso di vuoto (**Testo 4**).
Terzo elemento a supporto *Completate sul quaderno il primo argomento.*

SECONDO ARGOMENTO
Frase-chiave Tra la fine dell'Ottocento e l'inizio del Novecento si è iniziato a mettere in dubbio l'idea che l'uomo sia l'onnipotente artefice del proprio destino, padrone della propria soggettività
Primo elemento a supporto Diverse riflessioni si sono focalizzate sulla crisi dell'io, mettendo in dubbio le sue certezze (Nietzsche) e la sua capacità di controllare le sue pulsioni inconsce (Freud) (**Testi 2 e 3**).
Secondo elemento a supporto La consapevolezza dei limiti dell'io provoca atteggiamenti diversi: un arroccamento su una difesa anacronistica del proprio stile di vita tradizionale oppure un'apertura verso il cambiamento.
Terzo elemento a supporto *Completate sul quaderno il secondo argomento.*

TERZO ARGOMENTO
Frase-chiave Le crisi diventano in molti casi occasioni di salutari trasformazioni, sia a livello individuale sia a livello collettivo.
Primo elemento a supporto Come dimostra Kuhn, la ricerca scientifica ha fatto spesso scoperte rivoluzionarie dopo aver attraversato momenti di crisi e averli superati modificando i propri parametri di indagine (**Testo 5**).
Secondo elemento a supporto La crisi petrolifera del 1973 ha favorito la ricerca di energie alternative, grazie alle quali si è ridotta la dipendenza dal petrolio e si è contribuito alla difesa ambientale (**Testo 7**).
Terzo elemento a supporto *Completate sul quaderno il terzo argomento.*

CONCLUSIONE

Scrivete sul quaderno le prime due parti della conclusione.
RIPRESA DEGLI ARGOMENTI
RIFORMULAZIONE DELLA TESI
FORMULA CONCLUSIVA
Se è vero che le crisi rappresentano destabilizzanti momenti di rottura e di sospensione della consueta routine di vita, è altrettanto vero che esse obbligano a trasformarsi, a mutare le proprie convinzioni, le pro-

prie abitudini, i propri giudizi sul mondo. Questo percorso, inevitabilmente complesso e talvolta doloroso, rappresenta una sfida a migliorarsi e a rendere più creativa e piena la propria esistenza.

- **Provate ora, partendo dalla struttura qui sopra proposta, oppure immaginando un diverso percorso espositivo, a scrivere un testo argomentativo sul tema.**

RISCRIVERE

CAMBIARE PROSPETTIVA

CAMBIARE INTERPRETAZIONE

Scrivete un testo in cui adottate un punto di vista diverso sul tema, riflettendo su un aspetto messo bene in evidenza nel Testo 6: le drammatiche conseguenze materiali che una crisi di dimensioni globali ha sulle vite di singoli individui.

CAMBIARE SITUAZIONE DI SCRITTURA

Scrivete una pagina di diario parlando di una situazione di crisi che vi è capitata. Descrivetela ed esponete le soluzioni che avete cercato per superarla. Sforzatevi di essere il più sinceri possibile, e di non omettere gli aspetti più significativi di questa esperienza.

a cura di Lucia Gasperini, Patrizia Becherini, Stefano Sandrelli

IL MALE TRA MISTERO E SCELTA

RIFLETTERE SUL LESSICO

LE PAROLE SONO IMPORTANTI

La parola **"male"** si riferisce a tutto ciò che genera danno, dolore, turbamento, offesa e malessere fisico e psicologico, e viene contrapposta a "bene", che invece designa ciò si considera buono e giusto, e che procura benessere, fisico e psichico. Le categorie di bene e male rientrano nella sfera dell'etica, il campo della filosofia che riflette sui comportamenti umani, sulle norme e i valori che gli individui e le società si sono date nel corso dei secoli. Ma con il termine "male" si indicano anche le avversità, le malattie e le calamità, tutte quelle condizioni che provocano distruzione e morte.

Il male è una costante dell'esistenza umana, individuale e collettiva: si tratta di capire se è una scelta che può essere evitata e se si può contenere la sua forza devastante.

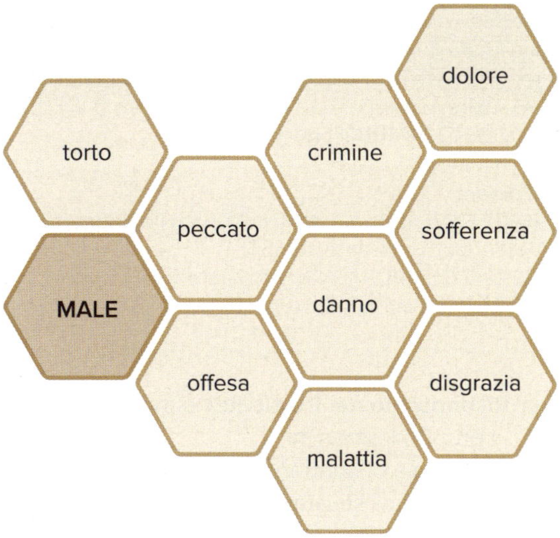

Dallo *Zingarelli 2018*

màle [v. male → 1250] **s. m.** (*poet. lett.* troncato in ***mal***)
1 ciò che è cattivo, ingiusto e disonesto: *commettere, fare il male; tendere al male; volli cercare il male / che tarla il mondo* (E. Montale) | ***genio del male***, persona particolarmente cattiva | colpa, peccato: *nel tuo agire non vi è stato male; il male è tutto lì* | PROV., ***male non fare paura non avere***. CONTR. bene
2 ciò che è inutile, inopportuno, svantaggioso: *non sarà male avvertirlo* | ***non c'è niente di male, che male c'è?***, espressioni usate per ribattere a critiche o preoccupazioni ritenute ingiuste | ***non c'è male, non c'è malaccio***, abbastanza bene: *'Come stai?' 'Non c'è male'* | danno: *fare del male; avere, ricevere male* | ***mal per me, per te***, e *sim.*, esclamazione di malaugurio oppure di timore per un possibile danno o guaio: *mal per lui se rifiuta; Mal per loro se scegliessero quel momento per una visita* (G. Verga) | parlare, agire a fin di male, per nuocere ad altri | ***voler male***, odiare, desiderare il danno altrui | ***metter male***, discordia | ***aversene a male***, offendersi | (*lett.*) ***avere*** (o ***aversela*** o ***aversene***) ***per male***, risentirsi, prendersela: *E non crediate che Renzo... se l'avesse per male* (A Manzoni) | ***andare a male***, guastarsi | PROV. ***chi è causa del suo mal pianga sé stesso***; ***mal comune, mezzo gaudio***, il fatto che altri abbiano gli stessi tuoi guai è di sollievo CONTR. bene
3 sventura, avversità: *i mali della vita; augurare ogni male a qlcu.* | PROV. ***non tutto il male viene per nuocere***, gli eventi dannosi hanno anche dei risvolti positivi
4 sofferenza, dolore, sia fisico che morale: *sentire gran male al ginocchio; mal di testa. di denti, mal d'amore* | nella loc. ***male di vivere***, disagio, sofferenza insita nella condizione umana (espressione usata da E. Montale in una poesia del 1925)
5 (*med.*) malattia | ***mal d'auto, d'aria, di mare***, malesseri provocati dal movimento, caratterizzati da nausee, vomito ed emicranie | ***mal di montagna***, malesseri provocati dalla rarefazione dell'ossigeno con l'aumentare dell'altitudine | ***mal caduco*** o (con grafia unita) ***malcaduco***, (*pop.*) epilessia (calco sul lett. *morbus caducus*) | (*disus.*) ***mal sottile***, tubercolosi | ***mal di testa, di capo***, emicrania | *mal francese*, V. malfrancese | (*pop.*) ***mal della lupa***, bulimia | ***mal dello scimmione***, atrepsia | ***mal della pietra***, calcolosi vescicale | (*eufem.*) ***brutto male***, tumore maligno
6 (*bot.*) malattia delle piante | ***mal bianco*** | ***male nero***, fumaggine | ***male dell'inchiostro***, grave malattia del castagno causata da un fungo (*Blepharospora cambivora*) | ***mal del piombo***, malattia delle foglie dell'ulivo che assumono un aspetto argentato o piombato. SIN (*raro*) piombatura

- **Spiegate con parole vostre il significato delle espressioni "pensar male" e "portar male".**

INTORNO ALLA PAROLA

Di seguito riportiamo un elenco di aggettivi che si possono accostare alla parola "male" per qualificarla e una serie di espressioni tipicamente usate in relazione al termine.

Dal *Dizionario delle collocazioni Zanichelli 2012*
1 *cattiveria*
AGGETTIVI ***male*** assoluto, subìto
VERBO-COMPLEMENTO arrecare, combattere, commettere, espiare, evitare, fare del ***male***, farsi del ***male***, incarnare il ***male***, indurre al ***male***, perdonare, perpetrare, prevalere sul ***male***, prevenire, sconfiggere, sradicare, subire, volere
SOGGETTO-VERBO prevale

2 *dolore*
AGGETTIVI feroce, forte, insopportabile, leggero, lieve, passeggero, pulsante, terribile
VERBO-COMPLEMENTO attenuare, avere ***male*** a, combattere, fare male, ridurre, sentire, soffrire di, sopportare
COSTRUZIONI ***mal*** d'auto, ***mal*** di denti/pancia/testa/stomaco ecc., ***mal*** di mare

3 *malattia*
AGGETTIVI contagioso, devastante, improvviso, incurabile, insidioso, pericoloso, raro, terribile
• brutto ***male***
• ***male*** debilitante, fulminante
VERBO-COMPLEMENTO contrarre, curare, debellare, diagnosticare, essere affetto da, guarire da, sconfiggere, vincere
SOGGETTO-VERBO affligge, aggredisce, assale, causa, colpisce, deriva da, esordisce, insorge, si manifesta, progredisce, si riacutizza, si ripresenta, scompare, uccide

- **Riconoscete nei tre elenchi e indicate sul quaderno:**
  - i gruppi di sinonimi;
  - le coppie di contrari;
  - i termini stilisticamente elevati.

IN ALTRE LINGUE

Nella seguente tabella riportiamo la traduzione nelle principali lingue europee del termine "male" e di altre parole a esso semanticamente legate. Attenzione: non considerate questo specchietto come una rigida "tabella di equivalenza"; i termini di queste lingue, così come quelli italiani, presentano infatti una vastagamma di sfumature semantiche.

Italiano	Inglese	Francese	Tedesco	Spagnolo
MALE	*evil*	*mal*	*Böse* *Schlechte* *Übel* *Unheil*	*mal*
malattia	*ailment* *disease* *illness* *sickness*	*maladie*	*Krankheit* *Erkrankung*	*enfermedad*
dolore	*pain*	*douleur* *malheur*	*Schmerz*	*dolor*

- **Completate la tabella comparativa sul quaderno cercando nelle principali lingue europee gli equivalenti dei termini "sofferenza" e "torto".**

RACCOGLIERE LE IDEE

INTRODUZIONE AL TEMA

Prima di leggere i documenti, iniziate a raccogliere le idee sul tema. Quali spunti vi suggeriscono le domande proposte qui di seguito?

- **A che cosa vi fa pensare il termine "male"? Elencate dieci termini che vi vengono in mente.**
- **Pensate che il male sia una componente ineliminabile della vita umana, oppure il frutto di accidenti occasionali o di scelte sbagliate?**

INDIVIDUARE E RIASSUMERE I CONCETTI-CHIAVE

LEGGERE, COMPRENDERE E ANALIZZARE I DOCUMENTI

TESTO 1

Il mistero del male

La cronaca quotidiana rende sempre più complicato raggiungere non diciamo la felicità, ma momenti di serenità e tranquillità dell'animo, un animo gettato in una landa deserta, continuamente sottoposto a un malessere esistenziale e a un bombardamento di stress, ansia, angoscia e sofferenza.

Secondo una vasta letteratura che va dai primi filosofi agli autori moderni e contemporanei, bene e male sono i due principi fondamentali che governano la vita umana. Essi sono in perenne lotta fra loro e corrispondono alle pulsioni originarie teorizzate da Freud: Eros e Thanatos[1], amore e odio, vita e morte. Sono state le religioni, la filosofia e la teologia ad aver iniziato ad indagare il mistero del male, un problema che da sempre suscita nell'uomo un senso di angoscia e tormento, e rappresenta una sfida alla ragione e alla scienza. Gli studiosi hanno fornito le risposte più varie. Sono stati chiamati in causa la volontà divina, i sentimenti morali, l'ordine del cosmo, la libertà soggettiva, la ragione, la cultura, l'evoluzione, l'architettura del cervello.

Le grandi religioni hanno fatto riferimento all'esistenza di un Dio del bene e di un Dio del male (Zoroastrismo) o al dolore come elemento costitutivo dell'esistenza umana (Buddismo e Taoismo[2]). Per il Confucianesimo, il male nasce dalla materia, mentre l'Islamismo fa risalire l'origine del male alla ribellione di Satana e fonda la distinzione tra bene e male sulla legge rivelata (Corano) e sull'obbedienza a Dio. A sua volta, l'Ebraismo attribuisce la radice del male ad una caduta primitiva. Il Cristianesimo infine fa perno sul peccato originale e sulla redenzione.

Il pensiero antico, già con Omero, Esiodo e Sofocle, rivela una coscienza molto intensa dell'angosciosa presenza del male nel mondo. L'idea del male come antitesi del bene e dell'essere, ossia come non-essere, in filosofia si trova a partire dalla concezione stoica, la quale asserisce che il male non esiste in sé in quanto è privazione del bene. Per Socrate, il male è ignoranza, assenza cioè di principi etici, mentre il bene è conoscenza, cultura, sapienza. Platone, Aristotele e sant'Agostino considerano il male metafisico come una "privazione" di essere, come il "non-essere". Il male è una proprietà congenita della natura umana, sintomo di un uso disordinato del libero arbitrio. Il male – precisa sant'Agostino – è punizione di una colpa, di una trasgressione. Questa teoria ha influenzato tutta la filosofia cristiana.

Nella filosofia moderna, il male è inteso come imperfezione, "disvalore", in opposizione ai sistemi normativi ed assiologici[3]. L'uomo, per Hegel, è "cattivo per natura", mentre il bene è lo scopo ultimo del mondo, in quanto libertà realizzata. D'accordo con Hegel, Kant parla del male "radicale" come "impurità" della nostra coscienza morale e come "un'inclinazione naturale, innata, dell'essere umano".

Una delle opere fondamentali della filosofia contemporanea è *Al di là del bene e del male* di Nietzsche, un autore che per tutta la vita fu tormentato dal problema del male. Il dolore – egli dice – "ci scava nel profondo e ci costringe a discendere nelle nostre profondità". La sua concezione si pone come "negazione totale del pensiero occidentale e dei grandi valori della cultura, come la verità, il progresso, la scienza e la religione per la loro mancanza di fondamento e per la loro natura di "mera finzione". L'umanità, per il filosofo tedesco, percepisce un "senso di vuoto" davanti alla scoperta che il mondo è un "caos irrazionale". "Dio è morto. E noi – dichiara – l'abbiamo ucciso". Dalla miseria del dolore e del male e dalla disperazione del nichilismo nasce il bisogno dell'affermazione di "un uomo veramente uomo", un "uomo nuovo" proiettato verso "altezze future" e "possibilità eterne" con "nuove tabelle di valori" e una "religione nuova, una religione delle anime più libere, più alte, più liete". La "morte di Dio" di Nietzsche in realtà è la manifestazione di un'ansia religiosa, l'aspirazione dell'essere umano a imprimere nella sua esistenza l'immagine dell'eternità, lo splendore di un più alto modello di uomo e la creazione di un nuovo sistema valoriale.

Il male – il dolore – come limitazione dell'essere e dell'esserci, e come tragicità della condizione umana

1. **Thanatos**: "morte" in greco.
2. **Taoismo**: religione affermatesi in Cina a partire dal VI sec. a.C.
3. **assiologici**: relativi all'assiologia, teoria che studia la scala dei valori morali.

è presente anche nelle opere di Schopenhauer, Jaspers e Heidegger. Nelle pagine di questi autori, la vita è intesa come un eterno soffrire, miseria e afflizioni. "Noi ci illudiamo continuamente – scrive Schopenhauer – che l'oggetto voluto possa porre fine alla nostra volontà. Invece, l'oggetto voluto assume, appena conseguito, un'altra forma e sotto di essa si ripresenta. Esso è il vero demonio. Ogni soddisfacimento genera un nuovo desiderio". È un incubo, è ossessiva coazione[4] a ripetere, è nevrosi individuale e nevrosi cosmica.

Guido Brunetti, *Il bene e il male, le due forze che muovono l'umanità*, www.neuroscienze.net, 30 marzo 2017

4. **coazione**: costrizione, coercizione.

Domande-guida

- Quali sono le pulsioni originarie, teorizzate da Sigmund Freud, che incarnano la lotta tra il bene e il male?
- Quali sono le concezioni del male elaborate dalle principali religioni (buddismo, taoismo, islamismo, ebraismo, cristianesimo)?
- Spiegate con parole vostre l'idea di "male metafisico".
- Riassumete con parole vostre la concezione del male in Nietzsche, Schopenhauer, Jaspers, Heidegger.

TESTO 2

Il male è in tutti

Voglio scoprirvi un segreto della mia natura, che a quanto pare ignorate nel modo più assoluto. Sono convinto che in questo momento voi mi definiate un mostro di dissolutezza. Ebbene, ecco quello che voglio dire: se soltanto potesse avvenire, dico, che ciascun uomo fosse obbligato a rivelare l'intimo fondo di sé stesso, ma in modo da non temere di dire non solo ciò che egli non direbbe mai agli altri uomini, non solo ciò che avrebbe paura di confessare ai suoi migliori amici, ma anche ciò che non osa confessare neppure a sé stesso, ebbene, in tal caso si spargerebbe nel mondo un tal fetore da soffocare tutti quanti. Ecco perché, detto fra parentesi, le nostre convenienze e leggi mondane sono tanto benefiche; c'è in esse un pensiero molto profondo, non dirò morale, ma semplicemente preservativo, comodo, il che importa certamente di più, giacché in sostanza la morale non è che una comodità, una cosa escogitata per rendere la vita più confortevole. [...]
Mi accusate di avere dei vizi, di essere dissoluto, immorale, mentre io forse sono colpevole solo di essere più sincero degli altri e basta; di non nascondere ciò che gli altri nascondono persino a sé stessi. Facendo così faccio male, ma ora voglio così. C'è un godimento tutto speciale in quell'improvviso smascherarsi, in quel cinismo col quale un uomo si svela davanti ad un altro, senza neppure vergognarsi di fronte a lui. Che posso fare se so con sicurezza che alla base di tutte le virtù umane c'è il più terribile egoismo?... e più un'azione è virtuosa, più grande è l'egoismo. "Ama te stesso", ecco l'unica regola che riconosco. Sono d'accordo con tutto, purché io stia bene, e ce ne sono a legioni di uomini che la pensano come me, e tutti stiamo veramente bene... Tutto può andare in rovina in questo mondo, soltanto noi esisteremo sempre. Esistiamo da quando esiste il mondo.

Fëdor Dostoevskij, *Umiliati e offesi*, trad. dal russo di traduzione di O. Felyne, L. Neanova e C. Giardini, Mondadori, Milano, 2005

Domande-guida

- Che cosa si scoprirebbe, secondo Dostoevskij (▸**T9**), se ognuno fosse sincero a proposito della propria condotta?
- Qual è l'unica colpa che il personaggio che parla nel testo si riconosce?
- Perché lo scrittore russo ritiene che la morale sia *una cosa escogitata per rendere più comoda la vita*?
- Che cosa pensa Dostoevskij dell'egoismo?

TESTO 3

La Natura è il male

ISLANDESE Io non mi ricordo aver passato un giorno solo della vita senza qualche pena; laddove io non posso numerare quelli che ho consumati senza pure un'ombra di godimento: mi avveggo[1] che tanto ci è destinato e necessario il patire, quanto il non godere; tanto impossibile il viver quieto in qual si sia[2] modo, quanto il vivere inquieto senza miseria: e mi risolvo a conchiudere che tu sei nemica scoperta degli uomini, e degli altri animali, e di tutte le opere tue; che ora c'insidii ora ci minacci ora ci assalti ora ci pungi ora ci percuoti ora ci laceri, e sempre o ci offendi o ci perseguiti; e che, per costume e per instituto[3], sei carnefice della tua propria famiglia, de' tuoi figliuoli e, per dir così, del tuo sangue e delle tue viscere. Per tanto rimango privo di ogni speranza [...]; ma che tu, per niuna cagione[4], non lasci[5] mai d'incalzarci, finché ci opprimi. E già mi veggo vicino il tempo amaro e lugubre della vecchiezza; vero e manifesto male, anzi cumulo di mali e di miserie gravissime [...].

NATURA Immaginavi tu forse che il mondo fosse fatto per causa vostra? Ora sappi che nelle fatture[6], negli ordini e nelle operazioni mie, trattone[7] pochissime, sempre ebbi ed ho l'intenzione a tutt'altro, che alla felicità degli uomini o all'infelicità. Quando io vi offendo in qualunque modo e con qual si sia mezzo, io non me n'avveggo, se non rarissime volte: come, ordinariamente, se io vi diletto o vi benefico, io non lo so; e non ho fatto, come credete voi, quelle tali cose, o non fo quelle tali azioni, per dilettarvi o giovarvi. E finalmente, se anche mi avvenisse di estinguere tutta la vostra specie, io non me ne avvedrei.

Giacomo Leopardi, *Dialogo della Natura e di un Islandese*, in *Tutte le opere*, a cura di W. Binni, con la collaborazione di E. Ghidetti, Sansoni, Firenze, 1969 (▸**Vol. Leopardi, T24**)

1. **mi avveggo**: mi accorgo.
2. **qual si sia**: qualunque.
3. **per costume e per instituto**: per abitudine o per dovere.
4. **per niuna cagione**: per nessuna ragione.
5. **non lasci**: non smetti.
6. **fatture**: realizzazioni.
7. **trattone**: escluse.

Domande-guida
- Perché l'Islandese, dalle cui parole traspare il pensiero di Leopardi, sostiene che la natura è nemica degli uomini e la definisce *carnefice*?
- Qual è per l'Islandese il *cumulo di mali e di miserie gravissime*? Di quale tipo di male si tratta?
- Riassumete la risposta che la Natura dà all'Islandese.

TESTO 4
Il male di vivere

Spesso il male di vivere ho incontrato:
era il rivo strozzato che gorgoglia,
era l'incartocciarsi della foglia
riarsa, era il cavallo stramazzato.
Bene non seppi, fuori del prodigio
che schiude la divina Indifferenza:
era la statua nella sonnolenza
del meriggio, e la nuvola, e il falco alto levato.

Eugenio Montale, *Spesso il male di vivere ho incontrato* (1963), in *Opere complete*, a cura di G. Zampa e M. Forti, Mondadori, Milano, 1996 (▸**Vol. 6, T121**)

Domande-guida
- Esponete brevemente l'idea di *male vivere* espressa in questa lirica di Eugenio Montale.
- Vi sembra che l'idea di Montale possa essere accostata a quella di Leopardi (**Testo 3**)? Se sì, in quale senso?

TESTO 5
La banalità del male

Ho cambiato idea e non parlo più di "male radicale". [...] Quel che ora penso veramente è che il male non è mai "radicale", ma soltanto estremo, e che non possegga né profondità né una dimensione demoniaca. Esso può invadere e devastare il mondo intero, perché si espande sulla sua superficie come un fungo. Esso "sfida" [...] il pensiero, perché il pensiero cerca di raggiungere la profondità, di andare alle radici, e, nel momento in cui cerca il male, è frustrato perché non trova nulla. Questa è la sua "banalità". Solo il bene è profondo e può essere radicale.

Hannah Arendt, *Lettera a Scholem* (1963), in *Ebraismo e modernità*, trad. dall'inglese di G. Bettini, Milano, 1986

Domande-guida

- Svolgete una ricerca su Hannah Arendt, soffermandovi in particolare sui concetti da lei espressi in una delle sue opere più importanti, *La banalità del male* (1963).
- Riassumete con parole vostre il contenuto del testo riportato qui sopra.

TESTO 6

Il male come malattia

La definizione del male ha creato [...] due grandi scuole di pensiero e di vita. Una crede che il male esista in sé – mi riferisco per esempio al diavolo del pensiero cattolico, ma anche alla dottrina junghiana[1] secondo la quale le cattive azioni sono reali come quelle buone – ; l'altra è convinta che il male esista solo come assenza del bene, la "privatio boni"[2] di Agostino. Io mi ritrovo qui, in questa corrente che va dai filosofi greci, agli stoici fino al pensiero contemporaneo [...]. Credo infatti che se il male viene razionalizzato e compreso, diventa un aspetto integrante della vita stessa, ed è, allora, come se si svuotasse delle sue valenze negative e misteriose per rientrare nel grande flusso deterministico della storia.

Ma, se il male non esiste, ho sempre pensato che esiste invece la possibilità dell'uomo di esercitarlo per mezzo del suo libero arbitrio. Perché Adamo nel paradiso terrestre mangia la mela proibita pur sapendo di commettere un peccato e di doverne pagare il fio? [...] Ma quanto è reale questa nostra libertà e fino a che punto ognuno di noi è davvero libero? La filosofia, la religione e il diritto danno le loro risposte. Anche la scienza, non solo biomedica[3], ci rivela che la nostra libertà ha dei confini precisi e che siamo tutti condizionati da una serie di eventi che non controlliamo. Non ancora, perlomeno.

Siamo condizionati prima di tutto dai nostri geni, che sono ereditari, poi dalla nostra nascita – dalla famiglia –, poi, via via, dall'educazione, dai paesi e dai luoghi nei quali trascorriamo la nostra esistenza: tutte variabili che costituiscono la nostra personalità e delle quali non abbiamo né colpe né meriti. Anche le grandi scelte di valori dipendono dall'ambiente in cui viviamo. Basta pensare alla religione. Nel mondo ci sono almeno dieci religioni importanti e ciascuna di esse ha radici storiche e geografiche profonde. Si abbraccia quindi la fede religiosa non per scelta, ma per luogo di nascita. [...] Se dunque siamo in gran parte il risultato di condizionamenti esterni, allora possiamo credere che pure il male sia l'espressione di tali condizionamenti. È, semplicemente, l'assenza del bene. È il nostro congedarci dal bene.

Negare la volontà del male non significa naturalmente rinunciare ad affrontarlo. Proprio il male universale sta all'origine della mia scelta professionale. Sono diventato medico dopo averlo incontrato e aver deciso di combatterlo con le forze che le mie attitudini mi avevano messo a disposizione.

Umberto Veronesi, *L'ombra e la luce*, La biblioteca di Repubblica, Roma, 2005

1. **junghiana**: relativa al pensiero dello psicanalista e antropologo svizzero Carl Gustav Jung (1875-1961), inizialmente seguace di Sigmund Freud e staccatosi in seguito dalle sue teorie.
2. **"privatio boni"**: privazione del bene (latino)
3. **biomedica**: ramo della medicina che si avvale di dispositivi diagnostici e terapeutici adeguati ai modelli biologici.

Domande-guida

- L'oncologo Umberto Veronesi (1925-2016) ha dedicato la sua vita professionale alla cura del cancro, spesso definito "brutto male" per la reticenza a pronunciarne la parola. Qual è l'idea di male che sostiene di avere in questo testo?
- Per Veronesi l'uomo è completamente libero nella scelta di compiere il bene e il male?
- Quali sono, secondo Veronesi, i condizionamenti che influiscono sulle nostre scelte di valori, e quindi sulla nostra propensione verso il bene o verso il male?

SCHEMATIZZARE E COLLEGARE I CONCETTI-CHIAVE

COLLEGARE DOCUMENTI E CONOSCENZE

- Rileggendo i documenti, è possibile notare diversi atteggiamenti nei confronti del male: alcuni ne mettono in evidenza l'inevitabilità, considerandolo qualcosa che fa parte della vita e non può essere eliminato; altri sostengono che è il risultato di una scelta individuale.
- Fate una tabella di due colonne: nella prima raggruppate i testi in cui si esprime l'idea che il male è inevitabile, nell'altra quelli che sostengono che è frutto di un'opzione soggettiva.
- Ricostruite o ipotizzate le motivazioni degli uni e degli altri.
- Con la tabella avete messo a fuoco la problematicità della questione. Esprimete con parole vostre le principali posizioni possibili rispetto al tema.
- Aggiungete alle opinioni analizzate altri punti di vista incontrati nel corso dei vostri studi e delle vostre letture. Per esempio:
  - molti pensatori dell'età moderna (per esempio Machiavelli, Hobbes, Kant) hanno elaborato una concezione antropologica negativa, sostenendo cioè la tesi di una natura sostanzialmente "cattiva" dell'uomo;
  - «Mai la ragione è stata in grado di definire il bene e il male, o anche separare il bene dal male, sia pure approssimativamente; al contrario li ha sempre confusi in modo meschino e vergognoso». Con queste parole lo scrittore russo Fëdor Dostoevskij intende evidenziare la contraddittorietà dei comportamenti umani e l'incapacità della ragione di spiegarne le cause;
  - lo sterminio degli ebrei (*Shoah*) attuato dai nazisti, è considerato un esempio di "male assoluto" che si è realizzato nella storia;
  - è giusto fare il male a fin di bene? Questa domanda è alla base di molte spinose questioni morali, individuali e collettivi. Per esempio, è legittimo fare una guerra, che provocherà sicuramente molte vittime, per liberare un paese da un regime dispotico? È giusto torturare un individuo per avere informazioni utili a salvare la vita di altre persone? È legittimo mentire a un amico, per evitargli una sofferenza?
  - la letteratura e il cinema sono popolati da personaggi carismatici che incarnano il fascino del male, capaci cioè di turbare e affascinare al tempo stesso il lettore/spettatore. A questo proposito ripercorri i testi proposti nel percorso tematico "L'orrore, il macabro, il perturbante" (p. 579) e le pagine CLIL dedicate a *Strange case of Dr Jekyll and Mr Hyde* (p. 582).

SCRIVERE

PROGETTARE LA STESURA DI UN TESTO ARGOMENTATIVO

A questo punto siete in grado di elaborare la vostra personale posizione e su questa base progettare il testo argomentativo. Vi forniamo qualche suggerimento per una possibile stesura del testo e vi chiediamo in fondo di completare alcuni punti di questa "scaletta".

INTRODUZIONE

INQUADRAMENTO DEL TEMA

Il male è un aspetto costante nella vita umana. Si presenta in vari modi: quello fisico e psicologico che si infligge o si causa agli altri (ma a volte anche a se stessi), quello che deriva dagli accadimenti della vita, come malattie, incidenti o catastrofi naturali.

PRESENTAZIONE DEL PROBLEMA

Il tema assegnato è aperto ai diversi atteggiamenti nei confronti del male e alle diverse strategie che, nel corso della storia, l'uomo ha messo in atto per cercare di evitarlo, prevenirlo, contenere i suoi effetti negativi sul piano individuale e collettivo.

FORMULAZIONE DELLA TESI

Vi sono tante forme di male e tanti modi di considerarlo. C'è chi lo ritiene una realtà ineliminabile, insita nell'animo umano, così come il bene. Ciononostante, ogni individuo può scegliere di compiere azioni malvagie o benevole in base al libero arbitrio. Vi è anche una forma di male che esula dalla responsabilità individuale, come una malattia o una catastrofe naturale. In tutti i casi resta aperto il problema di come affrontarlo senza esserne schiacciati.

FINE COMUNICATIVO
Partendo dalla constatazione che il male è insito nell'esistenza di ogni uomo, si esamina il problema di come considerarlo, dal punto di vista concettuale, e di come affrontarlo nella propria vita quotidiana.

SVILUPPO

PRIMO ARGOMENTO
Frase-chiave Il male e il bene sono entrambi componenti della natura umana.
Primo elemento a supporto Sigmund Freud sostiene che nell'uomo sono presenti due pulsioni contrapposte, l'Eros, che rappresenta l'amore, la vita, la forza costruttiva, e Thanatos, che rappresenta l'odio, la morte, la forza distruttiva (**Testo 1**). In questa prospettiva il male è connaturato all'uomo ed è perciò ineliminabile, come avevano già sostenuto molti altri pensatori.
Secondo elemento a supporto Sono tante le ragioni per cui l'uomo compie il male: la sete di potere, il desiderio di prevalere sugli altri, il senso di inferiorità, il piacere sadico di ferire il prossimo, l'invidia, l'incapacità di controllare la propria aggressività ecc. Fëdor Dostoevskij ritiene che il male sia insito in tutti e che solo l'ipocrisia e la menzogna nascondono questa verità (**Testo 2**). In questo consiste la dimensione tragica dell'uomo, che la letteratura ha espresso in tante opere.
Terzo elemento a supporto *Completate sul quaderno il primo argomento.*

SECONDO ARGOMENTO
Frase-chiave Il male, inteso come dolorosità, perdita, privazione, ha anche origini "esterne" all'individuo.
Primo elemento a supporto Per Giacomo Leopardi la sofferenza è insita nella Natura, le cui dinamiche sono indifferenti a ciò che accade agli uomini: da qui deriva la tragicità della vita dell'uomo e di ogni altro essere vivente (**Testo 3**). Montale ha espresso un'idea simile nella lirica *Spesso il male di vivere ho incontrato*, in cui indica il distacco (*la Divina indifferenza*) come strategia per non farsi travolgere dal dolore (**Testo 4**).
Secondo elemento a supporto L'oncologo Umberto Veronesi, che ha dedicato la vita alla cura del cancro, riconosce l'ineluttabilità del male ma pone l'accento sull'importanza del modo in cui lo si affronta, sulla volontà di combatterlo (**Testo 5**).
Terzo elemento a supporto *Completate sul quaderno il secondo argomento.*

TERZO ARGOMENTO
Frase-chiave Di fronte alla costatazione che il male fa parte della natura umana, le società hanno messo in atto sistemi religiosi, politici ed etici finalizzati a "controllare" la forza distruttiva e autodistruttiva degli individui. (**Testo 1**).
Primo elemento a supporto L'etica, il campo della filosofia che valuta i comportamenti umani e ne fissa le norme e i valori, viene considerata da Dostoevskij inefficace a impedire il male; l'uomo è sostanzialmente egoista, anche quando compie il bene, perché finalizza tutte le sue azioni al proprio tornaconto (**Testo 2**).
Secondo elemento a supporto Se è vero che il male e il bene sono insiti nell'uomo, ne deriva che ciascuno può scegliere l'uno o l'altro in base al libero arbitrio (**Testo 6**).
Terzo elemento a supporto Hannah Arendt sostiene che il male è «banale» e superficiale in quanto implica il rifiuto delle proprie responsabilità. È più facile lasciarsi andare alle cattive azioni e far finta di niente quando vengono commesse, che assumersi la forza morale di impedirle (**Testo 5**).

CONCLUSIONE

Scrivete sul quaderno le tre parti della conclusione.
RIPRESA DEGLI ARGOMENTI
RIFORMULAZIONE DELLA TESI
FORMULA CONCLUSIVA

- **Provate ora, partendo dalla struttura qui sopra proposta, oppure immaginando un diverso percorso espositivo, a scrivere un testo argomentativo sul tema.**

RISCRIVERE

CAMBIARE PROSPETTIVA

CAMBIARE INTERPRETAZIONE

Il fascino del male: scrivete un testo in cui provate a spiegare il potere di seduzione esercitato da personaggi, situazioni, condotte che vanno al di là della morale condivisa. Sviluppate il discorso a partire da esperienze personali oppure facendo riferimento a opere letterarie e ad altri prodotti culturali di vostra conoscenza.

CAMBIARE SITUAZIONE DI SCRITTURA

Vi viene chiesto di scrivere un resoconto su episodi di bullismo o di cyberbullismo di cui siete stati testimoni e di riconoscerne le motivazioni. Può essere utile confrontarvi tra di voi e con l'insegnante su questo problema, e di collegarlo con le tematiche individuate nel presente percorso. Cercate anche di individuare i modi in cui il fenomeno può essere arginato.

FARE UNA PRESENTAZIONE SULLE ESPERIENZE DI LAVORO

All'esame dovrai cominciare il **colloquio** parlando dell'Alternanza Scuola-Lavoro: che compiti hai svolto e quali competenze hai acquisito. Hai davanti tutti i professori della commissione, con i quali vuoi fare bella figura.

Parlare in pubblico non è facile, ma alcuni accorgimenti ti aiuteranno a essere efficace e persuasivo. Lo avevano capito gli antichi Romani, che hanno perfezionato l'arte dell'**oratoria**: che cosa dire e come dirlo bene.

Cicerone, politico e scrittore romano vissuto nel primo secolo prima di Cristo (106 a.C.-43 a.C.), ha individuato cinque fasi per costruire un discorso: l'**inventio** (trova che cosa dire), la **dispositio** (metti in ordine quello che hai trovato), l'**elocutio**, (dillo bene), la **memoria** (imparalo a memoria) e l'**actio** (recitalo come un attore).

Segui i consigli di Cicerone. Hai a disposizione una **decina di minuti**. Devi essere **chiaro**, **efficace** e **interessante**.

Inventio

Trova che cosa dire
Inizia a mettere insieme le idee.

Dispositio

Metti in ordine quello che hai trovato

Organizza il discorso con una buona **struttura**.

- [x] Chi sono
- [ ] Dove ho fatto l'alternanza
- [ ] Quello di cui parlerò

- [ ] Come ho scelto il progetto
- [ ] Quello che ho fatto/visto/imparato
- [ ] Che cosa mi è piaciuto
- [ ] Che cosa mi ha arricchito e perché

→ Procedi per punti, non dire più di 5 cose

- [ ] Chiusura a effetto

→ Non concludere dicendo: **«Ho finito, ci sono domande?»**

→ su.zanichelli.it/ascuoladilavoro

Elocutio

Dillo bene

Decidi che **stile** dare al tuo racconto.

Fai molti esempi per catturare l'attenzione.

Memoria

Imparalo a memoria

Prova molte volte il tuo discorso.
Fai partire il **cronometro** e **ripetilo**
prima da solo, poi davanti a un amico.

Ti aiuterà a:

- Tenere sotto controllo il tempo
- Rendere fluido il discorso
- Correggere e modificare alcuni punti
- Diventare più sicuro e naturale

Actio

Recitalo come un attore

È il grande giorno: **vai in scena!**
Ricordati di sorridere e cerca di divertirti

Aiuto multimediale

- Hai al massimo **10 minuti** non preparare più di **10 slide**
- Usa poco testo: il pubblico deve ascoltare te, non leggere belle slide
- Usa immagini significative dell'esperienza: poche, grandi e di impatto
- Usa caratteri standard, per esempio l'Arial e una grafica pulita e semplice
- Mentre parli non girare le spalle al pubblico per guardare le slide

➜ su.zanichelli.it/ascuoladilavoro

Le parole della letteratura

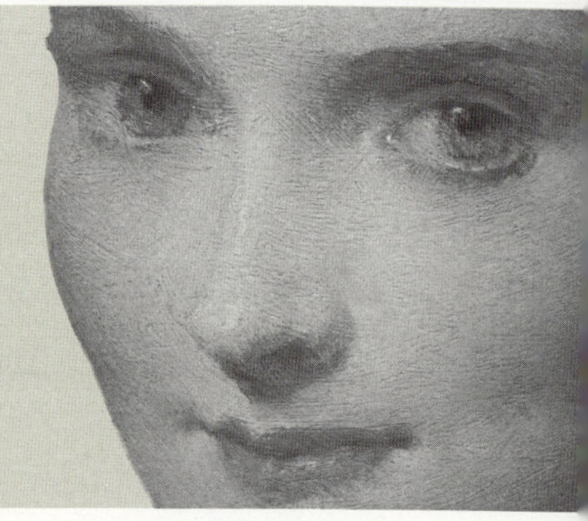

AFORISMA (genere): breve sentenza che condensa in forma incisiva un pensiero filosofico o morale.

AGIOGRAFIA (genere): narrazione della vita di un santo composta per esaltare la sua figura e additarla ai lettori come esempio edificante.

AGNIZIONE (tecnica narrativa): riconoscimento improvviso dell'identità di un personaggio, che era rimasta a lungo ignota agli altri o anche a lui stesso: un personaggio scopre di chi è figlio, due personaggi scoprono di essere fratelli ecc.; è una tecnica antica, risalente al teatro greco classico, tipica dei romanzi popolari dalla trama intricata.

ALLEGORIA (figura retorica): nell'allegoria i personaggi e gli aspetti descrittivi stanno a rappresentare concetti, idee astratte: ciascun elemento visibile ha un significato che appartiene al mondo spirituale. A differenza di altre figure retoriche, l'allegoria non è limitata a una singola espressione, ma caratterizza un'intera opera, o una sua parte ampia: l'esempio più noto è la *Divina Commedia*, che può essere considerata come una grande allegoria, disseminata di allegorie più particolari (le tre fiere del canto I dell'*Inferno*, la sfilata degli ultimi canti del *Purgatorio*). Nella cultura medievale l'allegoria è un atteggiamento generale del pensiero, un modo di interpretare la realtà.

ALLITTERAZIONE (figura retorica): figura "di parole", che consiste nella ripetizione delle stesse "lettere" (più propriamente, degli stessi suoni) in una serie di parole; in senso stretto, si considera allitterazione solo quella che ricorre all'inizio delle parole. Esempio: «E *f*ra arse *f*oglie, come in *f*ermo *f*umo» (Ungaretti).

ANACOLUTO (fenomeno sintattico): irregolarità nella costruzione di una frase, che comincia secondo una certa struttura sintattica e la cambia improvvisamente a metà. L'anacoluto è tipico del parlato, e nella scrittura letteraria è segno di disinvoltura, o di ricerca di un tono colloquiale. Esempi: «E parlerò di Luigi [...] che, per aver tenuta più lunga possessione in Italia, si sono visti meglio li suoi progressi» (Machiavelli); «Renzo, ora che l'Adda era, si può dir, passata, gli dava fastidio [...]» (Manzoni).

ANAFORA (figura retorica): figura "di parole", che consiste nella ripetizione di una stessa espressione all'inizio di due o più frasi, o all'inizio di un segmento successivo della stessa frase: è dunque un caso particolare di parallelismo (*v.*). Ha un effetto di sottolineatura enfatica di un'idea. Esempio: «*Per me si va* ne la città dolente, / *per me si va* ne l'etterno dolore, / *per me si va* tra la perduta gente» (Dante).

ANALOGIA (tecnica poetica): è un modo espressivo caratteristico di un filone della lirica moderna, quello che si rifà al simbolismo. Consiste di un intreccio di metafore sovrapposte in modo tale che non è più possibile distinguere un senso letterale e un senso inteso, come nei tropi tradizionali (*v.*), ma viene comunicato un insieme di idee molteplice e sfumato di cui è difficile dare una parafrasi, anche quando il senso non è oscuro. Esempi: «il limpido / stupore / dell'immensità» (Ungaretti); «pianure dove lo zolfo / era l'estate dei miti, / immobile» (Quasimodo).

ANASTROFE (figura retorica): figura "di parole", che consiste nell'inversione (*v.*) dell'ordine abituale di due o più termini successivi: il soggetto posto dopo il verbo («squarcia e sospinge l'iracondo soffio», Monti), il complemento posto prima del verbo («all'opre femminili intenta sedevi», Leopardi), il complemento di specificazione prima del nome che lo regge («Talor di lingua, e spesso di man prode», Foscolo).

ANTIFRASI (figura retorica): figura "di pensiero", che consiste nell'esprimere il contrario di ciò che si pensa. È il modo più comune in cui si manifesta la figura dell'ironia (*v.*).

ANTITESI (figura retorica): figura "di pensiero", che consiste nell'accostamento di due immagini o concetti opposti. Esempio: «sento nel mezzo de le *fiamme* un *gelo*» (Petrarca).

APOLOGETICO, APOLOGIA (modo): col termine di derivazione greca "apologia" si intende la difesa o l'esaltazione di un'idea, persona, istituzione. Si dicono "letteratura apologetica" le opere che mirano a rafforzare l'adesione alla religione cattolica; più in generale, si parla di toni apologetici per le opere che mirano a difendere da critiche un'istituzione o una condotta politica.

APOSTROFE (figura retorica): si ha quando il poeta o il narratore si rivolge all'improvviso a un personaggio o a un concetto personificato, con un effetto di concitazione emotiva. Esempio: «Ahi Pisa, vituperio de le genti» (Dante).

ARCAISMO (fenomeno lessicale): uso di una parola antica caduta in disuso nella lingua comune. Per esempio, nel verso di Leopardi «d'in su i veroni del paterno ostello», *ostello* ("casa") è un arcaismo. L'arcaismo connota in genere un registro linguistico aulico (*v.*).

ASINDETO (figura retorica): serie di frasi, o espressioni più brevi, coordinate senza l'uso di una congiunzione. Esempi: «Le donne, i cavallier, l'arme, gli amori, / le cortesie, l'audaci imprese io canto» (Ariosto); «il segreto ti fa più viva, il vento / desto nel rovo sei, sei tu venuta...» (Luzi).

ASSONANZA (artificio metrico): tipo di rima imperfetta, in cui si ha un'uguaglianza non completa fra i suoni finali di due versi. Esempio: «e irrequieta la tua fr*onte* / si confonde con l'alba, la nasc*onde*» (Montale).

AULICO (registro linguistico): termine derivante dal latino *aula*, che designava tra l'altro una corte, una reggia; indica un registro linguistico molto formale, adatto a circostanze solenni, caratterizzato da un lessico ricercato e da una sintassi elaborata.

BALLATA (genere): componimento lirico, in origine cantato ballando. È composto di un ritornello (o "ripresa") di pochi versi, che si alterna a una o più strofe di endecasillabi e settenari sul tipo di quelle della canzone (*v.*), ma più brevi. Di origine popolare, compare nella lirica cortese del Duecento ed è usata fino all'Ottocento. La ballata romantica (o "romanza") è un genere completamente diverso: è un componimento narrativo in versi di argomento leggendario, che predilige i toni cupi e tragici; è coltivata nella prima metà dell'Ottocento, e deriva dall'imitazione di modelli tedeschi.

BURLESCO (modo): il termine, derivato da *burla* ("beffa, scherzo"), si riferisce al tono scherzoso di un testo che invita a non prendere sul serio i suoi temi, ma ne sottolinea gli aspetti ridicoli.

CANTARE (genere): poemetto narrativo di argomento cavalleresco, in ottave; fu coltivato nel Trecento e Quattrocento, da poeti non molto colti, e spesso recitato per un pubblico popolare.

CANZONE (forma metrica): componimento lirico ampio, composto di strofe (dette *stanze*) di endecasillabi e settenari che ripetono uno stesso schema di rime. Nella canzone medievale l'ultima stanza, di solito più breve delle altre, è detta "congedo", perché in essa il poeta si congeda dal suo componimento, rivolgendosi direttamente a esso, o a un destinatario. La canzone compare alle origini della lirica italiana e ne è la forma tipica, assieme al sonetto, fino al primo Ottocento. Nella "canzone libera" adottata da Leopardi sono variabili la lunghezza delle stanze, l'alternanza di endecasillabi e settenari e la disposizione delle rime.

CANZONETTA (genere): componimento lirico, spesso per musica, fatto di strofette (per lo più quartine) di versi brevi (per lo più settenari o ottonari); è quasi sempre di tema amoroso. Coltivata soprattutto nel Seicento e Settecento, è la forma più tipica della lirica arcadica.

CAPITOLO (genere): componimento in terzine che tratta in tono discorsivo argomenti personali, riflessioni morali. Praticato dal Trecento al Cinquecento quando, a opera di Berni, diventa un genere decisamente comico.

CARNEVALESCO (modo): il carnevale, derivato da antichi riti pagani, era il momento in cui il popolo poteva manifestare liberamente i propri istinti vitali e la propria visione della vita, abbandonandosi a un'allegra dissacrazione delle autorità, delle istituzioni e dei valori dominanti. Si parla di "modo carnevalesco" per quelle opere che riprendono dalle tradizioni popolari motivi di parodia comica e sfrenata delle idee dominanti, e portano gioiosamente in primo piano gli aspetti bassi e materiali della vita.

CESURA (fenomeno metrico): pausa interna al verso, che ricorre obbligatoriamente in una certa posizione: non può cadere a metà di una parola, e spesso coincide con un segno di interpunzione. In senso più generico, si intende a volte per "cesura" una forte pausa interna a un verso, anche se non è regolata metricamente; nel verso di Leopardi (*A se stesso*) «ch'eterno io mi credei. Perì. Ben sento», la cesura metrica cade dopo *credei*, mentre il punto dopo *Perì* può essere chiamato "cesura" in senso lato.

CHIASMO (figura retorica): figura "di parole", che consiste nell'accostare due coppie di elementi uguali o simili in ordine scambiato: se il parallelismo (*v.*) ha struttura ABAB, il chiasmo ha struttura ABBA. Esempio: «L'onta irrita lo sdegno a la vendetta / e la vendetta poi l'onta rinova» (Tasso).

CLIMAX (figura retorica): figura

"di parole", che consiste nell'accumulazione di una serie di termini che esprimono un concetto con intensità crescente – *climax ascendente*; esempio: «O mia stella, o fortuna, o fato, o morte» (Petrarca) – o decrescente – *climax discendente*; esempio: «Diverse lingue, orribili favelle, / parole di dolore, accenti d'ira, / voci alte e fioche [...]» (Dante).

COLLOQUIALE (registro linguistico): tipo di lingua usato nella conversazione quotidiana, poco accurato, caratterizzato da un lessico limitato e ripetitivo e da una sintassi elementare. Uno scrittore che usa un registro colloquiale imita nella scrittura questo modo di esprimersi, scrive cioè come se trascurasse la forma linguistica.

COMICO (modo): è comico un testo che fa ridere apertamente, fondandosi di solito su effetti semplici, esteriori: il movimento, il caso imprevisto, la deformazione caricaturale, la messa in ridicolo di personaggi e istituzioni consacrati. La comicità è connessa per lo più a radici popolari e si serve di un registro linguistico basso, anche volgare, chiamando in causa gli aspetti quotidiani e corporali della vita. Si può anche definire "comico", richiamandosi alla codificazione medievale degli stili, un registro stilistico basso e plebeo, indipendentemente dall'intento di far ridere.

COMMEDIA (genere): testo teatrale che rappresenta personaggi e situazioni della vita comune, con un linguaggio colloquiale; è caratterizzata solitamente dal lieto fine e dall'intento di suscitare il riso degli spettatori. Nata nella Grecia classica, la commedia entra nella letteratura italiana ai primi del Cinquecento e dura fino a oggi. Mentre la commedia greca e latina è in versi, quella italiana è quasi sempre in prosa. A partire dal Settecento, nella commedia entrano anche elementi seri, e il genere si confonde a volte con quello del dramma (*v.*) moderno.

CONGEDO: *v.* CANZONE.

CONTAMINAZIONE (tecnica letteraria): procedimento che mescola elementi riferibili a modelli diversi: mescolanza di modi stilistici solitamente distinti, fusione in un testo di personaggi e motivi attinti a varie opere.

CONTRASTO (forma metrica): componimento poetico sotto forma di dialogo, in cui ciascuna strofa coincide con la battuta di uno dei due protagonisti. Molto diffuso nel Medioevo, scompare dopo il Cinquecento.

CRONACA (genere): opera storiografica che registra una serie di avvenimenti, di solito di ambito locale, in ordine cronologico, con un intento di ricordo e documentazione più che di interpretazione.

DECASILLABO (verso): verso di dieci sillabe quando è piano. È caratterizzato dall'ultimo accento sulla nona sillaba; altri due accenti cadono regolarmente sulla terza e sulla sesta, creando un ritmo martellante e marziale. Esempio: «Soffermàti sull'arida sponda, / volti i guardi al varcato Ticino» (Manzoni). Raro nella tradizione precedente, il decasillabo fu usato largamente nell'età romantica.

DECLAMATORIO (tono): intonazione enfatica che fa pensare al discorso in pubblico di un oratore, quando alza la voce.

DIALOGO (genere): testo che finge di riprodurre una conversazione tra diversi personaggi. I generi che hanno avuto più spesso forma di dialogo sono l'egloga (*v.*) e il trattato (*v.*). Si parla ovviamente di "dialogo" anche per le parti dei testi narrativi che riproducono le conversazioni tra i personaggi in forma diretta e per i testi destinati alla recitazione teatrale.

DIDASCALICO (genere e modo): la letteratura didascalica (detta anche "didattica") è quella che ha per scopo di trasmettere al lettore insegnamenti morali, religiosi, o anche pratici; di solito è in versi (poemi e poemetti didascalici). Fu coltivata nei primi secoli della letteratura italiana, poi nel Cinquecento, sulla scorta delle *Georgiche* di Virgilio, poema didascalico sull'agricoltura, e ancora nel Settecento, come mezzo di divulgazione della cultura filosofica e scientifica illuminista. In senso più generico, si definisce didascalico anche il modo espressivo di uno scrittore che spiega minutamente al lettore il significato di ciò che scrive e i concetti che usa.

DISCORSO INDIRETTO LIBERO (tecnica narrativa): mentre nel discorso diretto le parole dette (o pensate) da un personaggio vengono riprodotte così come si immagina che siano state pronunciate ("Disse: «Sono stanco»"), nel discorso indiretto le frasi sono poste in dipendenza da un verbo di "dire" o "pensare" ("Disse che era stanco"), con una modificazione dei tempi e delle persone verbali. Nel discorso indiretto libero vengono usate le forme proprie del discorso indiretto, ma senza farle dipendere da un verbo di "dire" o "pensare". Esempi: «Lo zio Crocifisso strillava [...] – Eh! s'è lavorato! potete dirlo anche voi, padron 'Ntoni! – ma per padron 'Ntoni ei si sarebbe buttato dall'alto del fariglione, com'è vero Iddio!» (si intende "diceva che"; Verga); «Certo a lui pareva che il soccorso gli fosse dovuto. Tanti anni di onesta attività fortunata venivano annullati da un istante di spensieratezza! Non era ammissibile questo» (si intende "pensava che"; Svevo).

DITIRAMBO (forma metrica): libera successione di versi di varia misura, senza schema fisso di rime. Nato nell'antica Grecia, fu ripreso in Italia nel Seicento da poeti classicisti come Chiabrera e Redi.

DRAMMA (genere): in senso generale è qualunque azione teatrale. In senso più specifico è il genere teatrale moderno (nato nel Settecento, predominante dal secondo Ottocento in poi) che elimina la distinzione fra tragedia e commedia, mirando a una rappresentazione seria della vita in tutti i suoi aspetti.

DRAMMA PASTORALE (genere): rappresentazione teatrale in versi (detta in origine "favola pastorale"), che presenta personaggi e situazioni collocati in un ambiente pastorale antico, mitico e di maniera, ispirato all'*Arcadia* di Sannazaro. Nasce nel teatro di corte del Cinquecento, contaminando elementi della tragedia e della commedia, e ha i suoi capolavori nell'*Aminta* di Tasso e nel *Pastor fido* di Guarini.

DRAMMATICO (modo): si riferisce ad atteggiamenti caratterizzati da forte passionalità, alla sottolineatura di situazioni tristi, agitate, conflittuali (quelle tipiche del dramma come genere teatrale). Può voler dire anche semplicemente "di teatro" ("autore drammatico": autore di teatro).

EGLOGA o ecloga (genere): componimento poetico di argomento pastorale, sorto nelle letterature classiche e ripreso da poeti italiani sia in latino sia in volgare.

ELEGIA (genere): componimento poetico latino dedicato per lo più a temi sentimentali, con la prevalenza di toni malinconici. Il metro era il distico elegiaco, composto di un esametro (*v.*) e di un pentametro (distico significa "coppia di versi"). L'elegia è stata coltivata dai poeti italiani che hanno scritto in latino; tra i metri "barbari" creati da Carducci c'è anche la riproduzione in italiano del distico elegiaco, ripresa da D'Annunzio nelle *Elegie romane*.

ELEGIACO (modo): si riferisce ad atteggiamenti e atmosfere dolcemente malinconici, nostalgici, sognanti, quali si incontrano negli esempi più noti dell'elegia latina.

ELLISSI NARRATIVA: *v.* VELOCITÀ NARRATIVA.

ELOCUZIONE: parte della retorica che studia gli artifici relativi alla forma linguistica del testo, in sostanza le figure retoriche (*v.*).

EMISTICHIO: il termine, di derivazione greca, significa "mezzo verso"; indica ciascuna delle due parti in cui può essere diviso un verso dalla cesura (*v.*). Per esempio, nei versi doppi (senario doppio, settenario doppio), ciascun senario o settenario costituisce un emistichio del verso doppio; nell'endecasillabo (*v.*), una cesura cade obbligatoriamente in posizione tale da isolare un primo emistichio costituito da un quinario o da un settenario.

ENCOMIO (genere): opera rivolta a elogiare, celebrare un personaggio importante; si parla in questo senso di "rime di encomio", o "encomiastiche".

ENDECASILLABO (verso): verso di undici sillabe (se è piano), con tre accenti metrici, i primi due in posizione variabile, l'ultimo obbligatoriamente sulla decima sillaba. È il verso più comune della poesia italiana, usato sciolto (*v.*) o in varie strutture strofiche, a volte alternato al settenario.

ENDECASILLABO SCIOLTO (metro): successione di endecasillabi non legati da rime. Apparso agli inizi del Cinquecento, è il metro tipico della tragedia e usato spesso nei poemi, in particolare nei poemi didascalici.

ENFASI (tono): atteggiamento che esibisce l'importanza di ciò che si dice e lo carica di emozione mediante esclamazioni, ripetizioni o altre scelte espressive che sottolineano il valore di ogni parola.

ENJAMBEMENT (artificio metrico): con questo prestito dal francese (che si potrebbe tradurre "scavalcamento") si indica il fatto che la fine di un verso cade tra parole strettamente legate sintatticamente, come tra aggettivo e nome, tra verbo e complemento oggetto ecc.; si crea così una sfasatura tra metro e sintassi, perché la fine di verso crea una spezzatura non naturale nella continuità della frase. Esempio: «Posa per sempre. *Assai / palpitasti*. Non val *cosa nessuna / i moti* tuoi, né di sospiri *è degna / la terra*» (Leopardi).

ENUMERAZIONE (figura retorica): figura "di parole", che consiste in un elenco ordinato di una serie di termini. Può essere per polisindeto (*v.*), quando i termini dell'elenco sono coordinati attraverso l'uso della congiunzione, o per asindeto (*v.*), quando la congiunzione è assente.

EPICA, POEMA EPICO (genere): genere costituito dai grandi poemi che narrano vicende guerresche o avventurose di eroi in cui un popolo riconosce le proprie radici storiche. Lo stile epico è caratterizzato da un linguaggio sostenuto e da un tono solenne. Il genere ha i suoi modelli esemplari nei poemi omerici e nell'*Eneide* di Virgilio.

EPICO (modo): atteggiamento che sottolinea la grandiosità e l'importanza storica degli eventi narrati, con una certa solennità di tono e un punto di vista distaccato del narratore.

EPIGRAMMA (genere): componimento in versi molto breve, concentrato tutto su una battuta arguta. Mentre nelle letterature classiche ha spesso carattere erotico, nelle letterature moderne è usato per lo più a scopo satirico.

EPISTOLA (genere): termine greco per "lettera", col quale si indicano di solito le lettere concepite fin dall'inizio come testi letterari destinati alla pubblicazione, anche se possono essere state indirizzate a un destinatario reale (esempio: le *Epistole* in latino di Dante). L'epistola in versi è stata coltivata in latino dal Medioevo all'umanesimo, in italiano soprattutto nel Settecento.

EPISTOLARE (genere di romanzo): romanzo costituito dalle lettere che si immaginano scritte dal protagonista, o scambiate fra due protagonisti. Ha i suoi esempi più famosi nel Settecento inglese e francese e in Italia nel primo Ottocento (l'*Ortis* di Foscolo), ma è coltivato fino a oggi.

EPITETO (termine retorico): aggettivo o altra locuzione posta come attributo o apposizione a un nome, per qualificarlo.

ERUDITO: un erudito è uno studioso che ha un ampio bagaglio di conoscenze minute e rare, di solito di carattere storico e filologico (*v.*); si dicono "opere erudite" quelle che raccolgono questo tipo di informazioni.

ESAMETRO (verso latino): verso tipico della poesia epica greca e latina, ripreso dai poeti italiani che hanno scritto in latino; è composto di sei "piedi" di due o tre sillabe ciascuno. Non può essere riprodotto esattamente in italiano, perché la metrica latina è basata sulla quantità (lunghezza o brevità) delle vocali, che in italiano non è rilevante. Una forma di esametro italiano si ottiene nella metrica "barbara" (usata soprattutto da Carducci) unendo due versi più brevi. Esempio: «Surge nel chiaro inverno la fosca turrita Bologna» (un settenario più un novenario).

ESPRESSIONISTA (carattere stilistico): il termine, adottato dalle avanguardie tedesche dei primi del Novecento, si è esteso a qualificare le opere artistiche e letterarie che ricorrono a un'esasperazione dei mezzi espressivi: colori accesi, deformazione grottesca, sottolineatura di particolari stridenti, accentuazione dei contrasti fisici e psicologici, uso di espressioni ricercate che accostano registri linguistici diversi.

ESTETICA: a partire dal Settecento, si denomina "estetica" la teoria filosofica che indaga la natura dell'arte, o più in generale il concetto del bello in quanto si distingue da altri valori (l'utile, il buono ecc.). In letteratura, quando si parla di "valore estetico" o di "valutazione estetica" di un'opera, ci si riferisce alla sua considerazione da un punto di vista puramente artistico, indipendente dal suo contenuto morale, sociale, documentario ecc.

FABULA (elemento narrativo): *v.* TRAMA.

FARSA (genere): breve rappresentazione comica, di una comicità elementare e buffonesca, usata di solito come intermezzo durante uno spettacolo teatrale. Di origine medievale, resta legata alle forme del teatro popolare.

FARSESCO (modo): si denomina "farsesco" l'aspetto di un testo che ricorda la comicità immediata e popolaresca della farsa (*v.*).

FAVOLA PASTORALE: *v.* DRAMMA PASTORALE.

FIABESCO (modo): designa gli aspetti di un testo che richiamano il mondo della fiaba, racconto popolare caratterizzato dagli elementi magici. Si parla di "tono fiabesco", anche in assenza di riferimenti soprannaturali, quando un testo crea un clima incantato, sognante, con mezzi espressivi apparentemente semplici e ingenui.

FIGURA ETIMOLOGICA (figura retorica): figura "di parole", che consiste nell'accostamento di due parole simili perché hanno una radice comune. Esempio: «il pietoso pastor *pianse* al suo *pianto*» (Tasso).

FIGURA RETORICA: si definiscono figure retoriche tutti gli artifici linguistici che in qualche modo si distaccano dall'espressione più semplice e diretta di un'idea. Si distinguono tradizionalmente in "figure di pensiero", che manipolano i significati – interrogazione retorica, antitesi, ironia, similitudine, i traslati (*v.*), ecc. –, e "figure di parole", che sfruttano il suono delle parole o la loro collocazione nel discorso – allitterazione, parallelismo, chiasmo, anafora ecc.

FILOLOGIA: quella parte degli studi letterari che si occupa della ricostruzione dei testi nella loro forma originaria e fornisce le informazioni utili alla loro interpretazione. I testi antichi, specialmente se provengono da una tradizione manoscritta, presentano molte varianti, dovute a errori dei copisti o a manomissioni volontarie; anche le diverse edizioni a stampa possono non essere identiche. Il filologo, confrontando le diverse versioni, cerca di correggere gli errori e di ricostruire per quanto possibile il testo corrispondente alla volontà dell'autore. Sono di pertinenza della filologia anche problemi come l'attribuzione di un testo a un dato autore quando sussistono dubbi, la datazione di un'opera, l'identificazione delle sue fonti, e simili. Ancora, rientrano nella filologia le ricerche linguistiche e documentarie che mirano a un'interpretazione esatta del testo, secondo il senso che l'autore e la cultura del suo tempo davano a determinate espressioni.

FLASHBACK (tecnica narrativa): modo di articolare l'intreccio narrativo (*v.*), tornando indietro nel tempo per inserire un episodio anteriore rispetto al momento a cui è giunta la narrazione; termine inglese (letteralmente "lampo all'indietro") usato dapprima nella critica cinematografica.

FOCALIZZAZIONE: *v.* PUNTO DI VISTA.

FORESTIERISMO (fenomeno lessicale): uso di una parola presa da una lingua straniera: è il termine generico che include i francesismi, gli anglicismi, i germanismi ecc.

FRANCESISMO (fenomeno lessicale): uso di una parola derivata dal francese: può essere adattato alla grafia e pronuncia italiana (esempio: *pimpante*) o conservare la forma originaria (esempio: *élite*).

GENERE LETTERARIO: tradizione di opere letterarie legate dalla ripresa di un certo repertorio di temi e di forme. Un genere letterario può avere dei modelli esemplari a cui riferirsi (per esempio, i poemi di Omero e Virgilio modelli del genere epico), e può essere più o meno codificato nelle teorie letterarie di un'epoca; la codificazione è tipica delle epoche di classicismo.

GROTTESCO (modo): presentazione di situazioni strane, paradossali, con l'insistenza su aspetti deformi o deformati nella rappresentazione.

IDILLICO (modo): si definisce "idillica" una presentazione di sentimenti e situazioni con caratteri idealizzati di dolcezza e serenità, che tendono a ignorare gli aspetti conflittuali della realtà.

IDILLIO (genere): nella letteratura greca antica l'*idillio* (letteralmente "quadretto") è una rappresentazione in versi di una scena di vita quotidiana, su sfondo agreste o pastorale. Il genere fu ripreso nella poesia europea dal Rinascimento al romanticismo. Leopardi diede al termine un senso nuovo, intitolando "Idilli" le sue poesie liriche di carattere più soggettivo. In senso lato, si parla di "idillio" ogni volta che si ha una rappresentazione letteraria della natura o della vita quotidiana con caratteri idealizzati di serenità e di pace.

INNO (genere): nella poesia greca antica era un componimento celebrativo dedicato a una divinità. Nelle letterature moderne il termine si usa in senso più ampio, per poesie di tono elevato celebranti valori religiosi o morali.

INTERVENTO DI REGIA (tecnica narrativa): con questo termine indichiamo quei passi in cui il narratore interviene in prima persona a segnalare al lettore gli spostamenti di tempo e di luogo nell'azione, cioè i punti in cui si ha un movimento dell'intreccio (*v.*). Esempio: «Lasciamoli andare, e torniamo un passo indietro a prendere Agnese e Perpetua, che abbiam lasciate in una certa stradetta» (Manzoni).

INTIMISTICO (tono): si dice di un testo che concentra l'interesse sul mondo interiore, o su un ambiente circoscritto (per esempio familiare), con l'attenzione rivolta ai sentimenti anche minimi più che ai dati materiali e sociali.

INTRECCIO (elemento narrativo): l'elaborazione della trama (*v.*), che può alterare in vario modo nella narrazione l'ordine cronologico delle vicende: l'autore, o il narratore, può tornare indietro a raccontare antefatti, o anticipare sviluppi futuri; questo movimento dei tempi narrativi può essere più o meno elaborato.

INVERSIONE (fenomeno sintattico): mutamento dell'ordine normale delle parole nella frase (aggettivo anteposto al nome, complemento anteposto al verbo ecc.); è tipica della prosa sostenuta e latineggiante, sull'esempio di Boccaccio, e della poesia di gusto classicista. Può assumere le forme dell'anastrofe (*v.*) e dell'iperbato (*v.*). Esempi: «non ebbe più che una figliuola, e più *felice sarebbe stato se quella avuta non avesse*» (Boccaccio); «*me* precettor d'amabil rito *ascolta*» (Parini).

IPALLAGE (figura retorica): figura grammaticale e semantica ("di pensiero"), che consiste nello spostare un aggettivo, concordandolo con un nome diverso da quello a cui propriamente si riferisce. Esempio: «tu guardi i campi *liberi* e fecondi" (Carducci; propriamente, "liberi" sono i coltivatori).

IPERBATO (figura retorica): figura "di parole" che consiste in un'inversione (*v.*) dell'ordine abituale delle parole nella frase, ottenuta allontanando due o più parole tra loro collegate attraverso l'inserimento di un terzo termine. Esempio: «Dolce e chiara è la notte e senza vento» (Leopardi).

IPERBOLE (figura retorica): è un traslato (*v.*) che sostituisce al termine proprio un'espressione esagerata, inverosimile, per evidenziarne enfaticamente un aspetto. Come per esempio quando diciamo, di qualcosa che si è prolungato troppo, che "è durato un secolo", o "una vita".

IPERBOLICO (modo): si dice di un testo che accumula espressioni volutamente eccessive, spesso con intento scherzoso.

IPOTASSI (fenomeno sintattico): struttura sintattica caratterizzata dalla presenza di diversi livelli di subordinazione. L'uso dell'ipotassi, in prosa come in poesia, determina la costruzione di frasi complesse e articolate e contribuisce dunque a uno stile "alto" e sostenuto. Esempio: «Né più mai toccherò le sacre sponde / ove il mio corpo fanciulletto giacque, / Zacinto mia, che te specchi nell'onde / del greco mar da cui vergine nacque / Venere, e fea quell'isole feconde / col suo primo sorriso, onde non tacque / le tue limpide nubi e le tue fronde / l'inclito verso di colui che l'acque / cantò fatali, ed il diverso esiglio, / per cui bello di fama e di sventura / baciò la sua petrosa Itaca Ulisse» (Foscolo).

IRONIA (figura retorica e modo): l'ironia consiste nell'affermare qualcosa lasciando capire che si intende dire altro, per lo più il contrario (*v.* antifrasi). Dalla sovrapposizione fra ciò che in superficie si dice e ciò che si intende nasce un senso di ambiguità, usato per esprimere sottilmente derisione, o distacco, o amarezza. Esempio: «una stabile guarnigione di soldati spagnoli, che *insegnavan la modestia* alle fanciulle e alle donne del paese, *accarezzavan* di tempo in tempo *le spalle* a qualche marito, a qualche padre [...]» (Manzoni). Oltre che come figura retorica, l'ironia può essere intesa come un modo espressivo che dà l'intonazione a tutto un testo.

LATINISMO (fenomeno lessicale): uso di un'espressione derivata dal latino. Quasi tutte le parole italiane sono derivate dal latino attraverso un processo spontaneo di trasmissione e modificazione; ma si ha un latinismo solo quando viene creato un termine di uso non comune, derivandolo direttamente dal latino con un'operazione consapevole e dotta. Per esempio, *surgere* per *sorgere* è un latinismo di forma, *ufficio* usato nel senso di "dovere" è un latinismo di significato.

LAUDA (genere): componimento in versi di argomento religioso, destinato in origine al canto corale. La *lauda drammatica* è in forma dialogata e può dare origine a una sacra rappresentazione (*v.*). La lauda nasce nel Duecento e se ne hanno esempi fino al Quattrocento.

LESSICO: l'insieme delle parole di una lingua, quale viene registrato nei dizionari; si riferisce anche all'insieme delle parole proprie di un registro linguistico (*v.*) – lessico aulico, colloquiale, triviale ecc. –, o alle scelte che un autore compie nel lessico di una lingua (scelte lessicali) e che caratterizzano il suo stile.

LIBELLO: *v.* pamphlet.

LIBERTY (tendenza stilistica): corrente di gusto che si diffuse sul finire dell'Ottocento nelle arti figurative e nell'arredamento; è caratterizzata dal gusto per la linea curva, per la decorazione elegante e capricciosa, per immagini raffinate e decadenti. Riferito a testi letterari, il termine designa immagini che ricordano la tipica figurazione *liberty*.

LIRICA (genere): la poesia lirica è quella che esprime la soggettività del poeta, in componimenti relativamente brevi e conclusi in sé; la brevità comporta un'espressione concentrata, una cura particolare degli aspetti formali, spesso una struttura metrica assai elaborata. Presente in tutte le epoche della letteratura, la poesia lirica compare in Italia alle origini con la scuola siciliana ed è il genere poetico più coltivato in ogni secolo, fino a diventare assolutamente dominante dal secondo Ottocento in poi. Nella prima metà del Novecento si è denominato *prosa lirica* un genere di testi in prosa brevi, non narrativi, di impronta soggettiva, che si valgono di artifici propri della poesia (stile raffinato, attenzione agli effetti sonori).

LIRICO (modo): si parla di "tono lirico", o "liricheggiante", o di "lirismo" a proposito di testi, anche in prosa, che presentino qualche carattere della poesia lirica: espressione soggettiva e patetica, uso di un linguaggio raffinato e metaforico, ricerca di effetti fonici e ritmici.

MADRIGALE (genere): componimento lirico breve, destinato alla musica. Nella forma più antica è composto di endecasillabi (due terzine seguite da una o due coppie a rima baciata), dal Cinquecento in poi è un'unica strofa di settenari ed endecasillabi liberamente alternati e rimati. È per lo più dedicato a temi sentimentali e galanti.

MELODRAMMA (genere): detto anche "opera in musica", o semplicemente "opera", è un componimento teatrale cantato e accompagnato da un'orchestra. Il testo letterario, in versi, è detto "libretto". Nasce in Italia verso il 1600 ed ha larghissima diffusione nel Settecento e Ottocento in tutta Europa. La produzione di melodrammi continua anche nel Novecento, ma il grande pubblico preferisce tuttora la forma ottocentesca del genere.

MELODRAMMATICO (modo): il termine, che si riferisce ad aspetti tipici del melodramma italiano dell'Ottocento, designa la ricerca di facili effetti drammatici e patetici ottenuti con un'enfasi sentimentale elementare ed ingenua.

METAFORA (figura retorica): traslato (*v.*) che sostituisce all'espressione propria un'espressione figurata che ha con la prima un rapporto di somiglianza; per questo è stata definita anche una similitudine abbreviata. Per esempio, la metafora «stracci di nubi chiare» (Pascoli) può essere parafrasata "nubi chiare *che sembrano* stracci". La somiglianza fra il termine figurato e quello proprio presuppone un termine intermedio (di solito taciuto) che rappresenta l'elemento di significato comune tra i due: per esempio, quando Petrarca chiama i ruscelli «liquidi cristalli», l'elemento comune è la limpidezza ("ruscelli *limpidi come* cristalli"). La metafora può riguardare nomi, verbi, aggettivi, e può presentarsi con una grande varietà di strutture sintattiche. Molto usata nei testi letterari, particolarmente in poesia, la metafora è di uso frequentissimo anche nella lingua comune, in espressioni come «il *collo* della bottiglia», «*frenare* l'inflazione», «una fantasia *sbrigliata*» ("libera come un cavallo senza briglie"); i sensi metaforici entrano spesso a far parte stabilmente del lessico, come estensioni del significato di una parola.

METONIMIA (figura retorica): traslato (*v.*) che sostituisce al termine proprio un termine che ha con il primo un rapporto di contiguità materiale o concettuale: l'effetto per la causa, il contenitore per il contenuto, il materiale per l'oggetto ecc. Molti esempi si incontrano nel linguaggio comune: «la bolletta della luce» (per "elettricità": l'effetto per la causa), «bere un bicchiere di vino» (contenitore per contenuto); nella lingua letteraria sono frequenti metonimie come *ferro* per "spada" (il materiale per l'oggetto).

METRICA: l'insieme dei diversi metri, cioè delle tecniche di versificazione usate dai poeti, e il loro studio teorico.

METRO: forma metrica di un particolare componimento poetico. Un metro è definito dal tipo o dai tipi di verso usati e dallo schema delle rime.

MITOLOGIA: l'insieme e lo studio dei miti di un popolo, cioè dei racconti leggendari relativi alle sue origini, ai suoi dèi ed eroi. In letteratura il termine è riferito prevalentemente alla mitologia pagana greco-romana, largamente presente nelle letterature classiche antiche, a cui si ispirano le correnti classiciste delle letterature moderne.

MODO: quando parliamo di "modo lirico, drammatico, satirico, comico" ecc., ci riferiamo a un atteggiamento dello scrittore verso la realtà rappresentata, che lo porta a selezionare nell'infinita varietà del mondo certi aspetti a preferenza di altri, attraverso le sue scelte tematiche e stilistiche. Queste scelte possono essere codificate in un genere letterario (*v.*); ma aspetti propri di un certo genere possono incontrarsi anche in un testo di genere diverso. Così possiamo parlare di aspetti "drammatici", o "idillici", o "satirici" di un romanzo, di intonazione "comica" o "tragica" di una poesia lirica, di momenti "lirici" di un poema, ecc. La nozione di modo, di per sé elastica e sfumata, si sovrappone in parte a quella di tono (*v.*).

MONOLOGO INTERIORE (tecnica narrativa): si ha quando l'autore riproduce i pensieri di un personaggio nel loro succedersi spontaneo ("flusso di coscienza"), senza alcun commento o spiegazione. È una tecnica tipica del romanzo novecentesco, e ha il suo prototipo nell'*Ulisse* di Joyce.

NARRATORE (elemento narrativo): nella storia letteraria si intende spesso per "narratore" semplicemente un autore di testi narrativi (romanziere, novelliere). Ma nell'analisi di un testo, il "narratore" è colui che racconta la storia, nella finzione narrativa, e in questo senso va distinto dalla figura storica dell'autore. Il narratore è la *voce* (*v.*) che narra, col suo *punto di vista* (*v.*).

NOVELLA (genere): componimento narrativo in prosa che può essere molto breve o estendersi fino a qualche decina di pagine. Il termine si applica soprattutto alla tradizione narrativa che comincia nel Duecento e ha il suo modello esemplare nel *Decameron*, variamente ripreso e imitato fino al Settecento; la novella classica è caratterizzata da un intreccio lineare, da un punto di vista narrativo esterno, dalla tematica centrata sul bel motto, la beffa, l'intrigo amoroso o avventuroso, condito a volte di elementi magici. A partire dall'Ottocento la narrazione breve assume caratteri diversi, e viene in genere definita "racconto" (*v.*); ma autori come Verga, Pirandello, Gadda hanno intitolato *Novelle* i loro racconti. La *novella in versi* è un genere dell'Ottocento, che in metri vari narra vicende patetiche, per lo più di carattere storico o leggendario.

NOVENARIO (verso): verso di nove sillabe quando è piano, caratterizzato dall'ultimo accento sull'ottava sillaba. Altri due accenti possono essere regolarmente sulla seconda e sulla quinta, e allora si crea un ritmo ternario cadenzato e cantilenante (– ˊ –, – ˊ –, – ˊ –); esempio: «Il giorno fu pieno di lampi / ma ora verranno le stelle» (Pascoli), ma possono esistere altre forme più variate. Raro nella tradizione precedente, il novenario fu usato largamente da Pascoli.

ODE (genere): componimento lirico di una certa ampiezza, caratterizzato dallo stile sostenuto e da un argomento di alto significato ideale. Ispirata a modelli greci e latini, l'ode è coltivata nella letteratura italiana dal Cinquecento all'Ottocento; è composta di strofe che possono avere diverse strutture metriche, con prevalenza dei settenari e degli endecasillabi.

ONNISCIENTE: *v.* PUNTO DI VISTA.

ONOMATOPEA (fenomeno lessicale): creazione di una parola che imita un suono della natura. Alcune onomatopee sono entrate a far parte stabilmente del lessico (esempio: *chicchirichì*) e possono servire alla formazione di parole morfologicamente regolari (esempio *ticchettio*, *ticchettare*, da *tic tac*); negli ultimi decenni molte sono entrate nell'uso attraverso i fumetti, nella forma inglese (*gulp*, *crash*, *bang*...); altre onomatopee possono essere create espressamente e usate una sola volta, come accade in molti luoghi della poesia di Pascoli.

ONOMATOPEICO (effetto stilistico): si ha quando una certa combinazione di parole produce un suono che imita quello del fenomeno di cui si parla. Alcune parole, come *sibilo*, *rombo*, *scroscio*, *sciacquare*, hanno già in sé un effetto onomatopeico. Esempio: «rimbombò, rimbalzò, rotolò cupo» (Pascoli, *Il tuono*).

ORATORIO (tono): è l'intonazione enfatica che fa pensare al discorso in pubblico di un oratore. Si riferisce anche alla presenza di esplicite esortazioni morali o politiche.

OSSIMORO (figura retorica): figura "di pensiero", che consiste nell'unire in una stessa espressione due idee antitetiche. Esempio: «Lascia che la mia *fuga immobile* possa dire / forza a qualcuno o a me stesso» (Montale).

OTTAVA (metro): strofa di otto endecasillabi, i primi sei a rima alternata, gli ultimi due a rima baciata: ABABABCC. Metro tipico di poemi e poemetti, da Boccaccio fino al primo Ottocento.

OTTONARIO (verso): verso di otto sillabe quando è piano, caratterizzato dall'ultimo accento sulla settima sillaba. Nella forma più comune è accentato su tutte le sillabe dispari e crea un ritmo scandito e cantabile, adatto a forme liriche popolareggianti. Esempio: «Sulle rive della Dora / dove l'ombra è più romita» (Berchet).

PAMPHLET (genere): con questo termine, preso a prestito dall'inglese (ma pronunciato alla francese), si indica quello che con altro termine viene chiamato un *libello*: un libretto contenente uno scritto polemico o satirico.

PARALLELISMO (figura retorica): figura "di parole", che consiste nell'accostare due frasi (o gruppi minori di parole) che ripetono la stessa struttura sintattica, con un effetto di ritorno ritmico; è spesso combinato con l'antitesi (*v.*), col chiasmo (*v.*) e con l'anafora (*v.*). Esempio: «*Di pensier in pensier, di monte in monte* / mi guida Amor» (Petrarca).

PARATASSI (fenomeno sintattico): è l'accostamento di frasi coordinate, o di periodi di una sola proposizione, con scarse indicazioni dei rapporti logici; può essere usata per imitare le cadenze del parlato, e a volte crea l'impressione di un parlare frammentario, privo di controllo razionale. Esempi: «Di nuovo stasera salivo la collina; imbruniva, e di là dal muretto sporgevano le creste» (Pavese); «Per tutta la notte s'esala / l'odore che passa col vento. / Passa il lume su per la scala; / brilla al primo piano: s'è spento...» (Pascoli).

PARODIA (modo): imitazione comicamente deformata di una persona, di un comportamento o di un testo, che lo mette in ridicolo esagerandone alcuni aspetti.

PARONOMASIA (figura retorica): figura "di parole", che consiste nell'accostamento di due parole di suono molto simile, ma non legate da parentela etimologica né di significato. Esempio: «La folata che alzò l'*amaro aroma* / del mare [...]» (Montale).

PASTICHE (tecnica letteraria): con questo termine francese (derivato a sua volta dall'italiano *pasticcio*), si indica la contaminazione (*v.*), all'interno di un testo letterario, fra temi e procedimenti stilistici attinti ad autori diversi, e tra modi espressivi eterogenei.

PATETICO (tono): sottolineatura degli aspetti commoventi di un avvenimento o di una situazione.

PAUSA NARRATIVA: *v.* VELOCITÀ NARRATIVA.

PERSONIFICAZIONE (figura retorica): procedimento attraverso cui vengono attribuiti ad animali, piante, cose caratteri propri della persona umana. Viene detta anche prosopopea.

PIANO (verso): verso che termina con una parola piana, cioè accentata sulla penultima sillaba. È il caso più frequente in italiano, e per questo i versi prendono il nome dal numero di sillabe che hanno quando sono in forma piana.

PICARESCO (genere e modo): il romanzo picaresco, che nasce in Spagna alla metà del Cinquecento e si diffonde nel secolo successivo in vari paesi europei, è un genere narrativo ambientato negli strati sociali più bassi, tra personaggi che vivono di espedienti (*pìcaro* in spagnolo significa "furfante"). Il termine "picaresco" viene riferito anche a opere narrative più moderne che presentino avventure movimentate e ambienti sociali emarginati.

POEMA (genere): componimento in versi ampio, diviso in parti dette per lo più "canti"; ha di solito un contenuto narrativo. A seconda del carattere prevalente può essere definito poema cavalleresco, eroico, epico, allegorico, didascalico ecc. I metri tipici del poema sono la terzina, l'ottava, l'endecasillabo sciolto.

POEMETTO (genere): componimento poetico di media lunghezza (qualche centinaio di versi), che può essere o non essere diviso in canti. Presente nella tradizione italiana ininterrottamente dalle origini al Novecento, il poemetto può avere caratteristiche tematiche, stilistiche e metriche svariate.

POETICA: nel senso antico della parola, la poetica è la teoria della poesia, intesa come un insieme di definizioni generali (che cosa è la poesia, qual è il suo fine ecc.) e di precetti tecnici su come comporre poesia nei diversi generi; prototipi sono la *Poetica* di Aristotele (IV secolo a.C.) e l'*Ars poetica* di Orazio (I secolo a.C.). In questo senso la poetica è coltivata nel Medioevo e nel Rinascimento; dal Settecento il suo posto è preso dall'estetica (*v.*), che lascia cadere l'aspetto tecnico precettistico e inquadra la poesia in una teoria filosofica generale dell'arte e del bello. In epoca recente si è tornati a parlare di "poetiche" (al plurale) per indicare le riflessioni condotte direttamente dagli scrittori (siano poeti o prosatori) sulla letteratura e in particolare sulla propria opera: le idee che gli scrittori manifestano sui fini dell'attività letteraria, sulle proprie scelte tematiche e stilistiche, sulle tendenze che giudicano più adeguate al proprio tempo. In questo senso si parla della poetica di Leopardi, o di Verga, o anche, riferendosi a un movimento, di una poetica del naturalismo, del simbolismo, delle avanguardie ecc.

POLISINDETO (figura retorica): serie di frasi, o di espressioni più brevi, coordinate con ripetizione a ogni membro della congiunzione (di solito *e*). Esempio: «La vita fugge *e* non s'arresta un'ora, / *e* la morte vien dietro a gran giornate / *e* le cose presenti *e* le passate / mi fanno guerra, *e* le future ancora» (Petrarca).

PRESTITO LESSICALE: parola derivata ("presa a prestito") da una lingua straniera, sia nella forma originaria (esempio: *sport*, dall'inglese) sia in forma adattata (esempio: *guerriglia*, dallo spagnolo *guerrilla*). A seconda della lingua d'origine si parla di anglicismo, francesismo, ispanismo ecc.

PRETERIZIONE (figura retorica): figura "di pensiero", che consiste nell'affermare di voler tacere quello che ci si appresta a dire. Esempio: «Cesare taccio che per ogni piaggia / fece l'erbe sanguigne / di lor vene ove 'l nostro ferro mise» (Petrarca).

PROLESSI (tecnica narrativa): modo di articolare l'intreccio narrativo (*v.*), fornendo al lettore un'anticipazione di ciò che avverrà in seguito. Esempio: «*Il giorno che l'avrebbero ucciso*, Santiago Nasar si alzò alle 5,30 del mattino per andare ad aspettare il battello con cui arrivava il vescovo» (García Márquez).

PROSOPOPEA: *v.* PERSONIFICAZIONE.

PUNTO DI VISTA (elemento narrativo): indica da quale prospettiva, "con gli occhi di chi" sono viste le vicende raccontate. Può appartenere a un narratore esterno alle vicende, che conosce i pensieri dei personaggi e ogni circostanza, i precedenti e gli sviluppi futuri della storia (*punto di vista onnisciente*: è il caso più frequente fino a tutto l'Ottocento). Oppure il punto di vista può essere limitato (*focalizzato*) in vari modi: il narratore può limitarsi a registrare ciò che appare all'esterno, senza presumere di conoscere l'interiorità dei personaggi (focalizzazione esterna); oppure può filtrare la narrazione attraverso ciò che sa e pensa un personaggio (focalizzazione interna), come accade tipicamente nella narrazione in prima persona; ma questa identificazione si può avere anche con un personaggio, o una collettività, che restano rappresentati in terza persona. In un romanzo il punto di vista può anche variare, spostandosi da un personaggio all'altro o dall'interno all'esterno dei personaggi.

QUARTINA (elemento metrico): strofa composta di quattro versi in rima varia (baciata, alternata, incrociata ecc.). Diffusa già nell'antichità, è uno dei metri più utilizzati nella poesia di ogni epoca e paese.

RACCONTO (genere): termine che si comincia a usare nell'Ottocento al posto di "novella" (*v.*) per indicare un testo narrativo in prosa più breve del romanzo (tra "racconto lungo" e "romanzo breve" non ci sono confini chiari). Rispetto alla novella, il racconto moderno ha una maggiore varietà di soluzioni narrative: interesse per le descrizioni d'ambiente, elementi soggettivi, mobilità dell'intreccio e del punto di vista narrativo ecc.

REGISTRO LINGUISTICO: varietà (*v.*) di una lingua caratterizzata dal suo uso più o meno accurato e formale. I registri costituiscono una gamma continua, che va da quelli più informali e trascurati propri della conversazione quotidiana – registro familiare, colloquiale (*v.*) – a quelli più formali e accurati propri della lingua scritta colta – registro aulico (*v.*), illustre, letterario, ecc. Per uno scrittore i registri linguistici costituiscono una gamma di scelte stilistiche a sua disposizione.

RETORICA: la retorica nacque nella Grecia antica e fu sviluppata a Roma come arte del discorso pubblico tenuto nelle assemblee politiche, nelle cerimonie e nei tribunali. La retorica antica dedicò la propria attenzione soprattutto al discorso giudiziario; ma a partire dalla tarda antichità i suoi concetti furono applicati soprattutto alla composizione di testi letterari, e in questo senso è stata ripresa da studi recenti (retorica letteraria). La retorica ha tradizionalmente tre parti principali: l'invenzione (tecniche di scelta degli argomenti), la disposizione (strutturazione delle parti del testo) e l'elocuzione (*v.*), studio degli artifici usati per abbellire la forma linguistica del testo, detti figure retoriche (*v.*); quest'ultima è sempre stata la parte più sviluppata in sede letteraria. Esiste anche un uso spregiativo della parola, nato in età romantica, che definisce "retorico" un testo troppo artificioso, o un'espressione eccessivamente enfatica.

RIMA (elemento metrico): due o più versi sono in rima quando terminano con gli stessi suoni; l'uguaglianza di suono vale a partire dall'ultima vocale accentata del verso. La successione delle rime può essere organizzata in schemi: si parla di *rima baciata* quando rimano i versi contigui (AABB), di *rima alternata* (ABAB), *rima incrociata* (ABBA), *rima incatenata* o *terza rima* (ABA BCB CDC...).

RIMA INTERNA (artificio metrico): detta anche "rima al mezzo", si ha quando una delle due parole in rima non è in fine di verso, ma all'interno. Esempio: «Passata è la tempesta: / odo augelli far *festa*, e la gallina, [...]» (Leopardi).

RISPETTO (forma metrica): *v.* STRAMBOTTO.

RITMO NARRATIVO: l'alternanza di diverse velocità narrative (*v.*), con accelerazioni e rallentamenti, dà un certo ritmo a un testo narrativo.

ROMANZA (genere): *v.* BALLATA.

ROMANZESCO (modo): con questo aggettivo ci si riferisce alla presenza in un testo degli elementi tipici del romanzo popolare: casi straordinari ai limiti del possibile, coincidenze improbabili, colpi di scena, toni patetici.

ROMANZO (genere): nell'accezione moderna della parola, è un testo narrativo in prosa lungo, tale da occupare da solo un libro; nel Medioevo e nel Rinascimento si denominarono "romanzi" anche i componimenti narrativi in versi di argomento cavalleresco. In termini molto generali, il romanzo ha dei personaggi e una trama, di solito abbastanza complessa, che giunge a una conclusione lieta o tragica. È impossibile chiudere in una formula più precisa l'enorme varietà del romanzo moderno, che si fa comunemente cominciare dal *Don Chisciotte* di Cervantes (1605, 1615): il romanzo può essere realistico o fantastico, di argomento storico o contemporaneo, psicologico o sociale, di avventure, satirico ecc.: si definiscono così vari sottogeneri romanzeschi, ma un singolo romanzo può possedere molte di queste caratteristiche insieme. Alcuni elementi che qualificano il ruolo eccezionale del romanzo nelle letterature moderne sono la capacità di rappresentare una realtà umana problematica e complessa e la capacità di impiegare i più diversi ingredienti stilistici, attingendo a tutta la gamma dei registri (*v.*) della lingua letteraria e comune.

SACRA RAPPRESENTAZIONE (genere): genere teatrale che mette in scena episodi della storia sacra. È una forma di teatro popolare, tipica del Trecento e Quattrocento, recitata all'aperto da attori non professionisti, in occasione di feste religiose.

SAGGIO (genere): opera in prosa che espone e argomenta le opinioni dell'autore su una questione scientifica, morale, storica, politica, ecc. Rispetto al trattato (*v.*), ha più spesso intenti e qualità letterarie, data l'impostazione più soggettiva.

SARCASMO: espressione rivolta aggressivamente contro qualcosa o qualcuno, che colpisce il suo oggetto con un'ironia acre e distruttiva.

SATIRA (genere): componimento poetico di media lunghezza (da qualche decina a qualche centinaio di versi), che tratta discorsivamente temi morali, politici, di costume, mirando a una critica di errori e vizi, spesso con l'arma del ridicolo. Sorta nella letteratura latina, la satira è coltivata nella letteratura italiana dal Cinquecento al Settecento; il metro è la terzina (*v.*) o l'endecasillabo sciolto (*v.*). Si parla anche di "satira", in senso generico, per qualunque testo, anche in prosa, che attacchi una persona o un comportamento mettendolo in caricatura.

SATIRICO (modo): critica morale o sociale che si serve delle armi del ridicolo e della deformazione grottesca.

SCENA (elemento narrativo): tecnica di narrazione (*v.*) in cui il racconto segue l'azione in "tempo reale", a "velocità naturale". Il caso più frequente di scena è il dialogo (*v.*).

SDRUCCIOLO (verso): verso che termina con una parola sdrucciola, cioè accentata sulla terzultima sillaba. Metricamente equivale al corrispondente verso piano che abbia una sillaba in meno: per esempio un endecasillabo sdrucciolo ha dodici sillabe.

SENARIO (verso): verso di sei sillabe quando è piano, caratterizzato dall'ultimo accento sulla quinta sillaba. Un altro accento è sulla seconda, in modo che si crea un ritmo ternario cadenzato (– –́ –, – –́ –). Esempio: «Mi scosse, e mi corse / le vene il ribrezzo» (Pascoli). Il *senario doppio* consiste nell'accostamento di due senari, separati da una cesura (*v.*), che prolunga la cadenza ternaria; fu usato soprattutto in epoca romantica. Esempio: «Dagli atrii muscosi, – dai fòri cadenti / dai boschi, dall'arse – fucine stridenti» (Manzoni).

SERMONE (genere): componimento in versi (per lo più endecasillabi sciolti) affine alla satira (*v.*) e all'epistola in versi (*v.*), che tratta in tono discorsivo di questioni morali o letterarie.

SESTINA (forma metrica): componimento inventato dai trovatori provenzali e ripreso nella lirica italiana del Due e Trecento; è composto di sei strofe di sei endecasillabi che terminano con sei diverse parole-rima; le parole-rima si ripetono da una strofa all'altra, ma in ordine diverso, secondo un elaborato schema; il componimento è chiuso da una strofa di tre versi che devono contenere le sei parole-rima. Si chiama sestina anche una strofa di sei endecasillabi che può avere vari schemi di rime.

SETTENARIO (verso): verso di sette sillabe (se è piano), con due accenti metrici, il primo in posizione libera, il secondo obbligatoriamente sulla sesta sillaba. È il verso breve più usato nella lirica italiana, alternato all'endecasillabo (*v.*) o da solo, per lo più in quartine (*v.*) dal ritmo rapido e cantabile. Esempio: «Torna a fiorir la rosa / che pur dianzi languia» (Parini).

SIMILITUDINE (figura retorica): figura "di pensiero", che consiste nell'introdurre un paragone per evidenziare meglio un'immagine o un concetto; è introdotta da *come* o da espressioni equivalenti (*simile a…*, *pare un…*, *più di un…* ecc.). È frequentissima sia nel discorso comune sia in letteratura, in poesia e in prosa. Esempio: «L'artegliaria, *come tempesta*, fiocca / contra chi vuole al buon Ruggier far torto» (Ariosto).

SINEDDOCHE (figura retorica): traslato (*v.*) che consiste di solito nel nominare una parte di un oggetto al posto dell'oggetto intero; esempio: *tetto* per "casa" («e se da lunge i miei tetti saluto», Foscolo). Si può nominare anche l'intero per la parte (*America* per "Stati Uniti d'America"). A volte si dice sineddoche anche l'uso del singolare per il plurale, o viceversa; esempio: «L'*Arabo, il Parto, il Siro* / in suo sermon l'udì» (Manzoni).

SINESTESIA (figura retorica): è un tipo di metafora che associa percezioni appartenenti a sensi diversi. Esempi dalla lingua comune: "colore caldo", "suono dolce", "odore pungente". In letteratura, la sinestesia è frequente nella poesia simbolista e postsimbolista. Esempi: «pigolio di stelle» (Pascoli); «quella *musica* silenziosa *delle linee* immobili era così possente» (D'Annunzio: descrive un'architettura); «*La voce* dei pastori nelle gole / dei monti *si raggela*» (Luzi).

SOMMARIO (elemento narrativo): velocità di narrazione (*v.*) in cui gli eventi di un periodo abbastanza lungo vengono riassunti rapidamente, senza scene (*v.*) e dialoghi.

SONETTO (forma metrica): componimento lirico di 14 endecasillabi divisi in due quartine che ripetono le stesse rime alternate o incrociate (ABAB ABAB o ABBA ABBA) e due terzine che possono essere variamente rimate (CDC DCD, o CDE CDE, o altre soluzioni). Inventato dai poeti della scuola siciliana, resta la forma più tipica della lirica italiana fino a tutto l'Ottocento.

STILE: con questo termine, di uso ampio ed elastico, si designa l'insieme delle scelte espressive che caratterizzano la personalità di un autore ("stile di Manzoni"), o l'individualità di un'opera ("stile della *Gerusalemme liberata*"), o gli aspetti comuni a una corrente ("stile neoclassico", "stile ermetico"). Gli elementi che caratterizzano uno stile riguardano le scelte linguistiche (lessico, sintassi, varietà linguistiche), le scelte metriche, l'uso delle tecniche narrative (intreccio, punto di vista, velocità narrativa ecc.); questi elementi sono pertinenti allo stile in quanto rappresentano delle scelte compiute per produrre determinati effetti sul lettore. La retorica antica e medievale parlava di *stili* riferendosi non alla personalità dell'autore, ma a un insieme di norme codificate: si parlava di "stile sublime" (o "tragico"), "stile medio" e "stile umile" (o "comico") come modelli a cui l'autore doveva attenersi a seconda del carattere più o meno nobile dell'argomento e del genere letterario.

STORIOGRAFIA (genere): l'insieme delle opere che trattano di vicende e questioni storiche: cronache, trattati, saggi. L'intento di un testo storiografico è informativo e scientifico, ma a questo possono unirsi intenzioni e qualità letterarie.

STRAMBOTTO (forma metrica): componimento poetico popolare di argomento amoroso, in origine accompagnato da musica, in voga dal Duecento fino al Quattrocento. Dal punto di vista metrico, è un'ottava (*v.*) di endecasillabi generalmente in rima alternata. Nato in Sicilia, si diffuse in Italia centrale e assunse il nome di *rispetto*, modificando leggermente la sua struttura metrica.

STROFA (elemento metrico): sequenza di versi che costituiscono un'unità ritmica in un componimento poetico. Nella metrica tradizionale è definita da un numero fisso di versi che ripetono uno schema di rime (terzina, quartina, ottava...). Nella canzone libera leopardiana e nel verso libero novecentesco il numero e la disposizione dei versi sono variabili.

SUBLIME (tono): significa letteralmente "altissimo", "eccelso", e si riferisce alla presenza di sentimenti e pensieri elevati, conflitti estremi e sconvolgenti, rappresentati con atteggiamento serio e commosso, in un registro linguistico alto.

SUSPENSE (tecnica narrativa): si ha un effetto di *suspense* (prestito dall'inglese) quando il narratore tiene in sospeso il lettore sullo scioglimento di un enigma o sull'esito di una vicenda, suscitando uno stato di curiosità e attesa.

TEMPI NARRATIVI: *v.* INTRECCIO.

TERZINA (metro): strofa di tre versi usata in sequenze legate dalla rima incatenata: ABA BCB CDC...; la sequenza è di solito chiusa da un verso isolato, che rima con quello centrale dell'ultima terzina. Adottata da Dante nella *Commedia*, è stata usata fino all'Ottocento in componimenti poetici di una certa lunghezza: poemi, poemetti, satire, capitoli.

TITANICO (atteggiamento culturale): si dice "titanico" l'atteggiamento di chi desidera o sogna di superare i limiti dell'umano, sfidando le leggi divine o naturali, pur sentendo che è destinato a fallire. Atteggiamento diffuso nella cultura romantica. Il termine richiama il mito greco dei Titani, esseri semidivini che vollero sfidare gli dèi dell'Olimpo, furono sconfitti e cacciati nel Tartaro, la regione del mondo più oscura e profonda.

TONO: quando parliamo del "tono" (o "intonazione") di un testo, ci riferiamo a quei caratteri stilistici che ci fanno percepire la "voce" dell'autore come improntata a un certo stato d'animo, e nella lettura suggeriscono un andamento accelerato o pausato, una modulazione della voce piana o eccitata, sommessa o gridata.

TOPOS: termine greco (plurale: *topoi*) che designa, in letteratura, un motivo, un'idea, una descrizione, ripresi in modo molto simile da diversi autori attraverso i secoli. Per esempio, il *topos* del *locus amoenus* ("luogo ameno") è la descrizione di un angolo di campagna, o di un giardino, con caratteri idillici, che ricorre dall'antichità fino almeno al Cinquecento con una serie di caratteristiche fisse: l'ombra degli alberi, il canto degli uccelli, una fonte ecc. Un *topos* può consistere anche in un procedimento retorico; ad esempio, nel *topos* "dell'inesprimibile" l'autore manifesta l'altezza del proprio argomento dicendo di non avere parole per esprimerlo («O Deo, che sembra quando li occhi gira / dical'Amor, ch'i' nol savria contare», Cavalcanti).

TRAGEDIA (genere): testo teatrale che mette in scena personaggi importanti della storia o del mito alle prese coi più gravi conflitti ideali e morali, che si concludono generalmente in modo luttuoso; è quasi sempre in versi, e sempre in stile elevato. Nata nella Grecia classica, la tragedia entra nella letteratura italiana nel Cinquecento ed è coltivata fino ai primi del Novecento.

TRAGICO (modo): si dice "tragico" un testo, un episodio, una situazione narrativa, quando presenta conflitti terribili, eventi catastrofici, con un'intonazione seria che spinge il lettore a riflettere sui problemi supremi dell'esistenza.

TRAMA (elemento narrativo): detta anche *fabula* con un latinismo tecnico, è l'insieme degli eventi narrati, dei personaggi e delle situazioni, considerati nella loro sequenza cronologica ideale, indipendentemente dall'elaborazione a cui può averli sottoposti l'autore, cioè dall'intreccio (*v.*).

TRASLATO (tipo di figure retoriche): i traslati sono figure retoriche (*v.*) di pensiero che sostituiscono all'espressione diretta di un concetto un'altra espressione che ha con quella un qualche rapporto di significato. L'espressione usata viene così ad avere un "senso figurato". I traslati sono molto usati nei testi letterari, ma sono comunissimi anche nella lingua comune, e contribuiscono all'evoluzione dei significati delle parole. Il traslato usato più largamente è la metafora (*v.*).

TRATTATO (genere): opera in prosa che svolge sistematicamente un argomento filosofico o scientifico o tecnico. Oggi i trattati interessano per il loro contenuto e non da un punto di vista letterario, ma nei secoli passati è esistita una trattatistica scritta con intenti essenzialmente letterari.

TRIVIALE (registro linguistico): si riferisce a espressioni volgari, condannate dalle norme di buona educazione.

TRONCO (verso): verso che termina con una parola tronca, cioè accentata sull'ultima sillaba. Metricamente equivale al corrispondente verso piano che abbia una sillaba in più: per esempio un endecasillabo tronco ha dieci sillabe.

VARIETÀ LINGUISTICHE: sono le differenze che si riscontrano negli usi di una lingua a seconda di chi la usa e delle situazioni in cui viene usata. Alcune varietà dipendono dall'utente della lingua, per esempio dal suo luogo d'origine (*varietà regionali*). Altre dipendono dall'argomento del discorso: tali sono i *linguaggi settoriali* delle scienze e tecniche, caratterizzati da un lessico specialistico. Altre varietà, dette *registri linguistici* (*v.*), dipendono dalla situazione più o meno formale in cui viene usata la lingua.

VELOCITÀ NARRATIVA: è il rapporto fra la durata degli eventi narrati e il tempo impiegato a raccontarli o a leggerli: le due durate possono coincidere approssimativamente, come nei dialoghi e nelle *scene* (*v.*), oppure il racconto può essere più veloce dei fatti narrati, come nei *sommari* (*v.*). Si ha una *pausa* quando il narratore interpone un commento o una descrizione, e intanto la vicenda non procede; si ha un'*ellissi narrativa* quando gli eventi di un certo periodo sono completamente saltati nella narrazione.

VERSO (elemento metrico): è l'unità fondamentale della poesia: nella forma scritta corrisponde a una riga di testo (che caratteristicamente non utilizza tutto lo spazio del foglio), nell'esecuzione orale produce un effetto ritmico più o meno regolare. I versi regolari della tradizione italiana sono caratterizzati dal numero delle sillabe; più precisamente, dalla posizione dell'ultimo accento tonico, che nella forma più frequente (*verso piano*) è sulla penultima sillaba: per esempio un settenario ha l'ultimo accento sulla sesta sillaba ed è composto di sette sillabe se è piano. Un *verso tronco* è accentato sull'ultima sillaba e ha quindi una sillaba in meno (un settenario tronco ha sei sillabe). Un *verso sdrucciolo* reca l'ultimo accento sulla terzultima sillaba e ha quindi una sillaba in più (un settenario sdrucciolo ha otto sillabe).

VERSO LIBERO (metro): versificazione che alterna liberamente versi di varia misura, senza seguire uno schema. È il verso più usato dalla poesia novecentesca.

VOCE (elemento narrativo): è la voce che narra le vicende: può intervenire nel testo dicendo "io", o può restare impersonale (per esempio nei testi che si attengono ai canoni del naturalismo); può essere esterna alla vicenda o appartenere a un personaggio narrante, protagonista o testimone delle vicende. In un senso diverso, un po' più vago, si parla della presenza di diverse "voci" in un testo narrativo per riferirsi alla possibilità che il narratore assuma nella propria lingua le espressioni tipiche di un certo ambiente, o dica le cose così come le direbbe un certo personaggio, in modo da far sentire nella narrazione le loro "voci", anche al di là delle battute di discorso diretto o indiretto.

Indice dei nomi

Indice delle opere*

* I numeri in neretto indicano i testi presenti in antologia.

Referenze iconografiche

pp. 4, 38, 68 Edouard Manet, *Berthe Morisot with a Bouquet of Violets*, 1872. (Parigi, Musée d'Orsay)

p. 36 Alessandro Milesi, *Ritratto di Giosue Carducci*, 1903. (Bologna, Casa Carducci)

p. 37 Uno scrivano pubblico in una fotografia del 1870. (Giorgio Sommer/Alinari)

p. 258 *in alto* Particolare da Gustave Courbet, *Lo spaccapietre*, 1849. (Collezione privata) *in basso* Particolare da Giovanni Fattori, *Lo staffato*, 1880. (Firenze, Galleria d'arte moderna)

p. 259 *in alto* Particolare da Edgar Degas, *L'assenzio*, 1875-1876. (Parigi, Musée d'Orsay) *in basso* Particolare da Vincent Van Gogh, *Campo di grano con volo di corvi*, 1890. (Amsterdam, Rijksmuseum)

pp. 280, 288 Carolus Duran, *Ritratto di Henri Fantin-Latour*, 1861. (New York, Metropolitan Museum of Art)

pp. 312, 328 Fausto Zonaro, *Autoritratto*, XIX secolo. (Collezione privata)

pp. 412, 428 Ritratto di scolaro di artista anonimo, XIX secolo. (Collezione privata)

pp. 490, 510 George Elgar Hicks, *Signora in attesa*, XIX secolo. (Collezione privata)

p. 586 Particolare da Gustave Caillebotte, *Piazza d'Europa in una giornata di pioggia*, 1877. (Chicago, Art Institute)